2025

공인노무사

1차 10개년 기출요해
[필수과목]

편저 PY법학연구소

博英社

정오표

차례

기출문제

제1과목

노동법 (1)

001 ☐☐☐ ○ △ ✕

근로기준법령상 평균임금에 관한 설명으로 옳은 것은? (다툼이 있으면 판례에 따름)

① 계속적 · 정기적으로 지급되고 지급대상, 지급조건 등이 확정되어 있어 사용자에게 지급의무가 있는 경영평가성과급은 평균임금 산정의 기초가 되는 임금에 포함된다.

② 사용자는 연장근로에 대하여는 평균임금의 100분의 50 이상을 가산하여 근로자에게 지급하여야 한다.

③ 평균임금의 산정기간 중에 출산전후휴가기간이 있는 경우, 그 기간은 산정기간에 포함된다.

④ 일용근로자의 평균임금은 최저임금위원회가 정하는 금액으로 한다.

⑤ 평균임금이란 이를 산정하여야 할 사유가 발생한 날 이전 3개월 동안에 그 근로자에게 지급된 임금의 총액을 그 기간의 총근로시간수로 나눈 금액을 말한다.

해설

① (○) 평균임금 산정의 기초가 되는 임금은 사용자가 근로의 대가로 근로자에게 지급하는 금품으로서 근로자에게 계속적 · 정기적으로 지급되고 단체협약, 취업규칙, 급여규정, 근로계약, 노동관행 등에 의하여 사용자에게 그 지급의무가 지워져 있는 것을 말한다. 경영평가성과급이 계속적 · 정기적으로 지급되고 지급대상, 지급조건 등이 확정되어 있어 사용자에게 지급의무가 있다면, 이는 근로의 대가로 지급되는 임금의 성질을 가지므로 평균임금 산정의 기초가 되는 임금에 포함된다고 보아야 한다(대법원 2018.12.28, 2018다219123).

② (✕) 평균임금 → 통상임금(근로기준법 제56조 제1항)

> **제56조(연장 · 야간 및 휴일근로)** ① 사용자는 연장근로(제53조 · 제59조 및 제69조 단서에 따라 연장된 시간의 근로를 말한다)에 대하여는 통상임금의 100분의 50 이상을 가산하여 근로자에게 지급하여야 한다. 〈개정 2018.3.20.〉

③ (✕) 산정기간에 포함된다 → 산정기준이 되는 기간과 임금의 총액에서 각각 뺀다(동법 시행령 제2조 제1항 제3호)

> **시행령 제2조(평균임금의 계산에서 제외되는 기간과 임금)** ① 「근로기준법」(이하 "법"이라 한다) 제2조 제1항 제6호에 따른 평균임금 산정기간 중에 다음 각 호의 어느 하나에 해당하는 기간이 있는 경우에는 그 기간과 그 기간 중에 지급된 임금은 평균임금 산정기준이 되는 기간과 임금의 총액에서 각각 뺀다. 〈개정 2021.10.14.〉
> 1. 근로계약을 체결하고 수습 중에 있는 근로자가 수습을 시작한 날부터 3개월 이내의 기간
> 2. 법 제46조에 따른 사용자의 귀책사유로 휴업한 기간
> 3. 법 제74조 제1항부터 제3항까지의 규정에 따른 출산전후휴가 및 유산 · 사산휴가기간
> 4. 법 제78조에 따라 업무상 부상 또는 질병으로 요양하기 위하여 휴업한 기간
> 5. 「남녀고용평등과 일 · 가정 양립 지원에 관한 법률」 제19조에 따른 육아휴직기간
> 6. 「노동조합 및 노동관계조정법」 제2조 제6호에 따른 쟁의행위기간
> 7. 「병역법」, 「예비군법」 또는 「민방위기본법」에 따른 의무를 이행하기 위하여 휴직하거나 근로하지 못한 기간. 다만, 그 기간 중 임금을 지급받은 경우에는 그러하지 아니하다.
> 8. 업무 외 부상이나 질병, 그 밖의 사유로 사용자의 승인을 받아 휴업한 기간

④ (✕) 최저임금위원회가 → 고용노동부장관이 사업이나 직업에 따라(동법 시행령 제3조)

> **시행령 제3조(일용근로자의 평균임금)** 일용근로자의 평균임금은 고용노동부장관이 사업이나 직업에 따라 정하는 금액으로 한다. 〈개정 2010.7.12.〉

⑤ (✕) 총근로시간수 → 총일수(동법 제2조 제1항 제6호)

> **제2조(정의)** ① 이 법에서 사용하는 용어의 뜻은 다음과 같다. 〈개정 2020.5.26.〉
> 6. "평균임금"이란 이를 산정하여야 할 사유가 발생한 날 이전 3개월 동안에 그 근로자에게 지급된 임금의 총액을 그 기간의 총일수로 나눈 금액을 말한다. 근로자가 취업한 후 3개월 미만인 경우도 이에 준한다.

정답 ①

002 ☐☐☐ ○ △ ✕

근로기준법상 기본원칙에 관한 설명으로 옳지 않은 것은? (다툼이 있으면 판례에 따름)

① 「근로기준법」상 균등대우원칙은 헌법상 평등원칙을 근로관계에서 실질적으로 실현하기 위한 것이다.

② 「근로기준법」 제6조에서 말하는 사회적 신분은 그 지위에 변동가능성이 없어야 한다.

③ 사용자는 근로자가 근로시간 중에 공(公)의 직무를 집행하고자 필요한 시간을 청구하는 경우, 그 공(公)의 직무를 수행하는 데에 지장이 없으면 청구한 시간을 변경할 수 있다.

④ 근로자와 사용자는 각자가 단체협약, 취업규칙과 근로계약을 지키고 성실하게 이행할 의무가 있다.

⑤ 누구든지 법률에 따르지 아니하고는 영리로 다른 사람의 취업에 개입하거나 중간인으로서 이익을 취득하지 못한다.

① (○) ② (×) 근로기준법 제6조는 "사용자는 근로자에 대하여 남녀의 성을 이유로 차별적 대우를 하지 못하고, 국적·신앙 또는 사회적 신분을 이유로 근로조건에 대한 차별적 처우를 하지 못한다."라고 규정하여 균등대우원칙을 선언한다. 이는 헌법 제11조 제1항의 평등원칙을 근로관계에 실질적으로 구현하기 위한 원칙이다. 근로기준법 제6조가 차별금지사유로 정한 사회적 신분은 사회에서 장기간 점하는 지위로서 일정한 사회적 평가를 수반하는 것을 의미한다. 선천적으로 출생에 의하여 고정되는 사회적 지위에 국한되지 않고, 후천적으로 획득하여 장기간 지속되는 지위를 포함하며, 그 지위에 변동가능성이 없을 것이 요구되지 않는다(대법원 2023.9.21, 2016다255941 전원합의체).

③ (○) 사용자는 근로자가 근로시간 중에 선거권, 그 밖의 공민권(公民權) 행사 또는 공(公)의 직무를 집행하기 위하여 필요한 시간을 청구하면 거부하지 못한다. 다만, 그 권리행사나 공(公)의 직무를 수행하는 데에 지장이 없으면 청구한 시간을 변경할 수 있다(근로기준법 제10조).

④ (○) 동법 제5조

⑤ (○) 동법 제9조

정답 ②

003 □□□   ○ △ ×

근로기준법령상 적용범위에 관한 설명으로 옳지 않은 것은? (다툼이 있으면 판례에 따름)

① 가사(家事)사용인에 대하여는 적용하지 아니한다.

② 상시 5명 이상의 근로자를 사용하는 사업이라면 그 사업이 1회적이라도 근로기준법의 적용대상이다.

③ 근로조건의 명시(제17조)는 상시 4명 이하의 근로자를 사용하는 사업에 적용한다.

④ 근로기준법상 사업은 그 사업의 종류를 한정하지 아니하고 영리사업이어야 한다.

⑤ 연차유급휴가(제60조)는 상시 4명 이하의 근로자를 사용하는 사업에 적용하지 않는다.

해설

① (○) 이 법은 상시 5명 이상의 근로자를 사용하는 모든 사업 또는 사업장에 적용한다. 다만, 동거하는 친족만을 사용하는 사업 또는 사업장과 가사(家事)사용인에 대하여는 적용하지 아니한다(근로기준법 제11조 제1항).

② (○) ④ (×) 근로기준법의 적용범위를 규정한 구 근로기준법(2007.4.11. 법률 제8372호로 전문개정되기 전의 것) 제10조(現 제11조)는 상시 5인 이상의 근로자를 사용하는 모든 사업 또는 사업장에 적용한다고 규정하고 있는바, 여기서 말하는 사업장인지 여부는 하나의 활동주체가 유기적 관련 아래 사회적 활동으로서 계속적으로 행하는 모든 작업이 이루어지는 단위장소 또는 장소적으로 구획된 사업체의 일부분에 해당되는지에 달려있으므로, 그 사업의 종류를 한정하지 아니하고 영리사업인지 여부도 불문하며, 1회적이거나 그 사업기간이 일시적이라 하여 근로기준법의 적용대상이 아니라 할 수 없고, 근로자를 정의한 같은 법 제14조(現

제2조)에서도 직업의 종류를 한정하고 있지 아니하므로, 정치단체도 위 각 조문의 사업이나 사업장 또는 직업에 해당된다 할 것이다(대법원 2007.10.26, 2005도9218).

③ (○) ⑤ (○) 상시 4명 이하의 근로자를 사용하는 사업에 근로기준법 제17조(근로조건의 명시)는 적용하고, 동법 제60조(연차유급휴가)는 적용하지 아니한다.

상시 4명 이하의 근로자를 사용하는 사업 또는 사업장에 적용하는 법 규정(시행령 제7조 관련 별표 1)	
구분	**적용 법 규정**
제1장 총칙	제1조부터 제13조까지의 규정
제2장 근로계약	제15조, 제17조, 제18조, 제19조 제1항, 제20조부터 제22조까지의 규정, 제23조 제2항, 제26조, 제35조부터 제42조까지의 규정
제3장 임금	제43조부터 제45조까지의 규정, 제47조부터 제49조까지의 규정
제4장 근로시간과 휴식	제54조, 제55조 제1항, 제63조
제5장 여성과 소년	제64조, 제65조 제1항·제3항(임산부와 18세 미만인 자로 한정한다), 제66조부터 제69조까지의 규정, 제70조 제2항·제3항, 제71조, 제72조, 제74조
제6장 안전과 보건	제76조
제8장 재해보상	제78조부터 제92조까지의 규정
제11장 근로감독관 등	제101조부터 제106조까지의 규정
제12장 벌칙	제107조부터 제116조까지의 규정(제1장부터 제6장까지, 제8장, 제11장의 규정 중 상시 4명 이하 근로자를 사용하는 사업 또는 사업장에 적용되는 규정을 위반한 경우로 한정한다)

정답 ④

004 ☐☐☐   ○ △ ✕

근로기준법상 근로계약에 관한 설명으로 옳지 않은 것은? (다툼이 있으면 판례에 따름)

① 근로계약 체결에 관한 의사표시에 무효 또는 취소의 사유가 있으면 상대방은 이를 이유로 근로계약의 무효 또는 취소를 주장할 수 있다.

② 시용기간 중에는 사용자의 해약권이 유보되어 있으므로 그 기간 중에 확정적 근로관계는 존재한다고 볼 수 없다.

③ 사용자는 근로계약 체결 후 소정근로시간을 변경하는 경우에 근로자에게 이를 명시하여야 한다.

④ 시용기간 중에 있는 근로자를 해고하는 것은 보통의 해고보다는 넓게 인정된다.

⑤ 피용자가 노무를 제공하는 과정에서 생명을 해치는 일이 없도록 필요한 조치를 강구하여야 할 사용자의 보호의무는 근로계약에 수반되는 신의칙상의 부수적 의무이다.

해설

① (○) 근로계약은 근로자가 사용자에게 근로를 제공하고 사용자는 이에 대하여 임금을 지급하는 것을 목적으로 체결된 계약으로서(근로기준법 제2조 제1항 제4호) 기본적으로 그 법적 성질이 사법상 계약이므로 계약체결에 관한 당사자들의 의사표시에 무효 또는 취소의 사유가 있으면 상대방은 이를 이유로 근로계약의 무효 또는 취소를 주장하여 그에 따른 법률효과의 발생을 부정하거나 소멸시킬 수 있다(대법원 2017.12.22, 2013다25194,2013다25200).

② (✕) 시용(試用)이란 근로계약을 체결하기 전에 해당 근로자의 직업적 능력, 자질, 인품, 성실성 등 업무적격성을 관찰·판단하고 평가하기 위해 일정 기간 시험적으로 고용하는 것을 말한다. 시용기간에 있는 근로자의 경우에도 사용자의 해약권이 유보되어 있다는 사정만 다를 뿐 그 기간에 확정적 근로관계는 존재한다(대법원 2022.4.14, 2019두55859).

③ (○) 근로기준법 제17조 제1항 후단 제2호

> **제17조(근로조건의 명시)** ① 사용자는 근로계약을 체결할 때에 근로자에게 다음 각 호의 사항을 명시하여야 한다. 근로계약 체결 후 다음 각 호의 사항을 변경하는 경우에도 또한 같다. 〈개정 2010.5.25.〉
> 1. 임금
> 2. 소정근로시간
> 3. 제55조에 따른 휴일
> 4. 제60조에 따른 연차유급휴가
> 5. 그 밖에 대통령령으로 정하는 근로조건

④ (○) 시용(試用)기간 중에 있는 근로자를 해고하거나 시용기간 만료 시 본계약(本契約)의 체결을 거부하는 것은 사용자에게 유보된 해약권의 행사로서 당해 근로자의 업무능력, 자질, 인품, 성실성 등 업무적격성을 관찰·판단하려는 시용제도의 취지·목적에 비추어 볼 때 보통의 해고보다는 넓게 인정되나, 이 경우에도 객관적으로 합리적인 이유가 존재하여 사회통념상 상당하다고 인정되어야 한다(대법원 2006.2.24, 2002다62432).

⑤ (○) 사용자는 근로계약에 수반되는 신의칙상의 부수적 의무로서

피용자가 노무를 제공하는 과정에서 생명, 신체, 건강을 해치는 일이 없도록 인적·물적 환경을 정비하는 등 필요한 조치를 강구하여야 할 보호의무를 부담하고, 이러한 보호의무를 위반함으로써 피용자가 손해를 입은 경우 이를 배상할 책임이 있으나, … (대법원 2006.9.28, 2004다44506).

정답 ②

005 ☐☐☐   ○ △ ✕

근로기준법상 인사와 징계에 관한 설명으로 옳지 않은 것은? (다툼이 있으면 판례에 따름)

① 인사명령은 원칙적으로 인사권자인 사용자의 고유권한에 속한다.

② 사용자가 근로자 측과 성실한 협의절차를 거쳤는지는 전직처분이 정당한 이유가 있는지를 판단하는 요소의 하나이다.

③ 사용자가 인사처분을 함에 있어 노동조합의 사전동의를 얻도록 단체협약에 규정하는 것은 사용자의 인사권의 본질적 내용을 침해하는 것으로 무효이다.

④ 근로자의 사생활에서의 비행이 기업의 사회적 평가를 훼손할 염려가 있는 것이라면 정당한 징계사유가 될 수 있다.

⑤ 여러 개의 징계사유 중 인정되는 일부 징계사유만으로 해당 징계처분의 타당성을 인정하기에 충분한지에 대한 증명책임은 사용자가 부담한다.

해설

① (○) 기업이 계속 활동하기 위해서는 노동력을 재배치하거나 수급을 조절하는 것이 필요불가결하므로 대기발령을 포함한 인사명령은 원칙적으로 인사권자인 사용자의 고유권한에 속한다. 따라서 이러한 인사명령에 대하여는 업무상 필요한 범위 안에서 사용자에게 상당한 재량을 인정하여야 하고, 이것이 근로기준법 등에 위반되거나 권리남용에 해당하는 등의 특별한 사정이 없는 한 위법하다고 할 수 없다(대법원 2022.9.15, 2018다251486).

② (○) 업무상 필요에 의한 전직처분 등에 따른 생활상의 불이익이 근로자가 통상 감수하여야 할 정도를 현저하게 벗어나지 않으면 전직처분 등의 정당한 이유가 인정되고, 근로자 측과 성실한 협의절차를 거쳤는지는 정당한 이유의 유무를 판단하는 하나의 요소라고 할 수 있으나, 그러한 절차를 거치지 아니하였다는 사정만으로 전직처분 등이 무효가 된다고 볼 수 없다(대법원 2023.9.21, 2022다286755).

③ (✕) 사용자가 인사처분을 할 때 노동조합의 사전동의나 승낙을 얻어야 한다거나 노동조합과 인사처분에 관하여 논의하여 의견의 합치를 보아 인사처분을 하도록 단체협약 등에 규정된 경우에는 그 절차를 거치지 아니한 인사처분은 원칙적으로 무효로 보아야 한다. 다만 이처럼 사전합의조항을 두고 있다고 하더라도 사용자의 인사권이 어떠한 경우를 불문하고 노동조합의 동의나 합의가 있어야만 행사할 수 있는 것은 아니고, '노동조합이 사전합의권을 남용하거나 스스로 사전합의권의 행사를 포기하였다고 인정되는

경우'에는 사용자가 이러한 합의 없이 한 인사처분도 유효하다고 보아야 한다(대법원 2010.7.15, 2007두15797). 따라서 사용자가 인사처분을 함에 있어 노동조합의 사전동의를 얻도록 단체협약에 규정하는 것은, 사용자의 인사권의 본질적 내용을 침해하는 것으로 무효라고 볼 수 없다.

④ (○) 사용자가 근로자에 대하여 징계권을 행사할 수 있는 것은 사업활동을 원활하게 수행하는 데 필요한 범위 내에서 규율과 질서를 유지하기 위한 데에 그 근거가 있으므로, 근로자의 사생활에서의 비행은 사업활동에 직접 관련이 있거나 기업의 사회적 평가를 훼손할 염려가 있는 것에 한하여 정당한 징계사유가 될 수 있다(대법원 1994.12.13, 93누23275).

⑤ (○) 근로기준법 제31조에 의하여 부당해고구제재심판정을 다투는 소송에서 해고의 정당성에 관한 증명책임은 이를 주장하는 사용자가 부담하므로, 인정되는 일부 징계사유만으로 해당 징계처분의 타당성을 인정하기에 충분한지에 대한 증명책임도 사용자가 부담한다(대법원 2019.11.28, 2017두57318).

정답 ③

---

006 □□□   ○ △ ×

근로기준법상 경영상 이유에 의한 해고에 관한 설명으로 옳지 않은 것은? (다툼이 있으면 판례에 따름)

① 경영악화를 방지하기 위한 사업의 양도·인수·합병은 긴박한 경영상의 필요가 있는 것으로 본다.

② 해고가 요건을 모두 갖추어 정당한지 여부는 각 요건을 구성하는 개별 사정들을 종합적으로 고려하여 판단한다.

③ 사용자가 근로자의 과반수로 조직된 노동조합과의 협의 외에 해고의 대상인 일정 급수 이상 직원들만의 대표를 새로이 선출케 하여 그 대표와 별도로 협의를 하지 않았다고 하여 해고를 협의절차의 흠결로 무효라 할 수는 없다.

④ 사용자는 해고된 근로자에 대하여 생계안정, 재취업, 직업훈련 등 필요한 조치를 우선적으로 취하여야 한다.

⑤ 해고근로자는 사용자의 우선 재고용의무 불이행에 대하여 우선 재고용의무가 발생한 때부터 고용관계가 성립할 때까지의 임금 상당 손해배상금을 청구할 수 있다.

해설

① (○) 사용자가 경영상 이유에 의하여 근로자를 해고하려면 긴박한 경영상의 필요가 있어야 한다. 이 경우 경영악화를 방지하기 위한 사업의 양도·인수·합병은 긴박한 경영상의 필요가 있는 것으로 본다(근로기준법 제24조 제1항).

② (○) 근로기준법 제24조 제1항 내지 제3항에 의하면, 사용자가 경영상 이유에 의하여 근로자를 해고하려면 긴박한 경영상의 필요가 있어야 하고, 해고를 피하기 위한 노력을 다하여야 하며, 합리적이고 공정한 해고의 기준을 정하여 그 대상자를 선정하여야 하고, 해고를 피하기 위한 방법과 해고의 기준 등에 관하여 근로자의 과반수로 조직된 노동조합 또는 근로자대표에게 해고를 하려는

날의 50일 전까지 통보하고 성실하게 협의하여야 한다. 여기서 위 각 요건의 구체적 내용은 확정적·고정적인 것이 아니라 구체적 사건에서 다른 요건의 충족 정도와 관련하여 유동적으로 정해지는 것이므로 구체적 사건에서 경영상 이유에 의한 해고가 위 각 요건을 모두 갖추어 정당한지 여부는 위 각 요건을 구성하는 개별사정들을 종합적으로 고려하여 판단하여야 한다(대법원 2016.3.24, 2015두56144).

③ (○) 정리해고가 실시되는 사업장에 근로자의 과반수로 조직된 노동조합이 있는 경우 사용자가 그 노동조합과의 협의 외에 정리해고의 대상인 일정 급수 이상 직원들만의 대표를 새로이 선출케 하여 그 대표와 별도로 협의를 하지 않았다고 하여 그 정리해고를 협의절차의 흠결로 무효라 할 수는 없다(대법원 2002.7.9, 2001다 29452).

④ (×) 사용자 → 정부(동법 제25조 제2항)

> 제25조(우선 재고용 등) ② 정부는 제24조에 따라 해고된 근로자에 대하여 생계안정, 재취업, 직업훈련 등 필요한 조치를 우선적으로 취하여야 한다.

⑤ (○) 근로기준법 제25조 제1항에 따라 사용자는 해고근로자를 우선 재고용할 의무가 있으므로 해고근로자는 사용자가 위와 같은 우선 재고용의무를 이행하지 아니하는 경우 사용자를 상대로 고용의 의사표시를 갈음하는 판결을 구할 사법상의 권리가 있고, 판결이 확정되면 사용자와 해고근로자 사이에 고용관계가 성립한다. 또한 해고근로자는 사용자가 위 규정을 위반하여 우선 재고용의무를 이행하지 않은 데 대하여, 우선 재고용의무가 발생한 때부터 고용관계가 성립할 때까지의 임금 상당 손해배상금을 청구할 수 있다(대법원 2020.11.16, 2016다13437).

정답 ④

---

007 □□□   ○ △ ×

근로기준법상 근로관계와 영업양도에 관한 설명으로 옳지 않은 것은? (다툼이 있으면 판례에 따름)

① 영업양도란 일정한 영업목적에 의하여 조직화된 업체를 그 동일성은 유지하면서 일체로서 이전하는 것이다.

② 영업양도에 의하여 근로계약관계가 포괄적으로 승계된 경우에는 승계 후의 퇴직금 규정이 승계 전의 퇴직금 규정보다 근로자에게 불리하더라도 승계 후의 퇴직금 규정을 적용한다.

③ 영업 전부의 양도가 이루어진 경우 영업양도 당사자 사이에 정당한 이유 없이 해고된 근로자를 승계의 대상에서 제외하기로 하는 특약은 「근로기준법」 제23조 제1항에서 정한 정당한 이유가 있어야 유효하다.

④ 영업재산의 일부를 유보한 채 영업시설을 양도했어도 그 양도한 부분만으로도 종래의 조직이 유지되어 있다고 사회관념상 인정되면 영업의 양도이다.

⑤ 근로관계의 승계를 거부하는 근로자에 대하여는 그 근로관계가 양수하는 기업에 승계되지 아니하고 여전히 양도하는 기업과 사이에 존속된다.

① (○) ④ (○) 상법상의 영업양도는 일정한 영업목적에 의하여 조직화된 업체, 즉 인적·물적 조직을 그 동일성은 유지하면서 일체로서 이전하는 것을 의미하고, 영업양도가 이루어졌는가의 여부는 단지 어떠한 영업재산이 어느 정도로 이전되어 있는가에 의하여 결정되어야 하는 것이 아니고 거기에 종래의 영업조직이 유지되어 그 조직이 전부 또는 중요한 일부로서 기능할 수 있는가에 의하여 결정되어야 하므로, 영업재산의 일부를 유보한 채 영업시설을 양도했어도 그 양도한 부분만으로도 종래의 조직이 유지되어 있다고 사회관념상 인정되면 그것을 영업의 양도라 볼 것이지만, 반면에 영업재산의 전부를 양도했어도 그 조직을 해체하여 양도했다면 영업의 양도로 볼 수 없다(대법원 2007.6.1, 2005다5812,5829,5836).

② (×) 승계 후의 흡수회사 퇴직금 규정이 승계 전의 해산회사의 퇴직금 규정보다 근로자들에게 불리하다면 구 근로기준법(1996. 12.31. 법률 제5245호로 개정되기 전의 것) 제95조 제1항 소정의 당해 근로자집단의 집단적인 의사결정방법에 의한 동의 없이는 승계 후의 흡수회사의 퇴직금 규정을 적용할 수도 없다(대법원 2001.4.24, 99다9370).

③ (○) 영업 전부의 양도가 이루어진 경우 영업양도 당사자 사이에 정당한 이유 없이 해고된 근로자를 승계의 대상에서 제외하기로 하는 특약이 있는 경우에는 그에 따라 근로관계의 승계가 이루어지지 않을 수 있으나, 그러한 특약은 실질적으로 또 다른 해고나 다름이 없으므로, 근로기준법 제23조 제1항에서 정한 정당한 이유가 있어야 유효하고, 영업양도 그 자체만으로 정당한 이유를 인정할 수 없다(대법원 2020.11.5, 2018두54705).

⑤ (○) 영업이 양도된 경우에 근로관계의 승계를 거부하는 근로자에 대하여는 그 근로관계가 양수하는 기업에 승계되지 아니하고 여전히 양도하는 기업과 사이에 존속되는 것이며, 이러한 경우 원래의 사용자는 영업 일부의 양도로 인한 경영상의 필요에 따라 감원이 불가피하게 되는 사정이 있어 정리해고로서의 정당한 요건이 갖추어져 있다면 그 절차에 따라 승계를 거부한 근로자를 해고할 수 있다고 할 것이다(대법원 2010.9.30, 2010다41089).

정답 ②

008 □□□　　　　　○ △ ✕

근로기준법령상 구제신청과 구제명령에 관한 설명으로 옳은 것을 모두 고른 것은?

> ㄱ. 노동위원회는 구제신청에 따라 당사자를 심문할 때 직권으로 증인을 출석하게 하여 필요한 사항을 질문할 수 있다.
> ㄴ. 노동위원회는 근로계약기간의 만료로 원직복직이 불가능한 경우에도 부당해고가 성립한다고 판정하면 근로자가 해고기간 동안 근로를 제공하였더라면 받을 수 있었던 임금 상당액에 해당하는 금품을 사업주가 근로자에게 지급하도록 명할 수 있다.
> ㄷ. 노동위원회가 사용자에게 구제명령을 하는 때에 정하는 이행기간은 사용자가 구제명령을 서면으로 통지받은 날부터 30일 이내로 한다.
> ㄹ. 지방노동위원회의 구제명령에 불복하는 사용자는 중앙노동위원회에 재심을 신청하거나 「행정소송법」의 규정에 따라 소(訴)를 제기할 수 있다.

① ㄱ, ㄴ　　　② ㄷ, ㄹ　　　③ ㄱ, ㄴ, ㄷ
④ ㄴ, ㄷ, ㄹ　　　⑤ ㄱ, ㄴ, ㄷ, ㄹ

ㄱ (○) 노동위원회는 제1항에 따라 심문을 할 때에는 관계당사자의 신청이나 직권으로 증인을 출석하게 하여 필요한 사항을 질문할 수 있다(근로기준법 제29조 제2항).

ㄴ (○) 노동위원회는 근로계약기간의 만료, 정년의 도래 등으로 근로자가 원직복직(해고 이외의 경우는 원상회복을 말한다)이 불가능한 경우에도 제1항에 따른 구제명령이나 기각결정을 하여야 한다. 이 경우 노동위원회는 부당해고등이 성립한다고 판정하면 근로자가 해고기간 동안 근로를 제공하였더라면 받을 수 있었던 임금 상당액에 해당하는 금품(해고 이외의 경우에는 원상회복에 준하는 금품을 말한다)을 사업주가 근로자에게 지급하도록 명할 수 있다(동법 제30조 제4항).

ㄷ (○) 「노동위원회법」에 따른 노동위원회(이하 "노동위원회"라 한다)는 법 제30조 제1항에 따라 사용자에게 구제명령(이하 "구제명령"이라 한다)을 하는 때에는 이행기한을 정하여야 한다. 이 경우 이행기한은 법 제30조 제2항에 따라 사용자가 구제명령을 서면으로 통지받은 날부터 30일 이내로 한다(동법 시행령 제11조).

ㄹ (×) 신청하거나 「행정소송법」의 규정에 따라 소(訴)를 제기할 수 있다 → 신청할 수 있다(동법 제31조 제1항)
[보충] 지방노동위원회의 구제명령이나 기각결정이 아닌, 중앙노동위원회의 재심판정에 대하여 「행정소송법」의 규정에 따라 소를 제기할 수 있다.

> **제31조(구제명령 등의 확정)** ① 「노동위원회법」에 따른 지방노동위원회의 구제명령이나 기각결정에 불복하는 사용자나 근로자는 구제명령서나 기각결정서를 통지받은 날부터 10일 이내에 중앙노동위원회에 재심을 신청할 수 있다.
> ② 제1항에 따른 중앙노동위원회의 재심판정에 대하여 사용자나 근로자는 재심판정서를 송달받은 날부터 15일 이내에 「행정소송법」의 규정에 따라 소(訴)를 제기할 수 있다.

정답 ③

근로기준법령상 체불사업주 명단공개에 관한 설명으로 옳지 않은 것은?

① 고용노동부장관은 명단공개를 할 경우에 체불사업주에게 3개월 이상의 기간을 정하여 소명기회를 주어야 한다.

② 명단공개는 공공장소에 1년간 게시한다.

③ 체불사업주가 법인인 경우에는 그 대표자의 성명·나이·주소 및 법인의 명칭·주소를 공개한다.

④ 관련 법령에 따라 임금등 체불자료를 받은 종합신용정보집중기관은 이를 체불사업주의 신용도·신용거래능력 판단과 관련한 업무에 이용할 수 있다.

⑤ 고용노동부장관은 체불사업주의 사망·폐업으로 임금등 체불자료 제공의 실효성이 없는 경우에는 종합신용정보집중기관에 임금등 체불자료를 제공하지 아니할 수 있다.

해설

① (○) 근로기준법 제43조의2 제2항

② (✕) ③ (○) 1년 → 3년(동법 시행령 제23조의3 제2항), 동조 제1항 제1호

> **시행령 제23조의3(명단공개 내용·기간 등)** ① 고용노동부장관은 법 제43조의2 제1항에 따라 다음 각 호의 내용을 공개한다.
> 1. 체불사업주의 성명·나이·상호·주소(체불사업주가 법인인 경우에는 그 대표자의 성명·나이·주소 및 법인의 명칭·주소를 말한다)
> 2. 명단공개 기준일 이전 3년간의 임금등 체불액
> ② 제1항에 따른 공개는 관보에 싣거나 인터넷 홈페이지, 관할 지방고용노동관서 게시판 또는 그 밖에 열람이 가능한 공공장소에 3년간 게시하는 방법으로 한다.

④ (○) 제1항에 따라 임금등 체불자료를 받은 자는 이를 체불사업주의 신용도·신용거래능력 판단과 관련한 업무 외의 목적으로 이용하거나 누설하여서는 아니 된다(동법 제43조의3 제2항). 따라서 위 업무에 이용할 수 있다 할 것이다.

⑤ (○) 고용노동부장관은 「신용정보의 이용 및 보호에 관한 법률」 제25조 제2항 제1호에 따른 종합신용정보집중기관이 임금등 체불자료 제공일 이전 3년 이내 임금등을 체불하여 2회 이상 유죄가 확정된 자로서 임금등 체불자료 제공일 이전 1년 이내 임금등의 체불총액이 2천만 원 이상인 체불사업주의 인적사항과 체불액 등에 관한 자료(이하 "임금등 체불자료"라 한다)를 요구할 때에는 임금등의 체불을 예방하기 위하여 필요하다고 인정하는 경우에 그 자료를 제공할 수 있다. 다만, 체불사업주의 사망·폐업으로 임금등 체불자료 제공의 실효성이 없는 경우 등 대통령령으로 정하는 사유가 있는 경우에는 그러하지 아니하다(동법 제43조의3 제1항).

정답 ②

근로기준법상 휴식에 관한 설명으로 옳지 않은 것은?

① 사용자는 8시간을 초과한 휴일근로에 대하여는 통상임금의 100분의 50 이상을 가산하여 근로자에게 지급하여야 한다.

② 사용자는 근로자에게 1주에 평균 1회 이상의 유급휴일을 보장하여야 한다.

③ 사용자는 근로시간이 4시간인 경우에는 30분 이상의 휴게시간을 근로시간 도중에 주어야 한다.

④ 사용자는 계속하여 근로한 기간이 1년 미만인 근로자에게 1개월 개근 시 1일의 유급휴가를 주어야 한다.

⑤ 휴게(제54조)에 관한 규정은 감시(監視)근로에 종사하는 사람으로서 사용자가 고용노동부장관의 승인을 받은 사람에 대하여는 적용하지 아니한다.

해설

① (✕) 50 → 100(근로기준법 제56조 제2항 제2호)

> **제56조(연장·야간 및 휴일근로)** ② 제1항에도 불구하고 사용자는 휴일근로에 대하여는 다음 각 호의 기준에 따른 금액 이상을 가산하여 근로자에게 지급하여야 한다. 〈신설 2018.3.20.〉
> 1. 8시간 이내의 휴일근로: 통상임금의 100분의 50
> 2. 8시간을 초과한 휴일근로: 통상임금의 100분의 100

② (○) 동법 제55조 제1항

③ (○) 사용자는 근로시간이 4시간인 경우에는 30분 이상, 8시간인 경우에는 1시간 이상의 휴게시간을 근로시간 도중에 주어야 한다(동법 제54조 제1항).

④ (○) 사용자는 계속하여 근로한 기간이 1년 미만인 근로자 또는 1년간 80퍼센트 미만 출근한 근로자에게 1개월 개근 시 1일의 유급휴가를 주어야 한다(동법 제60조 제2항).

⑤ (○) 동법 제63조 제3호

> **제63조(적용의 제외)** 이 장과 제5장에서 정한 근로시간, 휴게와 휴일에 관한 규정은 다음 각 호의 어느 하나에 해당하는 근로자에 대하여는 적용하지 아니한다. 〈개정 2021.1.5.〉
> 1. 토지의 경작·개간, 식물의 식재(植栽)·재배·채취사업, 그 밖의 농림사업
> 2. 동물의 사육, 수산 동식물의 채취·포획·양식사업, 그 밖의 축산, 양잠, 수산사업
> 3. 감시(監視) 또는 단속적(斷續的)으로 근로에 종사하는 사람으로서 사용자가 고용노동부장관의 승인을 받은 사람
> 4. 대통령령으로 정하는 업무에 종사하는 근로자

정답 ①

011 ☐☐☐   ○ △ ✕

근로기준법상 탄력적 근로시간제에서 임금 정산에 관한 규정이다. (　)에 들어갈 내용으로 옳은 것은?

> 사용자는 제51조 및 제51조의2에 따른 단위기간 중 근로자가 근로한 기간이 그 단위기간보다 짧은 경우에는 그 단위기간 중 해당 근로자가 근로한 (　) 전부에 대하여 제56조 제1항에 따른 가산임금을 지급하여야 한다.

① 기간에서 1일 8시간을 초과하여 근로한 시간
② 기간에서 1주 40시간을 초과하여 근로한 시간
③ 기간에서 1일 8시간을 초과하거나 1주 40시간을 초과하여 근로한 시간
④ 기간을 평균하여 1일 8시간을 초과하여 근로한 시간
⑤ 기간을 평균하여 1주간에 40시간을 초과하여 근로한 시간

해설

⑤ (O) 근로기준법 제51조의3

> **제51조의3(근로한 기간이 단위기간보다 짧은 경우의 임금정산)** 사용자는 제51조 및 제51조의2에 따른 단위기간 중 근로자가 근로한 기간이 그 단위기간보다 짧은 경우에는 그 단위기간 중 해당 근로자가 근로한 기간을 평균하여 1주간에 40시간을 초과하여 근로한 시간 전부에 대하여 제56조 제1항에 따른 가산임금을 지급하여야 한다.

정답 ⑤

012 ☐☐☐   ○ △ ✕

근로기준법상 야간근로에 관한 설명으로 옳지 않은 것은?

① 사용자는 야간근로에 대하여 통상임금의 100분의 50 이상을 가산하여 근로자에게 지급하여야 한다.
② 사용자는 근로자대표와의 서면합의에 따라 야간근로에 대하여 임금을 지급하는 것을 갈음하여 휴가를 줄 수 있다.
③ 사용자는 18세 미만자의 경우 그의 동의가 있고 고용노동부장관의 인가를 받으면 야간근로를 시킬 수 있다.
④ 사용자는 18세 이상의 여성에 대하여는 그 근로자의 동의가 있는 경우에도 1일에 2시간, 1주에 6시간, 1년에 150시간을 초과하는 야간근로를 시키지 못한다.
⑤ 사용자는 임신 중의 여성이 명시적으로 청구하고 고용노동부장관의 인가를 받으면 야간근로를 시킬 수 있다.

해설

① (O) 사용자는 야간근로(오후 10시부터 다음 날 오전 6시 사이의 근로를 말한다)에 대하여는 통상임금의 100분의 50 이상을 가산하여 근로자에게 지급하여야 한다(근로기준법 제56조 제3항).
② (O) 사용자는 근로자대표와의 서면합의에 따라 제51조의3, 제52

조 제2항 제2호 및 제56조에 따른 연장근로·야간근로 및 휴일근로 등에 대하여 임금을 지급하는 것을 갈음하여 휴가를 줄 수 있다(동법 제57조).

③ (O) ⑤ (O) 동법 제70조 제2항 제1호, 제3호

> **제70조(야간근로와 휴일근로의 제한)** ① 사용자는 18세 이상의 여성을 오후 10시부터 오전 6시까지의 시간 및 휴일에 근로시키려면 그 근로자의 동의를 받아야 한다.
> ② 사용자는 임산부와 18세 미만자를 오후 10시부터 오전 6시까지의 시간 및 휴일에 근로시키지 못한다. 다만, 다음 각 호의 어느 하나에 해당하는 경우로서 고용노동부장관의 인가를 받으면 그러하지 아니하다. 〈개정 2010.6.4.〉
> 1. 18세 미만자의 동의가 있는 경우
> 2. 산후 1년이 지나지 아니한 여성의 동의가 있는 경우
> 3. 임신 중의 여성이 명시적으로 청구하는 경우

④ (✕) 18세 이상의 → 산후 1년이 지나지 아니한, 동의가 있는 경우에도 → 단체협약이 있는 경우라도, 야간근로 → 시간외근로(동법 제71조)
[보충] 근로기준법 제70조 제1항에 따라 사용자는 18세 이상의 여성에 대하여는 그 근로자의 동의를 받아 야간근로를 시킬 수 있다.

> **제71조(시간외근로)** 사용자는 산후 1년이 지나지 아니한 여성에 대하여는 단체협약이 있는 경우라도 1일에 2시간, 1주에 6시간, 1년에 150시간을 초과하는 시간외근로를 시키지 못한다.

정답 ④

013 ☐☐☐   ○ △ ✕

근로기준법상 근로시간 및 휴게시간의 특례가 적용되는 사업을 모두 고른 것은?

> ㄱ. 노선 여객자동차운송사업　　ㄴ. 수상운송업
> ㄷ. 보건업　　　　　　　　　　ㄹ. 영화업

① ㄱ, ㄴ　　　② ㄱ, ㄷ　　　③ ㄴ, ㄷ
④ ㄴ, ㄷ, ㄹ　　⑤ ㄱ, ㄴ, ㄷ, ㄹ

해설

ㄴ (O) ㄷ (O) 근로기준법 제59조 제1항 제2호, 제5호
ㄱ (✕) ㄹ (✕) 노선 여객자동차운송사업은 근로기준법 제59조 제1항 제1호 단서에 따라 위 사업에서 제외되고, 영화업은 위 사업에 해당하지 아니한다.

> **제59조(근로시간 및 휴게시간의 특례)** ① 「통계법」 제22조 제1항에 따라 통계청장이 고시하는 산업에 관한 표준의 중분류 또는 소분류 중 다음 각 호의 어느 하나에 해당하는 사업에 대하여 사용자가 근로자대표와 서면으로 합의한 경우에는 제53조 제1항에 따른 주(週) 12시간을 초과하여 연장근로를 하게 하거나 제54조에 따른 휴게시간을 변경할 수 있다.
> 1. 육상운송 및 파이프라인 운송업. 다만, 「여객자동차 운수사업법」 제3조 제1항 제1호에 따른 노선(路線) 여객자동차운송사업은 제외한다.
> 2. 수상운송업

            3. 항공운송업
            4. 기타 운송 관련 서비스업
            5. 보건업

정답 ③

---

014 ☐☐☐   ○ △ ✕

근로기준법상 임산부의 보호에 관한 설명으로 옳지 않은 것은?

① 사용자는 산후 1년이 지나지 아니한 여성근로자가 1일 소정근로시간을 유지하면서 업무의 시작 및 종료시각의 변경을 신청하는 경우, 이를 허용하여야 한다.

② 사용자는 한 명의 자녀를 임신한 여성에게 출산 전과 출산 후를 통하여 90일의 출산전후휴가를 주어야 한다.

③ 사용자는 만 42세의 임신 중인 여성근로자가 출산전후휴가를 청구하는 경우 출산 전 어느 때라도 휴가를 나누어 사용할 수 있도록 하여야 한다.

④ 사용자는 임신한 여성근로자가 「모자보건법」상 임산부 정기건강진단을 받는 데 필요한 시간을 청구하는 경우, 이를 허용하여야 한다.

⑤ 사용자는 임산부를 도덕상 또는 보건상 유해·위험한 사업에 사용하지 못한다.

해설

① (✕) 산후 1년이 지나지 아니한 → 임신 중인(근로기준법 제74조 제9항 본문)

> **제74조(임산부의 보호)** ⑨ 사용자는 임신 중인 여성근로자가 1일 소정근로시간을 유지하면서 업무의 시작 및 종료시각의 변경을 신청하는 경우 이를 허용하여야 한다. 다만, 정상적인 사업운영에 중대한 지장을 초래하는 경우 등 대통령령으로 정하는 경우에는 그러하지 아니하다.

② (○) 사용자는 임신 중의 여성에게 출산 전과 출산 후를 통하여 90일(한 번에 둘 이상 자녀를 임신한 경우에는 120일)의 출산전후휴가를 주어야 한다. 이 경우 휴가기간의 배정은 출산 후에 45일(한 번에 둘 이상 자녀를 임신한 경우에는 60일) 이상이 되어야 한다(동법 제74조 제1항).

③ (○) 동조 제2항, 동법 시행령 제43조 제1항 제2호

> **제74조(임산부의 보호)** ② 사용자는 임신 중인 여성근로자가 유산의 경험 등 대통령령으로 정하는 사유로 제1항의 휴가를 청구하는 경우 출산 전 어느 때라도 휴가를 나누어 사용할 수 있도록 하여야 한다. 이 경우 출산 후의 휴가기간은 연속하여 45일(한 번에 둘 이상 자녀를 임신한 경우에는 60일) 이상이 되어야 한다. 〈신설 2014.1.21.〉
>
> **시행령 제43조(유산·사산휴가의 청구 등)** ① 법 제74조 제2항 전단에서 "대통령령으로 정하는 사유"란 다음 각 호의 어느 하나에 해당하는 경우를 말한다. 〈신설 2012.6.21.〉
> 1. 임신한 근로자에게 유산·사산의 경험이 있는 경우
> 2. 임신한 근로자가 출산전후휴가를 청구할 당시 연령이 만 40세

이상인 경우
> 3. 임신한 근로자가 유산·사산의 위험이 있다는 의료기관의 진단서를 제출한 경우

④ (○) 사용자는 임신한 여성근로자가 「모자보건법」 제10조에 따른 임산부 정기건강진단을 받는 데 필요한 시간을 청구하는 경우 이를 허용하여 주어야 한다(동법 제74조의2 제1항).

⑤ (○) 사용자는 임신 중이거나 산후 1년이 지나지 아니한 여성(이하 "임산부"라 한다)과 18세 미만자를 도덕상 또는 보건상 유해·위험한 사업에 사용하지 못한다(동법 제65조 제1항).

정답 ①

---

015 ☐☐☐   ○ △ ✕

근로기준법상 취업규칙의 불이익변경에서 근로자 측의 집단적 동의권에 관한 설명으로 옳지 않은 것은? (다툼이 있으면 판례에 따름)

① 노동조합이나 근로자들이 집단적 동의권을 남용하였다고 볼 만한 특별한 사정이 없는 한 해당 취업규칙의 변경에 사회통념상 합리성이 있다는 이유만으로 그 유효성을 인정할 수는 없다.

② 취업규칙의 불리한 변경에 대하여 근로자가 가지는 집단적 동의권은 변경되는 취업규칙의 내용이 갖는 타당성이나 합리성으로 대체될 수 없다.

③ 권리남용금지원칙의 적용은 당사자의 주장이 있어야 가능하므로, 집단적 동의권의 남용에 해당하는지에 대하여는 법원이 직권으로 판단할 수 없다.

④ 근로자의 집단적 동의가 없다고 하여 취업규칙의 불리한 변경이 항상 불가능한 것은 아니다.

⑤ 근로자가 가지는 집단적 동의권은 사용자의 일방적 취업규칙의 변경권한에 한계를 설정하고 헌법 제32조 제3항의 취지와 「근로기준법」 제4조가 정한 근로조건의 노사대등결정원칙을 실현하는 데에 중요한 의미를 갖는 절차적 권리이다.

해설

① (○) ② (○) ③ (✕) ④ (○) ⑤ (○) [다수의견] 사용자가 취업규칙을 근로자에게 불리하게 변경하면서 근로자의 집단적 의사결정방법에 따른 동의를 받지 못한 경우, 노동조합이나 근로자들이 집단적 동의권을 남용하였다고 볼 만한 특별한 사정이 없는 한 해당 취업규칙의 작성 또는 변경에 사회통념상 합리성이 있다는 이유만으로 그 유효성을 인정할 수는 없다. 그 이유는 다음과 같다.
① 헌법 제32조 제3항, 근로기준법 제4조, 제94조 제1항의 취지와 관계에 비추어 보면, 취업규칙의 불리한 변경에 대하여 근로자가 가지는 집단적 동의권은 사용자의 일방적 취업규칙의 변경권한에 한계를 설정하고 헌법 제32조 제3항의 취지와 근로기준법 제4조가 정한 근로조건의 노사대등결정원칙을 실현하는 데에 중요한 의미를 갖는 절차적 권리로서 변경되는 취업규칙의 내용이 갖는 타당성이나 합리성으로 대체될 수 있는 것이라고 볼 수 없다. …

③ 근로조건의 유연한 조정은 사용자에 의한 일방적 취업규칙 변경을 승인함으로써가 아니라, 단체교섭이나 근로자의 이해를 구하는 사용자의 설득과 노력을 통하여 이루어져야 한다. 또한 노동조합이나 근로자들이 집단적 동의권을 남용하였다고 볼 만한 특별한 사정이 있는 경우에는 취업규칙의 불이익변경의 유효성을 인정할 여지가 있으므로, 근로자의 집단적 동의가 없다고 하여 취업규칙의 불리한 변경이 항상 불가능한 것도 아니다. …
한편 신의성실 또는 권리남용금지원칙의 적용은 강행규정에 관한 것으로서 당사자의 주장이 없더라도 법원이 그 위반 여부를 직권으로 판단할 수 있으므로, 집단적 동의권의 남용에 해당하는지에 대하여도 법원은 직권으로 판단할 수 있다(대법원 2023.5.11, 2017다35588,2017다35595 전원합의체).

정답 ③

---

016 □□□   ○ △ ✕

근로기준법상 취업규칙의 작성과 변경에 관한 설명으로 옳지 않은 것은? (다툼이 있으면 판례에 따름)

① 취업규칙에서 정한 기준에 미달하는 근로조건을 정한 근로계약은 그 부분에 관하여는 무효로 한다.

② 근로관계 종료 후의 권리·의무에 관한 사항은 사용자와 근로자 사이에 존속하는 근로관계와 직접 관련되는 것으로서 근로자의 대우에 관하여 정한 사항이라도 취업규칙에서 정한 근로조건에 해당한다고 할 수 없다.

③ 취업규칙의 작성·변경에 관한 권한은 원칙적으로 사용자에게 있다.

④ 취업규칙은 원칙적으로 객관적인 의미에 따라 해석하여야 하고, 문언의 객관적 의미를 벗어나는 해석은 신중하고 엄격하여야 한다.

⑤ 사용자가 근로자들에게 불리하게 취업규칙을 변경함에 있어서 근로자들의 집단적 의사결정방법에 의한 동의를 얻지 아니하였다고 하더라도, 현행의 법규적 효력을 가진 취업규칙은 변경된 취업규칙이다.

해설

① (○) 취업규칙에서 정한 기준에 미달하는 근로조건을 정한 근로계약은 그 부분에 관하여는 무효로 한다. 이 경우 무효로 된 부분은 취업규칙에 정한 기준에 따른다(근로기준법 제97조).

② (✕) 취업규칙은 사용자가 당해 사업의 근로자 전체에 통일적으로 적용될 근로자의 복무규율과 근로조건에 관한 준칙을 규정한 것으로서 그 명칭은 불문하는 것이고, 근로조건이란 사용자와 근로자 사이의 근로관계에서 임금·근로시간·후생·해고 기타 근로자의 대우에 관하여 정한 조건을 말한다. 취업규칙에서 정한 복무규율과 근로조건은 근로관계의 존속을 전제로 하는 것이지만, 사용자와 근로자 사이의 근로관계 종료 후의 권리·의무에 관한 사항이라고 하더라도 사용자와 근로자 사이에 존속하는 근로관계와 직접 관련되는 것으로서 근로자의 대우에 관하여 정한 사항이라면 이 역시 취업규칙에서 정한 근로조건에 해당한다(대법원 2022.9. 29, 2018다301527).

---

③ (○) 취업규칙의 작성·변경에 관한 권한은 원칙적으로 사용자에게 있으므로, 사용자는 그 의사에 따라 취업규칙을 작성·변경할 수 있으나, 근로기준법 제94조에 따라 노동조합 또는 근로자 과반수의 의견을 들어야 하고, 특히 근로자에게 불이익하게 변경하는 경우에는 그 동의를 얻어야 한다(대법원 2022.10.14, 2022다245518).

④ (○) 취업규칙은 사용자가 그 근로자의 복무규율이나 근로조건의 기준을 정립하기 위하여 작성한 것으로서 노사 간의 집단적인 법률관계를 규정하는 법규범의 성격을 가지는데, 이러한 취업규칙의 성격에 비추어 취업규칙은 원칙적으로 그 객관적인 의미에 따라 해석하여야 하고, 문언의 객관적 의미를 벗어나는 해석은 신중하고 엄격하여야 한다(대법원 2020.11.26, 2020두31361).

⑤ (○) 사용자가 근로자들에게 불리하게 취업규칙을 변경함에 있어서 근로자들의 집단적 의사결정방법에 의한 동의를 얻지 아니하였다고 하더라도, 취업규칙의 작성, 변경권이 사용자에게 있는 이상 현행의 법규적 효력을 가진 취업규칙은 변경된 취업규칙이고, 다만 기득이익이 침해되는 기존 근로자에 대하여는 종전의 취업규칙이 적용될 따름이다(대법원 1997.8.26, 96다1726).

정답 ②

---

017 □□□   ○ △ ✕

근로기준법상 직장 내 괴롭힘의 금지 등에 관한 설명으로 옳은 것을 모두 고른 것은?

> ㄱ. 사용자는 직장 내 괴롭힘 예방교육을 매년 실시하여야 한다.
> ㄴ. 사용자는 조사기간 동안 직장 내 괴롭힘과 관련하여 피해를 입은 근로자를 보호하기 위하여 필요한 경우, 해당 피해근로자에 대하여 근무장소의 변경 등 적절한 조치를 하여야 한다. 이 경우 사용자는 피해근로자의 의사에 반하는 조치를 하여서는 아니 된다.
> ㄷ. 사용자는 조사 결과 직장 내 괴롭힘 발생사실이 확인된 때에는 피해근로자가 요청하면 배치전환, 유급휴가 명령 등 적절한 조치를 하여야 한다.

① ㄱ   ② ㄴ   ③ ㄱ, ㄷ
④ ㄴ, ㄷ   ⑤ ㄱ, ㄴ, ㄷ

해설

ㄱ (✕) 근로기준법상 직장 내 괴롭힘 예방교육에 관한 규정은 없다.

ㄴ (○) 사용자는 제2항에 따른 조사기간 동안 직장 내 괴롭힘과 관련하여 피해를 입은 근로자 또는 피해를 입었다고 주장하는 근로자(이하 "피해근로자등"이라 한다)를 보호하기 위하여 필요한 경우 해당 피해근로자등에 대하여 근무장소의 변경, 유급휴가 명령 등 적절한 조치를 하여야 한다. 이 경우 사용자는 피해근로자등의 의사에 반하는 조치를 하여서는 아니 된다(동법 제76조의3 제3항).

ㄷ (○) 사용자는 제2항에 따른 조사 결과 직장 내 괴롭힘 발생사실이 확인된 때에는 피해근로자가 요청하면 근무장소의 변경, 배치전환, 유급휴가 명령 등 적절한 조치를 하여야 한다(동조 제4항).

정답 ④

---

018 □□□ ○ △ ✕

파견근로자 보호 등에 관한 법률상 근로자파견 대상업무에 해당하지 않는 것을 모두 고른 것은?

> ㄱ. 건설공사현장에서 이루어지는 업무
> ㄴ. 「선원법」상 선원의 업무
> ㄷ. 「물류정책기본법」상 하역업무로서 「직업안정법」에 따라 근로자공급사업 허가를 받은 지역의 업무

① ㄱ   ② ㄴ   ③ ㄱ, ㄷ
④ ㄴ, ㄷ   ⑤ ㄱ, ㄴ, ㄷ

해설

⑤ (✕) 모두 근로자파견 대상업무에 해당하지 아니하는 것이다.

> **파견법 제5조(근로자파견 대상업무 등)** ③ 제1항 및 제2항에도 불구하고 다음 각 호의 어느 하나에 해당하는 업무에 대하여는 근로자파견사업을 하여서는 아니 된다. 〈개정 2019.1.15.〉
> 1. 건설공사현장에서 이루어지는 업무
> 2. 「항만운송사업법」 제3조 제1호, 「한국철도공사법」 제9조 제1항 제1호, 「농수산물 유통 및 가격안정에 관한 법률」 제40조, 「물류정책기본법」 제2조 제1항 제1호의 하역(荷役)업무로서 「직업안정법」 제33조에 따라 근로자공급사업 허가를 받은 지역의 업무
> 3. 「선원법」 제2조 제1호의 선원의 업무
> 4. 「산업안전보건법」 제58조에 따른 유해하거나 위험한 업무
> 5. 그 밖에 근로자 보호 등의 이유로 근로자파견사업의 대상으로는 적절하지 못하다고 인정하여 대통령령으로 정하는 업무

정답 ⑤

019 □□□ ○ △ ✕

파견근로자 보호 등에 관한 법률에 관한 설명으로 옳지 않은 것은?

① 파견사업주는 쟁의행위 중인 사업장에 그 쟁의행위로 중단된 업무의 수행을 위하여 근로자를 파견하여서는 아니 된다.
② 파견사업주는 자기의 명의로 타인에게 근로자파견사업을 하게 하여서는 아니 된다.
③ 「결혼중개업의 관리에 관한 법률」상 결혼중개업에 해당하는 사업을 하는 자는 근로자파견사업을 할 수 없다.
④ 근로자파견사업을 하려는 자는 고용노동부장관의 허가를 받아야 한다.
⑤ 근로자파견사업 갱신허가의 유효기간은 그 갱신 전의 허가의 유효기간이 끝나는 날부터 기산하여 2년으로 한다.

해설

① (○) 파견법 제16조 제1항
② (○) 동법 제15조

③ (○) 동법 제14조 제3호

> **제14조(겸업금지)** 다음 각 호의 어느 하나에 해당하는 사업을 하는 자는 근로자파견사업을 할 수 없다.
> 1. 「식품위생법」 제36조 제1항 제3호의 식품접객업
> 2. 「공중위생관리법」 제2조 제1항 제2호의 숙박업
> 3. 「결혼중개업의 관리에 관한 법률」 제2조 제2호의 결혼중개업
> 4. 그 밖에 대통령령으로 정하는 사업

④ (○) 근로자파견사업을 하려는 자는 고용노동부령으로 정하는 바에 따라 고용노동부장관의 허가를 받아야 한다. 허가받은 사항 중 고용노동부령으로 정하는 중요사항을 변경하는 경우에도 또한 같다(동법 제7조 제1항).
⑤ (✕) 끝나는 날 → 끝나는 날의 다음 날, 2년 → 3년(동법 제10조 제3항)

> **제10조(허가의 유효기간 등)** ③ 제2항에 따른 갱신허가의 유효기간은 그 갱신 전의 허가의 유효기간이 끝나는 날의 다음 날부터 기산(起算)하여 3년으로 한다.

정답 ⑤

020 □□□ ○ △ ✕

기간제 및 단시간근로자 보호 등에 관한 법률에 관한 설명으로 옳은 것을 모두 고른 것은?

> ㄱ. 근로자가 학업, 직업훈련 등을 이수함에 따라 그 이수에 필요한 기간을 정한 경우, 2년을 초과하여 기간제근로자로 사용할 수 있다.
> ㄴ. 「고령자고용촉진법」상 고령자와 근로계약을 체결하는 경우, 2년을 초과하여 기간제근로자로 사용할 수 있다.
> ㄷ. 국가 및 지방자치단체의 기관에 대하여는 상시 사용하는 근로자의 수와 관계없이 이 법을 적용한다.
> ㄹ. 휴직·파견 등으로 결원이 발생하여 해당 근로자가 복귀할 때까지 그 업무를 대신할 필요가 있는 경우, 2년을 초과하여 기간제근로자로 사용할 수 있다.

① ㄱ, ㄴ, ㄷ   ② ㄱ, ㄴ, ㄹ   ③ ㄱ, ㄷ, ㄹ
④ ㄴ, ㄷ, ㄹ   ⑤ ㄱ, ㄴ, ㄷ, ㄹ

해설

⑤ (○) 모두 옳은 것이다.

> **기간제법 제3조(적용범위)** ③ 국가 및 지방자치단체의 기관에 대하여는 상시 사용하는 근로자의 수와 관계없이 이 법을 적용한다. 〈개정 2020.5.26.〉
> **제4조(기간제근로자의 사용)** ① 사용자는 2년을 초과하지 아니하는 범위 안에서(기간제근로계약의 반복갱신 등의 경우에는 그 계속근로한 총기간이 2년을 초과하지 아니하는 범위 안에서) 기간제근로자를 사용할 수 있다. 다만, 다음 각 호의 어느 하나에 해당하는 경우에는 2년을 초과하여 기간제근로자로 사용할 수 있다. 〈개정 2020.5.26.〉
> 1. 사업의 완료 또는 특정한 업무의 완성에 필요한 기간을 정한 경우

2. 휴직·파견 등으로 결원이 발생하여 해당 근로자가 복귀할 때까지 그 업무를 대신할 필요가 있는 경우
3. 근로자가 학업, 직업훈련 등을 이수함에 따라 그 이수에 필요한 기간을 정한 경우
4. 「고령자고용촉진법」 제2조 제1호의 고령자와 근로계약을 체결하는 경우
5. 전문적 지식·기술의 활용이 필요한 경우와 정부의 복지정책·실업대책 등에 따라 일자리를 제공하는 경우로서 대통령령으로 정하는 경우
6. 그 밖에 제1호부터 제5호까지에 준하는 합리적인 사유가 있는 경우로서 대통령령으로 정하는 경우

정답 ⑤

021 □□□   ○ △ ×

기간제 및 단시간근로자 보호 등에 관한 법률상 기간제근로자 차별적 처우의 시정에 관한 설명으로 옳지 않은 것은? (다툼이 있으면 판례에 따름)

① 노동위원회는 신청인이 주장한 비교대상 근로자와 동일성이 인정되는 범위 내에서 조사, 심리를 거쳐 적합한 근로자를 비교대상 근로자로 선정할 수 있다.
② 기간제근로자가 차별시정신청을 하는 때에는 차별적 처우의 내용을 구체적으로 명시하여야 한다.
③ 기간제근로자는 계속되는 차별적 처우를 받은 경우, 차별적 처우의 종료일부터 3개월이 지난 때에는 노동위원회에 그 시정을 신청할 수 없다.
④ 고용노동부장관은 사용자가 기간제근로자에 대해 차별적 처우를 한 경우에는 그 시정을 요구할 수 있다.
⑤ 노동위원회는 사용자의 차별적 처우에 명백한 고의가 인정되거나 차별적 처우가 반복되는 경우에는 손해액을 기준으로 3배를 넘지 아니하는 범위에서 배상을 명령할 수 있다.

해설

① (○) 노동위원회 차별시정제도의 취지와 직권주의적 특성, 비교대상성 판단의 성격 등을 고려하면, 노동위원회는 신청인이 주장한 비교대상 근로자와 동일성이 인정되는 범위 내에서 조사, 심리를 거쳐 적합한 근로자를 비교대상 근로자로 선정할 수 있다(대법원 2023.11.30, 2019두53952).
② (○) ③ (×) 기간제법 제9조 제2항, 3개월 → 6개월(동조 제1항 단서)

> **제9조(차별적 처우의 시정신청)** ① 기간제근로자 또는 단시간근로자는 차별적 처우를 받은 경우 「노동위원회법」 제1조의 규정에 따른 노동위원회(이하 "노동위원회"라 한다)에 그 시정을 신청할 수 있다. 다만, 차별적 처우가 있은 날(계속되는 차별적 처우는 그 종료일)부터 6개월이 지난 때에는 그러하지 아니하다. 〈개정 2020.5.26.〉
> ② 기간제근로자 또는 단시간근로자가 제1항의 규정에 따른 시

정신청을 하는 때에는 차별적 처우의 내용을 구체적으로 명시하여야 한다.

④ (○) 동법 제15조의2 제1항
⑤ (○) 제1항에 따른 배상액은 차별적 처우로 인하여 기간제근로자 또는 단시간근로자에게 발생한 손해액을 기준으로 정한다. 다만, 노동위원회는 사용자의 차별적 처우에 명백한 고의가 인정되거나 차별적 처우가 반복되는 경우에는 손해액을 기준으로 3배를 넘지 아니하는 범위에서 배상을 명령할 수 있다(동법 제13조 제2항).

정답 ③

022 □□□   ○ △ ×

기간제 및 단시간근로자 보호 등에 관한 법률상 사용자가 기간제근로자와 근로계약을 체결하는 때 서면으로 명시하여야 하는 것을 모두 고른 것은?

> ㄱ. 휴일·휴가에 관한 사항
> ㄴ. 근로시간·휴게에 관한 사항
> ㄷ. 취업의 장소와 종사하여야 할 업무에 관한 사항
> ㄹ. 근로일 및 근로일별 근로시간

① ㄱ, ㄴ   ② ㄴ, ㄹ   ③ ㄷ, ㄹ
④ ㄱ, ㄴ, ㄷ   ⑤ ㄱ, ㄴ, ㄷ, ㄹ

해설

④ (○) ㄱ, ㄴ, ㄷ이 사용자가 기간제근로자와 근로계약을 체결하는 때 서면으로 명시하여야 하는 것이다.

> **제17조(근로조건의 서면명시)** 사용자는 기간제근로자 또는 단시간근로자와 근로계약을 체결하는 때에는 다음 각 호의 모든 사항을 서면으로 명시하여야 한다. 다만, 제6호는 단시간근로자에 한정한다. 〈개정 2020.5.26.〉
> 1. 근로계약기간에 관한 사항
> 2. 근로시간·휴게에 관한 사항
> 3. 임금의 구성항목·계산방법 및 지불방법에 관한 사항
> 4. 휴일·휴가에 관한 사항
> 5. 취업의 장소와 종사하여야 할 업무에 관한 사항
> 6. 근로일 및 근로일별 근로시간

정답 ④

023 ☐☐☐   ○ △ ✕

남녀고용평등과 일·가정 양립 지원에 관한 법률에 관한 설명으로 옳지 않은 것은?

① 사업주는 사업장의 남녀고용평등 이행을 촉진하기 위하여 그 사업장 소속 근로자 중 노사협의회가 추천하는 사람을 명예고용평등감독관으로 위촉하여야 한다.

② 사업주가 동일가치노동의 기준을 정할 때에는 노사협의회의 근로자를 대표하는 위원의 의견을 들어야 한다.

③ 사업주가 가족돌봄을 위한 근로시간 단축을 허용하는 경우 단축 후 근로시간은 주당 15시간 이상이어야 하고, 30시간을 넘어서는 아니 된다.

④ 사업주는 근로자가 인공수정 등 난임치료를 받기 위하여 휴가를 청구하는 경우에 연간 3일 이내의 휴가를 주어야 하며, 이 경우 최초 1일은 유급으로 한다.

⑤ 사업주는 55세 이상의 근로자에게 은퇴를 준비하기 위한 근로시간 단축을 허용한 경우에 그 근로자가 단축된 근로시간 외에 연장근로를 명시적으로 청구하면 주 12시간 이내에서 연장근로를 시킬 수 있다.

해설

① (✕) 사업주는 → 고용노동부장관은, 노사협의회 → 노사(남녀고용평등법 제24조 제1항)

> **제24조(명예고용평등감독관)** ① 고용노동부장관은 사업장의 남녀고용평등 이행을 촉진하기 위하여 그 사업장 소속 근로자 중 노사가 추천하는 사람을 명예고용평등감독관(이하 "명예감독관"이라 한다)으로 위촉할 수 있다. 〈개정 2020.5.26.〉

② (○) 동일가치노동의 기준은 직무수행에서 요구되는 기술, 노력, 책임 및 작업조건 등으로 하고, 사업주가 그 기준을 정할 때에는 제25조에 따른 노사협의회의 근로자를 대표하는 위원의 의견을 들어야 한다(동법 제8조 제2항).

③ (○) 동법 제22조의3 제3항

④ (○) 사업주는 근로자가 인공수정 또는 체외수정 등 난임치료를 받기 위하여 휴가(이하 "난임치료휴가"라 한다)를 청구하는 경우에 연간 3일 이내의 휴가를 주어야 하며, 이 경우 최초 1일은 유급으로 한다. 다만, 근로자가 청구한 시기에 휴가를 주는 것이 정상적인 사업운영에 중대한 지장을 초래하는 경우에는 근로자와 협의하여 그 시기를 변경할 수 있다(동법 제18조의3 제1항).

⑤ (○) 동법 제22조의4 제3항, 제22조의3 제1항 제3호

> **제22조의3(가족돌봄 등을 위한 근로시간 단축)** ① 사업주는 근로자가 다음 각 호의 어느 하나에 해당하는 사유로 근로시간의 단축을 신청하는 경우에 이를 허용하여야 한다. 다만, 대체인력 채용이 불가능한 경우, 정상적인 사업운영에 중대한 지장을 초래하는 경우 등 대통령령으로 정하는 경우에는 그러하지 아니하다.
> 1. 근로자가 가족의 질병, 사고, 노령으로 인하여 그 가족을 돌보기 위한 경우
> 2. 근로자 자신의 질병이나 사고로 인한 부상 등의 사유로 자신의 건강을 돌보기 위한 경우
> 3. 55세 이상의 근로자가 은퇴를 준비하기 위한 경우
> 4. 근로자의 학업을 위한 경우
> **제22조의4(가족돌봄 등을 위한 근로시간 단축 중 근로조건 등)**

③ 사업주는 제22조의3에 따라 근로시간 단축을 하고 있는 근로자에게 단축된 근로시간 외에 연장근로를 요구할 수 없다. 다만, 그 근로자가 명시적으로 청구하는 경우에는 사업주는 주 12시간 이내에서 연장근로를 시킬 수 있다.

정답 ①

---

024 ☐☐☐   ○ △ ✕

남녀고용평등과 일·가정 양립 지원에 관한 법률상 (   )에 들어갈 내용을 옳게 나열한 것은?

> ○ 사업주는 근로자가 배우자의 출산을 이유로 휴가를 청구하는 경우에 (ㄱ)일의 휴가를 주어야 한다.
> ○ 배우자 출산휴가는 근로자의 배우자가 출산한 날부터 (ㄴ)일이 지나면 청구할 수 없다.
> ○ 가족돌봄휴직기간은 연간 최장 (ㄷ)일로 한다.

① ㄱ: 5, ㄴ: 30, ㄷ: 90
② ㄱ: 5, ㄴ: 60, ㄷ: 90
③ ㄱ: 5, ㄴ: 90, ㄷ: 180
④ ㄱ: 10, ㄴ: 90, ㄷ: 90
⑤ ㄱ: 10, ㄴ: 90, ㄷ: 180

해설

④ (○) ㄱ: 10, ㄴ: 90, ㄷ: 90

> **제18조의2(배우자 출산휴가)** ① 사업주는 근로자가 배우자의 출산을 이유로 휴가(이하 "배우자 출산휴가"라 한다)를 청구하는 경우에 10일의 휴가를 주어야 한다. 이 경우 사용한 휴가기간은 유급으로 한다. 〈개정 2019.8.27.〉
> ③ 배우자 출산휴가는 근로자의 배우자가 출산한 날부터 90일이 지나면 청구할 수 없다. 〈개정 2019.8.27.〉
> **제22조의2(근로자의 가족 돌봄 등을 위한 지원)** ④ 가족돌봄휴직 및 가족돌봄휴가의 사용기간과 분할횟수 등은 다음 각 호에 따른다. 〈신설 2020.9.8.〉
> 1. 가족돌봄휴직기간은 연간 최장 90일로 하며, 이를 나누어 사용할 수 있을 것. 이 경우 나누어 사용하는 1회의 기간은 30일 이상이 되어야 한다.
> 2. 가족돌봄휴가기간은 연간 최장 10일[제3호에 따라 가족돌봄휴가기간이 연장되는 경우 20일(「한부모가족지원법」 제4조 제1호의 모 또는 부에 해당하는 근로자의 경우 25일) 이내]로 하며, 일단위로 사용할 수 있을 것. 다만, 가족돌봄휴가기간은 가족돌봄휴직기간에 포함된다.

정답 ④

025 ☐☐☐   ○ △ ✕

남녀고용평등과 일·가정 양립 지원에 관한 법률상 육아기 근로시간 단축에 관한 설명으로 옳지 않은 것은?

① 육아기 근로시간 단축을 한 근로자의 평균임금을 산정하는 경우에는 그 근로자의 육아기 근로시간 단축기간을 평균임금 산정기간에서 제외한다.

② 사업주가 육아기 근로시간 단축을 허용하지 아니하는 경우에는 해당 근로자에게 그 사유를 서면으로 통보하여야 한다.

③ 육아기 근로시간 단축을 허용하는 경우, 단축 후 근로시간은 주당 10시간 이상이어야 하고 30시간을 넘어서는 아니 된다.

④ 근로자는 육아기 근로시간 단축을 나누어 사용할 수 있다.

⑤ 사업주는 근로자의 육아기 근로시간 단축기간이 끝난 후에 그 근로자를 육아기 근로시간 단축 전과 같은 업무 또는 같은 수준의 임금을 지급하는 직무에 복귀시켜야 한다.

해설

① (○) 육아기 근로시간 단축을 한 근로자에 대하여 「근로기준법」 제2조 제6호에 따른 평균임금을 산정하는 경우에는 그 근로자의 육아기 근로시간 단축기간을 평균임금 산정기간에서 제외한다(남녀고용평등법 제19조의3 제4항).

② (○) 제1항 단서에 따라 사업주가 육아기 근로시간 단축을 허용하지 아니하는 경우에는 해당 근로자에게 그 사유를 서면으로 통보하고 육아휴직을 사용하게 하거나 출근 및 퇴근시간 조정 등 다른 조치를 통하여 지원할 수 있는지를 해당 근로자와 협의하여야 한다(동법 제19조의2 제2항).

③ (✕) 10시간 → 15시간, 30시간 → 35시간(동법 제19조의2 제3항)

> **제19조의2(육아기 근로시간 단축)** ③ 사업주가 제1항에 따라 해당 근로자에게 육아기 근로시간 단축을 허용하는 경우 단축 후 근로시간은 주당 15시간 이상이어야 하고 35시간을 넘어서는 아니 된다. 〈개정 2019.8.27.〉

④ (○) 근로자는 육아기 근로시간 단축을 나누어 사용할 수 있다. 이 경우 나누어 사용하는 1회의 기간은 3개월(근로계약기간의 만료로 3개월 이상 근로시간 단축을 사용할 수 없는 기간제근로자에 대해서는 남은 근로계약기간을 말한다) 이상이 되어야 한다(동법 제19조의4 제2항).

⑤ (○) 동법 제19조의2 제6항

정답 ③

026 ☐☐☐   ○ △ ✕

산업안전보건법령상 안전보건관리규정에 관한 설명으로 옳지 않은 것은?

① 취업규칙은 안전보건관리규정에 반할 수 없다. 이 경우 취업규칙 중 안전보건관리규정에 반하는 부분에 관하여는 안전보건관리규정으로 정한 기준에 따른다.

② 상시근로자수가 300명인 보험업 사업주는 안전보건관리규정을 작성하여야 한다.

③ 사업주는 안전보건관리규정을 작성할 때 산업안전보건위원회가 설치되어 있지 아니한 사업장의 경우에는 근로자대표의 동의를 받아야 한다.

④ 근로자는 안전보건관리규정을 지켜야 한다.

⑤ 사고조사 및 대책수립에 관한 사항은 안전보건관리규정에 포함되어야 한다.

해설

① (✕) 취업규칙 ↔ 안전보건관리규정(산업안전보건법 제25조 제2항)

> **제25조(안전보건관리규정의 작성)** ② 제1항에 따른 안전보건관리규정(이하 "안전보건관리규정"이라 한다)은 단체협약 또는 취업규칙에 반할 수 없다. 이 경우 안전보건관리규정 중 단체협약 또는 취업규칙에 반하는 부분에 관하여는 그 단체협약 또는 취업규칙으로 정한 기준에 따른다.

② (○) 동법 시행규칙 제25조 제1항 관련 별표 2 제6호

> **제25조(안전보건관리규정의 작성)** ③ 안전보건관리규정을 작성하여야 할 사업의 종류, 사업장의 상시근로자수 및 안전보건관리규정에 포함되어야 할 세부적인 내용, 그 밖에 필요한 사항은 고용노동부령으로 정한다.
> **시행규칙 제25조(안전보건관리규정의 작성)** ① 법 제25조 제3항에 따라 안전보건관리규정을 작성해야 할 사업의 종류 및 상시근로자수는 별표 2와 같다.
> **안전보건관리규정을 작성해야 할 사업의 종류 및 상시근로자수 (시행규칙 제25조 제1항 관련 별표 2)**
>
> | 사업의 종류 | 상시근로자수 |
> |---|---|
> | 1. 농업
2. 어업
3. 소프트웨어 개발 및 공급업
4. 컴퓨터 프로그래밍, 시스템 통합 및 관리업
5. 정보서비스업
6. 금융 및 보험업
7. 임대업; 부동산 제외
8. 전문, 과학 및 기술 서비스업(연구개발업은 제외한다)
9. 사업지원 서비스업
10. 사회복지 서비스업 | 300명 이상 |
> | 11. 제1호부터 제10호까지의 사업을 제외한 사업 | 100명 이상 |

③ (○) 사업주는 안전보건관리규정을 작성하거나 변경할 때에는 산업안전보건위원회의 심의·의결을 거쳐야 한다. 다만, 산업안전보건위원회가 설치되어 있지 아니한 사업장의 경우에는 근로자대표의 동의를 받아야 한다(동법 제26조).

④ (O) 사업주와 근로자는 안전보건관리규정을 지켜야 한다(동법 제27조).

⑤ (O) 동법 제25조 제1항 제4호

> **제25조(안전보건관리규정의 작성)** ① 사업주는 사업장의 안전 및 보건을 유지하기 위하여 다음 각 호의 사항이 포함된 안전보건관리규정을 작성하여야 한다.
> 1. 안전 및 보건에 관한 관리조직과 그 직무에 관한 사항
> 2. 안전보건교육에 관한 사항
> 3. 작업장의 안전 및 보건관리에 관한 사항
> 4. 사고조사 및 대책수립에 관한 사항
> 5. 그 밖에 안전 및 보건에 관한 사항

정답 ①

27 □□□   ○ △ ×

산업안전보건법상 용어의 정의로 옳지 않은 것은?

① "산업재해"란 노무를 제공하는 사람이 업무에 관계되는 건설물·설비·원재료·가스·증기·분진 등에 의하거나 작업 또는 그 밖의 업무로 인하여 사망 또는 부상하거나 질병에 걸리는 것을 말한다.

② "작업환경측정"이란 산업재해를 예방하기 위하여 잠재적 위험성을 발견하고 그 개선대책을 수립할 목적으로 조사·평가하는 것을 말한다.

③ "관계수급인"이란 도급이 여러 단계에 걸쳐 체결된 경우에 각 단계별로 도급받은 사업주 전부를 말한다.

④ "건설공사발주자"란 건설공사를 도급하는 자로서 건설공사의 시공을 주도하여 총괄·관리하지 아니하는 자를 말한다. 다만, 도급받은 건설공사를 다시 도급하는 자는 제외한다.

⑤ "도급인"이란 물건의 제조·건설·수리 또는 서비스의 제공, 그 밖의 업무를 도급하는 사업주를 말한다. 다만, 건설공사발주자는 제외한다.

해설

① (O) ③ (O) ④ (O) ⑤ (O) 산업안전보건법 제2조 제1호, 제9호, 제10호, 제7호

② (×) 작업환경측정 → 안전보건진단(동조 제12호)

> **제2조(정의)** 이 법에서 사용하는 용어의 뜻은 다음과 같다. 〈개정 2023.8.8.〉
> 12. "안전보건진단"이란 산업재해를 예방하기 위하여 잠재적 위험성을 발견하고 그 개선대책을 수립할 목적으로 조사·평가하는 것을 말한다.
> 13. "작업환경측정"이란 작업환경 실태를 파악하기 위하여 해당 근로자 또는 작업장에 대하여 사업주가 유해인자에 대한 측정계획을 수립한 후 시료(試料)를 채취하고 분석·평가하는 것을 말한다.

정답 ②

28 □□□   ○ △ ×

산업안전보건법령상 근로자의 보건관리에 관한 설명으로 옳지 않은 것은?

① 사업주는 잠수작업에 종사하는 근로자에게는 1일 5시간을 초과하여 근로하게 해서는 아니 된다.

② 도급인의 사업장에서 관계수급인의 근로자가 작업을 하는 경우에는 도급인이 법정자격을 가진 자로 하여금 작업환경측정을 하도록 하여야 한다.

③ 사업주는 근로자대표(관계수급인의 근로자대표를 포함한다)가 요구하면 작업환경측정 시 근로자대표를 참석시켜야 한다.

④ 사업주는 건강진단을 실시하는 경우, 근로자대표가 요구하면 근로자대표를 참석시켜야 한다.

⑤ 사업주는 근로자(관계수급인의 근로자를 포함한다)가 신체적 피로와 정신적 스트레스를 해소할 수 있도록 휴식시간에 이용할 수 있는 휴게시설을 갖추어야 한다.

해설

① (×) 5시간 → 6시간(산업안전보건법 제139조 제1항, 시행령 제99조 제1항)

> **제139조(유해·위험작업에 대한 근로시간 제한 등)** ① 사업주는 유해하거나 위험한 작업으로서 높은 기압에서 하는 작업 등 대통령령으로 정하는 작업에 종사하는 근로자에게는 1일 6시간, 1주 34시간을 초과하여 근로하게 해서는 아니 된다.
> **시행령 제99조(유해·위험작업에 대한 근로시간 제한 등)** ① 법 제139조 제1항에서 "높은 기압에서 하는 작업 등 대통령령으로 정하는 작업"이란 잠함(潛函) 또는 잠수작업 등 높은 기압에서 하는 작업을 말한다.

② (O) 제1항에도 불구하고 도급인의 사업장에서 관계수급인 또는 관계수급인의 근로자가 작업을 하는 경우에는 도급인이 제1항에 따른 자격을 가진 자로 하여금 작업환경측정을 하도록 하여야 한다(동법 제125조 제2항).

③ (O) 동조 제4항

④ (O) 동법 제132조 제1항

⑤ (O) 동법 제128조의2 제1항

정답 ①

029 ☐☐☐   ○ △ ✕

직업안정법상 직업소개에 관한 설명으로 옳지 않은 것은?

① 국외 무료직업소개사업을 하려는 자는 고용노동부장관에게 신고하여야 한다.

② 근로복지공단이 업무상 재해를 입은 근로자를 대상으로 하는 직업소개의 경우, 신고를 하지 아니하고 무료직업소개사업을 할 수 있다.

③ 국내 유료직업소개사업을 하려는 자는 고용노동부장관에게 등록하여야 한다.

④ 유료직업소개사업을 등록한 자는 그 등록증을 대여하여서는 아니 된다.

⑤ 유료직업소개사업을 하는 자는 구직자에게 제공하기 위하여 구인자로부터 선급금을 받아서는 아니 된다.

해설

① (○) 무료직업소개사업은 소개대상이 되는 근로자가 취업하려는 장소를 기준으로 하여 국내 무료직업소개사업과 국외 무료직업소개사업으로 구분하되, 국내 무료직업소개사업을 하려는 자는 주된 사업소의 소재지를 관할하는 특별자치도지사 · 시장 · 군수 및 구청장에게 신고하여야 하고, 국외 무료직업소개사업을 하려는 자는 고용노동부장관에게 신고하여야 한다. 신고한 사항을 변경하려는 경우에도 또한 같다(직업안정법 제18조 제1항).

② (○) 동조 제4항 제4호

> **제18조(무료직업소개사업)** ④ 제1항에도 불구하고 다음 각 호의 어느 하나에 해당하는 직업소개의 경우에는 신고를 하지 아니하고 무료직업소개사업을 할 수 있다. 〈개정 2021.8.17.〉
> 1. 「한국산업인력공단법」에 따른 한국산업인력공단이 하는 직업소개
> 2. 「장애인고용촉진 및 직업재활법」에 따른 한국장애인고용공단이 장애인을 대상으로 하는 직업소개
> 3. 교육 관계법에 따른 각급 학교의 장, 「국민 평생 직업능력개발법」에 따른 공공직업훈련시설의 장이 재학생 · 졸업생 또는 훈련생 · 수료생을 대상으로 하는 직업소개
> 4. 「산업재해보상보험법」에 따른 근로복지공단이 업무상 재해를 입은 근로자를 대상으로 하는 직업소개

③ (✕) 고용노동부장관 → 주된 사업소의 소재지를 관할하는 특별자치도지사 · 시장 · 군수 및 구청장(동법 제19조 제1항)

> **제19조(유료직업소개사업)** ① 유료직업소개사업은 소개대상이 되는 근로자가 취업하려는 장소를 기준으로 하여 국내 유료직업소개사업과 국외 유료직업소개사업으로 구분하되, 국내 유료직업소개사업을 하려는 자는 주된 사업소의 소재지를 관할하는 특별자치도지사 · 시장 · 군수 및 구청장에게 등록하여야 하고, 국외 유료직업소개사업을 하려는 자는 고용노동부장관에게 등록하여야 한다. 등록한 사항을 변경하려는 경우에도 또한 같다. 〈개정 2010.6.4.〉

④ (○) 제19조 제1항에 따라 유료직업소개사업을 등록한 자는 타인에게 자기의 성명 또는 상호를 사용하여 직업소개사업을 하게 하거나 그 등록증을 대여하여서는 아니 된다(동법 제21조).

⑤ (○) 제19조 제1항에 따라 등록을 하고 유료직업소개사업을 하는 자 및 그 종사자는 구직자에게 제공하기 위하여 구인자로부터 선급금을 받아서는 아니 된다(동법 제21조의2).

---

030 ☐☐☐   ○ △ ✕

최저임금법령상 최저임금의 결정 등에 관한 설명으로 옳지 않은 것은?

① 고용노동부장관은 매년 3월 31일까지 최저임금위원회에 최저임금에 관한 심의를 요청하여야 한다.

② 최저임금위원회는 고용노동부장관으로부터 최저임금에 관한 심의요청을 받은 경우, 이를 심의하여 최저임금안을 의결하고 심의요청을 받은 날부터 90일 이내에 고용노동부장관에게 제출하여야 한다.

③ 고용노동부장관은 최저임금위원회가 심의하여 제출한 최저임금안에 따라 최저임금을 결정하기가 어렵다고 인정되면 20일 이내에 그 이유를 밝혀 위원회에 10일 이상의 기간을 정하여 재심의를 요청할 수 있다.

④ 고용노동부장관은 매년 8월 5일까지 최저임금을 결정하여야 한다.

⑤ 사용자를 대표하는 자는 고시된 최저임금안에 대하여 이의가 있으면 고시된 날부터 30일 이내에 고용노동부장관에게 이의를 제기할 수 있다.

해설

① (○) 최저임금법 시행령 제7조

② (○) 동법 제8조 제2항

③ (○) 동조 제3항

④ (○) 고용노동부장관은 매년 8월 5일까지 최저임금을 결정하여야 한다. 이 경우 고용노동부장관은 대통령령으로 정하는 바에 따라 제12조에 따른 최저임금위원회(이하 "위원회"라 한다)에 심의를 요청하고, 위원회가 심의하여 의결한 최저임금안에 따라 최저임금을 결정하여야 한다(동법 제8조 제1항).

⑤ (✕) 30일 → 10일(동법 제9조 제2항 전단)

> **제9조(최저임금안에 대한 이의제기)** ② 근로자를 대표하는 자나 사용자를 대표하는 자는 제1항에 따라 고시된 최저임금안에 대하여 이의가 있으면 고시된 날부터 10일 이내에 대통령령으로 정하는 바에 따라 고용노동부장관에게 이의를 제기할 수 있다. 이 경우 근로자를 대표하는 자나 사용자를 대표하는 자의 범위는 대통령령으로 정한다. 〈개정 2010.6.4.〉

정답 ⑤

---

031 □□□   ○ △ ×

최저임금법령상 최저임금위원회에 관한 설명으로 옳지 않은 것은?

① 위원장과 부위원장은 공익위원 중에서 위원회가 선출한다.
② 위원회에 2명의 상임위원을 두며, 상임위원은 근로자위원과 사용자위원 각 1명으로 한다.
③ 위원의 임기는 3년으로 하되, 연임할 수 있다.
④ 위원회의 회의는 이 법으로 따로 정하는 경우 외에는 재적위원 과반수의 출석과 출석위원 과반수의 찬성으로 의결한다.
⑤ 위원은 임기가 끝났더라도 후임자가 임명되거나 위촉될 때까지 계속하여 직무를 수행한다.

해설

① (○) 최저임금법 제15조 제2항
② (×) 근로자위원과 사용자위원 각 1명으로 한다 → 공익위원이 된다(동법 제14조 제2항)

> **제14조(위원회의 구성 등)** ② 위원회에 2명의 상임위원을 두며, 상임위원은 공익위원이 된다.

③ (○) 동조 제3항
④ (○) 동법 제17조 제3항
⑤ (○) 동법 제14조 제5항

정답 ②

032 □□□   ○ △ ×

근로자퇴직급여 보장법상 퇴직급여제도에 관한 설명으로 옳지 않은 것은?

① 사용자는 계속근로기간이 1년 미만인 근로자에 대하여는 퇴직급여제도를 설정하지 않아도 된다.
② 퇴직급여제도를 설정하는 경우에 하나의 사업에서 급여 및 부담금 산정방법의 적용 등에 관하여 차등을 두어서는 아니 된다.
③ 사용자가 퇴직급여제도를 다른 종류의 퇴직급여제도로 변경하려는 경우에는 근로자의 과반수를 대표하는 자와 사전협의를 하여야 한다.
④ 사용자는 근로자가 퇴직한 경우에는 그 지급사유가 발생한 날부터 14일 이내에 퇴직금을 지급하여야 하나, 특별한 사정이 있는 경우에는 당사자 간의 합의에 따라 지급기일을 연장할 수 있다.
⑤ 퇴직금을 받을 권리는 3년간 행사하지 아니하면 시효로 인하여 소멸한다.

해설

① (○) 사용자는 퇴직하는 근로자에게 급여를 지급하기 위하여 퇴직

급여제도 중 하나 이상의 제도를 설정하여야 한다. 다만, 계속근로기간이 1년 미만인 근로자, 4주간을 평균하여 1주간의 소정근로시간이 15시간 미만인 근로자에 대하여는 그러하지 아니하다(퇴직급여법 제4조 제1항).
② (○) 동조 제2항
③ (×) 과반수를 대표하는 자와 사전협의를 하여야 한다 → 과반수가 가입한 노동조합이 있는 경우에는 그 노동조합, 근로자의 과반수가 가입한 노동조합이 없는 경우에는 근로자 과반수의 동의를 받아야 한다(동조 제3항)

> **제4조(퇴직급여제도의 설정)** ③ 사용자가 퇴직급여제도를 설정하거나 설정된 퇴직급여제도를 다른 종류의 퇴직급여제도로 변경하려는 경우에는 근로자의 과반수가 가입한 노동조합이 있는 경우에는 그 노동조합, 근로자의 과반수가 가입한 노동조합이 없는 경우에는 근로자 과반수(이하 "근로자대표"라 한다)의 동의를 받아야 한다.

④ (○) 사용자는 근로자가 퇴직한 경우에는 그 지급사유가 발생한 날부터 14일 이내에 퇴직금을 지급하여야 한다. 다만, 특별한 사정이 있는 경우에는 당사자 간의 합의에 따라 지급기일을 연장할 수 있다(동법 제9조 제1항).
⑤ (○) 동법 제10조

정답 ③

033 □□□   ○ △ ×

근로자퇴직급여 보장법령상 확정기여형퇴직연금제도에 가입한 근로자가 적립금을 중도인출할 수 있는 경우를 모두 고른 것은?

> ㄱ. 무주택자인 가입자가 주거를 목적으로 「주택임대차보호법」 제3조의2에 따른 보증금을 부담하는 경우(가입자가 하나의 사업 또는 사업장에 근로하는 동안 1회로 한정한다)
> ㄴ. 무주택자인 가입자가 본인 명의로 주택을 구입하는 경우
> ㄷ. 가입자 배우자의 부양가족의 장례비를 가입자가 부담하는 경우

① ㄱ   ② ㄷ   ③ ㄱ, ㄴ
④ ㄴ, ㄷ   ⑤ ㄱ, ㄴ, ㄷ

해설

③ (○) ㄱ, ㄴ이 확정기여형퇴직연금제도에 가입한 근로자가 적립금을 중도인출할 수 있는 경우이다.
[보충] 가입자 배우자의 부양가족의 장례비를 가입자가 부담하는 경우(시행령 제4호의2 다목)는 이에 해당되지 아니한다.

> **퇴직급여법 시행령 제2조(퇴직연금제도 수급권의 담보제공사유 등)** ① 「근로자퇴직급여 보장법」(이하 "법"이라 한다) 제7조 제2항 전단에서 "주택구입 등 대통령령으로 정하는 사유와 요건을 갖춘 경우"란 다음 각 호의 어느 하나에 해당하는 경우를 말한다.
> 〈개정 2020.11.3.〉
> 1. 무주택자인 가입자가 본인 명의로 주택을 구입하는 경우

1의2. 무주택자인 가입자가 주거를 목적으로 「민법」 제303조에 따른 전세금 또는 「주택임대차보호법」 제3조의2에 따른 보증금을 부담하는 경우. 이 경우 가입자가 하나의 사업 또는 사업장(이하 "사업"이라 한다)에 근로하는 동안 1회로 한정한다.

2. 가입자가 6개월 이상 요양을 필요로 하는 다음 각 목의 어느 하나에 해당하는 사람의 질병이나 부상에 대한 의료비(「소득세법 시행령」 제118조의5 제1항 및 제2항에 따른 의료비를 말한다. 이하 같다)를 부담하는 경우

　가. 가입자 본인
　나. 가입자의 배우자
　다. 가입자 또는 그 배우자의 부양가족(「소득세법」 제50조 제1항 제3호에 따른 부양가족을 말한다. 이하 같다)

3. 담보를 제공하는 날부터 거꾸로 계산하여 5년 이내에 가입자가 「채무자 회생 및 파산에 관한 법률」에 따라 파산선고를 받은 경우

4. 담보를 제공하는 날부터 거꾸로 계산하여 5년 이내에 가입자가 「채무자 회생 및 파산에 관한 법률」에 따라 개인회생절차 개시결정을 받은 경우

4의2. 다음 각 목의 어느 하나에 해당하는 사람의 대학등록금, 혼례비 또는 장례비를 가입자가 부담하는 경우

　가. 가입자 본인
　나. 가입자의 배우자
　다. 가입자 또는 그 배우자의 부양가족

5. 사업주의 휴업실시로 근로자의 임금이 감소하거나 재난(「재난 및 안전관리 기본법」 제3조 제1호에 따른 재난을 말한다. 이하 같다)으로 피해를 입은 경우로서 고용노동부장관이 정하여 고시하는 사유와 요건에 해당하는 경우

시행령 제14조(확정기여형퇴직연금제도의 중도인출사유) ① 법 제22조에서 "주택구입 등 대통령령으로 정하는 사유"란 다음 각 호의 어느 하나에 해당하는 경우를 말한다. 〈개정 2020.11.3.〉

1. 제2조 제1항 제1호·제1호의2 또는 제5호(재난으로 피해를 입은 경우로 한정한다)에 해당하는 경우

1의2. 제2조 제1항 제2호에 해당하는 경우로서 가입자가 본인 연간 임금총액의 1천분의 125를 초과하여 의료비를 부담하는 경우

2. 중도인출을 신청한 날부터 거꾸로 계산하여 5년 이내에 가입자가 「채무자 회생 및 파산에 관한 법률」에 따라 파산선고를 받은 경우

3. 중도인출을 신청한 날부터 거꾸로 계산하여 5년 이내에 가입자가 「채무자 회생 및 파산에 관한 법률」에 따라 개인회생절차 개시결정을 받은 경우

4. 법 제7조 제2항 후단에 따라 퇴직연금제도의 급여를 받을 권리를 담보로 제공하고 대출을 받은 가입자가 그 대출 원리금을 상환하기 위한 경우로서 고용노동부장관이 정하여 고시하는 사유에 해당하는 경우

정답 ③

---

034 □□□　　　○ △ ×

임금채권보장법령에 관한 설명으로 옳지 않은 것은?

① 도산대지급금을 지급받으려는 사람은 도산등사실인정이 있은 날부터 3년 이내에 근로복지공단에 직접 대지급금의 지급을 청구해야 한다.

② 이 법은 국가와 지방자치단체가 직접 수행하는 사업에 적용하지 아니한다.

③ 재직근로자에 대한 대지급금은 해당 근로자가 하나의 사업에 근로하는 동안 1회만 지급한다.

④ 임금채권보장기금은 고용노동부장관이 관리·운용한다.

⑤ 고용노동부장관은 사업주로부터 임금등을 지급받지 못한 근로자의 생활안정을 위하여 근로자의 신청에 따라 생계비에 필요한 비용을 융자할 수 있다.

해설

① (×) 3년 → 2년, 근로복지공단에 직접 → 고용노동부장관에게(임금채권보장법 시행령 제9조 제1항 제1호)

> **시행령 제9조(대지급금의 청구와 지급)** ① 대지급금을 지급받으려는 사람은 다음 각 호의 구분에 따른 기간 이내에 고용노동부장관에게 대지급금의 지급을 청구해야 한다.
> 1. 도산대지급금의 경우: 파산선고등 또는 도산등사실인정이 있은 날부터 2년 이내
> 2. 법 제7조 제1항 제4호에 따른 대지급금의 경우: 판결등이 있은 날부터 1년 이내
> 3. 법 제7조 제1항 제5호에 따른 대지급금의 경우: 체불임금등·사업주확인서가 최초로 발급된 날부터 6개월 이내
> 4. 법 제7조의2 제1항에 따른 대지급금의 경우: 판결등이 있은 날부터 1년 이내 또는 체불임금등·사업주확인서가 최초로 발급된 날부터 6개월 이내

② (○) 이 법은 「산업재해보상보험법」 제6조에 따른 사업 또는 사업장(이하 "사업"이라 한다)에 적용한다. 다만, 국가와 지방자치단체가 직접 수행하는 사업은 그러하지 아니하다(동법 제3조).

③ (○) 동법 제7조의2 제4항

④ (○) 동법 제20조 제1항

⑤ (○) 고용노동부장관은 사업주로부터 임금등을 지급받지 못한 근로자(퇴직한 근로자를 포함한다)의 생활안정을 위하여 근로자의 신청에 따라 생계비에 필요한 비용을 융자할 수 있다(동법 제7조의3 제2항).

정답 ①

35 ☐☐☐   ○ △ ✕

임금채권보장법상 사업주로부터 징수하는 부담금에 관한 설명으로 옳지 않은 것은?

① 사업주가 부담하여야 하는 부담금은 그 사업에 종사하는 근로자의 보수총액에 1천분의 2의 범위에서 임금채권보장기금심의위원회의 심의를 거쳐 고용노동부장관이 정하는 부담금비율을 곱하여 산정한 금액으로 한다.

② 이 법은 사업주의 부담금에 관하여 다른 법률에 우선하여 적용한다.

③ 「외국인근로자의 고용 등에 관한 법률」에 따라 외국인 근로자 출국만기보험 · 신탁에 가입한 사업주에 대하여는 부담금을 경감할 수 있다.

④ 「근로기준법」 또는 「근로자퇴직급여 보장법」에 따라 퇴직금을 미리 정산하여 지급한 사업주에 대하여는 부담금을 경감할 수 있다.

⑤ 사업주의 부담금을 산정할 때 해당 연도의 보수총액을 결정하기 곤란한 경우에는 전년도의 보수총액을 기준으로 부담금을 결정한다.

해설

① (○) 임금채권보장법 제9조 제2항
② (○) 동조 제5항
③ (○) ④ (○) 동법 제10조 제4호, 제2호

> **제10조(부담금의 경감)** 고용노동부장관은 다음 각 호의 어느 하나에 해당하는 사업주에 대하여는 제9조에 따른 부담금을 경감할 수 있다. 이 경우 그 경감기준은 고용노동부장관이 위원회의 심의를 거쳐 정한다. 〈개정 2024.2.6.〉
> 1. 삭제 〈2014.3.24.〉
> 2. 「근로기준법」 또는 「근로자퇴직급여 보장법」에 따라 퇴직금을 미리 정산하여 지급한 사업주
> 3. 법률 제7379호 근로자퇴직급여보장법 부칙 제2조 제1항에 따른 퇴직보험등에 가입한 사업주, 「근로자퇴직급여 보장법」 제3장에 따른 확정급여형퇴직연금제도, 같은 법 제4장에 따른 확정기여형퇴직연금제도, 같은 법 제4장의2에 따른 중소기업퇴직연금기금제도 또는 같은 법 제25조에 따른 개인형퇴직연금제도를 설정한 사업주
> 4. 「외국인근로자의 고용 등에 관한 법률」 제13조에 따라 외국인근로자 출국만기보험 · 신탁에 가입한 사업주

⑤ (✕) 전년도의 보수총액을 기준으로 부담금 → 고용산재보험료징수법 제13조 제6항에 따라 고시하는 노무비율(勞務比率)에 따라 보수총액(동법 제9조 제3항)

> **제9조(사업주의 부담금)** ③ 보수총액을 결정하기 곤란한 경우에는 고용산재보험료징수법 제13조 제6항에 따라 고시하는 노무비율(勞務比率)에 따라 보수총액을 결정한다. 〈개정 2021.4.13.〉

정답 ⑤

36 ☐☐☐   ○ △ ✕

근로복지기본법에 관한 설명으로 옳지 않은 것은?

① 누구든지 국가 또는 지방자치단체가 근로자의 주거안정, 생활안정 및 재산형성 등 근로복지를 위하여 이 법에 따라 융자한 자금을 그 목적사업에만 사용하여야 한다.

② 국가 또는 지방자치단체는 근로자가 아니면서 자신이 아닌 다른 사람의 사업을 위하여 다른 사람을 사용하지 아니하고 자신이 직접 노무를 제공하여 노무수령자로부터 대가를 얻는 사람을 대상으로 근로복지사업을 실시할 수 있다.

③ 사업주는 선택적 복지제도를 실시할 때에는 근로자의 직급, 근속연수, 부양가족 등을 고려하여 합리적인 기준에 따라 수혜 수준을 달리할 수 있다.

④ 근로복지시설을 설치 · 운영하는 자는 근로자의 소득수준, 가족관계 등을 고려하여 근로복지시설의 이용자를 제한하거나 이용료를 차등하여 받을 수 없다.

⑤ 우리사주조합의 규약 제정과 변경에 관한 사항은 반드시 우리사주조합원총회의 의결을 거쳐야 한다.

해설

① (○) 근로복지기본법 제6조
② (○) 동법 제95조의2 제1항 제1호

> **제95조의2(특수형태근로종사자 등에 대한 특례)** ① 국가 또는 지방자치단체는 다음 각 호의 어느 하나에 해당하는 사람을 대상으로 근로복지사업을 실시할 수 있다. 〈개정 2021.8.17.〉
> 1. 근로자가 아니면서 자신이 아닌 다른 사람의 사업을 위하여 다른 사람을 사용하지 아니하고 자신이 직접 노무를 제공하여 해당 사업주 또는 노무수령자로부터 대가를 얻는 사람
> 2. 「산업재해보상보험법」 제124조 제1항에 따른 중 · 소기업 사업주(근로자를 사용하는 사업주는 제외한다)

③ (○) 사업주는 선택적 복지제도를 실시할 때에는 해당 사업 내의 모든 근로자가 공평하게 복지혜택을 받을 수 있도록 하여야 한다. 다만, 근로자의 직급, 근속연수, 부양가족 등을 고려하여 합리적인 기준에 따라 수혜 수준을 달리할 수 있다(동법 제81조 제2항).

④ (✕) 없다 → 있다(동법 제30조)

> **제30조(이용료 등)** 근로복지시설을 설치 · 운영하는 자는 근로자의 소득수준, 가족관계 등을 고려하여 근로복지시설의 이용자를 제한하거나 이용료를 차등하여 받을 수 있다.

⑤ (○) 동법 제35조 제2항 제1호, 제3항

> **제35조(우리사주조합의 운영 등)** ② 다음 각 호의 사항은 우리사주조합원총회의 의결을 거쳐야 한다.
> 1. 규약의 제정과 변경에 관한 사항
> 2. 제36조에 따른 우리사주조합기금의 조성에 관한 사항
> 3. 예산 및 결산에 관한 사항
> 4. 우리사주조합의 대표자 등 임원 선출
> 5. 그 밖에 우리사주조합의 운영에 관하여 중요한 사항
> ③ 우리사주조합은 규약으로 우리사주조합원총회를 갈음할 대의원회를 둘 수 있다. 다만, 제2항 제1호에 관한 사항은 반드시

우리사주조합원총회의 의결을 거쳐야 한다.

정답 ④

037 □□□   ○ △ ×

외국인근로자의 고용 등에 관한 법률상 취업활동기간 제한의 특례에 관한 내용이다. (   )에 들어갈 내용을 옳게 나열한 것은?

> 고용허가를 받은 사용자에게 고용된 외국인근로자로서 취업활동기간 (ㄱ)이 만료되어 출국하기 전에 사용자가 고용노동부장관에게 재고용허가를 요청한 근로자는 한 차례만 (ㄴ) 미만의 범위에서 취업활동기간을 연장받을 수 있다.

① ㄱ: 2년, ㄴ: 1년
② ㄱ: 2년, ㄴ: 2년
③ ㄱ: 3년, ㄴ: 1년
④ ㄱ: 3년, ㄴ: 2년
⑤ ㄱ: 3년, ㄴ: 3년

해설

④ (○) ㄱ: 3년, ㄴ: 2년

> 외국인고용법 제18조의2(취업활동기간 제한에 관한 특례) ① 다음 각 호의 외국인근로자는 제18조에도 불구하고 한 차례만 2년 미만의 범위에서 취업활동기간을 연장받을 수 있다. 〈개정 2020.5.26.〉
> 1. 제8조 제4항에 따른 고용허가를 받은 사용자에게 고용된 외국인근로자로서 제18조에 따른 취업활동기간 3년이 만료되어 출국하기 전에 사용자가 고용노동부장관에게 재고용허가를 요청한 근로자
> 2. 제12조 제3항에 따른 특례고용가능확인을 받은 사용자에게 고용된 외국인근로자로서 제18조에 따른 취업활동기간 3년이 만료되어 출국하기 전에 사용자가 고용노동부장관에게 재고용허가를 요청한 근로자

정답 ④

038 □□□   ○ △ ×

외국인근로자의 고용 등에 관한 법령에 관한 설명으로 옳지 않은 것은?

① 「직업안정법」에 따른 직업안정기관이 아닌 자는 외국인근로자의 선발, 알선, 그 밖의 채용에 개입하여서는 아니 된다.
② 법무부장관은 송출국가가 송부한 송출대상 인력을 기초로 외국인구직자 명부를 작성하고, 관리하여야 한다.
③ 외국인근로자 고용허가를 최초로 받은 사용자는 노동관계법령·인권 등에 관한 교육을 받아야 한다.
④ 외국인근로자는 입국한 후 15일 이내에 외국인 취업교육을 받아야 한다.
⑤ 고용허가에 따라 체결된 근로계약의 효력발생시기는 외국인근로자가 입국한 날로 한다.

해설

① (○) 외국인고용법 제8조 제6항
② (×) 법무부장관 → 고용노동부장관(동법 시행령 제12조 제2항)

> 시행령 제12조(외국인구직자 명부의 작성) ② 고용노동부장관은 송출국가가 송부한 송출대상 인력을 기초로 외국인구직자 명부를 작성하고, 관리하여야 한다. 〈개정 2010.7.12.〉

③ (○) 동법 제11조의2 제1항
④ (○) 동법 제11조 제1항, 동법 시행규칙 제10조

> 제11조(외국인 취업교육) ① 외국인근로자는 입국한 후에 고용노동부령으로 정하는 기간 이내에 한국산업인력공단 또는 제11조의3에 따른 외국인 취업교육기관에서 국내 취업활동에 필요한 사항을 주지(周知)시키기 위하여 실시하는 교육(이하 "외국인 취업교육"이라 한다)을 받아야 한다. 〈개정 2022.6.10.〉
> 시행규칙 제10조(외국인 취업교육 이수기한) 법 제11조 제1항에서 "고용노동부령으로 정하는 기간"이란 15일을 말한다. 〈개정 2010.7.12.〉

⑤ (○) 동법 시행령 제17조

정답 ②

039 □□□   ○ △ ✕

헌법 제32조에 명시된 내용으로 옳은 것은?

① 국가는 근로의 의무의 내용과 조건을 민주주의원칙에
   따라 법률로 정한다.
② 사용자는 적정임금의 보장에 노력하여야 한다.
③ 전몰군경은 법률이 정하는 바에 의하여 우선적으로 근
   로의 기회를 부여받는다.
④ 근로의 권리는 인간의 존엄성을 보장하도록 법률로 정
   한다.
⑤ 미성년자의 근로는 고용·임금 및 근로조건에 있어서
   부당한 차별을 받지 아니한다.

해설

① (○) 모든 국민은 근로의 의무를 진다. 국가는 근로의 의무의 내용
   과 조건을 민주주의원칙에 따라 법률로 정한다(대한민국헌법 제
   32조 제2항).

② (✕) 사용자 → 국가(동조 제1항 후단)

> 제32조 ① 모든 국민은 근로의 권리를 가진다. 국가는 사회적
> ·경제적 방법으로 근로자의 고용의 증진과 적정임금의 보장에
> 노력하여야 하며, 법률이 정하는 바에 의하여 최저임금제를 시행
> 하여야 한다.

③ (✕) 전몰군경은 → 전몰군경의 유가족은(동조 제6항)

> 제32조 ⑥ 국가유공자·상이군경 및 전몰군경의 유가족은 법률
> 이 정하는 바에 의하여 우선적으로 근로의 기회를 부여받는다.

④ (✕) 근로의 권리는 → 근로조건의 기준은(동조 제3항)

> 제32조 ③ 근로조건의 기준은 인간의 존엄성을 보장하도록 법
> 률로 정한다.

⑤ (✕) 미성년자 → 여자(동조 제4항)

> 제32조 ④ 여자의 근로는 특별한 보호를 받으며, 고용·임금 및
> 근로조건에 있어서 부당한 차별을 받지 아니한다.

정답 ①

040 □□□   ○ △ ✕

**우리나라가 비준한 국제노동기구(ILO)의 협약을 모두 고른
것은?**

> ㄱ. 취업최저연령에 관한 협약(제138호)
> ㄴ. 산업안전보건과 작업환경에 관한 협약(제155호)
> ㄷ. 결사의 자유 및 단결권 보호에 관한 협약(제87호)
> ㄹ. 단결권 및 단체교섭권원칙의 적용에 관한 협약(제98호)

① ㄱ, ㄴ   ② ㄱ, ㄴ, ㄷ   ③ ㄱ, ㄷ, ㄹ
④ ㄴ, ㄷ, ㄹ   ⑤ ㄱ, ㄴ, ㄷ, ㄹ

해설

⑤ (○) 모두 우리나라가 비준한 국제노동기구(ILO)의 협약이다.

우리나라가 비준한 국제노동기구(ILO) 협약

• 실업 협약(제2호)
• 균등대우(재해보상) 협약(제19호)
• 최저임금결정제도 협약(제26호)
• 강제노동 협약(제29호) [핵심]
• 주 40시간 협약(제47호)
• 항해사 해기(海技)면허 협약(제53호)
• 선원의 건강진단에 관한 협약(제73호)
• 근로감독 협약(제81호)
• 결사의 자유 및 단결권 보호 협약(제87호) [핵심]
• 고용서비스 협약(제88호)
• 단결권 및 단체교섭권 협약(제98호) [핵심]
• 동등보수 협약(제100호) [핵심]
• 차별(고용과 직업) 협약(제111호) [핵심]
• 고용정책 협약(제122호)
• 최저임금 결정 협약(제131호)
• 근로자대표 협약(제135호)
• 최저연령 협약(제138호) [핵심]
• 직업성 암 협약(제139호)
• 인적자원 개발 협약(제142호)
• 3자협의(국제노동기준) 협약(제144호)
• 노동행정 협약(제150호)
• 산업안전보건 협약(제155호)
• 가족부양의무 근로자 협약(제156호)
• 직업재활과 고용(장애인) 협약(제159호)
• 노동통계 협약(제160호)
• 화학물질 협약(제170호)
• 가혹한 형태의 아동노동 협약(제182호) [핵심]
• 해사노동 협약(MLC)
• 산업안전보건 증진체계 협약(제187호) 등

정답 ⑤

001 □□□ ○ △ ×

헌법 제32조에 명시적으로 규정된 내용은?

① 국가는 법률이 정하는 바에 의하여 적정임금제를 시행하여야 한다.

② 국가는 사회적·경제적 방법으로 근로자의 고용을 보장하여야 한다.

③ 장애인의 근로는 특별한 보호를 받으며, 고용·임금 및 근로조건에 있어서 부당한 차별을 받지 아니한다.

④ 국가는 근로의 의무의 내용과 조건을 민주주의 원칙에 따라 법률로 정한다.

⑤ 국가는 전몰군경의 유가족이 우선적으로 근로의 기회를 부여받도록 노력하여야 한다.

해설

① (×) ② (×) 적정임금제 → 최저임금제, 고용을 보장하여야 한다 → 고용의 증진과 적정임금의 보장에 노력하여야 한다(대한민국 헌법 제32조 제1항 후단)

> **제32조** ① 모든 국민은 근로의 권리를 가진다. 국가는 사회적·경제적 방법으로 근로자의 고용의 증진과 적정임금의 보장에 노력하여야 하며, 법률이 정하는 바에 의하여 최저임금제를 시행하여야 한다.

③ (×) 장애인 → 여자(동조 제4항)

[보충] 특별한 보호를 받는 근로는 여자 및 연소자의 근로이다. 장애인의 근로는 이에 해당하지 아니하고, 관련 규정 또한 없다.

> **제32조** ④ 여자의 근로는 특별한 보호를 받으며, 고용·임금 및 근로조건에 있어서 부당한 차별을 받지 아니한다.
> ⑤ 연소자의 근로는 특별한 보호를 받는다.

④ (○) 동조 제2항 후단

⑤ (×) 노력 → "삭제"(동조 제6항)

> **제32조** ⑥ 국가유공자·상이군경 및 전몰군경의 유가족은 법률이 정하는 바에 의하여 우선적으로 근로의 기회를 부여받는다.

정답 ④

002 □□□ ○ △ ×

노동법의 법원(法源)에 관한 설명으로 옳지 않은 것은? (다툼이 있으면 판례에 따름)

① 헌법에 따라 체결·공포된 조약은 국내법과 같은 효력을 가지므로 노동법의 법원이 된다.

② 노동조합규약은 일종의 자치적 법규범으로서 소속조합원에 대하여 법적 효력을 가진다.

③ 고용노동부의 행정해석은 고용노동부의 그 소속 기관의 내부적 업무처리지침에 불과하여 노동법의 법원이 아니다.

④ 노동관행은 그 자체로서는 법적 구속력을 가지지 않지만, 일정한 요건을 갖춘 경우에는 법원으로 인정된다.

⑤ 근로자와 사용자가 개별적으로 체결한 근로계약은 노동법의 법원이 아니다.

해설

① (○) 헌법에 의하여 체결·공포된 조약과 일반적으로 승인된 국제법규는 국내법과 같은 효력을 가진다(대한민국헌법 제6조 제1항). 따라서 이는 노동법의 법원이 되고, 우리나라가 비준·공포한 국제노동기구(ILO) 협약들이 그 대표적인 예이다.

[보충] 국제노동기구는 핵심협약 8개에 대하여는 반드시 비준하도록 회원국들에게 권고하고 있는데, 우리나라는 그동안 비준을 연기하여 오던 4개 핵심협약 중 강제노동 철폐 협약(제105호)을 제외하고, 나머지에 대하여 비준하였다.

② (○) 노동조합은 근로자들이 자신들의 이익을 옹호하기 위하여 자주적으로 결성한 임의단체로서 그 내부운영에 있어서 조합규약 및 다수결에 의한 자치가 보장되므로, 노동조합이 자체적으로 마련한 선거관리규정은 조합 민주주의를 실현하기 위한 강행법규에 적합한 범위 내에서는 일종의 자치적 법규범으로서 국가법질서 내에서 법적 효력을 가진다(대법원 1998.2.27, 97다43567).

③ (○) 고용노동부의 예규 등 행정해석은 고용노동부가 관계법령의 통일적·효율적 감독·시행을 위한 내부적 업무처리지침에 불과하고, 관계당사자나 법관을 구속할 수 없으므로, 노동법의 법원으로 인정되지 아니한다.

[보충] 업무상재해인정기준에 관한 노동부 예규는 그 규정의 성질과 내용이 행정기관 내부의 사무처리준칙을 규정한 데 불과한 것이어서 국민이나 법원을 구속하는 것이 아니라고 할 것이다(대법원 1990.9.25, 90누2727).

④ (○) 판례에 따르면, 기업의 내부에 존재하는 특정의 관행이 근로계약의 내용을 이루고 있다고 하기 위하여는 그러한 관행이 기업사회에서 일반적으로 근로관계를 규율하는 규범적인 사실로서 명확히 승인되거나 기업의 구성원에 의하여 일반적으로 아무도 이의를 제기하지 아니한 채 당연한 것으로 받아들여져서 기업 내에서 사실상의 제도로서 확립되어 있다고 할 수 있을 정도의 규범의식에 의하여 지지되고 있어야 한다(대법원 2002.4.23, 2000다50701). 즉, 이와 같은 요건을 갖춘 경우에 노동관행은 근로계약이나 단체

협약의 내용으로 인정됨으로써 법원이 된다 할 것이다.
⑤ (×) 사용자와 개별 근로자 사이에 체결되는 근로계약은 그 적용을 받는 당사자의 권리·의무를 규율하고 있으므로, 노동법의 법원으로 인정된다 할 것이다.

정답 ⑤

---

003 □□□ ○ △ ×

근로기준법상 근로계약에 관한 설명으로 옳지 않은 것은?

① 「근로기준법」에 정하는 기준에 미치지 못하는 근로조건을 정한 근로계약은 그 부분에 한정하여 무효로 한다.
② 사용자는 근로계약에 덧붙여 저축금의 관리를 규정하는 계약을 체결할 수 있다.
③ 근로자는 근로계약 체결 시 명시된 근로조건이 사실과 다를 경우에 근로조건 위반을 이유로 손해의 배상을 청구할 수 있다.
④ 사용자는 근로계약 체결 후 소정근로시간을 변경하는 경우에 근로자에게 명시하여야 한다.
⑤ 단시간근로자의 근로조건은 그 사업장의 같은 종류의 업무에 종사하는 통상근로자의 근로시간을 기준으로 산정한 비율에 따라 결정되어야 한다.

해설

① (○) 근로기준법 제15조 제1항
② (×) 체결할 수 있다 → 체결하지 못한다(동법 제22조 제1항)

> **제22조(강제저금의 금지)** ① 사용자는 근로계약에 덧붙여 강제 저축 또는 저축금의 관리를 규정하는 계약을 체결하지 못한다.
> ② 사용자가 근로자의 위탁으로 저축을 관리하는 경우에는 다음 각 호의 사항을 지켜야 한다.
> 1. 저축의 종류·기간 및 금융기관을 근로자가 결정하고, 근로자 본인의 이름으로 저축할 것
> 2. 근로자가 저축증서 등 관련 자료의 열람 또는 반환을 요구할 때에는 즉시 이에 따를 것

③ (○) 제17조에 따라 명시된 근로조건이 사실과 다를 경우에 근로자는 근로조건 위반을 이유로 손해의 배상을 청구할 수 있으며 즉시 근로계약을 해제할 수 있다(동법 제19조 제1항).
④ (○) 동법 제17조 제1항 후단 제2호

> **제17조(근로조건의 명시)** ① 사용자는 근로계약을 체결할 때에 근로자에게 다음 각 호의 사항을 명시하여야 한다. 근로계약 체결 후 다음 각 호의 사항을 변경하는 경우에도 또한 같다. 〈개정 2010.5.25.〉
> 1. 임금
> 2. 소정근로시간
> 3. 제55조에 따른 휴일
> 4. 제60조에 따른 연차유급휴가
> 5. 그 밖에 대통령령으로 정하는 근로조건

⑤ (○) 동법 제18조 제1항

정답 ②

---

004 □□□ ○ △ ×

근로기준법상 기본원리에 관한 설명으로 옳지 않은 것은?

① 사용자뿐만 아니라 근로자도 취업규칙과 근로계약을 지키고 성실하게 이행할 의무가 있다.
② 사용자는 근로자에 대하여 국적·신앙 또는 사회적 신분을 이유로 근로조건에 대한 차별적 처우를 하지 못한다.
③ 누구든지 법률에 따르지 아니하고는 영리로 다른 사람의 취업에 개입하지 못한다.
④ 「근로기준법」에서 정하는 근로조건은 최저기준이므로 근로관계 당사자는 이 기준을 이유로 근로조건을 낮출 수 없다.
⑤ 사용자는 근로자가 근로시간 중에 공(公)의 직무를 집행하기 위하여 필요한 시간을 청구하면 유급으로 보장하여야 한다.

해설

① (○) 근로자와 사용자는 각자가 단체협약, 취업규칙과 근로계약을 지키고 성실하게 이행할 의무가 있다(근로기준법 제5조).
② (○) 사용자는 근로자에 대하여 남녀의 성(性)을 이유로 차별적 대우를 하지 못하고, 국적·신앙 또는 사회적 신분을 이유로 근로조건에 대한 차별적 처우를 하지 못한다(동법 제6조).
③ (○) 누구든지 법률에 따르지 아니하고는 영리로 다른 사람의 취업에 개입하거나 중간인으로서 이익을 취득하지 못한다(동법 제9조).
④ (○) 이 법에서 정하는 근로조건은 최저기준이므로 근로관계 당사자는 이 기준을 이유로 근로조건을 낮출 수 없다(동법 제3조).
⑤ (×) 유급으로 보장하여야 한다 → 거부하지 못한다(동법 제10조)
[**보충**] 사용자는 근로자가 청구한 시간에 대하여 거부할 수 없을 뿐, 그 시간에 대한 임금까지 지급할 필요는 없다. 그 시간에 대한 유급 여부는 취업규칙이나 사용자의 자유로운 결정에 따르되, 관련 법령에서 휴무(휴업)로 하지 아니하도록 규정된 공직선거법이나 예비군법, 민방위기본법에 따라 근로하지 못한 시간에 대하여는 유급으로 한다.

> **제10조(공민권 행사의 보장)** 사용자는 근로자가 근로시간 중에 선거권, 그 밖의 공민권(公民權) 행사 또는 공(公)의 직무를 집행하기 위하여 필요한 시간을 청구하면 거부하지 못한다. 다만, 그 권리행사나 공(公)의 직무를 수행하는 데에 지장이 없으면 청구한 시간을 변경할 수 있다.

정답 ⑤

005 ☐☐☐ ○ △ ✕

근로기준법 제23조(해고 등의 제한) 제1항이 적용되는 사업장을 모두 고른 것은? (다툼이 있으면 판례에 따름)

> ㄱ. 상시 5명의 동거하는 친족만을 사용하는 사업장
> ㄴ. 상시 1명의 공무원이 아닌 근로자를 사용하는 지방자치단체
> ㄷ. 상시 3명의 근로자를 사용하는 건설업체
> ㄹ. 상시 5명의 유치원 교사를 채용하여 사용하는 종교단체

① ㄱ, ㄴ   ② ㄱ, ㄷ   ③ ㄴ, ㄷ
④ ㄴ, ㄹ   ⑤ ㄴ, ㄷ, ㄹ

해설

> **근로기준법 제11조(적용범위)** ① 이 법은 상시 5명 이상의 근로자를 사용하는 모든 사업 또는 사업장에 적용한다. 다만, 동거하는 친족만을 사용하는 사업 또는 사업장과 가사(家事)사용인에 대하여는 적용하지 아니한다.
> ② 상시 4명 이하의 근로자를 사용하는 사업 또는 사업장에 대하여는 대통령령으로 정하는 바에 따라 이 법의 일부 규정을 적용할 수 있다.
> ③ 이 법을 적용하는 경우에 상시 사용하는 근로자 수를 산정하는 방법은 대통령령으로 정한다. 〈신설 2008.3.21.〉

ㄱ (✕) 동거하는 친족만을 사용하는 사업 또는 사업장과 가사(家事)사용인에 대하여는 이 법을 적용하지 아니하므로(동법 제11조 제1항 단서), 위 사업장에는 제23조 제1항이 적용되지 아니한다.

ㄴ (○) 근로기준법 제11조(現 제12조)에 의하면 근로기준법이 국가에도 적용된다고 규정하고 있으므로 근로자와 국가 사이에 고용관계가 인정된다면 국가소속 역의 일용잡부로 근무하는 사람이 그 근로자 한 사람뿐이라고 하더라도 근로기준법의 적용이 배제되는 것은 아니다(대법원 1987.6.9, 85다카2473). 따라서 위 지방자치단체에는 제23조 제1항이 적용된다.

ㄷ (✕) 상시 4명 이하의 근로자를 사용하는 사업 또는 사업장에 적용하는 법 규정에 제23조 제1항은 포함되어 있지 아니하므로(동법 시행령 제7조 관련 별표 1), 위 건설업체에는 제23조 제1항이 적용되지 아니한다.

상시 4명 이하의 근로자를 사용하는 사업 또는 사업장에 적용하는 법 규정(시행령 제7조 관련 별표 1)

구분	적용 법 규정
제1장 총칙	제1조부터 제13조까지의 규정
제2장 근로계약	제15조, 제17조, 제18조, 제19조 제1항, 제20조부터 제22조까지의 규정, 제23조 제2항, 제26조, 제35조부터 제42조까지의 규정
제3장 임금	제43조부터 제45조까지의 규정, 제47조부터 제49조까지의 규정
제4장 근로시간과 휴식	제54조, 제55조 제1항, 제63조
제5장 여성과 소년	제64조, 제65조 제1항·제3항(임산부와 18세 미만인 자로 한정한다), 제66조부터 제69조까지의 규정, 제70조 제2항·제3항, 제71조, 제72조, 제74조
제6장 안전과 보건	제76조
제8장 재해보상	제78조부터 제92조까지의 규정
제11장 근로감독관 등	제101조부터 제106조까지의 규정
제12장 벌칙	제107조부터 제116조까지의 규정(제1장부터 제6장까지, 제8장, 제11장의 규정 중 상시 4명 이하 근로자를 사용하는 사업 또는 사업장에 적용되는 규정을 위반한 경우로 한정한다)

ㄹ (○) 이 법은 상시 5명 이상의 근로자를 사용하는 모든 사업 또는 사업장에 적용하므로(동법 제11조 제1항 본문), 위 종교단체에는 제23조 제1항이 적용된다.

정답 ④

006 ☐☐☐ ○ △ ✕

근로기준법령상 여성과 소년의 보호에 관한 설명으로 옳지 않은 것은?

① 15세 미만인 자를 사용하는 사용자가 취직인허증을 갖추어 둔 경우에는 가족관계기록사항에 관한 증명서와 친권자나 후견인의 동의서를 갖추어 두지 않아도 된다.
② 사용자는 취직인허증이 못쓰게 된 경우에는 고용노동부령으로 정하는 바에 따라 지체 없이 재교부 신청을 하여야 한다.
③ 사용자는 임신 중의 여성이 명시적으로 청구하는 경우로서 고용노동부장관의 인가를 받은 경우, 휴일에 근로하게 할 수 있다.
④ 생후 1년 미만의 유아를 가진 여성근로자가 청구하면 1일 2회 각각 60분 이상의 유급수유시간을 주어야 한다.
⑤ 사용자는 관리·감독업무를 수행하기 위하여 일시적으로 필요한 경우, 여성을 갱내(坑內)에서 근로시킬 수 있다.

해설

① (○) 15세 미만인 자를 사용하는 사용자가 취직인허증을 갖추어 둔 경우에는 법 제66조에 따른 가족관계기록사항에 관한 증명서와 친권자나 후견인의 동의서를 갖추어 둔 것으로 본다(근로기준법 시행령 제36조 제2항).
② (○) 사용자 또는 15세 미만인 자는 취직인허증이 못쓰게 되거나 이를 잃어버린 경우에는 고용노동부령으로 정하는 바에 따라 지체 없이 재교부 신청을 하여야 한다(동법 시행령 제39조).
③ (○) 동법 제70조 제2항 제3호

> **제70조(야간근로와 휴일근로의 제한)** ② 사용자는 임산부와 18세 미만자를 오후 10시부터 오전 6시까지의 시간 및 휴일에 근로시키지 못한다. 다만, 다음 각 호의 어느 하나에 해당하는 경우로서

고용노동부장관의 인가를 받으면 그러하지 아니하다. 〈개정 2010. 6.4.〉

1. 18세 미만자의 동의가 있는 경우
2. 산후 1년이 지나지 아니한 여성의 동의가 있는 경우
3. 임신 중의 여성이 명시적으로 청구하는 경우

④ (×) 60분 → 30분(동법 제75조)

제75조(육아시간) 생후 1년 미만의 유아(乳兒)를 가진 여성근로자가 청구하면 1일 2회 각각 30분 이상의 유급 수유 시간을 주어야 한다.

⑤ (○) 동법 제72조, 동법 시행령 제42조 제4호

제72조(갱내근로의 금지) 사용자는 여성과 18세 미만인 사람을 갱내(坑內)에서 근로시키지 못한다. 다만, 보건·의료, 보도·취재 등 대통령령으로 정하는 업무를 수행하기 위하여 일시적으로 필요한 경우에는 그러하지 아니한다.
시행령 제42조(갱내근로 허용업무) 법 제72조에 따라 여성과 18세 미만인 자를 일시적으로 갱내에서 근로시킬 수 있는 업무는 다음 각 호와 같다.
1. 보건, 의료 또는 복지업무
2. 신문·출판·방송프로그램 제작 등을 위한 보도·취재업무
3. 학술연구를 위한 조사업무
4. 관리·감독업무
5. 제1호부터 제4호까지의 규정의 업무와 관련된 분야에서 하는 실습업무

정답 ④

007 □□□   ○ △ ×

근로기준법상 임산부의 보호에 관한 설명으로 옳지 않은 것은?

① 사용자는 임신 중의 여성근로자에게 시간외근로를 하게 하여서는 아니 되며, 그 근로자의 요구와 관계없이 쉬운 종류의 근로로 전환하여야 한다.
② 사용자는 임신 중인 여성이 사산한 경우로서 그 근로자가 청구하면, 대통령령으로 정하는 바에 따라 사산휴가를 주어야 한다.
③ 사용자는 한 번에 둘 이상 자녀를 임신 중의 여성에게 출산 전과 출산 후를 통하여 120일의 출산전후휴가를 주어야 한다.
④ 사업주는 출산전후휴가 종료 후에는 휴가 전과 동일한 업무 또는 동등한 수준의 임금을 지급하는 직무에 복귀시켜야 한다.
⑤ 사용자는 1일 근로시간이 8시간인 임신 후 36주 이후에 있는 여성근로자가 1일 2시간의 근로시간 단축을 신청하는 경우, 이를 허용하여야 한다.

해설

① (×) 요구와 관계없이 → 요구가 있는 경우에는(근로기준법 제74조 제5항)

제74조(임산부의 보호) ⑤ 사용자는 임신 중의 여성근로자에게 시간외근로를 하게 하여서는 아니 되며, 그 근로자의 요구가 있는 경우에는 쉬운 종류의 근로로 전환하여야 한다. 〈개정 2012.2.1.〉

② (○) 사용자는 임신 중인 여성이 유산 또는 사산한 경우로서 그 근로자가 청구하면 대통령령으로 정하는 바에 따라 유산·사산휴가를 주어야 한다. 다만, 인공 임신중절수술(「모자보건법」 제14조 제1항에 따른 경우는 제외한다)에 따른 유산의 경우는 그러하지 아니하다(동조 제3항).
③ (○) 사용자는 임신 중의 여성에게 출산 전과 출산 후를 통하여 90일(한 번에 둘 이상 자녀를 임신한 경우에는 120일)의 출산전후휴가를 주어야 한다. 이 경우 휴가기간의 배정은 출산 후에 45일(한 번에 둘 이상 자녀를 임신한 경우에는 60일) 이상이 되어야 한다(동조 제1항).
④ (○) 동조 제6항
⑤ (○) 사용자는 임신 후 12주 이내 또는 36주 이후에 있는 여성근로자가 1일 2시간의 근로시간 단축을 신청하는 경우 이를 허용하여야 한다. 다만, 1일 근로시간이 8시간 미만인 근로자에 대하여는 1일 근로시간이 6시간이 되도록 근로시간 단축을 허용할 수 있다(동조 제7항).

정답 ①

008 □□□   ○ △ ×

근로기준법상 직장 내 괴롭힘에 관한 설명으로 옳지 않은 것은?

① 사용자는 직장 내 괴롭힘 발생사실을 인지한 경우에는 지체 없이 당사자 등을 대상으로 그 사실확인을 위하여 객관적으로 조사를 실시하여야 한다.
② 사용자는 조사기간 동안 직장 내 괴롭힘과 관련하여 피해를 입은 근로자를 보호하기 위하여 행위자에 대하여 근무장소의 변경조치를 하여야 한다.
③ 직장 내 괴롭힘 발생사실을 조사한 사람은 해당 조사 과정에서 알게 된 비밀을 피해근로자등의 의사에 반하는 경우에도 관계기관의 요청에 따라 필요한 정보를 제공할 수 있다.
④ 근로자는 직장에서의 지위 또는 관계 등의 우위를 이용하여 업무상 적정범위를 넘어 다른 근로자에게 신체적·정신적 고통을 주거나 근무환경을 악화시키는 행위를 하여서는 아니 된다.
⑤ 사용자가 직장 내 괴롭힘의 금지를 위반하여 직장 내 괴롭힘을 한 경우에는 1천만 원 이하의 과태료를 부과한다.

해설

① (○) 사용자는 제1항에 따른 신고를 접수하거나 직장 내 괴롭힘 발생사실을 인지한 경우에는 지체 없이 당사자 등을 대상으로 그 사실확인을 위하여 객관적으로 조사를 실시하여야 한다(근로기준법 제76조의3 제2항).

노동법(1)

② (×) 행위자 → 해당 피해근로자등(동조 제3항)

> **제76조의3(직장 내 괴롭힘 발생 시 조치)** ③ 사용자는 제2항에 따른 조사기간 동안 직장 내 괴롭힘과 관련하여 피해를 입은 근로자 또는 피해를 입었다고 주장하는 근로자(이하 "피해근로자등"이라 한다)를 보호하기 위하여 필요한 경우 해당 피해근로자등에 대하여 근무장소의 변경, 유급휴가 명령 등 적절한 조치를 하여야 한다. 이 경우 사용자는 피해근로자등의 의사에 반하는 조치를 하여서는 아니 된다.

③ (○) 제2항에 따라 직장 내 괴롭힘 발생사실을 조사한 사람, 조사 내용을 보고받은 사람 및 그 밖에 조사과정에 참여한 사람은 해당 조사과정에서 알게 된 비밀을 피해근로자등의 의사에 반하여 다른 사람에게 누설하여서는 아니 된다. 다만, 조사와 관련된 내용을 사용자에게 보고하거나 관계 기관의 요청에 따라 필요한 정보를 제공하는 경우는 제외한다(동조 제7항).

④ (○) 근로자뿐만 아니라 사용자도 마찬가지이다(동법 제76조의2).

⑤ (○) 사용자(사용자의 「민법」 제767조에 따른 친족 중 대통령령으로 정하는 사람이 해당 사업 또는 사업장의 근로자인 경우를 포함한다)가 제76조의2를 위반하여 직장 내 괴롭힘을 한 경우에는 1천만 원 이하의 과태료를 부과한다(동법 제116조 제1항).

정답 ②

---

009 □□□   ○ △ ×

근로기준법상 근로시간에 관한 설명으로 옳은 것은?

① 3개월 이내의 탄력적 근로시간제에 따라 근로자를 근로시킬 경우에는 근로일 종료 후 다음 근로일 개시 전까지 근로자에게 연속하여 11시간 이상의 휴식시간을 주어야 한다.

② 3개월 이내의 탄력적 근로시간제에 따라 근로자를 근로시킬 경우에는 기존의 임금수준이 낮아지지 않도록 임금보전방안을 강구하여 고용노동부장관에게 신고하여야 한다.

③ 3개월 이내의 탄력적 근로시간제는 15세 이상 18세 미만의 근로자에 대하여는 적용하지 아니한다.

④ 3개월을 초과하는 탄력적 근로시간제에 있어 업무량 급증의 불가피한 사유가 발생한 때에는 근로자대표와의 합의를 거쳐 단위기간의 주별 근로시간을 변경해야 한다.

⑤ 15세 이상 18세 미만인 사람의 근로시간은 1일에 6시간, 1주에 30시간을 초과하지 못한다.

해설

① (×) 3개월 이내의 → 3개월을 초과하는(근로기준법 제51조의2 제2항)

> **제51조의2(3개월을 초과하는 탄력적 근로시간제)** ① 사용자는 근로자대표와의 서면합의에 따라 다음 각 호의 사항을 정하면 3개월을 초과하고 6개월 이내의 단위기간을 평균하여 1주간의 근로시간이 제50조 제1항의 근로시간을 초과하지 아니하는 범위

에서 특정한 주에 제50조 제1항의 근로시간을, 특정한 날에 제50조 제2항의 근로시간을 초과하여 근로하게 할 수 있다. 다만, 특정한 주의 근로시간은 52시간을, 특정한 날의 근로시간은 12시간을 초과할 수 없다.
> 1. 대상 근로자의 범위
> 2. 단위기간(3개월을 초과하고 6개월 이내의 일정한 기간으로 정하여야 한다)
> 3. 단위기간의 주별 근로시간
> 4. 그 밖에 대통령령으로 정하는 사항
> ② 사용자는 제1항에 따라 근로자를 근로시킬 경우에는 근로일 종료 후 다음 근로일 개시 전까지 근로자에게 연속하여 11시간 이상의 휴식시간을 주어야 한다. 다만, 천재지변 등 대통령령으로 정하는 불가피한 경우에는 근로자대표와의 서면합의가 있으면 이에 따른다.

② (×) 강구하여 고용노동부장관에게 신고하여야 한다 → 강구하여야 한다(동법 제51조 제4항)

[보충] 사용자는 3개월을 초과하는 탄력적 근로시간제에 따라 근로자를 근로시킬 경우에는 기존의 임금수준이 낮아지지 아니하도록 임금항목을 조정 또는 신설하거나 가산임금 지급 등의 임금보전방안(賃金補塡方案)을 마련하여 고용노동부장관에게 신고하여야 한다(동법 제51조의2 제5항 본문).

> **제51조(3개월 이내의 탄력적 근로시간제)** ④ 사용자는 제1항 및 제2항에 따라 근로자를 근로시킬 경우에는 기존의 임금수준이 낮아지지 아니하도록 임금보전방안(賃金補塡方案)을 강구하여야 한다.

③ (○) 제1항과 제2항은 15세 이상 18세 미만의 근로자와 임신 중인 여성근로자에 대하여는 적용하지 아니한다(동법 제51조 제3항).

④ (×) 변경해야 한다 → 변경할 수 있다(제51조의2 제4항)

> **제51조의2(3개월을 초과하는 탄력적 근로시간제)** ④ 사용자는 제1항에 따른 근로자대표와의 서면합의 당시에는 예측하지 못한 천재지변, 기계고장, 업무량 급증 등 불가피한 사유가 발생한 때에는 제1항 제2호에 따른 단위기간 내에서 평균하여 1주간의 근로시간이 유지되는 범위에서 근로자대표와의 협의를 거쳐 제1항 제3호(단위기간의 주별 근로시간)의 사항을 변경할 수 있다. 이 경우 해당 근로자에게 변경된 근로일이 개시되기 전에 변경된 근로일별 근로시간을 통보하여야 한다.

⑤ (×) 6시간 → 7시간, 30시간 → 35시간(동법 제69조)

> **제69조(근로시간)** 15세 이상 18세 미만인 사람의 근로시간은 1일에 7시간, 1주에 35시간을 초과하지 못한다. 다만, 당사자 사이의 합의에 따라 1일에 1시간, 1주에 5시간을 한도로 연장할 수 있다. 〈개정 2020.5.26.〉

정답 ③

10 □□□ ○△×

근로기준법령상 임금에 관한 설명으로 옳지 않은 것은? (다툼이 있으면 판례에 따름)

① 근로자가 임금채권을 양도한 경우, 양수인이 스스로 사용자에 대하여 임금의 지급을 청구할 수 있다.

② 사용자가 근로자의 임금지급에 갈음하여 사용자가 제3자에 대하여 가지는 채권을 근로자에게 양도하기로 하는 약정은 전부 무효임이 원칙이다.

③ 사용자가 근로자에게 퇴직금 명목으로 지급한 금원 상당의 부당이득반환채권을 자동채권으로 하여 근로자의 퇴직금채권을 상계하는 것은 퇴직금채권의 2분의 1을 초과하는 부분에 해당하는 금액에 관하여만 허용된다.

④ 「근로기준법」에서 정한 통상임금에 산입될 수당을 통상임금에서 제외하기로 하는 노사 간의 합의는 「근로기준법」에서 정한 기준과 전체적으로 비교하여 그에 미치지 못하는 근로조건이 포함된 부분에 한하여 무효로 된다.

⑤ 근로자가 퇴직하여 더 이상 근로계약관계에 있지 않은 상황에서 퇴직 시 발생한 퇴직금청구권을 나중에 포기하는 것은 허용된다.

해설

① (×) [다수의견] 근로기준법 제36조 제1항에서 임금직접지급의 원칙을 규정하는 한편 동법 제109조에서 그에 위반하는 자는 처벌을 하도록 하는 규정을 두어 그 이행을 강제하고 있는 취지가 임금이 확실하게 근로자 본인의 수중에 들어가게 하여 그의 자유로운 처분에 맡기고 나아가 근로자의 생활을 보호하고자 하는 데 있는 점에 비추어 보면 근로자가 그 임금채권을 양도한 경우라 할지라도 그 임금의 지급에 관하여는 같은 원칙이 적용되어 사용자는 직접 근로자에게 임금을 지급하지 아니하면 안 되는 것이고 그 결과 비록 양수인이라고 할지라도 스스로 사용자에 대하여 임금의 지급을 청구할 수는 없다(대법원 1988.12.13, 87다카2803 전원합의체).

② (○) 임금은 법령 또는 단체협약에 특별한 규정이 있는 경우를 제외하고는 통화로 직접 근로자에게 전액을 지급하여야 한다(근로기준법 제43조 제1항). 따라서 사용자가 근로자의 임금지급에 갈음하여 사용자가 제3자에 대하여 가지는 채권을 근로자에게 양도하기로 하는 약정은 전부 무효임이 원칙이다. 다만 당사자 쌍방이 위와 같은 무효를 알았더라면 임금의 지급에 갈음하는 것이 아니라 지급을 위하여 채권을 양도하는 것을 의욕하였으리라고 인정될 때에는 무효행위 전환의 법리(민법 제138조)에 따라 그 채권양도 약정은 '임금의 지급을 위하여 한 것'으로서 효력을 가질 수 있다(대법원 2012.3.29, 2011다101308).

③ (○) [다수의견] 구 근로기준법(2005.1.27. 법률 제7379호로 개정되기 전의 것) 제42조 제1항 본문에 의하면 임금은 통화로 직접 근로자에게 그 전액을 지급하여야 하므로 사용자가 근로자에 대하여 가지는 채권으로써 근로자의 임금채권과 상계를 하지 못하는 것이 원칙이고, 이는 경제적 · 사회적 종속관계에 있는 근로자를 보호하기 위한 것인바, 근로자가 받을 퇴직금도 임금의 성질을 가지므로 역시 마찬가지이다. … 그리고 이러한 법리는 사용자가

근로자에게 이미 퇴직금 명목의 금원을 지급하였으나 그것이 퇴직금 지급으로서의 효력이 없어 사용자가 같은 금원 상당의 부당이득반환채권을 갖게 된 경우에 이를 자동채권으로 하여 근로자의 퇴직금채권과 상계하는 때에도 적용된다. 한편 민사집행법 제246조 제1항 제5호는 근로자인 채무자의 생활보장이라는 공익적, 사회정책적 이유에서 '퇴직금 그 밖에 이와 비슷한 성질을 가진 급여채권의 2분의 1에 해당하는 금액'을 압류금지채권으로 규정하고 있고, 민법 제497조는 압류금지채권의 채무자는 상계로 채권자에게 대항하지 못한다고 규정하고 있으므로, 사용자가 근로자에게 퇴직금 명목으로 지급한 금원 상당의 부당이득반환채권을 자동채권으로 하여 근로자의 퇴직금채권을 상계하는 것은 퇴직금채권의 2분의 1을 초과하는 부분에 해당하는 금액에 관하여만 허용된다고 봄이 상당하다(대법원 2010.5.20, 2007다90760 전원합의체).

④ (○) 근로기준법에서 정한 통상임금에 산입될 수당을 통상임금에서 제외하기로 하는 노사 간의 합의는 그 전부가 무효가 되는 것이 아니라, 근로기준법에서 정한 기준과 전체적으로 비교하여 그에 미치지 못하는 근로조건이 포함된 부분에 한하여 무효로 된다(대법원 2019.11.28, 2019다261084).

⑤ (○) 퇴직금은 사용자가 일정 기간을 계속근로하고 퇴직하는 근로자에게 계속근로에 대한 대가로서 지급하는 후불적 임금의 성질을 띤 금원으로서 구체적인 퇴직금청구권은 근로관계가 끝나는 퇴직이라는 사실을 요건으로 발생한다. 최종 퇴직 시 발생하는 퇴직금청구권을 미리 포기하는 것은 강행법규인 근로기준법, 근로자퇴직급여 보장법에 위반되어 무효이다. 그러나 근로자가 퇴직하여 더 이상 근로계약관계에 있지 않은 상황에서 퇴직 시 발생한 퇴직금청구권을 나중에 포기하는 것은 허용되고, 이러한 약정이 강행법규에 위반된다고 볼 수 없다(대법원 2018.7.12, 2018다21821, 2018다25502).

정답 ①

11 □□□ ○△×

근로기준법령상 연차유급휴가에 관한 설명으로 옳지 않은 것은? (다툼이 있으면 판례에 따름)

① 사용자는 1년간 80퍼센트 미만 출근한 근로자에게 1개월 개근 시 1일의 유급휴가를 주어야 한다.

② 연차휴가기간에 지급하여야 하는 임금은 유급휴가를 주기 전이나 준 직후의 임금지급일에 지급하여야 한다.

③ 근로자가 업무상 재해 등의 사정으로 말미암아 연차휴가를 사용할 해당 연도에 전혀 출근하지 못한 경우라 하더라도, 이미 부여받은 연차휴가를 사용하지 않은 데 따른 연차휴가수당은 청구할 수 있다.

④ 사용자는 근로자대표와의 서면합의에 따라 연차유급휴가일을 갈음하여 특정한 근로일에 근로자를 휴무시킬 수 있다.

⑤ 근로자가 업무상 재해로 휴업한 기간은 소정근로일수와 출근일수에 모두 제외시켜 출근율을 계산하여야 한다.

해설

① (○) 사용자는 계속하여 근로한 기간이 1년 미만인 근로자 또는

1년간 80퍼센트 미만 출근한 근로자에게 1개월 개근 시 1일의 유급휴가를 주어야 한다(근로기준법 제60조 제2항).

② (○) 동법 시행령 제33조

③ (○) 근로자가 업무상 재해 등의 사정으로 말미암아 연차휴가를 사용할 해당 연도에 전혀 출근하지 못한 경우라 하더라도, 이미 부여받은 연차휴가를 사용하지 않은 데 따른 연차휴가수당은 청구할 수 있다. 이러한 연차휴가수당의 청구를 제한하는 내용의 단체협약이나 취업규칙은 근로기준법에서 정하는 기준에 미치지 못하는 근로조건을 정한 것으로서 효력이 없다(대법원 2017.5.17, 2014다232296,2014다232302).

④ (○) 동법 제62조

⑤ (×) 근로기준법 제60조 제1항이 규정한 유급연차휴가는 1년간 80% 이상 출근한 근로자에게 부여된다. 이 경우 근로자가 1년간 80% 이상 출근하였는지는, 1년간의 총역일(曆日)에서 법령·단체협약·취업규칙 등에 의하여 근로의무가 없는 것으로 정해진 날을 뺀 일수(이하 '소정근로일수'라고 한다) 중 근로자가 현실적으로 근로를 제공한 출근일수의 비율, 즉 출근율을 기준으로 판단하여야 한다.

한편 근로기준법 제60조 제6항 제1호는 위와 같이 출근율을 계산할 때 근로자가 업무상의 부상 또는 질병(이하 '업무상 재해'라고 한다)으로 휴업한 기간은 출근한 것으로 간주하도록 규정하고 있다. 이는 근로자가 업무상 재해 때문에 근로를 제공할 수 없었음에도 업무상 재해가 없었을 경우보다 적은 연차휴가를 부여받는 불이익을 방지하려는 데에 취지가 있다. 그러므로 근로자가 업무상 재해로 휴업한 기간은 장단(長短)을 불문하고 소정근로일수와 출근일수에 모두 포함시켜 출근율을 계산하여야 한다. 설령 그 기간이 1년 전체에 걸치거나 소정근로일수 전부를 차지한다고 하더라도, 이와 달리 볼 아무런 근거나 이유가 없다(대법원 2017.5.17, 2014다232296,2014다232302).

> 제60조(연차유급휴가) ⑥ 제1항 및 제2항을 적용하는 경우 다음 각 호의 어느 하나에 해당하는 기간은 출근한 것으로 본다. 〈개정 2017.11.28.〉
> 1. 근로자가 업무상의 부상 또는 질병으로 휴업한 기간
> 2. 임신 중의 여성이 제74조 제1항부터 제3항까지의 규정에 따른 휴가로 휴업한 기간
> 3. 「남녀고용평등과 일·가정 양립 지원에 관한 법률」 제19조 제1항에 따른 육아휴직으로 휴업한 기간

정답 ⑤

근로기준법 위반사항 중 피해자의 명시적인 의사와 다르게 공소를 제기할 수 없는 경우는 몇 개인가?

> ○ 근로자에게 1주에 평균 1회 이상의 유급휴일을 보장하지 않는 경우
> ○ 사용자의 귀책사유로 휴업하면서 휴업수당을 지급하지 않는 경우
> ○ 연장·야간·휴일근로에 대한 가산수당을 지급하지 않는 경우
> ○ 친권자나 후견인이 미성년자의 근로계약을 대리하는 경우
> ○ 근로자를 즉시 해고하면서 해고예고수당을 지급하지 않는 경우

① 1개   ② 2개   ③ 3개
④ 4개   ⑤ 5개

해설

② (○) 피해자의 명시적인 의사와 다르게 공소를 제기할 수 없는 경우는 2개이다.

근로기준법상 반의사불벌죄

- 제36조(금품청산): 사용자가 근로자가 사망 또는 퇴직한 경우에 그 지급사유가 발생한 때부터 14일 이내에 금품을 지급하지 아니하는 경우
- 제43조(임금지급): 임금을 통화로 직접 근로자에게 그 전액을 지급하지 아니하거나, 매월 1회 이상 일정한 날짜를 정하여 지급하지 아니하는 경우
- 제44조(도급사업에 대한 임금지급) 및 제44조의2(건설업에서의 임금지급 연대책임): 하수급인이 (직상수급인의 귀책사유로) 근로자에게 임금을 지급하지 못한 경우에 그 직상수급인이 그 하수급인과 연대하여 책임을 지지 아니하는 경우
- 제46조(휴업수당): 사용자의 귀책사유로 휴업하면서 휴업수당을 지급하지 아니하는 경우
- 제51조의3(근로한 기간이 단위기간보다 짧은 경우의 임금정산): 사용자가 탄력적 근로시간제에 따른 단위기간 중 근로자가 근로한 기간이 그 단위기간보다 짧은 경우에 가산임금을 지급하지 아니하는 경우
- 제52조(선택적 근로시간제): 사용자가 1개월을 초과하는 정산기간을 정하는 경우에 가산임금을 지급하지 아니하는 경우
- 제56조(연장·야간 및 휴일근로): 연장·야간·휴일근로에 대한 가산수당을 지급하지 아니하는 경우

> 제109조(벌칙) ① 제36조, 제43조, 제44조, 제44조의2, 제46조, 제51조의3, 제52조 제2항 제2호, 제56조, 제65조, 제72조 또는 제76조의3 제6항을 위반한 자는 3년 이하의 징역 또는 3천만 원 이하의 벌금에 처한다. 〈개정 2021.1.5.〉
> ② 제36조, 제43조, 제44조, 제44조의2, 제46조, 제51조의3, 제52조 제2항 제2호 또는 제56조를 위반한 자에 대하여는 피해자의 명시적인 의사와 다르게 공소를 제기할 수 없다. 〈개정 2021.1.5.〉

정답 ②

013 □□□ ○ △ ✕

근로기준법상 취업규칙 불이익변경에 관한 설명으로 옳지 않은 것은? (다툼이 있으면 판례에 따름)

① 취업규칙의 개정이 근로자들에게 불이익하게 변경된 것인지는 취업규칙의 개정이 이루어진 시점을 기준으로 판단하여야 한다.

② 근로조건이 이원화되어 있어 변경된 취업규칙이 적용되어 직접적으로 불이익을 받게 되는 근로자집단 이외에 변경된 취업규칙의 적용이 예상되는 근로자집단이 없는 경우에는 변경된 취업규칙이 적용되어 불이익을 받는 근로자집단만이 동의주체가 된다.

③ 취업규칙이 근로자의 동의 없이 불이익하게 변경된 후에 이루어진 자의에 따른 사직 및 재입사로 근로관계가 단절된 근로자에 대하여 재입사 후 적용되는 취업규칙은 변경 전 취업규칙이다.

④ 근로자의 동의를 얻지 않은 취업규칙 불이익변경의 경우, 그 변경으로 기득이익이 침해되는 기존의 근로자에게는 종전 취업규칙의 효력이 그대로 유지되지만, 변경 후에 근로관계를 갖게 된 근로자에게는 변경된 취업규칙이 적용된다.

⑤ 취업규칙 불이익변경 시 근로자 과반수로 구성된 노동조합이 없는 때에는 근로자들의 회의방식에 의한 과반수 동의가 필요하다.

해설

① (○) ④ (○) [1] 사용자가 취업규칙에서 정한 근로조건을 근로자에게 불리하게 변경할 때 근로자의 동의를 얻지 않은 경우에 그 변경으로 기득이익이 침해되는 기존의 근로자에 대한 관계에서는 종전 취업규칙의 효력이 그대로 유지되지만, 변경된 취업규칙에 따른 근로조건을 수용하고 근로관계를 갖게 된 근로자에 대한 관계에서는 당연히 변경된 취업규칙이 적용되고, 기득이익의 침해라는 효력배제사유가 없는 변경 후 취업근로자에 대해서까지 변경의 효력을 부인하여 종전 취업규칙이 적용되어야 한다고 볼 수는 없다. [2] 취업규칙의 개정이 근로자들에게 불이익하게 변경된 것인지는 취업규칙의 개정이 이루어진 시점을 기준으로 판단하여야 한다 (대법원 2022.10.14, 2022다245518).

② (○) 여러 근로자집단이 하나의 근로조건체계 내에 있어 비록 취업규칙의 불이익변경 시점에는 어느 근로자집단만이 직접적인 불이익을 받더라도 다른 근로자집단에게도 변경된 취업규칙의 적용이 예상되는 경우에는 일부 근로자집단은 물론 장래 변경된 취업규칙 규정의 적용이 예상되는 근로자집단을 포함한 근로자집단이 동의주체가 되고, 그렇지 않고 근로조건이 이원화되어 있어 변경된 취업규칙이 적용되어 직접적으로 불이익을 받게 되는 근로자집단 이외에 변경된 취업규칙의 적용이 예상되는 근로자집단이 없는 경우에는 변경된 취업규칙이 적용되어 불이익을 받는 근로자집단만이 동의주체가 된다(대법원 2009.5.28, 2009두2238).

③ (✕) 보수규정이 근로자집단의 동의 없이 불이익하게 변경될 당시 청원경찰로 근무하던 근로자가 다른 직종으로의 전직을 위하여 자유로운 의사에 따라 청원경찰을 사직하고 그 다음 날 신규채용 형식으로 고용원으로 재입사함으로써 근로관계가 단절된 경우,

---

그 재입사 당시 시행 중인 법규적 효력을 가진 취업규칙은 개정된 보수규정이므로 재입사 후의 근속기간에 적용되는 보수규정은 개정된 보수규정이며, 그 근로자의 최초 입사일이 근로자집단의 동의 없이 불이익하게 변경된 보수규정의 개정 이전이라고 하여 이와 달리 볼 것은 아니다(대법원 1996.10.15, 95다53188). 따라서 취업규칙이 근로자의 동의 없이 불이익하게 변경된 후에 이루어진 자의에 따른 사직 및 재입사로 근로관계가 단절된 근로자에 대하여 재입사 후 적용되는 취업규칙은, 변경 전 취업규칙이 아닌 변경된 취업규칙이라 할 것이다.

⑤ (○) 취업규칙의 작성·변경에 관한 권한은 원칙적으로 사용자에게 있으므로 사용자는 그 의사에 따라서 취업규칙을 작성·변경할 수 있고, 다만 취업규칙의 변경에 의하여 기존 근로조건의 내용을 일방적으로 근로자에게 불이익하게 변경하려면 종전 취업규칙의 적용을 받고 있던 근로자집단의 집단적 의사결정방법에 의한 동의를 요한다고 할 것인바, 그 동의방법은 근로자 과반수로 조직된 노동조합이 있는 경우에는 그 노동조합의, 그와 같은 노동조합이 없는 경우에는 근로자들의 회의방식에 의한 과반수의 동의가 있어야 하고, 여기서 말하는 근로자의 과반수라 함은 기존 취업규칙의 적용을 받는 근로자집단의 과반수를 뜻한다(대법원 2008.2.29, 2007다85997).

정답 ③

014 □□□ ○ △ ✕

기간제 및 단시간근로자 보호 등에 관한 법령상 사용기간의 제한과 관련된 설명으로 옳지 않은 것은? (다툼이 있으면 판례에 따름)

① 사용자의 부당한 갱신거절로 인해 근로자가 실제로 근로를 제공하지 못한 기간도 계약갱신에 대한 정당한 기대권이 존속하는 범위에서는 「기간제 및 단시간근로자 보호 등에 관한 법률」에서 정한 2년의 사용제한 기간에 포함된다.

② 사용자는 4주 동안을 평균하여 1주 동안의 소정근로시간이 15시간 미만인 근로자를 2년을 초과하여 기간제 근로자로 사용할 수 없다.

③ 사용자는 외국에서 수여받은 박사학위를 소지하고 해당 분야에 종사하는 근로자를 2년을 초과하여 기간제 근로자로 사용할 수 있다.

④ 사용자는 기간의 정함이 없는 근로계약을 체결하고자 하는 경우에는 해당 사업 또는 사업장의 동종 또는 유사한 업무에 종사하는 기간제근로자를 우선적으로 고용하도록 노력하여야 한다.

⑤ 「기간제 및 단시간근로자 보호 등에 관한 법률」은 총 사용기간을 2년으로 제한할 뿐 그 기간 중에 반복갱신의 횟수는 제한하고 있지 않다.

해설

① (○) 근로계약 당사자 사이에 일정한 요건이 충족되면 근로계약이 갱신된다는 신뢰관계가 형성되어 있어 근로자에게 그에 따라 근로

계약이 갱신될 수 있으리라는 정당한 기대권이 인정되는 경우에는, 사용자가 이에 위반하여 부당하게 근로계약의 갱신을 거절하는 것은 부당해고와 마찬가지로 아무런 효력이 없고, 기간만료 후의 근로관계는 종전의 근로계약이 갱신된 것과 동일하다. 이러한 기간제법의 기간제근로자 보호취지, 사용자의 부당한 갱신거절로 인한 효과 등을 고려하면, 사용자의 부당한 갱신거절로 인해 근로자가 실제로 근로를 제공하지 못한 기간도 계약갱신에 대한 정당한 기대권이 존속하는 범위에서는 기간제법 제4조 제2항에서 정한 2년의 사용제한기간에 포함된다고 보아야 한다(대법원 2018.6.19, 2013다85523).

② (×) 없다 → 있다(기간제법 제4조 제1항 단서 제6호, 동법 시행령 제3조 제3항 제6호, 근로기준법 제18조 제3항)

> **제4조(기간제근로자의 사용)** ① 사용자는 2년을 초과하지 아니하는 범위 안에서(기간제 근로계약의 반복갱신 등의 경우에는 그 계속근로한 총기간이 2년을 초과하지 아니하는 범위 안에서) 기간제근로자를 사용할 수 있다. 다만, 다음 각 호의 어느 하나에 해당하는 경우에는 2년을 초과하여 기간제근로자로 사용할 수 있다. 〈개정 2020.5.26.〉
> 1. 사업의 완료 또는 특정한 업무의 완성에 필요한 기간을 정한 경우
> 2. 휴직·파견 등으로 결원이 발생하여 해당 근로자가 복귀할 때까지 그 업무를 대신할 필요가 있는 경우
> 3. 근로자가 학업, 직업훈련 등을 이수함에 따라 그 이수에 필요한 기간을 정한 경우
> 4. 「고령자고용촉진법」 제2조 제1호의 고령자와 근로계약을 체결하는 경우
> 5. 전문적 지식·기술의 활용이 필요한 경우나 정부의 복지정책·실업대책 등에 따라 일자리를 제공하는 경우로서 대통령령으로 정하는 경우
> 6. 그 밖에 제1호부터 제5호까지에 준하는 합리적인 사유가 있는 경우로서 대통령령으로 정하는 경우
> **시행령 제3조(기간제근로자 사용기간 제한의 예외)** ③ 법 제4조 제1항 제6호에서 "대통령령이 정하는 경우"란 다음 각 호의 어느 하나에 해당하는 경우를 말한다. 〈개정 2019.6.11.〉
> 6. 「근로기준법」 제18조 제3항에 따른 1주 동안의 소정근로시간이 뚜렷하게 짧은 단시간근로자를 사용하는 경우
> **근로기준법 제18조(단시간근로자의 근로조건)** ③ 4주 동안(4주 미만으로 근로하는 경우에는 그 기간)을 평균하여 1주 동안의 소정근로시간이 15시간 미만인 근로자에 대하여는 제55조와 제60조를 적용하지 아니한다. 〈개정 2008.3.21.〉

③ (○) 동법 제4조 제1항 단서 제5호, 동법 시행령 제3조 제1항 제1호

> **시행령 제3조(기간제근로자 사용기간 제한의 예외)** ① 법 제4조 제1항 제5호에서 "전문적 지식·기술의 활용이 필요한 경우로서 대통령령이 정하는 경우"란 다음 각 호의 어느 하나에 해당하는 경우를 말한다.
> 1. 박사학위(외국에서 수여받은 박사학위를 포함한다)를 소지하고 해당 분야에 종사하는 경우

④ (○) 동법 제5조

⑤ (○) 동법 제4조 제1항 본문에서 총사용기간을 2년으로 제한하고 있을 뿐, 반복갱신의 횟수에 대하여는 제한하고 있지 아니하다.

정답 ②

---

015 ○△×

기간제 및 단시간근로자 보호 등에 관한 법률에 관한 내용으로 옳지 않은 것은?

① 사용자는 가사를 이유로 근로자가 단시간근로를 신청하는 때에는 해당 근로자를 단시간근로자로 전환하도록 노력하여야 한다.

② 단시간근로자의 동의를 받으면 소정근로시간을 초과하여 근로를 하게 할 수 있으나, 1주 12시간을 초과할 수는 없다.

③ 사업장에서 「기간제 및 단시간근로자 보호 등에 관한 법률」을 위반한 사실이 있는 경우, 근로자는 그 사실을 고용노동부장관 또는 근로감독관에게 통지할 수 있다.

④ 기간제근로자와 근로계약을 체결할 때 근로계약기간 등 근로조건의 서면명시를 하지 않으면 500만 원 이하의 벌금에 처한다.

⑤ 사용자는 단시간근로자와 근로계약을 체결하는 때에는 근로일 및 근로일별 근로시간을 서면으로 명시하여야 한다.

해설

① (○) 사용자는 가사, 학업 그 밖의 이유로 근로자가 단시간근로를 신청하는 때에는 해당 근로자를 단시간근로자로 전환하도록 노력하여야 한다(기간제법 제7조 제2항).

② (○) 사용자는 단시간근로자에 대하여 「근로기준법」 제2조의 소정근로시간을 초과하여 근로하게 하는 경우에는 해당 근로자의 동의를 얻어야 한다. 이 경우 1주간에 12시간을 초과하여 근로하게 할 수 없다(동법 제6조 제1항).

③ (○) 동법 제18조

④ (×) 벌금에 처한다 → 과태료를 부과한다(동법 제24조 제2항 제2호).

> **제24조(과태료)** ② 다음 각 호의 어느 하나에 해당하는 자에게는 500만 원 이하의 과태료를 부과한다. 〈개정 2020.5.26.〉
> 1. 제15조 제1항(제15조의2 제4항 및 제15조의3 제2항에 따라 준용되는 경우를 포함한다)을 위반하여 정당한 이유 없이 고용노동부장관의 이행상황 제출요구에 따르지 아니한 자
> 2. 제17조의 규정을 위반하여 근로조건을 서면으로 명시하지 아니한 자

⑤ (○) 동법 제17조 제6호

> **제17조(근로조건의 서면명시)** 사용자는 기간제근로자 또는 단시간근로자와 근로계약을 체결하는 때에는 다음 각 호의 모든 사항을 서면으로 명시하여야 한다. 다만, 제6호는 단시간근로자에 한정한다. 〈개정 2020.5.26.〉
> 1. 근로계약기간에 관한 사항
> 2. 근로시간·휴게에 관한 사항
> 3. 임금의 구성항목·계산방법 및 지불방법에 관한 사항
> 4. 휴일·휴가에 관한 사항
> 5. 취업의 장소와 종사하여야 할 업무에 관한 사항
> 6. 근로일 및 근로일별 근로시간

정답 ④

남녀고용평등과 일·가정 양립 지원에 관한 법률상 분쟁의 예방과 해결에 관한 설명으로 옳지 않은 것은?

① 근로자가 노동위원회에 차별적 처우등의 시정신청을 하는 경우에는 차별적 처우등의 내용을 구체적으로 명시하여야 한다.

② 노동위원회는 확정된 시정명령에 대하여 사업주에게 이행상황을 제출할 것을 요구할 수 있다.

③ 노동위원회는 사업주의 차별적 처우등이 반복되는 경우에는 손해액을 기준으로 3배를 넘지 아니하는 범위에서 배상을 명령할 수 있다.

④ 고용노동부장관은 사업주가 차별적 처우를 한 경우에는 그 시정을 요구할 수 있다.

⑤ 근로자는 사업주로부터 차별적 처우등을 받은 경우, 노동위원회에 차별적 처우등을 받은 날(차별적 처우등이 계속되는 경우에는 그 종료일)부터 6개월 이내에 그 시정을 신청할 수 있다.

해설

① (○) 남녀고용평등법 제26조 제2항

② (✕) 노동위원회 → 고용노동부(동법 제29조의4 제1항)

> **제29조의4(시정명령 이행상황의 제출요구 등)** ① 고용노동부장관은 확정된 시정명령에 대하여 사업주에게 이행상황을 제출할 것을 요구할 수 있다.

③ (○) 제1항에 따라 배상을 하도록 한 경우 그 배상액은 차별적 처우등으로 근로자에게 발생한 손해액을 기준으로 정한다. 다만, 노동위원회는 사업주의 차별적 처우등에 명백한 고의가 인정되거나 차별적 처우등이 반복되는 경우에는 그 손해액을 기준으로 3배를 넘지 아니하는 범위에서 배상을 명령할 수 있다(동법 제29조의2 제2항).

④ (○) 동법 제29조의5 제1항

⑤ (○) 동법 제26조 제1항

> **제26조(차별적 처우등의 시정신청)** ① 근로자는 사업주로부터 다음 각 호의 어느 하나에 해당하는 차별적 처우 등(이하 "차별적 처우등"이라 한다)을 받은 경우 「노동위원회법」 제1조에 따른 노동위원회(이하 "노동위원회"라 한다)에 그 시정을 신청할 수 있다. 다만, 차별적 처우등을 받은 날(제1호 및 제3호에 따른 차별적 처우등이 계속되는 경우에는 그 종료일)부터 6개월이 지난 때에는 그러하지 아니하다.
> 1. 제7조부터 제11조까지 중 어느 하나를 위반한 행위(이하 "차별적 처우"라 한다)
> 2. 제14조 제4항 또는 제14조의2 제1항에 따른 적절한 조치를 하지 아니한 행위
> 3. 제14조 제6항을 위반한 불리한 처우 또는 제14조의2 제2항을 위반한 해고나 그 밖의 불이익한 조치

정답 ②

남녀고용평등과 일·가정 양립 지원에 관한 법률상 가족돌봄 등을 위한 근로시간 단축에 관한 설명으로 옳지 않은 것은?

① 사업주는 근로시간 단축을 하고 있는 근로자가 명시적으로 청구하는 경우에는 단축된 근로시간 외에 주 12시간 이내에서 연장근로를 시킬 수 있다.

② 사업주가 해당 근로자에게 근로시간 단축을 허용하는 경우, 단축 후 근로시간은 주당 15시간 이상이어야 하고, 30시간을 넘어서는 아니 된다.

③ 근로자는 근로자의 학업을 위한 경우에는 근로시간 단축의 기간을 연장할 수 없다.

④ 사업주가 근로시간 단축을 허용하지 아니하는 경우에는 해당 근로자에게 그 사유를 서면으로 통보하고 그 밖의 조치를 통하여 지원할 수 있는지를 해당 사업장의 근로자대표와 서면으로 협의하여야 한다.

⑤ 근로시간 단축을 한 근로자의 근로조건은 사업주와 그 근로자 간에 서면으로 정한다.

해설

① (○) 사업주는 제22조의3에 따라 근로시간 단축을 하고 있는 근로자에게 단축된 근로시간 외에 연장근로를 요구할 수 없다. 다만, 그 근로자가 명시적으로 청구하는 경우에는 사업주는 주 12시간 이내에서 연장근로를 시킬 수 있다(남녀고용평등법 제22조의4 제3항).

② (○) 동법 제22조의3 제3항

③ (○) 근로시간 단축의 기간은 1년 이내로 한다. 다만, 제1항 제1호부터 제3호까지의 어느 하나에 해당하는 근로자는 합리적 이유가 있는 경우에 추가로 2년의 범위 안에서 근로시간 단축의 기간을 연장할 수 있다(동조 제4항). 즉, 근로자의 학업을 위한 경우는 근로시간 단축의 기간연장 사유가 될 수 없다.

> **제22조의3(가족돌봄 등을 위한 근로시간 단축)** ① 사업주는 근로자가 다음 각 호의 어느 하나에 해당하는 사유로 근로시간의 단축을 신청하는 경우에 이를 허용하여야 한다. 다만, 대체인력 채용이 불가능한 경우, 정상적인 사업 운영에 중대한 지장을 초래하는 경우 등 대통령령으로 정하는 경우에는 그러하지 아니하다.
> 1. 근로자가 가족의 질병, 사고, 노령으로 인하여 그 가족을 돌보기 위한 경우
> 2. 근로자 자신의 질병이나 사고로 인한 부상 등의 사유로 자신의 건강을 돌보기 위한 경우
> 3. 55세 이상의 근로자가 은퇴를 준비하기 위한 경우
> 4. 근로자의 학업을 위한 경우

④ (✕) 사업장의 근로자대표와 서면으로 → 근로자와(동조 제2항)

> **제22조의3(가족돌봄 등을 위한 근로시간 단축)** ② 제1항 단서에 따라 사업주가 근로시간 단축을 허용하지 아니하는 경우에는 해당 근로자에게 그 사유를 서면으로 통보하고 휴직을 사용하게 하거나 그 밖의 조치를 통하여 지원할 수 있는지를 해당 근로자와 협의하여야 한다.

⑤ (○) 제22조의3에 따라 근로시간 단축을 한 근로자의 근로조건(근로시간 단축 후 근로시간을 포함한다)은 사업주와 그 근로자 간에

서면으로 정한다(동법 제22조의4 제2항).

정답 ④

018 □□□   ○ △ ✕

파견근로자 보호 등에 관한 법률상 근로기준법의 적용특례에 관한 설명으로 옳지 않은 것은?

① 휴업수당의 지급에 대해서는 사용사업주를 사용자로 본다.
② 근로자 퇴직 시 금품청산에 대해서는 파견사업주를 사용자로 본다.
③ 휴게시간의 부여에 대해서는 사용사업주를 사용자로 본다.
④ 연차유급휴가의 부여에 대해서는 파견사업주를 사용자로 본다.
⑤ 야간근로수당의 지급에 대해서는 파견사업주를 사용자로 본다.

해설

> 파견법 제34조(「근로기준법」의 적용에 관한 특례) ① 파견 중인 근로자의 파견근로에 관하여는 파견사업주 및 사용사업주를 「근로기준법」 제2조 제1항 제2호의 사용자로 보아 같은 법을 적용한다. 다만, 「근로기준법」 제15조부터 제36조까지, 제39조, 제41조부터 제43조까지, 제43조의2, 제43조의3, 제44조, 제44조의2, 제44조의3, 제45조부터 제48조까지, 제56조, 제60조, 제64조, 제66조부터 제68조까지 및 제78조부터 제92조까지의 규정을 적용할 때에는 파견사업주를 사용자로 보고, 같은 법 제50조부터 제55조까지, 제58조, 제59조, 제62조, 제63조, 제69조부터 제74조까지, 제74조의2 및 제75조를 적용할 때에는 사용사업주를 사용자로 본다.

① (✕) 사용사업주 → 파견사업주(동법 제34조 제1항 단서 전단)
[보충] 근로기준법 제46조(휴업수당)의 규정을 적용할 때에는 파견사업주를 사용자로 본다.
② (○) 근로기준법 제36조(금품청산): 파견사업주
③ (○) 근로기준법 제54조(휴게): 사용사업주
④ (○) 근로기준법 제60조(연차유급휴가): 파견사업주
⑤ (○) 근로기준법 제56조(연장·야간 및 휴일근로): 파견사업주

정답 ①

019 □□□   ○ △ ✕

산업안전보건법상 유해·위험 방지조치 중 사업주의 의무로 명시되어 있지 않은 것은?

① 위험성평가의 실시(산업안전보건법 제36조)
② 공정안전보고서의 작성·제출(산업안전보건법 제44조)
③ 중대재해 원인조사(산업안전보건법 제56조)
④ 유해·위험방지계획서의 작성·제출(산업안전보건법 제42조)
⑤ 안전보건표지의 설치·부착(산업안전보건법 제37조)

해설

① (○) ② (○) ④ (○) ⑤ (○) 산업안전보건법 제4장 유해·위험 방지조치에서 규정하고 있는 사업주의 의무이다.
③ (✕) 중대재해 원인조사 등은 고용노동부장관의 권한이다.

> 제56조(중대재해 원인조사 등) ① 고용노동부장관은 중대재해가 발생하였을 때에는 그 원인 규명 또는 산업재해 예방대책 수립을 위하여 그 발생 원인을 조사할 수 있다.
> ② 고용노동부장관은 중대재해가 발생한 사업장의 사업주에게 안전보건개선계획의 수립·시행, 그 밖에 필요한 조치를 명할 수 있다.
> ③ 누구든지 중대재해 발생 현장을 훼손하거나 제1항에 따른 고용노동부장관의 원인조사를 방해해서는 아니 된다.
> ④ 중대재해가 발생한 사업장에 대한 원인조사의 내용 및 절차, 그 밖에 필요한 사항은 고용노동부령으로 정한다.

정답 ③

020 □□□   ○ △ ✕

최저임금법령상 최저임금의 적용을 받는 사용자가 근로자에게 주지시켜야 할 최저임금의 내용을 모두 고른 것은?

> ㄱ. 적용을 받는 근로자의 최저임금액
> ㄴ. 최저임금에 산입하지 아니하는 임금
> ㄷ. 해당 사업에서 최저임금의 적용을 제외할 근로자의 범위
> ㄹ. 최저임금의 효력발생 연월일

① ㄱ, ㄷ   ② ㄴ, ㄹ   ③ ㄱ, ㄴ, ㄷ
④ ㄱ, ㄴ, ㄹ   ⑤ ㄱ, ㄴ, ㄷ, ㄹ

해설

⑤ (○) 모두 최저임금의 적용을 받는 사용자가 근로자에게 주지시켜야 할 최저임금의 내용이다.

> 최저임금법 제11조(주지의무) 최저임금의 적용을 받는 사용자는 대통령령으로 정하는 바에 따라 해당 최저임금을 그 사업의 근로자가 쉽게 볼 수 있는 장소에 게시하거나 그 외의 적당한 방법으로 근로자에게 널리 알려야 한다.
> 시행령 제11조(주지의무) ① 법 제11조에 따라 사용자가 근로자에게 주지시켜야 할 최저임금의 내용은 다음 각 호와 같다.
> 1. 적용을 받는 근로자의 최저임금액

2. 법 제6조 제4항에 따라 최저임금에 산입하지 아니하는 임금

3. 법 제7조에 따라 해당 사업에서 최저임금의 적용을 제외할 근로자의 범위

4. 최저임금의 효력발생 연월일

② 사용자는 제1항에 따른 최저임금의 내용을 법 제10조 제2항에 따른 최저임금의 효력발생일 전날까지 근로자에게 주지시켜야 한다.

정답 ⑤

---

21 ☐☐☐ ○ △ ✕

외국인근로자의 고용 등에 관한 법률에 관한 설명으로 옳지 않은 것은?

① 사용자는 외국인근로자의 귀국 시 필요한 비용에 충당하기 위해 보험 또는 신탁에 가입해야 한다.

② 외국인근로자를 고용하려는 자는 「직업안정법」에 따른 직업안정기관에 우선 내국인 구인신청을 하여야 한다.

③ 외국인근로자는 입국한 후에 국내 취업활동에 필요한 사항을 주지시키기 위하여 실시하는 교육을 받아야 한다.

④ 취업활동기간이 연장되는 외국인근로자와 사용자는 연장된 취업활동기간의 범위에서 근로계약을 체결할 수 있다.

⑤ 「선원법」의 적용을 받는 선박에 승무하는 선원 중 대한민국 국적을 가지지 아니한 선원에 대하여는 「외국인근로자의 고용 등에 관한 법률」을 적용하지 않는다.

해설

① (✕) 사용자 → 외국인근로자(외국인고용법 제15조 제1항)

> **제15조(귀국비용보험·신탁)** ① 외국인근로자는 귀국 시 필요한 비용에 충당하기 위하여 보험 또는 신탁에 가입하여야 한다.

② (○) 동법 제6조 제1항

③ (○) 외국인근로자는 입국한 후에 고용노동부령으로 정하는 기간 이내에 한국산업인력공단 또는 제11조의3에 따른 외국인 취업교육기관에서 국내 취업활동에 필요한 사항을 주지(周知)시키기 위하여 실시하는 교육(이하 "외국인 취업교육"이라 한다)을 받아야 한다(동법 제11조 제1항).

④ (○) 동법 제9조 제4항

⑤ (○) 이 법은 외국인근로자 및 외국인근로자를 고용하고 있거나 고용하려는 사업 또는 사업장에 적용한다. 다만, 「선원법」의 적용을 받는 선박에 승무(乘務)하는 선원 중 대한민국 국적을 가지지 아니한 선원 및 그 선원을 고용하고 있거나 고용하려는 선박의 소유자에 대하여는 적용하지 아니한다(동법 제3조 제1항).

정답 ①

---

22 ☐☐☐ ○ △ ✕

근로복지기본법에 따라 근로자의 복지향상을 위한 지원을 할 때 우대될 수 있도록 하여야 하는 근로자를 모두 고른 것은?

> ㄱ. 중소·영세기업 근로자
> ㄴ. 저소득근로자
> ㄷ. 장기근속근로자
> ㄹ. 「파견근로자 보호 등에 관한 법률」에 따른 파견근로자

① ㄱ, ㄴ ② ㄱ, ㄷ ③ ㄱ, ㄴ, ㄹ
④ ㄴ, ㄷ, ㄹ ⑤ ㄱ, ㄴ, ㄷ, ㄹ

해설

⑤ (○) 모두 근로자의 복지향상을 위한 지원을 할 때 우대될 수 있도록 하여야 하는 근로자이다.

> **제3조(근로복지정책의 기본원칙)** ③ 이 법에 따른 근로자의 복지향상을 위한 지원을 할 때에는 중소·영세기업 근로자, 기간제근로자(「기간제 및 단시간근로자 보호 등에 관한 법률」 제2조 제1호에 따른 기간제근로자를 말한다), 단시간근로자(「근로기준법」 제2조 제1항 제9호에 따른 단시간근로자를 말한다), 파견근로자(「파견근로자 보호 등에 관한 법률」 제2조 제5호에 따른 파견근로자를 말한다), 하수급인(「고용보험 및 산업재해보상보험의 보험료징수 등에 관한 법률」 제2조 제5호에 따른 하수급인을 말한다)이 고용하는 근로자, 저소득근로자 및 장기근속근로자가 우대될 수 있도록 하여야 한다. 〈개정 2020.12.8.〉

정답 ⑤

---

23 ☐☐☐ ○ △ ✕

직업안정법에 관한 설명으로 옳은 것은?

① 고용노동부장관은 직업안정기관에 직업소개, 직업지도 및 고용정보 제공 등의 업무를 담당하는 민간직업상담원을 배치하여야 한다.

② 고용노동부장관은 새로 취업하려는 사람에게 직업지도를 하여야 한다.

③ 누구든지 국외에 취업할 근로자를 모집한 경우에는 고용노동부장관에게 신고하여야 한다.

④ 고용노동부장관은 무료직업소개사업 경비의 전부 또는 일부를 보조하여야 한다.

⑤ 직업안정기관의 장은 구직신청 내용이 법령을 위반한 경우에도 구직신청의 수리를 거부하여서는 아니 된다.

해설

① (✕) 배치하여야 한다 → 배치할 수 있다(직업안정법 제4조의4 제1항)

> **제4조의4(민간직업상담원)** ① 고용노동부장관은 직업안정기관에 직업소개, 직업지도 및 고용정보 제공 등의 업무를 담당하는 공무원이 아닌 직업상담원(이하 "민간직업상담원"이라 한다)을 배치할 수 있다. 〈개정 2010.6.4.〉

② (×) 고용노동부장관 → 직업안정기관의 장(동법 제14조 제1항 제1호)

> **제14조(직업지도)** ① 직업안정기관의 장은 다음 각 호의 어느 하나에 해당하는 사람에게 직업지도를 하여야 한다.
> 1. 새로 취업하려는 사람
> 2. 신체 또는 정신에 장애가 있는 사람
> 3. 그 밖에 취업을 위하여 특별한 지도가 필요한 사람
> ② 제1항에 따른 직업지도의 방법·절차 등에 관하여 필요한 사항은 고용노동부장관이 정한다. 〈개정 2010.6.4.〉

③ (○) 동법 제30조 제1항

④ (×) 보조하여야 한다 → 보조할 수 있다(동법 제45조)

> **제45조(국고보조)** 고용노동부장관은 제18조에 따른 무료직업소개사업 경비의 전부 또는 일부를 보조할 수 있다. 〈개정 2010.6.4.〉

⑤ (×) 거부하여서는 아니 된다 → 거부할 수 있다(동법 제9조 제1항)

> **제9조(구직의 신청)** ① 직업안정기관의 장은 구직신청의 수리를 거부하여서는 아니 된다. 다만, 그 신청 내용이 법령을 위반한 경우에는 그러하지 아니하다.

정답 ③

024 ☐☐☐   ○ △ ×

근로자퇴직급여 보장법령상 퇴직급여제도에 관한 설명으로 옳지 않은 것은?

① 가입자의 부양가족의 혼례비를 가입자가 부담하는 경우에는 퇴직연금제도의 급여를 받을 권리는 담보로 제공할 수 없다.

② 무주택자인 가입자가 본인 명의로 주택을 구입하는 경우, 가입자별 적립금의 100분의 50 한도에서 퇴직연금제도의 급여를 받을 권리를 담보로 제공할 수 있다.

③ 6개월 이상 요양을 필요로 하는 근로자의 부상의료비를 근로자 본인 연간 임금총액의 1천분의 125를 초과하여 부담하는 경우, 퇴직금을 미리 정산하여 지급할 수 있다.

④ 퇴직금을 중간정산하여 지급한 후의 퇴직금 산정을 위한 계속근로기간은 정산시점부터 새로 계산한다.

⑤ 사용자는 퇴직금을 미리 정산하여 지급한 경우, 근로자가 퇴직한 후 5년이 되는 날까지 관련 증명서류를 보존하여야 한다.

해설

① (×) ② (○) 없다 → 있다(퇴직급여법 시행령 제2조 제1항 제4호의2 다목, 동항 제1호, 제2항 제2호)

> **제7조(수급권의 보호)** ① 퇴직연금제도(중소기업퇴직연금기금제도를 포함한다)의 급여를 받을 권리는 양도 또는 압류하거나 담보로 제공할 수 없다. 〈개정 2021.4.13.〉
> ② 제1항에도 불구하고 가입자는 주택구입 등 대통령령으로 정하는 사유와 요건을 갖춘 경우에는 대통령령으로 정하는 한도에

서 퇴직연금제도의 급여를 받을 권리를 담보로 제공할 수 있다. 이 경우 제26조에 따라 등록한 퇴직연금사업자[중소기업퇴직연금기금제도의 경우「산업재해보상보험법」제10조에 따른 근로복지공단(이하 "공단"이라 한다)을 말한다]는 제공된 급여를 담보로 한 대출이 이루어지도록 협조하여야 한다. 〈개정 2021.4.13.〉

> **시행령 제2조(퇴직연금제도 수급권의 담보제공 사유 등)** ①「근로자퇴직급여 보장법」(이하 "법"이라 한다) 제7조 제2항 전단에서 "주택구입 등 대통령령으로 정하는 사유와 요건을 갖춘 경우"란 다음 각 호의 어느 하나에 해당하는 경우를 말한다. 〈개정 2020.11.3.〉
> 1. 무주택자인 가입자가 본인 명의로 주택을 구입하는 경우
> 1의2. 무주택자인 가입자가 주거를 목적으로 「민법」제303조에 따른 전세금 또는 「주택임대차보호법」제3조의2에 따른 보증금을 부담하는 경우. 이 경우 가입자가 하나의 사업 또는 사업장(이하 "사업"이라 한다)에 근로하는 동안 1회로 한정한다.
> 2. 가입자가 6개월 이상 요양을 필요로 하는 다음 각 목의 어느 하나에 해당하는 사람의 질병이나 부상에 대한 의료비(「소득세법 시행령」제118조의5 제1항 및 제2항에 따른 의료비를 말한다)를 부담하는 경우
>   가. 가입자 본인
>   나. 가입자의 배우자
>   다. 가입자 또는 그 배우자의 부양가족(「소득세법」제50조 제1항 제3호에 따른 부양가족을 말한다)
> 3. 담보를 제공하는 날부터 거꾸로 계산하여 5년 이내에 가입자가 「채무자 회생 및 파산에 관한 법률」에 따라 파산선고를 받은 경우
> 4. 담보를 제공하는 날부터 거꾸로 계산하여 5년 이내에 가입자가 「채무자 회생 및 파산에 관한 법률」에 따라 개인회생절차개시결정을 받은 경우
> 4의2. 다음 각 목의 어느 하나에 해당하는 사람의 대학등록금, 혼례비 또는 장례비를 가입자가 부담하는 경우
>   가. 가입자 본인
>   나. 가입자의 배우자
>   다. 가입자 또는 그 배우자의 부양가족
> 5. 사업주의 휴업 실시로 근로자의 임금이 감소하거나 재난(「재난 및 안전관리 기본법」제3조 제1호에 따른 재난을 말한다)으로 피해를 입은 경우로서 고용노동부장관이 정하여 고시하는 사유와 요건에 해당하는 경우
> ② 법 제7조 제2항 전단에서 "대통령령으로 정하는 한도"란 다음 각 호의 구분에 따른 한도를 말한다. 〈개정 2020.11.3.〉
> 1. 제1항 제1호, 제1호의2, 제2호부터 제4호까지 및 제4호의2의 경우: 가입자별 적립금의 100분의 50
> 2. 제1항 제5호의 경우: 임금 감소 또는 재난으로 입은 가입자의 피해 정도 등을 고려하여 고용노동부장관이 정하여 고시하는 한도

③ (○) 동법 제8조 제2항 전단, 동법 시행령 제3조 제1항 제3호 가목

④ (○) 동항 후단

⑤ (○) 동법 시행령 제3조 제2항

> **제8조(퇴직금제도의 설정 등)** ① 퇴직금제도를 설정하려는 사용자는 계속근로기간 1년에 대하여 30일분 이상의 평균임금을 퇴직금으로 퇴직근로자에게 지급할 수 있는 제도를 설정하여야 한다.
> ② 제1항에도 불구하고 사용자는 주택구입 등 대통령령으로 정하는 사유로 근로자가 요구하는 경우에는 근로자가 퇴직하기 전에 해당 근로자의 계속근로기간에 대한 퇴직금을 미리 정산하여

지급할 수 있다. 이 경우 미리 정산하여 지급한 후의 퇴직금 산정을 위한 계속근로기간은 정산시점부터 새로 계산한다.

시행령 제3조(퇴직금의 중간정산 사유) ① 법 제8조 제2항 전단에서 "주택구입 등 대통령령으로 정하는 사유"란 다음 각 호의 경우를 말한다. 〈개정 2022.4.13.〉

1. 무주택자인 근로자가 본인 명의로 주택을 구입하는 경우
2. 무주택자인 근로자가 주거를 목적으로 「민법」 제303조에 따른 전세금 또는 「주택임대차보호법」 제3조의2에 따른 보증금을 부담하는 경우. 이 경우 근로자가 하나의 사업에 근로하는 동안 1회로 한정한다.
3. 근로자가 6개월 이상 요양을 필요로 하는 다음 각 목의 어느 하나에 해당하는 사람의 질병이나 부상에 대한 의료비를 해당 근로자가 본인 연간 임금총액의 1천분의 125를 초과하여 부담하는 경우
   가. 근로자 본인
   나. 근로자의 배우자
   다. 근로자 또는 그 배우자의 부양가족
4. 퇴직금 중간정산을 신청하는 날부터 거꾸로 계산하여 5년 이내에 근로자가 「채무자 회생 및 파산에 관한 법률」에 따라 파산선고를 받은 경우
5. 퇴직금 중간정산을 신청하는 날부터 거꾸로 계산하여 5년 이내에 근로자가 「채무자 회생 및 파산에 관한 법률」에 따라 개인회생절차 개시결정을 받은 경우
6. 사용자가 기존의 정년을 연장하거나 보장하는 조건으로 단체협약 및 취업규칙 등을 통하여 일정 나이, 근속시점 또는 임금액을 기준으로 임금을 줄이는 제도를 시행하는 경우
6의2. 사용자가 근로자와의 합의에 따라 소정근로시간을 1일 1시간 또는 1주 5시간 이상 단축함으로써 단축된 소정근로시간에 따라 근로자가 3개월 이상 계속근로하기로 한 경우
6의3. 법률 제15513호 근로기준법 일부개정 법률의 시행에 따른 근로시간의 단축으로 근로자의 퇴직금이 감소되는 경우
7. 재난으로 피해를 입은 경우로서 고용노동부장관이 정하여 고시하는 사유에 해당하는 경우

② 사용자는 제1항 각 호의 사유에 따라 퇴직금을 미리 정산하여 지급한 경우 근로자가 퇴직한 후 5년이 되는 날까지 관련 증명서류를 보존하여야 한다.

정답 ①

025 ⬚⬚⬚   ○ △ ×

임금채권보장법령상 대지급금에 관한 설명으로 옳지 않은 것은?

① 퇴직한 근로자의 대지급금을 지급받을 권리는 양도 또는 압류하거나 담보로 제공할 수 없다.
② 대지급금을 받을 권리가 있는 사람이 부상으로 대지급금을 수령할 수 없는 경우에는 그 가족에게 수령을 위임할 수 있다.
③ 도산대지급금의 경우, 도산등사실인정이 있는 날부터 1년 이내 고용노동부장관에게 대지급금 지급을 청구해야 한다.
④ 대지급금수급계좌의 예금에 관한 채권은 압류할 수 없다.
⑤ 재직근로자에 대한 대지급금은 해당 근로자가 하나의 사업에 근로하는 동안 1회만 지급한다.

해설

① (○) 임금채권보장법 제11조의2 제1항
② (○) 대지급금의 수령은 대통령령으로 정하는 바에 따라 위임할 수 있다(동조 제2항).

> **시행령 제18조의2(대지급금의 수령위임)** ① 대지급금을 받을 권리가 있는 사람이 부상 또는 질병으로 대지급금을 수령할 수 없는 경우에는 법 제11조의2 제2항에 따라 그 가족에게 수령을 위임할 수 있다. 〈개정 2021.10.14.〉

③ (×) 1년 → 2년(동법 시행령 제9조 제1항 제1호)

> **시행령 제9조(대지급금의 청구와 지급)** ① 대지급금을 지급받으려는 사람은 다음 각 호의 구분에 따른 기간 이내에 고용노동부장관에게 대지급금의 지급을 청구해야 한다.
> 1. 도산대지급금의 경우: 파산선고등 또는 도산등사실인정이 있은 날부터 2년 이내
> 2. 법 제7조 제1항 제4호에 따른 대지급금의 경우: 판결등이 있은 날부터 1년 이내
> 3. 법 제7조 제1항 제5호에 따른 대지급금의 경우: 체불임금등·사업주확인서가 최초로 발급된 날부터 6개월 이내
> 4. 법 제7조의2 제1항에 따른 대지급금의 경우: 판결등이 있은 날부터 1년 이내 또는 체불임금등·사업주확인서가 최초로 발급된 날부터 6개월 이내

④ (○) 동법 제11조의2 제4항
⑤ (○) 동법 제7조의2 제4항

정답 ③

001 ☐☐☐　　　　　　　　　　　○ △ ×

근로기준법령상 3개월을 초과하는 탄력적 근로시간제에 관한 규정에 따라 사용자와 근로자대표가 서면합의로 정하는 사항에 해당하지 않는 것은?

① 대상 근로자의 범위
② 단위기간(3개월을 초과하고 6개월 이내의 일정한 기간으로 정하여야 한다)
③ 단위기간의 주별 근로시간
④ 단위기간의 일별 근로시간
⑤ 서면합의의 유효기간

해설

④ (×) 단위기간의 일별 근로시간은 사용자와 근로자대표가 서면합의로 정하는 사항에 해당하지 아니한다.

> **제51조의2(3개월을 초과하는 탄력적 근로시간제)** ① 사용자는 근로자대표와의 서면합의에 따라 다음 각 호의 사항을 정하면 3개월을 초과하고 6개월 이내의 단위기간을 평균하여 1주간의 근로시간이 제50조 제1항의 근로시간을 초과하지 아니하는 범위에서 특정한 주에 제50조 제1항의 근로시간을, 특정한 날에 제50조 제2항의 근로시간을 초과하여 근로하게 할 수 있다. 다만, 특정한 주의 근로시간은 52시간을, 특정한 날의 근로시간은 12시간을 초과할 수 없다.
> 1. 대상 근로자의 범위
> 2. 단위기간(3개월을 초과하고 6개월 이내의 일정한 기간으로 정하여야 한다)
> 3. 단위기간의 주별 근로시간
> 4. 그 밖에 대통령령으로 정하는 사항
> **시행령 제28조의2(3개월을 초과하는 탄력적 근로시간제에 관한 합의사항 등)** ① 법 제51조의2 제1항 제4호에서 "그 밖에 대통령령으로 정하는 사항"이란 서면합의의 유효기간을 말한다.

정답 ④

002 ☐☐☐　　　　　　　　　　　○ △ ×

근로기준법상 직장 내 괴롭힘의 금지 및 발생 시 조치에 관한 설명으로 옳은 것은?

① 근로자에게 신체적·정신적 고통을 주는 행위 외에 근무환경을 악화시키는 행위는 직장 내 괴롭힘에 관한 규정으로 규율되지 아니한다.
② 직장 내 괴롭힘의 발생사실을 알게 된 경우, 그 피해근로자의 동의가 없으면 누구든지 그 사실을 사용자에게 신고할 수 없다.
③ 사용자는 직장 내 괴롭힘 사실을 인지하더라도 그 신고의 접수가 없으면 사실확인을 위한 조사를 실시할 수 없다.
④ 사용자는 조사 결과 직장 내 괴롭힘 발생사실이 확인된 때에는 피해근로자의 요청과 무관하게 피해근로자의 근무장소 변경, 배치전환 등 적절한 조치를 하여야 한다.
⑤ 사용자는 직장 내 괴롭힘의 피해근로자는 물론 그 발생사실을 신고한 근로자에게도 해고나 그 밖의 불리한 처우를 하여서는 아니 된다.

해설

① (×) 규율되지 아니한다 → 규율된다(근로기준법 제76조의2)

> **제76조의2(직장 내 괴롭힘의 금지)** 사용자 또는 근로자는 직장에서의 지위 또는 관계 등의 우위를 이용하여 업무상 적정범위를 넘어 다른 근로자에게 신체적·정신적 고통을 주거나 근무환경을 악화시키는 행위(이하 "직장 내 괴롭힘"이라 한다)를 하여서는 아니 된다.

② (×) 동의가 없으면 → 동의와 상관없이, 없다 → 있다(제76조의3 제1항)

> **제76조의3(직장 내 괴롭힘 발생 시 조치)** ① 누구든지 직장 내 괴롭힘 발생사실을 알게 된 경우 그 사실을 사용자에게 신고할 수 있다.

③ (×) 인지하더라도 그 신고의 접수가 없으면 → 인지한 경우에는 지체 없이, 실시할 수 없다 → 실시하여야 한다(동조 제2항)

> **제76조의3(직장 내 괴롭힘 발생 시 조치)** ② 사용자는 제1항에 따른 신고를 접수하거나 직장 내 괴롭힘 발생사실을 인지한 경우에는 지체 없이 당사자 등을 대상으로 그 사실확인을 위하여 객관적으로 조사를 실시하여야 한다. (개정 2021.4.13.)

④ (×) 피해근로자의 요청과 무관하게 → 피해근로자가 요청하면(동조 제4항)

> **제76조의3(직장 내 괴롭힘 발생 시 조치)** ④ 사용자는 제2항에 따른 조사 결과 직장 내 괴롭힘 발생사실이 확인된 때에는 피해

근로자가 요청하면 근무장소의 변경, 배치전환, 유급휴가 명령 등 적절한 조치를 하여야 한다.

⑤ (O) 사용자는 직장 내 괴롭힘 발생사실을 신고한 근로자 및 피해 근로자등에게 해고나 그 밖의 불리한 처우를 하여서는 아니 된다 (동법 제76조의3 제6항).

정답 ⑤

003 □□□　　　　　○ △ ×

근로기준법상 근로감독관 등에 관한 설명으로 옳지 않은 것은?

① 근로조건의 기준을 확보하기 위하여 고용노동부와 그 소속 기관에 근로감독관을 둔다.
② 근로감독관은 사업장을 현장조사하고 장부와 서류의 제출을 요구할 수 있으며 사용자와 근로자에 대하여 심문(尋問)할 수 있다.
③ 의사인 근로감독관은 취업을 금지하여야 할 질병에 걸릴 의심이 있는 근로자에 대하여 검진할 수 있다.
④ 근로감독관은 근로감독관을 그만둔 경우에도 직무상 알게 된 비밀을 엄수하여야 한다.
⑤ 「근로기준법」에 따른 현장조사, 서류의 제출, 근로감독관의 직무에 관한 범죄 등의 수사는 검사와 근로감독관이 전담하여 수행한다.

해설

① (O) 근로기준법 제101조 제1항
② (O) 근로감독관은 사업장, 기숙사, 그 밖의 부속건물을 현장조사하고 장부와 서류의 제출을 요구할 수 있으며 사용자와 근로자에 대하여 심문(尋問)할 수 있다(동법 제102조 제1항).
③ (O) 의사인 근로감독관이나 근로감독관의 위촉을 받은 의사는 취업을 금지하여야 할 질병에 걸릴 의심이 있는 근로자에 대하여 검진할 수 있다(동조 제2항).
④ (O) 근로감독관은 직무상 알게 된 비밀을 엄수하여야 한다. 근로 감독관을 그만둔 경우에도 또한 같다(동법 제103조).
⑤ (×) 근로감독관의 직무에 관한 범죄 → 심문(동법 제105조)

> 제105조(사법경찰권 행사자의 제한) 이 법이나 그 밖의 노동관계법령에 따른 현장조사, 서류의 제출, 심문 등의 수사는 검사와 근로감독관이 전담하여 수행한다. 다만, 근로감독관의 직무에 관한 범죄의 수사는 그러하지 아니하다. 〈개정 2017.11.28.〉

정답 ⑤

004 □□□　　　　　○ △ ×

근로기준법령상 임금명세서의 기재사항으로 명시된 것을 모두 고른 것은?

ㄱ. 임금총액	ㄴ. 임금지급일
ㄷ. 고용 연월일	ㄹ. 종사하는 업무

① ㄱ, ㄴ　　　② ㄷ, ㄹ　　　③ ㄱ, ㄴ, ㄹ
④ ㄴ, ㄷ, ㄹ　　　⑤ ㄱ, ㄴ, ㄷ, ㄹ

해설

① (O) ㄱ, ㄴ이 임금명세서의 기재사항으로 명시된 것이다.

> 근로기준법 제48조(임금대장 및 임금명세서) ② 사용자는 임금을 지급하는 때에는 근로자에게 임금의 구성항목·계산방법, 제43조 제1항 단서에 따라 임금의 일부를 공제한 경우의 내역 등 대통령령으로 정하는 사항을 적은 임금명세서를 서면(「전자문서 및 전자거래 기본법」 제2조 제1호에 따른 전자문서를 포함한다)으로 교부하여야 한다. 〈신설 2021.5.18.〉
> 시행령 제27조의2(임금명세서의 기재사항) 사용자는 법 제48조 제2항에 따른 임금명세서에 다음 각 호의 사항을 적어야 한다.
> 1. 근로자의 성명, 생년월일, 사원번호 등 근로자를 특정할 수 있는 정보
> 2. 임금지급일
> 3. 임금총액
> 4. 기본급, 각종 수당, 상여금, 성과금, 그 밖의 임금의 구성항목별 금액(통화 이외의 것으로 지급된 임금이 있는 경우에는 그 품명 및 수량과 평가총액을 말한다)
> 5. 임금의 구성항목별 금액이 출근일수·시간 등에 따라 달라지는 경우에는 임금의 구성항목별 금액의 계산방법(연장근로, 야간근로 또는 휴일근로의 경우에는 그 시간 수를 포함한다)
> 6. 법 제43조 제1항 단서에 따라 임금의 일부를 공제한 경우에는 임금의 공제항목별 금액과 총액 등 공제내역

정답 ①

005 □□□　　　　　○ △ ×

근로기준법령상 재량근로의 대상업무로 명시되지 않은 것은?

① 인문사회과학 분야의 연구업무
② 정보처리시스템의 교육업무
③ 신문 사업에서의 기사의 취재업무
④ 의복의 디자인업무
⑤ 영화제작 사업에서의 프로듀서업무

해설

① (O) ③ (O) ④ (O) ⑤ (O) 근로기준법 시행령 제31조 제1호, 제3호, 제4호, 제5호
② (×) 정보처리시스템의 교육업무가 재량근로의 대상업무로 명시되지 아니한 것이다.

> 시행령 제31조(재량근로의 대상업무) 법 제58조 제3항 전단에서

"대통령령으로 정하는 업무"란 다음 각 호의 어느 하나에 해당하는 업무를 말한다. 〈개정 2010.7.12.〉
1. 신상품 또는 신기술의 연구개발이나 인문사회과학 또는 자연과학 분야의 연구업무
2. 정보처리시스템의 설계 또는 분석업무
3. 신문, 방송 또는 출판 사업에서의 기사의 취재, 편성 또는 편집 업무
4. 의복·실내장식·공업제품·광고 등의 디자인 또는 고안업무
5. 방송프로그램·영화 등의 제작 사업에서의 프로듀서나 감독 업무
6. 그 밖에 고용노동부장관이 정하는 업무

정답 ②

---

006 □□□   ○ △ ×

근로기준법상 18세 미만인 사람에 관한 설명으로 옳지 않은 것은?

① 사용자는 18세 미만인 사람을 보건상 유해·위험한 사업에 사용하지 못한다.
② 사용자는 18세 미만인 사람에 대하여는 그 연령을 증명하는 가족관계기록사항에 관한 증명서 또는 친권자나 후견인의 동의서를 사업장에 갖추어 두어야 한다.
③ 사용자는 18세 미만인 사람과 근로계약을 체결하는 경우에는 법령에 따른 근로조건을 서면으로 명시하여 교부하여야 한다.
④ 18세 미만인 사람의 근로시간은 당사자 사이의 합의에 따라 1일에 1시간, 1주에 5시간을 한도로 연장할 수 있다.
⑤ 18세 미만인 사람의 동의가 있는 경우로서 고용노동부장관의 인가를 받으면 사용자는 18세 미만인 사람을 휴일에 근로시킬 수 있다.

해설

① (○) 사용자는 임신 중이거나 산후 1년이 지나지 아니한 여성(이하 "임산부"라 한다)과 18세 미만자를 도덕상 또는 보건상 유해·위험한 사업에 사용하지 못한다(근로기준법 제65조 제1항).
② (×) 증명서 또는 친권자나 → 증명서와 친권자 또는(동법 제66조)
[보충] 증명서와 동의서 모두를 사업장에 갖추어 두어야 한다.

> **제66조(연소자 증명서)** 사용자는 18세 미만인 사람에 대하여는 그 연령을 증명하는 가족관계기록사항에 관한 증명서와 친권자 또는 후견인의 동의서를 사업장에 갖추어 두어야 한다. 〈개정 2020.5.26.〉

③ (○) 사용자는 18세 미만인 사람과 근로계약을 체결하는 경우에는 제17조에 따른 근로조건을 서면(「전자문서 및 전자거래 기본법」 제2조 제1호에 따른 전자문서를 포함한다)으로 명시하여 교부하여야 한다(동법 제67조 제3항).
④ (○) 15세 이상 18세 미만인 사람의 근로시간은 1일에 7시간, 1주에 35시간을 초과하지 못한다. 다만, 당사자 사이의 합의에 따라 1일에 1시간, 1주에 5시간을 한도로 연장할 수 있다(동법 제69조).

---

⑤ (○) 동법 제70조 제2항 제1호

> **제70조(야간근로와 휴일근로의 제한)** ② 사용자는 임산부와 18세 미만자를 오후 10시부터 오전 6시까지의 시간 및 휴일에 근로시키지 못한다. 다만, 다음 각 호의 어느 하나에 해당하는 경우로서 고용노동부장관의 인가를 받으면 그러하지 아니하다. 〈개정 2010.6.4.〉
> 1. 18세 미만자의 동의가 있는 경우
> 2. 산후 1년이 지나지 아니한 여성의 동의가 있는 경우
> 3. 임신 중의 여성이 명시적으로 청구하는 경우

정답 ②

---

007 □□□   ○ △ ×

근로기준법상 근로시간과 휴식에 관한 설명으로 옳은 것은?

① 사용자는 모든 근로자에게 근로시간이 8시간인 경우에는 30분의 휴게시간을 근로시간 도중에 주어야 한다.
② 사용자는 근로자에게 매월 평균 1회 이상의 유급휴일을 보장해야 한다.
③ 사용자는 근로자에게 대통령령으로 정하는 휴일을 유급으로 보장하여야 하므로 근로자대표와 서면합의를 하였더라도 특정한 근로일로 대체할 수 없다.
④ 사용자는 8시간을 초과한 연장근로에 대하여는 통상임금의 100분의 100 이상을 가산하여 지급하여야 한다.
⑤ 사용자는 근로자대표와의 서면합의에 따라 야간근로에 대하여 임금을 지급하는 것을 갈음하여 휴가를 줄 수 있다.

해설

① (×) 30분 → 1시간 이상(근로기준법 제54조 제1항)

> **제54조(휴게)** ① 사용자는 근로시간이 4시간인 경우에는 30분 이상, 8시간인 경우에는 1시간 이상의 휴게시간을 근로시간 도중에 주어야 한다.
> ② 휴게시간은 근로자가 자유롭게 이용할 수 있다.

② (×) ③ (×) 매월 → 1주에(동법 제55조 제1항), 서면합의를 하였더라도 → 서면으로 합의한 경우, 없다 → 있다(동조 제2항)

> **제55조(휴일)** ① 사용자는 근로자에게 1주에 평균 1회 이상의 유급휴일을 보장하여야 한다. 〈개정 2018.3.20.〉
> ② 사용자는 근로자에게 대통령령으로 정하는 휴일을 유급으로 보장하여야 한다. 다만, 근로자대표와 서면으로 합의한 경우 특정한 근로일로 대체할 수 있다. 〈신설 2018.3.20.〉

④ (×) 100 → 50(동법 제56조 제1항)

> **제56조(연장·야간 및 휴일근로)** ① 사용자는 연장근로(제53조·제59조 및 제69조 단서에 따라 연장된 시간의 근로를 말한다)에 대하여는 통상임금의 100분의 50 이상을 가산하여 근로자에게 지급하여야 한다. 〈개정 2018.3.20.〉
> ② 제1항에도 불구하고 사용자는 휴일근로에 대하여는 다음 각 호의 기준에 따른 금액 이상을 가산하여 근로자에게 지급하여야

한다. 〈신설 2018.3.20.〉

1. 8시간 이내의 휴일근로: 통상임금의 100분의 50
2. 8시간을 초과한 휴일근로: 통상임금의 100분의 100

③ 사용자는 야간근로(오후 10시부터 다음 날 오전 6시 사이의 근로를 말한다)에 대하여는 통상임금의 100분의 50 이상을 가산하여 근로자에게 지급하여야 한다. 〈신설 2018.3.20.〉

⑤ (O) 사용자는 근로자대표와의 서면합의에 따라 제51조의3, 제52조 제2항 제2호 및 제56조에 따른 연장근로·야간근로 및 휴일근로 등에 대하여 임금을 지급하는 것을 갈음하여 휴가를 줄 수 있다(동법 제57조).

정답 ⑤

---

008 8 □□□　　　　　○ △ ×

근로기준법상 취업규칙에 관한 설명으로 옳지 않은 것은? (다툼이 있으면 판례에 따름)

① 근로자에게 불이익하게 변경된 취업규칙은 집단적 동의를 받았다고 하더라도 근로자의 개별적 동의가 없는 한 그 취업규칙보다 유리한 근로계약의 내용이 우선하여 적용된다.

② 사용자는 취업규칙의 작성 시 해당 사업 또는 사업장에 근로자의 과반수로 조직된 노동조합이 없는 경우에는 근로자의 과반수의 의견을 들어야 한다.

③ 취업규칙에서 근로자에 대하여 감급(減給)의 제재를 정할 경우에 그 감액은 1회의 금액이 통상임금의 1일분의 2분의 1을, 총액이 1임금지급기의 임금총액의 5분의 1을 초과하지 못한다.

④ 표창과 제재에 관한 사항이 없는 취업규칙의 경우, 고용노동부장관은 그 변경을 명할 수 있다.

⑤ 취업규칙이 기존의 근로자에게 불이익하게 변경되었는지 여부를 불문하고 사용자가 취업규칙을 변경한 후 신규취업한 근로자에게는 변경된 취업규칙이 적용된다.

해설

① (O) 근로자에게 불리한 내용으로 변경된 취업규칙은 집단적 동의를 받았다고 하더라도 그보다 유리한 근로조건을 정한 기존의 개별 근로계약 부분에 우선하는 효력을 갖는다고 할 수 없다. 이 경우에도 근로계약의 내용은 유효하게 존속하고, 변경된 취업규칙의 기준에 의하여 유리한 근로계약의 내용을 변경할 수 없으며, 근로자의 개별적 동의가 없는 한 취업규칙보다 유리한 근로계약의 내용이 우선하여 적용된다(대법원 2019.11.14, 2018다200709).

② (O) 근로기준법 제94조 제1항

제94조(규칙의 작성, 변경절차) ① 사용자는 취업규칙의 작성 또는 변경에 관하여 해당 사업 또는 사업장에 근로자의 과반수로 조직된 노동조합이 있는 경우에는 그 노동조합, 근로자의 과반수로 조직된 노동조합이 없는 경우에는 근로자의 과반수의 의견을 들어야 한다. 다만, 취업규칙을 근로자에게 불리하게 변경하는 경우에는 그 동의를 받아야 한다.

③ (×) 통상임금 → 평균임금, 5분의 → 10분의(동법 제95조)

제95조(제재 규정의 제한) 취업규칙에서 근로자에 대하여 감급(減給)의 제재를 정할 경우에 그 감액은 1회의 금액이 평균임금의 1일분의 2분의 1을, 총액이 1임금지급기의 임금총액의 10분의 1을 초과하지 못한다.

④ (O) 동법 제96조 제2항, 제93조 제12호

제96조(단체협약의 준수) ② 고용노동부장관은 법령이나 단체협약에 어긋나는 취업규칙의 변경을 명할 수 있다. 〈개정 2010.6.4.〉
제93조(취업규칙의 작성·신고) 상시 10명 이상의 근로자를 사용하는 사용자는 다음 각 호의 사항에 관한 취업규칙을 작성하여 고용노동부장관에게 신고하여야 한다. 이를 변경하는 경우에도 또한 같다. 〈개정 2019.1.15.〉

1. 업무의 시작과 종료 시각, 휴게시간, 휴일, 휴가 및 교대 근로에 관한 사항
2. 임금의 결정·계산·지급방법, 임금의 산정기간·지급시기 및 승급(昇給)에 관한 사항
3. 가족수당의 계산·지급방법에 관한 사항
4. 퇴직에 관한 사항
5. 「근로자퇴직급여 보장법」 제4조에 따라 설정된 퇴직급여, 상여 및 최저임금에 관한 사항
6. 근로자의 식비, 작업 용품 등의 부담에 관한 사항
7. 근로자를 위한 교육시설에 관한 사항
8. 출산전후휴가·육아휴직 등 근로자의 모성 보호 및 일·가정 양립 지원에 관한 사항
9. 안전과 보건에 관한 사항
9의2. 근로자의 성별·연령 또는 신체적 조건 등의 특성에 따른 사업장 환경의 개선에 관한 사항
10. 업무상과 업무 외의 재해부조(災害扶助)에 관한 사항
11. 직장 내 괴롭힘의 예방 및 발생 시 조치 등에 관한 사항
12. 표창과 제재에 관한 사항
13. 그 밖에 해당 사업 또는 사업장의 근로자 전체에 적용될 사항

⑤ (O) 사용자가 취업규칙에서 정한 근로조건을 근로자에게 불리하게 변경할 때 근로자의 동의를 얻지 않은 경우에 그 변경으로 기득이익이 침해되는 기존의 근로자에 대한 관계에서는 종전 취업규칙의 효력이 그대로 유지되지만, 변경된 취업규칙에 따른 근로조건을 수용하고 근로관계를 갖게 된 근로자에 대한 관계에서는 당연히 변경된 취업규칙이 적용되고, 기득이익의 침해라는 효력배제사유가 없는 변경 후 취업근로자에 대해서까지 변경의 효력을 부인하여 종전 취업규칙이 적용되어야 한다고 볼 수는 없다(대법원 2022.10.14, 2022다245518).

정답 ③

009 ☐☐☐   ○ △ ✕

근로기준법령상 임금에 관한 설명으로 옳지 않은 것은? (다툼이 있으면 판례에 따름)

① 통상임금에는 1개월 이내의 주기마다 정기적으로 지급되는 임금과 수당만이 포함된다.

② 산출된 평균임금액이 그 근로자의 통상임금보다 적으면 그 통상임금액을 평균임금으로 한다.

③ 임금은 매월 1회 이상 일정한 날짜를 정하여 지급하여야 하며, 다만 임시로 지급하는 임금에 대하여는 그러하지 아니하다.

④ 평균임금의 산정기간 중에 출산전후휴가 기간이 있는 경우에는 그 기간과 그 기간 중에 지급된 임금은 평균임금 산정기준이 되는 기간과 임금의 총액에서 각각 뺀다.

⑤ 평균임금이란 이를 산정하여야 할 사유가 발생한 날 이전 3개월 동안에 그 근로자에게 지급된 임금의 총액을 그 기간의 총일수로 나눈 금액을 말한다.

해설

① (✕) **[다수의견]** 어떤 임금이 통상임금에 속하기 위해서 정기성을 갖추어야 한다는 것은 임금이 일정한 간격을 두고 계속적으로 지급되어야 함을 의미한다. 통상임금에 속하기 위한 성질을 갖춘 임금이 1개월을 넘는 기간마다 정기적으로 지급되는 경우, 이는 노사 간의 합의 등에 따라 근로자가 소정근로시간에 통상적으로 제공하는 근로의 대가가 1개월을 넘는 기간마다 분할지급되고 있는 것일 뿐, 그러한 사정 때문에 갑자기 그 임금이 소정근로의 대가로서 성질을 상실하거나 정기성을 상실하게 되는 것이 아님은 분명하다. 따라서 정기상여금과 같이 일정한 주기로 지급되는 임금의 경우 단지 그 지급주기가 1개월을 넘는다는 사정만으로 그 임금이 통상임금에서 제외된다고 할 수는 없다(대법원 2013.12. 18, 2012다89399 전원합의체).

[별개의견] 상여금이나 1개월을 넘는 기간마다 지급되는 수당은 기본급에 준하는 실질을 갖는다고 볼 수 없고 오히려 전혀 다른 실질을 갖고 있으며, 정기적·일률적·고정적으로 지급되는 것이냐에 관계없이 통상근로(소정근로)에 대한 대가로서 실질을 갖는 것이 아니라 총 근로에 대한 대가로서의 실질을 갖는다. 결국 상여금이나 1개월을 넘는 기간마다 지급되는 수당은 통상임금에 포함될 수 없다(위 판례).

② (○) ⑤ (○) 근로기준법 제2조 제1항 제6호, 제2항

> **제2조(정의)** ① 이 법에서 사용하는 용어의 뜻은 다음과 같다.
> 〈개정 2020.5.26.〉
> 6. "평균임금"이란 이를 산정하여야 할 사유가 발생한 날 이전 3개월 동안에 그 근로자에게 지급된 임금의 총액을 그 기간의 총일수로 나눈 금액을 말한다. 근로자가 취업한 후 3개월 미만인 경우도 이에 준한다.
> ② 제1항 제6호에 따라 산출된 금액이 그 근로자의 통상임금보다 적으면 그 통상임금액을 평균임금으로 한다.

③ (○) 임금은 매월 1회 이상 일정한 날짜를 정하여 지급하여야 한다. 다만, 임시로 지급하는 임금, 수당, 그 밖에 이에 준하는 것 또는 대통령령으로 정하는 임금에 대하여는 그러하지 아니하다(동

법 제43조 제2항).

④ (○) 동법 시행령 제2조 제1항 제3호

> **시행령 제2조(평균임금의 계산에서 제외되는 기간과 임금)** ① 「근로기준법」(이하 "법"이라 한다) 제2조 제1항 제6호에 따른 평균임금 산정기간 중에 다음 각 호의 어느 하나에 해당하는 기간이 있는 경우에는 그 기간과 그 기간 중에 지급된 임금은 평균임금 산정기준이 되는 기간과 임금의 총액에서 각각 뺀다. 〈개정 2021.10.14.〉
> 1. 근로계약을 체결하고 수습 중에 있는 근로자가 수습을 시작한 날부터 3개월 이내의 기간
> 2. 법 제46조에 따른 사용자의 귀책사유로 휴업한 기간
> 3. 법 제74조 제1항부터 제3항까지의 규정에 따른 출산전후휴가 및 유산·사산휴가기간
> 4. 법 제78조에 따라 업무상 부상 또는 질병으로 요양하기 위하여 휴업한 기간
> 5. 「남녀고용평등과 일·가정 양립 지원에 관한 법률」 제19조에 따른 육아휴직 기간
> 6. 「노동조합 및 노동관계조정법」 제2조 제6호에 따른 쟁의행위 기간
> 7. 「병역법」, 「예비군법」 또는 「민방위기본법」에 따른 의무를 이행하기 위하여 휴직하거나 근로하지 못한 기간. 다만, 그 기간 중 임금을 지급받은 경우에는 그러하지 아니하다.
> 8. 업무 외 부상이나 질병, 그 밖의 사유로 사용자의 승인을 받아 휴업한 기간

정답 ①

---

010 ☐☐☐   ○ △ ✕

근로기준법상 구제명령 등에 관한 설명으로 옳은 것은?

① 중앙노동위원회의 재심판정에 대하여 사용자나 근로자는 재심판정서를 송달받은 날부터 20일 이내에 「행정소송법」의 규정에 따라 소(訴)를 제기할 수 있다.

② 노동위원회의 구제명령, 기각결정 또는 재심판정은 중앙노동위원회에 대한 재심신청이나 행정소송 제기에 의하여 그 효력이 정지된다.

③ 노동위원회는 부당해고에 대한 구제명령을 할 때에 근로자의 의사와 무관하게 사용자가 원하지 아니하면 원직복직을 명하는 대신 해고기간 동안 임금 상당액 이상의 금품을 근로자에게 지급하도록 명하여야 한다.

④ 노동위원회가 이행강제금을 부과할 때에는 이행강제금의 액수, 부과사유 등을 구두로 통보하여야 한다.

⑤ 노동위원회는 이행강제금 납부의무자가 납부기한까지 이행강제금을 내지 아니하면 기간을 정하여 독촉을 하고 지정된 기간에 이행강제금을 내지 아니하면 국세체납처분의 예에 따라 징수할 수 있다.

해설

① (✕) 20일 → 15일(근로기준법 제31조 제2항)

> **제31조(구제명령 등의 확정)** ② 제1항에 따른 중앙노동위원회의

재심판정에 대하여 사용자나 근로자는 재심판정서를 송달받은 날부터 15일 이내에 「행정소송법」의 규정에 따라 소(訴)를 제기할 수 있다.

② (×) 정지된다 → 정지되지 아니한다(동법 제32조)

제32조(구제명령 등의 효력) 노동위원회의 구제명령, 기각결정 또는 재심판정은 제31조에 따른 중앙노동위원회에 대한 재심신청이나 행정소송 제기에 의하여 그 효력이 정지되지 아니한다.

③ (×) 근로자의 의사와 무관하게 사용자가 → 근로자가 원직복직을, 명하여야 한다 → 명할 수 있다(동법 제30조 제3항)

제30조(구제명령 등) ③ 노동위원회는 제1항에 따른 구제명령(해고에 대한 구제명령만을 말한다)을 할 때에 근로자가 원직복직(原職復職)을 원하지 아니하면 원직복직을 명하는 대신 근로자가 해고기간 동안 근로를 제공하였더라면 받을 수 있었던 임금 상당액 이상의 금품을 근로자에게 지급하도록 명할 수 있다.

④ (×) 구두로 통보하여야 한다 → 명시한 문서로써 하여야 한다(동법 제33조 제3항)

제33조(이행강제금) ③ 제1항에 따른 이행강제금을 부과할 때에는 이행강제금의 액수, 부과사유, 납부기한, 수납기관, 이의제기방법 및 이의제기기관 등을 명시한 문서로써 하여야 한다.

⑤ (○) 동법 제33조 제7항

정답 ⑤

11 □□□   ○ △ ×

근로자의 징계 등에 관한 설명으로 옳지 않은 것은? (다툼이 있으면 판례에 따름)

① 징계처분에서 징계사유로 삼지 아니한 비위행위라도 피징계자의 평소의 소행과 근무성적, 그 징계처분사유 전후에 저지른 비위행위사실 등은 징계양정의 참작자료로 삼을 수 있다.

② 취업규칙에 따라 소명기회를 부여하였더라도 징계위원회가 그 개개의 혐의사항에 대하여 구체적으로 질문하고 징계대상자가 이에 대하여 빠짐없이 진술하도록 조치하지 않았다면 부당한 징계가 된다.

③ 대기발령은 그 사유가 정당한 경우에도 그 기간은 합리적인 범위 내에서 이루어져야 한다.

④ 여러 개의 징계사유 중 일부가 인정되지 않더라도 인정되는 다른 일부 징계사유만으로도 해당 징계처분의 타당성을 인정하기에 충분한 경우에는 그 징계처분이 위법하지 않다.

⑤ 노동조합 간부에 대한 징계처분을 함에 있어 노동조합과 합의하도록 단체협약에 규정된 경우, 그 합의를 거치지 않은 징계처분은 원칙적으로 무효이다.

해설

① (○) 근로자에게 여러 가지 징계혐의 사실이 있는 경우에는 징계

사유 하나씩 또는 그중 일부의 사유만을 가지고 판단할 것이 아니고 전체의 사유에 비추어 판단하여야 하며, 징계처분에서 징계사유로 삼지 아니한 비위행위라도 징계종류 선택의 자료로서 피징계자의 평소 소행과 근무성적, 당해 징계처분사유 전후에 저지른 비위행위 사실 등은 징계양정을 하면서 참작자료로 삼을 수 있다(대법원 2011.3.24, 2010다21962).

② (×) 단체협약이나 취업규칙에 징계대상자에게 징계혐의 사실을 통지하여야 한다는 규정이 있는 경우에 이러한 절차를 거치지 않은 징계처분을 유효하다고 할 수 없지만, 그러한 규정이 없는 경우까지 반드시 그 사실을 통지하여 줄 의무가 있는 것은 아니다. 또한 단체협약이나 취업규칙에서 당사자에게 징계사유와 관련한 소명기회를 주도록 규정하고 있는 경우에도 대상자에게 그 기회를 제공하면 되며, 소명 자체가 반드시 이루어져야 하는 것은 아니다. 그리고 징계위원회에서 징계대상자에게 징계혐의 사실을 고지하고 그에 대하여 진술할 기회를 부여하면 충분하고, 혐의사실 개개의 사항에 대하여 구체적으로 발문하여 징계대상자가 이에 대하여 빠짐없이 진술하도록 조치하여야 하는 것은 아니다(대법원 2020. 6.25, 2016두56042).

③ (○) 대기발령과 같은 잠정적인 인사명령이 명령 당시에는 정당한 경우라고 하더라도, 그러한 명령의 목적과 실제 기능, 유지의 합리성 여부 및 그로 인하여 근로자가 받게 될 신분상·경제상의 불이익 등 구체적인 사정을 모두 참작하여 그 기간은 합리적인 범위 내에서 이루어져야 한다. 따라서 대기발령 등의 인사명령을 받은 근로자가 상당한 기간에 걸쳐 근로의 제공을 할 수 없다거나 근로제공을 함이 매우 부적당한 경우가 아닌데도, 사회통념상 합리성이 없을 정도로 부당하게 장기간 동안 잠정적 지위의 상태로 유지하는 것은 특별한 사정이 없는 한 정당한 이유가 있다고 보기 어려우므로 그와 같은 조치는 무효라고 보아야 한다(대법원 2013.5.9, 2012다64833).

④ (○) 여러 개의 징계사유 중 일부가 인정되지 않더라도 인정되는 다른 일부 징계사유만으로 해당 징계처분의 타당성을 인정하기에 충분한 경우에는 그 징계처분을 유지하여도 위법하지 아니하다(대법원 2019.11.28, 2017두57318).

⑤ (○) 사용자가 인사처분을 할 때 노동조합의 사전동의나 승낙을 얻어야 한다거나 노동조합과 인사처분에 관하여 논의하여 의견의 합치를 보아 인사처분을 하도록 단체협약 등에 규정된 경우에는 그 절차를 거치지 아니한 인사처분은 원칙적으로 무효로 보아야 한다. 다만 이처럼 사전합의조항을 두고 있다고 하더라도 사용자의 인사권이 어떠한 경우를 불문하고 노동조합의 동의나 합의가 있어야만 행사할 수 있는 것은 아니고, '노동조합이 사전합의권을 남용하거나 스스로 사전합의권의 행사를 포기하였다고 인정되는 경우'에는 사용자가 이러한 합의 없이 한 인사처분도 유효하다고 보아야 한다(대법원 2010.7.15, 2007두15797).

정답 ②

근로기준법상 연차유급휴가에 관한 설명으로 옳지 않은 것은?

① 사용자는 계속하여 근로한 기간이 1년 미만인 근로자에게 1개월 개근 시 1일의 연차유급휴가를 주어야 한다.

② 사용자는 1년간 80퍼센트 미만 출근한 근로자에게 1개월 개근 시 1일의 연차유급휴가를 주어야 한다.

③ 연차유급휴가일수의 산정 시 근로자가 업무상의 질병으로 휴업한 기간은 출근한 것으로 보지 않는다.

④ 사용자가 근로자에게 주어야 하는 연차유급휴가의 총 휴가일수는 가산휴가를 포함하여 25일을 한도로 한다.

⑤ 사용자는 근로자대표와의 서면합의에 따라 연차유급휴가일을 갈음하여 특정한 근로일에 근로자를 휴무시킬 수 있다.

해설

① (○) ② (○) 근로기준법 제60조 제2항

> **제60조(연차유급휴가)** ② 사용자는 계속하여 근로한 기간이 1년 미만인 근로자 또는 1년간 80퍼센트 미만 출근한 근로자에게 1개월 개근 시 1일의 유급휴가를 주어야 한다. 〈개정 2012.2.1.〉

③ (✕) 출근한 것으로 보지 않는다 → 출근한 것으로 본다(동조 제6항 제1호)

> **제60조(연차유급휴가)** ⑥ 제1항 및 제2항을 적용하는 경우 다음 각 호의 어느 하나에 해당하는 기간은 출근한 것으로 본다. 〈개정 2017.11.28.〉
> 1. 근로자가 업무상의 부상 또는 질병으로 휴업한 기간
> 2. 임신 중의 여성이 제74조 제1항부터 제3항까지의 규정에 따른 휴가로 휴업한 기간
> 3. 「남녀고용평등과 일·가정 양립 지원에 관한 법률」 제19조 제1항에 따른 육아휴직으로 휴업한 기간

④ (○) 사용자는 3년 이상 계속하여 근로한 근로자에게는 제1항에 따른 휴가에 최초 1년을 초과하는 계속근로연수 매 2년에 대하여 1일을 가산한 유급휴가를 주어야 한다. 이 경우 가산휴가를 포함한 총휴가일수는 25일을 한도로 한다(동조 제4항).

⑤ (○) 동법 제62조

정답 ③

근로기준법상 근로계약에 관한 설명으로 옳은 것을 모두 고른 것은? (다툼이 있으면 판례에 따름)

> ㄱ. 사용자는 근로계약에 덧붙여 강제저축 또는 저축금의 관리를 규정하는 계약을 체결하지 못한다.
> ㄴ. 단시간근로자의 근로조건은 그 사업장의 같은 종류의 업무에 종사하는 통상근로자의 근로시간을 기준으로 산정한 비율에 따라 결정되어야 한다.
> ㄷ. 소정근로시간은 사용자가 근로계약을 체결할 때에 근로자에게 명시하여야 할 사항에 해당한다.
> ㄹ. 시용근로관계는 사용자가 본 근로계약 체결의 거절을 구두로 통보하면 그 근로관계 종료의 정당성이 인정된다.

① ㄱ, ㄴ   ② ㄷ, ㄹ   ③ ㄱ, ㄴ, ㄷ

④ ㄴ, ㄷ, ㄹ   ⑤ ㄱ, ㄴ, ㄷ, ㄹ

해설

③ (○) ㄱ, ㄴ, ㄷ이 근로계약에 관한 설명으로 옳은 것이다.

[보충] 근로기준법 규정의 내용과 취지, 시용기간 만료 시 본 근로계약 체결거부의 정당성 요건 등을 종합하면, 시용근로관계에서 사용자가 본 근로계약 체결을 거부하는 경우에는 근로자에게 거부사유를 파악하여 대처할 수 있도록 구체적·실질적인 거부사유를 서면으로 통지하여야 한다(대법원 2015.11.27, 2015두48136). 따라서 구두로 통보한 근로계약 체결의 거절은 그 근로관계 종료의 정당성이 인정되지 아니한다.

> **제17조(근로조건의 명시)** ① 사용자는 근로계약을 체결할 때에 근로자에게 다음 각 호의 사항을 명시하여야 한다. 근로계약 체결 후 다음 각 호의 사항을 변경하는 경우에도 또한 같다. 〈개정 2010.5.25.〉
> 1. 임금
> 2. 소정근로시간
> 3. 제55조에 따른 휴일
> 4. 제60조에 따른 연차유급휴가
> 5. 그 밖에 대통령령으로 정하는 근로조건
> **제18조(단시간근로자의 근로조건)** ① 단시간근로자의 근로조건은 그 사업장의 같은 종류의 업무에 종사하는 통상 근로자의 근로시간을 기준으로 산정한 비율에 따라 결정되어야 한다.
> **제22조(강제저금의 금지)** ① 사용자는 근로계약에 덧붙여 강제저축 또는 저축금의 관리를 규정하는 계약을 체결하지 못한다.
> **제27조(해고사유 등의 서면통지)** ① 사용자는 근로자를 해고하려면 해고사유와 해고시기를 서면으로 통지하여야 한다.
> ② 근로자에 대한 해고는 제1항에 따라 서면으로 통지하여야 효력이 있다.
> ③ 사용자가 제26조에 따른 해고의 예고를 해고사유와 해고시기를 명시하여 서면으로 한 경우에는 제1항에 따른 통지를 한 것으로 본다. 〈신설 2014.3.24.〉

정답 ③

014 □□□   ○ △ ✕

파견근로자 보호 등에 관한 법률에 대한 설명으로 옳지 않은 것은?

① 파견사업주는 쟁의행위 중인 사업장에 그 쟁의행위로 중단된 업무의 수행을 위하여 근로자를 파견하여서는 아니 된다.

② 파견사업주는 파견근로자의 고용관계가 끝난 후 사용사업주가 그 파견근로자를 고용하는 것을 정당한 이유 없이 금지하는 내용의 근로자파견계약을 체결하여서는 아니 된다.

③ 파견사업주는 파견근로자의 적절한 파견근로를 위하여 사용사업관리책임자를 선임하여야 한다.

④ 파견사업주의 근로자파견사업을 폐지하는 신고가 있을 때에는 근로자파견사업의 허가는 신고일부터 그 효력을 잃는다.

⑤ 근로자파견사업 허가의 유효기간은 3년으로 한다.

해설

① (○) 파견법 제16조 제1항

② (○) 동법 제25조 제2항

③ (✕) 파견근로 → 고용관리, 사용사업관리책임자 → 파견사업관리책임자(동법 제28조 제1항)

> **제28조(파견사업관리책임자)** ① 파견사업주는 파견근로자의 적절한 고용관리를 위하여 제8조 제1호부터 제5호까지에 따른 결격사유에 해당하지 아니하는 사람 중에서 파견사업관리책임자를 선임하여야 한다.

④ (○) 동법 제11조 제2항

> **제11조(사업의 폐지)** ① 파견사업주는 근로자파견사업을 폐지하였을 때에는 고용노동부령으로 정하는 바에 따라 고용노동부장관에게 신고하여야 한다.
> ② 제1항에 따른 신고가 있을 때에는 근로자파견사업의 허가는 신고일부터 그 효력을 잃는다.

⑤ (○) 동법 제10조 제1항

정답 ③

015 □□□   ○ △ ✕

기간제 및 단시간근로자 보호 등에 관한 법률에 대한 설명으로 옳은 것은?

① 상시 5인 이상의 동거의 친족만을 사용하는 사업 또는 사업장에 적용된다.

② 휴직·파견 등으로 결원이 발생하여 해당 근로자가 복귀할 때까지 그 업무를 대신할 필요가 있는 경우에는 2년을 초과하여 기간제근로자로 사용할 수 있다.

③ 단시간근로자의 초과근로에 대하여 사용자는 평균임금의 100분의 100 이상을 가산하여 지급하여야 한다.

④ 사용자는 단시간근로자와 근로계약을 체결할 때 근로일별 근로시간을 서면으로 명시하지 않아도 된다.

⑤ 사용자는 통상근로자를 채용하고자 하는 경우에는 해당 사업 또는 사업장의 동종 또는 유사한 업무에 종사하는 단시간근로자를 우선적으로 고용하여야 한다.

해설

① (✕) 적용된다 → 적용하지 아니한다(기간제법 제3조 제1항)

> **제3조(적용범위)** ① 이 법은 상시 5인 이상의 근로자를 사용하는 모든 사업 또는 사업장에 적용한다. 다만, 동거의 친족만을 사용하는 사업 또는 사업장과 가사사용인에 대하여는 적용하지 아니한다.

② (○) 동법 제4조 제1항 제2호

> **제4조(기간제근로자의 사용)** ① 사용자는 2년을 초과하지 아니하는 범위 안에서(기간제 근로계약의 반복갱신 등의 경우에는 그 계속근로한 총기간이 2년을 초과하지 아니하는 범위 안에서) 기간제근로자를 사용할 수 있다. 다만, 다음 각 호의 어느 하나에 해당하는 경우에는 2년을 초과하여 기간제근로자로 사용할 수 있다. 〈개정 2020.5.26.〉
> 1. 사업의 완료 또는 특정한 업무의 완성에 필요한 기간을 정한 경우
> 2. 휴직·파견 등으로 결원이 발생하여 해당 근로자가 복귀할 때까지 그 업무를 대신할 필요가 있는 경우
> 3. 근로자가 학업, 직업훈련 등을 이수함에 따라 그 이수에 필요한 기간을 정한 경우
> 4. 「고령자고용촉진법」 제2조 제1호의 고령자와 근로계약을 체결하는 경우
> 5. 전문적 지식·기술의 활용이 필요한 경우와 정부의 복지정책·실업대책 등에 따라 일자리를 제공하는 경우로서 대통령령으로 정하는 경우
> 6. 그 밖에 제1호부터 제5호까지에 준하는 합리적인 사유가 있는 경우로서 대통령령으로 정하는 경우

③ (✕) 평균임금 → 통상임금, 100 → 50(동법 제6조 제3항)

> **제6조(단시간근로자의 초과근로 제한)** ③ 사용자는 제1항에 따른 초과근로에 대하여 통상임금의 100분의 50 이상을 가산하여 지급하여야 한다. 〈신설 2014.3.18.〉

④ (✕) 명시하지 않아도 된다 → 명시하여야 한다(동법 제17조 단서 제6호)

> **제17조(근로조건의 서면명시)** 사용자는 기간제근로자 또는 단

시간근로자와 근로계약을 체결하는 때에는 다음 각 호의 모든 사항을 서면으로 명시하여야 한다. 다만, 제6호는 단시간근로자에 한정한다. 〈개정 2020.5.26.〉
1. 근로계약기간에 관한 사항
2. 근로시간·휴게에 관한 사항
3. 임금의 구성항목·계산방법 및 지불방법에 관한 사항
4. 휴일·휴가에 관한 사항
5. 취업의 장소와 종사하여야 할 업무에 관한 사항
6. 근로일 및 근로일별 근로시간

⑤ (×) 고용하여야 한다 → 고용하도록 노력하여야 한다(동법 제7조 제1항)

> 제7조(통상근로자로의 전환 등) ① 사용자는 통상근로자를 채용하고자 하는 경우에는 해당 사업 또는 사업장의 동종 또는 유사한 업무에 종사하는 단시간근로자를 우선적으로 고용하도록 노력하여야 한다. 〈개정 2020.5.26.〉

정답 ②

---

016 ▢▢▢ ○ △ ×

산업안전보건법령에 관한 설명으로 옳지 않은 것은?

① 직업성 질병자가 동시에 2명 발생한 재해는 중대재해에 해당한다.
② 사업주는 전기, 열, 그 밖의 에너지에 의한 위험으로 인한 산업재해를 예방하기 위하여 필요한 조치를 하여야 한다.
③ 사업주는 산업재해가 발생할 급박한 위험이 있을 때에는 즉시 작업을 중지시키고 근로자를 작업장소에서 대피시키는 등 안전 및 보건에 관하여 필요한 조치를 하여야 한다.
④ 사업주는 산업재해 예방을 위한 조치를 할 수 있는 능력을 갖춘 사업주에게 도급하여야 한다.
⑤ 사업주는 「산업안전보건법」과 이 법에 따른 명령의 요지 및 안전보건관리규정을 각 사업장의 근로자가 쉽게 볼 수 있는 장소에 게시하거나 갖추어 두어 근로자에게 널리 알려야 한다.

해설

① (×) 2명 → 10명(산업안전보건법 제2조 제2호, 동법 시행규칙 제3조 제3호)

> 제2조(정의) 이 법에서 사용하는 용어의 뜻은 다음과 같다. 〈개정 2020.5.26.〉
> 2. "중대재해"란 산업재해 중 사망 등 재해 정도가 심하거나 다수의 재해자가 발생한 경우로서 고용노동부령으로 정하는 재해를 말한다.
> 시행규칙 제3조(중대재해의 범위) 법 제2조 제2호에서 "고용노동부령으로 정하는 재해"란 다음 각 호의 어느 하나에 해당하는 재해를 말한다.
> 1. 사망자가 1명 이상 발생한 재해

> 2. 3개월 이상의 요양이 필요한 부상자가 동시에 2명 이상 발생한 재해
> 3. 부상자 또는 직업성 질병자가 동시에 10명 이상 발생한 재해

② (○) 동법 제38조 제1항

> 제38조(안전조치) ① 사업주는 다음 각 호의 어느 하나에 해당하는 위험으로 인한 산업재해를 예방하기 위하여 필요한 조치를 하여야 한다.
> 1. 기계·기구, 그 밖의 설비에 의한 위험
> 2. 폭발성, 발화성 및 인화성 물질 등에 의한 위험
> 3. 전기, 열, 그 밖의 에너지에 의한 위험

③ (○) 동법 제51조
④ (○) 동법 제61조
⑤ (○) 동법 제34조

정답 ①

---

017 ▢▢▢ ○ △ ×

직업안정법에 관한 설명으로 옳지 않은 것은?

① 직업안정기관의 장은 구인자가 구인조건을 밝히기를 거부하는 경우, 구인신청의 수리(受理)를 거부할 수 있다.
② 직업안정기관의 장은 통근할 수 있는 지역에서 구직자에게 그 희망과 능력에 알맞은 직업을 소개할 수 없을 경우에는 광범위한 지역에 걸쳐 직업소개를 할 수 있다.
③ 한국장애인고용공단이 장애인을 대상으로 하는 직업소개의 경우에는 신고를 하지 아니하고 무료직업소개사업을 할 수 있다.
④ 유료직업소개사업의 등록을 하고 유료직업소개사업을 하는 자는 구직자에게 제공하기 위하여 구인자로부터 선급금을 받을 수 있다.
⑤ 근로자를 고용하려는 자는 광고, 문서 또는 정보통신망 등 다양한 매체를 활용하여 자유롭게 근로자를 모집할 수 있다.

해설

① (○) 직업안정법 제8조 제3호

> 제8조(구인의 신청) 직업안정기관의 장은 구인신청의 수리(受理)를 거부하여서는 아니 된다. 다만, 다음 각 호의 어느 하나에 해당하는 경우에는 그러하지 아니하다. 〈개정 2015.1.20.〉
> 1. 구인신청의 내용이 법령을 위반한 경우
> 2. 구인신청의 내용 중 임금, 근로시간, 그 밖의 근로조건이 통상적인 근로조건에 비하여 현저하게 부적당하다고 인정되는 경우
> 3. 구인자가 구인조건을 밝히기를 거부하는 경우
> 4. 구인자가 구인신청 당시 「근로기준법」 제43조의2에 따라 명단이 공개 중인 체불사업주인 경우

② (○) 직업안정기관의 장은 통근할 수 있는 지역에서 구직자에게 그 희망과 능력에 알맞은 직업을 소개할 수 없을 경우 또는 구인자가 희망하는 구직자나 구인인원을 채울 수 없을 경우에는 광범위한 지역에 걸쳐 직업소개를 할 수 있다(동법 제12조).

③ (○) 동법 제18조 제4항 제2호

> 제18조(무료직업소개사업) ④ 제1항에도 불구하고 다음 각 호의 어느 하나에 해당하는 직업소개의 경우에는 신고를 하지 아니하고 무료직업소개사업을 할 수 있다. 〈개정 2021.8.17.〉
> 1. 「한국산업인력공단법」에 따른 한국산업인력공단이 하는 직업소개
> 2. 「장애인고용촉진 및 직업재활법」에 따른 한국장애인고용공단이 장애인을 대상으로 하는 직업소개
> 3. 교육 관계법에 따른 각급학교의 장, 「국민 평생 직업능력 개발법」에 따른 공공직업훈련시설의 장이 재학생·졸업생 또는 훈련생·수료생을 대상으로 하는 직업소개
> 4. 「산업재해보상보험법」에 따른 근로복지공단이 업무상 재해를 입은 근로자를 대상으로 하는 직업소개

④ (×) 받을 수 있다 → 받아서는 아니 된다(동법 제21조의2)

> 제21조의2(선급금의 수령금지) 제19조 제1항에 따라 등록을 하고 유료직업소개사업을 하는 자 및 그 종사자는 구직자에게 제공하기 위하여 구인자로부터 선급금을 받아서는 아니 된다.

⑤ (○) 동법 제28조

정답 ④

---

18 □□□   ○ △ ×

남녀고용평등과 일·가정 양립 지원에 관한 법률에 대한 설명으로 옳지 않은 것은?

① 이 법과 관련한 분쟁에서 입증책임은 사업주와 근로자가 각각 부담한다.

② 사업주는 근로자를 모집·채용할 때 그 직무의 수행에 필요하지 아니한 용모·키·체중 등의 신체적 조건, 미혼조건을 제시하거나 요구하여서는 아니 된다.

③ 사업주가 임금차별을 목적으로 설립한 별개의 사업은 동일한 사업으로 본다.

④ 누구든지 직장 내 성희롱 발생사실을 알게 된 경우, 그 사실을 해당 사업주에게 신고할 수 있다.

⑤ 적극적 고용개선조치란 현존하는 남녀 간의 고용차별을 없애거나 고용평등을 촉진하기 위하여 잠정적으로 특정 성을 우대하는 조치를 말한다.

해설

① (×) 사업주와 근로자가 각각 → 사업주가(남녀고용평등법 제30조)

> 제30조(입증책임) 이 법과 관련한 분쟁해결(제26조부터 제29조까지 및 제29조의2부터 제29조의7까지를 포함한다)에서 입증책임은 사업주가 부담한다. 〈개정 2021.5.18.〉

② (○) 동법 제7조 제2항
③ (○) 동법 제8조 제3항
④ (○) 동법 제14조 제1항
⑤ (○) 동법 제2조 제3호

정답 ①

---

19 □□□   ○ △ ×

최저임금법에 관한 설명으로 옳지 않은 것은?

① 「선원법」의 적용을 받는 선원과 선원을 사용하는 선박의 소유자에게는 적용하지 아니한다.

② 고용노동부장관은 최저임금을 결정한 때에는 지체 없이 그 내용을 고시하여야 한다.

③ 최저임금은 근로자의 생계비, 유사 근로자의 임금, 노동생산성 및 소득분배율 등을 고려하여 정한다.

④ 최저임금액은 시간·일(日)·주(週)·월(月) 또는 연(年)을 단위로 하여 정한다.

⑤ 고용노동부장관은 최저임금위원회가 심의하여 의결한 최저임금안에 따라 최저임금을 결정하여야 한다.

해설

① (○) 최저임금법 제3조 제2항
② (○) 동법 제10조 제1항
③ (○) 최저임금은 근로자의 생계비, 유사 근로자의 임금, 노동생산성 및 소득분배율 등을 고려하여 정한다. 이 경우 사업의 종류별로 구분하여 정할 수 있다(동법 제4조 제1항).
④ (×) 주·월 또는 연 → 주 또는 월(동법 제5조 제1항)

> 제5조(최저임금액) ① 최저임금액(최저임금으로 정한 금액을 말한다)은 시간·일(日)·주(週) 또는 월(月)을 단위로 하여 정한다. 이 경우 일·주 또는 월을 단위로 하여 최저임금액을 정할 때에는 시간급(時間給)으로도 표시하여야 한다.

⑤ (○) 고용노동부장관은 매년 8월 5일까지 최저임금을 결정하여야 한다. 이 경우 고용노동부장관은 대통령령으로 정하는 바에 따라 제12조에 따른 최저임금위원회(이하 "위원회"라 한다)에 심의를 요청하고, 위원회가 심의하여 의결한 최저임금안에 따라 최저임금을 결정하여야 한다(동법 제8조 제1항).

정답 ④

---

20 □□□   ○ △ ×

근로자퇴직급여 보장법령에 관한 설명으로 옳지 않은 것은?

① 사용자가 퇴직급여제도를 설정하려는 경우에 근로자 과반수가 가입한 노동조합이 있는 경우에는 그 노동조합의 동의를 받아야 한다.

② 무주택자인 근로자는 본인 명의로 주택을 구입하는 경우에 퇴직금 중간정산을 요구할 수 있다.

③ 퇴직금을 받을 권리는 3년간 행사하지 아니하면 시효로 인하여 소멸한다.

④ 중소기업퇴직연금기금제도의 급여를 받을 권리는 양도 또는 압류할 수 없다.

⑤ 퇴직연금사업자는 매 분기당 1회 이상 적립금액 및 운용수익률 등을 고용노동부령으로 정하는 바에 따라 가입자에게 알려야 한다.

① (○) 사용자가 퇴직급여제도를 설정하거나 설정된 퇴직급여제도를 다른 종류의 퇴직급여제도로 변경하려는 경우에는 근로자의 과반수가 가입한 노동조합이 있는 경우에는 그 노동조합, 근로자의 과반수가 가입한 노동조합이 없는 경우에는 근로자 과반수(이하 "근로자대표"라 한다)의 동의를 받아야 한다(퇴직급여법 제4조 제3항).

② (○) 동법 제8조 제2항 전단, 동법 시행령 제3조 제1항 제1호

> **제8조(퇴직금제도의 설정 등)** ② 제1항에도 불구하고 사용자는 주택구입 등 대통령령으로 정하는 사유로 근로자가 요구하는 경우에는 근로자가 퇴직하기 전에 해당 근로자의 계속근로기간에 대한 퇴직금을 미리 정산하여 지급할 수 있다. 이 경우 미리 정산하여 지급한 후의 퇴직금 산정을 위한 계속근로기간은 정산시점부터 새로 계산한다.
>
> **시행령 제3조(퇴직금의 중간정산 사유)** ① 법 제8조 제2항 전단에서 "주택구입 등 대통령령으로 정하는 사유"란 다음 각 호의 경우를 말한다. 〈개정 2022.4.13.〉
> 1. 무주택자인 근로자가 본인 명의로 주택을 구입하는 경우
> 2. 무주택자인 근로자가 주거를 목적으로 「민법」 제303조에 따른 전세금 또는 「주택임대차보호법」 제3조의2에 따른 보증금을 부담하는 경우. 이 경우 근로자가 하나의 사업에 근로하는 동안 1회로 한정한다.
> 3. 근로자가 6개월 이상 요양을 필요로 하는 다음 각 목의 어느 하나에 해당하는 사람의 질병이나 부상에 대한 의료비를 해당 근로자가 본인 연간 임금총액의 1천분의 125를 초과하여 부담하는 경우
>   가. 근로자 본인
>   나. 근로자의 배우자
>   다. 근로자 또는 그 배우자의 부양가족
> 4. 퇴직금 중간정산을 신청하는 날부터 거꾸로 계산하여 5년 이내에 근로자가 「채무자 회생 및 파산에 관한 법률」에 따라 파산선고를 받은 경우
> 5. 퇴직금 중간정산을 신청하는 날부터 거꾸로 계산하여 5년 이내에 근로자가 「채무자 회생 및 파산에 관한 법률」에 따라 개인회생절차 개시결정을 받은 경우
> 6. 사용자가 기존의 정년을 연장하거나 보장하는 조건으로 단체협약 및 취업규칙 등을 통하여 일정 나이, 근속시점 또는 임금액을 기준으로 임금을 줄이는 제도를 시행하는 경우
> 6의2. 사용자가 근로자와의 합의에 따라 소정근로시간을 1일 1시간 또는 1주 5시간 이상 단축함으로써 단축된 소정근로시간에 따라 근로자가 3개월 이상 계속근로하기로 한 경우
> 6의3. 법률 제15513호 근로기준법 일부개정 법률의 시행에 따른 근로시간의 단축으로 근로자의 퇴직금이 감소되는 경우
> 7. 재난으로 피해를 입은 경우로서 고용노동부장관이 정하여 고시하는 사유에 해당하는 경우

③ (○) 동법 제10조

④ (○) 퇴직연금제도(중소기업퇴직연금기금제도를 포함한다)의 급여를 받을 권리는 양도 또는 압류하거나 담보로 제공할 수 없다(동법 제7조 제1항).

⑤ (×) 매 분기당 → 매년(동법 제18조)

> **제18조(운용현황의 통지)** 퇴직연금사업자는 매년 1회 이상 적립금액 및 운용수익률 등을 고용노동부령으로 정하는 바에 따라 가입자에게 알려야 한다.

정답 ⑤

---

021 ☐☐☐　　　　○ △ ✕

임금채권보장법상 대지급금에 관한 설명으로 옳지 않은 것은?

① 고용노동부장관은 근로자에게 대지급금을 지급하였을 때에는 그 지급한 금액의 한도에서 그 근로자가 해당 사업주에 대하여 미지급임금등을 청구할 수 있는 권리를 대위(代位)한다.

② 「근로기준법」에 따른 휴업수당 중 최종 3개월분은 퇴직한 근로자에 대한 대지급금 범위에 든다.

③ 대지급금에 관한 규정은 국가와 지방자치단체가 직접 수행하는 사업에 적용된다.

④ 미성년자인 근로자는 독자적으로 대지급금의 지급을 청구할 수 있다.

⑤ 대지급금수급계좌의 예금에 관한 채권은 압류할 수 없다.

해설

① (○) 임금채권보장법 제8조 제1항

② (○) 동법 제7조 제2항 제2호

> **제7조(퇴직한 근로자에 대한 대지급금의 지급)** ② 제1항에 따라 고용노동부장관이 사업주를 대신하여 지급하는 체불임금등 대지급금(이하 "대지급금"이라 한다)의 범위는 다음 각 호와 같다. 다만, 대통령령으로 정하는 바에 따라 제1항 제1호부터 제3호까지의 규정에 따른 대지급금의 상한액과 같은 항 제4호 및 제5호에 따른 대지급금의 상한액은 근로자의 퇴직 당시의 연령 등을 고려하여 따로 정할 수 있으며 대지급금이 적은 경우에는 지급하지 아니할 수 있다. 〈개정 2021.4.13.〉
> 1. 「근로기준법」 제38조 제2항 제1호에 따른 임금 및 「근로자퇴직급여 보장법」 제12조 제2항에 따른 최종 3년간의 퇴직급여등
> 2. 「근로기준법」 제46조에 따른 휴업수당(최종 3개월분으로 한정한다)
> 3. 「근로기준법」 제74조 제4항에 따른 출산전후휴가기간 중 급여(최종 3개월분으로 한정한다)

③ (×) 적용된다 → 적용되지 아니한다(동법 제3조)

> **제3조(적용범위)** 이 법은 「산업재해보상보험법」 제6조에 따른 사업 또는 사업장(이하 "사업"이라 한다)에 적용한다. 다만, 국가와 지방자치단체가 직접 수행하는 사업은 그러하지 아니하다.

④ (○) 동법 제11조의2 제3항

⑤ (○) 동조 제4항

정답 ③

022 ☐☐☐   ○ △ ✕

근로복지기본법에 관한 설명으로 옳은 것은?
① 사용자는 사내근로복지기금의 설립 및 출연을 이유로 근로관계 당사자 간에 정하여진 근로조건을 낮출 수 있다.
② 국가가 근로자의 근로복지를 위하여 「근로복지기본법」에 따라 보조 또는 융자한 자금은 그 목적 외 사업에 사용될 수 있다.
③ 사내근로복지기금은 법인으로 한다.
④ 노동조합 및 근로자가 생산성 향상과 근로복지정책에 협력하도록 사용자는 임금수준 상향의 조치를 취하여야 한다.
⑤ 사용자는 우리사주조합원의 의사와 무관하게 우리사주조합원을 소속, 계급 등 일정한 기준으로 분류하여 우리사주를 할당할 수 있다.

해설

① (✕) 있다 → 없다(근로복지기본법 제51조)

> 제51조(근로자의 권익보호와 근로조건의 유지) 사용자는 이 법에 따른 사내근로복지기금의 설립 및 출연을 이유로 근로관계 당사자 간에 정하여진 근로조건을 낮출 수 없다. 〈개정 2020.5.26.〉

② (✕) 그 목적 외 사업에 사용될 수 있다 → 그 목적사업에만 사용하여야 한다(동법 제6조)

> 제6조(목적 외 사용금지) 누구든지 국가 또는 지방자치단체가 근로자의 주거안정, 생활안정 및 재산형성 등 근로복지를 위하여 이 법에 따라 보조 또는 융자한 자금을 그 목적사업에만 사용하여야 한다.

③ (○) 동법 제52조 제1항

④ (✕) 임금수준 상향과 같은 구체적인 조치사항은 규정하고 있지 아니하다(동법 제5조 제1항).

> 제5조(사업주 및 노동조합의 책무) ① 사업주(근로자를 사용하여 사업을 행하는 자를 말한다)는 해당 사업장 근로자의 복지증진을 위하여 노력하고 근로복지정책에 협력하여야 한다.
> ② 노동조합 및 근로자는 근로의욕 증진을 통하여 생산성 향상에 노력하고 근로복지정책에 협력하여야 한다.

⑤ (✕) 의사와 무관하게 → 의사에 반하여, 있다 → 없다(동법 제42조의2 제1항 제2호)

> 제42조의2(우리사주 취득 강요금지 등) ① 우리사주제도 실시회사(지배관계회사 또는 수급관계회사를 포함한다)의 사용자는 제38조에 따라 우리사주조합원에게 주식을 우선배정하는 경우 다음 각 호의 어느 하나에 해당하는 행위를 하여서는 아니 된다.
> 1. 우리사주조합원의 의사에 반하여 우리사주의 취득을 지시하는 행위
> 2. 우리사주조합원의 의사에 반하여 우리사주조합원을 소속, 계급 등 일정한 기준으로 분류하여 우리사주를 할당하는 행위
> 3. 우리사주를 취득하지 아니한다는 이유로 우리사주조합원에 대하여 해고나 그 밖의 불리한 처우를 하는 행위

정답 ③

---

023 ☐☐☐   ○ △ ✕

외국인근로자의 고용 등에 관한 법령에 대한 설명으로 옳지 않은 것은?
① 직업안정기관의 장은 「출입국관리법」을 위반하여 처벌을 받은 사용자에 대하여 그 사실이 발생한 날부터 6년간 외국인근로자의 고용을 제한할 수 있다.
② 고용허가서를 발급받은 날부터 6개월 이내에 내국인 근로자를 고용조정으로 이직시킨 사용자는 외국인근로자의 고용이 제한될 수 있다.
③ 고용허가서를 발급받은 사용자는 고용허가서 발급일로부터 3개월 이내에 외국인근로자와 근로계약을 체결하여야 한다.
④ 외국인근로자는 입국한 날부터 3년의 범위에서 취업활동을 할 수 있다.
⑤ 외국인근로자를 고용하려는 자는 「직업안정법」에 따른 직업안정기관에 우선 내국인 구인신청을 하여야 한다.

해설

① (✕) 6년간 → 3년간(외국인고용법 제20조 제1항 제3호)

> 제20조(외국인근로자 고용의 제한) ① 직업안정기관의 장은 다음 각 호의 어느 하나에 해당하는 사용자에 대하여 그 사실이 발생한 날부터 3년간 외국인근로자의 고용을 제한할 수 있다. 〈개정 2022.6.10.〉
> 1. 제8조 제4항에 따른 고용허가 또는 제12조 제3항에 따른 특례고용가능확인을 받지 아니하고 외국인근로자를 고용한 자
> 2. 제19조 제1항에 따라 외국인근로자의 고용허가나 특례고용가능확인이 취소된 자
> 3. 이 법 또는 「출입국관리법」을 위반하여 처벌을 받은 자
> 3의2. 외국인근로자의 사망으로 「산업안전보건법」 제167조 제1항에 따른 처벌을 받은 자
> 4. 그 밖에 대통령령으로 정하는 사유에 해당하는 자

② (○) 동법 제20조 제1항 제4호, 동법 시행령 제25조 제1호

> 시행령 제25조(외국인근로자 고용의 제한) 법 제20조 제1항 제4호에서 "대통령령으로 정하는 사유에 해당하는 자"란 다음 각 호의 어느 하나에 해당하는 자를 말한다. 〈개정 2022.8.2.〉
> 1. 법 제8조에 따라 고용허가서를 발급받은 날 또는 법 제12조에 따라 외국인근로자의 근로가 시작된 날부터 6개월 이내에 내국인근로자를 고용조정으로 이직시킨 자
> 2. 외국인근로자로 하여금 근로계약에 명시된 사업 또는 사업장 외에서 근로를 제공하게 한 자
> 3. 법 제9조 제1항에 따른 근로계약이 체결된 이후부터 법 제11조에 따른 외국인 취업교육을 마칠 때까지의 기간 동안 경기의 변동, 산업구조의 변화 등에 따른 사업규모의 축소, 사업의 폐업 또는 전환, 감염병 확산으로 인한 항공기 운항중단 등과 같은 불가피한 사유가 없음에도 불구하고 근로계약을 해지한 자

③ (○) 동법 시행령 제14조 제1항

④ (○) 동법 제18조

⑤ (○) 동법 제6조 제1항

정답 ①

024 □□□ ○ △ ✕

노동법 법원(法源)의 상충 등에 관한 설명으로 옳은 것을 모두 고른 것은?

> ㄱ. 근로계약에서 정한 근로조건이 「근로기준법」에서 정하는 기준에 미치지 못하는 경우에는 그 근로계약을 무효로 한다.
> ㄴ. 취업규칙에서 정한 기준에 미달하는 근로조건을 정한 근로계약은 그 부분에 관하여는 무효로 하며, 무효로 된 부분은 취업규칙에 정한 기준에 따른다.
> ㄷ. 취업규칙은 「근로기준법」과 어긋나서는 아니 된다.
> ㄹ. 취업규칙은 해당 사업 또는 사업장에 대하여 적용되는 단체협약과 어긋나서는 아니 된다.

① ㄱ, ㄴ   ② ㄷ, ㄹ   ③ ㄱ, ㄴ, ㄹ
④ ㄴ, ㄷ, ㄹ   ⑤ ㄱ, ㄴ, ㄷ, ㄹ

해설

④ (○) ㄴ, ㄷ, ㄹ이 노동법 법원의 상충 등에 관한 설명으로 옳은 것이다.

> **근로기준법 제15조(이 법을 위반한 근로계약)** ① 이 법에서 정하는 기준에 미치지 못하는 근로조건을 정한 근로계약은 그 부분에 한정하여 무효로 한다. 〈개정 2020.5.26.〉
> **제97조(위반의 효력)** 취업규칙에서 정한 기준에 미달하는 근로조건을 정한 근로계약은 그 부분에 관하여는 무효로 한다. 이 경우 무효로 된 부분은 취업규칙에 정한 기준에 따른다.
> **제96조(단체협약의 준수)** ① 취업규칙은 법령이나 해당 사업 또는 사업장에 대하여 적용되는 단체협약과 어긋나서는 아니 된다.

정답 ④

025 □□□ ○ △ ✕

헌법상 근로의 권리와 의무에 관한 설명으로 옳지 않은 것은?

① 법인은 헌법상 근로의 권리의 주체가 될 수 없다.
② 근로조건의 기준은 인간의 존엄성을 보장하도록 법률로 정한다.
③ 근로의 권리는 공공복리를 위하여 필요한 경우에 한하여 법률로써 제한할 수 있다.
④ 국가유공자·상이군경 및 전몰군경의 유가족은 법률이 정하는 바에 의하여 우선적으로 근로의 의무를 이행하여야 한다.
⑤ 여자의 근로는 특별한 보호를 받으며, 고용·임금 및 근로조건에 있어서 부당한 차별을 받지 아니한다.

해설

① (○) 헌법 제32조 제1항은 "모든 국민은 근로의 권리를 가진다. 국가는 사회적·경제적 방법으로 근로자의 고용의 증진과 적정임금의 보장에 노력하여야 하며, 법률이 정하는 바에 의하여 최저임

금제를 시행하여야 한다."라고 규정하고 있다.
이는 국가의 개입·간섭을 받지 않고 자유로이 근로를 할 자유와, 국가에 대하여 근로의 기회를 제공하는 정책을 수립해 줄 것을 요구할 수 있는 권리 등을 기본적인 내용으로 하고 있고, 이때 근로의 권리는 근로자를 개인의 차원에서 보호하기 위한 권리로서 개인인 근로자가 근로의 권리의 주체가 되는 것이고, 노동조합은 그 주체가 될 수 없는 것으로 이해되고 있다(헌법재판소 2009.2.26, 2007헌바27). 따라서 법인과 같은 단체는 근로의 권리의 주체가 될 수 없다고 이해하여야 한다.

② (○) 대한민국헌법 제32조 제3항

③ (○) 국민의 모든 자유와 권리는 국가안전 보장·질서유지 또는 공공복리를 위하여 필요한 경우에 한하여 법률로써 제한할 수 있으며, 제한하는 경우에도 자유와 권리의 본질적인 내용을 침해할 수 없다(동법 제37조 제2항).

④ (✕) 근로의 의무를 이행하여야 한다 → 근로의 기회를 부여받는다(동법 제32조 제6항)

> **제32조** ⑥ 국가유공자·상이군경 및 전몰군경의 유가족은 법률이 정하는 바에 의하여 우선적으로 근로의 기회를 부여받는다.

⑤ (○) 동조 제4항

정답 ④

001 □□□ ○ △ ×

노동법의 법원(法源) 등에 관한 설명으로 옳은 것은? (다툼이 있으면 판례에 따름)

① 취업규칙은 노동법의 법원(法源)으로 인정되지 않는다.

② 단체협약은 노동법의 법원(法源)으로 인정되지 않는다.

③ 고용노동부 예규가 그 성질과 내용이 행정기관 내부의 사무처리지침에 불과한 경우에는 법원(法源)을 구속하지 않는다.

④ ILO 제100호 협약(동등보수에 관한 협약)은 국내법과 동일한 효력을 갖지 않는다.

⑤ 노동관행이 기업사회에서 일반적으로 근로관계를 규율하는 규범적인 사실로서 명확히 승인되더라도 근로계약의 내용으로 인정되지 않는다.

해설

① (×) ② (×) 단체협약, 취업규칙, 노동조합규약 및 근로계약은 그 적용을 받는 당사자의 권리·의무를 규율하고 있으므로, 노동법의 법원으로 인정된다 할 것이다.

③ (○) 고용노동부의 예규 등 행정해석은 고용노동부가 관계법령의 통일적·효율적 감독·시행을 위한 내부적 업무처리지침에 불과하고, 관계당사자나 법관을 구속할 수 없으므로, 노동법의 법원으로 인정되지 아니한다.

[보충] 업무상재해인정기준에 관한 노동부 예규는 그 규정의 성질과 내용이 행정기관 내부의 사무처리준칙을 규정한 데 불과한 것이어서 국민이나 법원을 구속하는 것이 아니라고 할 것이다(대법원 1990.9.25, 90누2727).

④ (×) 헌법에 의하여 체결·공포된 조약과 일반적으로 승인된 국제법규는 국내법과 같은 효력을 가진다(대한민국헌법 제6조 제1항). 따라서 이는 노동법의 법원이 되고, 우리나라가 비준·공포한 국제노동기구(ILO) 협약들이 그 대표적인 예이다.

우리나라가 비준한 국제노동기구(ILO) 협약
- 실업 협약(제2호)
- 균등대우(재해보상) 협약(제19호)
- 최저임금결정제도 협약(제26호)
- 강제노동 협약(제29호) [핵심]
- 주 40시간 협약(제47호)
- 항해사 해기(海技)면허 협약(제53호)
- 선원의 건강진단에 관한 협약(제73호)
- 근로감독 협약(제81호)
- 결사의 자유 및 단결권 보호 협약(제87호) [핵심]
- 고용서비스 협약(제88호)
- 단결권 및 단체교섭권 협약(제98호) [핵심]
- 동등보수 협약(제100호) [핵심]
- 차별(고용과 직업) 협약(제111호) [핵심]
- 고용정책 협약(제122호)
- 최저임금 결정 협약(제131호)
- 근로자대표 협약(제135호)
- 최저연령 협약(제138호) [핵심]
- 직업성 암 협약(제139호)
- 인적자원 개발 협약(제142호)
- 3자협의(국제노동기준) 협약(제144호)
- 노동행정 협약(제150호)
- 산업안전보건 협약(제155호)
- 가족부양의무 근로자 협약(제156호)
- 직업재활과 고용(장애인) 협약(제159호)
- 노동통계 협약(제160호)
- 화학물질 협약(제170호)
- 가혹한 형태의 아동노동 협약(제182호) [핵심]
- 해사노동 협약(MLC)
- 산업안전보건 증진체계 협약(제187호) 등

[보충] 강제노동 철폐 협약(제105호)은 비준하지 아니하였음에 유의하여야 한다.

⑤ (×) 노동관행은 그 자체로서는 법적 구속력을 가지지 아니하지만, 일정한 요건을 갖춘 경우에는 근로계약이나 단체협약의 내용으로 인정된다. 즉, 법원으로 인정된다.

정답 ③

002 □□□ ○ △ ×

헌법 제32조에 명시된 내용으로 옳은 것을 모두 고른 것은?

> ㄱ. 근로조건의 기준은 인간의 존엄성을 보장하도록 법률로 정한다.
> ㄴ. 국가는 사회적·경제적 방법으로 근로자의 고용의 증진과 최저임금의 보장에 노력하여야 한다.
> ㄷ. 국가는 여자의 복지와 권익의 향상을 위하여 노력하여야 한다.
> ㄹ. 국가는 근로의 의무의 내용과 조건을 민주주의원칙에 따라 법률로 정한다.

① ㄱ   ② ㄱ, ㄹ   ③ ㄴ, ㄷ
④ ㄴ, ㄷ, ㄹ   ⑤ ㄱ, ㄴ, ㄷ, ㄹ

해설

② (○) ㄱ, ㄹ이 헌법 제32조에 명시된 내용으로 옳은 것이다.

[보충] ㄴ 최저임금 → 적정임금, ㄷ 제32조 → 제34조

> **제32조** ① 모든 국민은 근로의 권리를 가진다. 국가는 사회적·경제적 방법으로 근로자의 고용의 증진과 적정임금의 보장에 노력하여야 하며, 법률이 정하는 바에 의하여 최저임금제를 시행하여야 한다.

② 모든 국민은 근로의 의무를 진다. 국가는 근로의 의무의 내용과 조건을 민주주의원칙에 따라 법률로 정한다.
③ 근로조건의 기준은 인간의 존엄성을 보장하도록 법률로 정한다.
④ 여자의 근로는 특별한 보호를 받으며, 고용·임금 및 근로조건에 있어서 부당한 차별을 받지 아니한다.
⑤ 연소자의 근로는 특별한 보호를 받는다.
⑥ 국가유공자·상이군경 및 전몰군경의 유가족은 법률이 정하는 바에 의하여 우선적으로 근로의 기회를 부여받는다.
제34조 ③ 국가는 여자의 복지와 권익의 향상을 위하여 노력하여야 한다.

정답 ②

003 □□□ ○ △ ×

근로기준법상 근로계약에 관한 설명으로 옳지 않은 것은?
① 사용자는 전차금(前借金)이나 그 밖에 근로할 것을 조건으로 하는 전대(前貸)채권과 임금을 상계하지 못한다.
② 취업규칙에서 정한 기준에 미달하는 근로조건을 정한 근로계약은 그 부분에 관하여는 무효로 한다. 이 경우 무효로 된 부분은 취업규칙에 정한 기준에 따른다.
③ 근로계약서에 명시된 근로조건이 사실과 다를 경우에 근로자는 근로조건 위반을 이유로 손해의 배상을 청구할 수 있으나, 즉시 근로계약을 해제할 수는 없다.
④ 사용자는 근로계약 불이행에 대한 손해배상액을 예정하는 계약을 체결하지 못한다.
⑤ 사용자는 근로계약에 덧붙여 강제저축을 규정하는 계약을 체결하지 못한다.

해설
① (○) 근로기준법 제21조
② (○) 동법 제97조
③ (×) 있으나 → 있으며, 없다 → 있다(동법 제19조 제1항)

> **제19조(근로조건의 위반)** ① 제17조에 따라 명시된 근로조건이 사실과 다를 경우에 근로자는 근로조건 위반을 이유로 손해의 배상을 청구할 수 있으며 즉시 근로계약을 해제할 수 있다.

④ (○) 사용자는 근로계약 불이행에 대한 위약금 또는 손해배상액을 예정하는 계약을 체결하지 못한다(동법 제20조).
⑤ (○) 사용자는 근로계약에 덧붙여 강제저축 또는 저축금의 관리를 규정하는 계약을 체결하지 못한다(동법 제22조 제1항).

정답 ③

004 □□□ ○ △ ×

근로기준법령상 상시 4명 이하의 근로자를 사용하는 사업 또는 사업장에 적용되지 않는 것은?
① 근로조건의 명시(근로기준법 제17조)
② 해고의 예고(근로기준법 제26조)
③ 미지급임금에 대한 지연이자(근로기준법 제37조)
④ 근로자의 명부 작성(근로기준법 제41조)
⑤ 근로시간(근로기준법 제50조)

해설
⑤ (×) 근로기준법 제50조(근로시간)는 상시 4명 이하의 근로자를 사용하는 사업 또는 사업장에 적용되지 아니하는 것이다.

상시 4명 이하의 근로자를 사용하는 사업 또는 사업장에 적용하는 법 규정(시행령 제7조 관련 별표 1)	
구분	적용 법 규정
제1장 총칙	제1조부터 제13조까지의 규정
제2장 근로계약	제15조, 제17조, 제18조, 제19조 제1항, 제20조부터 제22조까지의 규정, 제23조 제2항, 제26조, 제35조부터 제42조까지의 규정
제3장 임금	제43조부터 제45조까지의 규정, 제47조부터 제49조까지의 규정
제4장 근로시간과 휴식	제54조, 제55조 제1항, 제63조
제5장 여성과 소년	제64조, 제65조 제1항·제3항(임산부와 18세 미만인 자로 한정한다), 제66조부터 제69조까지의 규정, 제70조 제2항·제3항, 제71조, 제72조, 제74조
제6장 안전과 보건	제76조
제8장 재해보상	제78조부터 제92조까지의 규정
제11장 근로감독관 등	제101조부터 제106조까지의 규정
제12장 벌칙	제107조부터 제116조까지의 규정(제1장부터 제6장까지, 제8장, 제11장의 규정 중 상시 4명 이하 근로자를 사용하는 사업 또는 사업장에 적용되는 규정을 위반한 경우로 한정한다)

정답 ⑤

005 □□□   ○ △ ✕

근로기준법령상 임금에 관한 설명으로 옳지 않은 것은? (다툼이 있으면 판례에 따름)

① 근로자가 소정근로시간을 초과하여 근로를 제공함으로써 사용자로부터 추가로 지급받는 임금은 통상임금에 속한다.

② 평균임금 산정기간 중에 업무 외 질병을 사유로 사용자의 승인을 받아 휴업한 기간이 있는 경우에는 그 기간과 그 기간 중에 지급된 임금은 평균임금 산정기준이 되는 기간과 임금의 총액에서 각각 뺀다.

③ 법령 또는 단체협약에 특별한 규정이 있는 경우에는 임금의 일부를 공제하거나 통화 이외의 것으로 지급할 수 있다.

④ 상여금이 계속적·정기적으로 지급되고 그 지급액이 확정되어 있다면, 이는 근로의 대가로 지급되는 임금의 성질을 가진다.

⑤ 사용자는 근로자가 혼인한 경우의 비용에 충당하기 위하여 임금지급을 청구하면 지급기일 전이라도 이미 제공한 근로에 대한 임금을 지급하여야 한다.

해설

① (✕) 근로자가 소정근로시간을 초과하여 근로를 제공하거나 근로계약에서 제공하기로 정한 근로 외의 근로를 특별히 제공함으로써 사용자로부터 추가로 지급받는 임금이나 소정근로시간의 근로와는 관련 없이 지급받는 임금은 소정근로의 대가라 할 수 없으므로 통상임금에 속하지 아니한다(대법원 2013.12.18, 2012다89399 전원합의체).

② (○) 근로기준법 시행령 제2조 제1항 제8호

> 제2조(평균임금의 계산에서 제외되는 기간과 임금) ① 「근로기준법」(이하 "법"이라 한다) 제2조 제1항 제6호에 따른 평균임금 산정기간 중에 다음 각 호의 어느 하나에 해당하는 기간이 있는 경우에는 그 기간과 그 기간 중에 지급된 임금은 평균임금 산정기준이 되는 기간과 임금의 총액에서 각각 뺀다. 〈개정 2021.10.14.〉
> 1. 근로계약을 체결하고 수습 중에 있는 근로자가 수습을 시작한 날부터 3개월 이내의 기간
> 2. 법 제46조에 따른 사용자의 귀책사유로 휴업한 기간
> 3. 법 제74조 제1항부터 제3항까지의 규정에 따른 출산전후휴가 및 유산·사산휴가기간
> 4. 법 제78조에 따라 업무상 부상 또는 질병으로 요양하기 위하여 휴업한 기간
> 5. 「남녀고용평등과 일·가정 양립 지원에 관한 법률」 제19조에 따른 육아휴직 기간
> 6. 「노동조합 및 노동관계조정법」 제2조 제6호에 따른 쟁의행위 기간
> 7. 「병역법」, 「예비군법」 또는 「민방위기본법」에 따른 의무를 이행하기 위하여 휴직하거나 근로하지 못한 기간. 다만, 그 기간 중 임금을 지급받은 경우에는 그러하지 아니하다.
> 8. 업무 외 부상이나 질병, 그 밖의 사유로 사용자의 승인을 받아 휴업한 기간

③ (○) 임금은 통화(通貨)로 직접 근로자에게 그 전액을 지급하여야 한다. 다만, 법령 또는 단체협약에 특별한 규정이 있는 경우에는

임금의 일부를 공제하거나 통화 이외의 것으로 지급할 수 있다(동법 제43조 제1항).

④ (○) 상여금이 계속적·정기적으로 지급되고 그 지급액이 확정되어 있다면 이는 근로의 대가로 지급되는 임금의 성질을 가지나 그 지급사유의 발생이 불확정이고 일시적으로 지급되는 것은 임금이라고 볼 수 없다(대법원 2005.9.9, 2004다41217).

[보충] 임금이라 함은 사용자가 근로의 대가로 근로자에게 지급하는 일체의 금원으로서 근로자에게 계속적·정기적으로 지급되고 그 지급에 관하여 단체협약, 취업규칙 등에 의하여 사용자에게 지급의무가 지워져 있다면, 그 명칭 여하를 불문하고 모두 그에 포함된다(대법원 1999.9.3, 98다34393). 즉, 이와 같은 성질을 가지는 상여금은 임금이라 할 것이다.

⑤ (○) 동법 제45조, 동법 시행령 제25조 제2호

> 제45조(비상시 지급) 사용자는 근로자가 출산, 질병, 재해, 그 밖에 대통령령으로 정하는 비상(非常)한 경우의 비용에 충당하기 위하여 임금지급을 청구하면 지급기일 전이라도 이미 제공한 근로에 대한 임금을 지급하여야 한다.
> 시행령 제25조(지급기일 전의 임금지급) 법 제45조에서 "그 밖에 대통령령으로 정한 비상(非常)한 경우"란 근로자나 그의 수입으로 생계를 유지하는 자가 다음 각 호의 어느 하나에 해당하게 되는 경우를 말한다. 〈개정 2018.6.29.〉
> 1. 출산하거나 질병에 걸리거나 재해를 당한 경우
> 2. 혼인 또는 사망한 경우
> 3. 부득이한 사유로 1주 이상 귀향하게 되는 경우

정답 ①

006 □□□   ○ △ ✕

근로기준법령상 체불사업주 명단공개 등에 관한 설명으로 옳은 것은?

① 고용노동부장관은 체불사업주가 명단공개 기준일 이전 1년 이내 임금등의 체불총액이 2천만 원 이상인 경우에는 그 인적사항을 공개하여야 한다.

② 체불사업주의 인적사항 등에 대한 공개 여부를 심의하기 위하여 고용노동부에 임금체불정보심의위원회를 둔다.

③ 고용노동부장관이 체불사업주 명단을 공개할 경우, 체불사업주가 법인이라면 그 대표자의 성명·나이는 명단공개의 내용에 포함되지 않는다.

④ 고용노동부장관은 체불사업주 명단을 공개할 경우에 체불사업주에게 1개월간 소명기회를 주어야 한다.

⑤ 임금등 체불자료를 받은 종합신용정보집중기관은 이를 체불사업주의 신용도·신용거래능력 판단과 관련한 업무 외의 목적으로 이용할 수 있다.

해설

① (✕) 2천만 원 → 3천만 원, 공개하여야 한다 → 공개할 수 있다(근로기준법 제43조의2 제1항)

> 제43조의2(체불사업주 명단공개) ① 고용노동부장관은 제36

조, 제43조, 제51조의3, 제52조 제2항 제2호, 제56조에 따른 임금, 보상금, 수당, 그 밖의 모든 금품(이하 "임금등"이라 한다)을 지급하지 아니한 사업주(법인인 경우에는 그 대표자를 포함한다. 이하 "체불사업주"라 한다)가 명단공개 기준일 이전 3년 이내 임금등을 체불하여 2회 이상 유죄가 확정된 자로서 명단공개 기준일 이전 1년 이내 임금등의 체불총액이 3천만 원 이상인 경우에는 그 인적사항 등을 공개할 수 있다. 다만, 체불사업주의 사망·폐업으로 명단공개의 실효성이 없는 경우 등 대통령령으로 정하는 사유가 있는 경우에는 그러하지 아니한다. 〈개정 2021.1.5.〉

② (○) 제1항에 따른 체불사업주의 인적사항 등에 대한 공개 여부를 심의하기 위하여 고용노동부에 임금체불정보심의위원회(이하 이 조에서 "위원회"라 한다)를 둔다. 이 경우 위원회의 구성·운영 등 필요한 사항은 고용노동부령으로 정한다(동조 제3항).

③ (×) 포함되지 않는다 → 포함된다(동법 시행령 제23조의3 제1항 제1호)

> **시행령 제23조의3(명단공개 내용·기간 등)** ① 고용노동부장관은 법 제43조의2 제1항에 따라 다음 각 호의 내용을 공개한다.
> 1. 체불사업주의 성명·나이·상호·주소(체불사업주가 법인인 경우에는 그 대표자의 성명·나이·주소 및 법인의 명칭·주소를 말한다)
> 2. 명단공개 기준일 이전 3년간의 임금등 체불액

④ (×) 1개월간 → 3개월 이상의 기간을 정하여(동법 제43조의2 제2항)

> **제43조의2(체불사업주 명단공개)** ② 고용노동부장관은 제1항에 따라 명단공개를 할 경우에 체불사업주에게 3개월 이상의 기간을 정하여 소명기회를 주어야 한다.

⑤ (×) 이용할 수 있다 → 이용하여서는 아니 된다(동법 제43조의3 제2항)

> **제43조의3(임금등 체불자료의 제공)** ② 제1항에 따라 임금등 체불자료를 받은 자는 이를 체불사업주의 신용도·신용거래능력 판단과 관련한 업무 외의 목적으로 이용하거나 누설하여서는 아니 된다.

정답 ②

☐☐☐   ○ △ ×

근로기준법령상 경영상 이유에 의한 해고에 관한 설명으로 옳지 않은 것은? (다툼이 있으면 판례에 따름)

① 경영악화를 방지하기 위한 사업의 양도·인수·합병은 긴박한 경영상의 필요가 있는 것으로 본다.
② 상시근로자수 99명 이하인 사업 또는 사업장의 사용자는 1개월 동안에 10명 이상의 인원을 경영상의 이유에 의하여 해고하려면 최초로 해고하려는 날의 30일 전까지 고용노동부장관에게 신고하여야 한다.
③ 사용자가 해고를 피하기 위한 방법과 해고의 기준 등에 관하여 근로자대표에게 해고를 하려는 날의 50일 전까지 통보하지 않은 경우, 그 이유만으로 경영상 이유에 의한 해고는 부당하다.
④ 경영상의 이유에 의하여 근로자를 해고한 사용자는 근로자를 해고한 날로부터 3년 이내에 해고된 근로자가 해고 당시 담당하였던 업무와 같은 업무를 할 근로자를 채용하려고 할 경우, 경영상의 이유에 의하여 해고된 근로자가 원하면 그 근로자를 우선적으로 고용하여야 한다.
⑤ 긴박한 경영상의 필요란 장래에 올 수도 있는 위기에 미리 대처하기 위하여 인원삭감이 필요한 경우도 포함하지만, 그러한 인원삭감은 객관적으로 보아 합리성이 있다고 인정되어야 한다.

해설

① (○) 사용자가 경영상 이유에 의하여 근로자를 해고하려면 긴박한 경영상의 필요가 있어야 한다. 이 경우 경영 악화를 방지하기 위한 사업의 양도·인수·합병은 긴박한 경영상의 필요가 있는 것으로 본다(근로기준법 제24조 제1항).

② (○) 동법 시행령 제10조 제1항 제1호

> **시행령 제10조(경영상의 이유에 의한 해고계획의 신고)** ① 법 제24조 제4항에 따라 사용자는 1개월 동안에 다음 각 호의 어느 하나에 해당하는 인원을 해고하려면 최초로 해고하려는 날의 30일 전까지 고용노동부장관에게 신고하여야 한다. 〈개정 2010.7.12.〉
> 1. 상시근로자수가 99명 이하인 사업 또는 사업장: 10명 이상
> 2. 상시근로자수가 100명 이상 999명 이하인 사업 또는 사업장: 상시근로자수의 10퍼센트 이상
> 3. 상시근로자수가 1,000명 이상 사업 또는 사업장: 100명 이상
> ② 제1항에 따른 신고를 할 때에는 다음 각 호의 사항을 포함하여야 한다.
> 1. 해고사유
> 2. 해고예정인원
> 3. 근로자대표와 협의한 내용
> 4. 해고일정

③ (×) 근로기준법 제31조(現 제24조) 제3항이 해고를 피하기 위한 방법과 해고의 기준을 해고실시 60일(現 50일) 이전까지 근로자대표에게 통보하게 한 취지는, 소속근로자의 소재와 숫자에 따라 그 통보를 전달하는 데 소요되는 시간, 그 통보를 받은 각 근로자들이 통보내용에 따른 대처를 하는 데 소요되는 시간, 근로자대표가 성실한 협의를 할 수 있는 기간을 최대한으로 상정·허여하자는

데 있는 것이고, 60일 기간의 준수는 정리해고의 효력요건은 아니어서 구체적 사안에서 통보 후 정리해고 실시까지의 기간이 그와 같은 행위를 하는 데 소요되는 시간으로 부족하였다는 등의 특별한 사정이 없으며, 정리해고의 그 밖의 요건은 충족되었다면 그 정리해고는 유효하다(대법원 2003.11.13, 2003두4119). 따라서 그 이유만으로 경영상 이유에 의한 해고가 부당하다고 할 수 없다.

> **제24조(경영상 이유에 의한 해고의 제한)** ③ 사용자는 제2항에 따른 해고를 피하기 위한 방법과 해고의 기준 등에 관하여 그 사업 또는 사업장에 근로자의 과반수로 조직된 노동조합이 있는 경우에는 그 노동조합(근로자의 과반수로 조직된 노동조합이 없는 경우에는 근로자의 과반수를 대표하는 자를 말한다. 이하 "근로자대표"라 한다)에 해고를 하려는 날의 50일 전까지 통보하고 성실하게 협의하여야 한다.

④ (○) 동법 제25조 제1항
⑤ (○) 정리해고의 요건 중 긴박한 경영상의 필요란 반드시 기업의 도산을 회피하기 위한 경우에 한정되지 아니하고, 장래에 올 수도 있는 위기에 미리 대처하기 위하여 인원삭감이 필요한 경우도 포함하지만, 그러한 인원삭감은 객관적으로 보아 합리성이 있다고 인정되어야 한다(대법원 2019.11.28, 2018두44647).

정답 ③

008 □□□　　　　　　　　　　○ △ ×

근로기준법상 직장 내 괴롭힘에 관한 설명으로 옳지 않은 것은?

① 누구든지 직장 내 괴롭힘 발생사실을 알게 된 경우, 그 사실을 사용자에게 신고하여야 한다.
② 사용자는 직장 내 괴롭힘 발생사실을 인지한 경우에는 지체 없이 그 사실확인을 위한 조사를 실시하여야 한다.
③ 사용자는 직장 내 괴롭힘에 대한 조사기간 동안 피해근로자등을 보호하기 위하여 필요한 경우, 해당 피해근로자등에 대하여 근무장소의 변경, 유급휴가 명령 등 적절한 조치를 하여야 한다. 이 경우 사용자는 피해근로자등의 의사에 반하는 조치를 하여서는 아니 된다.
④ 사용자는 직장 내 괴롭힘과 관련한 조사결과 직장 내 괴롭힘 발생사실이 확인된 때에는 지체 없이 행위자에 대하여 징계, 근무장소의 변경 등 필요한 조치를 하여야 한다. 이 경우 사용자는 징계 등의 조치를 하기 전에 그 조치에 대하여 피해근로자의 의견을 들어야 한다.
⑤ 사용자는 직장 내 괴롭힘에 대한 조사결과 직장 내 괴롭힘 발생사실이 확인된 때에는 피해근로자가 요청하면 근무장소의 변경, 배치전환, 유급휴가 명령 등 적절한 조치를 하여야 한다.

해설

① (×) 신고하여야 한다 → 신고할 수 있다(근로기준법 제76조의3 제1항)

> **제76조의3(직장 내 괴롭힘 발생 시 조치)** ① 누구든지 직장 내 괴롭힘 발생사실을 알게 된 경우 그 사실을 사용자에게 신고할 수 있다.

② (○) 사용자는 제1항에 따른 신고를 접수하거나 직장 내 괴롭힘 발생사실을 인지한 경우에는 지체 없이 당사자 등을 대상으로 그 사실확인을 위하여 객관적으로 조사를 실시하여야 한다(동조 제2항).
③ (○) 사용자는 제2항에 따른 조사기간 동안 직장 내 괴롭힘과 관련하여 피해를 입은 근로자 또는 피해를 입었다고 주장하는 근로자(이하 "피해근로자등"이라 한다)를 보호하기 위하여 필요한 경우 해당 피해근로자등에 대하여 근무장소의 변경, 유급휴가 명령 등 적절한 조치를 하여야 한다. 이 경우 사용자는 피해근로자등의 의사에 반하는 조치를 하여서는 아니 된다(동조 제3항).
④ (○) 동조 제5항
⑤ (○) 동조 제4항

정답 ①

009 □□□　　　　　　　　　　○ △ ×

근로기준법령상 구제명령 등에 관한 설명이다. (　　)에 들어갈 내용을 옳게 나열한 것은?

> ○ 중앙노동위원회의 재심판정에 대하여 사용자나 근로자는 재심판정서를 송달받은 날부터 (ㄱ)일 이내에 「행정소송법」의 규정에 따라 소(訴)를 제기할 수 있다.
> ○ 노동위원회의 구제명령 이행기한은 사용자가 구제명령을 서면으로 통지받은 날부터 (ㄴ)일 이내로 한다.

① ㄱ: 10, ㄴ: 15
② ㄱ: 10, ㄴ: 30
③ ㄱ: 15, ㄴ: 15
④ ㄱ: 15, ㄴ: 30
⑤ ㄱ: 30, ㄴ: 30

해설

④ (○) ㄱ: 15, ㄴ: 30

> **근로기준법 제31조(구제명령 등의 확정)** ② 제1항에 따른 중앙노동위원회의 재심판정에 대하여 사용자나 근로자는 재심판정서를 송달받은 날부터 15일 이내에 「행정소송법」의 규정에 따라 소(訴)를 제기할 수 있다.
> **시행령 제11조(구제명령의 이행기한)** 「노동위원회법」에 따른 노동위원회(이하 "노동위원회"라 한다)는 법 제30조 제1항에 따라 사용자에게 구제명령(이하 "구제명령"이라 한다)을 하는 때에는 이행기한을 정하여야 한다. 이 경우 이행기한은 법 제30조 제2항에 따라 사용자가 구제명령을 서면으로 통지받은 날부터 30일 이내로 한다. 〈개정 2019.7.9.〉

정답 ④

근로기준법령상 이행강제금에 관한 설명으로 옳지 않은 것은?

① 노동위원회는 이행강제금을 부과하기 30일 전까지 이행강제금을 부과·징수한다는 뜻을 사용자에게 미리 문서로써 알려 주어야 한다.

② 노동위원회는 구제명령을 받은 자가 구제명령을 이행하면 구제명령을 이행하기 전에 이미 부과된 이행강제금은 징수하지 아니한다.

③ 노동위원회는 이행강제금을 부과하는 때에는 이행강제금의 부과통지를 받은 날부터 15일 이내의 납부기한을 정하여야 한다.

④ 노동위원회는 천재·사변, 그 밖의 부득이한 사유로 구제명령을 이행하기 어려운 경우에는 직권 또는 사용자의 신청에 따라 그 사유가 없어진 뒤에 이행강제금을 부과할 수 있다.

⑤ 노동위원회는 중앙노동위원회의 재심판정이나 법원의 확정판결에 따라 노동위원회의 구제명령이 취소되면 직권 또는 사용자의 신청에 따라 이행강제금의 부과·징수를 즉시 중지하고 이미 징수한 이행강제금을 반환하여야 한다.

해설

① (○) 근로기준법 제33조 제2항

② (✕) 징수하지 아니한다 → 징수하여야 한다(동조 제6항)

> **제33조**(이행강제금) ⑥ 노동위원회는 구제명령을 받은 자가 구제명령을 이행하면 새로운 이행강제금을 부과하지 아니하되, 구제명령을 이행하기 전에 이미 부과된 이행강제금은 징수하여야 한다.

③ (○) 동법 시행령 제12조 제1항

④ (○) 동법 시행령 제14조 제2호

> **시행령 제14조**(이행강제금의 부과유예) 노동위원회는 다음 각 호의 어느 하나에 해당하는 사유가 있는 경우에는 직권 또는 사용자의 신청에 따라 그 사유가 없어진 뒤에 이행강제금을 부과할 수 있다.
> 1. 구제명령을 이행하기 위하여 사용자가 객관적으로 노력하였으나 근로자의 소재불명 등으로 구제명령을 이행하기 어려운 것이 명백한 경우
> 2. 천재·사변, 그 밖의 부득이한 사유로 구제명령을 이행하기 어려운 경우

⑤ (○) 동법 시행령 제15조 제1항

정답 ②

근로기준법 제51조 제2항의 규정이다. (   )에 들어갈 내용을 옳게 나열한 것은?

> 사용자는 근로자대표와의 서면합의에 따라 다음 각 호의 사항을 정하면 3개월 이내의 단위기간을 평균하여 1주간의 근로시간이 제50조 제1항의 근로시간을 초과하지 아니하는 범위에서 특정한 주에 제50조 제1항의 근로시간을, 특정한 날에 제50조 제2항의 근로시간을 초과하여 근로하게 할 수 있다. 다만, 특정한 주의 근로시간은 (ㄱ)시간을, 특정한 날의 근로시간은 (ㄴ)시간을 초과할 수 없다.

① ㄱ: 48, ㄴ: 10   ② ㄱ: 48, ㄴ: 12

③ ㄱ: 52, ㄴ: 10   ④ ㄱ: 52, ㄴ: 12

⑤ ㄱ: 68, ㄴ: 12

해설

④ (○) ㄱ: 52, ㄴ: 12

> **근로기준법 제51조**(3개월 이내의 탄력적 근로시간제) ② 사용자는 근로자대표와의 서면합의에 따라 다음 각 호의 사항을 정하면 3개월 이내의 단위기간을 평균하여 1주간의 근로시간이 제50조 제1항의 근로시간을 초과하지 아니하는 범위에서 특정한 주에 제50조 제1항의 근로시간을, 특정한 날에 제50조 제2항의 근로시간을 초과하여 근로하게 할 수 있다. 다만, 특정한 주의 근로시간은 52시간을, 특정한 날의 근로시간은 12시간을 초과할 수 없다.
> 1. 대상 근로자의 범위
> 2. 단위기간(3개월 이내의 일정한 기간으로 정하여야 한다)
> 3. 단위기간의 근로일과 그 근로일별 근로시간
> 4. 그 밖에 대통령령으로 정하는 사항

정답 ④

012 ☐☐☐　　　　　　　　　○ △ ✕

근로기준법령상 연차유급휴가에 관한 설명으로 옳지 않은 것은? (다툼이 있으면 판례에 따름)

① 근로자가 연차휴가에 관한 권리를 취득한 후 1년이 지나기 전에 퇴직하는 등의 사유로 인하여 더 이상 연차휴가를 사용하지 못하게 될 경우, 사용자에게 그 연차휴가일수에 상응하는 연차휴가수당을 청구할 수 없다.

② 연간 소정근로일수에 정당한 쟁의행위기간이 차지하는 일수가 포함되어 있는 경우, 연차유급휴가 취득요건과 관련한 출근율은 소정근로일수에서 그 쟁의행위기간이 차지하는 일수를 제외한 나머지 일수를 기준으로 산정한다.

③ 사용자는 근로자대표와의 서면합의에 따라 연차유급휴가일을 갈음하여 특정한 근로일에 근로자를 휴무시킬 수 있다.

④ 사용자는 계속하여 근로한 기간이 1년 미만인 근로자에게 1개월 개근 시 1일의 유급휴가를 주어야 한다.

⑤ 연간 소정근로일수와 출근일수를 계산함에 있어서 사용자의 부당해고로 인하여 근로자가 출근하지 못한 기간은 연간 소정근로일수 및 출근일수에 모두 산입된다.

해설

① (✕) 근로자가 연차휴가에 관한 권리를 취득한 후 1년 이내에 연차휴가를 사용하지 아니하거나 1년이 지나기 전에 퇴직하는 등의 사유로 인하여 더 이상 연차휴가를 사용하지 못하게 될 경우에는 사용자에게 연차휴가일수에 상응하는 임금인 연차휴가수당을 청구할 수 있다. 한편 연차휴가를 사용할 권리 혹은 연차휴가수당 청구권은 근로자가 전년도에 출근율을 충족하면서 근로를 제공하면 당연히 발생하는 것으로서 연차휴가를 사용할 해당 연도가 아니라 그 전년도 1년간의 근로에 대한 대가에 해당한다(대법원 2017. 5.17. 2014다232296,2014다232302).

② (○) 근로자가 정당한 쟁의행위를 하거나 '남녀고용평등과 일·가정 양립 지원에 관한 법률'(이하 '남녀고용평등법'이라 한다)에 의한 육아휴직(이하 양자를 가리켜 '쟁의행위 등'이라 한다)을 하여 현실적으로 근로를 제공하지 아니한 경우, 쟁의행위 등은 헌법이나 법률에 의하여 보장된 근로자의 정당한 권리행사이고 그 권리행사에 의하여 쟁의행위 등 기간 동안 근로관계가 정지됨으로써 근로자는 근로의무가 없으며, 쟁의행위 등을 이유로 근로자를 부당하거나 불리하게 처우하는 것이 법률상 금지되어 있으므로(노동조합 및 노동관계조정법 제3조, 제4조, 제81조 제5호, 남녀고용평등법 제19조 제3항), 근로자가 본래 연간 소정근로일수에 포함되었던 쟁의행위 등 기간 동안 근로를 제공하지 아니하였다 하더라도 이를 두고 근로자가 결근한 것으로 볼 수는 없다. … 연간 소정근로일수에서 쟁의행위 등 기간이 차지하는 일수를 제외한 나머지 일수를 기준으로 근로자의 출근율을 산정하여 연차유급휴가 취득요건의 충족 여부를 판단하되, 그 요건이 충족된 경우에는 본래 평상적인 근로관계에서 8할의 출근율을 충족할 경우 산출되었을 연차유급휴가일수에 대하여 '연간 소정근로일수에서 쟁의행위 등 기간이 차지하는 일수를 제외한 나머지 일수'를 '연간 소정근로일수'로 나눈 비율을 곱하여 산출된 연차유급휴가일수를 근로자에게

부여함이 합리적이다(대법원 2013.12.26. 2011다4629).

③ (○) 근로기준법 제62조

④ (○) 사용자는 계속하여 근로한 기간이 1년 미만인 근로자 또는 1년간 80퍼센트 미만 출근한 근로자에게 1개월 개근 시 1일의 유급휴가를 주어야 한다(동법 제60조 제2항).

⑤ (○) 근로자가 부당해고로 인하여 지급받지 못한 임금이 연차휴가수당인 경우에도 해당 근로자의 연간 소정근로일수와 출근일수를 고려하여 근로기준법 제60조 제1항의 요건을 충족하면 연차유급휴가가 부여되는 것을 전제로 연차휴가수당을 지급하여야 하고, 이를 산정하기 위한 연간 소정근로일수와 출근일수를 계산할 때 사용자의 부당해고로 인하여 근로자가 출근하지 못한 기간을 근로자에 대하여 불리하게 고려할 수는 없으므로 그 기간은 연간 소정근로일수 및 출근일수에 모두 산입되는 것으로 보는 것이 타당하며, 설령 부당해고기간이 연간 총근로일수 전부를 차지하고 있는 경우에도 달리 볼 수는 없다(대법원 2014.3.13. 2011다95519).

정답 ①

013 ☐☐☐　　　　　　　　　○ △ ✕

근로기준법상 여성과 소년에 관한 설명으로 옳지 않은 것은?

① 사용자는 임신 중인 여성을 도덕상 또는 보건상 유해·위험한 사업에 사용하지 못한다.

② 고용노동부장관은 근로계약이 미성년자에게 불리하다고 인정하는 경우에는 이를 해지할 수 있다.

③ 15세 이상 18세 미만인 사람의 근로시간은 1일에 7시간, 1주에 35시간을 초과하지 못한다. 다만, 당사자 사이의 합의에 따라 1일에 1시간, 1주에 5시간을 한도로 연장할 수 있다.

④ 사용자는 18세 이상의 여성근로자에 대하여는 그 근로자의 동의 없이 휴일근로를 시킬 수 있다.

⑤ 사용자는 산후 1년이 지나지 아니한 여성에 대하여는 단체협약이 있는 경우라도 1일에 2시간, 1주에 6시간, 1년에 150시간을 초과하는 시간외근로를 시키지 못한다.

해설

① (○) 사용자는 임신 중이거나 산후 1년이 지나지 아니한 여성(이하 "임산부"라 한다)과 18세 미만자를 도덕상 또는 보건상 유해·위험한 사업에 사용하지 못한다(근로기준법 제65조 제1항).

② (○) 친권자, 후견인 또는 고용노동부장관은 근로계약이 미성년자에게 불리하다고 인정하는 경우에는 이를 해지할 수 있다(동법 제67조 제2항).

③ (○) 동법 제69조

④ (✕) 있다 → 없다(동법 제70조 제1항)

> **제70조(야간근로와 휴일근로의 제한)** ① 사용자는 18세 이상의 여성을 오후 10시부터 오전 6시까지의 시간 및 휴일에 근로시키려면 그 근로자의 동의를 받아야 한다.

⑤ (○) 동법 제71조

정답 ④

014 □□□ ○ △ ✕

근로기준법령상 취직인허증에 관한 설명으로 옳지 않은 것은?

① 예술공연 참가를 위한 경우에는 13세 미만인 자도 취직인허증을 받을 수 있다.

② 의무교육 대상자가 취직인허증을 신청하는 경우, 신청인은 사용자가 될 자의 취업확인서를 받아 친권자 또는 후견인과 연명으로 고용노동부장관에게 신청하여야 한다.

③ 고용노동부장관은 취직인허증 신청에 대하여 취직을 인허할 경우에는 고용노동부령으로 정하는 취직인허증에 직종을 지정하여 신청한 근로자와 사용자가 될 자에게 내주어야 한다.

④ 고용노동부장관은 거짓으로 취직인허증을 발급받은 사람에게는 그 인허를 취소하여야 한다.

⑤ 사용자 또는 15세 미만인 자는 취직인허증이 못쓰게 되거나 이를 잃어버린 경우에는 고용노동부령으로 정하는 바에 따라 지체 없이 재교부 신청을 하여야 한다.

해설

① (○) 근로기준법 시행령 제35조 제1항 단서

② (✕) 학교장 및 → "추가"(동법 시행령 제35조 제3황)

> **시행령 제35조(취직인허증의 발급 등)** ① 법 제64조에 따라 취직인허증을 받을 수 있는 자는 13세 이상 15세 미만인 자로 한다. 다만, 예술공연 참가를 위한 경우에는 13세 미만인 자도 취직인허증을 받을 수 있다.
> ② 제1항에 따른 취직인허증을 받으려는 자는 고용노동부령으로 정하는 바에 따라 고용노동부장관에게 신청하여야 한다. 〈개정 2010.7.12.〉
> ③ 제2항에 따른 신청은 학교장(의무교육 대상자와 재학 중인 자로 한정한다) 및 친권자 또는 후견인의 서명을 받아 사용자가 될 자와 연명(連名)으로 하여야 한다.

③ (○) 동법 시행령 제36조 제1항

④ (○) 고용노동부장관은 거짓이나 그 밖의 부정한 방법으로 제1항 단서의 취직인허증을 발급받은 사람에게는 그 인허를 취소하여야 한다(동법 제64조 제3항).

⑤ (○) 동법 시행령 제39조

정답 ②

015 □□□ ○ △ ✕

근로기준법상 취업규칙에 관한 설명으로 옳지 않은 것은?

① 취업규칙을 작성하여 고용노동부장관에게 신고하여야 하는 사용자는 상시 10명 이상의 근로자를 사용하는 사용자이다.

② 사용자가 취업규칙을 작성하여 고용노동부장관에게 신고하여야 하는 경우, 해당 취업규칙에는 업무상과 업무 외의 재해부조(災害扶助)에 관한 사항이 포함되어야 한다.

③ 사용자는 취업규칙의 작성에 관하여 해당 사업 또는 사업장에 근로자의 과반수로 조직된 노동조합이 있는 경우에는 그 노동조합, 근로자의 과반수로 조직된 노동조합이 없는 경우에는 근로자의 과반수의 의견을 들어야 한다.

④ 취업규칙에서 근로자에 대하여 감급(減給)의 제재를 정할 경우에 그 감액은 1회의 금액이 평균임금의 1일분의 2분의 1을, 총액이 1임금지급기의 임금총액의 10분의 1을 초과하지 못한다.

⑤ 고용노동부장관은 법령이나 단체협약에 어긋나는 취업규칙에 대하여 노동위원회의 의결을 받아 그 변경을 명하여야 한다.

해설

① (○) ② (○) 근로기준법 제93조, 동조 제10호

> **제93조(취업규칙의 작성·신고)** 상시 10명 이상의 근로자를 사용하는 사용자는 다음 각 호의 사항에 관한 취업규칙을 작성하여 고용노동부장관에게 신고하여야 한다. 이를 변경하는 경우에도 또한 같다. 〈개정 2019.1.15.〉
> 1. 업무의 시작과 종료시각, 휴게시간, 휴일, 휴가 및 교대근로에 관한 사항
> 2. 임금의 결정·계산·지급방법, 임금의 산정기간·지급시기 및 승급(昇給)에 관한 사항
> 3. 가족수당의 계산·지급방법에 관한 사항
> 4. 퇴직에 관한 사항
> 5. 「근로자퇴직급여 보장법」 제4조에 따라 설정된 퇴직급여, 상여 및 최저임금에 관한 사항
> 6. 근로자의 식비, 작업용품 등의 부담에 관한 사항
> 7. 근로자를 위한 교육시설에 관한 사항
> 8. 출산전후휴가·육아휴직 등 근로자의 모성 보호 및 일·가정 양립 지원에 관한 사항
> 9. 안전과 보건에 관한 사항
> 9의2. 근로자의 성별·연령 또는 신체적 조건 등의 특성에 따른 사업장 환경의 개선에 관한 사항
> 10. 업무상과 업무 외의 재해부조(災害扶助)에 관한 사항
> 11. 직장 내 괴롭힘의 예방 및 발생 시 조치 등에 관한 사항
> 12. 표창과 제재에 관한 사항
> 13. 그 밖에 해당 사업 또는 사업장의 근로자 전체에 적용될 사항

③ (○) 사용자는 취업규칙의 작성 또는 변경에 관하여 해당 사업 또는 사업장에 근로자의 과반수로 조직된 노동조합이 있는 경우에는 그 노동조합, 근로자의 과반수로 조직된 노동조합이 없는 경우

에는 근로자의 과반수의 의견을 들어야 한다. 다만, 취업규칙을 근로자에게 불리하게 변경하는 경우에는 그 동의를 받아야 한다(동법 제94조 제1항).

④ (○) 동법 제95조

⑤ (×) 취업규칙에 대하여 노동위원회의 의결을 받아 그 변경을 명하여야 한다 → 취업규칙의 변경을 명할 수 있다(동법 제96조 제2항)

[보충] 고용노동부장관의 취업규칙 변경명령은 직권이므로, 노동위원회의 의결을 요하지 아니한다.

> 제96조(단체협약의 준수) ① 취업규칙은 법령이나 해당 사업 또는 사업장에 대하여 적용되는 단체협약과 어긋나서는 아니 된다.
> ② 고용노동부장관은 법령이나 단체협약에 어긋나는 취업규칙의 변경을 명할 수 있다. 〈개정 2010.6.4.〉

정답 ⑤

---

016 ☐☐☐   ○ △ ×

산업안전보건법상 작업중지에 관한 설명으로 옳지 않은 것은?

① 사업주는 산업재해가 발생할 급박한 위험이 있을 때에는 즉시 작업을 중지시키고 근로자를 작업장소에서 대피시키는 등 안전 및 보건에 관하여 필요한 조치를 하여야 한다.

② 근로자는 산업재해가 발생할 급박한 위험이 있는 경우에는 작업을 중지하고 대피할 수 있다.

③ 사업주는 중대재해가 발생하였을 때에는 즉시 해당 작업을 중지시키고 근로자를 작업장소에서 대피시키는 등 안전 및 보건에 관하여 필요한 조치를 하여야 한다.

④ 중대재해 발생으로 작업이 중지된 경우, 사업주는 작업중지 해제에 관한 전문가 등으로 구성된 심의위원회의 심의를 거쳐 작업중지를 해제하여야 한다.

⑤ 사업주는 산업재해가 발생할 급박한 위험이 있다고 근로자가 믿을 만한 합리적인 이유가 있을 때에는 작업을 중지하고 대피한 근로자에 대하여 해고나 그 밖의 불리한 처우를 해서는 아니 된다.

해설

① (○) 산업안전보건법 제51조

② (○) 동법 제52조 제1항

③ (○) 동법 제54조 제1항

④ (×) 사업주 → 고용노동부장관(동법 제55조 제3항)

> 제55조(중대재해 발생 시 고용노동부장관의 작업중지 조치) ③ 고용노동부장관은 사업주가 제1항 또는 제2항에 따른 작업중지의 해제를 요청한 경우에는 작업중지 해제에 관한 전문가 등으로 구성된 심의위원회의 심의를 거쳐 고용노동부령으로 정하는 바에 따라 제1항 또는 제2항에 따른 작업중지를 해제하여야 한다.

⑤ (○) 제52조 제4항

정답 ④

---

017 ☐☐☐   ○ △ ×

직업안정법상 근로자공급사업에 관한 설명으로 옳지 않은 것은?

① 누구든지 고용노동부장관의 허가를 받지 아니하고는 근로자공급사업을 하지 못한다.

② 근로자공급사업은 공급대상이 되는 근로자가 취업하려는 장소를 기준으로 국내 근로자공급사업과 국외 근로자공급사업으로 구분한다.

③ 「파견근로자 보호 등에 관한 법률」에 따른 파견사업주는 국내 근로자공급사업의 허가를 받을 수 있다.

④ 국내에서 제조업을 하고 있는 자는 국외 근로자공급사업의 허가를 받을 수 있다.

⑤ 「민법」에 따른 비영리법인은 연예인을 대상으로 하는 국외 근로자공급사업의 허가를 받을 수 있다.

해설

① (○) 직업안정법 제33조 제1항

② (○) ③ (×) ④ (○) ⑤ (○) 동조 제3항, 있다 → 없다(동항 제1호), 동항 제2호, 동호

> 제33조(근로자공급사업) ③ 근로자공급사업은 공급대상이 되는 근로자가 취업하려는 장소를 기준으로 국내 근로자공급사업과 국외 근로자공급사업으로 구분하며, 각각의 사업의 허가를 받을 수 있는 자의 범위는 다음 각 호와 같다.
> 1. 국내 근로자공급사업의 경우는 「노동조합 및 노동관계조정법」에 따른 노동조합
> 2. 국외 근로자공급사업의 경우는 국내에서 제조업·건설업·용역업, 그 밖의 서비스업을 하고 있는 자. 다만, 연예인을 대상으로 하는 국외 근로자공급사업의 허가를 받을 수 있는 자는 「민법」 제32조에 따른 비영리법인으로 한다.

정답 ③

018 □□□ ○ △ ✕

남녀고용평등과 일·가정 양립 지원에 관한 법률상 육아기 근로시간 단축에 관한 설명으로 옳지 않은 것은?

① 사업주가 해당 근로자에게 육아기 근로시간 단축을 허용하는 경우, 단축 후 근로시간은 주당 15시간 이상이어야 하고 35시간을 넘어서는 아니 된다.

② 사업주는 정상적인 사업운영에 중대한 지장을 초래하는 경우에는 육아기 근로시간 단축을 허용하지 아니할 수 있다.

③ 사업주는 육아기 근로시간 단축을 하고 있는 근로자에게 단축된 근로시간 외에 연장근로를 요구할 수 없다. 다만, 그 근로자가 명시적으로 청구하는 경우에는 사업주는 주 12시간 이내에서 연장근로를 시킬 수 있다.

④ 사업주는 근로자의 육아기 근로시간 단축기간이 끝난 후에 그 근로자를 육아기 근로시간 단축 전과 같은 업무 또는 같은 수준의 임금을 지급하는 직무에 복귀시켜야 한다.

⑤ 육아기 근로시간 단축을 한 근로자에 대하여 「근로기준법」에 따른 평균임금을 산정하는 경우에는 그 근로자의 육아기 근로시간 단축기간은 평균임금 산정기간에 포함한다.

해설

① (○) 남녀고용평등법 제19조의2 제3항

② (○) 사업주는 근로자가 만 8세 이하 또는 초등학교 2학년 이하의 자녀를 양육하기 위하여 근로시간의 단축(이하 "육아기 근로시간 단축"이라 한다)을 신청하는 경우에 이를 허용하여야 한다. 다만, 대체인력 채용이 불가능한 경우, 정상적인 사업운영에 중대한 지장을 초래하는 경우 등 대통령령으로 정하는 경우에는 그러하지 아니하다(동조 제1항).

③ (○) 동법 제19조의3 제3항

④ (○) 동법 제19조의2 제6항

⑤ (✕) 산정기간에 포함한다 → 산정기간에서 제외한다(동법 제19조의3 제4항)

> 제19조의3(육아기 근로시간 단축 중 근로조건 등) ④ 육아기 근로시간 단축을 한 근로자에 대하여 「근로기준법」 제2조 제6호에 따른 평균임금을 산정하는 경우에는 그 근로자의 육아기 근로시간 단축기간을 평균임금 산정기간에서 제외한다.

정답 ⑤

019 □□□ ○ △ ✕

파견근로자 보호 등에 관한 법령상 파견이 허용되는 업무는?

① 출산으로 결원이 생긴 제조업의 직접생산공정업무

② 건설공사현장에서 이루어지는 업무

③ 「선원법」 제2조 제1호의 선원의 업무

④ 「산업안전보건법」 제58조에 따른 유해하거나 위험한 업무

⑤ 「여객자동차 운수사업법」 제2조 제3호에 따른 여객자동차운송사업에서의 운전업무

해설

① (○) 일반적으로 근로자파견사업은 제조업의 직접생산공정업무를 제외하나, 출산으로 결원이 생긴 경우에는 그러하지 아니하다(파견법 제5조 제1항·제2항).

> 제5조(근로자파견 대상업무 등) ① 근로자파견사업은 제조업의 직접생산공정업무를 제외하고 전문지식·기술·경험 또는 업무의 성질 등을 고려하여 적합하다고 판단되는 업무로서 대통령령으로 정하는 업무를 대상으로 한다.
> ② 제1항에도 불구하고 출산·질병·부상 등으로 결원이 생긴 경우 또는 일시적·간헐적으로 인력을 확보하여야 할 필요가 있는 경우에는 근로자파견사업을 할 수 있다.

② (✕) ③ (✕) ④ (✕) ⑤ (✕) 동조 제3항 제1호, 제3호, 제4호, 제5호, 동법 시행령 제2조 제5호

> 제5조(근로자파견 대상업무 등) ③ 제1항 및 제2항에도 불구하고 다음 각 호의 어느 하나에 해당하는 업무에 대하여는 근로자파견사업을 하여서는 아니 된다. 〈개정 2019.1.15.〉
> 1. 건설공사현장에서 이루어지는 업무
> 2. 「항만운송사업법」 제3조 제1호, 「한국철도공사법」 제9조 제1항 제1호, 「농수산물 유통 및 가격안정에 관한 법률」 제40조, 「물류정책기본법」 제2조 제1항 제1호의 하역(荷役)업무로서 「직업안정법」 제33조에 따라 근로자공급사업 허가를 받은 지역의 업무
> 3. 「선원법」 제2조 제1호의 선원의 업무
> 4. 「산업안전보건법」 제58조에 따른 유해하거나 위험한 업무
> 5. 그 밖에 근로자 보호 등의 이유로 근로자파견사업의 대상으로는 적절하지 못하다고 인정하여 대통령령으로 정하는 업무
> 시행령 제2조(근로자파견의 대상 및 금지업무) ② 법 제5조 제3항 제5호에서 "대통령령으로 정하는 업무"란 다음 각 호의 어느 하나에 해당하는 업무를 말한다. 〈개정 2019.12.24.〉
> 1. 「진폐의 예방과 진폐근로자의 보호 등에 관한 법률」 제2조 제3호에 따른 분진작업을 하는 업무
> 2. 「산업안전보건법」 제137조에 따른 건강관리카드의 발급 대상 업무
> 3. 「의료법」 제2조에 따른 의료인의 업무 및 같은 법 제80조의2에 따른 간호조무사의 업무
> 4. 「의료기사 등에 관한 법률」 제3조에 따른 의료기사의 업무
> 5. 「여객자동차 운수사업법」 제2조 제3호에 따른 여객자동차운송사업에서의 운전업무
> 6. 「화물자동차 운수사업법」 제2조 제3호에 따른 화물자동차 운송사업에서의 운전업무

정답 ①

020 □□□   ○ △ ×

기간제 및 단시간근로자 보호 등에 관한 법령에 관한 설명으로 옳지 않은 것은?

① 박사학위를 소지하고 해당 분야에 종사하는 경우에는 2년을 초과하여 기간제근로자로 사용할 수 있다.

② 특정한 업무의 완성에 필요한 기간을 정한 경우에는 2년을 초과하여 기간제근로자로 사용할 수 있다.

③ 사용자는 기간의 정함이 없는 근로계약을 체결하려는 경우에 당해 사업 또는 사업장의 동종 또는 유사한 업무에 종사하는 기간제근로자를 우선적으로 고용하여야 한다.

④ 고용노동부장관은 확정된 시정명령에 대하여 사용자에게 이행상황을 제출할 것을 요구할 수 있다.

⑤ 사용자는 기간제근로자임을 이유로 해당 사업 또는 사업장에서 동종 또는 유사한 업무에 종사하는 기간의 정함이 없는 근로계약을 체결한 근로자에 비하여 차별적 처우를 하여서는 아니 된다.

해설

① (O) ② (O) 기간제법 제4조 제1항 제5호, 제1호, 동법 시행령 제3조 제1항 제1호

> **제4조(기간제근로자의 사용)** ① 사용자는 2년을 초과하지 아니하는 범위 안에서(기간제 근로계약의 반복갱신 등의 경우에는 그 계속근로한 총기간이 2년을 초과하지 아니하는 범위 안에서) 기간제근로자를 사용할 수 있다. 다만, 다음 각 호의 어느 하나에 해당하는 경우에는 2년을 초과하여 기간제근로자로 사용할 수 있다. 〈개정 2020.5.26.〉
> 1. 사업의 완료 또는 특정한 업무의 완성에 필요한 기간을 정한 경우
> 2. 휴직·파견 등으로 결원이 발생하여 해당 근로자가 복귀할 때까지 그 업무를 대신할 필요가 있는 경우
> 3. 근로자가 학업, 직업훈련 등을 이수함에 따라 그 이수에 필요한 기간을 정한 경우
> 4. 「고령자고용촉진법」 제2조 제1호의 고령자와 근로계약을 체결하는 경우
> 5. 전문적 지식·기술의 활용이 필요한 경우와 정부의 복지정책·실업대책 등에 따라 일자리를 제공하는 경우로서 대통령령으로 정하는 경우
> 6. 그 밖에 제1호부터 제5호까지에 준하는 합리적인 사유가 있는 경우로서 대통령령으로 정하는 경우
> **시행령 제3조(기간제근로자 사용기간 제한의 예외)** ① 법 제4조 제1항 제5호에서 "전문적 지식·기술의 활용이 필요한 경우로서 대통령령이 정하는 경우"란 다음 각 호의 어느 하나에 해당하는 경우를 말한다.
> 1. 박사학위(외국에서 수여받은 박사학위를 포함한다)를 소지하고 해당 분야에 종사하는 경우
> 2. 「국가기술자격법」 제9조 제1항 제1호에 따른 기술사 등급의 국가기술자격을 소지하고 해당 분야에 종사하는 경우
> 3. 별표 2에서 정한 전문자격을 소지하고 해당 분야에 종사하는 경우

③ (×) 고용하여야 한다 → 고용하도록 노력하여야 한다(동법 제5조)

> **제5조(기간의 정함이 없는 근로자로의 전환)** 사용자는 기간의 정함이 없는 근로계약을 체결하고자 하는 경우에는 해당 사업 또는 사업장의 동종 또는 유사한 업무에 종사하는 기간제근로자를 우선적으로 고용하도록 노력하여야 한다. 〈개정 2020.5.26.〉

④ (O) 동법 제15조 제1항

⑤ (O) 동법 제8조 제1항

정답 ③

---

021 □□□   ○ △ ×

최저임금법령에 관한 설명으로 옳지 않은 것은?

① 1년 미만의 기간을 정하여 근로계약을 체결하고 수습 중에 있는 근로자로서 수습을 시작한 날부터 6개월 이내인 사람에 대하여는 고용노동부장관에 의해 고시된 최저임금액보다 적은 최저임금액을 정할 수 있다.

② 사용자가 고용노동부장관의 인가를 받아 최저임금의 적용을 제외할 수 있는 자는 정신 또는 신체의 장애가 업무수행에 직접적으로 현저한 지장을 주는 것이 명백하다고 인정되는 사람으로 한다.

③ 최저임금위원회는 필요하다고 인정하면 사업의 종류별 또는 특정 사항별로 전문위원회를 둘 수 있다.

④ 고용노동부장관은 매년 8월 5일까지 최저임금을 결정하여야 한다.

⑤ 최저임금위원회에는 관계 행정기관의 공무원 중에서 3명 이내의 특별위원을 둘 수 있다.

해설

① (×) 1년 미만 → 1년 이상, 6개월 → 3개월, 고용노동부장관에 의해 고시된 → 대통령령으로 정하는 바에 따라(최저임금법 제5조 제2항)

> **제5조(최저임금액)** ② 1년 이상의 기간을 정하여 근로계약을 체결하고 수습 중에 있는 근로자로서 수습을 시작한 날부터 3개월 이내인 사람에 대하여는 대통령령으로 정하는 바에 따라 제1항에 따른 최저임금액과 다른 금액으로 최저임금액을 정할 수 있다. 다만, 단순노무업무로 고용노동부장관이 정하여 고시한 직종에 종사하는 근로자는 제외한다. 〈개정 2020.5.26.〉
> **시행령 제3조(수습 중에 있는 근로자에 대한 최저임금액)** 「최저임금법」(이하 "법"이라 한다) 제5조 제2항 본문에 따라 1년 이상의 기간을 정하여 근로계약을 체결하고 수습 중에 있는 근로자로서 수습을 시작한 날부터 3개월 이내인 사람에 대해서는 같은 조 제1항 후단에 따른 시간급 최저임금액(최저임금으로 정한 금액을 말한다)에서 100분의 10을 뺀 금액을 그 근로자의 시간급 최저임금액으로 한다.

② (O) 동법 시행령 제6조

③ (O) 동법 제19조 제1항

④ (O) 고용노동부장관은 매년 8월 5일까지 최저임금을 결정하여야 한다. 이 경우 고용노동부장관은 대통령령으로 정하는 바에 따라 제12조에 따른 최저임금위원회(이하 "위원회"라 한다)에 심의를 요청하고, 위원회가 심의하여 의결한 최저임금안에 따라 최저임금

을 결정하여야 한다(동법 제8조 제1항).

⑤ (○) 동법 제16조 제1항

정답 ①

---

022 ☐☐☐   ○ △ ✕

근로자퇴직급여 보장법에 관한 설명으로 옳은 것은?

① 확정급여형퇴직연금제도란 급여의 지급을 위하여 사용자가 부담하여야 할 부담금의 수준이 사전에 결정되어 있는 퇴직연금제도를 말한다.

② 확정기여형퇴직연금제도란 근로자가 받을 급여의 수준이 사전에 결정되어 있는 퇴직연금제도를 말한다.

③ 사용자는 계속근로기간이 1년 미만인 근로자에 대하여도 퇴직급여제도를 설정하여야 한다.

④ 사용자는 근로자가 퇴직한 경우에는 그 지급사유가 발생한 날부터 14일 이내에 퇴직금을 지급하여야 하지만, 특별한 사정이 있는 경우에는 당사자 간의 합의에 따라 퇴직금의 지급기일을 연장할 수 있다.

⑤ 퇴직급여제도의 일시금을 수령한 사람은 개인형퇴직연금제도를 설정할 수 없다.

해설

① (✕) 확정급여형퇴직연금제도 → 확정기여형퇴직연금제도(퇴직급여법 제2조 제9호)

> **제2조(정의)** 이 법에서 사용하는 용어의 뜻은 다음과 같다. 〈개정 2022.1.11.〉
> 8. "확정급여형퇴직연금제도"란 근로자가 받을 급여의 수준이 사전에 결정되어 있는 퇴직연금제도를 말한다.
> 9. "확정기여형퇴직연금제도"란 급여의 지급을 위하여 사용자가 부담하여야 할 부담금의 수준이 사전에 결정되어 있는 퇴직연금제도를 말한다.

② (✕) 확정기여형퇴직연금제도 → 확정급여형퇴직연금제도(동조 제8호)

③ (✕) 설정하여야 한다 → 설정할 필요가 없다(동법 제4조 제1항 단서)

> **제4조(퇴직급여제도의 설정)** ① 사용자는 퇴직하는 근로자에게 급여를 지급하기 위하여 퇴직급여제도 중 하나 이상의 제도를 설정하여야 한다. 다만, 계속근로기간이 1년 미만인 근로자, 4주간을 평균하여 1주간의 소정근로시간이 15시간 미만인 근로자에 대하여는 그러하지 아니하다.

④ (○) 동법 제9조 제1항

⑤ (✕) 없다 → 있다(동법 제24조 제2항 제1호)

> **제24조(개인형퇴직연금제도의 설정 및 운영 등)** ② 다음 각 호의 어느 하나에 해당하는 사람은 개인형퇴직연금제도를 설정할 수 있다. 〈개정 2021.4.13.〉
> 1. 퇴직급여제도의 일시금을 수령한 사람
> 2. 확정급여형퇴직연금제도, 확정기여형퇴직연금제도 또는 중소기업퇴직연금기금제도의 가입자로서 자기의 부담으로 개

> 인형퇴직연금제도를 추가로 설정하려는 사람
> 3. 자영업자 등 안정적인 노후소득 확보가 필요한 사람으로서 대통령령으로 정하는 사람

정답 ④

---

023 ☐☐☐   ○ △ ✕

임금채권보장법에 관한 설명으로 옳지 않은 것은?

① 임금채권보장기금의 관리·운용에 관한 중요사항을 심의하기 위하여 고용노동부에 임금채권보장기금심의위원회를 둔다.

② 거짓으로 체당금이 지급된 사실을 지방고용노동관서 또는 수사기관에 신고하거나 고발한 자에게는 대통령령으로 정하는 기준에 따라 포상금을 지급할 수 있다.

③ 미성년자인 근로자는 독자적으로 체당금의 지급을 청구할 수 있다.

④ 체당금을 지급받을 권리는 담보로 제공할 수 있다.

⑤ 고용노동부장관이 사업주로부터 부담금을 징수할 권리는 3년간 행사하지 아니하면 시효로 소멸한다.

해설

① (○) 임금채권보장법 제6조 제1항

② (○) 거짓이나 그 밖의 부정한 방법으로 제7조 또는 제7조의2에 따른 대지급금이 지급된 사실을 지방고용노동관서 또는 수사기관에 신고하거나 고발한 자에게는 대통령령으로 정하는 기준에 따라 포상금을 지급할 수 있다(동법 제15조).

[보충] 2021.4.13. 임금채권보장법 개정에 따라 체당금은 대지급금으로 변경되었다.

> **임금채권보장법 개정이유(시행 2021.6.9. 일부개정 2021.4.13.)**
> 법령에 대한 국민의 접근과 이해에 불편함을 초래하는 어려운 법령용어에 대해 알기 쉬운 용어로 변경하기 위하여 현행법상 내용 중 "체당금"을 "체불임금등 대지급금"으로, "공인노무사 조력비용 지원"을 "공인노무사 지원비용의 지급"으로 각각 변경함.

③ (○) 미성년자인 근로자는 독자적으로 대지급금의 지급을 청구할 수 있다(동법 제11조의2 제3항).

④ (✕) 있다 → 없다(동조 제1항)

> **제11조의2(수급권의 보호)** ① 제7조 또는 제7조의2에 따른 대지급금을 지급받을 권리는 양도 또는 압류하거나 담보로 제공할 수 없다. 〈개정 2021.4.13.〉

⑤ (○) 부담금이나 그 밖에 이 법에 따른 징수금을 징수하거나 대지급금·부담금을 반환받을 권리는 3년간 행사하지 아니하면 시효로 소멸한다(동법 제26조 제1항).

정답 ④

024 ☐☐☐   ○ △ ✕

근로복지기본법에 관한 설명으로 옳은 것은?

① 누구든지 국가 또는 지방자치단체가 근로자의 주거안정, 생활안정 및 재산형성 등 근로복지를 위하여 이 법에 따라 보조 또는 융자한 자금을 그 목적사업 외에도 사용할 수 있다.

② 고용노동부장관은 관계 중앙행정기관의 장과 협의하여 근로복지 증진에 관한 기본계획을 3년마다 수립하여야 한다.

③ 국가의 보조를 받는 비영리법인이 근로복지사업을 추진하는 경우에는 고용노동부장관의 허가를 받아야 한다.

④ 근로자주택의 종류, 규모, 공급대상 근로자, 공급방법과 그 밖에 필요한 사항은 고용노동부장관이 정한다.

⑤ 국가는 근로자의 생활안정을 지원하기 위하여 근로자 및 그 가족의 의료비·혼례비·장례비 등의 융자 등 필요한 지원을 하여야 한다.

해설

① (✕) 그 목적사업 외에도 사용할 수 있다 → 그 목적사업에만 사용하여야 한다(근로복지기본법 제6조)

> **제6조(목적 외 사용금지)** 누구든지 국가 또는 지방자치단체가 근로자의 주거안정, 생활안정 및 재산형성 등 근로복지를 위하여 이 법에 따라 보조 또는 융자한 자금을 그 목적사업에만 사용하여야 한다.

② (✕) 3년 → 5년(동법 제9조 제1항)

> **제9조(기본계획의 수립)** ① 고용노동부장관은 관계 중앙행정기관의 장과 협의하여 근로복지증진에 관한 기본계획(이하 "기본계획"이라 한다)을 5년마다 수립하여야 한다.

③ (✕) 고용노동부장관의 허가를 받아야 한다 → 고용노동부장관과 협의하여야 한다(동법 제11조 본문)

> **제11조(근로복지사업 추진협의)** 지방자치단체, 국가의 보조를 받는 비영리법인이 근로복지사업을 추진하는 경우에는 고용노동부장관과 협의하여야 한다. 다만, 지방자치단체가 관할구역 안에서 해당 지방자치단체의 예산으로만 근로복지사업을 추진하는 경우에는 협의를 거치지 아니할 수 있다. 〈개정 2022.6.10.〉

④ (✕) 고용노동부장관 → 국토교통부장관이 고용노동부장관과 협의하여(동법 제15조 제3항)

⑤ (○) 동법 제19조 제1항

정답 ⑤

025 ☐☐☐   ○ △ ✕

외국인근로자의 고용 등에 관한 법률에 관한 설명으로 옳지 않은 것은?

① 외국인력정책위원회는 외국인근로자 도입업종 및 규모 등에 관한 사항을 심의·의결한다.

② 외국인근로자를 고용하려는 자는 「직업안정법」에 따른 직업안정기관에 우선 내국인 구인신청을 하여야 한다.

③ 사용자는 외국인근로자가 외국인 취업교육을 받을 수 있도록 하여야 한다.

④ 외국인근로자를 고용한 사업 또는 사업장의 사용자는 외국인근로자의 출국 등에 따른 퇴직금 지급을 위하여 외국인근로자를 피보험자 또는 수익자로 하는 보험 또는 신탁에 가입하여야 한다.

⑤ 외국인근로자는 고용허가를 받은 날부터 5년의 범위에서 취업활동을 할 수 있다.

해설

① (○) 외국인고용법 제4조 제2항 제2호

> **제4조(외국인력정책위원회)** ② 정책위원회는 다음 각 호의 사항을 심의·의결한다. 〈개정 2021.4.13.〉
> 1. 외국인근로자 관련 기본계획의 수립에 관한 사항
> 2. 외국인근로자 도입업종 및 규모 등에 관한 사항
> 3. 외국인근로자를 송출할 수 있는 국가(이하 "송출국가"라 한다)의 지정 및 지정취소에 관한 사항
> 4. 제18조의2 제2항에 따른 외국인근로자의 취업활동기간 연장에 관한 사항
> 5. 그 밖에 대통령령으로 정하는 사항

② (○) 동법 제6조 제1항

③ (○) 동법 제11조 제2항

④ (○) 외국인근로자를 고용한 사업 또는 사업장의 사용자(이하 "사용자"라 한다)는 외국인근로자의 출국 등에 따른 퇴직금 지급을 위하여 외국인근로자를 피보험자 또는 수익자(이하 "피보험자등"이라 한다)로 하는 보험 또는 신탁(이하 "출국만기보험등"이라 한다)에 가입하여야 한다. 이 경우 보험료 또는 신탁금은 매월 납부하거나 위탁하여야 한다(동법 제13조 제1항).

⑤ (✕) 고용허가를 받은 날부터 5년 → 입국한 날부터 3년(동법 제18조)

> **제18조(취업활동기간의 제한)** 외국인근로자는 입국한 날부터 3년의 범위에서 취업활동을 할 수 있다.

정답 ⑤

001 ☐☐☐　　　○ △ ✕

근로기준법상 해고에 관한 설명으로 옳지 않은 것은? (다툼이 있으면 판례에 따름)

① 부당해고등의 구제신청은 부당해고등이 있었던 날부터 3개월 이내에 하여야 한다.

② 사용자의 근로자에 대한 해고가 무효로 판단되는 경우에는 그 해고가 곧바로 불법행위를 구성한다.

③ 사용자가 해고사유 등을 서면으로 통지할 때는 근로자의 처지에서 해고사유가 무엇인지를 구체적으로 알 수 있어야 한다.

④ 노동위원회는 최초의 구제명령을 한 날을 기준으로 매년 2회의 범위에서 구제명령이 이행될 때까지 반복하여 최대 2년간 이행강제금을 부과할 수 있다.

⑤ 노동위원회는 해고에 대한 구제명령을 할 때에 근로자가 원직복직을 원하지 아니하면 원직복직 대신 근로자가 해고기간 동안 근로를 제공하였더라면 받을 수 있었던 임금 상당액 이상의 금품을 근로자에게 지급하도록 명할 수 있다.

해설

① (○) 근로기준법 제28조 제2항

② (✕) 일반적으로 사용자의 근로자에 대한 해고 등의 불이익처분이 정당하지 못하여 무효로 판단되는 경우에 그러한 사유만으로 곧바로 그 해고 등이 불법행위를 구성하게 된다고는 할 수 없고, 사용자가 근로자에 대하여 징계해고 등을 할 만한 사유가 전혀 없는데도 오로지 근로자를 사업장에서 몰아내려는 의도하에 고의로 어떤 명목상의 해고사유 등을 내세워 징계라는 수단을 동원하여 해고 등의 불이익처분을 한 경우나 해고 등의 이유로 된 어느 사실이 취업규칙 등 소정의 징계사유에 해당되지 아니하거나 징계사유로 삼을 수 없는 것임이 객관적으로 명백하고, 또 조금만 주의를 기울였더라면 이와 같은 사정을 쉽게 알아 볼 수 있는데도 그것을 이유로 징계해고 등의 불이익처분을 하거나 적법한 절차를 거치지 아니한 경우처럼 사용자에게 부당해고 등에 대한 고의·과실이 인정되는 경우에 있어서는 불법행위가 성립된다(대법원 1997.1.21, 95다24821).

③ (○) 근로기준법 제27조는 사용자가 근로자를 해고하려면 해고사유와 해고시기를 서면으로 통지하여야 효력이 있다고 규정하고 있는데, 이는 해고사유 등의 서면통지를 통하여 사용자에게 근로자를 해고하는 데 신중을 기하게 함과 아울러, 해고의 존부 및 시기와 사유를 명확하게 하여 사후에 이를 둘러싼 분쟁이 적정하고 용이하게 해결될 수 있도록 하고, 근로자에게도 해고에 적절히 대응할 수 있게 하기 위한 취지이므로, 사용자가 해고사유 등을 서면으로 통지할 때에는 근로자의 처지에서 해고사유가 무엇인지를 구체적으로 알 수 있어야 한다(대법원 2015.11.27, 2015두48136).

④ (○) 노동위원회는 최초의 구제명령을 한 날을 기준으로 매년 2회

의 범위에서 구제명령이 이행될 때까지 반복하여 제1항에 따른 이행강제금을 부과·징수할 수 있다. 이 경우 이행강제금은 2년을 초과하여 부과·징수하지 못한다(동법 제33조 제5항).

⑤ (○) 노동위원회는 제1항에 따른 구제명령(해고에 대한 구제명령만을 말한다)을 할 때에 근로자가 원직복직(原職復職)을 원하지 아니하면 원직복직을 명하는 대신 근로자가 해고기간 동안 근로를 제공하였더라면 받을 수 있었던 임금 상당액 이상의 금품을 근로자에게 지급하도록 명할 수 있다(동법 제30조 제3항).

정답 ②

002 ☐☐☐　　　○ △ ✕

근로기준법상 연차유급휴가에 관한 설명으로 옳지 않은 것은? (다툼이 있으면 판례에 따름)

① 사용자는 계속하여 근로한 기간이 1년 미만인 근로자에게 1개월 개근 시 1일의 유급휴가를 주어야 한다.

② 연차유급휴가의 산정을 위한 출근율의 계산에서 출산전후휴가로 휴업한 기간은 출근한 것으로 본다.

③ 사용자는 근로자대표와의 서면합의에 따라 유급휴가일을 갈음하여 특정한 근로일에 근로자를 휴무시킬 수 있다.

④ 근로자가 업무상 재해로 연차유급휴가를 사용할 해당 연도에 전혀 출근하지 못한 경우라면, 미사용 연차유급휴가에 대한 연차휴가수당은 청구할 수 없다.

⑤ 미사용 연차유급휴가에 대하여는 통상임금의 100분의 50을 가산하여 지급하지 않아도 된다.

해설

① (○) 사용자는 계속하여 근로한 기간이 1년 미만인 근로자 또는 1년간 80퍼센트 미만 출근한 근로자에게 1개월 개근 시 1일의 유급휴가를 주어야 한다(근로기준법 제60조 제2항).

② (○) 동조 제6항 제2호

> **제60조(연차유급휴가)** ⑥ 제1항 및 제2항을 적용하는 경우 다음 각 호의 어느 하나에 해당하는 기간은 출근한 것으로 본다.
> 〈개정 2017.11.28.〉
> 1. 근로자가 업무상의 부상 또는 질병으로 휴업한 기간
> 2. 임신 중의 여성이 제74조 제1항부터 제3항까지의 규정에 따른 휴가로 휴업한 기간
> 3. 「남녀고용평등과 일·가정 양립 지원에 관한 법률」 제19조 제1항에 따른 육아휴직으로 휴업한 기간

③ (○) 동법 제62조

④ (✕) 근로자가 업무상 재해 등의 사정으로 말미암아 연차휴가를 사용할 해당 연도에 전혀 출근하지 못한 경우라 하더라도, 이미 부여받은 연차휴가를 사용하지 않은 데 따른 연차휴가수당은 청구

할 수 있다. 이러한 연차휴가수당의 청구를 제한하는 내용의 단체협약이나 취업규칙은 근로기준법에서 정하는 기준에 미치지 못하는 근로조건을 정한 것으로서 효력이 없다(대법원 2017.5.17, 2014다232296,2014다232302).

⑤ (O) 근로기준법 제46조(現 제56조)가 정하는 할증임금지급제도와 동법 제47조, 제48조 소정의 연, 월차휴가제도는 그 취지가 상이한 제도이고, 각 법조문도 휴일과 휴가를 구별하여 규정하고 있는 점에 비추어, 동법 제46조 소정의 "휴일"에는 동법 제47조, 제48조 소정의 연, 월차휴가는 포함되지 않는다고 봄이 상당하고, 또한 동법 제48조 제2항에는 휴가총일수가 20일을 초과하는 경우에는 그 초과일수에 대하여 통상임금을 지급하고 유급휴가를 주지 아니할 수 있도록 되어 있어, 20일 이하인 휴가일수에 대하여 보상을 지급해야 할 경우에도 통상임금을 추가로 지급하면 된다고 보는 것이 균형상 타당하므로, 연, 월차휴가근로수당에 대하여는 동법 제46조 소정의 가산임금(수당)이 포함될 수 없다(대법원 1991.7.26, 90다카11636).

정답 ④

003 □□□   ○ △ ×

상시 5명 이상의 근로자를 사용하는 사업장의 휴업수당 지급과 관련하여 근로기준법령에 위반하지 않은 것을 모두 고른 것은?

> ㄱ. 사용자 A의 휴업에 귀책사유가 있어 평균임금의 100분의 80에 해당하는 금액을 휴업수당으로 지급하였다.
> ㄴ. 사용자 B의 휴업에 귀책사유가 없어 휴업수당을 지급하지 아니하였다.
> ㄷ. 사용자 C의 휴업에 귀책사유가 있는데, 평균임금의 100분의 70에 해당하는 금액이 통상임금을 초과하므로 통상임금을 휴업수당으로 지급하였다.

① ㄱ   ② ㄴ   ③ ㄱ, ㄷ
④ ㄴ, ㄷ   ⑤ ㄱ, ㄴ, ㄷ

해설

⑤ (O) 모두 근로기준법령에 위반하지 아니한 것이다.

> **근로기준법 제46조(휴업수당)** ① 사용자의 귀책사유로 휴업하는 경우에 사용자는 휴업기간 동안 그 근로자에게 평균임금의 100분의 70 이상의 수당을 지급하여야 한다. 다만, 평균임금의 100분의 70에 해당하는 금액이 통상임금을 초과하는 경우에는 통상임금을 휴업수당으로 지급할 수 있다.

정답 ⑤

004 □□□   ○ △ ×

근로기준법상 임금에 관한 설명으로 옳지 않은 것은? (다툼이 있으면 판례에 따름)

① 실비변상적 금원은 평균임금 산정의 기초가 되는 임금 총액에 포함되지 않는다.
② 산출된 평균임금액이 그 근로자의 통상임금보다 적으면 그 통상임금액을 평균임금으로 한다.
③ 사용자와 근로자는 통상임금의 의미나 범위에 관하여 단체협약 등에 의해 따로 합의할 수 있다.
④ "평균임금"이란 이를 산정하여야 할 사유가 발생한 날 이전 3개월 동안에 그 근로자에게 지급된 임금의 총액을 그 기간의 총일수로 나눈 금액을 말한다.
⑤ 정기상여금의 지급주기가 1개월을 넘는다는 사정만으로 그 임금이 통상임금에서 제외된다고 할 수는 없다.

해설

① (O) 평균임금 산정의 기초가 되는 임금 총액에는 사용자가 근로의 대상으로 근로자에게 지급하는 금품으로서 근로자에게 계속적·정기적으로 지급되고 단체협약, 취업규칙, 급여규정, 근로계약, 노동관행 등에 의하여 사용자에게 그 지급의무가 지워져 있는 것은 그 명칭 여하를 불문하고 모두 포함된다 할 것이나, 근로자가 특수한 근무조건이나 환경에서 직무를 수행함으로 말미암아 추가로 소요되는 비용을 변상하기 위하여 지급되는 실비변상적 금원 또는 사용자가 지급의무 없이 은혜적으로 지급하는 금원 등은 평균임금 산정의 기초가 되는 임금 총액에 포함되지 아니한다(대법원 2003.4.22, 2003다10650).

② (O) ④ (O) 근로기준법 제2조 제2항

> **제2조(정의)** ① 이 법에서 사용하는 용어의 뜻은 다음과 같다.
> 〈개정 2020.5.26.〉
> 6. "평균임금"이란 이를 산정하여야 할 사유가 발생한 날 이전 3개월 동안에 그 근로자에게 지급된 임금의 총액을 그 기간의 총일수로 나눈 금액을 말한다. 근로자가 취업한 후 3개월 미만인 경우도 이에 준한다.
> ② 제1항 제6호에 따라 산출된 금액이 그 근로자의 통상임금보다 적으면 그 통상임금액을 평균임금으로 한다.

③ (×) 근로기준법에서 정하는 근로조건은 최저기준이므로(근로기준법 제3조), 그 기준에 미치지 못하는 근로조건을 정한 근로계약은 그 부분에 한하여 무효로 되며, 이에 따라 무효로 된 부분은 근로기준법에서 정한 기준에 따른다(근로기준법 제15조). 통상임금은 위 근로조건의 기준을 마련하기 위하여 법이 정한 도구개념이므로, 사용자와 근로자가 통상임금의 의미나 범위 등에 관하여 단체협약 등에 의해 따로 합의할 수 있는 성질의 것이 아니다(대법원 2013.12.18, 2012다89399 전원합의체).

⑤ (O) 어떤 임금이 통상임금에 속하기 위해서 정기성을 갖추어야 한다는 것은 임금이 일정한 간격을 두고 계속적으로 지급되어야 함을 의미한다. 통상임금에 속하기 위한 성질을 갖춘 임금이 1개월을 넘는 기간마다 정기적으로 지급되는 경우, 이는 노사 간의 합의 등에 따라 근로자가 소정근로시간에 통상적으로 제공하는 근로의 대가가 1개월을 넘는 기간마다 분할지급되고 있는 것일 뿐, 그러한 사정 때문에 갑자기 그 임금이 소정근로의 대가로서 성질을 상실하거나 정기성을 상실하게 되는 것이 아님은 분명하다. 따라서

정기상여금과 같이 일정한 주기로 지급되는 임금의 경우 단지 그 지급주기가 1개월을 넘는다는 사정만으로 그 임금이 통상임금에서 제외된다고 할 수는 없다(대법원 2013.12.18, 2012다89399 전원합의체).

정답 ③

005 □□□   ○ △ ×

사용자의 징계권 행사에 관한 설명으로 옳지 않은 것은? (다툼이 있으면 판례에 따름)

① 징계처분에서 징계사유로 삼은 비위행위가 아닌 평소의 소행과 근무성적, 당해 징계처분사유 전후에 저지른 비위행위사실 등은 징계양정의 참작자료로 삼을 수 없다.

② 학력 등을 허위로 기재한 행위를 이유로 징계해고를 하는 경우에 그 정당성은 고용 당시의 사정뿐 아니라, 고용 이후 해고에 이르기까지 그 근로자가 종사한 근로의 내용과 기간, 허위기재를 한 학력 등이 종사한 근로의 정상적인 제공에 지장을 초래하는 여부 등을 종합적으로 고려하여 판단하여야 한다.

③ 사생활에서의 비행은 사업활동에 직접 관련이 있거나 기업의 사회적 평가를 훼손할 염려가 있는 것에 한하여 정당한 징계사유가 될 수 있다.

④ 근로기준법 제23조 제1항의 '정당한 이유'란 징계해고의 경우에는 사회통념상 근로계약을 계속시킬 수 없을 정도로 근로자에게 책임 있는 사유가 있는 것을 말한다.

⑤ 여러 개의 징계사유 중 일부가 인정되지 않더라도 인정되는 다른 일부 징계사유만으로도 해당 징계처분의 타당성을 인정하기에 충분한 경우에는 그 징계처분이 위법하지 않다.

해설

① (×) 해고는 사회통념상 고용관계를 계속할 수 없을 정도로 근로자에게 책임 있는 사유가 있는 경우에 행하여져야 정당하다고 인정되고, 사회통념상 당해 근로자와 고용관계를 계속할 수 없을 정도에 이르렀는지 여부는 당해 사용자의 사업목적과 성격, 사업장의 여건, 당해 근로자의 지위 및 담당직무의 내용, 비위행위의 동기와 경위, 이로 인하여 기업의 위계질서가 문란하게 될 위험성 등 기업질서에 미칠 영향, 과거의 근무태도 등 여러 가지 사정을 종합적으로 검토하되, 근로자에게 여러 가지 징계혐의 사실이 있는 경우에는 징계사유 하나씩 또는 그중 일부의 사유만을 가지고 판단할 것이 아니고 전체의 사유에 비추어 판단하여야 하며, 징계처분에서 징계사유로 삼지 아니한 비위행위라도 징계종류 선택의 자료로서 피징계자의 평소 소행과 근무성적, 당해 징계처분 사유 전후에 저지른 비위행위 사실 등은 징계양정을 하면서 참작자료로 삼을 수 있다(대법원 2011.3.24, 2010다21962).

② (O) 근로기준법 제23조 제1항은 사용자는 근로자에게 정당한 이유 없이 해고하지 못한다고 하여 해고를 제한하고 있으므로, 징계

해고사유가 인정된다고 하더라도 사회통념상 고용관계를 계속할 수 없을 정도로 근로자에게 책임 있는 사유가 있는 경우에 한하여 해고의 정당성이 인정된다. 이는 근로자가 입사 당시 제출한 이력서 등에 학력 등을 허위로 기재한 행위를 이유로 징계해고를 하는 경우에도 마찬가지이고, 그 경우 사회통념상 고용관계를 계속할 수 없을 정도인지는 사용자가 사전에 허위기재 사실을 알았더라면 근로계약을 체결하지 않았거나 적어도 동일 조건으로는 계약을 체결하지 않았으리라는 등 고용 당시의 사정뿐 아니라, 고용 후 해고에 이르기까지 근로자가 종사한 근로내용과 기간, 허위기재를 한 학력 등이 종사한 근로의 정상적인 제공에 지장을 가져오는지 여부, 사용자가 학력 등 허위기재 사실을 알게 된 경우, 알고 난 후 당해 근로자의 태도 및 사용자의 조치내용, 학력 등이 종전에 알고 있던 것과 다르다는 사정이 드러남으로써 노사 간 및 근로자 상호간 신뢰관계 유지와 안정적인 기업경영과 질서유지에 미치는 영향 기타 여러 사정을 종합적으로 고려하여 판단하여야 한다(대법원 2012.7.5, 2009두16763).

③ (O) 사용자가 근로자에 대하여 징계권을 행사할 수 있는 것은 사업활동을 원활하게 수행하는 데 필요한 범위 내에서 규율과 질서를 유지하기 위한 데에 그 근거가 있으므로, 근로자의 사생활에서의 비행은 사업활동에 직접 관련이 있거나 기업의 사회적 평가를 훼손할 염려가 있는 것에 한하여 정당한 징계사유가 될 수 있다(대법원 1994.12.13, 93누23275).

④ (O) 근로기준법 제27조(現 제23조) 제1항에서 규정한 "정당한 이유"라 함은 사회통념상 근로계약을 계속시킬 수 없을 정도로 근로자에게 책임 있는 사유가 있는 경우를 말하는 것이므로 취업규칙 등 사규에 해고에 관한 규정이 있는 경우 그것이 근로기준법에 위배되어 무효가 아닌 이상 그에 따른 해고는 정당한 이유가 있다고 할 것이다(대법원 1992.4.24, 91다17931).

⑤ (O) 여러 개의 징계사유 중 일부가 인정되지 않더라도 인정되는 다른 일부 징계사유만으로도 해당 징계처분의 타당성을 인정하기에 충분한 경우에는 그 징계처분을 유지하여도 위법하지 아니하다(대법원 2014.11.27, 2011다41420).

정답 ①

006 □□□   ○ △ ×

근로기준법령상 근로시간제도에 관한 설명으로 옳지 않은 것은?

① 임신 중인 여성근로자에 대하여는 탄력적 근로시간제를 적용하지 아니한다.

② 선택적 근로시간제의 정산기간은 3개월 이내의 일정한 기간으로 정하여야 한다.

③ 당사자 간에 합의하면 1주간에 12시간을 한도로 제50조의 근로시간을 연장할 수 있다.

④ 재량근로의 대상업무는 사용자가 근로자대표와 서면합의로 정한 시간을 근로한 것으로 본다.

⑤ 사용자는 야간근로에 대하여는 통상임금의 100분의 50 이상을 가산하여 근로자에게 지급하여야 한다.

① (○) 근로기준법 제51조 제3항, 제51조의2 제6항

> **제51조(3개월 이내의 탄력적 근로시간제)** ③ 제1항과 제2항은 15세 이상 18세 미만의 근로자와 임신 중인 여성근로자에 대하여는 적용하지 아니한다.
> **제51조의2(3개월을 초과하는 탄력적 근로시간제)** ⑥ 제1항부터 제5항까지의 규정은 15세 이상 18세 미만의 근로자와 임신 중인 여성근로자에 대해서는 적용하지 아니한다.

② (○) 2021.1.5. 개정 근로기준법은 신상품 또는 신기술의 연구개발 업무의 경우에는 그 정산기간을 3개월로 한다고 규정하고 있으므로, 틀린 지문이라고 볼 수 없다. 이에 정답을 변경한다.

> **제52조(선택적 근로시간제)** ① 사용자는 취업규칙(취업규칙에 준하는 것을 포함한다)에 따라 업무의 시작 및 종료시각을 근로자의 결정에 맡기기로 한 근로자에 대하여 근로자대표와의 서면합의에 따라 다음 각 호의 사항을 정하면 1개월(신상품 또는 신기술의 연구개발 업무의 경우에는 3개월로 한다) 이내의 정산기간을 평균하여 1주간의 근로시간이 제50조 제1항의 근로시간을 초과하지 아니하는 범위에서 1주간에 제50조 제1항의 근로시간을, 1일에 제50조 제2항의 근로시간을 초과하여 근로하게 할 수 있다. 〈개정 2021.1.5.〉
> 1. 대상 근로자의 범위(15세 이상 18세 미만의 근로자는 제외한다)
> 2. 정산기간
> 3. 정산기간의 총근로시간
> 4. 반드시 근로하여야 할 시간대를 정하는 경우에는 그 시작 및 종료시각
> 5. 근로자가 그의 결정에 따라 근로할 수 있는 시간대를 정하는 경우에는 그 시작 및 종료시각
> 6. 그 밖에 대통령령으로 정하는 사항

③ (○) 동법 제53조 제1항

④ (○) 동법 제58조 제3항

> **제58조(근로시간 계산의 특례)** ③ 업무의 성질에 비추어 업무 수행방법을 근로자의 재량에 위임할 필요가 있는 업무로서 대통령령으로 정하는 업무는 사용자가 근로자대표와 서면합의로 정한 시간을 근로한 것으로 본다. 이 경우 그 서면합의에는 다음 각 호의 사항을 명시하여야 한다.
> 1. 대상업무
> 2. 사용자가 업무의 수행수단 및 시간배분 등에 관하여 근로자에게 구체적인 지시를 하지 아니한다는 내용
> 3. 근로시간의 산정은 그 서면합의로 정하는 바에 따른다는 내용

⑤ (○) 사용자는 야간근로(오후 10시부터 다음 날 오전 6시 사이의 근로를 말한다)에 대하여는 통상임금의 100분의 50 이상을 가산하여 근로자에게 지급하여야 한다(동법 제56조 제3항).

정답 ② ▶ 없음

근로기준법령상 상시 4명 이하의 근로자를 사용하는 사업 또는 사업장에 적용되지 않는 것은?

① 공민권 행사의 보장(제10조)
② 근로조건의 명시(제17조)
③ 전차금 상계의 금지(제21조)
④ 휴게(제54조)
⑤ 연차유급휴가(제60조)

⑤ (○) 연차유급휴가(제60조)는 상시 4명 이하의 근로자를 사용하는 사업 또는 사업장에 적용되지 아니하는 것이다.

구분	적용 법 규정
제1장 총칙	제1조부터 제13조까지의 규정
제2장 근로계약	제15조, 제17조, 제18조, 제19조 제1항, 제20조부터 제22조까지의 규정, 제23조 제2항, 제26조, 제35조부터 제42조까지의 규정
제3장 임금	제43조부터 제45조까지의 규정, 제47조부터 제49조까지의 규정
제4장 근로시간과 휴식	제54조, 제55조 제1항, 제63조
제5장 여성과 소년	제64조, 제65조 제1항·제3항(임산부와 18세 미만인 자로 한정한다), 제66조부터 제69조까지의 규정, 제70조 제2항·제3항, 제71조, 제72조, 제74조
제6장 안전과 보건	제76조
제8장 재해보상	제78조부터 제92조까지의 규정
제11장 근로감독관 등	제101조부터 제106조까지의 규정
제12장 벌칙	제107조부터 제116조까지의 규정(제1장부터 제6장까지, 제8장, 제11장의 규정 중 상시 4명 이하 근로자를 사용하는 사업 또는 사업장에 적용되는 규정을 위반한 경우로 한정한다)

상시 4명 이하의 근로자를 사용하는 사업 또는 사업장에 적용하는 법 규정(근로기준법 시행령 제7조 관련 별표 1)

정답 ⑤

008 ☐☐☐ ○ △ ✕

근로기준법령상 미성년자 또는 연소자의 보호에 관한 설명으로 옳지 않은 것은?

① 미성년자는 독자적으로 임금을 청구할 수 있다.
② 친권자나 후견인은 미성년자의 근로계약을 대리할 수 없다.
③ 예술공연 참가를 위한 경우에는 13세 미만인 자도 취직인허증을 받을 수 있다.
④ 15세 이상 18세 미만인 자의 근로시간은 1일에 6시간, 1주에 34시간을 초과하지 못한다.
⑤ 고용노동부장관은 근로계약이 미성년자에게 불리하다고 인정하는 경우에는 이를 해지할 수 있다.

해설

① (○) 근로기준법 제68조
② (○) 동법 제67조 제1항
③ (○) 법 제64조에 따라 취직인허증을 받을 수 있는 자는 13세 이상 15세 미만인 자로 한다. 다만, 예술공연 참가를 위한 경우에는 13세 미만인 자도 취직인허증을 받을 수 있다(동법 시행령 제35조 제1항).
④ (✕) 6시간 → 7시간, 34시간 → 35시간(동법 제69조)

> **제69조(근로시간)** 15세 이상 18세 미만인 사람의 근로시간은 1일에 7시간, 1주에 35시간을 초과하지 못한다. 다만, 당사자 사이의 합의에 따라 1일에 1시간, 1주에 5시간을 한도로 연장할 수 있다. 〈개정 2020.5.26.〉

⑤ (○) 친권자, 후견인 또는 고용노동부장관은 근로계약이 미성년자에게 불리하다고 인정하는 경우에는 이를 해지할 수 있다(동법 제67조 제2항).

정답 ④

009 ☐☐☐ ○ △ ✕

근로기준법령상 임산부의 보호에 관한 설명으로 옳지 않은 것은?

① 한 번에 둘 이상 자녀를 임신한 경우, 출산전후휴가기간의 배정은 출산 후에 60일 이상이 되어야 한다.
② 사업주는 출산전후휴가 종료 후에는 휴가 전과 동일한 업무 또는 동등한 수준의 임금을 지급하는 직무에 복귀시켜야 한다.
③ 사용자는 임신 후 36주 이후에 있으며 1일 근로시간이 8시간인 여성근로자가 1일 2시간의 근로시간 단축을 신청하는 경우, 이를 허용하여야 한다.
④ 사용자는 임신 중의 여성근로자에게 시간외근로를 하게 하여서는 아니 된다.
⑤ 사업주는 유산휴가를 청구한 근로자에게 임신기간이 28주 이상인 경우, 유산한 날부터 30일까지 유산휴가를 주어야 한다.

해설

① (○) 사용자는 임신 중의 여성에게 출산 전과 출산 후를 통하여 90일(한 번에 둘 이상 자녀를 임신한 경우에는 120일)의 출산전후휴가를 주어야 한다. 이 경우 휴가기간의 배정은 출산 후에 45일(한 번에 둘 이상 자녀를 임신한 경우에는 60일) 이상이 되어야 한다(근로기준법 제74조 제1항).
② (○) 동조 제6항
③ (○) 사용자는 임신 후 12주 이내 또는 36주 이후에 있는 여성근로자가 1일 2시간의 근로시간 단축을 신청하는 경우 이를 허용하여야 한다. 다만, 1일 근로시간이 8시간 미만인 근로자에 대하여는 1일 근로시간이 6시간이 되도록 근로시간 단축을 허용할 수 있다(동조 제7항).
④ (○) 사용자는 임신 중의 여성근로자에게 시간외근로를 하게 하여서는 아니 되며, 그 근로자의 요구가 있는 경우에는 쉬운 종류의 근로로 전환하여야 한다(동조 제5항).
⑤ (✕) 30일 → 90일(동법 시행령 제43조 제3항 제5호)

> **시행령 제43조(유산·사산휴가의 청구 등)** ③ 사업주는 제2항에 따라 유산·사산휴가를 청구한 근로자에게 다음 각 호의 기준에 따라 유산·사산휴가를 주어야 한다. 〈개정 2012.6.21.〉
> 1. 유산 또는 사산한 근로자의 임신기간(이하 "임신기간"이라 한다)이 11주 이내인 경우: 유산 또는 사산한 날부터 5일까지
> 2. 임신기간이 12주 이상 15주 이내인 경우: 유산 또는 사산한 날부터 10일까지
> 3. 임신기간이 16주 이상 21주 이내인 경우 : 유산 또는 사산한 날부터 30일까지
> 4. 임신기간이 22주 이상 27주 이내인 경우 : 유산 또는 사산한 날부터 60일까지
> 5. 임신기간이 28주 이상인 경우 : 유산 또는 사산한 날부터 90일까지

정답 ⑤

10 ⬜⬜⬜   ○ △ ✕

근로기준법상 취업규칙에 관한 설명으로 옳은 것은? (다툼이 있으면 판례에 따름)

① 사용자는 취업규칙을 근로자에게 불리하게 변경하는 경우에는 근로자 과반수의 의견을 들어야 한다.

② 상시 5명 이상의 근로자를 사용하는 사용자는 근로기준법에서 정한 사항에 관한 취업규칙을 작성하여 고용노동부장관에게 신고하여야 한다.

③ 사용자가 애초에 취업규칙을 작성함에 있어 근로자 과반수의 의견을 듣지 아니하거나 그 동의를 얻지 아니한 경우, 그 취업규칙의 내용이 근로기준법에 위반되는지와 관계없이 그 취업규칙은 전부 무효가 된다.

④ 취업규칙의 일부를 이루는 급여규정의 변경이 일부의 근로자에게는 유리하고 일부의 근로자에게는 불리한 경우, 그러한 변경에 근로자집단의 동의를 요하는지를 판단하는 것은 근로자 전체에 대하여 획일적으로 결정되어야 한다.

⑤ 근로자의 집단적 의사결정방법에 의한 동의 없이 이루어진 취업규칙의 불리한 변경은 그 변경 후에 취업한 근로자에 대하여 효력이 없다.

해설

① (✕) 의견을 들어야 한다 → 동의를 받아야 한다(근로기준법 제94조 제1항 단서)

> **제94조(규칙의 작성, 변경절차)** ① 사용자는 취업규칙의 작성 또는 변경에 관하여 해당 사업 또는 사업장에 근로자의 과반수로 조직된 노동조합이 있는 경우에는 그 노동조합, 근로자의 과반수로 조직된 노동조합이 없는 경우에는 근로자의 과반수의 의견을 들어야 한다. 다만, 취업규칙을 근로자에게 불리하게 변경하는 경우에는 그 동의를 받아야 한다.

② (✕) 5명 → 10명(동법 제93조)

> **제93조(취업규칙의 작성·신고)** 상시 10명 이상의 근로자를 사용하는 사용자는 다음 각 호의 사항에 관한 취업규칙을 작성하여 고용노동부장관에게 신고하여야 한다. 이를 변경하는 경우에도 또한 같다. 〈개정 2019.1.15.〉
> 1. 업무의 시작과 종료 시각, 휴게시간, 휴일, 휴가 및 교대 근로에 관한 사항
> 2. 임금의 결정·계산·지급방법, 임금의 산정기간·지급시기 및 승급(昇給)에 관한 사항
> 3. 가족수당의 계산·지급방법에 관한 사항
> 4. 퇴직에 관한 사항
> 5. 「근로자퇴직급여 보장법」 제4조에 따라 설정된 퇴직급여, 상여 및 최저임금에 관한 사항
> 6. 근로자의 식비, 작업 용품 등의 부담에 관한 사항
> 7. 근로자를 위한 교육시설에 관한 사항
> 8. 출산전후휴가·육아휴직 등 근로자의 모성 보호 및 일·가정 양립 지원에 관한 사항
> 9. 안전과 보건에 관한 사항
> 9의2. 근로자의 성별·연령 또는 신체적 조건 등의 특성에 따른 사업장 환경의 개선에 관한 사항
> 10. 업무상과 업무 외의 재해부조(災害扶助)에 관한 사항
> 11. 직장 내 괴롭힘의 예방 및 발생 시 조치 등에 관한 사항
> 12. 표창과 제재에 관한 사항
> 13. 그 밖에 해당 사업 또는 사업장의 근로자 전체에 적용될 사항

③ (✕) 근로기준법 제94조, 제95조(現 제93조, 제94조)에 의하면 사용자가 취업규칙을 작성하거나 변경함에 있어 당해 사업장 근로자의 과반수의 의견을 들어야 하며, 취업규칙을 근로자에게 불이익하게 변경하는 경우에는 그 동의를 얻어야 하고 그 동의를 얻지 못한 경우에는 근로자에게 불이익하게 변경되는 부분은 무효라고 할 것이지만, 애초에 취업규칙을 작성함에 있어 근로자 과반수의 의견을 듣지 아니하거나 그 동의를 얻지 아니하였다 하더라도 그 취업규칙의 내용이 근로기준법에 위반되지 않는 한 그 취업규칙이 전부 무효가 되는 것은 아니다(대법원 1991.4.9, 90다16245).

④ (○) 취업규칙의 일부를 이루는 급여규정의 변경이 일부의 근로자에게는 유리하고 일부의 근로자에게는 불리한 경우 그러한 변경에 근로자집단의 동의를 요하는지를 판단하는 것은 근로자 전체에 대하여 획일적으로 결정되어야 할 것이고, 또 이러한 경우 취업규칙의 변경이 근로자에게 전체적으로 유리한지 불리한지를 객관적으로 평가하기가 어려우며, 같은 개정에 의하여 근로자 상호간의 이, 불리에 따른 이익이 충돌되는 경우에는 그러한 개정은 근로자에게 불이익한 것으로 취급하여 근로자들 전체의 의사에 따라 결정하게 하는 것이 타당하다(대법원 1993.5.14, 93다1893).

⑤ (✕) 가. 취업규칙의 작성·변경에 관한 권한은 원칙적으로 사용자에게 있으므로 사용자는 그 의사에 따라 취업규칙을 작성·변경할 수 있으나, 다만 근로기준법 제95조의 규정에 의하여 노동조합 또는 근로자 과반수의 의견을 들어야 하고 특히 근로자에게 불이익하게 변경하는 경우에는 동의를 얻어야 하는 제약을 받는바, 기존의 근로조건을 근로자에게 불리하게 변경하는 경우에 필요한 근로자의 동의는 근로자의 집단적 의사결정방법에 의한 동의임을 요하고 이러한 동의를 얻지 못한 취업규칙의 변경은 효력이 없다. 나. 사용자가 취업규칙에서 정한 근로조건을 근로자에게 불리하게 변경함에 있어서 근로자의 동의를 얻지 않은 경우에 그 변경으로 기득이익이 침해되는 기존의 근로자에 대한 관계에서는 변경의 효력이 미치지 않게 되어 종전 취업규칙의 효력이 그대로 유지되지만, 변경 후에 변경된 취업규칙에 따른 근로조건을 수용하고 근로관계를 갖게 된 근로자에 대한 관계에서는 당연히 변경된 취업규칙이 적용되어야 하고, 기득이익의 침해라는 효력배제사유가 없는 변경 후의 취업근로자에 대해서까지 변경의 효력을 부인하여 종전 취업규칙이 적용되어야 한다고 볼 근거가 없다(대법원 1992.12.22, 91다45165).

정답 ④

011 ☐☐☐　　　　　　　　○ △ ✕

근로기준법상 직장 내 괴롭힘의 금지에 관한 설명으로 옳지 않은 것은?

① 누구든지 직장 내 괴롭힘 발생사실을 알게 된 경우, 그 사실을 사용자에게 신고할 수 있다.

② 사용자는 직장 내 괴롭힘 발생사실을 인지한 경우에는 지체 없이 그 사실확인을 위한 조사를 실시하여야 한다.

③ 사용자는 직장 내 괴롭힘 발생사실의 확인조사 결과 그 사실이 확인된 때에는 피해근로자가 요청하면 근무장소의 변경 등 적절한 조치를 하여야 한다.

④ 사용자는 직장 내 괴롭힘 발생사실을 신고한 근로자 및 피해근로자등에게 해고나 그 밖의 불리한 처우를 하여서는 아니 된다.

⑤ 사용자가 직장 내 괴롭힘 발생사실의 확인조사 결과 그 사실이 확인되었음에도 이에 대한 필요한 조치를 하지 아니한 경우, 500만 원 이하의 과태료를 부과한다.

해설

① (○) 근로기준법 제76조의3 제1항

② (○) 사용자는 제1항에 따른 신고를 접수하거나 직장 내 괴롭힘 발생사실을 인지한 경우에는 지체 없이 당사자 등을 대상으로 그 사실확인을 위하여 객관적으로 조사를 실시하여야 한다(동조 제2항).

③ (○) 사용자는 제2항에 따른 조사결과 직장 내 괴롭힘 발생사실이 확인된 때에는 피해근로자가 요청하면 근무장소의 변경, 배치전환, 유급휴가 명령 등 적절한 조치를 하여야 한다(동조 제4항).

④ (○) 동조 제6항

⑤ (○) 출제 당시에는 과태료 부과대상이 아니었으나, 2021.4.13. 개정 근로기준법은 제76조의3 제2항·제4항·제5항·제7항을 위반한 자에게 500만 원 이하의 과태료를 부과하고 있으므로, 정답을 변경한다.

> **제116조(과태료)** ② 다음 각 호의 어느 하나에 해당하는 자에게는 500만 원 이하의 과태료를 부과한다. 〈개정 2021.5.18.〉
> 1. 제13조에 따른 고용노동부장관, 노동위원회 또는 근로감독관의 요구가 있는 경우에 보고 또는 출석을 하지 아니하거나 거짓된 보고를 한 자
> 2. 제14조, 제39조, 제41조, 제42조, 제48조, 제66조, 제74조 제7항·제9항, 제76조의3 제2항·제4항·제5항·제7항, 제91조, 제93조, 제98조 제2항 및 제99조를 위반한 자
> 3. 제51조의2 제5항에 따른 임금보전방안을 신고하지 아니한 자
> 4. 제102조에 따른 근로감독관 또는 그 위촉을 받은 의사의 현장조사나 검진을 거절, 방해 또는 기피하고 그 심문에 대하여 진술을 하지 아니하거나 거짓된 진술을 하며 장부·서류를 제출하지 아니하거나 거짓장부·서류를 제출한 자

정답 ⑤ ▶ 없음

012 ☐☐☐　　　　　　　　○ △ ✕

근로기준법상 근로감독관에 관한 설명으로 옳지 않은 것은?

① 근로감독관은 사용자와 근로자에 대하여 심문할 수 있다.

② 근로조건의 기준을 확보하기 위하여 고용노동부와 그 소속기관에 근로감독관을 둔다.

③ 근로감독관은 사업장, 기숙사, 그 밖의 부속건물을 현장조사하고 장부와 서류의 제출을 요구할 수 있다.

④ 근로감독관의 위촉을 받은 의사는 취업을 금지하여야 할 질병에 걸릴 의심이 있는 근로자에 대하여 검진할 수 있다.

⑤ 근로감독관은 근로기준법 위반의 죄에 관하여 경찰관 직무집행법에서 정하는 바에 따라 사법경찰관의 직무를 수행한다.

해설

① (○) ③ (○) 근로감독관은 사업장, 기숙사, 그 밖의 부속건물을 현장조사하고 장부와 서류의 제출을 요구할 수 있으며 사용자와 근로자에 대하여 심문(尋問)할 수 있다(근로기준법 제102조 제1항).

② (○) 동법 제101조 제1항

④ (○) 의사인 근로감독관이나 근로감독관의 위촉을 받은 의사는 취업을 금지하여야 할 질병에 걸릴 의심이 있는 근로자에 대하여 검진할 수 있다(동법 제102조 제2항).

⑤ (✕) 경찰관직무집행법 → 사법경찰관리의 직무를 행할 자와 그 직무범위에 관한 법률(동조 제5항)

> **제102조(근로감독관의 권한)** ⑤ 근로감독관은 이 법이나 그 밖의 노동관계법령 위반의 죄에 관하여 「사법경찰관리의 직무를 행할 자와 그 직무범위에 관한 법률」에서 정하는 바에 따라 사법경찰관의 직무를 수행한다.

정답 ⑤

013 ☐☐☐　　　　　　　　○ △ ✕

근로기준법에 규정된 내용으로 옳은 것을 모두 고른 것은?

> ㄱ. 이 법에서 정하는 근로조건은 최저기준이므로 근로관계 당사자는 이 기준을 이유로 근로조건을 낮출 수 없다.
> ㄴ. 사용자는 근로자에 대하여 국적·신앙 또는 사회적 신분을 이유로 근로조건에 대한 차별적 처우를 하지 못한다.
> ㄷ. 사용자가 근로자를 폭행한 경우, 피해자의 명시적인 의사와 다르게 공소를 제기할 수 없다.
> ㄹ. 누구든지 법률에 따르지 아니하고는 영리로 다른 사람의 취업에 개입하거나 중간인으로서 이익을 취득하지 못한다.

① ㄱ, ㄴ　　　　② ㄷ, ㄹ　　　　③ ㄱ, ㄴ, ㄹ

④ ㄴ, ㄷ, ㄹ　　　⑤ ㄱ, ㄴ, ㄷ, ㄹ

ㄱ (○) 근로기준법 제3조

ㄴ (○) 사용자는 근로자에 대하여 남녀의 성(性)을 이유로 차별적 대우를 하지 못하고, 국적·신앙 또는 사회적 신분을 이유로 근로조건에 대한 차별적 처우를 하지 못한다(동법 제6조).

ㄷ (×) 없다 → 있다(제109조 제2항)

[보충] 사용자가 근로자를 폭행한 경우는 근로기준법상 반의사불벌죄에 해당하지 아니하므로, 피해자의 명시적인 의사와 다르게 공소를 제기할 수 있다.

근로기준법상 반의사불벌죄

- 제36조(금품청산): 사용자가 근로자가 사망 또는 퇴직한 경우에 그 지급사유가 발생한 때부터 14일 이내에 금품을 지급하지 아니하는 경우
- 제43조(임금지급): 임금을 통화로 직접 근로자에게 그 전액을 지급하지 아니하거나, 매월 1회 이상 일정한 날짜를 정하여 지급하지 아니하는 경우
- 제44조(도급사업에 대한 임금지급) 및 제44조의2(건설업에서의 임금지급 연대책임): 하수급인이 (직상수급인의 귀책사유로) 근로자에게 임금을 지급하지 못한 경우에 그 직상수급인이 그 하수급인과 연대하여 책임을 지지 아니하는 경우
- 제46조(휴업수당): 사용자의 귀책사유로 휴업하면서 휴업수당을 지급하지 아니하는 경우
- 제51조의3(근로한 기간이 단위기간보다 짧은 경우의 임금정산): 사용자가 탄력적 근로시간제에 따른 단위기간 중 근로자가 근로한 기간이 그 단위기간보다 짧은 경우에 가산임금을 지급하지 아니하는 경우
- 제52조(선택적 근로시간제): 사용자가 1개월을 초과하는 정산기간을 정하는 경우에 가산임금을 지급하지 아니하는 경우
- 제56조(연장·야간 및 휴일근로): 연장·야간·휴일근로에 대한 가산수당을 지급하지 아니하는 경우

> 제109조(벌칙) ① 제36조, 제43조, 제44조, 제44조의2, 제46조, 제51조의3, 제52조 제2항 제2호, 제56조, 제65조, 제72조 또는 제76조의3 제6항을 위반한 자는 3년 이하의 징역 또는 3천만 원 이하의 벌금에 처한다. 〈개정 2021.1.5.〉
> ② 제36조, 제43조, 제44조, 제44조의2, 제46조, 제51조의3, 제52조 제2항 제2호 또는 제56조를 위반한 자에 대하여는 피해자의 명시적인 의사와 다르게 공소를 제기할 수 없다. 〈개정 2021.1.5.〉

ㄹ (○) 동법 제9조

정답 ③

014 □□□   ○ △ ×

헌법 제32조(근로의 권리)에 명시된 내용으로 옳지 않은 것은?

① 모든 국민은 근로의 권리를 가지며 근로의 의무를 진다.
② 여자 및 연소자의 근로는 특별한 보호를 받는다.
③ 신체장애자는 우선적으로 근로의 기회를 부여받는다.
④ 근로조건의 기준은 인간의 존엄성을 보장하도록 법률로 정한다.
⑤ 국가는 법률이 정하는 바에 의하여 최저임금제를 시행하여야 한다.

해설

① (○) ② (○) ④ (○) ⑤ (○) 대한민국헌법 제32조 제1항 전단·제2항 전단, 제4항·제5항, 제3항, 제1항 후단

③ (×) 법률이 정하는 바에 의하여 우선적으로 근로의 기회를 부여받는 대상은 국가유공자, 상이군경 및 전몰군경의 유가족뿐이다(동법 제32조 제6항 참조). 신체장애자와 관련하여서는 제34조 제5항에 신체장애자에 대한 국가의 보호가 명시되어 있을 뿐이다.

> 제32조 ① 모든 국민은 근로의 권리를 가진다. 국가는 사회적·경제적 방법으로 근로자의 고용의 증진과 적정임금의 보장에 노력하여야 하며, 법률이 정하는 바에 의하여 최저임금제를 시행하여야 한다.
> ② 모든 국민은 근로의 의무를 진다. 국가는 근로의 의무의 내용과 조건을 민주주의원칙에 따라 법률로 정한다.
> ③ 근로조건의 기준은 인간의 존엄성을 보장하도록 법률로 정한다.
> ④ 여자의 근로는 특별한 보호를 받으며, 고용·임금 및 근로조건에 있어서 부당한 차별을 받지 아니한다.
> ⑤ 연소자의 근로는 특별한 보호를 받는다.
> ⑥ 국가유공자·상이군경 및 전몰군경의 유가족은 법률이 정하는 바에 의하여 우선적으로 근로의 기회를 부여받는다.
> 제34조 ① 모든 국민은 인간다운 생활을 할 권리를 가진다.
> ② 국가는 사회보장·사회복지의 증진에 노력할 의무를 진다.
> ③ 국가는 여자의 복지와 권익의 향상을 위하여 노력하여야 한다.
> ④ 국가는 노인과 청소년의 복지향상을 위한 정책을 실시할 의무를 진다.
> ⑤ 신체장애자 및 질병·노령 기타의 사유로 생활능력이 없는 국민은 법률이 정하는 바에 의하여 국가의 보호를 받는다.
> ⑥ 국가는 재해를 예방하고 그 위험으로부터 국민을 보호하기 위하여 노력하여야 한다.

정답 ③

노동법(1)

015 ☐☐☐   ○ △ ✕

노동법의 법원(法源)에 관한 설명으로 옳은 것은? (다툼이 있으면 판례에 따름)

① 근로관계 당사자의 권리와 의무를 규율하는 취업규칙은 노동법의 법원에 해당한다.

② 국제노동기구(ILO)의 강제근로에 관한 협약(제29호)은 노동법의 법원에 해당한다.

③ 노동사건에 관련한 대법원 전원합의체 판결은 노동법의 법원에 해당한다.

④ 노동관계법령에 대한 법제처의 유권해석은 노동법의 법원에 해당한다.

⑤ 사용자와 개별 근로자가 체결한 근로계약은 노동법의 법원에 해당하지 않는다.

해설

① (○) ⑤ (✕) 해당하지 않는다 → 해당한다

[보충] 단체협약, 취업규칙, 노동조합규약 및 근로계약은 그 적용을 받는 당사자의 권리 · 의무를 규율하고 있으므로, 노동법의 법원으로 인정된다 할 것이다.

② (○) 헌법에 의하여 체결 · 공포된 조약과 일반적으로 승인된 국제법규는 국내법과 같은 효력을 가진다(대한민국헌법 제6조 제1항). 따라서 이는 노동법의 법원이 되고, 우리나라가 비준 · 공포한 국제노동기구(ILO) 협약들이 그 대표적인 예이다.

[보충] 국제노동기구는 핵심협약 8개에 대하여는 반드시 비준하도록 회원국들에 권고하고 있는데, 우리나라는 그동안 비준을 연기하여 오던 4개 핵심협약 중 강제노동 철폐 협약(제105호)을 제외하고, 나머지에 대하여 비준하였다. 이에 정답을 변경한다.

우리나라가 비준한 국제노동기구(ILO) 협약

- 실업 협약(제2호)
- 균등대우(재해보상) 협약(제19호)
- 최저임금결정제도 협약(제26호)
- 강제노동 협약(제29호) [핵심]
- 주 40시간 협약(제47호)
- 항해사 해기(海技)면허 협약(제53호)
- 선원의 건강진단에 관한 협약(제73호)
- 근로감독 협약(제81호)
- 결사의 자유 및 단결권 보호 협약(제87호) [핵심]
- 고용서비스 협약(제88호)
- 단결권 및 단체교섭권 협약(제98호) [핵심]
- 동등보수 협약(제100호) [핵심]
- 차별(고용과 직업) 협약(제111호) [핵심]
- 고용정책 협약(제122호)
- 최저임금 결정 협약(제131호)
- 근로자대표 협약(제135호)
- 최저연령 협약(제138호) [핵심]
- 직업성 암 협약(제139호)
- 인적자원 개발 협약(제142호)
- 3자협의(국제노동기준) 협약(제144호)
- 노동행정 협약(제150호)
- 산업안전보건 협약(제155호)
- 가족부양의무 근로자 협약(제156호)
- 직업재활과 고용(장애인) 협약(제159호)
- 노동통계 협약(제160호)
- 화학물질 협약(제170호)
- 가혹한 형태의 아동노동 협약(제182호) [핵심]
- 해사노동 협약(MLC)
- 산업안전보건 증진체계 협약(제187호) 등

③ (✕) 해당한다 → 해당하지 아니한다

[보충] 성문법주의를 택하고 있는 우리나라에서는 법관이 선례에 구속되지 아니하고, 해당 사건이 아니면 상급법원의 판례에 구속되지도 아니하므로, 노동사건에 관한 판례는 노동법의 법원으로 인정되지 아니한다.

④ (✕) 고용노동부의 예규 등 행정해석은 고용노동부가 관계법령의 통일적 · 효율적 감독 · 시행을 위한 내부적 업무처리지침에 불과하고, 관계당사자나 법관을 구속할 수 없으므로, 노동법의 법원으로 인정되지 아니한다.

[보충] 업무상재해인정기준에 관한 노동부 예규는 그 규정의 성질과 내용이 행정기관 내부의 사무처리준칙을 규정한 데 불과한 것이어서 국민이나 법원을 구속하는 것이 아니라고 할 것이다(대법원 1990.9.25, 90누2727).

정답 ① ▶ ① · ②

---

016 ☐☐☐   ○ △ ✕

산업안전보건법에 관한 설명으로 옳지 않은 것은?

① 근로자는 산업재해가 발생할 급박한 위험이 있는 경우에는 작업을 중지하고 대피할 수 있다.

② 사업주는 사업장에 근로자위원, 사용자위원 및 공익위원이 같은 수로 구성되는 산업안전보건위원회를 운영하여야 한다.

③ 산업재해 예방에 관한 기본계획은 고용노동부장관이 수립하며, 산업재해보상보험및예방심의위원회의 심의를 거쳐 공표하여야 한다.

④ 고용노동부장관은 산업재해를 예방하기 위하여 대통령령으로 정하는 사업장의 근로자 산업재해 발생건수, 재해율 또는 그 순위 등을 공표하여야 한다.

⑤ 고용노동부장관은 역학조사를 하는 경우, 근로자대표가 요구할 때 그를 역학조사에 참석하게 할 수 있다.

해설

① (○) 산업안전보건법 제52조 제1항

② (✕) 근로자위원, 사용자위원 및 공익위원 → 근로자위원과 사용자위원(동법 제24조 제1항)

> **제24조(산업안전보건위원회)** ① 사업주는 사업장의 안전 및 보건에 관한 중요사항을 심의 · 의결하기 위하여 사업장에 근로자위원과 사용자위원이 같은 수로 구성되는 산업안전보건위원회를 구성 · 운영하여야 한다.

③ (○) 동법 제7조

> **제7조(산업재해 예방에 관한 기본계획의 수립 · 공표)** ① 고용노

동부장관은 산업재해 예방에 관한 기본계획을 수립하여야 한다. ② 고용노동부장관은 제1항에 따라 수립한 기본계획을 「산업재해보상보험법」 제8조 제1항에 따른 산업재해보상보험및예방심의위원회의 심의를 거쳐 공표하여야 한다. 이를 변경하려는 경우에도 또한 같다.

④ (○) 동법 제10조 제1항
⑤ (○) 고용노동부장관은 직업성 질환의 진단 및 예방, 발생원인의 규명을 위하여 필요하다고 인정할 때에는 근로자의 질환과 작업장의 유해요인의 상관관계에 관한 역학조사(이하 "역학조사"라 한다)를 할 수 있다. 이 경우 사업주 또는 근로자대표, 그 밖에 고용노동부령으로 정하는 사람이 요구할 때 고용노동부령으로 정하는 바에 따라 역학조사에 참석하게 할 수 있다(동법 제141조 제1항).

정답 ②

17 □□□   ○ △ ×

직업안정법상 용어의 정의로 옳지 않은 것은?
① "직업안정기관"이란 직업소개, 직업지도 등 직업안정 업무를 수행하는 지방고용노동행정기관을 말한다.
② "직업소개"란 구인 또는 구직의 신청을 받아 구직자 또는 구인자(求人者)를 탐색하거나 구직자를 모집하여 구인자와 구직자 간에 고용계약이 성립되도록 알선하는 것을 말한다.
③ "무료직업소개사업"이란 수수료, 회비 또는 그 밖의 어떠한 금품도 받지 아니하고 하는 직업소개사업을 말한다.
④ "근로자공급사업"이란 근로자파견사업을 포함하여 공급계약에 따라 근로자를 타인에게 사용하게 하는 사업을 말한다.
⑤ "고용서비스"란 구인자 또는 구직자에 대한 고용정보의 제공, 직업소개, 직업지도 또는 직업능력 개발 등 고용을 지원하는 서비스를 말한다.

해설
① (○) ② (○) ③ (○) ⑤ (○) 직업안정법 제2조의2 제1호, 제2호, 제4호, 제9호
④ (×) 포함하여 → 제외하고(동조 제7호 단서)

> **제2조의2(정의)** 이 법에서 사용하는 용어의 뜻은 다음 각 호와 같다. 〈개정 2019.4.30.〉
> 7. "근로자공급사업"이란 공급계약에 따라 근로자를 타인에게 사용하게 하는 사업을 말한다. 다만, 「파견근로자 보호 등에 관한 법률」 제2조 제2호에 따른 근로자파견사업은 제외한다.

정답 ④

18 □□□   ○ △ ×

남녀고용평등과 일·가정 양립 지원에 관한 법률상 배우자 출산휴가에 대한 설명으로 옳은 것은?
① 사업주는 근로자가 배우자 출산휴가를 청구하는 경우에 5일의 휴가를 주어야 한다.
② 배우자 출산휴가를 사용한 휴가기간 중 3일은 유급으로 한다.
③ 배우자 출산휴가는 2회에 한정하여 나누어 사용할 수 있다.
④ 배우자 출산휴가는 근로자의 배우자가 출산한 날부터 90일이 지나면 청구할 수 없다.
⑤ 출산전후휴가급여가 지급되었더라도 배우자 출산휴가에 대한 급여는 전액 지급되어야 한다.

해설
① (×) ② (×) 5일 → 10일, 휴가기간 중 3일은 → 휴가기간은(남녀고용평등법 제18조의2 제1항)

> **제18조의2(배우자 출산휴가)** ① 사업주는 근로자가 배우자의 출산을 이유로 휴가(이하 "배우자 출산휴가"라 한다)를 청구하는 경우에 10일의 휴가를 주어야 한다. 이 경우 사용한 휴가기간은 유급으로 한다. 〈개정 2019.8.27.〉

③ (×) 2회 → 1회(동조 제4항)

> **제18조의2(배우자 출산휴가)** ④ 배우자 출산휴가는 1회에 한정하여 나누어 사용할 수 있다. 〈신설 2019.8.27.〉

④ (○) 동조 제3항
⑤ (×) 지급되었더라도 → 지급되었다면, 전액 지급되어야 한다 → 그 금액의 한도에서 지급의 책임을 면한다(동조 제2항)

> **제18조의2(배우자 출산휴가)** ② 제1항 후단에도 불구하고 출산전후휴가급여등이 지급된 경우에는 그 금액의 한도에서 지급의 책임을 면한다. 〈신설 2019.8.27.〉

정답 ④

019 ☐☐☐   ○ △ ✕

파견근로자 보호 등에 관한 법률에 대한 설명으로 옳지 않은 것은?

① 사용사업주는 파견근로자를 사용하고 있는 업무에 근로자를 직접 고용하려는 경우에는 해당 파견근로자를 우선적으로 고용하여야 한다.

② 파견근로자는 차별적 처우를 받은 경우, 차별적 처우가 있은 날부터 6개월 이내에 노동위원회에 그 시정을 신청할 수 있다.

③ 차별적 처우의 금지 및 시정에 관한 규정은 사용사업주가 상시 4명 이하의 근로자를 사용하는 경우에는 적용하지 아니한다.

④ 고용노동부장관은 확정된 차별시정명령을 이행할 의무가 있는 파견사업주의 사업장에서 해당 시정명령의 효력이 미치는 근로자 이외의 파견근로자에 대하여 차별적 처우가 있는 경우에는 그 시정을 요구할 수 있다.

⑤ 사용사업주는 파견근로자의 적절한 파견근로를 위하여 사용사업관리책임자를 선임하여야 한다.

해설

① (✕) 고용하여야 한다 → 고용하도록 노력하여야 한다(파견법 제6조의2 제4항)

> **제6조의2(고용의무)** ④ 사용사업주는 파견근로자를 사용하고 있는 업무에 근로자를 직접 고용하려는 경우에는 해당 파견근로자를 우선적으로 고용하도록 노력하여야 한다.

② (○) 동법 제21조 제2항 · 제3항, 기간제법 제9조 제1항

> **제21조(차별적 처우의 금지 및 시정 등)** ① 파견사업주와 사용사업주는 파견근로자라는 이유로 사용사업주의 사업 내의 같은 종류의 업무 또는 유사한 업무를 수행하는 근로자에 비하여 파견근로자에게 차별적 처우를 하여서는 아니 된다.
> ② 파견근로자는 차별적 처우를 받은 경우 「노동위원회법」에 따른 노동위원회(이하 "노동위원회"라 한다)에 그 시정을 신청할 수 있다.
> ③ 제2항에 따른 시정신청, 그 밖의 시정절차 등에 관하여는 「기간제 및 단시간근로자 보호 등에 관한 법률」 제9조부터 제15조까지 및 제16조 제2호 · 제3호를 준용한다. 이 경우 "기간제근로자 또는 단시간근로자"는 "파견근로자"로, "사용자"는 "파견사업주 또는 사용사업주"로 본다.
> ④ 제1항부터 제3항까지의 규정은 사용사업주가 상시 4명 이하의 근로자를 사용하는 경우에는 적용하지 아니한다.
> **기간제법 제9조(차별적 처우의 시정신청)** ① 기간제근로자 또는 단시간근로자는 차별적 처우를 받은 경우 「노동위원회법」 제1조의 규정에 따른 노동위원회(이하 "노동위원회"라 한다)에 그 시정을 신청할 수 있다. 다만, 차별적 처우가 있은 날(계속되는 차별적 처우는 그 종료일)부터 6개월이 지난 때에는 그러하지 아니하다. 〈개정 2020.5.26.〉

③ (○) 동조 제4항

④ (○) 고용노동부장관은 제21조 제3항 또는 제21조의2 제4항에 따라 준용되는 「기간제 및 단시간근로자 보호 등에 관한 법률」 제14조에 따라 확정된 시정명령을 이행할 의무가 있는 파견사업주 또는 사용사업주의 사업 또는 사업장에서 해당 시정명령의 효력이 미치는 근로자 이외의 파견근로자에 대하여 차별적 처우가 있는지를 조사하여 차별적 처우가 있는 경우에는 그 시정을 요구할 수 있다(동법 제21조의3 제1항).

⑤ (○) 동법 제32조 제1항

정답 ①

020 ☐☐☐   ○ △ ✕

기간제 및 단시간근로자 보호 등에 관한 법률에 대한 설명으로 옳지 않은 것은?

① 동거의 친족만을 사용하는 사업에 대하여는 적용하지 아니한다.

② 사용자는 가사, 학업 그 밖의 이유로 근로자가 단시간근로를 신청하는 때에는 당해 근로자를 단시간근로자로 전환하도록 노력하여야 한다.

③ 차별적 처우와 관련한 분쟁에 있어서 입증책임은 사용자가 부담한다.

④ 노동위원회는 사용자의 차별적 처우에 명백한 고의가 인정되는 경우에는 손해액을 기준으로 3배를 넘지 아니하는 범위에서 배상을 명령할 수 있다.

⑤ 노동위원회는 차별시정명령을 받은 후 이행기한까지 시정명령을 이행하지 아니한 사용자에게 이행강제금을 부과한다.

해설

① (○) 이 법은 상시 5인 이상의 근로자를 사용하는 모든 사업 또는 사업장에 적용한다. 다만, 동거의 친족만을 사용하는 사업 또는 사업장과 가사사용인에 대하여는 적용하지 아니한다(기간제법 제3조 제1항).

② (○) 동법 제7조 제2항

③ (○) 제8조 및 제1항부터 제3항까지의 규정과 관련한 분쟁에서 입증책임은 사용자가 부담한다(동법 제9조 제4항).

④ (○) 제1항에 따른 배상액은 차별적 처우로 인하여 기간제근로자 또는 단시간근로자에게 발생한 손해액을 기준으로 정한다. 다만, 노동위원회는 사용자의 차별적 처우에 명백한 고의가 인정되거나 차별적 처우가 반복되는 경우에는 손해액을 기준으로 3배를 넘지 아니하는 범위에서 배상을 명령할 수 있다(동법 제13조 제2항).

⑤ (✕) 이행강제금을 부과한다 → 1억 원 이하의 과태료를 부과한다(동법 제24조 제1항)

> **제24조(과태료)** ① 제14조(제15조의2 제4항 및 제15조의3 제2항에 따라 준용되는 경우를 포함한다)에 따라 확정된 시정명령을 정당한 이유 없이 이행하지 아니한 자에게는 1억 원 이하의 과태료를 부과한다. 〈개정 2020.5.26.〉

정답 ⑤

021 ☐☐☐   ○ △ ✕

최저임금법에 관한 설명으로 옳은 것을 모두 고른 것은?

> ㄱ. 선원법의 적용을 받는 선원과 선원을 사용하는 선박의 소유자에게는 적용하지 아니한다.
> ㄴ. 최저임금은 매년 12월 31일까지 결정하여 고시한다.
> ㄷ. 최저임금위원회는 대통령 소속으로 둔다.
> ㄹ. 고용노동부장관은 근로자의 생계비와 임금실태 등을 매년 조사하여야 한다.

① ㄱ, ㄴ   ② ㄱ, ㄷ   ③ ㄱ, ㄹ
④ ㄴ, ㄷ   ⑤ ㄷ, ㄹ

해설

ㄱ (○) 최저임금법 제3조 제2항

ㄴ (✕) 12월 31일까지 결정하여 고시한다 → 8월 5일까지 결정하여야 한다(동법 제8조 제1항 전단)

> **제8조(최저임금의 결정)** ① 고용노동부장관은 매년 8월 5일까지 최저임금을 결정하여야 한다. 이 경우 고용노동부장관은 대통령령으로 정하는 바에 따라 제12조에 따른 최저임금위원회(이하 "위원회"라 한다)에 심의를 요청하고, 위원회가 심의하여 의결한 최저임금안에 따라 최저임금을 결정하여야 한다. 〈개정 2010.6.4.〉

ㄷ (✕) 대통령 소속으로 → 고용노동부에(동법 제12조)

> **제12조(최저임금위원회의 설치)** 최저임금에 관한 심의와 그 밖에 최저임금에 관한 중요사항을 심의하기 위하여 고용노동부에 최저임금위원회를 둔다. 〈개정 2010.6.4.〉

ㄹ (○) 동법 제23조

정답 ③

---

022 ☐☐☐   ○ △ ✕

근로자퇴직급여 보장법에 관한 설명으로 옳지 않은 것은?

① 퇴직연금제도의 급여를 받을 권리는 양도할 수 없다.
② 퇴직연금사업자는 자산관리업무에 관한 계약체결과 관련된 약관을 변경하려는 경우, 미리 고용노동부장관에게 보고하여야 한다.
③ 퇴직금제도를 설정하려는 사용자는 계속근로기간 1년에 대하여 30일분 이상의 평균임금을 퇴직금으로 퇴직 근로자에게 지급할 수 있는 제도를 설정하여야 한다.
④ 퇴직금을 받을 권리는 3년간 행사하지 아니하면 시효로 인하여 소멸한다.
⑤ 확정기여형퇴직연금제도에 가입한 근로자는 주택구입 등 대통령령으로 정하는 사유가 발생하면 적립금을 중도인출할 수 있다.

해설

① (○) 퇴직연금제도(중소기업퇴직연금기금제도를 포함한다)의 급여를 받을 권리는 양도 또는 압류하거나 담보로 제공할 수 없다(퇴

직급여법 제7조 제1항).

② (✕) 고용노동부장관 → 금융감독원장(동법 제33조 제7항)

> **제33조(퇴직연금사업자의 책무)** ⑦ 퇴직연금사업자는 제28조 제1항 및 제29조 제1항에 따른 계약체결과 관련된 약관 또는 표준계약서(이하 "약관등"이라 한다)를 제정하거나 변경하려는 경우에는 미리 금융감독원장에게 보고하여야 한다. 다만, 근로자 또는 사용자의 권익이나 의무에 불리한 영향을 주지 아니하는 경우로서 금융위원회가 정하는 경우에는 약관등의 제정 또는 변경 후 10일 이내에 금융감독원장에게 보고할 수 있다.

③ (○) 동법 제8조 제1항
④ (○) 동법 제10조
⑤ (○) 동법 제22조

정답 ②

---

023 ☐☐☐   ○ △ ✕

임금채권보장법령상 체당금에 관한 설명으로 옳지 않은 것은?

① 고용노동부장관은 체당금의 지급에 충당하기 위하여 임금채권보장기금을 설치한다.
② 체당금은 근로기준법에 따른 휴업수당을 포함하지 않는다.
③ 소액체당금은 판결이 있는 날부터 1년 이내에 청구하여야 한다.
④ 체당금을 받을 권리가 있는 사람이 부상으로 체당금을 수령할 수 없는 경우에는 그 가족에게 수령을 위임할 수 있다.
⑤ 체당금을 지급받을 권리는 양도 또는 압류할 수 없다.

해설

① (○) 고용노동부장관은 제7조 또는 제7조의2에 따른 대지급금의 지급에 충당하기 위하여 임금채권보장기금(이하 "기금"이라 한다)을 설치한다(임금채권보장법 제17조).
[보충] 2021.4.13. 임금채권보장법 개정에 따라 체당금은 대지급금으로 변경되었다.

② (✕) 포함하지 않는다 → 포함한다(동법 제7조 제2항 제2호)

> **제7조(퇴직한 근로자에 대한 대지급금의 지급)** ② 제1항에 따라 고용노동부장관이 사업주를 대신하여 지급하는 체불임금등 대지급금(이하 "대지급금"이라 한다)의 범위는 다음 각 호와 같다. 다만, 대통령령으로 정하는 바에 따라 제1항 제1호부터 제3호까지의 규정에 따른 대지급금의 상한액과 같은 항 제4호 및 제5호에 따른 대지급금의 상한액은 근로자의 퇴직 당시의 연령 등을 고려하여 따로 정할 수 있으며 대지급금이 적은 경우에는 지급하지 아니할 수 있다. 〈개정 2021.4.13.〉
> 1. 「근로기준법」 제38조 제2항 제1호에 따른 임금 및 「근로자퇴직급여 보장법」 제12조 제2항에 따른 최종 3년간의 퇴직급여등
> 2. 「근로기준법」 제46조에 따른 휴업수당(최종 3개월분으로 한정한다)
> 3. 「근로기준법」 제74조 제4항에 따른 출산전후휴가기간 중 급여(최종 3개월분으로 한정한다)

③ (×) 2021.10.14. 임금채권보장법 시행령 제9조 제2호(소액체당금: 판결등이 있는 날부터 1년 이내)가 다음과 같이 개정되었다. 이에 표현을 달리하였음에 유의토록 정답을 변경한다.

> **시행령 제9조(대지급금의 청구와 지급)** ① 대지급금을 지급받으려는 사람은 다음 각 호의 구분에 따른 기간 이내에 고용노동부장관에게 대지급금의 지급을 청구해야 한다.
> 1. 도산대지급금의 경우: 파산선고등 또는 도산등사실인정이 있은 날부터 2년 이내
> 2. 법 제7조 제1항 제4호에 따른 대지급금의 경우: 판결등이 있은 날부터 1년 이내
> 3. 법 제7조 제1항 제5호에 따른 대지급금의 경우: 체불임금등·사업확인서가 최초로 발급된 날부터 6개월 이내
> 4. 법 제7조의2 제1항에 따른 대지급금의 경우: 판결등이 있은 날부터 1년 이내 또는 체불임금등·사업주확인서가 최초로 발급된 날부터 6개월 이내

④ (○) 대지급금을 받을 권리가 있는 사람이 부상 또는 질병으로 대지급금을 수령할 수 없는 경우에는 법 제11조의2 제2항에 따라 그 가족에게 수령을 위임할 수 있다(동법 시행령 제18조의2 제1항).

⑤ (○) 제7조 또는 제7조의2에 따른 대지급금을 지급받을 권리는 양도 또는 압류하거나 담보로 제공할 수 없다(동법 제11조의2 제1항).

정답 ② ▶ ②·③

024 ▢▢▢   ○ △ ×

근로복지기본법상 근로복지 증진에 관한 기본계획에 포함되어야 하는 사항이 아닌 것은?

① 고용동향과 인력수급전망에 관한 사항
② 사내근로복지기금제도에 관한 사항
③ 근로자의 생활안정에 관한 사항
④ 근로자의 주거안정에 관한 사항
⑤ 우리사주제도에 관한 사항

해설

① (×) 고용동향과 인력수급전망에 관한 사항은 근로복지 증진에 관한 기본계획에 포함되어야 하는 사항이 아니다.

② (○) ③ (○) ④ (○) ⑤ (○) 근로복지기본법 제9조 제2항 제5호, 제2호, 제1호, 제4호

> **제9조(기본계획의 수립)** ② 기본계획에는 다음 각 호의 사항이 포함되어야 한다. 〈개정 2016.1.27.〉
> 1. 근로자의 주거안정에 관한 사항
> 2. 근로자의 생활안정에 관한 사항
> 3. 근로자의 재산형성에 관한 사항
> 4. 우리사주제도에 관한 사항
> 5. 사내근로복지기금제도에 관한 사항
> 6. 선택적 복지제도 지원에 관한 사항
> 7. 근로자지원프로그램 운영에 관한 사항
> 8. 근로자를 위한 복지시설의 설치 및 운영에 관한 사항
> 9. 근로복지사업에 드는 재원 조성에 관한 사항
> 10. 직전 기본계획에 대한 평가
> 11. 그 밖에 근로복지증진을 위하여 고용노동부장관이 필요하다고 인정하는 사항

정답 ①

025 ▢▢▢   ○ △ ×

외국인근로자의 고용 등에 관한 법률에 대한 설명으로 옳지 않은 것은?

① 사용자가 법률에 따라 선정한 외국인근로자를 고용하려면 고용노동부령으로 정하는 표준근로계약서를 사용하여 근로계약을 체결하여야 한다.
② 고용허가를 받은 사용자와 외국인근로자는 입국한 날부터 3년의 범위 내에서 당사자 간의 합의에 따라 근로계약을 체결하거나 갱신할 수 있다.
③ 사용자는 외국인근로자의 귀국 시 필요한 비용에 충당하기 위하여 보험에 가입하여야 한다.
④ 직업안정기관의 장은 사용자의 임금체불로 근로계약을 유지하기 어렵다고 인정되는 경우, 외국인근로자 고용허가를 취소할 수 있다.
⑤ 직업안정기관의 장은 외국인근로자 고용허가 또는 특례고용가능확인을 받지 아니하고 외국인근로자를 고용한 자에 대하여 그 사실이 발생한 날부터 3년간 외국인근로자의 고용을 제한할 수 있다.

해설

① (○) 외국인고용법 제9조 제1항
② (○) 동조 제3항, 제18조

> **제9조(근로계약)** ③ 제8조에 따라 고용허가를 받은 사용자와 외국인근로자는 제18조에 따른 기간 내에서 당사자 간의 합의에 따라 근로계약을 체결하거나 갱신할 수 있다. 〈개정 2012.2.1.〉
> **제18조(취업활동기간의 제한)** 외국인근로자는 입국한 날부터 3년의 범위에서 취업활동을 할 수 있다.

③ (×) 사용자 → 외국인근로자(동법 제15조 제1항)

> **제15조(귀국비용보험·신탁)** ① 외국인근로자는 귀국 시 필요한 비용에 충당하기 위하여 보험 또는 신탁에 가입하여야 한다.

④ (○) 동법 제19조 제1항 제3호

> **제19조(외국인근로자 고용허가 또는 특례고용가능확인의 취소)** ① 직업안정기관의 장은 다음 각 호의 어느 하나에 해당하는 사용자에 대하여 대통령령으로 정하는 바에 따라 제8조 제4항에 따른 고용허가나 제12조 제3항에 따른 특례고용가능확인을 취소할 수 있다.
> 1. 거짓이나 그 밖의 부정한 방법으로 고용허가나 특례고용가능확인을 받은 경우
> 2. 사용자가 입국 전에 계약한 임금 또는 그 밖의 근로조건을 위반하는 경우
> 3. 사용자의 임금체불 또는 그 밖의 노동관계법 위반 등으로 근로계약을 유지하기 어렵다고 인정되는 경우

⑤ (○) 동법 제20조 제1항 제1호

> **제20조(외국인근로자 고용의 제한)** ① 직업안정기관의 장은 다

음 각 호의 어느 하나에 해당하는 사용자에 대하여 그 사실이 발생한 날부터 3년간 외국인근로자의 고용을 제한할 수 있다. 〈개정 2022.6.10.〉

1. 제8조 제4항에 따른 고용허가 또는 제12조 제3항에 따른 특례 고용가능확인을 받지 아니하고 외국인근로자를 고용한 자
2. 제19조 제1항에 따라 외국인근로자의 고용허가나 특례고용가 능확인이 취소된 자
3. 이 법 또는 「출입국관리법」을 위반하여 처벌을 받은 자
3의2. 외국인근로자의 사망으로 「산업안전보건법」 제167조 제1 항에 따른 처벌을 받은 자
4. 그 밖에 대통령령으로 정하는 사유에 해당하는 자

정답 ③

001 □□□ ○ △ ×

근로기준법에서 규정하고 있는 기본원칙이 아닌 것은?

① 공민권 행사의 보장 ② 균등한 처우
③ 강제근로의 금지 ④ 폭행의 금지
⑤ 국제협약의 준수

해설

① (○) ② (○) ③ (○) ④ (○) 근로기준법 제10조, 제6조, 제7조, 제8조
⑤ (×) 국제협약의 준수는 근로기준법에서 규정하고 있는 기본원칙이 아닌 것이다.

> **근로기준법 제3조(근로조건의 기준)** 이 법에서 정하는 근로조건은 최저기준이므로 근로관계 당사자는 이 기준을 이유로 근로조건을 낮출 수 없다.
> **제4조(근로조건의 결정)** 근로조건은 근로자와 사용자가 동등한 지위에서 자유의사에 따라 결정하여야 한다.
> **제5조(근로조건의 준수)** 근로자와 사용자는 각자가 단체협약, 취업규칙과 근로계약을 지키고 성실하게 이행할 의무가 있다.
> **제6조(균등한 처우)** 사용자는 근로자에 대하여 남녀의 성(性)을 이유로 차별적 대우를 하지 못하고, 국적·신앙 또는 사회적 신분을 이유로 근로조건에 대한 차별적 처우를 하지 못한다.
> **제7조(강제근로의 금지)** 사용자는 폭행, 협박, 감금, 그 밖에 정신상 또는 신체상의 자유를 부당하게 구속하는 수단으로써 근로자의 자유의사에 어긋나는 근로를 강요하지 못한다.
> **제8조(폭행의 금지)** 사용자는 사고의 발생이나 그 밖의 어떠한 이유로도 근로자에게 폭행을 하지 못한다.
> **제9조(중간착취의 배제)** 누구든지 법률에 따르지 아니하고는 영리로 다른 사람의 취업에 개입하거나 중간인으로서 이익을 취득하지 못한다.
> **제10조(공민권 행사의 보장)** 사용자는 근로자가 근로시간 중에 선거권, 그 밖의 공민권(公民權) 행사 또는 공(公)의 직무를 집행하기 위하여 필요한 시간을 청구하면 거부하지 못한다. 다만, 그 권리행사나 공(公)의 직무를 수행하는 데에 지장이 없으면 청구한 시간을 변경할 수 있다.

정답 ⑤

002 □□□ ○ △ ×

근로기준법령상 상시 4명 이하의 근로자를 사용하는 사업 또는 사업장에도 적용되는 것은?

① 단시간근로자의 근로조건(근로기준법 제18조)
② 경영상 이유에 의한 해고의 제한(근로기준법 제24조)
③ 해고사유 등의 서면통지(근로기준법 제27조)
④ 부당해고 등의 구제신청(근로기준법 제28조)
⑤ 휴업수당(근로기준법 제46조)

해설

① (○) 단시간근로자의 근로조건(근로기준법 제18조)은 상시 4명 이하의 근로자를 사용하는 사업 또는 사업장에도 적용되는 것이다.
② (×) ③ (×) ④ (×) ⑤ (×) 모두 적용되지 아니하는 것이다.

상시 4명 이하의 근로자를 사용하는 사업 또는 사업장에 적용하는 법 규정(시행령 제7조 관련 별표 1)	
구분	**적용 법 규정**
제1장 총칙	제1조부터 제13조까지의 규정
제2장 근로계약	제15조, 제17조, 제18조, 제19조 제1항, 제20조부터 제22조까지의 규정, 제23조 제2항, 제26조, 제35조부터 제42조까지의 규정
제3장 임금	제43조부터 제45조까지의 규정, 제47조부터 제49조까지의 규정
제4장 근로시간과 휴식	제54조, 제55조 제1항, 제63조
제5장 여성과 소년	제64조, 제65조 제1항·제3항(임산부와 18세 미만인 자로 한정한다), 제66조부터 제69조까지의 규정, 제70조 제2항·제3항, 제71조, 제72조, 제74조
제6장 안전과 보건	제76조
제8장 재해보상	제78조부터 제92조까지의 규정
제11장 근로감독관 등	제101조부터 제106조까지의 규정
제12장 벌칙	제107조부터 제116조까지의 규정(제1장부터 제6장까지, 제8장, 제11장의 규정 중 상시 4명 이하 근로자를 사용하는 사업 또는 사업장에 적용되는 규정을 위반한 경우로 한정한다)

정답 ①

근로기준법상 근로계약에 관한 설명으로 옳지 않은 것은?

① 15세 미만인 자가 고용노동부장관이 발급한 취직인허증을 지니고 있으면 근로자로 사용할 수 있다.
② 사용자는 18세 미만인 자와 근로계약을 체결하는 경우에는 근로기준법 제17조에 따른 근로조건을 서면으로 명시하여 교부하여야 한다.
③ 근로기준법 제17조에 따라 명시된 근로조건이 사실과 다를 경우에 근로자는 근로조건 위반을 이유로 손해의 배상을 청구할 수 있으며, 즉시 근로계약을 해제할 수 있다.
④ 친권자, 후견인 또는 고용노동부장관은 근로계약이 미성년자에게 불리하다고 인정하는 경우에는 이를 해지할 수 있다.
⑤ 미성년자의 근로계약은 미성년자의 동의를 얻어 친권자 또는 후견인이 대리할 수 있다.

해설

① (○) 15세 미만인 사람(「초·중등교육법」에 따른 중학교에 재학 중인 18세 미만인 사람을 포함한다)은 근로자로 사용하지 못한다. 다만, 대통령령으로 정하는 기준에 따라 고용노동부장관이 발급한 취직인허증(就職認許證)을 지닌 사람은 근로자로 사용할 수 있다(근로기준법 제64조 제1항).
② (○) 사용자는 18세 미만인 사람과 근로계약을 체결하는 경우에는 제17조에 따른 근로조건을 서면(「전자문서 및 전자거래 기본법」 제2조 제1호에 따른 전자문서를 포함한다)으로 명시하여 교부하여야 한다(동법 제67조 제3항).
③ (○) 동법 제19조 제1항
④ (○) 동법 제67조 제2항
⑤ (✕) 있다 → 없다(동법 제67조 제1항)

> **제67조(근로계약)** ① 친권자나 후견인은 미성년자의 근로계약을 대리할 수 없다.

정답 ⑤

채용내정 및 사용에 관한 설명으로 옳지 않은 것은? (다툼이 있으면 판례에 따름)

① 채용내정자의 해약권유보부 근로계약에는 근로기준법 제23조(해고 등의 제한)가 적용되지 않는다.
② 채용내정 취소가 무효인 경우, 채용내정자는 취업하여 근로하였더라면 받을 수 있었을 임금의 지급을 청구할 수 있다.
③ 시용기간의 적용이 선택적 사항임에도 불구하고 근로자에게 시용기간이 명시되지 않았다면, 근로자는 시용근로자가 아닌 정식사원으로 채용되었다고 보아야 한다.
④ 시용기간 만료 후 사용자가 근로자에게 단순히 시용기간의 만료로 해고한다는 취지로만 통지한 것은, 절차상 하자가 있어 근로계약 종료의 효력이 없다.
⑤ 사용자가 시용기간 만료 후 본 근로계약 체결을 거부하는 경우에도 객관적으로 합리적인 이유가 존재하여 사회통념상 상당성이 있어야 한다.

해설

① (✕) 오늘날의 판례는 채용내정으로써 근로계약이 체결된 것으로 본다(대법원 2002.12.10, 2000다25910 참조). 따라서 사용자가 일방적으로 채용내정을 취소하여 본채용을 거부하는 등의 경우, 이는 사실상 해고에 해당하므로 근로기준법 제23조 제1항의 정당한 이유나, 제24조의 경영상 이유가 있어야 한다.
[보충] 다만, 채용내정은 사용자에게 해약권이 유보된 특수한 근로계약임에 비추어 해약권이 유보되지 아니한 일반근로자보다는 넓게 해석될 수밖에 없다 할 것이다.
② (○) 채용내정으로써 근로계약이 성립하는 이상 사용자가 본채용 예정일이 지나 채용내정을 취소하여 본채용을 거부하였다면, 이는 정당한 이유 없이 한 해고로서 무효가 되고, 사용자는 다른 취직기회를 포기하고 본채용만을 기다린 채용내정자에 대하여 채무불이행 또는 불법행위에 따른 손해배상책임을 진다(대법원 1993.9.10, 92다42897 참조).
[보충] 채용내정으로써 근로계약이 체결된 채용내정자는 사용자가 통보한 본채용 예정일 이후에 근로계약의 이행을 주장할 수 있는 지위를 가진다. 따라서 사용자가 본채용 예정일이 지나 채용내정을 취소하여 본채용을 거부하였다면, 채용내정자는 근로제공의 수령을 요구하며 임금을 청구할 수 있다.
③ (○) 취업규칙에 신규채용하는 근로자에 대한 시용기간의 적용을 선택적 사항으로 규정하고 있는 경우에는 그 근로자에 대하여 시용기간을 적용할 것인가의 여부를 근로계약에 명시하여야 하고, 만약 근로계약에 시용기간이 적용된다고 명시하지 아니한 경우에는 시용근로자가 아닌 정식사원으로 채용되었다고 보아야 한다(대법원 1999.11.12, 99다30473).
④ (○) ⑤ (○) 근로기준법 제27조는 사용자가 근로자를 해고하려면 해고사유와 해고시기를 서면으로 통지하여야 효력이 있다고 규정하고 있는데, 이는 해고사유 등의 서면통지를 통하여 사용자에게 근로자를 해고하는 데 신중을 기하게 함과 아울러, 해고의 존부 및 시기와 사유를 명확하게 하여 사후에 이를 둘러싼 분쟁이 적정하고 용이하게 해결될 수 있도록 하고, 근로자에게도 해고에 적절히 대응할 수 있게 하기 위한 취지이므로, 사용자가 해고사유

등을 서면으로 통지할 때에는 근로자의 처지에서 해고사유가 무엇인지를 구체적으로 알 수 있어야 한다.

한편 근로자의 직업적 능력, 자질, 인품, 성실성 등 업무적격성을 관찰 · 판단하고 평가하려는 시용제도의 취지 · 목적에 비추어 볼 때, 사용자가 시용기간 만료 시 본 근로계약 체결을 거부하는 것은 일반적인 해고보다 넓게 인정될 수 있으나, 그 경우에도 객관적으로 합리적인 이유가 존재하여 사회통념상 상당성이 있어야 한다. 위와 같은 근로기준법 규정의 내용과 취지, 시용기간 만료 시 본 근로계약 체결 거부의 정당성 요건 등을 종합하면, 시용근로관계에서 사용자가 본 근로계약 체결을 거부하는 경우에는 근로자에게 거부사유를 파악하여 대처할 수 있도록 구체적 · 실질적인 거부사유를 서면으로 통지하여야 한다(대법원 2015.11.27, 2015두48136).

정답 ①

005 ☐☐☐   ○ △ ✕

근로기준법상 임금에 관한 설명으로 옳지 않은 것은? (다툼이 있으면 판례에 따름)

① 임금은 통화(通貨)로 직접 근로자에게 그 전액을 지급하여야 한다.

② 임금은 매월 1회 이상 일정한 날짜를 정하여 지급하여야 한다.

③ 사용자가 근로자의 불법행위를 원인으로 한 손해배상채권을 가지고 있더라도 근로자의 임금채권과 상계할 수 없다.

④ 근로자의 임금포기에 관한 약정에 대해서는 문언의 기재내용에 따라 엄격하게 해석해야 하기 때문에 임금포기를 한 경위나 목적 등 여러 사정을 반영하는 합목적적 해석을 해서는 안 된다.

⑤ 근로자로부터 임금채권을 양수받은 자라 하더라도 사용자로부터 직접 임금을 지급받을 수 없다.

해설

① (○) 임금은 통화(通貨)로 직접 근로자에게 그 전액을 지급하여야 한다. 다만, 법령 또는 단체협약에 특별한 규정이 있는 경우에는 임금의 일부를 공제하거나 통화 이외의 것으로 지급할 수 있다(근로기준법 제43조 제1항).

② (○) 임금은 매월 1회 이상 일정한 날짜를 정하여 지급하여야 한다. 다만, 임시로 지급하는 임금, 수당, 그 밖에 이에 준하는 것 또는 대통령령으로 정하는 임금에 대하여는 그러하지 아니하다(동조 제2항).

③ (○) 근로자에 대한 임금은 직접 근로자에게 전액을 지급하여야 하는 것이므로 초과지급된 임금의 반환채권을 제외하고는 사용자가 근로자에 대하여 가지는 대출금이나 불법행위를 원인으로 한 채권으로써 근로자의 임금채권과 상계하지 못한다(대법원 1999.7.13, 99도2168).

④ (✕) 근로자의 기본적 생활을 유지하고 인간다운 생활을 보장하기 위하여 마련된 근로기준법상의 임금에 관한 규정의 입법취지에 비추어 보면 근로자의 임금포기에 관한 약정은 문언의 기재내용을 엄격하게 해석하여야 할 것이나 그 임금포기를 한 경위나 목적

등 여러 사정에 따라 합목적적으로 해석하는 것이 오히려 근로자들의 의사나 이해에 합치되는 경우도 있다고 할 것인바, … (대법원 2002.11.8, 2002다35867).

⑤ (○) [다수의견] 근로기준법 제36조 제1항에서 임금직접지급의 원칙을 규정하는 한편 동법 제109조에서 그에 위반하는 자는 처벌을 하도록 하는 규정을 두어 그 이행을 강제하고 있는 취지가 임금이 확실하게 근로자 본인의 수중에 들어가게 하여 그의 자유로운 처분에 맡기고 나아가 근로자의 생활을 보호하고자 하는 데 있는 점에 비추어 보면 근로자가 그 임금채권을 양도한 경우라 할지라도 그 임금의 지급에 관하여는 같은 원칙이 적용되어 사용자는 직접 근로자에게 임금을 지급하지 아니하면 안 되는 것이고 그 결과 비록 양수인이라고 할지라도 스스로 사용자에 대하여 임금의 지급을 청구할 수는 없다(대법원 1988.12.13, 87다카2803 전원합의체).

정답 ④

006 ☐☐☐   ○ △ ✕

근로기준법 제69조(근로시간)에 관한 규정이다. (ㄱ), (ㄴ), (ㄷ), (ㄹ)에 들어갈 각각의 시간을 모두 합한 시간은?

> 15세 이상 18세 미만인 자의 근로시간은 1일에 (ㄱ)시간, 1주에 (ㄴ)시간을 초과하지 못한다. 다만, 당사자 사이의 합의에 따라 1일에 (ㄷ)시간, 1주에 (ㄹ)시간을 한도로 연장할 수 있다.

① 48시간   ② 51시간   ③ 56시간
④ 61시간   ⑤ 68시간

해설

① (○) 괄호에 들어갈 각각의 시간을 모두 합한 시간은 7+35+1+5= 48시간이다.

> **제69조(근로시간)** 15세 이상 18세 미만인 사람의 근로시간은 1일에 7시간, 1주에 35시간을 초과하지 못한다. 다만, 당사자 사이의 합의에 따라 1일에 1시간, 1주에 5시간을 한도로 연장할 수 있다. 〈개정 2020.5.26.〉

정답 ①

007 ☐☐☐   ○ △ ✕

근로기준법상 근로시간 및 휴게시간의 특례사업이 아닌 것은?

① 보건업

② 항공운송업

③ 수상운송업

④ 육상운송 및 파이프라인 운송업

⑤ 노선(路線) 여객자동차운송사업

해설

⑤ (×) 노선(路線) 여객자동차운송사업은 근로시간 및 휴게시간의 특례사업이 아닌 것이다.

> **근로기준법 제59조(근로시간 및 휴게시간의 특례)** ① 「통계법」 제22조 제1항에 따라 통계청장이 고시하는 산업에 관한 표준의 중분류 또는 소분류 중 다음 각 호의 어느 하나에 해당하는 사업에 대하여 사용자가 근로자대표와 서면으로 합의한 경우에는 제53조 제1항에 따른 주(週) 12시간을 초과하여 연장근로를 하게 하거나 제54조에 따른 휴게시간을 변경할 수 있다.
> 1. 육상운송 및 파이프라인 운송업. 다만, 「여객자동차 운수사업법」 제3조 제1항 제1호에 따른 노선(路線) 여객자동차운송사업은 제외한다.
> 2. 수상운송업
> 3. 항공운송업
> 4. 기타 운송 관련 서비스업
> 5. 보건업

정답 ⑤

---

008 8 ○△×

근로기준법 제60조 제1항에서 규정하고 있는 1년간 80% 이상 출근한 근로자에게 부여되는 연차유급휴가에 관한 설명으로 옳지 않은 것은? (다툼이 있으면 판례에 따름)

① 연차유급휴가를 사용할 권리는 다른 특별한 정함이 없는 한 그 전년도 1년간의 근로를 마친 다음 날 발생한다.

② 연차유급휴가를 사용하기 전에 퇴직 등의 사유로 근로관계가 종료되더라도 연차유급휴가수당을 청구할 권리는 그대로 유지된다.

③ 사용하지 아니한 휴가에 대한 보상을 지급하는 연차유급휴가수당에 대하여는 별도의 휴일근로수당이 적용되지 않는다.

④ 연차유급휴가 규정을 적용하는 경우, 육아휴직으로 휴업한 기간은 출근한 것으로 보지 않는다.

⑤ 연차유급휴가수당청구권의 소멸시효는 연차유급휴가권을 취득한 날부터 1년이 경과하여 그 휴가불실시가 확정된 다음 날부터 기산한다.

해설

① (○) 근로기준법에 따르면, 사용자는 1년간 80% 이상 출근한 근로자에게 15일의 연차휴가를 주어야 하고(제60조 제1항), 계속하여 근로한 기간이 1년 미만인 근로자 또는 1년간 80% 미만 출근한 근로자에게도 1개월 개근 시 1일의 유급휴가를 주어야 한다(제60조 제2항). 연차휴가를 사용할 권리 또는 연차휴가수당 청구권은 근로자가 전년도에 출근율을 충족하면서 근로를 제공하면 당연히 발생하는 것으로서 연차휴가를 사용할 해당 연도가 아니라 그 전년도 1년간의 근로에 대한 대가에 해당하므로, 다른 특별한 정함이 없는 한 그 전년도 1년간의 근로를 마친 다음 날 발생한다(대법원 2022.9.7, 2022다245419).

② (○) 유급(연차휴가수당)으로 연차휴가를 사용할 권리는 근로자가

1년간 소정의 근로를 마친 대가로 확정적으로 취득하는 것이므로, 근로자가 일단 연차유급휴가권을 취득한 후에 연차유급휴가를 사용하기 전에 퇴직 등의 사유로 근로관계가 종료된 경우, 근로관계의 존속을 전제로 하는 연차휴가를 사용할 권리는 소멸한다 할지라도 근로관계의 존속을 전제로 하지 않는 연차휴가수당을 청구할 권리는 그대로 잔존하는 것이어서 근로자는 근로관계 종료 시까지 사용하지 못한 연차휴가일수 전부에 상응하는 연차휴가수당을 사용자에게 청구할 수 있는 것이다(대법원 2005.5.27, 2003다48549,48556).

③ (○) 근로기준법 제46조(現 제56조)가 정하는 할증임금지급제도와 동법 제47조, 제48조(現 제60조) 소정의 연, 월차휴가제도는 그 취지가 상이한 제도이고, 각 법조문도 휴일과 휴가를 구별하여 규정하고 있는 점에 비추어, 동법 제46조 소정의 "휴일"에는 동법 제47조, 제48조 소정의 연, 월차휴가는 포함되지 않는다고 봄이 상당하고, 또한 동법 제48조 제2항에는 휴가총일수가 20일을 초과하는 경우에는 그 초과일수에 대하여 통상임금을 지급하고 유급휴가를 주지 아니할 수 있도록 되어 있어, 20일 이하인 휴가일수에 대하여 보상을 지급해야 할 경우에도 통상임금을 추가로 지급하면 된다고 보는 것이 균형상 타당하므로, 연, 월차휴가근로수당에 대하여는 동법 제46조 소정의 가산임금(수당)이 포함될 수 없다(대법원 1991.7.26, 90다카11636).

④ (×) 보지 않는다 → 본다(근로기준법 제60조 제6항 제3호)

> **제60조(연차유급휴가)** ⑥ 제1항 및 제2항을 적용하는 경우 다음 각 호의 어느 하나에 해당하는 기간은 출근한 것으로 본다. 〈개정 2017.11.28.〉
> 1. 근로자가 업무상의 부상 또는 질병으로 휴업한 기간
> 2. 임신 중의 여성이 제74조 제1항부터 제3항까지의 규정에 따른 휴가로 휴업한 기간
> 3. 「남녀고용평등과 일·가정 양립 지원에 관한 법률」 제19조 제1항에 따른 육아휴직으로 휴업한 기간

⑤ (○) 근로기준법 제60조에 정한 연차유급휴가권을 취득한 근로자가 휴가권이 발생한 때부터 1년 이내에 연차유급휴가를 사용하지 못하게 됨에 따라 발생하는 연차휴가미사용수당도 그 성질이 임금이므로, 같은 법 제49조의 규정에 따라 연차휴가미사용수당 청구권에는 3년의 소멸시효가 적용되고, 그 기산점은 연차유급휴가권을 취득한 날부터 1년의 경과로 휴가의 불실시가 확정된 다음 날이다(대법원 2023.11.16, 2022다231403,231410).

정답 ④

009 ▢▢▢   ○ △ ✕

근로기준법상 취업규칙에 관한 설명으로 옳지 않은 것은? (다툼이 있으면 판례에 따름)

① 사용자는 근로자의 근로조건, 근로형태, 직종 등의 특수성에 따라 근로자 일부에게 적용되는 별도의 취업규칙을 작성할 수 있다.

② 취업규칙 작성 시 과반수 노동조합이 있는 경우, 사용자는 노동조합 대표자의 의견과 함께 집단적 회의방식으로 조합원의 의견을 들어야 한다.

③ 취업규칙의 변경이 여러 근로자집단 중 하나의 근로자집단에게만 불이익하지만, 향후 다른 근로자집단에게도 변경된 취업규칙의 적용이 예상된다면, 해당 근로자집단을 포함한 근로자집단이 취업규칙 불이익변경의 동의주체가 된다.

④ 사용자가 취업규칙 불이익변경절차를 거치지 않았더라도 노동조합이 불이익변경된 취업규칙에 따르기로 하는 단체협약을 체결한 경우에는, 그 단체협약의 적용을 받게 되는 기존의 근로자들에게 변경된 취업규칙이 적용된다.

⑤ 취업규칙이 기존의 근로자에게 불이익하게 변경되었는지 여부를 불문하고, 사용자가 취업규칙을 변경한 후 신규취업한 근로자에게는 변경된 취업규칙이 적용된다.

해설

① (○) 취업규칙은 같은 사업장에 소속된 모든 근로자에 대하여 일률적으로 적용되어야 하는 것은 아니고, 사용자는 근로자의 근로조건, 근로형태, 직종 등의 특수성에 따라 근로자 일부에 적용되는 별도의 취업규칙을 작성할 수 있다(대법원 2000.2.25, 98다11628).

② (✕) 의견을 들어야 한다 → 의견을 들을 필요는 없다(근로기준법 제94조 제1항)

[보충] 근로자의 과반수로 조직된 노동조합이 없는 경우에만 근로자의 과반수의 의견을 들어야 하므로, 노동조합 대표자의 의견을 들은 이상 집단적 회의방식으로 조합원의 의견을 들을 필요는 없다.

> **제94조(규칙의 작성, 변경절차)** ① 사용자는 취업규칙의 작성 또는 변경에 관하여 해당 사업 또는 사업장에 근로자의 과반수로 조직된 노동조합이 있는 경우에는 그 노동조합, 근로자의 과반수로 조직된 노동조합이 없는 경우에는 근로자의 과반수의 의견을 들어야 한다. 다만, 취업규칙을 근로자에게 불리하게 변경하는 경우에는 그 동의를 받아야 한다.

③ (○) 여러 근로자집단이 하나의 근로조건체계 내에 있어 비록 취업규칙의 불이익변경 시점에는 어느 근로자집단만이 직접적인 불이익을 받더라도 다른 근로자집단에게도 변경된 취업규칙의 적용이 예상되는 경우에는 일부 근로자집단은 물론 장래 변경된 취업규칙 규정의 적용이 예상되는 근로자집단을 포함한 근로자집단이 동의주체가 되고, 그렇지 않고 근로조건이 이원화되어 있어 변경된 취업규칙이 적용되어 직접적으로 불이익을 받게 되는 근로자집단 이외에 변경된 취업규칙의 적용이 예상되는 근로자집단이 없는 경우에는 변경된 취업규칙이 적용되어 불이익을 받는 근로자집단

만이 동의주체가 된다(대법원 2009.5.28, 2009두2238).

④ (○) 단체협약은 노동조합이 사용자 또는 사용자단체와 근로조건 기타 노사관계에서 발생하는 사항에 관하여 체결하는 협정으로서 노동조합이 사용자 측과 기존의 임금, 근로시간, 퇴직금 등 근로조건을 결정하는 기준에 관하여 소급적으로 동의하거나 이를 승인하는 내용의 단체협약을 체결한 경우에 그 동의나 승인의 효력은 단체협약이 시행된 이후에 그 사업체에 종사하며 그 협약의 적용을 받게 될 노동조합원이나 근로자들에 대하여 생긴다고 할 것이므로, 취업규칙 중 퇴직금에 관한 규정의 변경이 근로자에게 불이익함에도 불구하고, 사용자가 근로자의 집단적 의사결정방법에 의한 동의를 얻지 아니한 채 변경을 함으로써 기득이익을 침해받게 되는 기존의 근로자에 대하여 종전의 퇴직금조항이 적용되어야 하는 경우에도, 노동조합이 사용자 측과 사이에 변경된 퇴직금조항을 따르기로 하는 내용의 단체협약을 체결한 경우에는, 기득이익을 침해받게 되는 기존의 근로자에 대하여 종전의 퇴직금조항이 적용되어야 함을 알았는지의 여부에 관계없이 그 협약의 적용을 받게 되는 기존의 근로자에 대하여도 변경된 퇴직금조항을 적용하여야 할 것이다(대법원 2005.3.11, 2003다27429).

⑤ (○) 취업규칙의 작성, 변경의 권한은 원칙적으로 사용자에게 있으므로 사용자는 그 의사에 따라 취업규칙을 작성, 변경할 수 있고, 사용자가 취업규칙을 변경한 경우에 취업규칙의 변경이 기존의 근로자에게 불이익한지 여부를 불문하고 취업규칙의 변경은 유효하여 현행의 법규적 효력을 가진 취업규칙은 변경된 취업규칙이므로, 그 변경 후에 근로관계를 갖게 된 근로자에 대하여는 변경된 취업규칙이 적용된다(대법원 1999.11.12, 99다30473).

정답 ②

010 ▢▢▢   ○ △ ✕

헌법 제32조에 관한 내용으로 옳지 않은 것은?

① 국가는 법률이 정하는 바에 의하여 최저임금제를 시행하여야 한다.

② 여자의 근로는 특별한 보호를 받으며, 고용·임금 및 근로조건에 있어서 부당한 차별을 받지 아니한다.

③ 국가는 근로의 권리의 내용과 조건을 민주주의원칙에 따라 법률로 정하여야 한다.

④ 연소자의 근로는 특별한 보호를 받는다.

⑤ 국가유공자·상이군경 및 전몰군경의 유가족은 법률이 정하는 바에 의하여 우선적으로 근로의 기회를 부여받는다.

해설

① (○) 모든 국민은 근로의 권리를 가진다. 국가는 사회적·경제적 방법으로 근로자의 고용의 증진과 적정임금의 보장에 노력하여야 하며, 법률이 정하는 바에 의하여 최저임금제를 시행하여야 한다(대한민국헌법 제32조 제1항).

② (○) 동조 제4항

③ (✕) 권리 → 의무(동조 제2항 후단)

> **제32조** ② 모든 국민은 근로의 의무를 진다. 국가는 근로의 의무의 내용과 조건을 민주주의원칙에 따라 법률로 정한다.

④ (○) 동조 제5항
⑤ (○) 동조 제6항

정답 ③

11 □□□   ○ △ ✕

한국이 비준하고 있는 국제노동기구(ILO)의 협약이 아닌 것은?

① 결사의 자유 및 단결권 보호 협약(제87호)
② 최저임금결정제도 협약(제26호)
③ 차별(고용과 직업) 협약(제111호)
④ 최저연령 협약(제138호)
⑤ 근로감독 협약(제81호)

해설

① (○) 국제노동기구는 핵심협약 8개에 대하여는 반드시 비준하도록 회원국들에게 권고하고 있는데, 우리나라는 그동안 비준을 연기하여 오던 4개 핵심협약 중 강제노동 철폐 협약(제105호)을 제외하고, 나머지에 대하여 비준하였다. 이에 정답을 변경한다.

우리나라가 비준한 국제노동기구(ILO) 협약

- 실업 협약(제2호)
- 균등대우(재해보상) 협약(제19호)
- 최저임금결정제도 협약(제26호)
- 강제노동 협약(제29호) [핵심]
- 주 40시간 협약(제47호)
- 항해사 해기(海技)면허 협약(제53호)
- 선원의 건강진단에 관한 협약(제73호)
- 근로감독 협약(제81호)
- 결사의 자유 및 단결권 보호 협약(제87호) [핵심]
- 고용서비스 협약(제88호)
- 단결권 및 단체교섭권 협약(제98호) [핵심]
- 동등보수 협약(제100호) [핵심]
- 차별(고용과 직업) 협약(제111호) [핵심]
- 고용정책 협약(제122호)
- 최저임금 결정 협약(제131호)
- 근로자대표 협약(제135호)
- 최저연령 협약(제138호) [핵심]
- 직업성 암 협약(제139호)
- 인적자원 개발 협약(제142호)
- 3자협의(국제노동기준) 협약(제144호)
- 노동행정 협약(제150호)
- 산업안전보건 협약(제155호)
- 가족부양의무 근로자 협약(제156호)
- 직업재활과 고용(장애인) 협약(제159호)
- 노동통계 협약(제160호)
- 화학물질 협약(제170호)
- 가혹한 형태의 아동노동 협약(제182호) [핵심]
- 해사노동 협약(MLC)
- 산업안전보건 증진체계 협약(제187호) 등

정답 ① ▶ 없음

12 □□□   ○ △ ✕

징계에 관한 설명으로 옳지 않은 것은? (다툼이 있으면 판례에 따름)

① 근로자의 사생활에서의 비행은 기업활동에 직접 관련이 있거나 기업의 사회적 평가를 훼손할 염려가 있는 경우, 정당한 징계사유가 될 수 있다.
② 징계위원회에 무자격위원이 참여한 상태에서 징계처분이 이루어진 경우, 그 위원을 제외하더라도 의결정족수가 충족된다면 그 징계처분은 유효하다.
③ 노동조합 간부에 대한 징계처분을 함에 있어 노동조합과 합의를 하도록 단체협약에 규정된 경우, 그 절차를 거치지 않은 징계처분은 원칙적으로 무효이다.
④ 원래의 징계과정에 절차위반의 하자가 있더라도 재심과정에서 보완되었다면 그 절차위반의 하자는 치유된다.
⑤ 취업규칙에서 근로자에 대하여 감급(減給)의 제재를 정할 경우에 그 감액은 1회의 금액이 평균임금의 1일분의 2분의 1을, 총액이 1임금지급기의 임금총액의 10분의 1을 초과하지 못한다.

해설

① (○) 사용자가 근로자에 대하여 징계권을 행사할 수 있는 것은 사업활동을 원활하게 수행하는 데 필요한 범위 내에서 규율과 질서를 유지하기 위한 데에 그 근거가 있으므로, 근로자의 사생활에서의 비행은 사업활동에 직접 관련이 있거나 기업의 사회적 평가를 훼손할 염려가 있는 것에 한하여 정당한 징계사유가 될 수 있다(대법원 1994.12.13, 93누23275).
② (✕) 회사의 단체협약상의 징계규정에는 노동조합원을 징계하려면 상벌위원회의 심의를 거쳐야 하고 그 상벌위원회의 구성은 노사 각 4인씩으로 하여 노동조합원들을 참여시키도록 되어 있는데도 불구하고, 이러한 징계절차 규정을 위배하여 노동조합 측의 위원 2명만 참석시키고 자격이 없는 상조회 소속 근로자 2명을 포함하여 상벌위원회를 구성한 다음 그 상벌위원회의 결의를 거쳐 징계해고하였다면, 이러한 징계권의 행사는 징계사유가 인정되는 여부에 관계없이 절차에 있어서의 정의에 반하는 처사로서 무효라고 보아야 할 것이고, 이는 자격이 없는 위원을 제외하고서도 의결정족수가 충족된다 하더라도 그 상벌위원회의 구성 자체에 위법이 있는 이상 마찬가지이다(대법원 1996.6.28, 94다53716).
③ (○) 사용자가 인사처분을 할 때 노동조합의 사전동의나 승낙을 얻어야 한다거나 노동조합과 인사처분에 관하여 논의하여 의견의 합치를 보아 인사처분을 하도록 단체협약 등에 규정된 경우에는 그 절차를 거치지 아니한 인사처분은 원칙적으로 무효로 보아야 한다(대법원 2010.7.15, 2007두15797).
④ (○) 징계처분에 대한 재심절차는 원래의 징계절차와 함께 전부가 하나의 징계처분절차를 이루는 것으로서 그 절차의 정당성도 징계과정 전부에 관하여 판단되어야 할 것이므로, 원래의 징계과정에 절차위반의 하자가 있더라도 재심과정에서 보완되었다면 그 절차위반의 하자는 치유된다(대법원 1997.11.11, 96다23627).
⑤ (○) 근로기준법 제95조

정답 ②

013 □□□ ○ △ ×

근로기준법상 구제명령 등에 관한 설명으로 옳지 않은 것은?

① 노동위원회는 심문을 끝내고 부당해고등이 성립한다고 판정하면 사용자에게 구제명령을 하여야 한다.

② 노동위원회의 판정, 구제명령 및 기각결정은 사용자와 근로자에게 각각 서면으로 통지하여야 한다.

③ 지방노동위원회의 구제명령이나 기각결정에 불복하는 사용자나 근로자는 구제명령서나 기각결정서를 통지받은 날부터 10일 이내에 중앙노동위원회에 재심을 신청할 수 있다.

④ 중앙노동위원회의 재심판정에 대하여 사용자나 근로자는 재심판정서를 송달받은 날부터 30일 이내에 행정소송법의 규정에 따라 소(訴)를 제기할 수 있다.

⑤ 노동위원회의 구제명령, 기각결정 또는 재심판정은 중앙노동위원회에 대한 재심신청이나 행정소송의 제기에 의하여 그 효력이 정지되지 아니한다.

해설

① (○) 노동위원회는 제29조에 따른 심문을 끝내고 부당해고등이 성립한다고 판정하면 사용자에게 구제명령을 하여야 하며, 부당해고등이 성립하지 아니한다고 판정하면 구제신청을 기각하는 결정을 하여야 한다(근로기준법 제30조 제1항).

② (○) 동조 제2항

③ (○) 동법 제31조 제1항

④ (×) 30일 → 15일(동조 제2항)

> **제31조(구제명령 등의 확정)** ② 제1항에 따른 중앙노동위원회의 재심판정에 대하여 사용자나 근로자는 재심판정서를 송달받은 날부터 15일 이내에 「행정소송법」의 규정에 따라 소(訴)를 제기할 수 있다.

⑤ (○) 동법 제32조

정답 ④

014 □□□ ○ △ ×

근로기준법상 경영상 이유에 의한 해고의 제한에 관한 설명으로 옳지 않은 것은? (다툼이 있으면 판례에 따름)

① 긴박한 경영상의 필요란 기업의 일부 영업부문 내지 영업소의 수지만을 기준으로 할 것이 아니라 기업 전체의 경영사정을 종합적으로 검토하여 결정되어야 한다.

② 근로자의 과반수로 조직된 노동조합이 있는 경우에도 사용자가 그 노동조합과의 협의 외에 근로자집단의 대표와 별도로 협의하여야 한다.

③ 사용자는 대통령령으로 정하는 일정한 규모 이상의 인원을 해고하려면 대통령령으로 정하는 바에 따라 고용노동부장관에게 신고하여야 한다.

④ 경영악화를 방지하기 위한 사업의 양도 · 인수 · 합병은 긴박한 경영상의 필요가 있는 것으로 본다.

⑤ 사용자가 해고를 회피하기 위한 방법에 관하여 노동조합 또는 근로자대표와 성실하게 협의하여 정리해고 실시에 관한 합의에 도달하였다면, 이러한 사정도 해고회피노력의 판단에 참작되어야 한다.

해설

① (○) 기업이 경영상의 필요에 의하여 근로자를 해고하는 이른바 정리해고의 정당성의 요건으로 요구되는, 긴박한 경영상의 필요성이란 기업의 일부 영업부문 내지 영업소의 수지만을 기준으로 할 것이 아니라 기업 전체의 경영사정을 종합적으로 검토하여 결정되어야 하며, 또 해고회피의 노력을 다하여야 한다는 것은 경영방침이나 작업방식의 합리화, 신규채용의 금지, 일시휴직 및 희망퇴직의 활용 및 전근 등 사용자가 해고범위를 최소화하기 위하여 가능한 모든 조치를 취하는 것을 의미한다(대법원 1999.4.27, 99두202).

② (×) 협의하여야 한다 → 협의할 필요는 없다(근로기준법 제24조 제3항)

[보충] 근로자의 과반수로 조직된 노동조합이 없는 경우에만 근로자집단의 대표와 협의하여야 하므로, 위 경우 그 노동조합과의 협의 외에 근로자집단의 대표와 별도로 협의할 필요는 없다.

> **제24조(경영상 이유에 의한 해고의 제한)** ③ 사용자는 제2항에 따른 해고를 피하기 위한 방법과 해고의 기준 등에 관하여 그 사업 또는 사업장에 근로자의 과반수로 조직된 노동조합이 있는 경우에는 그 노동조합(근로자의 과반수로 조직된 노동조합이 없는 경우에는 근로자의 과반수를 대표하는 자를 말한다. 이하 "근로자대표"라 한다)에 해고를 하려는 날의 50일 전까지 통보하고 성실하게 협의하여야 한다.

③ (○) 동법 제24조 제4항

④ (○) 사용자가 경영상 이유에 의하여 근로자를 해고하려면 긴박한 경영상의 필요가 있어야 한다. 이 경우 경영 악화를 방지하기 위한 사업의 양도 · 인수 · 합병은 긴박한 경영상의 필요가 있는 것으로 본다(동조 제1항).

⑤ (○) 사용자가 정리해고를 실시하기 전에 다하여야 할 해고회피노력의 방법과 정도는 확정적 · 고정적인 것이 아니라 당해 사용자의 경영위기의 정도, 정리해고를 실시하여야 하는 경영상의 이유, 사업의 내용과 규모, 직급별 인원상황 등에 따라 달라지는 것이고, 사용자가 해고를 회피하기 위한 방법에 관하여 노동조합 또는 근

로자대표와 성실하게 협의하여 정리해고 실시에 관한 합의에 도달하였다면 이러한 사정도 해고회피노력의 판단에 참작되어야 한다(대법원 2002.7.9, 2001다29452).

정답 ②

15 □□□　　　　　　　　　　　　　　○ △ ×

산업안전보건법에 관한 설명으로 옳지 않은 것은?

① 산업안전보건법은 국가·지방자치단체 및 공기업에는 적용하지 않는다.

② 사업주는 사업장의 안전·보건을 유지하기 위하여 안전·보건교육에 관한 사항 등이 포함된 안전보건관리규정을 작성하여 각 사업장에 게시하거나 갖춰 두고, 이를 근로자에게 알려야 한다.

③ 사업주는 산업안전보건법에 따른 건강진단 시 근로자대표가 요구할 때에는 근로자대표를 입회시켜야 한다.

④ 사업주는 고객의 폭언등으로 인하여 고객응대근로자에게 건강장해가 발생하거나 발생할 현저한 우려가 있는 경우에는, 업무의 일시적 중단 또는 전환 등 대통령령으로 정하는 필요한 조치를 하여야 한다.

⑤ 산업안전보건위원회가 설치되어 있지 아니한 사업장의 사업주는 근로자대표의 동의를 받아 안전보건관리규정을 작성하여야 한다.

해설

2019.1.15. 산업안전보건법이 전부개정되었으나 그 내용이 지문과 배치되지 아니하므로, 그대로 수록하였음을 알린다.

① (×) 적용하지 않는다 → 적용한다(산업안전보건법 제3조)

> **제3조(적용범위)** 이 법은 모든 사업에 적용한다. 다만, 유해·위험의 정도, 사업의 종류, 사업장의 상시근로자 수(건설공사의 경우에는 건설공사 금액을 말한다) 등을 고려하여 대통령령으로 정하는 종류의 사업 또는 사업장에는 이 법의 전부 또는 일부를 적용하지 아니할 수 있다.

② (○) 동법 제34조, 제25조

> **제34조(법령요지 등의 게시 등)** 사업주는 이 법과 이 법에 따른 명령의 요지 및 안전보건관리규정을 각 사업장의 근로자가 쉽게 볼 수 있는 장소에 게시하거나 갖추어 두어 근로자에게 널리 알려야 한다.
> **제25조(안전보건관리규정의 작성)** ① 사업주는 사업장의 안전 및 보건을 유지하기 위하여 다음 각 호의 사항이 포함된 안전보건관리규정을 작성하여야 한다.
> 1. 안전 및 보건에 관한 관리조직과 그 직무에 관한 사항
> 2. 안전보건교육에 관한 사항
> 3. 작업장의 안전 및 보건관리에 관한 사항
> 4. 사고조사 및 대책수립에 관한 사항
> 5. 그 밖에 안전 및 보건에 관한 사항

③ (○) 사업주는 제129조부터 제131조까지의 규정에 따른 건강진단을 실시하는 경우 근로자대표가 요구하면 근로자대표를 참석시켜

야 한다(동법 제132조 제1항).

④ (○) 사업주는 업무와 관련하여 고객 등 제3자의 폭언등으로 근로자에게 건강장해가 발생하거나 발생할 현저한 우려가 있는 경우에는 업무의 일시적 중단 또는 전환 등 대통령령으로 정하는 필요한 조치를 하여야 한다(동법 제41조 제2항).

⑤ (○) 사업주는 안전보건관리규정을 작성하거나 변경할 때에는 산업안전보건위원회의 심의·의결을 거쳐야 한다. 다만, 산업안전보건위원회가 설치되어 있지 아니한 사업장의 경우에는 근로자대표의 동의를 받아야 한다(동법 제26조).

정답 ①

16 □□□　　　　　　　　　　　　　　○ △ ×

직업안정법에 관한 설명으로 옳은 것은?

① 국외 무료직업소개사업을 하려는 자는 고용노동부장관의 허가를 받아야 한다.

② 국내 유료직업소개사업을 하려는 자는 주된 사업소의 소재지를 관할하는 관청에 신고하여야 한다.

③ 고용노동부장관에게 등록을 신청하면 누구든지 근로자공급사업을 할 수 있다.

④ 누구든지 성별, 연령, 종교, 신체적 조건, 사회적 신분 또는 혼인 여부 등을 이유로 직업소개 또는 직업지도를 받거나 고용관계를 결정할 때 차별대우를 받지 아니한다.

⑤ 직업안정기관의 장이 필요하다고 인정하면 구직자의 동의가 없어도 직업적성검사를 할 수 있다.

해설

① (×) ② (×) 고용노동부장관의 허가를 받아야 한다 → 고용노동부장관에게 신고하여야 한다, 관청 → 특별자치도지사·시장·군수 및 구청장(직업안정법 제18조 제1항)

> **제18조(무료직업소개사업)** ① 무료직업소개사업은 소개대상이 되는 근로자가 취업하려는 장소를 기준으로 하여 국내 무료직업소개사업과 국외 무료직업소개사업으로 구분하되, 국내 무료직업소개사업을 하려는 자는 주된 사업소의 소재지를 관할하는 특별자치도지사·시장·군수 및 구청장에게 신고하여야 하고, 국외 무료직업소개사업을 하려는 자는 고용노동부장관에게 신고하여야 한다. 신고한 사항을 변경하려는 경우에도 또한 같다. 〈개정 2010.6.4.〉

③ (×) 등록을 신청하면 → 허가를 받으면(동법 제33조 제1항)

> **제33조(근로자공급사업)** ① 누구든지 고용노동부장관의 허가를 받지 아니하고는 근로자공급사업을 하지 못한다. 〈개정 2010.6.4.〉

④ (○) 동법 제2조

⑤ (×) 동의가 없어도 → 동의를 받아(동법 제9조 제2항)

> **제9조(구직의 신청)** ② 직업안정기관의 장은 구직자의 요청이 있거나 필요하다고 인정하여 구직자의 동의를 받은 경우에는 직업상담 또는 직업적성검사를 할 수 있다.

정답 ④

017 □□□   ○ △ ✕

남녀고용평등과 일·가정 양립지원에 관한 법률에 대한 설명으로 옳지 않은 것은? (다툼이 있으면 판례에 따름)

① 사업주는 근로자를 모집하거나 채용할 때 남녀를 차별하여서는 아니 된다.
② 직장 내 성희롱과 관련된 분쟁해결에서 입증책임은 사업주가 부담한다.
③ 가족돌봄휴직기간은 연간 최장 60일로 하며, 이를 나누어 사용할 수 있다.
④ 동일가치의 노동이라 함은 당해 사업 내의 서로 비교되는 남녀 간의 노동이 그 직무가 다소 다르더라도 객관적인 직무평가 등에 의하여 본질적으로 동일한 가치가 있는 노동을 포함한다.
⑤ 사업주는 근로자가 배우자의 출산을 이유로 휴가를 청구하는 경우에 5일의 범위에서 3일 이상의 휴가를 주어야 하며, 이 경우 사용한 휴가기간 중 최초 3일은 유급으로 한다.

해설

① (○) 남녀고용평등법 제7조 제1항
② (○) 이 법과 관련한 분쟁해결(제26조부터 제29조까지 및 제29조의2부터 제29조의7까지를 포함한다)에서 입증책임은 사업주가 부담한다(동법 제30조).
③ (✕) 60일 → 90일(동법 제22조의2 제4항 제1호)

> **제22조의2(근로자의 가족돌봄 등을 위한 지원)** ④ 가족돌봄휴직 및 가족돌봄휴가의 사용기간과 분할횟수 등은 다음 각 호에 따른다. 〈신설 2020.9.8.〉
> 1. 가족돌봄휴직기간은 연간 최장 90일로 하며, 이를 나누어 사용할 수 있을 것. 이 경우 나누어 사용하는 1회의 기간은 30일 이상이 되어야 한다.
> 2. 가족돌봄휴가기간은 연간 최장 10일[제3호에 따라 가족돌봄휴가기간이 연장되는 경우 20일(「한부모가족지원법」 제4조 제1호의 모 또는 부에 해당하는 근로자의 경우 25일) 이내]로 하며, 일단위로 사용할 수 있을 것. 다만, 가족돌봄휴가기간은 가족돌봄휴직기간에 포함된다.
> 3. 고용노동부장관은 감염병의 확산 등을 원인으로 「재난 및 안전관리 기본법」 제38조에 따른 심각단계의 위기경보가 발령되거나, 이에 준하는 대규모 재난이 발생한 경우로서 근로자에게 가족을 돌보기 위한 특별한 조치가 필요하다고 인정되는 경우 「고용정책 기본법」 제10조에 따른 고용정책심의회의 심의를 거쳐 가족돌봄휴가기간을 연간 10일(「한부모가족지원법」 제4조 제1호에 따른 모 또는 부에 해당하는 근로자의 경우 15일)의 범위에서 연장할 수 있을 것. 이 경우 고용노동부장관은 지체 없이 기간 및 사유 등을 고시하여야 한다.

④ (○) '동일가치의 노동'이란 당해 사업장 내의 서로 비교되는 남녀 간의 노동이 동일하거나 실질적으로 거의 같은 성질의 노동 또는 그 직무가 다소 다르더라도 객관적인 직무평가 등에 의하여 본질적으로 동일한 가치가 있다고 인정되는 노동에 해당하는 것을 말한다(대법원 2013.3.14, 2010다101011).
⑤ (✕) 5일의 범위에서 3일 이상 → 10일, 중 최초 3일 → "삭제"(동법 제18조의2 제1항)

[보충] 2019.8.27. 남녀고용평등법 제18조의2 제1항이 다음과 같이 개정되었으므로, 정답을 변경한다.

> **제18조의2(배우자 출산휴가)** ① 사업주는 근로자가 배우자의 출산을 이유로 휴가(이하 "배우자 출산휴가"라 한다)를 청구하는 경우에 10일의 휴가를 주어야 한다. 이 경우 사용한 휴가기간은 유급으로 한다. 〈개정 2019.8.27.〉

정답 ③ ▶ ③·⑤

018 □□□   ○ △ ✕

근로기준법령상 해고예고의 예외사유에 해당하지 않는 것은?

① 근로자가 계속근로한 기간이 3개월 미만인 경우
② 6개월을 초과하여 단시간 근로를 계속한 경우
③ 천재·사변, 그 밖의 부득이한 사유로 사업을 계속하는 것이 불가능한 경우
④ 제품 또는 원료 등을 몰래 훔치거나 불법 반출한 경우
⑤ 사업장의 기물을 고의로 파손하여 생산에 막대한 지장을 가져온 경우

해설

① (○) ③ (○) 근로기준법 제26조 제1호, 제2호

> **제26조(해고의 예고)** 사용자는 근로자를 해고(경영상 이유에 의한 해고를 포함한다)하려면 적어도 30일 전에 예고를 하여야 하고, 30일 전에 예고를 하지 아니하였을 때에는 30일분 이상의 통상임금을 지급하여야 한다. 다만, 다음 각 호의 어느 하나에 해당하는 경우에는 그러하지 아니하다. 〈개정 2019.1.15.〉
> 1. 근로자가 계속 근로한 기간이 3개월 미만인 경우
> 2. 천재·사변, 그 밖의 부득이한 사유로 사업을 계속하는 것이 불가능한 경우
> 3. 근로자가 고의로 사업에 막대한 지장을 초래하거나 재산상 손해를 끼친 경우로서 고용노동부령으로 정하는 사유에 해당하는 경우

② (✕) 6개월을 초과하여 단시간 근로를 계속한 경우는 해고예고의 예외사유에 해당하지 아니하는 것이다.
④ (○) ⑤ (○) 동법 시행규칙 제4조 관련 별표 1 제6호, 제8호

> **해고예고의 예외가 되는 근로자의 귀책사유(시행규칙 제4조 관련 별표 1)**
> 1. 납품업체로부터 금품이나 향응을 제공받고 불량품을 납품받아 생산에 차질을 가져온 경우
> 2. 영업용 차량을 임의로 타인에게 대리운전하게 하여 교통사고를 일으킨 경우
> 3. 사업의 기밀이나 그 밖의 정보를 경쟁관계에 있는 다른 사업자 등에게 제공하여 사업에 지장을 가져온 경우
> 4. 허위사실을 날조하여 유포하거나 불법 집단행동을 주도하여 사업에 막대한 지장을 가져온 경우
> 5. 영업용 차량 운송수입금을 부당하게 착복하는 등 직책을 이용하여 공금을 착복, 장기유용, 횡령 또는 배임한 경우
> 6. 제품 또는 원료 등을 몰래 훔치거나 불법 반출한 경우
> 7. 인사·경리·회계 담당직원이 근로자의 근무상황 실적을 조작

하거나 허위서류 등을 작성하여 사업에 손해를 끼친 경우
8. 사업장의 기물을 고의로 파손하여 생산에 막대한 지장을 가져온 경우
9. 그 밖에 사회통념상 고의로 사업에 막대한 지장을 가져오거나 재산상 손해를 끼쳤다고 인정되는 경우

정답 ②

---

19 □□□   ○ △ ×

파견근로자 보호 등에 관한 법률상 사용사업주가 파견근로자를 직접 고용할 의무가 발생하는 경우를 모두 고른 것은?

> ㄱ. 고용노동부장관의 허가를 받지 않고 근로자파견사업을 하는 자로부터 근로자파견의 역무를 제공받은 경우
> ㄴ. 제조업의 직접생산공정업무에서 일시적·간헐적으로 사용기간 내에 파견근로자를 사용한 경우
> ㄷ. 건설공사현장에서 이루어지는 업무에서 부상으로 결원이 생겨 파견근로자를 사용한 경우
> ㄹ. 건설공사현장에서 이루어지는 업무에서 연차유급휴가로 결원이 생겨 파견근로자를 사용한 경우

① ㄱ, ㄷ   ② ㄱ, ㄹ   ③ ㄱ, ㄴ, ㄷ
④ ㄱ, ㄷ, ㄹ   ⑤ ㄱ, ㄴ, ㄷ, ㄹ

해설
④ (○) ㄱ, ㄷ, ㄹ이 사용사업주가 파견근로자를 직접 고용할 의무가 발생하는 경우이다.
[보충] ㄴ 일반적으로 근로자파견사업은 제조업의 직접생산공정업무를 제외하나, 일시적·간헐적으로 인력을 확보하여야 할 필요가 있는 경우에는 그러하지 아니하다(파견법 제5조 제1항·제2항).

> 제5조(근로자파견 대상업무 등) ① 근로자파견사업은 제조업의 직접생산공정업무를 제외하고 전문지식·기술·경험 또는 업무의 성질 등을 고려하여 적합하다고 판단되는 업무로서 대통령령으로 정하는 업무를 대상으로 한다.
> ② 제1항에도 불구하고 출산·질병·부상 등으로 결원이 생긴 경우 또는 일시적·간헐적으로 인력을 확보하여야 할 필요가 있는 경우에는 근로자파견사업을 할 수 있다.
> 제6조의2(고용의무) ① 사용사업주가 다음 각 호의 어느 하나에 해당하는 경우에는 해당 파견근로자를 직접 고용하여야 한다.
> 1. 제5조 제1항의 근로자파견 대상업무에 해당하지 아니하는 업무에서 파견근로자를 사용하는 경우(제5조 제2항에 따라 근로자파견사업을 한 경우는 제외한다)
> 2. 제5조 제3항을 위반하여 파견근로자를 사용하는 경우
> 3. 제6조 제2항을 위반하여 2년을 초과하여 계속적으로 파견근로자를 사용하는 경우
> 4. 제6조 제4항을 위반하여 파견근로자를 사용하는 경우
> 5. 제7조 제3항을 위반하여 근로자파견의 역무를 제공받은 경우

정답 ④

---

20 □□□   ○ △ ×

기간제 및 단시간근로자 보호 등에 관한 법률상 차별시정제도에 대한 설명으로 옳지 않은 것은?

① 기간제근로자는 차별적 처우를 받은 경우, 노동위원회에 차별적 처우가 있는 날부터 6개월이 경과하기 전에 그 시정을 신청할 수 있다.
② 기간제근로자가 차별적 처우의 시정신청을 하는 때에는 차별적 처우의 내용을 구체적으로 명시하여야 한다.
③ 노동위원회는 차별적 처우의 시정신청에 따른 심문의 과정에서 관계당사자 쌍방 또는 일방의 신청 또는 직권에 의하여 조정(調停)절차를 개시할 수 있다.
④ 노동위원회는 사용자의 차별적 처우에 명백한 고의가 인정되거나 차별적 처우가 반복되는 경우에는 손해액을 기준으로 3배를 넘지 아니하는 범위에서 배상을 명할 수 있다.
⑤ 시정신청을 한 근로자는 사용자가 확정된 시정명령을 이행하지 아니하는 경우, 이를 중앙노동위원회에 신고하여야 한다.

해설
① (○) 기간제근로자 또는 단시간근로자는 차별적 처우를 받은 경우 「노동위원회법」 제1조의 규정에 따른 노동위원회(이하 "노동위원회"라 한다)에 그 시정을 신청할 수 있다. 다만, 차별적 처우가 있는 날(계속되는 차별적 처우는 그 종료일)부터 6개월이 지난 때에는 그러하지 아니하다(기간제법 제9조 제1항).
② (○) 기간제근로자 또는 단시간근로자가 제1항의 규정에 따른 시정신청을 하는 때에는 차별적 처우의 내용을 구체적으로 명시하여야 한다(동법 제9조 제2항).
③ (○) 노동위원회는 제10조의 규정에 따른 심문의 과정에서 관계당사자 쌍방 또는 일방의 신청 또는 직권에 의하여 조정(調停)절차를 개시할 수 있고, 관계당사자가 미리 노동위원회의 중재(仲裁)결정에 따르기로 합의하여 중재를 신청한 경우에는 중재를 할 수 있다(동법 제11조 제1항).
④ (○) 동법 제13조 제2항 단서
⑤ (×) 중앙노동위원회에 신고하여야 한다 → 고용노동부장관에게 신고할 수 있다(동법 제15조 제2항)

> 제15조(시정명령 이행상황의 제출요구 등) ① 고용노동부장관은 확정된 시정명령에 대하여 사용자에게 이행상황을 제출할 것을 요구할 수 있다. 〈개정 2010.6.4.〉
> ② 시정신청을 한 근로자는 사용자가 확정된 시정명령을 이행하지 아니하는 경우 이를 고용노동부장관에게 신고할 수 있다. 〈개정 2010.6.4.〉

정답 ⑤

021 ☐☐☐ ○ △ ✕

최저임금법에 관한 설명으로 옳지 않은 것은?

① 최저임금액을 일(日)·주(週) 또는 월(月)을 단위로 하여 정할 때에는 시간급(時間給)으로도 표시하여야 한다.

② 최저임금은 근로자의 생계비, 유사 근로자의 임금, 노동생산성 및 소득분배율 등을 고려하여 정한다. 이 경우 사업의 종류별로 구분하여 정할 수 있다.

③ 사용자는 최저임금법에 따른 최저임금을 이유로 종전의 임금수준을 낮출 수 있다.

④ 도급으로 사업을 행하는 경우, 도급인이 책임져야 할 사유로 수급인이 근로자에게 최저임금액에 미치지 못하는 임금을 지급한 경우, 도급인은 해당 수급인과 연대(連帶)하여 책임을 진다.

⑤ 최저임금의 적용을 받는 근로자와 사용자 사이의 근로계약 중 최저임금액에 미치지 못하는 금액을 임금으로 정한 부분은 무효이다.

해설

① (○) 최저임금액(최저임금으로 정한 금액을 말한다)은 시간·일(日)·주(週) 또는 월(月)을 단위로 하여 정한다. 이 경우 일·주 또는 월을 단위로 하여 최저임금액을 정할 때에는 시간급(時間給)으로도 표시하여야 한다(최저임금법 제5조 제1항).

② (○) 동법 제4조 제1항

③ (✕) 있다 → 없다(동법 제6조 제2항)

> **제6조(최저임금의 효력)** ① 사용자는 최저임금의 적용을 받는 근로자에게 최저임금액 이상의 임금을 지급하여야 한다.
> ② 사용자는 이 법에 따른 최저임금을 이유로 종전의 임금수준을 낮추어서는 아니 된다.

④ (○) 동조 제7항

⑤ (○) 최저임금의 적용을 받는 근로자와 사용자 사이의 근로계약 중 최저임금액에 미치지 못하는 금액을 임금으로 정한 부분은 무효로 하며, 이 경우 무효로 된 부분은 이 법으로 정한 최저임금액과 동일한 임금을 지급하기로 한 것으로 본다(동조 제3항).

정답 ③

022 ☐☐☐ ○ △ ✕

임금채권보장법에 관한 설명으로 옳지 않은 것은?

① 미성년자인 근로자는 독자적으로 체당금의 지급을 청구할 수 없다.

② 고용노동부장관이 사업주의 신청에 따라 체불임금등을 지급하는 데 필요한 비용을 융자하는 경우, 융자금액은 고용노동부장관이 해당 근로자에게 직접 지급하여야 한다.

③ 고용노동부장관은 근로자에게 체당금을 지급하였을 때에는 그 지급한 금액의 한도에서 그 근로자가 해당 사업주에 대하여 미지급임금등을 청구할 수 있는 권리를 대위(代位)한다.

④ 사업장 규모 등 고용노동부령으로 정하는 기준에 해당하는 근로자가 체당금을 청구하는 경우, 고용노동부령으로 정하는 공인노무사로부터 체당금청구서 작성, 사실확인 등에 관한 지원을 받을 수 있다.

⑤ 고용노동부장관은 체당금을 지급하는 데 드는 비용에 충당하기 위하여 사업주로부터 부담금을 징수한다.

해설

① (✕) 없다 → 있다(임금채권보장법 제11조의2 제3항)

[보충] 2021.4.13. 임금채권보장법 개정에 따라 체당금은 대지급금으로 변경되었다.

> **제11조의2(수급권의 보호)** ③ 미성년자인 근로자는 독자적으로 대지급금의 지급을 청구할 수 있다.

② (○) 동법 제7조의3 제3항

> **제7조의3(체불임금등 및 생계비 융자)** ① 고용노동부장관은 사업주가 근로자에게 임금등을 지급하지 못한 경우에 사업주의 신청에 따라 체불임금등을 지급하는 데 필요한 비용을 융자할 수 있다. 〈개정 2024.2.6.〉
> ② 고용노동부장관은 사업주로부터 임금등을 지급받지 못한 근로자(퇴직한 근로자를 포함한다)의 생활안정을 위하여 근로자의 신청에 따라 생계비에 필요한 비용을 융자할 수 있다. 〈신설 2020. 12.8.〉
> ③ 제1항 및 제2항에 따른 융자금액은 고용노동부장관이 해당 근로자에게 직접 지급하여야 한다. 〈개정 2020.12.8.〉

③ (○) 동법 제8조 제1항

④ (○) 사업장 규모 등 고용노동부령으로 정하는 기준에 해당하는 퇴직한 근로자가 제1항에 따라 대지급금을 청구하는 경우 고용노동부령으로 정하는 공인노무사로부터 대지급금청구서 작성, 사실확인 등에 관한 지원을 받을 수 있다(동법 제7조 제5항).

⑤ (○) 고용노동부장관은 제7조 또는 제7조의2에 따른 대지급금의 지급이나 제7조의3에 따른 체불임금등 및 생계비의 융자 등 임금채권보장사업에 드는 비용에 충당하기 위하여 사업주로부터 부담금을 징수한다(동법 제9조 제1항).

정답 ①

023 □□□ ○ △ ✕

근로자퇴직급여 보장법에 관한 설명으로 옳지 않은 것은?

① 퇴직급여제도란 확정급여형퇴직연금제도, 확정기여형퇴직연금제도 및 퇴직금제도를 말한다.

② 사용자는 퇴직급여제도를 설정하는 경우에 하나의 사업에서 급여 및 부담금 산정방법의 적용 등에 관하여 차등을 두어서는 아니 된다.

③ 사용자는 계속근로기간이 1년 미만인 근로자, 4주간을 평균하여 1주간의 소정근로시간이 15시간 미만인 근로자에 대하여는 퇴직급여제도를 설정하지 않아도 된다.

④ 사용자가 퇴직급여제도를 설정하거나 설정된 퇴직급여제도를 다른 종류의 퇴직급여제도로 변경하려는 경우, 근로자의 과반수가 가입한 노동조합이 없는 경우에는 근로자 과반수의 동의를 받아야 한다.

⑤ 퇴직금제도를 설정하려는 사용자는 계속근로기간 1년에 대하여 30일분 이상의 통상임금을 퇴직금으로 퇴직 근로자에게 지급할 수 있는 제도를 설정하여야 한다.

해설

① (✕) 확정기여형퇴직연금제도 및 → 확정기여형퇴직연금제도, 중소기업퇴직연금기금제도 및(퇴직급여법 제2조 제6호)

[보충] 2021.4.13. 퇴직급여법 개정으로 중소기업퇴직연금기금제도가 도입되었으므로, 정답을 변경한다.

> **제2조(정의)** 이 법에서 사용하는 용어의 뜻은 다음과 같다. 〈개정 2022.1.11.〉
> 6. "퇴직급여제도"란 확정급여형퇴직연금제도, 확정기여형퇴직연금제도, 중소기업퇴직연금기금제도 및 제8조에 따른 퇴직금제도를 말한다.

② (○) 동법 제4조 제2항

③ (○) 사용자는 퇴직하는 근로자에게 급여를 지급하기 위하여 퇴직급여제도 중 하나 이상의 제도를 설정하여야 한다. 다만, 계속근로기간이 1년 미만인 근로자, 4주간을 평균하여 1주간의 소정근로시간이 15시간 미만인 근로자에 대하여는 그러하지 아니하다(동조 제1항).

④ (○) 사용자가 퇴직급여제도를 설정하거나 설정된 퇴직급여제도를 다른 종류의 퇴직급여제도로 변경하려는 경우에는 근로자의 과반수가 가입한 노동조합이 있는 경우에는 그 노동조합, 근로자의 과반수가 가입한 노동조합이 없는 경우에는 근로자 과반수(이하 "근로자대표"라 한다)의 동의를 받아야 한다(동조 제3항).

⑤ (✕) 통상임금 → 평균임금(동법 제8조 제1항)

> **제8조(퇴직금제도의 설정 등)** ① 퇴직금제도를 설정하려는 사용자는 계속근로기간 1년에 대하여 30일분 이상의 평균임금을 퇴직금으로 퇴직 근로자에게 지급할 수 있는 제도를 설정하여야 한다.

정답 ⑤ ▶ ① · ⑤

---

024 □□□ ○ △ ✕

근로복지기본법상의 사내근로복지기금법인이 그 수익금으로 시행할 수 있는 사업이 아닌 것은?

① 주택구입자금등의 보조 등 근로자 재산형성을 위한 지원

② 모성보호 및 일과 가정생활의 양립을 위하여 필요한 비용지원

③ 장학금·재난구호금의 지급 등 근로자의 생활원조

④ 사업주의 체불임금 지급에 필요한 비용지원

⑤ 해당 사업으로부터 직접 도급받는 업체의 소속 근로자의 복리후생 증진

해설

① (○) ② (○) ③ (○) ⑤ (○) 근로복지기본법 제62조 제1항 제1호, 제3호, 제2호, 제6호

④ (✕) 사업주의 체불임금 지급에 필요한 비용지원은 사내근로복지기금법인이 그 수익금으로 시행할 수 있는 사업이 아니다.

> **제62조(기금법인의 사업)** ① 기금법인은 그 수익금으로 대통령령으로 정하는 바에 따라 다음 각 호의 사업을 시행할 수 있다. 〈개정 2020.12.8.〉
> 1. 주택구입자금등의 보조, 우리사주 구입의 지원 등 근로자 재산형성을 위한 지원
> 2. 장학금·재난구호금의 지급, 그 밖에 근로자의 생활원조
> 3. 모성보호 및 일과 가정생활의 양립을 위하여 필요한 비용지원
> 4. 기금법인 운영을 위한 경비지급
> 5. 근로복지시설로서 고용노동부령으로 정하는 시설에 대한 출자·출연 또는 같은 시설의 구입·설치 및 운영
> 6. 해당 사업으로부터 직접 도급받는 업체의 소속 근로자 및 해당 사업에의 파견근로자의 복리후생 증진
> 6의2. 제86조의2 제1항에 따른 공동근로복지기금 지원
> 7. 사용자가 임금 및 그 밖의 법령에 따라 근로자에게 지급할 의무가 있는 것 외에 대통령령으로 정하는 사업

정답 ④

025 □□□ ○ △ ✕

외국인근로자의 고용 등에 관한 법률에 대한 설명으로 옳지 않은 것은?

① 사용자가 법률에 따라 선정한 외국인근로자를 고용하려면 고용노동부령으로 정하는 표준근로계약서를 사용하여 근로계약을 체결하여야 한다.

② 사용자는 외국인근로자와 근로계약을 체결하려는 경우, 이를 한국산업인력공단 등에 대행하게 할 수 없다.

③ 외국인근로자와 근로계약을 체결한 사용자는 그 외국인근로자를 대리하여 법무부장관에게 사증발급인정서를 신청할 수 있다.

④ 취업활동기간이 연장되는 외국인근로자와 사용자는 연장된 취업활동기간의 범위에서 근로계약을 체결할 수 있다.

⑤ 직업안정기관이 아닌 자는 외국인근로자의 선발, 알선, 그 밖의 채용에 개입하여서는 아니 된다.

해설

① (○) 외국인고용법 제9조 제1항

② (✕) 한국산업인력공단 등에 대행하게 할 수 없다 → 한국산업인력공단에 대행하게 할 수 있다(동조 제2항)

> **제9조(근로계약)** ② 사용자는 제1항에 따른 근로계약을 체결하려는 경우 이를 한국산업인력공단에 대행하게 할 수 있다. 〈개정 2014.1.28.〉

③ (○) 동법 제10조

④ (○) 동법 제9조 제4항

⑤ (○) 동법 제8조 제6항

정답 ②

001 □□□   ○ △ ✕

헌법상 근로의 권리에 관한 설명으로 옳지 않은 것은? (다툼이 있으면 판례에 따름)

① 헌법은 근로의 권리주체를 국민으로 규정하고 있다.
② 근로조건의 기준은 인간의 존엄성을 보장하도록 법률로 정한다.
③ 국가에 대한 직접적인 직장존속보장청구권은 헌법상 근로의 권리에서 도출된다.
④ 국가는 사회적·경제적 방법으로 근로자의 고용의 증진과 적정임금의 보장에 노력하여야 한다.
⑤ 국가유공자·상이군경 및 전몰군경의 유가족은 법률이 정하는 바에 의하여 우선적으로 근로의 기회를 부여받는다.

해설

① (○) ④ (○) 모든 국민은 근로의 권리를 가진다. 국가는 사회적·경제적 방법으로 근로자의 고용의 증진과 적정임금의 보장에 노력하여야 하며, 법률이 정하는 바에 의하여 최저임금제를 시행하여야 한다(대한민국헌법 제32조 제1항).
② (○) 동조 제3항
③ (✕) 헌법 제15조의 직업의 자유 또는 헌법 제32조의 근로의 권리, 사회국가원리 등에 근거하여 실업방지 및 부당한 해고로부터 근로자를 보호하여야 할 국가의 의무를 도출할 수는 있을 것이나, 국가에 대한 직접적인 직장존속보장청구권을 근로자에게 인정할 헌법상의 근거는 없다(헌법재판소 2002.11.28, 2001헌바50).
⑤ (○) 동조 제6항

정답 ③

002 □□□   ○ △ ✕

우리나라 노동법의 법원(法源)에 관한 설명으로 옳지 않은 것은? (다툼이 있으면 판례에 따름)

① 고용노동부의 업무지침 등이 그 성질과 내용이 행정기관 내부의 사무처리지침에 불과한 경우에는 대외적인 구속력은 없다.
② 국제노동기구(ILO)의 결사의 자유 및 단결권의 보호에 관한 협약(제87호)은 노동법의 법원에 해당한다.
③ 노동사건에 대한 판례는 노동법의 법원으로 인정되지 않는다.
④ 단체협약은 노동법의 법원으로 인정된다.
⑤ 노동조합규약은 일종의 자치적 법규범으로서 소속 조합원에 대하여 법적 효력을 가진다.

해설

① (○) 고용노동부의 예규 등 행정해석은 고용노동부가 관계법령의 통일적·효율적 감독·시행을 위한 내부적 업무처리지침에 불과하고, 관계당사자나 법관을 구속할 수 없으므로, 노동법의 법원으로 인정되지 아니한다.

[보충] 업무상재해인정기준에 관한 노동부 예규는 그 규정의 성질과 내용이 행정기관 내부의 사무처리준칙을 규정한 데 불과한 것이어서 국민이나 법원을 구속하는 것이 아니라고 할 것이다(대법원 1990.9.25, 90누2727).

② (○) 국제노동기구는 핵심협약 8개에 대하여는 반드시 비준하도록 회원국들에 권고하고 있는데, 우리나라는 그동안 비준을 연기하여 오던 4개 핵심협약 중 강제노동 철폐 협약(제105호)을 제외하고, 나머지에 대하여 비준하였다. 이에 정답을 변경한다.

우리나라가 비준한 국제노동기구(ILO) 핵심협약
- 강제노동 협약(제29호)
- 결사의 자유 및 단결권 보호 협약(제87호)
- 단결권 및 단체교섭권 협약(제98호)
- 동등보수 협약(제100호)
- 차별(고용과 직업) 협약(제111호)
- 최저연령 협약(제138호)
- 가혹한 형태의 아동노동 협약(제182호)

③ (○) 성문법주의를 택하고 있는 우리나라에서는 법관이 선례에 구속되지 아니하고, 해당 사건이 아니면 상급법원의 판례에 구속되지도 아니하므로, 노동사건에 관한 판례는 노동법의 법원으로 인정되지 아니한다.
④ (○) ⑤ (○) 단체협약, 취업규칙, 노동조합규약 및 근로계약은 그 적용을 받는 당사자의 권리·의무를 규율하고 있으므로, 노동법의 법원으로 인정된다 할 것이다.

정답 ② ▶ 없음

003 □□□ ○△✕

근로기준법상 사용자의 인사명령에 관한 설명으로 옳지 않은 것은? (다툼이 있으면 판례에 따름)

① 근로자에 대한 전직이나 전보처분은 원칙적으로 인사권자인 사용자의 권한에 속한다.

② 근로계약에서 근로의 내용이나 근무장소를 특별히 한정한 경우에 사용자가 근로자에 대하여 전보처분을 하려면 원칙적으로 근로자의 동의가 있어야 한다.

③ 근로자의 직무수행능력 부족을 이유로 한 잠정적 직위해제는 기업질서 유지를 목적으로 행하여지는 징벌적 제재로서의 징계와 그 성질이 동일하다.

④ 휴직명령은 근로자가 상당한 기간에 걸쳐 근로의 제공을 할 수 없다거나, 근로제공을 함이 매우 부적당하다고 인정되는 경우에는 정당한 이유에 해당된다.

⑤ 전적 시 당사자 사이에 종전의 근로관계를 승계하기로 하는 특약이 없었다면, 전적(轉籍)으로 근로관계는 단절된다.

해설

① (○) ② (○) 근로자에 대한 전직이나 전보처분은 근로자가 제공하여야 할 근로의 종류 · 내용 · 장소 등에 변경을 가져온다는 점에서 근로자에게 불이익한 처분이 될 수도 있으나 원칙적으로 인사권자인 사용자의 권한에 속하므로 업무상 필요한 범위 안에서는 상당한 재량을 가지며, 그것이 근로기준법에 위반되거나 권리남용에 해당하는 등 특별한 사정이 없는 한 무효라고는 할 수 없고, 다만 근로계약에서 근로내용이나 근무장소를 특별히 한정한 경우에 사용자가 근로자에 대하여 전보나 전직처분을 하려면 원칙적으로 근로자의 동의가 있어야 한다(대법원 2013.2.28, 2010다52041).

③ (✕) 근로자에 대한 직위해제는 일반적으로 근로자가 직무수행능력이 부족하거나 근무성적 또는 근무태도 등이 불량한 경우, 근로자에 대한 징계절차가 진행 중인 경우, 근로자가 형사사건으로 기소된 경우 등에 있어서 당해 근로자가 장래에 있어서 계속 직무를 담당하게 될 경우 예상되는 업무상의 장애 등을 예방하기 위하여 일시적으로 당해 근로자에게 직위를 부여하지 아니함으로써 직무에 종사하지 못하도록 하는 잠정적인 조치로서의 보직의 해제를 의미하므로, 과거의 근로자의 비위행위에 대하여 기업질서 유지를 목적으로 행하여지는 징벌적 제재로서의 징계와는 그 성질이 다르다(대법원 2007.5.31, 2007두1460).

④ (○) 근로기준법 제30조 제1항에서 사용자는 근로자에 대하여 정당한 이유 없이 휴직하지 못한다고 제한하고 있는 취지에 비추어 볼 때, 사용자의 취업규칙이나 단체협약 등의 휴직근거규정에 의하여 사용자에게 일정한 휴직사유의 발생에 따른 휴직명령권을 부여하고 있다 하더라도 그 정해진 사유가 있는 경우 당해 휴직규정의 설정 목적과 그 실제 기능, 휴직명령권 발동의 합리성 여부 및 그로 인하여 근로자가 받게 될 신분상 · 경제상의 불이익 등 구체적인 사정을 모두 참작하여 근로자가 상당한 기간에 걸쳐 근로의 제공을 할 수 없다거나, 근로제공을 함이 매우 부적당하다고 인정되는 경우에만 정당한 이유가 있다고 보아야 한다(대법원 2005.2.18, 2003다63029).

⑤ (○) 근로자를 그가 고용된 기업으로부터 별개의 기업체인 다른 기업으로 적을 옮겨 그 다른 기업의 업무에 종사하게 하는 전적(轉籍)은 원칙적으로 근로자의 동의를 얻어야 효력이 생기는 것이고, 이와 같은 전적은 종전 기업과의 근로관계를 합의해지하고 이적하게 될 기업과 사이에 새로운 근로계약을 체결하는 것이므로, 유효한 전적이 이루어진 경우에는 당사자 사이에 종전 기업과의 근로관계를 승계하기로 하는 특약이 있거나 이적하게 될 기업의 취업규칙 등에 종전 기업에서의 근속기간을 통산하도록 하는 규정이 있는 등의 특별한 사정이 없는 한 당해 근로자의 종전 기업과의 근로관계는 단절되고, 이적하게 될 기업이 당해 근로자의 종전 기업과의 근로관계를 승계하는 것은 아니다(대법원 2013.12.12, 2012다105741).

정답 ③

004 □□□ ○△✕

근로기준법상 근로계약의 체결에 관한 설명으로 옳지 않은 것은? (다툼이 있으면 판례에 따름)

① 사용자는 특별한 사정이 없는 한 근로자와 사이에 근로계약의 체결을 통하여 자신의 업무지휘권의 행사와 조화를 이루는 범위 내에서 근로자가 인격을 실현시킬 수 있도록 배려하여야 할 신의칙상의 의무를 부담한다.

② 고용노동부장관은 근로계약이 미성년자에게 불리하다고 인정하는 경우에는 이를 해지할 수 있다.

③ 사용자는 근로계약에 덧붙여 저축금의 관리를 규정하는 계약을 체결하지 못하나, 근로자의 위탁으로 저축을 관리할 수는 있다.

④ 취업규칙에 신규채용 근로자에 대한 사용기간의 적용을 선택적 사항으로 규정하고 있는 경우, 근로계약에 시용기간의 적용을 명시하지 아니하고 고용한 근로자는 정식사원으로 채용되었다고 보아야 한다.

⑤ 근로자에 대한 신원보증계약은 근로기준법상 위약예정의 금지에 해당되어 무효이다.

해설

① (○) 사용자는 특별한 사정이 없는 한 근로자와 근로계약 체결을 통하여 자신의 업무지휘권 · 업무명령권의 행사와 조화를 이루는 범위 내에서 근로자가 근로제공을 통하여 참다운 인격의 발전을 도모함으로써 자신의 인격을 실현할 수 있도록 배려하여야 할 신의칙상 의무를 부담한다(대법원 2012.5.9, 2010다88880).

② (○) 친권자, 후견인 또는 고용노동부장관은 근로계약이 미성년자에게 불리하다고 인정하는 경우에는 이를 해지할 수 있다(근로기준법 제67조 제2항).

③ (○) 동법 제22조

> **제22조(강제 저금의 금지)** ① 사용자는 근로계약에 덧붙여 강제저축 또는 저축금의 관리를 규정하는 계약을 체결하지 못한다.
> ② 사용자가 근로자의 위탁으로 저축을 관리하는 경우에는 다음 각 호의 사항을 지켜야 한다.
> 1. 저축의 종류 · 기간 및 금융기관을 근로자가 결정하고, 근로자 본인의 이름으로 저축할 것
> 2. 근로자가 저축증서 등 관련 자료의 열람 또는 반환을 요구할

때에는 즉시 이에 따를 것

④ (○) 취업규칙에 신규채용하는 근로자에 대한 시용기간의 적용을 선택적 사항으로 규정하고 있는 경우에는 그 근로자에 대하여 시용기간을 적용할 것인가의 여부를 근로계약에 명시하여야 하고, 만약 근로계약에 시용기간이 적용된다고 명시하지 아니한 경우에는 시용근로자가 아닌 정식사원으로 채용되었다고 보아야 한다(대법원 1999.11.12, 99다30473).

⑤ (×) 근로기준법 제24조는 사용자가 근로자와의 사이에서 근로계약 불이행에 대한 위약금 또는 손해배상액을 예정하는 계약의 체결을 금지하는 데 그치는 것이므로 근로자에 대한 신원보증계약은 이에 해당되지 아니한다(대법원 1980.9.24, 80다1040).

정답 ⑤

005 ☐☐☐ ○ △ ×

근로기준법상 기본원칙에 관한 설명으로 옳지 않은 것은? (다툼이 있으면 판례에 따름)

① 사용자는 근로자에 대하여 국적·신앙 또는 사회적 신분을 이유로 근로조건에 대한 차별적 처우를 하지 못한다.

② 영리로 다른 사람의 취업에 개입하는 행위에는 취업을 원하는 사람에게 취업을 알선해 주기로 하면서 그 대가로 금품을 수령하는 정도의 행위는 포함되지 않는다.

③ 사용자는 정신상의 자유를 부당하게 구속하는 수단으로써 근로자의 자유의사에 어긋나는 근로를 강요하지 못한다.

④ 근로자와 사용자는 각자가 단체협약, 취업규칙과 근로계약을 지키고 성실하게 이행할 의무가 있다.

⑤ 사용자는 근로자가 근로시간 중에 선거권 행사를 위해 필요한 시간을 청구한 경우, 그 행사에 지장이 없으면 청구한 시간을 변경할 수 있다.

해설

① (○) ③ (○) ④ (○) ⑤ (○) 근로기준법 제6조, 제7조, 제5조, 제10조 단서

> **근로기준법 제3조(근로조건의 기준)** 이 법에서 정하는 근로조건은 최저기준이므로 근로관계 당사자는 이 기준을 이유로 근로조건을 낮출 수 없다.
> **제4조(근로조건의 결정)** 근로조건은 근로자와 사용자가 동등한 지위에서 자유의사에 따라 결정하여야 한다.
> **제5조(근로조건의 준수)** 근로자와 사용자는 각자가 단체협약, 취업규칙과 근로계약을 지키고 성실하게 이행할 의무가 있다.
> **제6조(균등한 처우)** 사용자는 근로자에 대하여 남녀의 성(性)을 이유로 차별적 대우를 하지 못하고, 국적·신앙 또는 사회적 신분을 이유로 근로조건에 대한 차별적 처우를 하지 못한다.
> **제7조(강제근로의 금지)** 사용자는 폭행, 협박, 감금, 그 밖에 정신상 또는 신체상의 자유를 부당하게 구속하는 수단으로써 근로자의 자유의사에 어긋나는 근로를 강요하지 못한다.

> **제8조(폭행의 금지)** 사용자는 사고의 발생이나 그 밖의 어떠한 이유로도 근로자에게 폭행을 하지 못한다.
> **제9조(중간착취의 배제)** 누구든지 법률에 따르지 아니하고는 영리로 다른 사람의 취업에 개입하거나 중간인으로서 이익을 취득하지 못한다.
> **제10조(공민권 행사의 보장)** 사용자는 근로자가 근로시간 중에 선거권, 그 밖의 공민권(公民權) 행사 또는 공(公)의 직무를 집행하기 위하여 필요한 시간을 청구하면 거부하지 못한다. 다만, 그 권리행사나 공(公)의 직무를 수행하는 데에 지장이 없으면 청구한 시간을 변경할 수 있다.

② (×) 구 근로기준법(2007.4.11. 법률 제8372호로 전문개정되기 전의 것) 제8조(現 제9조)의 입법취지와 직업안정법 등의 관련 법률 조항들을 종합적으로 고려해 볼 때, 위 조항의 '영리로 타인의 취업에 개입'하는 행위, 즉 제3자가 영리로 타인의 취업을 소개 또는 알선하는 등 근로관계의 성립 또는 갱신에 영향을 주는 행위에는 취업을 원하는 사람에게 취업을 알선해 주기로 하면서 그 대가로 금품을 수령하는 정도의 행위도 포함되고, 반드시 근로관계 성립 또는 갱신에 직접적인 영향을 미칠 정도로 구체적인 소개 또는 알선행위에까지 나아가야만 하는 것은 아니다(대법원 2008.9.25, 2006도7660).

정답 ②

006 ☐☐☐ ○ △ ×

근로기준법상 근로시간과 휴식에 관한 설명으로 옳지 않은 것은? (다툼이 있으면 판례에 따름)

① 근로시간을 산정함에 있어 작업을 위하여 근로자가 사용자의 지휘·감독 아래에 있는 대기시간 등은 근로시간으로 본다.

② 15세 이상 18세 미만의 근로자에게는 탄력적 근로시간제가 적용되지 않는다.

③ 선택적 근로시간제를 시행하려는 사용자는 근로자대표와 서면합의를 하여야 한다.

④ 근로자에 대한 임금을 월급으로 지급할 경우, 그 월급에는 근로기준법상 소정의 유급휴일에 대한 임금도 포함된다.

⑤ 사용자는 취업규칙이 정하는 바에 따라 연장근로에 대하여 임금을 지급하는 것을 갈음하여 휴가를 줄 수 있다.

해설

① (○) 제1항 및 제2항에 따라 근로시간을 산정하는 경우 작업을 위하여 근로자가 사용자의 지휘·감독 아래에 있는 대기시간 등은 근로시간으로 본다(근로기준법 제50조 제3항).

② (○) 동법 제51조 제3항, 제51조의2 제6항

> **제51조(3개월 이내의 탄력적 근로시간제)** ③ 제1항과 제2항은 15세 이상 18세 미만의 근로자와 임신 중인 여성근로자에 대하여는 적용하지 아니한다.
> **제51조의2(3개월을 초과하는 탄력적 근로시간제)** ⑥ 제1항부터 제5항까지의 규정은 15세 이상 18세 미만의 근로자와 임신

중인 여성근로자에 대해서는 적용하지 아니한다.

③ (○) 동법 제52조 제1항

> **제52조(선택적 근로시간제)** ① 사용자는 취업규칙(취업규칙에 준하는 것을 포함한다)에 따라 업무의 시작 및 종료시각을 근로자의 결정에 맡기기로 한 근로자에 대하여 근로자대표와의 서면합의에 따라 다음 각 호의 사항을 정하면 1개월(신상품 또는 신기술의 연구개발 업무의 경우에는 3개월로 한다) 이내의 정산기간을 평균하여 1주간의 근로시간이 제50조 제1항의 근로시간을 초과하지 아니하는 범위에서 1주간에 제50조 제1항의 근로시간을, 1일에 제50조 제2항의 근로시간을 초과하여 근로하게 할 수 있다. 〈개정 2021.1.5.〉
> 1. 대상 근로자의 범위(15세 이상 18세 미만의 근로자는 제외한다)
> 2. 정산기간
> 3. 정산기간의 총근로시간
> 4. 반드시 근로하여야 할 시간대를 정하는 경우에는 그 시작 및 종료시각
> 5. 근로자가 그의 결정에 따라 근로할 수 있는 시간대를 정하는 경우에는 그 시작 및 종료시각
> 6. 그 밖에 대통령령으로 정하는 사항

④ (○) 근로자에 대한 임금을 월급으로 지급할 경우 월급통상임금에는 근로기준법 제45조 소정의 유급휴일에 대한 임금도 포함된다고 할 것이므로 월급통상임금을 월 소정근로시간 수로 나누는 방법에 의하여 시간급통상임금을 산정함에 있어서는 월 유급휴일 해당 근로시간수도 월 소정근로시간 수에 포함되어야 할 것이다(대법원 1990.12.26, 90다카12493).

⑤ (×) 취업규칙이 정하는 바 → 근로자대표와의 서면합의(동법 제57조)

> **제57조(보상휴가제)** 사용자는 근로자대표와의 서면합의에 따라 제51조의3, 제52조 제2항 제2호 및 제56조에 따른 연장근로·야간근로 및 휴일근로 등에 대하여 임금을 지급하는 것을 갈음하여 휴가를 줄 수 있다. 〈개정 2021.1.5.〉

정답 ⑤

007 □□□ ○ △ ×

근로기준법상 여성의 보호에 관한 설명으로 옳은 것은?
① 사용자는 산후 2년이 지나지 아니한 여성을 보건상 유해·위험한 사업에 사용하지 못한다.
② 사용자는 임산부가 아닌 18세 이상의 여성을 보건상 유해·위험한 사업 중 임신 또는 출산에 관한 기능에 유해·위험한 사업에 사용하지 못한다.
③ 사용자는 여성을 휴일에 근로시키려면 근로자대표의 서면동의를 받아야 한다.
④ 여성은 보건·의료, 보도·취재 등의 일시적 사유가 있더라도 갱내(坑內)에서 근로를 할 수 없다.
⑤ 사용자는 여성근로자가 청구하면 월 1일의 유급생리휴가를 주어야 한다.

해설

① (×) 2년 → 1년(근로기준법 제65조 제1항)

> **제65조(사용금지)** ① 사용자는 임신 중이거나 산후 1년이 지나지 아니한 여성(이하 "임산부"라 한다)과 18세 미만자를 도덕상 또는 보건상 유해·위험한 사업에 사용하지 못한다.

② (○) 동조 제2항

③ (×) 근로자대표의 서면동의 → 그 근로자의 동의(동법 제70조 제1항)

> **제70조(야간근로와 휴일근로의 제한)** ① 사용자는 18세 이상의 여성을 오후 10시부터 오전 6시까지의 시간 및 휴일에 근로시키려면 그 근로자의 동의를 받아야 한다.

④ (×) 있더라도 → 있으면, 없다 → 있다(동법 제72조 단서)

> **제72조(갱내근로의 금지)** 사용자는 여성과 18세 미만인 사람을 갱내(坑內)에서 근로시키지 못한다. 다만, 보건·의료, 보도·취재 등 대통령령으로 정하는 업무를 수행하기 위하여 일시적으로 필요한 경우에는 그러하지 아니한다. 〈개정 2020.5.26.〉

⑤ (×) 유급생리휴가 → 생리휴가(동법 제73조)
[보충] 1954년 제정 근로기준법은 유급생리휴가를 규정하였으나 2004년 이후 무급화되었다. 참고로, 생리휴가는 그 성질이 여성의 생리를 전제하므로, 임신으로 생리가 일시중단되었거나 고령 등으로 생리가 없는 여성근로자는 생리휴가를 청구할 자격이 없다.

> **제73조(생리휴가)** 사용자는 여성근로자가 청구하면 월 1일의 생리휴가를 주어야 한다.

정답 ②

008 □□□ ○ △ ×

근로기준법령상 사용자가 3년간 보존하여야 하는 근로계약에 관한 중요한 서류가 아닌 것은?
① 연소자의 증명에 관한 서류
② 휴가에 관한 서류
③ 승급·감급에 관한 서류
④ 퇴직금 중간정산에 관한 증명서류
⑤ 임금대장

해설

① (○) ② (○) ③ (○) ⑤ (○) 근로기준법 제42조, 동법 시행령 제22조 제1항 제9호, 제6호, 제5호, 제2호
④ (×) 퇴직금 중간정산에 관한 증명서류는 사용자가 3년간 보존하여야 하는 근로계약에 관한 중요한 서류가 아닌 것이다.

> **근로기준법 제42조(계약서류의 보존)** 사용자는 근로자 명부와 대통령령으로 정하는 근로계약에 관한 중요한 서류를 3년간 보존하여야 한다.
> **시행령 제22조(보존대상서류 등)** ① 법 제42조에서 "대통령령으로 정하는 근로계약에 관한 중요한 서류"란 다음 각 호의 서류를 말한다. 〈개정 2021.3.30.〉
> 1. 근로계약서
> 2. 임금대장
> 3. 임금의 결정·지급방법과 임금계산의 기초에 관한 서류

4. 고용·해고·퇴직에 관한 서류
5. 승급·감급에 관한 서류
6. 휴가에 관한 서류
7. 삭제 〈2014.12.9.〉
8. 법 제51조 제2항, 제51조의2 제1항, 같은 조 제2항 단서, 같은 조 제5항 단서, 제52조 제1항, 같은 조 제2항 제1호 단서, 제53조 제3항, 제55조 제2항 단서, 제57조, 제58조 제2항·제3항, 제59조 제1항 및 제62조에 따른 서면합의서류
9. 법 제66조에 따른 연소자의 증명에 관한 서류

정답 ④

---

009 □□□   ○ △ ✕

근로기준법상 휴일근로에 관한 규정이다. (   )에 들어갈 숫자를 옳게 짝지은 것은?

> 사용자는 휴일근로에 대하여는 다음 각 호의 기준에 따른 금액 이상을 가산하여 근로자에게 지급하여야 한다.
> 1. 8시간 이내의 휴일근로: 통상임금의 100분의 (ㄱ)
> 2. 8시간을 초과한 휴일근로: 통상임금의 100분의 (ㄴ)

① ㄱ: 50, ㄴ: 100   ② ㄱ: 50, ㄴ: 150
③ ㄱ: 50, ㄴ: 200   ④ ㄱ: 100, ㄴ: 150
⑤ ㄱ: 100, ㄴ: 200

해설
① (○) ㄱ: 50, ㄴ: 100

> 제56조(연장·야간 및 휴일근로) ② 제1항에도 불구하고 사용자는 휴일근로에 대하여는 다음 각 호의 기준에 따른 금액 이상을 가산하여 근로자에게 지급하여야 한다. 〈신설 2018.3.20.〉
> 1. 8시간 이내의 휴일근로: 통상임금의 100분의 50
> 2. 8시간을 초과한 휴일근로: 통상임금의 100분의 100

정답 ①

---

010 □□□   ○ △ ✕

근로기준법상 적용범위에 관한 설명으로 옳지 않은 것은? (다툼이 있으면 판례에 따름)

① 동거하는 친족만을 사용하는 사업 또는 사업장과 가사사용인에 대하여는 적용하지 아니한다.
② 상시 사용하는 근로자 수의 산정에 있어 일용근로자는 포함되지 않는다.
③ 근로기준법이 상시 4명 이하의 사업 또는 사업장에 원칙상 적용되지 않는 것은 영세사업장의 현실과 국가의 근로감독능력의 한계를 고려한 것이다.
④ 근로기준법의 적용 사업장은 영리사업인지 여부를 불문한다.
⑤ 야간근로에 대해 통상임금의 100분의 50 이상을 가산하여 지급하는 규정은 상시 4명 이하 사업장에는 적용되지 않는다.

해설
① (○) 이 법은 상시 5명 이상의 근로자를 사용하는 모든 사업 또는 사업장에 적용한다. 다만, 동거하는 친족만을 사용하는 사업 또는 사업장과 가사(家事)사용인에 대하여는 적용하지 아니한다(근로기준법 제11조 제1항).

② (✕) 근로기준법의 적용범위를 정한 같은 법 제10조 제1항 소정의 '상시 5인 이상의 근로자를 사용하는 사업 또는 사업장'이라 함은 '상시 근무하는 근로자의 수가 5인 이상인 사업 또는 사업장'이 아니라 '사용하는 근로자의 수가 상시 5인 이상인 사업 또는 사업장'을 뜻하는 것이고, 이 경우 상시라 함은 상태(常態)라고 하는 의미로서 근로자의 수가 때때로 5인 미만이 되는 경우가 있어도 사회통념에 의하여 객관적으로 판단하여 상태적으로 5인 이상이 되는 경우에는 이에 해당하며, 여기의 근로자에는 당해 사업장에 계속 근무하는 근로자뿐만 아니라 그때그때의 필요에 의하여 사용하는 일용근로자를 포함한다(대법원 2000.3.14, 99도1243).

> 시행령 제7조의2(상시 사용하는 근로자 수의 산정방법) ① 법 제11조 제3항에 따른 "상시 사용하는 근로자 수"는 해당 사업 또는 사업장에서 법 적용사유(휴업수당 지급, 근로시간 적용 등 법 또는 이 영의 적용 여부를 판단하여야 하는 사유를 말한다) 발생일 전 1개월(사업이 성립한 날부터 1개월 미만인 경우에는 그 사업이 성립한 날 이후의 기간을 말한다. 이하 "산정기간"이라 한다) 동안 사용한 근로자의 연인원을 같은 기간 중의 가동일수로 나누어 산정한다.
> ④ 제1항의 연인원에는 「파견근로자 보호 등에 관한 법률」 제2조 제5호에 따른 파견근로자를 제외한 다음 각 호의 근로자 모두를 포함한다. 〈개정 2018.6.29.〉
> 1. 해당 사업 또는 사업장에서 사용하는 통상근로자, 「기간제 및 단시간근로자 보호 등에 관한 법률」 제2조 제1호에 따른 기간제근로자, 단시간근로자 등 고용형태를 불문하고 하나의 사업 또는 사업장에서 근로하는 모든 근로자
> 2. 해당 사업 또는 사업장에 동거하는 친족과 함께 제1호에 해당하는 근로자가 1명이라도 있으면 동거하는 친족인 근로자

③ (○) '상시 사용 근로자 수 5인'이라는 기준을 분수령으로 하여 근로기준법의 전면적용 여부를 달리한 것은, 근로기준법의 확대적용을 위한 지속적인 노력을 기울이는 과정에서 한편으로 영세사업

장의 열악한 현실을 고려하고, 다른 한편으로 국가의 근로감독능력의 한계를 아울러 고려하면서 근로기준법의 법규범성을 실질적으로 관철하기 위한 입법정책적 결정으로서 거기에는 나름대로의 합리적 이유가 있다고 할 것이므로 평등원칙에 위배된다고 할 수 없다(헌법재판소 1999.9.16, 98헌마310).

④ (○) 영리사업뿐만 아니라 비영리사업 또한 근로기준법 적용대상 사업이다.

[보충] 근로기준법의 적용범위를 규정한 구 근로기준법(2007.4. 11. 법률 제8372호로 전문개정되기 전의 것) 제10조(現 제11조)는 상시 5인 이상의 근로자를 사용하는 모든 사업 또는 사업장에 적용한다고 규정하고 있는바, 여기서 말하는 사업장인지 여부는 하나의 활동주체가 유기적 관련 아래 사회적 활동으로서 계속적으로 행하는 모든 작업이 이루어지는 단위장소 또는 장소적으로 구획된 사업체의 일부분에 해당되는지에 달려있으므로, 그 사업의 종류를 한정하지 아니하고 영리사업인지 여부도 불문하며, 1회적이거나 그 사업기간이 일시적이라 하여 근로기준법의 적용대상이 아니라 할 수 없고, 근로자를 정의한 같은 법 제14조(現 제2조)에서도 직업의 종류를 한정하고 있지 아니하므로, 정치단체도 위 각 조문의 사업이나 사업장 또는 직업에 해당된다 할 것이다(대법원 2007. 10.26, 2005도9218).

⑤ (○) 상시 4명 이하의 근로자를 사용하는 사업 또는 사업장에 적용하는 근로시간 관련 법 규정은 제54조(휴게), 제55조(휴일) 제1항 및 제63조(적용의 제외)뿐이다. 따라서 제56조(연장·야간 및 휴일근로)는 적용되지 아니한다.

정답 ②

행하지 아니한 사용자에게 부과하는 이행강제금의 한도를 2천만원에서 3천만 원으로 인상하였으므로, 정답을 변경한다.

> 근로기준법 제33조(이행강제금) ① 노동위원회는 구제명령(구제명령을 내용으로 하는 재심판정을 포함한다)을 받은 후 이행기한까지 구제명령을 이행하지 아니한 사용자에게 3천만 원 이하의 이행강제금을 부과한다. 〈개정 2021.5.18.〉

② (×) 행정소송이 제기될 → 구제명령이 이행될(동법 제33조 제5항)

> 제33조(이행강제금) ⑤ 노동위원회는 최초의 구제명령을 한 날을 기준으로 매년 2회의 범위에서 구제명령이 이행될 때까지 반복하여 제1항에 따른 이행강제금을 부과·징수할 수 있다. 이 경우 이행강제금은 2년을 초과하여 부과·징수하지 못한다.

③ (×) 즉시 → 기간을 정하여 독촉을 하고 지정된 기간에(동조 제7항)

> 제33조(이행강제금) ⑦ 노동위원회는 이행강제금 납부의무자가 납부기한까지 이행강제금을 내지 아니하면 기간을 정하여 독촉을 하고 지정된 기간에 제1항에 따른 이행강제금을 내지 아니하면 국세 체납처분의 예에 따라 징수할 수 있다.

④ (×) 이행강제금의 부과처분은 취소하여야 한다 → 이행강제금은 징수하여야 한다(동조 제6항)

> 제33조(이행강제금) ⑥ 노동위원회는 구제명령을 받은 자가 구제명령을 이행하면 새로운 이행강제금을 부과하지 아니하되, 구제명령을 이행하기 전에 이미 부과된 이행강제금은 징수하여야 한다.

⑤ (○) 동조 제8항

정답 ⑤ ▶ ①·⑤

---

011 □□□   ○ △ ×

근로기준법상 이행강제금에 관한 설명으로 옳은 것은?

① 노동위원회는 구제명령을 받은 후 이행기한까지 구제명령을 이행하지 아니한 사용자에게 3천만 원 이하의 이행강제금을 부과한다.

② 노동위원회는 2년을 초과하지 않는 범위 내에서 최초의 구제명령을 한 날을 기준으로 매년 2회의 범위에서 행정소송이 제기될 때까지 반복하여 이행강제금을 부과·징수할 수 있다.

③ 노동위원회는 이행강제금 납부의무자가 납부기한까지 이행강제금을 내지 아니하면 즉시 국세 체납처분의 예에 따라 징수할 수 있다.

④ 노동위원회는 구제명령을 받은 자가 구제명령을 이행하면 새로운 이행강제금을 부과하지 아니하고, 구제명령을 이행하기 전에 이미 부과된 이행강제금의 부과처분은 취소하여야 한다.

⑤ 근로자는 구제명령을 받은 사용자가 이행기한까지 구제명령을 이행하지 아니하면 이행기한이 지난 때부터 15일 이내에 그 사실을 노동위원회에 알려 줄 수 있다.

해설

① (○) 2021.5.18. 개정 근로기준법은 노동위원회의 구제명령을 이

---

012 □□□   ○ △ ×

근로기준법령상 부당해고 구제제도에 관한 설명으로 옳지 않은 것은?

① 노동위원회는 사용자에게 구제명령을 하는 때에는 구제명령을 한 날부터 15일 이내의 이행기한을 정하여야 한다.

② 중앙노동위원회의 재심판정에 대하여 사용자나 근로자는 재심판정서를 송달받은 날부터 15일 이내에 행정소송을 제기할 수 있다.

③ 노동위원회는 구제명령을 할 때에 근로자가 원직복직을 원하지 아니하면 원직복직 대신 해고기간 동안의 임금 상당액 이상의 금품을 근로자에게 지급하도록 명할 수 있다.

④ 노동위원회의 구제명령은 행정소송 제기에 의하여 그 효력이 정지되지 아니한다.

⑤ 지방노동위원회의 구제명령에 불복하는 사용자는 구제명령서를 통지받은 날부터 10일 이내에 중앙노동위원회에 재심을 신청할 수 있다.

해설

① (×) 한 날부터 15일 → 서면으로 통지받은 날부터 30일(근로기준

법 시행령 제11조)

> **시행령 제11조(구제명령의 이행기한)** 「노동위원회법」에 따른 노동위원회(이하 "노동위원회"라 한다)는 법 제30조 제1항에 따라 사용자에게 구제명령(이하 "구제명령"이라 한다)을 하는 때에는 이행기한을 정하여야 한다. 이 경우 이행기한은 법 제30조 제2항에 따라 사용자가 구제명령을 서면으로 통지받은 날부터 30일 이내로 한다. 〈개정 2019.7.9.〉

② (○) 제1항에 따른 중앙노동위원회의 재심판정에 대하여 사용자나 근로자는 재심판정서를 송달받은 날부터 15일 이내에 「행정소송법」의 규정에 따라 소(訴)를 제기할 수 있다(동법 제31조 제2항).

③ (○) 노동위원회는 제1항에 따른 구제명령(해고에 대한 구제명령만을 말한다)을 할 때에 근로자가 원직복직(原職復職)을 원하지 아니하면 원직복직을 명하는 대신 근로자가 해고기간 동안 근로를 제공하였더라면 받을 수 있었던 임금 상당액 이상의 금품을 근로자에게 지급하도록 명할 수 있다(동법 제30조 제3항).

④ (○) 노동위원회의 구제명령, 기각결정 또는 재심판정은 제31조에 따른 중앙노동위원회에 대한 재심신청이나 행정소송 제기에 의하여 그 효력이 정지되지 아니한다(동법 제32조).

⑤ (○) 「노동위원회법」에 따른 지방노동위원회의 구제명령이나 기각결정에 불복하는 사용자나 근로자는 구제명령서나 기각결정서를 통지받은 날부터 10일 이내에 중앙노동위원회에 재심을 신청할 수 있다(동법 제31조 제1항).

정답 ①

---

13 □□□ ○ △ ×

근로기준법령상 경영상 이유에 의한 해고에 관한 설명으로 옳은 것은?

① 경영악화를 방지하기 위한 사업의 양도는 긴박한 경영상의 필요가 있는 것으로 보지 않는다.

② 사용자가 경영상 이유에 의하여 일정한 규모 이상의 인원을 해고하려면 고용노동부장관에게 지체 없이 통보하여야 한다.

③ 사용자는 해고를 피하기 위한 방법 등에 관하여 해고를 하려는 날의 30일 전까지 근로자대표에게 통보하고 성실하게 협의하여야 한다.

④ 경영상 이유에 의한 해고를 하는 때에도 해고의 예고 규정은 적용된다.

⑤ 사용자는 경영상 이유에 의해 해고된 근로자에 대하여 생계안정, 재취업 등 필요한 조치를 우선적으로 취하여야 한다.

해설

① (×) 보지 않는다 → 본다(근로기준법 제24조 제1항)

> **제24조(경영상 이유에 의한 해고의 제한)** ① 사용자가 경영상 이유에 의하여 근로자를 해고하려면 긴박한 경영상의 필요가 있어야 한다. 이 경우 경영악화를 방지하기 위한 사업의 양도·인수·합병은 긴박한 경영상의 필요가 있는 것으로 본다.

② (×) 지체 없이 통보하여야 한다 → 신고하여야 한다(동조 제4항)

> **제24조(경영상 이유에 의한 해고의 제한)** ④ 사용자는 제1항에 따라 대통령령으로 정하는 일정한 규모 이상의 인원을 해고하려면 대통령령으로 정하는 바에 따라 고용노동부장관에게 신고하여야 한다. 〈개정 2010.6.4.〉

③ (×) 30일 → 50일(동조 제3항)

> **제24조(경영상 이유에 의한 해고의 제한)** ③ 사용자는 제2항에 따른 해고를 피하기 위한 방법과 해고의 기준 등에 관하여 그 사업 또는 사업장에 근로자의 과반수로 조직된 노동조합이 있는 경우에는 그 노동조합(근로자의 과반수로 조직된 노동조합이 없는 경우에는 근로자의 과반수를 대표하는 자를 말한다. 이하 "근로자대표"라 한다)에 해고를 하려는 날의 50일 전까지 통보하고 성실하게 협의하여야 한다.

④ (○) 동법 제26조

> **제26조(해고의 예고)** 사용자는 근로자를 해고(경영상 이유에 의한 해고를 포함한다)하려면 적어도 30일 전에 예고를 하여야 하고, 30일 전에 예고를 하지 아니하였을 때에는 30일분 이상의 통상임금을 지급하여야 한다. 다만, 다음 각 호의 어느 하나에 해당하는 경우에는 그러하지 아니하다. 〈개정 2019.1.15.〉
> 1. 근로자가 계속 근로한 기간이 3개월 미만인 경우
> 2. 천재·사변, 그 밖의 부득이한 사유로 사업을 계속하는 것이 불가능한 경우
> 3. 근로자가 고의로 사업에 막대한 지장을 초래하거나 재산상 손해를 끼친 경우로서 고용노동부령으로 정하는 사유에 해당하는 경우

⑤ (×) 사용자 → 정부(동법 제25조 제2항)

> **제25조(우선 재고용 등)** 정부는 제24조에 따라 해고된 근로자에 대하여 생계안정, 재취업, 직업훈련 등 필요한 조치를 우선적으로 취하여야 한다.

정답 ④

---

14 □□□ ○ △ ×

근로기준법상 취업규칙에 관한 설명으로 옳지 않은 것은? (다툼이 있으면 판례에 따름)

① 고용노동부장관은 법령이나 단체협약에 어긋나는 취업규칙의 변경을 명할 수 있다.

② 상시 10명 이상의 근로자를 사용하는 사용자는 취업규칙을 작성하여 고용노동부장관에게 신고하여야 한다.

③ 사용자는 근로자의 근로조건, 근로형태, 직종 등의 특수성이 있더라도 근로자 일부에 적용되는 별도의 취업규칙을 작성할 수 없다.

④ 사용자는 취업규칙을 근로자에게 불리하게 변경하는 경우에 해당 사업장에 근로자의 과반수로 조직된 노동조합이 있는 경우에는 그 노동조합의 동의를 받아야 한다.

⑤ 취업규칙에서 정한 기준에 미달하는 근로조건을 정한 근로계약은 그 부분에 관하여는 무효로 한다.

해설

① (○) 근로기준법 제96조 제2항
② (○) 동법 제93조

> **제93조(취업규칙의 작성·신고)** 상시 10명 이상의 근로자를 사용하는 사용자는 다음 각 호의 사항에 관한 취업규칙을 작성하여 고용노동부장관에게 신고하여야 한다. 이를 변경하는 경우에도 또한 같다. 〈개정 2019.1.15.〉
> 1. 업무의 시작과 종료 시각, 휴게시간, 휴일, 휴가 및 교대 근로에 관한 사항
> 2. 임금의 결정·계산·지급방법, 임금의 산정기간·지급시기 및 승급(昇給)에 관한 사항
> 3. 가족수당의 계산·지급방법에 관한 사항
> 4. 퇴직에 관한 사항
> 5. 「근로자퇴직급여 보장법」 제4조에 따라 설정된 퇴직급여, 상여 및 최저임금에 관한 사항
> 6. 근로자의 식비, 작업 용품 등의 부담에 관한 사항
> 7. 근로자를 위한 교육시설에 관한 사항
> 8. 출산전후휴가·육아휴직 등 근로자의 모성 보호 및 일·가정 양립 지원에 관한 사항
> 9. 안전과 보건에 관한 사항
> 9의2. 근로자의 성별·연령 또는 신체적 조건 등의 특성에 따른 사업장 환경의 개선에 관한 사항
> 10. 업무상과 업무 외의 재해부조(災害扶助)에 관한 사항
> 11. 직장 내 괴롭힘의 예방 및 발생 시 조치 등에 관한 사항
> 12. 표창과 제재에 관한 사항
> 13. 그 밖에 해당 사업 또는 사업장의 근로자 전체에 적용될 사항

③ (×) 취업규칙은 같은 사업장에 소속된 모든 근로자에 대하여 일률적으로 적용되어야 하는 것은 아니고, 사용자는 근로자의 근로조건, 근로형태, 직종 등의 특수성에 따라 근로자 일부에 적용되는 별도의 취업규칙을 작성할 수 있다(대법원 2000.2.25, 98다11628).
④ (○) 사용자는 취업규칙의 작성 또는 변경에 관하여 해당 사업 또는 사업장에 근로자의 과반수로 조직된 노동조합이 있는 경우에는 그 노동조합, 근로자의 과반수로 조직된 노동조합이 없는 경우에는 근로자의 과반수의 의견을 들어야 한다. 다만, 취업규칙을 근로자에게 불리하게 변경하는 경우에는 그 동의를 받아야 한다(동법 제94조 제1항).
⑤ (○) 취업규칙에서 정한 기준에 미달하는 근로조건을 정한 근로계약은 그 부분에 관하여는 무효로 한다. 이 경우 무효로 된 부분은 취업규칙에 정한 기준에 따른다(동법 제97조).

정답 ③

015

근로기준법상 근로감독관에 관한 설명으로 옳지 않은 것은?

① 근로감독관이 근로기준법을 위반한 사실을 고의로 묵과하면 5년 이하의 징역에 처한다.
② 사용자는 근로기준법의 시행과 관련하여 근로감독관의 요구가 있으면 지체 없이 필요한 사항에 대하여 보고하거나 출석하여야 한다.
③ 근로감독관은 사용자와 근로자에 대하여 심문할 수 있다.
④ 근로감독관은 재직 여부를 불문하고 직무상 알게 된 비밀을 엄수하여야 한다.
⑤ 근로감독관의 위촉을 받은 의사는 취업을 금지하여야 할 질병에 걸릴 의심이 있는 근로자에 대하여 검진할 수 있다.

해설

① (×) 5년 이하의 징역 → 3년 이하의 징역 또는 5년 이하의 자격정지(근로기준법 제108조)

> **제108조(벌칙)** 근로감독관이 이 법을 위반한 사실을 고의로 묵과하면 3년 이하의 징역 또는 5년 이하의 자격정지에 처한다.

② (○) 사용자 또는 근로자는 이 법의 시행에 관하여 고용노동부장관·「노동위원회법」에 따른 노동위원회(이하 "노동위원회"라 한다) 또는 근로감독관의 요구가 있으면 지체 없이 필요한 사항에 대하여 보고하거나 출석하여야 한다(동법 제13조).
③ (○) 근로감독관은 사업장, 기숙사, 그 밖의 부속건물을 현장조사하고 장부와 서류의 제출을 요구할 수 있으며 사용자와 근로자에 대하여 심문(尋問)할 수 있다(동법 제102조 제1항).
④ (○) 근로감독관은 직무상 알게 된 비밀을 엄수하여야 한다. 근로감독관을 그만둔 경우에도 또한 같다(동법 제103조).
⑤ (○) 의사인 근로감독관이나 근로감독관의 위촉을 받은 의사는 취업을 금지하여야 할 질병에 걸릴 의심이 있는 근로자에 대하여 검진할 수 있다(동법 제102조 제2항).

정답 ①

16 ☐☐☐   ○ △ ✕

산업안전보건법에 관한 내용으로 옳은 것을 모두 고른 것은?

> ㄱ. 이 법은 국가 및 지방자치단체에는 적용하지 않는다.
> ㄴ. 사업주는 근로자대표가 요구할 때에는 근로자에 대한 건강진단 시 근로자대표를 입회시켜야 한다.
> ㄷ. 사업주는 안전·보건의식을 북돋우기 위한 홍보·교육 및 무재해운동 등 안전문화 추진을 성실히 이행할 책무를 진다.
> ㄹ. 고용노동부장관은 건강장해가 발생할 우려가 있는 업무에 종사하는 사람의 직업성질환 조기발견 및 지속적인 건강관리를 위하여 일정 요건에 해당하는 사람에게 건강관리수첩을 발급하여야 한다.

① ㄱ   ② ㄱ, ㄷ   ③ ㄴ, ㄹ
④ ㄴ, ㄷ, ㄹ   ⑤ ㄱ, ㄴ, ㄷ, ㄹ

해설

> 2019.1.15. 산업안전보건법이 전부개정되었으나 그 내용이 지문과 배치되지 아니하므로, 그대로 수록하였음을 알린다.

ㄱ (✕) 에는 적용하지 않는다 → 에도 적용한다(산업안전보건법 제3조)

> 제3조(적용범위) 이 법은 모든 사업에 적용한다. 다만, 유해·위험의 정도, 사업의 종류, 사업장의 상시근로자 수(건설공사의 경우에는 건설공사 금액을 말한다) 등을 고려하여 대통령령으로 정하는 종류의 사업 또는 사업장에는 이 법의 전부 또는 일부를 적용하지 아니할 수 있다.

ㄴ (○) 사업주는 제129조부터 제131조까지의 규정에 따른 건강진단을 실시하는 경우 근로자대표가 요구하면 근로자대표를 참석시켜야 한다(동법 제132조 제1항).

ㄷ (✕) 사업주 → 정부, 홍보·교육 및 무재해운동 등 안전문화 → 홍보·교육 등 안전문화 확산(동법 제4조 제1항 제5호)

> 제4조(정부의 책무) ① 정부는 이 법의 목적을 달성하기 위하여 다음 각 호의 사항을 성실히 이행할 책무를 진다. 〈개정 2020.5.26.〉
> 1. 산업안전 및 보건정책의 수립 및 집행
> 2. 산업재해 예방 지원 및 지도
> 3. 「근로기준법」 제76조의2에 따른 직장 내 괴롭힘 예방을 위한 조치기준 마련, 지도 및 지원
> 4. 사업주의 자율적인 산업 안전 및 보건 경영체제 확립을 위한 지원
> 5. 산업 안전 및 보건에 관한 의식을 북돋우기 위한 홍보·교육 등 안전문화 확산 추진
> 6. 산업 안전 및 보건에 관한 기술의 연구·개발 및 시설의 설치·운영
> 7. 산업재해에 관한 조사 및 통계의 유지·관리
> 8. 산업 안전 및 보건 관련 단체 등에 대한 지원 및 지도·감독
> 9. 그 밖에 노무를 제공하는 사람의 안전 및 건강의 보호·증진

ㄹ (○) 2019.1.15. 산업안전보건법 전부개정에 따라 건강관리수첩은 건강관리카드로 변경되었다.

> 제137조(건강관리카드) ① 고용노동부장관은 고용노동부령으로 정하는 건강장해가 발생할 우려가 있는 업무에 종사하였거나

종사하고 있는 사람 중 고용노동부령으로 정하는 요건을 갖춘 사람의 직업병 조기발견 및 지속적인 건강관리를 위하여 건강관리카드를 발급하여야 한다.

정답 ③

17 ☐☐☐   ○ △ ✕

근로복지기본법상 규약으로 우리사주조합원총회를 갈음할 대의원회를 두는 경우에도 반드시 우리사주조합원총회의 의결을 거쳐야 하는 사항은?

① 규약의 제정과 변경에 관한 사항
② 우리사주조합의 대표자 등 임원 선출
③ 우리사주조합기금의 금융기관 예치에 관한 사항
④ 예산 및 결산에 관한 사항
⑤ 우리사주조합기금의 조성에 관한 사항

해설

① (○) 규약의 제정과 변경에 관한 사항이 위 경우에도 반드시 우리사주조합원총회의 의결을 거쳐야 하는 사항이다.

> 근로복지기본법 제35조(우리사주조합의 운영 등) ② 다음 각 호의 사항은 우리사주조합원총회의 의결을 거쳐야 한다.
> 1. 규약의 제정과 변경에 관한 사항
> 2. 제36조에 따른 우리사주조합기금의 조성에 관한 사항
> 3. 예산 및 결산에 관한 사항
> 4. 우리사주조합의 대표자 등 임원 선출
> 5. 그 밖에 우리사주조합의 운영에 관하여 중요한 사항
> ③ 우리사주조합은 규약으로 우리사주조합원총회를 갈음할 대의원회를 둘 수 있다. 다만, 제2항 제1호에 관한 사항은 반드시 우리사주조합원총회의 의결을 거쳐야 한다.

정답 ①

018 ☐☐☐ ○ △ ✕

남녀고용평등과 일·가정 양립 지원에 관한 법령의 내용으로 옳은 것은?

① 사업주는 근로자가 초등학교 2학년 이하의 자녀(입양한 자녀를 제외한다)를 양육하기 위하여 휴직을 신청하는 경우에 이를 허용하여야 한다.

② 사업주는 정상적인 사업운영에 중대한 지장을 초래하는 경우에는 육아휴직 및 육아기 근로시간 단축을 허용하지 아니할 수 있다.

③ 육아기 근로시간 단축기간은 근속기간에 포함되나, 육아휴직기간은 근속기간에 포함되지 않는다.

④ 사업주는 사업을 계속할 수 없는 경우에도 육아휴직 중인 근로자를 육아휴직기간에 해고하지 못한다.

⑤ 사업주는 육아기 근로시간 단축을 하고 있는 근로자의 명시적 청구가 있으면 단축된 근로시간 외에 주 12시간 이내에서 연장근로를 시킬 수 있다.

해설

① (✕) 제외한다 → 포함한다(남녀고용평등법 제19조 제1항)

> **제19조(육아휴직)** ① 사업주는 임신 중인 여성근로자가 모성을 보호하거나 근로자가 만 8세 이하 또는 초등학교 2학년 이하의 자녀(입양한 자녀를 포함한다)를 양육하기 위하여 휴직(이하 "육아휴직"이라 한다)을 신청하는 경우에 이를 허용하여야 한다. 다만, 대통령령으로 정하는 경우에는 그러하지 아니하다. 〈개정 2021.5.18.〉

② (✕) 육아휴직 및 → "삭제"(동법 제19조의2 제1항 단서)

[보충] 남녀고용평등법 제19조의2 제1항 단서의 허용예외 대상은 육아기 근로시간 단축뿐이다. 육아휴직은 그 대상이 아니다.

> **제19조의2(육아기 근로시간 단축)** ① 사업주는 근로자가 만 8세 이하 또는 초등학교 2학년 이하의 자녀를 양육하기 위하여 근로시간의 단축(이하 "육아기 근로시간 단축"이라 한다)을 신청하는 경우에 이를 허용하여야 한다. 다만, 대체인력 채용이 불가능한 경우, 정상적인 사업운영에 중대한 지장을 초래하는 경우 등 대통령령으로 정하는 경우에는 그러하지 아니하다. 〈개정 2019.8.27.〉

③ (✕) 포함되나 → 포함되고, 포함되지 않는다 → 포함된다(동조 제4항)

> **제19조(육아휴직)** ④ 사업주는 육아휴직을 마친 후에는 휴직 전과 같은 업무 또는 같은 수준의 임금을 지급하는 직무에 복귀시켜야 한다. 또한 제2항의 육아휴직기간은 근속기간에 포함한다.

④ (✕) 경우에도 → 경우에는, 해고하지 못한다 → 해고할 수 있다(동조 제3항)

> **제19조(육아휴직)** ③ 사업주는 육아휴직을 이유로 해고나 그 밖의 불리한 처우를 하여서는 아니 되며, 육아휴직기간에는 그 근로자를 해고하지 못한다. 다만, 사업을 계속할 수 없는 경우에는 그러하지 아니하다.

⑤ (○) 동법 제19조의3 제3항

> **제19조의3(육아기 근로시간 단축 중 근로조건 등)** ③ 사업주는 제19조의2에 따라 육아기 근로시간 단축을 하고 있는 근로자에게 단축된 근로시간 외에 연장근로를 요구할 수 없다. 다만, 그

> 근로자가 명시적으로 청구하는 경우에는 사업주는 주 12시간 이내에서 연장근로를 시킬 수 있다.

정답 ⑤

019 ☐☐☐ ○ △ ✕

직업안정법상 근로자공급사업에 관한 설명으로 옳지 않은 것은?

① 국내에서 용역업을 하고 있는 자는 국내 근로자공급사업의 허가를 받을 수 있다.

② 근로자공급사업에는 파견근로자 보호 등에 관한 법률에 따른 근로자파견사업은 제외한다.

③ 고용노동부장관의 허가를 받지 아니하고는 근로자공급사업을 하지 못한다.

④ 근로자공급사업 연장허가의 유효기간은 연장 전 허가의 유효기간이 끝나는 날부터 3년으로 한다.

⑤ 연예인을 대상으로 하는 국외 근로자공급사업의 허가를 받을 수 있는 자는 민법상 비영리법인으로 한다.

해설

① (✕) ⑤ (○) 국내 → 국외(직업안정법 제33조 제3항 제2호 본문)

> **제33조(근로자공급사업)** ③ 근로자공급사업은 공급대상이 되는 근로자가 취업하려는 장소를 기준으로 국내 근로자공급사업과 국외 근로자공급사업으로 구분하며, 각각의 사업의 허가를 받을 수 있는 자의 범위는 다음 각 호와 같다.
> 1. 국내 근로자공급사업의 경우는 「노동조합 및 노동관계조정법」에 따른 노동조합
> 2. 국외 근로자공급사업의 경우는 국내에서 제조업·건설업·용역업, 그 밖의 서비스업을 하고 있는 자. 다만, 연예인을 대상으로 하는 국외 근로자공급사업의 허가를 받을 수 있는 자는 「민법」 제32조에 따른 비영리법인으로 한다.

② (○) "근로자공급사업"이란 공급계약에 따라 근로자를 타인에게 사용하게 하는 사업을 말한다. 다만, 「파견근로자 보호 등에 관한 법률」 제2조 제2호에 따른 근로자파견사업은 제외한다(동법 제2조의2 제7호).

③ (○) 누구든지 고용노동부장관의 허가를 받지 아니하고는 근로자공급사업을 하지 못한다(동법 제33조 제1항).

④ (○) 근로자공급사업 허가의 유효기간은 3년으로 하되, 유효기간이 끝난 후 계속하여 근로자공급사업을 하려는 자는 고용노동부령으로 정하는 바에 따라 연장허가를 받아야 한다. 이 경우 연장허가의 유효기간은 연장 전 허가의 유효기간이 끝나는 날부터 3년으로 한다(동조 제2항).

정답 ①

20

파견근로자 보호 등에 관한 법률상 파견 중인 근로자의 파견근로에 관하여 사용사업주를 근로기준법 제2조의 사용자로 보는 근로기준법상 규정은?

① 근로조건의 명시(제17조)
② 해고 등의 제한(제23조)
③ 계약서류의 보존(제42조)
④ 연장근로의 제한(제53조)
⑤ 연소자증명서(제66조)

해설

④ (○) 연장근로의 제한(제53조) 규정을 적용할 때에는 사용사업주를 사용자로 본다.

> 제34조(「근로기준법」의 적용에 관한 특례) ① 파견 중인 근로자의 파견근로에 관하여는 파견사업주 및 사용사업주를 「근로기준법」 제2조 제1항 제2호의 사용자로 보아 같은 법을 적용한다. 다만, 「근로기준법」 제15조부터 제36조까지, 제39조, 제41조부터 제43조까지, 제43조의2, 제43조의3, 제44조, 제44조의2, 제44조의3, 제45조부터 제48조까지, 제56조, 제60조, 제64조, 제66조부터 제68조까지 및 제78조부터 제92조까지의 규정을 적용할 때에는 파견사업주를 사용자로 보고, 같은 법 제50조부터 제55조까지, 제58조, 제59조, 제62조, 제63조, 제69조부터 제74조까지, 제74조의2 및 제75조를 적용할 때에는 사용사업주를 사용자로 본다.

정답 ④

21

기간제 및 단시간근로자 보호 등에 관한 법률상 단시간근로자에 관한 설명으로 옳지 않은 것은?

① "단시간근로자"란 1주 동안의 소정근로시간이 그 사업장에서 같은 종류의 업무에 종사하는 통상근로자의 1주 동안의 소정근로시간에 비하여 짧은 근로자를 말한다.
② 사용자는 통상근로자를 채용하고자 하는 경우에는 당해 사업 또는 사업장의 동종 또는 유사한 업무에 종사하는 단시간근로자를 우선적으로 고용하여야 한다.
③ 사용자는 단시간근로자에 대하여 근로기준법상 소정근로시간을 초과하여 근로하게 하는 경우에는 당해 근로자의 동의를 얻어야 한다.
④ 사용자는 학업을 이유로 근로자가 단시간근로를 신청하는 때에는 당해 근로자를 단시간근로자로 전환하도록 노력하여야 한다.
⑤ 사용자는 단시간근로자임을 이유로 당해 사업 또는 사업장의 동종 또는 유사한 업무에 종사하는 통상근로자에 비하여 차별적 처우를 하여서는 아니 된다.

해설

① (○) 기간제법 제2조 제2호, 근로기준법 제2조 제9호

② (×) 고용하여야 한다 → 고용하도록 노력하여야 한다(동법 제7조 제1항)

> 제7조(통상근로자로의 전환 등) ① 사용자는 통상근로자를 채용하고자 하는 경우에는 해당 사업 또는 사업장의 동종 또는 유사한 업무에 종사하는 단시간근로자를 우선적으로 고용하도록 노력하여야 한다. 〈개정 2020.5.26.〉

③ (○) 사용자는 단시간근로자에 대하여 「근로기준법」 제2조의 소정근로시간을 초과하여 근로하게 하는 경우에는 해당 근로자의 동의를 얻어야 한다. 이 경우 1주간에 12시간을 초과하여 근로하게 할 수 없다(동법 제6조 제1항)

④ (○) 사용자는 가사, 학업 그 밖의 이유로 근로자가 단시간근로를 신청하는 때에는 해당 근로자를 단시간근로자로 전환하도록 노력하여야 한다(동법 제7조 제2항).

⑤ (○) 동법 제8조 제2항

정답 ②

22

최저임금법에 관한 내용으로 옳지 않은 것은?

① 최저임금법은 선원법의 적용을 받는 선원과 선원을 사용하는 선박의 소유자에게는 적용하지 아니한다.
② 최저임금액은 시간·일·주 또는 월을 단위로 정하되, 일·주 또는 월을 단위로 하여 최저임금액을 정할 때에는 시간급으로도 표시하여야 한다.
③ 사용자는 최저임금법에 따른 최저임금을 이유로 종전의 임금수준을 낮추어서는 아니 된다.
④ 최저임금에 관한 중요사항을 심의하기 위하여 대통령 직속의 최저임금위원회를 둔다.
⑤ 고용노동부장관은 근로자의 생계비와 임금실태 등을 매년 조사하여야 한다.

해설

① (○) 최저임금법 제3조 제2항

② (○) 최저임금액(최저임금으로 정한 금액을 말한다)은 시간·일(日)·주(週) 또는 월(月)을 단위로 하여 정한다. 이 경우 일·주 또는 월을 단위로 하여 최저임금액을 정할 때에는 시간급(時間給)으로도 표시하여야 한다(동법 제5조 제1항).

③ (○) 동법 제6조 제2항

④ (×) 대통령 직속의 → 고용노동부에(동법 제12조)

> 제12조(최저임금위원회의 설치) 최저임금에 관한 심의와 그 밖에 최저임금에 관한 중요사항을 심의하기 위하여 고용노동부에 최저임금위원회를 둔다. 〈개정 2010.6.4.〉

⑤ (○) 동법 제23조

정답 ④

근로자퇴직급여 보장법령상 퇴직금의 중간정산 사유에 해당하지 않는 것은?

① 무주택자인 근로자가 본인 명의로 주택을 구입하는 경우
② 사용자가 기존의 정년을 보장하는 조건으로 단체협약 및 취업규칙을 통하여 일정 나이를 기준으로 임금을 줄이는 제도를 시행하는 경우
③ 퇴직금 중간정산을 신청하는 날부터 역산하여 5년 이내에 근로자가 채무자 회생 및 파산에 관한 법률에 따라 파산선고를 받은 경우
④ 퇴직금 중간정산을 신청하는 날부터 역산하여 5년 이내에 근로자가 채무자 회생 및 파산에 관한 법률에 따라 개인회생절차 개시결정을 받은 경우
⑤ 사용자가 근로자와의 합의에 따라 연장근로시간을 1일 1시간 또는 1주 5시간 이상 변경한 경우

해설

① (○) ② (○) ③ (○) ④ (○) 퇴직급여법 시행령 제3조 제1항 제1호, 제6호, 제4호, 제5호
⑤ (✕) 연장근로시간 → 소정근로시간, 변경 → 단축(동항 제6호의2)

> **시행령 제3조(퇴직금의 중간정산 사유)** ① 법 제8조 제2항 전단에서 "주택구입 등 대통령령으로 정하는 사유"란 다음 각 호의 경우를 말한다. 〈개정 2022.4.13.〉
> 1. 무주택자인 근로자가 본인 명의로 주택을 구입하는 경우
> 2. 무주택자인 근로자가 주거를 목적으로 「민법」 제303조에 따른 전세금 또는 「주택임대차보호법」 제3조의2에 따른 보증금을 부담하는 경우. 이 경우 근로자가 하나의 사업에 근로하는 동안 1회로 한정한다.
> 3. 근로자가 6개월 이상 요양을 필요로 하는 다음 각 목의 어느 하나에 해당하는 사람의 질병이나 부상에 대한 의료비를 해당 근로자가 본인 연간 임금총액의 1천분의 125를 초과하여 부담하는 경우
>   가. 근로자 본인
>   나. 근로자의 배우자
>   다. 근로자 또는 그 배우자의 부양가족
> 4. 퇴직금 중간정산을 신청하는 날부터 거꾸로 계산하여 5년 이내에 근로자가 「채무자 회생 및 파산에 관한 법률」에 따라 파산선고를 받은 경우
> 5. 퇴직금 중간정산을 신청하는 날부터 거꾸로 계산하여 5년 이내에 근로자가 「채무자 회생 및 파산에 관한 법률」에 따라 개인회생절차 개시결정을 받은 경우
> 6. 사용자가 기존의 정년을 연장하거나 보장하는 조건으로 단체협약 및 취업규칙 등을 통하여 일정 나이, 근속시점 또는 임금액을 기준으로 임금을 줄이는 제도를 시행하는 경우
> 6의2. 사용자가 근로자와의 합의에 따라 소정근로시간을 1일 1시간 또는 1주 5시간 이상 단축함으로써 단축된 소정근로시간에 따라 근로자가 3개월 이상 계속근로하기로 한 경우
> 6의3. 법률 제15513호 근로기준법 일부개정 법률의 시행에 따른 근로시간의 단축으로 근로자의 퇴직금이 감소되는 경우
> 7. 재난으로 피해를 입은 경우로서 고용노동부장관이 정하여 고시하는 사유에 해당하는 경우

정답 ⑤

임금채권보장법상 10년 이하의 징역 또는 1억원 이하의 벌금에 처하는 것은?

① 임금채권보장업무에 종사하였던 자로서 업무수행과 관련하여 알게 된 사업주 또는 근로자 등의 정보를 누설한 자
② 거짓으로 체당금을 받은 자
③ 거짓으로 다른 사람으로 하여금 체당금을 받게 한 자
④ 정당한 사유 없이 재산목록의 제출을 거부한 자
⑤ 정당한 사유 없이 거짓의 재산목록을 제출한 자

해설

① (○) 10년 이하의 징역 또는 1억 원 이하의 벌금에 처한다(임금채권보장법 제27조의2 제1호).

> **제27조의2(벌칙)** 다음 각 호의 어느 하나에 해당하는 자는 10년 이하의 징역 또는 1억 원 이하의 벌금에 처한다. 〈개정 2024.2.6.〉
> 1. 제23조의2 제6항을 위반하여 정보를 누설하거나 다른 용도로 사용한 자
> 2. 제23조의3 제3항을 위반하여 미회수자료를 이용·제공하거나 누설한 자

② (✕) ③ (✕) 3년 이하의 징역 또는 3천만 원 이하의 벌금에 처한다(동법 제28조 제1항 제1호, 제2호).

[보충] 2021.4.13. 임금채권보장법 개정에 따라 체당금은 대지급금으로 변경되었다.

> **제28조(벌칙)** ① 다음 각 호의 어느 하나에 해당하는 자는 3년 이하의 징역 또는 3천만 원 이하의 벌금에 처한다. 〈개정 2021.4.13.〉
> 1. 거짓이나 그 밖의 부정한 방법으로 제7조·제7조의2에 따른 대지급금 또는 제7조의3에 따른 융자를 받은 자
> 2. 거짓이나 그 밖의 부정한 방법으로 다른 사람으로 하여금 제7조·제7조의2에 따른 대지급금 또는 제7조의3에 따른 융자를 받게 한 자
> 3. 삭제 〈2021.4.13.〉

④ (✕) ⑤ (✕) 1천만 원 이하의 과태료를 부과한다(제30조 제1항 제1호의2).

> **제30조(과태료)** ① 다음 각 호의 어느 하나에 해당하는 자에게는 1천만 원 이하의 과태료를 부과한다. 〈개정 2021.4.13.〉
> 1. 삭제 〈2015.1.20.〉
> 1의2. 정당한 사유 없이 제13조에 따른 재산목록의 제출을 거부하거나 거짓의 재산목록을 제출한 자
> 2. 정당한 사유 없이 제22조에 따른 보고나 관계서류의 제출요구에 따르지 아니한 자 또는 거짓보고를 하거나 거짓서류를 제출한 자
> 3. 정당한 사유 없이 제24조 제1항에 따른 관계 공무원 또는 제27조에 따라 권한을 위탁받은 기관에 소속된 직원의 질문에 답변을 거부하거나 검사를 거부·방해 또는 기피한 자

정답 ①

외국인근로자의 고용 등에 관한 법률의 내용으로 옳은 것은?

① 외국인근로자의 고용관리 및 보호에 관한 주요사항을 심의·의결하기 위하여 고용노동부장관 소속으로 외국인력정책위원회를 둔다.

② 고용노동부장관은 외국인근로자 도입계획을 외국인력정책위원회의 심의·의결을 거쳐 매년 1월 31일까지 공표하여야 한다.

③ 외국인근로자를 고용하려는 자는 직업안정법에 따른 직업안정기관에 우선 내국인 구인신청을 하여야 한다.

④ 사용자가 외국인근로자를 고용하려면 출입국관리법으로 정하는 표준근로계약서를 사용하여 근로계약을 체결하여야 한다.

⑤ 직업안정기관의 장은 고용허가를 받지 아니하고 외국인근로자를 고용한 사용자에 대하여 5년간 외국인근로자의 고용을 제한할 수 있다.

해설

① (×) 고용노동부장관 → 국무총리(외국인고용법 제4조 제1항)

> **제4조(외국인력정책위원회)** ① 외국인근로자의 고용관리 및 보호에 관한 주요사항을 심의·의결하기 위하여 국무총리 소속으로 외국인력정책위원회(이하 "정책위원회"라 한다)를 둔다.

② (×) 1월 → 3월(동법 제5조 제1항)

> **제5조(외국인근로자 도입계획의 공표 등)** ① 고용노동부장관은 제4조 제2항 각 호의 사항이 포함된 외국인근로자 도입계획을 정책위원회의 심의·의결을 거쳐 수립하여 매년 3월 31일까지 대통령령으로 정하는 방법으로 공표하여야 한다. 〈개정 2010.6.4.〉

③ (○) 동법 제6조 제1항

④ (×) 출입국관리법 → 고용노동부령(동법 제9조 제1항)

> **제9조(근로계약)** ① 사용자가 제8조 제4항에 따라 선정한 외국인근로자를 고용하려면 고용노동부령으로 정하는 표준근로계약서를 사용하여 근로계약을 체결하여야 한다. 〈개정 2010.6.4.〉

⑤ (×) 5년간 → 3년간(동법 제20조 제1항 제1호)

> **제20조(외국인근로자 고용의 제한)** ① 직업안정기관의 장은 다음 각 호의 어느 하나에 해당하는 사용자에 대하여 그 사실이 발생한 날부터 3년간 외국인근로자의 고용을 제한할 수 있다. 〈개정 2022.6.10.〉
> 1. 제8조 제4항에 따른 고용허가 또는 제12조 제3항에 따른 특례고용가능확인을 받지 아니하고 외국인근로자를 고용한 자
> 2. 제19조 제1항에 따라 외국인근로자의 고용허가나 특례고용가능확인이 취소된 자
> 3. 이 법 또는 「출입국관리법」을 위반하여 처벌을 받은 자
> 3의2. 외국인근로자의 사망으로 「산업안전보건법」 제167조 제1항에 따른 처벌을 받은 자
> 4. 그 밖에 대통령령으로 정하는 사유에 해당하는 자

정답 ③

001 ☐☐☐ ○ △ ×

근로기준법령상 이행강제금에 관한 설명으로 옳지 않은 것은?

① 노동위원회는 이행강제금을 부과하기 30일 전까지 이행강제금을 부과·징수한다는 뜻을 사용자에게 미리 문서로써 알려주어야 한다.

② 노동위원회는 이행강제금을 부과하는 때에는 이행강제금의 부과통지를 받은 날부터 15일 이내의 납부기한을 정하여야 한다.

③ 노동위원회는 구제명령을 받은 자가 구제명령을 이행하더라도 그 이행 전에 이미 부과된 이행강제금은 징수하여야 한다.

④ 노동위원회는 법원의 확정판결에 따라 노동위원회의 구제명령이 취소되는 경우에도 이미 징수한 이행강제금은 반환하지 아니한다.

⑤ 노동위원회는 이행강제금 납부의무자가 납부기한까지 이행강제금을 내지 아니하면 기간을 정하여 독촉을 하고 지정된 기간에 이행강제금을 내지 아니하면 국세 체납처분의 예에 따라 징수할 수 있다.

해설

① (○) 근로기준법 제33조 제2항

② (○) 동법 시행령 제12조 제1항

③ (○) 노동위원회는 구제명령을 받은 자가 구제명령을 이행하면 새로운 이행강제금을 부과하지 아니하되, 구제명령을 이행하기 전에 이미 부과된 이행강제금은 징수하여야 한다(동법 제33조 제6항).

④ (×) 이행강제금은 반환하지 아니한다 → 이행강제금을 반환하여야 한다(동법 시행령 제15조 제1항)

> **시행령 제15조(이행강제금의 반환)** ① 노동위원회는 중앙노동위원회의 재심판정이나 법원의 확정판결에 따라 노동위원회의 구제명령이 취소되면 직권 또는 사용자의 신청에 따라 이행강제금의 부과·징수를 즉시 중지하고 이미 징수한 이행강제금을 반환하여야 한다.

⑤ (○) 동법 제33조 제7항

정답 ④

002 ☐☐☐ ○ △ ×

근로기준법에서 사용하는 용어의 뜻으로 옳은 것은?

① 사용자란 사업주 또는 사업경영 담당자, 그 밖에 사용자의 이익을 대표하여 행동하는 자를 말한다.

② 근로자란 직업의 종류를 불문하고 임금·급료 기타 이에 준하는 수입에 의하여 생활하는 자를 말한다.

③ 근로계약이란 근로자가 사용자에게 근로를 제공하고 사용자는 이에 대하여 임금을 지급하는 것을 목적으로 체결된 계약을 말한다.

④ 단시간근로자란 1일의 소정근로시간이 통상근로자의 1일의 소정근로시간에 비하여 짧은 근로자를 말한다.

⑤ 평균임금이란 이를 산정하여야 할 사유가 발생한 날 이전 3개월 동안에 전체 근로자에게 지급된 임금의 총액을 그 기간의 총일수로 나눈 금액을 말한다.

해설

① (×) ② (×) ④ (×) ⑤ (×) 근로기준법 제2조 제1항 제2호, 제1호, 제9호, 제6호

③ (○) 동항 제4호

> **제2조(정의)** ① 이 법에서 사용하는 용어의 뜻은 다음과 같다.
> 〈개정 2020.5.26.〉
> 1. "근로자"란 직업의 종류와 관계없이 임금을 목적으로 사업이나 사업장에 근로를 제공하는 사람을 말한다.
> 2. "사용자"란 사업주 또는 사업경영 담당자, 그 밖에 근로자에 관한 사항에 대하여 사업주를 위하여 행위하는 자를 말한다.
> 3. "근로"란 정신노동과 육체노동을 말한다.
> 4. "근로계약"이란 근로자가 사용자에게 근로를 제공하고 사용자는 이에 대하여 임금을 지급하는 것을 목적으로 체결된 계약을 말한다.
> 5. "임금"이란 사용자가 근로의 대가로 근로자에게 임금, 봉급, 그 밖에 어떠한 명칭으로든지 지급하는 모든 금품을 말한다.
> 6. "평균임금"이란 이를 산정하여야 할 사유가 발생한 날 이전 3개월 동안에 그 근로자에게 지급된 임금의 총액을 그 기간의 총일수로 나눈 금액을 말한다. 근로자가 취업한 후 3개월 미만인 경우도 이에 준한다.
> 7. "1주"란 휴일을 포함한 7일을 말한다.
> 8. "소정(所定)근로시간"이란 제50조, 제69조 본문 또는 「산업안전보건법」 제139조 제1항에 따른 근로시간의 범위에서 근로자와 사용자 사이에 정한 근로시간을 말한다.
> 9. "단시간근로자"란 1주 동안의 소정근로시간이 그 사업장에서 같은 종류의 업무에 종사하는 통상근로자의 1주 동안의 소정근로시간에 비하여 짧은 근로자를 말한다.
> ② 제1항 제6호에 따라 산출된 금액이 그 근로자의 통상임금보다 적으면 그 통상임금액을 평균임금으로 한다.

정답 ③

3 □□□   ○ △ ✕

근로기준법령상 해고예고의 예외가 되는 근로자의 귀책사유에 해당하는 것을 모두 고른 것은?

> ㄱ. 제품 또는 원료 등을 몰래 훔치거나 불법반출한 경우
> ㄴ. 영업용 차량을 임의로 타인에게 대리운전하게 하여 교통사고를 일으킨 경우
> ㄷ. 사업의 기밀이나 그 밖의 정보를 경쟁관계에 있는 다른 사업자 등에게 제공하여 사업에 지장을 가져온 경우
> ㄹ. 납품업체로부터 금품이나 향응을 제공받고 불량품을 납품받아 생산에 차질을 가져온 경우

① ㄱ   ② ㄱ, ㄷ   ③ ㄴ, ㄹ
④ ㄴ, ㄷ, ㄹ   ⑤ ㄱ, ㄴ, ㄷ, ㄹ

해설

⑤ (○) 모두 해고예고의 예외가 되는 근로자의 귀책사유에 해당하는 것이다.

> **해고예고의 예외가 되는 근로자의 귀책사유(시행규칙 제4조 관련 별표 1)**
> 1. 납품업체로부터 금품이나 향응을 제공받고 불량품을 납품받아 생산에 차질을 가져온 경우
> 2. 영업용 차량을 임의로 타인에게 대리운전하게 하여 교통사고를 일으킨 경우
> 3. 사업의 기밀이나 그 밖의 정보를 경쟁관계에 있는 다른 사업자 등에게 제공하여 사업에 지장을 가져온 경우
> 4. 허위사실을 날조하여 유포하거나 불법 집단행동을 주도하여 사업에 막대한 지장을 가져온 경우
> 5. 영업용 차량 운송수입금을 부당하게 착복하는 등 직책을 이용하여 공금을 착복, 장기유용, 횡령 또는 배임한 경우
> 6. 제품 또는 원료 등을 몰래 훔치거나 불법반출한 경우
> 7. 인사·경리·회계 담당직원이 근로자의 근무상황 실적을 조작하거나 허위서류 등을 작성하여 사업에 손해를 끼친 경우
> 8. 사업장의 기물을 고의로 파손하여 생산에 막대한 지장을 가져온 경우
> 9. 그 밖에 사회통념상 고의로 사업에 막대한 지장을 가져오거나 재산상 손해를 끼쳤다고 인정되는 경우

정답 ⑤

4 □□□   ○ △ ✕

근로기준법령상 근로시간에 관한 설명으로 옳은 것은?

① 3개월 이내 탄력적 근로시간제에서 특정한 주의 근로시간의 한도는 56시간이다.

② 사용자가 2주 이내의 탄력적 근로시간제를 시행하려면 근로자대표와 서면합의에 의해 미리 정하여야 한다.

③ 금융보험업에 해당되는 사업에서 사용자가 근로자대표와 서면합의를 한 경우에는 1주간에 12시간을 초과하는 연장근로가 가능하다.

④ 사용자가 근로자대표와 서면합의로 정한 시간을 근로한 것으로 보는 재량근로의 대상업무에 정보처리시스템의 설계업무는 해당하지 않는다.

⑤ 2주 이내의 탄력적 근로시간제를 실시하는 경우, 특정한 날의 근로시간은 명시규정에 의하여 12시간으로 제한된다.

해설

① (✕) 56시간 → 52시간(근로기준법 제51조 제2항)

> **제51조(3개월 이내의 탄력적 근로시간제)** ② 사용자는 근로자대표와의 서면합의에 따라 다음 각 호의 사항을 정하면 3개월 이내의 단위기간을 평균하여 1주간의 근로시간이 제50조 제1항의 근로시간을 초과하지 아니하는 범위에서 특정한 주에 제50조 제1항의 근로시간을, 특정한 날에 제50조 제2항의 근로시간을 초과하여 근로하게 할 수 있다. 다만, 특정한 주의 근로시간은 52시간을, 특정한 날의 근로시간은 12시간을 초과할 수 없다.
> 1. 대상 근로자의 범위
> 2. 단위기간(3개월 이내의 일정한 기간으로 정하여야 한다)
> 3. 단위기간의 근로일과 그 근로일별 근로시간
> 4. 그 밖에 대통령령으로 정하는 사항

② (✕) ⑤ (✕) 근로자대표와 서면합의에 의해 미리 → 취업규칙에, 명시규정에 의하여 12시간으로 제한된다 → 명시규정이 없다(동조 제1항)

> **제51조(3개월 이내의 탄력적 근로시간제)** ① 사용자는 취업규칙(취업규칙에 준하는 것을 포함한다)에서 정하는 바에 따라 2주 이내의 일정한 단위기간을 평균하여 1주간의 근로시간이 제50조 제1항의 근로시간을 초과하지 아니하는 범위에서 특정한 주에 제50조 제1항의 근로시간을, 특정한 날에 제50조 제2항의 근로시간을 초과하여 근로하게 할 수 있다. 다만, 특정한 주의 근로시간은 48시간을 초과할 수 없다.

③ (✕) 2018.3.20. 근로기준법 제59조 제1항이 다음과 같이 개정되었으므로, 정답을 변경한다.

> **근로기준법 제59조(근로시간 및 휴게시간의 특례)** ① 「통계법」 제22조 제1항에 따라 통계청장이 고시하는 산업에 관한 표준의 중분류 또는 소분류 중 다음 각 호의 어느 하나에 해당하는 사업에 대하여 사용자가 근로자대표와 서면으로 합의한 경우에는 제53조 제1항에 따른 주(週) 12시간을 초과하여 연장근로를 하게 하거나 제54조에 따른 휴게시간을 변경할 수 있다.
> 1. 육상운송 및 파이프라인 운송업. 다만, 「여객자동차 운수사업법」 제3조 제1항 제1호에 따른 노선(路線) 여객자동차운송사업은 제외한다.

         2. 수상운송업
         3. 항공운송업
         4. 기타 운송 관련 서비스업
         5. 보건업

④ (×) 해당하지 않는다 → 해당한다(동법 시행령 제31조)

> **제31조(재량근로의 대상업무)** 법 제58조 제3항 전단에서 "대통령령으로 정하는 업무"란 다음 각 호의 어느 하나에 해당하는 업무를 말한다. 〈개정 2010.7.12.〉
> 1. 신상품 또는 신기술의 연구개발이나 인문사회과학 또는 자연과학 분야의 연구업무
> 2. 정보처리시스템의 설계 또는 분석업무
> 3. 신문, 방송 또는 출판 사업에서의 기사의 취재, 편성 또는 편집업무
> 4. 의복·실내장식·공업제품·광고 등의 디자인 또는 고안업무
> 5. 방송프로그램·영화 등의 제작 사업에서의 프로듀서나 감독업무
> 6. 그 밖에 고용노동부장관이 정하는 업무

정답 ③ ▶ 없음

005 □□□   ○ △ ×

근로기준법에 관한 설명으로 옳은 것을 모두 고른 것은?

> ㄱ. 사용자는 산후 1년이 지나지 아니한 여성에 대하여는 단체협약이 있는 경우라도 1일에 2시간, 1주일에 6시간, 1년에 150시간을 초과하는 시간외근로를 시키지 못한다.
> ㄴ. 4주 동안을 평균하여 1주 동안의 소정근로시간이 15시간 이상인 근로자에 대하여는 제55조에 따른 휴일을 적용하지 아니한다.
> ㄷ. 단체협약에 특별한 규정이 있는 경우에는 임금의 일부를 공제할 수 있다.
> ㄹ. 계속하여 근로한 기간이 1년 미만인 근로자가 80퍼센트 이상 출근한 경우, 사용자는 그 근로자에게 15일의 유급휴가를 주어야 한다.

① ㄱ   ② ㄱ, ㄷ   ③ ㄴ, ㄹ
④ ㄴ, ㄷ, ㄹ   ⑤ ㄱ, ㄴ, ㄷ, ㄹ

해설

ㄱ (○) 근로기준법 제71조

ㄴ (×) 이상 → 미만(동법 제18조 제3항)

> **제18조(단시간근로자의 근로조건)** ③ 4주 동안(4주 미만으로 근로하는 경우에는 그 기간)을 평균하여 1주 동안의 소정근로시간이 15시간 미만인 근로자에 대하여는 제55조와 제60조를 적용하지 아니한다. 〈개정 2008.3.21.〉

ㄷ (○) 임금은 통화(通貨)로 직접 근로자에게 그 전액을 지급하여야 한다. 다만, 법령 또는 단체협약에 특별한 규정이 있는 경우에는 임금의 일부를 공제하거나 통화 이외의 것으로 지급할 수 있다(동법 제43조 제1항).

ㄹ (×) 계속하여 근로한 기간이 1년 미만인 근로자가 80퍼센트 → 근로자가 1년간 80퍼센트(동법 제60조 제1항·제2항)

> **제60조(연차유급휴가)** ① 사용자는 1년간 80퍼센트 이상 출근한 근로자에게 15일의 유급휴가를 주어야 한다. 〈개정 2012.2.1.〉
> ② 사용자는 계속하여 근로한 기간이 1년 미만인 근로자 또는 1년간 80퍼센트 미만 출근한 근로자에게 1개월 개근 시 1일의 유급휴가를 주어야 한다. 〈개정 2012.2.1.〉

정답 ②

006 □□□   ○ △ ×

징계에 관한 설명으로 옳지 않은 것은? (다툼이 있으면 판례에 따름)

① 합리적인 사유 없이 같은 정도의 비위행위에 대하여 일반적으로 적용하여 온 기준과 어긋나게 공평을 잃은 과중한 징계처분을 행하는 것은 위법하다.

② 단체협약에서 근로자에게 징계사유와 관련한 소명기회를 주도록 규정하고 있는 경우, 근로자에게 그 기회를 제공하면 되는 것이고 소명 그 자체가 반드시 이루어져야 하는 것은 아니다.

③ 여러 개의 징계사유 중 일부가 인정되지 않더라도 인정되는 다른 일부 징계사유만으로도 해당 징계처분의 타당성을 인정하기에 충분한 경우에는 그 징계처분이 위법하지 않다.

④ 징계처분에서 징계사유로 삼지 아니한 비위행위 사실은 징계양정의 참작자료로 삼을 수 없다.

⑤ 징계규정에서 징계위원회에 출석하여 소명할 기회를 부여하고 있으면, 출석통보의 시기와 방법에 관한 특별한 규정이 없더라도 소명자료를 준비할 만한 상당한 기간을 두고 개최일시와 장소를 통보하여야 한다.

해설

① (○) 징계처분이 공익적 목적을 위하여 징계권을 행사하여야 할 공익의 원칙에 반하거나, 일반적으로 징계사유로 삼은 비행의 정도에 비하여 균형을 잃은 과중한 징계처분을 선택함으로써 비례의 원칙에 위배되거나, 합리적인 사유 없이 같은 정도의 비행에 대하여 일반적으로 적용하여 온 기준과 어긋나게 공평을 잃은 징계처분을 선택함으로써 평등의 원칙에 위배된 경우에는 재량권의 한계를 벗어난 것으로서 위법하다(대법원 2014.2.13, 2013두19714).

② (○) 단체협약이나 취업규칙에서 당사자에게 징계사유와 관련한 소명기회를 주도록 규정하고 있는 경우에도 대상자에게 그 기회를 제공하면 되며, 소명 자체가 반드시 이루어져야 하는 것은 아니다(대법원 2020.6.25, 2016두56042).

③ (○) 여러 개의 징계사유 중 일부가 인정되지 않더라도 인정되는 다른 일부 징계사유만으로 해당 징계처분의 타당성을 인정하기에 충분한 경우에는 그 징계처분을 유지하여도 위법하지 아니하다(대법원 2019.11.28, 2017두57318).

④ (×) 근로자에게 여러 가지 징계혐의 사실이 있는 경우에는 징계

사유 하나씩 또는 그중 일부의 사유만을 가지고 판단할 것이 아니고 전체의 사유에 비추어 판단하여야 하며, 징계처분에서 징계사유로 삼지 아니한 비위행위라도 징계종류 선택의 자료로서 피징계자의 평소 소행과 근무성적, 당해 징계처분사유 전후에 저지른 비위행위 사실 등은 징계양정을 하면서 참작자료로 삼을 수 있다(대법원 2011.3.24, 2010다21962).

⑤ (○) 징계규정에 징계대상자에게 징계위원회에 출석하여 변명과 소명자료를 제출할 기회를 부여하도록 되어 있다면 그 통보의 시기와 방법에 관하여 특별히 규정한 바가 없다고 하여도 변명과 소명자료를 준비할 만한 상당한 기간을 두고 개최일시와 장소를 통보하여야 하며, 이러한 시간적 여유를 주지 않고 촉박하게 이루어진 통보는 징계규정이 규정한 사전통보의 취지를 몰각한 것으로서 부적법하다고 보아야 할 것인바, 징계위원회의 개최일시 및 장소를 징계위원회가 개회되기 불과 30분 전에 통보하였다면 이러한 촉박한 통보는 징계대상자로 하여금 사실상 변명과 소명자료를 준비할 수 없게 만드는 것이어서 적법한 통보라고 볼 수 없다(대법원 1991.7.9, 90다8077).

정답 ④

---

7 ☐☐☐   ○ △ ✕

근로관계의 종료에 관한 설명으로 옳지 않은 것은? (다툼이 있으면 판례에 따름)

① 상시 4인 이하의 근로자를 사용하는 사업장에서 근로자를 해고하려는 사용자는 해고사유와 해고시기를 서면으로 통지하지 아니할 수 있다.

② 영업양도 당사자 사이에 근로관계의 일부를 승계의 대상에서 제외하기로 하는 특약은 실질적으로 해고와 다름이 없다.

③ 시용기간 만료 시 본 계약의 체결을 거부하는 것은 사용자에게 유보된 해약권의 행사로서 보통의 해고보다는 넓게 인정될 수 있다.

④ 사직의 의사표시는 특별한 사정이 없는 한 당해 근로계약을 종료시키는 취지의 해약고지로 볼 수 없다.

⑤ 기간을 정한 근로계약관계에서 근로자에게 근로계약의 갱신에 대한 정당한 기대권이 인정되는 경우, 사용자가 이에 위반하여 부당하게 근로계약의 갱신을 거절하는 것은 효력이 없다.

해설

① (○) 근로기준법 제27조(해고사유 등의 서면통지)는 상시 4명 이하의 근로자를 사용하는 사업 또는 사업장에 적용되지 아니한다.

상시 4명 이하의 근로자를 사용하는 사업 또는 사업장에 적용하는 법 규정(시행령 제7조 관련 별표 1)

구분	적용 법 규정
제1장 총칙	제1조부터 제13조까지의 규정
제2장 근로계약	제15조, 제17조, 제18조, 제19조 제1항, 제20조부터 제22조까지의 규정, 제23조 제2항, 제26조, 제35조부터 제42조까지의 규정
제3장 임금	제43조부터 제45조까지의 규정, 제47조부터 제49조까지의 규정
제4장 근로시간과 휴식	제54조, 제55조 제1항, 제63조
제5장 여성과 소년	제64조, 제65조 제1항·제3항(임산부와 18세 미만인 자로 한정한다), 제66조부터 제69조까지의 규정, 제70조 제2항·제3항, 제71조, 제72조, 제74조
제6장 안전과 보건	제76조
제8장 재해보상	제78조부터 제92조까지의 규정
제11장 근로감독관 등	제101조부터 제106조까지의 규정
제12장 벌칙	제107조부터 제116조까지의 규정(제1장부터 제6장까지, 제8장, 제11장의 규정 중 상시 4명 이하 근로자를 사용하는 사업 또는 사업장에 적용되는 규정을 위반한 경우로 한정한다)

② (○) 영업양도 당사자 사이에 근로관계의 일부를 승계의 대상에서 제외하기로 하는 특약이 있는 경우에는 그에 따라 근로관계의 승계가 이루어지지 않을 수 있으나, 그러한 특약은 실질적으로 해고나 다름이 없으므로, 근로기준법 제27조 제1항 소정의 정당한 이유가 있어야 유효하며, 영업양도 그 자체만을 사유로 삼아 근로자를 해고하는 것은 정당한 이유가 있는 경우에 해당한다고 볼 수 없다(대법원 1994.6.28, 93다33173).

③ (○) 시용(試用)기간 중에 있는 근로자를 해고하거나 시용기간 만료 시 본계약(本契約)의 체결을 거부하는 것은 사용자에게 유보된 해약권의 행사로서 당해 근로자의 업무능력, 자질, 인품, 성실성 등 업무적격성을 관찰·판단하려는 시용제도의 취지·목적에 비추어 볼 때 보통의 해고보다는 넓게 인정되나, 이 경우에도 객관적으로 합리적인 이유가 존재하여 사회통념상 상당하다고 인정되어야 한다(대법원 2006.2.24, 2002다62432).

④ (✕) 사직의 의사표시는 특별한 사정이 없는 한 당해 근로계약을 종료시키는 취지의 해약고지로 볼 것이고, 근로계약의 해지를 통고하는 사직의 의사표시가 사용자에게 도달한 이상 근로자로서는 사용자의 동의 없이는 비록 민법 제660조 제3항 소정의 기간이 경과하기 이전이라 하여도 사직의 의사표시를 철회할 수 없다(대법원 2000.9.5, 99두8657).

⑤ (○) 근로계약 당사자 사이에 일정한 요건이 충족되면 근로계약이 갱신된다는 신뢰관계가 형성되어 있어 근로자에게 근로계약이 갱신될 수 있으리라는 정당한 기대권이 인정되는 경우에는, 사용자가 이를 위반하여 부당하게 근로계약의 갱신을 거절하는 것은 부당해고와 마찬가지로 아무런 효력이 없고, 이 경우 기간만료 후의 근로관계는 종전의 근로계약이 갱신된 것과 동일하다(대법원 2011.4.14, 2007두1729).

정답 ④

근로기준법상 근로계약에 관한 설명으로 옳지 않은 것은?

① 친권자는 미성년자의 근로계약을 대리할 수 있다.

② 근로기준법에 따른 연차유급휴가는 사용자가 근로계약을 체결할 때에 근로자에게 명시하여야 할 사항에 해당한다.

③ 사용자는 근로계약 불이행에 대한 손해배상액을 예정하는 계약을 체결하지 못한다.

④ 사용자는 근로계약에 덧붙여 저축금의 관리를 규정하는 계약을 체결하지 못한다.

⑤ 근로계약을 체결할 때에 명시된 임금이 사실과 다를 경우, 근로조건 위반을 이유로 근로자가 손해배상을 청구할 경우에는 노동위원회에 신청할 수 있다.

해설

① (×) 있다 → 없다(근로기준법 제67조 제1항)

> **제67조(근로계약)** ① 친권자나 후견인은 미성년자의 근로계약을 대리할 수 없다.

② (○) 동법 제17조 제1항 제4호

> **제17조(근로조건의 명시)** ① 사용자는 근로계약을 체결할 때에 근로자에게 다음 각 호의 사항을 명시하여야 한다. 근로계약 체결 후 다음 각 호의 사항을 변경하는 경우에도 또한 같다. 〈개정 2010.5.25.〉
> 1. 임금
> 2. 소정근로시간
> 3. 제55조에 따른 휴일
> 4. 제60조에 따른 연차유급휴가
> 5. 그 밖에 대통령령으로 정하는 근로조건

③ (○) 사용자는 근로계약 불이행에 대한 위약금 또는 손해배상액을 예정하는 계약을 체결하지 못한다(동법 제20조).

④ (○) 사용자는 근로계약에 덧붙여 강제저축 또는 저축금의 관리를 규정하는 계약을 체결하지 못한다(동법 제22조 제1항).

⑤ (○) 동법 제19조

> **제19조(근로조건의 위반)** ① 제17조에 따라 명시된 근로조건이 사실과 다를 경우에 근로자는 근로조건 위반을 이유로 손해의 배상을 청구할 수 있으며 즉시 근로계약을 해제할 수 있다.
> ② 제1항에 따라 근로자가 손해배상을 청구할 경우에는 노동위원회에 신청할 수 있으며, 근로계약이 해제되었을 경우에는 사용자는 취업을 목적으로 거주를 변경하는 근로자에게 귀향 여비를 지급하여야 한다.

정답 ①

근로기준법령상 구제명령 등에 관한 설명으로 옳지 않은 것은?

① 노동위원회는 사용자에게 구제명령을 하는 때에는 구제명령을 한 날부터 60일 이내의 이행기한을 정하여야 한다.

② 중앙노동위원회의 재심판정에 대하여 사용자나 근로자는 재심판정서를 송달받은 날부터 15일 이내에 행정소송법의 규정에 따라 소를 제기할 수 있다.

③ 노동위원회의 구제명령, 기각결정 또는 재심판정은 중앙노동위원회에 대한 재심신청이나 행정소송 제기에 의하여 그 효력이 정지되지 아니한다.

④ 구제명령을 이행하기 위하여 사용자가 객관적으로 노력하였으나 근로자의 소재불명 등으로 구제명령을 이행하기 어려운 것이 명백한 경우, 노동위원회는 직권으로 그 사유가 없어진 뒤에 이행강제금을 부과할 수 있다.

⑤ 노동위원회는 심문을 끝내고 부당해고등이 성립한다고 판정하면 사용자에게 구제명령을 하여야 하며, 부당해고등이 성립하지 아니한다고 판정하면 구제신청을 기각하는 결정을 하여야 한다.

해설

① (×) 구제명령을 한 날부터 60일 → 구제명령을 서면으로 통지받은 날부터 30일(근로기준법 시행령 제11조)

> **시행령 제11조(구제명령의 이행기한)** 「노동위원회법」에 따른 노동위원회(이하 "노동위원회"라 한다)는 법 제30조 제1항에 따라 사용자에게 구제명령(이하 "구제명령"이라 한다)을 하는 때에는 이행기한을 정하여야 한다. 이 경우 이행기한은 법 제30조 제2항에 따라 사용자가 구제명령을 서면으로 통지받은 날부터 30일 이내로 한다. 〈개정 2019.7.9.〉

② (○) 동법 제31조 제2항

③ (○) 동법 제32조

④ (○) 동법 시행령 제14조 제1호

> **시행령 제14조(이행강제금의 부과유예)** 노동위원회는 다음 각 호의 어느 하나에 해당하는 사유가 있는 경우에는 직권 또는 사용자의 신청에 따라 그 사유가 없어진 뒤에 이행강제금을 부과할 수 있다.
> 1. 구제명령을 이행하기 위하여 사용자가 객관적으로 노력하였으나 근로자의 소재불명 등으로 구제명령을 이행하기 어려운 것이 명백한 경우
> 2. 천재·사변, 그 밖의 부득이한 사유로 구제명령을 이행하기 어려운 경우

⑤ (○) 동법 제30조 제1항

정답 ①

10 □□□ ○ △ ×

근로기준법령상 임금지급에 관한 설명으로 옳지 않은 것은? (다툼이 있으면 판례에 따름)

① 사용자가 근로자의 대리인에게 임금을 지급하는 것은 근로기준법에 위반된다.
② 임금은 매월 1회 이상 일정한 날짜를 정하여 근로자에게 지급하여야 하며, 연봉제를 적용하는 경우에도 마찬가지이다.
③ 근로자가 임금채권을 타인에게 양도한 경우, 사용자는 임금채권의 양수인에게 임금을 지급할 수 있다.
④ 근로자가 본인의 혼인비용에 충당하기 위하여 임금지급을 청구하면 임금지급기일 전이라도 이미 제공한 근로에 대한 임금을 지급하여야 한다.
⑤ 1개월을 초과하는 기간의 출근성적에 따라 지급하는 정근수당은 매월 1회 이상 일정한 날짜를 정하여 지급하지 아니할 수 있다.

해설

① (○) 근로기준법 제43조 제1항
[보충] 임금은 직접지급의 원칙에 따라 근로자에게 직접 지급하여야 한다. 따라서 친권자나 후견인, 근로자의 위임을 받은 임의대리인 등 제3자에게 임금을 지급하는 것은 근로기준법에 위반된다.

> **제43조(임금지급)** ① 임금은 통화(通貨)로 직접 근로자에게 그 전액을 지급하여야 한다. 다만, 법령 또는 단체협약에 특별한 규정이 있는 경우에는 임금의 일부를 공제하거나 통화 이외의 것으로 지급할 수 있다.

② (○) 동조 제2항
[보충] 임금은 정기일지급의 원칙에 따라 매월 1회 이상 일정한 날짜를 정하여 지급하여야 한다. 이는 연공보다 능력·성과를 중시하는 연봉제의 경우에도 마찬가지이다.

> **제43조(임금지급)** ② 임금은 매월 1회 이상 일정한 날짜를 정하여 지급하여야 한다. 다만, 임시로 지급하는 임금, 수당, 그 밖에 이에 준하는 것 또는 대통령령으로 정하는 임금에 대하여는 그러하지 아니하다.

③ (×) [다수의견] 근로기준법 제36조 제1항에서 임금직접지급의 원칙을 규정하는 한편 동법 제109조에서 그에 위반하는 자는 처벌을 하도록 하는 규정을 두어 그 이행을 강제하고 있는 취지가 임금이 확실하게 근로자 본인의 수중에 들어가게 하여 그의 자유로운 처분에 맡기고 나아가 근로자의 생활을 보호하고자 하는 데 있는 점에 비추어 보면 근로자가 그 임금채권을 양도한 경우라 할지라도 그 임금의 지급에 관하여는 같은 원칙이 적용되어 사용자는 직접 근로자에게 임금을 지급하지 아니하면 안 되는 것이고 그 결과 비록 양수인이라고 할지라도 스스로 사용자에 대하여 임금의 지급을 청구할 수는 없다(대법원 1988.12.13. 87다카2803 전원합의체).
④ (○) 동법 제45조, 동법 시행령 제25조 제2호

> **제45조(비상시 지급)** 사용자는 근로자가 출산, 질병, 재해, 그 밖에 대통령령으로 정하는 비상(非常)한 경우의 비용에 충당하기 위하여 임금지급을 청구하면 지급기일 전이라도 이미 제공한 근로에 대한 임금을 지급하여야 한다.

> **시행령 제25조(지급기일 전의 임금지급)** 법 제45조에서 "그 밖에 대통령령으로 정한 비상(非常)한 경우"란 근로자나 그의 수입으로 생계를 유지하는 자가 다음 각 호의 어느 하나에 해당하게 되는 경우를 말한다. 〈개정 2018.6.29.〉
> 1. 출산하거나 질병에 걸리거나 재해를 당한 경우
> 2. 혼인 또는 사망한 경우
> 3. 부득이한 사유로 1주 이상 귀향하게 되는 경우

⑤ (○) 동법 시행령 제23조

> **제23조(매월 1회 이상 지급하여야 할 임금의 예외)** 법 제43조 제2항 단서에서 "임시로 지급하는 임금, 수당, 그 밖에 이에 준하는 것 또는 대통령령으로 정하는 임금"이란 다음 각 호의 것을 말한다.
> 1. 1개월을 초과하는 기간의 출근성적에 따라 지급하는 정근수당
> 2. 1개월을 초과하는 일정 기간을 계속하여 근무한 경우에 지급되는 근속수당
> 3. 1개월을 초과하는 기간에 걸친 사유에 따라 산정되는 장려금, 능률수당 또는 상여금
> 4. 그 밖에 부정기적으로 지급되는 모든 수당

정답 ③

11 □□□ ○ △ ×

근로기준법상 취업규칙의 변경에 관한 설명으로 옳은 것은? (다툼이 있으면 판례에 따름)

① 근로자의 집단적 의사결정방법에 의한 동의 없이 이루어진 취업규칙의 불리한 변경은 그 변경 후에 취업한 근로자에 대하여 효력이 없다.
② 노동조합이 없는 경우에 취업규칙의 불이익변경은 근로자들이 직접 선출한 대표의 동의가 있어야 효력이 있다.
③ 근로자 과반수로 조직된 노동조합이 있는 경우 취업규칙의 불이익변경은 근로자 과반수의 동의가 있어야 효력이 있다.
④ 취업규칙의 변경이 일부 근로자에게는 유리하고 일부 근로자에게는 불리한 경우, 각 근로자집단의 규모를 비교하여 불이익변경인지 여부를 판단한다.
⑤ 변경 전후의 문언을 기준으로 하여 취업규칙이 불리하게 변경되었음이 명백하다면 취업규칙의 내용 이외의 사정이나 상황을 근거로 하여 그 변경에 사회통념상 합리성이 있다고 보는 것은, 이를 제한적으로 엄격하게 해석·적용하여야 한다.

해설

① (×) 가. 취업규칙의 작성·변경에 관한 권한은 원칙적으로 사용자에게 있으므로 사용자는 그 의사에 따라 취업규칙을 작성·변경할 수 있으나, 다만 근로기준법 제95조의 규정에 의하여 노동조합 또는 근로자 과반수의 의견을 들어야 하고 특히 근로자에게 불이익하게 변경하는 경우에는 동의를 얻어야 하는 제약을 받는바, 기존의 근로조건을 근로자에게 불리하게 변경하는 경우에 필요한

근로자의 동의는 근로자의 집단적 의사결정방법에 의한 동의임을 요하고 이러한 동의를 얻지 못한 취업규칙의 변경은 효력이 없다.
나. 사용자가 취업규칙에서 정한 근로조건을 근로자에게 불리하게 변경함에 있어서 근로자의 동의를 얻지 않은 경우에 그 변경으로 기득이익이 침해되는 기존의 근로자에 대한 관계에서는 변경의 효력이 미치지 않게 되어 종전 취업규칙의 효력이 그대로 유지되지만, 변경 후에 변경된 취업규칙에 따른 근로조건을 수용하고 근로관계를 갖게 된 근로자에 대한 관계에서는 당연히 변경된 취업규칙이 적용되어야 하고, 기득이익의 침해라는 효력배제사유가 없는 변경 후의 취업근로자에 대해서까지 변경의 효력을 부인하여 종전 취업규칙이 적용되어야 한다고 볼 근거가 없다(대법원 1992. 12.22, 91다45165).

② (×) ③ (×) 근로자들이 직접 선출한 대표 → 근로자의 과반수, 근로자 과반수 → 그 노동조합(근로기준법 제94조 제1항 단서)

> **제94조(규칙의 작성, 변경절차)** ① 사용자는 취업규칙의 작성 또는 변경에 관하여 해당 사업 또는 사업장에 근로자의 과반수로 조직된 노동조합이 있는 경우에는 그 노동조합, 근로자의 과반수로 조직된 노동조합이 없는 경우에는 근로자의 과반수의 의견을 들어야 한다. 다만, 취업규칙을 근로자에게 불리하게 변경하는 경우에는 그 동의를 받아야 한다.

④ (×) 취업규칙의 일부를 이루는 급여규정의 변경이 일부의 근로자에게는 유리하고 일부의 근로자에게는 불리한 경우 그러한 변경에 근로자집단의 동의를 요하는지를 판단하는 것은 근로자 전체에 대하여 획일적으로 결정되어야 할 것이고, 또 이러한 경우 취업규칙의 변경이 근로자에게 전체적으로 유리한지 불리한지를 객관적으로 평가하기가 어려우며, 같은 개정에 의하여 근로자 상호 간의 이, 불리에 따른 이익이 충돌되는 경우에는 그러한 개정은 근로자에게 불이익한 것으로 취급하여 근로자들 전체의 의사에 따라 결정하게 하는 것이 타당하다 할 것이다. 따라서 이 사건 퇴직금 규정의 변경은 근속기간에 따라 이, 불리를 달리하게 된 근로자집단의 규모를 비교할 것 없이 불이익한 변경으로서 근로자집단의 동의를 요한다고 할 것이고, 그러한 절차를 밟지 않고 이루어진 이 사건 급여규정의 개정은 무효라 할 것이다(1993.5.14, 93다1893).

⑤ (○) 다만 취업규칙을 근로자에게 불리하게 변경하는 경우에 동의를 받도록 한 근로기준법 제94조 제1항 단서의 입법취지를 고려할 때, 변경 전후의 문언을 기준으로 하여 취업규칙이 근로자에게 불이익하게 변경되었음이 명백하다면, 취업규칙의 내용 이외의 사정이나 상황을 근거로 하여 그 변경에 사회통념상 합리성이 있다고 보는 것은, 이를 제한적으로 엄격하게 해석·적용하여야 한다(대법원 2015.8.13, 2012다43522).

정답 ⑤

---

012 ☐☐☐   ○ △ ×

근로기준법상 근로시간 및 휴일에 관한 설명으로 옳은 것은?

① 사용자는 근로자의 동의와 고용노동부장관의 승인을 받아 연장근로에 대하여 임금을 지급하는 대신에 휴가를 줄 수 있다.

② 사용자는 근로자에게 1주일에 평균 1회 이상의 유급휴일을 일요일에 부여하여야 한다.

③ 사용자가 근로자대표와 서면합의를 한 경우, 단속적(斷續的)으로 근로에 종사하는 자에게는 휴일에 관한 규정을 적용하지 아니한다.

④ 18세 이상의 임신 중인 여성근로자에 대하여는 선택적 근로시간제를 적용할 수 있다.

⑤ 사용자는 휴일근로에 대하여는 평균임금의 100분의 50 이상을 가산하여 지급하여야 한다.

해설

① (×) 근로자의 동의와 고용노동부장관의 승인을 받아 → 근로자대표와의 서면합의에 따라(근로기준법 제57조)

> **제57조(보상휴가제)** 사용자는 근로자대표와의 서면합의에 따라 제51조의3, 제52조 제2항 제2호 및 제56조에 따른 연장근로·야간근로 및 휴일근로 등에 대하여 임금을 지급하는 것을 갈음하여 휴가를 줄 수 있다. 〈개정 2021.1.5.〉

② (×) 일요일에 부여하여야 한다 → 보장하여야 한다(동법 제55조 제1항)

[보충] 주휴일은 어느 요일로 하더라도 상관없고, 계절이나 부서, 직종 등에 따라 그 요일을 달리할 수도 있다.

> **제55조(휴일)** ① 사용자는 근로자에게 1주에 평균 1회 이상의 유급휴일을 보장하여야 한다. 〈개정 2018.3.20.〉

③ (×) 사용자가 근로자대표와 서면합의를 한 → 사용자가 고용노동부장관의 승인을 받은(동법 제63조 제3호)

> **제63조(적용의 제외)** 이 장과 제5장에서 정한 근로시간, 휴게와 휴일에 관한 규정은 다음 각 호의 어느 하나에 해당하는 근로자에 대하여는 적용하지 아니한다. 〈개정 2021.1.5.〉
> 1. 토지의 경작·개간, 식물의 식재(植栽)·재배·채취사업, 그 밖의 농림사업
> 2. 동물의 사육, 수산 동식물의 채취·포획·양식사업, 그 밖의 축산, 양잠, 수산사업
> 3. 감시(監視) 또는 단속적(斷續的)으로 근로에 종사하는 사람으로서 사용자가 고용노동부장관의 승인을 받은 사람
> 4. 대통령령으로 정하는 업무에 종사하는 근로자

④ (○) 동법 제52조 제1항 제1호

[보충] 임신 중인 여성근로자에 대하여는 선택적 근로시간제를 적용할 수 있으나, 탄력적 근로시간제는 적용할 수 없다(동법 제51조 제3항, 제51조의2 제6항).

> **제52조(선택적 근로시간제)** ① 사용자는 취업규칙(취업규칙에 준하는 것을 포함한다)에 따라 업무의 시작 및 종료시각을 근로자의 결정에 맡기기로 한 근로자에 대하여 근로자대표와의 서면합의에 따라 다음 각 호의 사항을 정하면 1개월(신상품 또는 신기술의 연구개발 업무의 경우에는 3개월로 한다) 이내의 정산기간

을 평균하여 1주간의 근로시간이 제50조 제1항의 근로시간을 초과하지 아니하는 범위에서 1주간에 제50조 제1항의 근로시간을, 1일에 제50조 제2항의 근로시간을 초과하여 근로하게 할 수 있다. 〈개정 2021.1.5.〉

1. 대상 근로자의 범위(15세 이상 18세 미만의 근로자는 제외한다)
2. 정산기간
3. 정산기간의 총근로시간
4. 반드시 근로하여야 할 시간대를 정하는 경우에는 그 시작 및 종료시각
5. 근로자가 그의 결정에 따라 근로할 수 있는 시간대를 정하는 경우에는 그 시작 및 종료시각
6. 그 밖에 대통령령으로 정하는 사항

⑤ (×) 평균임금 → 통상임금(동법 제56조 제2항)

[보충] 2018.3.20. 개정 근로기준법은 휴일근로에 대한 가산임금 지급기준을 8시간으로 정하여 구분하고 있다. 따라서 위 경우, 구법하에 출제된 지문임에 유의하여야 한다.

> 제56조(연장·야간 및 휴일근로) ② 제1항에도 불구하고 사용자는 휴일근로에 대하여는 다음 각 호의 기준에 따른 금액 이상을 가산하여 근로자에게 지급하여야 한다. 〈신설 2018.3.20.〉
> 1. 8시간 이내의 휴일근로: 통상임금의 100분의 50
> 2. 8시간을 초과한 휴일근로: 통상임금의 100분의 100

정답 ④

---

13 ☐☐☐ ○△×

근로기준법령상 미성년자 또는 연소자에 관한 설명으로 옳지 않은 것은?

① 고용노동부장관은 근로계약이 미성년자에게 불리하다고 인정하는 경우에는 이를 해지할 수 있다.
② 사용자는 고용노동부장관의 허가가 있으면 오후 10시부터 오전 6시까지의 시간에 18세 미만자를 근로시킬 수 있다.
③ 미성년자는 독자적으로 임금을 청구할 수 있다.
④ 사용자는 18세 미만인 자에 대하여는 그 연령을 증명하는 가족관계기록사항에 관한 증명서를 사업장에 갖추어 두어야 한다.
⑤ 고용노동부장관은 유류를 취급하는 업무 중 주유업무에 대하여는 취직인허증을 발급할 수 있다.

해설

① (○) 친권자, 후견인 또는 고용노동부장관은 근로계약이 미성년자에게 불리하다고 인정하는 경우에는 이를 해지할 수 있다(근로기준법 제67조 제2항).
② (×) 있다 → 없다(동법 제70조 제2항 제1호)

[보충] 18세 미만자를 오후 10시부터 오전 6시까지의 시간에 근로시키기 위하여는 고용노동부장관의 인가와 함께 18세 미만자의 동의가 있어야 한다.

> 제70조(야간근로와 휴일근로의 제한) ② 사용자는 임산부와 18

세 미만자를 오후 10시부터 오전 6시까지의 시간 및 휴일에 근로시키지 못한다. 다만, 다음 각 호의 어느 하나에 해당하는 경우로서 고용노동부장관의 인가를 받으면 그러하지 아니하다. 〈개정 2010. 6.4.〉

> 1. 18세 미만자의 동의가 있는 경우
> 2. 산후 1년이 지나지 아니한 여성의 동의가 있는 경우
> 3. 임신 중의 여성이 명시적으로 청구하는 경우

③ (○) 동법 제68조
④ (○) 사용자는 18세 미만인 사람에 대하여는 그 연령을 증명하는 가족관계기록사항에 관한 증명서와 친권자 또는 후견인의 동의서를 사업장에 갖추어 두어야 한다(동법 제66조).
⑤ (○) 동법 시행령 제40조 관련 별표 4 18세 미만인 자 제5호

> 시행령 제40조(임산부 등의 사용금지 직종) 법 제65조에 따라 임산부, 임산부가 아닌 18세 이상인 여성 및 18세 미만인 자의 사용이 금지되는 직종의 범위는 별표 4와 같다.
> **임산부 등의 사용금지 직종(시행령 제40조 관련 별표 1)**

구분	사용금지 직종
18세 미만인 자	1. 「건설기계관리법」, 「도로교통법」 등에서 18세 미만인 자에 대하여 운전·조종면허 취득을 제한하고 있는 직종 또는 업종의 운전·조종업무 2. 「청소년보호법」 등 다른 법률에서 18세 미만인 청소년의 고용이나 출입을 금지하고 있는 직종이나 업종 3. 교도소 또는 정신병원에서의 업무 4. 소각 또는 도살의 업무 5. 유류를 취급하는 업무(주유업무는 제외한다) 6. 2-브로모프로판을 취급하거나 2-브로모프로판에 노출될 수 있는 업무 7. 18세 미만인 자의 안전 및 보건과 밀접한 관련이 있는 업무로서 고용노동부령으로 정하는 업무 8. 그 밖에 고용노동부장관이 산업재해보상보험 및예방심의위원회의 심의를 거쳐 지정하여 고시하는 업무

정답 ②

014 ☐☐☐　　　　　　　○ △ ✕

우리나라 노동법의 법원(法源)에 관한 설명으로 옳지 않은 것은? (다툼이 있으면 판례에 따름)

① 판례는 법원으로 인정되지 않는다.
② 기업의 내부에 존재하는 특정 관행이 기업 사회에서 일반적으로 근로관계를 규율하는 규범적인 사실로서 명확히 승인된 경우, 그 특정 관행은 근로계약의 내용을 이루고 있다고 인정되어 법원으로 인정된다.
③ 민법은 법원으로 인정된다.
④ 국제노동기구(ILO) 협약 중 강제근로에 관한 협약(제29호)은 법원으로 인정된다.
⑤ 고용노동부의 행정해석은 법원으로 인정되지 않는다.

해설

① (○) 성문법주의를 택하고 있는 우리나라에서는 법관이 선례에 구속되지 아니하고, 해당 사건이 아니면 상급법원의 판례에 구속되지도 아니하므로, 노동사건에 관한 판례는 노동법의 법원으로 인정되지 아니한다.
② (○) 판례에 따르면, 기업의 내부에 존재하는 특정의 관행이 근로계약의 내용을 이루고 있다고 하기 위하여는 그러한 관행이 기업 사회에서 일반적으로 근로관계를 규율하는 규범적인 사실로서 명확히 승인되거나 기업의 구성원에 의하여 일반적으로 아무도 이의를 제기하지 아니한 채 당연한 것으로 받아들여져서 기업 내에서 사실상의 제도로서 확립되어 있다고 할 수 있을 정도의 규범의식에 의하여 지지되고 있어야 한다(대법원 2002.4.23, 2000다50701). 즉, 이와 같은 요건을 갖춘 경우에 노동관행은 근로계약이나 단체협약의 내용으로 인정됨으로써 법원이 된다 할 것이다.
③ (○) 노동관계법령은 헌법을 정점으로 전체 법체계 속에 편성되어 있으므로, 넓게 보면 헌법·민사법·형사법 관련 법규들도 노동관계에 관한 기초적·보충적 규정으로서 노동법의 법원이 된다.
④ (○) 국제노동기구는 핵심협약 8개에 대하여는 반드시 비준하도록 회원국들에 권고하고 있는데, 우리나라는 그동안 비준을 연기하여 오던 4개 핵심협약 중 강제노동 철폐 협약(제105호)을 제외하고, 강제노동 협약(제29호), 결사의 자유 및 단결권 보호 협약(제87호), 단결권 및 단체교섭권 협약(제98호)에 대하여 비준하였다.
⑤ (○) 고용노동부의 예규 등 행정해석은 고용노동부가 관계법령의 통일적·효율적 감독·시행을 위한 내부적 업무처리지침에 불과하고, 관계당사자나 법관을 구속할 수 없으므로, 노동법의 법원으로 인정되지 아니한다.
　[보충] 업무상재해인정기준에 관한 노동부 예규는 그 규정의 성질과 내용이 행정기관 내부의 사무처리준칙을 규정한 데 불과한 것이어서 국민이나 법원을 구속하는 것이 아니라고 할 것이다(대법원 1990.9.25, 90누2727).

정답　④ ▶ 없음

015 ☐☐☐　　　　　　　○ △ ✕

헌법 제32조의 내용으로 옳지 않은 것은?

① 모든 국민은 근로의 권리를 가지며 근로의 의무를 지지 아니한다.
② 근로조건의 기준은 인간의 존엄성을 보장하도록 법률로 정한다.
③ 국가는 법률이 정하는 바에 의하여 최저임금제를 시행하여야 한다.
④ 여자의 근로는 특별한 보호를 받으며, 고용·임금 및 근로조건에 있어서 부당한 차별을 받지 아니한다.
⑤ 전몰군경의 유가족은 법률이 정하는 바에 의하여 우선적으로 근로의 기회를 부여받는다.

해설

① (✕) 지지 아니한다 → 진다(대한민국헌법 제32조 제2항 전단)
② (○) ③ (○) ④ (○) ⑤ (○) 동조 제3항, 제1항 후단, 제4항, 제6항

> **제32조** ① 모든 국민은 근로의 권리를 가진다. 국가는 사회적·경제적 방법으로 근로자의 고용의 증진과 적정임금의 보장에 노력하여야 하며, 법률이 정하는 바에 의하여 최저임금제를 시행하여야 한다.
> ② 모든 국민은 근로의 의무를 진다. 국가는 근로의 의무의 내용과 조건을 민주주의원칙에 따라 법률로 정한다.
> ③ 근로조건의 기준은 인간의 존엄성을 보장하도록 법률로 정한다.
> ④ 여자의 근로는 특별한 보호를 받으며, 고용·임금 및 근로조건에 있어서 부당한 차별을 받지 아니한다.
> ⑤ 연소자의 근로는 특별한 보호를 받는다.
> ⑥ 국가유공자·상이군경 및 전몰군경의 유가족은 법률이 정하는 바에 의하여 우선적으로 근로의 기회를 부여받는다.

정답　①

016 ☐☐☐　　　　　　　○ △ ✕

산업안전보건법령에 관한 설명으로 옳지 않은 것은?

① 산업안전보건위원회는 해당 사업장 근로자의 안전과 보건을 유지·증진시키기 위하여 필요한 사항을 정할 수 있다.
② 안전보건관리책임자는 해당 사업에서 그 사업을 실질적으로 총괄관리하는 사람이어야 한다.
③ 사업주는 근로자대표가 요구할 때에는 근로자에 대한 건강진단 시 근로자대표를 입회시켜야 한다.
④ 근로자 1명 이상이 사망한 산업재해는 중대재해에 해당한다.
⑤ 안전·보건상 유해하거나 위험한 모든 작업은 고용노동부장관의 허가를 받지 아니하면 그 작업만을 분리하여 도급을 줄 수 없다.

① (×) 2019.1.15. 산업안전보건법 전부개정에 따라 제19조 제4항이 다음과 같이 개정되었으므로, 정답을 변경한다.

> **제24조(산업안전보건위원회)** ② 사업주는 다음 각 호의 사항에 대해서는 제1항에 따른 산업안전보건위원회(이하 "산업안전보건위원회"라 한다)의 심의·의결을 거쳐야 한다.
> 1. 제15조 제1항 제1호부터 제5호까지 및 제7호에 관한 사항
> 2. 제15조 제1항 제6호에 따른 사항 중 중대재해에 관한 사항
> 3. 유해하거나 위험한 기계·기구·설비를 도입한 경우 안전 및 보건 관련 조치에 관한 사항
> 4. 그 밖에 해당 사업장 근로자의 안전 및 보건을 유지·증진시키기 위하여 필요한 사항

② (O) 제1항 각 호의 업무를 총괄하여 관리하는 사람(이하 "안전보건관리책임자"라 한다)은 제17조에 따른 안전관리자와 제18조에 따른 보건관리자를 지휘·감독한다(동법 제15조 제2항).

③ (O) 사업주는 제129조부터 제131조까지의 규정에 따른 건강진단을 실시하는 경우 근로자대표가 요구하면 근로자대표를 참석시켜야 한다(동법 제132조 제1항).

④ (O) 동법 제2조 제2호, 동법 시행규칙 제3조

> **제2조(정의)** 이 법에서 사용하는 용어의 뜻은 다음과 같다. 〈개정 2020.5.26.〉
> 2. "중대재해"란 산업재해 중 사망 등 재해 정도가 심하거나 다수의 재해자가 발생한 경우로서 고용노동부령으로 정하는 재해를 말한다(동법 제2조 제2호).
> **시행규칙 제3조(중대재해의 범위)** 법 제2조 제2호에서 "고용노동부령으로 정하는 재해"란 다음 각 호의 어느 하나에 해당하는 재해를 말한다.
> 1. 사망자가 1명 이상 발생한 재해
> 2. 3개월 이상의 요양이 필요한 부상자가 동시에 2명 이상 발생한 재해
> 3. 부상자 또는 직업성 질병자가 동시에 10명 이상 발생한 재해

⑤ (×) 모든 → 일부(동법 제58조 제1항)

> **제58조(유해한 작업의 도급금지)** ① 사업주는 근로자의 안전 및 보건에 유해하거나 위험한 작업으로서 다음 각 호의 어느 하나에 해당하는 작업을 도급하여 자신의 사업장에서 수급인의 근로자가 그 작업을 하도록 해서는 아니 된다.
> 1. 도금작업
> 2. 수은, 납 또는 카드뮴을 제련, 주입, 가공 및 가열하는 작업
> 3. 제118조 제1항에 따른 허가대상물질을 제조하거나 사용하는 작업

정답 ⑤ ▶ ①·⑤

직업안정법에 관한 설명으로 옳지 않은 것은?

① 직업안정기관의 장은 구인자가 구인조건을 밝히기를 거부하는 경우, 구인신청의 수리(受理)를 거부할 수 있다.
② 직업안정기관의 장은 구직자의 취업기회를 확대하고 산업에 부족한 인력의 수급을 지원하기 위하여 구인·구직의 개척에 노력하여야 한다.
③ 이 법에 따라 등록을 하고 유료직업소개사업을 하는 자 및 그 종사자는 구직자에게 제공하기 위하여 구인자로부터 선급금을 받을 수 있다.
④ 이 법에 따라 무료직업소개사업을 하는 자와 그 종사자는 18세 미만의 구직자를 소개하는 경우, 친권자나 후견인의 취업동의서를 받아야 한다.
⑤ 누구든지 고용노동부장관의 허가를 받지 아니하고는 근로자공급사업을 하지 못한다.

① (O) 직업안정법 제8조 제3호

> **제8조(구인의 신청)** 직업안정기관의 장은 구인신청의 수리(受理)를 거부하여서는 아니 된다. 다만, 다음 각 호의 어느 하나에 해당하는 경우에는 그러하지 아니하다. 〈개정 2015.1.20.〉
> 1. 구인신청의 내용이 법령을 위반한 경우
> 2. 구인신청의 내용 중 임금, 근로시간, 그 밖의 근로조건이 통상적인 근로조건에 비하여 현저하게 부적당하다고 인정되는 경우
> 3. 구인자가 구인조건을 밝히기를 거부하는 경우
> 4. 구인자가 구인신청 당시 「근로기준법」 제43조의2에 따라 명단이 공개 중인 체불사업주인 경우

② (O) 동법 제17조

③ (×) 받을 수 있다 → 받아서는 아니 된다(동법 제21조의2)

> **제21조의2(선급금의 수령금지)** 제19조 제1항에 따라 등록을 하고 유료직업소개사업을 하는 자 및 그 종사자는 구직자에게 제공하기 위하여 구인자로부터 선급금을 받아서는 아니 된다.

④ (O) 제18조 및 제19조에 따라 무료직업소개사업 또는 유료직업소개사업을 하는 자와 그 종사자(이하 이 조에서 "직업소개사업자 등"이라 한다)는 구직자의 연령을 확인하여야 하며, 18세 미만의 구직자를 소개하는 경우에는 친권자나 후견인의 취업동의서를 받아야 한다(동법 제21조의3 제1항).

⑤ (O) 동법 제33조 제1항

정답 ③

남녀고용평등과 일 · 가정 양립 지원에 관한 법률의 내용으로 옳지 않은 것은?

① 근로자란 사업주에게 고용된 자와 취업할 의사를 가진 자를 말한다.

② 적극적 고용개선조치란 현존하는 남녀 간의 고용차별을 없애거나 고용평등을 촉진하기 위하여 잠정적으로 특정 성을 우대하는 조치를 말한다.

③ 사업주가 임금차별을 목적으로 설립한 별개의 사업은 동일한 사업으로 본다.

④ 사업주는 여성의 직업능력 개발 및 향상을 위하여 모든 직업능력 개발훈련에서 남녀에게 평등한 기회를 보장하여야 한다.

⑤ 사업주는 근로자가 배우자의 출산을 이유로 출산일로부터 30일 내에 휴가를 청구하는 경우, 5일의 유급휴가를 주어야 한다.

해설

① (○) 남녀고용평등법 제2조 제4호

② (○) 동조 제3호

③ (○) 동법 제8조 제3항

④ (○) 국가, 지방자치단체 및 사업주는 여성의 직업능력 개발 및 향상을 위하여 모든 직업능력 개발 훈련에서 남녀에게 평등한 기회를 보장하여야 한다(동법 제16조).

⑤ (×) 30일 → 90일(동법 제18조의2 제3항, 5일 → 10일(동법 제18조의2 제1항)

> **제18조의2(배우자 출산휴가)** ① 사업주는 근로자가 배우자의 출산을 이유로 휴가(이하 "배우자 출산휴가"라 한다)를 청구하는 경우에 10일의 휴가를 주어야 한다. 이 경우 사용한 휴가기간은 유급으로 한다. 〈개정 2019.8.27.〉
> ③ 배우자 출산휴가는 근로자의 배우자가 출산한 날부터 90일이 지나면 청구할 수 없다. 〈개정 2019.8.27.〉

정답 ⑤

파견근로자 보호 등에 관한 법률의 내용으로 옳은 것은?

① 60세인 파견근로자를 근로자파견 대상업무에 파견하는 경우, 2년을 초과하여 근로자파견기간을 연장할 수 있다.

② 근로자파견 대상업무에 해당하지 않는 업무에 파견근로자를 사용하는 경우, 사용사업주는 해당 파견근로자를 직접 고용한 것으로 간주된다.

③ 근로기준법에 따라 사용사업주가 파견근로자에게 유급휴일을 주는 경우, 그 휴일에 대하여 유급으로 지급되는 임금은 사용사업주가 지급하여야 한다.

④ 파견사업주는 근로자대표의 동의가 있으면 쟁의행위 중인 사업장에 그 쟁의행위로 중단된 업무의 수행을 위하여 근로자를 파견할 수 있다.

⑤ 사용사업주는 파견근로자를 사용하고 있는 업무에 근로자를 직접 고용하려면 그 파견근로자를 우선적으로 고용해야 한다.

해설

① (○) 파견법 제6조 제3항

> **제6조(파견기간)** ③ 제2항 후단에도 불구하고 「고용상 연령차별금지 및 고령자고용촉진에 관한 법률」 제2조 제1호의 고령자인 파견근로자에 대하여는 2년을 초과하여 근로자파견기간을 연장할 수 있다.
> **고령자고용법 제2조(정의)** 이 법에서 사용하는 용어의 뜻은 다음과 같다. 〈개정 2020.5.26.〉
> 1. "고령자"란 인구와 취업자의 구성 등을 고려하여 대통령령으로 정하는 연령 이상인 사람을 말한다.
> **시행령 제2조(고령자 및 준고령자의 정의)** ① 「고용상 연령차별금지 및 고령자고용촉진에 관한 법률」(이하 "법"이라 한다) 제2조 제1호에 따른 고령자는 55세 이상인 사람으로 한다.

② (×) 고용한 것으로 간주된다 → 고용하여야 한다(동법 제6조의2 제1항 제1호)

> **제6조의2(고용의무)** ① 사용사업주가 다음 각 호의 어느 하나에 해당하는 경우에는 해당 파견근로자를 직접 고용하여야 한다.
> 1. 제5조 제1항의 근로자파견 대상업무에 해당하지 아니하는 업무에서 파견근로자를 사용하는 경우(제5조제2항에 따라 근로자파견사업을 한 경우는 제외한다)
> 2. 제5조 제3항을 위반하여 파견근로자를 사용하는 경우
> 3. 제6조 제2항을 위반하여 2년을 초과하여 계속적으로 파견근로자를 사용하는 경우
> 4. 제6조 제4항을 위반하여 파견근로자를 사용하는 경우
> 5. 제7조 제3항을 위반하여 근로자파견의 역무를 제공받은 경우

③ (×) 사용사업주 → 파견사업주(동법 제34조 제3항)

> **제34조(「근로기준법」의 적용에 관한 특례)** ③ 「근로기준법」 제55조, 제73조 및 제74조 제1항에 따라 사용사업주가 파견근로자에게 유급휴일 또는 유급휴가를 주는 경우 그 휴일 또는 휴가에 대하여 유급으로 지급되는 임금은 파견사업주가 지급하여야 한다.

④ (×) 파견할 수 있다 → 파견하여서는 아니 된다(동법 제16조)

제16조(근로자파견의 제한) ① 파견사업주는 쟁의행위 중인 사업장에 그 쟁의행위로 중단된 업무의 수행을 위하여 근로자를 파견하여서는 아니 된다.

⑤ (×) 고용해야 한다 → 고용하도록 노력하여야 한다(동법 제6조의2 제4항)

제6조의2(고용의무) ④ 사용사업주는 파견근로자를 사용하고 있는 업무에 근로자를 직접 고용하려는 경우에는 해당 파견근로자를 우선적으로 고용하도록 노력하여야 한다.

정답 ①

20 □□□ ○△×

기간제 및 단시간근로자 보호 등에 관한 법률의 내용으로 옳은 것은?

① 노동위원회가 차별적 처우의 시정신청에 대하여 시정명령을 발하는 경우, 그 시정명령의 내용에 취업규칙, 단체협약 등의 제도개선명령은 포함될 수 없다.

② 경영성과에 따른 성과금에 있어서 불리하게 처우하는 것은 합리적인 이유와 무관하게 차별적 처우에 해당하지 아니한다.

③ 사용자는 기간제근로자와 근로계약을 체결하는 때에는 근로일 및 근로일별 근로시간을 서면으로 명시하여야 한다.

④ 사용자는 단시간근로자에 대하여 근로기준법에 따른 소정근로시간을 초과하여 근로하게 하는 경우에는 당해 근로자의 동의를 얻으면 1주간에 12시간을 초과하여 근로하게 할 수 있다.

⑤ 단시간근로자에 대한 차별적 처우의 금지와 관련한 분쟁에 있어서 입증책임은 사용자가 부담한다.

해설

① (×) 없다 → 있다(기간제법 제13조 제1항)

제13조(조정·중재 또는 시정명령의 내용) ① 제11조의 규정에 따른 조정·중재 또는 제12조의 규정에 따른 시정명령의 내용에는 차별적 행위의 중지, 임금 등 근로조건의 개선(취업규칙, 단체협약 등의 제도개선명령을 포함한다) 또는 적절한 배상 등이 포함될 수 있다. 〈개정 2014.3.18.〉

② (×) 해당하지 아니한다 → 해당한다(동법 제2조 제3호 다목)

제2조(정의) 이 법에서 사용하는 용어의 정의는 다음과 같다. 〈개정 2020.5.26.〉
3. "차별적 처우"라 함은 다음 각 목의 사항에서 합리적인 이유 없이 불리하게 처우하는 것을 말한다.
   가. 「근로기준법」 제2조 제1항 제5호에 따른 임금
   나. 정기상여금, 명절상여금 등 정기적으로 지급되는 상여금
   다. 경영성과에 따른 성과금
   라. 그 밖에 근로조건 및 복리후생 등에 관한 사항

③ (×) 명시하여야 한다 → 명시할 필요 없다(동법 제17조 단서)

제17조(근로조건의 서면명시) 사용자는 기간제근로자 또는 단시간근로자와 근로계약을 체결하는 때에는 다음 각 호의 모든 사항을 서면으로 명시하여야 한다. 다만, 제6호는 단시간근로자에 한정한다. 〈개정 2020.5.26.〉
1. 근로계약기간에 관한 사항
2. 근로시간·휴게에 관한 사항
3. 임금의 구성항목·계산방법 및 지불방법에 관한 사항
4. 휴일·휴가에 관한 사항
5. 취업의 장소와 종사하여야 할 업무에 관한 사항
6. 근로일 및 근로일별 근로시간

④ (×) 있다 → 없다(동법 제6조 제1항)

제6조(단시간근로자의 초과근로 제한) ① 사용자는 단시간근로자에 대하여 「근로기준법」 제2조의 소정근로시간을 초과하여 근로하게 하는 경우에는 해당 근로자의 동의를 얻어야 한다. 이 경우 1주간에 12시간을 초과하여 근로하게 할 수 없다. 〈개정 2020.5.26.〉

⑤ (○) 제8조 및 제1항부터 제3항까지의 규정과 관련한 분쟁에서 입증책임은 사용자가 부담한다(동법 제9조 제4항).

정답 ⑤

21 □□□ ○△×

최저임금법에 관한 설명으로 옳지 않은 것은?

① 1년 미만의 기간을 정하여 근로계약을 체결한 근로자에 대하여는 고용노동부장관에 의해 고시된 최저임금액보다 적은 최저임금액을 정할 수 있다.

② 최저임금은 사업의 종류별로 구분하여 정할 수 있다.

③ 사용자는 이 법에 따른 최저임금을 이유로 종전의 임금수준을 낮추어서는 아니 된다.

④ 신체장애로 근로능력이 현저히 낮은 자로서 사용자가 고용노동부장관의 인가를 받은 자에 대하여는 최저임금을 적용하지 아니한다.

⑤ 도급으로 사업을 행하는 경우, 도급인이 책임져야 할 사유로 수급인이 근로자에게 최저임금액에 미치지 못하는 임금을 지급한 경우, 도급인은 해당 수급인과 연대하여 책임을 진다.

해설

① (×) 미만 → 이상, 최저임금액보다 적은 → 최저임금액과 다른(최저임금법 제5조 제2항)

제5조(최저임금액) ② 1년 이상의 기간을 정하여 근로계약을 체결하고 수습 중에 있는 근로자로서 수습을 시작한 날부터 3개월 이내인 사람에 대하여는 대통령령으로 정하는 바에 따라 제1항에 따른 최저임금액과 다른 금액으로 최저임금액을 정할 수 있다. 다만, 단순노무업무로 고용노동부장관이 정하여 고시한 직종에 종사하는 근로자는 제외한다. 〈개정 2020.5.26.〉

② (○) 최저임금은 근로자의 생계비, 유사 근로자의 임금, 노동생산성 및 소득분배율 등을 고려하여 정한다. 이 경우 사업의 종류별로

구분하여 정할 수 있다(동법 제4조 제1항).

③ (○) 동법 제6조 제2항

④ (○) 동법 제7조 제1호

> **제7조(최저임금의 적용제외)** 다음 각 호의 어느 하나에 해당하는 사람으로서 사용자가 대통령령으로 정하는 바에 따라 고용노동부장관의 인가를 받은 사람에 대하여는 제6조를 적용하지 아니한다. 〈개정 2020.5.26.〉
> 1. 정신장애나 신체장애로 근로능력이 현저히 낮은 사람
> 2. 그 밖에 최저임금을 적용하는 것이 적당하지 아니하다고 인정되는 사람

⑤ (○) 동법 제6조 제7항

정답 ①

022 □□□   ○ △ ×

근로자퇴직급여 보장법령에 관한 설명으로 옳지 않은 것은?

① 사용자는 4주간을 평균하여 1주간의 소정근로시간이 15시간 미만인 근로자에 대하여는 퇴직급여제도를 설정하여야 할 의무가 없다.

② 상시 10명 미만의 근로자를 사용하는 사업의 경우, 사용자가 개별 근로자의 동의를 받거나 근로자의 요구에 따라 개인형퇴직연금제도를 설정하는 경우에는 해당 근로자에 대하여 퇴직급여제도를 설정한 것으로 본다.

③ 사용자는 무주택자인 근로자가 본인 명의로 주택을 구입하기 위해 퇴직금중간정산을 요구하는 경우, 근로자가 퇴직하기 전에 해당 근로자의 계속근로기간에 대한 퇴직금을 미리 정산하여 지급할 수 있다.

④ 확정기여형퇴직연금제도를 설정한 사용자는 가입자의 연간 임금총액의 12분의 1 이상에 해당하는 부담금을 현금으로 가입자의 확정기여형퇴직연금제도 계정에 납입하여야 한다.

⑤ 확정급여형퇴직연금제도의 경우, 55세 이상으로서 가입기간이 10년 이상인 가입자에게 연금으로 지급하되, 연금의 지급기간은 10년 이상이어야 한다.

해설

① (○) 사용자는 퇴직하는 근로자에게 급여를 지급하기 위하여 퇴직급여제도 중 하나 이상의 제도를 설정하여야 한다. 다만, 계속근로기간이 1년 미만인 근로자, 4주간을 평균하여 1주간의 소정근로시간이 15시간 미만인 근로자에 대하여는 그러하지 아니하다(퇴직급여법 제4조 제1항).

② (○) 동법 제25조 제1항

③ (○) 제1항에도 불구하고 사용자는 주택구입 등 대통령령으로 정하는 사유로 근로자가 요구하는 경우에는 근로자가 퇴직하기 전에 해당 근로자의 계속근로기간에 대한 퇴직금을 미리 정산하여 지급할 수 있다. 이 경우 미리 정산하여 지급한 후의 퇴직금 산정을 위한 계속근로기간은 정산시점부터 새로 계산한다(동법 제8조 제2항).

④ (○) 동법 제20조 제1항

⑤ (×) 10년 → 5년(동법 제17조 제1항 제1호)

> **제17조(급여 종류 및 수급요건 등)** ① 확정급여형퇴직연금제도의 급여 종류는 연금 또는 일시금으로 하되, 수급요건은 다음 각 호와 같다.
> 1. 연금은 55세 이상으로서 가입기간이 10년 이상인 가입자에게 지급할 것. 이 경우 연금의 지급기간은 5년 이상이어야 한다.
> 2. 일시금은 연금수급요건을 갖추지 못하거나 일시금 수급을 원하는 가입자에게 지급할 것

정답 ⑤

023 □□□   ○ △ ×

임금채권보장법에 관한 설명으로 옳지 않은 것은?

① 체당금의 범위에는 재해보상금이 포함되지 않는다.

② 이 법은 국가와 지방자치단체가 직접 수행하는 사업에 적용된다.

③ 고용노동부장관은 체당금을 지급하는 데 드는 비용에 충당하기 위하여 사업주로부터 부담금을 징수한다.

④ 임금채권보장기금의 관리·운용에 관한 중요사항을 심의하기 위하여 고용노동부에 임금채권보장기금심의위원회를 둔다.

⑤ 고용노동부장관이 근로자에게 체당금을 지급하였을 때에는 그 지급한 금액의 한도에서 그 근로자가 해당 사업주에 대하여 미지급임금등을 청구할 수 있는 권리를 대위(代位)한다.

해설

① (○) 임금채권보장법 제7조 제2항

[보충] 2021.4.13. 임금채권보장법 개정에 따라 체당금은 대지급금으로 변경되었다.

> **제7조(퇴직한 근로자에 대한 대지급금의 지급)** ② 제1항에 따라 고용노동부장관이 사업주를 대신하여 지급하는 체불임금등 대지급금(이하 "대지급금"이라 한다)의 범위는 다음 각 호와 같다. 다만, 대통령령으로 정하는 바에 따라 제1항 제1호부터 제3호까지의 규정에 따른 대지급금의 상한액과 같은 항 제4호 및 제5호에 따른 대지급금의 상한액은 근로자의 퇴직 당시의 연령 등을 고려하여 따로 정할 수 있으며 대지급금이 적은 경우에는 지급하지 아니할 수 있다. 〈개정 2021.4.13.〉
> 1. 「근로기준법」 제38조 제2항 제1호에 따른 임금 및 「근로자퇴직급여 보장법」 제12조 제2항에 따른 최종 3년간의 퇴직급여등
> 2. 「근로기준법」 제46조에 따른 휴업수당(최종 3개월분으로 한정한다)
> 3. 「근로기준법」 제74조 제4항에 따른 출산전후휴가기간 중 급여(최종 3개월분으로 한정한다)

② (×) 적용된다 → 적용되지 아니한다(동법 제3조)

> **제3조(적용범위)** 이 법은 「산업재해보상보험법」 제6조에 따른 사업 또는 사업장(이하 "사업"이라 한다)에 적용한다. 다만, 국가와 지방자치단체가 직접 수행하는 사업은 그러하지 아니하다.

③ (○) 고용노동부장관은 제7조 또는 제7조의2에 따른 대지급금의

지급이나 제7조의3에 따른 체불임금등 및 생계비의 융자 등 임금 채권보장사업에 드는 비용에 충당하기 위하여 사업주로부터 부담금을 징수한다(동법 제9조 제1항).

④ (O) 동법 제6조 제1항
⑤ (O) 고용노동부장관은 제7조 또는 제7조의2에 따라 해당 근로자에게 대지급금을 지급하였을 때에는 그 지급한 금액의 한도에서 그 근로자가 해당 사업주에 대하여 미지급임금등을 청구할 수 있는 권리를 대위(代位)한다(동법 제8조 제1항).

정답 ②

024 □□□   ○ △ ✕

근로복지기본법에 관한 설명으로 옳은 것은?
① 사내근로복지기금법인은 자금차입을 할 수 있다.
② 사업의 합병을 위한 해당 우리사주제도 실시회사의 해산은 우리사주조합의 해산사유에 해당한다.
③ 우리사주조합은 지배관계회사로부터 우리사주 취득자금을 차입하여 우리사주를 취득할 수 없다.
④ 사용자는 사내근로복지기금법인의 설치를 이유로 그 설치 당시에 운영하고 있는 근로복지시설의 운영을 중단할 수 있다.
⑤ 근로복지시설을 설치·운영하는 자는 근로자의 소득수준, 가족관계 등을 고려하여 근로복지시설의 이용자를 제한하거나 이용료를 차등하여 받을 수 없다.

해설
① (✕) 있다 → 없다(동법 제64조 제2항)

> **제64조(사내근로복지기금의 회계)** ② 기금법인은 자금차입을 할 수 없다.

② (O) 동법 제47조 제1항 제3호

> **제47조(우리사주조합의 해산)** ① 우리사주조합은 다음 각 호의 어느 하나에 해당하는 사유가 발생한 경우에 해산한다. 이 경우 우리사주조합의 청산인은 대통령령으로 정하는 바에 따라 해산사유를 명시하여 고용노동부장관에게 보고하여야 한다.
> 1. 해당 우리사주제도 실시회사의 파산
> 2. 사업의 폐지를 위한 해당 우리사주제도 실시회사의 해산
> 3. 사업의 합병·분할·분할합병 등을 위한 해당 우리사주제도 실시회사의 해산
> 4. 지배관계회사 또는 수급관계회사의 근로자가 해당 우리사주제도 실시회사의 우리사주조합에 가입하는 경우. 다만, 지배관계회사 또는 수급관계회사 자체에 설립된 우리사주조합이 우리사주를 예탁하고 있거나, 우리사주조합원이 우리사주매수선택권을 부여받은 경우에는 대통령령으로 정하는 기간 동안은 해산하지 아니한다.
> 5. 우리사주조합의 임원이 없고 최근 3 회계연도의 기간 동안 계속하여 우리사주 및 우리사주 취득 재원의 조성 등으로 자산을 보유하지 아니하였으며 우리사주조합의 해산에 대하여 고용노동부령으로 정하는 바에 따라 우리사주조합의 조합원에게 의견조회를 한 결과 존속의 의사표명이 없는 경우

③ (✕) 없다 → 있다(동법 제42조 제1항)

> **제42조(우리사주조합의 차입을 통한 우리사주의 취득)** ① 우리사주조합은 우리사주제도 실시회사, 지배관계회사, 수급관계회사, 그 회사의 주주 및 대통령령으로 정하는 금융회사 등으로부터 우리사주 취득자금을 차입하여 우리사주를 취득할 수 있다.

④ (✕) 있다 → 없다(동법 제68조 제1항)

> **제68조(다른 복지와의 관계)** ① 사용자는 기금법인의 설치를 이유로 기금법인 설치 당시에 운영하고 있는 근로복지제도 또는 근로복지시설의 운영을 중단하거나, 이를 감축하여서는 아니 된다.

⑤ (✕) 없다 → 있다(동법 제30조)

> **제30조(이용료 등)** 근로복지시설을 설치·운영하는 자는 근로자의 소득수준, 가족관계 등을 고려하여 근로복지시설의 이용자를 제한하거나 이용료를 차등하여 받을 수 있다.

정답 ②

025 □□□   ○ △ ✕

외국인근로자의 고용 등에 관한 법률의 내용으로 옳지 않은 것은?
① 사용자는 외국인근로자가 근로관계의 종료, 체류기간의 만료 등으로 귀국하는 경우에는 귀국하기 전에 임금 등 금품관계를 청산하는 등 필요한 조치를 하여야 한다.
② 이 법은 선원법의 적용을 받는 선박에 승무(乘務)하는 선원 중 대한민국 국적을 가지지 아니한 선원에게 적용된다.
③ 외국인력정책위원회는 외국인근로자를 송출할 수 있는 국가의 지정 및 지정취소에 관한 사항을 심의·의결한다.
④ 사용자의 임금체불로 근로계약을 유지하기 어렵다고 인정되는 경우, 직업안정기관의 장은 외국인근로자 고용허가를 취소할 수 있다.
⑤ 외국인근로자는 귀국 시 필요한 비용에 충당하기 위하여 보험 또는 신탁에 가입하여야 한다.

해설
① (O) 외국인고용법 제16조
② (✕) 적용된다 → 적용하지 아니한다(동법 제3조 제1항)

> **제3조(적용범위 등)** ① 이 법은 외국인근로자 및 외국인근로자를 고용하고 있거나 고용하려는 사업 또는 사업장에 적용한다. 다만, 「선원법」의 적용을 받는 선박에 승무(乘務)하는 선원 중 대한민국 국적을 가지지 아니한 선원 및 그 선원을 고용하고 있거나 고용하려는 선박의 소유자에 대하여는 적용하지 아니한다.

③ (O) 동법 제4조 제2항 제3호

> **제4조(외국인력정책위원회)** ② 정책위원회는 다음 각 호의 사항을 심의·의결한다. 〈개정 2021.4.13.〉
> 1. 외국인근로자 관련 기본계획의 수립에 관한 사항

2. 외국인근로자 도입 업종 및 규모 등에 관한 사항
3. 외국인근로자를 송출할 수 있는 국가(이하 "송출국가"라 한다)의 지정 및 지정취소에 관한 사항
4. 제18조의2 제2항에 따른 외국인근로자의 취업활동기간 연장에 관한 사항
5. 그 밖에 대통령령으로 정하는 사항

④ (O) 동법 제19조 제1항 제3호

제19조(외국인근로자 고용허가 또는 특례고용가능확인의 취소)
① 직업안정기관의 장은 다음 각 호의 어느 하나에 해당하는 사용자에 대하여 대통령령으로 정하는 바에 따라 제8조 제4항에 따른 고용허가나 제12조 제3항에 따른 특례고용가능확인을 취소할 수 있다.
1. 거짓이나 그 밖의 부정한 방법으로 고용허가나 특례고용가능확인을 받은 경우
2. 사용자가 입국 전에 계약한 임금 또는 그 밖의 근로조건을 위반하는 경우
3. 사용자의 임금체불 또는 그 밖의 노동관계법 위반 등으로 근로계약을 유지하기 어렵다고 인정되는 경우

⑤ (O) 동법 제15조 제1항

정답 ②

001 □□□   ○ △ ×

임금 등에 관하여 근로기준법령에 규정된 내용으로 옳지 않은 것은?

① 임금이란 사용자가 근로의 대가로 근로자에게 임금, 봉급, 그 밖에 어떠한 명칭으로든지 지급하는 일체의 금품을 말한다.

② 평균임금이란 이를 산정하여야 할 사유가 발생한 날 이전 3개월 동안에 그 근로자에게 지급된 임금의 총액을 말한다.

③ 사용자는 도급이나 그 밖에 이에 준하는 제도로 사용하는 근로자에게 근로시간에 따라 일정액의 임금을 보장하여야 한다.

④ 사용자는 각 사업장별로 임금대장을 작성하여야 한다.

⑤ 일용근로자의 평균임금은 고용노동부장관이 사업이나 직업에 따라 정하는 금액으로 한다.

해설

① (○) 근로기준법 제2조 제1항 제5호

② (×) 총액 → 총액을 그 기간의 총일수로 나눈 금액(동조 제1항 제6호)

> **제2조(정의)** ① 이 법에서 사용하는 용어의 뜻은 다음과 같다. 〈개정 2020.5.26.〉
> 6. "평균임금"이란 이를 산정하여야 할 사유가 발생한 날 이전 3개월 동안에 그 근로자에게 지급된 임금의 총액을 그 기간의 총일수로 나눈 금액을 말한다. 근로자가 취업한 후 3개월 미만인 경우도 이에 준한다.

③ (○) 동법 제47조

④ (○) 사용자는 각 사업장별로 임금대장을 작성하고 임금과 가족수당 계산의 기초가 되는 사항, 임금액, 그 밖에 대통령령으로 정하는 사항을 임금을 지급할 때마다 적어야 한다(동법 제48조).

⑤ (○) 동법 시행령 제3조

정답 ②

002 □□□   ○ △ ×

부당해고등 구제제도에 관하여 근로기준법에 규정된 내용으로 옳지 않은 것은?

① 노동위원회는 구제명령을 받은 자가 구제명령을 이행하면 새로운 이행강제금을 부과하지 아니하되, 구제명령을 이행하기 전에 이미 부과된 이행강제금은 징수하여야 한다.

② 사용자가 근로자에게 부당해고등을 하면 근로자는 부당해고등이 있었던 날부터 3개월 이내에 노동위원회에 구제를 신청할 수 있다.

③ 노동위원회가 구제명령을 할 때에 사용자의 신청에 따라 원직복직 대신 해고기간 동안의 임금 상당액 이상의 금품을 근로자에게 지급하도록 명할 수 있다.

④ 지방노동위원회의 구제명령에 불복하는 사용자는 구제명령서를 통지받은 날부터 10일 이내에 중앙노동위원회에 재심을 신청할 수 있다.

⑤ 노동위원회는 최초의 구제명령을 한 날을 기준으로 매년 2회의 범위에서 구제명령이 이행될 때까지 반복하여 이행강제금을 부과·징수할 수 있다. 이 경우 이행강제금은 2년을 초과하여 부과·징수하지 못한다.

해설

① (○) 근로기준법 제33조 제6항

② (○) 동법 제28조

> **제28조(부당해고등의 구제신청)** ① 사용자가 근로자에게 부당해고등을 하면 근로자는 노동위원회에 구제를 신청할 수 있다.
> ② 제1항에 따른 구제신청은 부당해고등이 있었던 날부터 3개월 이내에 하여야 한다.

③ (×) 사용자의 신청에 따라 → 근로자가 원직복직을 원하지 아니하면(동법 제30조 제3항)

> **제30조(구제명령 등)** ③ 노동위원회는 제1항에 따른 구제명령(해고에 대한 구제명령만을 말한다)을 할 때에 근로자가 원직복직(原職復職)을 원하지 아니하면 원직복직을 명하는 대신 근로자가 해고기간 동안 근로를 제공하였더라면 받을 수 있었던 임금 상당액 이상의 금품을 근로자에게 지급하도록 명할 수 있다.

④ (○) 「노동위원회법」에 따른 지방노동위원회의 구제명령이나 기각결정에 불복하는 사용자나 근로자는 구제명령서나 기각결정서를 통지받은 날부터 10일 이내에 중앙노동위원회에 재심을 신청할 수 있다(동법 제31조 제1항).

⑤ (○) 동법 제33조 제5항

정답 ③

003 □□□　　　○ △ ×

근로기준법에 규정된 내용으로 옳은 것은?

① 단시간근로자의 근로조건은 그 사업장의 같은 종류의 업무에 종사하는 통상근로자의 근로시간을 기준으로 산정한 비율에 따라 결정되어야 한다.

② 근로자는 근로기준법 제17조에 따라 명시된 근로조건이 사실과 다르더라도 근로계약을 즉시 해제할 수는 없다.

③ 근로기준법 제17조에 따라 근로계약서에 명시된 근로조건이 사실과 다를 경우에 근로자는 근로조건 위반을 이유로 고용노동부장관에게 손해배상의 청구를 신청하여야 한다.

④ 사용자는 근로계약 불이행에 대한 손해배상액을 예정하는 계약을 체결할 수 있다.

⑤ 사용자는 근로계약에 덧붙여 강제저축 또는 저축금의 관리를 규정하는 계약을 체결할 수 있다.

해설

① (○) 근로기준법 제18조 제1항

② (×) ③ (×) 수는 없다 → 수 있다, 손해배상의 청구를 신청하여야 한다 → 손해의 배상을 청구할 수 있다(동법 제19조 제1항)

> **제19조(근로조건의 위반)** ① 제17조에 따라 명시된 근로조건이 사실과 다를 경우에 근로자는 근로조건 위반을 이유로 손해의 배상을 청구할 수 있으며 즉시 근로계약을 해제할 수 있다.

④ (×) 체결할 수 있다 → 체결하지 못한다(동법 제20조)

> **제20조(위약예정의 금지)** 사용자는 근로계약 불이행에 대한 위약금 또는 손해배상액을 예정하는 계약을 체결하지 못한다.

⑤ (×) 체결할 수 있다 → 체결하지 못한다(동법 제22조 제1항)

> **제22조(강제저금의 금지)** ① 사용자는 근로계약에 덧붙여 강제저축 또는 저축금의 관리를 규정하는 계약을 체결하지 못한다.

정답 ①

004 □□□　　　○ △ ×

다음은 경영상 이유에 의한 해고에 관한 근로기준법령 규정의 내용이다. ( ) 안에 들어갈 내용으로 옳은 것은?

> ○ 사용자는 근로기준법 제24조 제2항에 따른 해고를 피하기 위한 방법과 해고의 기준 등에 관하여 그 사업 또는 사업장에 근로자의 과반수로 조직된 노동조합이 있는 경우에는 그 노동조합에 해고를 하려는 날의 (ㄱ) 전까지 통보하고 성실하게 협의하여야 한다.
>
> ○ 근로기준법 제24조 제4항에 따라 사용자는 1개월 동안에 동법 시행령 제10조 제1항에서 정한 바에 따른 인원을 해고하려면 최초로 해고하려는 날의 (ㄴ) 전까지 고용노동부장관에게 신고하여야 한다.

① ㄱ: 30일　ㄴ: 15일　　② ㄱ: 30일　ㄴ: 30일
③ ㄱ: 50일　ㄴ: 20일　　④ ㄱ: 50일　ㄴ: 30일
⑤ ㄱ: 60일　ㄴ: 15일

해설

④ (○) ㄱ: 50일, ㄴ: 30일

> **제24조(경영상 이유에 의한 해고의 제한)** ③ 사용자는 제2항에 따른 해고를 피하기 위한 방법과 해고의 기준 등에 관하여 그 사업 또는 사업장에 근로자의 과반수로 조직된 노동조합이 있는 경우에는 그 노동조합(근로자의 과반수로 조직된 노동조합이 없는 경우에는 근로자의 과반수를 대표하는 자를 말한다. 이하 "근로자대표"라 한다)에 해고를 하려는 날의 50일 전까지 통보하고 성실하게 협의하여야 한다.
> **시행령 제10조(경영상의 이유에 의한 해고 계획의 신고)** ① 법 제24조제4항에 따라 사용자는 1개월 동안에 다음 각 호의 어느 하나에 해당하는 인원을 해고하려면 최초로 해고하려는 날의 30일 전까지 고용노동부장관에게 신고하여야 한다. 〈개정 2010.7.12.〉
> 1. 상시근로자수가 99명 이하인 사업 또는 사업장 : 10명 이상
> 2. 상시근로자수가 100명 이상 999명 이하인 사업 또는 사업장 : 상시근로자수의 10퍼센트 이상
> 3. 상시근로자수가 1,000명 이상 사업 또는 사업장 : 100명 이상

정답 ④

서면으로 통지하여야 한다(대법원 2015.11.27, 2015두48136).

정답 ⑤

005 □□□   ○ △ ×

근로기준법령상 해고 등에 관한 설명으로 옳지 않은 것은?
(다툼이 있는 경우에는 판례에 의함)

① 근로기준법 제27조 제1항에 따르면, 사용자는 근로자를 해고하려면 해고사유와 해고시기를 서면으로 통지하여야 한다.

② 사용자가 시용기간 만료 시 본 근로계약 체결을 거부하는 것은 일반적인 해고보다 넓게 인정될 수 있으나, 그 경우에도 객관적으로 합리적인 이유가 존재하여 사회통념상 상당성이 있어야 한다.

③ 근로기준법 제26조(해고의 예고)는 수습사용한 날부터 3개월 이내의 근로자에게는 적용하지 아니한다.

④ 사용자의 해고의 예고(근로기준법 제26조)는 일정 시점을 특정하여 하거나 언제 해고되는지를 근로자가 알수 있는 방법으로 하여야 한다.

⑤ 시용근로관계에서 사용자가 본 근로계약 체결을 거부하는 경우에는 구체적·실질적인 거부사유를 서면으로 통지하여야 하는 것은 아니다.

해설

① (○) 근로기준법 제27조 제1항

② (○) 근로자의 직업적 능력, 자질, 인품, 성실성 등 업무적격성을 관찰·판단하고 평가하려는 시용제도의 취지·목적에 비추어 볼 때, 사용자가 시용기간 만료 시 본 근로계약 체결을 거부하는 것은 일반적인 해고보다 넓게 인정될 수 있으나, 그 경우에도 객관적으로 합리적인 이유가 존재하여 사회통념상 상당성이 있어야 한다(대법원 2015.11.27, 2015두48136).

③ (○) 동법 제26조 제1호

> **제26조(해고의 예고)** 사용자는 근로자를 해고(경영상 이유에 의한 해고를 포함한다)하려면 적어도 30일 전에 예고를 하여야 하고, 30일 전에 예고를 하지 아니하였을 때에는 30일분 이상의 통상임금을 지급하여야 한다. 다만, 다음 각 호의 어느 하나에 해당하는 경우에는 그러하지 아니하다. 〈개정 2019.1.15.〉
> 1. 근로자가 계속 근로한 기간이 3개월 미만인 경우
> 2. 천재·사변, 그 밖의 부득이한 사유로 사업을 계속하는 것이 불가능한 경우
> 3. 근로자가 고의로 사업에 막대한 지장을 초래하거나 재산상 손해를 끼친 경우로서 고용노동부령으로 정하는 사유에 해당하는 경우

④ (○) 근로기준법 제26조에서 사용자가 근로자를 해고하는 경우 적어도 30일 전에 예고를 하여야 하고, 30일 전에 예고를 하지 아니하였을 때에는 30일분 이상의 통상임금을 지급하도록 규정한 취지는 근로자로 하여금 해고에 대비하여 새로운 직장을 구할 수 있는 시간적 또는 경제적 여유를 주려는 것이므로, 사용자의 해고예고는 일정 시점을 특정하여 하거나 언제 해고되는지를 근로자가 알 수 있는 방법으로 하여야 한다(대법원 2010.4.15, 2009도13833).

⑤ (×) 근로기준법 규정의 내용과 취지, 시용기간 만료 시 본 근로계약 체결거부의 정당성 요건 등을 종합하면, 시용근로관계에서 사용자가 본 근로계약 체결을 거부하는 경우에는 근로자에게 거부사유를 파악하여 대처할 수 있도록 구체적·실질적인 거부사유를

006 □□□   ○ △ ×

근로기준법에 규정된 내용으로 옳지 않은 것은?

① 소정근로시간이란 근로기준법 제50조, 제69조 본문에 따른 근로시간의 범위에서 근로자와 사용자 사이에 정한 근로시간을 말한다.

② 사용자는 계속하여 근로한 기간이 1년 미만인 근로자에게 1개월간 80퍼센트 이상 출근 시 1일의 유급휴가를 주어야 한다.

③ 야간근로는 오후 10시부터 오전 6시까지 사이의 근로를 말한다.

④ 단시간근로자란 1주 동안의 소정근로시간이 그 사업장에서 같은 종류의 업무에 종사하는 통상근로자의 1주 동안의 소정근로시간에 비하여 짧은 근로자를 말한다.

⑤ 근로시간을 산정함에 있어 작업을 위하여 근로자가 사용자의 지휘·감독 아래에 있는 대기시간 등은 근로시간으로 본다.

해설

① (○) "소정(所定)근로시간"이란 제50조, 제69조 본문 또는 「산업안전보건법」 제139조 제1항에 따른 근로시간의 범위에서 근로자와 사용자 사이에 정한 근로시간을 말한다(근로기준법 제2조 제1항 제8호).

② (×) 1개월간 80퍼센트 이상 출근 시 → 1개월 개근 시(동법 제60조 제2항)

> **제60조(연차유급휴가)** ② 사용자는 계속하여 근로한 기간이 1년 미만인 근로자 또는 1년간 80퍼센트 미만 출근한 근로자에게 1개월 개근 시 1일의 유급휴가를 주어야 한다. 〈개정 2012.2.1.〉

③ (○) 사용자는 야간근로(오후 10시부터 다음 날 오전 6시 사이의 근로를 말한다)에 대하여는 통상임금의 100분의 50 이상을 가산하여 근로자에게 지급하여야 한다(동법 제56조 제3항).

④ (○) 동법 제2조 제1항 제9호

⑤ (○) 제1항 및 제2항에 따라 근로시간을 산정하는 경우 작업을 위하여 근로자가 사용자의 지휘·감독 아래에 있는 대기시간 등은 근로시간으로 본다(동법 제50조 제3항).

정답 ②

007 ☐☐☐   ○ △ ✕

취업규칙에 관하여 근로기준법에 규정된 내용에 관한 설명으로 옳지 않은 것은? (다툼이 있는 경우에는 판례에 의함)

① 취업규칙의 변경이 일부 근로자에게는 유리하지만 다른 일부 근로자에게는 불리할 수 있어서 근로자에게 전체적으로 유리한지 불리한지를 단정적으로 평가하기가 어려운 경우에는 근로자에게 불이익한 경우로 취급하여서는 아니 된다.

② 상시 10명 이상의 근로자를 사용하는 사용자는 근로기준법에서 정한 사항에 관한 취업규칙을 작성하여 고용노동부장관에게 신고하여야 한다.

③ 취업규칙은 법령이나 해당 사업 또는 사업장에 대하여 적용되는 단체협약과 어긋나서는 아니 된다.

④ 고용노동부장관은 법령이나 단체협약에 어긋나는 취업규칙의 변경을 명할 수 있다.

⑤ 취업규칙에서 정한 기준에 미달하는 근로조건을 정한 근로계약은 그 부분에 관하여는 무효로 한다.

해설

① (✕) 취업규칙의 일부를 이루는 급여규정의 변경이 일부의 근로자에게는 유리하고 일부의 근로자에게는 불리한 경우 그러한 변경에 근로자집단의 동의를 요하는지를 판단하는 것은 근로자 전체에 대하여 획일적으로 결정되어야 할 것이고, 또 이러한 경우 취업규칙의 변경이 근로자에게 전체적으로 유리한지 불리한지를 객관적으로 평가하기가 어려우며, 같은 개정에 의하여 근로자 상호간의 이, 불리에 따른 이익이 충돌되는 경우에는 그러한 개정은 근로자에게 불이익한 것으로 취급하여 근로자들 전체의 의사에 따라 결정하게 하는 것이 타당하다(대법원 1993.5.14, 93다1893).

② (○) 근로기준법 제93조

> **제93조(취업규칙의 작성·신고)** 상시 10명 이상의 근로자를 사용하는 사용자는 다음 각 호의 사항에 관한 취업규칙을 작성하여 고용노동부장관에게 신고하여야 한다. 이를 변경하는 경우에도 또한 같다. 〈개정 2019.1.15.〉
> 1. 업무의 시작과 종료 시각, 휴게시간, 휴일, 휴가 및 교대 근로에 관한 사항
> 2. 임금의 결정·계산·지급방법, 임금의 산정기간·지급시기 및 승급(昇給)에 관한 사항
> 3. 가족수당의 계산·지급방법에 관한 사항
> 4. 퇴직에 관한 사항
> 5. 「근로자퇴직급여 보장법」 제4조에 따라 설정된 퇴직급여, 상여 및 최저임금에 관한 사항
> 6. 근로자의 식비, 작업 용품 등의 부담에 관한 사항
> 7. 근로자를 위한 교육시설에 관한 사항
> 8. 출산전후휴가·육아휴직 등 근로자의 모성 보호 및 일·가정 양립 지원에 관한 사항
> 9. 안전과 보건에 관한 사항
> 9의2. 근로자의 성별·연령 또는 신체적 조건 등의 특성에 따른 사업장 환경의 개선에 관한 사항
> 10. 업무상과 업무 외의 재해부조(災害扶助)에 관한 사항
> 11. 직장 내 괴롭힘의 예방 및 발생 시 조치 등에 관한 사항
> 12. 표창과 제재에 관한 사항

> 13. 그 밖에 해당 사업 또는 사업장의 근로자 전체에 적용될 사항

③ (○) 동법 제96조 제1항

④ (○) 동조 제2항

⑤ (○) 취업규칙에서 정한 기준에 미달하는 근로조건을 정한 근로계약은 그 부분에 관하여는 무효로 한다. 이 경우 무효로 된 부분은 취업규칙에 정한 기준에 따른다(동법 제97조).

정답 ①

---

008 ☐☐☐   ○ △ ✕

사용증명서와 근로자명부 등에 관하여 근로기준법령에 규정된 내용으로 옳지 않은 것은?

① 근로기준법 제39조 제1항에 따라 사용증명서를 청구할 수 있는 자는 계속하여 30일 이상 근무한 근로자로 하되, 청구할 수 있는 기한은 퇴직 후 3년 이내로 한다.

② 사용증명서에는 근로자가 요구한 사항만을 적어야 한다.

③ 주소는 근로자명부의 기재사항이다.

④ 사용기간이 50일 미만인 일용근로자에 대하여는 근로자명부를 작성하지 아니할 수 있다.

⑤ 사용자는 근로자명부를 3년간 보존하여야 한다.

해설

① (○) 근로기준법 시행령 제19조

② (○) 동법 제39조 제2항

③ (○) 동법 시행령 제20조 제4호

> **시행령 제20조(근로자명부의 기재사항)** 법 제41조 제1항에 따른 근로자 명부에는 고용노동부령으로 정하는 바에 따라 다음 각 호의 사항을 적어야 한다. 〈개정 2010.7.12.〉
> 1. 성명
> 2. 성(性)별
> 3. 생년월일
> 4. 주소
> 5. 이력(履歷)
> 6. 종사하는 업무의 종류
> 7. 고용 또는 고용갱신 연월일, 계약기간을 정한 경우에는 그 기간, 그 밖의 고용에 관한 사항
> 8. 해고, 퇴직 또는 사망한 경우에는 그 연월일과 사유
> 9. 그 밖에 필요한 사항

④ (✕) 50일 → 30일(동법 시행령 제21조)

> **제21조(근로자명부 작성의 예외)** 사용기간이 30일 미만인 일용근로자에 대하여는 근로자명부를 작성하지 아니할 수 있다.

⑤ (○) 사용자는 근로자 명부와 대통령령으로 정하는 근로계약에 관한 중요한 서류를 3년간 보존하여야 한다(동법 제42조).

정답 ④

9 □□□ ○ △ ×

국제노동기구(ILO)의 핵심협약에 해당하지 않는 것은?

① 취업의 최저연령에 관한 협약(제138호)

② 석면사용 안전에 관한 협약(제162호)

③ 가혹한 형태의 아동노동 철폐에 관한 협약(제182호)

④ 결사의 자유 및 단결권의 보호에 관한 협약(제87호)

⑤ 강제노동 폐지에 관한 협약(제105호)

해설

② (×) 석면사용 안전에 관한 협약(제162호)은 국제노동기구의 핵심협약에 해당하지 아니하는 것이다.

[보충] 국제노동기구는 핵심협약 8개에 대하여는 반드시 비준하도록 회원국들에 권고하고 있는데, 우리나라는 그동안 비준을 연기하여 오던 4개 핵심협약 중 강제노동 철폐 협약(제105호)을 제외하고, 나머지에 대하여 비준하였다. 이에 정답을 변경한다.

우리나라가 비준한 국제노동기구(ILO) 핵심협약

- 강제노동 협약(제29호)
- 결사의 자유 및 단결권 보호 협약(제87호)
- 단결권 및 단체교섭권 협약(제98호)
- 동등보수 협약(제100호)
- 차별(고용과 직업) 협약(제111호)
- 최저연령 협약(제138호)
- 가혹한 형태의 아동노동 협약(제182호)

정답 ②

10 □□□ ○ △ ×

헌법 제32조에 명시된 내용이 아닌 것은?

① 국가는 사회적 · 경제적 방법으로 근로자의 고용의 증진과 최저임금의 보장에 노력하여야 한다.

② 연소자의 근로는 특별한 보호를 받는다.

③ 근로조건의 기준은 인간의 존엄성을 보장하도록 법률로 정한다.

④ 국가는 근로의 의무의 내용과 조건을 민주주의원칙에 따라 법률로 정한다.

⑤ 여자의 근로는 특별한 보호를 받는다.

해설

① (×) 최저임금 → 적정임금(대한민국헌법 제32조 제1항)

② (○) ③ (○) ④ (○) ⑤ (○) 동조 제5항, 제3항, 제2항 후단, 제4항

> **제32조** ① 모든 국민은 근로의 권리를 가진다. 국가는 사회적 · 경제적 방법으로 근로자의 고용의 증진과 적정임금의 보장에 노력하여야 하며, 법률이 정하는 바에 의하여 최저임금제를 시행하여야 한다.
> ② 모든 국민은 근로의 의무를 진다. 국가는 근로의 의무의 내용과 조건을 민주주의원칙에 따라 법률로 정한다.

> ③ 근로조건의 기준은 인간의 존엄성을 보장하도록 법률로 정한다.
> ④ 여자의 근로는 특별한 보호를 받으며, 고용 · 임금 및 근로조건에 있어서 부당한 차별을 받지 아니한다.
> ⑤ 연소자의 근로는 특별한 보호를 받는다.
> ⑥ 국가유공자 · 상이군경 및 전몰군경의 유가족은 법률이 정하는 바에 의하여 우선적으로 근로의 기회를 부여받는다.

정답 ①

11 □□□ ○ △ ×

근로기준법령상 상시 4명 이하의 근로자를 사용하는 사업 또는 사업장에 적용하는 법 규정을 모두 고른 것은?

> ㄱ. 근로기준법 제9조(중간착취의 배제)
> ㄴ. 근로기준법 제18조(단시간근로자의 근로조건)
> ㄷ. 근로기준법 제21조(전차금 상계의 금지)
> ㄹ. 근로기준법 제60조(연차유급휴가)
> ㅁ. 근로기준법 제72조(갱내근로의 금지)

① ㄱ, ㄴ

② ㄴ, ㄹ

③ ㄱ, ㄴ, ㅁ

④ ㄱ, ㄴ, ㄷ, ㅁ

⑤ ㄴ, ㄷ, ㄹ, ㅁ

해설

④ (○) ㄱ, ㄴ, ㄷ, ㅁ이 상시 4명 이하의 근로자를 사용하는 사업 또는 사업장에 적용하는 법 규정이다.

상시 4명 이하의 근로자를 사용하는 사업 또는 사업장에 적용하는 법 규정(시행령 제7조 관련 별표 1)

구분	적용 법 규정
제1장 총칙	제1조부터 제13조까지의 규정
제2장 근로계약	제15조, 제17조, 제18조, 제19조 제1항, 제20조부터 제22조까지의 규정, 제23조 제2항, 제26조, 제35조부터 제42조까지의 규정
제3장 임금	제43조부터 제45조까지의 규정, 제47조부터 제49조까지의 규정
제4장 근로시간과 휴식	제54조, 제55조 제1항, 제63조
제5장 여성과 소년	제64조, 제65조 제1항 · 제3항(임산부와 18세 미만인 자로 한정한다), 제66조부터 제69조까지의 규정, 제70조 제2항 · 제3항, 제71조, 제72조, 제74조
제6장 안전과 보건	제76조
제8장 재해보상	제78조부터 제92조까지의 규정
제11장 근로감독관 등	제101조부터 제106조까지의 규정

제12장 벌칙	제107조부터 제116조까지의 규정(제1장부터 제6장까지, 제8장, 제11장의 규정 중 상시 4명 이하 근로자를 사용하는 사업 또는 사업장에 적용되는 규정을 위반한 경우로 한정한다)

정답 ④

012 □□□   ○ △ ×

근로기준법에 규정된 내용으로 옳지 않은 것은?

① 근로기준법에서 정하는 근로조건은 최저기준이므로 근로관계 당사자는 이 기준을 이유로 근로조건을 낮출 수 없다.

② 근로조건은 근로자와 사용자가 동등한 지위에서 자유 의사에 따라 결정하여야 한다.

③ 사용자는 근로자에 대하여 남녀의 성(性)을 이유로 차별적 대우를 하지 못한다.

④ 누구든지 법률에 따르지 아니하고는 영리로 다른 사람의 취업에 개입하거나 중간인으로서 이익을 취득하지 못한다.

⑤ 사용자는 근로자가 공(公)의 직무를 집행하기 위하여 근로시간 중에 필요한 시간을 청구하면 이를 거부할 수 있다.

해설

① (○) 근로기준법 제3조

② (○) 동법 제4조

③ (○) 사용자는 근로자에 대하여 남녀의 성(性)을 이유로 차별적 대우를 하지 못하고, 국적 · 신앙 또는 사회적 신분을 이유로 근로조건에 대한 차별적 처우를 하지 못한다(동법 제6조).

④ (○) 동법 제9조

⑤ (×) 거부할 수 있다 → 거부하지 못한다(동법 제10조)

> **제10조(공민권 행사의 보장)** 사용자는 근로자가 근로시간 중에 선거권, 그 밖의 공민권(公民權) 행사 또는 공(公)의 직무를 집행하기 위하여 필요한 시간을 청구하면 거부하지 못한다. 다만, 그 권리 행사나 공(公)의 직무를 수행하는 데에 지장이 없으면 청구한 시간을 변경할 수 있다.

정답 ⑤

013 □□□   ○ △ ×

임산부의 보호 등에 관하여 근로기준법에 규정된 내용으로 옳지 않은 것은?

① 사용자는 임신한 여성근로자가 모자보건법 제10조에 따른 임산부 정기건강진단을 받는 데 필요한 시간을 청구하는 경우, 이를 허용하여 주어야 한다.

② 사용자는 임신 중인 여성이 사산한 경우로서 그 근로자가 청구하면 임신한 근로자에게 대통령령으로 정하는 바에 따라 사산휴가를 주어야 한다.

③ 사용자는 임신 중의 여성에게 근로기준법 제74조 제1항에 따른 출산전후휴가를 주는 경우, 휴가기간의 배정은 출산 전에 45일 이상이 되어야 한다.

④ 사업주는 근로기준법 제74조 제1항에 따른 출산전후휴가 종료 후에는 휴가 전과 동일한 업무 또는 동등한 수준의 임금을 지급하는 직무에 복귀시켜야 한다.

⑤ 사용자는 임신 중의 여성근로자의 요구가 있는 경우에는 쉬운 종류의 근로로 전환하여야 한다.

해설

① (○) 근로기준법 제74조의2 제1항

② (○) 사용자는 임신 중인 여성이 유산 또는 사산한 경우로서 그 근로자가 청구하면 대통령령으로 정하는 바에 따라 유산 · 사산휴가를 주어야 한다. 다만, 인공 임신중절수술(「모자보건법」 제14조 제1항에 따른 경우는 제외한다)에 따른 유산의 경우는 그러하지 아니하다(동법 제74조 제3항).

③ (×) 전 → 후(동조 제1항)

> **제74조(임산부의 보호)** ① 사용자는 임신 중의 여성에게 출산 전과 출산 후를 통하여 90일(한 번에 둘 이상 자녀를 임신한 경우에는 120일)의 출산전후휴가를 주어야 한다. 이 경우 휴가기간의 배정은 출산 후에 45일(한 번에 둘 이상 자녀를 임신한 경우에는 60일) 이상이 되어야 한다. 〈개정 2014.1.21.〉

④ (○) 동조 제6항

⑤ (○) 사용자는 임신 중의 여성근로자에게 시간외근로를 하게 하여서는 아니 되며, 그 근로자의 요구가 있는 경우에는 쉬운 종류의 근로로 전환하여야 한다(동조 제5항).

정답 ③

14 □□□   ○ △ ×

근로기준법에 규정된 내용으로 옳지 않은 것은?

① 사용자는 여성근로자가 청구하면 월 1일의 생리휴가를 주어야 한다.

② 사용자는 기숙사 생활의 자치에 필요한 임원선거에 간섭하지 못한다.

③ 생후 1년 미만의 유아(乳兒)를 가진 여성근로자가 청구하면 1일 2회 각각 30분 이상의 유급수유시간을 주어야 한다.

④ 취업규칙에서 근로자에 대하여 감급(減給)의 제재를 정할 경우에 그 감액은 1회의 금액이 통상임금의 1일분의 2분의 1을, 총액이 1임금지급기의 임금총액의 10분의 1을 초과하지 못한다.

⑤ 사용자는 근로자가 출산, 질병, 재해, 그 밖에 대통령령으로 정하는 비상(非常)한 경우의 비용에 충당하기 위하여 임금지급을 청구하면 지급기일 전이라도 이미 제공한 근로에 대한 임금을 지급하여야 한다.

해설

① (○) 근로기준법 제73조

② (○) 동법 제98조 제2항

③ (○) 동법 제75조

④ (×) 통상임금 → 평균임금(동법 제95조)

> **제95조(제재 규정의 제한)** 취업규칙에서 근로자에 대하여 감급 (減給)의 제재를 정할 경우에 그 감액은 1회의 금액이 평균임금의 1일분의 2분의 1을, 총액이 1임금지급기의 임금총액의 10분의 1을 초과하지 못한다.

⑤ (○) 동법 제45조

정답 ④

15 □□□   ○ △ ×

소년에 관하여 근로기준법에 규정된 내용으로 옳지 않은 것은?

① 사용자는 18세 미만인 자에 대하여는 그 연령을 증명하는 가족관계기록사항에 관한 증명서와 친권자 또는 후견인의 동의서를 사업장에 갖추어 두어야 한다.

② 미성년자는 독자적으로 임금을 청구할 수 없다.

③ 친권자, 후견인 또는 고용노동부장관은 근로계약이 미성년자에게 불리하다고 인정하는 경우에는 이를 해지할 수 있다.

④ 친권자나 후견인은 미성년자의 근로계약을 대리할 수 없다.

⑤ 15세 이상 18세 미만인 자의 근로시간은 1일에 7시간, 1주일에 40시간을 초과하지 못한다. 다만, 당사자 사이의 합의에 따라 1일에 1시간, 1주일에 6시간을 한도로 연장할 수 있다.

해설

① (○) 근로기준법 제66조

② (×) 없다 → 있다(동법 제68조)

> **제68조(임금의 청구)** 미성년자는 독자적으로 임금을 청구할 수 있다.

③ (○) 동법 제67조 제2항

④ (○) 동조 제1항

⑤ (×) 40시간 → 35시간, 6시간 → 5시간(동법 제69조)

[보충] 2018.3.20. 근로기준법 제69조가 다음과 같이 개정되었으므로, 정답을 변경한다.

> **제69조(근로시간)** 15세 이상 18세 미만인 사람의 근로시간은 1일에 7시간, 1주에 35시간을 초과하지 못한다. 다만, 당사자 사이의 합의에 따라 1일에 1시간, 1주에 5시간을 한도로 연장할 수 있다. 〈개정 2020.5.26.〉

정답 ② ▶ ② · ⑤

16 □□□   ○ △ ×

산업안전보건법상 (   ) 안에 들어갈 내용으로 옳은 것은?

> 사업주는 유해하거나 위험한 작업으로서 대통령령으로 정하는 작업에 종사하는 근로자에게는 1일 (ㄱ)시간, 1주 (ㄴ)시간을 초과하여 근로하게 하여서는 아니 된다.

① ㄱ: 5 ㄴ: 30   ② ㄱ: 5 ㄴ: 32

③ ㄱ: 6 ㄴ: 30   ④ ㄱ: 6 ㄴ: 32

⑤ ㄱ: 6 ㄴ: 34

해설

⑤ (○) ㄱ: 6 ㄴ: 34

제139조(유해·위험작업에 대한 근로시간 제한 등) ① 사업주는 유해하거나 위험한 작업으로서 높은 기압에서 하는 작업 등 대통령령으로 정하는 작업에 종사하는 근로자에게는 1일 6시간, 1주 34시간을 초과하여 근로하게 해서는 아니 된다.

정답 ⑤

017 □□□   ○ △ ×

직업안정법에 관한 설명으로 옳지 않은 것은?

① 근로자공급사업이란 공급계약에 따라 근로자를 타인에게 사용하게 하는 것으로서 파견근로자 보호 등에 관한 법률에 따른 근로자파견사업도 포함된다.

② 직업안정기관의 장은 새로 취업하려는 사람에게 직업지도를 하여야 한다.

③ 누구든지 고용동부장관의 허가를 받지 아니하고는 근로자공급사업을 하지 못한다.

④ 누구든지 국외에 취업할 근로자를 모집한 경우에는 고용노동부장관에게 신고하여야 한다.

⑤ 근로자를 고용하려는 자는 광고, 문서 또는 정보통신망 등 다양한 매체를 활용하여 자유롭게 근로자를 모집할 수 있다.

해설

① (×) 근로자파견사업도 포함된다 → 근로자파견사업은 제외한다 (직업안정법 제2조의2 제7호)

> 제2조의2(정의) 이 법에서 사용하는 용어의 뜻은 다음 각 호와 같다. 〈개정 2019.4.30.〉
> 7. "근로자공급사업"이란 공급계약에 따라 근로자를 타인에게 사용하게 하는 사업을 말한다. 다만, 「파견근로자 보호 등에 관한 법률」 제2조 제2호에 따른 근로자파견사업은 제외한다.

② (○) 동법 제14조 제1항 제1호

> 제14조(직업지도) ① 직업안정기관의 장은 다음 각 호의 어느 하나에 해당하는 사람에게 직업지도를 하여야 한다.
> 1. 새로 취업하려는 사람
> 2. 신체 또는 정신에 장애가 있는 사람
> 3. 그 밖에 취업을 위하여 특별한 지도가 필요한 사람

③ (○) 동법 제33조 제1항

④ (○) 동법 제30조 제1항

⑤ (○) 동법 제28조

정답 ①

018 □□□   ○ △ ×

남녀고용평등과 일·가정 양립 지원에 관한 법령에 규정된 내용으로 옳지 않은 것은?

① 사업주, 상급자 또는 근로자는 직장 내 성희롱을 하여서는 아니 된다.

② 사업주는 직장 내 성희롱 예방교육을 연 2회 이상 받아야 한다.

③ 사업주는 직장 내 성희롱 예방교육을 고용노동부장관이 지정하는 기관에 위탁하여 실시할 수 있다.

④ 사업주는 근로자가 배우자의 출산을 이유로 휴가를 청구하는 경우에 5일의 범위에서 3일 이상의 휴가를 주어야 한다.

⑤ 육아휴직의 기간은 1년 이내로 한다.

해설

① (○) 남녀고용평등법 제12조

② (×) 연 2회 이상 → "삭제"(동법 제13조 제2항)
[보충] 성희롱 예방교육의 횟수는 규정되어 있지 아니하다.

> 제13조(직장 내 성희롱 예방교육 등) ① 사업주는 직장 내 성희롱을 예방하고 근로자가 안전한 근로환경에서 일할 수 있는 여건을 조성하기 위하여 직장 내 성희롱의 예방을 위한 교육(이하 "성희롱 예방교육"이라 한다)을 매년 실시하여야 한다. 〈개정 2017. 11.28.〉
> ② 사업주 및 근로자는 제1항에 따른 성희롱 예방교육을 받아야 한다. 〈신설 2014.1.14.〉

③ (○) 사업주는 성희롱 예방교육을 고용노동부장관이 지정하는 기관(이하 "성희롱 예방교육기관"이라 한다)에 위탁하여 실시할 수 있다(동법 제13조의2 제1항).

④ (×) 5일의 범위에서 3일 이상 → 10일(동법 제18조의2)
[보충] 2019.8.27. 남녀고용평등법 제18조의2 제1항이 다음과 같이 개정되었으므로, 정답을 변경한다.

> 제18조의2(배우자 출산휴가) ① 사업주는 근로자가 배우자의 출산을 이유로 휴가(이하 "배우자 출산휴가"라 한다)를 청구하는 경우에 10일의 휴가를 주어야 한다. 이 경우 사용한 휴가기간은 유급으로 한다. 〈개정 2019.8.27.〉

⑤ (○) 동법 제19조 제2항

정답 ② ▶ ② · ④

19 □□□   ○ △ ×

파견근로자 보호 등에 관한 법률에 규정된 내용으로 옳지 않은 것은?

① 사용사업주는 파견근로자의 정당한 노동조합의 활동을 이유로 근로자파견계약을 해지하여서는 아니 된다.

② 사용사업주는 파견근로자를 사용하고 있는 업무에 근로자를 직접 고용하고자 하는 경우에는 당해 파견근로자를 우선적으로 고용하도록 노력하여야 한다.

③ 건설공사현장에서 이루어지는 업무에 대하여는 일시적·간헐적으로 인력을 확보하여야 할 필요가 있는 경우, 근로자파견사업을 행할 수 있다.

④ 파견근로자는 차별적 처우를 받은 경우, 노동위원회에 그 시정을 신청할 수 있다.

⑤ 파견사업주는 쟁의행위 중인 사업장에 그 쟁의행위로 중단된 업무의 수행을 위하여 근로자를 파견하여서는 아니 된다.

해설

① (○) 사용사업주는 파견근로자의 성별, 종교, 사회적 신분, 파견근로자의 정당한 노동조합의 활동 등을 이유로 근로자파견계약을 해지하여서는 아니 된다(파견법 제22조 제1항).

② (○) 사용사업주는 파견근로자를 사용하고 있는 업무에 근로자를 직접 고용하려는 경우에는 해당 파견근로자를 우선적으로 고용하도록 노력하여야 한다(동법 제6조의2 제4항).

③ (×) 있다 → 없다(동법 제5조 제3항 제1호)

> **제5조(근로자파견 대상업무 등)** ② 제1항에도 불구하고 출산·질병·부상 등으로 결원이 생긴 경우 또는 일시적·간헐적으로 인력을 확보하여야 할 필요가 있는 경우에는 근로자파견사업을 할 수 있다.
> ③ 제1항 및 제2항에도 불구하고 다음 각 호의 어느 하나에 해당하는 업무에 대하여는 근로자파견사업을 하여서는 아니 된다. 〈개정 2019.1.15.〉
> 1. 건설공사현장에서 이루어지는 업무
> 2. 「항만운송사업법」 제3조 제1호, 「한국철도공사법」 제9조 제1항 제1호, 「농수산물 유통 및 가격안정에 관한 법률」 제40조, 「물류정책기본법」 제2조 제1항 제1호의 하역(荷役)업무로서 「직업안정법」 제33조에 따라 근로자공급사업 허가를 받은 지역의 업무
> 3. 「선원법」 제2조 제1호의 선원의 업무
> 4. 「산업안전보건법」 제58조에 따른 유해하거나 위험한 업무
> 5. 그 밖에 근로자 보호 등의 이유로 근로자파견사업의 대상으로는 적절하지 못하다고 인정하여 대통령령으로 정하는 업무

④ (○) 동법 제21조 제2항

⑤ (○) 동법 제16조 제1항

정답 ③

20 □□□   ○ △ ×

기간제 및 단시간근로자 보호 등에 관한 법률에 규정된 내용으로 옳지 않은 것은?

① 기간제 및 단시간근로자 보호 등에 관한 법률은 기간제근로자 및 단시간근로자에 대한 불합리한 차별을 시정하고, 기간제근로자 및 단시간근로자의 근로조건 보호를 강화함으로써 노동시장의 건전한 발전에 이바지함을 목적으로 한다.

② 국가 및 지방자치단체의 기관에 대하여는 상시 사용하는 근로자의 수에 관계없이 기간제 및 단시간근로자 보호 등에 관한 법률을 적용한다.

③ 사용자는 통상근로자를 채용하고자 하는 경우에는 당해 사업 또는 사업장의 동종 또는 유사한 업무에 종사하는 단시간근로자를 우선적으로 고용하도록 노력하여야 한다.

④ 사용자는 가사, 학업 그 밖의 이유로 근로자가 단시간근로를 신청하는 때에는 당해 근로자를 단시간근로자로 전환하여야 한다.

⑤ 사용자는 기간의 정함이 없는 근로계약을 체결하고자 하는 경우에는 당해 사업 또는 사업장의 동종 또는 유사한 업무에 종사하는 기간제근로자를 우선적으로 고용하도록 노력하여야 한다.

해설

① (○) 기간제법 제1조

② (○) 동법 제3조 제3항

③ (○) 동법 제7조 제1항

④ (×) 전환하여야 한다 → 전환하도록 노력하여야 한다(동법 제7조 제2항)

> **제7조(통상근로자로의 전환 등)** ② 사용자는 가사, 학업 그 밖의 이유로 근로자가 단시간근로를 신청하는 때에는 해당 근로자를 단시간근로자로 전환하도록 노력하여야 한다. 〈개정 2020.5.26.〉

⑤ (○) 동법 제5조

정답 ④

021

○ △ ✕

최저임금법령상 최저임금에 산입하는 임금의 범위에 포함되는 것은?

① 1개월을 초과하는 일정 기간의 계속근무에 대하여 지급하는 근속수당
② 김장수당 등 임시 또는 돌발적인 사유에 따라 지급하는 임금 또는 수당
③ 야간근로에 대한 가산임금
④ 근로자의 복리후생을 위한 성질을 가지는 급식수당 등 근로자의 생활을 보조하는 수당
⑤ 단체협약에 임금항목으로서 지급근거가 명시되어 있는 임금 또는 수당

해설

③ (○) 야간근로에 대한 가산임금은 최저임금의 범위에 포함되는 것이다.

[보충] 2018.12.31. 최저임금법 시행규칙 제2조 단서 관련 별표 2가 삭제되었고, 동법 시행규칙 제2조가 개정되었으므로, 해설을 생략하여야 하나, 개정내용에 유의토록 정답을 변경한다.

> **시행규칙 제2조(최저임금의 범위)** ① 「최저임금법」(이하 "법"이라 한다) 제6조 제4항 제1호에서 "고용노동부령으로 정하는 임금"이란 다음 각 호의 어느 하나에 해당하는 것을 말한다.
> 1. 연장근로 또는 휴일근로에 대한 임금 및 연장·야간 또는 휴일근로에 대한 가산임금
> 2. 「근로기준법」 제60조에 따른 연차유급휴가의 미사용수당
> 3. 유급으로 처리되는 휴일(「근로기준법」 제55조 제1항에 따른 유급휴일은 제외한다)에 대한 임금
> 4. 그 밖에 명칭에 관계없이 제1호부터 제3호까지의 규정에 준하는 것으로 인정되는 임금

정답 ⑤ ▶ ③

022

○ △ ✕

근로자퇴직급여 보장법에 규정된 내용으로 옳은 것은?

① 근로자퇴직급여 보장법에 따른 퇴직금을 받을 권리는 1년간 행사하지 아니하면 시효로 인하여 소멸한다.
② 근로자퇴직급여 보장법은 동거하는 친족만을 사용하는 사업 및 가구 내 고용활동에는 적용하지 아니한다.
③ 사용자는 계속근로기간이 1년 미만인 근로자에 대하여 퇴직급여제도 중 하나 이상의 제도를 설정하여야 한다.
④ 퇴직연금사업자는 매년 2회 이상 적립금액 및 운용수익률 등을 고용노동부령으로 정하는 바에 따라 가입자에게 알려야 한다.
⑤ 확정기여형퇴직연금제도란 근로자가 받을 급여의 수준이 사전에 결정되어 있는 퇴직연금제도를 말한다.

해설

① (✕) 임금채권보장법 제5조

해설

① (✕) 1년간 → 3년간(퇴직급여법 제10조)

> **제10조(퇴직금의 시효)** 이 법에 따른 퇴직금을 받을 권리는 3년간 행사하지 아니하면 시효로 인하여 소멸한다.

② (○) 이 법은 근로자를 사용하는 모든 사업 또는 사업장(이하 "사업"이라 한다)에 적용한다. 다만, 동거하는 친족만을 사용하는 사업 및 가구 내 고용활동에는 적용하지 아니한다(동법 제3조).
③ (✕) 설정하여야 한다 → 설정할 필요가 없다(동법 제4조 제1항 단서)

> **제4조(퇴직급여제도의 설정)** ① 사용자는 퇴직하는 근로자에게 급여를 지급하기 위하여 퇴직급여제도 중 하나 이상의 제도를 설정하여야 한다. 다만, 계속근로기간이 1년 미만인 근로자, 4주간을 평균하여 1주간의 소정근로시간이 15시간 미만인 근로자에 대하여는 그러하지 아니하다.

④ (✕) 2회 → 1회(동법 제18조)

> **제18조(운용현황의 통지)** 퇴직연금사업자는 매년 1회 이상 적립금액 및 운용수익률 등을 고용노동부령으로 정하는 바에 따라 가입자에게 알려야 한다.

⑤ (✕) 확정기여형퇴직연금제도 → 확정급여형퇴직연금제도(동법 제2조 제8호)

> **제2조(정의)** 이 법에서 사용하는 용어의 뜻은 다음과 같다. <개정 2022.1.11.>
> 8. "확정급여형퇴직연금제도"란 근로자가 받을 급여의 수준이 사전에 결정되어 있는 퇴직연금제도를 말한다.
> 9. "확정기여형퇴직연금제도"란 급여의 지급을 위하여 사용자가 부담하여야 할 부담금의 수준이 사전에 결정되어 있는 퇴직연금제도를 말한다.

정답 ②

023

○ △ ✕

임금채권보장법에 관한 설명으로 옳지 않은 것은?

① 국가는 매 회계연도 예산의 범위에서 임금채권보장법에 따른 임금채권 보장을 위한 사무집행에 드는 비용의 일부를 일반회계에서 부담하여야 한다.
② 임금채권보장기금심의위원회는 근로자를 대표하는 자, 사업주를 대표하는 자 및 공익을 대표하는 자로 구성하되, 각각 같은 수로 한다.
③ 체당금을 지급받을 권리는 양도할 수 있으나, 담보로 제공할 수는 없다.
④ 미성년자인 근로자는 독자적으로 체당금의 지급을 청구할 수 있다.
⑤ 체당금의 수령은 대통령령으로 정하는 바에 따라 위임할 수 있다.

해설

① (○) 임금채권보장법 제5조

② (○) 동법 제6조 제2항
③ (×) 있으나 → 없고(동법 제11조의2 제1항)
[보충] 2021.4.13. 임금채권보장법 개정에 따라 체당금은 대지급금으로 변경되었다.

> **제11조의2(수급권의 보호)** ① 제7조 또는 제7조의2에 따른 대지급금을 지급받을 권리는 양도 또는 압류하거나 담보로 제공할 수 없다. 〈개정 2021.4.13.〉

④ (○) 미성년자인 근로자는 독자적으로 대지급금의 지급을 청구할 수 있다(동조 제3항).
⑤ (○) 대지급금의 수령은 대통령령으로 정하는 바에 따라 위임할 수 있다(동조 제2항).

정답 ③

24 ☐☐☐   ○ △ ×

근로복지기본법에 관한 설명으로 옳지 않은 것은?
① 노동조합 및 근로자는 근로의욕 증진을 통하여 생산성 향상에 노력하고 근로복지정책에 협력하여야 한다.
② 고용노동부장관은 관계 중앙행정기관의 장과 협의하여 근로복지 증진에 관한 기본계획을 5년마다 수립하여야 한다.
③ 사용자는 근로복지기본법에 따른 사내근로복지기금의 설립 및 출연을 이유로 근로관계 당사자 간에 정하여진 근로조건을 저하시킬 수 없다.
④ 사용자는 근로자의 재산형성을 지원하기 위하여 근로자를 우대하는 저축에 관한 제도를 운영하여야 한다.
⑤ 지방자치단체, 국가의 보조를 받는 비영리법인이 근로복지사업을 추진하는 경우에는 고용노동부장관과 협의하여야 한다.

해설
① (○) 근로복지기본법 제5조 제2항
② (○) 동법 제9조 제1항
③ (○) 사용자는 이 법에 따른 사내근로복지기금의 설립 및 출연을 이유로 근로관계 당사자 간에 정하여진 근로조건을 낮출 수 없다(동법 제51조).
④ (×) 사용자 → 국가(동법 제21조)

> **제21조(근로자우대저축)** 국가는 근로자의 재산형성을 지원하기 위하여 근로자를 우대하는 저축에 관한 제도를 운영하여야 한다.

⑤ (○) 지방자치단체, 국가의 보조를 받는 비영리법인이 근로복지사업을 추진하는 경우에는 고용노동부장관과 협의하여야 한다. 다만, 지방자치단체가 관할구역 안에서 해당 지방자치단체의 예산으로만 근로복지사업을 추진하는 경우에는 협의를 거치지 아니할 수 있다(동법 제11조).

정답 ④

25 ☐☐☐   ○ △ ×

외국인근로자의 고용 등에 관한 법률에 관한 설명으로 옳지 않은 것은?
① 직업안정법에 따른 직업안정기관이 아닌 자는 외국인근로자의 선발, 알선, 그 밖의 채용에 개입하여서는 아니 된다.
② 사용자는 외국인근로자가 외국인 취업교육을 받을 수 있도록 하여야 한다.
③ 직업안정법에 따른 직업안정기관의 장은 외국인근로자의 고용 등에 관한 법률을 위반하여 처벌을 받은 사용자에 대하여 그 사실이 발생한 날부터 3년간 외국인근로자의 고용을 제한할 수 있다.
④ 사용자는 외국인근로자가 근로관계의 종료로 귀국하는 경우에는 귀국하기 전에 임금 등 금품관계를 청산하는 등 필요한 조치를 하여야 한다.
⑤ 사용자가 외국인근로자와의 근로계약을 해지하고자 할 때에는 고용노동부령으로 정하는 바에 따라 직업안정기관의 장의 허가를 받아야 한다.

해설
① (○) 외국인고용법 제8조 제6항
② (○) 동법 제11조 제2항
③ (○) 동법 제20조 제1항 제3호

> **제20조(외국인근로자 고용의 제한)** ① 직업안정기관의 장은 다음 각 호의 어느 하나에 해당하는 사용자에 대하여 그 사실이 발생한 날부터 3년간 외국인근로자의 고용을 제한할 수 있다. 〈개정 2022.6.10.〉
> 1. 제8조 제4항에 따른 고용허가 또는 제12조 제3항에 따른 특례고용가능확인을 받지 아니하고 외국인근로자를 고용한 자
> 2. 제19조 제1항에 따라 외국인근로자의 고용허가나 특례고용가능확인이 취소된 자
> 3. 이 법 또는 「출입국관리법」을 위반하여 처벌을 받은 자
> 3의2. 외국인근로자의 사망으로 「산업안전보건법」 제167조 제1항에 따른 처벌을 받은 자
> 4. 그 밖에 대통령령으로 정하는 사유에 해당하는 자

④ (○) 사용자는 외국인근로자가 근로관계의 종료, 체류기간의 만료 등으로 귀국하는 경우에는 귀국하기 전에 임금 등 금품관계를 청산하는 등 필요한 조치를 하여야 한다(동법 제16조).
⑤ (×) 장의 허가를 받아야 한다 → 장에게 신고하여야 한다(동법 제17조 제1항)

> **제17조(외국인근로자의 고용관리)** ① 사용자는 외국인근로자와의 근로계약을 해지하거나 그 밖에 고용과 관련된 중요사항을 변경하는 등 대통령령으로 정하는 사유가 발생하였을 때에는 고용노동부령으로 정하는 바에 따라 직업안정기관의 장에게 신고하여야 한다. 〈개정 2010.6.4.〉

정답 ⑤

001 □□□ ○ △ ×

노동관계법에 관한 헌법재판소의 결정으로 옳지 않은 것은?

① 헌법 제32조 제3항은 "근로조건의 기준은 인간의 존엄성을 보장하도록 법률로 정한다"고 규정하고 있는바, 인간의 존엄에 상응하는 근로조건의 기준이 무엇인지를 구체적으로 정하는 것은 일차적으로 입법자의 형성의 자유에 속한다.

② 근로자가 퇴직급여를 청구할 수 있는 권리도 헌법상 바로 도출되는 것이 아니라 근로자퇴직급여 보장법 등 관련 법률이 구체적으로 정하는 바에 따라 비로소 인정될 수 있는 것이다.

③ 근로의 권리는 "일할 자리에 관한 권리"만이 아니라 "일할 환경에 관한 권리"도 함께 내포하고 있는바, 후자는 생존권적 기본권의 성격을 갖고 있으므로 외국인 근로자에게는 근로의 권리에 관한 기본권 주체성이 인정되지 않는다.

④ 해고예고제도는 근로관계의 존속이라는 근로자 보호의 본질적 부분과 관련되는 것이 아니므로, 해고예고제도를 둘 것인지 여부, 그 내용 등에 대해서는 상대적으로 넓은 입법형성의 여지가 있다.

⑤ 근로자공급사업은 성질상 사인이 영리를 목적으로 운영할 경우, 근로자에 대한 중간착취, 강제근로, 인권침해, 인신매매 등의 부작용이 초래될 가능성이 매우 크므로, (고용)노동부장관의 허가를 받은 자만이 근로자공급사업을 할 수 있도록 제한하는 것을 직업선택의 자유의 본질적인 내용을 침해하는 것으로 볼 수는 없다.

해설

① (○) 헌법 제32조 제3항은 "근로조건의 기준은 인간의 존엄성을 보장하도록 법률로 정한다"고 규정하고 있는바, 인간의 존엄에 상응하는 근로조건의 기준이 무엇인지를 구체적으로 정하는 것은 일차적으로 입법자의 형성의 자유에 속한다고 할 것이고, '상시사용 근로자 수 5인'이라는 기준에 따라 근로기준법의 전면적용 여부를 달리한 것에는 합리적 이유가 있다고 인정되고, 그 기준이 인간의 존엄성을 전혀 보장할 수 없을 정도라고 볼 수 없으므로 위 헌법조항에 위반된다고 할 수 없다(헌법재판소 1999.9.16, 98헌마310).

② (○) 근로자가 퇴직급여를 청구할 수 있는 권리도 헌법상 바로 도출되는 것이 아니라 퇴직급여법 등 관련 법률이 구체적으로 정하는 바에 따라 비로소 인정될 수 있는 것이므로 계속근로기간 1년 미만인 근로자가 퇴직급여를 청구할 수 있는 권리가 헌법 제32조 제1항에 의하여 보장된다고 보기는 어렵다(헌법재판소 2011.7.28 2009헌마408).

③ (×) 근로의 권리가 "일할 자리에 관한 권리"만이 아니라 "일할 환경에 관한 권리"도 함께 내포하고 있는바, 후자는 인간의 존엄성

에 대한 침해를 방어하기 위한 자유권적 기본권의 성격도 갖고 있어 건강한 작업환경, 일에 대한 정당한 보수, 합리적인 근로조건의 보장 등을 요구할 수 있는 권리 등을 포함한다고 할 것이므로 외국인근로자라고 하여 이 부분까지 기본권 주체성을 부인할 수는 없다(헌법재판소 2007.8.30, 2004헌마670).

④ (○) 해고예고제도는 해고자체를 금지하는 제도는 아니며, 대법원 판례 또한 예고의무를 위반한 해고도 유효하다고 보므로 해고 자체의 효력과도 무관한 제도이다. 즉 해고예고제도는 근로관계의 존속이라는 근로자 보호의 본질적 부분과 관련되는 것이 아니므로, 해고예고제도를 둘 것인지 여부, 그 내용 등에 대해서는 상대적으로 넓은 입법형성의 여지가 있다(헌법재판소 2001.7.19, 99헌마663).

⑤ (○) 근로자공급사업은 성질상 사인이 영리를 목적으로 운영할 경우 근로자의 안전 및 보건상의 위험, 근로조건의 저하, 공중도덕상 유해한 직종에의 유입, 미성년자에 대한 착취, 근로자에 대한 중간착취, 강제근로, 인권침해, 약취 · 유인, 인신매매 등의 부작용이 초래될 가능성이 매우 크므로 노동부장관의 허가를 받은 자만이 근로자공급사업을 할 수 있도록 제한하는 것은 그 목적의 정당성, 방법의 적절성, 피해의 최소성, 법익의 균형성 등에 비추어 볼 때 합리적인 제한이라고 할 것이고, 과잉금지의 원칙에 위배되어 직업선택의 본질적인 내용을 침해하는 것으로 볼 수는 없다(헌법재판소 1998.11.26, 97헌바31).

정답 ③

002 □□□ ○ △ ×

노동법의 법원(法源)에 관한 설명으로 옳지 않은 것은? (다툼이 있으면 판례에 따름)

① 해외연수근로자가 퇴직할 당시 인사규정이 근로자에게 더 유리하게 개정되었다면 아직 면제기간이 진행 중이던 근로자의 해외연수비용 상환의무를 면제받는 의무복무기간은, 개정된 인사규정에 소급적용을 배제하는 별도의 규정이 없는 한, 유리하게 개정된 인사규정이 적용된다.

② 고용노동부장관은 법령이나 단체협약에 어긋나는 취업규칙의 변경을 명할 수 있다.

③ 근로기준법 시행령은 법률에 위임이 없다 하더라도 법률이 규정한 개인의 권리, 의무의 내용을 변경 · 보충하거나 새로운 내용을 규정할 수 있다.

④ 고용노동부의 업무지침이나 예규 등이 그 성질과 내용이 행정기관 내부의 사무처리지침에 불과한 경우에는 대외적인 구속력은 없다.

⑤ 우리나라가 비준한 국제노동기구(ILO)의 협약은 국내 법적 효력이 인정된다.

해설

① (O) 해외연수근로자가 퇴직할 당시 인사규정이 근로자에게 더 유리하게 개정되었다면 아직 면제기간이 진행 중이던 근로자의 해외연수비용 상환의무를 면제받는 의무복무기간은, 개정된 인사규정에 소급적용을 배제하는 별도의 규정이 없는 한, 유리하게 개정된 인사규정이 적용된다(대법원 1994.5.10, 93다30181).

② (O) 근로기준법 제96조 제2항

③ (X) 일반적으로 법률의 시행령은 모법인 법률에 의하여 위임받은 사항이나, 법률이 규정한 범위 내에서 법률을 현실적으로 집행하는 데 필요한 세부적인 사항만을 규정할 수 있을 뿐, 법률의 위임 없이 법률이 규정한 개인의 권리 · 의무에 관한 내용을 변경 · 보충하거나 법률에서 규정하지 아니한 새로운 내용을 규정할 수 없는 것이고, … (대법원 1999.2.11, 98도2816 전원합의체).

④ (O) 고용노동부의 예규 등 행정해석은 고용노동부가 관계법령의 통일적 · 효율적 감독 · 시행을 위한 내부적 업무처리지침에 불과하고, 관계당사자나 법관을 구속할 수 없으므로, 노동법의 법원으로 인정되지 아니한다.

[보충] 업무상재해인정기준에 관한 노동부 예규는 그 규정의 성질과 내용이 행정기관 내부의 사무처리준칙을 규정한 데 불과한 것이어서 국민이나 법원을 구속하는 것이 아니라고 할 것이다(대법원 1990.9.25, 90누2727).

⑤ (O) 헌법에 의하여 체결 · 공포된 조약과 일반적으로 승인된 국제법규는 국내법과 같은 효력을 가진다(대한민국헌법 제6조 제1항). 따라서 이는 노동법의 법원이 되고, 우리나라가 비준 · 공포한 국제노동기구(ILO) 협약들이 그 대표적인 예이다.

정답 ③

---

3 ○ △ ×

근로기준법령상 상시 4명 이하의 근로자를 사용하는 사업 또는 사업장에 적용되는 것은?

① 해고 등의 제한(제23조 제1항)
② 근로조건 명시(제17조)
③ 휴업수당(제46조)
④ 근로시간(제50조)
⑤ 생리휴가(제73조)

해설

② (O) 근로기준법 제17조(근로조건 명시)는 상시 4명 이하의 근로자를 사용하는 사업 또는 사업장에 적용되는 것이다.

상시 4명 이하의 근로자를 사용하는 사업 또는 사업장에 적용하는 법 규정(시행령 제7조 관련 별표 1)

구분	적용 법 규정
제1장 총칙	제1조부터 제13조까지의 규정
제2장 근로계약	제15조, 제17조, 제18조, 제19조 제1항, 제20조부터 제22조까지의 규정, 제23조 제2항, 제26조, 제35조부터 제42조까지의 규정
제3장 임금	제43조부터 제45조까지의 규정, 제47조부터 제49조까지의 규정
제4장 근로시간과 휴식	제54조, 제55조 제1항, 제63조
제5장 여성과 소년	제64조, 제65조 제1항 · 제3항(임산부와 18세 미만인 자로 한정한다), 제66조부터 제69조까지의 규정, 제70조 제2항 · 제3항, 제71조, 제72조, 제74조
제6장 안전과 보건	제76조
제8장 재해보상	제78조부터 제92조까지의 규정
제11장 근로감독관 등	제101조부터 제106조까지의 규정
제12장 벌칙	제107조부터 제116조까지의 규정(제1장부터 제6장까지, 제8장, 제11장의 규정 중 상시 4명 이하 근로자를 사용하는 사업 또는 사업장에 적용되는 규정을 위반한 경우로 한정한다)

정답 ②

---

4 ○ △ ×

근로기준법의 총칙에 관한 설명으로 옳은 것은? (다툼이 있으면 판례에 따름)

① 근로기준법은 사용자가 근로자를 모집 · 채용할 때 차별을 금지하고 있다.
② 노동조합 대의원선거에 입후보하여 그 선거운동을 하는 것은 공민권의 행사 또는 공(公)의 직무에 해당한다.
③ 법률에 따르더라도 타인의 취업에 개입하여 이익을 취득하는 것은 허용되지 않는다.
④ 가사사용인에 대해 차별적 처우를 하면 근로기준법에 따라 벌금형에 처해진다.
⑤ 다른 법률이나 단체협약, 취업규칙 등에서 정함이 없으면 공(公)의 직무를 수행하는 데 필요한 시간은 임금을 지급하지 않아도 무방하다.

해설

① (X) 근로기준법상 차별금지에 관한 규정은 다음과 같다. 따라서 모집 · 채용 시 차별금지에 관한 규정은 없다 할 것이다.

제6조(균등한 처우) 사용자는 근로자에 대하여 남녀의 성(性)을 이유로 차별적 대우를 하지 못하고, 국적 · 신앙 또는 사회적 신분을 이유로 근로조건에 대한 차별적 처우를 하지 못한다.

제24조(경영상 이유에 의한 해고의 제한) ② 제1항의 경우에 사용자는 해고를 피하기 위한 노력을 다하여야 하며, 합리적이고 공정한 해고의 기준을 정하고 이에 따라 그 대상자를 선정하여야 한다. 이 경우 남녀의 성을 이유로 차별하여서는 아니 된다.

② (X) 공민권이란 선거권 등 국민 내지 공민 일반에게 보장되는 참정권으로, 공직선거의 선거인명부 열람 · 투표권, 피선거권, 국민투표권 등이 이에 속한다. 공의 직무란 공민권 행사 이외에 법령

노동법(1)

에 따른 공적 성질의 사무로, 공직당선자로서의 직무, 노동위원회 위원이나 공직선거에서의 선거관리위원의 직무, 예비군의 동원·훈련 등이 이에 속한다. 다만, 공직선거에서 타인을 위한 선거운동, 법원이나 노동위원회 사건에서 당사자로서의 활동, 정당 및 노동조합의 활동 등은 공의 직무가 아님에 유의하여야 한다.

③ (×) 따르더라도 → 따르면, 허용되지 않는다 → 허용된다(동법 제9조)

[보충] 즉, 법률에 따라 영리로 다른 사람의 취업에 개입하여 이익을 취득하는 것은 허용된다.

> 제9조(중간착취의 배제) 누구든지 법률에 따르지 아니하고는 영리로 다른 사람의 취업에 개입하거나 중간인으로서 이익을 취득하지 못한다.

④ (×) 처해진다 → 처해지지 아니한다(동법 제11조 제1항 단서)

> 제11조(적용범위) ① 이 법은 상시 5명 이상의 근로자를 사용하는 모든 사업 또는 사업장에 적용한다. 다만, 동거하는 친족만을 사용하는 사업 또는 사업장과 가사(家事)사용인에 대하여는 적용하지 아니한다.

⑤ (○) 사용자는 근로자가 청구한 시간에 대하여 거부할 수 없을 뿐, 그 시간에 대한 임금까지 지급할 필요는 없다. 그 시간에 대한 유급 여부는 취업규칙이나 사용자의 자유로운 결정에 따르되, 관련 법령에서 휴무(휴업)로 하지 아니하도록 규정된 공직선거법이나 예비군법, 민방위기본법에 따라 근로하지 못한 시간에 대하여는 유급으로 한다.

> 제10조(공민권 행사의 보장) 사용자는 근로자가 근로시간 중에 선거권, 그 밖의 공민권(公民權) 행사 또는 공(公)의 직무를 집행하기 위하여 필요한 시간을 청구하면 거부하지 못한다. 다만, 그 권리행사나 공(公)의 직무를 수행하는 데에 지장이 없으면 청구한 시간을 변경할 수 있다.

정답 ⑤

005 ☐☐☐   ○ △ ×

근로기준법령상 근로계약을 체결할 때 사용자가 근로자에게 반드시 서면으로 명시하여 교부해야 하는 사항이 아닌 것은?

① 임금의 구성항목·계산방법·지급방법
② 종사하여야 할 업무
③ 주휴일
④ 연차유급휴가
⑤ 소정근로시간

해설

② (×) 종사하여야 할 업무는 반드시 서면으로 명시하여 교부하여야 하는 사항이 아닌 것이다.

> 제17조(근로조건의 명시) ① 사용자는 근로계약을 체결할 때에 근로자에게 다음 각 호의 사항을 명시하여야 한다. 근로계약 체결 후 다음 각 호의 사항을 변경하는 경우에도 또한 같다. 〈개정 2010.5.25.〉

1. 임금
2. 소정근로시간
3. 제55조에 따른 휴일
4. 제60조에 따른 연차유급휴가
5. 그 밖에 대통령령으로 정하는 근로조건

② 사용자는 제1항 제1호와 관련한 임금의 구성항목·계산방법·지급방법 및 제2호부터 제4호까지의 사항이 명시된 서면(「전자문서 및 전자거래 기본법」 제2조 제1호에 따른 전자문서를 포함한다)을 근로자에게 교부하여야 한다. 다만, 본문에 따른 사항이 단체협약 또는 취업규칙의 변경 등 대통령령으로 정하는 사유로 인하여 변경되는 경우에는 근로자의 요구가 있으면 그 근로자에게 교부하여야 한다. 〈신설 2021.1.5.〉

정답 ②

006 ☐☐☐   ○ △ ×

근로기준법상 근로계약에 관한 설명으로 옳은 것은?

① 사용자는 근로계약 불이행에 대한 손해배상액을 예정하는 계약을 체결할 수 있다.
② 취업규칙에서 정한 기준보다 유리한 내용의 근로조건을 정한 근로계약은 그 부분에 관하여는 이를 무효로 한다.
③ 명시된 근로조건이 사실과 다를 경우에 근로자는 근로조건 위반을 이유로 즉시 근로계약을 해제할 수 있다.
④ 사용자는 미성년자의 근로계약에 덧붙여 사용자 본인의 이름으로 미성년자의 임금을 저축하여 관리하는 계약을 체결할 수 있다.
⑤ 사용자는 근로할 것을 조건으로 하는 전대(前貸)채권과 임금을 상계할 수 있다.

해설

① (×) 체결할 수 있다 → 체결하지 못한다(근로기준법 제20조)

> 제20조(위약예정의 금지) 사용자는 근로계약 불이행에 대한 위약금 또는 손해배상액을 예정하는 계약을 체결하지 못한다.

② (×) 기준보다 유리한 → 기준에 미달하는(동법 제97조)

> 제97조(위반의 효력) 취업규칙에서 정한 기준에 미달하는 근로조건을 정한 근로계약은 그 부분에 관하여는 무효로 한다. 이 경우 무효로 된 부분은 취업규칙에 정한 기준에 따른다.

③ (○) 제17조에 따라 명시된 근로조건이 사실과 다를 경우에 근로자는 근로조건 위반을 이유로 손해의 배상을 청구할 수 있으며 즉시 근로계약을 해제할 수 있다(동법 제19조 제1항).

④ (×) 체결할 수 있다 → 체결하지 못한다(동법 제22조 제1항)

[보충] 이는 성년이나 미성년을 가리지 아니한다.

> 제22조(강제저금의 금지) ① 사용자는 근로계약에 덧붙여 강제저축 또는 저축금의 관리를 규정하는 계약을 체결하지 못한다.

⑤ (×) 상계할 수 있다 → 상계하지 못한다(동법 제21조)

> 제21조(전차금 상계의 금지) 사용자는 전차금(前借金)이나 그

밖에 근로할 것을 조건으로 하는 전대(前貸)채권과 임금을 상계하지 못한다.

정답 ③

007 ☐☐☐ ○ △ ✕

근로기준법상 임금지급에 관한 설명으로 옳은 것은? (다툼이 있으면 판례에 따름)

① 임금채권의 양수인은 스스로 사용자에 대하여 임금의 지급을 청구할 수 있다.

② 단체협약에 특별한 규정이 있는 경우에는 임금의 일부를 통화(通貨) 이외의 것으로 지급할 수 있다.

③ 노동조합은 조합원인 근로자의 임금을 대리하여 수령할 수 있다.

④ 근로자는 사용자에 대한 임금청구권을 지급기한이 도래한 이후에도 포기하지 못한다.

⑤ 임금 전액을 지급하지 않은 사용자에 대해서는 피해자의 명시적인 의사에 상관없이 처벌이 가능하다.

해설

① (✕) [다수의견] 근로기준법 제36조 제1항에서 임금직접지급의 원칙을 규정하는 한편 동법 제109조에서 그에 위반하는 자는 처벌을 하도록 하는 규정을 두어 그 이행을 강제하고 있는 취지가 임금이 확실하게 근로자 본인의 수중에 들어가게 하여 그의 자유로운 처분에 맡기고 나아가 근로자의 생활을 보호하고자 하는 데 있는 점에 비추어 보면 근로자가 그 임금채권을 양도한 경우라 할지라도 그 임금의 지급에 관하여는 같은 원칙이 적용되어 사용자는 직접 근로자에게 임금을 지급하지 아니하면 안 되는 것이고 그 결과 비록 양수인이라고 할지라도 스스로 사용자에 대하여 임금의 지급을 청구할 수는 없다(대법원 1988.12.13, 87다카2803 전원합의체).

② (○) 임금은 통화(通貨)로 직접 근로자에게 그 전액을 지급하여야 한다. 다만, 법령 또는 단체협약에 특별한 규정이 있는 경우에는 임금의 일부를 공제하거나 통화 이외의 것으로 지급할 수 있다(근로기준법 제43조 제1항).

③ (✕) 임금은 직접지급의 원칙에 따라 근로자에게 직접 지급하여야 한다. 따라서 친권자나 후견인, 근로자의 위임을 받은 임의대리인 등 제3자에게 임금을 지급하는 것은 근로기준법에 위반된다. 이는 노동조합도 마찬가지이다.

④ (✕) 이미 구체적으로 지급청구권이 발생한 임금은 근로자의 사적 재산영역으로 옮겨져 근로자의 처분에 맡겨진 것이기 때문에 노동조합이 근로자들로부터 개별적인 동의나 수권을 받지 않는 이상, 사용자와 사이의 단체협약만으로 이에 대한 반환이나 포기 및 지급유예와 같은 처분행위를 할 수는 없다(대법원 2022.3.31, 2021다229861). 즉, 근로자는 사용자에 대한 임금청구권을 지급기한이 도래한 이후에 포기할 수 있다.

⑤ (✕) 임금지급과 관련하여서는 피해자의 명시적인 의사와 다르게 공소를 제기할 수 없다. 따라서 임금 전액을 지급하지 아니한 사용자에 대하여는 피해자의 명시적인 의사에 상관없이 처벌이 불가능하다.

근로기준법상 반의사불벌죄

- 제36조(금품청산): 사용자가 근로자가 사망 또는 퇴직한 경우에 그 지급사유가 발생한 때부터 14일 이내에 금품을 지급하지 아니하는 경우
- 제43조(임금지급): 임금을 통화로 직접 근로자에게 그 전액을 지급하지 아니하거나, 매월 1회 이상 일정한 날짜를 정하여 지급하지 아니하는 경우
- 제44조(도급사업에 대한 임금지급) 및 제44조의2(건설업에서의 임금지급 연대책임): 하수급인이 (직상수급인의 귀책사유로) 근로자에게 임금을 지급하지 못한 경우에 그 직상수급인이 그 하수급인과 연대하여 책임을 지지 아니하는 경우
- 제46조(휴업수당): 사용자의 귀책사유로 휴업하면서 휴업수당을 지급하지 아니하는 경우
- 제51조의3(근로한 기간이 단위기간보다 짧은 경우의 임금 정산): 사용자가 탄력적 근로시간제에 따른 단위기간 중 근로자가 근로한 기간이 그 단위기간보다 짧은 경우에 가산임금을 지급하지 아니하는 경우
- 제52조(선택적 근로시간제): 사용자가 1개월을 초과하는 정산기간을 정하는 경우에 가산임금을 지급하지 아니하는 경우
- 제56조(연장·야간 및 휴일근로): 연장·야간·휴일근로에 대한 가산수당을 지급하지 아니하는 경우

> **제109조(벌칙)** ① 제36조, 제43조, 제44조, 제44조의2, 제46조, 제51조의3, 제52조 제2항 제2호, 제56조, 제65조, 제72조 또는 제76조의3 제6항을 위반한 자는 3년 이하의 징역 또는 3천만 원 이하의 벌금에 처한다. 〈개정 2021.1.5.〉
> ② 제36조, 제43조, 제44조, 제44조의2, 제46조, 제51조의3, 제52조 제2항 제2호 또는 제56조를 위반한 자에 대하여는 피해자의 명시적인 의사와 다르게 공소를 제기할 수 없다. 〈개정 2021.1.5.〉

정답 ②

008 □□□ ○ △ ✕

통상임금에 관한 설명으로 옳지 않은 것은? (다툼이 있으면 판례에 따름)

① 어떠한 임금이 통상임금에 속하는지 여부는 그 임금이 소정근로의 대가로 근로자에게 지급되는 금품으로서 정기적·일률적·고정적으로 지급되는 것인지를 기준으로 그 객관적인 성질에 따라 판단하여야 한다.

② 임금의 지급주기가 1개월을 넘는다는 사정만으로 그 임금이 통상임금에서 제외된다고 할 수 없다.

③ 근무실적에서 최하등급을 받더라도 최소한도의 지급이 확정되어 있다면 그 최소한도의 임금은 고정적 임금이라고 할 수 있다.

④ 근무일수에 따라 일할계산하여 지급되는 임금은 실제 근무일수에 따라 그 지급액이 달라지므로 고정적 임금이라고 할 수 없다.

⑤ '일률적'으로 지급되는 임금에는 '모든 근로자'에게 지급되는 것뿐만 아니라 '일정한 조건 또는 기준에 달한 모든 근로자'에게 지급되는 것도 포함된다.

해설

① (○) [다수의견] 어떠한 임금이 통상임금에 속하는지 여부는 그 임금이 소정근로의 대가로 근로자에게 지급되는 금품으로서 정기적·일률적·고정적으로 지급되는 것인지를 기준으로 객관적인 성질에 따라 판단하여야 하고, 임금의 명칭이나 지급주기의 장단 등 형식적 기준에 의해 정할 것이 아니다(대법원 2013.12.18, 2012다89399 전원합의체).

② (○) ⑤ (○) [다수의견] 어떤 임금이 통상임금에 속하기 위해서 정기성을 갖추어야 한다는 것은 임금이 일정한 간격을 두고 계속적으로 지급되어야 함을 의미한다. 통상임금에 속하기 위한 성질을 갖춘 임금이 1개월을 넘는 기간마다 정기적으로 지급되는 경우, 이는 노사 간의 합의 등에 따라 근로자가 소정근로시간에 통상적으로 제공하는 근로의 대가가 1개월을 넘는 기간마다 분할지급되고 있는 것일 뿐, 그러한 사정 때문에 갑자기 그 임금이 소정근로의 대가로서 성질을 상실하거나 정기성을 상실하게 되는 것이 아님은 분명하다. 따라서 정기상여금과 같이 일정한 주기로 지급되는 임금의 경우 단지 그 지급주기가 1개월을 넘는다는 사정만으로 그 임금이 통상임금에서 제외된다고 할 수는 없다. 어떤 임금이 통상임금에 속하기 위해서는 그것이 일률적으로 지급되는 성질을 갖추어야 한다. '일률적'으로 지급되는 것에는 '모든 근로자'에게 지급되는 것뿐만 아니라 '일정한 조건 또는 기준에 달한 모든 근로자'에게 지급되는 것도 포함된다(대법원 2013.12.18, 2012다89399 전원합의체).

③ (○) 지급 대상기간에 이루어진 근로자의 근무실적을 평가하여 이를 토대로 지급 여부나 지급액이 정해지는 임금은 일반적으로 고정성이 부정된다고 볼 수 있다. 그러나 근무실적에 관하여 최하등급을 받더라도 일정액을 지급하는 경우와 같이 최소한도의 지급이 확정되어 있다면, 그 최소한도의 임금은 고정적 임금이라고 할 수 있다(대법원 2013.12.18, 2012다89399 전원합의체).

④ (✕) 매 근무일마다 일정액의 임금을 지급하기로 정함으로써 근무일수에 따라 일할계산하여 임금이 지급되는 경우에는 실제 근무일

수에 따라 그 지급액이 달라지기는 하지만, 근로자가 임의의 날에 소정근로를 제공하기만 하면 그에 대하여 일정액을 지급받을 것이 확정되어 있으므로, 이러한 임금은 고정적 임금에 해당한다(대법원 2019.2.14, 2015다50613).

정답 ④

009 □□□ ○ △ ✕

근로기준법상 사용자가 특별한 사정이 있어 1주 12시간의 연장근로의 한도를 초과하여 근로시간을 연장하고자 할 경우에 요구되는 절차는?

① 근로자의 동의만 필요하다.

② 노동위원회의 승인만 필요하다.

③ 고용노동부장관의 인가만 필요하다.

④ 근로자의 동의와 노동위원회의 승인이 모두 필요하다.

⑤ 근로자의 동의와 고용노동부장관의 인가가 모두 필요하다.

해설

⑤ (○) 근로기준법 제53조 제4항

> **제53조(연장근로의 제한)** ① 당사자 간에 합의하면 1주간에 12시간을 한도로 제50조의 근로시간을 연장할 수 있다.
> ② 당사자 간에 합의하면 1주간에 12시간을 한도로 제51조 및 제51조의2의 근로시간을 연장할 수 있고, 제52조 제1항 제2호의 정산기간을 평균하여 1주간에 12시간을 초과하지 아니하는 범위에서 제52조 제1항의 근로시간을 연장할 수 있다. 〈개정 2021.1.5.〉
> ④ 사용자는 특별한 사정이 있으면 고용노동부장관의 인가와 근로자의 동의를 받아 제1항과 제2항의 근로시간을 연장할 수 있다. 다만, 사태가 급박하여 고용노동부장관의 인가를 받을 시간이 없는 경우에는 사후에 지체 없이 승인을 받아야 한다. 〈개정 2018.3.20.〉

정답 ⑤

10 □□□　　　　　　○ △ ×

근로기준법상 연차유급휴가에 관한 설명으로 옳지 않은 것은? (다툼이 있으면 판례에 따름)

① 출근율 산정에 있어 근로자가 정당한 파업에 참가한 기간은 출근한 것으로 본다.

② 1년간 80퍼센트 미만 출근한 근로자에게 1개월 개근 시 1일의 연차유급휴가를 주어야 한다.

③ 출근율 산정에 있어 근로자의 정직기간을 연간 소정근로일수에 포함시키되 출근일수에서 제외할 수 있다.

④ 6년차 근로자가 5년차에 80퍼센트 이상 출근하였다면 6년차 1년 동안 사용할 수 있는 연차유급휴가는 17일이다.

⑤ 근로자가 연차유급휴가를 언제부터 언제까지 사용할 것인지를 특정하지 않은 연차유급휴가의 청구는 그 효력이 없다.

해설

① (×) 연간 소정근로일수에서 쟁의행위 등 기간이 차지하는 일수를 제외한 나머지 일수를 기준으로 근로자의 출근율을 산정하여 연차유급휴가 취득요건의 충족 여부를 판단하되, 그 요건이 충족된 경우에는 본래 평상적인 근로관계에서 8할의 출근율을 충족할 경우 산출되었을 연차유급휴가일수에 대하여 '연간 소정근로일수에서 쟁의행위 등 기간이 차지하는 일수를 제외한 나머지 일수'를 '연간 소정근로일수'로 나눈 비율을 곱하여 산출된 연차유급휴가일수를 근로자에게 부여함이 합리적이다(대법원 2013.12.26, 2011다4629).

② (○) 사용자는 계속하여 근로한 기간이 1년 미만인 근로자 또는 1년간 80퍼센트 미만 출근한 근로자에게 1개월 개근 시 1일의 유급휴가를 주어야 한다(근로기준법 제60조 제2항).

③ (○) 정직이나 직위해제 등의 징계를 받은 근로자는 징계기간 중 근로자의 신분을 보유하면서도 근로의무가 면제되므로, 사용자는 취업규칙에서 근로자의 정직 또는 직위해제 기간을 소정 근로일수에 포함시키되 그 기간 중 근로의무가 면제되었다는 점을 참작하여 연차유급휴가 부여에 필요한 출근일수에는 포함하지 않는 것으로 규정할 수 있고, 이러한 취업규칙의 규정이 구 근로기준법 제59조에 반하여 근로자에게 불리한 것이라고 보기는 어렵다(대법원 2008.10.9, 2008다41666).

④ (○) 근로기준법 제60조 제4항에 따라 사용자는 3년차 근로자에게 16일, 5년차 근로자에게 17일, 7년차 근로자에게 18일의 연차유급휴가를 주어야 한다. 따라서 6년차 근로자가 1년 동안 사용할 수 있는 연차유급휴가는 17일이다.

> **제60조(연차유급휴가)** ① 사용자는 1년간 80퍼센트 이상 출근한 근로자에게 15일의 유급휴가를 주어야 한다. 〈개정 2012.2.1.〉
> ④ 사용자는 3년 이상 계속하여 근로한 근로자에게는 제1항에 따른 휴가에 최초 1년을 초과하는 계속 근로연수 매 2년에 대하여 1일을 가산한 유급휴가를 주어야 한다. 이 경우 가산휴가를 포함한 총 휴가 일수는 25일을 한도로 한다.

⑤ (○) 연·월차휴가권이 근로기준법상의 성립요건을 충족하는 경우에 당연히 발생하는 것이라고 하여도 그와 같이 발생한 휴가권을 구체화하려면 근로자가 자신에게 맡겨진 시기지정권(時期指定權)을 행사하여 어떤 휴가를, 언제부터 언제까지 사용할 것인지에 관하여 특정하여야 할 것이고, 근로자가 이와 같은 특정을 하지 아니한 채 시기지정권을 행사하더라도 이는 적법한 시기지정이라고 할 수 없어 그 효력이 발생할 수 없으며, 이와 같은 경우에는 적법한 휴가시기 지정이 있음을 전제로 하는 사용자의 시기변경권(時期變更權)의 행사도 필요하지 않다(대법원 1997.3.28, 96누4220).

정답 ①

---

11 □□□　　　　　　○ △ ×

직위해제 또는 대기발령에 관한 설명으로 옳지 않은 것은? (다툼이 있으면 판례에 따름)

① 대기발령의 사유가 해소된 이후에도 부당하게 장기간 동안 대기발령조치를 유지하는 것은 정당성이 없다.

② 직위해제는 잠정적 조치로서의 보직의 해제를 의미하므로 근로자의 비위행위에 대하여 행하는 징벌적 제재로서의 징계와는 그 성질이 다르다.

③ 실효된 직위해제처분이라도 인사규정 등에서 직위해제처분에 따른 효과로 승진·승급에 제한을 가하는 등의 법률상 불이익을 규정하고 있는 경우에는 그 직위해제처분에 대한 구제를 신청할 이익이 있다.

④ 대기발령 후 일정한 기간이 경과하도록 복직발령을 받지 못한 경우에 당연퇴직된다는 인사규정에 따라 행한 당연퇴직처리는 해고에 해당하지 않는다.

⑤ 사용자가 자신의 귀책사유에 해당하는 경영상의 필요에 따라 근로자들에게 대기발령을 한 경우에는 그 근로자들에게 휴업수당을 지급하여야 한다.

해설

① (○) 대기발령을 받은 근로자가 상당한 기간에 걸쳐 근로의 제공을 할 수 없다거나, 근로제공을 함이 매우 부적당한 경우가 아닌데도 사회통념상 합리성이 없을 정도로 부당하게 장기간 동안 대기발령조치를 유지하는 것은 특별한 사정이 없는 한 정당한 이유가 있다고 보기 어려우므로 그와 같은 조치는 무효라고 보아야 할 것이다(대법원 2007.2.23, 2005다3991).

② (○) ④ (×) 근로자에 대한 직위해제는 일반적으로 근로자가 직무수행능력이 부족하거나 근무성적 또는 근무태도 등이 불량한 경우, 근로자에 대한 징계절차가 진행 중인 경우, 근로자가 형사사건으로 기소된 경우 등에 있어서 당해 근로자가 장래에 있어서 계속 직무를 담당하게 될 경우 예상되는 업무상의 장애 등을 예방하기 위하여 일시적으로 당해 근로자에게 직위를 부여하지 아니함으로써 직무에 종사하지 못하도록 하는 잠정적인 조치로서의 보직의 해제를 의미하므로, 과거의 근로자의 비위행위에 대하여 기업질서 유지를 목적으로 행하여지는 징벌적 제재로서의 징계와는 그 성질이 다르다.

인사규정 등에 대기발령 후 일정 기간이 경과하도록 복직발령을 받지 못하거나 직위를 부여받지 못하는 경우에는 당연퇴직된다는 규정을 두는 경우, 대기발령에 이은 당연퇴직처리를 일체로서 관찰하면 이는 근로자의 의사에 반하여 사용자의 일방적 의사에 따라 근로계약관계를 종료시키는 것으로서 실질상 해고에 해당하므로, 사용자가 그 처분을 함에 있어서는 구 근로기준법(2007.1.26.

법률 제8293호로 개정되기 전의 것) 제30조 제1항 소정의 정당한 이유가 필요하다고 할 것이다(대법원 2007.5.31, 2007두1460).

③ (O) 직위해제처분에 기하여 발생한 효과는 당해 직위해제처분이 실효되더라도 소급하여 소멸하는 것이 아니므로, 인사규정 등에서 직위해제처분에 따른 효과로 승진·승급에 제한을 가하는 등의 법률상 불이익을 규정하고 있는 경우에는 직위해제처분을 받은 근로자는 이러한 법률상 불이익을 제거하기 위하여 그 실효된 직위해제처분에 대한 구제를 신청할 이익이 있다(대법원 2010.7.29, 2007두18406).

⑤ (O) 사용자가 자신의 귀책사유에 해당하는 경영상의 필요에 따라 개별 근로자들에 대하여 대기발령을 하였다면 이는 근로기준법 제46조 제1항에서 정한 휴업을 실시한 경우에 해당하므로 사용자는 그 근로자들에게 휴업수당을 지급할 의무가 있다(대법원 2013. 10.11, 2012다12870).

정답 ④

012 □□□   ○ △ ✕

징계에 관한 설명으로 옳지 않은 것은? (다툼이 있으면 판례에 따름)

① 경미한 징계사유에 대하여 가혹한 제재를 가하는 것은 징계권의 남용으로서 무효이다.

② 징계규정상 징계절차를 위반하여 이루어진 징계처분은 징계사유가 인정되는지에 관계없이 무효임이 원칙이다.

③ 징계규정에 피징계자의 출석 및 진술의 기회부여에 관한 절차가 없어도 그러한 절차를 거치지 않은 징계처분은 무효이다.

④ 징계처분에서 징계사유로 삼지 아니한 비위행위라도 징계양정에서의 참작자료로 삼을 수 있다.

⑤ 근로자의 사생활에서의 비행은 사업활동에 직접 관련이 있거나 기업의 사회적 평가를 훼손할 염려가 있는 것에 한하여 정당한 징계사유가 될 수 있다.

해설

① (O) 취업규칙에서 동일한 징계사유에 대하여 여러 등급의 징계가 가능한 것으로 규정하였다든가 어떤 징계사유에 대하여 원칙적인 징계의 종류를 규정하면서 예외적으로 보다 무거운 징계를 할 수 있는 것으로 규정하였다든가 하는 경우에 그중 어떤 징계처분을 선택할 것인지는 징계권자의 재량에 속한다고 할 것이지만 이러한 재량은 징계권자의 자의적이고 편의적인 재량에 맡겨져 있는 것이 아니며 징계사유와 징계처분과의 사이에 사회통념상 상당하다고 보여지는 균형의 존재가 요구되고 경미한 징계사유에 대하여 가혹한 제재를 가한다든가 하는 것은 권리의 남용으로서 무효이다(대법원 1991.1.11, 90다카21176).

② (O) 징계대상자에게 징계위원회에 출석하여 변명과 소명자료를 제출할 기회를 부여하도록 되어 있음에도 이러한 징계절차를 위반하여 징계해고하였다면 이러한 징계권의 행사는 징계사유가 인정되는지와 관계없이 절차의 정의에 반하여 무효라고 보아야 한다(대법원 2012.1.27, 2010다100919).

③ (✕) 취업규칙 등의 징계에 관한 규정에 징계혐의자의 출석 및 진술의 기회부여 등에 관한 절차가 규정되어 있지 않은 경우에는 그러한 절차를 거치지 않고 징계처분을 하였다 하더라도 징계의 효력에는 영향이 없다(1994.9.30, 93다26496).

④ (O) 근로자에게 여러 가지 징계혐의 사실이 있는 경우에는 징계사유 하나씩 또는 그중 일부의 사유만을 가지고 판단할 것이 아니고 전체의 사유에 비추어 판단하여야 하며, 징계처분에서 징계사유로 삼지 아니한 비위행위라도 징계종류 선택의 자료로서 피징계자의 평소 소행과 근무성적, 당해 징계처분사유 전후에 저지른 비위행위 사실 등은 징계양정을 하면서 참작자료로 삼을 수 있다(대법원 2011.3.24, 2010다21962).

⑤ (O) 사용자가 근로자에 대하여 징계권을 행사할 수 있는 것은 사업활동을 원활하게 수행하는 데 필요한 범위 내에서 규율과 질서를 유지하기 위한 데에 그 근거가 있으므로, 근로자의 사생활에서의 비행은 사업활동에 직접 관련이 있거나 기업의 사회적 평가를 훼손할 염려가 있는 것에 한하여 정당한 징계사유가 될 수 있다(대법원 1994.12.13, 93누23275).

정답 ③

013 □□□   ○ △ ✕

근로기준법령상 해고에 관한 설명으로 옳은 것은? (다툼이 있으면 판례에 따름)

① 경영상 이유에 의한 해고의 경우에는 해고사유와 해고시기를 서면으로 통지하여야 할 필요는 없다.

② 경영상 이유에 의한 해고의 경우에는 해고를 하려는 날의 50일 전에 해고를 피하기 위한 방법 등에 관해 근로자대표에게 통보하고 협의하여야 하므로 해고예고 규정은 적용되지 않는다.

③ 해고예고를 하지 않았다면 해고의 정당한 이유를 갖추고 있더라도 절차위반으로 무효이다.

④ 경영상 이유에 의한 해고의 경우에는 사용자가 해고를 피하기 위한 방법과 해고의 기준을 반드시 해고실시 50일 이전까지 근로자대표에게 통보하여야만 효력이 있다.

⑤ 사용자가 근로자에게 해고사유와 해고시기를 명시하여 서면으로 30일 전에 해고의 예고를 한 경우에는 근로기준법 제27조 제1항에 따라 해고사유와 해고시기를 서면으로 통지한 것으로 본다.

해설

① (✕) 경영상 이유에 의한 해고에도 해고사유 등의 서면통지 규정이 적용된다.

> **제27조(해고사유 등의 서면통지)** ① 사용자는 근로자를 해고하려면 해고사유와 해고시기를 서면으로 통지하여야 한다.

② (✕) 경영상 이유에 의한 해고에도 해고의 예고 규정이 적용된다.

> **제26조(해고의 예고)** 사용자는 근로자를 해고(경영상 이유에 의한 해고를 포함한다)하려면 적어도 30일 전에 예고를 하여야 하

고, 30일 전에 예고를 하지 아니하였을 때에는 30일분 이상의 통상임금을 지급하여야 한다. 다만, 다음 각 호의 어느 하나에 해당하는 경우에는 그러하지 아니하다. 〈개정 2019.1.15.〉

1. 근로자가 계속 근로한 기간이 3개월 미만인 경우
2. 천재·사변, 그 밖의 부득이한 사유로 사업을 계속하는 것이 불가능한 경우
3. 근로자가 고의로 사업에 막대한 지장을 초래하거나 재산상 손해를 끼친 경우로서 고용노동부령으로 정하는 사유에 해당하는 경우

③ (×) 근로기준법 제27조의2(現 제26조) 소정의 해고예고의무를 위반한 해고라 하더라도 해고의 정당한 이유를 갖추고 있는 한 해고의 사법상의 효력에는 영향이 없다(대법원 1994.12.27, 94누11132).

④ (×) 60일(現 50일) 기간의 준수는 정리해고의 효력요건은 아니어서, 구체적 사안에서 통보 후 정리해고 실시까지의 기간이 그와 같은 행위를 하는 데 소요되는 시간으로 부족하였다는 등의 특별한 사정이 없으며, 정리해고의 그 밖의 요건은 충족되었다면 그 정리해고는 유효하다(대법원 2003.11.13, 2003두4119).

⑤ (○) 사용자가 제26조에 따른 해고의 예고를 해고사유와 해고시기를 명시하여 서면으로 한 경우에는 제1항에 따른 통지를 한 것으로 본다(동법 제27조 제3항).

정답 ⑤

14 ☐☐☐　　　　　　○ △ ×

근로기준법령상 임산부의 보호에 관한 설명으로 옳지 않은 것은?

① 사용자는 한 번에 둘 이상 자녀를 임신한 여성에게 출산 전과 출산 후를 통하여 120일의 출산전후휴가를 주어야 한다.

② 사용자가 한 번에 둘 이상 자녀를 임신한 여성에게 출산전후휴가를 부여할 경우 최초 90일은 유급으로 한다.

③ 사용자는 임신 중인 여성근로자가 출산전후휴가를 청구할 당시 연령이 만 40세 이상인 경우에는 출산 전 어느 때라도 휴가를 나누어 사용할 수 있도록 하여야 한다.

④ 상시 300명 이상의 근로자를 사용하는 사업 또는 사업장의 사용자는 1일 근로시간이 8시간으로서 임신 후 12주 이내 또는 36주 이후에 있는 여성근로자가 1일 2시간의 근로시간 단축을 신청하는 경우, 이를 허용하여야 한다.

⑤ 생후 1년 미만의 유아(乳兒)를 가진 여성근로자가 청구하면 1일 2회 각각 30분 이상의 유급수유시간을 주어야 한다.

해설

① (○) 사용자는 임신 중의 여성에게 출산 전과 출산 후를 통하여 90일(한 번에 둘 이상 자녀를 임신한 경우에는 120일)의 출산전후휴가를 주어야 한다. 이 경우 휴가기간의 배정은 출산 후에 45일

(한 번에 둘 이상 자녀를 임신한 경우에는 60일) 이상이 되어야 한다(근로기준법 제74조 제1항).

② (×) 90일 → 75일(동조 제4항)

> 제74조(임산부의 보호) ④ 제1항부터 제3항까지의 규정에 따른 휴가 중 최초 60일(한 번에 둘 이상 자녀를 임신한 경우에는 75일)은 유급으로 한다. 다만, 「남녀고용평등과 일·가정 양립 지원에 관한 법률」 제18조에 따라 출산전후휴가급여 등이 지급된 경우에는 그 금액의 한도에서 지급의 책임을 면한다. 〈개정 2014.1.21.〉

③ (○) 동조 제2항, 동법 시행령 제43조 제1항 제2호

> 제74조(임산부의 보호) ② 사용자는 임신 중인 여성근로자가 유산의 경험 등 대통령령으로 정하는 사유로 제1항의 휴가를 청구하는 경우 출산 전 어느 때라도 휴가를 나누어 사용할 수 있도록 하여야 한다. 이 경우 출산 후의 휴가기간은 연속하여 45일(한 번에 둘 이상 자녀를 임신한 경우에는 60일) 이상이 되어야 한다. 〈개정 2014.1.21.〉
> 시행령 제43조(유산·사산휴가의 청구 등) ① 법 제74조 제2항 전단에서 "대통령령으로 정하는 사유"란 다음 각 호의 어느 하나에 해당하는 경우를 말한다. 〈신설 2012.6.21.〉
> 1. 임신한 근로자에게 유산·사산의 경험이 있는 경우
> 2. 임신한 근로자가 출산전후휴가를 청구할 당시 연령이 만 40세 이상인 경우
> 3. 임신한 근로자가 유산·사산의 위험이 있다는 의료기관의 진단서를 제출한 경우

④ (○) 사용자는 임신 후 12주 이내 또는 36주 이후에 있는 여성근로자가 1일 2시간의 근로시간 단축을 신청하는 경우 이를 허용하여야 한다. 다만, 1일 근로시간이 8시간 미만인 근로자에 대하여는 1일 근로시간이 6시간이 되도록 근로시간 단축을 허용할 수 있다(동조 제7항).

[보충] 이 법은 상시 5명 이상의 근로자를 사용하는 모든 사업 또는 사업장에 적용한다. 다만, 동거하는 친족만을 사용하는 사업 또는 사업장과 가사(家事)사용인에 대하여는 적용하지 아니한다(동법 제11조 제1항).

⑤ (○) 동법 제75조

정답 ②

15 ☐☐☐　　　　　　○ △ ×

근로자의 정의가 근로기준법과 다른 것은?

① 근로복지기본법
② 근로자퇴직급여 보장법
③ 산업재해보상보험법
④ 산업안전보건법
⑤ 남녀고용평등과 일·가정 양립 지원에 관한 법률

해설

① (○) ② (○) ③ (○) ④ (○) "근로자"란 직업의 종류와 관계없이 임금을 목적으로 사업이나 사업장에 근로를 제공하는 사람을 말한다(근로기준법 제2조 제1항 제1호, 근로복지기본법 제2조 제1호, 퇴직급여법 제2조 제1호, 산재보험법 제5조 제2호, 산업안전보건법 제2조 제3호).

⑤ (×) "근로자"란 사업주에게 고용된 사람과 취업할 의사를 가진 사람을 말한다(남녀고용평등법 제2조 제4호).

016 □□□　　　　　　　　　　○ △ ×

직업안정법에 관한 설명으로 옳은 것은?

① 무료직업소개사업을 하려는 자는 대통령령으로 정하는 비영리법인 또는 공익단체이어야 한다.

② 국내 유료직업소개사업을 하려는 자는 주된 사업소의 소재지를 관할하는 특별자치도지사·시장·군수 및 구청장의 허가를 받아야 한다.

③ 유료직업소개사업을 하는 자는 직업안정법에 따라 타인에게 자기의 성명 또는 상호를 사용하여 직업소개업을 하게 할 수 있다.

④ 노동조합 및 노동관계조정법에 따른 노동조합이 아니더라도 국내 근로자공급사업의 허가를 받을 수 있다.

⑤ 유료직업소개사업을 하는 자는 고용노동부령으로 정하는 고급·전문인력을 소개하는 경우, 고용노동부장관이 결정·고시한 요금 외의 금품을 받아서는 아니 된다.

해설

① (○) 직업안정법 제18조 제2항

② (×) 의 허가를 받아야 한다 → 에게 등록하여야 한다(동법 제19조 제1항)

> **제19조(유료직업소개사업)** ① 유료직업소개사업은 소개대상이 되는 근로자가 취업하려는 장소를 기준으로 하여 국내 유료직업소개사업과 국외 유료직업소개사업으로 구분하되, 국내 유료직업소개사업을 하려는 자는 주된 사업소의 소재지를 관할하는 특별자치도지사·시장·군수 및 구청장에게 등록하여야 하고, 국외 유료직업소개사업을 하려는 자는 고용노동부장관에게 등록하여야 한다. 등록한 사항을 변경하려는 경우에도 또한 같다. 〈개정 2010.6.4.〉

③ (×) 할 수 있다 → 하여서는 아니 된다(동법 제21조)

> **제21조(명의대여 등의 금지)** 제19조 제1항에 따라 유료직업소개사업을 등록한 자는 타인에게 자기의 성명 또는 상호를 사용하여 직업소개사업을 하게 하거나 그 등록증을 대여하여서는 아니 된다.

④ (×) 있다 → 없다(동법 제33조 제3항 제1호)

> **제33조(근로자공급사업)** ③ 근로자공급사업은 공급대상이 되는 근로자가 취업하려는 장소를 기준으로 국내 근로자공급사업과 국외 근로자공급사업으로 구분하며, 각각의 사업의 허가를 받을 수 있는 자의 범위는 다음 각 호와 같다.
> 1. 국내 근로자공급사업의 경우는 「노동조합 및 노동관계조정법」에 따른 노동조합
> 2. 국외 근로자공급사업의 경우는 국내에서 제조업·건설업·용역업, 그 밖의 서비스업을 하고 있는 자. 다만, 연예인을 대상으로 하는 국외 근로자공급사업의 허가를 받을 수 있는 자는 「민법」 제32조에 따른 비영리법인으로 한다.

⑤ (×) 고용노동부장관이 결정·고시한 요금 외의 금품을 받아서는 아니 된다 → 당사자 사이에 정한 요금을 구인자로부터 받을 수 있다(동법 제19조 제3항)

> **제19조(유료직업소개사업)** ③ 제1항에 따른 등록을 하고 유료직업소개사업을 하는 자는 고용노동부장관이 결정·고시한 요금 외의 금품을 받아서는 아니 된다. 다만, 고용노동부령으로 정하는 고급·전문인력을 소개하는 경우에는 당사자 사이에 정한 요금을 구인자로부터 받을 수 있다. 〈개정 2010.6.4.〉

017 □□□　　　　　　　　　　○ △ ×

산업안전보건법령상 사업주가 근로자에게 1일 6시간, 1주 34시간을 초과하여 근로하게 하여서는 아니 되는 유해하거나 위험한 작업을 모두 고른 것은?

> ㄱ. 잠함(潛艦) 또는 잠수작업 등 높은 기압에서 하는 작업
> ㄴ. 갱(坑) 내에서 하는 작업
> ㄷ. 유해 방사선을 취급하는 작업

① ㄱ　　　② ㄱ, ㄴ　　　③ ㄴ, ㄷ
④ ㄱ, ㄷ　　　⑤ ㄱ, ㄴ, ㄷ

해설

① (○) ㄱ만이 1일 6시간, 1주 34시간을 초과하여 근로하게 하여서는 아니 되는 작업이다(산업안전보건법 제139조 제1항, 동법 시행령 제99조 제1항).

[보충] ㄴ, ㄷ은 안전조치 및 보건조치 외에 근로자의 건강보호를 위한 조치를 하여야 하는 작업이다(동법 제139조 제2항, 동법 시행령 제99조 제3항 제1호, 제4호).

> **제139조(유해·위험작업에 대한 근로시간 제한 등)** ① 사업주는 유해하거나 위험한 작업으로서 높은 기압에서 하는 작업 등 대통령령으로 정하는 작업에 종사하는 근로자에게는 1일 6시간, 1주 34시간을 초과하여 근로하게 해서는 아니 된다.
> ② 사업주는 대통령령으로 정하는 유해하거나 위험한 작업에 종사하는 근로자에게 필요한 안전조치 및 보건조치 외에 작업과 휴식의 적정한 배분 및 근로시간과 관련된 근로조건의 개선을 통하여 근로자의 건강보호를 위한 조치를 하여야 한다.
> **시행령 제99조(유해·위험작업에 대한 근로시간 제한 등)** ① 법 제139조 제1항에서 "높은 기압에서 하는 작업 등 대통령령으로 정하는 작업"이란 잠함(潛函) 또는 잠수작업 등 높은 기압에서 하는 작업을 말한다.
> ③ 법 제139조 제2항에서 "대통령령으로 정하는 유해하거나 위험한 작업"이란 다음 각 호의 어느 하나에 해당하는 작업을 말한다.
> 1. 갱(坑) 내에서 하는 작업
> 2. 다량의 고열물체를 취급하는 작업과 현저히 덥고 뜨거운 장소에서 하는 작업
> 3. 다량의 저온물체를 취급하는 작업과 현저히 춥고 차가운 장소에서 하는 작업
> 4. 라듐방사선이나 엑스선, 그 밖의 유해 방사선을 취급하는 작업
> 5. 유리·흙·돌·광물의 먼지가 심하게 날리는 장소에서 하는 작업

6. 강렬한 소음이 발생하는 장소에서 하는 작업
7. 착암기(바위에 구멍을 뚫는 기계) 등에 의하여 신체에 강렬한 진동을 주는 작업
8. 인력(人力)으로 중량물을 취급하는 작업
9. 납·수은·크롬·망간·카드뮴 등의 중금속 또는 이황화탄소·유기용제, 그 밖에 고용노동부령으로 정하는 특정 화학물질의 먼지·증기 또는 가스가 많이 발생하는 장소에서 하는 작업

정답 ①

018 □□□　　　　○ △ ✕

남녀고용평등과 일·가정 양립 지원에 관한 법률에 관한 설명으로 옳지 않은 것은?

① 사업주는 육아기 근로시간 단축을 하고 있는 근로자에게 단축된 근로시간 외에 연장근로를 요구할 수 없다.
② 가족돌봄휴직기간은 근로기준법상 평균임금 산정기간에서는 제외되고 근속기간에는 포함된다.
③ 사업주는 육아휴직을 마친 근로자를 휴직 전과 같은 업무 또는 같은 수준의 임금을 지급하는 직무에 복귀시켜야 한다.
④ 사업주가 근로자에게 육아기 근로시간 단축을 허용하는 경우, 단축 후 근로시간은 주당 15시간 이상이어야 하고 30시간을 넘어서는 아니 된다.
⑤ 사업주는 근로자가 배우자의 출산을 이유로 휴가를 청구하는 경우에 5일의 유급휴가를 주어야 한다.

해설

① (○) 사업주는 제19조의2에 따라 육아기 근로시간 단축을 하고 있는 근로자에게 단축된 근로시간 외에 연장근로를 요구할 수 없다. 다만, 그 근로자가 명시적으로 청구하는 경우에는 사업주는 주 12시간 이내에서 연장근로를 시킬 수 있다(남녀고용평등법 제19조의3 제3항).
② (○) 가족돌봄휴직 및 가족돌봄휴가기간은 근속기간에 포함한다. 다만, 「근로기준법」 제2조 제1항 제6호에 따른 평균임금 산정기간에서는 제외한다(동법 제22조의2 제7항).
③ (○) 사업주는 육아휴직을 마친 후에는 휴직 전과 같은 업무 또는 같은 수준의 임금을 지급하는 직무에 복귀시켜야 한다. 또한 제2항의 육아휴직기간은 근속기간에 포함한다(동법 제19조 제4항).
④ (✕) 30시간 → 35시간(동법 제19조의2 제3항)
[보충] 2019.8.27. 남녀고용평등법 제19조의2 제3항이 다음과 같이 개정되었으므로, 정답을 변경한다.

> **제19조의2(육아기 근로시간 단축)** ③ 사업주가 제1항에 따라 해당 근로자에게 육아기 근로시간 단축을 허용하는 경우 단축 후 근로시간은 주당 15시간 이상이어야 하고 35시간을 넘어서는 아니 된다. 〈개정 2019.8.27.〉

⑤ (✕) 5일 → 10일(동법 제18조의2 제1항)

> **제18조의2(배우자 출산휴가)** ① 사업주는 근로자가 배우자의 출산을 이유로 휴가(이하 "배우자 출산휴가"라 한다)를 청구하는

경우에 10일의 휴가를 주어야 한다. 이 경우 사용한 휴가기간은 유급으로 한다. 〈개정 2019.8.27.〉

정답 ⑤ ▶ ④·⑤

019 □□□　　　　○ △ ✕

파견근로자 보호 등에 관한 법률·시행령상 근로자파견 대상업무가 아닌 것은?

① 수위 및 경비원의 업무
② 행정, 경영 및 재정 전문가의 업무
③ 건물청소 종사자의 업무
④ 선원법에 따른 선원의 업무
⑤ 음식조리 종사자의 업무

해설

④ (○) 선원법에 따른 선원의 업무는 근로자파견 대상업무가 아닌 것이다.

> **제5조(근로자파견 대상업무 등)** ③ 제1항 및 제2항에도 불구하고 다음 각 호의 어느 하나에 해당하는 업무에 대하여는 근로자파견사업을 하여서는 아니 된다. 〈개정 2019.1.15.〉
> 1. 건설공사현장에서 이루어지는 업무
> 2. 「항만운송사업법」 제3조 제1호, 「한국철도공사법」 제9조 제1항 제1호, 「농수산물 유통 및 가격안정에 관한 법률」 제40조, 「물류정책기본법」 제2조 제1항 제1호의 하역(荷役)업무로서 「직업안정법」 제33조에 따라 근로자공급사업 허가를 받은 지역의 업무
> 3. 「선원법」 제2조 제1호의 선원의 업무
> 4. 「산업안전보건법」 제58조에 따른 유해하거나 위험한 업무
> 5. 그 밖에 근로자 보호 등의 이유로 근로자파견사업의 대상으로는 적절하지 못하다고 인정하여 대통령령으로 정하는 업무

정답 ④

020 □□□   ○ △ ✕

기간제 및 단시간근로자 보호 등에 관한 법률상 차별적 처우의 금지 및 시정에 관한 설명으로 옳지 않은 것은?

① 중앙노동위원회 위원장은 확정된 시정명령에 대하여 사용자에게 이행상황을 제출할 것을 요구할 수 있다.

② 노동위원회는 사용자의 차별적 처우에 명백한 고의가 인정되거나 차별적 처우가 반복되는 경우에는 손해액을 기준으로 3배를 넘지 아니하는 범위에서 배상을 명령할 수 있다.

③ 노동위원회의 시정명령의 내용에는 취업규칙, 단체협약 등의 제도개선명령이 포함될 수 있다.

④ 고용노동부장관은 확정된 시정명령을 이행할 의무가 있는 사용자의 사업 또는 사업장에서 해당 시정명령의 효력이 미치는 근로자 이외의 기간제근로자 또는 단시간근로자에 대하여 차별적 처우가 있는지를 조사하여 차별적 처우가 있는 경우에는 그 시정을 요구할 수 있다.

⑤ 기간제근로자 또는 단시간근로자는 차별적 처우를 받은 경우, 차별적 처우가 있은 날(계속되는 차별적 처우는 그 종료일)부터 6개월 이내에 노동위원회에 그 시정을 신청할 수 있다.

해설

① (✕) 중앙노동위원회 위원장 → 고용노동부장관(기간제법 제15조 제1항)

> **제15조(시정명령 이행상황의 제출요구 등)** ① 고용노동부장관은 확정된 시정명령에 대하여 사용자에게 이행상황을 제출할 것을 요구할 수 있다. 〈개정 2010.6.4.〉

② (○) 제1항에 따른 배상액은 차별적 처우로 인하여 기간제근로자 또는 단시간근로자에게 발생한 손해액을 기준으로 정한다. 다만, 노동위원회는 사용자의 차별적 처우에 명백한 고의가 인정되거나 차별적 처우가 반복되는 경우에는 손해액을 기준으로 3배를 넘지 아니하는 범위에서 배상을 명령할 수 있다(동법 제13조 제2항).

③ (○) 제11조의 규정에 따른 조정·중재 또는 제12조의 규정에 따른 시정명령의 내용에는 차별적 행위의 중지, 임금 등 근로조건의 개선(취업규칙, 단체협약 등의 제도개선명령을 포함한다) 또는 적절한 배상 등이 포함될 수 있다(동조 제1항).

④ (○) 동법 제15조의3 제1항

⑤ (○) 기간제근로자 또는 단시간근로자는 차별적 처우를 받은 경우 「노동위원회법」 제1조의 규정에 따른 노동위원회(이하 "노동위원회"라 한다)에 그 시정을 신청할 수 있다. 다만, 차별적 처우가 있은 날(계속되는 차별적 처우는 그 종료일)부터 6개월이 지난 때에는 그러하지 아니하다(동법 제9조 제1항).

정답 ①

021 □□□   ○ △ ✕

최저임금법에 관한 설명으로 옳은 것은? (다툼이 있으면 판례에 따름)

① 최저임금은 사업의 종류별, 지역별로 구분하여 정하여야 한다.

② 최저임금위원회는 근로자와 사용자 및 정부를 각각 대표하는 위원으로 구성한다.

③ 일반택시운송사업에서 운전업무에 종사하는 근로자의 최저임금에 산입되는 임금의 범위에서 생산고에 따른 임금은 제외된다.

④ 감시 또는 단속적으로 근로에 종사하는 자로서 사용자가 고용노동부장관의 승인을 받은 자의 최저임금은 고용노동부장관이 결정·고시한 최저임금액의 90%로 한다.

⑤ 근로자와 사용자가 최저임금의 적용을 위한 임금에 산입되지 않는 임금을 최저임금의 적용을 위한 임금의 범위에 산입하여 최저임금에 미달하는 부분을 보전하기로 약정한 경우, 그 임금약정은 유효하다.

해설

① (✕) 종류별, 지역별로 구분하여 정하여야 한다 → 종류별로 구분하여 정할 수 있다(최저임금법 제4조 제1항)

> **제4조(최저임금의 결정기준과 구분)** ① 최저임금은 근로자의 생계비, 유사 근로자의 임금, 노동생산성 및 소득분배율 등을 고려하여 정한다. 이 경우 사업의 종류별로 구분하여 정할 수 있다.

② (✕) 정부를 → 공익을(동법 제14조 제1항)

> **제14조(위원회의 구성 등)** ① 위원회는 다음 각 호의 위원으로 구성한다.
> 1. 근로자를 대표하는 위원(이하 "근로자위원"이라 한다) 9명
> 2. 사용자를 대표하는 위원(이하 "사용자위원"이라 한다) 9명
> 3. 공익을 대표하는 위원(이하 "공익위원"이라 한다) 9명

③ (○) 제4항에도 불구하고 「여객자동차 운수사업법」 제3조 및 같은 법 시행령 제3조 제2호 다목에 따른 일반택시운송사업에서 운전업무에 종사하는 근로자의 최저임금에 산입되는 임금의 범위는 생산고에 따른 임금을 제외한 대통령령으로 정하는 임금으로 한다(동법 제6조 제5항).

④ (✕) "법 제5조 제2항 제2호에 따른 감시(監視) 또는 단속적(斷續的)으로 근로에 종사하는 자로서 사용자가 고용노동부장관의 승인을 받은 사람에 대해서는 같은 조 제1항 후단에 따른 시간급 최저임금액에서 100분의 10을 뺀 금액을 그 근로자의 시간급 최저임금액으로 한다"고 규정한 최저임금법 시행령 제3조 제2항은 2018.3.20. 개정됨으로써 삭제되었으므로, 오늘날 감시 또는 단속적으로 근로에 종사하는 자의 최저임금액도 최저임금액 전부로 한다.

⑤ (✕) 근로자와 사용자가 최저임금의 적용을 위한 임금에 산입되지 않는 임금을 최저임금의 적용을 위한 임금의 범위에 산입하여 최저임금에 미달하는 부분을 보전하기로 약정한 경우 그 임금약정은 최저임금법 제6조 제3항에 반하여 무효이다(대법원 2007.1.11, 2006다64245).

정답 ③

022 □□□ ○ △ ✕

근로자퇴직급여 보장법에 관한 설명으로 옳은 것은?

① 퇴직급여제도의 일시금을 수령한 사람은 개인형퇴직
연금제도를 설정할 수 없다.

② 사용자는 계속근로기간이 1년 미만인 근로자, 4주간을
평균하여 1주간의 소정근로시간이 15시간 미만인 근로
자에 대하여는 퇴직급여제도를 설정하지 않아도 된다.

③ 확정급여형퇴직연금제도 또는 확정기여형퇴직연금제
도의 가입자는 개인형퇴직연금제도를 추가로 설정할
수 없다.

④ 퇴직연금제도를 설정한 사용자는 자산관리업무의 수
행을 내용으로 하는 계약을 개별근로자와 체결하여야
한다.

⑤ 상시 10명 미만의 근로자를 사용하는 사업의 경우에는
개별근로자의 동의나 요구와 관계없이 개인형퇴직연
금제도를 설정할 수 있으며, 이 경우 해당 근로자에
대하여 퇴직급여제도를 설정한 것으로 본다.

해설

① (✕) ③ (✕) 없다 → 있다(퇴직급여법 제24조 제2항 제1호, 제2호)

> **제24조(개인형퇴직연금제도의 설정 및 운영 등)** ② 다음 각 호
> 의 어느 하나에 해당하는 사람은 개인형퇴직연금제도를 설정할
> 수 있다. 〈개정 2021.4.13.〉
> 1. 퇴직급여제도의 일시금을 수령한 사람
> 2. 확정급여형퇴직연금제도, 확정기여형퇴직연금제도 또는 중
> 소기업퇴직연금기금제도의 가입자로서 자기의 부담으로 개
> 인형퇴직연금제도를 추가로 설정하려는 사람
> 3. 자영업자 등 안정적인 노후소득 확보가 필요한 사람으로서
> 대통령령으로 정하는 사람

② (○) 사용자는 퇴직하는 근로자에게 급여를 지급하기 위하여 퇴직
급여제도 중 하나 이상의 제도를 설정하여야 한다. 다만, 계속근로
기간이 1년 미만인 근로자, 4주간을 평균하여 1주간의 소정근로시
간이 15시간 미만인 근로자에 대하여는 그러하지 아니하다(동법
제4조 제1항).

④ (✕) 체결하여야 한다 → 체결하여서는 아니 된다(동법 제32조
제4항 제1호)

> **제32조(사용자의 책무)** ④ 퇴직연금제도를 설정한 사용자는 다
> 음 각 호의 어느 하나에 해당하는 행위를 하여서는 아니 된다.
> 〈개정 2021.4.13.〉
> 1. 자기 또는 제3자의 이익을 도모할 목적으로 운용관리업무 및
> 자산관리업무의 수행계약을 체결하는 행위
> 2. 그 밖에 퇴직연금제도의 적절한 운영을 방해하는 행위로서
> 대통령령으로 정하는 행위

⑤ (✕) 동의나 요구와 관계없이 → 동의를 받거나 근로자의 요구에
따라(동법 제25조 제1항)

> **제25조(10명 미만을 사용하는 사업에 대한 특례)** ① 상시 10명
> 미만의 근로자를 사용하는 사업의 경우 제4조 제1항 및 제5조에
> 도 불구하고 사용자가 개별근로자의 동의를 받거나 근로자의 요
> 구에 따라 개인형퇴직연금제도를 설정하는 경우에는 해당 근로

자에 대하여 퇴직급여제도를 설정한 것으로 본다.

정답 ②

023 □□□ ○ △ ✕

**임금채권보장법상 체당금에 포함되는 것을 모두 고른 것
은?**

> ㄱ. 재해보상금
> ㄴ. 최종 3개월분의 임금
> ㄷ. 최종 3년간의 퇴직급여등
> ㄹ. 최종 3개월분의 휴업수당

① ㄱ, ㄴ   ② ㄴ, ㄷ   ③ ㄷ, ㄹ
④ ㄴ, ㄷ, ㄹ   ⑤ ㄱ, ㄴ, ㄷ, ㄹ

해설

④ (○) ㄴ, ㄷ, ㄹ이 대지급금에 포함되는 것이다.

[보충] 2021.4.13. 임금채권보장법 개정에 따라 체당금은 대지급
금으로 변경되었다.

> **임금채권보장법 제7조(퇴직한 근로자에 대한 대지급금의 지급)**
> ② 제1항에 따라 고용노동부장관이 사업주를 대신하여 지급하
> 는 체불임금등 대지급금(이하 "대지급금"이라 한다)의 범위는 다
> 음 각 호와 같다. 다만, 대통령령으로 정하는 바에 따라 제1항
> 제1호부터 제3호까지의 규정에 따른 대지급금의 상한액과 같은
> 항 제4호 및 제5호에 따른 대지급금의 상한액은 근로자의 퇴직
> 당시의 연령 등을 고려하여 따로 정할 수 있으며 대지급금이 적
> 은 경우에는 지급하지 아니할 수 있다. 〈개정 2021.4.13.〉
> 1. 「근로기준법」 제38조 제2항 제1호에 따른 임금 및 「근로자퇴직
> 급여 보장법」 제12조 제2항에 따른 최종 3년간의 퇴직급여등
> 2. 「근로기준법」 제46조에 따른 휴업수당(최종 3개월분으로 한
> 정한다)
> 3. 「근로기준법」 제74조 제4항에 따른 출산전후휴가기간 중 급
> 여(최종 3개월분으로 한정한다)
>
> **근로기준법 제38조(임금채권의 우선변제)** ② 제1항에도 불구하
> 고 다음 각 호의 어느 하나에 해당하는 채권은 사용자의 총재산에
> 대하여 질권·저당권 또는 「동산·채권 등의 담보에 관한 법률」에
> 따른 담보권에 따라 담보된 채권, 조세·공과금 및 다른 채권에
> 우선하여 변제되어야 한다. 〈개정 2010.6.10.〉
> 1. 최종 3개월분의 임금
> 2. 재해보상금

정답 ④

024 ☐☐☐ ○ △ ✕

근로복지기본법상 근로복지정책에 따른 근로자 복지향상 지원의 우대대상이 아닌 자는?

① 기간제근로자　　② 파견근로자
③ 중소·영세기업 근로자　　④ 수습사용 중인 근로자
⑤ 저소득근로자

해설

④ (✕) 수습사용 중인 근로자는 근로복지정책에 따른 근로자 복지향상 지원의 우대대상이 아닌 자이다.

> **근로복지기본법 제3조(근로복지정책의 기본원칙)** ③ 이 법에 따른 근로자의 복지향상을 위한 지원을 할 때에는 중소·영세기업 근로자, 기간제근로자(「기간제 및 단시간근로자 보호 등에 관한 법률」 제2조 제1호에 따른 기간제근로자를 말한다), 단시간근로자(「근로기준법」 제2조 제1항 제9호에 따른 단시간근로자를 말한다), 파견근로자(「파견근로자 보호 등에 관한 법률」 제2조 제5호에 따른 파견근로자를 말한다. 이하 같다), 하수급인(「고용보험 및 산업재해보상보험의 보험료징수 등에 관한 법률」 제2조 제5호에 따른 하수급인을 말한다)이 고용하는 근로자, 저소득근로자 및 장기근속근로자가 우대될 수 있도록 하여야 한다. 〈개정 2020.12.8.〉

정답 ④

025 ☐☐☐ ○ △ ✕

외국인근로자의 고용 등에 관한 법률에 관한 설명으로 옳지 않은 것은?

① 외국인근로자를 고용하려는 자는 직업안정기관에 우선 내국인 구인신청을 하여야 한다.
② 직업안정기관이 아닌 자는 외국인근로자의 선발, 알선, 그 밖의 채용에 개입하여서는 아니 된다.
③ 사용자는 외국인근로자라는 이유로 부당하게 차별하여 처우하여서는 아니 된다.
④ 사용자가 정당한 사유로 근로계약기간 중 근로계약을 해지하려고 하는 경우에도 외국인근로자는 직업안정기관의 장에게 다른 사업 또는 사업장으로의 변경을 신청할 수 없다.
⑤ 외국인근로자를 고용한 사업 또는 사업장의 사용자는 외국인근로자의 출국 등에 따른 퇴직금 지급을 위하여 외국인근로자를 피보험자 또는 수익자로 하는 보험 또는 신탁에 가입하여야 한다.

해설

① (○) 외국인고용법 제6조 제1항
② (○) 동법 제8조 제6항
③ (○) 동법 제22조
④ (✕) 경우에도 → 경우에는, 없다 → 있다(동법 제25조 제1항 제1호)

> **제25조(사업 또는 사업장 변경의 허용)** ① 외국인근로자(제12조 제1항에 따른 외국인근로자는 제외한다)는 다음 각 호의 어느 하나에 해당하는 사유가 발생한 경우에는 고용노동부령으로 정하는 바에 따라 직업안정기관의 장에게 다른 사업 또는 사업장으로의 변경을 신청할 수 있다. 〈개정 2019.1.15.〉
> 1. 사용자가 정당한 사유로 근로계약기간 중 근로계약을 해지하려고 하거나 근로계약이 만료된 후 갱신을 거절하려는 경우
> 2. 휴업, 폐업, 제19조 제1항에 따른 고용허가의 취소, 제20조 제1항에 따른 고용의 제한, 제22조의2를 위반한 기숙사의 제공, 사용자의 근로조건 위반 또는 부당한 처우 등 외국인근로자의 책임이 아닌 사유로 인하여 사회통념상 그 사업 또는 사업장에서 근로를 계속할 수 없게 되었다고 인정하여 고용노동부장관이 고시한 경우
> 3. 그 밖에 대통령령으로 정하는 사유가 발생한 경우

⑤ (○) 외국인근로자를 고용한 사업 또는 사업장의 사용자(이하 "사용자"라 한다)는 외국인근로자의 출국 등에 따른 퇴직금 지급을 위하여 외국인근로자를 피보험자 또는 수익자(이하 "피보험자등"이라 한다)로 하는 보험 또는 신탁(이하 "출국만기보험등"이라 한다)에 가입하여야 한다. 이 경우 보험료 또는 신탁금은 매월 납부하거나 위탁하여야 한다(동법 제13조 제1항).

정답 ④

MEMO

MEMO

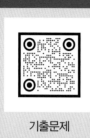

기출문제

노동법 (2)

041 ☐☐☐   ○ △ ✕

노동조합 및 노동관계조정법의 연혁에 관한 설명으로 옳지
않은 것은?

① 1953년 제정된 「노동조합법」에는 복수노조 금지 조항
이 있었다.

② 1953년 제정된 「노동쟁의조정법」에는 쟁의행위 민사
면책 조항이 있었다.

③ 1963년 개정된 「노동조합법」에는 노동조합의 정치활
동 금지 규정이 신설되었다.

④ 1997년에는 「노동조합 및 노동관계조정법」이 제정되
었다.

⑤ 2010년 개정된 「노동조합 및 노동관계조정법」에는 교섭
창구 단일화의 절차와 방법에 관한 규정이 신설되었다.

해설

① (✕) 1953년 제정된 「노동조합법」에는 퇴직자(근로자 아닌 자)의
가입금지, 노동조합 설립의 신고, 노동조합의 규약과 기관운영의
기준, 규약·결의 변경명령, 해산명령, 기업별 교섭의 강제, 사용
자의 부당노동행위(현행법상 불이익취급 금지와 지배개입) 금지와
이에 대한 처벌 등이 규정되었다. 복수노조 금지 조항은 1963년
전면개정된 「노동조합법」에 신설되었다.

② (○) 1953년 제정된 「노동쟁의조정법」에는 쟁의행위의 민사면책,
쟁의행위기간 중 대체근로 및 구속 제한, 안전보호시설 정폐 등의
금지, 노동쟁의 발생신고와 냉각기간, 쟁의 찬반투표, 노동위원회
의 알선·조정·중재, 공익사업에 대한 직권중재 등이 규정되었다.

③ (○) 1963년 개정된 「노동조합법」에는 복수노조 및 노동조합의
정치활동 금지 외에도 노사협의회의 설치, 단체협약의 효력확장,
부당노동행위에 대한 원상회복주의의 도입 등이 규정되었다.

④ (○) 1997년에는 「노동조합 및 노동관계조정법」(종전의 「노동조
합법」과 「노동쟁의조정법」), 「근로기준법」, 「근로자참여 및 협력
증진에 관한 법률」(종전의 「노사협의회법」), 「노동위원회법」이 제
정의 형식으로 전면개정되었다.

⑤ (○) 2010년 개정된 「노동조합 및 노동관계조정법」에는 사업장
단위의 복수노조 금지의 삭제(복수노조 전면허용), 교섭창구 단일
화의 절차와 방법, 전임자 급여지원 금지의 시행과 근로시간 면제
허용 등이 규정되었다.

정답 ①

042 ☐☐☐   ○ △ ✕

헌법상 노동3권에 관한 설명으로 옳지 않은 것은? (다툼이
있으면 판례에 따름)

① 노동3권은 근로조건의 향상을 위한다는 생존권의 존
재목적에 비추어 볼 때 노동3권 가운데에서도 단체교
섭권이 가장 중핵적 권리이다.

② 노동3권의 사회권적 성격은 입법조치를 통하여 근로
자의 헌법적 권리를 보장할 국가의 의무에 있다.

③ 근로자의 단결하지 않을 자유, 즉 소극적 단결권은 개
인의 자기결정의 이념에 따라 적극적 단결권과 동등하
게 보장되어야 한다는 것이 헌법재판소의 입장이다.

④ 법률이 정하는 주요방위산업체에 종사하는 근로자의
단체행동권은 법률이 정하는 바에 의하여 이를 제한하
거나 인정하지 아니할 수 있다.

⑤ 단체협약에서 다른 노동조합의 단체교섭권을 사전에
배제하는 이른바 유일교섭단체 조항은 단체교섭권의
본질적 내용을 침해할 우려가 있다.

해설

① (○) 본래 헌법 제33조 제1항에 의하여 선명된 이른바 노동3권은
사용자와 근로자 간의 실질적인 대등성을 단체적 노사관계의 확립
을 통하여 가능하도록 하기 위하여 시민법상의 자유주의적 법원칙
을 수정하는 신시대적 시책으로서 등장된 생존권적 기본권들이므
로 이 노동3권은 다 같이 존중보호되어야 하고 그 사이에 비중의
차등을 둘 수 없는 권리들임에는 틀림없지만 근로조건의 향상을
위한다는 생존권의 존재목적에 비추어 볼 때 위 노동3권 가운데에
서도 단체교섭권이 가장 중핵적 권리임은 부정할 수 없다(대법원
1990.5.15, 90도357).

② (○) 근로3권의 성격은 국가가 단지 근로자의 단결권을 존중하고
부당한 침해를 하지 아니함으로써 보장되는 자유권적 측면인 국가
로부터의 자유뿐이 아니라, 근로자의 권리행사의 실질적 조건을
형성하고 유지해야 할 국가의 적극적인 활동을 필요로 한다. 따라
서 근로3권의 사회권적 성격은 입법조치를 통하여 근로자의 헌법
적 권리를 보장할 국가의 의무에 있다. 이는 곧, 입법자가 근로자단
체의 조직, 단체교섭, 단체협약, 노동쟁의 등에 관한 노동조합 관련
법의 제정을 통하여 노사 간의 세력균형이 이루어지고 근로자의
근로3권이 실질적으로 기능할 수 있도록 하기 위하여 필요한 법적
제도와 법규범을 마련하여야 할 의무가 있다는 것을 의미한다(헌법
재판소 1998.2.27, 94헌바13·26,95헌바44).

③ (✕) 헌법 제33조 제1항은 "근로자는 근로조건의 향상을 위하여
자주적인 단결권·단체교섭권 및 단체행동권을 가진다."고 규정
하고 있다. 여기서 헌법상 보장된 근로자의 단결권은 단결할 자유
만을 가리킬 뿐이고, 단결하지 아니할 자유 이른바 소극적 단결권
은 이에 포함되지 않는다고 보는 것이 우리 재판소의 선례라고
할 것이다(헌법재판소 2005.11.24, 2002헌바95,96,2003헌바9).

④ (○) 대한민국헌법 제33조 제3항

⑤ (○) 노사가 특정의 노동조합이 유일한 교섭주체임을 인정하는 취지의 단체협약을 체결하였다면, 이는 다른 노동조합의 단체교섭권을 배제함으로써 대한민국헌법 제33조 제1항을 위반하게 되므로, 무효라 할 것이다.

> 제33조 ① 근로자는 근로조건의 향상을 위하여 자주적인 단결권·단체교섭권 및 단체행동권을 가진다.

[보충] 원심은, '산업별 단위노동조합으로서 사용자와 직접 단체협약을 체결해 온 원고만이 단체교섭을 할 수 있는 유일한 노동단체이며, 다른 어떠한 노동단체도 인정하지 않는다'는 내용인 이 사건 각 유일교섭단체 조항(유성기업 주식회사 단체협약 제1조 등)은 근로자의 노동조합 결성 및 가입의 자유와 단체교섭권 등을 침해할 우려가 있어 위법하다고 전제한 다음, 위 조항의 취지가 단순히 원고가 원고 소속 조합원을 대표하는 단체임을 의미하는 것이라는 등의 사유를 내세워 그에 대한 피고의 시정명령이 취소되어야 한다는 원고의 주장을 배척하였다.
원심 판시 단체협약서의 문언들과 기록에 비추어 살펴보면 원심의 이러한 판단은 정당하고, 거기에 상고이유 주장과 같이 논리와 경험의 법칙을 위반하여 자유심증주의의 한계를 벗어나거나 단체협약 조항의 해석 등에 관한 법리를 오해한 위법이 없다.

정답 ③

043 ☐☐☐   ○ △ ×

노동조합 및 노동관계조정법령상 노동조합에 관한 설명으로 옳지 않은 것은?

① 사업 또는 사업장에 종사하는 근로자(이하 "종사근로자"라 한다)인 조합원이 해고되어 노동위원회에 부당노동행위의 구제신청을 한 경우에는 중앙노동위원회의 재심판정이 있을 때까지 종사근로자로 본다.

② 동일한 등기소의 관할구역 안에서 주된 사무소를 이전한 경우에는 그 이전한 날부터 3주 이내에 변경등기를 해야 한다.

③ 노동조합에 대하여는 그 사업체를 제외하고는 세법이 정하는 바에 따라 조세를 부과하지 아니한다.

④ 노동조합의 대표자는 명칭이 변경된 경우에는 그 변경이 있는 날부터 3주 이내에 변경등기를 해야 한다.

⑤ 노동조합 및 노동관계조정법에 의하여 설립된 노동조합이 아니면 노동조합이라는 명칭을 사용할 수 없다.

해설

① (○) 노동조합법 제5조 제3항

② (×) 변경 → 이전(동법 시행령 제5조 제2항)

> 시행령 제5조(이전등기) ② 동일한 등기소의 관할구역 안에서 주된 사무소를 이전한 경우에는 그 이전한 날부터 3주 이내에 이전등기를 해야 한다. 〈개정 2021.6.29.〉

③ (○) 동법 제8조

④ (○) 동법 시행령 제6조, 제3조 제1호

> 시행령 제3조(등기사항) 제2조에 따른 등기사항은 다음 각 호와 같다. 〈개정 2021.6.29.〉
> 1. 명칭
> 2. 주된 사무소의 소재지
> 3. 목적 및 사업
> 4. 대표자의 성명 및 주소
> 5. 해산사유를 정한 때에는 그 사유
> 시행령 제6조(변경등기) 노동조합의 대표자는 제3조 각 호의 사항 중 변경된 사항이 있는 경우에는 그 변경이 있는 날부터 3주 이내에 변경등기를 해야 한다. 〈개정 2021.6.29.〉

⑤ (○) 동법 제7조 제3항

정답 ②

044 ☐☐☐   ○ △ ×

노동조합 및 노동관계조정법상 노동조합의 설립에 관한 설명으로 옳지 않은 것은?

① 노동조합의 설립신고서에는 목적과 사업을 기재해야 한다.

② 노동조합은 매년 1월 31일까지 전년도 12월 31일 현재의 조합원수를 행정관청에 통보하여야 한다.

③ 노동조합이 신고증을 교부받은 경우에는 설립신고서가 접수된 때에 설립된 것으로 본다.

④ 행정관청은 설립신고서 또는 규약이 기재사항의 누락 등으로 보완이 필요한 경우에는 대통령령이 정하는 바에 따라 20일 이내의 기간을 정하여 보완을 요구하여야 한다.

⑤ 행정관청은 설립하고자 하는 노동조합이 근로자가 아닌 자의 가입을 허용하는 경우, 설립신고서를 반려하여야 한다.

해설

① (×) 설립신고서 → 규약(노동조합법 제11조)

> 제11조(규약) 노동조합은 그 조직의 자주적·민주적 운영을 보장하기 위하여 당해 노동조합의 규약에 다음 각 호의 사항을 기재하여야 한다. 〈개정 2006.12.30.〉
> 1. 명칭
> 2. 목적과 사업
> 3. 주된 사무소의 소재지
> 4. 조합원에 관한 사항[연합단체(聯合團體)인 노동조합(勞動組合)에 있어서는 그 구성단체(構成團體)에 관한 사항]
> 5. 소속된 연합단체가 있는 경우에는 그 명칭
> 6. 대의원회를 두는 경우에는 대의원회에 관한 사항
> 7. 회의에 관한 사항
> 8. 대표자와 임원에 관한 사항
> 9. 조합비 기타 회계에 관한 사항
> 10. 규약변경에 관한 사항
> 11. 해산에 관한 사항
> 12. 쟁의행위와 관련된 찬반투표 결과의 공개, 투표자 명부 및

투표용지 등의 보존·열람에 관한 사항

13. 대표자와 임원의 규약위반에 대한 탄핵에 관한 사항
14. 임원 및 대의원의 선거절차에 관한 사항
15. 규율과 통제에 관한 사항

② (○) 동법 제13조 제2항 제3호

제13조(변경사항의 신고등) ② 노동조합은 매년 1월 31일까지 다음 각 호의 사항을 행정관청에게 통보하여야 한다. 다만, 제1항의 규정에 의하여 전년도에 변경신고된 사항은 그러하지 아니하다. 〈개정 2001.3.28.〉
1. 전년도에 규약의 변경이 있는 경우에는 변경된 규약내용
2. 전년도에 임원의 변경이 있는 경우에는 변경된 임원의 성명
3. 전년도 12월 31일 현재의 조합원수[연합단체(聯合團體)인 노동조합(勞動組合)에 있어서는 구성단체별(構成團體別) 조합원수(組合員數)]

③ (○) 동법 제12조 제4항
④ (○) 행정관청은 설립신고서 또는 규약이 기재사항의 누락등으로 보완이 필요한 경우에는 대통령령이 정하는 바에 따라 20일 이내의 기간을 정하여 보완을 요구하여야 한다. 이 경우 보완된 설립신고서 또는 규약을 접수한 때에는 3일 이내에 신고증을 교부하여야 한다(동조 제2항 전단).
⑤ (○) 동조 제3항, 제2조 제4호 라목

제2조(정의) 이 법에서 사용하는 용어의 정의는 다음과 같다. 〈개정 2021.1.5.〉
4. "노동조합"이라 함은 근로자가 주체가 되어 자주적으로 단결하여 근로조건의 유지·개선 기타 근로자의 경제적·사회적 지위의 향상을 도모함을 목적으로 조직하는 단체 또는 그 연합단체를 말한다. 다만, 다음 각 목의 1에 해당하는 경우에는 노동조합으로 보지 아니한다.
　가. 사용자 또는 항상 그의 이익을 대표하여 행동하는 자의 참가를 허용하는 경우
　나. 경비의 주된 부분을 사용자로부터 원조받는 경우
　다. 공제·수양 기타 복리사업만을 목적으로 하는 경우
　라. 근로자가 아닌 자의 가입을 허용하는 경우
　마. 주로 정치운동을 목적으로 하는 경우
제12조(신고증의 교부) ③ 행정관청은 설립하고자 하는 노동조합이 다음 각 호의 1에 해당하는 경우에는 설립신고서를 반려하여야 한다. 〈개정 1998.2.20.〉
1. 제2조 제4호 각 목의 1에 해당하는 경우
2. 제2항의 규정에 의하여 보완을 요구하였음에도 불구하고 그 기간 내에 보완을 하지 아니하는 경우

정답 ①

045 □□□ ○△✕

노동조합 및 노동관계조정법상 노동조합의 관리에 관한 설명으로 옳은 것은?

① 노동조합은 조합원 명부를 3년간 보존하여야 한다.
② 예산·결산에 관한 사항은 총회에서 재적조합원 과반수의 출석과 출석조합원 3분의 2 이상의 찬성으로 의결한다.
③ 하나의 사업 또는 사업장을 대상으로 조직된 노동조합의 대의원은 그 사업 또는 사업장에 종사하는 조합원 중에서 선출하여야 한다.
④ 노동조합의 대표자는 대의원의 3분의 1 이상이 회의에 부의할 사항을 제시하고 회의의 소집을 요구한 때에는 15일 이내에 임시대의원회를 소집하여야 한다.
⑤ 행정관청은 노동조합에 총회의 소집권자가 없는 경우에 조합원의 3분의 1 이상이 회의에 부의할 사항을 제시하고 소집권자의 지명을 요구한 때에는 지체 없이 회의의 소집권자를 지명하여야 한다.

해설

① (✕) 조합원 명부 → 회의록 및 재정에 관한 장부와 서류(노동조합법 제14조 제2항).

제14조(서류비치등) ① 노동조합은 조합설립일부터 30일 이내에 다음 각 호의 서류를 작성하여 그 주된 사무소에 비치하여야 한다.
1. 조합원 명부[연합단체(聯合團體)인 노동조합(勞動組合)에 있어서는 그 구성단체(構成團體)의 명칭]
2. 규약
3. 임원의 성명·주소록
4. 회의록
5. 재정에 관한 장부와 서류
② 제1항 제4호 및 제5호의 서류는 3연(년)간 보존하여야 한다.

② (✕) 3분의 2 이상 → 과반수(동법 제16조 제2항).

제16조(총회의 의결사항) ① 다음 각 호의 사항은 총회의 의결을 거쳐야 한다.
1. 규약의 제정과 변경에 관한 사항
2. 임원의 선거와 해임에 관한 사항
3. 단체협약에 관한 사항
4. 예산·결산에 관한 사항
5. 기금의 설치·관리 또는 처분에 관한 사항
6. 연합단체의 설립·가입 또는 탈퇴에 관한 사항
7. 합병·분할 또는 해산에 관한 사항
8. 조직형태의 변경에 관한 사항
9. 기타 중요한 사항
② 총회는 재적조합원 과반수의 출석과 출석조합원 과반수의 찬성으로 의결한다. 다만, 규약의 제정·변경, 임원의 해임, 합병·분할·해산 및 조직형태의 변경에 관한 사항은 재적조합원 과반수의 출석과 출석조합원 3분의 2 이상의 찬성이 있어야 한다.

③ (○) 동법 제17조 제3항
④ (✕) 15일 이내에 → 지체 없이(동법 제18조 제2항)

제18조(임시총회등의 소집) ② 노동조합의 대표자는 조합원 또

는 대의원의 3분의 1 이상[연합단체(聯合團體)인 노동조합(勞動組合)에 있어서는 그 구성단체(構成團體)의 3분(分)의 1 이상]이 회의에 부의할 사항을 제시하고 회의의 소집을 요구한 때에는 지체 없이 임시총회 또는 임시대의원회를 소집하여야 한다.

⑤ (×) 지체 없이 → 15일 이내에(동조 제4항)

> 제18조(임시총회등의 소집) ④ 행정관청은 노동조합에 총회 또는 대의원회의 소집권자가 없는 경우에 조합원 또는 대의원의 3분의 1 이상이 회의에 부의할 사항을 제시하고 소집권자의 지명을 요구한 때에는 15일 이내에 회의의 소집권자를 지명하여야 한다. 〈개정 1998.2.20.〉

정답 ③

46 □□□　○ △ ×

노동조합 및 노동관계조정법령상 근로시간면제심의위원회에 관한 설명으로 옳은 것은?

① 근로시간면제심의위원회는 근로시간 면제한도를 심의·의결하고, 3년마다 그 적정성 여부를 재심의하여 의결해야 한다.
② 근로시간면제심의위원회 위원장은 근로시간면제심의위원회가 의결한 사항을 고용노동부장관에게 즉시 통보하여야 한다.
③ 근로시간면제심의위원회 위원의 임기는 3년으로 한다.
④ 근로시간면제심의위원회의 위원은 임기가 끝났더라도 후임자가 위촉될 때까지 계속하여 그 직무를 수행한다.
⑤ 근로시간면제심의위원회는 경제사회노동위원회 위원장으로부터 근로시간 면제한도를 정하기 위한 심의요청을 받은 때에는 그 심의요청을 받은 날부터 90일 이내에 심의·의결해야 한다.

해설
① (×) 의결해야 한다 → 의결할 수 있다(노동조합법 제24조의2 제2항)

> 제24조의2(근로시간면제심의위원회) ② 위원회는 근로시간 면제한도를 심의·의결하고, 3년마다 그 적정성 여부를 재심의하여 의결할 수 있다. 〈개정 2021.1.5.〉

② (×) 근로시간면제심의위원회 → 경제사회노동위원회(동조 제3항)

> 제24조의2(근로시간면제심의위원회) ③ 경제사회노동위원회 위원장은 제2항에 따라 위원회가 의결한 사항을 고용노동부장관에게 즉시 통보하여야 한다. 〈개정 2021.1.5.〉

③ (×) 3년 → 2년(동법 시행령 제11조의5 제1항)

> 시행령 제11조의5(위원회 위원의 임기) ① 위원회 위원의 임기는 2년으로 한다.

④ (○) 동조 제3항
⑤ (×) 90일 → 60일(동법 시행령 제11조의6 제1항)

> 시행령 제11조의6(위원회의 운영) ① 위원회는 경제사회노동위원회 위원장으로부터 근로시간 면제한도를 정하기 위한 심의요청을 받은 때에는 그 심의요청을 받은 날부터 60일 이내에 심의·의결해야 한다. 〈개정 2021.6.29.〉

정답 ④

47 □□□　○ △ ×

노동조합 및 노동관계조정법령상 노동조합의 관리에 관한 설명으로 옳지 않은 것은?

① 근로자는 사용자의 동의가 있는 경우에는 사용자로부터 급여를 지급받으면서 근로계약 소정의 근로를 제공하지 아니하고 노동조합의 업무에 종사할 수 있다.
② 노동조합이 특정 조합원에 관한 사항을 의결할 경우에는 그 조합원은 표결권이 없다.
③ 노동조합의 대표자는 그 회계감사원으로 하여금 회계연도마다 당해 노동조합의 모든 재원 및 용도, 주요한 기부자의 성명, 현재의 경리상황 등에 대한 회계감사를 실시하게 하고 그 내용과 감사결과를 전체 조합원에게 공개하여야 한다.
④ 노동조합의 대표자는 회계연도마다 결산결과와 운영상황을 공표하여야 하며 조합원의 요구가 있을 때에는 이를 열람하게 하여야 한다.
⑤ 행정관청은 노동조합으로부터 결산결과 또는 운영상황의 보고를 받으려는 경우에는 그 사유와 그 밖에 필요한 사항을 적은 서면으로 10일 이전에 요구해야 한다.

해설
① (○) 근로자는 단체협약으로 정하거나 사용자의 동의가 있는 경우에는 사용자 또는 노동조합으로부터 급여를 지급받으면서 근로계약 소정의 근로를 제공하지 아니하고 노동조합의 업무에 종사할 수 있다(노동조합법 제24조 제1항).
② (○) 동법 제20조
③ (×) 회계연도마다 → 6월에 1회 이상(동법 제25조 제1항)

> 제25조(회계감사) ① 노동조합의 대표자는 그 회계감사원으로 하여금 6월에 1회 이상 당해 노동조합의 모든 재원 및 용도, 주요한 기부자의 성명, 현재의 경리상황 등에 대한 회계감사를 실시하게 하고 그 내용과 감사결과를 전체 조합원에게 공개하여야 한다.

④ (○) 동법 제26조
⑤ (○) 동법 시행령 제12조

정답 ③

048 □□□   ○ △ ✕

노동조합 및 노동관계조정법령상 노동조합의 해산에 관한 설명으로 옳지 않은 것은?

① 노동조합의 임원이 없고 계속하여 1년 이상 조합원으로부터 조합비를 징수한 사실이 없어서 행정관청이 노동위원회의 의결을 얻은 경우, 노동조합은 해산한다.
② 합병 또는 분할로 소멸한 경우, 노동조합은 해산한다.
③ 총회 또는 대의원회의 해산결의가 있는 경우, 노동조합은 해산한다.
④ 규약에서 정한 해산사유가 발생하여 노동조합이 해산한 때에는 그 대표자는 해산한 날부터 15일 이내에 행정관청에게 이를 신고하여야 한다.
⑤ 노동조합의 해산사유가 있는 경우, 노동위원회가 의결을 할 때에는 해산사유 발생일 이후의 해당 노동조합의 활동을 고려하여야 한다.

해설

① (○) ② (○) ③ (○) 노동조합법 제28조 제1항 제4호, 동법 시행령 제13조 제1항, 동법 제28조 제1항 제2호, 제3호

> **제28조(해산사유)** ① 노동조합은 다음 각 호의 1에 해당하는 경우에는 해산한다. 〈개정 1998.2.20.〉
> 1. 규약에서 정한 해산사유가 발생한 경우
> 2. 합병 또는 분할로 소멸한 경우
> 3. 총회 또는 대의원회의 해산결의가 있는 경우
> 4. 노동조합의 임원이 없고 노동조합으로서의 활동을 1년 이상 하지 아니한 것으로 인정되는 경우로서 행정관청이 노동위원회의 의결을 얻은 경우
>
> **시행령 제13조(노동위원회의 해산의결 등)** ① 법 제28조 제1항 제4호에서 "노동조합으로서의 활동을 1년 이상 하지 아니한 것으로 인정되는 경우"란 계속하여 1년 이상 조합원으로부터 조합비를 징수한 사실이 없거나 총회 또는 대의원회를 개최한 사실이 없는 경우를 말한다. 〈개정 2021.6.29.〉

④ (○) 제1항 제1호 내지 제3호의 사유로 노동조합이 해산한 때에는 그 대표자는 해산한 날부터 15일 이내에 행정관청에게 이를 신고하여야 한다(동조 제2항).
⑤ (✕) 고려하여야 한다 → 고려해서는 아니 된다(동법 시행령 제13조 제3항)

> **시행령 제13조(노동위원회의 해산의결 등)** ③ 노동위원회는 제2항에 따른 의결을 할 때에는 법 제28조 제1항 제4호에 따른 해산사유 발생일 이후의 해당 노동조합의 활동을 고려해서는 아니 된다. 〈개정 2021.6.29.〉

정답 ⑤

---

049 □□□   ○ △ ✕

노동조합 및 노동관계조정법령상 교섭단위 결정 등에 관한 설명으로 옳지 않은 것은?

① 노동조합 또는 사용자는 사용자가 교섭요구사실을 공고하기 전에는 노동위원회에 교섭단위를 분리하는 결정을 신청할 수 없다.
② 노동위원회는 법령에 따라 교섭단위 분리의 결정신청을 받은 때에는 해당 사업 또는 사업장의 모든 노동조합과 사용자에게 그 내용을 통지하여야 한다.
③ 하나의 사업 또는 사업장에서 현격한 근로조건의 차이, 고용형태, 교섭관행 등을 고려하여 교섭단위를 분리할 필요가 있다고 인정되는 경우에 노동위원회는 노동관계 당사자의 양쪽 또는 어느 한쪽의 신청을 받아 교섭단위를 분리하는 결정을 할 수 있다.
④ 교섭단위의 분리결정신청은 사용자가 교섭요구사실을 공고한 경우에는 교섭대표노동조합이 결정된 날 이후에 할 수 있다.
⑤ 교섭단위의 분리결정을 통지받은 노동조합이 사용자와 교섭하려는 경우, 자신이 속한 교섭단위에 단체협약이 있는 때에는 그 단체협약의 유효기간 만료일 이전 3개월이 되는 날부터 법령에 따라 필요한 사항을 적은 서면으로 교섭을 요구할 수 있다.

해설

① (✕) ④ (○) 없다 → 있다(노동조합법 시행령 제14조의11 제1항 제1호), 동항 제2호

> **시행령 제14조의11(교섭단위 결정)** ① 노동조합 또는 사용자는 법 제29조의3 제2항에 따라 교섭단위를 분리하거나 분리된 교섭단위를 통합하여 교섭하려는 경우에는 다음 각 호에 해당하는 기간에 노동위원회에 교섭단위를 분리하거나 분리된 교섭단위를 통합하는 결정을 신청할 수 있다. 〈개정 2021.6.29.〉
> 1. 제14조의3에 따라 사용자가 교섭요구사실을 공고하기 전
> 2. 제14조의3에 따라 사용자가 교섭요구사실을 공고한 경우에는 법 제29조의2에 따른 교섭대표노동조합이 결정된 날 이후

② (○) 제1항에 따른 신청을 받은 노동위원회는 해당 사업 또는 사업장의 모든 노동조합과 사용자에게 그 내용을 통지해야 하며, 그 노동조합과 사용자는 노동위원회가 지정하는 기간까지 의견을 제출할 수 있다(동조 제2항).
③ (○) 제1항에도 불구하고 하나의 사업 또는 사업장에서 현격한 근로조건의 차이, 고용형태, 교섭관행 등을 고려하여 교섭단위를 분리하거나 분리된 교섭단위를 통합할 필요가 있다고 인정되는 경우에 노동위원회는 노동관계 당사자의 양쪽 또는 어느 한쪽의 신청을 받아 교섭단위를 분리하거나 분리된 교섭단위를 통합하는 결정을 할 수 있다(동법 제29조의3 제2항).
⑤ (○) 동법 시행령 제14조의11 제4항

정답 ①

050 ☐☐☐ ○ △ ✕

노동조합 및 노동관계조정법상 단체교섭 및 단체협약에 관한 설명으로 옳지 않은 것은? (다툼이 있으면 판례에 따름)

① 노동조합과 사용자 또는 사용자단체는 정당한 이유 없이 교섭 또는 단체협약의 체결을 거부하거나 해태하여서는 아니 된다.

② 단체협약의 유효기간이 만료되는 때를 전후하여 당사자 쌍방이 새로운 단체협약을 체결하고자 단체교섭을 계속하였음에도 불구하고 새로운 단체협약이 체결되지 아니한 경우에는 별도의 약정이 있더라도 종전의 단체협약은 그 효력만료일부터 3월까지 계속 효력을 갖는다.

③ 단체협약의 일반적 구속력으로서 그 적용을 받게 되는 '동종의 근로자'라 함은 당해 단체협약의 규정에 의하여 그 협약의 적용이 예상되는 자를 가리키며, 단체협약의 규정에 의하여 조합원의 자격이 없는 자는 단체협약의 적용이 예상된다고 할 수 없어 단체협약의 적용을 받지 아니한다.

④ 단체협약에 그 유효기간을 정하지 아니한 경우에 그 유효기간은 3년으로 한다.

⑤ 노동조합과 사용자 또는 사용자단체는 교섭 또는 단체협약의 체결에 관한 권한을 위임한 때에는 그 사실을 상대방에게 통보하여야 한다.

해설

① (○) 노동조합법 제30조 제2항

② (✕) 있더라도 → 있는 경우를 제외하고는(동법 제32조 제3항 본문)

> **제32조(단체협약 유효기간의 상한)** ③ 단체협약의 유효기간이 만료되는 때를 전후하여 당사자 쌍방이 새로운 단체협약을 체결하고자 단체교섭을 계속하였음에도 불구하고 새로운 단체협약이 체결되지 아니한 경우에는 별도의 약정이 있는 경우를 제외하고는 종전의 단체협약은 그 효력만료일부터 3월까지 계속 효력을 갖는다. 다만, 단체협약에 그 유효기간이 경과한 후에도 새로운 단체협약이 체결되지 아니한 때에는 새로운 단체협약이 체결될 때까지 종전 단체협약의 효력을 존속시킨다는 취지의 별도의 약정이 있는 경우에는 그에 따르되, 당사자 일방은 해지하고자 하는 날의 6월 전까지 상대방에게 통고함으로써 종전의 단체협약을 해지할 수 있다. 〈개정 1998.2.20.〉

③ (○) 노동조합및노동관계조정법 제35조의 규정에 따라 단체협약의 일반적 구속력으로서 그 적용을 받게 되는 '동종의 근로자'라 함은 당해 단체협약의 규정에 의하여 그 협약의 적용이 예상되는 자를 가리키며, 단체협약의 규정에 의하여 조합원의 자격이 없는 자는 단체협약의 적용이 예상된다고 할 수 없어 단체협약의 적용을 받지 아니한다(대법원 2003.12.26, 2001두10264).

④ (○) 동법 제32조 제2항

> **제32조(단체협약 유효기간의 상한)** ① 단체협약의 유효기간은 3년을 초과하지 않는 범위에서 노사가 합의하여 정할 수 있다. 〈개정 2021.1.5.〉
> ② 단체협약에 그 유효기간을 정하지 아니한 경우 또는 제1항의

기간을 초과하는 유효기간을 정한 경우에 그 유효기간은 3년으로 한다. 〈개정 2021.1.5.〉

⑤ (○) 동법 제29조 제4항

정답 ②

---

051 ☐☐☐ ○ △ ✕

노동조합 및 노동관계조정법상 부당노동행위에 관한 설명으로 옳은 것은 모두 몇 개인가?

> ○ 사용자의 부당노동행위로 인하여 그 권리를 침해당한 근로자 또는 노동조합은 노동위원회에 그 구제를 신청할 수 있다.
> ○ 노동위원회는 부당노동행위 구제신청을 받은 때에는 지체 없이 필요한 조사와 관계당사자의 심문을 하여야 한다.
> ○ 근로자가 노동조합의 업무를 위한 정당한 행위를 한 것을 이유로 그 근로자에게 불이익을 주는 사용자의 행위는 부당노동행위에 해당한다.
> ○ 부당노동행위 구제의 신청은 부당노동행위가 있는 날(계속하는 행위는 그 종료일)부터 3월 이내에 이를 행하여야 한다.

① 0개 ② 1개 ③ 2개
④ 3개 ⑤ 4개

해설

⑤ (○) 모두 옳은 것이다.

> **제81조(부당노동행위)** ① 사용자는 다음 각 호의 어느 하나에 해당하는 행위[이하 "부당노동행위(不當勞動行爲)"라 한다]를 할 수 없다. 〈개정 2021.1.5.〉
> 1. 근로자가 노동조합에 가입 또는 가입하려고 하였거나 노동조합을 조직하려고 하였거나 기타 노동조합의 업무를 위한 정당한 행위를 한 것을 이유로 그 근로자를 해고하거나 그 근로자에게 불이익을 주는 행위
> **제82조(구제신청)** ① 사용자의 부당노동행위로 인하여 그 권리를 침해당한 근로자 또는 노동조합은 노동위원회에 그 구제를 신청할 수 있다.
> ② 제1항의 규정에 의한 구제의 신청은 부당노동행위가 있는 날[계속하는 행위는 그 종료일(終了日)]부터 3월 이내에 이를 행하여야 한다.
> **제83조(조사등)** ① 노동위원회는 제82조의 규정에 의한 구제신청을 받은 때에는 지체 없이 필요한 조사와 관계당사자의 심문을 하여야 한다.

정답 ⑤

052 □□□ ○ △ ×

노동조합 및 노동관계조정법상 부당노동행위에 관한 설명으로 옳지 않은 것은? (다툼이 있으면 판례에 따름)

① 사용자는 노동조합의 운영비를 원조하는 행위를 할 수 없으나, 노동조합의 자주적인 운영 또는 활동을 침해할 위험이 없는 범위에서의 운영비 원조행위는 할 수 있다.

② 노동조합 및 노동관계조정법 제81조(부당노동행위) 제1항 제4호 단서에 따른 "노동조합의 자주적인 운영 또는 활동을 침해할 위험" 여부를 판단할 때 원조된 운영비 금액과 원조방법을 고려할 필요가 없다.

③ 노동위원회는 부당노동행위가 성립한다고 판정한 때에는 사용자에게 구제명령을 발하여야 하며, 부당노동행위가 성립되지 아니한다고 판정한 때에는 그 구제신청을 기각하는 결정을 하여야 한다.

④ 지배·개입으로서의 부당노동행위의 성립에 반드시 근로자의 단결권의 침해라는 결과의 발생까지 요하는 것은 아니다.

⑤ 지방노동위원회의 구제명령은 중앙노동위원회에의 재심신청에 의하여 그 효력이 정지되지 아니한다.

해설

① (○) 노동조합법 제81조 제1항 제4호

> **제81조(부당노동행위)** ① 사용자는 다음 각 호의 어느 하나에 해당하는 행위[이하 "부당노동행위(不當勞動行爲)"라 한다]를 할 수 없다. 〈개정 2021.1.5.〉
> 4. 근로자가 노동조합을 조직 또는 운영하는 것을 지배하거나 이에 개입하는 행위와 근로시간 면제한도를 초과하여 급여를 지급하거나 노동조합의 운영비를 원조하는 행위. 다만, 근로자가 근로시간 중에 제24조 제2항에 따른 활동을 하는 것을 사용자가 허용함은 무방하며, 또한 근로자의 후생자금 또는 경제상의 불행 그 밖에 재해의 방지와 구제 등을 위한 기금의 기부와 최소한의 규모의 노동조합사무소의 제공 및 그 밖에 이에 준하여 노동조합의 자주적인 운영 또는 활동을 침해할 위험이 없는 범위에서의 운영비 원조행위는 예외로 한다.

② (×) 고려할 필요가 없다 → 고려하여야 한다(동조 제2항 제3호)

> **제81조(부당노동행위)** ② 제1항 제4호 단서에 따른 "노동조합의 자주적 운영 또는 활동을 침해할 위험" 여부를 판단할 때에는 다음 각 호의 사항을 고려하여야 한다. 〈신설 2020.6.9.〉
> 1. 운영비 원조의 목적과 경위
> 2. 원조된 운영비 횟수와 기간
> 3. 원조된 운영비 금액과 원조방법
> 4. 원조된 운영비가 노동조합의 총수입에서 차지하는 비율
> 5. 원조된 운영비의 관리방법 및 사용처 등

③ (○) 노동위원회는 제83조의 규정에 의한 심문을 종료하고 부당노동행위가 성립한다고 판정한 때에는 사용자에게 구제명령을 발하여야 하며, 부당노동행위가 성립되지 아니한다고 판정한 때에는 그 구제신청을 기각하는 결정을 하여야 한다(동법 제84조 제1항).

④ (○) 사용자가 한 발언의 내용, 그것이 행하여진 상황과 시점, 그것이 노동조합의 운영이나 활동에 미치거나 미칠 수 있는 영향 등을 종합하여 노동조합의 조직이나 운영 및 활동을 지배하거나 이에 개입하는 의사가 인정되는 경우에는 '근로자가 노동조합을 조직 또는 운영하는 것을 지배하거나 이에 개입하는 행위'로서 부당노동행위가 성립하고, 또 그 지배·개입으로서의 부당노동행위의 성립에 반드시 근로자의 단결권 침해라는 결과의 발생까지 요하는 것은 아니다(대법원 2022.5.12, 2017두54005).

⑤ (○) 노동위원회의 구제명령·기각결정 또는 재심판정은 제85조의 규정에 의한 중앙노동위원회에의 재심신청이나 행정소송의 제기에 의하여 그 효력이 정지되지 아니한다(동법 제86조).

정답 ②

053 □□□ ○ △ ×

노동조합 및 노동관계조정법상 단체협약 등에 관한 설명으로 옳지 않은 것은?

① 노동위원회는 단체협약 중 위법한 내용이 있는 경우에는 그 시정을 명할 수 있다.

② 노동조합의 대표자는 그 노동조합 또는 조합원을 위하여 사용자나 사용자단체와 교섭하고 단체협약을 체결할 권한을 가진다.

③ 단체협약의 당사자는 단체협약의 체결일부터 15일 이내에 단체협약을 행정관청에게 신고하여야 한다.

④ 단체협약의 이행방법에 관하여 관계당사자 간에 의견의 불일치가 있는 때에는 단체협약에 정하는 바에 의하여 사용자가 노동위원회에 그 이행방법에 관한 견해의 제시를 요청할 수 있다.

⑤ 노동위원회는 단체협약의 이행방법에 관한 견해 제시를 요청받은 때에는 그날부터 30일 이내에 명확한 견해를 제시하여야 한다.

해설

① (×) 노동위원회는 → 행정관청은(노동조합법 제31조 제3항)

> **제31조(단체협약의 작성)** ③ 행정관청은 단체협약 중 위법한 내용이 있는 경우에는 노동위원회의 의결을 얻어 그 시정을 명할 수 있다. 〈개정 1998.2.20.〉

② (○) 동법 제29조 제1항

③ (○) 동법 제31조 제2항

④ (○) 단체협약의 해석 또는 이행방법에 관하여 관계당사자 간에 의견의 불일치가 있는 때에는 당사자 쌍방 또는 단체협약에 정하는 바에 의하여 어느 일방이 노동위원회에 그 해석 또는 이행방법에 관한 견해의 제시를 요청할 수 있다(동법 제34조 제1항).

⑤ (○) 노동위원회는 제1항의 규정에 의한 요청을 받은 때에는 그날부터 30일 이내에 명확한 견해를 제시하여야 한다(동조 제2항).

정답 ①

054 ☐☐☐ ○ △ ✕

노동조합 및 노동관계조정법상 단체교섭 및 단체협약에 관한 설명으로 옳지 않은 것은? (다툼이 있으면 판례에 따름)

① 교섭대표노동조합과 사용자는 교섭창구 단일화절차에 참여한 노동조합 또는 그 조합원 간에 합리적 이유 없이 차별을 하여서는 아니 된다.

② 사용자가 단체협약 등에 따라 교섭대표노동조합에게 상시적으로 사용할 수 있는 노동조합 사무실을 제공한 이상, 특별한 사정이 없는 한 교섭창구 단일화절차에 참여한 다른 노동조합에게도 반드시 일률적이거나 비례적이지는 않더라도 상시적으로 사용할 수 있는 일정한 공간을 노동조합 사무실로 제공하여야 한다.

③ 노동조합과 사용자 또는 사용자단체는 신의에 따라 성실히 교섭하고 단체협약을 체결하여야 하며, 그 권한을 남용하여서는 아니 된다.

④ 국가 및 지방자치단체는 기업·산업·지역별 교섭 등 다양한 교섭방식을 노동관계 당사자가 자율적으로 선택할 수 있도록 지원하고, 이에 따른 단체교섭이 활성화될 수 있도록 노력하여야 한다.

⑤ 교섭대표노동조합이나 사용자가 교섭창구 단일화절차에 참여한 다른 노동조합을 차별한 것으로 인정되는 경우, 그와 같은 차별에 합리적인 이유가 있다는 점에 대하여 교섭대표노동조합이나 사용자에게는 주장·증명책임이 없다.

해설

① (○) 노동조합법 제29조의4 제1항

② (○) 노동조합의 존립과 발전에 필요한 일상적인 업무가 이루어지는 공간으로서 노동조합 사무실이 가지는 중요성을 고려하면, 사용자가 단체협약 등에 따라 교섭대표노동조합에게 상시적으로 사용할 수 있는 노동조합 사무실을 제공한 이상, 특별한 사정이 없는 한 교섭창구 단일화절차에 참여한 다른 노동조합에게도 반드시 일률적이거나 비례적이지는 않더라도 상시적으로 사용할 수 있는 일정한 공간을 노동조합 사무실로 제공하여야 한다고 봄이 타당하다. 이와 달리 교섭대표노동조합에게는 노동조합 사무실을 제공하면서 교섭창구 단일화절차에 참여한 다른 노동조합에는 물리적 한계나 비용부담 등을 이유로 노동조합 사무실을 전혀 제공하지 않거나 일시적으로 회사 시설을 사용할 수 있는 기회만을 부여하였다면, 이는 차별에 합리적인 이유가 있는 것으로 볼 수 없다(대법원 2018.9.13, 2017두40655).

③ (○) 동법 제30조 제1항

④ (○) 동조 제3항

⑤ (✕) 교섭대표노동조합이나 사용자가 교섭창구 단일화절차에 참여한 다른 노동조합 또는 그 조합원을 차별한 것으로 인정되는 경우, 그와 같은 차별에 합리적인 이유가 있다는 점은 교섭대표노동조합이나 사용자에게 주장·증명책임이 있다(대법원 2019.10.31, 2017두37772).

정답 ⑤

055 ☐☐☐ ○ △ ✕

노동조합 및 노동관계조정법령상 교섭창구 단일화절차에 관한 설명으로 옳지 않은 것은? (다툼이 있으면 판례에 따름)

① 노동조합은 해당 사업 또는 사업장에 단체협약이 2개 이상 있는 경우에는 먼저 이르는 단체협약의 유효기간 만료일 이전 3개월이 되는 날부터 사용자에게 교섭을 요구할 수 있다.

② 하나의 사업 또는 사업장 단위에서 유일하게 존재하는 노동조합은, 설령 노동조합 및 노동관계조정법 및 그 시행령이 정한 절차를 형식적으로 거쳤다고 하더라도, 교섭대표노동조합의 지위를 취득할 수 없다.

③ 사용자는 노동조합으로부터 교섭요구를 받은 때에는 그 요구를 받은 날부터 7일간 그 교섭을 요구한 노동조합의 명칭 등 고용노동부령으로 정하는 사항을 해당 사업 또는 사업장의 게시판 등에 공고하여 다른 노동조합과 근로자가 알 수 있도록 하여야 한다.

④ 교섭대표노동조합의 지위 유지기간이 만료되었음에도 불구하고 새로운 교섭대표노동조합이 결정되지 못할 경우, 기존 교섭대표노동조합은 새로운 교섭대표노동조합이 결정될 때까지 기존 단체협약의 갱신을 위한 교섭대표노동조합의 지위를 유지한다.

⑤ 교섭대표노동조합으로 결정된 노동조합이 그 결정된 날부터 1년 동안 단체협약을 체결하지 못한 경우에는 어느 노동조합이든지 사용자에게 교섭을 요구할 수 있다.

해설

① (○) 노동조합은 해당 사업 또는 사업장에 단체협약이 있는 경우에는 법 제29조 제1항 또는 제29조의2 제1항에 따라 그 유효기간 만료일 이전 3개월이 되는 날부터 사용자에게 교섭을 요구할 수 있다. 다만, 단체협약이 2개 이상 있는 경우에는 먼저 이르는 단체협약의 유효기간 만료일 이전 3개월이 되는 날부터 사용자에게 교섭을 요구할 수 있다(노동조합법 시행령 제14조의2 제1항 단서).

② (○) 교섭창구 단일화제도의 취지 내지 목적, 교섭창구 단일화제도의 체계 내지 관련 규정의 내용, 교섭대표노동조합의 개념 등을 종합하여 보면, 하나의 사업 또는 사업장 단위에서 유일하게 존재하는 노동조합은, 설령 노동조합법 및 그 시행령이 정한 절차를 형식적으로 거쳤다고 하더라도, 교섭대표노동조합의 지위를 취득할 수 없다고 해석함이 타당하다(대법원 2017.10.31, 2016두36956).

③ (○) 동법 시행령 제14조의3 제1항

④ (✕) 갱신을 위한 → 이행과 관련해서는(동법 시행령 제14조의10 제2항)

> **시행령 제14조의10(교섭대표노동조합의 지위 유지기간 등)** ② 제1항에 따른 교섭대표노동조합의 지위 유지기간이 만료되었음에도 불구하고 새로운 교섭대표노동조합이 결정되지 못할 경우 기존 교섭대표노동조합은 새로운 교섭대표노동조합이 결정될 때까지 기존 단체협약의 이행과 관련해서는 교섭대표노동조합의 지위를 유지한다.

⑤ (○) 법 제29조의2에 따라 결정된 교섭대표노동조합이 그 결정된 날부터 1년 동안 단체협약을 체결하지 못한 경우에는 어느 노동조

합이든지 사용자에게 교섭을 요구할 수 있다. 이 경우 제14조의2 제2항 및 제14조의3부터 제14조의9까지의 규정을 적용한다(동조 제3항).

정답 ④

056 ☐☐☐　　○△✕

노동조합 및 노동관계조정법상 위반행위에 대하여 벌칙이 적용되지 않는 것은?

① 조합원이 노동조합에 의하여 주도되지 아니한 쟁의행위를 한 경우
② 노동조합 및 노동관계조정법에 의하여 설립된 노동조합이 아니면서 노동조합이라는 명칭을 사용한 경우
③ 노동조합이 사용자의 점유를 배제하여 조업을 방해하는 형태로 쟁의행위를 한 경우
④ 확정된 부당노동행위 구제명령에 위반한 경우
⑤ 조합원의 직접·비밀·무기명투표에 의한 조합원 과반수의 찬성으로 결정하지 아니한 쟁의행위를 행한 경우

해설

① (○) 노동조합법 제89조 제1호, 제37조 제2항

> **제37조(쟁의행위의 기본원칙)** ② 조합원은 노동조합에 의하여 주도되지 아니한 쟁의행위를 하여서는 아니 된다.
> **제89조(벌칙)** 다음 각 호의 어느 하나에 해당하는 자는 3년 이하의 징역 또는 3천만 원 이하의 벌금에 처한다. 〈개정 2010.1.1.〉
> 1. 제37조 제2항, 제38조 제1항, 제42조 제1항 또는 제42조의2 제2항의 규정에 위반한 자
> 2. 제85조 제3항(제29조의4 제4항에서 준용하는 경우를 포함한다)에 따라 확정되거나 행정소송을 제기하여 확정된 구제명령에 위반한 자

② (○) 동법 제93조 제1호, 제7조 제3항

> **제7조(노동조합의 보호요건)** ③ 이 법에 의하여 설립된 노동조합이 아니면 노동조합이라는 명칭을 사용할 수 없다.
> **제93조(벌칙)** 다음 각 호의 1에 해당하는 자는 500만 원 이하의 벌금에 처한다.
> 1. 제7조 제3항의 규정에 위반한 자
> 2. 제21조 제1항·제2항 또는 제31조 제3항의 규정에 의한 명령에 위반한 자

③ (✕) 노동조합법상 제37조 제3항의 규정에 위반한 자에 대한 벌칙규정은 없다.

> **제37조(쟁의행위의 기본원칙)** ③ 노동조합은 사용자의 점유를 배제하여 조업을 방해하는 형태로 쟁의행위를 해서는 아니 된다.
> 〈신설 2021.1.5.〉

④ (○) 동법 제89조 제2호

> **제89조(벌칙)** 다음 각 호의 어느 하나에 해당하는 자는 3년 이하의 징역 또는 3천만 원 이하의 벌금에 처한다. 〈개정 2010.1.1.〉
> 1. 제37조 제2항, 제38조 제1항, 제42조 제1항 또는 제42조의2 제2항의 규정에 위반한 자

> 2. 제85조 제3항(제29조의4 제4항에서 준용하는 경우를 포함한다)에 따라 확정되거나 행정소송을 제기하여 확정된 구제명령에 위반한 자

⑤ (○) 동법 제91조, 제41조 제1항

> **제41조(쟁의행위의 제한과 금지)** ① 노동조합의 쟁의행위는 그 조합원(제29조의2에 따라 교섭대표노동조합이 결정된 경우에는 그 절차에 참여한 노동조합의 전체 조합원)의 직접·비밀·무기명투표에 의한 조합원 과반수의 찬성으로 결정하지 아니하면 이를 행할 수 없다. 이 경우 조합원수 산정은 종사근로자인 조합원을 기준으로 한다. 〈개정 2021.1.5.〉
> **제91조(벌칙)** 제38조 제2항, 제41조 제1항, 제42조 제2항, 제43조 제1항·제2항·제4항, 제45조 제2항 본문, 제46조 제1항 또는 제63조의 규정을 위반한 자는 1년 이하의 징역 또는 1천만 원 이하의 벌금에 처한다.

정답 ③

057 ☐☐☐　　○△✕

노동조합 및 노동관계조정법령상 쟁의행위에 관한 설명으로 옳지 않은 것은?

① 작업시설의 손상이나 원료·제품의 변질 또는 부패를 방지하기 위한 작업은 쟁의행위기간 중에도 정상적으로 수행되어야 한다.
② 행정관청은 쟁의행위가 그 쟁의행위와 관계없는 자의 정상적인 업무를 방해하는 방법으로 행하여지는 경우, 즉시 관할 노동위원회에 신고하여야 한다.
③ 쟁의행위는 근로를 제공하고자 하는 자의 출입·조업을 방해하는 방법으로 행하여져서는 아니 된다.
④ 근로자는 쟁의행위기간 중에는 현행범 외에는 노동조합 및 노동관계조정법 위반을 이유로 구속되지 아니한다.
⑤ 사용자는 노동조합이 쟁의행위를 개시한 이후에만 직장폐쇄를 할 수 있다.

해설

① (○) 노동조합법 제38조 제2항
② (✕) 행정관청은 → 사용자는, 행정관청과 → "추가"(동법 시행령 제18조 제1항)

> **시행령 제18조(폭력행위 등의 신고)** ① 사용자는 쟁의행위가 법 제38조 제1항·제2항, 제42조 제1항 또는 제2항에 위반되는 경우에는 즉시 그 상황을 행정관청과 관할 노동위원회에 신고하여야 한다. 〈개정 2007.11.30〉

③ (○) 쟁의행위는 그 쟁의행위와 관계없는 자 또는 근로를 제공하고자 하는 자의 출입·조업 기타 정상적인 업무를 방해하는 방법으로 행하여져서는 아니 되며 쟁의행위의 참가를 호소하거나 설득하는 행위로서 폭행·협박을 사용하여서는 아니 된다(동법 제38조 제1항).
④ (○) 동법 제39조
⑤ (○) 동법 제46조 제1항

정답 ②

058 □□□　　　　　　　　　　○ △ ×

노동조합 및 노동관계조정법상 쟁의행위에 관한 설명으로 옳지 않은 것은?

① 노동조합은 쟁의행위기간에 대한 임금의 지급을 요구하여 이를 관철할 목적으로 쟁의행위를 하여서는 아니 된다.
② 「방위사업법」에 의하여 지정된 주요방위산업체에 종사하는 근로자 중 전력, 용수 및 주로 방산물자를 생산하는 업무에 종사하는 자는 쟁의행위를 할 수 없다.
③ 쟁의행위는 생산 기타 주요업무에 관련되는 시설과 이에 준하는 시설로서 대통령령이 정하는 시설을 점거하는 형태로 이를 행할 수 없다.
④ 노동관계 당사자는 노동쟁의가 발생한 때에는 어느 일방이 이를 상대방에게 서면으로 통보하여야 한다.
⑤ 노동위원회는 쟁의행위가 안전보호시설에 대하여 정상적인 유지·운영을 정지·폐지 또는 방해하는 행위에 해당한다고 인정하는 경우에는 그 행위를 중지할 것을 통보하여야 한다.

해설

① (○) 노동조합법 제44조 제2항
② (○) 「방위사업법」에 의하여 지정된 주요방위산업체에 종사하는 근로자 중 전력, 용수 및 주로 방산물자를 생산하는 업무에 종사하는 자는 쟁의행위를 할 수 없으며 주로 방산물자를 생산하는 업무에 종사하는 자의 범위는 대통령령으로 정한다(동법 제41조 제2항).
③ (○) 쟁의행위는 폭력이나 파괴행위 또는 생산 기타 주요업무에 관련되는 시설과 이에 준하는 시설로서 대통령령이 정하는 시설을 점거하는 형태로 이를 행할 수 없다(동법 제42조 제1항).
④ (○) 동법 제45조 제1항
⑤ (×) 노동위원회는 → 행정관청은, 노동위원회의 의결을 얻어 → "추가"(동법 제42조 제3항 본문)

> 제42조(폭력행위등의 금지) ② 사업장의 안전보호시설에 대하여 정상적인 유지·운영을 정지·폐지 또는 방해하는 행위는 쟁의행위로서 이를 행할 수 없다.
> ③ 행정관청은 쟁의행위가 제2항의 행위에 해당한다고 인정하는 경우에는 노동위원회의 의결을 얻어 그 행위를 중지할 것을 통보하여야 한다. 다만, 사태가 급박하여 노동위원회의 의결을 얻을 시간적 여유가 없을 때에는 그 의결을 얻지 아니하고 즉시 그 행위를 중지할 것을 통보할 수 있다. 〈개정 2006.12.30.〉

정답 ⑤

059 □□□　　　　　　　　　　○ △ ×

노동조합 및 노동관계조정법령상 필수유지업무에 관한 설명으로 옳지 않은 것은?

① 객실승무업무는 항공운수사업의 필수유지업무에 해당한다.
② 필수유지업무의 정당한 유지·운영을 정지·폐지 또는 방해하는 쟁의행위는 할 수 없다.
③ 노동관계 당사자는 쟁의행위기간 동안 필수유지업무의 정당한 유지·운영을 위하여 필수유지업무협정을 쌍방이 서명 또는 날인하여 서면으로 체결하여야 한다.
④ 사용자는 필수유지업무협정이 체결된 경우, 필수유지업무에 근무하는 조합원 중 쟁의행위기간 동안 근무하여야 할 조합원을 노동위원회에 통보하여야 한다.
⑤ 노동관계 당사자가 필수유지업무 유지·운영 수준, 대상직무 및 필요인원 등의 결정을 신청하면 관할 노동위원회는 지체 없이 그 신청에 대한 결정을 위한 특별조정위원회를 구성하여야 한다.

해설

① (○) 노동조합법 시행령 제22조의2 관련 별표 1 제2호 라목

> 제42조의2(필수유지업무에 대한 쟁의행위의 제한) ① 이 법에서 "필수유지업무"라 함은 제71조 제2항의 규정에 따른 필수공익사업의 업무 중 그 업무가 정지되거나 폐지되는 경우 공중의 생명·건강 또는 신체의 안전이나 공중의 일상생활을 현저히 위태롭게 하는 업무로서 대통령령이 정하는 업무를 말한다.
> 시행령 제22조의2(필수유지업무의 범위) 법 제42조의2 제1항에 따른 필수공익사업별 필수유지업무는 별표 1과 같다.
> 필수공익사업별 필수유지업무(시행령 제22조의2 관련 별표 1)
> 1. 철도사업과 도시철도사업의 필수유지업무
>   가. 철도·도시철도 차량의 운전업무
>   나. 철도·도시철도 차량운행의 관제업무(정거장·차량기지 등에서 철도신호 등을 취급하는 운전취급업무를 포함한다)
>   다. 철도·도시철도 차량운행에 필요한 전기시설·설비를 유지·관리하는 업무
>   라. 철도·도시철도 차량운행과 이용자의 안전에 필요한 신호시설·설비를 유지·관리하는 업무
>   마. 철도·도시철도 차량운행에 필요한 통신시설·설비를 유지·관리하는 업무
>   바. 안전운행을 위하여 필요한 차량의 일상적인 점검이나 정비업무
>   사. 선로점검·보수업무
> 2. 항공운수사업의 필수유지업무
>   가. 승객 및 승무원의 탑승수속업무
>   나. 승객 및 승무원과 수하물 등에 대한 보안검색업무
>   다. 항공기 조종업무
>   라. 객실승무업무
>   마. 비행계획 수립, 항공기 운항감시 및 통제업무
>   바. 항공기 운항과 관련된 시스템·통신시설의 유지·보수업무
>   사. 항공기의 정비[창정비(Depot Maintenance, 대규모 정비시설 및 장비를 운영하여 수행하는 최상위 정비단계)는 제외한다]
>   아. 항공안전 및 보안에 관련된 법령, 국제협약 또는 취항국가

의 요구에 따른 항공운송사업자의 안전 또는 보안조치와
관련된 업무

자. 항공기 유도 및 견인업무

차. 항공기에 대한 급유 및 지상전원 공급업무

카. 항공기에 대한 제설 · 제빙업무

타. 승객 승하기 시설 · 차량 운전업무

파. 수하물 · 긴급물품의 탑재 · 하역업무

하. 「항공법」 제2조 제16호에 따른 항행안전시설과 항공기
이 · 착륙시설의 유지 · 운영(관제를 포함한다)을 위한 업무

3. 수도사업의 필수유지업무

가. 취수 · 정수(소규모 자동화 정수설비를 포함한다) · 가압 ·
배수시설의 운영업무

나. 수도시설 통합시스템과 계측 · 제어설비의 운영업무

다. 수도시설 긴급복구와 수돗물 공급을 위한 법정기준이나
절차 등의 준수를 위한 업무

4. 전기사업의 필수유지업무

가. 발전부문의 필수유지업무

1) 발전설비의 운전(운전을 위한 기술지원을 포함한다)업무

2) 발전설비의 점검 및 정비(정비를 위한 기술 · 행정지원
은 제외한다)업무와 안전관리업무

나. 송전 · 변전 및 배전부문의 필수유지업무

1) 지역 전기공급업무(무인변전소 순회 · 점검업무는 제
외한다)

2) 전력계통 보호를 위한 보호계전기 시험 및 정정업무

3) 배전선 개폐기 및 자동화 시스템을 통한 배전설비의
감시 · 제어와 배전선로 긴급계통전환업무

4) 전력계통 보호를 위한 통신센터(전력계통원방감시제
어장치를 포함한다) 운영업무

5) 통신보안관제센터 운영업무

6) 전력공급 비상시 부하관리업무

7) 송전 · 변전 및 배전설비의 긴급복구업무

다. 전력거래 부문의 필수유지업무

1) 전력의 공급운영과 송전설비 계통운영의 제어업무

2) 1주 이내의 단기 전력수요 예측에 따른 전력계통의 안
정적 운영계획 수립 등 급전운영업무

3) 전력계통 등의 운영을 위한 전산실 운영(출입보안관리
를 포함한다)업무

5. 가스사업(액화석유가스사업은 제외한다)의 필수유지업무

가. 천연가스의 인수(引受), 제조, 저장 및 공급업무

나. 가목과 관련된 시설의 긴급정비 및 안전관리업무

6. 석유정제사업과 석유공급사업(액화석유가스사업을 포함한
다)의 필수유지업무

가. 석유(천연가스는 제외한다)의 인수, 제조, 저장 및 공급업무

나. 가목과 관련된 시설의 긴급정비 및 안전관리업무

7. 병원사업의 필수유지업무

가. 「응급의료에 관한 법률」 제2조 제2호에 따른 응급의료업무

나. 중환자 치료 · 분만(신생아 간호를 포함한다) · 수술 · 투석
업무

다. 가목과 나목의 업무수행을 지원하기 위한 마취, 진단검사
(영상검사를 포함한다), 응급약제, 치료식 환자급식, 산소
공급, 비상발전 및 냉난방업무

8. 혈액공급사업의 필수유지업무

가. 채혈 및 채혈된 혈액의 검사업무

나. 「혈액관리법」 제2조 제6호에 따른 혈액제제(수혈용에 한
정한다. 이하 이 호에서 같다) 제조업무

다. 혈액 및 혈액제제의 수송업무

9. 한국은행사업의 필수유지업무

가. 「한국은행법」 제6조, 제28조와 제29조에 따른 통화신용
정책과 한국은행 운영에 관한 업무

나. 「한국은행법」 제47조부터 제86조까지의 규정에 따른 다
음의 업무

1) 한국은행이 수행하는 한국은행권 발행업무

2) 금융기관의 예금과 예금지급준비업무

3) 금융기관에 대한 대출 · 지급결제 등의 업무

다. 가목과 나목의 업무수행을 지원하기 위한 각종 전산시스
템 운영 · 통신 및 시설보호업무

라. 다른 법령에 따라 한국은행에 위임 또는 위탁된 업무

10. 통신사업의 필수유지업무

가. 기간망과 가입자망의 운영 · 관리업무

나. 통신장애의 신고접수 및 수리업무

다. 「우편법」 제14조에 따른 기본우편역무

라. 「우편법」 제15조에 따른 부가우편역무 중 내용증명과 특
별송달업무

② (○) 필수유지업무의 정당한 유지 · 운영을 정지 · 폐지 또는 방해
하는 행위는 쟁의행위로서 이를 행할 수 없다(동법 제42조의2 제2항).

③ (○) 노동관계 당사자는 쟁의행위기간 동안 필수유지업무의 정당
한 유지 · 운영을 위하여 필수유지업무의 필요 최소한의 유지 · 운
영 수준, 대상직무 및 필요인원 등을 정한 협정(이하 "필수유지업무
협정"이라 한다)을 서면으로 체결하여야 한다. 이 경우 필수유지업
무협정에는 노동관계 당사자 쌍방이 서명 또는 날인하여야 한다
(동법 제42조의3).

④ (×) 사용자는 → 노동조합은, 노동위원회에 → 사용자에게(동법
제42조의6 제1항 본문)

> **제42조의6(필수유지업무 근무근로자의 지명)** ① 노동조합은 필
> 수유지업무협정이 체결되거나 제42조의4 제2항의 규정에 따른
> 노동위원회의 결정이 있는 경우 사용자에게 필수유지업무에 근무
> 하는 조합원 중 쟁의행위기간 동안 근무하여야 할 조합원을 통보
> 하여야 하며, 사용자는 이에 따라 근로자를 지명하고 이를 노동조합
> 과 그 근로자에게 통보하여야 한다. 다만, 노동조합이 쟁의행위
> 개시 전까지 이를 통보하지 아니한 경우에는 사용자가 필수유지업
> 무에 근무하여야 할 근로자를 지명하고 이를 노동조합과 그 근로자
> 에게 통보하여야 한다. 〈개정 2010.1.1.〉

⑤ (○) 노동관계 당사자가 법 제42조의4 제1항에 따른 필수유지업
무 유지 · 운영 수준, 대상직무 및 필요인원 등의 결정(이하 "필수
유지업무 수준 등 결정"이라 한다)을 신청하면 관할 노동위원회는
지체 없이 그 신청에 대한 결정을 위한 특별조정위원회를 구성하
여야 한다(동법 시행령 제22조의3 제1항).

정답 ④

060 □□□   ○ △ ✕

노동조합 및 노동관계조정법령상 사적 조정 · 중재에 관한 설명으로 옳지 않은 것은?

① 사적 조정의 신고는 조정이 진행되기 전에 하여야 한다.
② 노동관계 당사자는 사적 조정에 의하여 노동쟁의를 해결하기로 한 때에는 이를 노동위원회에 신고하여야 한다.
③ 사적 조정에 의하여 조정이 이루어진 경우에 그 내용은 단체협약과 동일한 효력을 가진다.
④ 노동조합 및 노동관계조정법 제2절(조정) 및 제3절(중재)의 규정은 노동관계 당사자가 쌍방의 합의 또는 단체협약이 정하는 바에 따라 각각 다른 조정 또는 중재방법에 의하여 노동쟁의를 해결하는 것을 방해하지 아니한다.
⑤ 사적 조정을 수행하는 자는 노동관계 당사자로부터 수수료, 수당 및 여비 등을 받을 수 있다.

해설

① (✕) 진행되기 전에 하여야 한다 → 진행 중인 경우에도 할 수 있다(시행령 제23조 제2항).

> **시행령 제23조(사적 조정 · 중재의 신고)** ② 제1항에 따른 신고는 법 제5장 제2절부터 제4절까지의 규정에 따른 조정 또는 중재가 진행 중인 경우에도 할 수 있다. 〈개정 2021.6.29.〉

② (○) 동법 제52조 제2항
③ (○) 제1항의 규정에 의하여 조정 또는 중재가 이루어진 경우에 그 내용은 단체협약과 동일한 효력을 가진다(동조 제4항).
④ (○) 제2절 및 제3절의 규정은 노동관계 당사자가 쌍방의 합의 또는 단체협약이 정하는 바에 따라 각각 다른 조정 또는 중재방법(이하 이 조에서 "사적조정등"이라 한다)에 의하여 노동쟁의를 해결하는 것을 방해하지 아니한다(동조 제1항).
⑤ (○) 사적조정등을 수행하는 자는 「노동위원회법」 제8조 제2항 제2호 각 목의 자격을 가진 자로 한다. 이 경우 사적조정등을 수행하는 자는 노동관계 당사자로부터 수수료, 수당 및 여비 등을 받을 수 있다(동조 제5항).

정답 ①

061 □□□   ○ △ ✕

노동조합 및 노동관계조정법상 노동쟁의의 조정 등에 관한 설명이다. ( )에 들어갈 내용으로 옳은 것은?

> ○ 조정위원회는 조정안이 관계당사자의 쌍방에 의하여 수락된 후 그 해석 또는 이행방법에 관하여 관계당사자 간에 의견의 불일치가 있어 명확한 견해의 제시를 요청받은 때에는 그 요청을 받은 날부터 (ㄱ)일 이내에 명확한 견해를 제시하여야 한다.
> ○ 노동쟁의가 중재에 회부된 때에는 그날부터 (ㄴ)일간은 쟁의행위를 할 수 없다.
> ○ 관계당사자는 긴급조정의 결정이 공표된 때에는 즉시 쟁의행위를 중지하여야 하며, 공표일부터 (ㄷ)일이 경과하지 아니하면 쟁의행위를 재개할 수 없다.

① ㄱ: 7, ㄴ: 7, ㄷ: 10
② ㄱ: 7, ㄴ: 15, ㄷ: 30
③ ㄱ: 10, ㄴ: 10, ㄷ: 15
④ ㄱ: 10, ㄴ: 15, ㄷ: 30
⑤ ㄱ: 15, ㄴ: 30, ㄷ: 30

해설

② (○) ㄱ: 7, ㄴ: 15, ㄷ: 30

> **노동조합법 제60조(조정안의 작성)** ③ 제1항의 규정에 의한 조정안이 관계당사자의 쌍방에 의하여 수락된 후 그 해석 또는 이행방법에 관하여 관계당사자 간에 의견의 불일치가 있는 때에는 관계당사자는 당해 조정위원회 또는 단독조정인에게 그 해석 또는 이행방법에 관한 명확한 견해의 제시를 요청하여야 한다.
> ④ 조정위원회 또는 단독조정인은 제3항의 규정에 의한 요청을 받은 때에는 그 요청을 받은 날부터 7일 이내에 명확한 견해를 제시하여야 한다.
> **제63조(중재 시의 쟁의행위의 금지)** 노동쟁의가 중재에 회부된 때에는 그날부터 15일간은 쟁의행위를 할 수 없다.
> **제77조(긴급조정 시의 쟁의행위 중지)** 관계당사자는 제76조 제3항의 규정에 의한 긴급조정의 결정이 공표된 때에는 즉시 쟁의행위를 중지하여야 하며, 공표일부터 30일이 경과하지 아니하면 쟁의행위를 재개할 수 없다.

정답 ②

062 □□□ ○ △ ✕

노동조합 및 노동관계조정법상 노동쟁의의 조정에 관한 설명으로 옳은 것은?

① 조정위원회의 조정위원은 당해 노동위원회의 공익을 대표하는 위원 중에서 관계당사자의 합의로 선정한 자에 대하여 그 노동위원회의 위원장이 지명한다.

② 노동위원회의 위원장은 조정위원회의 구성이 어려운 경우, 노동위원회의 각 근로자를 대표하는 위원, 사용자를 대표하는 위원 및 공익을 대표하는 위원 각 1인씩 3인을 조정위원으로 지명할 수 있다.

③ 단독조정인은 그 노동위원회의 공익을 대표하는 위원 중에서 노동조합과 사용자가 순차적으로 배제하고 남은 4인 내지 6인 중에서 노동위원회의 위원장이 지명한다.

④ 중재위원회의 중재위원은 당해 노동위원회의 위원 중에서 사용자를 대표하는 자, 근로자를 대표하는 자 및 공익을 대표하는 자 각 1인을 그 노동위원회의 위원장이 지명한다.

⑤ 특별조정위원회의 특별조정위원은 관계당사자가 합의로 당해 노동위원회의 위원이 아닌 자를 추천하는 경우에는 그 추천된 자를 노동위원회의 위원장이 지명한다.

해설

① (✕) 노동조합법 제55조 제3항

> **제55조(조정위원회의 구성)** ③ 제2항의 규정에 의한 조정위원은 당해 노동위원회의 위원 중에서 사용자를 대표하는 자, 근로자를 대표하는 자 및 공익을 대표하는 자 각 1인을 그 노동위원회의 위원장이 지명하되, 근로자를 대표하는 조정위원은 사용자가, 사용자를 대표하는 조정위원은 노동조합이 각각 추천하는 노동위원회의 위원 중에서 지명하여야 한다. 다만, 조정위원회의 회의 3일 전까지 관계당사자가 추천하는 위원의 명단제출이 없을 때에는 당해 위원을 위원장이 따로 지명할 수 있다.

② (✕) 동법 제55조 제4항

> **제55조(조정위원회의 구성)** ④ 노동위원회의 위원장은 근로자를 대표하는 위원 또는 사용자를 대표하는 위원의 불참 등으로 인하여 제3항의 규정에 따른 조정위원회의 구성이 어려운 경우 노동위원회의 공익을 대표하는 위원 중에서 3인을 조정위원으로 지명할 수 있다. 다만, 관계당사자 쌍방의 합의로 선정한 노동위원회의 위원이 있는 경우에는 그 위원을 조정위원으로 지명한다.

③ (✕) 동법 제57조 제2항

[보충] 위 내용은 노동조합법 제72조(특별조정위원회의 구성)에 관한 설명이다.

> **제57조(단독조정)** ② 제1항의 규정에 의한 단독조정인은 당해 노동위원회의 위원 중에서 관계당사자의 쌍방의 합의로 선정된 자를 그 노동위원회의 위원장이 지명한다.

④ (✕) 동법 제64조 제3항

> **제64조(중재위원회의 구성)** ③ 제2항의 중재위원은 당해 노동위원회의 공익을 대표하는 위원 중에서 관계당사자의 합의로 선정한 자에 대하여 그 노동위원회의 위원장이 지명한다. 다만, 관계당사자 간에 합의가 성립되지 아니한 경우에는 노동위원회의 공익을 대표하는 위원 중에서 지명한다.

⑤ (○) 제2항의 규정에 의한 특별조정위원은 그 노동위원회의 공익을 대표하는 위원 중에서 노동조합과 사용자가 순차적으로 배제하고 남은 4인 내지 6인 중에서 노동위원회의 위원장이 지명한다. 다만, 관계당사자가 합의로 당해 노동위원회의 위원이 아닌 자를 추천하는 경우에는 그 추천된 자를 지명한다(동법 제72조 제3항).

정답 ⑤

063 □□□ ○ △ ✕

노동조합 및 노동관계조정법령상 중재재정에 관한 설명으로 옳지 않은 것은?

① 중재재정은 서면으로 작성하며 그 서면에는 효력발생기일을 명시하여야 한다.

② 중재재정의 해석 또는 이행방법에 관하여 관계당사자 간에 의견의 불일치가 있는 때에는 당해 중재위원회의 해석에 따르며, 그 해석은 중재재정과 동일한 효력을 가진다.

③ 중앙노동위원회는 지방노동위원회 또는 특별노동위원회의 중재재정을 재심한 때에는 지체 없이 그 재심결정서를 관계당사자와 관계 노동위원회에 각각 송달해야 한다.

④ 관계당사자는 중앙노동위원회의 중재재정이나 재심결정이 위법이거나 월권에 의한 것이라고 인정하는 경우에는 중재재정 또는 재심결정을 한 날부터 15일 이내에 행정소송을 제기할 수 있다.

⑤ 노동위원회의 중재재정 또는 재심결정은 중앙노동위원회에의 재심신청 또는 행정소송의 제기에 의하여 그 효력이 정지되지 아니한다.

해설

① (○) 중재재정은 서면으로 작성하여 이를 행하며 그 서면에는 효력발생기일을 명시하여야 한다(노동조합법 제68조 제1항).

② (○) 동법 제68조 제2항

③ (○) 동법 시행령 제29조 제2항

④ (✕) 중재재정 또는 재심결정을 한 → 중재재정서 또는 재심결정서의 송달을 받은(동법 제69조 제2항)

> **제69조(중재재정등의 확정)** ② 관계당사자는 중앙노동위원회의 중재재정이나 제1항의 규정에 의한 재심결정이 위법이거나 월권에 의한 것이라고 인정하는 경우에는 행정소송법 제20조의 규정에 불구하고 그 중재재정서 또는 재심결정서의 송달을 받은 날부터 15일 이내에 행정소송을 제기할 수 있다.

⑤ (○) 동법 제70조 제2항

정답 ④

064 □□□ ○ △ ×

노동조합 및 노동관계조정법상 필수공익사업에 해당하지 않는 사업을 모두 고른 것은?

ㄱ. 철도사업	ㄴ. 수도사업
ㄷ. 공중위생사업	ㄹ. 조폐사업
ㅁ. 방송사업	

① ㄱ
② ㄱ, ㄴ
③ ㄴ, ㄷ
④ ㄴ, ㄹ, ㅁ
⑤ ㄷ, ㄹ, ㅁ

해설

⑤ (○) ㄷ, ㄹ, ㅁ은 필수공익사업이 아닌 공익사업에 해당하는 사업이다.

> **노동조합법 제71조(공익사업의 범위등)** ① 이 법에서 "공익사업"이라 함은 공중의 일상생활과 밀접한 관련이 있거나 국민경제에 미치는 영향이 큰 사업으로서 다음 각 호의 사업을 말한다. 〈개정 2006.12.30.〉
> 1. 정기노선 여객운수사업 및 항공운수사업
> 2. 수도사업, 전기사업, 가스사업, 석유정제사업 및 석유공급사업
> 3. 공중위생사업, 의료사업 및 혈액공급사업
> 4. 은행 및 조폐사업
> 5. 방송 및 통신사업
> ② 이 법에서 "필수공익사업"이라 함은 제1항의 공익사업으로서 그 업무의 정지 또는 폐지가 공중의 일상생활을 현저히 위태롭게 하거나 국민경제를 현저히 저해하고 그 업무의 대체가 용이하지 아니한 다음 각 호의 사업을 말한다. 〈개정 2006.12.30.〉
> 1. 철도사업, 도시철도사업 및 항공운수사업
> 2. 수도사업, 전기사업, 가스사업, 석유정제사업 및 석유공급사업
> 3. 병원사업 및 혈액공급사업
> 4. 한국은행사업
> 5. 통신사업

정답 ⑤

065 □□□ ○ △ ×

근로자참여 및 협력증진에 관한 법률상 노사협의회의 운영에 관한 설명으로 옳지 않은 것은?

① 노사협의회는 3개월마다 정기적으로 회의를 개최하여야 하며, 필요에 따라 임시회의를 개최할 수 있다.
② 노사협의회 의장은 회의개최 7일 전에 회의일시, 장소, 의제 등을 각 위원에게 통보하여야 한다.
③ 노사협의회는 그 조직과 운영에 관한 규정을 제정하고, 노사협의회를 설치한 날부터 30일 이내에 고용노동부장관에게 제출하여야 한다.
④ 노사협의회의 회의는 공개한다. 다만, 노사협의회의 의결로 공개하지 아니할 수 있다.
⑤ 노사협의회 회의는 근로자위원과 사용자위원 각 과반수의 출석으로 개최하고, 출석위원 3분의 2 이상의 찬성으로 의결한다.

해설

① (○) 근로자참여법 제12조

> **제12조(회의)** ① 협의회는 3개월마다 정기적으로 회의를 개최하여야 한다.
> ② 협의회는 필요에 따라 임시회의를 개최할 수 있다.

② (○) 동법 제13조 제3항
③ (×) 30일 → 15일(동법 제18조 제1항)

> **제18조(협의회규정)** ① 협의회는 그 조직과 운영에 관한 규정(이하 "협의회규정"이라 한다)을 제정하고 협의회를 설치한 날부터 15일 이내에 고용노동부장관에게 제출하여야 한다. 이를 변경한 경우에도 또한 같다. 〈개정 2010.6.4.〉

④ (○) 동법 제16조
⑤ (○) 동법 제15조

정답 ③

066 □□□   ○ △ ✕

근로자참여 및 협력증진에 관한 법률상 벌칙 등에 관한 설명으로 옳지 않은 것은?

① 제4조(노사협의회의 설치) 제1항에 따른 노사협의회의 설치를 정당한 사유 없이 거부하거나 방해한 자는 1천만 원 이하의 벌금에 처한다.

② 제24조(의결사항의 이행)를 위반하여 노사협의회에서 의결된 사항을 정당한 사유 없이 이행하지 아니한 자는 1천만 원 이하의 벌금에 처한다.

③ 제25조(임의중재) 제2항을 위반하여 중재결정의 내용을 정당한 사유 없이 이행하지 아니한 자는 1천만 원 이하의 벌금에 처한다.

④ 사용자가 정당한 사유 없이 제11조(시정명령)에 따른 시정명령을 이행하지 아니하면 1천만 원 이하의 벌금에 처한다.

⑤ 사용자가 제18조(협의회규정)를 위반하여 노사협의회 규정을 제출하지 아니한 때에는 200만 원 이하의 과태료를 부과한다.

해설

① (○) ② (○) ③ (○) 근로자참여법 제30조 제1호, 제2호, 제3호

> **제30조(벌칙)** 다음 각 호의 어느 하나에 해당하는 자는 1천만 원 이하의 벌금에 처한다.
> 1. 제4조 제1항에 따른 협의회의 설치를 정당한 사유 없이 거부하거나 방해한 자
> 2. 제24조를 위반하여 협의회에서 의결된 사항을 정당한 사유 없이 이행하지 아니한 자
> 3. 제25조 제2항을 위반하여 중재결정의 내용을 정당한 사유 없이 이행하지 아니한 자

④ (✕) 1천만 원 → 500만 원(동법 제31조)

> **제31조(벌칙)** 사용자가 정당한 사유 없이 제11조에 따른 시정명령을 이행하지 아니하거나 제22조 제3항에 따른 자료제출의무를 이행하지 아니하면 500만 원 이하의 벌금에 처한다.

⑤ (○) 동법 제33조 제1항

정답 ④

---

067 □□□   ○ △ ✕

근로자참여 및 협력증진에 관한 법률상 노사협의회의 협의사항으로 옳은 것은?

① 인력계획에 관한 사항
② 근로자의 복지증진
③ 사내근로복지기금의 설치
④ 각종 노사공동위원회의 설치
⑤ 복지시설의 설치와 관리

해설

① (✕) 협의사항이 아닌 보고사항이다(근로자참여법 제22조 제1항 제3호).

> **제22조(보고사항 등)** ① 사용자는 정기회의에 다음 각 호의 어느 하나에 해당하는 사항에 관하여 성실하게 보고하거나 설명하여야 한다.
> 1. 경영계획 전반 및 실적에 관한 사항
> 2. 분기별 생산계획과 실적에 관한 사항
> 3. 인력계획에 관한 사항
> 4. 기업의 경제적 · 재정적 상황

② (○) 동법 제20조 제1항 제13호

> **제20조(협의사항)** ① 협의회가 협의하여야 할 사항은 다음 각 호와 같다. 〈개정 2019.4.16.〉
> 1. 생산성 향상과 성과배분
> 2. 근로자의 채용 · 배치 및 교육훈련
> 3. 근로자의 고충처리
> 4. 안전, 보건, 그 밖의 작업환경 개선과 근로자의 건강증진
> 5. 인사 · 노무관리의 제도개선
> 6. 경영상 또는 기술상의 사정으로 인한 인력의 배치전환 · 재훈련 · 해고 등 고용조정의 일반원칙
> 7. 작업과 휴게시간의 운용
> 8. 임금의 지불방법 · 체계 · 구조 등의 제도개선
> 9. 신기계 · 기술의 도입 또는 작업공정의 개선
> 10. 작업수칙의 제정 또는 개정
> 11. 종업원지주제(從業員持株制)와 그 밖에 근로자의 재산형성에 관한 지원
> 12. 직무발명 등과 관련하여 해당 근로자에 대한 보상에 관한 사항
> 13. 근로자의 복지증진
> 14. 사업장 내 근로자 감시설비의 설치
> 15. 여성근로자의 모성보호 및 일과 가정생활의 양립을 지원하기 위한 사항
> 16. 「남녀고용평등과 일 · 가정 양립 지원에 관한 법률」 제2조 제2호에 따른 직장 내 성희롱 및 고객 등에 의한 성희롱 예방에 관한 사항
> 17. 그 밖의 노사협조에 관한 사항

③ (✕) ④ (✕) ⑤ (✕) 협의사항이 아닌 의결사항이다(동법 제21조 제3호, 제5호, 제2호).

> **제21조(의결사항)** 사용자는 다음 각 호의 어느 하나에 해당하는 사항에 대하여는 협의회의 의결을 거쳐야 한다.
> 1. 근로자의 교육훈련 및 능력개발 기본계획의 수립
> 2. 복지시설의 설치와 관리
> 3. 사내근로복지기금의 설치
> 4. 고충처리위원회에서 의결되지 아니한 사항
> 5. 각종 노사공동위원회의 설치

정답 ②

노동위원회법상 노동위원회의 화해의 권고 등에 관한 설명으로 옳지 않은 것은?

① 노동위원회는 「노동조합 및 노동관계조정법」 제84조에 따른 판정·명령 또는 결정이 있기 전까지 관계당사자의 신청을 받아 화해를 권고하거나 화해안을 제시할 수 있다.

② 노동위원회는 「노동조합 및 노동관계조정법」 제84조에 따른 판정·명령 또는 결정이 있기 전까지 직권으로 화해를 권고하거나 화해안을 제시할 수 있다.

③ 노동위원회는 관계당사자가 화해안을 수락하였을 때에는 화해조서를 작성하여야 한다.

④ 노동위원회법에 따라 작성된 화해조서는 「민사소송법」에 따른 재판상 화해의 효력을 갖는다.

⑤ 단독심판의 위원을 제외하고 화해에 관여한 부문별 위원회의 위원 전원은 화해조서에 모두 서명하거나 날인하여야 한다.

해설

① (○) ② (○) 노동위원회는 「노동조합 및 노동관계조정법」 제29조의4 및 제84조, 「근로기준법」 제30조에 따른 판정·명령 또는 결정이 있기 전까지 관계당사자의 신청을 받아 또는 직권으로 화해를 권고하거나 화해안을 제시할 수 있다(노동위원회법 제16조의3 제1항).

③ (○) 동조 제3항

④ (○) 동조 제5항

⑤ (×) 제외하고 → 포함한(동조 제4항 제2호)

> **제16조의3(화해의 권고 등)** ④ 화해조서에는 다음 각 호의 사람이 모두 서명하거나 날인하여야 한다.
> 1. 관계당사자
> 2. 화해에 관여한 부문별 위원회(제15조의2에 따른 단독심판을 포함한다)의 위원 전원

정답 ⑤

노동위원회법상 노동위원회의 공시송달에 관한 설명으로 옳은 것은?

① 노동위원회는 서류의 송달을 받아야 할 자의 주소가 분명하지 아니한 경우에는 공시송달을 하여야 한다.

② 노동위원회는 서류의 송달을 받아야 할 자의 주소가 통상적인 방법으로 확인할 수 없어 서류의 송달이 곤란한 경우에는 공시송달을 하여야 한다.

③ 공시송달은 노동위원회의 게시판이나 인터넷 홈페이지에 게시하는 방법으로 하며, 게시한 날부터 14일이 지난 때에 효력이 발생한다.

④ 노동위원회는 서류의 송달을 받아야 할 자에게 등기우편 등으로 송달하였으나 송달을 받아야 할 자가 없는 것으로 확인되어 반송되는 경우에는 공시송달을 하여야 한다.

⑤ 노동위원회는 서류의 송달을 받아야 할 자의 주소가 국외에 있어서 서류의 송달이 곤란한 경우에는 공시송달을 하여야 한다.

해설

① (×) ② (×) ④ (×) ⑤ (×) 하여야 한다 → 할 수 있다(노동위원회법 제17조의3 제1항 제1호, 제2호, 제3호, 제2호)

> **제17조의3(공시송달)** ① 노동위원회는 서류의 송달을 받아야 할 자가 다음 각 호의 어느 하나에 해당하는 경우에는 공시송달을 할 수 있다.
> 1. 주소가 분명하지 아니한 경우
> 2. 주소가 국외에 있거나 통상적인 방법으로 확인할 수 없어 서류의 송달이 곤란한 경우
> 3. 등기우편 등으로 송달하였으나 송달을 받아야 할 자가 없는 것으로 확인되어 반송되는 경우

③ (○) 동조 제2항·제3항

> **제17조의3(공시송달)** ② 제1항에 따른 공시송달은 노동위원회의 게시판이나 인터넷 홈페이지에 게시하는 방법으로 한다.
> ③ 공시송달은 제2항에 따라 게시한 날부터 14일이 지난 때에 효력이 발생한다.

정답 ③

노
동
법
(2)

070 □□□ ○ △ ✕

노동위원회법상 노동위원회의 권한 등에 관한 설명으로 옳지 않은 것은?

① 노동위원회는 그 사무집행을 위하여 필요하다고 인정하는 경우에 관계 행정기관에 협조를 요청할 수 있으며, 협조를 요청받은 관계 행정기관은 특별한 사유가 없으면 이에 따라야 한다.

② 노동위원회는 관계 행정기관으로 하여금 근로조건의 개선에 필요한 조치를 하도록 명령하여야 한다.

③ 중앙노동위원회는 지방노동위원회 또는 특별노동위원회에 대하여 노동위원회의 사무처리에 관한 기본방침 및 법령의 해석에 관하여 필요한 지시를 할 수 있다.

④ 중앙노동위원회는 당사자의 신청이 있는 경우, 지방노동위원회 또는 특별노동위원회의 처분을 재심하여 이를 인정·취소 또는 변경할 수 있다.

⑤ 중앙노동위원회의 처분에 대한 소송은 중앙노동위원회 위원장을 피고로 하여 처분의 송달을 받은 날부터 15일 이내에 제기하여야 한다.

해설

① (○) 노동위원회법 제22조 제1항

② (✕) 명령하여야 한다 → 권고할 수 있다(동조 제2항)

> **제22조(협조요청 등)** ② 노동위원회는 관계 행정기관으로 하여금 근로조건의 개선에 필요한 조치를 하도록 권고할 수 있다.

③ (○) 동법 제24조

④ (○) 동법 제26조 제1항

⑤ (○) 동법 제27조 제1항

정답 ②

071 □□□ ○ △ ✕

노동위원회법상 위원이 해당 사건에 관한 직무집행에서 제척(除斥)되는 경우를 모두 고른 것은?

> ㄱ. 위원이 해당 사건의 당사자와 친족이었던 경우
> ㄴ. 위원이 해당 사건에 관하여 진술한 경우
> ㄷ. 위원이 당사자의 대리인으로서 업무에 관여하였던 경우
> ㄹ. 위원 또는 위원이 속한 법인, 단체 또는 법률사무소가 해당 사건의 원인이 된 처분 또는 부작위에 관여한 경우

① ㄱ
② ㄱ, ㄴ
③ ㄱ, ㄷ, ㄹ
④ ㄴ, ㄷ, ㄹ
⑤ ㄱ, ㄴ, ㄷ, ㄹ

해설

⑤ (○) 모두 위원이 해당 사건에 관한 직무집행에서 제척되는 경우이다.

> **노동위원회법 제21조(위원의 제척·기피·회피 등)** ① 위원은

다음 각 호의 어느 하나에 해당하는 경우에 해당 사건에 관한 직무집행에서 제척(除斥)된다. 〈개정 2016.1.27.〉

1. 위원 또는 위원의 배우자이거나 배우자였던 사람이 해당 사건의 당사자가 되거나 해당 사건의 당사자와 공동권리자 또는 공동의무자의 관계에 있는 경우
2. 위원이 해당 사건의 당사자와 친족이거나 친족이었던 경우
3. 위원이 해당 사건에 관하여 진술이나 감정을 한 경우
4. 위원이 당사자의 대리인으로서 업무에 관여하거나 관여하였던 경우
4의2. 위원이 속한 법인, 단체 또는 법률사무소가 해당 사건에 관하여 당사자의 대리인으로서 관여하거나 관여하였던 경우
5. 위원 또는 위원이 속한 법인, 단체 또는 법률사무소가 해당 사건의 원인이 된 처분 또는 부작위에 관여한 경우

정답 ⑤

072 □□□ ○ △ ✕

근로자참여 및 협력증진에 관한 법률상 고충처리에 관한 설명으로 옳은 것은?

① 고충처리위원이 처리하기 곤란한 사항은 노사협의회의 회의에 부쳐 협의처리한다.

② 고충처리위원은 노사를 대표하는 5명 이내의 위원으로 구성한다.

③ 고충처리위원은 근로자로부터 고충사항을 청취한 경우에는 15일 이내에 조치사항과 그 밖의 처리결과를 해당 근로자에게 통보하여야 한다.

④ 고충처리위원은 임기가 끝난 경우에는 후임자가 선출되기 전이라도 계속 그 직무를 담당하지 못한다.

⑤ 모든 사업 또는 사업장에는 근로자의 고충을 청취하고 이를 처리하기 위하여 고충처리위원을 두어야만 한다.

해설

① (○) 근로자참여법 제28조 제2항

② (✕) 5명 → 3명(동법 제27조 제1항)

> **제27조(고충처리위원의 구성 및 임기)** ① 고충처리위원은 노사를 대표하는 3명 이내의 위원으로 구성하되, 협의회가 설치되어 있는 사업이나 사업장의 경우에는 협의회가 그 위원 중에서 선임하고, 협의회가 설치되어 있지 아니한 사업이나 사업장의 경우에는 사용자가 위촉한다.

③ (✕) 15일 → 10일(동법 제28조 제1항)

> **제28조(고충의 처리)** ① 고충처리위원은 근로자로부터 고충사항을 청취한 경우에는 10일 이내에 조치사항과 그 밖의 처리결과를 해당 근로자에게 통보하여야 한다.

④ (✕) 경우에는 → 경우라도, 선출되기 전이라도 → 선출될 때까지, 담당하지 못한다 → 담당한다(동법 제8조 제3항)

> **제8조(위원의 임기)** ③ 위원은 임기가 끝난 경우라도 후임자가 선출될 때까지 계속 그 직무를 담당한다.

⑤ (✕) 단서에 유의하면, 모든 사업 또는 사업장이 아닌 상시 30명

이상의 근로자를 사용하는 사업이나 사업장이라고 보아야 옳다.

> **제26조(고충처리위원)** 모든 사업 또는 사업장에는 근로자의 고충을 청취하고 이를 처리하기 위하여 고충처리위원을 두어야 한다. 다만, 상시 30명 미만의 근로자를 사용하는 사업이나 사업장은 그러하지 아니하다.

정답 ①

073 □□□ ○ △ ✕

교원의 노동조합 설립 및 운영 등에 관한 법률의 내용으로 옳지 않은 것은?

① 교원의 노동조합은 어떠한 정치활동도 하여서는 아니된다.

② 교원은 임용권자의 동의를 받아 노동조합으로부터 급여를 지급받으면서 노동조합의 업무에만 종사할 수 있다.

③ 교원의 노동조합과 그 조합원은 노동운동이나 그 밖에 공무 외의 일을 위한 어떠한 집단행위도 하여서는 아니된다.

④ 법령·조례 및 예산에 의하여 규정되는 내용은 단체협약으로 체결되더라도 효력을 가지지 아니한다.

⑤ 교원의 노동조합의 전임자는 그 전임기간 중 전임자임을 이유로 승급 또는 그 밖의 신분상의 불이익을 받지 아니한다.

해설

① (○) 교원노조법 제3조

② (○) 동법 제5조 제1항

③ (✕) 교원노조법은 제8조에서 교원의 노동조합과 그 조합원의 쟁의행위만을 금지하고 있다.
참고로, 위 내용은 국가공무원법과 지방공무원법에서 규정하고 있다.

> **국가공무원법 제66조(집단행위의 금지)** ① 공무원은 노동운동이나 그 밖에 공무 외의 일을 위한 집단행위를 하여서는 아니된다. 다만, 사실상 노무에 종사하는 공무원은 예외로 한다.
> **지방공무원법 제58조(집단행위의 금지)** ① 공무원은 노동운동이나 그 밖에 공무 외의 일을 위한 집단행위를 하여서는 아니된다. 다만, 사실상 노무에 종사하는 공무원은 예외로 한다.

④ (○) 제6조 제1항에 따라 체결된 단체협약의 내용 중 법령·조례 및 예산에 의하여 규정되는 내용과 법령 또는 조례에 의하여 위임을 받아 규정되는 내용은 단체협약으로서의 효력을 가지지 아니한다(동법 제7조 제1항).

⑤ (○) 동법 제5조 제4항

정답 ③

074 □□□ ○ △ ✕

교원의 노동조합 설립 및 운영 등에 관한 법령상 근무시간 면제에 관한 설명으로 옳지 않은 것은?

① 근무시간 면제시간 및 사용인원의 한도를 정하기 위하여 경제사회노동위원회에 교원근무시간면제심의위원회를 둔다.

② 「고등교육법」에 따른 교원에 대해서는 시·도 단위를 기준으로 근무시간 면제한도를 심의·의결한다.

③ 교원근무시간면제심의위원회는 3년마다 근무시간 면제한도의 적정성 여부를 재심의하여 의결할 수 있다.

④ 근무시간 면제한도를 초과하는 내용을 정한 단체협약 또는 임용권자의 동의는 그 부분에 한정하여 무효로 한다.

⑤ 임용권자는 전년도에 노동조합별로 근무시간을 면제받은 시간 및 사용인원, 지급된 보수 등에 관한 정보를 고용노동부장관이 지정하는 인터넷 홈페이지에 3년간 게재하는 방법으로 공개하여야 한다.

해설

① (○) 근무시간 면제시간 및 사용인원의 한도(이하 "근무시간 면제한도"라 한다)를 정하기 위하여 교원근무시간면제심의위원회(이하 이 조에서 "심의위원회"라 한다)를 「경제사회노동위원회법」에 따른 경제사회노동위원회에 둔다(교원노조법 제5조의2 제2항).

② (✕) ③ (○) 시·도 → 개별학교(동조 제3항)

> **제2조(정의)** 이 법에서 "교원"이란 다음 각 호의 어느 하나에 해당하는 사람을 말한다. 〈개정 2021.1.5.〉
> 1. 「유아교육법」 제20조 제1항에 따른 교원
> 2. 「초·중등교육법」 제19조 제1항에 따른 교원
> 3. 「고등교육법」 제14조 제2항 및 제4항에 따른 교원. 다만, 강사는 제외한다.
> **제5조의2(근무시간 면제자 등)** ③ 심의위원회는 다음 각 호의 구분에 따른 단위를 기준으로 조합원(제4조의2 제1호에 해당하는 조합원을 말한다)의 수를 고려하되 노동조합의 조직형태, 교섭구조·범위 등 교원 노사관계의 특성을 반영하여 근무시간 면제한도를 심의·의결하고, 3년마다 그 적정성 여부를 재심의하여 의결할 수 있다.
> 1. 제2조 제1호·제2호에 따른 교원: 시·도 단위
> 2. 제2조 제3호에 따른 교원: 개별학교 단위

④ (○) 동조 제4항

⑤ (○) 동법 제5조의3, 동법 시행령 제2조의6

> **제5조의3(근무시간 면제 사용의 정보공개)** 임용권자는 국민이 알 수 있도록 전년도에 노동조합별로 근무시간을 면제받은 시간 및 사용인원, 지급된 보수 등에 관한 정보를 대통령령으로 정하는 바에 따라 공개하여야 한다.
> **시행령 제2조의6(근무시간 면제 사용정보의 공개방법 등)** 임용권자는 법 제5조의3에 따라 다음 각 호의 정보를 매년 4월 30일까지 고용노동부장관이 지정하는 인터넷 홈페이지에 3년간 게재하는 방법으로 공개한다.
> 1. 노동조합별 전년도 근무시간 면제시간과 그 결정기준
> 2. 노동조합별 전년도 근무시간 면제 사용인원(연간 근무시간면

제자와 근무시간 부분 면제자를 구분한다)
3. 노동조합별 전년도 근무시간 면제 사용인원에게 지급된 보수 총액

정답 ②

075 ☐☐☐　　　　○ △ ✕

공무원의 노동조합 설립 및 운영 등에 관한 법률의 내용으로 옳은 것은?

① 교원과 교육공무원은 공무원의 노동조합에 가입할 수 없다.
② 업무의 주된 내용이 다른 공무원에 대하여 지휘·감독권을 행사하거나 다른 공무원의 업무를 총괄하는 업무에 종사하는 공무원 중 대통령령으로 정하는 공무원은 공무원의 노동조합에 가입할 수 없다.
③ 교정·수사 등 공공의 안녕과 국가안전 보장에 관한 업무에 종사하는 공무원은 공무원의 노동조합에 가입할 수 있다.
④ 공무원의 노동조합이 있는 경우, 공무원이 공무원직장협의회를 설립·운영할 수 없다.
⑤ 공무원은 임용권자의 동의를 받아 노동조합으로부터 급여를 지급받으면서 노동조합의 업무에만 종사할 수 있으며, 그 기간 중 휴직명령을 받은 것으로 본다.

해설

① (✕) 과 교육공무원 → "삭제"(공무원노조법 제6조 제1항 제2호 단서)

> **제6조(가입범위)** ① 노동조합에 가입할 수 있는 사람의 범위는 다음 각 호와 같다. 〈개정 2021.1.5.〉
> 1. 일반직공무원
> 2. 특정직공무원 중 외무영사직렬·외교정보기술직렬 외무공무원, 소방공무원 및 교육공무원(다만, 교원은 제외한다)
> 3. 별정직공무원
> 4. 제1호부터 제3호까지의 어느 하나에 해당하는 공무원이었던 사람으로서 노동조합 규약으로 정하는 사람
> 5. 삭제 〈2011.5.23.〉

② (○) ③ (✕) 동조 제2항 제1호, 있다 → 없다(동항 제3호)

> **제6조(가입범위)** ② 제1항에도 불구하고 다음 각 호의 어느 하나에 해당하는 공무원은 노동조합에 가입할 수 없다. 〈개정 2021.1.5.〉
> 1. 업무의 주된 내용이 다른 공무원에 대하여 지휘·감독권을 행사하거나 다른 공무원의 업무를 총괄하는 업무에 종사하는 공무원
> 2. 업무의 주된 내용이 인사·보수 또는 노동관계의 조정·감독 등 노동조합의 조합원 지위를 가지고 수행하기에 적절하지 아니한 업무에 종사하는 공무원
> 3. 교정·수사 등 공공의 안녕과 국가안전 보장에 관한 업무에 종사하는 공무원
> 4. 삭제 〈2021.1.5.〉

③ 삭제 〈2021.1.5.〉
④ 제2항에 따른 공무원의 범위는 대통령령으로 정한다.

④ (✕) 없다 → 있다(동법 제17조 제1항)

> **제17조(다른 법률과의 관계)** ① 이 법의 규정은 공무원이 「공무원직장협의회의 설립·운영에 관한 법률」에 따라 직장협의회를 설립·운영하는 것을 방해하지 아니한다.

⑤ (✕) 받은 것으로 본다 → 하여야 한다(동법 제7조 제2항)

> **제7조(노동조합 전임자의 지위)** ① 공무원은 임용권자의 동의를 받아 노동조합으로부터 급여를 지급받으면서 노동조합의 업무에만 종사할 수 있다. 〈개정 2022.6.10.〉
> ② 제1항에 따른 동의를 받아 노동조합의 업무에만 종사하는 사람[이하 "전임자(專任者)"라 한다]에 대하여는 그 기간 중 「국가공무원법」 제71조 또는 「지방공무원법」 제63조에 따라 휴직명령을 하여야 한다.

정답 ②

076 ☐☐☐　　　　○ △ ✕

공무원의 노동조합 설립 및 운영 등에 관한 법률상 단체교섭 및 단체협약에 관한 설명으로 옳지 않은 것은?

① 공무원의 노동조합 설립 및 운영 등에 관한 법률은 단체교섭에 대하여 개별교섭방식만을 인정하고 있다.
② 단체협약의 유효기간은 3년을 초과하지 않는 범위에서 노사가 합의하여 정할 수 있다.
③ 정부교섭대표는 교섭을 요구하는 노동조합이 둘 이상인 경우에는 해당 노동조합에 교섭창구를 단일화하도록 요청할 수 있으며, 교섭창구가 단일화된 때에는 교섭에 응하여야 한다.
④ 법령 또는 조례에 의하여 위임을 받아 규정되는 내용은 단체협약으로 체결되더라도 효력을 가지지 않지만, 정부교섭대표는 그 내용이 이행될 수 있도록 성실하게 노력하여야 한다.
⑤ 법령 등에 따라 국가나 지방자치단체가 그 권한으로 행하는 정책결정에 관한 사항, 임용권의 행사 등 그 기관의 관리·운영에 관한 사항으로서 근무조건과 직접 관련되지 아니하는 사항은 교섭의 대상이 될 수 없다.

해설

① (✕) 공무원노조법 제8조 제3항은 정부교섭대표의 공동교섭을 인정하고 있으므로, 개별교섭방식만을 인정하고 있다고 보기에는 무리가 있다.

> **제8조(교섭 및 체결 권한 등)** ③ 정부교섭대표는 효율적인 교섭을 위하여 필요한 경우 다른 정부교섭대표와 공동으로 교섭하거나, 다른 정부교섭대표에게 교섭 및 단체협약 체결권한을 위임할 수 있다.

② (○) 동법 제17조 제2항, 노동조합법 제32조 제1항

제17조(다른 법률과의 관계) ② 공무원(제6조 제1항 제4호에 해당하는 사람을 포함한다)에게 적용할 노동조합 및 노동관계 조정에 관하여 이 법에서 정하지 아니한 사항에 대해서는 제3항에서 정하는 경우를 제외하고는 「노동조합 및 노동관계조정법」에서 정하는 바에 따른다. … 〈개정 2022.6.10.〉

노동조합법 제32조(단체협약 유효기간의 상한) ① 단체협약의 유효기간은 3년을 초과하지 않는 범위에서 노사가 합의하여 정할 수 있다. 〈개정 2021.1.5.〉

③ (○) 정부교섭대표는 제2항과 제3항에 따라 교섭을 요구하는 노동조합이 둘 이상인 경우에는 해당 노동조합에 교섭창구를 단일화하도록 요청할 수 있다. 이 경우 교섭창구가 단일화된 때에는 교섭에 응하여야 한다(동법 제9조 제4항).

④ (○) 동법 제10조

제10조(단체협약의 효력) ① 제9조에 따라 체결된 단체협약의 내용 중 법령·조례 또는 예산에 의하여 규정되는 내용과 법령 또는 조례에 의하여 위임을 받아 규정되는 내용은 단체협약으로서의 효력을 가지지 아니한다.
② 정부교섭대표는 제1항에 따라 단체협약으로서의 효력을 가지지 아니하는 내용에 대하여는 그 내용이 이행될 수 있도록 성실하게 노력하여야 한다.

⑤ (○) 노동조합의 대표자는 그 노동조합에 관한 사항 또는 조합원의 보수·복지, 그 밖의 근무조건에 관하여 국회사무총장·법원행정처장·헌법재판소사무처장·중앙선거관리위원회사무총장·인사혁신처장(행정부를 대표한다)·특별시장·광역시장·특별자치시장·도지사·특별자치도지사·시장·군수·구청장(자치구의 구청장을 말한다) 또는 특별시·광역시·특별자치시·도·특별자치도의 교육감 중 어느 하나에 해당하는 사람(이하 "정부교섭대표"라 한다)과 각각 교섭하고 단체협약을 체결할 권한을 가진다. 다만, 법령 등에 따라 국가나 지방자치단체가 그 권한으로 행하는 정책결정에 관한 사항, 임용권의 행사 등 그 기관의 관리·운영에 관한 사항으로서 근무조건과 직접 관련되지 아니하는 사항은 교섭의 대상이 될 수 없다(동법 제8조 제1항).

정답 ①

□□□   ○ △ ✕

공무원의 노동조합 설립 및 운영 등에 관한 법률상 조정 및 중재에 관한 설명으로 옳은 것은?

① 단체교섭이 결렬된 경우, 이를 조정·중재하기 위하여 중앙노동위원회에 특별조정위원회를 둔다.
② 중앙노동위원회 위원장이 직권으로 중재에 회부한다는 결정을 하는 경우, 지체 없이 중재를 한다.
③ 관계당사자는 중앙노동위원회의 중재재정이 위법하거나 월권에 의한 것이라고 인정하는 경우에는 중재재정서를 송달받은 날부터 30일 이내에 중앙노동위원회 위원장을 피고로 하여 행정소송을 제기할 수 있다.
④ 관계당사자는 확정된 중재재정을 따라야 하나, 위반에 대한 벌칙규정은 없다.
⑤ 중앙노동위원회의 중재재정에 대한 행정소송이 제기되면 중재재정의 효력은 정지된다.

해설

① (✕) 특별조정위원회 → 공무원 노동관계 조정위원회(공무원노조법 제14조 제1항)

제14조(공무원 노동관계 조정위원회의 구성) ① 제8조에 따른 단체교섭이 결렬된 경우 이를 조정·중재하기 위하여 중앙노동위원회에 공무원 노동관계 조정위원회(이하 "위원회"라 한다)를 둔다.

② (✕) 이는 지체 없이 중재를 하는 경우에 해당하지 아니한다(동법 제13조 제2호).

제13조(중재의 개시 등) 중앙노동위원회는 다음 각 호의 어느 하나에 해당하는 경우에는 지체 없이 중재(仲裁)를 한다.
1. 제8조에 따른 단체교섭이 결렬되어 관계당사자 양쪽이 함께 중재를 신청한 경우
2. 제12조에 따른 조정이 이루어지지 아니하여 제14조에 따른 공무원 노동관계 조정위원회 전원회의에서 중재회부를 결정한 경우

③ (✕) 30일 → 15일(동법 제16조 제1항)

제16조(중재재정의 확정 등) ① 관계당사자는 중앙노동위원회의 중재재정이 위법하거나 월권(越權)에 의한 것이라고 인정하는 경우에는 「행정소송법」 제20조에도 불구하고 중재재정서를 송달받은 날부터 15일 이내에 중앙노동위원회 위원장을 피고로 하여 행정소송을 제기할 수 있다.

④ (○) 제2항에 따라 중재재정이 확정되면 관계당사자는 이에 따라야 한다(동조 제3항).
참고로, 공무원노조법상 위반에 대한 벌칙규정은 제11조만을 명시하고 있다.

제18조(벌칙) 제11조를 위반하여 파업, 태업 또는 그 밖에 업무의 정상적인 운영을 방해하는 행위를 한 자는 5년 이하의 징역 또는 5천만 원 이하의 벌금에 처한다.

⑤ (✕) 제기되면 → 제기되더라도, 정지된다 → 정지되지 아니한다(동조 제4항)

제16조(중재재정의 확정 등) ④ 중앙노동위원회의 중재재정은

제1항에 따른 행정소송의 제기에 의하여 그 효력이 정지되지 아니한다.

④

078 □□□ ○ △ ×

노동조합 및 노동관계조정법의 내용 중 공무원의 노동조합 설립 및 운영 등에 관한 법률에 적용되는 것으로 옳은 것은?

① 공정대표의무 등(노동조합 및 노동관계조정법 제29조의4)
② 일반적 구속력(노동조합 및 노동관계조정법 제35조)
③ 조정의 전치(노동조합 및 노동관계조정법 제45조)
④ 사적 조정·중재(노동조합 및 노동관계조정법 제52조)
⑤ 긴급조정의 결정(노동조합 및 노동관계조정법 제76조)

해설

① (×) ② (○) ③ (×) ④ (×) ⑤ (×) 일반적 구속력(노동조합법 제35조)은 공무원노조법에 적용된다.

> **제17조(다른 법률과의 관계)** ③ 「노동조합 및 노동관계조정법」 제2조 제4호 라목, 제24조, 제24조의2 제1항·제2항, 제29조, 제29조의2부터 제29조의5까지, 제36조부터 제39조까지, 제41조, 제42조, 제42조의2부터 제42조의6까지, 제43조부터 제46조까지, 제51조부터 제57조까지, 제60조 제1항·제5항, 제62조부터 제65조까지, 제66조 제2항, 제69조부터 제73조까지, 제76조부터 제80조까지, 제81조 제1항 제2호 단서, 제88조부터 제92조까지 및 제96조 제1항 제3호는 이 법에 따른 노동조합에 대해서는 적용하지 아니한다. 〈개정 2022.6.10.〉

②

079 □□□ ○ △ ×

교원의 노동조합 설립 및 운영 등에 관한 법령상 단체교섭에 관한 설명으로 옳지 않은 것은?

① 노동조합의 대표자는 교섭하려는 사항에 대하여 권한을 가진 자에게 서면으로 교섭을 요구하여야 한다.
② 「초·중등교육법」 제19조 제1항에 따른 교원의 노동조합의 대표자는 교육부장관, 시·도 교육감 또는 사립학교 설립·경영자와 교섭하고 단체협약을 체결할 권한을 가진다.
③ 교섭위원의 수는 교섭노동조합의 조직규모 등을 고려하여 정하되, 10명 이내로 한다.
④ 노동조합의 교섭위원은 해당 노동조합의 대표자와 그 조합원으로 구성하여야 한다.
⑤ 교섭노동조합이 둘 이상인 경우, 교섭창구 단일화합의가 이루어지지 않으면 교섭창구 단일화절차에 참여한 노동조합의 전체 조합원 과반수로 조직된 노동조합이 교섭대표노동조합이 된다.

해설

① (○) 노동조합의 대표자는 제1항에 따라 교육부장관, 시·도지사, 시·도 교육감, 국·공립학교의 장 또는 사립학교 설립·경영자와 단체교섭을 하려는 경우에는 교섭하려는 사항에 대하여 권한을 가진 자에게 서면으로 교섭을 요구하여야 한다(교원노조법 제6조 제4항).

② (○) 동법 제6조 제1항, 제4조 제1항, 제2조 제2호

> **제2조(정의)** 이 법에서 "교원"이란 다음 각 호의 어느 하나에 해당하는 사람을 말한다. 〈개정 2021.1.5.〉
> 1. 「유아교육법」 제20조 제1항에 따른 교원
> 2. 「초·중등교육법」 제19조 제1항에 따른 교원
> 3. 「고등교육법」 제14조 제2항 및 제4항에 따른 교원. 다만, 강사는 제외한다.
> **제4조(노동조합의 설립)** ① 제2조 제1호·제2호에 따른 교원은 특별시·광역시·특별자치시·도·특별자치도(이하 "시·도"라 한다) 단위 또는 전국 단위로만 노동조합을 설립할 수 있다. 〈개정 2020.6.9.〉
> **제6조(교섭 및 체결권한 등)** ① 노동조합의 대표자는 그 노동조합 또는 조합원의 임금, 근무조건, 후생복지 등 경제적·사회적 지위향상에 관하여 다음 각 호의 구분에 따른 자와 교섭하고 단체협약을 체결할 권한을 가진다. 〈개정 2020.6.9.〉
> 1. 제4조 제1항에 따른 노동조합의 대표자의 경우: 교육부장관, 시·도 교육감 또는 사립학교 설립·경영자. 이 경우 사립학교 설립·경영자는 전국 또는 시·도 단위로 연합하여 교섭에 응하여야 한다.
> 2. 제4조 제2항에 따른 노동조합의 대표자의 경우: 교육부장관, 특별시장·광역시장·특별자치시장·도지사·특별자치도지사(이하 "시·도지사"라 한다), 국·공립학교의 장 또는 사립학교 설립·경영자

③ (○) 동법 시행령 제3조의2 제2항
④ (○) 동법 제6조 제2항
⑤ (×) 교원노조법 제14조 제2항에 따라 노동조합법 제29조의2는 적용하지 아니한다.

> **제14조(다른 법률과의 관계)** ② 「노동조합 및 노동관계조정법」 제2조 제4호 라목, 제24조, 제24조의2 제1항·제2항, 제29조 제2항부터 제4항까지, 제29조의2부터 제29조의5까지, 제36조부터 제39조까지, 제41조, 제42조, 제42조의2부터 제42조의6까지, 제43조부터 제46조까지, 제51조부터 제57조까지, 제60조 제5항, 제62조부터 제65조까지, 제66조 제2항, 제69조부터 제73조까지, 제76조부터 제80조까지, 제81조 제1항 제2호 단서, 제88조, 제89조 제1호, 제91조 및 제96조 제1항 제3호는 이 법에 따른 노동조합에 대해서는 적용하지 아니한다. 〈개정 2022.6.10.〉
> **노동조합법 제29조의2(교섭창구 단일화절차)** ④ 제3항에 따른 기한까지 교섭대표노동조합을 정하지 못하고 제1항 단서에 따른 사용자의 동의를 얻지 못한 경우에는 교섭창구 단일화절차에 참여한 노동조합의 전체 조합원 과반수로 조직된 노동조합(2개 이상의 노동조합이 위임 또는 연합 등의 방법으로 교섭창구 단일화절차에 참여한 노동조합 전체 조합원의 과반수가 되는 경우를 포함한다)이 교섭대표노동조합이 된다. 〈개정 2021.1.5.〉

[보충] 교섭노동조합이 둘 이상인 경우에는 교섭노동조합 사이의 합의에 따라 교섭위원을 선임하여 교섭창구를 단일화하되, 제1항 전단에 따른 기간에 자율적으로 합의하지 못했을 때에는 교섭노동조합의 조합원수(교원인 조합원의 수를 말한다. 이하 이 조에서 같다)에 비례(산출된 교섭위원수의 소수점 이하의 수는 0으로 본

다)하여 교섭위원을 선임한다. 이 경우 교섭노동조합은 전단에 따른 조합원수를 확인하는 데 필요한 기준과 방법 등에 대하여 성실히 협의하고 필요한 자료를 제공하는 등 교섭위원의 선임을 위하여 적극 협조해야 한다(동법 시행령 제3조의2 제3항).

정답 ⑤

80 ☐☐☐ ○ △ ✕

교원의 노동조합 설립 및 운영 등에 관한 법률상 조정 및 중재에 관한 설명으로 옳은 것은?

① 중앙노동위원회가 제시한 조정안을 당사자의 어느 한쪽이라도 거부한 경우, 중앙노동위원회는 중재를 하며, 중재기간에 대하여는 법률의 정함이 없다.
② 관계당사자 쌍방의 동의를 얻은 경우에는 교원 노동관계 조정위원회에 갈음하여 단독조정인에게 조정을 행하게 할 수 있다.
③ 조정은 신청을 받은 날부터 30일 이내에 마쳐야 하며, 다만 당사자들이 합의한 경우에는 30일 이내의 범위에서 조정기간을 연장할 수 있다.
④ 관계당사자의 일방이 단체협약에 의하여 중재를 신청한 때 중앙노동위원회는 중재를 한다.
⑤ 중앙노동위원회 위원장은 직권으로 중재에 회부한다는 결정을 할 수 없다.

해설

① (○) ④ (✕) ⑤ (✕) 교원노조법 제10조 제2호, 관계당사자의 일방이 단체협약에 의하여 → 관계당사자 양쪽이 함께(동조 제1호), 없다 → 있다(동조 제3호)

> **제10조(중재의 개시)** 중앙노동위원회는 다음 각 호의 어느 하나에 해당하는 경우에는 중재(仲裁)를 한다. 〈개정 2010.6.4.〉
> 1. 제6조에 따른 단체교섭이 결렬되어 관계당사자 양쪽이 함께 중재를 신청한 경우
> 2. 중앙노동위원회가 제시한 조정안을 당사자의 어느 한쪽이라도 거부한 경우
> 3. 중앙노동위원회 위원장이 직권으로 또는 고용노동부장관의 요청에 따라 중재에 회부한다는 결정을 한 경우

② (✕) 교원노조법 제14조 제2항에 따라 노동조합법 제57조는 적용하지 아니한다.

> **제14조(다른 법률과의 관계)** ② 「노동조합 및 노동관계조정법」 제2조 제4호 라목, 제24조, 제24조의2 제1항·제2항, 제29조 제2항부터 제4항까지, 제29조의2부터 제29조의5까지, 제36조부터 제39조까지, 제41조, 제42조, 제42조의2부터 제42조의6까지, 제43조부터 제46조까지, 제51조부터 제57조까지, 제60조 제5항, 제62조부터 제65조까지, 제66조 제2항, 제69조부터 제73조까지, 제76조부터 제80조까지, 제81조 제1항 제2호 단서, 제88조, 제89조 제1호, 제91조 및 제96조 제1항 제3호는 이 법에 따른 노동조합에 대해서는 적용하지 아니한다. 〈개정 2022.6.10.〉
> **노동조합법 제57조(단독조정)** ① 노동위원회는 관계당사자 쌍방의 신청이 있거나 관계당사자 쌍방의 동의를 얻은 경우에는

조정위원회에 갈음하여 단독조정인에게 조정을 행하게 할 수 있다.

③ (✕) 교원노조법상 조정기간 연장에 관한 규정은 없다.

> **제9조(노동쟁의의 조정신청 등)** ① 제6조에 따른 단체교섭이 결렬된 경우에는 당사자 어느 한쪽 또는 양쪽은 「노동위원회법」 제2조에 따른 중앙노동위원회(이하 "중앙노동위원회"라 한다)에 조정(調停)을 신청할 수 있다. 〈개정 2021.1.5.〉
> ② 제1항에 따라 당사자 어느 한쪽 또는 양쪽이 조정을 신청하면 중앙노동위원회는 지체 없이 조정을 시작하여야 하며 당사자 양쪽은 조정에 성실하게 임하여야 한다.
> ③ 조정은 제1항에 따른 신청을 받은 날부터 30일 이내에 마쳐야 한다.

정답 ①

026 □□□   ○ △ ✕

노동조합 및 노동관계조정법상 총회 및 대의원회의 회의 등에 관한 설명으로 옳지 않은 것은?

① 총회에서 임원의 선임에 관한 사항을 의결할 때에는 재적조합원 과반수의 출석과 출석조합원 3분의 2 이상의 찬성이 있어야 한다.

② 연합단체인 노동조합의 대표자는 그 구성단체의 3분의 1 이상이 회의에 부의할 사항을 제시하고 회의의 소집을 요구한 때에는 지체 없이 임시총회 또는 임시대의원회를 소집하여야 한다.

③ 노동조합이 특정 조합원에 관한 사항을 의결할 경우에는 그 조합원은 표결권이 없다.

④ 하나의 사업 또는 사업장을 대상으로 조직된 노동조합의 대의원은 그 사업 또는 사업장에 종사하는 조합원 중에서 선출하여야 한다.

⑤ 대의원회는 회의개최일 7일 전까지 그 회의에 부의할 사항을 공고하여야 하나, 노동조합이 동일한 사업장 내의 근로자로 구성된 경우에는 그 규약으로 공고기간을 단축할 수 있다.

해설

① (✕) 선임 → 해임(노동조합법 제16조 제2항 단서)

[보충] 임원의 선임(선거)에 관한 사항은 재적조합원 과반수의 출석과 출석조합원 과반수의 찬성으로 의결한다.

> **제16조(총회의 의결사항)** ① 다음 각 호의 사항은 총회의 의결을 거쳐야 한다.
> 1. 규약의 제정과 변경에 관한 사항
> 2. 임원의 선거와 해임에 관한 사항
> 3. 단체협약에 관한 사항
> 4. 예산·결산에 관한 사항
> 5. 기금의 설치·관리 또는 처분에 관한 사항
> 6. 연합단체의 설립·가입 또는 탈퇴에 관한 사항
> 7. 합병·분할 또는 해산에 관한 사항
> 8. 조직형태의 변경에 관한 사항
> 9. 기타 중요한 사항
> ② 총회는 재적조합원 과반수의 출석과 출석조합원 과반수의 찬성으로 의결한다. 다만, 규약의 제정·변경, 임원의 해임, 합병·분할·해산 및 조직형태의 변경에 관한 사항은 재적조합원 과반수의 출석과 출석조합원 3분의 2 이상의 찬성이 있어야 한다.

② (○) 노동조합의 대표자는 조합원 또는 대의원의 3분의 1 이상이나 <u>연합단체(聯合團體)인 노동조합(勞動組合)에 있어서는 그 구성단체(構成團體)의 3분(分)의 1 이상</u>이 회의에 부의할 사항을 제시하고 회의의 소집을 요구한 때에는 지체 없이 임시총회 또는 임시대의원회를 소집하여야 한다(동법 제18조 제2항).

③ (○) 동법 제20조

④ (○) 동법 제17조 제3항

⑤ (○) 총회 또는 대의원회는 회의개최일 7일 전까지 그 회의에 부의할 사항을 공고하고 규약에 정한 방법에 의하여 소집하여야 한다. 다만, 노동조합이 동일한 사업장 내의 근로자로 구성된 경우에는 그 규약으로 공고기간을 단축할 수 있다(동법 제19조).

정답 ①

027 □□□   ○ △ ✕

노동조합 및 노동관계조정법상 근로시간 면제에 관한 설명으로 옳은 것은 몇 개인가?

> ○ 근로시간면제심의위원회는 「노동위원회법」에 따른 중앙노동위원회에 둔다.
> ○ 고용노동부장관이 고시한 근로시간 면제한도를 초과하는 내용의 단체협약은 그 초과한 부분에 한정하여 무효로 한다.
> ○ 근로시간면제심의위원회는 성별을 고려하여 구성한다.
> ○ 고용노동부장관은 통보받은 근로시간 면제한도를 합리적인 범위 내에서 조정하여 고시할 수 있다.

① 0개   ② 1개   ③ 2개
④ 3개   ⑤ 4개

해설

③ (○) 근로시간 면제에 관한 설명으로 옳은 것은 2개이다.

[보충] 근로시간면제심의위원회는 「경제사회노동위원회법」에 따른 경제사회노동위원회에 두고, 고용노동부장관은 경제사회노동위원회 위원장이 통보한 근로시간 면제한도를 고시할 수 있을 뿐, 합리적인 범위 내에서 조정할 수 없다.

> **노동조합법 제24조(근로시간 면제 등)** ④ 제2항을 위반하여 근로시간 면제한도를 초과하는 내용을 정한 단체협약 또는 사용자의 동의는 그 부분에 한정하여 무효로 한다. 〈개정 2021.1.5.〉
> **제24조의2(근로시간면제심의위원회)** ① 근로시간 면제자에 대한 근로시간 면제한도를 정하기 위하여 근로시간면제심의위원회(이하 이 조에서 "위원회"라 한다)를 「경제사회노동위원회법」에 따른 경제사회노동위원회(이하 "경제사회노동위원회"라 한다)에 둔다. 〈개정 2021.1.5.〉
> ④ 고용노동부장관은 제3항에 따라 경제사회노동위원회 위원장이 통보한 근로시간 면제한도를 고시하여야 한다. 〈신설 2021.1.5.〉
> ⑤ 위원회는 다음 각 호의 구분에 따라 근로자를 대표하는 위원과 사용자를 대표하는 위원 및 공익을 대표하는 위원 각 5명씩 성별을 고려하여 구성한다. 〈신설 2021.1.5.〉
> 1. 근로자를 대표하는 위원: 전국적 규모의 노동단체가 추천하는 사람
> 2. 사용자를 대표하는 위원: 전국적 규모의 경영자단체가 추천하는 사람

3. 공익을 대표하는 위원: 경제사회노동위원회 위원장이 추천한
   15명 중에서 제1호에 따른 노동단체와 제2호에 따른 경영자단
   체가 순차적으로 배제하고 남은 사람

정답 ③

028 ☐☐☐   ○ △ ✕

노동조합 및 노동관계조정법상 노동조합의 관리 등에 관한
설명으로 옳지 않은 것은?

① 연합단체인 노동조합은 조합설립일부터 30일 이내에
   그 구성단체의 명칭을 기재한 명부를 작성하여 그 주
   된 사무소에 비치하여야 한다.
② 노동조합의 대표자는 그 회계감사원으로 하여금 3월
   에 1회 이상 당해 노동조합의 현재의 경리상황 등에
   대한 회계감사를 실시하게 하여야 한다.
③ 노동조합은 재정에 관한 장부와 서류를 3년간 보존하
   여야 한다.
④ 임원의 임기를 2년으로 정한 규약의 규정은 적법하다.
⑤ 노동조합의 대표자는 필요하다고 인정할 때에는 임시
   총회 또는 임시대의원회를 소집할 수 있다.

해설

① (○) ③ (○) 노동조합법 제14조 제1항 제1호, 제2항

> **제14조(서류비치등)** ① 노동조합은 조합설립일부터 30일 이내
> 에 다음 각 호의 서류를 작성하여 그 주된 사무소에 비치하여야
> 한다.
> 1. 조합원 명부[연합단체(聯合團體)인 노동조합(勞動組合)에 있
>   어서는 그 구성단체(構成團體)의 명칭]
> 2. 규약
> 3. 임원의 성명 · 주소록
> 4. 회의록
> 5. 재정에 관한 장부와 서류
> ② 제1항 제4호 및 제5호의 서류는 3연(년)간 보존하여야 한다.

② (✕) 3월 → 6월(동법 제25조 제1항)

> **제25조(회계감사)** ① 노동조합의 대표자는 그 회계감사원으로
> 하여금 6월에 1회 이상 당해 노동조합의 모든 재원 및 용도, 주요한
> 기부자의 성명, 현재의 경리상황 등에 대한 회계감사를 실시하게
> 하고 그 내용과 감사결과를 전체 조합원에게 공개하여야 한다.

④ (○) 임원의 임기는 규약으로 정하되 3년을 초과할 수 없다(동법
   제23조 제2항). 따라서 위 규정은 적법하다 할 것이다.
⑤ (○) 동법 제18조 제1항

정답 ②

029 ☐☐☐   ○ △ ✕

노동조합 및 노동관계조정법령상 노동조합에 관한 설명으
로 옳지 않은 것은? (다툼이 있으면 판례에 따름)

① 근로조건의 결정권이 있는 독립된 사업 또는 사업장에
   조직된 노동단체는 지부 · 분회 등 명칭이 무엇이든 상
   관없이 노동조합의 설립신고를 할 수 있다.
② 주로 정치운동을 목적으로 하는 경우에는 노동조합의
   설립신고를 마치고 신고증을 교부받았다고 하더라도,
   그러한 단체는 적법한 노동조합으로 인정받지 못할 수
   있다.
③ 「노동조합 및 노동관계조정법」상 노동조합이 아님을
   통보하는 것을 행정입법으로 규정하려면 반드시 법률
   의 명시적이고 구체적인 위임이 있어야 한다.
④ 산업별 노동조합의 지회가 기업별로 구성된 노동조합에
   준하는 실질을 가지고 있다면, 총회의 의결을 거쳐 독립
   한 기업별 노동조합으로 조직형태를 변경할 수 있다.
⑤ 복수 노동조합 중 어느 한 노동조합은 다른 노동조합
   을 상대로 그 노동조합의 설립무효확인을 구하는 소를
   제기할 수 없다.

해설

① (○) 산하조직 중 근로조건의 결정권이 있는 독립된 사업 또는
   사업장에 조직된 노동단체는 지부 · 분회 등 명칭이 무엇이든 상관
   없이 법 제10조 제1항에 따른 노동조합의 설립신고를 할 수 있다
   (노동조합법 시행령 제7조).
② (○) 동법 제2조 제4호 단서 마목

> **제2조(정의)** 이 법에서 사용하는 용어의 정의는 다음과 같다.
> 〈개정 2021.1.5.〉
> 4. "노동조합"이라 함은 근로자가 주체가 되어 자주적으로 단결
>   하여 근로조건의 유지 · 개선 기타 근로자의 경제적 · 사회적
>   지위의 향상을 도모함을 목적으로 조직하는 단체 또는 그 연
>   합단체를 말한다. 다만, 다음 각목의 1에 해당하는 경우에는
>   노동조합으로 보지 아니한다.
>   가. 사용자 또는 항상 그의 이익을 대표하여 행동하는 자의
>   참가를 허용하는 경우
>   나. 경비의 주된 부분을 사용자로부터 원조받는 경우
>   다. 공제 · 수양 기타 복리사업만을 목적으로 하는 경우
>   라. 근로자가 아닌 자의 가입을 허용하는 경우
>   마. 주로 정치운동을 목적으로 하는 경우

③ (○) [다수의견] 법외노조 통보는 적법하게 설립된 노동조합의 법
   적 지위를 박탈하는 중대한 침익적 처분으로서 원칙적으로 국민의
   대표자인 입법자가 스스로 형식적 법률로써 규정하여야 할 사항이
   고, 행정입법으로 이를 규정하기 위하여는 반드시 법률의 명시적
   이고 구체적인 위임이 있어야 한다. 그런데 노동조합 및 노동관계
   조정법 시행령(이하 '노동조합법 시행령'이라 한다) 제9조 제2항은
   법률의 위임 없이 법률이 정하지 아니한 법외노조 통보에 관하여
   규정함으로써 헌법상 노동3권을 본질적으로 제한하고 있으므로
   그 자체로 무효이다(대법원 2020.9.3, 2016두32992 전원합의체).
④ (○) 산업별 노동조합의 지부 · 분회 · 지회 등의 하부조직(이하 '지
   회 등'이라 한다)이라고 하더라도 독자적인 단체교섭과 단체협약

체결능력이 있어 기업별 노동조합에 준하는 실질을 가지고 있거나 그렇지 않더라도 기업별 노동조합과 유사한 근로자단체로서 독립성이 인정되어 법인 아닌 사단이라고 볼 수 있는 경우에는 총회의 결의를 통하여 소속을 변경하고 독립한 기업별 노동조합으로 전환할 수 있다고 보아야 한다(대법원 2018.1.24, 2014다203045).

⑤ (×) 복수 노동조합의 설립이 현재 전면적으로 허용되고 있을 뿐 아니라 교섭창구 단일화제도가 적용되고 있는 현행 노동조합 및 노동관계조정법(이하 '노동조합법'이라고 한다)하에서 복수 노동조합 중의 어느 한 노동조합은 원칙적으로 스스로 교섭대표노동조합이 되지 않는 한 독자적으로 단체교섭권을 행사할 수 없고(제29조의2, 제29조 제2항 등), 교섭대표노동조합이 결정된 경우 그 절차에 참여한 노동조합의 전체 조합원의 과반수 찬성결정이 없으면 쟁의행위를 할 수 없게 되며(제41조 제1항), 쟁의행위는 교섭대표노동조합에 의해 주도되어야 하는(제29조의5, 제37조 제2항) 등 법적인 제약을 받게 된다. 그러므로 단체교섭의 주체가 되고자 하는 노동조합으로서는 위와 같은 제약에 따르는 현재의 권리 또는 법률상 지위에 대한 위험이나 불안을 제거하기 위하여 다른 노동조합을 상대로 해당 노동조합이 설립될 당시부터 노동조합법 제2조 제4호가 규정한 주체성과 자주성 등의 실질적 요건을 흠결하였음을 들어 설립무효의 확인을 구하거나 노동조합으로서의 법적 지위가 부존재한다는 확인을 구하는 소를 제기할 수 있다고 보는 것이 타당하다(대법원 2021.2.25, 2017다51610).

정답 ⑤

30 ☐☐☐   ○ △ ×

노동조합 및 노동관계조정법상 노동조합의 규약 및 규정에 관한 설명으로 옳지 않은 것은? (다툼이 있으면 판례에 따름)

① 행정관청은 노동조합의 규약이 노동관계법령에 위반한 경우에는 고용노동부장관의 승인을 받아 그 시정을 명할 수 있다.

② 노동조합이 규약에 따라 자체적으로 마련한 선거관리규정은 조합 민주주의를 실현하기 위한 강행법규에 적합한 범위 내에서는 일종의 자치적 법규범으로서 국가법질서 내에서 법적 효력을 가진다.

③ 노동조합의 총회가 규약의 제·개정결의를 통하여 총회에 갈음할 대의원회를 두고 규약의 개정에 관한 사항을 대의원회의 의결사항으로 정한 경우라도 이로써 총회의 규약개정권한이 소멸된다고 볼 수 없다.

④ 단체협약 체결업무 수행에 대한 적절한 통제를 위하여 규약 등에서 내부절차를 거치도록 하는 등 대표자의 단체협약체결권한의 행사를 절차적으로 제한하는 것은, 그것이 단체협약체결권한을 전면적·포괄적으로 제한하는 것이 아닌 이상 허용된다.

⑤ 조합원의 재산권을 둘러싼 노동조합과 조합원 간의 분쟁에 관하여 그 분쟁이 발생하기 전 조합원이 노동조합을 상대로 일절 소송을 제기할 수 없도록 한 노동조합의 규정은 무효이다.

해설

① (×) 고용노동부장관의 승인을 받아 → 노동위원회의 의결을 얻어 (노동조합법 제21조 제1항)

> 제21조(규약 및 결의처분의 시정) ① 행정관청은 노동조합의 규약이 노동관계법령에 위반한 경우에는 노동위원회의 의결을 얻어 그 시정을 명할 수 있다. 〈개정 1998.2.20.〉

② (○) 노동조합은 근로자들이 자신들의 이익을 옹호하기 위하여 자주적으로 결성한 임의단체로서 그 내부운영에 있어서 조합규약 및 다수결에 의한 자치가 보장되므로, 노동조합이 자체적으로 마련한 선거관리규정은 조합 민주주의를 실현하기 위한 강행법규에 적합한 범위 내에서는 일종의 자치적 법규범으로서 국가법질서 내에서 법적 효력을 가진다(대법원 1998.2.27, 97다43567).

③ (○) 규약의 제정은 총회의 의결사항으로서(노동조합법 제16조 제1항 제1호) 규약의 제·개정권한은 조합원 전원으로 구성되는 총회의 근원적·본질적 권한이라는 점, 대의원회는 규약에 의하여 비로소 설립되는 것으로서(노동조합법 제17조 제1항) 대의원회의 존재와 권한은 총회의 규약에 관한 결의로부터 유래된다는 점 등에 비추어 볼 때, 총회가 규약의 제·개정결의를 통하여 총회에 갈음할 대의원회를 두고 '규약의 개정에 관한 사항'을 대의원회의 의결사항으로 정한 경우라도 이로써 총회의 규약개정권한이 소멸된다고 볼 수 없고, 총회는 여전히 노동조합법 제16조 제2항 단서에 정해진 재적조합원 과반수의 출석과 출석조합원 3분의 2 이상의 찬성으로 '규약의 개정에 관한 사항'을 의결할 수 있다(대법원 2014.8.26, 2012두6063).

④ (○) 노동조합이 조합원들의 의사를 반영하고 대표자의 단체교섭 및 단체협약 체결업무 수행에 대한 적절한 통제를 위하여 규약 등에서 내부절차를 거치도록 하는 등 대표자의 단체협약체결권한의 행사를 절차적으로 제한하는 것은, 그것이 단체협약체결권한을 전면적·포괄적으로 제한하는 것이 아닌 이상 허용된다(대법원 2018.7.26, 2016다205908).

⑤ (○) 노동조합이 조합규약에 근거하여 자체적으로 만든 신분보장대책기금관리규정에 기한 위로금의 지급을 둘러싼 노동조합과 조합원 간의 분쟁에 관하여 노동조합을 상대로 일절 소송을 제기할 수 없도록 정한 노동조합의 신분보장대책기금관리규정 제11조는 조합원의 재산권에 속하는 위로금의 지급을 둘러싸고 생기게 될 조합원과 노동조합 간의 법률상의 쟁송에 관하여 헌법상 보장된 조합원의 재판을 받을 권리를 구체적 분쟁이 생기기 전에 미리 일률적으로 박탈한 것으로서 국민의 재판을 받을 권리를 보장한 위의 헌법 및 법원조직법의 규정과 부제소합의제도의 취지에 위반되어 무효라고 할 것이다(대법원 2002.2.22, 2000다65086).

정답 ①

31 □□□   ○ △ ✕

노동조합 및 노동관계조정법령상 노동조합에 관한 설명으로 옳은 것은? (다툼이 있으면 판례에 따름)

① 노동조합을 법인으로 하려는 때에는 그 주된 사무소의 소재지를 관할하는 행정관청에 등기해야 한다.
② 노동조합은 그 규약으로 조합비를 납부하지 아니하는 조합원의 권리를 제한할 수 있다.
③ 「노동조합 및 노동관계조정법」에 의하여 설립되지 아니한 노동조합도 노동위원회에 노동쟁의의 조정을 신청할 수 있다.
④ 「노동조합 및 노동관계조정법」에 의하여 설립된 노동조합이 아니더라도 노동조합이라는 명칭을 사용할 수 있다.
⑤ 노동조합의 사업체에 대해서는 세법이 정하는 바에 따라 조세를 부과하지 아니한다.

해설

① (✕) 행정관청 → 등기소(노동조합법 시행령 제2조)

> **시행령 제2조(법인등기)** 「노동조합 및 노동관계조정법」(이하 "법"이라 한다) 제6조 제2항에 따라 노동조합을 법인으로 하려는 때에는 그 주된 사무소의 소재지를 관할하는 등기소에 등기해야 한다. 〈개정 2021.6.29.〉

② (○) 노동조합의 조합원은 균등하게 그 노동조합의 모든 문제에 참여할 권리와 의무를 가진다. 다만, 노동조합은 그 규약으로 조합비를 납부하지 아니하는 조합원의 권리를 제한할 수 있다(동법 제22조).

③ (✕) 노동조합도 → 노동조합은, 있다 → 없다(동법 제7조 제1항)

> **제7조(노동조합의 보호요건)** ① 이 법에 의하여 설립된 노동조합이 아니면 노동위원회에 노동쟁의의 조정 및 부당노동행위의 구제를 신청할 수 없다.

④ (✕) 아니더라도 → 아니면, 있다 → 없다(동조 제3항)

> **제7조(노동조합의 보호요건)** ③ 이 법에 의하여 설립된 노동조합이 아니면 노동조합이라는 명칭을 사용할 수 없다.

⑤ (✕) 노동조합의 사업체에 대해서는 → 노동조합에 대하여는 그 사업체를 제외하고는(동법 제8조)

> **제8조(조세의 면제)** 노동조합에 대하여는 그 사업체를 제외하고는 세법이 정하는 바에 따라 조세를 부과하지 아니한다.

정답 ②

32 □□□   ○ △ ✕

노동조합 및 노동관계조정법상 노동조합과 조합원 등에 관한 설명으로 옳은 것은? (다툼이 있으면 판례에 따름)

① 사업 또는 사업장에 종사하는 근로자가 아닌 노동조합의 조합원은 사용자의 사업운영 지장 여부와 무관하게 사업 또는 사업장 내에서 노동조합활동을 할 수 없다.
② 유니언숍 협정이 체결된 사업장의 사용자는 단체협약에 명문규정이 있는 경우에도 노동조합에서 제명된 것을 이유로 근로자에게 신분상 불이익한 행위를 할 수 없다.
③ 유니언숍 협정에 따라 사용자가 노동조합을 탈퇴한 근로자를 해고한 경우에 해고된 근로자가 조합원지위확인을 구하는 소를 제기하여 승소하면 그 해고는 취소된 것으로 본다.
④ 일정 범위의 근로자에 대하여만 단체협약을 적용하기로 규정하였더라도 단체협약은 조합원 모두에게 현실적으로 적용된다.
⑤ 헌법재판소는 헌법 제33조 제1항에서 정한 근로자의 단결권은 단결할 자유뿐 아니라 단결하지 아니할 자유를 포함한다고 해석한다.

해설

① (✕) 지장 여부와 무관하게 → 지장을 주지 아니하는 범위에서, 없다 → 있다(노동조합법 제5조 제2항)

> **제5조(노동조합의 조직·가입·활동)** ② 사업 또는 사업장에 종사하는 근로자(이하 "종사근로자"라 한다)가 아닌 노동조합의 조합원은 사용자의 효율적인 사업운영에 지장을 주지 아니하는 범위에서 사업 또는 사업장 내에서 노동조합활동을 할 수 있다. 〈신설 2021.1.5.〉

② (○) 동법 제81조 제1항 제2호

[보충] 조직강제의 전형으로서 클로즈드숍과 유니언숍이 존재하는데, 클로즈드숍은 채용 시 노동조합의 조합원만을 고용할 수 있고, 조합원이 아니게 된 자는 해고하여야 한다는 단체협약이고, 유니언숍은 채용 이후 노동조합에 가입하지 아니하거나, 조합원이 아니게 된 자를 해고하여야 한다는 단체협약이다. 우리나라는 노동조합법 제81조에서 유니언숍을 인정하고 있다.

> **제81조(부당노동행위)** ① 사용자는 다음 각 호의 어느 하나에 해당하는 행위[이하 "부당노동행위(不當勞動行爲)"라 한다]를 할 수 없다. 〈개정 2021.1.5.〉
> 2. 근로자가 어느 노동조합에 가입하지 아니할 것 또는 탈퇴할 것을 고용조건으로 하거나 특정한 노동조합의 조합원이 될 것을 고용조건으로 하는 행위. 다만, 노동조합이 당해 사업장에 종사하는 근로자의 3분의 2 이상을 대표하고 있을 때에는 근로자가 그 노동조합의 조합원이 될 것을 고용조건으로 하는 단체협약의 체결은 예외로 하며, 이 경우 사용자는 근로자가 그 노동조합에서 제명된 것 또는 그 노동조합을 탈퇴하여 새로 노동조합을 조직하거나 다른 노동조합에 가입한 것을 이유로 근로자에게 신분상 불이익한 행위를 할 수 없다.

③ (✕) 유니언숍 협약에 따라 사용자가 노동조합을 탈퇴한 근로자를

해고한 경우에 해고근로자가 노동조합을 상대로 하여 조합원지위 확인을 구하는 소를 제기하여 승소한다고 하더라도 바로 해고의 효력이 부정되는 것은 아닐 뿐 아니라, 사용자 또한 그 해고가 적법한 것이라고 주장하고 있고 해고무효확인소송에서도 그 선결 문제로 조합원지위의 존부에 관하여 판단을 할 수 있으므로, 근로자가 노동조합을 상대로 조합원지위의 확인을 구하지 아니하고 막바로 해고무효확인소송을 제기하였다고 하더라도 그 소가 소익이 없다고 할 수는 없다(대법원 1995.2.28, 94다15363).

④ (×) 사용자와 노동조합 사이에 체결된 단체협약은 특약에 의하여 일정 범위의 근로자에 대하여만 적용하기로 정하고 있는 등의 특별한 사정이 없는 한 협약당사자로 된 노동조합의 구성원으로 가입한 조합원 모두에게 현실적으로 적용되는 것이 원칙이고, 다만 단체협약에서 노사 간의 상호 협의에 의하여 규약상 노동조합의 조직대상이 되는 근로자의 범위와는 별도로 조합원이 될 수 없는 자를 특별히 규정함으로써 일정 범위의 근로자들에 대하여 위 단체협약의 적용을 배제하고자 하는 취지의 규정을 둔 경우에는, 비록 이러한 규정이 노동조합 규약에 정해진 조합원의 범위에 관한 규정과 배치된다 하더라도 무효라고 볼 수 없다(대법원 2004.1.29, 2001다5142).

[보충] 따라서 특약에 의하여 일정 범위의 근로자에 대하여만 적용하기로 정하고 있는 등의 특별한 사정이 있는 한, 즉 일정 범위의 근로자에 대하여만 단체협약을 적용하기로 규정하였다면, 단체협약은 그 일정 범위의 근로자에 대하여만 적용된다.

⑤ (×) 헌법 제33조 제1항은 "근로자는 근로조건의 향상을 위하여 자주적인 단결권·단체교섭권 및 단체행동권을 가진다."고 규정하고 있다. 여기서 헌법상 보장된 근로자의 단결권은 단결할 자유만을 가리킬 뿐이고, 단결하지 아니할 자유 이른바 소극적 단결권은 이에 포함되지 않는다고 보는 것이 우리 재판소의 선례라고 할 것이다(헌법재판소 2005.11.24, 2002헌바95,96,2003헌바9).

[보충] 노동조합과 각종 단체의 헌법상 차이는, 결사의 자유의 경우 단체를 결성하는 자유, 단체에 가입하는 자유뿐만 아니라 단체를 결성하지 아니할 자유, 단체에의 참가를 강제당하지 아니할 자유, 단체를 탈퇴할 자유를 포함하는데 반하여 근로자의 단결권은 단결할 자유만을 가리킬 뿐이다. 따라서 노동조합의 경우, 사용자와의 교섭력을 확보하기 위하여 사실상 어느 정도의 조직강제 내지 단결강제를 수반하게 되는 것이다(헌법재판소 1999.11.25, 98헌마141).

정답 ②

033 □□□ ○ △ ×

노동조합 및 노동관계조정법령상 교섭단위 결정 등에 관한 설명으로 옳지 않은 것은?

① 교섭대표노동조합을 결정하여야 하는 단위는 하나의 사업 또는 사업장으로 한다.
② 노동위원회는 사용자의 신청을 받아 교섭단위를 분리하는 결정을 할 수 있다.
③ 노동위원회는 노동조합의 신청을 받아 분리된 교섭단위를 통합하는 결정을 할 수 있다.
④ 노동조합이 교섭단위를 분리하여 교섭하려는 경우, 사용자가 교섭요구사실을 공고하기 전에는 교섭단위를 분리하는 결정을 신청할 수 있다.
⑤ 사용자는 분리된 교섭단위를 통합하여 교섭하려는 경우, 교섭대표노동조합이 결정된 날 이후에는 그 통합하는 결정을 신청할 수 없다.

해설

① (○) 제29조의2에 따라 교섭대표노동조합을 결정하여야 하는 단위(이하 "교섭단위"라 한다)는 하나의 사업 또는 사업장으로 한다(노동조합법 제29조의3 제1항).
② (○) ③ (○) 제1항에도 불구하고 하나의 사업 또는 사업장에서 현격한 근로조건의 차이, 고용형태, 교섭관행 등을 고려하여 교섭단위를 분리하거나 분리된 교섭단위를 통합할 필요가 있다고 인정되는 경우에 노동위원회는 노동관계 당사자의 양쪽 또는 어느 한쪽의 신청을 받아 교섭단위를 분리하거나 분리된 교섭단위를 통합하는 결정을 할 수 있다(동조 제2항).
④ (○) ⑤ (×) 이후에는 → 이후에, 없다 → 있다(동법 시행령 제14조의11 제1항 제2호)

시행령 제14조의11(교섭단위 결정) ① 노동조합 또는 사용자는 법 제29조의3 제2항에 따라 교섭단위를 분리하거나 분리된 교섭단위를 통합하여 교섭하려는 경우에는 다음 각 호에 해당하는 기간에 노동위원회에 교섭단위를 분리하거나 분리된 교섭단위를 통합하는 결정을 신청할 수 있다. 〈개정 2021.6.29.〉
1. 제14조의3에 따라 사용자가 교섭요구사실을 공고하기 전
2. 제14조의3에 따라 사용자가 교섭요구사실을 공고한 경우에는 법 제29조의2에 따른 교섭대표노동조합이 결정된 날 이후

정답 ⑤

34 □□□   ○ △ ✕

노동조합 및 노동관계조정법상 노동조합의 해산에 관한 설명으로 옳지 않은 것은?

① 노동조합이 해산한 때에는 그 대표자는 해산한 날부터 30일 이내에 행정관청에게 이를 신고하여야 한다.

② 총회의 해산결의가 있는 경우, 노동조합은 해산한다.

③ 분할로 소멸한 경우, 노동조합은 해산한다.

④ 규약에서 정한 해산사유가 발생한 경우, 노동조합은 해산한다.

⑤ 노동조합의 임원이 없고 노동조합으로서의 활동을 1년 이상 하지 아니한 것으로 인정되는 경우로서 행정관청이 노동위원회의 의결을 얻은 경우, 노동조합은 해산한다.

해설

① (✕) 30일 → 15일(노동조합법 제28조 제2항)

② (○) ③ (○) ④ (○) ⑤ (○) 동조 제1항 제3호, 제2호, 제1호, 제4호

> **제28조(해산사유)** ① 노동조합은 다음 각 호의 1에 해당하는 경우에는 해산한다. 〈개정 1998.2.20.〉
> 1. 규약에서 정한 해산사유가 발생한 경우
> 2. 합병 또는 분할로 소멸한 경우
> 3. 총회 또는 대의원회의 해산결의가 있는 경우
> 4. 노동조합의 임원이 없고 노동조합으로서의 활동을 1년 이상 하지 아니한 것으로 인정되는 경우로서 행정관청이 노동위원회의 의결을 얻은 경우
> ② 제1항 제1호 내지 제3호의 사유로 노동조합이 해산한 때에는 그 대표자는 해산한 날부터 15일 이내에 행정관청에게 이를 신고하여야 한다. 〈개정 1998.2.20.〉

정답 ①

35 □□□   ○ △ ✕

노동조합 및 노동관계조정법령상 공정대표의무 등에 관한 설명으로 옳지 않은 것은? (다툼이 있으면 판례에 따름)

① 교섭창구 단일화절차에 참여한 노동조합은 단체협약의 내용의 일부가 공정대표의무에 위반되는 경우에는 단체협약 체결일부터 3개월 이내에 그 시정을 요청할 수 있다.

② 교섭대표노동조합과 사용자는 교섭창구 단일화절차에 참여한 노동조합의 조합원 간에 합리적 이유 없이 차별을 하여서는 아니 된다.

③ 노동위원회는 공정대표의무 위반의 시정신청을 받은 때에는 지체 없이 필요한 조사와 관계당사자에 대한 심문(審問)을 하여야 한다.

④ 노동위원회는 공정대표의무 위반의 시정신청에 따른 심문을 할 때에는 관계당사자의 신청이 없는 경우, 직권으로 증인을 출석하게 하여 질문할 수 없다.

⑤ 교섭대표노동조합이 교섭창구 단일화절차에 참여한 다른 노동조합을 차별한 것으로 인정되는 경우, 그와 같은 차별에 합리적인 이유가 있다는 점은 교섭대표노동조합에게 주장·증명책임이 있다.

해설

① (○) ② (○) 노동조합법 제29조의4 제2항, 제1항

> **제29조의4(공정대표의무 등)** ① 교섭대표노동조합과 사용자는 교섭창구 단일화절차에 참여한 노동조합 또는 그 조합원 간에 합리적 이유 없이 차별을 하여서는 아니 된다.
> ② 노동조합은 교섭대표노동조합과 사용자가 제1항을 위반하여 차별한 경우에는 그 행위가 있은 날(단체협약의 내용의 일부 또는 전부가 제1항에 위반되는 경우에는 단체협약 체결일을 말한다)부터 3개월 이내에 대통령령으로 정하는 방법과 절차에 따라 노동위원회에 그 시정을 요청할 수 있다.

③ (○) 동법 시행령 제14조의12 제2항

④ (✕) 없다 → 있다(동조 제3항)

> **시행령 제14조의12(공정대표의무 위반에 대한 시정)** ③ 노동위원회는 제2항에 따른 심문을 할 때에는 관계당사자의 신청이나 직권으로 증인을 출석하게 하여 필요한 사항을 질문할 수 있다.

⑤ (○) 교섭대표노동조합이나 사용자가 교섭창구 단일화절차에 참여한 다른 노동조합 또는 그 조합원을 차별한 것으로 인정되는 경우, 그와 같은 차별에 합리적인 이유가 있다는 점은 교섭대표노동조합이나 사용자에게 그 주장·증명책임이 있다(대법원 2018.9.13, 2017두40655).

정답 ④

036 □□□ ○ △ ✕

노동조합 및 노동관계조정법상 단체협약에 관한 규정 중 ( )에 들어갈 내용으로 옳은 것은?

> 제31조(단체협약의 작성) ② 단체협약의 당사자는 단체협약의 체결일부터 (ㄱ)일 이내에 이를 행정관청에게 신고하여야 한다.
> 제32조(단체협약 유효기간의 상한) ① 단체협약의 유효기간은 (ㄴ)년을 초과하지 않는 범위에서 노사가 합의하여 정할 수 있다.

① ㄱ: 10, ㄴ: 2   ② ㄱ: 10, ㄴ: 3
③ ㄱ: 15, ㄴ: 2   ④ ㄱ: 15, ㄴ: 3
⑤ ㄱ: 20, ㄴ: 2

해설

④ (○) ㄱ: 15, ㄴ: 3

> **노동조합법 제31조(단체협약의 작성)** ② 단체협약의 당사자는 단체협약의 체결일부터 15일 이내에 이를 행정관청에 신고하여야 한다. 〈개정 1998.2.20.〉
> **제32조(단체협약 유효기간의 상한)** ① 단체협약의 유효기간은 3년을 초과하지 않는 범위에서 노사가 합의하여 정할 수 있다. 〈개정 2021.1.5.〉

정답 ④

037 □□□ ○ △ ✕

노동조합 및 노동관계조정법령상 단체교섭 및 단체협약에 관한 설명으로 옳은 것은?

① 교섭대표노동조합의 대표자는 교섭요구와 무관하게 사업장 내 모든 노동조합 또는 조합원을 위하여 사용자와 교섭하고 단체협약을 체결할 권한을 가진다.
② 교섭대표노동조합이 결정된 후 교섭창구 단일화절차가 개시된 날부터 1년 동안 단체협약을 체결하지 못한 경우에는 어느 노동조합이든지 사용자에게 교섭을 요구할 수 있다.
③ 노동조합으로부터 적법한 교섭요구를 받은 사용자는 그 요구를 받은 날부터 5일간 그 교섭요구사실을 공고하여야 한다.
④ 노동조합은 사용자가 교섭요구사실의 공고를 하지 아니하거나 다르게 공고하는 경우에는 고용노동부령으로 정하는 바에 따라 행정관청에 그 시정을 요청할 수 있다.
⑤ 단체협약의 당사자가 하여야 할 단체협약의 신고는 당사자 쌍방이 연명으로 해야 한다.

해설

① (✕) 교섭요구와 무관하게 사업장 내 모든 → 교섭을 요구한 모든 (노동조합법 제29조 제2항)

> **제29조(교섭 및 체결권한)** ② 제29조의2에 따라 결정된 교섭대표노동조합(이하 "교섭대표노동조합"이라 한다)의 대표자는 교섭을 요구한 모든 노동조합 또는 조합원을 위하여 사용자와 교섭하고 단체협약을 체결할 권한을 가진다. 〈신설 2010.1.1.〉

② (✕) 결정된 후 교섭창구 단일화절차가 개시된 → 그 결정된(동법 시행령 제14조의10 제3항)

> **시행령 제14조의10(교섭대표노동조합의 지위 유지기간 등)** ③ 법 제29조의2에 따라 결정된 교섭대표노동조합이 그 결정된 날부터 1년 동안 단체협약을 체결하지 못한 경우에는 어느 노동조합이든지 사용자에게 교섭을 요구할 수 있다. 이 경우 제14조의2 제2항 및 제14조의3부터 제14조의9까지의 규정을 적용한다.

③ (✕) 5일간 → 7일간(동법 시행령 제14조의3 제1항)

> **시행령 제14조의3(노동조합 교섭요구사실의 공고)** ① 사용자는 노동조합으로부터 제14조의2에 따라 교섭요구를 받은 때에는 그 요구를 받은 날부터 7일간 그 교섭을 요구한 노동조합의 명칭 등 고용노동부령으로 정하는 사항을 해당 사업 또는 사업장의 게시판 등에 공고하여 다른 노동조합과 근로자가 알 수 있도록 하여야 한다. 〈개정 2010.7.12.〉

④ (✕) 행정관청 → 노동위원회(동조 제2항)

> **시행령 제14조의3(노동조합 교섭요구사실의 공고)** ② 노동조합은 사용자가 제1항에 따른 교섭요구사실의 공고를 하지 아니하거나 다르게 공고하는 경우에는 고용노동부령으로 정하는 바에 따라 노동위원회에 시정을 요청할 수 있다. 〈개정 2010.7.12.〉

⑤ (○) 동법 시행령 제15조

정답 ⑤

038 □□□ ○ △ ✕

노동조합 및 노동관계조정법령상 쟁의행위에 관한 설명으로 옳지 않은 것은? (다툼이 있으면 판례에 따름)

① 노동조합은 사용자의 점유를 배제하여 조업을 방해하는 형태로 쟁의행위를 해서는 아니 된다.
② 쟁의행위가 사업장의 안전보호시설에 대하여 정상적인 운영을 방해하는 행위로 행하여지는 경우에 사용자가 행정관청과 관할 노동위원회에 하여야 할 신고는 전화로도 가능하다.
③ 피케팅은 파업에 가담하지 않고 조업을 계속하려는 자에 대하여 평화적 설득, 구두와 문서에 의한 언어적 설득의 범위 내에서 정당성이 인정되는 것이 원칙이고, 위력에 의한 물리적 강제는 정당화될 수 없다.
④ 사업장의 안전보호시설의 정상적인 유지·운영을 정지하는 쟁의행위에 대하여 노동위원회는 그 의결로 쟁의행위의 중지를 통보하여야 한다.
⑤ 「방위사업법」에 의하여 지정된 주요방위산업체에 종사하는 근로자 중 방산물자의 완성에 필요한 정비업무에 종사하는 자는 쟁의행위를 할 수 없다.

① (○) 노동조합법 제37조 제3항

② (○) 동법 시행령 제18조, 동법 제42조 제2항

> **시행령 제18조(폭력행위 등의 신고)** ① 사용자는 쟁의행위가 법 제38조 제1항·제2항, 제42조 제1항 또는 제2항에 위반되는 경우에는 즉시 그 상황을 행정관청과 관할 노동위원회에 신고하여야 한다. 〈개정 2007.11.30〉
> ② 제1항의 규정에 의한 신고는 서면·구두 또는 전화 기타의 적당한 방법으로 하여야 한다.
> **제42조(폭력행위등의 금지)** ② 사업장의 안전보호시설에 대하여 정상적인 유지·운영을 정지·폐지 또는 방해하는 행위는 쟁의행위로서 이를 행할 수 없다.

③ (○) 파업의 보조적 쟁의수단인 피케팅은 파업에 가담하지 않고 조업을 계속하려는 자에 대하여 평화적 설득, 구두와 문서에 의한 언어적 설득의 범위 내에서 정당성이 인정되는 것이고, 폭행, 협박 또는 위력에 의한 실력저지나 물리적 강제는 정당화될 수 없다(대법원 1990.10.12, 90도1431).

④ (×) 노동위원회는 그 의결로 → 행정관청은 노동위원회의 의결을 얻어(동법 제42조 제3항)

> **제42조(폭력행위등의 금지)** ③ 행정관청은 쟁의행위가 제2항에 해당한다고 인정하는 경우에는 노동위원회의 의결을 얻어 그 행위를 중지할 것을 통보하여야 한다. 다만, 사태가 급박하여 노동위원회의 의결을 얻을 시간적 여유가 없을 때에는 그 의결을 얻지 아니하고 즉시 그 행위를 중지할 것을 통보할 수 있다.

⑤ (○) 동법 제41조 제2항, 동법 시행령 제20조

> **제41조(쟁의행위의 제한과 금지)** ② 「방위사업법」에 의하여 지정된 주요방위산업체에 종사하는 근로자 중 전력, 용수 및 주로 방산물자를 생산하는 업무에 종사하는 자는 쟁의행위를 할 수 없으며 주로 방산물자를 생산하는 업무에 종사하는 자의 범위는 대통령령으로 정한다. 〈개정 2006.1.2.〉
> **시행령 제20조(방산물자 생산업무 종사자의 범위)** 법 제41조 제2항에서 "주로 방산물자를 생산하는 업무에 종사하는 자"라 함은 방산물자의 완성에 필요한 제조·가공·조립·정비·재생·개량·성능검사·열처리·도장·가스취급 등의 업무에 종사하는 자를 말한다.

정답 ④

노동조합 및 노동관계조정법령상 필수유지업무 및 필수유지업무협정 등에 관한 설명으로 옳지 않은 것은?

① 철도차량 운행에 필요한 통신시설을 유지·관리하는 업무는 철도사업의 필수유지업무에 해당한다.

② 필수유지업무협정은 노동관계 당사자가 서면으로 체결하여야 하고, 쌍방이 서명 또는 날인하여야 한다.

③ 노동관계 당사자 쌍방 또는 일방은 필수유지업무협정이 체결되지 아니하는 때에는 노동위원회에 필수유지업무의 대상직무 등의 결정을 신청하여야 한다.

④ 노동관계 당사자가 필수유지업무 수준 등 결정신청을 하는 경우, 그 결정은 공익사업의 노동쟁의 조정을 위한 노동위원회의 특별조정위원회가 담당한다.

⑤ 노동조합이 쟁의행위 개시 전까지 쟁의행위기간 동안 근무하여야 할 조합원을 통보하지 아니한 경우, 사용자의 신청에 의하여 노동위원회가 필수유지업무에 근무하여야 할 근로자를 지명하고 이를 노동조합과 그 근로자에게 통보하여야 한다.

① (○) 노동조합법 제42조의2 제1항, 동법 시행령 제22조의2 관련 별표 1 제1호 마목

② (○) 노동관계 당사자는 쟁의행위기간 동안 필수유지업무의 정당한 유지·운영을 위하여 필수유지업무의 필요 최소한의 유지·운영 수준, 대상직무 및 필요인원 등을 정한 협정(이하"필수유지업무협정"이라 한다)을 서면으로 체결하여야 한다. 이 경우 필수유지업무협정에는 노동관계 당사자 쌍방이 서명 또는 날인하여야 한다(동법 제42조의3).

③ (○) 노동관계 당사자 쌍방 또는 일방은 필수유지업무협정이 체결되지 아니하는 때에는 노동위원회에 필수유지업무의 필요 최소한의 유지·운영 수준, 대상직무 및 필요인원 등의 결정을 신청하여야 한다(동법 제42조의4 제1항).

④ (○) 동조 제3항, 제72조 제1항

> **제42조의4(필수유지업무 유지·운영 수준 등의 결정)** ② 제1항의 규정에 따른 신청을 받은 노동위원회는 사업 또는 사업장별 필수유지업무의 특성 및 내용 등을 고려하여 필수유지업무의 필요 최소한의 유지·운영 수준, 대상직무 및 필요인원 등을 결정할 수 있다.
> ③ 제2항의 규정에 따른 노동위원회의 결정은 제72조의 규정에 따른 특별조정위원회가 담당한다.
> **제72조(특별조정위원회의 구성)** ① 공익사업의 노동쟁의의 조정을 위하여 노동위원회에 특별조정위원회를 둔다.

⑤ (×) 사용자의 신청에 의하여 노동위원회가 → 사용자가(동법 제42조의6 제1항)

> **제42조의6(필수유지업무 근무근로자의 지명)** ① 노동조합은 필수유지업무협정이 체결되거나 제42조의4 제2항의 규정에 따른 노동위원회의 결정이 있는 경우 사용자에게 필수유지업무에 근무하는 조합원 중 쟁의행위기간 동안 근무하여야 할 조합원을 통보하여야 하며, 사용자는 이에 따라 근로자를 지명하고 이를 노동조합과 그 근로자에게 통보하여야 한다. 다만, 노동조합이 쟁의행위

개시 전까지 이를 통보하지 아니한 경우에는 사용자가 필수유지업무에 근무하여야 할 근로자를 지명하고 이를 노동조합과 그 근로자에게 통보하여야 한다. 〈개정 2010.1.1.〉

[보충] 노동조합법상 필수공익사업별 필수유지업무는 다음과 같다.

제42조의2(필수유지업무에 대한 쟁의행위의 제한) ① 이 법에서 "필수유지업무"라 함은 제71조 제2항의 규정에 따른 필수공익사업의 업무 중 그 업무가 정지되거나 폐지되는 경우 공중의 생명·건강 또는 신체의 안전이나 공중의 일상생활을 현저히 위태롭게 하는 업무로서 대통령령이 정하는 업무를 말한다.

시행령 제22조의2(필수유지업무의 범위) 법 제42조의2 제1항에 따른 필수공익사업별 필수유지업무는 별표 1과 같다.

필수공익사업별 필수유지업무(시행령 제22조의2 관련 별표 1)

1. 철도사업과 도시철도사업의 필수유지업무
   가. 철도·도시철도 차량의 운전업무
   나. 철도·도시철도 차량운행의 관제업무(정거장·차량기지 등에서 철도신호 등을 취급하는 운전취급업무를 포함한다)
   다. 철도·도시철도 차량운행에 필요한 전기시설·설비를 유지·관리하는 업무
   라. 철도·도시철도 차량운행과 이용자의 안전에 필요한 신호시설·설비를 유지·관리하는 업무
   마. 철도·도시철도 차량운행에 필요한 통신시설·설비를 유지·관리하는 업무
   바. 안전운행을 위하여 필요한 차량의 일상적인 점검이나 정비업무
   사. 선로점검·보수업무
2. 항공운수사업의 필수유지업무
   가. 승객 및 승무원의 탑승수속업무
   나. 승객 및 승무원과 수하물 등에 대한 보안검색업무
   다. 항공기 조종업무
   라. 객실승무업무
   마. 비행계획 수립, 항공기 운항감시 및 통제업무
   바. 항공기 운항과 관련된 시스템·통신시설의 유지·보수업무
   사. 항공기의 정비[창정비(Depot Maintenance, 대규모 정비시설 및 장비를 운영하여 수행하는 최상위 정비단계)는 제외한다]
   아. 항공안전 및 보안에 관련된 법령, 국제협약 또는 취항국가의 요구에 따른 항공운송사업자의 안전 또는 보안조치와 관련된 업무
   자. 항공기 유도 및 견인업무
   차. 항공기에 대한 급유 및 지상전원 공급업무
   카. 항공기에 대한 제설·제빙업무
   타. 승객 승하기 시설·차량 운전업무
   파. 수하물·긴급물품의 탑재·하역업무
   하. 「항공법」 제2조 제16호에 따른 항행안전시설과 항공기 이·착륙시설의 유지·운영(관제를 포함한다)을 위한 업무
3. 수도사업의 필수유지업무
   가. 취수·정수(소규모 자동화 정수설비를 포함한다)·가압·배수시설의 운영업무
   나. 수도시설 통합시스템과 계측·제어설비의 운영업무
   다. 수도시설 긴급복구와 수돗물 공급을 위한 법정기준이나 절차 등의 준수를 위한 업무
4. 전기사업의 필수유지업무
   가. 발전부문의 필수유지업무
      1) 발전설비의 운전(운전을 위한 기술지원을 포함한다)업무
      2) 발전설비의 점검 및 정비(정비를 위한 기술·행정지원

은 제외한다)업무와 안전관리업무
   나. 송전·변전 및 배전부문의 필수유지업무
      1) 지역 전기공급업무(무인변전소 순회·점검업무는 제외한다)
      2) 전력계통 보호를 위한 보호계전기 시험 및 정정업무
      3) 배전선 개폐기 및 자동화 시스템을 통한 배전설비의 감시·제어와 배전선로 긴급계통전환업무
      4) 전력계통 보호를 위한 통신센터(전력계통원방감시제어장치를 포함한다) 운영업무
      5) 통신보안관제센터 운영업무
      6) 전력공급 비상시 부하관리업무
      7) 송전·변전 및 배전설비의 긴급복구업무
   다. 전력거래 부문의 필수유지업무
      1) 전력의 공급운영과 송전설비 계통운영의 제어업무
      2) 1주 이내의 단기 전력수요 예측에 따른 전력계통의 안정적 운영계획 수립 등 급전운영업무
      3) 전력계통 등의 운영을 위한 전산실 운영(출입보안관리를 포함한다)업무
5. 가스사업(액화석유가스사업은 제외한다)의 필수유지업무
   가. 천연가스의 인수(引受), 제조, 저장 및 공급업무
   나. 가목과 관련된 시설의 긴급정비 및 안전관리업무
6. 석유정제사업과 석유공급사업(액화석유가스사업을 포함한다)의 필수유지업무
   가. 석유(천연가스는 제외한다)의 인수, 제조, 저장 및 공급업무
   나. 가목과 관련된 시설의 긴급정비 및 안전관리업무
7. 병원사업의 필수유지업무
   가. 「응급의료에 관한 법률」 제2조 제2호에 따른 응급의료업무
   나. 중환자 치료·분만(신생아 간호를 포함한다)·수술·투석업무
   다. 가목과 나목의 업무수행을 지원하기 위한 마취, 진단검사(영상검사를 포함한다), 응급약제, 치료식 환자급식, 산소공급, 비상발전 및 냉난방업무
8. 혈액공급사업의 필수유지업무
   가. 채혈 및 채혈된 혈액의 검사업무
   나. 「혈액관리법」 제2조 제6호에 따른 혈액제제(수혈용에 한정한다. 이하 이 호에서 같다) 제조업무
   다. 혈액 및 혈액제제의 수송업무
9. 한국은행사업의 필수유지업무
   가. 「한국은행법」 제6조, 제28조와 제29조에 따른 통화신용정책과 한국은행 운영에 관한 업무
   나. 「한국은행법」 제47조부터 제86조까지의 규정에 따른 다음의 업무
      1) 한국은행이 수행하는 한국은행권 발행업무
      2) 금융기관의 예금과 예금지급준비업무
      3) 금융기관에 대한 대출·지급결제 등의 업무
   다. 가목과 나목의 업무수행을 지원하기 위한 각종 전산시스템 운영·통신 및 시설보호업무
   라. 다른 법령에 따라 한국은행에 위임 또는 위탁된 업무
10. 통신사업의 필수유지업무
   가. 기간망과 가입자망의 운영·관리업무
   나. 통신장애의 신고접수 및 수리업무
   다. 「우편법」 제14조에 따른 기본우편역무
   라. 「우편법」 제15조에 따른 부가우편역무 중 내용증명과 특별송달업무

정답 ⑤

40 ▢▢▢   ○ △ ✕

노동조합 및 노동관계조정법상 쟁의행위에 관한 설명으로 옳지 않은 것은? (다툼이 있으면 판례에 따름)

① 조합원은 노동조합에 의하여 주도되지 아니한 쟁의행위를 하여서는 아니 된다.
② 노동조합은 쟁의행위가 적법하게 수행될 수 있도록 지도·관리·통제할 책임이 있다.
③ 조합원의 민주적 의사결정이 실질적으로 확보된 때에는 쟁의행위 찬반투표절차를 거치지 아니하였다는 사정만으로 쟁의행위의 정당성이 상실되지 아니한다.
④ 사용자는 노동조합이 쟁의행위를 개시한 이후에만 직장폐쇄를 할 수 있다.
⑤ 노동조합은 쟁의행위기간에 대한 임금의 지급을 요구하여 이를 관철할 목적으로 쟁의행위를 하여서는 아니 된다.

해설

① (○) 노동조합법 제37조 제2항
② (○) 동법 제38조 제3항
③ (✕) 쟁의행위의 개시에 앞서 노동조합 및 노동관계조정법 제41조 제1항에 의한 투표절차를 거치지 아니한 경우에도 조합원의 민주적 의사결정이 실질적으로 확보된 때에는 단지 노동조합 내부의 의사형성과정에 결함이 있는 정도에 불과하다고 하여 쟁의행위의 정당성이 상실되지 않는 것으로 해석한다면 위임에 의한 대리투표, 공개결의나 사후결의, 사실상의 찬성간주 등의 방법이 용인되는 결과, 그와 같은 견해는 위의 관계규정과 대법원의 판례취지에 반하는 것이 된다. 따라서 견해를 달리하여 노동조합 및 노동관계조정법 제41조 제1항을 위반하여 조합원의 직접·비밀·무기명 투표에 의한 과반수의 찬성결정을 거치지 아니하고 쟁의행위에 나아간 경우에도 조합원의 민주적 의사결정이 실질적으로 확보된 경우에는 위와 같은 투표절차를 거치지 아니하였다는 사정만으로 쟁의행위가 정당성을 상실한다고 볼 수 없다는 취지의 대법원 2000.5.26. 선고 99다4836 판결은 이와 어긋나는 부분에 한하여 변경하기로 한다(대법원 2001.10.25, 99다4837 전원합의체). 즉, 조합원의 민주적 의사결정이 실질적으로 확보되었더라도 쟁의행위 찬반투표 절차를 거치지 아니하였다면, 그 쟁위행위의 정당성은 상실된다.
④ (○) 동법 제46조 제1항
⑤ (○) 동법 제44조 제2항

정답 ③

41 ▢▢▢   ○ △ ✕

노동조합 및 노동관계조정법상 공익사업등의 우선적 취급에 관한 규정에서 (   )에 들어갈 내용으로 옳은 것은?

> 제51조(공익사업등의 우선적 취급) 국가·지방자치단체·국공영기업체·방위산업체 및 공익사업에 있어서의 (   )은(는) 우선적으로 취급하고 신속히 처리하여야 한다.

① 쟁의행위의 조정
② 부당노동행위의 구제
③ 단체협약의 해설
④ 노동쟁의의 조정
⑤ 노동조합 해산의 의결

해설

④ (○) 괄호에 들어갈 내용은 노동쟁의의 조정이다.

> **노동조합법 제51조(공익사업등의 우선적 취급)** 국가·지방자치단체·국공영기업체·방위산업체 및 공익사업에 있어서의 노동쟁의의 조정은 우선적으로 취급하고 신속히 처리하여야 한다.

정답 ④

42 ▢▢▢   ○ △ ✕

노동조합 및 노동관계조정법상 노동쟁의 조정에 관한 설명으로 옳은 것은?

① 사적조정등을 수행하는 자는 노동관계 당사자로부터 수수료, 수당 및 여비 등을 받을 수 있다.
② 노동관계 당사자가 노동쟁의를 단체협약에서 정하는 바에 따라 해결하기로 한 경우, 이를 행정관청에 신고하여야 한다.
③ 노동관계 당사자가 단체협약이 정하는 바에 따라 노동쟁의의 조정을 한 경우, 그 내용은 재판상 화해와 같은 효력을 가진다.
④ 고용노동부장관은 긴급조정의 결정을 하고자 할 때에는 중앙노동위원회 의결을 거쳐야 한다.
⑤ 중앙노동위원회는 고용노동부장관의 긴급조정 결정통고를 받은 때에는 지체 없이 중재를 개시하여야 한다.

해설

① (○) 사적조정등을 수행하는 자는 「노동위원회법」 제8조 제2항 제2호 각 목의 자격을 가진 자로 한다. 이 경우 사적조정등을 수행하는 자는 노동관계 당사자로부터 수수료, 수당 및 여비 등을 받을 수 있다(노동조합법 제52조 제5항).
② (✕) 행정관청 → 노동위원회(동조 제2항)

> **제52조(사적 조정·중재)** ① 제2절 및 제3절의 규정은 노동관계 당사자가 쌍방의 합의 또는 단체협약이 정하는 바에 따라 각각 다른 조정 또는 중재방법(이하 이 조에서 "사적조정등"이라 한다)에 의하여 노동쟁의를 해결하는 것을 방해하지 아니한다. 〈개정 2006.12.30.〉
> ② 노동관계 당사자는 제1항의 규정에 의하여 노동쟁의를 해결

하기로 한 때에는 이를 노동위원회에 신고하여야 한다.

③ (×) 재판상 화해와 → 단체협약과(동조 제4항)

> **제52조(사적 조정·중재)** ④ 제1항의 규정에 의하여 조정 또는 중재가 이루어진 경우에 그 내용은 단체협약과 동일한 효력을 가진다.

④ (×) 중앙노동위원회 의결을 거쳐야 한다 → 미리 중앙노동위원회 위원장의 의견을 들어야 한다(동법 제76조 제2항)

> **제76조(긴급조정의 결정)** ② 고용노동부장관은 긴급조정의 결정을 하고자 할 때에는 미리 중앙노동위원회 위원장의 의견을 들어야 한다. 〈개정 2010.6.4.〉

⑤ (×) 중재 → 조정(동법 제78조)

> **제78조(중앙노동위원회의 조정)** 중앙노동위원회는 제76조 제3항의 규정에 의한 통고를 받은 때에는 지체 없이 조정을 개시하여야 한다.

정답 ①

043 □□□　　　○ △ ×

노동조합 및 노동관계조정법상 부당노동행위에 관한 설명으로 옳은 것은? (다툼이 있으면 판례에 따름)

① 부당노동행위에 대한 입증책임은 사용자가 부담한다.
② 노동위원회가 부당노동행위의 구제신청을 받고 심문을 할 때에는 그 직권으로 증인을 출석하게 하여 필요한 사항을 질문할 수 있다.
③ 부당노동행위를 한 사용자는 3년 이하의 징역 또는 3천만 원 이하의 벌금에 처한다.
④ 중앙노동위원회의 재심판정에 대하여 행정소송을 제기한 경우에 관할법원은 부당노동행위 구제신청자의 신청에 의하여 판결이 확정될 때까지 중앙노동위원회의 구제명령의 전부를 이행하도록 명할 수 있다.
⑤ 부당노동행위 규정위반에 관한 명문의 양벌규정은 존재하지 아니한다.

해설

① (×) 사용자의 행위가 노동조합 및 노동관계조정법에 정한 부당노동행위에 해당하는지 여부는 사용자의 부당노동행위 의사의 존재 여부를 추정할 수 있는 모든 사정을 전체적으로 심리검토하여 종합적으로 판단하여야 하고, 부당노동행위에 대한 증명책임은 이를 주장하는 근로자 또는 노동조합에게 있으므로, 필요한 심리를 다하였어도 사용자에게 부당노동행위 의사가 존재하였는지 여부가 분명하지 아니하여 그 존재 여부를 확정할 수 없는 경우에는 그로 인한 위험이나 불이익은 그것을 주장한 근로자 또는 노동조합이 부담할 수밖에 없다(대법원 2007.11.15, 2005두4120).
② (○) 노동위원회는 제1항의 규정에 의한 심문을 할 때에는 관계당사자의 신청에 의하거나 그 직권으로 증인을 출석하게 하여 필요한 사항을 질문할 수 있다(노동조합법 제83조 제2항).
③ (×) 3년 → 2년, 3천만 원 → 2천만 원(동법 제90조)

> **제90조(벌칙)** 제44조 제2항, 제69조 제4항, 제77조 또는 제81조 제1항의 규정에 위반한 자는 2년 이하의 징역 또는 2천만 원 이하의 벌금에 처한다. 〈개정 2021.1.5.〉
>
> **제81조(부당노동행위)** ① 사용자는 다음 각 호의 어느 하나에 해당하는 행위[이하 "부당노동행위(不當勞動行爲)"라 한다]를 할 수 없다. 〈개정 2021.1.5.〉

④ (×) 부당노동행위 구제신청자의 신청에 의하여 → 중앙노동위원회의 신청에 의하여 결정으로써(동법 제85조 제5항)

> **제85조(구제명령의 확정)** ⑤ 사용자가 제2항의 규정에 의하여 행정소송을 제기한 경우에 관할법원은 중앙노동위원회의 신청에 의하여 결정으로써, 판결이 확정될 때까지 중앙노동위원회의 구제명령의 전부 또는 일부를 이행하도록 명할 수 있으며, 당사자의 신청에 의하여 또는 직권으로 그 결정을 취소할 수 있다.

⑤ (×) 존재하지 아니한다 → 존재한다(동법 제94조)

> **제94조(양벌규정)** 법인 또는 단체의 대표자, 법인·단체 또는 개인의 대리인·사용인 기타의 종업원이 그 법인·단체 또는 개인의 업무에 관하여 제88조 내지 제93조의 위반행위를 한 때에는 행위자를 벌하는 외에 그 법인·단체 또는 개인에 대하여도 각 해당 조의 벌금형을 과한다. 다만, 법인·단체 또는 개인이 그 위반행위를 방지하기 위하여 해당 업무에 관하여 상당한 주의와 감독을 게을리 하지 아니한 경우에는 그러하지 아니하다. 〈개정 2020.6.9.〉

정답 ②

044 □□□　　　○ △ ×

근로자참여 및 협력증진에 관한 법률상 노사협의회에 관한 설명으로 옳지 않은 것은?

① 노사협의회란 근로자와 사용자가 참여와 협력을 통하여 근로자의 복지증진과 기업의 건전한 발전을 도모하기 위하여 구성하는 협의기구를 말한다.
② 사업장 내 근로자 감시설비의 설치는 노사협의회가 협의하여야 할 사항에 해당한다.
③ 사용자는 고충처리위원회에서 의결되지 아니한 사항에 대하여는 노사협의회의 의결을 거쳐야 한다.
④ 노사협의회는 노사협의회에서 의결된 사항의 해석에 관하여 의견이 일치하지 아니하는 경우, 노동위원회의 중재를 받을 수 있다.
⑤ 법령에 따른 노사협의회의 설치를 정당한 사유 없이 거부하거나 방해한 자는 1년 이하의 징역 또는 1천만 원 이하의 벌금에 처한다.

해설

① (○) 근로자참여법 제3조 제1호
② (○) 동법 제20조 제1항 제14호

> **제20조(협의사항)** ① 협의회가 협의하여야 할 사항은 다음 각 호와 같다. 〈개정 2019.4.16.〉
> 1. 생산성 향상과 성과배분

2. 근로자의 채용·배치 및 교육훈련
3. 근로자의 고충처리
4. 안전, 보건, 그 밖의 작업환경 개선과 근로자의 건강증진
5. 인사·노무관리의 제도개선
6. 경영상 또는 기술상의 사정으로 인한 인력의 배치전환·재훈련·해고 등 고용조정의 일반원칙
7. 작업과 휴게시간의 운용
8. 임금의 지불방법·체계·구조 등의 제도개선
9. 신기계·기술의 도입 또는 작업공정의 개선
10. 작업수칙의 제정 또는 개정
11. 종업원지주제(從業員持株制)와 그 밖에 근로자의 재산형성에 관한 지원
12. 직무발명 등과 관련하여 해당 근로자에 대한 보상에 관한 사항
13. 근로자의 복지증진
14. 사업장 내 근로자 감시설비의 설치
15. 여성근로자의 모성보호 및 일과 가정생활의 양립을 지원하기 위한 사항
16. 「남녀고용평등과 일·가정 양립 지원에 관한 법률」 제2조 제2호에 따른 직장 내 성희롱 및 고객 등에 의한 성희롱 예방에 관한 사항
17. 그 밖의 노사협조에 관한 사항

③ (○) 동법 제21조 제4호

제21조(의결사항) 사용자는 다음 각 호의 어느 하나에 해당하는 사항에 대하여는 협의회의 의결을 거쳐야 한다.
1. 근로자의 교육훈련 및 능력개발 기본계획의 수립
2. 복지시설의 설치와 관리
3. 사내근로복지기금의 설치
4. 고충처리위원회에서 의결되지 아니한 사항
5. 각종 노사공동위원회의 설치

④ (○) 동법 제25조 제1항 제2호

제25조(임의중재) ① 협의회는 다음 각 호의 어느 하나에 해당하는 경우에는 근로자위원과 사용자위원의 합의로 협의회에 중재기구(仲裁機構)를 두어 해결하거나 노동위원회나 그 밖의 제삼자에 의한 중재를 받을 수 있다.
1. 제21조에 따른 의결사항에 관하여 협의회가 의결하지 못한 경우
2. 협의회에서 의결된 사항의 해석이나 이행방법 등에 관하여 의견이 일치하지 아니하는 경우

⑤ (×) 1년 이하의 징역 또는 → "삭제"(동법 제30조 제1호)

제30조(벌칙) 다음 각 호의 어느 하나에 해당하는 자는 1천만원 이하의 벌금에 처한다.
1. 제4조 제1항에 따른 협의회의 설치를 정당한 사유 없이 거부하거나 방해한 자
2. 제24조를 위반하여 협의회에서 의결된 사항을 정당한 사유 없이 이행하지 아니한 자
3. 제25조 제2항을 위반하여 중재결정의 내용을 정당한 사유 없이 이행하지 아니한 자

정답 ⑤

45 ☐☐☐   ○ △ ×

근로자참여 및 협력증진에 관한 법령상 노사협의회의 위원 등에 관한 설명으로 옳지 않은 것은?
① 노사협의회는 근로자와 사용자를 대표하는 같은 수의 위원으로 구성하여야 하며 위원 수에 대한 제한이 있다.
② 노사협의회의 근로자위원의 선출에 입후보하려는 사람은 해당 사업이나 사업장의 근로자여야 한다.
③ 노사협의회의 근로자위원의 결원이 생기면 30일 이내에 보궐위원을 위촉하거나 선출하되, 근로자의 과반수로 구성된 노동조합이 조직되어 있지 아니한 사업 또는 사업장에서는 근로자위원 선출투표에서 선출되지 못한 사람 중 득표순에 따른 차점자를 근로자위원으로 할 수 있다.
④ 노사협의회의 위원은 무보수로 한다는 명문의 규정상 위원의 노사협의회 출석시간과 이와 관련된 시간은 노사협의회 규정으로 정한 경우에도 근로한 시간으로 볼 수 없다.
⑤ 사용자는 근로자위원의 업무를 위하여 장소의 사용 등 기본적인 편의를 제공하여야 할 의무가 있다.

해설

① (○) 협의회는 근로자와 사용자를 대표하는 같은 수의 위원으로 구성하되, 각 3명 이상 10명 이하로 한다(근로자참여법 제6조 제1항).
② (○) 동법 시행령 제3조
③ (○) 동법 시행령 제4조
④ (×) 경우에도 근로한 시간으로 볼 수 없다 →경우에는 근로한 시간으로 본다(동법 제9조 제3항)

제9조(위원의 신분) ① 위원은 비상임·무보수로 한다.
② 사용자는 협의회 위원으로서의 직무수행과 관련하여 근로자위원에게 불이익을 주는 처분을 하여서는 아니 된다.
③ 위원의 협의회 출석시간과 이와 직접 관련된 시간으로서 제18조에 따른 협의회규정으로 정한 시간은 근로한 시간으로 본다.

⑤ (○) 사용자는 근로자위원의 업무를 위하여 장소의 사용 등 기본적인 편의를 제공하여야 한다(동법 제10조 제2항).

정답 ④

046 □□□   ○ △ ✕

노동위원회법상 노동위원회에 관한 설명으로 옳은 것을 모두 고른 것은?

> ㄱ. 중앙노동위원회와 지방노동위원회는 고용노동부장관 소속으로 둔다.
> ㄴ. 특별노동위원회는 관계법률에서 정하는 사항을 관장하기 위하여 필요한 경우에 해당 사항을 관장하는 중앙행정기관의 장 소속으로 둔다.
> ㄷ. 중앙노동위원회 위원장은 중앙노동위원회 및 지방노동위원회의 예산·인사·교육훈련, 그 밖의 행정사무를 총괄한다.
> ㄹ. 노동위원회 위원장은 해당 노동위원회의 공익위원이 되며 심판사건, 차별적 처우 시정사건을 담당하되, 조정사건은 담당할 수 없다.

① ㄱ
② ㄴ, ㄷ
③ ㄱ, ㄴ, ㄷ
④ ㄱ, ㄴ, ㄹ
⑤ ㄴ, ㄷ, ㄹ

해설

ㄱ (O) 중앙노동위원회와 지방노동위원회는 고용노동부장관 소속으로 두며, 지방노동위원회의 명칭·위치 및 관할구역은 대통령령으로 정한다(노동위원회법 제2조 제2항).

ㄴ (O) 동조 제3항

ㄷ (O) 중앙노동위원회 위원장은 중앙노동위원회 및 지방노동위원회의 예산·인사·교육훈련, 그 밖의 행정사무를 총괄하며, 소속 공무원을 지휘·감독한다(동법 제4조 제2항).

ㄹ (✕) 조정사건은 담당할 수 없다 → 조정사건도 담당할 수 있다(동법 제9조 제4항)

> **제9조(위원장)** ④ 노동위원회 위원장(이하 "위원장"이라 한다)은 해당 노동위원회의 공익위원이 되며, 심판사건, 차별적 처우 시정사건, 조정사건을 담당할 수 있다.

정답 ③

047 □□□   ○ △ ✕

노동위원회법상 노동위원회에 관한 설명으로 옳은 것은?

① 중앙노동위원회 및 지방노동위원회에는 사무처를 둔다.
② 중앙노동위원회 상임위원은 사무처장을 겸직할 수 없다.
③ 부문별 위원회 위원장은 부문별 위원회의 원활한 운영을 위하여 필요하다고 인정하는 경우에 주심위원을 지명하여 사건의 처리를 주관하게 하여야 한다.
④ 노동위원회는 판정·명령 또는 결정이 있기 전까지 화해안을 제시할 수 있으며, 관계당사자가 화해안을 수락하였을 때에는 취하조서를 작성하여야 한다.
⑤ 노동위원회의 부문별 위원회의 회의는 구성위원 전원의 출석으로 개의한다.

해설

① (✕) 및 지방노동위원회 → "삭제"(노동위원회법 제14조 제1항)

> **제14조(사무처와 사무국)** ① 중앙노동위원회에는 사무처를 두고, 지방노동위원회에는 사무국을 둔다.

② (✕) 없다 → 있다(동법 제14조의2 제2항)

> **제14조의2(중앙노동위원회 사무처장)** ② 사무처장은 중앙노동위원회 상임위원 중 1명이 겸직한다.

③ (✕) 하여야 한다 → 할 수 있다(동법 제16조의2)

> **제16조의2(주심위원)** 부문별 위원회 위원장은 부문별 위원회의 원활한 운영을 위하여 필요하다고 인정하는 경우에 주심위원을 지명하여 사건의 처리를 주관하게 할 수 있다.

④ (✕) 취하조서 → 화해조서(동법 제16조의3 제3항)

> **제16조의3(화해의 권고 등)** ① 노동위원회는 「노동조합 및 노동관계조정법」 제29조의4 및 제84조, 「근로기준법」 제30조에 따른 판정·명령 또는 결정이 있기 전까지 관계당사자의 신청을 받아 또는 직권으로 화해를 권고하거나 화해안을 제시할 수 있다.
> ③ 노동위원회는 관계당사자가 화해안을 수락하였을 때에는 화해조서를 작성하여야 한다.

⑤ (O) 부문별 위원회의 회의는 구성위원 전원의 출석으로 개의하고, 출석위원 과반수의 찬성으로 의결한다(동법 제17조 제2항).

정답 ⑤

048 □□□   ○ △ ✕

공무원의 노동조합 설립 및 운영 등에 관한 법률에 관한 설명으로 옳지 않은 것은?

① 공무원은 노동조합활동을 할 때 다른 법령에서 규정하는 공무원의 의무에 반하는 행위를 하여서는 아니 된다.
② 교정·수사 등 공공의 안녕과 국가안전 보장에 관한 업무에 종사하는 공무원은 노동조합에 가입할 수 없다.
③ 단체협약의 내용 중 법령·조례 또는 예산에 의하여 규정되는 내용과 법령 또는 조례에 의하여 위임을 받아 규정되는 내용은 단체협약으로서의 효력을 가지지 아니한다.
④ 정부교섭대표는 효율적인 교섭을 위하여 필요한 경우, 다른 정부교섭대표와 공동으로 교섭할 수 있으나, 정부교섭대표가 아닌 관계기관의 장으로 하여금 교섭에 참여하게 할 수 없다.
⑤ 단체교섭이 결렬된 경우, 이를 조정·중재하기 위하여 중앙노동위원회에 공무원 노동관계 조정위원회를 둔다.

해설

① (O) 공무원노조법 제3조 제2항
② (O) 동법 제6조 제2항 제3호

> **제6조(가입범위)** ② 제1항에도 불구하고 다음 각 호의 어느 하나에 해당하는 공무원은 노동조합에 가입할 수 없다. 〈개정 2021.1.5.〉

1. 업무의 주된 내용이 다른 공무원에 대하여 지휘·감독권을 행사하거나 다른 공무원의 업무를 총괄하는 업무에 종사하는 공무원

2. 업무의 주된 내용이 인사·보수 또는 노동관계의 조정·감독 등 노동조합의 조합원 지위를 가지고 수행하기에 적절하지 아니한 업무에 종사하는 공무원

3. 교정·수사 등 공공의 안녕과 국가안전 보장에 관한 업무에 종사하는 공무원

4. 삭제 〈2021.1.5.〉

③ (○) 동법 제10조 제1항

④ (×) 있으나 → 있고(동법 제8조 제3항), 없다 → 있다(동조 제4항)

제8조(교섭 및 체결권한 등) ③ 정부교섭대표는 효율적인 교섭을 위하여 필요한 경우 다른 정부교섭대표와 공동으로 교섭하거나, 다른 정부교섭대표에게 교섭 및 단체협약체결권한을 위임할 수 있다.
④ 정부교섭대표는 효율적인 교섭을 위하여 필요한 경우 정부교섭대표가 아닌 관계기관의 장으로 하여금 교섭에 참여하게 할 수 있고, 다른 기관의 장이 관리하거나 결정할 권한을 가진 사항에 대하여는 해당 기관의 장에게 교섭 및 단체협약체결권한을 위임할 수 있다.

⑤ (○) 동법 제14조 제1항

정답 ④

049 □□□ ○ △ ×

교원의 노동조합 설립 및 운영 등에 관한 법률에 관한 설명으로 옳지 않은 것은?

① 교원으로 임용되어 근무하였던 사람으로서 노동조합 규약으로 정하는 사람은 노동조합에 가입할 수 있다.

② 전임자는 그 전임기간 중 봉급을 받지 못하며, 그 전임기간 중 전임자임을 이유로 승급 또는 그 밖의 신분상의 불이익을 받지 아니한다.

③ 단체교섭이 결렬된 경우, 중앙노동위원회는 당사자 양쪽이 조정을 신청하는 경우에 한하여 조정을 시작할 수 있다.

④ 중앙노동위원회가 제시한 조정안을 당사자의 어느 한쪽이라도 거부한 경우에는 중앙노동위원회는 중재를 한다.

⑤ 관계당사자는 중앙노동위원회의 중재재정이 위법하거나 월권에 의한 것이라고 인정하는 경우에는, 중재재정서를 송달받은 날부터 15일 이내에 중앙노동위원회 위원장을 피고로 하여 행정소송을 제기할 수 있다.

해설

① (○) 교원노조법 제4조의2 제2호

제4조의2(가입범위) 노동조합에 가입할 수 있는 사람의 범위는 다음 각 호와 같다.
1. 교원

2. 교원으로 임용되어 근무하였던 사람으로서 노동조합 규약으로 정하는 사람

② (×) 그 전임기간 중 봉급을 받지 못하며, → "삭제"(동법 제5조 제3항·제4항)

[보충] 2022.6.10. 교원노조법 개정으로 제5조 제3항이 삭제됨으로써 현재는 교원노조 업무 전임자도 그 전임기간 중 봉급을 받을 수 있으므로, 정답을 변경한다.

교원노조법 개정이유(시행 2023.12.11. 일부개정 2022.6.10.)
현행은 교원노조 업무 전임자에 대해서 전임기간 중 휴직명령을 하도록 하고 그 기간 중 봉급지급을 금지하는 등 민간부문과 달리 노동조합 업무에 대한 근무시간면제제도를 적용하고 있지 않음. 이로 인하여 교원의 노동권이 민간부문과 비교하여 형평성 측면에서 문제가 있다는 지적이 있어 온바, 교원의 정당한 노조활동을 보장하기 위하여 교원에 대해서도 단체협약으로 정하거나 임용권자가 동의하는 경우 근무시간 면제시간 및 사용인원의 한도를 초과하지 아니하는 범위에서 보수의 손실 없이 교육부장관 등 교섭상대방과의 협의·교섭, 고충처리, 안전·보건활동 및 노조의 유지·관리업무 등을 할 수 있도록 근무시간면제제도를 도입하려는 것임.
한편, 교원이 노동위원회에 부당노동행위 구제신청을 한 경우 교원소청심사위원회에 소청심사를 청구할 수 없도록 한 규정을 삭제함으로써, 교원의 정당한 권리구제를 강화하는 등 현행 제도의 운영상 나타난 일부 미비점을 개선·보완하려는 것임.

③ (×) 당사자 양쪽이 조정을 신청하는 경우에 한하여 → 당사자 어느 한쪽 또는 양쪽이 신청하면(동법 제9조 제1항)

제9조(노동쟁의의 조정신청 등) ① 제6조에 따른 단체교섭이 결렬된 경우에는 당사자 어느 한쪽 또는 양쪽은 「노동위원회법」 제2조에 따른 중앙노동위원회(이하 "중앙노동위원회"라 한다)에 조정(調停)을 신청할 수 있다. 〈개정 2021.1.5.〉

④ (○) 동법 제10조 제2호

제10조(중재의 개시) 중앙노동위원회는 다음 각 호의 어느 하나에 해당하는 경우에는 중재(仲裁)를 한다. 〈개정 2010.6.4.〉
1. 제6조에 따른 단체교섭이 결렬되어 관계당사자 양쪽이 함께 중재를 신청한 경우
2. 중앙노동위원회가 제시한 조정안을 당사자의 어느 한쪽이라도 거부한 경우
3. 중앙노동위원회 위원장이 직권으로 또는 고용노동부장관의 요청에 따라 중재에 회부한다는 결정을 한 경우

⑤ (○) 관계당사자는 중앙노동위원회의 중재재정(仲裁裁定)이 위법하거나 월권(越權)에 의한 것이라고 인정하는 경우에는 「행정소송법」 제20조에도 불구하고 중재재정서를 송달받은 날부터 15일 이내에 중앙노동위원회 위원장을 피고로 하여 행정소송을 제기할 수 있다(동법 제12조 제1항).

정답 ③ ▶ ②·③

050 □□□ ○ △ ✕

노동법 등의 연혁에 관한 설명으로 옳지 않은 것은?

① 우리나라의 「노동위원회법」은 1953년에 처음 제정되었다.

② 우리나라는 1991년에 국제노동기구(ILO)에 가입하였다.

③ 우리나라의 「공무원의 노동조합 설립 및 운영 등에 관한 법률」은 「교원의 노동조합 설립 및 운영 등에 관한 법률」보다 먼저 제정되었다.

④ 미국의 1935년 와그너법은 근로자의 단결권·단체교섭권·단체행동권을 명문화하였다.

⑤ 우리나라 제헌헌법에는 영리를 목적으로 하는 사기업에 있어서는 근로자는 법률의 정하는 바에 의하여 이익의 분배에 균점할 권리가 있다는 규정이 있었다.

해설

① (○) 우리나라 「노동위원회법」은 1953년 3월 8일 제정되었고, 1997년 3월 13일 구법을 폐지하고 신법을 제정하였다.

② (○) 국제노동기구(ILO)는 유엔(UN)의 전문기관으로서 근로조건 개선, 생활수준 향상 등 노동자의 지위보호를 목적으로 1919년 설립되었다. 우리나라는 1991년 12월 9일 152번째 회원국으로서 정식으로 가입하였다.

③ (✕) 교원노조법은 1999년 1월 29일, 공무원노조법은 2005년 1월 27일 제정되었으므로, 교원노조법이 공무원노조법보다 먼저 제정되었다.

④ (○) 1935년 노동자의 권리보호를 목적으로 제정된 전국노동관계법(와그너법)은 최저임금을 보장하였고, 단결권·단체교섭권·단체행동권을 명문화하였으며, 사용자의 부당노동행위를 금지하였다.

⑤ (○) 근로자의 단결, 단체교섭과 단체행동의 자유는 법률의 범위 내에서 보장된다. 영리를 목적으로 하는 사기업에 있어서는 근로자는 법률의 정하는 바에 의하여 이익의 분배에 균점할 권리가 있다(제헌헌법 제18조).

정답 ③

26 □□□ ○ △ ×

헌법상 노동3권에 관한 설명으로 옳지 않은 것은?

① 헌법재판소는 노동3권의 법적 성격을 사회적 보호기능을 담당하는 자유권 또는 사회권적 성격을 띤 자유권이라고 보는 입장을 취하고 있다.

② 근로자는 근로조건의 향상을 위하여 자주적인 단결권·단체교섭권 및 단체행동권을 가진다.

③ 헌법재판소는 노동조합의 적극적 단결권은 근로자 개인의 단결하지 않을 자유보다 중시된다고 할 것이고, 또 노동조합에게 위와 같은 조직강제권을 부여한다고 하여 이를 근로자의 단결하지 아니할 자유의 본질적인 내용을 침해하는 것으로 단정할 수는 없다는 입장을 취하고 있다.

④ 헌법상 보장된 근로자의 단결권은 단결할 자유만을 가리킬 뿐이고, 단결하지 아니할 자유 이른바 소극적 단결권은 이에 포함되지 않는다고 보는 것이 헌법재판소의 입장이다.

⑤ 헌법재판소는 노동3권 제한에 관한 개별적 제한규정을 두고 있지 않은 경우, 헌법 제37조 제2항의 일반유보조항에 따라 노동3권을 제한할 수 없다는 입장을 취하고 있다.

해설

① (○) 근로3권은 국가공권력에 대하여 근로자의 단결권의 방어를 일차적인 목표로 하지만, 근로3권의 보다 큰 헌법적 의미는 근로자단체라는 사회적 반대세력의 창출을 가능하게 함으로써 노사관계의 형성에 있어서 사회적 균형을 이루어 근로조건에 관한 노사 간의 실질적인 자치를 보장하려는 데 있다. 근로자는 노동조합과 같은 근로자단체의 결성을 통하여 집단으로 사용자에 대항함으로써 사용자와 대등한 세력을 이루어 근로조건의 형성에 영향을 미칠 수 있는 기회를 가지게 되므로 이러한 의미에서 근로3권은 '사회적 보호기능을 담당하는 자유권 또는 '사회권적 성격을 띤 자유권'이라고 말할 수 있다(헌법재판소 1998.2.27, 94헌바13·26,95헌바44).

② (○) 대한민국헌법 제33조 제1항

③ (○) ④ (○) 헌법 제33조 제1항은 "근로자는 근로조건의 향상을 위하여 자주적인 단결권·단체교섭권 및 단체행동권을 가진다."고 규정하고 있다. 여기서 헌법상 보장된 근로자의 단결권은 단결할 자유만을 가리킬 뿐이고, 단결하지 아니할 자유 이른바 소극적 단결권은 이에 포함되지 않는다고 보는 것이 우리 재판소의 선례라고 할 것이다(헌법재판소 2005.11.24, 2002헌바95,96,2003헌바9). 이 사건 법률조항은 노동조합의 조직유지·강화를 위하여 당해 사업장에 종사하는 근로자의 3분의 2 이상을 대표하는 노동조합(이하 '지배적 노동조합'이라 한다)의 경우 단체협약을 매개로 한 조직강제[이른바 유니언숍(Union Shop) 협정의 체결을 용인하고 있다. 이 경우 근로자의 단결하지 아니할 자유와 노동조합의 적극적 단결권(조직강제권)이 충돌하게 되나, 근로자에게 보장되는 적극적 단결권이 단결하지 아니할 자유보다 특별한 의미를 갖고 있고, 노동조합의 조직강제권도 이른바 자유권을 수정하는 의미의 생존권(사회권)적 성격을 함께 가지는 만큼 근로자 개인의 자유권에 비하여 보다 특별한 가치로 보장되는 점 등을 고려하면, 노동조합의 적극적 단결권은 근로자 개인의 단결하지 않을 자유보다 중시된다고 할 것이고, 또 노동조합에게 위와 같은 조직강제권을 부여한다고 하여 이를 근로자의 단결하지 아니할 자유의 본질적인 내용을 침해하는 것으로 단정할 수는 없다(헌법재판소 2005.11.24, 2002헌바95,96,2003헌바9).

⑤ (×) 헌법 제33조 제1항은 "근로자는 근로조건의 향상을 위하여 자주적인 단결권·단체교섭권 및 단체행동권을 가진다."고 규정하여 근로자가 근로조건의 향상을 위하여 단결하고, 사용자와 집단적으로 교섭하며, 나아가 그 교섭이 원만하게 이루어지지 아니할 경우에 단체행동을 할 수 있는 권리를 부여하고 있다. 다만, 위와 같은 노동3권도 절대적인 권리가 아니라 제한 가능한 권리이므로 단체교섭권도 헌법 제37조 제2항에 의하여 국가안전보장·질서유지 또는 공공복리 등의 공익상의 이유로 제한이 가능하며, 그 제한은 노동기본권의 보장과 공익상의 필요를 구체적인 경우마다 비교형량하여 양자가 서로 적절한 균형을 유지하는 선에서 결정된다(헌법재판소 2012.4.24, 2011헌마338).

정답 ⑤

27 □□□ ○ △ ×

노동조합 및 노동관계조정법령에 관한 설명이다. (   )에 들어갈 숫자로 옳은 것은?

> ○ 노동조합의 대표자는 노동조합의 법인 등기사항 중 변경된 사항이 있는 경우에는 그 변경이 있는 날부터 (ㄱ)주 이내에 변경등기를 해야 한다.
> ○ 행정관청은 설립신고서 또는 규약이 기재사항의 누락 등으로 보완이 필요한 경우, (ㄴ)일 이내의 기간을 정하여 보완을 요구하여야 한다.
> ○ 노동조합은 매년 (ㄷ)회 이상 총회를 개최하여야 한다.

① ㄱ: 1, ㄴ: 10, ㄷ: 1　　② ㄱ: 2, ㄴ: 10, ㄷ: 1

③ ㄱ: 3, ㄴ: 20, ㄷ: 1　　④ ㄱ: 3, ㄴ: 20, ㄷ: 2

⑤ ㄱ: 3, ㄴ: 30, ㄷ: 2

해설

③ (○) ㄱ: 3, ㄴ: 20, ㄷ: 1

> **노동조합법 시행령 제6조(변경등기)** 노동조합의 대표자는 제3조 각 호의 사항 중 변경된 사항이 있는 경우에는 그 변경이 있는 날부터 3주 이내에 변경등기를 해야 한다. 〈개정 2021.6.29.〉
> **제12조(신고증의 교부)** ② 행정관청은 설립신고서 또는 규약이

기재사항의 누락등으로 보완이 필요한 경우에는 대통령령이 정하는 바에 따라 20일 이내의 기간을 정하여 보완을 요구하여야 한다. 이 경우 보완된 설립신고서 또는 규약을 접수한 때에는 3일 이내에 신고증을 교부하여야 한다. 〈개정 1998.2.20.〉

제15조(총회의 개최) ① 노동조합은 매년 1회 이상 총회를 개최하여야 한다.

정답 ③

028 □□□ ○ △ ×

노동조합 및 노동관계조정법상 노동조합에 관한 설명으로 옳지 않은 것은?

① 행정관청은 노동조합의 결의가 규약에 위반된다고 인정할 경우에는 이해관계인의 신청이 있는 경우에 한하여 노동위원회의 의결을 얻어 그 시정을 명할 수 있다.

② 노동조합의 합병·분할 또는 해산, 조직형태 변경을 위해서는 총회의 의결을 거쳐야 한다.

③ 총회는 임원의 해임에 관한 사항을 재적조합원 과반수의 출석과 출석조합원 3분의 2 이상의 찬성으로 의결한다.

④ 단체협약에 관한 사항은 총회의 의결사항이다.

⑤ 종사근로자인 조합원이 해고되어 노동위원회에 부당해고의 구제신청을 한 경우에는 중앙노동위원회의 재심판정이 있을 때까지는 종사근로자로 본다.

해설

① (○) 행정관청은 노동조합의 결의 또는 처분이 노동관계법령 또는 규약에 위반된다고 인정할 경우에는 노동위원회의 의결을 얻어 그 시정을 명할 수 있다. 다만, <u>규약위반 시의 시정명령은 이해관계인의 신청이 있는 경우에 한한다</u>(노동조합법 제21조 제2항).

② (○) ④ (○) 동법 제16조 제1항 제7호·제8호, 제3호

> **제16조(총회의 의결사항)** ① 다음 각 호의 사항은 총회의 의결을 거쳐야 한다.
> 1. 규약의 제정과 변경에 관한 사항
> 2. 임원의 선거와 해임에 관한 사항
> 3. 단체협약에 관한 사항
> 4. 예산·결산에 관한 사항
> 5. 기금의 설치·관리 또는 처분에 관한 사항
> 6. 연합단체의 설립·가입 또는 탈퇴에 관한 사항
> 7. 합병·분할 또는 해산에 관한 사항
> 8. 조직형태의 변경에 관한 사항
> 9. 기타 중요한 사항

③ (○) 총회는 재적조합원 과반수의 출석과 출석조합원 과반수의 찬성으로 의결한다. 다만, 규약의 제정·변경, 임원의 해임, 합병·분할·해산 및 조직형태의 변경에 관한 사항은 재적조합원 과반수의 출석과 출석조합원 3분의 2 이상의 찬성이 있어야 한다(동조 제2항).

⑤ (×) 부당해고 → 부당노동행위(동법 제5조 제3항)

> **제5조(노동조합의 조직·가입·활동)** ③ 종사근로자인 조합원이 해고되어 노동위원회에 부당노동행위의 구제신청을 한 경우에는 중앙노동위원회의 재심판정이 있을 때까지는 종사근로자로 본다. 〈신설 2021.1.5.〉

정답 ⑤

029 □□□ ○ △ ×

노동조합 및 노동관계조정법상 기한이 다른 하나는?

① 노동조합의 처분이 노동관계법령에 위반하여 행정관청의 시정명령을 받은 노동조합이 이를 이행하여야 할 기한

② 노동조합에 임시총회 소집권자가 없는 경우, 행정관청의 회의 소집권자 지명기한

③ 노동조합의 대표자가 회의의 소집을 고의로 기피하거나 이를 해태하여 조합원 또는 대의원의 3분의 1 이상이 소집권자의 지명을 요구할 때 행정관청의 노동위원회에 대한 의결요청기한

④ 합병 또는 분할로 소멸하여 노동조합이 해산한 때 노동조합 대표자가 해산한 날부터 이를 행정관청에게 신고하여야 할 기한

⑤ 단체협약 당사자가 단체협약의 체결일부터 이를 행정관청에게 신고하여야 할 기한

해설

① (×) 30일(노동조합법 제21조 제2항·제3항)

> **제21조(규약 및 결의처분의 시정)** ② 행정관청은 노동조합의 결의 또는 처분이 노동관계법령 또는 규약에 위반된다고 인정할 경우에는 노동위원회의 의결을 얻어 그 시정을 명할 수 있다. 다만, 규약위반 시의 시정명령은 이해관계인의 신청이 있는 경우에 한한다. 〈개정 1998.2.20.〉
> ③ 제1항 또는 제2항의 규정에 의하여 시정명령을 받은 노동조합은 30일 이내에 이를 이행하여야 한다. 다만, 정당한 사유가 있는 경우에는 그 기간을 연장할 수 있다.

② (○) 15일(동법 제18조 제4항)

> **제18조(임시총회등의 소집)** ④ 행정관청은 노동조합에 총회 또는 대의원회의 소집권자가 없는 경우에 조합원 또는 대의원의 3분의 1 이상이 회의에 부의할 사항을 제시하고 소집권자의 지명을 요구한 때에는 15일 이내에 회의의 소집권자를 지명하여야 한다. 〈개정 1998.2.20.〉

③ (○) 15일(동조 제3항)

> **제18조(임시총회등의 소집)** ③ 행정관청은 노동조합의 대표자가 제2항의 규정에 의한 회의의 소집을 고의로 기피하거나 이를 해태하여 조합원 또는 대의원의 3분의 1 이상이 소집권자의 지명을 요구한 때에는 15일 이내에 노동위원회의 의결을 요청하고 노동위원회의 의결이 있는 때에는 지체 없이 회의의 소집권자를 지명하여야 한다. 〈개정 1998.2.20.〉

④ (○) 15일(동법 제28조 제2항)

> 제28조(해산사유) ② 제1항 제1호 내지 제3호의 사유로 노동조합이 해산한 때에는 그 대표자는 해산한 날부터 15일 이내에 행정관청에게 이를 신고하여야 한다.

⑤ (○) 15일(동법 제31조 제2항)

> 제31조(단체협약의 작성) ② 단체협약의 당사자는 단체협약의 체결일부터 15일 이내에 이를 행정관청에게 신고하여야 한다. 〈개정 1998.2.20.〉

정답 ①

---

030 ☐☐☐　　　　　　　　　　○ △ ✕

노동조합 및 노동관계조정법령에 관한 설명으로 옳지 않은 것은? (다툼이 있으면 판례에 따름)

① 근로자는 단체협약으로 정하거나 사용자의 동의가 있는 경우에는 사용자 또는 노동조합으로부터 급여를 지급받으면서 근로계약 소정의 근로를 제공하지 아니하고 노동조합의 업무에 종사할 수 있다.

② 노동조합의 하부단체인 분회나 지부가 독자적인 규약 및 집행기관을 가지고 독립된 조직체로서 활동을 하는 경우, 당해 조직이나 그 조합원에 고유한 사항에 대하여는 독자적으로 단체교섭하고 단체협약을 체결할 수 있다.

③ 근로조건의 결정권이 있는 독립된 사업 또는 사업장에 조직된 노동단체는 지부·분회 등 명칭이 무엇이든 상관없이 노동조합의 설립신고를 할 수 있다.

④ 근로시간 면제자에 대한 근로시간 면제한도를 정하기 위하여 근로시간면제심의위원회를 고용노동부에 둔다.

⑤ 연합단체인 노동조합을 설립하고자 하는 자는 노동조합의 명칭, 주된 사무소의 소재지, 조합원 수 등을 기재한 신고서에 규약을 첨부하여 고용노동부장관에게 제출하여야 한다.

해설

① (○) 노동조합법 제24조 제1항

② (○) 노동조합의 하부단체인 분회나 지부가 독자적인 규약 및 집행기관을 가지고 독립된 조직체로서 활동을 하는 경우 당해 조직이나 그 조합원에 고유한 사항에 대하여는 독자적으로 단체교섭하고 단체협약을 체결할 수 있고, 이는 그 분회나 지부가 노동조합 및 노동관계조정법 시행령 제7조의 규정에 따라 그 설립신고를 하였는지 여부에 영향받지 아니한다(대법원 2001.2.23. 2000도4299).

③ (○) 산하조직 중 근로조건의 결정권이 있는 독립된 사업 또는 사업장에 조직된 노동단체는 지부·분회 등 명칭이 무엇이든 상관없이 법 제10조 제1항에 따른 노동조합의 설립신고를 할 수 있다(동법 시행령 제7조).

④ (✕) 고용노동부 → 경제사회노동위원회(동법 제24조의2 제1항)

> 제24조의2(근로시간면제심의위원회) ① 근로시간 면제자에 대한 근로시간 면제한도를 정하기 위하여 근로시간면제심의위원회(이하 이 조에서 "위원회"라 한다)를 「경제사회노동위원회법」에 따른 경제사회노동위원회(이하 "경제사회노동위원회"라 한다)에 둔다. 〈개정 2021.1.5.〉

⑤ (○) 동법 제10조 제1항 제6호

> 제10조(설립의 신고) ① 노동조합을 설립하고자 하는 자는 다음 각 호의 사항을 기재한 신고서에 제11조의 규정에 의한 규약을 첨부하여 연합단체인 노동조합과 2 이상의 특별시·광역시·특별자치시·도·특별자치도에 걸치는 단위노동조합은 고용노동부장관에게, 2 이상의 시·군·구(자치구를 말한다)에 걸치는 단위노동조합은 특별시장·광역시장·도지사에게, 그 외의 노동조합은 특별자치시장·특별자치도지사·시장·군수·구청장(자치구의 구청장을 말한다. 이하 제12조 제1항에서 같다)에게 제출하여야 한다. 〈개정 2014.5.20.〉
> 1. 명칭
> 2. 주된 사무소의 소재지
> 3. 조합원수
> 4. 임원의 성명과 주소
> 5. 소속된 연합단체가 있는 경우에는 그 명칭
> 6. 연합단체인 노동조합에 있어서는 그 구성노동단체의 명칭, 조합원 수, 주된 사무소의 소재지 및 임원의 성명·주소

정답 ④

---

031 ☐☐☐　　　　　　　　　　○ △ ✕

노동조합 및 노동관계조정법령상 단체교섭 및 단체협약에 관한 설명으로 옳지 않은 것은? (다툼이 있으면 판례에 따름)

① 노동조합은 정당한 이유 없이 교섭 또는 단체협약의 체결을 거부하거나 해태하여서는 아니 된다.

② 사용자로부터 교섭의 체결에 관한 권한을 위임받은 자는 그 사용자를 위하여 위임받은 범위 안에서 그 권한을 행사할 수 있다.

③ 교섭대표노동조합의 대표자는 단체협약 체결 여부에 대해 원칙적으로 소수 노동조합이나 그 조합원의 의사에 기속된다고 볼 수 없다.

④ 노동조합은 해당 사업에 단체협약이 2개 이상 있는 경우에는 나중에 이르는 단체협약의 유효기간 만료일 이전 3개월이 되는 날부터 사용자에게 교섭을 요구할 수 있다.

⑤ 국가 및 지방자치단체는 다양한 교섭방식을 노동관계 당사자가 자율적으로 선택할 수 있도록 지원하고, 이에 따른 단체교섭이 활성화될 수 있도록 노력하여야 한다.

해설

① (○) 노동조합과 사용자 또는 사용자단체는 정당한 이유 없이 교섭 또는 단체협약의 체결을 거부하거나 해태하여서는 아니 된다

(노동조합법 제30조 제2항).

② (○) 노동조합과 사용자 또는 사용자단체로부터 교섭 또는 단체협약의 체결에 관한 권한을 위임받은 자는 그 노동조합과 사용자 또는 사용자단체를 위하여 위임받은 범위 안에서 그 권한을 행사할 수 있다(동법 제29조 제3항).

③ (○) 교섭창구 단일화제도의 취지나 목적, 노동조합 및 노동관계조정법(이하 '노동조합법'이라 한다) 제29조 제2항의 규정내용과 취지 등을 고려하면, 교섭대표노동조합의 대표자는 교섭창구 단일화절차에 참여한 노동조합 및 조합원 전체를 대표하여 독자적인 단체협약체결권을 가지므로, 단체협약 체결 여부에 대해 원칙적으로 소수 노동조합이나 그 조합원의 의사에 기속된다고 볼 수 없다(대법원 2020.10.29. 2019다262582).

④ (×) 나중에 → 먼저(동법 시행령 제14조의2 제1항)

> 시행령 제14조의2(노동조합의 교섭요구 시기 및 방법) ① 노동조합은 해당 사업 또는 사업장에 단체협약이 있는 경우에는 법 제29조 제1항 또는 제29조의2 제1항에 따라 그 유효기간 만료일 이전 3개월이 되는 날부터 사용자에게 교섭을 요구할 수 있다. 다만, 단체협약이 2개 이상 있는 경우에는 먼저 이르는 단체협약의 유효기간 만료일 이전 3개월이 되는 날부터 사용자에게 교섭을 요구할 수 있다. 〈개정 2019.7.2.〉

⑤ (○) 국가 및 지방자치단체는 기업·산업·지역별 교섭 등 다양한 교섭방식을 노동관계 당사자가 자율적으로 선택할 수 있도록 지원하고 이에 따른 단체교섭이 활성화될 수 있도록 노력하여야 한다(동법 제30조 제3항).

정답 ④

---

032 □□□ ○ △ ×

노동조합 및 노동관계조정법령상 교섭창구 단일화절차 등에 관한 설명으로 옳지 않은 것은?

① 하나의 사업장에서 조직형태에 관계없이 근로자가 설립하거나 가입한 노동조합이 2개 이상인 경우, 노동조합은 교섭대표노동조합을 정하여 교섭을 요구하여야 한다.

② 교섭대표노동조합을 자율적으로 결정하는 기한 내에 사용자가 교섭창구 단일화절차를 거치지 아니하기로 동의한 경우에는 사용자는 교섭을 요구한 모든 노동조합과 성실히 교섭하여야 한다.

③ 교섭대표노동조합을 자율적으로 결정하는 기한까지 교섭대표노동조합을 정하지 못하고 사용자의 동의를 얻지 못한 경우에는, 교섭창구 단일화절차에 참여한 노동조합의 종사근로자가 아닌 조합원을 포함한 전체 조합원 과반수로 조직된 노동조합이 교섭대표노동조합이 된다.

④ 공동교섭대표단의 구성에 합의하지 못할 경우에 노동위원회는 해당 노동조합의 신청에 따라 조합원 비율을 고려하여 이를 결정할 수 있다.

⑤ 사용자에게 공동교섭대표단의 통지가 있은 이후에는 그 공동교섭대표단 결정절차에 참여한 노동조합 중 일부 노동조합이 그 이후의 절차에 참여하지 않더라도, 교섭대표노동조합의 지위는 유지된다.

해설

① (○) ② (○) 노동조합법 제29조의2 제1항 본문, 제1항 단서·제2항

> 제29조의2(교섭창구 단일화절차) ① 하나의 사업 또는 사업장에서 조직형태에 관계없이 근로자가 설립하거나 가입한 노동조합이 2개 이상인 경우 노동조합은 교섭대표노동조합(2개 이상의 노동조합 조합원을 구성원으로 하는 교섭대표기구를 포함한다. 이하 같다)을 정하여 교섭을 요구하여야 한다. 다만, 제3항에 따라 교섭대표노동조합을 자율적으로 결정하는 기한 내에 사용자가 이 조에서 정하는 교섭창구 단일화절차를 거치지 아니하기로 동의한 경우에는 그러하지 아니하다. 〈개정 2021.1.5.〉
> ② 제1항 단서에 해당하는 경우 사용자는 교섭을 요구한 모든 노동조합과 성실히 교섭하여야 하고, 차별적으로 대우해서는 아니 된다. 〈신설 2021.1.5.〉

③ (×) 종사근로자가 아닌 조합원을 포함한 → "삭제"(동조 제4항·제10항)

> 제29조의2(교섭창구 단일화절차) ④ 제3항에 따른 기한까지 교섭대표노동조합을 정하지 못하고 제1항 단서에 따른 사용자의 동의를 얻지 못한 경우에는 교섭창구 단일화절차에 참여한 노동조합의 전체 조합원 과반수로 조직된 노동조합(2개 이상의 노동조합이 위임 또는 연합 등의 방법으로 교섭창구 단일화절차에 참여한 노동조합 전체 조합원의 과반수가 되는 경우를 포함한다)이 교섭대표노동조합이 된다. 〈개정 2021.1.5.〉

⑩ 제4항부터 제7항까지 및 제9항의 조합원 수 산정은 종사근로
자인 조합원을 기준으로 한다. 〈신설 2021.1.5.〉

④ (○) 동조 제6항
⑤ (○) 동법 시행령 제14조의8 제2항
[보충] 다음 조문의 구별에 유의하라.

> **시행령 제14조의6(자율적 교섭대표노동조합의 결정 등)** ② 사
> 용자에게 제1항에 따른 교섭대표노동조합의 통지가 있은 이후에
> 는 그 교섭대표노동조합의 결정절차에 참여한 노동조합 중 일부
> 노동조합이 그 이후의 절차에 참여하지 않더라도 법 제29조 제2
> 항에 따른 교섭대표노동조합의 지위는 유지된다.
>
> **시행령 제14조의8(자율적 공동교섭대표단 구성 및 통지)** ② 사
> 용자에게 제1항에 따른 공동교섭대표단의 통지가 있은 이후에는
> 그 공동교섭대표단 결정절차에 참여한 노동조합 중 일부 노동조
> 합이 그 이후의 절차에 참여하지 않더라도 법 제29조 제2항에
> 따른 교섭대표노동조합의 지위는 유지된다.

정답 ③

---

33 □□□   ○ △ ×

노동조합 및 노동관계조정법령상 교섭단위 결정 등에 관한
설명으로 옳은 것은?

① 노동조합 또는 사용자는 사용자가 교섭요구사실을 공
고하기 전에는 노동위원회에 교섭단위를 분리하는 결
정을 신청할 수 없다.
② 노동조합 또는 사용자는 분리된 교섭단위를 통합하여
교섭하려는 경우에는 노동위원회에 분리된 교섭단위
를 통합하는 결정을 신청할 수 없다.
③ 노동위원회는 노동관계 당사자의 어느 한쪽이 신청한
경우에는 교섭단위를 분리하는 결정을 할 수 없다.
④ 노동위원회는 교섭단위를 분리하는 결정을 하고 해당
사업 또는 사업장의 모든 노동조합과 사용자에게 통지
해야 한다.
⑤ 교섭단위 분리신청에 대한 노동위원회의 결정이 있기
전에 교섭요구가 있는 때에는 교섭단위 분리결정과 관
계없이 교섭요구사실의 공고 등 교섭창구 단일화절차
는 진행된다.

해설

① (×) ② (×) 없다 → 있다(노동조합법 시행령 제14조의11 제1항
제1호, 동항)

> **시행령 제14조의11(교섭단위 결정)** ① 노동조합 또는 사용자는
> 법 제29조의3 제2항에 따라 교섭단위를 분리하거나 분리된 교섭
> 단위를 통합하여 교섭하려는 경우에는 다음 각 호에 해당하는
> 기간에 노동위원회에 교섭단위를 분리하거나 분리된 교섭단위를
> 통합하는 결정을 신청할 수 있다. 〈개정 2021.6.29.〉
> 1. 제14조의3에 따라 사용자가 교섭요구사실을 공고하기 전
> 2. 제14조의3에 따라 사용자가 교섭요구사실을 공고한 경우에는
>   법 제29조의2에 따른 교섭대표노동조합이 결정된 날 이후

③ (×) 없다 → 있다(동법 제29조의3 제2항)

> **제29조의3(교섭단위 결정)** ② 제1항에도 불구하고 하나의 사업
> 또는 사업장에서 현격한 근로조건의 차이, 고용형태, 교섭관행
> 등을 고려하여 교섭단위를 분리하거나 분리된 교섭단위를 통합
> 할 필요가 있다고 인정되는 경우에 노동위원회는 노동관계 당사
> 자의 양쪽 또는 어느 한쪽의 신청을 받아 교섭단위를 분리하거나
> 분리된 교섭단위를 통합하는 결정을 할 수 있다. 〈개정 2021.1.5.〉

④ (○) 노동위원회는 제1항에 따른 신청을 받은 날부터 30일 이내에
교섭단위를 분리하거나 분리된 교섭단위를 통합하는 결정을 하고
해당 사업 또는 사업장의 모든 노동조합과 사용자에게 통지해야
한다(동법 시행령 제14조의11 제3항).
⑤ (×) 교섭창구 단일화절차는 진행된다 → 교섭창구 단일화절차의
진행은 정지된다(동조 제5항)

> **시행령 제14조의11(교섭단위 결정)** ⑤ 제1항에 따른 신청에 대
> 한 노동위원회의 결정이 있기 전에 제14조의2에 따른 교섭요구
> 가 있는 때에는 교섭단위를 분리하거나 분리된 교섭단위를 통합
> 하는 결정이 있을 때까지 제14조의3에 따른 교섭요구사실의 공
> 고 등 교섭창구 단일화절차의 진행은 정지된다. 〈개정 2021.6.29.〉

정답 ④

---

34 □□□   ○ △ ×

노동조합 및 노동관계조정법령상 단체협약에 관한 설명으
로 옳지 않은 것은?

① 행정관청은 단체협약 중 위법한 내용이 있는 경우에는
노동위원회의 의결을 얻어 그 시정을 명할 수 있다.
② 하나의 사업장에 상시 사용되는 동종의 근로자 반수
이상이 하나의 단체협약의 적용을 받게 된 때에는, 행
정관청은 직권으로 다른 동종의 근로자에 대하여도 당
해 단체협약을 적용한다는 결정을 하여야 한다.
③ 단체협약에 그 유효기간을 정하지 아니한 경우, 그 유
효기간은 3년으로 한다.
④ 단체협약의 신고는 당사자 쌍방이 연명으로 해야 한다.
⑤ 단체협약의 이행방법에 관하여 노동위원회가 제시한
이행방법에 관한 견해는 중재재정과 동일한 효력을 가
진다.

해설

① (○) 노동조합법 제31조 제3항
② (×) 행정관청은 직권으로 다른 동종의 근로자에 대하여도 당해
단체협약을 적용한다는 결정을 하여야 한다 → 당해 사업장에 사
용되는 다른 동종의 근로자에 대하여도 당해 단체협약이 적용된다
(동법 제35조)
[보충] 일반적 구속력의 경우, 행정관청의 결정을 요하지 아니한다.

> **제35조(일반적 구속력)** 하나의 사업 또는 사업장에 상시 사용되
> 는 동종의 근로자 반수 이상이 하나의 단체협약의 적용을 받게
> 된 때에는 당해 사업 또는 사업장에 사용되는 다른 동종의 근로
> 자에 대하여도 당해 단체협약이 적용된다.

③ (O) 동법 제32조 제1항 · 제2항

> **제32조(단체협약 유효기간의 상한)** ① 단체협약의 유효기간은 3년을 초과하지 않는 범위에서 노사가 합의하여 정할 수 있다. 〈개정 2021.1.5.〉
> ② 단체협약에 그 유효기간을 정하지 아니한 경우 또는 제1항의 기간을 초과하는 유효기간을 정한 경우에 그 유효기간은 3년으로 한다. 〈개정 2021.1.5.〉

④ (O) 동법 시행령 제15조

⑤ (O) 동법 제34조

> **제34조(단체협약의 해석)** ① 단체협약의 해석 또는 이행방법에 관하여 관계당사자 간에 의견의 불일치가 있는 때에는 당사자 쌍방 또는 단체협약에 정하는 바에 의하여 어느 일방이 노동위원회에 그 해석 또는 이행방법에 관한 견해의 제시를 요청할 수 있다.
> ② 노동위원회는 제1항의 규정에 의한 요청을 받은 때에는 그날부터 30일 이내에 명확한 견해를 제시하여야 한다.
> ③ 제2항의 규정에 의하여 노동위원회가 제시한 해석 또는 이행방법에 관한 견해는 중재재정과 동일한 효력을 가진다.

정답 ②

35 ☐☐☐ ○ △ ✕

노동조합 및 노동관계조정법령상 단체교섭 및 단체협약에 관한 설명이다. ( )에 들어갈 내용으로 옳은 것은?

> ○ 교섭창구 단일화절차에 따라 결정된 교섭대표노동조합은 그 결정이 있은 후 사용자와 체결한 첫 번째 단체협약의 효력이 발생한 날을 기준으로 (ㄱ)년이 되는 날까지 그 교섭대표노동조합의 지위를 유지한다.
> ○ 단체협약에 그 유효기간이 경과한 후에도 새로운 단체협약이 체결되지 아니한 때에는 새로운 단체협약이 체결될 때까지 종전 단체협약의 효력을 존속시킨다는 취지의 별도의 약정이 있는 경우에는 그에 따르되, 당사자 일방은 해지하고자 하는 날의 (ㄴ)월 전까지 상대방에게 통고함으로써 종전의 단체협약을 해지할 수 있다.

① ㄱ: 2, ㄴ: 2
② ㄱ: 2, ㄴ: 3
③ ㄱ: 2, ㄴ: 6
④ ㄱ: 3, ㄴ: 3
⑤ ㄱ: 3, ㄴ: 6

해설

③ (O) ㄱ: 2, ㄴ: 6

> **노동조합법 시행령 제14조의10(교섭대표노동조합의 지위 유지기간 등)** ① 법 제29조의2 제3항부터 제6항까지의 규정에 따라 결정된 교섭대표노동조합은 그 결정이 있은 후 사용자와 체결한 첫 번째 단체협약의 효력이 발생한 날을 기준으로 2년이 되는 날까지 그 교섭대표노동조합의 지위를 유지하되, 새로운 교섭대표노동조합이 결정된 경우에는 그 결정된 때까지 교섭대표노동조합의 지위를 유지한다. 〈개정 2021.6.29.〉
> **제32조(단체협약 유효기간의 상한)** ③ 단체협약의 유효기간이 만료되는 때를 전후하여 당사자 쌍방이 새로운 단체협약을 체결

하고자 단체교섭을 계속하였음에도 불구하고 새로운 단체협약이 체결되지 아니한 경우에는 별도의 약정이 있는 경우를 제외하고는 종전의 단체협약은 그 효력만료일부터 3월까지 계속 효력을 갖는다. 다만, 단체협약에 그 유효기간이 경과한 후에도 새로운 단체협약이 체결되지 아니한 때에는 새로운 단체협약이 체결될 때까지 종전 단체협약의 효력을 존속시킨다는 취지의 별도의 약정이 있는 경우에는 그에 따르되, 당사자 일방은 해지하고자 하는 날의 6월 전까지 상대방에게 통고함으로써 종전의 단체협약을 해지할 수 있다.

정답 ③

36 ☐☐☐ ○ △ ✕

노동조합 및 노동관계조정법상 단체협약에 관한 설명으로 옳지 않은 것은? (다툼이 있으면 판례에 따름)

① 노동조합은 신의에 따라 성실히 교섭하고 단체협약을 체결하여야 하며 그 권한을 남용하여서는 아니 된다.

② 단체협약에 정한 근로조건 기타 근로자의 대우에 관한 기준에 위반하는 취업규칙 또는 근로계약의 부분은 무효로 한다.

③ 단체협약의 당사자인 노동조합은 단체협약의 유효기간 중에 단체협약에서 정한 근로조건 등에 관한 내용의 변경이나 폐지를 요구하는 쟁의행위를 행하지 않을 평화의무를 지고 있다.

④ 사용자가 인사처분을 할 때 노동조합의 사전 동의나 승낙을 얻어 인사처분을 하도록 단체협약 등에 규정된 경우, 그 절차를 거치지 아니한 인사처분은 원칙적으로 무효로 보아야 한다.

⑤ 노동조합은 근로조건의 향상을 목적으로 하므로, 사용자와 사이에 근로조건을 불리하게 변경하는 내용의 단체협약을 체결할 수 없다.

해설

① (O) 노동조합과 사용자 또는 사용자단체는 신의에 따라 성실히 교섭하고 단체협약을 체결하여야 하며 그 권한을 남용하여서는 아니 된다(노동조합법 제30조 제1항).

② (O) 동법 제33조 제1항

③ (O) 단체협약의 당사자인 노동조합은 단체협약의 유효기간 중에 단체협약에서 정한 근로조건 등에 관한 내용의 변경이나 폐지를 요구하는 쟁의행위를 행하지 아니하여야 함은 물론, 조합원들에 대하여도 통제력을 행사하여 그와 같은 쟁의행위를 행하지 못하게 방지하여야 할 이른바 평화의무를 지고 있다고 할 것인바, 이와 같은 평화의무가 노사관계의 안정과 단체협약의 질서 형성적 기능을 담보하는 것인 점에 비추어 보면, 단체협약이 새로 체결된 직후부터 뚜렷한 무효사유를 내세우지도 아니한 채 단체협약의 전면무효화를 주장하면서 평화의무에 위반되는 쟁의행위를 행하는 것은 이미 노동조합활동으로서의 정당성을 결여한 것이라고 하지 아니할 수 없다(대법원 1992.9.1, 92누7733).

④ (O) 사용자가 인사처분을 할 때 노동조합의 사전 동의나 승낙을

얻어야 한다거나 노동조합과 인사처분에 관하여 논의하여 의견의 합치를 보아 인사처분을 하도록 단체협약 등에 규정된 경우에는 그 절차를 거치지 아니한 인사처분은 원칙적으로 무효로 보아야 한다(대법원 2010.7.15, 2007두15797).

⑤ (×) 협약자치의 원칙상 노동조합은 사용자와 사이에 근로조건을 유리하게 변경하는 내용의 단체협약뿐만 아니라 근로조건을 불리하게 변경하는 내용의 단체협약을 체결할 수 있으므로, 근로조건을 불리하게 변경하는 내용의 단체협약이 현저히 합리성을 결하여 노동조합의 목적을 벗어난 것으로 볼 수 있는 경우와 같은 특별한 사정이 없는 한 그러한 노사 간의 합의를 무효라고 볼 수는 없고, 노동조합으로서는 그러한 합의를 위하여 사전에 근로자들로부터 개별적인 동의나 수권을 받을 필요가 없으며, 단체협약이 현저히 합리성을 결하였는지 여부는 단체협약의 내용과 그 체결경위, 당시 사용자 측의 경영상태 등 여러 사정에 비추어 판단해야 한다(대법원 2000.9.29, 99다67536).

정답 ⑤

---

037 □□□ ○ △ ×

노동조합 및 노동관계조정법상 노동위원회가 행하는 노동쟁의의 조정 등에 관한 설명으로 옳지 않은 것은?

① 노동위원회는 관계당사자의 일방이 노동쟁의의 조정을 신청한 때에는 지체 없이 조정을 개시하여야 한다.
② 조정은 조정의 신청이 있는 날부터 일반사업에 있어서는 10일, 공익사업에 있어서는 15일 이내에 종료하여야 한다.
③ 노동위원회는 조정신청 전에는 교섭을 주선하는 등 관계당사자의 자주적인 분쟁해결을 지원할 수 없다.
④ 노동위원회는 관계당사자 쌍방의 신청 또는 동의를 얻은 경우에는 조정위원회에 갈음하여 단독조정인에게 조정을 행하게 할 수 있다.
⑤ 조정서의 내용을 준수하지 아니한 자는 벌칙에 처한다.

해설

① (○) 노동위원회는 관계당사자의 일방이 노동쟁의의 조정을 신청한 때에는 지체 없이 조정을 개시하여야 하며 관계당사자 쌍방은 이에 성실히 임하여야 한다(노동조합법 제53조 제1항).
② (○) 동법 제54조 제1항
③ (×) 전에는 → 전이라도, 없다 → 있다(동법 제53조 제2항)

> **제53조(조정의 개시)** ② 노동위원회는 제1항의 규정에 따른 조정신청 전이라도 원활한 조정을 위하여 교섭을 주선하는 등 관계당사자의 자주적인 분쟁해결을 지원할 수 있다. 〈신설 2006.12.30.〉

④ (○) 노동위원회는 관계당사자 쌍방의 신청이 있거나 관계당사자 쌍방의 동의를 얻은 경우에는 조정위원회에 갈음하여 단독조정인에게 조정을 행하게 할 수 있다(동법 제57조 제1항).
⑤ (○) 동법 제92조 제3호

> **제92조(벌칙)** 다음 각 호의 1에 해당하는 자는 1천만 원 이하의 벌금에 처한다. 〈개정 2010.1.1.〉

1. 삭제 〈2021.1.5.〉
2. 제31조 제1항의 규정에 의하여 체결된 단체협약의 내용 중 다음 각 목의 1에 해당하는 사항을 위반한 자
   가. 임금·복리후생비, 퇴직금에 관한 사항
   나. 근로 및 휴게시간, 휴일, 휴가에 관한 사항
   다. 징계 및 해고의 사유와 중요한 절차에 관한 사항
   라. 안전보건 및 재해부조에 관한 사항
   마. 시설·편의제공 및 근무시간 중 회의참석에 관한 사항
   바. 쟁의행위에 관한 사항
3. 제61조 제1항의 규정에 의한 조정서의 내용 또는 제68조 제1항의 규정에 의한 중재재정서의 내용을 준수하지 아니한 자

정답 ③

---

038 □□□ ○ △ ×

노동조합 및 노동관계조정법상 노동위원회가 행하는 노동쟁의의 중재에 관한 설명으로 옳은 것은?

① 노동쟁의가 중재에 회부된 때에는 그날부터 20일간은 쟁의행위를 할 수 없다.
② 관계당사자의 일방이 단체협약에 의하여 중재를 신청한 때에도 노동위원회는 중재를 행한다.
③ 중재는 조정을 거치지 않으면 신청할 수 없다.
④ 관계당사자는 지방노동위원회의 중재재정이 월권에 의한 것이라고 인정하는 경우에는 중앙노동위원회에 재심을 신청할 수 없다.
⑤ 중재재정의 내용은 관계당사자의 동의를 받아야 단체협약과 동일한 효력을 가진다.

해설

① (×) 20일 → 15일(노동조합법 제63조)

> **제63조(중재 시의 쟁의행위의 금지)** 노동쟁의가 중재에 회부된 때에는 그날부터 15일간은 쟁의행위를 할 수 없다.

② (○) 동법 제62조 제2호

> **제62조(중재의 개시)** 노동위원회는 다음 각 호의 어느 하나에 해당하는 때에는 중재를 행한다. 〈개정 2006.12.30.〉
> 1. 관계당사자의 쌍방이 함께 중재를 신청한 때
> 2. 관계당사자의 일방이 단체협약에 의하여 중재를 신청한 때
> 3. 삭제 〈2006.12.30.〉

③ (×) 중재는 일반사업이든 공익사업이든 관계없이 신청할 수 있고, 조정이 실패한 경우에 신청하는 것이 일반적이나 조정을 거치지 아니하고 신청할 수도 있다. 다만, 법외노조는 중재를 신청할 수 없음에 유의하여야 한다(동법 제7조 제1항 참조).
④ (×) 없다 → 있다(동법 제69조 제1항)

> **제69조(중재재정등의 확정)** ① 관계당사자는 지방노동위원회 또는 특별노동위원회의 중재재정이 위법이거나 월권에 의한 것이라고 인정하는 경우에는 그 중재재정서의 송달을 받은 날부터 10일 이내에 중앙노동위원회에 그 재심을 신청할 수 있다.

⑤ (×) 관계당사자의 동의를 받아야 → "삭제"(동법 제70조 제1항)

[보충] 중재재정의 내용에 대하여는 단체협약과 같이 이행의무와 평화의무가 발생하고, 관계당사자는 그 내용이 불만이더라도 이를 성실히 이행하여야 한다. 따라서 관계당사자의 동의는 필요치 아니하다.

> **제70조(중재재정 등의 효력)** ① 제68조 제1항의 규정에 따른 중재재정의 내용은 단체협약과 동일한 효력을 가진다.

정답 ②

039 □□□   ○ △ ✕

노동조합 및 노동관계조정법상 필수공익사업에 해당하는 것을 모두 고른 것은?

> ㄱ. 공중위생사업   ㄴ. 통신사업
> ㄷ. 방송사업   ㄹ. 한국은행사업
> ㅁ. 조폐사업   ㅂ. 병원사업

① ㄱ, ㄹ, ㅂ   ② ㄴ, ㄷ, ㅁ   ③ ㄴ, ㄹ, ㅂ
④ ㄷ, ㄹ, ㅁ   ⑤ ㄷ, ㅁ, ㅂ

해설

③ (○) ㄴ, ㄹ, ㅂ이 필수공익사업에 해당하는 것이다.

> **제71조(공익사업의 범위등)** ② 이 법에서 "필수공익사업"이라 함은 제1항의 공익사업으로서 그 업무의 정지 또는 폐지가 공중의 일상생활을 현저히 위태롭게 하거나 국민경제를 현저히 저해하고 그 업무의 대체가 용이하지 아니한 다음 각 호의 사업을 말한다. 〈개정 2006.12.30.〉
> 1. 철도사업, 도시철도사업 및 항공운수사업
> 2. 수도사업, 전기사업, 가스사업, 석유정제사업 및 석유공급사업
> 3. 병원사업 및 혈액공급사업
> 4. 한국은행사업
> 5. 통신사업

정답 ③

040 □□□   ○ △ ✕

노동조합 및 노동관계조정법상 사용자의 직장폐쇄에 관한 설명으로 옳지 않은 것은? (다툼이 있으면 판례에 따름)

① 사용자의 직장폐쇄가 정당한 쟁의행위로 평가받는 경우에는 사업장 내의 노조사무실 등 정상적인 노조활동에 필요한 시설이라 하더라도 조합원의 출입은 허용되지 않는다.

② 직장폐쇄의 개시 자체는 정당하더라도 근로자가 쟁의행위를 중단하고 진정으로 업무에 복귀할 의사를 표시하였음에도 사용자가 직장폐쇄를 계속 유지하면서 공격적 직장폐쇄의 성격으로 변질된 경우에는, 그 이후의 직장폐쇄는 정당성을 상실하게 된다.

③ 사용자의 직장폐쇄는 근로자 측의 쟁의행위에 대한 대항·방위수단으로서 상당성이 인정되는 경우에 한하여 정당한 쟁의행위로 평가받을 수 있다.

④ 사용자의 직장폐쇄가 정당한 쟁의행위로 인정되지 아니하는 때에는 적법한 쟁의행위로서 사업장을 점거 중인 근로자들이 사용자로부터 퇴거요구를 받고 이에 불응한 채 직장점거를 계속하더라도 퇴거불응죄가 성립하지 아니한다.

⑤ 사용자의 직장폐쇄가 정당한 쟁의행위로 평가받을 때 비로소 사용자는 직장폐쇄기간 동안의 대상 근로자에 대한 임금지불의무를 면한다.

해설

① (✕) 사용자의 직장폐쇄가 정당한 쟁의행위로 평가받는 경우에도 사업장 내의 노조사무실 등 정상적인 노조활동에 필요한 시설, 기숙사 등 기본적인 생활근거지에 대한 출입은 허용되어야 하고, 다만 쟁의 및 직장폐쇄와 그 후의 상황전개에 비추어 노조가 노조사무실 자체를 쟁의장소로 활용하는 등 노조사무실을 쟁의행위와 무관한 정상적인 노조활동의 장소로 활용할 의사나 필요성이 없음이 객관적으로 인정되거나, 노조사무실과 생산시설이 장소적·구조적으로 분리될 수 없는 관계에 있어 일방의 출입 혹은 이용이 타방의 출입 혹은 이용을 직접적으로 수반하게 되는 경우로서 생산시설에 대한 노조의 접근 및 점거가능성이 합리적으로 예상되고, 사용자가 노조의 생산시설에 대한 접근, 점거 등의 우려에서 노조사무실 대체장소를 제공하고 그것이 원래 장소에서의 정상적인 노조활동과 견주어 합리적 대안으로 인정된다면, 합리적인 범위 내에서 노조사무실의 출입을 제한할 수 있다(대법원 2010.6.10, 2009도12180).

② (○) 근로자의 쟁의행위 등 구체적인 사정에 비추어 직장폐쇄의 개시 자체는 정당하더라도 어느 시점 이후에 근로자가 쟁의행위를 중단하고 진정으로 업무에 복귀할 의사를 표시하였음에도 사용자가 직장폐쇄를 계속 유지함으로써 근로자의 쟁의행위에 대한 방어적인 목적에서 벗어나 공격적 직장폐쇄로 성격이 변질되었다고 볼 수 있는 경우에는 그 이후의 직장폐쇄는 정당성을 상실하게 되므로, 사용자는 그 기간 동안의 임금에 대해서는 지불의무를 면할 수 없다(대법원 2018.3.29, 2014다30858).

③ (○) ④ (○) 사용자의 직장폐쇄는 노사 간의 교섭태도, 경과, 근로자 측 쟁의행위의 태양, 그로 인하여 사용자 측이 받는 타격의

정도 등에 관한 구체적 사정에 비추어 형평상 근로자 측의 쟁의행위에 대한 대항·방위수단으로서 상당성이 인정되는 경우에 한하여 정당한 쟁의행위로 평가받을 수 있는 것이고, 사용자의 직장폐쇄가 정당한 쟁의행위로 인정되지 아니하는 때에는 적법한 쟁의행위로서 사업장을 점거 중인 근로자들이 직장폐쇄를 단행한 사용자로부터 퇴거요구를 받고 이에 불응한 채 직장점거를 계속하더라도 퇴거불응죄가 성립하지 아니한다(2007.12.28, 2007도5204).

⑤ (○) 구체적인 노동쟁의의 장에서 단행된 사용자의 직장폐쇄가 정당한 쟁의행위로 평가받기 위하여는, 노사 간의 교섭태도, 경과, 근로자 측 쟁의행위의 태양, 그로 인하여 사용자 측이 받는 타격의 정도 등에 관한 구체적 사정에 비추어 형평의 견지에서 근로자 측의 쟁의행위에 대한 대항·방위수단으로서 상당성이 인정되는 경우에 한한다 할 것이고, 그 직장폐쇄가 정당한 쟁의행위로 평가받을 때 비로소 사용자는 직장폐쇄기간 동안의 대상 근로자에 대한 임금지불의무를 면한다 할 것이다(대법원 2000.5.26, 98다34331).

정답 ①

041 □□□　　　○ △ ×

노동조합 및 노동관계조정법령상 노동조합이 쟁의행위를 하고자 할 경우에 행정관청과 관할 노동위원회에 신고하여야 할 사항이 아닌 것은?

① 쟁의행위의 목적　　② 쟁의행위의 일시
③ 쟁의행위의 장소　　④ 쟁의행위의 참가인원
⑤ 쟁의행위의 방법

해설

① (○) 쟁의행위의 목적은 노동조합이 쟁의행위를 하고자 할 경우에 행정관청과 관할 노동위원회에 신고하여야 할 사항이 아닌 것이다.

> **시행령 제17조(쟁의행위의 신고)** 노동조합은 쟁의행위를 하고자 할 경우에는 고용노동부령이 정하는 바에 따라 행정관청과 관할 노동위원회에 쟁의행위의 일시·장소·참가인원 및 그 방법을 미리 서면으로 신고하여야 한다. 〈개정 2010.7.12〉

정답 ①

042 □□□　　　○ △ ×

노동조합 및 노동관계조정법상 쟁의행위에 관한 설명으로 옳은 것은?

① 근로자는 쟁의행위기간 중에는 어떠한 경우라도 노동조합 및 노동관계조정법 위반을 이유로 구속되지 아니한다.
② 노동조합의 쟁의행위는 직접·비밀·무기명투표에 의한 종사근로자인 조합원 과반수의 찬성으로 결정하지 아니하면 이를 행할 수 없다.
③ 노동조합은 쟁의행위의 본질상 사용자의 점유를 배제하여 조업을 방해하는 형태로 쟁의행위를 할 수 있다.
④ 노동조합은 쟁의행위기간에 대한 임금의 지급을 요구하여 이를 관철할 목적으로 쟁의행위를 할 수 있다.
⑤ 필수공익사업의 사용자는 쟁의행위기간 중 그 쟁의행위로 중단된 업무의 수행을 위하여 당해 사업과 관계없는 자를 채용 또는 대체할 수 없다.

해설

① (×) 어떠한 경우라도 → 현행범 외에는(노동조합법 제39조)

> **제39조(근로자의 구속제한)** 근로자는 쟁의행위기간 중에는 현행범 외에는 이 법 위반을 이유로 구속되지 아니한다.

② (○) 노동조합의 쟁의행위는 그 조합원(제29조의2에 따라 교섭대표노동조합이 결정된 경우에는 그 절차에 참여한 노동조합의 전체 조합원)의 직접·비밀·무기명투표에 의한 조합원 과반수의 찬성으로 결정하지 아니하면 이를 행할 수 없다. 이 경우 조합원 수 산정은 종사근로자인 조합원을 기준으로 한다(동법 제41조 제1항).

③ (×) 할 수 있다 → 해서는 아니 된다(동법 제37조 제3항)

> **제37조(쟁의행위의 기본원칙)** ③ 노동조합은 사용자의 점유를 배제하여 조업을 방해하는 형태로 쟁의행위를 해서는 아니 된다.
> 〈신설 2021.1.5.〉

④ (×) 할 수 있다 → 하여서는 아니 된다(동법 제44조 제2항)

> **제44조(쟁의행위기간 중의 임금지급요구의 금지)** ② 노동조합은 쟁의행위기간에 대한 임금의 지급을 요구하여 이를 관철할 목적으로 쟁의행위를 하여서는 아니 된다.

⑤ (×) 없다 → 있다(동법 제43조 제3항)

> **제43조(사용자의 채용제한)** ① 사용자는 쟁의행위기간 중 그 쟁의행위로 중단된 업무의 수행을 위하여 당해 사업과 관계없는 자를 채용 또는 대체할 수 없다.
> ③ 제1항 및 제2항의 규정은 필수공익사업의 사용자가 쟁의행위기간 중에 한하여 당해 사업과 관계없는 자를 채용 또는 대체하거나 그 업무를 도급 또는 하도급 주는 경우에는 적용하지 아니한다. 〈신설 2006.12.30.〉

정답 ②

043 ▢▢▢ ○ △ ×

노동조합 및 노동관계조정법상 쟁의행위에 관한 설명으로 옳지 않은 것은? (다툼이 있으면 판례에 따름)

① 근로자의 쟁의행위가 정당한 것으로 인정받기 위해서는 그 목적이 근로조건의 향상을 위한 노사 간의 자치적 교섭을 조성하는 데에 있어야 한다.

② 노동조합 및 노동관계조정법상 적법한 절차를 거친 후 이루어진 쟁의행위에 대하여 쟁의발생 신고절차의 미준수만을 이유로 그 정당성을 부정할 수는 없다.

③ 쟁의행위수단으로서 피케팅은 파업에 가담하지 않고 조업을 계속하려는 자에 대하여 평화적 설득, 구두와 문서에 의한 언어적 설득의 범위 내에서 정당성이 인정되는 것이 원칙이다.

④ 쟁의행위가 조정전치의 규정에 따른 절차를 거치지 않았더라도 무조건 정당성을 결여한 쟁의행위가 되는 것은 아니다.

⑤ 노동조합이 사용자가 수용할 수 없는 과다한 요구를 하였다면 그 쟁의행위의 목적의 정당성은 부정된다.

해설

① (○) 근로자의 쟁의행위가 형법상 정당행위에 해당하려면, ① 주체가 단체교섭의 주체로 될 수 있는 자이어야 하고, ② 목적이 근로조건의 향상을 위한 노사 간의 자치적 교섭을 조성하는 데에 있어야 하며, ③ 사용자가 근로자의 근로조건 개선에 관한 구체적인 요구에 대하여 단체교섭을 거부하였을 때 개시하되 특별한 사정이 없는 한 조합원의 찬성결정 등 법령이 규정한 절차를 거쳐야 하고, ④ 수단과 방법이 사용자의 재산권과 조화를 이루어야 함은 물론 폭력의 행사에 해당되지 아니하여야 한다는 조건을 모두 구비하여야 한다(대법원 2022.10.27, 2019도10516).

② (○) 노동조합 및 노동관계조정법 시행령 제17조에서 규정하고 있는 쟁의행위의 일시·장소·참가인원 및 그 방법에 관한 서면신고의무는 쟁의행위를 함에 있어 그 세부적·형식적 절차를 규정한 것으로서 쟁의행위에 적법성을 부여하기 위하여 필요한 본질적인 요소라고 할 것은 아니므로, 노동쟁의 조정신청이나 조합원들에 대한 쟁의행위 찬반투표 등의 절차를 거친 후 이루어진 이 사건 쟁의행위에 대하여 위와 같은 신고절차의 미준수만을 이유로 그 정당성을 부정할 수는 없다고 할 것이다(대법원 2007.12.28, 2007도5204).

③ (○) 파업의 보조적 쟁의수단인 피케팅은 파업에 가담하지 않고 조업을 계속하려는 자에 대하여 평화적 설득, 구두와 문서에 의한 언어적 설득의 범위 내에서 정당성이 인정되는 것이고, 폭행, 협박 또는 위력에 의한 실력저지나 물리적 강제는 정당화될 수 없다(대법원 1990.10.12, 90도1431).

④ (○) 쟁의행위에 대한 조정전치를 정하고 있는 노동조합법 제45조의 규정취지는 분쟁을 사전 조정하여 쟁의행위 발생을 회피하는 기회를 주려는 데에 있는 것이지 쟁의행위 자체를 금지하려는 데에 있는 것이 아니므로, 쟁의행위가 조정전치의 규정에 따른 절차를 거치지 않았더라도 무조건 정당성을 결여한 쟁의행위가 되는 것은 아니다(대법원 2020.10.15, 2019두40345).

⑤ (×) 노동조합이 회사로서는 수용할 수 없는 요구를 하고 있었다

고 하더라도 이는 단체교섭의 단계에서 조정할 문제이지 노동조합 측으로부터 과다한 요구가 있었다고 하여 막바로 그 쟁의행위의 목적이 부당한 것이라고 해석할 수는 없다(대법원 1992.1.21, 91누5204).

정답 ⑤

044 ▢▢▢ ○ △ ×

노동조합 및 노동관계조정법상 부당노동행위에 관한 설명으로 옳지 않은 것은?

① 근로시간 면제한도를 초과하여 사용자가 급여를 지급하더라도 부당노동행위가 성립하지 않는다.

② 사용자가 근로자의 후생자금을 위해 기금을 기부하는 경우에 부당노동행위가 성립하지 않는다.

③ 노동조합이 해당 사업장에 종사하는 근로자의 3분의 2 이상을 대표하고 있을 때에 근로자가 그 노동조합의 조합원이 될 것을 고용조건으로 하는 단체협약의 체결은 부당노동행위에 해당하지 않는다.

④ 사용자가 최소한의 규모의 노동조합 사무소를 제공하는 경우, 부당노동행위가 성립하지 않는다.

⑤ 사용자가 노동조합으로부터 위임을 받은 자와의 단체협약체결 기타의 단체교섭을 정당한 이유 없이 거부하거나 해태하는 경우, 부당노동행위가 성립할 수 있다.

해설

① (×) 성립하지 않는다 → 성립한다(노동조합법 제81조 제1항 제4호 본문)

② (○) ③ (○) ④ (○) ⑤ (○) 동항 제4호 단서, 제2호 단서, 제4호 단서, 제3호

> **제81조(부당노동행위)** ① 사용자는 다음 각 호의 어느 하나에 해당하는 행위[이하 "부당노동행위(不當勞動行爲)"라 한다]를 할 수 없다. 〈개정 2021.1.5.〉
> 1. 근로자가 노동조합에 가입 또는 가입하려고 하였거나 노동조합을 조직하려고 하였거나 기타 노동조합의 업무를 위한 정당한 행위를 한 것을 이유로 그 근로자를 해고하거나 그 근로자에게 불이익을 주는 행위
> 2. 근로자가 어느 노동조합에 가입하지 아니할 것 또는 탈퇴할 것을 고용조건으로 하거나 특정한 노동조합의 조합원이 될 것을 고용조건으로 하는 행위. 다만, 노동조합이 당해 사업장에 종사하는 근로자의 3분의 2 이상을 대표하고 있을 때에는 근로자가 그 노동조합의 조합원이 될 것을 고용조건으로 하는 단체협약의 체결은 예외로 하며, 이 경우 사용자는 근로자가 그 노동조합에서 제명된 것 또는 그 노동조합을 탈퇴하여 새로 노동조합을 조직하거나 다른 노동조합에 가입한 것을 이유로 근로자에게 신분상 불이익한 행위를 할 수 없다.
> 3. 노동조합의 대표자 또는 노동조합으로부터 위임을 받은 자와의 단체협약 체결 기타의 단체교섭을 정당한 이유 없이 거부하거나 해태하는 행위
> 4. 근로자가 노동조합을 조직 또는 운영하는 것을 지배하거나

이에 개입하는 행위와 근로시간 면제한도를 초과하여 급여를 지급하거나 노동조합의 운영비를 원조하는 행위. 다만, 근로자가 근로시간 중에 제24조 제2항에 따른 활동을 하는 것을 사용자가 허용함은 무방하며, 또한 근로자의 후생자금 또는 경제상의 불행 그 밖에 재해의 방지와 구제 등을 위한 기금의 기부와 최소한의 규모의 노동조합사무소의 제공 및 그 밖에 이에 준하여 노동조합의 자주적인 운영 또는 활동을 침해할 위험이 없는 범위에서의 운영비 원조행위는 예외로 한다.

5. 근로자가 정당한 단체행위에 참가한 것을 이유로 하거나 또는 노동위원회에 대하여 사용자가 이 조의 규정에 위반한 것을 신고하거나 그에 관한 증언을 하거나 기타 행정관청에 증거를 제출한 것을 이유로 그 근로자를 해고하거나 그 근로자에게 불이익을 주는 행위

정답 ①

45 □□□   ○ △ ×

노동조합 및 노동관계조정법 제81조(부당노동행위) 제1항 제4호 단서에 따른 "노동조합의 자주적인 운영 또는 활동을 침해할 위험" 여부를 판단할 때 고려하여야 하는 사항이 아닌 것은?

① 원조된 운영비의 관리방법 및 사용처
② 원조된 운영비가 노동조합의 총지출에서 차지하는 비율
③ 원조된 운영비 금액과 원조방법
④ 원조된 운영비 횟수와 기간
⑤ 운영비 원조의 목적과 경위

해설

① (○) ③ (○) ④ (○) ⑤ (○) 노동조합법 제81조 제2항 제5호, 제3호, 제2호, 제1호

② (✕) 총지출 → 총수입(동항 제4호)

> **제81조(부당노동행위)** ② 제1항 제4호 단서에 따른 "노동조합의 자주적 운영 또는 활동을 침해할 위험" 여부를 판단할 때에는 다음 각 호의 사항을 고려하여야 한다. 〈신설 2020.6.9.〉
> 1. 운영비 원조의 목적과 경위
> 2. 원조된 운영비 횟수와 기간
> 3. 원조된 운영비 금액과 원조방법
> 4. 원조된 운영비가 노동조합의 총수입에서 차지하는 비율
> 5. 원조된 운영비의 관리방법 및 사용처 등

정답 ②

46 □□□   ○ △ ×

노동조합 및 노동관계조정법상 부당노동행위 구제에 관한 설명으로 옳은 것은?

① 사용자의 부당노동행위로 인하여 그 권리를 침해당한 근로자는 노동위원회에 그 구제를 신청할 수 없다.
② 노동위원회가 관계당사자의 심문을 할 때에는 관계당사자의 신청 없이는 증인을 출석하게 하여 필요한 사항을 질문할 수 없다.
③ 부당노동행위 구제의 신청은 계속하는 부당노동행위의 경우, 그 종료일부터 3월 이내에 행하여야 한다.
④ 지방노동위원회의 기각결정에 불복이 있는 관계당사자는 그 결정이 있은 날부터 10일 이내에 중앙노동위원회에 그 재심을 신청할 수 있다.
⑤ 중앙노동위원회의 재심판정은 행정소송의 제기에 의하여 그 효력이 정지된다.

해설

① (✕) ③ (○) 없다 → 있다(노동조합법 제82조 제1항), 동조 제2항

> **제82조(구제신청)** ① 사용자의 부당노동행위로 인하여 그 권리를 침해당한 근로자 또는 노동조합은 노동위원회에 그 구제를 신청할 수 있다.
> ② 제1항의 규정에 의한 구제의 신청은 부당노동행위가 있은 날[계속하는 행위는 그 종료일(終了日)]부터 3월 이내에 이를 행하여야 한다.

② (✕) 없다 → 있다(동법 제83조 제2항)

> **제83조(조사등)** ② 노동위원회는 제1항의 규정에 의한 심문을 할 때에는 관계당사자의 신청에 의하거나 그 직권으로 증인을 출석하게 하여 필요한 사항을 질문할 수 있다.

④ (✕) 결정이 있은 → 결정서의 송달을 받은(동법 제85조 제1항)

> **제85조(구제명령의 확정)** ① 지방노동위원회 또는 특별노동위원회의 구제명령 또는 기각결정에 불복이 있는 관계당사자는 그 명령서 또는 결정서의 송달을 받은 날부터 10일 이내에 중앙노동위원회에 그 재심을 신청할 수 있다.

⑤ (✕) 정지된다 → 정지되지 아니한다(동법 제86조)

> **제86조(구제명령등의 효력)** 노동위원회의 구제명령·기각결정 또는 재심판정은 제85조의 규정에 의한 중앙노동위원회에의 재심신청이나 행정소송의 제기에 의하여 그 효력이 정지되지 아니한다.

정답 ③

노동위원회법상 노동위원회에 관한 설명으로 옳지 않은 것은?

① 공익위원은 해당 노동위원회 위원장, 노동조합 및 사용자단체가 각각 추천한 사람 중에서 노동조합과 사용자단체가 순차적으로 배제하고 남은 사람을 위촉대상 공익위원으로 한다.

② 관계당사자 양쪽이 모두 단독심판을 신청하거나 단독심판으로 처리하는 것에 동의한 경우, 단독심판으로 사건을 처리할 수 있다.

③ 노동위원회 위원의 임기는 3년으로 하되, 연임할 수 없다.

④ 중앙노동위원회의 처분에 대한 소송은 중앙노동위원회 위원장을 피고(被告)로 하여 제기하여야 한다.

⑤ 노동위원회법에 따라 작성된 화해조서는 「민사소송법」에 따른 재판상 화해의 효력을 갖는다.

해설

① (○) 노동위원회법 제6조 제4항

> **제6조(노동위원회의 구성 등)** ④ 공익위원은 해당 노동위원회 위원장, 노동조합 및 사용자단체가 각각 추천한 사람 중에서 노동조합과 사용자단체가 순차적으로 배제하고 남은 사람을 위촉대상 공익위원으로 하고, 그 위촉대상 공익위원 중에서 다음 각 호의 구분에 따라 위촉한다.
> 1. 중앙노동위원회 공익위원: 고용노동부장관의 제청으로 대통령이 위촉
> 2. 지방노동위원회 공익위원: 지방노동위원회 위원장의 제청으로 중앙노동위원회 위원장이 위촉

② (○) 동법 제15조의2 제2호

> **제15조의2(단독심판 등)** 위원장은 다음 각 호의 어느 하나에 해당하는 경우에 심판담당 공익위원 또는 차별시정담당 공익위원 중 1명을 지명하여 사건을 처리하게 할 수 있다.
> 1. 신청기간을 넘기는 등 신청요건을 명백하게 갖추지 못한 경우
> 2. 관계당사자 양쪽이 모두 단독심판을 신청하거나 단독심판으로 처리하는 것에 동의한 경우

③ (×) 없다 → 있다(동법 제7조 제1항)

> **제7조(위원의 임기 등)** ① 노동위원회 위원의 임기는 3년으로 하되, 연임할 수 있다.

④ (○) 중앙노동위원회의 처분에 대한 소송은 중앙노동위원회 위원장을 피고(被告)로 하여 처분의 송달을 받은 날부터 15일 이내에 제기하여야 한다(동법 제27조 제1항).

⑤ (○) 동법 제16조의3 제5항

정답 ③

공무원의 노동조합 설립 및 운영 등에 관한 법률에 관한 설명으로 옳지 않은 것은?

① 정부교섭대표는 다른 정부교섭대표와 공동으로 교섭할 수 있지만, 다른 정부교섭대표에게 교섭 및 단체협약체결권한을 위임할 수 없다.

② 전임자에 대하여는 그 기간 중 「국가공무원법」 제71조 또는 「지방공무원법」 제63조에 따라 휴직명령을 하여야 한다.

③ 정부교섭대표는 법령 등에 따라 스스로 관리하거나 결정할 수 있는 권한을 가진 사항에 대하여 노동조합이 교섭을 요구할 때에는 정당한 사유가 없으면 그 요구에 따라야 한다.

④ 단체교섭이 결렬된 경우 이를 조정·중재하기 위하여 중앙노동위원회에 공무원 노동관계 조정위원회를 둔다.

⑤ 정부교섭대표는 단체협약으로서의 효력을 가지지 아니하는 내용에 대하여는 그 내용이 이행될 수 있도록 성실하게 노력하여야 한다.

해설

① (×) 있지만 → 있고, 없다 → 있다(공무원노조법 제8조 제3항)

> **제8조(교섭 및 체결권한 등)** ③ 정부교섭대표는 효율적인 교섭을 위하여 필요한 경우 다른 정부교섭대표와 공동으로 교섭하거나, 다른 정부교섭대표에게 교섭 및 단체협약체결권한을 위임할 수 있다.

② (○) 제1항에 따른 동의를 받아 노동조합의 업무에만 종사하는 사람[이하 "전임자"(專任者)라 한다]에 대하여는 그 기간 중 「국가공무원법」 제71조 또는 「지방공무원법」 제63조에 따라 휴직명령을 하여야 한다(동법 제7조 제2항).

③ (○) 동법 제8조 제2항

④ (○) 동법 제14조 제1항

⑤ (○) 동법 제10조 제2항

정답 ①

49 ☐☐☐ ○ △ ✕

교원의 노동조합 설립 및 운영 등에 관한 법률에 관한 설명으로 옳은 것은?

① 초·중등교육법에 따른 교원은 개별학교 단위로 노동조합을 설립할 수 있다.

② 교원으로 임용되어 근무하였던 사람은 규약에 정함이 있더라도 노동조합에 가입할 수 없다.

③ 노동조합과 그 조합원은 파업, 태업 또는 그 밖에 업무의 정상적인 운영을 방해하는 쟁의행위를 할 수 있다.

④ 단체교섭을 하거나 단체협약을 체결하는 경우에 관계 당사자는 국민여론과 학부모의 의견을 수렴하여 성실하게 교섭하고 단체협약을 체결하여야 한다.

⑤ 교원은 임용권자의 허가가 있는 경우에는 노동조합의 업무에만 종사할 수 있으며 그 교원은 전임기간 중 봉급을 받는다.

> **해설**
>
> ① (✕) 초·중등교육법 → 고등교육법(교원노조법 제2조 제3호, 제4조 제2항)
>
> > **제2조(정의)** 이 법에서 "교원"이란 다음 각 호의 어느 하나에 해당하는 사람을 말한다. 〈개정 2021.1.5.〉
> > 1. 「유아교육법」 제20조 제1항에 따른 교원
> > 2. 「초·중등교육법」 제19조 제1항에 따른 교원
> > 3. 「고등교육법」 제14조 제2항 및 제4항에 따른 교원. 다만, 강사는 제외한다.
> >
> > **제4조(노동조합의 설립)** ① 제2조 제1호·제2호에 따른 교원은 특별시·광역시·특별자치시·도·특별자치도(이하 "시·도"라 한다) 단위 또는 전국 단위로만 노동조합을 설립할 수 있다. 〈개정 2020.6.9.〉
> > ② 제2조 제3호에 따른 교원은 개별학교 단위, 시·도 단위 또는 전국 단위로 노동조합을 설립할 수 있다. 〈신설 2020.6.9.〉
>
> ② (✕) 없다 → 있다(동법 제4조의2 제2호)
>
> > **제4조의2(가입범위)** 노동조합에 가입할 수 있는 사람의 범위는 다음 각 호와 같다.
> > 1. 교원
> > 2. 교원으로 임용되어 근무하였던 사람으로서 노동조합 규약으로 정하는 사람
>
> ③ (✕) 있다 → 없다(동법 제8조)
>
> > **제8조(쟁의행위의 금지)** 노동조합과 그 조합원은 파업, 태업 또는 그 밖에 업무의 정상적인 운영을 방해하는 어떠한 쟁의행위(爭議行爲)도 하여서는 아니 된다. 〈개정 2020.5.26.〉
>
> ④ (○) 제1항에 따른 단체교섭을 하거나 단체협약을 체결하는 경우에 관계당사자는 국민여론과 학부모의 의견을 수렴하여 성실하게 교섭하고 단체협약을 체결하여야 하며, 그 권한을 남용하여서는 아니 된다(동법 제6조 제8항).
>
> ⑤ (✕) 허가가 있는 경우 → 동의를 받아(동법 제5조 제1항)
>
> > **제5조(노동조합 전임자의 지위)** ① 교원은 임용권자의 동의를 받아 노동조합으로부터 급여를 지급받으면서 노동조합의 업무에만 종사할 수 있다. 〈개정 2022.6.10.〉

50 ☐☐☐ ○ △ ✕

근로자참여 및 협력증진에 관한 법령상 노사협의회에 관한 설명으로 옳지 않은 것은? (다툼이 있으면 판례에 따름)

① 노사협의회는 근로조건에 대한 결정권이 있는 사업이나 사업장 단위로 설치하여야 한다.

② 하나의 사업에 종사하는 전체 근로자 수가 30명 이상이면 해당 근로자가 지역별로 분산되어 있더라도 그 주된 사무소에 노사협의회를 설치하여야 한다.

③ 근로자의 교육훈련 및 능력개발 기본계획의 수립에 대하여는 노사협의회의 의결을 거쳐야 한다.

④ 임금의 지불방법·체계·구조 등의 제도개선은 노사협의회의 협의사항이다.

⑤ 근로조건 기타 노사관계에 관한 합의가 노사협의회의 협의를 거쳐서 단체협약의 실질적·형식적 요건을 갖추었다 하더라도 이는 단체협약이라고 볼 수 없다.

> **해설**
>
> ① (○) 노사협의회(이하 "협의회"라 한다)는 근로조건에 대한 결정권이 있는 사업이나 사업장 단위로 설치하여야 한다. 다만, 상시(常時) 30명 미만의 근로자를 사용하는 사업이나 사업장은 그러하지 아니하다(근로자참여법 제4조 제1항).
>
> ② (○) 「근로자참여 및 협력증진에 관한 법률」(이하 "법"이라 한다) 제4조 제1항을 적용하는 경우 하나의 사업에 종사하는 전체 근로자 수가 30명 이상이면 해당 근로자가 지역별로 분산되어 있더라도 그 주된 사무소에 노사협의회(이하 "협의회"라 한다)를 설치하여야 한다(동법 시행령 제2조).
>
> ③ (○) 동법 제21조 제1호
>
> > **제21조(의결사항)** 사용자는 다음 각 호의 어느 하나에 해당하는 사항에 대하여는 협의회의 의결을 거쳐야 한다.
> > 1. 근로자의 교육훈련 및 능력개발 기본계획의 수립
> > 2. 복지시설의 설치와 관리
> > 3. 사내근로복지기금의 설치
> > 4. 고충처리위원회에서 의결되지 아니한 사항
> > 5. 각종 노사공동위원회의 설치
>
> ④ (○) 동법 제20조 제1항 제8호
>
> > **제20조(협의사항)** ① 협의회가 협의하여야 할 사항은 다음 각 호와 같다. 〈개정 2019.4.16.〉
> > 1. 생산성 향상과 성과배분
> > 2. 근로자의 채용·배치 및 교육훈련
> > 3. 근로자의 고충처리
> > 4. 안전, 보건, 그 밖의 작업환경 개선과 근로자의 건강증진
> > 5. 인사·노무관리의 제도개선
> > 6. 경영상 또는 기술상의 사정으로 인한 인력의 배치전환·재훈련·해고 등 고용조정의 일반원칙
> > 7. 작업과 휴게시간의 운용
> > 8. 임금의 지불방법·체계·구조 등의 제도개선
> > 9. 신기계·기술의 도입 또는 작업공정의 개선

노동법 (2)

10. 작업수칙의 제정 또는 개정
11. 종업원지주제(從業員持株制)와 그 밖에 근로자의 재산형성에 관한 지원
12. 직무발명 등과 관련하여 해당 근로자에 대한 보상에 관한 사항
13. 근로자의 복지증진
14. 사업장 내 근로자 감시설비의 설치
15. 여성근로자의 모성보호 및 일과 가정생활의 양립을 지원하기 위한 사항
16. 「남녀고용평등과 일·가정 양립 지원에 관한 법률」 제2조 제2호에 따른 직장 내 성희롱 및 고객 등에 의한 성희롱 예방에 관한 사항
17. 그 밖의 노사협조에 관한 사항

⑤ (×) 단체협약은 노동조합이 사용자 또는 사용자단체와 근로조건 기타 노사관계에서 발생하는 사항에 관한 합의를 문서로 작성하여 당사자 쌍방이 서명날인함으로써 성립하는 것이고, 그 합의가 반드시 정식의 단체교섭절차를 거쳐서 이루어져야만 하는 것은 아니다. 따라서 노동조합과 사용자 사이에 근로조건 기타 노사관계에 관한 합의가 노사협의회의 협의를 거쳐서 성립되었더라도, 당사자 쌍방이 이를 단체협약으로 할 의사로 문서로 작성하여 당사자 쌍방의 대표자가 각 노동조합과 사용자를 대표하여 서명날인하는 등으로 단체협약의 실질적·형식적 요건을 갖추었다면 이는 단체협약이라고 보아야 한다(대법원 2018.7.26, 2016다205908).

정답 ⑤

26 □□□   ○ △ ×

우리나라 노동법 등의 연혁에 관한 설명으로 옳은 것을 모두 고른 것은?

> ㄱ. 우리나라는 1991년에 국제노동기구(ILO)에 가입하였다.
> ㄴ. 1980년에 제정된 「노사협의회법」에서 노사협의회를 처음으로 규정하였다.
> ㄷ. 2005년에 「공무원의 노동조합 설립 및 운영 등에 관한 법률」이 제정되었다.
> ㄹ. 1953년에 제정된 「노동조합법」에서는 사용자 및 노동조합의 부당노동행위 금지와 그 위반에 대한 처벌을 규정하였다.

① ㄱ, ㄴ   ② ㄱ, ㄷ   ③ ㄱ, ㄹ
④ ㄴ, ㄷ   ⑤ ㄴ, ㄹ

해설

ㄱ (○) 국제노동기구(ILO)는 유엔(UN)의 전문기관으로서 근로조건 개선, 생활수준 향상 등 노동자의 지위보호를 목적으로 1919년 설립되었다. 우리나라는 1991년 12월 9일 152번째 회원국으로서 정식으로 가입하였다.

ㄴ (○) 1980년 제정된 「노사협의회법」에서 노사협의회의 구성, 운영 및 임무를 구체적으로 규정하였으나, 노사협의회 자체가 처음으로 규정된 것은 1963년 전부개정된 「노동조합법」이므로, 최종 정답 발표 시 전항정답 처리되었다.

ㄷ (○) 교원노조법은 1999년 1월 29일, 공무원노조법은 2005년 1월 27일 제정되었다.

ㄹ (×) 1953년 3월 8일 제정된 「노동조합법」 제10조는 사용자의 부당노동행위 금지만을 규정하였고, 제43조는 그 행위위반에 대한 벌칙을 규정하였다.

> **제10조(사용자의 부당노동행위)** 사용자는 다음에 게기하는 행위를 할 수 없다.
> 1. 근로자가 노동조합을 조직하거나 이에 가입하여 노동조합에 관한 직무를 수행하는 권리에 간섭 기타 영향을 주는 행위
> 2. 어느 노동조합의 일원이 됨을 조지 또는 장려할 목적으로 근로조건에 차별을 두거나 또는 노동조합에 참가한 이유로써 해고 기타 근로자에게 불이익을 주는 행위
> **제43조** 제10조 또는 제34조의 규정에 위반한 자는 5천 환 이하의 벌금에 처한다.

정답 전항정답

27 □□□   ○ △ ×

노동조합 및 노동관계조정법에 관한 설명으로 옳지 않은 것은? (다툼이 있으면 판례에 따름)

① 사용자라 함은 사업주, 사업의 경영담당자 또는 그 사업의 근로자에 관한 사항에 대하여 사업주를 위하여 행동하는 자를 말한다.

② 사용자단체라 함은 노동관계에 관하여 그 구성원인 사용자에 대하여 조정 또는 규제할 수 있는 권한을 가진 사용자의 단체를 말한다.

③ 노동조합 및 노동관계조정법상 근로자에 해당하는지는 근로조건을 보호할 필요성이 있는지의 관점에서 판단하여야 하므로, 동법상의 근로자는 근로기준법상 근로자에 한정된다.

④ 노동조합에 대하여는 그 사업체를 제외하고는 세법이 정하는 바에 따라 조세를 부과하지 아니한다.

⑤ 이 법에 의하여 설립된 노동조합이 아니면 노동위원회에 노동쟁의의 조정 및 부당노동행위의 구제를 신청할 수 없다.

해설

① (○) 노동조합법 제2조 제2호

② (○) 동조 제3호

③ (×) 노동조합 및 노동관계조정법(이하 '노동조합법'이라 한다)상 근로자는 타인과의 사용종속관계하에서 노무에 종사하고 대가로 임금 기타 수입을 받아 생활하는 자를 말하고, 타인과 사용종속관계가 있는 한 당해 노무공급계약의 형태가 고용, 도급, 위임, 무명계약 등 어느 형태이든 상관없다. … 노동조합법은 개별적 근로관계를 규율하기 위해 제정된 근로기준법과 달리, 헌법에 의한 근로자의 노동3권 보장을 통해 근로조건의 유지·개선과 근로자의 경제적·사회적 지위향상 등을 목적으로 제정되었다. 이러한 노동조합법의 입법목적과 근로자에 대한 정의규정 등을 고려하면, 노동조합법상 근로자에 해당하는지는 노무제공관계의 실질에 비추어 노동3권을 보장할 필요성이 있는지의 관점에서 판단하여야 하고, 반드시 근로기준법상 근로자에 한정된다고 할 것은 아니다(대법원 2018.10.12, 2015두38092).

④ (○) 동법 제8조

⑤ (○) 동법 제7조 제1항

정답 ③

028 ☐☐☐   ○ △ ✕

노동조합 및 노동관계조정법령상 노동조합의 설립 등에 관한 설명으로 옳지 않은 것은?

① 행정관청은 설립신고서에 규약이 첨부되어 있지 아니한 경우에는 설립신고서를 반려하여야 한다.

② 노동조합이 신고증을 교부받은 경우에는 설립신고서가 접수된 때에 설립된 것으로 본다.

③ 노동조합은 설립신고된 사항 중 대표자의 성명에 변경이 있는 때에는 그날부터 30일 이내에 행정관청에게 변경신고를 하여야 한다.

④ 2 이상의 시·군·구(자치구를 말한다)에 걸치는 단위노동조합을 설립하고자 하는 자는 설립신고서에 규약을 첨부하여 특별시장·광역시장·도지사에게 제출하여야 한다.

⑤ 행정관청은 설립신고서 또는 규약이 기재사항의 누락 등으로 보완이 필요한 경우에는 대통령령이 정하는 바에 따라 20일 이내의 기간을 정하여 보완을 요구하여야 한다.

해설

① (✕) 반려하여야 한다 → 보완을 요구하여야 한다(노동조합법 시행령 제9조 제1항 제1호)

> **시행령 제9조(설립신고서의 보완요구 등)** ① 고용노동부장관, 특별시장·광역시장·도지사·특별자치도지사, 시장·군수 또는 자치구의 구청장(이하 "행정관청"이라 한다)은 법 제12조 제2항에 따라 노동조합의 설립신고가 다음 각 호의 어느 하나에 해당하는 경우에는 보완을 요구하여야 한다. 〈개정 2010.7.12〉
> 1. 설립신고서에 규약이 첨부되어 있지 아니하거나 설립신고서 또는 규약의 기재사항 중 누락 또는 허위사실이 있는 경우
> 2. 임원의 선거 또는 규약의 제정절차가 법 제16조 제2항부터 제4항까지 또는 법 제23조 제1항에 위반되는 경우

② (○) 동법 제12조 제4항

③ (○) 동법 제13조 제1항 제3호

> **제13조(변경사항의 신고등)** ① 노동조합은 제10조 제1항의 규정에 의하여 설립신고된 사항 중 다음 각 호의 1에 해당하는 사항에 변경이 있는 때에는 그날부터 30일 이내에 행정관청에게 변경신고를 하여야 한다. 〈개정 2001.3.28.〉
> 1. 명칭
> 2. 주된 사무소의 소재지
> 3. 대표자의 성명
> 4. 소속된 연합단체의 명칭

④ (○) 동법 제10조 제1항

> **제10조(설립의 신고)** ① 노동조합을 설립하고자 하는 자는 다음 각 호의 사항을 기재한 신고서에 제11조의 규정에 의한 규약을 첨부하여 연합단체인 노동조합과 2 이상의 특별시·광역시·특별자치시·도·특별자치도에 걸치는 단위노동조합은 고용노동부장관에게, 2 이상의 시·군·구(자치구를 말한다)에 걸치는 단위노동조합은 특별시장·광역시장·도지사에게, 그 외의 노동조합은 특별자치시장·특별자치도지사·시장·군수·구청장(자

> 치구의 구청장을 말한다. 이하 제12조제1항에서 같다)에게 제출하여야 한다. 〈개정 2014.5.20.〉
> 1. 명칭
> 2. 주된 사무소의 소재지
> 3. 조합원수
> 4. 임원의 성명과 주소
> 5. 소속된 연합단체가 있는 경우에는 그 명칭
> 6. 연합단체인 노동조합에 있어서는 그 구성노동단체의 명칭, 조합원수, 주된 사무소의 소재지 및 임원의 성명·주소

⑤ (○) 행정관청은 설립신고서 또는 규약이 기재사항의 누락등으로 보완이 필요한 경우에는 대통령령이 정하는 바에 따라 20일 이내의 기간을 정하여 보완을 요구하여야 한다. 이 경우 보완된 설립신고서 또는 규약을 접수한 때에는 3일 이내에 신고증을 교부하여야 한다(동법 제12조 제2항).

정답 ①

029 ☐☐☐   ○ △ ✕

노동조합 및 노동관계조정법상 노동조합의 규약에 기재하여야 하는 사항으로 명시되어 있지 않은 것은?

① 회의에 관한 사항

② 규약변경에 관한 사항

③ 소속된 연합단체가 있는 경우에는 그 명칭

④ 단체협약의 체결에 관한 권한의 위임에 관한 사항

⑤ 쟁의행위와 관련된 찬반투표 결과의 공개, 투표자 명부 및 투표용지 등의 보존·열람에 관한 사항

해설

① (✕) ② (✕) ③ (✕) ⑤ (✕) 노동조합법 제11조 제7호, 제10호, 제5호, 제12호

④ (○) 단체협약의 체결에 관한 권한의 위임에 관한 사항은 노동조합의 규약에 기재하여야 하는 사항으로 명시되어 있지 아니한 것이다.

> **제11조(규약)** 노동조합은 그 조직의 자주적·민주적 운영을 보장하기 위하여 당해 노동조합의 규약에 다음 각 호의 사항을 기재하여야 한다. 〈개정 2006.12.30.〉
> 1. 명칭
> 2. 목적과 사업
> 3. 주된 사무소의 소재지
> 4. 조합원에 관한 사항[연합단체(聯合團體)인 노동조합(勞動組合)에 있어서는 그 구성단체(構成團體)에 관한 사항]
> 5. 소속된 연합단체가 있는 경우에는 그 명칭
> 6. 대의원회를 두는 경우에는 대의원회에 관한 사항
> 7. 회의에 관한 사항
> 8. 대표자와 임원에 관한 사항
> 9. 조합비 기타 회계에 관한 사항
> 10. 규약변경에 관한 사항
> 11. 해산에 관한 사항
> 12. 쟁의행위와 관련된 찬반투표 결과의 공개, 투표자 명부 및 투표용지 등의 보존·열람에 관한 사항

13. 대표자와 임원의 규약위반에 대한 탄핵에 관한 사항
14. 임원 및 대의원의 선거절차에 관한 사항
15. 규율과 통제에 관한 사항

정답 ④

30 □□□   ○ △ ×

노동조합 및 노동관계조정법상 노동조합의 운영 등에 관한 설명으로 옳지 않은 것은?

① 단체협약에 관한 사항은 총회의 의결을 거쳐야 한다.
② 대의원은 조합원의 직접·비밀·무기명투표에 의하여 선출되어야 한다.
③ 행정관청은 노동조합의 규약이 노동관계법령에 위반한 경우에는 직권으로 그 시정을 명할 수 있다.
④ 임원의 임기는 규약으로 정하되 3년을 초과할 수 없다.
⑤ 노동조합은 그 규약으로 조합비를 납부하지 아니하는 조합원의 권리를 제한할 수 있다.

해설

① (○) 노동조합법 제16조 제1항 제3호

> **제16조(총회의 의결사항)** ① 다음 각 호의 사항은 총회의 의결을 거쳐야 한다.
> 1. 규약의 제정과 변경에 관한 사항
> 2. 임원의 선거와 해임에 관한 사항
> 3. 단체협약에 관한 사항
> 4. 예산·결산에 관한 사항
> 5. 기금의 설치·관리 또는 처분에 관한 사항
> 6. 연합단체의 설립·가입 또는 탈퇴에 관한 사항
> 7. 합병·분할 또는 해산에 관한 사항
> 8. 조직형태의 변경에 관한 사항
> 9. 기타 중요한 사항

② (○) 동법 제17조 제2항
③ (×) 직권으로 → 노동위원회의 의결을 얻어(동법 제21조 제1항)

> **제21조(규약 및 결의처분의 시정)** ① 행정관청은 노동조합의 규약이 노동관계법령에 위반한 경우에는 노동위원회의 의결을 얻어 그 시정을 명할 수 있다. 〈개정 1998.2.20.〉

④ (○) 동법 제23조 제2항
⑤ (○) 노동조합의 조합원은 균등하게 그 노동조합의 모든 문제에 참여할 권리와 의무를 가진다. 다만, 노동조합은 그 규약으로 조합비를 납부하지 아니하는 조합원의 권리를 제한할 수 있다(동법 제22조).

정답 ③

31 □□□   ○ △ ×

노동조합 및 노동관계조정법상 단체교섭 등에 관한 설명으로 옳지 않은 것은? (다툼이 있으면 판례에 따름)

① 교섭대표노동조합을 결정하여야 하는 단위는 하나의 사업 또는 사업장으로 한다.
② 노동조합의 하부단체인 분회나 지부가 독자적인 규약 및 집행기관을 가지고 독립된 조직체로서 활동을 하더라도 당해 조직이나 그 조합원에 고유한 사항에 대하여 독자적으로 단체교섭하고 단체협약을 체결할 수는 없다.
③ 일반적으로 구성원인 근로자의 노동조건 기타 근로자의 대우 또는 당해 단체적 노사관계의 운영에 관한 사항으로 사용자가 처분할 수 있는 사항은 단체교섭의 대상인 단체교섭사항에 해당한다.
④ 기업의 구조조정 실시 여부는 경영주체에 의한 고도의 경영상 결단에 속하는 사항으로서 원칙적으로 단체교섭의 대상이 될 수 없다.
⑤ 노동조합이 조합원들의 의사를 반영하고 대표자의 단체교섭 및 단체협약 체결업무 수행에 대한 적절한 통제를 위하여 대표자의 단체협약체결권한의 행사를 절차적으로 제한하는 것은, 그것이 단체협약체결권한을 전면적·포괄적으로 제한하는 것이 아닌 이상 허용된다.

해설

① (○) 제29조의2에 따라 교섭대표노동조합을 결정하여야 하는 단위(이하 "교섭단위"라 한다)는 하나의 사업 또는 사업장으로 한다(노동조합법 제29조의3 제1항).
② (×) 노동조합의 하부단체인 분회나 지부가 독자적인 규약 및 집행기관을 가지고 독립된 조직체로서 활동을 하는 경우 당해 조직이나 그 조합원에 고유한 사항에 대하여는 독자적으로 단체교섭하고 단체협약을 체결할 수 있고, 이는 그 분회나 지부가 노동조합 및 노동관계조정법 시행령 제7조의 규정에 따라 그 설립신고를 하였는지 여부에 영향받지 아니한다(대법원 2001.2.23, 2000도4299).
③ (○) 단체교섭의 대상이 되는 단체교섭사항에 해당하는지 여부는 헌법 제33조 제1항과 노동조합 및 노동관계조정법 제29조에서 근로자에게 단체교섭권을 보장한 취지에 비추어 판단하여야 하므로 일반적으로 구성원인 근로자의 노동조건 기타 근로자의 대우 또는 당해 단체적 노사관계의 운영에 관한 사항으로 사용자가 처분할 수 있는 사항은 단체교섭의 대상인 단체교섭사항에 해당한다(대법원 2003.12.26, 2003두8906).
④ (○) 정리해고나 사업조직의 통폐합 등 기업의 구조조정의 실시 여부는 경영주체에 의한 고도의 경영상 결단에 속하는 사항으로서 원칙적으로 단체교섭의 대상이 될 수 없으나, 사용자의 경영권에 속하는 사항이라 하더라도 노사는 임의로 단체교섭을 진행하여 단체협약을 체결할 수 있고, 그 내용이 강행법규나 사회질서에 위배되지 않는 이상 단체협약으로서의 효력이 인정된다(대법원 2014.3.27, 2011두20406).
⑤ (○) 노동조합이 조합원들의 의사를 반영하고 대표자의 단체교섭 및 단체협약 체결업무 수행에 대한 적절한 통제를 위하여 규약 등에서 내부절차를 거치도록 하는 등 대표자의 단체협약체결권한

의 행사를 절차적으로 제한하는 것은, 그것이 단체협약체결권한을 전면적·포괄적으로 제한하는 것이 아닌 이상 허용된다(대법원 2018.7.26, 2016다205908).

정답 ②

032 □□□　　　　　○ △ ×

노동조합 및 노동관계조정법령상 단체협약에 관한 설명으로 옳지 않은 것은? (다툼이 있으면 판례에 따름)

① 노동조합과 사용자 또는 사용자단체는 정당한 이유 없이 단체협약의 체결을 거부하거나 해태하여서는 아니 된다.

② 이미 구체적으로 지급청구권이 발생한 임금은 노동조합이 근로자들로부터 개별적인 동의나 수권을 받지 않더라도, 단체협약만으로 이에 대한 반환이나 포기 및 지급유예와 같은 처분행위를 할 수 있다.

③ 단체협약의 당사자는 단체협약의 체결일부터 15일 이내에 당사자 쌍방의 연명으로 단체협약을 행정관청에게 신고하여야 한다.

④ 단체협약은 노동조합이 사용자 또는 사용자단체와 근로조건 기타 노사관계에서 발생하는 사항에 관한 합의를 문서로 작성하여 당사자 쌍방이 서명날인함으로써 성립하는 것이고, 그 합의가 반드시 정식의 단체교섭절차를 거쳐서 이루어져야만 하는 것은 아니다.

⑤ 단체협약이 실효되었다고 하더라도 임금 등 그 밖에 개별적인 노동조건에 관한 부분은 그 단체협약의 적용을 받고 있던 근로자의 근로계약내용이 되어 그것을 변경하는 새로운 단체협약, 취업규칙이 체결·작성되거나 또는 개별적인 근로자의 동의를 얻지 아니하는 한 개별적인 근로자의 근로계약내용으로서 효력을 갖는다.

해설

① (○) 노동조합과 사용자 또는 사용자단체는 정당한 이유 없이 교섭 또는 단체협약의 체결을 거부하거나 해태하여서는 아니 된다(노동조합법 제30조 제2항).

② (×) 근로계약은 근로자가 사용자에게 근로를 제공할 것을 약정하고 사용자는 이에 대하여 임금을 지급할 것을 약정하는 쌍무계약으로(근로기준법 제2조 제1항 제4호), 임금은 매월 1회 이상 일정한 기일을 정하여 지급하여야 한다(근로기준법 제43조 제2항). 이미 구체적으로 지급청구권이 발생한 임금은 근로자의 사적 재산영역으로 옮겨져 근로자의 처분에 맡겨진 것이기 때문에 노동조합이 근로자들로부터 개별적인 동의나 수권을 받지 않는 이상, 사용자와 사이의 단체협약만으로 이에 대한 반환이나 포기 및 지급유예와 같은 처분행위를 할 수는 없다. 이때 구체적으로 지급청구권이 발생하여 단체협약만으로 포기 등을 할 수 없게 되는 임금인지는 근로계약, 취업규칙 등에서 정한 지급기일이 도래하였는지를 기준으로 판단하여야 한다(대법원 2022.3.31, 2021다229861).

③ (○) 동법 제31조 제2항, 동법 시행령 제15조

> **제31조(단체협약의 작성)** ② 단체협약의 당사자는 단체협약의 체결일부터 15일 이내에 이를 행정관청에게 신고하여야 한다. 〈개정 1998.2.20.〉
> **시행령 제15조(단체협약의 신고)** 법 제31조 제2항에 따른 단체협약의 신고는 당사자 쌍방이 연명으로 해야 한다. 〈개정 2021.6.29.〉

④ (○) 단체협약은 노동조합이 사용자 또는 사용자단체와 근로조건 기타 노사관계에서 발생하는 사항에 관한 합의를 문서로 작성하여 당사자 쌍방이 서명날인함으로써 성립하는 것이고, 그 합의가 반드시 정식의 단체교섭절차를 거쳐서 이루어져야만 하는 것은 아니다. 따라서 노동조합과 사용자 사이에 근로조건 기타 노사관계에 관한 합의가 노사협의회의 협의를 거쳐서 성립되었더라도, 당사자 쌍방이 이를 단체협약으로 할 의사로 문서로 작성하여 당사자 쌍방의 대표자가 각 노동조합과 사용자를 대표하여 서명날인하는 등으로 단체협약의 실질적·형식적 요건을 갖추었다면 이는 단체협약이라고 보아야 한다(대법원 2018.7.26, 2016다205908).

⑤ (○) 유효기간이 경과하는 등으로 단체협약이 실효되었다고 하더라도 임금, 퇴직금이나 노동시간, 그 밖에 개별적인 노동조건에 관한 부분은 그 단체협약의 적용을 받고 있던 근로자의 근로계약의 내용이 되어 그것을 변경하는 새로운 단체협약, 취업규칙이 체결·작성되거나 또는 개별적인 근로자의 동의를 얻지 아니하는 한 개별적인 근로자의 근로계약의 내용으로서 여전히 남아 있어 사용자와 근로자를 규율한다(대법원 2018.11.29, 2018두41532).

정답 ②

033 □□□　　　　　○ △ ×

노동조합 및 노동관계조정법상 교섭대표노동조합 등에 관한 설명으로 옳지 않은 것은? (다툼이 있으면 판례에 따름)

① 교섭대표노동조합의 대표자는 교섭을 요구한 모든 노동조합 또는 조합원을 위하여 사용자와 교섭하고 단체협약을 체결할 권한을 가진다.

② 교섭대표노동조합 결정절차에 참여한 모든 노동조합은 대통령령으로 정하는 기한 내에 자율적으로 교섭대표노동조합을 정한다.

③ 교섭창구 단일화절차에서 교섭대표노동조합이 가지는 대표권은 법령에서 특별히 권한으로 규정하지 아니한 이상 단체교섭 및 단체협약 체결(보충교섭이나 보충협약 체결을 포함한다)과 체결된 단체협약의 구체적인 이행과정에만 미치는 것이고, 이와 무관하게 노사관계 전반에까지 당연히 미친다고 볼 수는 없다.

④ 공동교섭대표단에 참여할 수 있는 노동조합은 그 조합원 수가 교섭창구 단일화절차에 참여한 노동조합의 전체 조합원 100분의 10 이상인 노동조합으로 한다.

⑤ 공동교섭대표단의 구성에 합의하지 못할 경우에 고용노동부장관은 해당 노동조합의 신청에 따라 조합원 비율을 고려하여 이를 결정할 수 있다.

해설

① (○) 노동조합법 제29조 제2항
② (○) 교섭대표노동조합 결정절차(이하 "교섭창구 단일화절차"라 한다)에 참여한 모든 노동조합은 대통령령으로 정하는 기한 내에 자율적으로 교섭대표노동조합을 정한다(동법 제29조의2 제3항).
③ (○) 교섭창구 단일화 및 공정대표의무에 관련된 법령규정의 문언, 교섭창구 단일화제도의 취지와 목적, 교섭대표노동조합이 아닌 노동조합 및 그 조합원의 노동3권 보장 필요성 등을 고려하면, 교섭창구 단일화절차에서 교섭대표노동조합이 가지는 대표권은 법령에서 특별히 권한으로 규정하지 아니한 이상 단체교섭 및 단체협약 체결(보충교섭이나 보충협약 체결을 포함한다)과 체결된 단체협약의 구체적인 이행과정에만 미치는 것이고, 이와 무관하게 노사관계 전반에까지 당연히 미친다고 볼 수는 없다(대법원 2019. 10.31, 2017두37772).
④ (○) 제3항 및 제4항에 따라 교섭대표노동조합을 결정하지 못한 경우에는 교섭창구 단일화절차에 참여한 모든 노동조합은 공동으로 교섭대표단(이하 이 조에서 "공동교섭대표단"이라 한다)을 구성하여 사용자와 교섭하여야 한다. 이때 공동교섭대표단에 참여할 수 있는 노동조합은 그 조합원 수가 교섭창구 단일화절차에 참여한 노동조합의 전체 조합원 100분의 10 이상인 노동조합으로 한다(동조 제5항).
⑤ (×) 고용노동부장관은 → 노동위원회는(동조 제6항)

> 제29조의2(교섭창구 단일화절차) ⑥ 제5항에 따른 공동교섭대표단의 구성에 합의하지 못할 경우에 노동위원회는 해당 노동조합의 신청에 따라 조합원 비율을 고려하여 이를 결정할 수 있다.
> 〈개정 2021.1.5.〉

정답 ⑤

---

34 ☐☐☐   ○ △ ✕

노동조합 및 노동관계조정법상 단체협약에 관한 설명으로 옳지 않은 것은? (다툼이 있으면 판례에 따름)

① 단체협약에 자동연장협정 규정이 있더라도 당초의 유효기간이 만료된 후 3월까지에 한하여 단체협약의 효력이 유효하다.
② 단체협약의 내용 중 임금·복리후생비, 퇴직금에 관한 사항을 위반한 자는 1천만 원 이하의 벌금에 처한다.
③ 행정관청은 단체협약 중 위법한 내용이 있는 경우에는 노동위원회의 의결을 얻어 그 시정을 명할 수 있다.
④ 단체협약의 해석에 관하여 관계당사자 간에 의견의 불일치가 있는 때에는 당사자 쌍방 또는 단체협약에 정하는 바에 의하여 어느 일방이 노동위원회에 그 해석에 관한 견해의 제시를 요청할 수 있다.
⑤ 단체협약과 같은 처분문서를 해석함에 있어서는 그 명문의 규정을 근로자에게 불리하게 변형해석할 수 없다.

해설

① (×) (노동조합법) 제35조 제3항의 규정은 종전의 단체협약에 유효기간 만료 이후 협약갱신을 위한 단체교섭이 진행 중일 때에는 종전의 단체협약이 계속 효력을 갖는다는 규정이 없는 경우에 대비하여 둔 규정이므로, 종전의 단체협약에 자동연장협정의 규정이 있다면 위 법조항은 적용되지 아니하고, 당초의 유효기간이 만료된 후 위 법조항에 규정된 3월까지에 한하여 유효하다고 볼 것은 아니다(대법원 1993.2.9, 92다27102).
② (○) 노동조합법 제92조 제2호 가목

> 제92조(벌칙) 다음 각 호의 1에 해당하는 자는 1천만 원 이하의 벌금에 처한다. 〈개정 2010.1.1.〉
> 1. 삭제 〈2021.1.5.〉
> 2. 제31조 제1항의 규정에 의하여 체결된 단체협약의 내용 중 다음 각 목의 1에 해당하는 사항을 위반한 자
>   가. 임금·복리후생비, 퇴직금에 관한 사항
>   나. 근로 및 휴게시간, 휴일, 휴가에 관한 사항
>   다. 징계 및 해고의 사유와 중요한 절차에 관한 사항
>   라. 안전보건 및 재해부조에 관한 사항
>   마. 시설·편의제공 및 근무시간 중 회의참석에 관한 사항
>   바. 쟁의행위에 관한 사항
> 3. 제61조 제1항의 규정에 의한 조정서의 내용 또는 제68조 제1항의 규정에 의한 중재재정서의 내용을 준수하지 아니한 자

③ (○) 동법 제31조 제3항
④ (○) 단체협약의 해석 또는 이행방법에 관하여 관계당사자 간에 의견의 불일치가 있는 때에는 당사자 쌍방 또는 단체협약에 정하는 바에 의하여 어느 일방이 노동위원회에 그 해석 또는 이행방법에 관한 견해의 제시를 요청할 수 있다(동법 제34조 제1항).
⑤ (○) 단체협약과 같은 처분문서를 해석할 때는, 단체협약이 근로자의 근로조건을 유지·개선하고 복지를 증진하여 그 경제적·사회적 지위를 향상시킬 목적으로 근로자의 자주적 단체인 노동조합과 사용자 사이에 단체교섭을 통하여 이루어지는 것이므로, 그 명문의 규정을 근로자에게 불리하게 변형해석할 수 없다(대법원 2018.11.29, 2018두41532).

정답 ①

035 ☐☐☐ ○ △ ✕

노동조합 및 노동관계조정법상 공정대표의무에 관한 설명으로 옳지 않은 것은? (다툼이 있으면 판례에 따름)

① 교섭대표노동조합은 교섭창구 단일화절차에 참여한 노동조합 또는 그 조합원 간에 합리적 이유 없이 차별을 하여서는 아니 된다.

② 교섭창구 단일화절차에 참여한 노동조합은 교섭대표노동조합이 공정대표의무를 위반하여 차별한 경우에는 그 행위가 있은 날(단체협약내용의 일부 또는 전부가 공정대표의무에 위반되는 경우에는 단체협약 체결일을 말한다)부터 3개월 이내에 대통령령으로 정하는 방법과 절차에 따라 노동위원회에 그 시정을 요청할 수 있다.

③ 노동위원회는 공정대표의무 위반의 시정신청에 대하여 합리적 이유 없이 차별하였다고 인정한 때에는 그 시정에 필요한 명령을 하여야 한다.

④ 공정대표의무는 단체교섭의 과정이나 그 결과물인 단체협약의 내용에 한하여 인정되므로 단체협약의 이행과정에서도 준수되어야 하는 것은 아니다.

⑤ 사용자의 공정대표의무 위반에 대한 벌칙규정은 없다.

해설

① (○) 교섭대표노동조합과 사용자는 교섭창구 단일화절차에 참여한 노동조합 또는 그 조합원 간에 합리적 이유 없이 차별을 하여서는 아니 된다(노동조합법 제29조의4 제1항).

② (○) 동조 제2항

③ (○) 동조 제3항

④ (✕) 공정대표의무는 헌법이 보장하는 단체교섭권의 본질적 내용이 침해되지 않도록 하기 위한 제도적 장치로 기능하고, 교섭대표노동조합과 사용자가 체결한 단체협약의 효력이 교섭창구 단일화절차에 참여한 다른 노동조합에도 미치는 것을 정당화하는 근거가 된다. 따라서 교섭대표노동조합이 사용자와 체결한 단체협약의 내용이 합리적 이유 없이 교섭대표노동조합이 되지 못한 노동조합 또는 그 조합원을 차별하는 경우 공정대표의무 위반에 해당한다. 그리고 이러한 공정대표의무의 취지와 기능 등에 비추어 보면, 공정대표의무는 단체교섭의 과정이나 그 결과물인 단체협약의 내용뿐만 아니라 단체협약의 이행과정에서도 준수되어야 한다(대법원 2019.10.31, 2017두37772).

⑤ (○) 노동조합법상 사용자의 공정대표의무 위반에 대한 벌칙규정은 없으므로, 옳은 지문이다.

정답 ④

036 ☐☐☐ ○ △ ✕

노동조합 및 노동관계조정법상 노동조합에 관한 설명으로 옳지 않은 것은? (다툼이 있으면 판례에 따름)

① 조직형태의 변경에 관한 사항은 총회에서 재적조합원 과반수의 출석과 출석조합원 3분의 2 이상의 찬성이 있어야 한다.

② 노동조합이 존속 중에 그 조합원의 범위를 변경하는 조직변경은 변경 전후의 조합의 실질적 동일성이 인정되는 범위 내에서 인정된다.

③ 산업별 노동조합의 지회는 산업별 노동조합의 활동을 위한 내부적인 조직에 그치더라도, 총회의 결의를 통하여 그 소속을 변경하고 독립한 기업별 노동조합으로 전환할 수 있다.

④ 총회의 해산결의로 인하여 노동조합이 해산한 때에는 그 대표자는 해산한 날부터 15일 이내에 행정관청에게 이를 신고하여야 한다.

⑤ 노동조합의 임원이 없고 노동조합으로서의 활동을 1년 이상 하지 아니한 것으로 인정되는 경우로서 행정관청이 노동위원회의 의결을 얻은 경우에 노동조합은 해산한다.

해설

① (○) 노동조합법 제16조 제2항

> **제16조(총회의 의결사항)** ① 다음 각 호의 사항은 총회의 의결을 거쳐야 한다.
> 1. 규약의 제정과 변경에 관한 사항
> 2. 임원의 선거와 해임에 관한 사항
> 3. 단체협약에 관한 사항
> 4. 예산·결산에 관한 사항
> 5. 기금의 설치·관리 또는 처분에 관한 사항
> 6. 연합단체의 설립·가입 또는 탈퇴에 관한 사항
> 7. 합병·분할 또는 해산에 관한 사항
> 8. 조직형태의 변경에 관한 사항
> 9. 기타 중요한 사항
> ② 총회는 재적조합원 과반수의 출석과 출석조합원 과반수의 찬성으로 의결한다. 다만, 규약의 제정·변경, 임원의 해임, 합병·분할·해산 및 조직형태의 변경에 관한 사항은 재적조합원 과반수의 출석과 출석조합원 3분의 2 이상의 찬성이 있어야 한다.

② (○) 노동조합이 존속 중에 그 조합원의 범위를 변경하는 조직변경은 변경 후의 조합이 변경 전 조합의 재산관계 및 단체협약의 주체로서의 지위를 그대로 승계한다는 조직변경의 효과에 비추어 볼 때 변경 전후의 조합의 실질적 동일성이 인정되는 범위 내에서 인정되고, 노동조합은 구성원인 근로자가 주체가 되어 자주적으로 단결하고 민주적으로 운영되어야 하므로, 어느 사업장의 근로자로 구성된 노동조합이 다른 사업장의 노동조합을 결성하거나 그 조직형태 등을 결정할 수는 없으며, 여기에서 말하는 노동조합에는 근로조건의 결정권이 있는 독립된 사업 또는 사업장에 조직된, 산업별·지역별·직종별 단위노동조합의 지부 또는 분회도 포함된다(대법원 2002.7.26, 2001두5361).

③ (✕) 산업별 노동조합의 지회 등이라 하더라도, 그 외형과 달리

독자적인 노동조합 또는 노동조합 유사의 독립한 근로자단체로서 법인 아닌 사단에 해당하는 경우에는, 자주적·민주적인 총회의 결의를 통하여 그 소속을 변경하고 독립한 기업별 노동조합으로 전환할 수 있다고 보아야 하고, 이와 같이 노동조합 또는 법인 아닌 사단으로서의 실질을 반영한 이 사건 규정에 관한 해석이 근로자들에게 결사의 자유 및 노동조합 설립의 자유를 보장한 헌법 및 노동조합법의 정신에 부합한다.

다만, 이와 같은 견해가 산업별 노동조합의 지회 등에 대하여 그 실질을 명확히 가리지 아니하고 폭넓게 법인 아닌 사단으로서 차우하여 이 사건 규정에서 정한 조직형태변경결의를 허용하여야 한다는 취지는 아니다. 산업별 노동조합의 지회 등이 산업별 노동조합의 활동을 위한 내부적인 조직에 그친다면 그와 같은 결의를 허용할 수 없을 것이므로, 먼저 독자적인 노동조합 또는 노동조합 유사의 독립한 근로자단체로서의 실질을 갖추고 있는지에 관하여 신중하게 심리·판단하여야 한다(대법원 2016.2.19, 2012다96120 전원합의체).

④ (○) ⑤ (○) 동법 제28조 제2항, 제1항 제4호

> **제28조(해산사유)** ① 노동조합은 다음 각 호의 1에 해당하는 경우에는 해산한다. 〈개정 1998.2.20.〉
> 1. 규약에서 정한 해산사유가 발생한 경우
> 2. 합병 또는 분할로 소멸한 경우
> 3. 총회 또는 대의원회의 해산결의가 있는 경우
> 4. 노동조합의 임원이 없고 노동조합으로서의 활동을 1년 이상하지 아니한 것으로 인정되는 경우로서 행정관청이 노동위원회의 의결을 얻은 경우
> ② 제1항 제1호 내지 제3호의 사유로 노동조합이 해산한 때에는 그 대표자는 해산한 날부터 15일 이내에 행정관청에게 이를 신고하여야 한다. 〈개정 1998.2.20.〉

정답 ③

037 □□□ ○△×

노동조합 및 노동관계조정법령상 쟁의행위에 관한 설명으로 옳지 않은 것은?

① 「방위사업법」에 의하여 지정된 주요방위산업체에 종사하는 근로자 중 방산물자의 완성에 필요한 개량업무에 종사하는 자는 쟁의행위를 할 수 없다.

② 근로자는 쟁의행위기간 중에는 현행범 외에는 노동조합 및 노동관계조정법 위반을 이유로 구속되지 아니한다.

③ 교섭대표노동조합이 결정된 경우에는 그 절차에 참여한 노동조합의 전체 조합원(해당 사업 또는 사업장 소속 조합원으로 한정한다)의 직접·비밀·무기명투표에 의한 과반수의 찬성으로 결정하지 아니하면 쟁의행위를 할 수 없다.

④ 필수공익사업의 사용자라 하더라도 쟁의행위기간 중에 그 쟁의행위로 중단된 업무를 도급 줄 수 없다.

⑤ 쟁의행위는 그 쟁의행위와 관계없는 자 또는 근로를 제공하고자 하는 자의 출입·조업 기타 정상적인 업무를 방해하는 방법으로 행하여져서는 아니 된다.

해설

① (○) 노동조합법 제41조 제2항, 동법 시행령 제20조

> **제41조(쟁의행위의 제한과 금지)** ② 「방위사업법」에 의하여 지정된 주요방위산업체에 종사하는 근로자 중 전력, 용수 및 주로 방산물자를 생산하는 업무에 종사하는 자는 쟁의행위를 할 수 없으며 주로 방산물자를 생산하는 업무에 종사하는 자의 범위는 대통령령으로 정한다. 〈개정 2006.1.2.〉
> **시행령 제20조(방산물자 생산업무 종사자의 범위)** 법 제41조 제2항에서 "주로 방산물자를 생산하는 업무에 종사하는 자"라 함은 방산물자의 완성에 필요한 제조·가공·조립·정비·재생·개량·성능검사·열처리·도장·가스취급 등의 업무에 종사하는 자를 말한다.

② (○) 동법 제39조

③ (×) 2021.1.5. 노동조합법 개정으로 제41조 제1항의 단서조항이 삭제됨으로써 현재는 조합원의 범위를 한정하고 있지 아니하므로, 정답을 변경한다.

> **제41조(쟁의행위의 제한과 금지)** ① 노동조합의 쟁의행위는 그 조합원(제29조의2에 따라 교섭대표노동조합이 결정된 경우에는 그 절차에 참여한 노동조합의 전체 조합원)의 직접·비밀·무기명투표에 의한 조합원 과반수의 찬성으로 결정하지 아니하면 이를 행할 수 없다. 이 경우 조합원 수 산정은 종사근로자인 조합원을 기준으로 한다. 〈개정 2021.1.5.〉

④ (×) 없다 → 있다(동법 제43조 제3항)

> **제43조(사용자의 채용제한)** ② 사용자는 쟁의행위기간 중 그 쟁의행위로 중단된 업무를 도급 또는 하도급 줄 수 없다.
> ③ 제1항 및 제2항의 규정은 필수공익사업의 사용자가 쟁의행위기간 중에 한하여 당해 사업과 관계없는 자를 채용 또는 대체하거나 그 업무를 도급 또는 하도급 주는 경우에는 적용하지 아니한다. 〈신설 2006.12.30.〉

⑤ (○) 쟁의행위는 그 쟁의행위와 관계없는 자 또는 근로를 제공하고자 하는 자의 출입·조업 기타 정상적인 업무를 방해하는 방법으로 행하여져서는 아니 되며 쟁의행위의 참가를 호소하거나 설득하는 행위로서 폭행·협박을 사용하여서는 아니 된다(동법 제38조 제1항).

정답 ④ ▶ ③·④

노동조합 및 노동관계조정법상 직장폐쇄 등에 관한 설명으로 옳지 않은 것은? (다툼이 있으면 판례에 따름)

① 노동조합의 쟁의행위에 대한 방어적인 목적을 벗어나 적극적으로 노동조합의 조직력을 약화시키기 위한 목적 등을 갖는 공격적 직장폐쇄는 정당성이 인정될 수 없다.

② 적법하게 사업장을 점거 중인 근로자들이 사용자로부터 퇴거요구를 받고도 이에 불응한 채 직장점거를 계속하면 직장폐쇄의 정당성 여부와 관계없이 퇴거불응죄가 성립한다.

③ 사용자는 노동조합이 쟁의행위를 개시한 이후에만 직장폐쇄를 할 수 있다.

④ 직장폐쇄를 할 경우, 사용자는 미리 행정관청 및 노동위원회에 각각 신고하여야 한다.

⑤ 직장폐쇄가 정당한 쟁의행위로 인정되는 경우, 사용자는 직장폐쇄기간 동안의 대상 근로자에 대한 임금지불의무를 면한다.

해설

① (○) [1] 사용자의 직장폐쇄는 사용자와 근로자의 교섭태도와 교섭과정, 근로자의 쟁의행위의 목적과 방법 및 그로 인하여 사용자가 받는 타격의 정도 등 구체적인 사정에 비추어 근로자의 쟁의행위에 대한 방어수단으로서 상당성이 있어야만 사용자의 정당한 쟁의행위로 인정될 수 있다.
[2] 사용자의 직장폐쇄가 근로자의 쟁의행위에 대한 방어적인 목적을 벗어나 적극적으로 노동조합의 조직력을 약화시키기 위한 목적 등을 갖는 선제적, 공격적 직장폐쇄에 해당하는 경우, 정당한 쟁위행위로 인정될 수 없다(대법원 2003.6.13, 2003두1097).

② (✕) 사용자의 직장폐쇄는 노사 간의 교섭태도, 경과, 근로자 측 쟁의행위의 태양, 그로 인하여 사용자 측이 받는 타격의 정도 등에 관한 구체적 사정에 비추어 형평상 근로자 측의 쟁의행위에 대한 대항·방위수단으로서 상당성이 인정되는 경우에 한하여 정당한 쟁의행위로 평가받을 수 있는 것이고, 사용자의 직장폐쇄가 정당한 쟁의행위로 인정되지 아니하는 때에는 적법한 쟁의행위로서 사업장을 점거 중인 근로자들이 직장폐쇄를 단행한 사용자로부터 퇴거요구를 받고 이에 불응한 채 직장점거를 계속하더라도 퇴거불응죄가 성립하지 아니한다(2007.12.28, 2007도5204).

③ (○) 노동조합법 제46조 제1항

④ (○) 사용자는 제1항의 규정에 의한 직장폐쇄를 할 경우에는 미리 행정관청 및 노동위원회에 각각 신고하여야 한다(동조 제2항).

⑤ (○) 구체적인 노동쟁의의 장에서 단행된 사용자의 직장폐쇄가 정당한 쟁의행위로 평가받기 위하여는, 노사 간의 교섭태도, 경과, 근로자 측 쟁의행위의 태양, 그로 인하여 사용자 측이 받는 타격의 정도 등에 관한 구체적 사정에 비추어 형평의 견지에서 근로자 측의 쟁의행위에 대한 대항·방위수단으로서 상당성이 인정되는 경우에 한한다 할 것이고, 그 직장폐쇄가 정당한 쟁의행위로 평가받을 때 비로소 사용자는 직장폐쇄기간 동안의 대상 근로자에 대한 임금지불의무를 면한다 할 것이다(대법원 2000.5.26, 98다34331).

정답 ②

노동조합 및 노동관계조정법령상 쟁의행위 등에 관한 설명으로 옳지 않은 것은? (다툼이 있으면 판례에 따름)

① 하나의 쟁의행위에서 추구되는 목적이 여러 가지이고, 그중 일부가 정당하지 못한 경우에는 주된 목적 내지 진정한 목적의 당부에 의하여 그 쟁의목적의 당부를 판단하여야 한다.

② 산업별 노동조합의 경우에는 총파업이 아닌 이상 쟁의행위를 예정하고 있는 당해 지부나 분회 소속 조합원의 과반수의 찬성이 있으면 쟁의행위는 절차적으로 적법하다.

③ 조합원의 과반수의 찬성결정을 거치지 아니하고 쟁의행위에 나아간 경우, 조합원의 민주적 의사결정이 실질적으로 확보되었다면 쟁의행위가 정당성을 상실하지 않는다.

④ 쟁의행위가 폭력이나 파괴행위의 형태로 행하여질 경우, 사용자는 즉시 그 상황을 행정관청과 관할 노동위원회에 신고하여야 한다.

⑤ 사용자는 노동조합 및 노동관계조정법에 의한 쟁의행위로 인하여 손해를 입은 경우에 노동조합 또는 근로자에 대하여 그 배상을 청구할 수 없다.

해설

① (○) 하나의 쟁의행위에서 추구하는 목적이 여러 가지이고 그중 일부가 정당하지 못한 경우에는 주된 목적 내지 진정한 목적의 당부에 의하여 그 쟁의행위의 당부를 판단하여야 할 것이다(대법원 1992.5.12, 91다34523).

② (○) 지역별·산업별·업종별 노동조합의 경우에는 총파업이 아닌 이상 쟁의행위를 예정하고 있는 당해 지부나 분회 소속 조합원의 과반수의 찬성이 있으면 쟁의행위는 절차적으로 적법하다고 보아야 한다(대법원 2009.6.23, 2007두12859).

③ (✕) 쟁의행위의 개시에 앞서 노동조합 및 노동관계조정법 제41조 제1항에 의한 투표절차를 거치지 아니한 경우에도 조합원의 민주적 의사결정이 실질적으로 확보된 때에는 단지 노동조합 내부의 의사형성과정에 결함이 있는 정도에 불과하다고 하여 쟁의행위의 정당성이 상실되지 않는 것으로 해석한다면 위임에 의한 대리투표, 공개결의나 사후결의, 사실상의 찬성간주 등의 방법이 용인되는 결과, 그와 같은 견해는 위의 관계규정과 대법원의 판례취지에 반하는 것이 된다. 따라서 견해를 달리하여 노동조합 및 노동관계조정법 제41조 제1항을 위반하여 조합원의 직접·비밀·무기명 투표에 의한 과반수의 찬성결정을 거치지 아니하고 쟁의행위에 나아간 경우에도 조합원의 민주적 의사결정이 실질적으로 확보된 경우에는 위와 같은 투표절차를 거치지 아니하였다는 사정만으로 쟁의행위가 정당성을 상실한다고 볼 수 없다는 취지의 대법원 2000.5.26. 선고 99도4836 판결은 이와 어긋나는 부분에 한하여 변경하기로 한다(대법원 2001.10.25, 99도4837 전원합의체). 즉, 조합원의 과반수의 찬성결정을 거치지 아니하고 쟁의행위에 나아간 경우, 조합원의 민주적 의사결정이 실질적으로 확보되었더라도 그 쟁의행위는 정당성을 상실한다.

④ (○) 노동조합법 시행령 제18조 제1항, 동법 제42조 제1항

⑤ (○) 사용자는 이 법에 의한 단체교섭 또는 쟁의행위로 인하여 손해를 입은 경우에 노동조합 또는 근로자에 대하여 그 배상을 청구할 수 없다(동법 제3조).

정답 ③

40 □□□ ○ △ ✕

노동조합 및 노동관계조정법령상 필수유지업무 등에 관한 설명으로 옳지 않은 것은?

① 필수공익사업의 모든 업무는 필수유지업무에 해당한다.
② 필수유지업무협정에는 노동관계 당사자 쌍방이 서명 또는 날인하여야 한다.
③ 노동위원회는 「노동조합 및 노동관계조정법」상의 규정에 따라 필수유지업무 수준 등 결정을 하면 지체 없이 이를 서면으로 노동관계 당사자에게 통보하여야 한다.
④ 노동관계 당사자 쌍방 또는 일방은 필수유지업무협정이 체결되지 아니하는 때에는 노동위원회에 필수유지업무의 필요 최소한의 유지·운영 수준, 대상직무 및 필요인원 등의 결정을 신청하여야 한다.
⑤ 노동위원회의 필수유지업무 수준 등 결정에 따라 쟁의행위를 한 때에는 필수유지업무를 정당하게 유지·운영하면서 쟁의행위를 한 것으로 본다.

해설

① (✕) 해당한다 → 해당하지 아니한다(노동조합법 제42조의2 제1항)

제42조의2(필수유지업무에 대한 쟁의행위의 제한) ① 이 법에서 "필수유지업무"라 함은 제71조 제2항의 규정에 따른 필수공익사업의 업무 중 그 업무가 정지되거나 폐지되는 경우 공중의 생명·건강 또는 신체의 안전이나 공중의 일상생활을 현저히 위태롭게 하는 업무로서 대통령령이 정하는 업무를 말한다.

② (○) 노동관계 당사자는 쟁의행위기간 동안 필수유지업무의 정당한 유지·운영을 위하여 필수유지업무의 필요 최소한의 유지·운영 수준, 대상직무 및 필요인원 등을 정한 협정(이하 "필수유지업무협정"이라 한다)을 서면으로 체결하여야 한다. 이 경우 필수유지업무협정에는 노동관계 당사자 쌍방이 서명 또는 날인하여야 한다(동법 제42조의3).
③ (○) 동법 시행령 제22조의3 제2항
④ (○) 동법 제42조의4 제1항
⑤ (○) 제42조의4 제2항의 규정에 따라 노동위원회의 결정이 있는 경우 그 결정에 따라 쟁의행위를 한 때에는 필수유지업무를 정당하게 유지·운영하면서 쟁의행위를 한 것으로 본다(동법 제42조의5).

정답 ①

41 □□□ ○ △ ✕

다음 노동조합 및 노동관계조정법 조항의 규정을 위반한 자에 대해 동법에 벌칙규정이 없는 것은?

① 제37조 제2항: 조합원은 노동조합에 의하여 주도되지 아니한 쟁의행위를 하여서는 아니 된다.
② 제38조 제2항: 작업시설의 손상이나 원료·제품의 변질 또는 부패를 방지하기 위한 작업은 쟁의행위기간 중에도 정상적으로 수행되어야 한다.
③ 제38조 제3항: 노동조합은 쟁의행위가 적법하게 수행될 수 있도록 지도·관리·통제할 책임이 있다.
④ 제42조의2 제2항: 필수유지업무의 정당한 유지·운영을 정지·폐지 또는 방해하는 행위는 쟁의행위로서 이를 행할 수 없다.
⑤ 제44조 제2항: 노동조합은 쟁의행위기간에 대한 임금의 지급을 요구하여 이를 관철할 목적으로 쟁의행위를 하여서는 아니 된다.

해설

① (○) ④ (○) 3년 이하의 징역 또는 3천만 원 이하의 벌금에 처한다(노동조합법 제89조 제1호).
② (○) 1년 이하의 징역 또는 1천만 원 이하의 벌금에 처한다(동법 제91조).
③ (✕) 제38조 제3항의 규정을 위반한 자에 대한 벌칙규정은 없다.
⑤ (○) 2년 이하의 징역 또는 2천만 원 이하의 벌금에 처한다(동법 제90조).

정답 ③

42 □□□ ○ △ ✕

노동조합 및 노동관계조정법상 노동쟁의의 조정 등에 관한 설명으로 옳지 않은 것은?

① 노동위원회는 관계당사자 쌍방의 신청이 있는 경우에는 조정위원회에 갈음하여 단독조정인에게 조정을 행하게 할 수 있다.
② 조정서의 내용은 단체협약과 동일한 효력을 가진다.
③ 노동위원회는 관계당사자의 일방이 단체협약에 의하여 중재를 신청한 때에는 중재를 행한다.
④ 중재재정은 서면으로 작성하여 이를 행하며 그 서면에는 효력발생기일을 명시하여야 한다.
⑤ 노동위원회의 중재재정은 중앙노동위원회에의 재심 신청에 의하여 그 효력이 정지된다.

해설

① (○) 노동위원회는 관계당사자 쌍방의 신청이 있거나 관계당사자

쌍방의 동의를 얻은 경우에는 조정위원회에 갈음하여 단독조정인에게 조정을 행하게 할 수 있다(노동조합법 제57조 제1항).

② (○) 동법 제61조 제2항

③ (○) 동법 제62조 제2호

> 제62조(중재의 개시) 노동위원회는 다음 각 호의 어느 하나에 해당하는 때에는 중재를 행한다. 〈개정 2006.12.30.〉
> 1. 관계당사자의 쌍방이 함께 중재를 신청한 때
> 2. 관계당사자의 일방이 단체협약에 의하여 중재를 신청한 때
> 3. 삭제 〈2006.12.30.〉

④ (○) 동법 제68조 제1항

⑤ (×) 정지된다 → 정지되지 아니한다(동법 제70조 제2항)

> 제70조(중재재정 등의 효력) ② 노동위원회의 중재재정 또는 재심결정은 제69조 제1항 및 제2항의 규정에 따른 중앙노동위원회에의 재심신청 또는 행정소송의 제기에 의하여 그 효력이 정지되지 아니한다.

정답 ⑤

043 □ □ □   ○ △ ×

노동조합 및 노동관계조정법상 노동쟁의의 조정 등에 관한 설명이다. (   )에 들어갈 내용으로 옳은 것은?

> ○ 노동쟁의가 중재에 회부된 때에는 그날부터 (ㄱ)일간은 쟁의행위를 할 수 없다.
> ○ 관계당사자는 긴급조정의 결정이 공표된 때에는 즉시 쟁의행위를 중지하여야 하며, 공표일부터 (ㄴ)일이 경과하지 아니하면 쟁의행위를 재개할 수 없다.

① ㄱ: 10, ㄴ: 10   ② ㄱ: 10, ㄴ: 15

③ ㄱ: 15, ㄴ: 15   ④ ㄱ: 15, ㄴ: 30

⑤ ㄱ: 30, ㄴ: 30

해설

④ (○) ㄱ: 15, ㄴ: 30

> 노동조합법 제63조(중재 시의 쟁의행위의 금지) 노동쟁의가 중재에 회부된 때에는 그날부터 15일간은 쟁의행위를 할 수 없다.
> 제77조(긴급조정 시의 쟁의행위 중지) 관계당사자는 제76조 제3항의 규정에 의한 긴급조정의 결정이 공표된 때에는 즉시 쟁의행위를 중지하여야 하며, 공표일부터 30일이 경과하지 아니하면 쟁의행위를 재개할 수 없다.

정답 ④

044 □ □ □   ○ △ ×

노동조합 및 노동관계조정법상 부당노동행위 구제에 관한 설명으로 옳지 않은 것은?

① 부당노동행위 구제의 신청은 부당노동행위가 있은 날(계속하는 행위는 그 종료일)부터 3월 이내에 이를 행하여야 한다.

② 노동위원회는 부당노동행위 구제신청을 받은 때에는 지체 없이 필요한 조사와 관계당사자의 심문을 하여야 한다.

③ 사용자의 부당노동행위로 인하여 그 권리를 침해당한 노동조합은 노동위원회에 그 구제를 신청할 수 있다.

④ 노동위원회는 부당노동행위 구제신청에 따른 심문을 할 때에는 직권으로 증인을 출석하게 하여 필요한 사항을 질문할 수 있다.

⑤ 지방노동위원회의 구제명령에 불복이 있는 관계당사자는 그 명령서의 송달을 받은 날부터 15일 이내에 중앙노동위원회에 그 재심을 신청할 수 있다.

해설

① (○) 노동조합법 제82조 제2항

② (○) 동법 제83조 제1항

③ (○) 사용자의 부당노동행위로 인하여 그 권리를 침해당한 근로자 또는 노동조합은 노동위원회에 그 구제를 신청할 수 있다(동법 제82조 제1항).

④ (○) 노동위원회는 제1항의 규정에 의한 심문을 할 때에는 관계당사자의 신청에 의하거나 그 직권으로 증인을 출석하게 하여 필요한 사항을 질문할 수 있다(동법 제83조 제2항).

⑤ (×) 15일 → 10일(동법 제85조 제1항)

> 제85조(구제명령의 확정) ① 지방노동위원회 또는 특별노동위원회의 구제명령 또는 기각결정에 불복이 있는 관계당사자는 그 명령서 또는 결정서의 송달을 받은 날부터 10일 이내에 중앙노동위원회에 그 재심을 신청할 수 있다.

정답 ⑤

45 □□□　　　　　　　○ △ ✕

노동조합 및 노동관계조정법상 부당노동행위에 관한 설명으로 옳지 않은 것은? (다툼이 있으면 판례에 따름)

① 노동조합을 조직하려고 하였다는 이유로 근로자에 대하여 한 부당노동행위에 대하여는 후에 설립된 노동조합은 독자적인 구제신청권을 가지지 않는다.
② 단체협약 등 노사 간 합의에 의한 경우라도 타당한 근거 없이 과다하게 책정된 급여를 근로시간 면제자에게 지급하는 사용자의 행위는 부당노동행위가 될 수 있다.
③ 근로자가 노동조합의 업무를 위한 정당한 행위를 한 것을 이유로 그 근로자에게 불이익을 주는 사용자의 행위는 부당노동행위에 해당한다.
④ 특정 근로자가 파업에 참가하였거나 노조활동에 적극적이라는 이유로 해당 근로자에게 연장근로 등을 거부하는 것은 해당 근로자에게 경제적 내지 업무상의 불이익을 주는 행위로서 부당노동행위에 해당할 수 있다.
⑤ 부당노동행위에 대한 사실의 주장 및 증명책임은 부당노동행위임을 주장하는 측에 있다.

해설

① (✕) 노동조합을 조직하려고 하였다는 이유로 근로자에 대하여 한 부당노동행위에 대하여는 후에 설립된 노동조합도 노동조합법 제40조 제1항에 의하여 독자적인 구제신청권을 가지고 있다고 보아야 한다(대법원 1991.1.25, 90누4952).
② (○) 근로시간 면제자에게 지급하는 급여는 근로제공의무가 면제되는 근로시간에 상응하는 것이어야 한다. 그러므로 단체협약 등 노사 간 합의에 의한 경우라도 타당한 근거 없이 과다하게 책정된 급여를 근로시간 면제자에게 지급하는 사용자의 행위는 노동조합 및 노동관계조정법 제81조 제4호 단서에서 허용하는 범위를 벗어나는 것으로서 노조전임자 급여 지원행위나 노동조합 운영비 원조 행위에 해당하는 부당노동행위가 될 수 있다(대법원 2016.4.28, 2014두11137).
③ (○) 노동조합법 제81조 제1항 제1호

> **제81조(부당노동행위)** ① 사용자는 다음 각 호의 어느 하나에 해당하는 행위[이하 "부당노동행위(不當勞動行爲)"라 한다]를 할 수 없다. 〈개정 2021.1.5.〉
> 1. 근로자가 노동조합에 가입 또는 가입하려고 하였거나 노동조합을 조직하려고 하였거나 기타 노동조합의 업무를 위한 정당한 행위를 한 것을 이유로 그 근로자를 해고하거나 그 근로자에게 불이익을 주는 행위

④ (○) 일반적으로 근로자가 연장 또는 휴일근로를 희망할 경우 회사에서 반드시 이를 허가하여야 할 의무는 없지만, 특정 근로자가 파업에 참가하였거나 노조활동에 적극적이라는 이유로 해당 근로자에게 연장근로 등을 거부하는 것은 해당 근로자에게 경제적 내지 업무상의 불이익을 주는 행위로서 부당노동행위에 해당할 수 있다(대법원 2006.9.8, 2006도388).
⑤ (○) 노동조합 및 노동관계조정법(이하 '노동조합법'이라고 한다) 제81조 제1호는 '근로자가 노동조합에 가입 또는 가입하려고 하였거나 노동조합을 조직하려고 하였거나 기타 노동조합의 업무를 위한 정당한 행위를 한 것을 이유로 그 근로자를 해고하거나 그 근로자에게 불이익을 주는 행위'를 사용자의 부당노동행위의 한 유형으로 규정하고 있다. 위 조항에서 말하는 부당노동행위가 성립하기 위해서는 근로자가 '노동조합의 업무를 위한 정당한 행위'를 하고 사용자가 이를 이유로 근로자에 대하여 해고 등의 불이익을 주는 차별적 취급행위를 한 경우라야 하며, 그 사실의 주장 및 증명책임은 부당노동행위임을 주장하는 측에 있다(대법원 2018. 12.27, 2017두37031).

정답 ①

46 □□□　　　　　　　○ △ ✕

노동조합 및 노동관계조정법상 공익사업 등의 조정에 관한 특칙의 내용으로 옳지 않은 것은?

① 의료사업은 공익사업에 해당한다.
② 방송사업은 필수공익사업에 해당한다.
③ 공익사업의 노동쟁의의 조정을 위하여 노동위원회에 특별조정위원회를 둔다.
④ 특별조정위원회는 특별조정위원 3인으로 구성한다.
⑤ 공익을 대표하는 위원인 특별조정위원이 1인인 경우에는 당해 위원이 특별조정위원회의 위원장이 된다.

해설

① (○) 노동조합법 제71조 제1항 제3호
② (✕) 필수공익사업 → 공익사업(동조 제1항 제5호)

> **제71조(공익사업의 범위등)** ① 이 법에서 "공익사업"이라 함은 공중의 일상생활과 밀접한 관련이 있거나 국민경제에 미치는 영향이 큰 사업으로서 다음 각 호의 사업을 말한다. 〈개정 2006.12.30.〉
> 1. 정기노선 여객운수사업 및 항공운수사업
> 2. 수도사업, 전기사업, 가스사업, 석유정제사업 및 석유공급사업
> 3. 공중위생사업, 의료사업 및 혈액공급사업
> 4. 은행 및 조폐사업
> 5. 방송 및 통신사업

③ (○) 동조 제1항
④ (○) 동조 제2항
⑤ (○) 위원장은 공익을 대표하는 노동위원회의 위원인 특별조정위원 중에서 호선하고, 당해 노동위원회의 위원이 아닌 자만으로 구성된 경우에는 그중에서 호선한다. 다만, 공익을 대표하는 위원인 특별조정위원이 1인인 경우에는 당해 위원이 위원장이 된다(동법 제73조 제2항).

정답 ②

노동위원회법상 노동위원회에 관한 설명으로 옳은 것은?

① 노동위원회 상임위원은 심판사건을 담당할 수 있으나, 차별적 처우 시정사건을 담당할 수 없다.

② 지방노동위원회 공익위원은 중앙노동위원회 위원장의 제청으로 고용노동부장관이 위촉한다.

③ 노동위원회 처분의 효력은 판정·명령·결정 또는 재심판정을 한 날부터 발생한다.

④ 노동위원회의 사건처리에 관여한 위원이나 직원 또는 그 위원이었거나 직원이었던 변호사·공인노무사 등은 영리를 목적으로 그 사건에 관한 직무를 하면 아니 된다.

⑤ 차별시정위원회는 「남녀고용평등과 일·가정 양립 지원에 관한 법률」, 「기간제 및 단시간근로자 보호 등에 관한 법률」에 따른 차별적 처우의 시정과 관련된 사항을 처리한다.

해설

① (✕) 있으나 → 있고, 수 없다 → 수도 있다(노동위원회법 제11조 제2항)

> **제11조(상임위원)** ② 상임위원은 해당 노동위원회의 공익위원이 되며, 심판사건, 차별적 처우 시정사건, 조정사건을 담당할 수 있다.

② (✕) 중앙노동위원회 → 지방노동위원회(동법 제6조 제4항 제2호)

> **제6조(노동위원회의 구성 등)** ④ 공익위원은 해당 노동위원회 위원장, 노동조합 및 사용자단체가 각각 추천한 사람 중에서 노동조합과 사용자단체가 순차적으로 배제하고 남은 사람을 위촉대상 공익위원으로 하고, 그 위촉대상 공익위원 중에서 다음 각 호의 구분에 따라 위촉한다.
> 1. 중앙노동위원회 공익위원: 고용노동부장관의 제청으로 대통령이 위촉
> 2. 지방노동위원회 공익위원: 지방노동위원회 위원장의 제청으로 중앙노동위원회 위원장이 위촉

③ (✕) 판정·명령·결정 또는 재심판정을 한 → 판정서·명령서·결정서 또는 재심판정서를 송달받은(동법 제17조의2 제2항)

> **제17조의2(의결결과의 송달 등)** ② 노동위원회는 처분결과를 당사자에게 서면으로 송달하여야 하며, 처분의 효력은 판정서·명령서·결정서 또는 재심판정서를 송달받은 날부터 발생한다.

④ (○) 동법 제28조 제2항

⑤ (✕) 「파견근로자 보호 등에 관한 법률」, 「산업현장 일학습병행 지원에 관한 법률」 또는 → 추가(동법 제15조 제4항)

> **제15조(회의 구성 등)** ④ 제1항 제2호에 따른 차별시정위원회는 차별시정담당 공익위원 중 위원장이 지명하는 3명으로 구성하며, 「기간제 및 단시간근로자 보호 등에 관한 법률」, 「파견근로자 보호 등에 관한 법률」, 「산업현장 일학습병행 지원에 관한 법률」 또는 「남녀고용평등과 일·가정 양립 지원에 관한 법률」에 따른 차별적 처우의 시정 등과 관련된 사항을 처리한다. 〈개정 2021.5.18.〉

정답 ④

근로자참여 및 협력증진에 관한 법률상 노사협의회에 관한 설명으로 옳지 않은 것은?

① 노사협의회는 근로자와 사용자를 대표하는 같은 수의 위원으로 구성하되, 각 3명 이상 10명 이하로 한다.

② 노사협의회는 3개월마다 정기적으로 회의를 개최하여야 한다.

③ 노사협의회 의장은 노사 일방의 대표자가 회의의 목적을 문서로 밝혀 회의의 소집을 요구하면 그 요구에 따라야 한다.

④ 노사협의회 회의는 근로자위원과 사용자위원 각 과반수의 출석으로 개최하고 출석위원 과반수의 찬성으로 의결한다.

⑤ 사용자는 각종 노사공동위원회의 설치에 해당하는 사항에 대하여는 노사협의회의 의결을 거쳐야 한다.

해설

① (○) 근로자참여법 제6조 제1항

② (○) 동법 제12조 제1항

③ (○) 동법 제13조 제2항

④ (✕) 출석위원 과반수 → 출석위원 3분의 2 이상(동법 제15조)

> **제15조(정족수)** 회의는 근로자위원과 사용자위원 각 과반수의 출석으로 개최하고 출석위원 3분의 2 이상의 찬성으로 의결한다.

⑤ (○) 동법 제21조 제5호

> **제21조(의결사항)** 사용자는 다음 각 호의 어느 하나에 해당하는 사항에 대하여는 협의회의 의결을 거쳐야 한다.
> 1. 근로자의 교육훈련 및 능력개발 기본계획의 수립
> 2. 복지시설의 설치와 관리
> 3. 사내근로복지기금의 설치
> 4. 고충처리위원회에서 의결되지 아니한 사항
> 5. 각종 노사공동위원회의 설치

정답 ④

교원의 노동조합 설립 및 운영에 관한 법률에 관한 설명으로 옳지 않은 것은?

① 교원의 노동조합을 설립하려는 사람은 교육부장관에게 설립신고서를 제출하여야 한다.

② 교원의 노동조합과 그 조합원은 업무의 정상적인 운영을 방해하는 어떠한 쟁의행위도 하여서는 아니 된다.

③ 교원의 노동쟁의를 조정·중재하기 위하여 중앙노동위원회에 교원 노동관계 조정위원회를 둔다.

④ 교원은 임용권자의 허가가 있는 경우에는 노동조합의 업무에만 종사할 수 있다.

⑤ 중앙노동위원회가 제시한 조정안을 당사자의 어느 한쪽이라도 거부한 경우, 중앙노동위원회는 중재를 한다.

해설

① (✕) 교육부장관 → 고용노동부장관(교원노조법 제4조 제3항)

> **제4조(노동조합의 설립)** ③ 노동조합을 설립하려는 사람은 고용노동부장관에게 설립신고서를 제출하여야 한다. 〈개정 2020.6.9.〉

② (○) 노동조합과 그 조합원은 파업, 태업 또는 그 밖에 업무의 정상적인 운영을 방해하는 어떠한 쟁의행위(爭議行爲)도 하여서는 아니 된다(동법 제8조).

③ (○) 동법 제11조 제1항

④ (✕) 2022.6.10. 교원노조법 제5조 제1항이 다음과 같이 개정되었으므로, 정답을 변경한다.

> **제5조(노동조합 전임자의 지위)** ① 교원은 임용권자의 동의를 받아 노동조합으로부터 급여를 지급받으면서 노동조합의 업무에만 종사할 수 있다. 〈개정 2022.6.10.〉

⑤ (○) 동법 제10조 제2호

> **제10조(중재의 개시)** 중앙노동위원회는 다음 각 호의 어느 하나에 해당하는 경우에는 중재(仲裁)를 한다. 〈개정 2010.6.4.〉
> 1. 제6조에 따른 단체교섭이 결렬되어 관계당사자 양쪽이 함께 중재를 신청한 경우
> 2. 중앙노동위원회가 제시한 조정안을 당사자의 어느 한쪽이라도 거부한 경우
> 3. 중앙노동위원회 위원장이 직권으로 또는 고용노동부장관의 요청에 따라 중재에 회부한다는 결정을 한 경우

정답 ① ▶ ①·④

공무원의 노동조합 설립 및 운영 등에 관한 법률에 관한 설명으로 옳지 않은 것은?

① 노동조합과 그 조합원은 정치활동을 하여서는 아니 된다.

② 정부교섭대표는 효율적인 교섭을 위하여 필요한 경우, 다른 정부교섭대표와 공동으로 교섭하거나, 다른 정부교섭대표에게 교섭 및 단체협약체결권한을 위임할 수 있다.

③ 노동조합은 단체교섭을 위하여 노동조합의 대표자와 조합원으로 교섭위원을 구성하여야 한다.

④ 국가와 지방자치단체는 공무원이 전임자임을 이유로 승급이나 그 밖에 신분과 관련하여 불리한 처우를 하여서는 아니 된다.

⑤ 단체교섭이 결렬된 경우에는 당사자 어느 한쪽 또는 양쪽은 중앙노동위원회에 조정을 신청할 수 있고, 조정은 신청을 받은 날부터 15일 이내에 마쳐야 한다.

해설

① (○) 공무원노조법 제4조

② (○) 동법 제8조 제3항

③ (○) 동법 제9조 제1항

④ (○) 동법 제7조 제4항

⑤ (✕) 15일 → 30일(동법 제12조 제1항·제4항)

> **제12조(조정신청 등)** ① 제8조에 따른 단체교섭이 결렬(決裂)된 경우에는 당사자 어느 한쪽 또는 양쪽은 「노동위원회법」 제2조에 따른 중앙노동위원회(이하 "중앙노동위원회"라 한다)에 조정(調停)을 신청할 수 있다. 〈개정 2021.1.5.〉
> ④ 조정은 제1항에 따른 조정신청을 받은 날부터 30일 이내에 마쳐야 한다. 다만, 당사자들이 합의한 경우에는 30일 이내의 범위에서 조정기간을 연장할 수 있다.

정답 ⑤

026 ☐☐☐　　　　　　　　　○ △ ×

헌법상 노동3권에 관한 설명으로 옳지 않은 것은? (다툼이 있으면 판례에 따름)

① 근로자는 근로조건의 향상을 위하여 자주적인 단결권·단체교섭권 및 단체행동권을 가진다.

② 공무원인 근로자는 법률이 정하는 자에 한하여 단결권·단체교섭권 및 단체행동권을 가진다.

③ 단체교섭권은 사실행위로서의 단체교섭의 권한 외에 교섭한 결과에 따라 단체협약을 체결할 권한을 포함한다.

④ 법률이 정하는 주요방위산업체에 종사하는 근로자의 단체행동권은 법률이 정하는 바에 의하여 이를 제한할 수 있다.

⑤ 취업활동을 할 수 있는 체류자격을 받지 않은 외국인은 타인과의 사용종속관계하에서 근로를 제공하고 그 대가로 임금 등을 받아 생활하더라도 노동조합에 가입할 수 없다.

해설

① (○) 대한민국헌법 제33조 제1항

② (○) 동법 제33조 제2항

③ (○) 노동조합법 제33조 제1항 본문은 "노동조합의 대표자 또는 노동조합으로부터 위임을 받은 자는 그 노동자 또는 조합원을 위하여 사용자나 사용자단체와 단체협약의 체결 기타의 사항에 관하여 교섭할 권한이 있다"고 규정하고 있는바, "교섭할 권한"이라 함은 사실행위로서의 단체교섭의 권한 외에 교섭한 결과에 따라 단체협약을 체결할 권한을 포함한다(대법원 1993.4.27, 91누12257).

④ (○) 법률이 정하는 주요방위산업체에 종사하는 근로자의 단체행동권은 법률이 정하는 바에 의하여 이를 제한하거나 인정하지 아니할 수 있다(동조 제3항).

⑤ (×) [다수의견] 출입국관리법령에서 외국인고용제한규정을 두고 있는 것은 취업활동을 할 수 있는 체류자격(이하 '취업자격'이라고 한다) 없는 외국인의 고용이라는 사실적 행위 자체를 금지하고자 하는 것뿐이지, 나아가 취업자격 없는 외국인이 사실상 제공한 근로에 따른 권리나 이미 형성된 근로관계에서 근로자로서의 신분에 따른 노동관계법상의 제반 권리 등의 법률효과까지 금지하려는 것으로 보기는 어렵다.

따라서 타인과의 사용종속관계하에서 근로를 제공하고 그 대가로 임금 등을 받아 생활하는 사람은 노동조합법상 근로자에 해당하고, 노동조합법상의 근로자성이 인정되는 한, 그러한 근로자가 외국인인지 여부나 취업자격의 유무에 따라 노동조합법상 근로자의 범위에 포함되지 아니한다고 볼 수는 없다(대법원 2015.6.25, 2007두4995 전원합의체).

정답 ⑤

027 ☐☐☐　　　　　　　　　○ △ ×

우리나라가 비준한 ILO 협약을 모두 고른 것은?

> ㄱ. 강제근로에 관한 협약(제29호)
> ㄴ. 공업 및 상업부분에서 근로감독에 관한 협약(제81호)
> ㄷ. 결사의 자유 및 단결권 보호에 관한 협약(제87호)
> ㄹ. 동일가치에 대한 남녀근로자의 동등보수에 관한 협약(제100호)
> ㅁ. 가혹한 형태의 아동노동 철폐에 관한 협약(제182호)

① ㄱ, ㄴ, ㄷ　　② ㄱ, ㄹ, ㅁ　　③ ㄴ, ㄷ, ㅁ
④ ㄴ, ㄹ, ㅁ　　⑤ ㄷ, ㄹ, ㅁ

해설

국제노동기구는 핵심협약 8개에 대하여는 반드시 비준하도록 회원국들에 권고하고 있는데, 우리나라는 그동안 비준을 연기하여 오던 4개 핵심협약 중 강제노동 철폐 협약(제105호)을 제외하고, 나머지에 대하여 비준하였다. 이에 정답을 변경한다.

우리나라가 비준한 국제노동기구(ILO) 협약
- 실업 협약(제2호)
- 균등대우(재해보상) 협약(제19호)
- 최저임금결정제도 협약(제26호)
- 강제노동 협약(제29호) [핵심]
- 주 40시간 협약(제47호)
- 항해사 해기(海技) 면허 협약(제53호)
- 선원의 건강진단에 관한 협약(제73호)
- 근로감독 협약(제81호)
- 결사의 자유 및 단결권 보호 협약(제87호) [핵심]
- 고용서비스 협약(제88호)
- 단결권 및 단체교섭권 협약(제98호) [핵심]
- 동등보수 협약(제100호) [핵심]
- 차별(고용과 직업) 협약(제111호) [핵심]
- 고용정책 협약(제122호)
- 최저임금 결정 협약(제131호)
- 근로자대표 협약(제135호)
- 최저연령 협약(제138호) [핵심]
- 직업성 암 협약(제139호)
- 인적자원 개발 협약(제142호)
- 3자협의(국제노동기준) 협약(제144호)
- 노동행정 협약(제150호)
- 가족부양의무 근로자 협약(제156호)
- 직업재활과 고용(장애인) 협약(제159호)
- 노동통계 협약(제160호)
- 화학물질 협약(제170호)
- 가혹한 형태의 아동노동 협약(제182호) [핵심]

- 해사노동 협약(MLC)
- 산업안전보건 증진체계 협약(제187호) 등

정답 ④

인종, 종교, 성별, 연령, 신체적 조건, 고용형태, 정당 또는 신분에 의하여 차별대우를 받지 아니한다. 〈개정 2008.3.28.〉

정답 ①

28 □□□   ○ △ ×

노동조합 및 노동관계조정법령상 설립신고증을 교부받은 노동조합이 아닌 근로자단체의 법적 지위에 관한 설명으로 옳지 않은 것은?

① 노동위원회에 노동쟁의의 조정(調停)을 신청할 수 없다.
② 노동조합이라는 명칭을 사용할 수 없다.
③ 단체교섭 거부를 이유로 노동위원회에 부당노동행위의 구제를 신청할 수 있다.
④ 노동위원회의 근로자위원을 추천할 수 없다.
⑤ 노동위원회에 노동쟁의의 중재를 신청할 수 없다.

해설

① (○) ③ (×) ⑤ (○) 있다 → 없다(노동조합법 제7조 제3항)

> **제7조(노동조합의 보호요건)** ① 이 법에 의하여 설립된 노동조합이 아니면 노동위원회에 노동쟁의의 조정 및 부당노동행위의 구제를 신청할 수 없다.

② (○) 이 법에 의하여 설립된 노동조합이 아니면 노동조합이라는 명칭을 사용할 수 없다(동조 제3항).
④ (○) 노동위원회법 제6조 제3항

> **제6조(노동위원회의 구성 등)** ③ 근로자위원은 노동조합이 추천한 사람 중에서, 사용자위원은 사용자단체가 추천한 사람 중에서 다음 각 호의 구분에 따라 위촉한다.
> 1. 중앙노동위원회: 고용노동부장관의 제청으로 대통령이 위촉
> 2. 지방노동위원회: 지방노동위원회 위원장의 제청으로 중앙노동위원회 위원장이 위촉

정답 ③

29 □□□   ○ △ ×

노동조합 및 노동관계조정법 제9조(차별대우의 금지)의 규정이다. (   )에 명시되어 있는 내용이 아닌 것은?

> 노동조합의 조합원은 어떠한 경우에도 (   )에 의하여 차별대우를 받지 아니한다.

① 국적   ② 성별   ③ 연령
④ 종교   ⑤ 고용형태

해설

① (○) 국적이 괄호에 명시되어 있는 내용이 아닌 것이다.

> **제9조(차별대우의 금지)** 노동조합의 조합원은 어떠한 경우에도

30 □□□   ○ △ ×

노동조합 및 노동관계조정법령상 교섭단위 결정에 관한 설명으로 옳은 것은?

① 노동위원회는 사용자의 신청을 받아 교섭단위를 분리하는 결정을 할 수 없다.
② 교섭대표노동조합을 결정하여야 하는 단위는 하나의 사업 또는 사업장으로 한다.
③ 사용자가 교섭요구사실을 공고한 경우에는 교섭대표노동조합이 결정된 날 이후부터 교섭단위 분리신청을 할 수 없다.
④ 노동위원회는 교섭단위 분리신청을 받은 날부터 60일 이내에 교섭단위 분리에 관한 결정을 하여야 한다.
⑤ 교섭단위 분리에 관한 노동위원회의 결정에 대하여 중앙노동위원회에 재심을 신청하려는 자는 그 결정서를 송달받은 날로부터 15일 이내에 할 수 있다.

해설

① (×) 없다 → 있다(노동조합법 제29조의3 제2항)

> **제29조의3(교섭단위 결정)** ② 제1항에도 불구하고 하나의 사업 또는 사업장에서 현격한 근로조건의 차이, 고용형태, 교섭관행 등을 고려하여 교섭단위를 분리하거나 분리된 교섭단위를 통합할 필요가 있다고 인정되는 경우에 노동위원회는 노동관계 당사자의 양쪽 또는 어느 한쪽의 신청을 받아 교섭단위를 분리하거나 분리된 교섭단위를 통합하는 결정을 할 수 있다. 〈개정 2021.1.5.〉

② (○) 제29조의2에 따라 교섭대표노동조합을 결정하여야 하는 단위(이하 "교섭단위"라 한다)는 하나의 사업 또는 사업장으로 한다(동조 제1항).
③ (×) 없다 → 있다(동법 시행령 제14조의11 제1항)

> **시행령 제14조의11(교섭단위 결정)** ① 노동조합 또는 사용자는 법 제29조의3 제2항에 따라 교섭단위를 분리하거나 분리된 교섭단위를 통합하여 교섭하려는 경우에는 다음 각 호에 해당하는 기간에 노동위원회에 교섭단위를 분리하거나 분리된 교섭단위를 통합하는 결정을 신청할 수 있다. 〈개정 2021.6.29.〉
> 1. 제14조의3에 따라 사용자가 교섭요구사실을 공고하기 전
> 2. 제14조의3에 따라 사용자가 교섭요구사실을 공고한 경우에는 법 제29조의2에 따른 교섭대표노동조합이 결정된 날 이후

④ (×) 60일 → 30일(동조 제3항)

> **시행령 제14조의11(교섭단위 결정)** ③ 노동위원회는 제1항에 따른 신청을 받은 날부터 30일 이내에 교섭단위를 분리하거나 분리된 교섭단위를 통합하는 결정을 하고 해당 사업 또는 사업장의 모든 노동조합과 사용자에게 통지해야 한다. 〈개정 2021.6.29.〉

⑤ (×) 15일 → 10일(동법 제29조의3 제3항, 제69조 제1항)

제29조의3(교섭단위 결정) ③ 제2항에 따른 노동위원회의 결정에 대한 불복절차 및 효력은 제69조와 제70조 제2항을 준용한다.

제69조(중재재정등의 확정) ① 관계당사자는 지방노동위원회 또는 특별노동위원회의 중재재정이 위법이거나 월권에 의한 것이라고 인정하는 경우에는 그 중재재정서의 송달을 받은 날부터 10일 이내에 중앙노동위원회에 그 재심을 신청할 수 있다.

정답 ②

031 □□□   ○ △ ×

노동조합 및 노동관계조정법상 이해관계인의 신청이 있는 경우에 한하여 행정관청이 노동위원회의 의결을 얻어 시정을 명할 수 있는 경우는?

① 노동조합의 결의 또는 처분이 규약에 위반된다고 인정할 경우
② 노동조합의 결의 또는 처분이 노동관계법령에 위반된다고 인정할 경우
③ 노동조합의 규약이 노동관계법령에 위반한 경우
④ 노동조합의 결의 또는 처분이 단체협약에 위반된다고 인정할 경우
⑤ 노동조합의 규약이 취업규칙에 위반한 경우

해설

① (○) 노동조합의 결의 또는 처분이 규약에 위반된다고 인정할 경우이다.

제21조(규약 및 결의처분의 시정) ② 행정관청은 노동조합의 결의 또는 처분이 노동관계법령 또는 규약에 위반된다고 인정할 경우에는 노동위원회의 의결을 얻어 그 시정을 명할 수 있다. 다만, 규약위반 시의 시정명령은 이해관계인의 신청이 있는 경우에 한한다. 〈개정 1998.2.20.〉

정답 ①

032 □□□   ○ △ ×

노동조합 및 노동관계조정법상 근로시간면제심의위원회(이하 "위원회"라 한다)에 관한 설명으로 옳지 않은 것은?

① 근로시간 면제한도를 정하기 위하여 위원회를 고용노동부에 둔다.
② 근로시간 면제한도는 위원회가 심의·의결한 바에 따라 고용노동부장관이 고시하되, 3년마다 그 적정성 여부를 재심의하여 결정할 수 있다.
③ 위원회는 노동계와 경영계가 추천하는 위원 각 5명, 정부가 추천하는 공익위원 5명으로 구성된다.
④ 위원장은 공익위원 중에서 고용노동부장관이 지명한다.
⑤ 위원회는 재적위원 과반수의 출석과 출석위원 과반수의 찬성으로 의결한다.

해설

① (×) 2021.1.5. 노동조합법 제24조의2 제1항이 다음과 같이 개정되었으므로, 정답을 변경한다.

제24조의2(근로시간면제심의위원회) ① 근로시간 면제자에 대한 근로시간 면제한도를 정하기 위하여 근로시간면제심의위원회(이하 이 조에서 "위원회"라 한다)를 「경제사회노동위원회법」에 따른 경제사회노동위원회(이하 "경제사회노동위원회"라 한다)에 둔다. 〈개정 2021.1.5.〉

② (○) 동법 제24조의2 제2항·제4항

제24조의2(근로시간면제심의위원회) ② 위원회는 근로시간 면제한도를 심의·의결하고, 3년마다 그 적정성 여부를 재심의하여 의결할 수 있다. 〈개정 2021.1.5.〉
③ 경제사회노동위원회 위원장은 제2항에 따라 위원회가 의결한 사항을 고용노동부장관에게 즉시 통보하여야 한다. 〈개정 2021.1.5.〉
④ 고용노동부장관은 제3항에 따라 경제사회노동위원회 위원장이 통보한 근로시간 면제한도를 고시하여야 한다. 〈신설 2021.1.5.〉

③ (×) 2021.1.5. 노동조합법 제24조의2 제5항이 다음과 같이 개정되었으므로, 정답을 변경한다.

제24조의2(근로시간면제심의위원회) ⑤ 위원회는 다음 각 호의 구분에 따라 근로자를 대표하는 위원과 사용자를 대표하는 위원 및 공익을 대표하는 위원 각 5명씩 성별을 고려하여 구성한다. 〈신설 2021.1.5.〉
1. 근로자를 대표하는 위원: 전국적 규모의 노동단체가 추천하는 사람
2. 사용자를 대표하는 위원: 전국적 규모의 경영자단체가 추천하는 사람
3. 공익을 대표하는 위원: 경제사회노동위원회 위원장이 추천한 15명 중에서 제1호에 따른 노동단체와 제2호에 따른 경영자단체가 순차적으로 배제하고 남은 사람

④ (×) 고용노동부장관이 지명한다 → 위원회가 선출한다(동조 제6항)

제24조의2(근로시간면제심의위원회) ⑥ 위원회의 위원장은 제5항 제3호에 따른 위원 중에서 위원회가 선출한다. 〈개정 2021.1.5.〉

⑤ (○) 동법 제24조의2 제7항

정답 ④ ▶ ①·③·④

33 □□□   ○ △ ✕

노동조합 및 노동관계조정법상 노동조합의 해산에 관한 설명으로 옳지 않은 것은?

① 규약에서 정한 해산사유가 발생한 경우에 노동조합은 해산한다.
② 노동조합이 합병으로 소멸한 경우에 노동조합은 해산한다.
③ 노동조합의 임원이 없고 노동조합으로서의 활동을 1년 이상 하지 아니한 경우에 노동조합은 해산한다.
④ 노동조합 규약으로 총회에 갈음하는 대의원회를 둔 때에는 대의원회의 해산결의가 있는 경우에 노동조합은 해산한다.
⑤ 노동조합이 분할로 소멸한 경우에 노동조합은 해산한다.

해설

① (○) ② (○) ④ (○) ⑤ (○) 노동조합법 제28조 제1항 제1호, 제2호, 제3호, 제2호
③ (✕) 경우에 → 것으로 인정되는 경우로서 행정관청이 노동위원회의 의결을 얻은 경우에(동항 제4호)

> **제28조(해산사유)** ① 노동조합은 다음 각 호의 1에 해당하는 경우에는 해산한다. 〈개정 1998.2.20.〉
> 1. 규약에서 정한 해산사유가 발생한 경우
> 2. 합병 또는 분할로 소멸한 경우
> 3. 총회 또는 대의원회의 해산결의가 있는 경우
> 4. 노동조합의 임원이 없고 노동조합으로서의 활동을 1년 이상 하지 아니한 것으로 인정되는 경우로서 행정관청이 노동위원회의 의결을 얻은 경우

정답 ③

34 □□□   ○ △ ✕

노동조합 및 노동관계조정법령상 단체교섭에 관한 설명으로 옳지 않은 것은?

① 교섭대표노동조합의 대표자는 교섭을 요구한 모든 노동조합을 위하여 사용자와 교섭하고 단체협약을 체결할 권한을 가진다.
② 노동조합으로부터 단체교섭에 관한 권한을 위임받은 자는 자유롭게 권한을 행사할 수 있다.
③ 사용자는 단체교섭에 관한 권한을 위임한 때에는 그 사실을 노동조합에게 통보하여야 한다.
④ 노동조합은 해당 사업 또는 사업장에 단체협약이 2개 이상 있는 경우에는 먼저 이르는 단체협약의 유효기간 만료일 이전 3개월이 되는 날부터 사용자에게 교섭을 요구할 수 있다.
⑤ 교섭대표노동조합과 사용자가 교섭창구 단일화절차에 참여한 노동조합과 그 조합원 간에 합리적 이유 없이 차별한 경우에는 노동조합은 그 행위가 있는 날부터 3개월 이내에 노동위원회에 그 시정을 요청할 수 있다.

해설

① (○) 제29조의2에 따라 결정된 교섭대표노동조합의 대표자는 교섭을 요구한 모든 노동조합 또는 조합원을 위하여 사용자와 교섭하고 단체협약을 체결할 권한을 가진다(노동조합법 제29조 제2항).
② (✕) 자유롭게 → 그 노동조합과 사용자 또는 사용자단체를 위하여 위임받은 범위 안에서 그(동조 제3항)

> **제29조(교섭 및 체결권한)** ③ 노동조합과 사용자 또는 사용자단체로부터 교섭 또는 단체협약의 체결에 관한 권한을 위임받은 자는 그 노동조합과 사용자 또는 사용자단체를 위하여 위임받은 범위 안에서 그 권한을 행사할 수 있다. 〈개정 2010.1.1.〉

③ (○) 노동조합과 사용자 또는 사용자단체는 제3항에 따라 교섭 또는 단체협약의 체결에 관한 권한을 위임한 때에는 그 사실을 상대방에게 통보하여야 한다(동조 제4항).
④ (○) 노동조합은 해당 사업 또는 사업장에 단체협약이 있는 경우에는 법 제29조 제1항 또는 제29조의2 제1항에 따라 그 유효기간 만료일 이전 3개월이 되는 날부터 사용자에게 교섭을 요구할 수 있다. 다만, 단체협약이 2개 이상 있는 경우에는 먼저 이르는 단체협약의 유효기간 만료일 이전 3개월이 되는 날부터 사용자에게 교섭을 요구할 수 있다(동법 시행령 제14조의2 제1항)
⑤ (○) 노동조합은 교섭대표노동조합과 사용자가 제1항을 위반하여 차별한 경우에는 그 행위가 있는 날(단체협약의 내용의 일부 또는 전부가 제1항에 위반되는 경우에는 단체협약 체결일을 말한다)부터 3개월 이내에 대통령령으로 정하는 방법과 절차에 따라 노동위원회에 그 시정을 요청할 수 있다(동법 제29조의4 제2항).

정답 ②

상시근로자 100명을 고용하고 있는 A사업장에는 甲, 乙, 丙, 丁 노동조합이 설립되어 있으며 각각 26명, 15명, 14명, 5명의 조합원이 가입되어 있다. 丁 노동조합을 제외한 甲, 乙, 丙 3개의 노동조합이 교섭창구 단일화절차에 참여하였다. 사용자가 교섭창구 단일화절차를 거치지 아니하기로 별도로 동의하지 아니한 상황에서 자율적으로 결정하는 기한 내에 교섭대표노동조합을 결정하지 못한 경우, 교섭대표노동조합이 될 수 없는 것은?

① 갑, 을, 병의 연합   ② 갑, 병의 연합
③ 을의 위임을 받은 갑   ④ 병의 위임을 받은 을
⑤ 정의 위임을 받은 갑

해설

① (○) 甲, 乙, 丙은 모두 교섭창구 단일화절차에 참여하였고, 연합의 참여 조합원 수(55명)가 곧 전체 조합원 수(55명)가 되므로, 교섭대표노동조합이 될 수 있다.

② (○) 甲, 丙은 모두 교섭창구 단일화절차에 참여하였고, 연합의 참여 조합원 수(40명)가 전체 조합원의 과반수에 미치므로, 교섭대표노동조합이 될 수 있다.

③ (○) 甲, 乙은 모두 교섭창구 단일화절차에 참여하였고, 乙의 위임을 받은 甲의 참여 조합원 수(41명)가 전체 조합원의 과반수에 미치므로, 교섭대표노동조합이 될 수 있다.

④ (○) 乙, 丙은 모두 교섭창구 단일화절차에 참여하였고, 丙의 위임을 받은 乙의 참여 조합원 수(29명)가 전체 조합원의 과반수에 미치므로, 교섭대표노동조합이 될 수 있다.

⑤ (✕) 丁은 교섭창구 단일화절차에 참여하지 아니하였으므로, 丁의 위임을 받은 甲의 참여 조합원 수(26명)는 甲의 조합원 수(26명) 그대로이다. 이는 전체 조합원의 과반수에 미치지 아니하므로, 교섭대표노동조합이 될 수 없다.

> 제29조의2(교섭창구 단일화절차) ④ 제3항에 따른 기한까지 교섭대표노동조합을 정하지 못하고 제1항 단서에 따른 사용자의 동의를 얻지 못한 경우에는 교섭창구 단일화절차에 참여한 노동조합의 전체 조합원 과반수로 조직된 노동조합(2개 이상의 노동조합이 위임 또는 연합 등의 방법으로 교섭창구 단일화절차에 참여한 노동조합 전체 조합원의 과반수가 되는 경우를 포함한다)이 교섭대표노동조합이 된다.

정답 ⑤

노동조합 및 노동관계조정법상 단체협약에 관한 설명으로 옳지 않은 것은?

① 단체협약은 서면으로 작성하여 당사자 쌍방이 서명 또는 날인하여야 한다.
② 단체협약의 당사자는 단체협약의 체결일부터 15일 이내에 이를 행정관청에게 신고하여야 한다.
③ 행정관청은 단체협약 중 위법·부당한 내용이 있는 경우에는 노동위원회의 의결을 얻어 그 시정을 명하여야 한다.
④ 단체협약에 정한 근로조건 기타 근로자의 대우에 관한 기준에 위반하는 취업규칙 또는 근로계약의 부분은 무효로 한다.
⑤ 근로계약에 규정되지 아니한 사항은 단체협약에 정한 기준에 의한다.

해설

① (○) 노동조합법 제31조 제1항
② (○) 동조 제2항
③ (✕) 부당 → "삭제", 명하여야 한다 → 명할 수 있다(동조 제3항)

> 제31조(단체협약의 작성) ③ 행정관청은 단체협약 중 위법한 내용이 있는 경우에는 노동위원회의 의결을 얻어 그 시정을 명할 수 있다. 〈개정 1998.2.20.〉

④ (○) 동법 제33조 제1항
⑤ (○) 근로계약에 규정되지 아니한 사항 또는 제1항의 규정에 의하여 무효로 된 부분은 단체협약에 정한 기준에 의한다(동조 제2항).

정답 ③

37 □□□   ○ △ ×

노동조합 및 노동관계조정법상 쟁의행위에 관한 설명으로 옳지 않은 것은? (다툼이 있으면 판례에 따름)

① 쟁의행위 자체의 정당성과 이를 구성하거나 부수되는 개개의 행위의 정당성은 구별되어야 하므로, 일부 소수의 근로자가 폭력행위 등의 위법행위를 하였다고 하더라도 전체로서의 쟁의행위가 위법하게 되는 것은 아니다.

② 노동위원회는 사업장의 안전보호시설에 대하여 정상적인 유지·운영을 정지·폐지 또는 방해하는 쟁의행위에 해당한다고 인정하는 경우, 직권으로 그 행위를 중지할 것을 통보하여야 한다.

③ 노동조합은 쟁의행위가 적법하게 수행될 수 있도록 지도·관리·통제할 책임이 있다.

④ 근로자는 쟁의행위기간 중에는 현행범 외에는 노동조합 및 노동관계조정법 위반을 이유로 구속되지 아니한다.

⑤ 쟁의행위는 그 쟁의행위와 관계없는 자 또는 근로를 제공하고자 하는 자의 출입·조업 기타 정상적인 업무를 방해하는 방법으로 행하여져서는 아니 되며, 쟁의행위의 참가를 호소하거나 설득하는 행위로서 폭행·협박을 사용하여서는 아니 된다.

해설

① (○) 당해 쟁의행위 자체의 정당성과 이를 구성하거나 부수되는 개개의 행위의 정당성은 구별되어야 하므로 일부 소수의 근로자가 폭력행위 등의 위법행위를 하였다고 하더라도 전체로서의 쟁의행위가 위법하게 되는 것은 아니다(대법원 2003.12.26, 2003두8906).

② (×) 직권으로 → 노동위원회의 의결을 얻어(노동조합법 제42조 제2항·제3항)

> **제42조(폭력행위등의 금지)** ② 사업장의 안전보호시설에 대하여 정상적인 유지·운영을 정지·폐지 또는 방해하는 행위는 쟁의행위로서 이를 행할 수 없다.
> ③ 행정관청은 쟁의행위가 제2항의 행위에 해당한다고 인정하는 경우에는 노동위원회의 의결을 얻어 그 행위를 중지할 것을 통보하여야 한다. 다만, 사태가 급박하여 노동위원회의 의결을 얻을 시간적 여유가 없을 때에는 그 의결을 얻지 아니하고 즉시 그 행위를 중지할 것을 통보할 수 있다. 〈개정 2006.12.30.〉

③ (○) 동법 제38조 제3항

④ (○) 동법 제39조

⑤ (○) 동법 제38조 제1항

정답 ②

38 □□□   ○ △ ×

노동조합 및 노동관계조정법상 필수유지업무에 관한 설명으로 옳지 않은 것은? (다툼이 있으면 판례에 따름)

① 필수유지업무란 필수공익사업의 업무 중 그 업무가 정지되거나 폐지되는 경우, 공중의 생명·건강 또는 신체의 안전이나 공중의 일상생활을 현저히 위태롭게 하는 업무로서 대통령령이 정하는 업무를 말한다.

② 노동관계 당사자는 필수유지업무의 필요 최소한의 유지·운영 수준, 대상직무 및 필요인원 등을 정한 협정을 서면으로 체결하여야 한다.

③ 필수유지업무협정에는 노동관계 당사자 쌍방이 서명 또는 날인하여야 한다.

④ 노동관계 당사자 쌍방 또는 일방은 필수유지업무협정이 체결되지 아니하는 때에는 노동위원회에 필수유지업무의 필요 최소한의 유지·운영 수준, 대상직무 및 필요인원 등의 결정을 신청하여야 한다.

⑤ 필수유지업무가 공중의 생명·건강 또는 신체의 안전이나 공중의 일상생활을 현저히 위태롭게 하는 업무라 하더라도 다른 업무영역의 근로자보다 쟁의권 행사에 더 많은 제한을 가하는 것은 평등원칙에 위반된다.

해설

① (○) 노동조합법 제42조의2 제1항

② (○), ③ (○) 노동관계 당사자는 쟁의행위기간 동안 필수유지업무의 정당한 유지·운영을 위하여 필수유지업무의 필요 최소한의 유지·운영 수준, 대상직무 및 필요인원 등을 정한 협정(이하 "필수유지업무협정"이라 한다)을 서면으로 체결하여야 한다. 이 경우 필수유지업무협정에는 노동관계 당사자 쌍방이 서명 또는 날인하여야 한다(동법 제42조의3).

④ (○) 동법 제42조의4 제1항

⑤ (×) 필수유지업무는 공중의 생명·건강 또는 신체의 안전이나 공중의 일상생활을 현저히 위태롭게 하는 업무이므로 이에 대한 쟁의권 행사는 그 영향이 치명적일 수밖에 없다는 점에서 다른 업무영역의 근로자보다 쟁의권 행사에 더 많은 제한을 가한다고 하더라도 그 차별의 합리성이 인정되므로 평등원칙을 위반한다고 볼 수 없다(헌법재판소 2011.12.29, 2010헌바385,386,387,388,389,390,391,392,393,394,451,452,453,481).

정답 ⑤

039 ☐☐☐   ○ △ ✕

노동조합 및 노동관계조정법령상 사용자의 채용제한에 관한 내용으로 옳지 않은 것은?

① 사용자는 쟁의행위기간 중 그 쟁의행위로 중단된 업무를 도급 또는 하도급 줄 수 없다.
② 필수공익사업의 사용자는 쟁의행위기간 중에 한하여 당해 사업과 관계없는 자를 채용 또는 대체할 수 있다.
③ 필수공익사업의 경우, 사용자는 당해 사업 또는 사업장 파업참가자의 100분의 50을 초과하지 않는 범위 안에서 도급 또는 하도급 줄 수 있다.
④ 필수공익사업의 사업 또는 사업장 파업참가자 수는 근로의무가 있는 근로시간 중 파업참가를 이유로 근로의 일부 또는 전부를 제공하지 아니한 자의 수를 7일 단위로 산정한다.
⑤ 사용자는 쟁의행위기간 중 그 쟁의행위로 중단된 업무의 수행을 위하여 당해 사업과 관계없는 자를 채용 또는 대체할 수 없다.

해설

① (○) 노동조합법 제43조 제2항
② (○) 동조 제3항

> **제43조(사용자의 채용제한)** ③ 제1항 및 제2항의 규정은 필수공익사업의 사용자가 쟁의행위기간 중에 한하여 당해 사업과 관계없는 자를 채용 또는 대체하거나 그 업무를 도급 또는 하도급 주는 경우에는 적용하지 아니한다. 〈신설 2006.12.30.〉

③ (○) 제3항의 경우 사용자는 당해 사업 또는 사업장 파업참가자의 100분의 50을 초과하지 않는 범위 안에서 채용 또는 대체하거나 도급 또는 하도급 줄 수 있다. 이 경우 파업참가자 수의 산정방법 등은 대통령령으로 정한다(동조 제4항).
④ (✕) 7일 → 1일(동법 시행령 제22조의4 제1항)

> **시행령 제22조의4(파업참가자 수의 산정방법)** ① 법 제43조 제4항 후단에 따른 파업참가자 수는 근로의무가 있는 근로시간 중 파업참가를 이유로 근로의 일부 또는 전부를 제공하지 아니한 자의 수를 1일 단위로 산정한다.

⑤ (○) 동법 제43조 제1항

정답 ④

040 ☐☐☐   ○ △ ✕

노동조합 및 노동관계조정법상 쟁의행위에 관한 설명으로 옳지 않은 것은? (다툼이 있으면 판례에 따름)

① 직장폐쇄는 사용자의 쟁의행위로서 노동조합이 쟁의행위를 개시하기 전에도 직장폐쇄를 할 수 있다.
② 노동조합은 쟁의행위기간에 대한 임금의 지급을 요구하여 이를 관철할 목적으로 쟁의행위를 하여서는 아니 된다.
③ 근로자가 쟁의행위를 중단하고 진정으로 업무에 복귀할 의사를 표시하였음에도 사용자가 직장폐쇄를 계속 유지하면서 근로자의 쟁의행위에 대한 방어적인 목적에서 벗어나 공격적 직장폐쇄의 성격으로 변질된 경우에는 그 이후의 직장폐쇄는 정당성을 상실한다.
④ 사용자는 쟁의행위에 참가하여 근로를 제공하지 아니한 근로자에 대하여는 그 기간 중의 임금을 지급할 의무가 없다.
⑤ 쟁의행위는 그 조합원의 직접·비밀·무기명투표에 의한 조합원 과반수의 찬성으로 결정하지 아니하면 이를 행할 수 없다.

해설

① (✕) 있다 → 없다(노동조합법 제46조 제1항)

> **제46조(직장폐쇄의 요건)** ① 사용자는 노동조합이 쟁의행위를 개시한 이후에만 직장폐쇄를 할 수 있다.

② (○) 동법 제44조 제2항
③ (○) 근로자의 쟁의행위 등 구체적인 사정에 비추어 직장폐쇄의 개시 자체는 정당하더라도 어느 시점 이후에 근로자가 쟁의행위를 중단하고 진정으로 업무에 복귀할 의사를 표시하였음에도 사용자가 직장폐쇄를 계속 유지함으로써 근로자의 쟁의행위에 대한 방어적인 목적에서 벗어나 공격적 직장폐쇄로 성격이 변질되었다고 볼 수 있는 경우에는 그 이후의 직장폐쇄는 정당성을 상실하게 되므로, 사용자는 그 기간 동안의 임금에 대해서는 지불의무를 면할 수 없다(대법원 2018.3.29, 2014다30858).
④ (○) 동조 제1항
⑤ (○) 노동조합의 쟁의행위는 그 조합원(제29조의2에 따라 교섭대표노동조합이 결정된 경우에는 그 절차에 참여한 노동조합의 전체 조합원)의 직접·비밀·무기명투표에 의한 조합원 과반수의 찬성으로 결정하지 아니하면 이를 행할 수 없다. 이 경우 조합원 수 산정은 종사근로자인 조합원을 기준으로 한다(동법 제41조 제1항).

정답 ①

041 □□□ ○ △ ✕

노동조합 및 노동관계조정법상 노동쟁의의 조정(調停)에 관한 설명으로 옳지 않은 것은?

① 노동위원회는 관계당사자의 일방이 노동쟁의의 조정을 신청한 때에는 지체 없이 조정을 개시하여야 하며, 관계당사자 쌍방은 이에 성실히 임하여야 한다.

② 조정은 그 신청이 있은 날부터 일반사업에 있어서는 10일 이내에, 공익사업에 있어서는 15일 이내에 종료하여야 한다.

③ 근로자를 대표하는 조정위원은 사용자가 추천하는 당해 노동위원회의 위원 중에서 그 노동위원회의 위원장이 지명하여야 한다.

④ 노동위원회는 관계당사자 쌍방의 신청이 있거나 관계당사자 쌍방의 동의를 얻은 경우에는 조정위원회에 갈음하여 단독조정인에게 조정을 행하게 할 수 있다.

⑤ 조정위원회의 조정안의 해석 또는 이행방법에 관한 견해가 제시되기 전이라도 관계당사자는 당해 조정안의 해석 또는 이행에 관하여 쟁의행위를 할 수 있다.

해설

① (○) 노동조합법 제53조 제1항

② (○) 조정은 제53조의 규정에 의한 조정의 신청이 있은 날부터 일반사업에 있어서는 10일, 공익사업에 있어서는 15일 이내에 종료하여야 한다(동법 제54조 제1항).

③ (○) 제2항의 규정에 의한 조정위원은 당해 노동위원회의 위원 중에서 사용자를 대표하는 자, 근로자를 대표하는 자 및 공익을 대표하는 자 각 1인을 그 노동위원회의 위원장이 지명하되, 근로자를 대표하는 조정위원은 사용자가, 사용자를 대표하는 조정위원은 노동조합이 각각 추천하는 노동위원회의 위원 중에서 지명하여야 한다. 다만, 조정위원회의 회의 3일 전까지 관계당사자가 추천하는 위원의 명단제출이 없을 때에는 당해 위원을 위원장이 따로 지명할 수 있다(동법 제55조 제3항).

④ (○) 동법 제57조 제1항

⑤ (✕) 전이라도 → 전이라면, 있다 → 없다(동법 제60조 제5항)

> **제60조(조정안의 작성)** ③ 제1항의 규정에 의한 조정안이 관계당사자의 쌍방에 의하여 수락된 후 그 해석 또는 이행방법에 관하여 관계당사자 간에 의견의 불일치가 있는 때에는 관계당사자는 당해 조정위원회 또는 단독조정인에게 그 해석 또는 이행방법에 관한 명확한 견해의 제시를 요청하여야 한다.
> ④ 조정위원회 또는 단독조정인은 제3항의 규정에 의한 요청을 받은 때에는 그 요청을 받은 날부터 7일 이내에 명확한 견해를 제시하여야 한다.
> ⑤ 제3항 및 제4항의 해석 또는 이행방법에 관한 견해가 제시될 때까지는 관계당사자는 당해 조정안의 해석 또는 이행에 관하여 쟁의행위를 할 수 없다.

정답 ⑤

042 □□□ ○ △ ✕

노동조합 및 노동관계조정법상 노동쟁의의 중재에 관한 설명으로 옳은 것은?

① 노동쟁의의 조정(調整)에서 사적 중재는 허용되지 않는다.

② 중재재정은 서면으로 작성하여 이를 행하며, 그 서면에는 효력발생기일을 명시하여야 한다.

③ 중재위원회 위원장은 중재위원 중에서 당해 노동위원회 위원장이 지명한다.

④ 노동쟁의가 중재에 회부된 때에는 그날부터 30일간은 쟁의행위를 할 수 없다.

⑤ 노동위원회의 중재재정은 중앙노동위원회에의 재심신청 또는 행정소송의 제기에 의하여 그 효력이 정지된다.

해설

① (✕) 허용되지 않는다 → 허용된다(노동조합법 제52조 제1항)

> **제52조(사적 조정·중재)** ① 제2절 및 제3절의 규정은 노동관계 당사자가 쌍방의 합의 또는 단체협약이 정하는 바에 따라 각각 다른 조정 또는 중재방법(이하 이 조에서 "사적조정등"이라 한다)에 의하여 노동쟁의를 해결하는 것을 방해하지 아니한다. 〈개정 2006.12.30.〉

② (○) 동법 제68조 제1항

③ (✕) 당해 노동위원회 위원장이 지명한다 → 호선한다(동법 제65조 제2항)

> **제65조(중재위원회의 위원장)** ① 중재위원회에 위원장을 둔다.
> ② 위원장은 중재위원 중에서 호선한다.

④ (✕) 30일 → 15일(동법 제63조)

> **제63조(중재 시의 쟁의행위의 금지)** 노동쟁의가 중재에 회부된 때에는 그날부터 15일간은 쟁의행위를 할 수 없다.

⑤ (✕) 정지된다 → 정지되지 아니한다(동법 제70조 제2항)

> **제70조(중재재정 등의 효력)** ② 노동위원회의 중재재정 또는 재심결정은 제69조 제1항 및 제2항의 규정에 따른 중앙노동위원회에의 재심신청 또는 행정소송의 제기에 의하여 그 효력이 정지되지 아니한다.

정답 ②

043 □□□ ○ △ ✕

노동조합 및 노동관계조정법상 긴급조정에 관한 설명으로 옳지 않은 것은?

① 고용노동부장관은 쟁의행위가 공익사업에 관한 것이거나 그 규모가 크거나 그 성질이 특별한 것으로서 현저히 국민경제를 해하거나 국민의 일상생활을 위태롭게 할 위험이 현존하는 때에는 긴급조정의 결정을 할 수 있다.

② 고용노동부장관은 긴급조정을 결정한 때에는 지체 없이 그 이유를 붙여 이를 공표함과 동시에 중앙노동위원회와 관계당사자에게 각각 통고하여야 한다.

③ 관계당사자는 긴급조정의 결정이 공표된 때에는 즉시 쟁의행위를 중지하여야 하며, 공표일부터 30일이 경과하지 아니하면 쟁의행위를 재개할 수 없다.

④ 중앙노동위원회의 위원장은 긴급조정이 성립될 가망이 없다고 인정한 경우에는 관계당사자의 의견을 들어 그 사건을 중재에 회부할 것인가의 여부를 결정하여야 한다.

⑤ 중앙노동위원회의 위원장이 중재회부의 결정을 한 때에는 중앙노동위원회는 지체 없이 중재를 행하여야 한다.

해설

① (○) 노동조합법 제76조 제1항
② (○) 동조 제3항
③ (○) 동법 제77조
④ (✕) 관계당사자 → 공익위원(동법 제79조 제1항)

> 제79조(중앙노동위원회의 중재회부 결정권) ① 중앙노동위원회의 위원장은 제78조의 규정에 의한 조정이 성립될 가망이 없다고 인정한 경우에는 공익위원의 의견을 들어 그 사건을 중재에 회부할 것인가의 여부를 결정하여야 한다.

⑤ (○) 중앙노동위원회는 당해 관계당사자의 일방 또는 쌍방으로부터 중재신청이 있거나 제79조의 규정에 의한 중재회부의 결정을 한 때에는 지체 없이 중재를 행하여야 한다(동법 제80조).

정답 ④

044 □□□ ○ △ ✕

노동조합 및 노동관계조정법상 부당노동행위에 관한 설명으로 옳지 않은 것은? (다툼이 있으면 판례에 따름)

① 사용자가 근로자를 해고함에 있어서 표면적으로 내세우는 해고사유와는 달리 실질적으로 근로자의 정당한 조합활동을 이유로 해고한 것으로 인정되는 경우에는, 그 해고는 부당노동행위라고 보아야 한다.

② 근로자에 대한 인사고과가 상여금의 지급기준이 되는 사업장에서 사용자가 특정 노동조합의 조합원이라는 이유로 다른 노동조합의 조합원 또는 비조합원보다 불리하게 인사고과를 하여 상여금을 적게 지급하는 불이익을 주었다면, 그러한 사용자의 행위도 부당노동행위에 해당할 수 있다.

③ 지배·개입으로서의 부당노동행위가 성립하기 위해서는 근로자의 단결권의 침해라는 결과의 발생을 요한다.

④ 노동조합의 자주성을 저해하거나 저해할 위험이 현저하지 않은 운영비 원조행위를 부당노동행위로 규제하는 것은 헌법에 합치되지 아니한다.

⑤ 단체협약 등 노사 간 합의에 의한 경우라도 타당한 근거 없이 과다하게 책정된 급여를 근로시간 면제자에게 지급하는 사용자의 행위는 부당노동행위가 될 수 있다.

해설

① (○) 사용자가 근로자를 해고함에 있어서 표면적으로 내세우는 해고사유와는 달리 실질적으로는 근로자의 정당한 노동조합활동을 이유로 해고한 것으로 인정되는 경우에 있어서는 그 해고는 부당노동행위라고 보아야 할 것이고, … (대법원 1997.7.8, 96누6431).

② (○) 근로자에 대한 인사고과가 상여금의 지급기준이 되는 사업장에서 사용자가 특정 노동조합의 조합원이라는 이유로 다른 노동조합의 조합원 또는 비조합원보다 불리하게 인사고과를 하여 상여금을 적게 지급하는 불이익을 주었다면 그러한 사용자의 행위도 부당노동행위에 해당할 수 있다(대법원 2018.12.27, 2017두37031).

③ (✕) 사용자가 한 발언의 내용, 그것이 행하여진 상황과 시점, 그것이 노동조합의 운영이나 활동에 미치거나 미칠 수 있는 영향 등을 종합하여 노동조합의 조직이나 운영 및 활동을 지배하거나 이에 개입하는 의사가 인정되는 경우에는 '근로자가 노동조합을 조직 또는 운영하는 것을 지배하거나 이에 개입하는 행위'로서 부당노동행위가 성립하고, 또 그 지배·개입으로서의 부당노동행위의 성립에 반드시 근로자의 단결권 침해라는 결과의 발생까지 요하는 것은 아니다(대법원 2022.5.12, 2017두54005).

④ (○) 운영비원조금지조항은 단서에서 정한 두 가지 예외를 제외한 일체의 운영비 원조행위를 금지하고 있으므로, 그 입법목적 달성을 위해서 필요한 범위를 넘어서 노동조합의 단체교섭권을 과도하게 제한한다. 운영비원조금지조항으로 인하여 오히려 노동조합의 활동이 위축되거나 노동조합과 사용자가 우호적이고 협력적인 관계를 맺기 위해서 대등한 지위에서 운영비 원조를 협의할 수 없게 되는데, 이는 실질적 노사자치를 구현하고자 하는 근로3권의 취지에도 반한다. … 따라서 운영비원조금지조항은 과잉금지원칙을 위반하여 청구인의 단체교섭권을 침해하므로 헌법에 위반된다(헌법재판소 2018.5.31, 2012헌바90).

⑤ (○) 단체협약 등 노사 간 합의에 의한 경우라도 타당한 근거 없이 과다하게 책정된 급여를 근로시간 면제자에게 지급하는 사용자의 행위는 노동조합 및 노동관계조정법 제81조 제4호 단서에서 허용하는 범위를 벗어나는 것으로서 노조전임자 급여 지원행위나 노동조합 운영비 원조행위에 해당하는 부당노동행위가 될 수 있다(대법원 2018.5.15, 2018두33050).

정답 ③

---

45 □□□　　　　　　　　○ △ ×

노동조합 및 노동관계조정법상 필수공익사업에 해당하는 것을 모두 고른 것은?

ㄱ. 도시철도사업	ㄴ. 공중위생사업
ㄷ. 혈액공급사업	ㄹ. 방송사업
ㅁ. 은행사업	ㅂ. 석유공급사업

① ㄱ, ㄴ, ㄷ　　② ㄱ, ㄷ, ㅂ　　③ ㄱ, ㅁ, ㅂ
④ ㄴ, ㄷ, ㄹ　　⑤ ㄷ, ㅁ, ㅂ

해설

② (○) ㄱ, ㄷ, ㅂ이 필수공익사업에 해당하는 것이다.

제71조(공익사업의 범위 등) ① 이 법에서 "공익사업"이라 함은 공중의 일상생활과 밀접한 관련이 있거나 국민경제에 미치는 영향이 큰 사업으로서 다음 각 호의 사업을 말한다. 〈개정 2006. 12. 30.〉
1. 정기노선 여객운수사업 및 항공운수사업
2. 수도사업, 전기사업, 가스사업, 석유정제사업 및 석유공급사업
3. 공중위생사업, 의료사업 및 혈액공급사업
4. 은행 및 조폐사업
5. 방송 및 통신사업
② 이 법에서 "필수공익사업"이라 함은 제1항의 공익사업으로서 그 업무의 정지 또는 폐지가 공중의 일상생활을 현저히 위태롭게 하거나 국민경제를 현저히 저해하고 그 업무의 대체가 용이하지 아니한 다음 각 호의 사업을 말한다. 〈개정 2006.12.30.〉
1. 철도사업, 도시철도사업 및 항공운수사업
2. 수도사업, 전기사업, 가스사업, 석유정제사업 및 석유공급사업
3. 병원사업 및 혈액공급사업
4. 한국은행사업
5. 통신사업

정답 ②

---

46 □□□　　　　　　　　○ △ ×

노동조합 및 노동관계조정법상 부당노동행위 구제에 관한 설명으로 옳지 않은 것은?

① 지방노동위원회의 구제명령 또는 기각결정에 불복이 있는 관계당사자는 그 명령서 또는 결정서의 송달을 받은 날부터 10일 이내에 중앙노동위원회의 그 재심을 신청할 수 있다.

② 중앙노동위원회의 재심판정에 대하여 관계당사자는 그 재심판정서의 송달을 받은 날부터 15일 이내에 행정소송법이 정하는 바에 의하여 소를 제기할 수 있다.

③ 노동위원회의 판정·명령 및 결정은 서면으로 하되, 이를 당해 사용자와 신청인에게 각각 교부하여야 한다.

④ 사용자가 행정소송을 제기한 경우, 관할법원은 노동조합의 신청에 의하여 결정으로써 판결이 확정될 때까지 중앙노동위원회의 구제명령의 전부 또는 일부를 이행하도록 명할 수 있다.

⑤ 노동위원회의 구제명령·기각결정 또는 재심판정은 중앙노동위원회에의 재심신청이나 행정소송의 제기에 의하여 효력이 정지되지 아니한다.

해설

① (○) 지방노동위원회 또는 특별노동위원회의 구제명령 또는 기각결정에 불복이 있는 관계당사자는 그 명령서 또는 결정서의 송달을 받은 날부터 10일 이내에 중앙노동위원회에 그 재심을 신청할 수 있다(노동조합법 제85조 제1항).

② (○) 동조 제2항

③ (○) 동법 제84조 제2항

④ (×) 노동조합 → 중앙노동위원회(동법 제85조 제5항)

제85조(구제명령의 확정) ⑤ 사용자가 제2항의 규정에 의하여 행정소송을 제기한 경우에 관할법원은 중앙노동위원회의 신청에 의하여 결정으로써, 판결이 확정될 때까지 중앙노동위원회의 구제명령의 전부 또는 일부를 이행하도록 명할 수 있으며, 당사자의 신청에 의하여 또는 직권으로 그 결정을 취소할 수 있다.

⑤ (○) 노동위원회의 구제명령·기각결정 또는 재심판정은 제85조의 규정에 의한 중앙노동위원회에의 재심신청이나 행정소송의 제기에 의하여 그 효력이 정지되지 아니한다(동법 제86조).

정답 ④

교원의 노동조합 설립 및 운영 등에 관한 법률의 내용으로 옳지 않은 것은?

① 노동조합을 설립하려는 사람은 고용노동부장관에게 설립신고서를 제출하여야 한다.

② 노동조합의 대표자는 그 노동조합 또는 조합원의 임금, 근무조건, 후생복지 등 경제적·사회적 지위향상에 관하여 교육부장관, 시·도교육감과 교섭하고 단체협약을 체결할 권한을 가진다.

③ 노동조합의 대표자가 사립학교 설립·경영자와 교섭하고 단체협약을 체결할 경우, 사립학교 설립·경영자가 개별적으로 교섭에 응하여야 한다.

④ 노동조합의 교섭위원은 해당 노동조합의 대표자와 그 조합원으로 구성하여야 한다.

⑤ 단체교섭을 하거나 단체협약을 체결하는 경우에 관계 당사자는 국민여론과 학부모의 의견을 수렴하여 성실하게 교섭하고 단체협약을 체결하여야 한다.

해설

① (○) 교원노조법 제4조 제3항

② (✕) ③ (✕) 개별적으로 → 전국 또는 시·도 단위로 연합하여 (동법 제6조 제1항 제1호 후단)

[보충] 2020.6.9. 교원노조법 제6조 제1항이 다음과 같이 개정되었다. 이에 표현을 달리하였음에 유의토록 정답을 변경한다.

> **제6조(교섭 및 체결권한 등)** ① 노동조합의 대표자는 그 노동조합 또는 조합원의 임금, 근무조건, 후생복지 등 경제적·사회적 지위향상에 관하여 다음 각 호의 구분에 따른 자와 교섭하고 단체협약을 체결할 권한을 가진다. 〈개정 2020.6.9.〉
> 1. 제4조 제1항에 따른 노동조합의 대표자의 경우: 교육부장관, 시·도 교육감 또는 사립학교 설립·경영자. 이 경우 사립학교 설립·경영자는 전국 또는 시·도 단위로 연합하여 교섭에 응하여야 한다.
> 2. 제4조 제2항에 따른 노동조합의 대표자의 경우: 교육부장관, 특별시장·광역시장·특별자치시장·도지사·특별자치도지사(이하 "시·도지사"라 한다), 국·공립학교의 장 또는 사립학교 설립·경영자

④ (○) 동조 제2항

⑤ (○) 제1항에 따른 단체교섭을 하거나 단체협약을 체결하는 경우에 관계당사자는 국민여론과 학부모의 의견을 수렴하여 성실하게 교섭하고 단체협약을 체결하여야 하며, 그 권한을 남용하여서는 아니 된다(동조 제8항).

정답 ③ ▶ ②·③

공무원의 노동조합 설립 및 운영 등에 관한 법률의 내용으로 옳지 않은 것은?

① 노동조합과 그 조합원은 정치활동을 하여서는 아니 되며 파업, 태업 또는 그 밖에 업무의 정상적인 운영을 방해하는 일체의 행위를 하여서는 아니 된다.

② 교정·수사 또는 그 밖에 이와 유사한 업무에 종사하는 공무원은 노동조합에 가입할 수 없다.

③ 공무원은 임용권자의 동의를 받아 노동조합의 업무에만 종사할 수 있으며, 동의를 받아 노동조합의 업무에만 종사하는 사람에 대하여는 그 기간 중 휴직명령을 하여야 한다.

④ 국가와 지방자치단체는 전임자에게 그 전임기간 중 보수를 지급하여서는 아니 되나, 근로시간 면제한도를 초과하지 아니하는 범위에서 임금의 손실 없이 노동조합의 유지·관리업무를 담당하게 할 수 있다.

⑤ 단체협약의 내용 중 법령·조례 또는 예산에 의하여 규정되는 내용과 법령 또는 조례에 의하여 위임을 받아 규정되는 내용은 단체협약으로서의 효력을 가지지 아니한다.

해설

① (○) 공무원노조법 제4조, 제11조

> **제4조(정치활동의 금지)** 노동조합과 그 조합원은 정치활동을 하여서는 아니 된다.
> **제11조(쟁의행위의 금지)** 노동조합과 그 조합원은 파업, 태업 또는 그 밖에 업무의 정상적인 운영을 방해하는 어떠한 행위도 하여서는 아니 된다. 〈개정 2020.5.26.〉

② (○) 동법 제6조 제2항 제3호

> **제6조(가입범위)** ② 제1항에도 불구하고 다음 각 호의 어느 하나에 해당하는 공무원은 노동조합에 가입할 수 없다. 〈개정 2021.1.5.〉
> 1. 업무의 주된 내용이 다른 공무원에 대하여 지휘·감독권을 행사하거나 다른 공무원의 업무를 총괄하는 업무에 종사하는 공무원
> 2. 업무의 주된 내용이 인사·보수 또는 노동관계의 조정·감독 등 노동조합의 조합원 지위를 가지고 수행하기에 적절하지 아니한 업무에 종사하는 공무원
> 3. 교정·수사 등 공공의 안녕과 국가안전 보장에 관한 업무에 종사하는 공무원
> 4. 삭제 〈2021.1.5.〉

③ (○) 동법 제7조 제1항·제2항

> **제7조(노동조합 전임자의 지위)** ① 공무원은 임용권자의 동의를 받아 노동조합으로부터 급여를 지급받으면서 노동조합의 업무에만 종사할 수 있다. 〈개정 2022.6.10.〉
> ② 제1항에 따른 동의를 받아 노동조합의 업무에만 종사하는 사람[이하 "전임자"(專任者)라 한다]에 대하여는 그 기간 중 「국가공무원법」 제71조 또는 「지방공무원법」 제63조에 따라 휴직명령을 하여야 한다.

④ (✕) 2022.6.10. 개정 공무원노조법은 제7조 제3항(국가와 지방자

치단체는 전임자에게 그 전임기간 중 보수를 지급하여서는 아니 된다)을 삭제하고, 제7조의2를 신설함으로써 공무원의 정당한 노조활동을 보장하고 있다.

> **제7조의2(근무시간 면제자 등)** ① 공무원은 단체협약으로 정하거나 제8조 제1항의 정부교섭대표(이하 이 조 및 제7조의3에서 "정부교섭대표"라 한다)가 동의하는 경우 제2항 및 제3항에 따라 결정된 근무시간 면제한도를 초과하지 아니하는 범위에서 보수의 손실 없이 정부교섭대표와의 협의·교섭, 고충처리, 안전·보건활동 등 이 법 또는 다른 법률에서 정하는 업무와 건전한 노사관계 발전을 위한 노동조합의 유지·관리업무를 할 수 있다.

⑤ (○) 동법 제10조 제1항

정답 ④

---

049 □□□   ○ △ ✕

근로자참여 및 협력증진에 관한 법률상 노사협의회에 관한 설명으로 옳지 않은 것은?

① 노사협의회는 근로조건에 대한 결정권이 있는 사업이나 사업장 단위로 설치하여야 한다. 다만, 상시(常時) 30명 미만의 근로자를 사용하는 사업이나 사업장은 그러하지 아니한다.

② 노사협의회는 근로자와 사용자를 대표하는 같은 수의 위원으로 구성하되, 각 3명 이상 10명 이하로 한다.

③ 노사협의회에 의장을 두며, 의장은 위원 중에서 사용자가 지명한다. 이 경우 근로자위원과 사용자위원 중 각 1명을 공동의장으로 할 수 있다.

④ 사용자는 노사협의회 위원으로서의 직무수행과 관련하여 근로자위원에게 불이익을 주는 처분을 하여서는 아니 된다.

⑤ 노사협의회 위원은 비상임·무보수로 하며, 위원의 협의회 출석시간과 이와 직접 관련된 시간으로서 노사협의회규정으로 정한 시간은 근로한 시간으로 본다.

해설

① (○) 근로자참여법 제4조 제1항

② (○) 동법 제6조 제1항

③ (✕) 사용자가 지명한다 → 호선한다(동법 제7조 제1항 전단)

> **제7조(의장과 간사)** ① 협의회에 의장을 두며, 의장은 위원 중에서 호선(互選)한다. 이 경우 근로자위원과 사용자위원 중 각 1명을 공동의장으로 할 수 있다.

④ (○) ⑤ (○) 동법 제9조 제2항, 제1항·제3항

> **제9조(위원의 신분)** ① 위원은 비상임·무보수로 한다.
> ② 사용자는 협의회 위원으로서의 직무수행과 관련하여 근로자위원에게 불이익을 주는 처분을 하여서는 아니 된다.
> ③ 위원의 협의회 출석시간과 이와 직접 관련된 시간으로서 제18조에 따른 협의회규정으로 정한 시간은 근로한 시간으로 본다.

정답 ③

---

050 □□□   ○ △ ✕

노동위원회법상 노동위원회에 관한 설명으로 옳지 않은 것은?

① 노동위원회는 중앙노동위원회, 지방노동위원회 및 특별노동위원회로 구분한다.

② 중앙노동위원회와 지방노동위원회는 고용노동부장관 소속으로 둔다.

③ 노동위원회는 그 권한에 속하는 업무를 독립적으로 수행한다.

④ 중앙노동위원회는 지방노동위원회 및 특별노동위원회의 처분에 대한 재심사건을 관장한다.

⑤ 고용노동부장관은 중앙노동위원회 및 지방노동위원회의 예산·인사·교육훈련, 그 밖의 행정사무를 총괄하며, 소속 공무원을 지휘·감독한다.

해설

① (○) 노동위원회법 제2조 제1항

② (○) 중앙노동위원회와 지방노동위원회는 고용노동부장관 소속으로 두며, 지방노동위원회의 명칭·위치 및 관할구역은 대통령령으로 정한다(동조 제2항).

③ (○) 동법 제4조 제1항

④ (○) 동법 제3조 제1항 제1호

> **제3조(노동위원회의 관장)** ① 중앙노동위원회는 다음 각 호의 사건을 관장한다.
> 1. 지방노동위원회 및 특별노동위원회의 처분에 대한 재심사건
> 2. 둘 이상의 지방노동위원회의 관할구역에 걸친 노동쟁의의 조정(調整)사건
> 3. 다른 법률에서 그 권한에 속하는 것으로 규정된 사건

⑤ (✕) 고용노동부장관 → 중앙노동위원회 위원장(동법 제4조 제2항)

> **제4조(노동위원회의 지위 등)** ② 중앙노동위원회 위원장은 중앙노동위원회 및 지방노동위원회의 예산·인사·교육훈련, 그 밖의 행정사무를 총괄하며, 소속 공무원을 지휘·감독한다.

정답 ⑤

노동법(2)

026 ☐☐☐ ○ △ ✕

노동관계법의 제정이 빠른 순서로 옳게 나열된 것은?

> ㄱ. 파견근로자 보호 등에 관한 법률
> ㄴ. 기간제 및 단시간근로자 보호 등에 관한 법률
> ㄷ. 공무원의 노동조합 설립 및 운영 등에 관한 법률
> ㄹ. 교원의 노동조합 설립 및 운영 등에 관한 법률

① ㄱ - ㄹ - ㄷ - ㄴ
② ㄴ - ㄱ - ㄷ - ㄹ
③ ㄷ - ㄴ - ㄹ - ㄱ
④ ㄹ - ㄱ - ㄴ - ㄷ
⑤ ㄹ - ㄷ - ㄴ - ㄱ

해설

① (○) ㄱ 파견법 1998년 2월 20일 → ㄹ 교원노조법 1999년 1월 29일 → ㄷ 공무원노조법 2005년 1월 27일 → ㄴ 기간제법 2006년 12월 21일

정답 ①

027 ☐☐☐ ○ △ ✕

헌법상 노동3권에 관한 설명으로 옳지 않은 것은? (다툼이 있으면 판례에 따름)

① 노동3권은 국가안전 보장·질서유지 또는 공공복리를 위하여 필요한 경우 법률로써 제한할 수 있다.
② 단결권은 단결할 자유만을 가리키고, 단결하지 아니할 자유는 일반적 행동의 자유 또는 결사의 자유에 그 근거가 있다.
③ 공무원인 근로자는 법률이 정하는 자에 한하여 단결권·단체교섭권 및 단체행동권을 가진다.
④ 노동3권은 사회적 보호기능을 담당하는 자유권 또는 사회권적 성격을 띤 자유권이라고 말할 수 있다.
⑤ 모든 국민은 근로조건의 향상을 위하여 자주적인 단결권·단체교섭권 및 단체행동권을 가진다.

해설

① (○) 국민의 모든 자유와 권리는 국가안전 보장·질서유지 또는 공공복리를 위하여 필요한 경우에 한하여 법률로써 제한할 수 있으며, 제한하는 경우에도 자유와 권리의 본질적인 내용을 침해할 수 없다(대한민국헌법 제37조 제2항).
② (○) 헌법 제33조 제1항은 "근로자는 근로조건의 향상을 위하여 자주적인 단결권·단체교섭권 및 단체행동권을 가진다."고 규정하고 있다. 여기서 헌법상 보장된 근로자의 단결권은 단결할 자유만을 가리킬 뿐이고, 단결하지 아니할 자유 이른바 소극적 단결권은 이에 포함되지 않는다고 보는 것이 우리 재판소의 선례라고

할 것이다.
그렇다면 근로자가 노동조합을 결성하지 아니할 자유나 노동조합에 가입을 강제당하지 아니할 자유 그리고 가입한 노동조합을 탈퇴할 자유는 근로자에게 보장된 단결권의 내용에 포섭되는 권리로서가 아니라 헌법 제10조의 행복추구권에서 파생되는 일반적 행동의 자유 또는 제21조 제1항의 결사의 자유에서 그 근거를 찾을 수 있다(헌법재판소 2005.11.24, 2002헌바95,96,2003헌바9).
③ (○) 동법 제33조 제2항
④ (○) 근로3권은 국가공권력에 대하여 근로자의 단결권의 방어를 일차적인 목표로 하지만, 근로3권의 보다 큰 헌법적 의미는 근로자 단체라는 사회적 반대세력의 창출을 가능하게 함으로써 노사관계의 형성에 있어서 사회적 균형을 이루어 근로조건에 관한 노사 간의 실질적인 자치를 보장하려는 데 있다. 근로자는 노동조합과 같은 근로자단체의 결성을 통하여 집단으로 사용자에 대항함으로써 사용자와 대등한 세력을 이루어 근로조건의 형성에 영향을 미칠 수 있는 기회를 가지게 되므로 이러한 의미에서 근로3권은 '사회적 보호기능을 담당하는 자유권' 또는 '사회권적 성격을 띤 자유권'이라고 말할 수 있다(헌법재판소 1998.2.27, 94헌바13·26,95헌바44).
⑤ (✕) 모든 국민은 → 근로자는(동법 제33조 제1항)

> **제33조** ① 근로자는 근로조건의 향상을 위하여 자주적인 단결권·단체교섭권 및 단체행동권을 가진다.

정답 ⑤

028 ☐☐☐ ○ △ ✕

노동조합 및 노동관계조정법령상 근로자와 사용자에 관한 설명으로 옳지 않은 것은? (다툼이 있으면 판례에 따름)

① 구직 중인 자도 노동3권을 보장할 필요성이 있는 한 근로자에 포함된다.
② 근로자란 직업의 종류를 불문하고 임금·급료 기타 이에 준하는 수입에 의하여 생활하는 자를 말한다.
③ 노동위원회의 부당노동행위 구제명령을 이행할 수 있는 법률적 또는 사실적인 권한이나 능력을 가지는 지위에 있더라도 직접고용관계에 있지 않는 한 사용자에 해당한다고 볼 수 없다.
④ 사용자는 근로자의 인사, 급여, 후생, 노무관리 등 근로조건 결정 또는 업무상 명령이나 지휘감독을 하는 등의 사항에 대하여 사업주로부터 일정한 권한과 책임을 부여받은 자를 포함한다.
⑤ 근로자에 해당하는지는 노무제공관계의 실질에 비추어 판단하여야 하고, 반드시 근로기준법상 근로자에 한정된다고 할 것은 아니다.

① (○) [다수의견] 노동조합 및 노동관계조정법(이하 '노동조합법'이라고 한다) 제2조 제1호, 제5조, 제9조, 구 출입국관리법(2010.5.14. 법률 제10282호로 개정되기 전의 것)의 내용이나 체계, 취지 등을 종합하면, 노동조합법상 근로자란 타인과의 사용종속관계하에서 근로를 제공하고 그 대가로 임금 등을 받아 생활하는 사람을 의미하며, 특정한 사용자에게 고용되어 현실적으로 취업하고 있는 사람뿐만 아니라 일시적으로 실업상태에 있는 사람이나 구직 중인 사람을 포함하여 노동3권을 보장할 필요성이 있는 사람도 여기에 포함되는 것으로 보아야 한다(대법원 2015.6.25, 2007두4995 전원합의체).

② (○) 노동조합법 제2조 제1호

③ (×) 부당노동행위의 예방·제거는 노동위원회의 구제명령을 통해서 이루어지는 것이므로, 구제명령을 이행할 수 있는 법률적 또는 사실적인 권한이나 능력을 가지는 지위에 있는 한 그 한도 내에서는 부당노동행위의 주체로서 구제명령의 대상자인 사용자에 해당한다고 볼 수 있을 것이다(대법원 2010.3.25, 2007두8881).

④ (○) 노동조합법 제5조는 "이 법에서 사용자라 함은 사업주, 사업의 경영담당자 또는 그 사업의 근로자에 관한 사항에 대하여 사업주를 위하여 행동하는 자를 말한다"고 규정하고 있는바, 여기서 "근로자에 관한 사항에 대하여 사업주를 위하여 행동하는 자"라 함은 근로자의 인사, 급여, 후생 노무관리 등 근로조건의 결정 또는 업무상의 명령이나 지휘감독을 하는 등의 사항에 대하여 사업주로부터 일정한 권한과 책임을 부여받은 자를 말한다(대법원 1989.11.14, 88누6924).

⑤ (○) 노동조합법의 입법목적과 근로자에 대한 정의규정 등을 고려하면, 노동조합법상 근로자에 해당하는지는 노무제공관계의 실질에 비추어 노동3권을 보장할 필요성이 있는지의 관점에서 판단하여야 하고, 반드시 근로기준법상 근로자에 한정된다고 할 것은 아니다(대법원 2018.10.12, 2015두38092).

정답 ③

29 □□□ ○ △ ×

노동조합 및 노동관계조정법령에 의하여 설립된 노동조합에 관한 설명으로 옳은 것은 모두 몇 개인가?

○ 노동위원회에 노동쟁의의 조정 및 부당노동행위의 구제를 신청할 수 있다.
○ 노동조합의 규약이 정하는 바에 의하여 법인으로 할 수 있다.
○ 노동조합이라는 명칭을 사용할 수 있다.
○ 노동조합에 대하여는 그 사업체를 포함하여 세법이 정하는 바에 따라 조세를 부과하지 아니한다.

① 0개   ② 1개   ③ 2개
④ 3개   ⑤ 4개

해설

④ (○) 노동조합법에 의하여 설립된 노동조합에 관한 설명으로 옳은 것은 3개이다.
[보충] 위에서부터 순서대로 ○-○-○-×이다.

제6조(법인격의 취득) ① 노동조합은 그 규약이 정하는 바에 의하여 법인으로 할 수 있다.
제7조(노동조합의 보호요건) ① 이 법에 의하여 설립된 노동조합이 아니면 노동위원회에 노동쟁의의 조정 및 부당노동행위의 구제를 신청할 수 없다.
③ 이 법에 의하여 설립된 노동조합이 아니면 노동조합이라는 명칭을 사용할 수 없다.
제8조(조세의 면제) 노동조합에 대하여는 그 사업체를 제외하고는 세법이 정하는 바에 따라 조세를 부과하지 아니한다.

정답 ④

30 □□□ ○ △ ×

노동조합 및 노동관계조정법령상 노동조합 규약의 의무적 기재사항이 아닌 것은?

① 단체협약에 관한 사항
② 규율과 통제에 관한 사항
③ 규약변경에 관한 사항
④ 주된 사무소의 소재지
⑤ 회의에 관한 사항

해설

① (×) 단체협약에 관한 사항은 노동조합 규약의 의무적 기재사항이 아닌 것이다.

② (○) ③ (○) ④ (○) ⑤ (○) 노동조합법 제11조 제15호, 제10호, 제3호, 제7호

제11조(규약) 노동조합은 그 조직의 자주적·민주적 운영을 보장하기 위하여 당해 노동조합의 규약에 다음 각 호의 사항을 기재하여야 한다. 〈개정 2006.12.30.〉
1. 명칭
2. 목적과 사업
3. 주된 사무소의 소재지
4. 조합원에 관한 사항[연합단체(聯合團體)인 노동조합(勞動組合)에 있어서는 그 구성단체(構成團體)에 관한 사항]
5. 소속된 연합단체가 있는 경우에는 그 명칭
6. 대의원회를 두는 경우에는 대의원회에 관한 사항
7. 회의에 관한 사항
8. 대표자와 임원에 관한 사항
9. 조합비 기타 회계에 관한 사항
10. 규약변경에 관한 사항
11. 해산에 관한 사항
12. 쟁의행위와 관련된 찬반투표 결과의 공개, 투표자 명부 및 투표용지 등의 보존·열람에 관한 사항
13. 대표자와 임원의 규약위반에 대한 탄핵에 관한 사항
14. 임원 및 대의원의 선거절차에 관한 사항
15. 규율과 통제에 관한 사항

정답 ①

031 □□□   ○ △ ✕

노동조합 및 노동관계조정법령상 근로시간면제제도에 관한 설명으로 옳지 않은 것은? (다툼이 있으면 판례에 따름)

① 근로시간 면제한도를 정하기 위하여 근로시간면제심의위원회를 고용노동부에 둔다.

② 근로시간 면제자에게 급여를 지급하는 행위는 특별한 사정이 없는 한 부당노동행위가 되지 않는 것이 원칙이다.

③ 근로시간 면제자에 대한 급여는 사회통념상 수긍할 만한 합리적인 범위를 초과할 정도로 과다하지 않더라도 근로의 대가로 볼 수 없다.

④ 근로시간 면제한도는 3년마다 그 적정성 여부를 재심의하여 결정할 수 있다.

⑤ 노동조합은 근로시간 면제자에 대하여 근로시간 면제한도를 초과하는 급여지급을 요구하고 이를 관철할 목적으로 쟁의행위를 하여서는 아니 된다.

해설

> 2021.1.5. 노동조합법 제24조 및 제24조의2가 개정되어 그 내용이 지문과 배치되므로, 해설을 생략하고 정답을 변경한다.

정답 ③ ▶ 없음

032 □□□   ○ △ ✕

노동조합 및 노동관계조정법령상 노동조합의 해산에 관한 설명으로 옳지 않은 것은?

① 노동조합 규약에서 정한 해산사유가 발생한 경우에 노동조합은 해산한다.

② 노동조합의 임원이 없고 노동조합으로서의 활동을 1년 이상 하지 아니한 것으로 인정되는 경우로서 행정관청이 노동위원회의 의결을 얻은 경우에 노동조합은 해산한다.

③ 노동조합이 합병으로 소멸한 경우에 노동조합은 해산한다.

④ 노동조합 총회에서 재적조합원 과반수의 출석과 출석조합원 과반수의 찬성으로 노동조합 해산결의가 있는 경우에 노동조합은 해산한다.

⑤ 노동조합 총회의 해산결의를 사유로 노동조합이 해산한 때에는 그 대표자는 해산한 날부터 15일 이내에 행정관청에 이를 신고하여야 한다.

해설

① (○) ② (○) ③ (○) ⑤ (○) 노동조합법 제28조 제1항 제1호, 제4호, 제2호, 제2항
④ (✕) 출석조합원 과반수 → 출석조합원 3분의 2 이상(동항 제3호, 제16조 제2항 단서)

제16조(총회의 의결사항) ① 다음 각 호의 사항은 총회의 의결을 거쳐야 한다.
1. 규약의 제정과 변경에 관한 사항
2. 임원의 선거와 해임에 관한 사항
3. 단체협약에 관한 사항
4. 예산·결산에 관한 사항
5. 기금의 설치·관리 또는 처분에 관한 사항
6. 연합단체의 설립·가입 또는 탈퇴에 관한 사항
7. 합병·분할 또는 해산에 관한 사항
8. 조직형태의 변경에 관한 사항
9. 기타 중요한 사항
② 총회는 재적조합원 과반수의 출석과 출석조합원 과반수의 찬성으로 의결한다. 다만, 규약의 제정·변경, 임원의 해임, 합병·분할·해산 및 조직형태의 변경에 관한 사항은 재적조합원 과반수의 출석과 출석조합원 3분의 2 이상의 찬성이 있어야 한다.
제28조(해산사유) ① 노동조합은 다음 각 호의 1에 해당하는 경우에는 해산한다. 〈개정 1998.2.20.〉
1. 규약에서 정한 해산사유가 발생한 경우
2. 합병 또는 분할로 소멸한 경우
3. 총회 또는 대의원회의 해산결의가 있는 경우
4. 노동조합의 임원이 없고 노동조합으로서의 활동을 1년 이상 하지 아니한 것으로 인정되는 경우로서 행정관청이 노동위원회의 의결을 얻은 경우
② 제1항 제1호 내지 제3호의 사유로 노동조합이 해산한 때에는 그 대표자는 해산한 날부터 15일 이내에 행정관청에게 이를 신고하여야 한다. 〈개정 1998.2.20.〉

정답 ④

033 □□□   ○ △ ✕

노동조합 및 노동관계조정법령상 노동조합활동에 관한 설명으로 옳지 않은 것은? (다툼이 있으면 판례에 따름)

① 사업장 내의 노동조합활동은 사용자의 시설관리권에 바탕을 둔 합리적인 규율이나 제약에 따라야 한다.

② 노동조합활동은 근로조건의 유지개선과 근로자의 경제적 지위의 향상을 도모하기 위하여 필요하고, 근로자들의 단결강화에 도움이 되는 행위이어야 한다.

③ 노동조합활동은 취업규칙이나 단체협약에 별도의 허용규정이 있더라도 취업시간 외에 행하여져야 한다.

④ 단체협약에 유인물의 배포에 허가제를 채택하고 있는 경우, 유인물 배포행위가 정당한가 아닌가는 허가가 있었는지 여부만 가지고 판단할 것은 아니고, 그 유인물의 내용이나 배포방법 등 제반 사정을 고려하여 판단되어져야 한다.

⑤ 조합원이 조합의 결의에 따라서 한 노동조합의 조직적인 활동 그 자체가 아닐지라도 그 행위의 성질상 노동조합활동으로 볼 수 있을 때에는 노동조합의 업무를 위한 행위로 보아야 한다.

① (O) ② (O) ③ (×) 노동조합의 활동이 정당하다고 하기 위하여는 행위의 성질상 노동조합의 활동으로 볼 수 있거나 노동조합의 묵시적인 수권 또는 승인을 받았다고 볼 수 있는 것으로서 근로조건의 유지개선과 근로자의 경제적 지위의 향상을 도모하기 위하여 필요하고 근로자들의 단결강화에 도움이 되는 행위이어야 하며, 취업규칙이나 단체협약에 별도의 허용규정이 있거나 관행 또는 사용자의 승낙이 있는 경우 외에는 취업시간 외에 행하여져야 하고, 사업장 내의 조합활동에 있어서는 사용자의 시설관리권에 바탕을 둔 합리적인 규율이나 제약에 따라야 하며, 폭력과 파괴행위 등의 방법에 의하지 않는 것이어야 한다(대법원 1994.2.22, 93도613).

④ (O) ⑤ (O) 노동조합법 제39조 제1호 소정의 "노동조합의 업무를 위한 정당한 행위"란 일반적으로는 정당한 노동조합의 활동을 가리킨다고 할 것이나, 조합원이 조합의 결의나 조합의 구체적인 지시에 따라서 한 노동조합의 조직적인 활동 그 자체가 아닐지라도 그 행위의 성질상 노동조합의 활동으로 볼 수 있거나, 노동조합의 묵시적인 수권 혹은 승인을 받았다고 볼 수 있을 때에는 노동조합의 업무를 위한 행위로 보아야 할 것이다.

단체협약에 유인물의 배포에 허가제를 채택하고 있다고 할지라도 노동조합의 업무를 위한 정당한 행위까지 금지시킬 수는 없는 것이므로 위 "나"항의 유인물 배포행위가 정당한가 아닌가는 허가가 있었는지 여부만 가지고 판단할 것은 아니고, 그 유인물의 내용이나 배포방법 등 제반 사정을 고려하여 판단되어져야 할 것이고, 취업시간 아닌 주간의 휴게시간 중의 배포는 다른 근로자의 취업에 나쁜 영향을 미치거나 휴게시간의 자유로운 이용을 방해하거나 구체적으로 직장질서를 문란하게 하는 것이 아닌 한 허가를 얻지 아니하였다는 이유만으로 정당성을 잃는다고 할 수 없다(대법원 1991.11.12, 91누4164).

정답 ③

34 ○ △ ×

노동조합 및 노동관계조정법령상 단체교섭에 관한 설명으로 옳지 않은 것은? (다툼이 있으면 판례에 따름)

① 노동조합 대표자는 그 노동조합 또는 조합원을 위하여 사용자나 사용자단체와 교섭할 권한을 가진다.

② 단위노동조합이 당해 노동조합이 가입한 상부단체인 연합단체에 단체교섭권한을 위임한 경우, 단위노동조합의 단체교섭권한은 소멸한다.

③ 노동조합과 사용자 또는 사용자단체는 신의에 따라 성실히 교섭하여야 한다.

④ 노동조합과 사용자 또는 사용자단체는 정당한 이유 없이 교섭을 거부하여서는 아니 된다.

⑤ 노동조합의 하부단체인 지부가 독자적인 규약 및 집행기관을 가지고 독립된 조직체로서 활동을 하는 경우, 당해 조직이나 그 조합원에 고유한 사항에 대하여는 독자적으로 단체교섭을 할 수 있다.

해설

① (O) 노동조합의 대표자는 그 노동조합 또는 조합원을 위하여 사

용자나 사용자단체와 교섭하고 단체협약을 체결할 권한을 가진다(노동조합법 제29조 제1항).

② (×) 구 노동조합법(1996.12.31. 법률 제5244호로 폐지) 제33조 제1항에서 규정하고 있는 단체교섭권한의 '위임'이라고 함은 노동조합이 조직상의 대표자 이외의 자에게 조합 또는 조합원을 위하여 조합의 입장에서 사용자 측과 사이에 단체교섭을 하는 사무처리를 맡기는 것을 뜻하고, 그 위임 후 이를 해지하는 등의 별개의 의사표시가 없더라도 노동조합의 단체교섭권한은 여전히 수임자의 단체교섭권한과 중복하여 경합적으로 남아 있다고 할 것이며, 같은 조 제2항의 규정에 따라 단위노동조합이 당해 노동조합이 가입한 상부단체인 연합단체에 그러한 권한을 위임한 경우에 있어서도 달리 볼 것은 아니다(대법원 1998.11.13, 98다20790).

③ (O) 노동조합과 사용자 또는 사용자단체는 신의에 따라 성실히 교섭하고 단체협약을 체결하여야 하며 그 권한을 남용하여서는 아니 된다(동법 제30조 제1항).

④ (O) 노동조합과 사용자 또는 사용자단체는 정당한 이유 없이 교섭 또는 단체협약의 체결을 거부하거나 해태하여서는 아니 된다(동조 제2항).

⑤ (O) 노동조합의 하부단체인 분회나 지부가 독자적인 규약 및 집행기관을 가지고 독립된 조직체로서 활동을 하는 경우 당해 조직이나 그 조합원에 고유한 사항에 대하여는 독자적으로 단체교섭하고 단체협약을 체결할 수 있고, 이는 그 분회나 지부가 노동조합 및 노동관계조정법 시행령 제7조의 규정에 따라 그 설립신고를 하였는지 여부에 영향받지 아니한다(대법원 2001.2.23, 2000도4299).

정답 ②

35 ○ △ ×

노동조합 및 노동관계조정법령상 공정대표의무에 관한 설명으로 옳지 않은 것은? (다툼이 있으면 판례에 따름)

① 사용자는 교섭창구 단일화절차에 참여한 노동조합 또는 그 조합원 간에 합리적 이유 없이 차별을 하여서는 아니 된다.

② 노동조합은 교섭대표노동조합이 공정대표의무를 위반하여 차별한 경우에는 그 행위가 있은 날부터 6개월 이내에 노동위원회에 그 시정을 요청할 수 있다.

③ 공정대표의무 위반에 대한 형사벌칙 규정이 없다.

④ 사용자가 교섭창구 단일화절차에 참여한 다른 노동조합 또는 그 조합원을 차별한 것으로 인정되는 경우, 차별에 합리적인 이유가 있다는 점은 사용자에게 주장·증명책임이 있다.

⑤ 공정대표의무는 단체교섭의 과정이나 그 결과물인 단체협약의 내용뿐만 아니라, 단체협약의 이행과정에서도 준수되어야 한다.

해설

① (O) 교섭대표노동조합과 사용자는 교섭창구 단일화절차에 참여한 노동조합 또는 그 조합원 간에 합리적 이유 없이 차별을 하여서는 아니 된다(노동조합법 제29조의4 제1항).

② (×) 6개월 → 3개월(동조 제2항)

제29조의4(공정대표의무 등) ② 노동조합은 교섭대표노동조합과 사용자가 제1항을 위반하여 차별한 경우에는 그 행위가 있은 날(단체협약의 내용의 일부 또는 전부가 제1항에 위반되는 경우에는 단체협약 체결일을 말한다)부터 3개월 이내에 대통령령으로 정하는 방법과 절차에 따라 노동위원회에 그 시정을 요청할 수 있다.

③ (O) 노동조합법상 공정대표의무 위반에 대한 형사벌칙 규정은 없으므로, 옳은 지문이다.

④ (O) 교섭대표노동조합이나 사용자가 교섭창구 단일화절차에 참여한 다른 노동조합 또는 그 조합원을 차별한 것으로 인정되는 경우, 그와 같은 차별에 합리적인 이유가 있다는 점은 교섭대표노동조합이나 사용자에게 그 주장·증명책임이 있다(대법원 2018.9.13, 2017두40655).

⑤ (O) 공정대표의무는 헌법이 보장하는 단체교섭권의 본질적 내용이 침해되지 않도록 하기 위한 제도적 장치로 기능하고, 교섭대표노동조합과 사용자가 체결한 단체협약의 효력이 교섭창구 단일화절차에 참여한 다른 노동조합에도 미치는 것을 정당화하는 근거가 된다. 따라서 교섭대표노동조합이 사용자와 체결한 단체협약의 내용이 합리적 이유 없이 교섭대표노동조합이 되지 못한 노동조합 또는 그 조합원을 차별하는 경우 공정대표의무 위반에 해당한다. 그리고 이러한 공정대표의무의 취지와 기능 등에 비추어 보면, 공정대표의무는 단체교섭의 과정이나 그 결과물인 단체협약의 내용뿐만 아니라 단체협약의 이행과정에서도 준수되어야 한다(대법원 2019.10.31, 2017두37772).

정답 ②

036 □□□ ○ △ ×

노동조합 및 노동관계조정법령상 교섭창구 단일화제도에 관한 설명으로 옳은 것은? (다툼이 있으면 판례에 따름)

① 하나의 사업 또는 사업장 단위에서 유일하게 존재하는 노동조합이 교섭창구 단일화절차를 형식적으로 거쳤다면, 교섭대표노동조합의 지위를 취득할 수 있다.

② 교섭창구 단일화절차에 따라 결정된 교섭대표노동조합이 그 결정된 날부터 6개월 동안 단체협약을 체결하지 못한 경우에는, 어느 노동조합이든지 사용자에게 교섭을 요구할 수 있다.

③ 하나의 사업 또는 사업장에서 교섭단위를 분리할 필요가 있다고 인정되는 경우에 노동관계 당사자는 합의를 통하여 교섭단위를 분리할 수 있다.

④ 공동교섭대표단에 참여할 수 있는 노동조합은 그 조합원 수가 교섭창구 단일화절차에 참여한 노동조합의 전체 조합원 100분의 5 이상인 노동조합으로 한다.

⑤ 교섭대표노동조합의 지위 유지기간이 만료되었음에도 불구하고 새로운 교섭대표노동조합이 결정되지 못할 경우, 기존 교섭대표노동조합은 새로운 교섭대표노동조합이 결정될 때까지 기존 단체협약의 이행과 관련해서는 교섭대표노동조합의 지위를 유지한다.

해설

① (×) 교섭창구 단일화제도의 취지 내지 목적, 교섭창구 단일화제도의 체계 내지 관련 규정의 내용, 교섭대표노동조합의 개념 등을 종합하여 보면, 하나의 사업 또는 사업장 단위에서 유일하게 존재하는 노동조합은, 설령 노동조합법 및 그 시행령이 정한 절차를 형식적으로 거쳤다고 하더라도, 교섭대표노동조합의 지위를 취득할 수 없다고 해석함이 타당하다(대법원 2017.10.31, 2016두36956).

② (×) 6개월 → 1년(노동조합법 시행령 제14조의10 제3항)

시행령 제14조의10(교섭대표노동조합의 지위 유지기간 등) ③ 법 제29조의2에 따라 결정된 교섭대표노동조합이 그 결정된 날부터 1년 동안 단체협약을 체결하지 못한 경우에는 어느 노동조합이든지 사용자에게 교섭을 요구할 수 있다. 이 경우 제14조의2 제2항 및 제14조의3부터 제14조의9까지의 규정을 적용한다.

③ (×) 합의를 → 노동위원회에의 신청을(동법 제29조의3 제2항)

제29조의3(교섭단위 결정) ② 제1항에도 불구하고 하나의 사업 또는 사업장에서 현격한 근로조건의 차이, 고용형태, 교섭관행 등을 고려하여 교섭단위를 분리하거나 분리된 교섭단위를 통합할 필요가 있다고 인정되는 경우에 노동위원회는 노동관계 당사자의 양쪽 또는 어느 한쪽의 신청을 받아 교섭단위를 분리하거나 분리된 교섭단위를 통합하는 결정을 할 수 있다. 〈개정 2021.1.5.〉

④ (×) 5 → 10(동법 제29조의2 제5항)

제29조의2(교섭창구 단일화절차) ⑤ 제3항 및 제4항에 따라 교섭대표노동조합을 결정하지 못한 경우에는 교섭창구 단일화절차에 참여한 모든 노동조합은 공동으로 교섭대표단(이하 이 조에서 "공동교섭대표단"이라 한다)을 구성하여 사용자와 교섭하여야 한다. 이때 공동교섭대표단에 참여할 수 있는 노동조합은 그 조합원 수가 교섭창구 단일화절차에 참여한 노동조합의 전체 조합원 100분의 10 이상인 노동조합으로 한다. 〈개정 2021.1.5.〉

⑤ (O) 동법 시행령 제14조의10 제2항

정답 ⑤

37 □□□ ○△×

노동조합 및 노동관계조정법령상 단체협약에 관한 설명으로 옳지 않은 것은? (다툼이 있으면 판례에 따름)

① 단체협약은 서면으로 작성하여 당사자 쌍방이 서명 또는 날인하여야 한다.

② 근로계약에 규정되지 아니한 사항은 단체협약에 정한 기준에 의한다.

③ 행정관청은 단체협약 중 위법한 내용이 있는 경우에는 노동위원회의 의결을 얻어 그 시정을 명할 수 있다.

④ 노동조합이 조합원들의 의사를 반영하고 대표자의 단체협약 체결업무 수행에 대한 적절한 통제를 위하여 대표자의 단체협약체결권한의 행사를 절차적으로 제한하는 것은, 그것이 단체협약체결권한을 전면적 · 포괄적으로 제한하는 것이 아닌 이상 허용된다.

⑤ 노동조합과 사용자 쌍방이 노사협의회를 거쳐 실질적 · 형식적 요건을 갖춘 합의가 있더라도, 단체교섭을 거치지 않고 체결한 것은 단체협약으로 볼 수 없다.

해설

① (○) 노동조합법 제31조 제1항

② (○) 근로계약에 규정되지 아니한 사항 또는 제1항의 규정에 의하여 무효로 된 부분은 단체협약에 정한 기준에 의한다(동법 제33조 제2항).

③ (○) 동법 제31조 제3항

④ (○) 노동조합이 조합원들의 의사를 반영하고 대표자의 단체교섭 및 단체협약 체결업무 수행에 대한 적절한 통제를 위하여 규약 등에서 내부절차를 거치도록 하는 등 대표자의 단체협약체결권한의 행사를 절차적으로 제한하는 것은, 그것이 단체협약체결권한을 전면적 · 포괄적으로 제한하는 것이 아닌 이상 허용된다(대법원 2018.7.26, 2016다205908).

⑤ (×) 단체협약은 노동조합이 사용자 또는 사용자단체와 근로조건 기타 노사관계에서 발생하는 사항에 관한 합의를 문서로 작성하여 당사자 쌍방이 서명날인함으로써 성립하는 것이고, 그 합의가 반드시 정식의 단체교섭절차를 거쳐서 이루어져야만 하는 것은 아니다. 따라서 노동조합과 사용자 사이에 근로조건 기타 노사관계에 관한 합의가 노사협의회의 협의를 거쳐서 성립되었더라도, 당사자 쌍방이 이를 단체협약으로 할 의사로 문서로 작성하여 당사자 쌍방의 대표자가 각 노동조합과 사용자를 대표하여 서명날인하는 등으로 단체협약의 실질적 · 형식적 요건을 갖추었다면 이는 단체협약이라고 보아야 한다(대법원 2018.7.26, 2016다205908).

정답 ⑤

38 □□□ ○△×

노동조합 및 노동관계조정법령상 단체협약 내용을 위반한 경우 형사처벌의 대상이 아닌 것은?

① 퇴직금에 관한 사항 ② 휴가에 관한 사항

③ 쟁의행위에 관한 사항 ④ 조직강제에 관한 사항

⑤ 안전보건에 관한 사항

해설

① (○) ② (○) ③ (○) ⑤ (○) 노동조합법 제92조 제2호 가목, 나목, 바목, 라목

④ (×) 조직강제에 관한 사항은 형사처벌의 대상이 아닌 것이다.

> **제92조(벌칙)** 다음 각 호의 1에 해당하는 자는 1천만 원 이하의 벌금에 처한다. 〈개정 2010.1.1.〉
> 1. 삭제 〈2021.1.5.〉
> 2. 제31조 제1항의 규정에 의하여 체결된 단체협약의 내용 중 다음 각 목의 1에 해당하는 사항을 위반한 자
>   가. 임금 · 복리후생비, 퇴직금에 관한 사항
>   나. 근로 및 휴게시간, 휴일, 휴가에 관한 사항
>   다. 징계 및 해고의 사유와 중요한 절차에 관한 사항
>   라. 안전보건 및 재해부조에 관한 사항
>   마. 시설 · 편의제공 및 근무시간 중 회의참석에 관한 사항
>   바. 쟁의행위에 관한 사항
> 3. 제61조 제1항의 규정에 의한 조정서의 내용 또는 제68조 제1항의 규정에 의한 중재재정서의 내용을 준수하지 아니한 자

정답 ④

39 □□□ ○△×

노동조합 및 노동관계조정법령상 단체협약의 해석에 관한 설명으로 옳지 않은 것은? (다툼이 있으면 판례에 따름)

① 단체협약과 같은 처분문서를 해석함에 있어서는 명문의 규정을 근로자에게 불리하게 변형해석할 수 없다.

② 단체협약의 해석에 관한 지방노동위원회의 제시견해가 위법 또는 월권에 의한 경우에는 중앙노동위원회에 재심을 신청할 수 있다.

③ 단체협약의 해석에 관하여 관계당사자 간에 의견의 불일치가 있는 때에는 노동위원회가 직권으로 그 해석에 관한 견해를 제시할 수 있다.

④ 노동위원회는 단체협약의 해석요청을 받은 때에는 그 날부터 30일 이내에 명확한 견해를 제시하여야 한다.

⑤ 노동위원회가 단체협약의 해석요청에 대하여 제시한 견해는 중재재정과 동일한 효력을 가진다.

해설

① (○) 단체협약과 같은 처분문서를 해석할 때는, 단체협약이 근로자의 근로조건을 유지 · 개선하고 복지를 증진하여 그 경제적 · 사회적 지위를 향상시킬 목적으로 근로자의 자주적 단체인 노동조합과 사용자 사이에 단체교섭을 통하여 이루어지는 것이므로, 그 명문의 규정을 근로자에게 불리하게 변형해석할 수 없다(대법원

2018.11.29, 2018두41532).

② (○) ⑤ (○) 노동조합법 제34조 제3항, 제69조 제1항

> **제34조(단체협약의 해석)** ③ 제2항의 규정에 의하여 노동위원회가 제시한 해석 또는 이행방법에 관한 견해는 중재재정과 동일한 효력을 가진다.
> **제69조(중재재정등의 확정)** ① 관계당사자는 지방노동위원회 또는 특별노동위원회의 중재재정이 위법이거나 월권에 의한 것이라고 인정하는 경우에는 그 중재재정서의 송달을 받은 날부터 10일 이내에 중앙노동위원회에 그 재심을 신청할 수 있다.

③ (×) 노동위원회가 직권으로 → 노동위원회에, 견해를 제시할 수 있다 → 견해의 제시를 요청할 수 있다(동조 제1항)

> **제34조(단체협약의 해석)** ① 단체협약의 해석 또는 이행방법에 관하여 관계당사자 간에 의견의 불일치가 있는 때에는 당사자 쌍방 또는 단체협약에 정하는 바에 의하여 어느 일방이 노동위원회에 그 해석 또는 이행방법에 관한 견해의 제시를 요청할 수 있다.

④ (○) 노동위원회는 제1항의 규정에 의한 요청을 받은 때에는 그날부터 30일 이내에 명확한 견해를 제시하여야 한다(동조 제2항).

정답 ③

---

040 □□□ ○ △ ×

노동조합 및 노동관계조정법령상 노동쟁의 조정의 기본원칙으로 옳지 않은 것은?

① 공익사업에 있어서의 노동쟁의의 조정은 우선적으로 취급하고 신속히 처리하도록 노력하여야 한다.
② 노동관계 당사자는 노동쟁의가 발생한 때에는 이를 자주적으로 해결하도록 노력하여야 한다.
③ 국가 및 지방자치단체는 노동관계 당사자 간에 노동관계에 관한 주장이 일치하지 아니할 경우에 쟁의행위를 가능한 한 예방하고, 노동쟁의의 신속·공정한 해결에 노력하여야 한다.
④ 노동관계의 조정을 할 경우에는 노동관계 당사자와 노동위원회 기타 관계기관은 사건을 신속히 처리하도록 노력하여야 한다.
⑤ 노동쟁의 조정에 관한 규정은 노동관계 당사자가 직접 노사협의 또는 단체교섭에 의하여 근로조건 기타 노동관계에 관한 사항을 정하거나, 노동관계에 관한 주장의 불일치를 조정하고 이에 필요한 노력을 하는 것을 방해하지 아니한다.

해설

① (×) 처리하도록 노력하여야 한다 → 처리하여야 한다(노동조합법 제51조)

> **제51조(공익사업등의 우선적 취급)** 국가·지방자치단체·국공영기업체·방위산업체 및 공익사업에 있어서의 노동쟁의의 조정은 우선적으로 취급하고 신속히 처리하여야 한다.

② (○) 노동관계 당사자는 단체협약에 노동관계의 적정화를 위한

노사협의 기타 단체교섭의 절차와 방식을 규정하고 노동쟁의가 발생한 때에는 이를 자주적으로 해결하도록 노력하여야 한다(동법 제48조).

③ (○) 국가 및 지방자치단체는 노동관계 당사자 간에 노동관계에 관한 주장이 일치하지 아니할 경우에 노동관계 당사자가 이를 자주적으로 조정할 수 있도록 조력함으로써 쟁의행위를 가능한 한 예방하고 노동쟁의의 신속·공정한 해결에 노력하여야 한다(동법 제49조).

④ (○) 동법 제50조

⑤ (○) 동법 제47조

정답 ①

---

041 □□□ ○ △ ×

노동조합 및 노동관계조정법령상 조정 및 중재에 관한 설명으로 옳은 것은?

① 노동위원회는 조정위원회 또는 단독조정인이 조정의 종료를 결정한 후에도 노동쟁의 해결을 위하여 조정을 할 수 있다.
② 노동쟁의가 노동위원회의 중재에 회부된 때에는 그날부터 10일간은 쟁의행위를 할 수 없다.
③ 노동쟁의의 중재를 위하여 당해 노동위원회의 위원 중에서 사용자를 대표하는 자, 근로자를 대표하는 자 및 공익을 대표하는 자 각 1인으로 구성된 중재위원회를 둔다.
④ 중앙노동위원회 위원장은 긴급조정의 결정을 하고자 할 때에는 미리 고용노동부장관의 의견을 들어야 한다.
⑤ 관계당사자는 긴급조정의 결정이 공표된 때에는 즉시 쟁의행위를 중지하여야 하며, 공표일부터 15일이 경과하지 아니하면 쟁의행위를 재개할 수 없다.

해설

① (○) 노동조합법 제61조의2 제1항, 제60조 제2항

> **제60조(조정안의 작성)** ② 조정위원회 또는 단독조정인은 관계당사자가 수락을 거부하여 더 이상 조정이 이루어질 여지가 없다고 판단되는 경우에는 조정의 종료를 결정하고 이를 관계당사자 쌍방에 통보하여야 한다.
> **제61조의2(조정종료 결정 후의 조정)** ① 노동위원회는 제60조 제2항의 규정에 따른 조정의 종료가 결정된 후에도 노동쟁의의 해결을 위하여 조정을 할 수 있다.

② (×) 10일 → 15일(동법 제63조)

> **제63조(중재 시의 쟁의행위의 금지)** 노동쟁의가 중재에 회부된 때에는 그날부터 15일간은 쟁의행위를 할 수 없다.

③ (×) 동법 제64조

> **제64조(중재위원회의 구성)** ① 노동쟁의의 중재 또는 재심을 위하여 노동위원회에 중재위원회를 둔다.
> ② 제1항의 규정에 의한 중재위원회는 중재위원 3인으로 구성한다.

③ 제2항의 중재위원은 당해 노동위원회의 공익을 대표하는 위원 중에서 관계당사자의 합의로 선정한 자에 대하여 그 노동위원회의 위원장이 지명한다. 다만, 관계당사자 간에 합의가 성립되지 아니한 경우에는 노동위원회의 공익을 대표하는 위원 중에서 지명한다.

④ (×) 중앙노동위원회 위원장 ↔ 고용노동부장관(동법 제76조 제2항)

> **제76조(긴급조정의 결정)** ② 고용노동부장관은 긴급조정의 결정을 하고자 할 때에는 미리 중앙노동위원회 위원장의 의견을 들어야 한다. 〈개정 2010.6.4.〉

⑤ (×) 15일 → 30일(동법 제77조)

> **제77조(긴급조정 시의 쟁의행위 중지)** 관계당사자는 제76조 제3항의 규정에 의한 긴급조정의 결정이 공표된 때에는 즉시 쟁의행위를 중지하여야 하며, 공표일부터 30일이 경과하지 아니하면 쟁의행위를 재개할 수 없다.

정답 ①

---

42 □□□　　　　　　　　○ △ ×

노동조합 및 노동관계조정법령상 쟁의행위에 관한 설명으로 옳지 않은 것은?

① 근로자는 쟁의행위기간 중에는 현행범 외에는 노동조합 및 노동관계조정법 위반을 이유로 구속되지 아니한다.

② 방위사업법에 의하여 지정된 주요방위산업체에 종사하는 근로자 중 전력, 용수 및 주로 방산물자를 생산하는 업무에 종사하는 자는 쟁의행위를 할 수 없다.

③ 작업시설의 손상이나 원료·제품의 변질 또는 부패를 방지하기 위한 작업은 쟁의행위기간 중에도 정상적으로 수행되어야 한다.

④ 노동조합은 쟁의행위가 적법하게 수행될 수 있도록 지도·관리·통제할 책임이 있다.

⑤ 노동조합의 쟁의행위는 그 조합원의 직접·비밀·무기명투표에 의한 조합원 3분의 2 이상의 찬성으로 결정하지 아니하면 이를 행할 수 없다.

해설

① (○) 노동조합법 제39조

② (○) 「방위사업법」에 의하여 지정된 주요방위산업체에 종사하는 근로자 중 전력, 용수 및 주로 방산물자를 생산하는 업무에 종사하는 자는 쟁의행위를 할 수 없으며 주로 방산물자를 생산하는 업무에 종사하는 자의 범위는 대통령령으로 정한다(동법 제41조 제2항).

③ (○) 동법 제38조 제2항

④ (○) 동조 제3항

⑤ (×) 3분의 2 이상 → 과반수(동법 제41조 제1항 전단)

> **제41조(쟁의행위의 제한과 금지)** ① 노동조합의 쟁의행위는 그 조합원(제29조의2에 따라 교섭대표노동조합이 결정된 경우에는 그 절차에 참여한 노동조합의 전체 조합원)의 직접·비밀·무기명투표에 의한 조합원 과반수의 찬성으로 결정하지 아니하면 이

> 를 행할 수 없다. 이 경우 조합원 수 산정은 종사근로자인 조합원을 기준으로 한다. 〈개정 2021.1.5.〉

정답 ⑤

---

43 □□□　　　　　　　　○ △ ×

노동조합 및 노동관계조정법령상 쟁의행위와 임금에 관한 설명으로 옳지 않은 것은? (다툼이 있으면 판례에 따름)

① 사용자는 쟁의행위에 참가하여 근로를 제공하지 아니한 근로자에 대하여는 그 기간 중의 임금을 지급할 의무가 없다.

② 근로기준법상 유급휴일에 대한 법리는 휴직 등과 동일하게 근로자의 근로제공의무 등의 주된 권리·의무가 정지되어 근로자의 임금청구권이 발생하지 아니하는 쟁의행위인 파업에도 적용된다.

③ 근로를 불완전하게 제공하는 형태의 쟁의행위인 태업도 근로제공이 일부 정지되는 것이라고 할 수 있으므로, 무노동 무임금 원칙이 적용된다.

④ 노동조합은 쟁의행위기간에 대한 임금의 지급을 요구하여 이를 관철할 목적으로 쟁의행위를 하여서는 아니된다.

⑤ 근로자가 유급휴가를 이용하여 파업에 참여하는 것은 정당한 유급휴가권의 행사로 볼 수 있으므로, 파업기간 중에 포함된 유급휴가에 대한 임금청구권이 발생한다.

해설

① (○) 노동조합법 제44조 제1항

② (○) ③ (○) 쟁의행위 시의 임금지급에 관하여 단체협약이나 취업규칙 등에서 이를 규정하거나 그 지급에 관한 당사자 사이의 약정이나 관행이 있다고 인정되지 아니하는 한, 근로자의 근로제공의무 등의 주된 권리·의무가 정지되어 근로자가 근로를 제공하지 아니한 쟁의행위기간 동안에는 근로제공의무와 대가관계에 있는 근로자의 주된 권리로서의 임금청구권은 발생하지 아니한다. 근로를 불완전하게 제공하는 형태의 쟁의행위인 태업(怠業)도 근로제공이 일부 정지되는 것이라고 할 수 있으므로, 여기에도 이러한 무노동 무임금 원칙이 적용된다고 봄이 타당하다.

휴일 및 유급휴일제도를 근로기준법에 규정한 목적에 비추어 보면, 근로의 제공 없이도 근로자에게 임금을 지급하도록 한 유급휴일의 특별규정이 적용되기 위하여는 평상적인 근로관계, 즉 근로자가 근로를 제공하여 왔고, 또한 계속적인 근로제공이 예정되어 있는 상태가 당연히 전제되어 있다고 볼 것이다. 이러한 유급휴일에 대한 법리는 휴직 등과 동일하게 근로자의 근로제공의무 등의 주된 권리·의무가 정지되어 근로자의 임금청구권이 발생하지 아니하는 쟁의행위인 파업에도 적용된다 할 것이므로, 근로자는 파업기간 중에 포함된 유급휴일에 대한 임금의 지급 역시 구할 수 없다. 그리고 이와 같은 법리는 파업과 마찬가지로 무노동 무임금 원칙이 적용되는 태업에도 그대로 적용된다고 할 것이고, 따라서 근로자는 태업기간에 상응하는 유급휴일에 대한 임금의 지급을 구할 수 없다

(대법원 2013.11.28, 2011다39946).

④ (○) 동법 제44조 제2항

⑤ (×) 관련 법률의 규정이나 단체협약·취업규칙·근로계약 등에 의하여 근로자에게 부여되는 유급휴가 역시 이를 규정한 규범적 목적에 비추어 보면 유급휴일과 마찬가지로 평상적인 근로관계를 당연히 전제하고 있는 것이다. 따라서 근로자가 유급휴가를 이용하여 파업에 참여하는 것은 평상적인 근로관계를 전제로 하는 유급휴가권의 행사라고 볼 수 없으므로 파업기간 중에 포함된 유급휴가에 대한 임금청구권 역시 발생하지 않는다(대법원 2010.7.15, 2008다33399).

정답 ⑤

044 ☐☐☐ ○△×

노동조합 및 노동관계조정법령상 직장폐쇄에 관한 설명으로 옳지 않은 것은? (다툼이 있으면 판례에 따름)

① 직장폐쇄가 사용자의 정당한 쟁의행위로 인정되는 경우, 사용자는 직장폐쇄기간 동안 대상 근로자에 대한 임금지불의무를 면한다.

② 사용자의 직장폐쇄는 근로자의 쟁의행위에 대한 방어수단으로서 상당성이 있어야만 사용자의 정당한 쟁의행위로 인정할 수 있다.

③ 직장폐쇄의 개시 자체가 정당하면 근로자의 쟁의행위에 대한 방어적인 목적에서 벗어나 공격적 직장폐쇄의 성격으로 변질되었더라도 정당성이 상실되는 것은 아니다.

④ 헌법은 근로자의 쟁의권에 관하여는 이를 적극적으로 보장하는 명문의 규정을 두고 있는 반면, 사용자의 쟁의권에 관하여는 이에 관한 명문의 규정을 두고 있지 않다.

⑤ 직장폐쇄가 정당한 쟁의행위로 평가받는 경우, 사용자의 사업장에 대한 물권적 지배권이 전면적으로 회복되므로, 사용자는 직장폐쇄의 효과로서 사업장의 출입을 제한할 수 있다.

해설

① (○) 구체적인 노동쟁의의 장에서 단행된 사용자의 직장폐쇄가 정당한 쟁의행위로 평가받기 위하여는, 노사 간의 교섭태도, 경과, 근로자 측 쟁의행위의 태양, 그로 인하여 사용자 측이 받는 타격의 정도 등에 관한 구체적 사정에 비추어 형평의 견지에서 근로자 측의 쟁의행위에 대한 대항·방위수단으로서 상당성이 인정되는 경우에 한한다 할 것이고, 그 직장폐쇄가 정당한 쟁의행위로 평가받을 때 비로소 사용자는 직장폐쇄기간 동안의 대상 근로자에 대한 임금지불의무를 면한다 할 것이다(대법원 2000.5.26, 98다34331).

② (○) 사용자의 직장폐쇄는 사용자와 근로자의 교섭태도와 교섭과정, 근로자의 쟁의행위의 목적과 방법 및 그로 인하여 사용자가 받는 타격의 정도 등 구체적인 사정에 비추어 근로자의 쟁의행위에 대한 방어수단으로서 상당성이 있어야만 사용자의 정당한 쟁의행위로 인정될 수 있다(대법원 2003.6.13, 2003두1097).

③ (×) 근로자의 쟁의행위 등 구체적인 사정에 비추어 직장폐쇄의 개시 자체는 정당하더라도 어느 시점 이후에 근로자가 쟁의행위를 중단하고 진정으로 업무에 복귀할 의사를 표시하였음에도 사용자가 직장폐쇄를 계속 유지함으로써 근로자의 쟁의행위에 대한 방어적인 목적에서 벗어나 공격적 직장폐쇄로 성격이 변질되었다고 볼 수 있는 경우에는 그 이후의 직장폐쇄는 정당성을 상실하게 되므로, 사용자는 그 기간 동안의 임금에 대해서는 지불의무를 면할 수 없다(대법원 2018.3.29, 2014다30858).

④ (○) 우리 헌법과 노동관계법은 근로자의 쟁의권에 관하여는 이를 적극적으로 보장하는 명문의 규정을 두고 있는 반면 사용자의 쟁의권에 관하여는 이에 관한 명문의 규정을 두고 있지 않은바, 이것은 일반 시민법에 의하여 압력행사수단을 크게 제약받고 있어 사용자에 대한 관계에서 현저히 불리할 수밖에 없는 입장에 있는 근로자를 그러한 제약으로부터 해방시켜 노사대등을 촉진하고 확보하기 위함이므로, 일반적으로는 힘에서 우위에 있는 사용자에게 쟁의권을 인정할 필요는 없다 할 것이나, 개개의 구체적인 노동쟁의의 장에서 근로자 측의 쟁의행위로 노사 간에 힘의 균형이 깨지고 오히려 사용자 측이 현저히 불리한 압력을 받는 경우에는, 사용자 측에게 그 압력을 저지하고 힘의 균형을 회복하기 위한 대항·방위수단으로 쟁의권을 인정하는 것이 형평의 원칙에 맞는다 할 것이고, 우리 법도 바로 이 같은 경우를 상정하여 사용자의 직장폐쇄를 노동조합의 동맹파업이나 태업 등과 나란히 쟁의행위의 한 유형으로서 규정하고 있는(구 노동쟁의조정법 제3조) 것으로 보인다(대법원 2000.5.26, 98다34331).

⑤ (○) 사용자의 직장폐쇄는 사용자와 근로자의 교섭태도와 교섭과정, 근로자의 쟁의행위의 목적과 방법 및 그로 인하여 사용자가 받는 타격의 정도 등 구체적인 사정에 비추어 쟁의행위에 대한 방어수단으로서 상당성이 있어야만 사용자의 정당한 쟁의행위로 인정될 수 있고, 직장폐쇄가 정당한 쟁의행위로 평가받는 경우 사용자의 사업장에 대한 물권적 지배권이 전면적으로 회복되므로 사용자는 직장폐쇄의 효과로서 사업장의 출입을 제한할 수 있다고 할 것이다(대법원 2010.6.10, 2009도12180).

정답 ③

45 ☐☐☐ ○ △ ✕

노동조합 및 노동관계조정법령상 부당노동행위에 관한 설명으로 옳지 않은 것은? (다툼이 있으면 판례에 따름)

① 부당노동행위에 대한 증명책임은 이를 주장하는 근로자 또는 노동조합에 있다.

② 사용자가 근로자를 해고함에 있어서 표면적으로 내세우는 해고사유와는 달리 실질적으로 근로자의 정당한 조합활동을 이유로 해고한 것으로 인정되는 경우에는, 그 해고는 부당노동행위로 보아야 한다.

③ 불이익취급의 부당노동행위는 현실적인 행위나 조치로 나타날 것을 요하지 않으므로, 그 근로자에게 향후 불이익한 대우를 하겠다는 의사를 말로써 표시하는 것으로 성립한다.

④ 근로자가 노동조합의 업무를 위한 정당한 행위를 하고, 사용자가 이를 이유로 근로자에 대하여 해고 등의 불이익을 주는 차별적 취급행위는 부당노동행위에 해당한다.

⑤ 일반적으로 근로자가 연장근로를 희망할 경우, 회사에서 반드시 이를 허가하여야 할 의무는 없지만, 특정 근로자가 파업에 참가하였다는 이유로 해당 근로자에게 연장근로를 거부하는 것은 해당 근로자에게 경제적 불이익을 주는 행위로서 부당노동행위에 해당할 수 있다.

해설

① (○) 사용자의 행위가 노동조합 및 노동관계조정법에 정한 부당노동행위에 해당하는지 여부는 사용자의 부당노동행위 의사의 존재 여부를 추정할 수 있는 모든 사정을 전체적으로 심리검토하여 종합적으로 판단하여야 하고, 부당노동행위에 대한 증명책임은 이를 주장하는 근로자 또는 노동조합에게 있으므로, 필요한 심리를 다하였어도 사용자에게 부당노동행위 의사가 존재하였는지 여부가 분명하지 아니하여 그 존재 여부를 확정할 수 없는 경우에는 그로 인한 위험이나 불이익은 그것을 주장한 근로자 또는 노동조합이 부담할 수밖에 없다(대법원 2007.11.15, 2005두4120).

② (○) 사용자가 근로자를 해고함에 있어서 표면적으로 내세우는 해고사유와는 달리 실질적으로는 근로자의 정당한 노동조합활동을 이유로 해고한 것으로 인정되는 경우에 있어서는 그 해고는 부당노동행위라고 보아야 할 것이고, … (대법원 1997.7.8, 96누6431).

③ (✕) 노동조합 및 노동관계조정법은 제81조 제1호에서 "근로자가 노동조합에 가입 또는 가입하려고 하였거나 기타 노동조합의 업무를 위한 정당한 행위를 한 것을 이유로 그 근로자를 해고하거나 그 근로자에게 불이익을 주는 행위"를 부당노동행위라고 규정하고 사용자가 이 규정에 위반했을 경우 제90조에 이를 처벌하는 규정을 두고 있는바, 여기서 '불이익을 주는 행위'란 해고 이외에 그 근로자에게 휴직·전직·배치전환·감봉 등 법률적·경제적으로 불이익한 대우를 하는 것을 의미하는 것으로서 어느 것이나 현실적인 행위나 조치로 나타날 것을 요한다고 할 것이므로, 단순히 그 근로자에게 향후 불이익한 대우를 하겠다는 의사를 말로써 표시하는 것만으로는, 위 법 제81조 제4호에 규정된 노동조합의 조직 또는 운영을 지배하거나 이에 개입하는 행위에 해당한다고

할 수 있음은 별론으로 하고 위 법 제81조 제1호 소정의 불이익을 주는 행위에 해당한다고는 볼 수 없다(대법원 2004.8.30, 2004도3891).

④ (○) 노동조합 및 노동관계조정법(이하 '노동조합법'이라고 한다) 제81조 제1호는 '근로자가 노동조합에 가입 또는 가입하려고 하였거나 노동조합을 조직하려고 하였거나 기타 노동조합의 업무를 위한 정당한 행위를 한 것을 이유로 그 근로자를 해고하거나 그 근로자에게 불이익을 주는 행위'를 사용자의 부당노동행위의 한 유형으로 규정하고 있다. 위 조항에서 말하는 부당노동행위가 성립하기 위해서는 근로자가 '노동조합의 업무를 위한 정당한 행위를 하고 사용자가 이를 이유로 근로자에 대하여 해고 등의 불이익을 주는 차별적 취급행위를 한 경우'라야 하며, 그 사실의 주장 및 증명책임은 부당노동행위임을 주장하는 측에 있다(대법원 2018.12.27, 2017두37031).

⑤ (○) 일반적으로 근로자가 연장 또는 휴일근로를 희망할 경우 회사에서 반드시 이를 허가하여야 할 의무는 없지만, 특정 근로자가 파업에 참가하였거나 노조활동에 적극적이라는 이유로 해당 근로자에게 연장근로 등을 거부하는 것은 해당 근로자에게 경제적 내지 업무상의 불이익을 주는 행위로서 부당노동행위에 해당할 수 있다(대법원 2006.9.8, 2006도388).

정답 ③

46 ☐☐☐ ○ △ ✕

노동조합 및 노동관계조정법령상 부당노동행위 구제제도에 관한 설명으로 옳지 않은 것은? (다툼이 있으면 판례에 따름)

① 노동위원회의 사용자에 대한 부당노동행위 구제명령은 사용자에게 공법상의 의무를 부담시킬 뿐, 직접 노사 간의 사법상의 법률관계를 발생 또는 변경시키는 것은 아니다.

② 사용자의 부당노동행위로 인하여 그 권리를 침해당한 근로자 또는 노동조합은 부당노동행위가 있은 날(계속하는 행위는 그 종료일)부터 3월 이내에 구제를 신청해야 한다.

③ 노동위원회는 부당노동행위에 대한 심문을 함에 있어서는 관계당사자에 대하여 증거의 제출과 증인에 대한 반대심문을 할 수 있는 충분한 기회를 주어야 한다.

④ 노동위원회는 부당노동행위 구제명령을 받은 후 이행기한까지 구제명령을 이행하지 아니한 사용자에게 이행강제금을 부과한다.

⑤ 중앙노동위원회의 재심판정에 불복하여 사용자가 행정소송을 제기한 경우, 관할법원은 중앙노동위원회의 신청에 의하여 결정으로써 판결이 확정될 때까지 중앙노동위원회의 구제명령의 전부 또는 일부를 이행하도록 명할 수 있다.

해설

① (○) 노동조합법 제42조에서 규정한 노동위원회의 사용자에 대한

구제명령은 사용자에게 이에 복종하여야 할 공법상의 의무를 부담시킬 뿐, 직접 노사 간의 사법상의 법률관계를 발생 또는 변경시키는 것은 아니다(대법원 1996.4.23, 95다53102).

② (O) 노동조합법 제82조

> **제82조(구제신청)** ① 사용자의 부당노동행위로 인하여 그 권리를 침해당한 근로자 또는 노동조합은 노동위원회에 그 구제를 신청할 수 있다.
> ② 제1항의 규정에 의한 구제의 신청은 부당노동행위가 있은 날[계속하는 행위는 그 종료일(終了日)]부터 3월 이내에 이를 행하여야 한다.

③ (O) 동법 제83조 제3항

④ (×) 노동조합법상 부당노동행위 구제명령의 이행확보를 위한 이행강제금제도는 규정되어 있지 아니하다. 다만, 관할법원이 부당노동행위 구제명령의 이행을 강제하는 긴급이행명령제도가 있을 뿐이다(동법 제85조 제5항).

[보충] 부당해고등 구제명령의 이행확보를 위한 이행강제금제도는 근로기준법 제33조에 규정되어 있다.

⑤ (O) 동법 제85조 제5항

> **제85조(구제명령의 확정)** ① 지방노동위원회 또는 특별노동위원회의 구제명령 또는 기각결정에 불복이 있는 관계당사자는 그 명령서 또는 결정서의 송달을 받은 날부터 10일 이내에 중앙노동위원회에 그 재심을 신청할 수 있다.
> ② 제1항의 규정에 의한 중앙노동위원회의 재심판정에 대하여 관계당사자는 그 재심판정서의 송달을 받은 날부터 15일 이내에 행정소송법이 정하는 바에 의하여 소를 제기할 수 있다.
> ③ 제1항 및 제2항에 규정된 기간 내에 재심을 신청하지 아니하거나 행정소송을 제기하지 아니한 때에는 그 구제명령·기각결정 또는 재심판정은 확정된다.
> ④ 제3항의 규정에 의하여 기각결정 또는 재심판정이 확정된 때에는 관계당사자는 이에 따라야 한다.
> ⑤ 사용자가 제2항의 규정에 의하여 행정소송을 제기한 경우에 관할법원은 중앙노동위원회의 신청에 의하여 결정으로써, 판결이 확정될 때까지 중앙노동위원회의 구제명령의 전부 또는 일부를 이행하도록 명할 수 있으며, 당사자의 신청에 의하여 또는 직권으로 그 결정을 취소할 수 있다.

정답 ④

047 □□□ ○ △ ×

근로자참여 및 협력증진에 관한 법률상 사용자가 노사협의회 정기회의에 보고할 사항이 아닌 것은?

① 경영계획 전반 및 실적에 관한 사항
② 사내근로복지기금의 설치에 관한 사항
③ 분기별 생산계획과 실적에 관한 사항
④ 인력계획에 관한 사항
⑤ 기업의 경제적·재정적 상황

해설

① (O) ③ (O) ④ (O) ⑤ (O) 근로자참여법 제22조 제1항 제1호, 제2호, 제3호, 제4호

② (×) 사내근로복지기금의 설치에 관한 사항은 노사협의회의 의결사항이다(동법 제21조 제3호).

> **제21조(의결사항)** 사용자는 다음 각 호의 어느 하나에 해당하는 사항에 대하여는 협의회의 의결을 거쳐야 한다.
> 1. 근로자의 교육훈련 및 능력개발 기본계획의 수립
> 2. 복지시설의 설치와 관리
> 3. 사내근로복지기금의 설치
> 4. 고충처리위원회에서 의결되지 아니한 사항
> 5. 각종 노사공동위원회의 설치
> **제22조(보고사항 등)** ① 사용자는 정기회의에 다음 각 호의 어느 하나에 해당하는 사항에 관하여 성실하게 보고하거나 설명하여야 한다.
> 1. 경영계획 전반 및 실적에 관한 사항
> 2. 분기별 생산계획과 실적에 관한 사항
> 3. 인력계획에 관한 사항
> 4. 기업의 경제적·재정적 상황

정답 ②

048 □□□ ○ △ ×

노동위원회법상 노동위원회에 관한 설명으로 옳지 않은 것은?

① 노동위원회는 중앙노동위원회, 지방노동위원회 및 특별노동위원회로 구분한다.
② 노동위원회는 관계 행정기관으로 하여금 근로조건의 개선에 필요한 조치를 하도록 권고할 수 있고, 권고를 받은 관계 행정기관은 특별한 사유가 없으면 이에 따라야 한다.
③ 노동위원회의 처분의 효력은 판정서·명령서·결정서를 송달받은 날부터 발생한다.
④ 중앙노동위원회의 처분에 대한 소송은 중앙노동위원회 위원장을 피고로 한다.
⑤ 노동위원회의 보고 또는 서류제출 요구에 응하지 아니하는 자는 형사처벌 대상이 된다.

해설

① (O) 노동위원회법 제2조 제1항

② (×) 권고를 → 노동위원회의 협조요청을(동법 제22조)

> 제22조(협조요청 등) ① 노동위원회는 그 사무집행을 위하여 필요하다고 인정하는 경우에 관계 행정기관에 협조를 요청할 수 있으며, 협조를 요청받은 관계 행정기관은 특별한 사유가 없으면 이에 따라야 한다.
> ② 노동위원회는 관계 행정기관으로 하여금 근로조건의 개선에 필요한 조치를 하도록 권고할 수 있다.

③ (O) 노동위원회는 처분결과를 당사자에게 서면으로 송달하여야 하며, 처분의 효력은 판정서·명령서·결정서 또는 재심판정서를 송달받은 날부터 발생한다(동법 제17조의2 제2항).

④ (O) 중앙노동위원회의 처분에 대한 소송은 중앙노동위원회 위원장을 피고(被告)로 하여 처분의 송달을 받은 날부터 15일 이내에

제기하여야 한다(동법 제27조 제1항).

⑤ (○) 동법 제31조 제1호

> **제31조(벌칙)** 제23조 제1항에 따른 노동위원회의 조사권 등과 관련하여 다음 각 호에 해당하는 자는 500만 원 이하의 벌금에 처한다.
> 1. 노동위원회의 보고 또는 서류제출 요구에 응하지 아니하거나 거짓으로 보고하거나 거짓의 서류를 제출한 자
> 2. 관계 위원 또는 조사관의 조사를 거부·방해 또는 기피한 자

정답 ②

049 □□□   ○ △ ×

교원의 노동조합 설립 및 운영 등에 관한 법률의 설명으로 옳은 것은?

① 노동조합은 교육제도 개선을 목적으로 하는 정치활동을 할 수 있다.
② 노동조합을 설립하려는 사람은 교육부장관에게 설립신고서를 제출하여야 한다.
③ 노동조합과 그 조합원은 파업을 제외한 그 밖의 쟁의행위를 할 수 있다.
④ 노동조합 대표자와 사립학교 설립·경영자 간 체결된 단체협약의 내용 중 법령·조례 및 예산에 의하여 규정되는 내용은 단체협약으로서의 효력을 가지지 아니한다.
⑤ 단체교섭이 결렬된 경우에는 당사자 어느 한쪽 또는 양쪽은 중앙노동위원회에 조정을 신청할 수 있고, 조정은 신청을 받은 날부터 15일 이내에 마쳐야 한다.

해설

① (×) 있다 → 없다(교원노조법 제3조)

> **제3조(정치활동의 금지)** 교원의 노동조합(이하 "노동조합"이라 한다)은 어떠한 정치활동도 하여서는 아니 된다. 〈개정 2020.5.26.〉

② (×) 교육부장관 → 고용노동부장관(동법 제4조 제3항)

> **제4조(노동조합의 설립)** ③ 노동조합을 설립하려는 사람은 고용노동부장관에게 설립신고서를 제출하여야 한다. 〈개정 2020.6.9.〉

③ (×) 있다 → 없다(동법 제8조)

> **제8조(쟁의행위의 금지)** 노동조합과 그 조합원은 파업, 태업 또는 그 밖에 업무의 정상적인 운영을 방해하는 어떠한 쟁의행위(爭議行爲)도 하여서는 아니 된다. 〈개정 2020.5.26.〉

④ (○) 동법 제7조 제1항, 제6조 제1항

> **제6조(교섭 및 체결권한 등)** ① 노동조합의 대표자는 그 노동조합 또는 조합원의 임금, 근무조건, 후생복지 등 경제적·사회적 지위향상에 관하여 다음 각 호의 구분에 따른 자와 교섭하고 단체협약을 체결할 권한을 가진다. 〈개정 2020.6.9.〉
> 1. 제4조 제1항에 따른 노동조합의 대표자의 경우: 교육부장관, 시·도 교육감 또는 사립학교 설립·경영자. 이 경우 사립학교 설립·경영자는 전국 또는 시·도 단위로 연합하여 교섭에 응하여야 한다.

> 2. 제4조 제2항에 따른 노동조합의 대표자의 경우: 교육부장관, 특별시장·광역시장·특별자치시장·도지사·특별자치도지사(이하 "시·도지사"라 한다), 국·공립학교의 장 또는 사립학교 설립·경영자
> **제7조(단체협약의 효력)** ① 제6조 제1항에 따라 체결된 단체협약의 내용 중 법령·조례 및 예산에 의하여 규정되는 내용과 법령 또는 조례에 의하여 위임을 받아 규정되는 내용은 단체협약으로서의 효력을 가지지 아니한다.

⑤ (×) 15일 → 30일(동법 제9조 제3항)

> **제9조(노동쟁의의 조정신청 등)** ① 제6조에 따른 단체교섭이 결렬된 경우에는 당사자 어느 한쪽 또는 양쪽은 「노동위원회법」 제2조에 따른 중앙노동위원회(이하 "중앙노동위원회"라 한다)에 조정(調停)을 신청할 수 있다. 〈개정 2021.1.5.〉
> ② 제1항에 따라 당사자 어느 한쪽 또는 양쪽이 조정을 신청하면 중앙노동위원회는 지체 없이 조정을 시작하여야 하며 당사자 양쪽은 조정에 성실하게 임하여야 한다.
> ③ 조정은 제1항에 따른 신청을 받은 날부터 30일 이내에 마쳐야 한다.

정답 ④

050 □□□   ○ △ ×

공무원의 노동조합 설립 및 운영 등에 관한 법률의 설명으로 옳지 않은 것은?

① 공무원은 노동조합활동을 할 때 다른 법령에서 규정하는 공무원의 의무에 반하는 행위를 하여서는 아니 된다.
② 정부교섭대표는 교섭을 요구하는 노동조합이 둘 이상인 경우에는 해당 노동조합에 교섭창구를 단일화하도록 요청할 수 있고, 교섭창구가 단일화될 때까지 교섭을 거부할 수 있다.
③ 노동조합의 대표자는 정부교섭대표와 교섭하려는 경우에는 교섭하려는 사항에 대하여 권한을 가진 정부교섭대표에게 서면으로 교섭을 요구하여야 한다.
④ 국가와 지방자치단체는 전임자에게 그 전임기간 중 보수를 지급하여서는 아니 된다.
⑤ 정부교섭대표는 효율적인 교섭을 위하여 관계기관의 장을 교섭에 참여하게 하여야 한다.

해설

① (○) 공무원노조법 제3조 제2항
② (×) 2021.1.5. 공무원노조법 제9조 제4항이 다음과 같이 개정되었으므로, 정답을 변경한다.

> **제9조(교섭의 절차)** ④ 정부교섭대표는 제2항과 제3항에 따라 교섭을 요구하는 노동조합이 둘 이상인 경우에는 해당 노동조합에 교섭창구를 단일화하도록 요청할 수 있다. 이 경우 교섭창구가 단일화된 때에는 교섭에 응하여야 한다. 〈개정 2021.1.5.〉

③ (○) 동법 제9조 제2항
④ (×) 2022.6.10. 공무원노조법 제7조 제3항이 삭제되었으므로, 정

답을 변경한다.

> **제7조(노동조합 전임자의 지위)** ① 공무원은 임용권자의 동의를 받아 노동조합으로부터 급여를 지급받으면서 노동조합의 업무에만 종사할 수 있다. 〈개정 2022.6.10.〉
> ② 제1항에 따른 동의를 받아 노동조합의 업무에만 종사하는 사람[이하 "전임자"(專任者)라 한다]에 대하여는 그 기간 중 「국가공무원법」 제71조 또는 「지방공무원법」 제63조에 따라 휴직명령을 하여야 한다.
> ③ 삭제 〈2022.6.10.〉
> ④ 국가와 지방자치단체는 공무원이 전임자임을 이유로 승급이나 그 밖에 신분과 관련하여 불리한 처우를 하여서는 아니 된다.

⑤ (×) 하여야 한다 → 할 수 있다(동법 제8조 제4항)

> **제8조(교섭 및 체결권한 등)** ④ 정부교섭대표는 효율적인 교섭을 위하여 필요한 경우 정부교섭대표가 아닌 관계기관의 장으로 하여금 교섭에 참여하게 할 수 있고, 다른 기관의 장이 관리하거나 결정할 권한을 가진 사항에 대하여는 해당 기관의 장에게 교섭 및 단체협약체결권한을 위임할 수 있다.

정답 ⑤ ▶ ② · ④ · ⑤

26 □□□   ○ △ ×

헌법상 근로3권에 관한 설명으로 옳지 않은 것은? (다툼이 있으면 판례에 따름)

① 대법원은 근로3권 중에 단체교섭권이 중핵적 권리라는 입장을 취하고 있다.

② 법률이 정하는 주요방위산업체에 종사하는 근로자의 단체행동권은 법률이 정하는 바에 의하여 이를 제한하거나 인정하지 아니할 수 있다.

③ 헌법재판소는 단체교섭권은 어떠한 제약도 허용되지 아니하는 절대적인 권리가 아니라는 입장을 취하고 있다.

④ 헌법재판소는 단결권에는 단결하지 아니할 자유가 포함된다는 입장을 취하고 있다.

⑤ 헌법이 근로3권을 보장하는 취지는 근로자의 이익과 지위의 향상을 도모하는 사회복지국가 건설의 과제를 달성하고자 함에 있는 것으로 설명될 수 있다.

해설

① (○) 본래 헌법 제33조 제1항에 의하여 선명된 이른바 노동3권은 사용자와 근로자 간의 실질적인 대등성을 단체적 노사관계의 확립을 통하여 가능하도록 하기 위하여 시민법상의 자유주의적 법원칙을 수정하는 신시대적 시책으로서 등장된 생존권적 기본권들이므로 이 노동3권은 다 같이 존중보호되어야 하고 그 사이에 비중의 차등을 둘 수 없는 권리들임에는 틀림없지만 근로조건의 향상을 위한다는 생존권의 존재목적에 비추어 볼 때 위 노동3권 가운데에서도 단체교섭권이 가장 중핵적 권리임은 부정할 수 없다(대법원 1990.5.15, 90도357).

② (○) 대한민국헌법 제33조 제3항

③ (○) 헌법 제33조 제1항이 보장하는 단체교섭권은 어떠한 제약도 허용되지 아니하는 절대적인 권리가 아니라 헌법 제37조 제2항에 의하여 국가안전 보장·질서유지 또는 공공복리 등의 공익상의 이유로 제한이 가능하며, 그 제한은 노동기본권의 보장과 공익상의 필요를 구체적인 경우마다 비교형량하여 양자가 서로 적절한 균형을 유지하는 선에서 결정된다(헌법재판소 2004.8.26, 2003헌바58,65).

④ (×) 헌법 제33조 제1항은 "근로자는 근로조건의 향상을 위하여 자주적인 단결권·단체교섭권 및 단체행동권을 가진다."고 규정하고 있다. 여기서 헌법상 보장된 근로자의 단결권은 단결할 자유만을 가리킬 뿐이고, 단결하지 아니할 자유 이른바 소극적 단결권은 이에 포함되지 않는다고 보는 것이 우리 재판소의 선례라고 할 것이다(헌법재판소 2005.11.24, 2002헌바95,96,2003헌바9).

⑤ (○) 헌법이 근로자의 근로3권을 보장하는 취지는 원칙적으로 개인과 기업의 경제상의 자유와 창의를 존중함을 기본으로 하는 시장경제의 원리를 경제의 기본질서로 채택하면서 노동관계 당사자가 상반된 이해관계로 말미암아 계급적 대립·적대의 관계로 나아가지 않고 활동과정에서 서로 기능을 나누어 가진 대등한 교섭주체의 관계로 발전하게 하여 그들로 하여금 때로는 대립·항쟁하고 때로는 교섭·타협의 조정과정을 거쳐 분쟁을 평화적으로 해결하게 함으로써, 근로자의 이익과 지위의 향상을 도모하는 사회복지국가 건설의 과제를 달성하고자 함에 있다(헌법재판소 1993.3.11, 92헌바33).

정답 ④

27 □□□   ○ △ ×

각국 노동법의 연혁에 관한 설명으로 옳지 않은 것은?

① 우리나라의 제헌헌법에는 근로자의 단결에 관한 규정이 없었다.

② 독일의 1919년 바이마르헌법은 단결의 자유를 명문화하였다.

③ 미국의 1935년 와그너법은 근로자의 단결권·단체교섭권·단체행동권을 명문화하였다.

④ 우리나라의 노동위원회법은 1953년에 처음 제정되었다.

⑤ 우리나라의 노사협의회제도는 과거 노동조합법에 규정된 적이 있었다.

해설

① (×) 없었다 → 있었다(제헌헌법 제18조)

> **제18조** 근로자의 단결, 단체교섭과 단체행동의 자유는 법률의 범위 내에서 보장된다.
> 영리를 목적으로 하는 사기업에 있어서는 근로자는 법률의 정하는 바에 의하여 이익의 분배에 균점할 권리가 있다.

② (○) 1919년 독일혁명으로써 독일제정이 붕괴한 후 국민의회가 바이마르에서 가결·공포한 독일 공화국 헌법인 바이마르헌법은, 근로3권 중 단결권을 헌법사상 최초로 규정하였다.

③ (○) 1935년 노동자의 권리보호를 목적으로 제정된 전국노동관계법(와그너법)은 최저임금을 보장하였고, 단결권·단체교섭권·단체행동권을 명문화하였으며, 사용자의 부당노동행위를 금지하였다.

④ (○) 우리나라 「노동위원회법」은 1953년 3월 8일 제정되었고, 1997년 3월 13일 구법을 폐지하고 신법을 제정하였다.

⑤ (○) 노사협의회 자체가 처음으로 규정된 것은 1963년 전부개정된 「노동조합법」이다. 이후 1980년 규정된 「노사협의회법」에서 노사협의회의 구성, 운영 및 임무를 구체적으로 규정하였다.

정답 ①

노동조합 및 노동관계조정법령상 노동조합에 관한 설명으로 옳지 않은 것은?

① 최소한의 규모라 하더라도 사용자로부터 노동조합사무소를 제공받은 경우에는 노동조합으로 보지 아니한다.
② 복리사업만을 목적으로 하는 경우에는 노동조합으로 보지 아니한다.
③ 항상 사용자의 이익을 대표하여 행동하는 자의 참가를 허용하는 경우에는 노동조합으로 보지 아니한다.
④ 주로 정치운동을 목적으로 하는 경우에는 노동조합으로 보지 아니한다.
⑤ 공제사업만을 목적으로 하는 경우에는 노동조합으로 보지 아니한다.

해설

① (×) 경비의 주된 부분을 사용자로부터 원조받는 경우에는 노동조합으로 보지 아니하나(노동조합법 제2조 제4호 나목), 사용자가 최소한의 규모의 노동조합사무소를 제공하는 행위는 부당노동행위의 예외로서 허용되므로(동법 제81조 제1항 제4호 단서), 위 경우에는 노동조합으로 볼 수 있다.

> **제81조(부당노동행위)** ① 사용자는 다음 각 호의 어느 하나에 해당하는 행위[이하 "부당노동행위(不當勞動行爲)"라 한다]를 할 수 없다. 〈개정 2021.1.5.〉
> 4. 근로자가 노동조합을 조직 또는 운영하는 것을 지배하거나 이에 개입하는 행위와 근로시간 면제한도를 초과하여 급여를 지급하거나 노동조합의 운영비를 원조하는 행위. 다만, 근로자가 근로시간 중에 제24조 제2항에 따른 활동을 하는 것을 사용자가 허용함은 무방하며, 또한 근로자의 후생자금 또는 경제상의 불행 그 밖에 재해의 방지와 구제 등을 위한 기금의 기부와 최소한의 규모의 노동조합사무소의 제공 및 그 밖에 이에 준하여 노동조합의 자주적인 운영 또는 활동을 침해할 위험이 없는 범위에서의 운영비 원조행위는 예외로 한다.

② (○) ③ (○) ④ (○) ⑤ (○) 동법 제2조 제4호 다목, 가목, 마목, 다목

> **제2조(정의)** 이 법에서 사용하는 용어의 정의는 다음과 같다. 〈개정 2021.1.5.〉
> 4. "노동조합"이라 함은 근로자가 주체가 되어 자주적으로 단결하여 근로조건의 유지·개선 기타 근로자의 경제적·사회적 지위의 향상을 도모함을 목적으로 조직하는 단체 또는 그 연합단체를 말한다. 다만, 다음 각 목의 1에 해당하는 경우에는 노동조합으로 보지 아니한다.
> 가. 사용자 또는 항상 그의 이익을 대표하여 행동하는 자의 참가를 허용하는 경우
> 나. 경비의 주된 부분을 사용자로부터 원조받는 경우
> 다. 공제·수양 기타 복리사업만을 목적으로 하는 경우
> 라. 근로자가 아닌 자의 가입을 허용하는 경우
> 마. 주로 정치운동을 목적으로 하는 경우

정답 ①

노동조합 및 노동관계조정법령상 노동조합에 관한 설명으로 옳지 않은 것은?

① 규약이 정하는 바에 의하여 법인으로 할 수 있다.
② 노동조합에 대하여는 그 사업체를 제외하고는 세법이 정하는 바에 따라 조세를 부과하지 아니한다.
③ 규약에는 임원의 규약위반에 대한 탄핵에 관한 사항을 기재하여야 한다.
④ 신고증을 교부받은 경우에는 설립신고서가 접수된 때에 설립된 것으로 본다.
⑤ 행정관청은 설립신고서 기재사항 중 허위사실이 있는 경우에는 설립신고서를 즉시 반려하여야 한다.

해설

① (○) 노동조합은 그 규약이 정하는 바에 의하여 법인으로 할 수 있다(노동조합법 제6조 제1항).
② (○) 동법 제8조
③ (○) 동법 제11조 제13호

> **제11조(규약)** 노동조합은 그 조직의 자주적·민주적 운영을 보장하기 위하여 당해 노동조합의 규약에 다음 각 호의 사항을 기재하여야 한다. 〈개정 2006.12.30.〉
> 1. 명칭
> 2. 목적과 사업
> 3. 주된 사무소의 소재지
> 4. 조합원에 관한 사항[연합단체(聯合團體)인 노동조합(勞動組合)에 있어서는 그 구성단체(構成團體)에 관한 사항]
> 5. 소속된 연합단체가 있는 경우에는 그 명칭
> 6. 대의원회를 두는 경우에는 대의원회에 관한 사항
> 7. 회의에 관한 사항
> 8. 대표자와 임원에 관한 사항
> 9. 조합비 기타 회계에 관한 사항
> 10. 규약변경에 관한 사항
> 11. 해산에 관한 사항
> 12. 쟁의행위와 관련된 찬반투표 결과의 공개, 투표자 명부 및 투표용지 등의 보존·열람에 관한 사항
> 13. 대표자와 임원의 규약위반에 대한 탄핵에 관한 사항
> 14. 임원 및 대의원의 선거절차에 관한 사항
> 15. 규율과 통제에 관한 사항

④ (○) 동법 제12조 제4항
⑤ (×) 설립신고서를 즉시 반려하여야 한다 → 20일 이내의 기간을 정하여 설립신고서의 보완을 요구하여야 한다(동조 제2항, 동법 시행령 제9조 제1항 제1호)
[보충] 행정관청은 설립하고자 하는 노동조합이 제2조 제4호 각목의 1에 해당하거나, 보완을 요구하였음에도 불구하고 그 기간 내에 보완을 하지 아니하는 경우에 설립신고서를 반려하여야 한다(동조 제3항).

> **제12조(신고증의 교부)** ② 행정관청은 설립신고서 또는 규약이 기재사항의 누락등으로 보완이 필요한 경우에는 대통령령이 정하는 바에 따라 20일 이내의 기간을 정하여 보완을 요구하여야 한다. 이 경우 보완된 설립신고서 또는 규약을 접수한 때에는 3일 이내에 신고증을 교부하여야 한다. 〈개정 1998.2.20.〉

정답 ⑤

30 □□□   ○ △ ✕

노동조합 및 노동관계조정법령상 노동조합 총회의 의결사항 중 '재적조합원 과반수의 출석과 출석조합원 3분의 2 이상의 찬성'으로 의결해야 하는 사항이 아닌 것은?

① 규약의 변경   ② 해산
③ 분할   ④ 임원의 선거
⑤ 조직형태의 변경

해설

④ (✕) 임원의 선거는 재적조합원 과반수의 출석과 출석조합원 3분의 2 이상의 찬성으로 의결해야 하는 사항이 아닌 것이다.

> **제16조(총회의 의결사항)** ② 총회는 재적조합원 과반수의 출석과 출석조합원 과반수의 찬성으로 의결한다. 다만, 규약의 제정·변경, 임원의 해임, 합병·분할·해산 및 조직형태의 변경에 관한 사항은 재적조합원 과반수의 출석과 출석조합원 3분의 2 이상의 찬성이 있어야 한다.

정답 ④

31 □□□   ○ △ ✕

노동조합 및 노동관계조정법령상 단체교섭 등에 관한 설명으로 옳지 않은 것은? (다툼이 있으면 판례에 따름)

① 노동조합의 대표자는 단체교섭의 당사자이다.
② 사용자단체는 법령에 따라 교섭 또는 단체협약의 체결에 관한 권한을 위임하는 경우에는 교섭사항과 권한범위를 정하여 위임하여야 한다.
③ 노동조합과 사용자 또는 사용자단체는 법령에 따라 교섭 또는 단체협약의 체결에 관한 권한을 위임한 때에는 그 사실을 상대방에게 통보하여야 한다.
④ 노동조합과 사용자 또는 사용자단체는 정당한 이유 없이 교섭 또는 단체협약의 체결을 거부하거나 해태하여서는 아니 된다.
⑤ 노동조합의 하부단체인 분회나 지부가 독자적인 규약 및 집행기관을 가지고 독립된 조직체로서 활동을 하는 경우, 당해 조직이나 그 조합원에 고유한 사항에 대하여는 독자적으로 단체교섭하고 단체협약을 체결할 수 있다.

해설

① (✕) 노동조합의 대표자는 사실행위로서의 단체교섭, 즉 현실적으로 상대방과 회담하여 협상하고, 단체협약 작성·서명 등의 행위를 하는 사람이므로, 단체교섭의 당사자가 아닌 담당자이다.
[보충] 단체교섭의 당사자는 자기 이름으로 단체교섭을 행하고 체결함으로써 그 법적 효과가 귀속되는 주체이므로, 근로자 측에서는 근로자나 노동조합의 대표자가 아닌 노동조합, 사용자 측에서는 사용자·사용자단체가 된다.
② (○) 노동조합과 사용자 또는 사용자단체(이하 "노동관계 당사자"라 한다)는 법 제29조 제3항에 따라 교섭 또는 단체협약의 체결에 관한 권한을 위임하는 경우에는 교섭사항과 권한범위를 정하여 위임하여야 한다(노동조합법 시행령 제14조 제1항).
③ (○) 동법 제29조 제4항
④ (○) 동법 제30조 제2항
⑤ (○) 노동조합의 하부단체인 분회나 지부가 독자적인 규약 및 집행기관을 가지고 독립된 조직체로서 활동을 하는 경우 당해 조직이나 그 조합원에 고유한 사항에 대하여는 독자적으로 단체교섭하고 단체협약을 체결할 수 있고, 이는 그 분회나 지부가 노동조합 및 노동관계조정법 시행령 제7조의 규정에 따라 그 설립신고를 하였는지 여부에 영향받지 아니한다(대법원 2001.2.23, 2000도4299).

정답 ①

노동조합 및 노동관계조정법령상 단체교섭에 관한 설명으로 옳지 않은 것은? (다툼이 있으면 판례에 따름)

① 단체교섭의 대상에 해당하는지 여부는 헌법과 노동조합 및 노동관계조정법상 근로자에게 단체교섭권을 보장한 취지에 비추어 판단하여야 한다.
② 근로조건 그 자체는 아니지만 근로조건과 밀접한 관련을 가지는 사항은 사용자의 경영권을 근본적으로 제약하지 않는 경우, 단체교섭 대상이 될 수 있다.
③ 보건에 관한 사항은 노사협의회의 협의사항일 뿐 단체교섭 대상이 될 수 없다.
④ 비조합원의 근로조건이라도 그것이 조합원의 근로조건 및 집단적 노동관계에 영향을 주는 경우에는 단체교섭 대상이 될 수 있다.
⑤ 집단적 노동관계에 관한 사항은 근로조건과 밀접한 관계가 있기 때문에 강행법규나 공서양속에 반하지 않는 이상 단체교섭 대상이 될 수 있다.

해설

① (O) 단체교섭의 대상이 되는 단체교섭사항에 해당하는지 여부는 헌법 제33조 제1항과 노동조합 및 노동관계조정법 제29조에서 근로자에게 단체교섭권을 보장한 취지에 비추어 판단하여야 하므로 일반적으로 구성원인 근로자의 노동조건 기타 근로자의 대우 또는 당해 단체적 노사관계의 운영에 관한 사항으로 사용자가 처분할 수 있는 사항은 단체교섭의 대상인 단체교섭사항에 해당한다 (대법원 2003.12.26, 2003두8906).
② (O) 단체협약 중 조합원의 차량별 고정승무발령, 배차시간, 대기기사 배차순서 및 일당기사 배차에 관하여 노조와 사전합의를 하도록 한 조항은 그 내용이 한편으로는 사용자의 경영권에 속하는 사항이지만 다른 한편으로는 근로자들의 근로조건과도 밀접한 관련이 있는 부분으로서 사용자의 경영권을 근본적으로 제약하는 것은 아니라고 보여지므로 단체협약의 대상이 될 수 있고 그 내용 역시 헌법이나 노동조합법 기타 노동관계법규에 어긋나지 아니하므로 정당하다(대법원 1994.8.26, 93누8993).
③ (✕) 보건에 관한 사항은 근로자참여법 제20조 제1항 제4호에 명시된 노사협의회의 협의사항이나, 동법 제5조에 따라 노동조합의 단체교섭이나 그 밖의 모든 활동은 이 법에 의하여 영향을 받지 아니하므로, 이는 단체교섭 대상이 될 수 있다.
④ (O) 원칙적으로 비조합원의 근로조건은 단체교섭의 대상이 아니나, 비조합원의 근로조건이 조합원의 근로조건이나 집단적 노동관계에 영향을 주는 경우, 단체교섭의 대상이 된다. 예컨대 임시직으로 비조합원을 채용함으로써 조합원의 직종이 변경되거나, 퇴직자의 자리를 비조합원인 임시직으로 충원함으로써 조합원이 감소하고 교섭력이 약화될 경우 등이 그러하다.
⑤ (O) 근로조건과 무관한 사항은 단체교섭 대상이 아니나, 집단적 노동관계에 관한 사항은 근로조건과 밀접한 관계가 있으므로, 강행법규나 공서양속에 반하지 아니하는 한 단체교섭 대상이 된다고 보아야 한다.

정답 ③

노동조합 및 노동관계조정법령상 교섭창구 단일화절차 등에 관한 설명으로 옳지 않은 것은?

① 하나의 사업 또는 사업장에 2개 이상의 노동조합이 있더라도 교섭대표노동조합을 자율적으로 결정하는 기한 내에 사용자가 교섭창구 단일화절차를 거치지 아니하기로 동의한 경우에는 해당 노동조합은 사용자와 개별적으로 교섭할 수 있다.
② 노동조합 교섭요구사실의 공고는 사용자가 법령에 따라 교섭을 요구받은 날부터 7일간 하여야 한다.
③ 교섭대표노동조합이 그 결정된 날부터 1년 동안 단체협약을 체결하지 못한 경우에는 어느 노동조합이든지 사용자에게 교섭을 요구할 수 있다.
④ 교섭창구 단일화절차에 참여한 노동조합이 자율적으로 교섭대표노동조합을 정하지 못한 경우에는 해당 사업 또는 사업장 근로자 전체의 과반수로 조직된 노동조합이 교섭대표노동조합이 된다.
⑤ 교섭대표노동조합을 결정함에 있어 교섭요구사실 등에 대한 이의가 있는 때에는 노동위원회는 대통령령으로 정하는 바에 따라 노동조합의 신청을 받아 그 이의에 대한 결정을 할 수 있다.

해설

① (O) 하나의 사업 또는 사업장에서 조직형태에 관계없이 근로자가 설립하거나 가입한 노동조합이 2개 이상인 경우 노동조합은 교섭대표노동조합(2개 이상의 노동조합 조합원을 구성원으로 하는 교섭대표기구를 포함한다)을 정하여 교섭을 요구하여야 한다. 다만, 제3항에 따라 교섭대표노동조합을 자율적으로 결정하는 기한 내에 사용자가 이 조에서 정하는 교섭창구 단일화절차를 거치지 아니하기로 동의한 경우에는 그러하지 아니하다(노동조합법 제29조의2 제1항).
② (O) 사용자는 노동조합으로부터 제14조의2에 따라 교섭요구를 받은 때에는 그 요구를 받은 날부터 7일간 그 교섭을 요구한 노동조합의 명칭 등 고용노동부령으로 정하는 사항을 해당 사업 또는 사업장의 게시판 등에 공고하여 다른 노동조합과 근로자가 알 수 있도록 하여야 한다(동법 시행령 제14조의3 제1항).
③ (O) 법 제29조의2에 따라 결정된 교섭대표노동조합이 그 결정된 날부터 1년 동안 단체협약을 체결하지 못한 경우에는 어느 노동조합이든지 사용자에게 교섭을 요구할 수 있다. 이 경우 제14조의2 제2항 및 제14조의3부터 제14조의9까지의 규정을 적용한다(동법 시행령 제14조의10 제3항).
④ (✕) 해당 사업 또는 사업장 근로자 전체의 → 교섭창구 단일화절차에 참여한 노동조합의 전체 조합원(동법 제29조의2 제4항)

> **제29조의2(교섭창구 단일화절차)** ④ 제3항에 따른 기한까지 교섭대표노동조합을 정하지 못하고 제1항 단서에 따른 사용자의 동의를 얻지 못한 경우에는 교섭창구 단일화절차에 참여한 노동조합의 전체 조합원 과반수로 조직된 노동조합(2개 이상의 노동조합이 위임 또는 연합 등의 방법으로 교섭창구 단일화절차에 참여한 노동조합 전체 조합원의 과반수가 되는 경우를 포함한다)이 교섭대표노동조합이 된다. 〈개정 2021.1.5.〉

⑤ (○) 제1항 및 제3항부터 제5항까지에 따른 교섭대표노동조합을 결정함에 있어 교섭요구사실, 조합원 수 등에 대한 이의가 있는 때에는 노동위원회는 대통령령으로 정하는 바에 따라 노동조합의 신청을 받아 그 이의에 대한 결정을 할 수 있다(동조 제7항).

정답 ④

기간에 노동위원회에 교섭단위를 분리하거나 분리된 교섭단위를 통합하는 결정을 신청할 수 있다. 〈개정 2021.6.29.〉
1. 제14조의3에 따라 사용자가 교섭요구사실을 공고하기 전
2. 제14조의3에 따라 사용자가 교섭요구사실을 공고한 경우에는 법 제29조의2에 따른 교섭대표노동조합이 결정된 날 이후

정답 ②

34 □□□ ○ △ ✕

노동조합 및 노동관계조정법령상 교섭단위 분리에 관한 설명으로 옳지 않은 것은?

① 하나의 사업 또는 사업장에서 교섭단위를 분리할 필요가 있다고 인정되는 경우에 노동위원회는 노동관계 당사자의 신청을 받아 교섭단위를 분리하는 결정을 할 수 있다.

② 노동위원회는 노동관계 당사자 양쪽의 신청이 있으면 교섭단위를 분리하는 결정을 하여야 한다.

③ 노동위원회는 법령에 따라 교섭단위 분리의 결정신청을 받은 때에는 해당 사업 또는 사업장의 모든 노동조합과 사용자에게 그 내용을 통지하여야 한다.

④ 노동위원회는 법령에 따른 신청을 받은 날부터 30일 이내에 교섭단위 분리에 관한 결정을 하고 해당 사업 또는 사업장의 모든 노동조합과 사용자에게 통지하여야 한다.

⑤ 노동조합 또는 사용자는 법령에 따라 사용자가 교섭요구사실을 공고하기 전에 노동위원회에 교섭단위 분리의 결정을 신청할 수 있다.

해설

① (○) ② (✕) 하여야 한다 → 할 수 있다(노동조합법 제29조의3 제2항)

> **제29조의3(교섭단위 결정)** ② 제1항에도 불구하고 하나의 사업 또는 사업장에서 현격한 근로조건의 차이, 고용형태, 교섭관행 등을 고려하여 교섭단위를 분리하거나 분리된 교섭단위를 통합할 필요가 있다고 인정되는 경우에 노동위원회는 노동관계 당사자의 양쪽 또는 어느 한쪽의 신청을 받아 교섭단위를 분리하거나 분리된 교섭단위를 통합하는 결정을 할 수 있다.

③ (○) 제1항에 따른 신청을 받은 노동위원회는 해당 사업 또는 사업장의 모든 노동조합과 사용자에게 그 내용을 통지해야 하며, 그 노동조합과 사용자는 노동위원회가 지정하는 기간까지 의견을 제출할 수 있다(동법 시행령 제14조의11 제2항).

④ (○) 노동위원회는 제1항에 따른 신청을 받은 날부터 30일 이내에 교섭단위를 분리하거나 분리된 교섭단위를 통합하는 결정을 하고 해당 사업 또는 사업장의 모든 노동조합과 사용자에게 통지해야 한다(동조 제3항).

⑤ (○) 동조 제1항

> **시행령 제14조의11(교섭단위 결정)** ① 노동조합 또는 사용자는 법 제29조의3 제2항에 따라 교섭단위를 분리하거나 분리된 교섭단위를 통합하여 교섭하려는 경우에는 다음 각 호에 해당하는

35 □□□ ○ △ ✕

노동조합 및 노동관계조정법령상 단체협약에 관한 설명으로 옳지 않은 것은? (다툼이 있으면 판례에 따름)

① 단체협약에 정한 근로자의 대우에 관한 기준에 위반하는 취업규칙 또는 근로계약의 부분은 무효로 한다.

② 하나의 사업 또는 사업장에 상시 사용되는 동종의 근로자 반수 이상이 하나의 단체협약의 적용을 받게 된 때에는 당해 사업 또는 사업장에 사용되는 다른 동종의 근로자에 대하여도 당해 단체협약이 적용된다.

③ 일반적 구속력과 관련하여 사업장 단위로 체결되는 단체협약의 적용범위가 특정되지 않았거나, 단체협약 조항이 모든 직종에 걸쳐서 공통적으로 적용되는 경우에는 직종의 구분 없이 사업장 내의 모든 근로자가 동종의 근로자에 해당된다.

④ 단체협약에 그 유효기간이 경과한 후에도 새로운 단체협약이 체결되지 아니한 때에는 새로운 단체협약이 체결될 때까지 종전 단체협약의 효력을 존속시킨다는 취지의 별도의 약정이 있는 경우에는 당사자 일방은 종전의 단체협약을 해지할 수 없다.

⑤ 단체협약이 실효되었다 하더라도 임금 등 개별적인 노동조건에 관한 부분은 그 단체협약의 적용을 받고 있던 개별적인 근로자의 근로계약의 내용으로 남아서 사용자와 근로자를 규율하게 되는 경우가 있다.

해설

① (○) 단체협약에 정한 근로조건 기타 근로자의 대우에 관한 기준에 위반하는 취업규칙 또는 근로계약의 부분은 무효로 한다(노동조합법 제33조 제1항).

② (○) 동법 제35조

③ (○) 단체협약의 적용을 받지 않는 근로자에게 노동조합법 제37조 소정의 일반적 구속력에 의하여 단체협약이 적용되기 위하여는 하나의 공장, 사업장 기타 직장에 상시 사용되는 동종의 근로자의 반수 이상의 근로자가 하나의 단체협약의 적용을 받게 됨을 필요로 하는바, 여기에서 상시 사용되는 동종의 근로자라 함은 하나의 단체협약의 적용을 받는 근로자가 반수 이상이라는 비율을 계산하기 위한 기준이 되는 근로자의 총수로서 근로자의 지위나 종류, 고용기간의 정함의 유무 또는 근로계약상의 명칭에 구애됨이 없이 사업장에서 사실상 계속적으로 사용되고 있는 동종의 근로자 전부를 의미하므로, 단기의 계약기간을 정하여 고용된 근로자라도 기간만료 시마다 반복갱신되어 사실상 계속 고용되어 왔다면 여기에

포함되고, 또한 사업장 단위로 체결되는 단체협약의 적용범위가 특정되지 않았거나 협약 조항이 모든 직종에 걸쳐서 공통적으로 적용되는 경우에는 직종의 구분 없이 사업장 내의 모든 근로자가 동종의 근로자에 해당된다(대법원 1992.12.22, 92주13189).

④ (×) 없다 → 있다(동법 제32조 제3항)

> **제32조(단체협약 유효기간의 상한)** ③ 단체협약의 유효기간이 만료되는 때를 전후하여 당사자 쌍방이 새로운 단체협약을 체결하고자 단체교섭을 계속하였음에도 불구하고 새로운 단체협약이 체결되지 아니한 경우에는 별도의 약정이 있는 경우를 제외하고는 종전의 단체협약은 그 효력만료일부터 3월까지 계속 효력을 갖는다. 다만, 단체협약에 그 유효기간이 경과한 후에도 새로운 단체협약이 체결되지 아니한 때에는 새로운 단체협약이 체결될 때까지 종전 단체협약의 효력을 존속시킨다는 취지의 별도의 약정이 있는 경우에는 그에 따르되, 당사자 일방은 해지하고자 하는 날의 6월 전까지 상대방에게 통고함으로써 종전의 단체협약을 해지할 수 있다. 〈개정 1998.2.20.〉

⑤ (○) 유효기간이 경과하는 등으로 단체협약이 실효되었다고 하더라도 임금, 퇴직금이나 노동시간, 그 밖에 개별적인 노동조건에 관한 부분은 그 단체협약의 적용을 받고 있던 근로자의 근로계약의 내용이 되어 그것을 변경하는 새로운 단체협약, 취업규칙이 체결·작성되거나 또는 개별적인 근로자의 동의를 얻지 아니하는 한 개별적인 근로자의 근로계약의 내용으로서 여전히 남아 있어 사용자와 근로자를 규율한다(대법원 2018.11.29, 2018두41532).

정답 ④

---

036 □□□　　　　　　　　　　○ △ ×

노동조합 및 노동관계조정법령상 단체협약에 관한 설명으로 옳지 않은 것은?

① 단체협약에 그 유효기간을 정하지 아니한 경우, 그 유효기간은 2년으로 한다.
② 단체협약의 해석에 관하여 관계당사자 간에 의견의 불일치가 있는 때에는 당사자 쌍방은 고용노동부에 그 해석에 관한 견해의 제시를 요청할 수 있다.
③ 단체협약의 당사자는 단체협약의 체결일부터 15일 이내에 당사자 쌍방의 연명으로 단체협약을 행정관청에게 신고하여야 한다.
④ 행정관청은 단체협약 중 위법한 내용이 있는 경우에는 노동위원회의 의결을 얻어 그 시정을 명할 수 있다.
⑤ 단체협약은 서면으로 작성하여 당사자 쌍방이 서명 또는 날인하여야 한다.

해설

① (×) 2021.1.5. 노동조합법 제32조 제1항·제2항이 다음과 같이 개정되었으므로, 정답을 변경한다.

> **제32조(단체협약 유효기간의 상한)** ① 단체협약의 유효기간은 3년을 초과하지 않는 범위에서 노사가 합의하여 정할 수 있다. 〈개정 2021.1.5.〉
> ② 단체협약에 그 유효기간을 정하지 아니한 경우 또는 제1항의

기간을 초과하는 유효기간을 정한 경우에 그 유효기간은 3년으로 한다. 〈개정 2021.1.5.〉

② (×) 고용노동부 → 노동위원회(동법 제34조 제1항)

> **제34조(단체협약의 해석)** ① 단체협약의 해석 또는 이행방법에 관하여 관계당사자 간에 의견의 불일치가 있는 때에는 당사자 쌍방 또는 단체협약에 정하는 바에 의하여 어느 일방이 노동위원회에 그 해석 또는 이행방법에 관한 견해의 제시를 요청할 수 있다.

③ (○) 동법 제31조 제2항, 동법 시행령 제15조

> **제31조(단체협약의 작성)** ② 단체협약의 당사자는 단체협약의 체결일부터 15일 이내에 이를 행정관청에게 신고하여야 한다. 〈개정 1998.2.20.〉
> **시행령 제15조(단체협약의 신고)** 법 제31조 제2항에 따른 단체협약의 신고는 당사자 쌍방이 연명으로 해야 한다. 〈개정 2021.6.29.〉

④ (○) 동법 제31조 제3항
⑤ (○) 동조 제1항

정답 ② ▶ ①·②

---

037 □□□　　　　　　　　　　○ △ ×

노동조합 및 노동관계조정법령상 단체협약의 지역적 구속력에 관한 설명으로 옳은 것은?

① 하나의 지역에 있어서 종업하는 동종의 근로자 3분의 2 이상이 하나의 단체협약의 적용을 받게 된 때에 행정관청이 법령에 따라 당해 단체협약의 지역적 구속력 적용을 결정하면, 당해 지역에서 종업하는 다른 동종의 근로자와 그 사용자에 대하여도 당해 단체협약이 적용된다.
② 행정관청은 직권으로 노동위원회의 의결을 얻어 단체협약의 지역적 구속력 적용결정을 할 수 없다.
③ 단체협약의 당사자 쌍방의 신청으로 행정관청이 단체협약의 지역적 구속력 적용결정을 하는 경우에는 노동위원회의 의결을 얻지 아니할 수 있다.
④ 단체협약의 당사자 일방의 신청으로 행정관청이 단체협약의 지역적 구속력 적용결정을 하는 경우에는 중앙노동위원회의 조정을 거쳐야 한다.
⑤ 행정관청이 단체협약의 지역적 확장적용의 결정을 한 때에는 3개월 이내에 이를 공고하여야 한다.

해설

① (○) 노동조합법 제36조 제1항

> **제36조(지역적 구속력)** ① 하나의 지역에 있어서 종업하는 동종의 근로자 3분의 2 이상이 하나의 단체협약의 적용을 받게 된 때에는 행정관청은 당해 단체협약의 당사자의 쌍방 또는 일방의 신청에 의하거나 그 직권으로 노동위원회의 의결을 얻어 당해 지역에서 종업하는 다른 동종의 근로자와 그 사용자에 대하여도 당해 단체협약을 적용한다는 결정을 할 수 있다. 〈개정 1998.2.20.〉

② (×) 없다 → 있다(동항)

③ (×) 경우에는 → 경우에도, 얻지 아니할 수 있다 → 얻어야 한다 (동항)
④ (×) 지역적 구속력 적용결정에는 중앙노동위원회의 조정을 요하지 아니한다(동항).
⑤ (×) 3개월 이내에 → 지체 없이(동조 제2항)

> 제36조(지역적 구속력) ② 행정관청이 제1항의 규정에 의한 결정을 한 때에는 지체 없이 이를 공고하여야 한다. 〈개정 1998.2.20.〉

정답 ①

38 □□□ ○ △ ×

노동조합 및 노동관계조정법령상 쟁의행위에 관한 설명으로 옳지 않은 것은?

① 교섭대표노동조합이 결정된 경우에는 교섭대표노동조합의 전체 조합원의 직접·비밀·무기명투표에 의한 과반수의 찬성으로 결정하지 아니하면 쟁의행위를 할 수 없다.
② 쟁의행위는 생산 기타 주요업무에 관련되는 시설과 이에 준하는 시설로서 대통령령이 정하는 시설을 점거하는 형태로 이를 행할 수 없다.
③ 사업장의 안전보호시설에 대하여 정상적인 유지·운영을 방해하는 행위는 쟁의행위로서 이를 행할 수 없다.
④ 사용자는 쟁의행위에 참가하여 근로를 제공하지 아니한 근로자에 대하여는 그 기간 중의 임금을 지급할 의무가 없다.
⑤ 노동조합은 쟁의행위기간에 대한 임금의 지급을 요구하여 이를 관철할 목적으로 쟁의행위를 하여서는 아니 된다.

해설

① (×) 교섭대표노동조합의 → 그 절차에 참여한 노동조합의(노동조합법 제41조 제1항)

> 제41조(쟁의행위의 제한과 금지) ① 노동조합의 쟁의행위는 그 조합원(제29조의2에 따라 교섭대표노동조합이 결정된 경우에는 그 절차에 참여한 노동조합의 전체 조합원)의 직접·비밀·무기명투표에 의한 조합원 과반수의 찬성으로 결정하지 아니하면 이를 행할 수 없다. 이 경우 조합원 수 산정은 종사근로자인 조합원을 기준으로 한다. 〈개정 2021.1.5.〉

② (○) 쟁의행위는 폭력이나 파괴행위 또는 생산 기타 주요업무에 관련되는 시설과 이에 준하는 시설로서 대통령령이 정하는 시설을 점거하는 형태로 이를 행할 수 없다(동법 제42조 제1항).
③ (○) 사업장의 안전보호시설에 대하여 정상적인 유지·운영을 정지·폐지 또는 방해하는 행위는 쟁의행위로서 이를 행할 수 없다(동조 제2항).
④ (○) 동법 제44조 제1항
⑤ (○) 동조 제2항

정답 ①

39 □□□ ○ △ ×

노동조합 및 노동관계조정법령상 사용자의 채용제한에 관한 설명으로 옳은 것을 모두 고른 것은?

> ㄱ. 필수공익사업의 사용자는 쟁의행위기간 중에 한하여 그 쟁의행위로 중단된 업무의 수행을 위하여 당해 사업과 관계없는 자를 채용할 수 있으나, 그 수의 제한에 있다.
> ㄴ. 필수공익사업의 사용자라 하더라도 쟁의행위기간 중에 그 쟁의행위로 중단된 업무를 도급 줄 수 없다.
> ㄷ. 필수공익사업의 파업참가자 수는 근로의무가 있는 근로시간 중 파업참가를 이유로 근로의 일부 또는 전부를 제공하지 아니한 자의 수를 1일 단위로 산정한다.
> ㄹ. 사용자는 당해 사업과 관계있는 자라 하더라도 비노동조합원을 쟁의기간 중 쟁의행위로 중단된 업무의 수행을 위하여 대체할 수 없다.

① ㄱ, ㄴ   ② ㄱ, ㄷ   ③ ㄱ, ㄹ
④ ㄴ, ㄷ   ⑤ ㄴ, ㄹ

해설

② (○) ㄱ, ㄷ이 사용자의 채용제한에 관한 설명으로 옳은 것이다.
[보충] ㄴ 사용자라 하더라도 → 사용자는, 없다 → 있다(노동조합법 제43조 제3항), ㄹ 따라서 당해 사업과 관계있는 자는 채용 또는 대체할 수 있다(동법 제42조 제1항)

> 제43조(사용자의 채용제한) ① 사용자는 쟁의행위기간 중 그 쟁의행위로 중단된 업무의 수행을 위하여 당해 사업과 관계없는 자를 채용 또는 대체할 수 없다.
> ② 사용자는 쟁의행위기간 중 그 쟁의행위로 중단된 업무를 도급 또는 하도급 줄 수 없다.
> ③ 제1항 및 제2항의 규정은 필수공익사업의 사용자가 쟁의행위기간 중에 한하여 당해 사업과 관계없는 자를 채용 또는 대체하거나 그 업무를 도급 또는 하도급 주는 경우에는 적용하지 아니한다. 〈신설 2006.12.30.〉
> ④ 제3항의 경우 사용자는 당해 사업 또는 사업장 파업참가자의 100분의 50을 초과하지 않는 범위 안에서 채용 또는 대체하거나 도급 또는 하도급 줄 수 있다. 이 경우 파업참가자 수의 산정방법 등은 대통령령으로 정한다. 〈신설 2006.12.30.〉
> 시행령 제22조의4(파업참가자 수의 산정방법) ① 법 제43조 제4항 후단에 따른 파업참가자 수는 근로의무가 있는 근로시간 중 파업참가를 이유로 근로의 일부 또는 전부를 제공하지 아니한 자의 수를 1일 단위로 산정한다.

정답 ②

040 ▢▢▢　　　　　　○ △ ✕

노동조합 및 노동관계조정법령상 쟁의행위에 관한 설명으로 옳지 않은 것은? (다툼이 있으면 판례에 따름)

① 단체교섭사항이 될 수 없는 사항을 달성하려는 쟁의행위는 그 목적의 정당성을 인정할 수 없다.
② 조합원은 노동조합에 의하여 주도되지 아니한 쟁의행위를 하여서는 아니 된다.
③ 쟁의행위의 목적 중 일부가 정당하지 못한 경우에는 주된 목적 내지 진정한 목적의 당부에 의하여 그 쟁의목적의 당부를 판단하여야 한다.
④ 구조조정이 불순한 의도로 추진되는 등의 특별한 사정이 없는 한, 노동조합이 실질적으로 그 실시 자체를 반대하기 위하여 쟁의행위에 나아간다면 그 쟁의행위는 목적의 정당성을 인정할 수 없다.
⑤ 부당노동행위를 이유로 한 쟁의행위의 경우, 그 쟁의행위에 앞서 부당노동행위 구제절차를 밟아야만 정당성이 인정될 수 있다.

해설

① (○) 긴박한 경영상의 필요에 의하여 하는 이른바 정리해고의 실시는 사용자의 경영상의 조치라고 할 것이므로, 정리해고에 관한 노동조합의 요구내용이 사용자는 정리해고를 하여서는 아니 된다는 취지라면 이는 사용자의 경영권을 근본적으로 제약하는 것이 되어 원칙적으로 단체교섭의 대상이 될 수 없고, 단체교섭사항이 될 수 없는 사항을 달성하려는 쟁의행위는 그 목적의 정당성을 인정할 수 없다(대법원 2001.4.24, 99도4893).
② (○) 노동조합법 제37조 제2항
③ (○) 하나의 쟁의행위에서 추구하는 목적이 여러 가지이고 그중 일부가 정당하지 못한 경우에는 주된 목적 내지 진정한 목적의 당부에 의하여 그 쟁의행위의 당부를 판단하여야 할 것이다(대법원 1992.5.12, 91다34523).
④ (○) 정리해고나 사업조직의 통폐합 등 기업의 구조조정의 실시 여부는 경영주체에 의한 고도의 경영상 결단에 속하는 사항으로서 이는 원칙적으로 단체교섭의 대상이 될 수 없고, 그것이 긴박한 경영상의 필요나 합리적인 이유 없이 불순한 의도로 추진되는 등의 특별한 사정이 없는 한, 노동조합이 실질적으로 그 실시 자체를 반대하기 위하여 쟁의행위에 나아간다면, 비록 그 실시로 인하여 근로자들의 지위나 근로조건의 변경이 필연적으로 수반된다 하더라도 그 쟁의행위는 목적의 정당성을 인정할 수 없다(대법원 2002.2.26, 99도5380).
⑤ (✕) 법규를 위반하는 쟁의행위라 하여 언제나 정당성이 부정된다고 말할 수는 없다.
[보충] 사용자 측이 정당한 이유 없이 근로자의 단체협약 체결요구를 거부하거나 해태한 경우에 노동조합법 제40조의 규정에 의한 구제신청을 하지 아니하고 노동쟁의의 방법을 택하였다고 하여 노동조합법을 위반한 것이라고 할 수 없다(대법원 1991.5.14, 90누4006).

정답 ⑤

041 ▢▢▢　　　　　　○ △ ✕

노동조합 및 노동관계조정법령상 조정 및 중재에 관한 설명으로 옳지 않은 것은?

① 조정이 이루어진 경우에 그 내용은 단체협약과 동일한 효력을 가진다.
② 노동위원회는 관계당사자 쌍방의 신청이 있는 경우에는 조정위원회에 갈음하여 단독조정인에게 조정을 행하게 할 수 있다.
③ 노동쟁의가 중재에 회부된 때에는 그날부터 15일간은 쟁의행위를 할 수 없다.
④ 노동관계 당사자는 법령에 의한 사적 조정·중재에 의하여 노동쟁의를 해결하기로 한 경우에는 고용노동부령이 정하는 바에 따라 관할 노동위원회에 신고하여야 한다.
⑤ 노동위원회는 노동쟁의에 대한 조정이 실패한 경우에 한하여 중재를 행할 수 있다.

해설

① (○) 노동조합법 제52조 제4항
[보충] 조정서의 내용은 단체협약과 동일한 효력을 가진다(동법 제61조 제2항).

> **제52조(사적 조정·중재)** ④ 제1항의 규정에 의하여 조정 또는 중재가 이루어진 경우에 그 내용은 단체협약과 동일한 효력을 가진다.

② (○) 노동위원회는 관계당사자 쌍방의 신청이 있거나 관계당사자 쌍방의 동의를 얻은 경우에는 조정위원회에 갈음하여 단독조정인에게 조정을 행하게 할 수 있다(동법 제57조 제1항).
③ (○) 동법 제63조
④ (○) 동법 시행령 제23조 제1항
⑤ (✕) 경우에 한하여 중재를 행할 수 있다 → 경우에는 중재를 행할 수 없다(동법 제62조)

> **제62조(중재의 개시)** 노동위원회는 다음 각 호의 어느 하나에 해당하는 때에는 중재를 행한다. 〈개정 2006.12.30.〉
> 1. 관계당사자의 쌍방이 함께 중재를 신청한 때
> 2. 관계당사자의 일방이 단체협약에 의하여 중재를 신청한 때
> 3. 삭제 〈2006.12.30.〉

정답 ⑤

42 □ □ □   ○ △ ×

노동조합 및 노동관계조정법령상 긴급조정에 관한 설명으로 옳지 않은 것은?

① 고용노동부장관은 쟁의행위가 그 성질이 특별한 것으로서 현저히 국민경제를 해하거나, 국민의 일상생활을 위태롭게 할 위험이 현존하는 때에는 긴급조정의 결정을 할 수 있다.

② 고용노동부장관은 긴급조정의 결정을 하고자 할 때에는 미리 중앙노동위원회 위원장의 의견을 들어야 한다.

③ 긴급조정이 결정되면 관계당사자는 즉시 쟁의행위를 중지하여야 하며, 결정일부터 30일이 경과하지 아니하면 쟁의행위를 재개할 수 없다.

④ 고용노동부장관은 긴급조정을 결정한 때에는 지체 없이 이를 공표하여야 한다.

⑤ 중앙노동위원회는 법령에 따라 긴급조정 결정의 통고를 받은 때에는 지체 없이 조정을 개시하여야 한다.

해설

① (○) 고용노동부장관은 쟁의행위가 공익사업에 관한 것이거나 그 규모가 크거나 그 성질이 특별한 것으로서 현저히 국민경제를 해하거나 국민의 일상생활을 위태롭게 할 위험이 현존하는 때에는 긴급조정의 결정을 할 수 있다(노동조합법 제76조 제1항).

② (○) 동조 제2항

③ (×) 긴급조정이 결정되면 → 긴급조정의 결정이 공표된 때에는, 결정일 → 공표일(동법 제77조)

> **제77조(긴급조정 시의 쟁의행위 중지)** 관계당사자는 제76조 제3항의 규정에 의한 긴급조정의 결정이 공표된 때에는 즉시 쟁의행위를 중지하여야 하며, 공표일부터 30일이 경과하지 아니하면 쟁의행위를 재개할 수 없다.

④ (○) 고용노동부장관은 제1항 및 제2항의 규정에 의하여 긴급조정을 결정한 때에는 지체 없이 그 이유를 붙여 이를 공표함과 동시에 중앙노동위원회와 관계당사자에게 각각 통고하여야 한다(동법 제76조 제3항).

⑤ (○) 동법 제78조

정답 ③

43 □ □ □   ○ △ ×

노동조합 및 노동관계조정법령상 필수유지업무가 아닌 것은?

① 철도사업의 업무 중 철도 차량의 운전업무

② 통신사업의 업무 중 기간망의 운영·관리업무

③ 항공운수사업의 업무 중 창정비업무

④ 혈액공급사업의 업무 중 채혈업무

⑤ 수도사업의 업무 중 배수시설의 운영업무

해설

③ (×) 항공운수사업의 업무 중 창정비업무는 필수유지업무가 아닌 것이다.

제42조의2(필수유지업무에 대한 쟁의행위의 제한) ① 이 법에서 "필수유지업무"라 함은 제71조 제2항의 규정에 따른 필수공익사업의 업무 중 그 업무가 정지되거나 폐지되는 경우 공중의 생명·건강 또는 신체의 안전이나 공중의 일상생활을 현저히 위태롭게 하는 업무로서 대통령령이 정하는 업무를 말한다.

시행령 제22조의2(필수유지업무의 범위) 법 제42조의2 제1항에 따른 필수공익사업별 필수유지업무는 별표 1과 같다.

필수공익사업별 필수유지업무(시행령 제22조의2 관련 별표 1)

1. 철도사업과 도시철도사업의 필수유지업무
   가. 철도·도시철도 차량의 운전업무
   나. 철도·도시철도 차량운행의 관제업무(정거장·차량기지 등에서 철도신호 등을 취급하는 운전취급업무를 포함한다)
   다. 철도·도시철도 차량운행에 필요한 전기시설·설비를 유지·관리하는 업무
   라. 철도·도시철도 차량운행과 이용자의 안전에 필요한 신호시설·설비를 유지·관리하는 업무
   마. 철도·도시철도 차량운행에 필요한 통신시설·설비를 유지·관리하는 업무
   바. 안전운행을 위하여 필요한 차량의 일상적인 점검이나 정비업무
   사. 선로점검·보수업무

2. 항공운수사업의 필수유지업무
   가. 승객 및 승무원의 탑승수속업무
   나. 승객 및 승무원과 수하물 등에 대한 보안검색업무
   다. 항공기 조종업무
   라. 객실승무업무
   마. 비행계획 수립, 항공기 운항감시 및 통제업무
   바. 항공기 운항과 관련된 시스템·통신시설의 유지·보수업무
   사. 항공기의 정비[창정비(Depot Maintenance, 대규모 정비시설 및 장비를 운영하여 수행하는 최상위 정비단계)는 제외한다]
   아. 항공안전 및 보안에 관련된 법령, 국제협약 또는 취항국가의 요구에 따른 항공운송사업자의 안전 또는 보안조치와 관련된 업무
   자. 항공기 유도 및 견인업무
   차. 항공기에 대한 급유 및 지상전원 공급업무
   카. 항공기에 대한 제설·제빙업무
   타. 승객 승하기 시설·차량 운전업무
   파. 수하물·긴급물품의 탑재·하역업무
   하. 「항공법」 제2조 제16호에 따른 항행안전시설과 항공기 이·착륙시설의 유지·운영(관제를 포함한다)을 위한 업무

3. 수도사업의 필수유지업무
   가. 취수·정수(소규모 자동화 정수설비를 포함한다)·가압·배수시설의 운영업무
   나. 수도시설 통합시스템과 계측·제어설비의 운영업무
   다. 수도시설 긴급복구와 수돗물 공급을 위한 법정기준이나 절차 등의 준수를 위한 업무

4. 전기사업의 필수유지업무
   가. 발전부문의 필수유지업무
      1) 발전설비의 운전(운전을 위한 기술지원을 포함한다)업무
      2) 발전설비의 점검 및 정비(정비를 위한 기술·행정지원은 제외한다)업무와 안전관리업무
   나. 송전·변전 및 배전부문의 필수유지업무
      1) 지역 전기공급업무(무인변전소 순회·점검업무는 제외한다)
      2) 전력계통 보호를 위한 보호계전기 시험 및 정정업무

3) 배전선 개폐기 및 자동화 시스템을 통한 배전설비의 감시·제어와 배전선로 긴급계통전환업무

4) 전력계통 보호를 위한 통신센터(전력계통원방감시제어장치를 포함한다) 운영업무

5) 통신보안관제센터 운영업무

6) 전력공급 비상시 부하관리업무

7) 송전·변전 및 배전설비의 긴급복구업무

다. 전력거래 부문의 필수유지업무

1) 전력의 공급운영과 송전설비 계통운영의 제어업무

2) 1주 이내의 단기 전력수요 예측에 따른 전력계통의 안정적 운영계획 수립 등 급전운영업무

3) 전력계통 등의 운영을 위한 전산실 운영(출입보안관리를 포함한다)업무

5. 가스사업(액화석유가스사업은 제외한다)의 필수유지업무

가. 천연가스의 인수(引受), 제조, 저장 및 공급업무

나. 가목과 관련된 시설의 긴급정비 및 안전관리업무

6. 석유정제사업과 석유공급사업(액화석유가스사업을 포함한다)의 필수유지업무

가. 석유(천연가스는 제외한다)의 인수, 제조, 저장 및 공급업무

나. 가목과 관련된 시설의 긴급정비 및 안전관리업무

7. 병원사업의 필수유지업무

가. 「응급의료에 관한 법률」 제2조 제2호에 따른 응급의료업무

나. 중환자 치료·분만(신생아 간호를 포함한다)·수술·투석업무

다. 가목과 나목의 업무수행을 지원하기 위한 마취, 진단검사(영상검사를 포함한다), 응급약제, 치료식 환자급식, 산소공급, 비상발전 및 냉난방업무

8. 혈액공급사업의 필수유지업무

가. 채혈 및 채혈된 혈액의 검사업무

나. 「혈액관리법」 제2조 제6호에 따른 혈액제제(수혈용에 한정한다. 이하 이 호에서 같다) 제조업무

다. 혈액 및 혈액제제의 수송업무

9. 한국은행사업의 필수유지업무

가. 「한국은행법」 제6조, 제28조와 제29조에 따른 통화신용정책과 한국은행 운영에 관한 업무

나. 「한국은행법」 제47조부터 제86조까지의 규정에 따른 다음의 업무

1) 한국은행이 수행하는 한국은행권 발행업무

2) 금융기관의 예금과 예금지급준비업무

3) 금융기관에 대한 대출·지급결제 등의 업무

다. 가목과 나목의 업무수행을 지원하기 위한 각종 전산시스템 운영·통신 및 시설보호업무

라. 다른 법령에 따라 한국은행에 위임 또는 위탁된 업무

10. 통신사업의 필수유지업무

가. 기간망과 가입자망의 운영·관리업무

나. 통신장애의 신고접수 및 수리업무

다. 「우편법」 제14조에 따른 기본우편역무

라. 「우편법」 제15조에 따른 부가우편역무 중 내용증명과 특별송달업무

정답 ③

---

044 ☐☐☐ 　　　　　　　　 ○ △ ✕

노동조합 및 노동관계조정법령상 부당노동행위 구제에 관한 설명으로 옳은 것은?

① 부당노동행위로 그 권리를 침해당한 근로자는 노동조합을 통해서만 노동위원회에 구제를 신청할 수 있다.

② 부당노동행위가 계속하는 행위인 경우에는 그 종료일부터 6월 이내에 구제신청을 하여야 한다.

③ 지방노동위원회의 구제명령에 불복이 있는 관계당사자는 그 명령서의 송달을 받은 날부터 15일 이내에 중앙노동위원회에 재심을 신청할 수 있다.

④ 중앙노동위원회의 재심판정에 대하여 관계당사자는 그 재심판정서의 송달을 받은 날부터 20일 이내에 행정소송법이 정하는 바에 의하여 소를 제기할 수 있다.

⑤ 지방노동위원회의 구제명령은 중앙노동위원회에의 재심신청에 의하여 그 효력이 정지되지 아니한다.

해설

① (✕) ② (✕) 노동조합을 통해서만 → "삭제"(노동조합법 제82조 제1항), 6월 → 3월(동조 제2항)

> **제82조(구제신청)** ① 사용자의 부당노동행위로 인하여 그 권리를 침해당한 근로자 또는 노동조합은 노동위원회에 그 구제를 신청할 수 있다.
> ② 제1항의 규정에 의한 구제의 신청은 부당노동행위가 있은 날[계속하는 행위는 그 종료일(終了日)]부터 3월 이내에 이를 행하여야 한다.

③ (✕) ④ (✕) 15일 → 10일(동법 제85조 제1항), 20일 → 15일(동조 제2항)

> **제85조(구제명령의 확정)** ① 지방노동위원회 또는 특별노동위원회의 구제명령 또는 기각결정에 불복이 있는 관계당사자는 그 명령서 또는 결정서의 송달을 받은 날부터 10일 이내에 중앙노동위원회에 그 재심을 신청할 수 있다.
> ② 제1항의 규정에 의한 중앙노동위원회의 재심판정에 대하여 관계당사자는 그 재심판정서의 송달을 받은 날부터 15일 이내에 행정소송법이 정하는 바에 의하여 소를 제기할 수 있다.

⑤ (○) 노동위원회의 구제명령·기각결정 또는 재심판정은 제85조의 규정에 의한 중앙노동위원회에의 재심신청이나 행정소송의 제기에 의하여 그 효력이 정지되지 아니한다(동법 제86조).

정답 ⑤

노동조합 및 노동관계조정법령상 사용자가 중앙노동위원회의 구제명령에 대하여 행정소송을 제기한 경우, 그 구제명령에 관한 설명으로 옳지 않은 것은?

① 관할법원은 중앙노동위원회의 신청에 의하여 판결이 확정될 때까지 중앙노동위원회 구제명령의 전부 또는 일부를 이행하도록 명할 수 있다.

② 관할법원은 당사자의 신청이나 직권으로 중앙노동위원회 구제명령의 이행을 명한 결정을 취소할 수 있다.

③ 관할법원이 중앙노동위원회 구제명령의 이행을 명한 경우, 그 명령을 위반한 자에 대하여는 노동조합 및 노동관계조정법상 벌금형이 규정되어 있다.

④ 관할법원이 중앙노동위원회 구제명령의 이행을 명하는 경우, 결정으로써 한다.

⑤ 중앙노동위원회 구제명령은 행정소송의 제기에 의하여 그 효력이 정지되지 아니한다.

해설

① (○) ② (○) ④ (○) 사용자가 제2항의 규정에 의하여 행정소송을 제기한 경우에 관할법원은 중앙노동위원회의 신청에 의하여 결정으로써, 판결이 확정될 때까지 중앙노동위원회의 구제명령의 전부 또는 일부를 이행하도록 명할 수 있으며, 당사자의 신청에 의하여 또는 직권으로 그 결정을 취소할 수 있다(노동조합법 제85조 제5항).

③ (✕) 긴급이행명령을 위반한 자에 대하여는 노동조합법상 벌금형이 아닌 과태료가 규정되어 있다.

> 제95조(과태료) 제85조 제5항의 규정에 의한 법원의 명령에 위반한 자는 500만 원 이하의 금액[당해 명령(命令)이 작위(作爲)를 명하는 것일 때에는 그 명령(命令)의 불이행 일수(日數) 1일(日)에 50만(萬) 원 이하의 비율(比率)로 산정(算定)한 금액]의 과태료에 처한다.

⑤ (○) 노동위원회의 구제명령·기각결정 또는 재심판정은 제85조의 규정에 의한 중앙노동위원회에의 재심신청이나 행정소송의 제기에 의하여 그 효력이 정지되지 아니한다(동법 제86조).

정답 ③

노동조합 및 노동관계조정법령상 부당노동행위에 관한 설명으로 옳지 않은 것은? (다툼이 있으면 판례에 따름)

① 정당한 해고사유가 있어 근로자를 해고한 경우에 있어서는 비록 사용자에게 반노동조합의사가 추정된다고 하더라도 부당노동행위에 해당한다고 할 수 없다.

② 영업활동을 하지 아니하는 노조전임자를 다른 영업사원과 동일하게 판매실적에 따른 승격기준만을 적용하여 승격에서 배제한 것은 부당노동행위에 해당한다.

③ 노동조합이 당해 사업장에 종사하는 근로자의 3분의 2 이상을 대표하고 있을 때에는 근로자가 그 노동조합의 조합원이 될 것을 고용조건으로 하는 단체협약의 체결은 부당노동행위에 해당하지 아니한다.

④ 지배·개입으로서의 부당노동행위의 성립에는 반드시 근로자의 단결권의 침해라는 결과의 발생을 요하는 것은 아니다.

⑤ 타당한 근거 없이 과다하게 책정된 급여를 근로시간 면제자에게 지급하는 사용자의 행위가 단체협약 등 노사 간 합의에 의한 경우에는 부당노동행위가 될 수 없다.

해설

① (○) 정당한 해고사유가 있어 해고한 경우에 있어서는 비록 사용자가 근로자의 노동조합활동을 못마땅하게 여긴 흔적이 있다거나 사용자에게 반노동조합의사가 추정된다고 하더라도 당해 해고사유가 단순히 표면상의 구실에 불과하다고 할 수는 없을 것이므로 부당노동행위에 해당한다고 할 수 없다(대법원 1997.7.8, 96누6431).

② (○) 자동차판매업 등을 영위하는 甲주식회사가 2006년도 승격인사를 실시하면서 노조전임자인 乙 등은 근로제공의무가 면제되어 영업활동을 하지 않았는데도 노조전임자들에 대한 승격기준을 별도로 정하지 않은 채 다른 영업사원과 동일하게 판매실적에 따른 승격기준만을 적용하여 乙 등을 승격대상에 포함시키지 않은 경우, 이는 노조전임자로 활동하였다는 이유만으로 승격가능성을 사실상 배제한 것으로 부당노동행위에 해당한다(대법원 2011.7.28, 2009두9574).

③ (○) 노동조합법 제81조 제1항 제2호 단서

> 제81조(부당노동행위) ① 사용자는 다음 각 호의 어느 하나에 해당하는 행위[이하 "부당노동행위(不當勞動行爲)"라 한다]를 할 수 없다. ⟨개정 2021.1.5.⟩
> 2. 근로자가 어느 노동조합에 가입하지 아니할 것 또는 탈퇴할 것을 고용조건으로 하거나 특정한 노동조합의 조합원이 될 것을 고용조건으로 하는 행위. 다만, 노동조합이 당해 사업장에 종사하는 근로자의 3분의 2 이상을 대표하고 있을 때에는 근로자가 그 노동조합의 조합원이 될 것을 고용조건으로 하는 단체협약의 체결은 예외로 하며, 이 경우 사용자는 근로자가 그 노동조합에서 제명된 것 또는 그 노동조합을 탈퇴하여 새로 노동조합을 조직하거나 다른 노동조합에 가입한 것을 이유로 근로자에게 신분상 불이익한 행위를 할 수 없다.

④ (○) 사용자가 한 발언의 내용, 그것이 행하여진 상황과 시점, 그것이 노동조합의 운영이나 활동에 미치거나 미칠 수 있는 영향 등을 종합하여 노동조합의 조직이나 운영 및 활동을 지배하거나 이에

개입하는 의사가 인정되는 경우에는 '근로자가 노동조합을 조직 또는 운영하는 것을 지배하거나 이에 개입하는 행위'로서 부당노동행위가 성립하고, 또 그 지배·개입으로서의 부당노동행위의 성립에 반드시 근로자의 단결권 침해라는 결과의 발생까지 요하는 것은 아니다(대법원 2022.5.12, 2017두54005).

⑤ (×) 근로시간 면제자에게 지급하는 급여는 근로제공의무가 면제되는 근로시간에 상응하는 것이어야 한다. 그러므로 단체협약 등 노사 간 합의에 의한 경우라도 타당한 근거 없이 과다하게 책정된 급여를 근로시간 면제자에게 지급하는 사용자의 행위는 노동조합 및 노동관계조정법 제81조 제4호 단서에서 허용하는 범위를 벗어나는 것으로서 노조전임자 급여 지원행위나 노동조합 운영비 원조행위에 해당하는 부당노동행위가 될 수 있다(대법원 2016.4.28, 2014두11137).

정답 ⑤

047 □□□ ○ △ ×

노동위원회법상 노동위원회에 관한 설명으로 옳지 않은 것은?

① 특별노동위원회는 관계법률에서 정하는 사항을 관장하기 위하여 필요한 경우에 해당 사항을 관장하는 중앙행정기관의 장 소속으로 둔다.
② 둘 이상의 지방노동위원회의 관할구역에 걸친 노동재의의 조정사건은 주된 사업장의 소재지를 관할하는 지방노동위원회에서 관장한다.
③ 지방노동위원회의 근로자위원은 노동조합이 추천한 사람 중에서 지방노동위원회 위원장의 제청으로 중앙노동위원회 위원장이 위촉한다.
④ 상임위원은 해당 노동위원회의 공익위원이 된다.
⑤ 노동위원회의 전원회의는 재적위원 과반수의 출석으로 개의한다.

해설

① (○) 노동위원회법 제2조 제3항
② (×) 주된 사업장의 소재지를 관할하는 지방노동위원회 → 중앙노동위원회(동법 제3조 제1항 제2호)

> **제3조(노동위원회의 관장)** ① 중앙노동위원회는 다음 각 호의 사건을 관장한다.
> 1. 지방노동위원회 및 특별노동위원회의 처분에 대한 재심사건
> 2. 둘 이상의 지방노동위원회의 관할구역에 걸친 노동쟁의의 조정(調整)사건
> 3. 다른 법률에서 그 권한에 속하는 것으로 규정된 사건

③ (○) 동법 제6조 제3항 제2호

> **제6조(노동위원회의 구성 등)** ③ 근로자위원은 노동조합이 추천한 사람 중에서, 사용자위원은 사용자단체가 추천한 사람 중에서 다음 각 호의 구분에 따라 위촉한다.
> 1. 중앙노동위원회: 고용노동부장관의 제청으로 대통령이 위촉
> 2. 지방노동위원회: 지방노동위원회 위원장의 제청으로 중앙노동위원회 위원장이 위촉

④ (○) 상임위원은 해당 노동위원회의 공익위원이 되며, 심판사건, 차별적 처우 시정사건, 조정사건을 담당할 수 있다(동법 제11조 제2항).
⑤ (○) 노동위원회의 전원회의는 재적위원 과반수의 출석으로 개의하고, 출석위원 과반수의 찬성으로 의결한다(동법 제17조 제1항).

정답 ②

048 □□□ ○ △ ×

공무원의 노동조합 설립 및 운영에 관한 법률의 내용으로 옳지 않은 것은?

① 법령상 '사실상 노무에 종사하는 공무원'은 공무원의 노동조합 설립 및 운영에 관한 법률에 따른 공무원의 노동조합에 가입할 수 없다.
② 공무원의 노동조합은 정치활동을 하여서는 아니 된다.
③ 다른 공무원에 대하여 지휘·감독권을 행사하는 6급 이하의 일반직공무원은 공무원의 노동조합에 가입할 수 있다.
④ 정부교섭대표는 법령에 따라 교섭을 요구하는 노동조합이 둘 이상인 경우에는 해당 노동조합에 교섭창구를 단일화하도록 요청할 수 있다.
⑤ 법령에 따라 체결된 단체협약의 내용 중 예산에 의하여 규정되는 내용은 단체협약으로서의 효력을 가지지 아니한다.

해설

① (○) 이 법에서 "공무원"이란 「국가공무원법」 제2조 및 「지방공무원법」 제2조에서 규정하고 있는 공무원을 말한다. 다만, 「국가공무원법」 제66조 제1항 단서 및 「지방공무원법」 제58조 제1항 단서에 따른 사실상 노무에 종사하는 공무원과 「교원의 노동조합 설립 및 운영 등에 관한 법률」의 적용을 받는 교원인 공무원은 제외한다(공무원노조법 제2조).
② (○) 노동조합과 그 조합원은 정치활동을 하여서는 아니 된다(동법 제4조).
③ (×) 있다 → 없다(동법 제6조 제2항 제1호)

> **제6조(가입범위)** ② 제1항에도 불구하고 다음 각 호의 어느 하나에 해당하는 공무원은 노동조합에 가입할 수 없다. 〈개정 2021.1.5.〉
> 1. 업무의 주된 내용이 다른 공무원에 대하여 지휘·감독권을 행사하거나 다른 공무원의 업무를 총괄하는 업무에 종사하는 공무원
> 2. 업무의 주된 내용이 인사·보수 또는 노동관계의 조정·감독 등 노동조합의 조합원 지위를 가지고 수행하기에 적절하지 아니한 업무에 종사하는 공무원
> 3. 교정·수사 등 공공의 안녕과 국가안전 보장에 관한 업무에 종사하는 공무원
> 4. 삭제 〈2021.1.5.〉

④ (○) 정부교섭대표는 제2항과 제3항에 따라 교섭을 요구하는 노동조합이 둘 이상인 경우에는 해당 노동조합에 교섭창구를 단일화하도록 요청할 수 있다. 이 경우 교섭창구가 단일화된 때에는 교섭에

응하여야 한다(동법 제9조 제4항).

⑤ (O) 제9조에 따라 체결된 단체협약의 내용 중 법령·조례 또는 예산에 의하여 규정되는 내용과 법령 또는 조례에 의하여 위임을 받아 규정되는 내용은 단체협약으로서의 효력을 가지지 아니한다(동법 제10조 제1항).

정답 ③

49 □□□　　○ △ ×

교원의 노동조합 설립 및 운영에 관한 법률의 내용으로 옳지 않은 것은?

① 교원은 특별시·광역시·도·특별자치도 단위 또는 전국 단위로만 노동조합을 설립할 수 있다.

② 교원의 노동조합의 전임자는 그 전임기간 중 전임자임을 이유로 승급 또는 그 밖의 신분상의 불이익을 받지 아니하며 봉급을 받을 수 있다.

③ 법령에 따른 단체교섭을 하는 경우에 관계당사자는 국민여론과 학부모의 의견을 수렴하여 성실하게 교섭하여야 한다.

④ 교원의 노동조합과 그 조합원은 업무의 정상적인 운영을 방해하는 일체의 쟁의행위를 하여서는 아니 된다.

⑤ 교원의 노동쟁의를 조정·중재하기 위하여 중앙노동위원회에 교원 노동관계 조정위원회를 둔다.

해설

① (×) 2020.6.9. 교원노조법 제2조 및 제4조가 다음과 같이 개정되었다. 이에 표현을 달리하였음에 유의토록 정답을 변경한다.

> **제2조(정의)** 이 법에서 "교원"이란 다음 각 호의 어느 하나에 해당하는 사람을 말한다. 〈개정 2021.1.5.〉
> 1. 「유아교육법」 제20조 제1항에 따른 교원
> 2. 「초·중등교육법」 제19조 제1항에 따른 교원
> 3. 「고등교육법」 제14조 제2항 및 제4항에 따른 교원. 다만, 강사는 제외한다.
> **제4조(노동조합의 설립)** ① 제2조 제1호·제2호에 따른 교원은 특별시·광역시·특별자치시·도·특별자치도(이하 "시·도"라 한다) 단위 또는 전국 단위로만 노동조합을 설립할 수 있다. 〈개정 2020.6.9.〉
> ② 제2조 제3호에 따른 교원은 개별학교 단위, 시·도 단위 또는 전국 단위로 노동조합을 설립할 수 있다. 〈신설 2020.6.9.〉
> ③ 노동조합을 설립하려는 사람은 고용노동부장관에게 설립신고서를 제출하여야 한다. 〈개정 2020.6.9.〉

② (O) 동법 제5조 제4항, 제1항

[보충] 2022.6.10. 교원노조법 제5조 제3항이 삭제됨으로써 현재는 교원노조 업무 전임자도 그 전임기간 중 봉급을 받을 수 있으므로, 정답을 변경한다.

> **제5조(노동조합 전임자의 지위)** ① 교원은 임용권자의 동의를 받아 노동조합으로부터 급여를 지급받으면서 노동조합의 업무에만 종사할 수 있다. 〈개정 2022.6.10.〉
> ② 제1항에 따라 동의를 받아 노동조합의 업무에만 종사하는

사람(이하 "전임자"(專任者)라 한다)은 그 기간 중 「교육공무원법」 제44조 및 「사립학교법」 제59조에 따른 휴직명령을 받은 것으로 본다. 〈개정 2022.6.10.〉
③ 삭제 〈2022.6.10.〉
④ 전임자는 그 전임기간 중 전임자임을 이유로 승급 또는 그 밖의 신분상의 불이익을 받지 아니한다.

③ (O) 제1항에 따른 단체교섭을 하거나 단체협약을 체결하는 경우에 관계당사자는 국민여론과 학부모의 의견을 수렴하여 성실하게 교섭하고 단체협약을 체결하여야 하며, 그 권한을 남용하여서는 아니 된다(동법 제6조 제8항).

④ (O) 노동조합과 그 조합원은 파업, 태업 또는 그 밖에 업무의 정상적인 운영을 방해하는 어떠한 쟁의행위(爭議行爲)도 하여서는 아니 된다(동법 제8조).

⑤ (O) 동법 제11조 제1항

정답 ② ▶ ①

50 □□□　　○ △ ×

근로자참여 및 협력증진에 관한 법률상 노사협의회에 관한 설명으로 옳지 않은 것은?

① 노사협의회는 근로조건에 대한 결정권이 있는 사업이나 사업장 단위로 설치하여야 한다. 다만, 상시 30명 미만의 근로자를 사용하는 사업이나 사업장은 그러하지 아니하다.

② 노사협의회는 근로자와 사용자를 대표하는 같은 수의 위원으로 구성하되, 각 3명 이상 10명 이하로 한다.

③ 중앙노동위원회 위원장은 노사협의회 위원으로서의 직무수행과 관련하여 사용자가 근로자위원에게 불이익을 주는 처분을 하는 경우에는 그 시정을 명할 수 있다.

④ 노사협의회의 사용자를 대표하는 위원은 해당 사업이나 사업장의 대표자와 그 대표자가 위촉하는 자로 한다.

⑤ 노사협의회의 근로자를 대표하는 위원은 근로자가 선출하되, 근로자의 과반수로 조직된 노동조합이 있는 경우에는 노동조합의 대표자와 그 노동조합이 위촉하는 자로 한다.

해설

① (O) 근로자참여법 제4조 제1항
② (O) 동법 제6조 제1항
③ (×) 중앙노동위원회 위원장 → 고용노동부장관(동법 제11조)

> **제9조(위원의 신분)** ② 사용자는 협의회 위원으로서의 직무수행과 관련하여 근로자위원에게 불이익을 주는 처분을 하여서는 아니 된다.
> **제11조(시정명령)** 고용노동부장관은 사용자가 제9조 제2항을 위반하여 근로자위원에게 불이익을 주는 처분을 하거나 제10조 제1항을 위반하여 근로자위원의 선출에 개입하거나 방해하는 경우에는 그 시정(是正)을 명할 수 있다. 〈개정 2010.6.4.〉

④ (○) 사용자를 대표하는 위원(이하 "사용자위원"이라 한다)은 해당 사업이나 사업장의 대표자와 그 대표자가 위촉하는 자로 한다(동법 제6조 제4항).

⑤ (×) 2022.6.10. 근로자참여법 제6조 제2항 및 제3항이 다음과 같이 개정되었다. 이에 표현을 달리하였음에 유의토록 정답을 변경한다.

> **제6조(협의회의 구성)** ② 근로자를 대표하는 위원(이하 "근로자위원"이라 한다)은 근로자 과반수가 참여하여 직접·비밀·무기명 투표로 선출한다. 다만, 사업 또는 사업장의 특수성으로 인하여 부득이한 경우에는 부서별로 근로자 수에 비례하여 근로자위원을 선출할 근로자(이하 이 조에서 "위원선거인"이라 한다)를 근로자 과반수가 참여한 직접·비밀·무기명 투표로 선출하고 위원선거인 과반수가 참여한 직접·비밀·무기명 투표로 근로자위원을 선출할 수 있다. 〈개정 2022.6.10.〉
> ③ 제2항에도 불구하고 사업 또는 사업장에 근로자의 과반수로 조직된 노동조합이 있는 경우에는 근로자위원은 노동조합의 대표자와 그 노동조합이 위촉하는 자로 한다. 〈신설 2022.6.10.〉

정답 ③ ▶ ③·⑤

26 □□□ ○ △ ×

노동3권에 관한 설명으로 옳지 않은 것은? (다툼이 있으면 판례에 따름)

① 개인택시운전자는 노동3권의 주체가 될 수 없다.

② 단결권은 단결할 자유만을 가리킬 뿐이고, 단결하지 아니할 자유는 이에 포함되지 않는다.

③ 단체교섭권의 정당한 행사에 대해서는 민·형사상 책임이 면제된다.

④ 단체교섭권에는 단체협약체결권이 포함되어 있지 않다.

⑤ 노동3권은 국가안전 보장·질서유지 또는 공공복리를 위하여 필요한 경우에 한하여 법률로써 제한할 수 있다.

해설

① (○) 노동3권의 주체는 근로자이고, 근로자라 함은 직업의 종류를 불문하고 임금·급료 기타 이에 준하는 수입에 의하여 생활하는 자를 말한다(노동조합법 제2조 제1호). 이에는 실업 중인자도 포함된다 할 것이나, 근로제공행위와 급여지급행위의 주체가 동일한 자영업자, 자영농어민, 개인택시운전사 등은 노동3권을 가질 수 없다.

② (○) 헌법 제33조 제1항은 "근로자는 근로조건의 향상을 위하여 자주적인 단결권·단체교섭권 및 단체행동권을 가진다."고 규정하고 있다. 여기서 헌법상 보장된 근로자의 단결권은 단결할 자유만을 가리킬 뿐이고, 단결하지 아니할 자유 이른바 소극적 단결권은 이에 포함되지 않는다고 보는 것이 우리 재판소의 선례라고 할 것이다(헌법재판소 2005.11.24, 2002헌바95,96,2003헌바9).

③ (○) 노동조합법 제3조, 제4조

> **제3조(손해배상 청구의 제한)** 사용자는 이 법에 의한 단체교섭 또는 쟁의행위로 인하여 손해를 입은 경우에 노동조합 또는 근로자에 대하여 그 배상을 청구할 수 없다.
> **제4조(정당행위)** 형법 제20조의 규정은 노동조합이 단체교섭·쟁의행위 기타의 행위로서 제1조의 목적을 달성하기 위하여 한 정당한 행위에 대하여 적용된다. 다만, 어떠한 경우에도 폭력이나 파괴행위는 정당한 행위로 해석되어서는 아니 된다.

④ (×) 헌법 제33조 제1항이 "근로자는 근로조건의 향상을 위하여 자주적인 단결권, 단체교섭권, 단체행동권을 가진다"고 규정하여 근로자에게 "단결권, 단체교섭권, 단체행동권"을 기본권으로 보장하는 뜻은 근로자가 사용자와 대등한 지위에서 단체교섭을 통하여 자율적으로 임금 등 근로조건에 관한 단체협약을 체결할 수 있도록 하기 위한 것이다. 비록 헌법이 위 조항에서 '단체협약체결권'을 명시하여 규정하고 있지 않다고 하더라도 근로조건의 향상을 위한 근로자 및 그 단체의 본질적인 활동의 자유인 '단체교섭권'에는 단체협약체결권이 포함되어 있다고 보아야 한다(헌법재판소 1998. 2.27, 94헌바13·26,95헌바44).

⑤ (○) 국민의 모든 자유와 권리는 국가안전 보장·질서유지 또는 공공복리를 위하여 필요한 경우에 한하여 법률로써 제한할 수 있으며, 제한하는 경우에도 자유와 권리의 본질적인 내용을 침해할 수 없다(대한민국헌법 제37조 제2항).

정답 ④

27 □□□ ○ △ ×

제헌헌법(헌법 제1호, 1948.7.17. 제정)에 명시된 내용이 아닌 것은?

① 근로조건의 기준은 법률로써 정한다.

② 여자와 소년의 근로는 특별한 보호를 받는다.

③ 국가는 사회적·경제적 방법으로 근로자의 고용의 증진에 노력하여야 한다.

④ 근로자의 단결, 단체교섭과 단체행동의 자유는 법률의 범위 내에서 보장된다.

⑤ 영리를 목적으로 하는 사기업에 있어서는 근로자는 법률의 정하는 바에 의하여 이익의 분배에 균점할 권리가 있다.

해설

① (○) ② (○) 모든 국민은 근로의 권리와 의무를 가진다. 근로조건의 기준은 법률로써 정한다. 여자와 소년의 근로는 특별한 보호를 받는다(제헌헌법 제17조).

③ (×) 1962.12.26. 개정 대한민국헌법 제28조 제1항에서 처음으로 규정하였다.

④ (○) ⑤ (○) 근로자의 단결, 단체교섭과 단체행동의 자유는 법률의 범위 내에서 보장된다. 영리를 목적으로 하는 사기업에 있어서는 근로자는 법률의 정하는 바에 의하여 이익의 분배에 균점할 권리가 있다(동법 제18조).

정답 ③

28 □□□ ○ △ ×

노동조합 및 노동관계조정법령상 단체협약의 채무적 부분에 해당하는 것은?

① 휴가에 관한 조항

② 승진 및 승급에 관한 조항

③ 퇴직금에 관한 조항

④ 평화조항

⑤ 재해보상에 관한 조항

해설

④ (○) 단체협약의 채무적 부분은 규범적 부분을 제외한 모든 조항이라 할 수 있다. 예컨대 근로조건의 기준에 관한 규정들은 대부분 규범적 부분에 속하고, 그 외에 집단적 노동관계에 관한 규정들, 즉 조합원 범위, 조직강제, 조합활동 보장 또는 편의제공, 단체교

섭의 절차 · 방법, 평화의무, 쟁의행위의 제한 · 방법 · 절차, 그 해결, 노사협의회 등에 관한 규정들이 채무적 부분에 속한다. 다만, 근로자의 채용, 근로조건에 관한 사용자의 노력의무 등은 집단적 노동관계에 관한 규정이 아님에도 채무적 부분에 속함에 유의하여야 한다.

정답 ④

029 □□□   ○ △ ×

노동조합 및 노동관계조정법령상 실질적 요건과 형식적 요건을 모두 갖춘 노동조합에게만 적용되는 것을 모두 고른 것은? (다툼이 있으면 판례에 따름)

> ㄱ. 단체교섭권
> ㄴ. 단체협약체결권
> ㄷ. 노동쟁의 조정신청권
> ㄹ. 부당노동행위 구제신청권
> ㅁ. 법인격 취득

① ㄱ, ㄴ, ㄷ   ② ㄱ, ㄹ, ㅁ   ③ ㄴ, ㄷ, ㄹ
④ ㄴ, ㄹ, ㅁ   ⑤ ㄷ, ㄹ, ㅁ

해설

⑤ (O) ㄷ, ㄹ, ㅁ이 실질적 요건과 형식적 요건을 모두 갖춘 노동조합에게만 적용되는 것이다.

[보충] 노동조합법에 따라 설립된 노동조합, 즉 설립신고증을 받은 노동조합을 법내노조, 법내노조가 아닌 노동단체를 법외노조라고 하는데, 법외노조는 법내노조와 달리 노동위원회에 노동쟁의 조정이나 부당노동행위 구제를 신청하지 못하고, 노동조합이라는 명칭을 사용하지 못하며, 법인이 될 수 없고, 국내 근로자공급사업을 할 수 없는 등 노동조합법상 불이익을 받는다.

> 제6조(법인격의 취득) ① 노동조합은 그 규약이 정하는 바에 의하여 법인으로 할 수 있다.
> ② 노동조합은 당해 노동조합을 법인으로 하고자 할 경우에는 대통령령이 정하는 바에 의하여 등기를 하여야 한다.
> 제7조(노동조합의 보호요건) ① 이 법에 의하여 설립된 노동조합이 아니면 노동위원회에 노동쟁의의 조정 및 부당노동행위의 구제를 신청할 수 없다.
> ③ 이 법에 의하여 설립된 노동조합이 아니면 노동조합이라는 명칭을 사용할 수 없다.
> 직업안정법 제33조(근로자공급사업) ③ 근로자공급사업은 공급대상이 되는 근로자가 취업하려는 장소를 기준으로 국내 근로자공급사업과 국외 근로자공급사업으로 구분하며, 각각의 사업의 허가를 받을 수 있는 자의 범위는 다음 각 호와 같다.
> 1. 국내 근로자공급사업의 경우는 「노동조합 및 노동관계조정법」에 따른 노동조합
> 2. 국외 근로자공급사업의 경우는 국내에서 제조업 · 건설업 · 용역업, 그 밖의 서비스업을 하고 있는 자. 다만, 연예인을 대상으로 하는 국외 근로자공급사업의 허가를 받을 수 있는 자는 「민법」 제32조에 따른 비영리법인으로 한다.

정답 ⑤

030 □□□   ○ △ ×

노동조합 및 노동관계조정법령상 노동조합의 관리에 관한 설명이다. ( )에 들어갈 내용으로 옳은 것은?

> ○ 행정관청은 노동조합에 총회 또는 대의원회의 소집권자가 없는 경우에 조합원 또는 대의원의 3분의 1 이상이 회의에 부의할 사항을 제시하고 소집권자의 지명을 요구한 때에는 (ㄱ)일 이내에 회의의 소집권자를 지명하여야 한다.
> ○ 총회 또는 대의원회는 회의개최일 (ㄴ)일 전까지 그 회의에 부의할 사항을 공고하고 규약에 정한 방법에 의하여 소집하여야 한다.

① ㄱ: 10 ㄴ: 5   ② ㄱ: 10 ㄴ: 7
③ ㄱ: 15 ㄴ: 7   ④ ㄱ: 15 ㄴ: 10
⑤ ㄱ: 30 ㄴ: 10

해설

③ (O) ㄱ: 15, ㄴ: 7

> 제18조(임시총회등의 소집) ④ 행정관청은 노동조합에 총회 또는 대의원회의 소집권자가 없는 경우에 조합원 또는 대의원의 3분의 1 이상이 회의에 부의할 사항을 제시하고 소집권자의 지명을 요구한 때에는 15일 이내에 회의의 소집권자를 지명하여야 한다. 〈개정 1998.2.20.〉
> 제19조(소집의 절차) 총회 또는 대의원회는 회의개최일 7일 전까지 그 회의에 부의할 사항을 공고하고 규약에 정한 방법에 의하여 소집하여야 한다. 다만, 노동조합이 동일한 사업장 내의 근로자로 구성된 경우에는 그 규약으로 공고기간을 단축할 수 있다.

정답 ③

노동조합 및 노동관계조정법령상 단체교섭 및 단체협약에 관한 설명으로 옳지 않은 것을 모두 고른 것은? (다툼이 있으면 판례에 따름)

> ㄱ. 단체교섭의 결과 노사가 특정의 노동조합이 유일한 교섭주체임을 인정하는 취지의 단체협약을 체결했다면 노사자치원리에 따라 유효하다.
>
> ㄴ. 노동관계 당사자는 교섭이나 단체협약 체결의 권한을 위임하는 경우에는 교섭사항과 교섭범위를 정하지 않고 교섭진행과정에서 구체화시키면 충분하다.
>
> ㄷ. 노동조합의 대표자가 사용자와 단체교섭 결과 합의에 이른 경우에 단체교섭위원들이 연명으로 서명하지 않는 한 단체협약을 체결할 수 없도록 규정한 노동조합 규약은 「노동조합 및 노동관계조정법」에 위반되지 않는다.
>
> ㄹ. 단체교섭권의 위임이 이루어진 경우에는 그 위임 후 이를 해지하는 등의 별개의 의사표시가 없더라도 노동조합의 단체교섭권한은 여전히 수임자의 단체교섭권한과 중복하여 경합적으로 남아 있다.

① ㄱ, ㄴ   ② ㄷ, ㄹ   ③ ㄱ, ㄴ, ㄷ
④ ㄴ, ㄷ, ㄹ   ⑤ ㄱ, ㄴ, ㄷ, ㄹ

해설

ㄱ (✕) 노사가 특정의 노동조합이 유일한 교섭주체임을 인정하는 취지의 단체협약을 체결하였다면, 이는 다른 노동조합의 단체교섭권을 배제함으로써 대한민국헌법 제33조 제1항을 위반하게 되므로, 무효라 할 것이다.

> **제33조** ① 근로자는 근로조건의 향상을 위하여 자주적인 단결권·단체교섭권 및 단체행동권을 가진다.

ㄴ (✕) 정하지 않고 교섭진행과정에서 구체화시키면 충분하다 → 정하여 위임하여야 한다(노동조합법 시행령 제14조)

> **시행령 제14조(교섭권한 등의 위임통보)** ① 노동조합과 사용자 또는 사용자단체(이하 "노동관계당사자"라 한다)는 법 제29조 제3항에 따라 교섭 또는 단체협약의 체결에 관한 권한을 위임하는 경우에는 교섭사항과 권한범위를 정하여 위임하여야 한다. 〈개정 2010.2.12.〉

ㄷ (✕) 甲 노동조합이 노동조합 규약에서 노동조합의 대표자가 사용자와 단체교섭 결과 합의에 이른 경우에도 단체교섭위원들이 연명으로 서명하지 않는 한 단체협약을 체결할 수 없도록 규정한 경우, 위 규약은 노동조합 대표자에게 단체협약체결권을 부여한 노동조합 및 노동관계조정법 제29조 제1항을 위반한 것이다(대법원 2013.9. 27, 2011두15404).

ㄹ (○) 구 노동조합법(1996.12.31. 법률 제5244호로 폐지) 제33조 제1항에서 규정하고 있는 단체교섭권한의 '위임'이라고 함은 노동조합이 조직상의 대표자 이외의 자에게 조합 또는 조합원을 위하여 조합의 입장에서 사용자 측과 사이에 단체교섭을 하는 사무처리를 맡기는 것을 뜻하고, 그 위임 후 이를 해지하는 등의 별개의 의사표시가 없더라도 노동조합의 단체교섭권한은 여전히 수임자의 단체교섭권한과 중복하여 경합적으로 남아 있다고 할 것이며,

같은 조 제2항의 규정에 따라 단위노동조합이 당해 노동조합이 가입한 상부단체인 연합단체에 그러한 권한을 위임한 경우에 있어서도 달리 볼 것은 아니다(대법원 1998.11.13, 98다20790).

정답 ③

노동조합 및 노동관계조정법령에 관한 설명으로 옳은 것은? (다툼이 있으면 판례에 따름)

① 출입국관리법령에 따른 취업자격이 없는 외국인이 타인과의 사용종속관계하에서 근로를 제공하고 그 대가로 임금 등을 받아 생활하는 경우, 「노동조합 및 노동관계조정법」상 근로자에 해당한다.

② 행정관청이 노동조합의 설립신고서를 접수한 때부터 3일 이내에 설립신고서의 반려 또는 보완지시가 없는 경우에는 설립신고증의 교부가 없어도 노동조합이 성립된 것으로 본다.

③ 노동조합설립신고서의 보완을 요구하거나 그 신고서를 반려하는 경우에는 노동위원회의 의결을 거쳐야 한다.

④ 노동조합의 회의록, 재정에 관한 장부와 서류는 2년간 보존하여야 한다.

⑤ 노동조합에의 참가가 금지되는 자인지 여부는 일정한 직급이나 직책에 의하여 일률적으로 결정된다.

해설

① (○) [다수의견] 출입국관리법령에서 외국인고용제한규정을 두고 있는 것은 취업활동을 할 수 있는 체류자격(이하 '취업자격'이라고 한다) 없는 외국인의 고용이라는 사실적 행위 자체를 금지하고자 하는 것뿐이지, 나아가 취업자격 없는 외국인이 사실상 제공한 근로에 따른 권리나 이미 형성된 근로관계에서 근로자로서의 신분에 따른 노동관계법상의 제반 권리 등의 법률효과까지 금지하려는 것으로 보기는 어렵다.

따라서 타인과의 사용종속관계하에서 근로를 제공하고 그 대가로 임금 등을 받아 생활하는 사람은 노동조합법상 근로자에 해당하고, 노동조합법상의 근로자성이 인정되는 한, 그러한 근로자가 외국인인지 여부나 취업자격의 유무에 따라 노동조합법상 근로자의 범위에 포함되지 아니한다고 볼 수는 없다(대법원 2015.6.25, 2007두4995 전원합의체).

② (✕) ③ (✕) 행정관청이 노동조합의 설립신고서를 접수한 때에는 3일 이내에 설립신고증을 교부하도록 되어 있다 하여 그 기간 내에 설립신고서의 반려 또는 보완지시가 없는 경우에는 설립신고증의 교부가 없어도 노동조합이 성립된 것으로 본다는 취지는 아니므로 행정관청은 그 기간 경과 후에도 설립신고서에 대하여 보완지시 또는 반려처분을 할 수 있다 할 것이고, 또한 노동조합설립신고서의 보완을 요구하거나 그 신고서를 반려하는 경우에는 노동위원회의 의결이 필요 없는 것이므로 노동부장관인 피고가 이 사건 노동조합설립신고서에 대하여 노동위원회의 의결 없이 보완요구를 하고 반려처분하였다 하여 이를 위법하다고 할 수는 없다(대법원 1990.10.23, 89누3243).

④ (×) 2년 → 3년(노동조합법 제14조)

> **제14조(서류비치등)** ① 노동조합은 조합설립일부터 30일 이내에 다음 각 호의 서류를 작성하여 그 주된 사무소에 비치하여야 한다.
> 1. 조합원 명부[연합단체(聯合團體)인 노동조합(勞動組合)에 있어서는 그 구성단체(構成團體)의 명칭]
> 2. 규약
> 3. 임원의 성명·주소록
> 4. 회의록
> 5. 재정에 관한 장부와 서류
> ② 제1항 제4호 및 제5호의 서류는 3연(년)간 보존하여야 한다.

⑤ (×) 노동조합 및 노동관계조정법(이하 '노동조합법'이라 한다) 제2조 제2호, 제4호 단서 (가)목에 의하면, 노동조합법상 사용자에 해당하는 사업주, 사업의 경영담당자 또는 그 사업의 근로자에 관한 사항에 대하여 사업주를 위하여 행동하는 자와 항상 사용자의 이익을 대표하여 행동하는 자는 노동조합 참가가 금지되는데, 그 취지는 노동조합의 자주성을 확보하려는 데 있다. … 이러한 자에 해당하는지는 일정한 직급이나 직책 등에 의하여 일률적으로 결정되어서는 안 되고, 업무내용이 단순히 보조적·조언적인 것에 불과하여 업무수행과 조합원활동 사이에 실질적인 충돌이 발생할 여지가 없는 자도 여기에 해당하지 않는다(대법원 2011.9.8, 2008두13873).

정답 ①

033 □□□   ○ △ ×

노동조합 및 노동관계조정법령상 부당노동행위로서의 경비원조에 해당하는 것을 모두 고른 것은? (다툼이 있으면 판례에 따름)

> ㄱ. 노동조합에게 매월 상당한 금액의 돈을 지급하는 행위
> ㄴ. 단순히 노조전임자에 불과할 뿐 근로시간 면제자로 지정된 바 없는 근로자에게 급여를 지원하는 행위
> ㄷ. 최소한의 규모의 노동조합사무소의 제공
> ㄹ. 근로자의 후생자금을 위한 기금의 기부

① ㄴ   ② ㄱ, ㄴ   ③ ㄱ, ㄷ
④ ㄱ, ㄷ, ㄹ   ⑤ ㄴ, ㄷ, ㄹ

해설

ㄱ (○) 노동조합 및 노동관계조정법(이하 '노동조합법'이라 한다) 제2조 제4호, 제24조 제2항, 제4항, 제81조 제4호의 입법취지와 내용을 종합하면, 노동조합법 제81조 제4호 단서에서 정한 행위를 벗어나서 주기적이나 고정적으로 이루어지는 사용자의 노동조합 운영비에 대한 원조행위는 노동조합의 전임자에게 급여를 지원하는 행위와 마찬가지로 노동조합의 자주성을 잃게 할 위험성을 지닌 것으로서 노동조합법 제81조 제4호 본문에서 금지하는 부당노동행위라고 해석되고, 비록 운영비 원조가 노동조합의 적극적인 요구 내지 투쟁으로 얻어진 결과라 하더라도 이러한 사정만으로 달리 볼 것은 아니다(대법원 2016.1.28, 2012두12457).

ㄴ (○) 단순히 노조전임자에 불과할 뿐 근로시간 면제자로 지정된 바 없는 근로자에게 급여를 지원하는 행위는 그 자체로 부당노동

행위가 되지만, 근로시간 면제자에게 급여를 지급하는 행위는 특별한 사정이 없는 한 부당노동행위가 되지 않는 것이 원칙이다(대법원 2018.5.15, 2018두33050).

ㄷ (×) ㄹ (×) 노동조합법 제81조 제1항 제4호

> **제81조(부당노동행위)** ① 사용자는 다음 각 호의 어느 하나에 해당하는 행위(이하 "부당노동행위(不當勞動行爲)"라 한다)를 할 수 없다. 〈개정 2021.1.5.〉
> 4. 근로자가 노동조합을 조직 또는 운영하는 것을 지배하거나 이에 개입하는 행위와 근로시간 면제한도를 초과하여 급여를 지급하거나 노동조합의 운영비를 원조하는 행위. 다만, 근로자가 근로시간 중에 제24조 제2항에 따른 활동을 하는 것을 사용자가 허용함은 무방하며, 또한 근로자의 후생자금 또는 경제상의 불행 그 밖에 재해의 방지와 구제 등을 위한 기금의 기부와 최소한의 규모의 노동조합사무소의 제공 및 그 밖에 이에 준하여 노동조합의 자주적인 운영 또는 활동을 침해할 위험이 없는 범위에서의 운영비 원조행위는 예외로 한다.

정답 ②

034 □□□   ○ △ ×

노동조합 및 노동관계조정법령상 교섭대표노동조합에 관한 설명으로 옳지 않은 것은?

① 교섭대표노동조합의 대표자는 교섭을 요구한 모든 노동조합 또는 조합원을 위하여 사용자와 교섭하고 단체협약을 체결할 권한을 가진다.

② 교섭대표노동조합은 교섭창구 단일화절차에 참여한 노동조합 또는 그 조합원 간에 합리적 이유 없이 차별을 하여서는 아니 된다.

③ 교섭대표노동조합이 결정된 날부터 1년 동안 단체협약을 체결하지 못한 경우에도 교섭대표노동조합만이 사용자에게 교섭을 요구할 수 있다.

④ 교섭대표노동조합은 그 지위 유지기간이 만료되었더라도 새로운 교섭대표노동조합이 결정될 때까지 기존 단체협약의 이행과 관련하여서는 그 지위를 유지한다.

⑤ 자율적으로 교섭대표노동조합을 결정하여 그 결과를 사용자에게 통지한 이후에는 그 교섭대표노동조합의 결정절차에 참여한 노동조합 중 일부 노동조합이 그 이후의 절차에 참여하지 않더라도 교섭대표노동조합의 지위는 유지된다.

해설

① (○) 노동조합법 제29조 제2항

② (○) 교섭대표노동조합과 사용자는 교섭창구 단일화절차에 참여한 노동조합 또는 그 조합원 간에 합리적 이유 없이 차별을 하여서는 아니 된다(동법 제29조의4 제1항).

③ (×) 경우에도 교섭대표노동조합만이 → 경우에는 어느 노동조합이든지(동법 시행령 제14조의10 제3항)

> **시행령 제14조의10(교섭대표노동조합의 지위 유지기간 등)** ③

법 제29조의2에 따라 결정된 교섭대표노동조합이 그 결정된 날부터 1년 동안 단체협약을 체결하지 못한 경우에는 어느 노동조합이든지 사용자에게 교섭을 요구할 수 있다. 이 경우 제14조의2 제2항 및 제14조의3부터 제14조의9까지의 규정을 적용한다.

④ (O) 제1항에 따른 교섭대표노동조합의 지위 유지기간이 만료되었음에도 불구하고 새로운 교섭대표노동조합이 결정되지 못할 경우 기존 교섭대표노동조합은 새로운 교섭대표노동조합이 결정될 때까지 기존 단체협약의 이행과 관련해서는 교섭대표노동조합의 지위를 유지한다(동조0 제2항).

⑤ (O) 동법 시행령 제14조의6

> **시행령 제14조의6(자율적 교섭대표노동조합의 결정 등)** ① 제14조의5에 따라 교섭을 요구한 노동조합으로 확정 또는 결정된 노동조합은 법 제29조의2 제3항에 따라 자율적으로 교섭대표노동조합을 정하려는 경우에는 제14조의5에 따라 확정 또는 결정된 날부터 14일이 되는 날을 기한으로 하여 그 교섭대표노동조합의 대표자, 교섭위원 등을 연명으로 서명 또는 날인하여 사용자에게 통지해야 한다. 〈개정 2021.6.29.〉
> ② 사용자에게 제1항에 따른 교섭대표노동조합의 통지가 있은 이후에는 그 교섭대표노동조합의 결정절차에 참여한 노동조합 중 일부 노동조합이 그 이후의 절차에 참여하지 않더라도 법 제29조 제2항에 따른 교섭대표노동조합의 지위는 유지된다.

정답 ③

35 ☐☐☐   ○ △ ✕

노동조합 및 노동관계조정법령상 노동쟁의의 조정에 관한 설명으로 옳지 않은 것은?

① 사적 중재에 의하여 해결하기로 한 경우, 쟁의행위의 금지기간은 중재를 개시한 날부터 기산한다.
② 노동관계 당사자는 사적조정등에 의하여 노동쟁의를 해결하기로 한 때에는 이를 고용노동부장관에게 신고하여야 한다.
③ 공익사업의 노동쟁의의 조정을 위하여 노동위원회에 특별조정위원회를 둔다.
④ 노동위원회는 조정의 종료가 결정된 후에도 노동쟁의의 해결을 위하여 조정을 할 수 있다.
⑤ 사적 조정에 의하여 해결하기로 한 때에는 그 조정은 조정을 개시한 날부터 기산하여 일반사업에 있어서는 10일, 공익사업에 있어서는 15일 이내에 종료하여야 한다.

해설

① (O) 노동조합법 제52조 제3항 제2호

> **제52조(사적 조정·중재)** ③ 제1항의 규정에 의하여 노동쟁의를 해결하기로 한 때에는 다음 각 호의 규정이 적용된다.
> 1. 조정에 의하여 해결하기로 한 때에는 제45조 제2항 및 제54조의 규정. 이 경우 조정기간은 조정을 개시한 날부터 기산한다.
> 2. 중재에 의하여 해결하기로 한 때에는 제63조의 규정. 이 경우 쟁의행위의 금지기간은 중재를 개시한 날부터 기산한다.

② (✕) 고용노동부장관 → 노동위원회(동조 제2항)

> **제52조(사적 조정·중재)** ② 노동관계 당사자는 제1항의 규정에 의하여 노동쟁의를 해결하기로 한 때에는 이를 노동위원회에 신고하여야 한다.

③ (O) 동법 제72조 제1항
④ (O) 동법 제61조의2 제1항
⑤ (O) 동법 제54조 제1항, 제52조 제3항 제1호

> **제52조(사적 조정·중재)** ③ 제1항의 규정에 의하여 노동쟁의를 해결하기로 한 때에는 다음 각 호의 규정이 적용된다.
> 1. 조정에 의하여 해결하기로 한 때에는 제45조 제2항 및 제54조의 규정. 이 경우 조정기간은 조정을 개시한 날부터 기산한다.
> 2. 중재에 의하여 해결하기로 한 때에는 제63조의 규정. 이 경우 쟁의행위의 금지기간은 중재를 개시한 날부터 기산한다.
> **제54조(조정기간)** ① 조정은 제53조의 규정에 의한 조정의 신청이 있은 날부터 일반사업에 있어서는 10일, 공익사업에 있어서는 15일 이내에 종료하여야 한다.

정답 ②

36 ☐☐☐   ○ △ ✕

노동조합 및 노동관계조정법령상 필수유지업무에 관한 설명으로 옳은 것은?

① 필수유지업무에 대한 쟁의행위의 제한규정을 위반한 자는 2년 이하의 징역 또는 2천만 원 이하의 벌금에 처한다.
② 필수유지업무란 국민경제에 미치는 영향이 크거나 공중의 일상생활을 현저히 위태롭게 하는 업무를 말한다.
③ 필수유지업무협정은 서면으로 작성하여 노동관계 당사자 쌍방이 서명 또는 날인하여야 한다.
④ 노동관계 당사자 쌍방 또는 일방은 필수유지업무협정이 체결되지 아니한 경우, 고용노동부에 필수유지업무의 필요 최소한의 유지·운영 수준, 대상직무 및 필요인원 등의 결정을 신청할 수 있다.
⑤ 필수유지업무의 정당한 유지·운영을 정지·폐지하는 행위는 쟁의행위로서 이를 행할 수 없으나, 방해하는 행위는 쟁의행위로서 이를 행할 수 있다.

해설

① (✕) 2년 → 3년, 2천만 원 → 3천만 원(노동조합법 제89조 제1호)

> **제89조(벌칙)** 다음 각 호의 어느 하나에 해당하는 자는 3년 이하의 징역 또는 3천만 원 이하의 벌금에 처한다. 〈개정 2010.1.1.〉
> 1. 제37조 제2항, 제38조 제1항, 제42조 제1항 또는 제42조의2 제2항의 규정에 위반한 자
> 2. 제85조 제3항(제29조의4 제4항에서 준용하는 경우를 포함한다)에 따라 확정되거나 행정소송을 제기하여 확정된 구제명령에 위반한 자

② (✕) 동법 제42조의2 제1항

제42조의2(필수유지업무에 대한 쟁의행위의 제한) ① 이 법에서 "필수유지업무"라 함은 제71조 제2항의 규정에 따른 필수공익사업의 업무 중 그 업무가 정지되거나 폐지되는 경우 공중의 생명·건강 또는 신체의 안전이나 공중의 일상생활을 현저히 위태롭게 하는 업무로서 대통령령이 정하는 업무를 말한다.

③ (○) 노동관계 당사자는 쟁의행위기간 동안 필수유지업무의 정당한 유지·운영을 위하여 필수유지업무의 필요 최소한의 유지·운영 수준, 대상직무 및 필요인원 등을 정한 협정(이하 "필수유지업무협정"이라 한다)을 서면으로 체결하여야 한다. 이 경우 필수유지업무협정에는 노동관계 당사자 쌍방이 서명 또는 날인하여야 한다(동법 제42조의3).

④ (×) 고용노동부 → 노동위원회, 신청할 수 있다 → 신청하여야 한다(동법 제42조의4 제1항)

제42조의4(필수유지업무 유지·운영 수준 등의 결정) ① 노동관계 당사자 쌍방 또는 일방은 필수유지업무협정이 체결되지 아니하는 때에는 노동위원회에 필수유지업무의 필요 최소한의 유지·운영 수준, 대상직무 및 필요인원 등의 결정을 신청하여야 한다.

⑤ (×) 없으나 → 없고, 행위는 → 행위도, 있다 → 없다(동법 제42조의2 제2항)

제42조의2(필수유지업무에 대한 쟁의행위의 제한) ② 필수유지업무의 정당한 유지·운영을 정지·폐지 또는 방해하는 행위는 쟁의행위로서 이를 행할 수 없다.

정답 ③

037 □□□   ○ △ ×

노동조합 및 노동관계조정법령상 노동조합의 조직변경에 관한 설명으로 옳지 않은 것은? (다툼이 있으면 판례에 따름)

① 노동조합이 존속 중에 그 조합원의 범위를 변경하는 조직변경은 변경 전후 노동조합의 실질적 동일성이 인정되는 범위 내에서 인정된다.
② 어느 사업장의 근로자로 구성된 노동조합이 다른 사업장의 노동조합을 결성하거나 그 조직형태 등을 결정할 수는 없다.
③ 노동조합의 조직형태 변경은 총회에서 재적조합원 과반수의 출석과 출석조합원 3분의 2 이상의 찬성이 있어야 한다.
④ 조직변경이 유효하게 이루어진 경우에 변경 후의 노동조합이 변경 전 노동조합의 재산관계 및 단체협약의 주체로서의 지위를 그대로 승계한다.
⑤ 산업별 노동조합의 지회가 노동조합 유사의 독립한 근로자단체로서 법인 아닌 사단에 해당하는 경우, 조직형태 변경결의를 통하여 기업별 노동조합으로 전환할 수 없다.

해설
① (○) ② (○) ④ (○) 노동조합이 존속 중에 그 조합원의 범위를 변경하는 조직변경은 변경 후의 조합이 변경 전 조합의 재산관계

및 단체협약의 주체로서의 지위를 그대로 승계한다는 조직변경의 효과에 비추어 볼 때 변경 전후의 조합의 실질적 동일성이 인정되는 범위 내에서 인정되고, 노동조합은 구성원인 근로자가 주체가 되어 자주적으로 단결하고 민주적으로 운영되어야 하므로, 어느 사업장의 근로자로 구성된 노동조합이 다른 사업장의 노동조합을 결성하거나 그 조직형태 등을 결정할 수는 없으며, 여기에서 말하는 노동조합에는 근로조건의 결정권이 있는 독립된 사업 또는 사업장에 조직된, 산업별·지역별·직종별 단위노동조합의 지부 또는 분회도 포함된다(대법원 2002.7.26, 2001두5361).

③ (○) 노동조합법 제16조 제2항

제16조(총회의 의결사항) ② 총회는 재적조합원 과반수의 출석과 출석조합원 과반수의 찬성으로 의결한다. 다만, 규약의 제정·변경, 임원의 해임, 합병·분할·해산 및 조직형태의 변경에 관한 사항은 재적조합원 과반수의 출석과 출석조합원 3분의 2 이상의 찬성이 있어야 한다.

⑤ (×) 산업별 노동조합의 지회 등이더라도, 외형과 달리 독자적인 노동조합 또는 노동조합 유사의 독립한 근로자단체로서 법인 아닌 사단에 해당하는 경우에는, 자주적·민주적인 총회의 결의를 통하여 소속을 변경하고 독립한 기업별 노동조합으로 전환할 수 있고, … (대법원 2016.2.19, 2012다96120 전원합의체).

정답 ⑤

038 □□□   ○ △ ×

노동조합 및 노동관계조정법령상 단체협약에 관한 설명으로 옳은 것은? (다툼이 있으면 판례에 따름)

① 단체협약은 특별한 사정이 없는 한 명문의 규정을 근로자에게 불리하게 해석할 수 있다.
② 단체협약 중 근로조건 기타 근로자의 대우에 관하여 정한 부분은 근로자와 사용자 사이의 근로계약관계를 직접 규율하는 효력을 가진다.
③ 근로조건을 불리하게 변경하는 내용의 단체협약이 현저히 합리성을 결하여 노동조합의 목적을 벗어난 것으로 볼 수 있는 경우와 같은 특별한 사정이 없는 한 그러한 노사 간의 합의를 무효라고 볼 수는 없으나, 노동조합으로서는 그러한 합의를 위하여 사전에 근로자들로부터 개별적인 동의나 수권을 받아야 한다.
④ 노동조합이 기존의 임금, 근로시간, 퇴직금 등 근로조건을 결정하는 기준에 관하여 소급적으로 동의하는 내용의 단체협약을 사용자와 체결한 경우에 동의의 효력은 단체협약 체결 이전에 퇴직한 근로자에게도 미친다.
⑤ 단체협약의 유효기간이 경과한 후에도 새로운 단체협약이 체결되지 않은 때에는 새로운 단체협약이 체결될 때까지 단체협약의 해지권을 행사하지 못하도록 하는 취지의 약정은 유효하다.

해설
① (×) 단체협약과 같은 처분문서를 해석할 때는, 단체협약이 근로

자의 근로조건을 유지·개선하고 복지를 증진하여 그 경제적·사회적 지위를 향상시킬 목적으로 근로자의 자주적 단체인 노동조합과 사용자 사이에 단체교섭을 통하여 이루어지는 것이므로, 그 명문의 규정을 근로자에게 불리하게 변형해석할 수 없다(대법원 2018.11.29, 2018두41532).

② (○) 노동조합 및 노동관계조정법 제33조 제1항은 "단체협약에 정한 근로조건 기타 근로자의 대우에 관한 기준에 위반하는 취업규칙 또는 근로계약의 부분은 무효로 한다."고 규정하고 있고, 같은 조 제2항은 "근로계약에 규정되지 아니한 사항 또는 제1항의 규정에 의하여 무효로 된 부분은 단체협약에 정한 기준에 의한다."고 규정하고 있다. 따라서 단체협약 중 근로조건 기타 근로자의 대우에 관하여 정한 부분, 즉 규범적 부분은 근로자와 사용자 사이의 근로계약관계를 직접 규율하는 효력을 가진다(대법원 2016.7.22, 2013두24396).

③ (×) 협약자치의 원칙상 노동조합은 사용자와 사이에 근로조건을 유리하게 변경하는 내용의 단체협약뿐만 아니라 근로조건을 불리하게 변경하는 내용의 단체협약을 체결할 수 있으므로, 근로조건을 불리하게 변경하는 내용의 단체협약이 현저히 합리성을 결하여 노동조합의 목적을 벗어난 것으로 볼 수 있는 경우와 같은 특별한 사정이 없는 한 그러한 노사 간의 합의를 무효라고 볼 수는 없고, 노동조합으로서는 그러한 합의를 위하여 사전에 근로자들로부터 개별적인 동의나 수권을 받을 필요가 없으며, 단체협약이 현저히 합리성을 결하였는지 여부는 단체협약의 내용과 그 체결경위, 당시 사용자 측의 경영상태 등 여러 사정에 비추어 판단해야 한다(대법원 2000.9.29, 99다67536).

④ (×) 단체협약은 노동조합이 사용자 또는 사용자단체와 근로조건 기타 노사관계에서 발생하는 사항에 관하여 체결하는 협정으로서 노동조합이 사용자 측과 기존의 임금, 근로시간, 퇴직금 등 근로조건을 결정하는 기준에 관하여 소급적으로 동의하거나 이를 승인하는 내용의 단체협약을 체결한 경우에 그 동의나 승인의 효력은 단체협약이 시행된 이후에 그 사업체에 종사하며 그 협약의 적용을 받게 될 노동조합원이나 근로자들에 대하여만 생기고, 단체협약 체결 이전에 이미 퇴직한 근로자에게는 위와 같은 효력이 생길 여지가 없다(대법원 1992.7.24, 91다34073).

⑤ (×) 단체협약의 유효기간을 제한한 노동조합법 제32조 제1항, 제2항이나 단체협약의 해지권을 정한 노동조합법 제32조 제3항 단서는 모두 성질상 강행규정이어서 당사자 사이의 합의에 의하더라도 단체협약의 해지권을 행사하지 못하도록 하는 등 적용을 배제하는 것은 허용되지 않는다(대법원 2016.3.10, 2013두3160).

정답 ②

039 ▢▢▢   ○ △ ×

노동조합 및 노동관계조정법령상 명시적으로 서면을 요구하지 않는 것은?

① 단체협약의 작성
② 행정관청에 대한 노동조합의 쟁의행위 신고
③ 상대방에 대한 노동쟁의 발생의 통보
④ 노동위원회의 부당노동행위 구제신청 판정
⑤ 관계당사자에 대한 긴급조정 결정의 통고

해설

① (○) 단체협약은 서면으로 작성하여 당사자 쌍방이 서명 또는 날인하여야 한다(노동조합법 제31조 제1항).

② (○) 노동조합은 쟁의행위를 하고자 할 경우에는 고용노동부령이 정하는 바에 따라 행정관청과 관할노동위원회에 쟁의행위의 일시·장소·참가인원 및 그 방법을 미리 서면으로 신고하여야 한다(동법 시행령 제17조).

③ (○) 노동관계 당사자는 노동쟁의가 발생한 때에는 어느 일방이 이를 상대방에게 서면으로 통보하여야 한다(동법 제45조 제1항).

④ (○) 제1항의 규정에 의한 판정·명령 및 결정은 서면으로 하되, 이를 당해 사용자와 신청인에게 각각 교부하여야 한다(동법 제84조 제2항).

⑤ (×) 동법 제76조 제3항

제76조(긴급조정의 결정) ③ 고용노동부장관은 제1항 및 제2항의 규정에 의하여 긴급조정을 결정한 때에는 지체 없이 그 이유를 붙여 이를 공표함과 동시에 중앙노동위원회와 관계당사자에게 각각 통고하여야 한다. 〈개정 2010.6.4.〉

정답 ⑤

040 ▢▢▢   ○ △ ×

노동조합 및 노동관계조정법령상 쟁의행위의 절차에 관한 설명으로 옳지 않은 것은? (다툼이 있으면 판례에 따름)

① 노동조합의 쟁의행위는 그 조합원의 직접·비밀·무기명투표에 의한 조합원 과반수의 찬성으로 결정하지 아니하면 이를 행할 수 없다.

② 교섭대표노동조합이 결정된 경우에는 그 절차에 참여한 노동조합의 전체 조합원(해당 사업 또는 사업장 소속 조합원으로 한정)의 직접·비밀·무기명투표에 의한 과반수의 찬성으로 결정하지 아니하면 쟁의행위를 할 수 없다.

③ 업종별 노동조합의 경우에는 총파업이 아닌 이상 쟁의행위를 예정하고 있는 당해 지부나 분회소속 조합원의 과반수의 찬성이 있으면 쟁의행위는 절차적으로 적법하다.

④ 쟁의행위를 위한 찬반투표절차를 거치지 아니한 경우, 조합원의 민주적 의사결정이 실질적으로 확보되었다고 볼 수 있는 때에는 그 절차를 따를 수 없는 객관적인 사정이 없더라도 그 쟁의행위는 정당성을 상실하지 않는다.

⑤ 근로자들이 찬반투표절차를 거쳐 정당한 쟁의행위를 개시한 후 쟁의사항과 밀접하게 관련된 새로운 쟁의사항이 부가된 경우에는, 근로자들이 새로이 부가된 사항에 대하여 쟁의행위를 위한 별도의 찬반투표절차를 거쳐야 할 의무가 있다고 할 수 없다.

① (O) ② (×) 2021.1.5. 노동조합법 개정으로 제41조 제1항의 단서조항이 삭제됨으로써 현재는 조합원의 범위를 한정하고 있지 아니하므로, 정답을 변경한다.

> **제41조(쟁의행위의 제한과 금지)** ① 노동조합의 쟁의행위는 그 조합원(제29조의2에 따라 교섭대표노동조합이 결정된 경우에는 그 절차에 참여한 노동조합의 전체 조합원)의 직접·비밀·무기명투표에 의한 조합원 과반수의 찬성으로 결정하지 아니하면 이를 행할 수 없다. 이 경우 조합원 수 산정은 종사근로자인 조합원을 기준으로 한다. 〈개정 2021.1.5.〉

③ (O) 지역별·산업별·업종별 노동조합의 경우에는 총파업이 아닌 이상 쟁의행위를 예정하고 있는 당해 지부나 분회 소속 조합원의 과반수의 찬성이 있으면 쟁의행위는 절차적으로 적법하다고 보아야 한다(대법원 2009.6.23, 2007두12859).

④ (×) 쟁의행위의 개시에 앞서 노동조합 및 노동관계조정법 제41조 제1항에 의한 투표절차를 거치지 아니한 경우에도 조합원의 민주적 의사결정이 실질적으로 확보된 때에는 단지 노동조합 내부의 의사형성과정에 결함이 있는 정도에 불과하다고 하여 쟁의행위의 정당성이 상실되지 않는 것으로 해석한다면 위임에 의한 대리투표, 공개결의나 사후결의, 사실상의 찬성간주 등의 방법이 용인되는 결과, 그와 같은 견해는 위의 관계규정과 대법원의 판례취지에 반하는 것이 된다. 따라서 견해를 달리하여 노동조합 및 노동관계조정법 제41조 제1항을 위반하여 조합원의 직접·비밀·무기명 투표에 의한 과반수의 찬성결정을 거치지 아니하고 쟁의행위에 나아간 경우에도 조합원의 민주적 의사결정이 실질적으로 확보된 경우에는 위와 같은 투표절차를 거치지 아니하였다는 사정만으로 쟁의행위가 정당성을 상실한다고 볼 수 없다는 취지의 대법원 2000.5.26. 선고 99도4836 판결은 이와 어긋나는 부분에 한하여 변경하기로 한다(대법원 2001.10.25, 99도4837 전원합의체). 즉, 그 절차를 따를 수 없는 객관적인 사정이 없다면, 그 쟁의행위는 정당성을 상실한다.

⑤ (O) 근로조건에 관한 노동관계 당사자 간 주장의 불일치로 인하여 근로자들이 조정전치절차 및 찬반투표절차를 거쳐 정당한 쟁의행위를 개시한 후 쟁의사항과 밀접하게 관련된 새로운 쟁의사항이 부가된 경우에는, 근로자들이 새로이 부가된 사항에 대하여 쟁의행위를 위한 별도의 조정절차 및 찬반투표절차를 거쳐야 할 의무가 있다고 할 수 없다(대법원 2012.1.27, 2009도8917).

정답 ④ ▶ ② · ④

---

041 ☐☐☐　　○ △ ×

노동조합 및 노동관계조정법령상 노동조합 전임자 등에 관한 설명으로 옳지 않은 것은? (다툼이 있으면 판례에 따름)

① 근로시간 면제한도를 정하기 위하여 근로시간면제심의위원회를 고용노동부에 둔다.

② 노동조합 전임자 급여 지원행위는 노동조합의 자주성을 저해할 위험성이 있는지를 실질적으로 판단하여 부당노동행위 여부를 판단하여야 한다.

③ 노동조합 전임자라 할지라도 단체협약에 노동조합 전임자에 관하여 특별한 규정을 두거나 특별한 관행이 존재하지 아니하는 한 출·퇴근에 대한 사규의 적용을 받는다.

④ 근로시간 면제자에게 지급되는 급여는 근로제공의무가 면제되는 근로시간에 상응하는 것이어야 한다.

⑤ 노동조합은 노동조합 전임자의 급여지급을 요구하고 이를 관철할 목적으로 쟁의행위를 하여서는 아니 된다.

해설

2021.1.5. 노동조합법 제24조가 개정되어 그 내용이 지문과 배치되므로, 해설을 생략하고 정답을 변경한다.

정답 ② ▶ 없음

---

042 ☐☐☐　　○ △ ×

노동조합 및 노동관계조정법령 위반행위에 대하여 벌칙이 적용되지 않는 것을 모두 고른 것은?

> ㄱ. 노동조합의 대표자가 성별, 연령을 이유로 조합원에게 차별대우를 한 경우
> ㄴ. 사용자가 노동조합의 대표자와의 단체교섭을 정당한 이유 없이 거부하는 행위를 한 경우
> ㄷ. 서면으로 작성하여 당사자 쌍방이 서명한 단체협약의 내용 중 사용자가 휴일에 관한 사항을 위반한 경우
> ㄹ. 「노동조합 및 노동관계조정법」에 의하여 설립된 노동조합이 아님에도 노동조합이라는 명칭을 사용한 경우

① ㄱ　　　　② ㄴ　　　　③ ㄷ
④ ㄹ　　　　⑤ ㄱ, ㄹ

해설

ㄱ (×) 위 경우, 벌칙이 적용되지 아니한다.

ㄴ (O) 2년 이하의 징역 또는 2천만 원 이하의 벌금이 적용된다(노동조합법 제90조, 제81조 제1항 제3호).

ㄷ (O) 1천만 원 이하의 벌금이 적용된다(동법 제92조 제2호 나목).

ㄹ (O) 500만 원 이하의 벌금이 적용된다(동법 제93조 제1호, 제7조 제3항).

정답 ①

43 □□□   ○ △ ×

노동조합 및 노동관계조정법령에 관한 설명으로 옳은 것은
모두 몇 개인가? (다툼이 있으면 판례에 따름)

> ○ 조합원은 노동조합이 주도하지 않더라도 쟁의행위를 할
>   수 있다.
> ○ 근로자는 쟁의행위기간 중에는 현행범 외에는 「노동조합
>   및 노동관계조정법」 위반을 이유로 구속되지 아니한다.
> ○ 노동조합이 사업장의 안전보호시설의 정상적인 운영을
>   정지하는 쟁의행위를 하는 경우, 사태가 급박하지 않더
>   라도 행정관청은 직권으로 그 행위를 중지할 것을 통보
>   할 수 있다.
> ○ 파업기간 중 파업참가자에게 임금을 지급하기로 한 단
>   체협약상의 규정이 있더라도 사용자는 파업참가자에게
>   임금지급의무가 없다.
> ○ 「방위사업법」에 의하여 지정된 주요방위산업체에 종사
>   하는 모든 근로자는 쟁의행위를 할 수 없다.

① 1개   ② 2개   ③ 3개
④ 4개   ⑤ 5개

해설
○ (×) 있다 → 없다(노동조합법 제37조 제2항)

> **제37조(쟁의행위의 기본원칙)** ② 조합원은 노동조합에 의하여
> 주도되지 아니한 쟁의행위를 하여서는 아니 된다.

○ (○) 동법 제39조
○ (×) 급박하지 않더라도 → 급박하면(동법 제42조 제3항)

> **제42조(폭력행위등의 금지)** ③ 행정관청은 쟁의행위가 제2항
> 의 행위에 해당한다고 인정하는 경우에는 노동위원회의 의결을
> 얻어 그 행위를 중지할 것을 통보하여야 한다. 다만, 사태가 급박
> 하여 노동위원회의 의결을 얻을 시간적 여유가 없을 때에는 그
> 의결을 얻지 아니하고 즉시 그 행위를 중지할 것을 통보할 수
> 있다. 〈개정 2006.12.30.〉

○ (×) 쟁의행위 시의 임금지급에 관하여 단체협약이나 취업규칙 등에
서 이를 규정하거나 그 지급에 관한 당사자 사이의 약정이나 관행이
있다고 인정되지 아니하는 한, 근로자의 근로제공의무 등의 주된
권리·의무가 정지되어 근로자가 근로를 제공하지 아니한 쟁의행위
기간 동안에는 근로제공의무와 대가관계에 있는 근로자의 주된
권리로서의 임금청구권은 발생하지 아니한다. 근로를 불완전하게
제공하는 형태의 쟁의행위인 태업(怠業)도 근로제공이 일부 정지되
는 것이라고 할 수 있으므로, 여기에도 이러한 무노동 무임금 원칙이
적용된다고 봄이 타당하다(대법원 2013.11.28, 2011다39946).

○ (×) 모든 → 전력, 용수 및 주로 방산물자를 생산하는 업무에 종사
하는 자는(동법 제41조 제2항)

> **제41조(쟁의행위의 제한과 금지)** ② 「방위사업법」에 의하여 지
> 정된 주요방위산업체에 종사하는 근로자 중 전력, 용수 및 주로
> 방산물자를 생산하는 업무에 종사하는 자는 쟁의행위를 할 수
> 없으며 주로 방산물자를 생산하는 업무에 종사하는 자의 범위는
> 대통령령으로 정한다. 〈개정 2006.1.2.〉

정답 ①

44 □□□   ○ △ ×

노동조합 및 노동관계조정법령에 관한 설명이다. (   )에
들어갈 내용으로 옳은 것은?

> ○ 노동조합은 설립신고된 사항 중 노동조합의 명칭에 해
>   당하는 사항에 변경이 있는 때에는 그날부터 (ㄱ)일
>   이내에 행정관청에게 변경신고를 하여야 한다.
> ○ 필수공익사업의 사용자는 쟁의행위기간 중에 당해 사업
>   또는 사업장 파업참가자의 100분의 (ㄴ)을 초과하지
>   않는 범위 안에서 당해 사업과 관계없는 자를 채용 또는
>   대체하거나 그 업무를 도급 또는 하도급 줄 수 있다.

① ㄱ: 15 ㄴ: 15   ② ㄱ: 30 ㄴ: 30
③ ㄱ: 30 ㄴ: 50   ④ ㄱ: 50 ㄴ: 50
⑤ ㄱ: 50 ㄴ: 70

해설
③ (○) ㄱ: 30, ㄴ: 50

> **노동조합법 제13조(변경사항의 신고등)** ① 노동조합은 제10조
> 제1항의 규정에 의하여 설립신고된 사항 중 다음 각 호의 1에
> 해당하는 사항에 변경이 있는 때에는 그날부터 30일 이내에 행정
> 관청에게 변경신고를 하여야 한다. 〈개정 2001.3.28.〉
> 1. 명칭
> 2. 주된 사무소의 소재지
> 3. 대표자의 성명
> 4. 소속된 연합단체의 명칭
> **제43조(사용자의 채용제한)** ③ 제1항 및 제2항의 규정은 필수
> 공익사업의 사용자가 쟁의행위기간 중에 한하여 당해 사업과 관
> 계없는 자를 채용 또는 대체하거나 그 업무를 도급 또는 하도급
> 주는 경우에는 적용하지 아니한다. 〈신설 2006.12.30.〉
> ④ 제3항의 경우 사용자는 당해 사업 또는 사업장 파업참가자의
> 100분의 50을 초과하지 않는 범위 안에서 채용 또는 대체하거나
> 도급 또는 하도급 줄 수 있다. 이 경우 파업참가자 수의 산정
> 방법 등은 대통령령으로 정한다. 〈신설 2006.12.30.〉

정답 ③

45 □□□   ○ △ ×

노동조합 및 노동관계조정법령상 필수공익사업에 해당하
지 않는 것은?

① 철도사업   ② 조폐사업
③ 혈액공급사업   ④ 항공운수사업
⑤ 통신사업

해설
② (×) 조폐사업은 공익사업에 해당한다(노동조합법 제71조 제1항
제4호).

> **제71조(공익사업의 범위등)** ① 이 법에서 "공익사업"이라 함은
> 공중의 일상생활과 밀접한 관련이 있거나 국민경제에 미치는 영

향이 큰 사업으로서 다음 각 호의 사업을 말한다. 〈개정 2006. 12. 30.〉

1. 정기노선 여객운수사업 및 항공운수사업
2. 수도사업, 전기사업, 가스사업, 석유정제사업 및 석유공급사업
3. 공중위생사업, 의료사업 및 혈액공급사업
4. 은행 및 조폐사업
5. 방송 및 통신사업

② 이 법에서 "필수공익사업"이라 함은 제1항의 공익사업으로서 그 업무의 정지 또는 폐지가 공중의 일상생활을 현저히 위태롭게 하거나 국민경제를 현저히 저해하고 그 업무의 대체가 용이하지 아니한 다음 각 호의 사업을 말한다. 〈개정 2006.12.30.〉

1. 철도사업, 도시철도사업 및 항공운수사업
2. 수도사업, 전기사업, 가스사업, 석유정제사업 및 석유공급사업
3. 병원사업 및 혈액공급사업
4. 한국은행사업
5. 통신사업

정답 ②

046 ☐☐☐　　　　　　　　○ △ ✕

노동조합 및 노동관계조정법령상 점거가 금지되는 시설로 옳은 것을 모두 고른 것은?

ㄱ. 전기시설	ㄴ. 철도의 차량
ㄷ. 항행안전시설	ㄹ. 항공기

① ㄱ, ㄴ　　　② ㄷ, ㄹ　　　③ ㄱ, ㄴ, ㄷ
④ ㄴ, ㄷ, ㄹ　　　⑤ ㄱ, ㄴ, ㄷ, ㄹ

해설

⑤ (○) 모두 점거가 금지되는 시설로 옳은 것이다.

> **노동조합법 시행령 제21조(점거가 금지되는 시설)** 법 제42조 제1항에서 "대통령령이 정하는 시설"이란 다음 각 호의 시설을 말한다. 〈개정 2021.6.29.〉
> 1. 전기·전산 또는 통신시설
> 2. 철도(도시철도를 포함한다)의 차량 또는 선로
> 3. 건조·수리 또는 정박 중인 선박. 다만, 「선원법」에 의한 선원이 당해 선박에 승선하는 경우를 제외한다.
> 4. 항공기·항행안전시설 또는 항공기의 이·착륙이나 여객·화물의 운송을 위한 시설
> 5. 화약·폭약 등 폭발위험이 있는 물질 또는 「화학물질관리법」 제2조 제2호에 따른 유독물질을 보관·저장하는 장소
> 6. 기타 점거될 경우 생산 기타 주요업무의 정지 또는 폐지를 가져오거나 공익상 중대한 위해를 초래할 우려가 있는 시설로서 고용노동부장관이 관계중앙행정기관의 장과 협의하여 정하는 시설

정답 ⑤

047 ☐☐☐　　　　　　　　○ △ ✕

근로자참여 및 협력증진에 관한 법률상 노사협의회에 관한 설명으로 옳지 않은 것은?

① 근로조건에 대한 결정권이 있는 상시 30명 이상의 근로자를 사용하는 사업이나 사업장 단위로 설치하여야 한다.
② 하나의 사업에 지역을 달리하는 사업장이 있을 경우에는 그 사업장에도 설치할 수 있다.
③ 근로자위원은 근로자의 과반수로 조직된 노동조합이 있는 경우에는 노동조합의 대표자와 그 노동조합이 위촉하는 자로 한다.
④ 사용자위원은 해당 사업이나 사업장의 대표자와 그 대표자가 위촉하는 자로 한다.
⑤ 근로자와 사용자를 대표하는 같은 수의 위원으로 구성하되, 근로자위원 중에는 여성근로자가 1명 이상 포함되어야 한다.

해설

① (○) 노사협의회(이하 "협의회"라 한다)는 근로조건에 대한 결정권이 있는 사업이나 사업장 단위로 설치하여야 한다. 다만, 상시(常時) 30명 미만의 근로자를 사용하는 사업이나 사업장은 그러하지 아니하다(근로자참여법 제4조 제1항).
② (○) 동조 제2항
③ (○) 제2항에도 불구하고 사업 또는 사업장에 근로자의 과반수로 조직된 노동조합이 있는 경우에는 근로자위원은 노동조합의 대표자와 그 노동조합이 위촉하는 자로 한다(동법 제6조 제3항).
④ (○) 사용자를 대표하는 위원(이하 "사용자위원"이라 한다)은 해당 사업이나 사업장의 대표자와 그 대표자가 위촉하는 자로 한다(동조 제4항).
⑤ (✕) 근로자위원 중에는 여성근로자가 1명 이상 포함되어야 한다 → 각 3명 이상 10명 이하로 한다(동조 제1항)

> **제6조(협의회의 구성)** ① 협의회는 근로자와 사용자를 대표하는 같은 수의 위원으로 구성하되, 각 3명 이상 10명 이하로 한다.
> ② 근로자를 대표하는 위원(이하 "근로자위원"이라 한다)은 근로자 과반수가 참여하여 직접·비밀·무기명 투표로 선출한다. 다만, 사업 또는 사업장의 특수성으로 인하여 부득이한 경우에는 부서별로 근로자 수에 비례하여 근로자위원을 선출할 근로자(이하 이 조에서 "위원선거인"이라 한다)를 근로자 과반수가 참여한 직접·비밀·무기명 투표로 선출하고 위원선거인 과반수가 참여한 직접·비밀·무기명 투표로 근로자위원을 선출할 수 있다. 〈개정 2022.6.10.〉

정답 ⑤

048 ☐☐☐   ○ △ ✕

교원의 노동조합 설립 및 운영 등에 관한 법률의 내용으로 옳은 것은?

① 교원은 전국 단위로만 노동조합을 설립하여야 한다.
② 노동조합을 설립하려는 사람은 교육부장관에게 설립신고서를 제출해야 한다.
③ 교원은 교육부장관의 허가가 있는 경우, 노동조합의 업무에만 종사할 수 있다.
④ 단체교섭을 하거나 단체협약을 체결하는 경우에 관계당사자는 국민여론과 학부모의 의견을 수렴하여 성실하게 교섭하고 단체협약을 체결하여야 한다.
⑤ 교원 노동관계 조정위원회는 당사자가 합의하여 지명하는 조정담당 공익위원 5명으로 구성된다.

해설

① (✕) 교원노조법 제2조, 제4조 제1항·제2항

> **제2조(정의)** 이 법에서 "교원"이란 다음 각 호의 어느 하나에 해당하는 사람을 말한다. 〈개정 2021.1.5.〉
> 1. 「유아교육법」 제20조 제1항에 따른 교원
> 2. 「초·중등교육법」 제19조 제1항에 따른 교원
> 3. 「고등교육법」 제14조 제2항 및 제4항에 따른 교원. 다만, 강사는 제외한다.
> **제4조(노동조합의 설립)** ① 제2조 제1호·제2호에 따른 교원은 특별시·광역시·특별자치시·도·특별자치도(이하 "시·도"라 한다) 단위 또는 전국 단위로 노동조합을 설립할 수 있다. 〈개정 2020.6.9.〉
> ② 제2조 제3호에 따른 교원은 개별학교 단위, 시·도 단위 또는 전국 단위로 노동조합을 설립할 수 있다. 〈신설 2020.6.9.〉

② (✕) 교육부장관 → 고용노동부장관(동법 제4조 제3항)

> **제4조(노동조합의 설립)** ③ 노동조합을 설립하려는 사람은 고용노동부장관에게 설립신고서를 제출하여야 한다. 〈개정 2020.6.9.〉

③ (✕) 교육부장관의 허가가 있는 경우 → 임용권자의 동의를 받아 (동법 제5조 제1항)

> **제5조(노동조합 전임자의 지위)** ① 교원은 임용권자의 동의를 받아 노동조합으로부터 급여를 지급받으면서 노동조합의 업무에만 종사할 수 있다. 〈개정 2022.6.10.〉

④ (○) 제1항에 따른 단체교섭을 하거나 단체협약을 체결하는 경우에 관계당사자는 국민여론과 학부모의 의견을 수렴하여 성실하게 교섭하고 단체협약을 체결하여야 하며, 그 권한을 남용하여서는 아니 된다(동법 제6조 제8항).

⑤ (✕) 당사자가 합의하여 → 중앙노동위원회 위원장이, 5명 → 3명 (동법 제11조 제2항)

> **제11조(교원 노동관계 조정위원회의 구성)** ② 위원회는 중앙노동위원회 위원장이 지명하는 조정담당 공익위원 3명으로 구성한다. 다만, 관계당사자가 합의하여 중앙노동위원회의 조정담당 공익위원이 아닌 사람을 추천하는 경우에는 그 사람을 지명하여야 한다.

정답 ④

---

049 ☐☐☐   ○ △ ✕

공무원의 노동조합 설립 및 운영 등에 관한 법률의 내용으로 옳지 않은 것은?

① 정부교섭대표는 효율적인 교섭을 위하여 필요한 경우, 정부교섭대표가 아닌 관계기관의 장으로 하여금 교섭에 참여하게 할 수 있다.
② 노동조합은 단체교섭을 위하여 노동조합의 조합원 외의 자를 교섭위원으로 구성할 수 있다.
③ 단체교섭이 결렬된 경우에는 당사자 어느 한쪽 또는 양쪽은 중앙노동위원회에 조정을 신청할 수 있다.
④ 정부교섭대표는 단체협약의 내용 중 법령·조례 또는 예산에 의하여 규정되는 내용일지라도 그 내용이 이행될 수 있도록 성실하게 노력하여야 한다.
⑤ 노동조합을 설립하려는 사람은 고용노동부장관에게 설립신고서를 제출하여야 한다.

해설

① (○) 정부교섭대표는 효율적인 교섭을 위하여 필요한 경우 정부교섭대표가 아닌 관계기관의 장으로 하여금 교섭에 참여하게 할 수 있고, 다른 기관의 장이 관리하거나 결정할 권한을 가진 사항에 대하여는 해당 기관의 장에게 교섭 및 단체협약체결권한을 위임할 수 있다(공무원노조법 제8조 제4항).

② (✕) 있다 → 없다(동법 제9조 제1항)

> **제9조(교섭의 절차)** ① 노동조합은 제8조에 따른 단체교섭을 위하여 노동조합의 대표자와 조합원으로 교섭위원을 구성하여야 한다.

③ (○) 동법 제12조 제1항
④ (○) 동법 제10조

> **제10조(단체협약의 효력)** ① 제9조에 따라 체결된 단체협약의 내용 중 법령·조례 또는 예산에 의하여 규정되는 내용과 법령 또는 조례에 의하여 위임을 받아 규정되는 내용은 단체협약으로서의 효력을 가지지 아니한다.
> ② 정부교섭대표는 제1항에 따라 단체협약으로서의 효력을 가지지 아니하는 내용에 대하여는 그 내용이 이행될 수 있도록 성실하게 노력하여야 한다.

⑤ (○) 동법 제5조 제2항

정답 ②

노동법 (2)

2017년도 제26회 **261**

050 ☐☐☐ ○ △ ✕

노동위원회법상 노동위원회에 관한 설명으로 옳지 않은 것은?

① 둘 이상의 관할구역에 걸친 사건은 신청인의 주소지를 관할하는 지방노동위원회가 관장한다.

② 노동위원회는 접수된 사건이 다른 노동위원회의 관할인 경우에는 지체 없이 해당 사건을 관할 노동위원회로 이송하여야 한다.

③ 중앙노동위원회 근로자위원은 노동조합이 추천한 사람 중에서 고용노동부장관의 제청으로 대통령이 위촉한다.

④ 노동위원회는 「노동조합 및 노동관계조정법」에 따른 판정에 관한 사건에서 사회취약계층을 위하여 변호사나 공인노무사로 하여금 권리구제업무를 대리하게 할 수 있다.

⑤ 노동위원회는 공익위원의 자격기준에 따라 노동문제에 관한 지식과 경험이 있는 사람을 공익위원으로 위촉하되, 여성의 위촉이 늘어날 수 있도록 노력하여야 한다.

해설

① (✕) 신청인의 주소지 → 주된 사업장의 소재지(노동위원회법 제3조 제2항)

> **제3조(노동위원회의 관장)** ② 지방노동위원회는 해당 관할구역에서 발생하는 사건을 관장하되, 둘 이상의 관할구역에 걸친 사건(제1항 제2호의 조정사건은 제외한다)은 주된 사업장의 소재지를 관할하는 지방노동위원회에서 관장한다.

② (○) 노동위원회는 접수된 사건이 다른 노동위원회의 관할인 경우에는 지체 없이 해당 사건을 관할 노동위원회로 이송하여야 한다. 제23조에 따른 조사를 시작한 후 다른 노동위원회의 관할인 것으로 확인된 경우에도 또한 같다(동법 제3조의2 제1항).

③ (○) 동법 제6조 제3항 제1호

> **제6조(노동위원회의 구성 등)** ③ 근로자위원은 노동조합이 추천한 사람 중에서, 사용자위원은 사용자단체가 추천한 사람 중에서 다음 각 호의 구분에 따라 위촉한다.
> 1. 중앙노동위원회: 고용노동부장관의 제청으로 대통령이 위촉
> 2. 지방노동위원회: 지방노동위원회 위원장의 제청으로 중앙노동위원회 위원장이 위촉

④ (○) 노동위원회는 제2조의2 제1호 중 판정·결정·승인·인정 및 차별적 처우 시정 등에 관한 사건에서 사회취약계층을 위하여 변호사나 공인노무사로 하여금 권리구제업무를 대리하게 할 수 있다(동법 제6조의2 제1항).

⑤ (○) 동법 제8조 제1항

정답 ①

26 □□□　　　○ △ ×

헌법에 명시된 노동3권에 관한 규정으로 옳은 것을 모두 고른 것은?

> ㄱ. 공무원인 근로자는 법률이 정하는 자에 한하여 단결권 · 단체교섭권 및 단체행동권을 가진다.
> ㄴ. 법률이 정하는 주요방위산업체에 종사하는 근로자의 단결권은 법률이 정하는 바에 따라 이를 제한하거나 인정하지 아니할 수 있다.
> ㄷ. 노동조합의 조합원은 어떠한 경우에도 인종, 종교, 성별, 연령, 신체적 조건, 고용형태, 정당 또는 신분에 의하여 차별대우를 받지 아니한다.

① ㄱ　　　② ㄱ, ㄴ　　　③ ㄱ, ㄷ
④ ㄴ, ㄷ　　　⑤ ㄱ, ㄴ, ㄷ

해설

① (○) ㄱ이 노동3권에 관한 규정으로 옳은 것이다.

[보충] ㄴ 단결권 → 단체행동권(대한민국 헌법 제33조 제3항), ㄷ 헌법이 아닌 노동조합법 제9조에 명시된 규정이다.

> 제33조 ③ 법률이 정하는 주요방위산업체에 종사하는 근로자의 단체행동권은 법률이 정하는 바에 의하여 이를 제한하거나 인정하지 아니할 수 있다.

정답 ①

27 □□□　　　○ △ ×

우리나라 노동법의 연혁에 관한 설명으로 옳은 것은?

① 노동조합법, 노동쟁의조정법은 1953년에 제정되었다.
② 부당노동행위제도는 최초 도입된 이후 현재까지 구제주의와 처벌주의를 병행하고 있다.
③ 미국의 와그너법을 수용하여 사용자와 노동조합을 부당노동행위주체로 인정하고 있다.
④ 필수유지업무협정제도는 2010년 노동조합 및 노동관계조정법 개정 시에 처음으로 도입되었다.
⑤ 노동조합의 전임자에 대한 급여지급 금지는 1980년 노동조합법 개정 시에 처음으로 도입되었다.

해설

① (○) 「노동조합법」 및 「노동쟁의조정법」 모두 1953년 3월 8일에 제정되었다.
② (×) 1953년 노동조합법은 사용자의 부당노동행위를, 노동쟁의조정법은 정당한 쟁의행위에 대한 사용자의 불이익취급을 금지하면서 각각의 위반을 처벌하는 규정을 두었으나, 1963년 개정 노동조

합법은 처벌규정을 삭제함으로써 처벌주의에서 구제주의로 입법방향을 전환하였다. 이후 1986년 개정 노동조합법은 사용자의 부당노동행위 그 자체를 처벌하되 반의사불벌죄로 하는 규정을 신설함으로써 구제주의와 처벌주의의 병용주의로 다시 한 번 입법방향을 전환하였다.

③ (×) 1935년 노동자의 권리보호를 목적으로 제정된 전국노동관계법(와그너법)은 사용자의 부당노동행위만을 금지하였다.

[보충] 현행 노동조합법도 사용자만을 부당노동행위의 주체로 인정하고 있다(동법 제81조 제1항). 여기서 사용자는 사업주, 사업의 경영담당자 및 그 사업의 근로자에 관한 사항에 대하여 사업주를 위하여 행동하는 자를 포함하는 광의의 사용자를 말한다. 노동조합은 근로자와 함께 부당노동행위의 주체가 아닌 객체일 뿐이다.

④ (×) 필수유지업무협정제도는 2006년 12월 30일 노동조합법 개정 시에 처음으로 도입되었다.
⑤ (×) 노동조합의 전임자에 대한 급여지급 금지는 1997년 3월 13일 새 노동조합법 제정 시에 처음으로 도입되었다.

정답 ①

28 □□□　　　○ △ ×

노동조합 및 노동관계조정법령상 노동조합에 관한 설명으로 옳은 것은? (다툼이 있으면 판례에 따름)

① 근로조건의 결정권이 있는 독립된 사업 또는 사업장에 조직된 노동단체는 지부 · 분회 등 명칭 여하에 불구하고 노동조합의 설립신고를 할 수 없다.
② 노동조합이 신고증을 교부받은 경우에는 설립신고서가 접수된 때에 설립된 것으로 본다.
③ 노동조합 및 노동관계조정법에 의하여 설립된 노동조합이 아니더라도 노동위원회에 부당노동행위의 구제를 신청할 수 있다.
④ 지역별 노동조합이 일시적으로 실업상태에 있는 자를 구성원으로 포함시키고 있는 경우에 행정관청은 설립신고서를 반려하여야 한다.
⑤ 행정관청은 설립하고자 하는 노동조합이 항상 사용자의 이익을 대표하여 행동하는 자의 참가를 허용하는 경우에는 설립신고의 보완을 요구하여야 한다.

해설

① (×) 없다 → 있다(노동조합법 시행령 제7조)

> 시행령 제7조(산하조직의 신고) 산하조직 중 근로조건의 결정권이 있는 독립된 사업 또는 사업장에 조직된 노동단체는 지부 · 분회 등 명칭이 무엇이든 상관없이 법 제10조 제1항에 따른 노동조합의 설립신고를 할 수 있다.

② (○) 동법 제12조 제4항

③ (×) 아니더라도 → 아니면, 있다 → 없다(동법 제7조 제1항)

> **제7조(노동조합의 보호요건)** ① 이 법에 의하여 설립된 노동조합이 아니면 노동위원회에 노동쟁의의 조정 및 부당노동행위의 구제를 신청할 수 없다.

④ (×) 노조법 제2조 제1호 및 제4호 (라)목 본문에서 말하는 '근로자'에는 특정한 사용자에게 고용되어 현실적으로 취업하고 있는 자뿐만 아니라, 일시적으로 실업상태에 있는 자나 구직 중인 자도 노동3권을 보장할 필요성이 있는 한 그 범위에 포함되고, 따라서 지역별 노동조합의 성격을 가진 원고가 그 구성원으로 '구직 중인 여성노동자'를 포함시키고 있다 하더라도, '구직 중인 여성노동자' 역시 노조법상의 근로자에 해당하므로, 구직 중인 여성노동자는 근로자가 아니라는 이유로 원고의 이 사건 노동조합설립신고를 반려한 이 사건 처분을 위법하다고 판단하였던바, 이러한 원심의 판단은 정당하고, 거기에 노조법에 정한 근로자의 개념에 관한 법리를 오해한 위법이 있다고 할 수 없다(대법원 2004.2.27, 2001두8568).

⑤ (×) 설립신고의 보완을 요구하여야 한다 → 설립신고서를 반려하여야 한다(동법 제12조 제3항 제1호, 제2조 제4호 가목)

> **제2조(정의)** 이 법에서 사용하는 용어의 정의는 다음과 같다.
> 〈개정 2021.1.5.〉
> 4. "노동조합"이라 함은 근로자가 주체가 되어 자주적으로 단결하여 근로조건의 유지·개선 기타 근로자의 경제적·사회적 지위의 향상을 도모함을 목적으로 조직하는 단체 또는 그 연합단체를 말한다. 다만, 다음 각목의 1에 해당하는 경우에는 노동조합으로 보지 아니한다.
> 가. 사용자 또는 항상 그의 이익을 대표하여 행동하는 자의 참가를 허용하는 경우
> 나. 경비의 주된 부분을 사용자로부터 원조받는 경우
> 다. 공제·수양 기타 복리사업만을 목적으로 하는 경우
> 라. 근로자가 아닌 자의 가입을 허용하는 경우
> 마. 주로 정치운동을 목적으로 하는 경우
>
> **제12조(신고증의 교부)** ③ 행정관청은 설립하고자 하는 노동조합이 다음 각 호의 1에 해당하는 경우에는 설립신고서를 반려하여야 한다. 〈개정 1998.2.20.〉
> 1. 제2조 제4호 각목의 1에 해당하는 경우
> 2. 제2항의 규정에 의하여 보완을 요구하였음에도 불구하고 그 기간 내에 보완을 하지 아니하는 경우

정답 ②

---

029 ◻◻◻ ○ △ ✕

노동조합 및 노동관계조정법령상 노동조합 대표자 및 총회에 관한 설명으로 옳지 않은 것은?

① 노동조합의 대표자는 총회의 의장이 된다.

② 노동조합의 대표자는 필요하다고 인정할 때에는 임시총회 또는 임시대의원회를 소집할 수 있다.

③ 노동조합은 규약으로 총회에 갈음할 대의원회를 둘 수 있다.

④ 노동조합은 매년 1회 이상 총회를 개최하여야 한다.

⑤ 규약의 변경에 관한 총회의 의결은 재적조합원 과반수의 출석과 출석조합원 과반수의 찬성이 있어야 한다.

해설

① (○) 노동조합법 제15조 제2항

② (○) 동법 제18조 제1항

③ (○) 동법 제17조 제1항

④ (○) 동법 제15조 제1항

⑤ (×) 출석조합원 과반수 → 출석조합원 3분의 2 이상(동법 제16조 제2항)

> **제16조(총회의 의결사항)** ② 총회는 재적조합원 과반수의 출석과 출석조합원 과반수의 찬성으로 의결한다. 다만, 규약의 제정·변경, 임원의 해임, 합병·분할·해산 및 조직형태의 변경에 관한 사항은 재적조합원 과반수의 출석과 출석조합원 3분의 2 이상의 찬성이 있어야 한다.

정답 ⑤

---

030 ◻◻◻ ○ △ ✕

노동조합 및 노동관계조정법령상 교섭창구 단일화제도에 관한 설명으로 옳은 것은?

① 교섭대표노동조합의 대표자는 해당 교섭단위 내의 비조합원을 포함한 모든 근로자를 위하여 사용자와 교섭하고 단체협약을 체결할 권한을 가진다.

② 교섭대표노동조합 결정절차에 참여한 노동조합들이 교섭대표노동조합을 자율적으로 결정하는 기한 내에 교섭창구 단일화절차를 거치지 아니하기로 합의한 경우에 사용자는 개별교섭에 응하여야 한다.

③ 교섭대표노동조합이 결정된 날로부터 6개월 동안 단체협약을 체결하지 못한 경우, 어느 노동조합이든지 사용자에게 교섭을 요구할 수 있다.

④ 공동교섭대표단의 구성에 합의하지 못할 경우에 노동위원회는 해당 노동조합의 신청에 따라 조합원 비율을 고려하여 이를 결정할 수 있다.

⑤ 교섭창구 단일화절차에 참여한 노동조합의 전체 조합원 과반수로 조직된 노동조합에 해당하는지를 결정할 때 2개 이상의 노동조합이 연합하는 방법은 허용되지 않는다.

① (✕) 해당 교섭단위 내의 비조합원을 포함한 모든 근로자를 → 교섭을 요구한 모든 노동조합 또는 조합원을(노동조합법 제29조 제2항)

> **제29조(교섭 및 체결권한)** ② 제29조의2에 따라 결정된 교섭대표노동조합(이하 "교섭대표노동조합"이라 한다)의 대표자는 교섭을 요구한 모든 노동조합 또는 조합원을 위하여 사용자와 교섭하고 단체협약을 체결할 권한을 가진다. 〈신설 2010.1.1.〉

② (✕) 동법 제29조의2 제1항 단서, 제2항에 따라, 교섭대표노동조합을 자율적으로 결정하는 기한 내에 사용자가 교섭창구 단일화절차를 거치지 아니하기로 동의한 경우에는 개별교섭이 가능하다.

> **제29조의2(교섭창구 단일화절차)** ① 하나의 사업 또는 사업장에서 조직형태에 관계없이 근로자가 설립하거나 가입한 노동조합이 2개 이상인 경우 노동조합은 교섭대표노동조합(2개 이상의 노동조합 조합원을 구성원으로 하는 교섭대표기구를 포함한다. 이하 같다)을 정하여 교섭을 요구하여야 한다. 다만, 제3항에 따라 교섭대표노동조합을 자율적으로 결정하는 기한 내에 사용자가 이 조에서 정하는 교섭창구 단일화절차를 거치지 아니하기로 동의한 경우에는 그러하지 아니하다. 〈개정 2021.1.5.〉
> ② 제1항 단서에 해당하는 경우 사용자는 교섭을 요구한 모든 노동조합과 성실히 교섭하여야 하고, 차별적으로 대우해서는 아니 된다. 〈신설 2021.1.5.〉

③ (✕) 6개월 → 1년(동법 시행령 제14조의10 제3항)

> **시행령 제14조의10(교섭대표노동조합의 지위 유지기간 등)** ③ 법 제29조의2에 따라 결정된 교섭대표노동조합이 그 결정된 날부터 1년 동안 단체협약을 체결하지 못한 경우에는 어느 노동조합이든지 사용자에게 교섭을 요구할 수 있다. 이 경우 제14조의2 제2항 및 제14조의3부터 제14조의9까지의 규정을 적용한다.

④ (○) 동법 제29조의2 제6항

⑤ (✕) 허용되지 않는다 → 허용된다(동법 제29조의2 제4항)

> **제29조의2(교섭창구 단일화절차)** ④ 제3항에 따른 기한까지 교섭대표노동조합을 정하지 못하고 제1항 단서에 따른 사용자의 동의를 얻지 못한 경우에는 교섭창구 단일화절차에 참여한 노동조합의 전체 조합원 과반수로 조직된 노동조합(2개 이상의 노동조합이 위임 또는 연합 등의 방법으로 교섭창구 단일화절차에 참여한 노동조합 전체 조합원의 과반수가 되는 경우를 포함한다)이 교섭대표노동조합이 된다. 〈개정 2021.1.5.〉

정답 ④

---

031 ☐☐☐   ○ △ ✕

노동조합 및 노동관계조정법령상 단체교섭에 관한 설명으로 옳은 것은? (다툼이 있으면 판례에 따름)

① 단체교섭의 노동조합 측 당사자는 해당 노동조합의 대표자이다.
② 노동조합은 단체협약의 체결에 관한 권한을 위임할 수 없다.
③ 사용자는 쟁의기간 중이라는 사정만을 이유로 단체교섭을 거부할 수 있다.
④ 노동조합은 대표자의 단체협약체결권한을 전면적·포괄적으로 제한할 수 있다.
⑤ 사용자단체라 함은 노동관계에 관하여 그 구성원인 사용자에 대하여 조정 또는 규제할 수 있는 권한을 가진 사용자의 단체를 말한다.

① (✕) 노동조합의 대표자는 사실행위로서의 단체교섭, 즉 현실적으로 상대방과 회담하여 협상하고, 단체협약 작성·서명 등의 행위를 하는 사람이므로, 단체교섭의 당사자가 아닌 담당자이다.
[보충] 단체교섭의 당사자는 자기 이름으로 단체교섭을 행하고 체결함으로써 그 법적 효과가 귀속되는 주체이므로, 근로자 측에서는 근로자나 노동조합의 대표자가 아닌 노동조합, 사용자 측에서는 사용자·사용자단체가 된다.

② (✕) 없다 → 있다(노동조합법 시행령 제14조 제1항)

> **시행령 제14조(교섭권한 등의 위임통보)** ① 노동조합과 사용자 또는 사용자단체(이하 "노동관계당사자"라 한다)는 법 제29조 제3항에 따라 교섭 또는 단체협약의 체결에 관한 권한을 위임하는 경우에는 교섭사항과 권한범위를 정하여 위임하여야 한다. 〈개정 2010.2.12.〉

③ (✕) 쟁의행위는 단체교섭을 촉진하기 위한 수단으로서의 성질을 가지므로 쟁의기간 중이라는 사정이 사용자가 단체교섭을 거부할 만한 정당한 이유가 될 수 없고, 한편 당사자가 성의 있는 교섭을 계속하였음에도 단체교섭이 교착상태에 빠져 교섭의 진전이 더 이상 기대될 수 없는 상황이라면 사용자가 단체교섭을 거부하더라도 그 거부에 정당한 이유가 있다고 할 것이지만, 위와 같은 경우에도 노동조합 측으로부터 새로운 타협안이 제시되는 등 교섭재개가 의미 있을 것으로 기대할 만한 사정변경이 생긴 경우에는 사용자로서는 다시 단체교섭에 응하여야 하므로, 위와 같은 사정변경에도 불구하고 사용자가 단체교섭을 거부하는 경우에는 그 거부에 정당한 이유가 있다고 할 수 없다(대법원 2006.2.24, 2005도8606).

④ (✕) 노동조합법 제33조 제1항 본문은 "노동조합의 대표자 또는 노동조합으로부터 위임을 받은 자는 그 노동자 또는 조합원을 위하여 사용자나 사용자단체와 단체협약의 체결 기타의 사항에 관하여 교섭할 권한이 있다"고 규정하고 있는바, "교섭할 권한"이라 함은 사실행위로서의 단체교섭의 권한 외에 교섭한 결과에 따라 단체협약을 체결할 권한을 포함한다.
노동조합의 대표자 또는 수임자가 단체교섭의 결과에 따라 사용자와 단체협약의 내용을 합의한 후 다시 협약안의 가부에 관하여 조합원총회의 의결을 거쳐야만 한다는 것은 대표자 또는 수임자의 단체협약체결권한을 전면적, 포괄적으로 제한함으로써 사실상 단

체협약체결권한을 형해화하여 명목에 불과한 것으로 만드는 것이
어서 위 법 제33조 제1항의 취지에 위반된다(대법원 1993.4.27,
91누12257). 즉, 노동조합은 대표자의 단체협약체결권한을 전면
적·포괄적으로 제한할 수 없다.
⑤ (O) 동법 제2조 제3호

정답 ⑤

---

④ (O) 동법 제29조의4 제1항
⑤ (O) 동조 제2항

> **제29조의4(공정대표의무 등)** ② 노동조합은 교섭대표노동조합
> 과 사용자가 제1항을 위반하여 차별한 경우에는 그 행위가 있은
> 날(단체협약의 내용의 일부 또는 전부가 제1항에 위반되는 경우
> 에는 단체협약 체결일을 말한다)부터 3개월 이내에 대통령령으
> 로 정하는 방법과 절차에 따라 노동위원회에 그 시정을 요청할
> 수 있다.

정답 ②

---

032 □□□   ○ △ ×

**노동조합 및 노동관계조정법령상 교섭단위 결정 및 공정대
표의무에 관한 설명으로 옳지 않은 것은?**

① 교섭단위는 하나의 사업 또는 사업장으로 한다.
② 노동위원회는 노동관계 당사자의 신청이나 직권으로
   교섭단위를 분리하는 결정을 할 수 있다.
③ 노동조합 또는 사용자는 교섭단위를 분리하여 교섭하려
   는 경우에는 사용자가 교섭요구사실을 공고하기 전에도
   노동위원회에 교섭단위 분리의 결정을 신청할 수 있다.
④ 교섭대표노동조합과 사용자는 교섭창구 단일화절차
   에 참여한 노동조합 또는 그 조합원 간에 합리적 이유
   없이 차별을 하여서는 아니 된다.
⑤ 교섭창구 단일화절차에 참여한 노동조합은 교섭대표
   노동조합과 사용자가 체결한 단체협약의 내용의 일부
   또는 전부가 공정대표의무에 위반되는 경우에는 단체
   협약 체결일부터 3개월 이내에 대통령령으로 정하는
   방법과 절차에 따라 노동위원회에 그 시정을 요청할
   수 있다.

해설

① (O) 제29조의2에 따라 교섭대표노동조합을 결정하여야 하는 단
위(이하 "교섭단위"라 한다)는 하나의 사업 또는 사업장으로 한다
(노동조합법 제29조의3 제1항).
② (×) 신청이나 직권으로 → 양쪽 또는 어느 한쪽의 신청을 받아(동
조 제2항)

> **제29조의3(교섭단위 결정)** ② 제1항에도 불구하고 하나의 사업
> 또는 사업장에서 현격한 근로조건의 차이, 고용형태, 교섭관행
> 등을 고려하여 교섭단위를 분리하거나 분리된 교섭단위를 통합
> 할 필요가 있다고 인정되는 경우에 노동위원회는 노동관계 당사
> 자의 양쪽 또는 어느 한쪽의 신청을 받아 교섭단위를 분리하거나
> 분리된 교섭단위를 통합하는 결정을 할 수 있다. 〈개정 2021.1.5.〉

③ (O) 동법 시행령 제14조의11 제1항 제1호

> **시행령 제14조의11(교섭단위 결정)** ① 노동조합 또는 사용자는
> 법 제29조의3 제2항에 따라 교섭단위를 분리하거나 분리된 교섭
> 단위를 통합하여 교섭하려는 경우에는 다음 각 호에 해당하는
> 기간에 노동위원회에 교섭단위를 분리하거나 분리된 교섭단위를
> 통합하는 결정을 신청할 수 있다. 〈개정 2021.6.29.〉
> 1. 제14조의3에 따라 사용자가 교섭요구사실을 공고하기 전
> 2. 제14조의3에 따라 사용자가 교섭요구사실을 공고한 경우에는
>   법 제29조의2에 따른 교섭대표노동조합이 결정된 날 이후

---

033 □□□   ○ △ ×

**노동조합 및 노동관계조정법령상 단체교섭에 관한 설명으
로 옳지 않은 것은? (다툼이 있으면 판례에 따름)**

① 일반적으로 구성원인 근로자의 노동조건 기타 근로자
   의 대우에 관한 사항으로 사용자가 처분할 수 있는 사
   항은 단체교섭의 대상에 해당한다.
② 정리해고나 사업조직의 통폐합 등 기업의 구조조정의
   실시 여부는 경영주체에 의한 고도의 경영상 결단에
   속하는 사항으로서 이는 원칙적으로 단체교섭의 대상
   이 될 수 없다.
③ 단위노동조합이 상부단체인 연합단체에 단체교섭권
   한을 위임한 경우에 그 위임의 범위 내에서는 단체교
   섭권한이 없다.
④ 노동조합과 사용자 또는 사용자단체는 신의에 따라 성
   실히 교섭하고 단체협약을 체결하여야 하며 그 권한을
   남용하여서는 아니 된다.
⑤ 사용자가 노동조합과의 단체교섭을 정당한 이유 없이
   거부하였다고 하여 그 단체교섭 거부행위가 바로 위법
   한 행위로 평가되어 불법행위의 요건을 충족하게 되는
   것은 아니다.

해설

① (O) 단체교섭의 대상이 되는 단체교섭사항에 해당하는지 여부는
헌법 제33조 제1항과 노동조합 및 노동관계조정법 제29조에서
근로자에게 단체교섭권을 보장한 취지에 비추어 판단하여야 하므
로 일반적으로 구성원인 근로자의 노동조건 기타 근로자의 대우
또는 당해 단체적 노사관계의 운영에 관한 사항으로 사용자가 처
분할 수 있는 사항은 단체교섭의 대상인 단체교섭사항에 해당한다
(대법원 2003.12.26, 2003두8906).
② (O) 정리해고나 사업조직의 통폐합 등 기업의 구조조정의 실시
여부는 경영주체의 고도의 경영상 결단에 속하는 사항으로서 이는
원칙적으로 단체교섭의 대상이 될 수 없고, 그것이 긴박한 경영상
의 필요나 합리적 이유 없이 불순한 의도로 추진되는 등의 특별한
사정이 없는 한, 노동조합이 실질적으로 그 실시 자체를 반대하기
위하여 쟁의행위에 나아간다면, 비록 그 실시로 인하여 근로자들
의 지위나 근로조건의 변경이 필연적으로 수반된다고 하더라도
그 쟁의행위는 목적의 정당성을 인정할 수 없다(대법원 2011.1.27,

2010도11030).

③ (×) 구 노동조합법(1996.12.31. 법률 제5244호로 폐지) 제33조 제1항에서 규정하고 있는 단체교섭권한의 '위임'이라고 함은 노동조합이 조직상의 대표자 이외의 자에게 조합 또는 조합원을 위하여 조합의 입장에서 사용자 측과 사이에 단체교섭을 하는 사무처리를 맡기는 것을 뜻하고, 그 위임 후 이를 해지하는 등의 별개의 의사표시가 없더라도 노동조합의 단체교섭권한은 여전히 수임자의 단체교섭권한과 중복하여 경합적으로 남아 있다고 할 것이며, 같은 조 제2항의 규정에 따라 단위노동조합이 당해 노동조합이 가입한 상부단체인 연합단체에 그러한 권한을 위임한 경우에 있어서도 달리 볼 것은 아니다(대법원 1998.11.13, 98다20790).

④ (○) 노동조합법 제30조 제1항

⑤ (○) 사용자가 노동조합과의 단체교섭을 정당한 이유 없이 거부하였다고 하여 그 단체교섭 거부행위가 바로 위법한 행위로 평가되어 불법행위의 요건을 충족하게 되는 것은 아니지만, 그 단체교섭 거부행위가 그 원인과 목적, 그 과정과 행위태양, 그로 인한 결과 등에 비추어 건전한 사회통념이나 사회상규상 용인될 수 없는 정도에 이른 것으로 인정되는 경우에는 그 단체교섭 거부행위는 부당노동행위로서 단체교섭권을 침해하는 위법한 행위로 평가되어 불법행위의 요건을 충족하게 되는바, 사용자가 노동조합과의 단체교섭을 정당한 이유 없이 거부하다가 법원으로부터 노동조합과의 단체교섭을 거부하여서는 아니 된다는 취지의 집행력 있는 판결이나 가처분결정을 받고서도 이를 위반하여 노동조합과의 단체교섭을 거부하였다면, 그 단체교섭 거부행위는 건전한 사회통념이나 사회상규상 용인될 수 없는 정도에 이른 행위로서 헌법이 보장하고 있는 노동조합의 단체교섭권을 침해하는 위법한 행위라고 할 것이므로, 그 단체교섭 거부행위는 노동조합에 대하여 불법행위를 구성한다(대법원 2006.10.26, 2004다11070).

정답 ③

34 □□□ ○ △ ×

노동조합 및 노동관계조정법령상 단체협약에 관한 설명으로 옳지 않은 것은? (다툼이 있으면 판례에 따름)

① 근로조건을 불리하게 변경하는 내용의 단체협약이 현저히 합리성을 결하여 노동조합의 목적을 벗어난 것으로 볼 수 있는 특별한 사정이 있는 경우에는 그러한 합의는 무효이다.

② 사용자가 노동조합과의 협상에 따라 정리해고를 제한하기로 하는 내용의 단체협약을 체결하였다면 특별한 사정이 없는 한 그 단체협약이 강행법규나 사회질서에 위배된다고 볼 수 없다.

③ 단체협약의 개정에도 불구하고 종전의 단체협약과 동일한 내용의 취업규칙이 있을 경우에 단체협약에는 당연히 취업규칙상의 유리한 조건의 적용을 배제하고 개정된 단체협약이 우선적으로 적용된다는 내용의 합의가 포함된 것으로 보아야 한다.

④ 단체협약에 조합원의 인사나 징계에 대해 노동조합의 의견을 청취하도록 규정하고 있는 경우, 사용자가 노동조합의 의견을 청취하지 않고 조합원에 대한 인사나 징계처분을 하더라도 그 처분의 효력에는 영향이 없다.

⑤ 이미 구체적으로 그 지급청구권이 발생한 임금은 노동조합이 근로자들로부터 개별적인 동의나 수권을 받지 않고, 사용자와 사이의 단체협약만으로 이에 대한 포기나 지급유예와 같은 처분행위를 할 수 있다.

해설

① (○) ③ (○) 협약자치의 원칙상 노동조합은 사용자와 사이에 근로조건을 유리하게 변경하는 내용의 단체협약뿐만 아니라 근로조건을 불리하게 변경하는 내용의 단체협약도 체결할 수 있으므로, 근로조건을 불리하게 변경하는 내용의 단체협약이 현저히 합리성을 결하여 노동조합의 목적을 벗어난 것으로 볼 수 있는 것과 같은 특별한 사정이 없는 한 그러한 노사 간의 합의를 무효라고 볼 수는 없고, 단체협약의 개정에도 불구하고 종전의 단체협약과 동일한 내용의 취업규칙이 그대로 적용된다면 단체협약의 개정은 그 목적을 달성할 수 없으므로 개정된 단체협약에는 당연히 취업규칙상의 유리한 조건의 적용을 배제하고 개정된 단체협약이 우선적으로 적용된다는 내용의 합의가 포함된 것이라고 봄이 당사자의 의사에 합치한다고 할 것이고, 따라서 개정된 후의 단체협약에 의하여 취업규칙상의 면직기준에 관한 규정의 적용은 배제된다고 보아야 한다(대법원 2002.12.27, 2002두9063). 즉, 근로조건을 불리하게 변경하는 내용의 단체협약이 현저히 합리성을 결하여 노동조합의 목적을 벗어난 것으로 볼 수 있는 경우에는, 그러한 노사 간의 합의는 무효라 할 것이다.

② (○) 사용자가 노동조합과의 협상에 따라 정리해고를 제한하기로 하는 내용의 단체협약을 체결하였다면 특별한 사정이 없는 한 그 단체협약이 강행법규나 사회질서에 위배된다고 볼 수 없고, 나아가 이는 근로조건 기타 근로자에 대한 대우에 관하여 정한 것으로서 그에 반하여 이루어지는 정리해고는 원칙적으로 정당한 해고라고 볼 수 없다(대법원 2014.3.27, 2011두20406).

④ (O) 단체협약 등에 규정된 인사협의(합의)조항의 구체적 내용이 사용자가 인사처분을 함에 있어서 신중을 기할 수 있도록 노동조합이 의견을 제시할 수 있는 기회를 주어야 하도록 규정된 경우에는 그 절차를 거치지 아니하였다고 하더라도 인사처분의 효력에는 영향이 없다고 보아야 할 것이지만, 사용자가 인사처분을 함에 있어 노동조합의 사전 동의나 승낙을 얻어야 한다거나 노동조합과 인사처분에 관한 논의를 하여 의견의 합치를 보아 인사처분을 하도록 규정된 경우에는 그 절차를 거치지 아니한 인사처분은 원칙적으로 무효라고 보아야 할 것이다(대법원 1993.7.13, 92다50263).

⑤ (×) 근로계약은 근로자가 사용자에게 근로를 제공할 것을 약정하고 사용자는 이에 대하여 임금을 지급할 것을 약정하는 쌍무계약으로(근로기준법 제2조 제1항 제4호), 임금은 매월 1회 이상 일정한 기일을 정하여 지급하여야 한다(근로기준법 제43조 제2항). 이미 구체적으로 지급청구권이 발생한 임금은 근로자의 사적 재산영역으로 옮겨져 근로자의 처분에 맡겨진 것이기 때문에 노동조합이 근로자들로부터 개별적인 동의나 수권을 받지 않는 이상, 사용자와 사이의 단체협약만으로 이에 대한 반환이나 포기 및 지급유예와 같은 처분행위를 할 수는 없다. 이때 구체적으로 지급청구권이 발생하여 단체협약만으로 포기 등을 할 수 없게 되는 임금인지는 근로계약, 취업규칙 등에서 정한 지급기일이 도래하였는지를 기준으로 판단하여야 한다(대법원 2022.3.31, 2021다229861).

정답 ⑤

035 ☐☐☐ ○ △ ×

노동조합 및 노동관계조정법령상 단체협약 중 규범적 부분에 해당하는 것은?

① 조합비 공제
② 소정근로시간
③ 단체교섭의 절차
④ 노동조합 전임자의 수
⑤ 노동조합 사무소의 제공

해설

② (O) 노동조합법은 제33조 제1항의 근로조건이나 그 밖에 근로자의 대우에 관한 기준을 규범적 효력이 생기는 부분(규범적 부분)으로 규정하고 있다. 여기서 근로조건이나 그 밖에 근로자의 대우란 근로계약상 조건, 약속 및 노동관계상 근로자에 대한 그 밖의 대우, 고용의 계속 등을 말한다. 따라서 임금, 근로시간, 휴식, 안전·보건·작업환경, 보상, 복리후행, 인사, 노동관계의 종료에 관한 규정 등이 규범적 부분에 속한다 할 것이다.
[보충] 채용에 관한 규정은 규범적 부분이 아닌 채무적 부분에 속함에 유의하여야 한다.

정답 ②

036 ☐☐☐ ○ △ ×

노동조합 및 노동관계조정법령상 단체협약에 관한 설명으로 옳지 않은 것은?

① 단체협약에 2년을 초과하는 유효기간을 정한 경우에 그 유효기간은 2년으로 한다.
② 단체협약의 당사자는 단체협약의 체결일부터 15일 이내에 이를 행정관청에게 신고하여야 한다.
③ 단체협약의 해석에 관하여 관계당사자 간에 의견의 불일치가 있는 때에는 당사자 쌍방 또는 단체협약에 정하는 바에 의하여 어느 일방이 노동위원회에 그 해석에 관한 견해의 제시를 요청할 수 있다.
④ 단체협약에 정한 근로조건 기타 근로자의 대우에 관한 기준에 위반하는 취업규칙의 부분은 무효이며, 무효로 된 부분은 단체협약에 정한 기준에 의한다.
⑤ 하나의 지역에 있어서 종업하는 동종의 근로자 반수 이상이 하나의 단체협약의 적용을 받게 된 때에는 당해 지역에서 종업하는 다른 동종의 근로자에 대하여도 당해 단체협약이 적용된다.

해설

① (×) 2021.1.5. 노동조합법 제32조 제1항·제2항이 다음과 같이 개정되었으므로, 정답을 변경한다.

> **제32조(단체협약 유효기간의 상한)** ① 단체협약의 유효기간은 3년을 초과하지 않는 범위에서 노사가 합의하여 정할 수 있다. 〈개정 2021.1.5.〉
> ② 단체협약에 그 유효기간을 정하지 아니한 경우 또는 제1항의 기간을 초과하는 유효기간을 정한 경우에 그 유효기간은 3년으로 한다. 〈개정 2021.1.5.〉

② (O) 동법 제31조 제2항

③ (O) 단체협약의 해석 또는 이행방법에 관하여 관계당사자 간에 의견의 불일치가 있는 때에는 당사자 쌍방 또는 단체협약에 정하는 바에 의하여 어느 일방이 노동위원회에 그 해석 또는 이행방법에 관한 견해의 제시를 요청할 수 있다(동법 제34조 제1항).

④ (O) 동법 제33조

> **제33조(기준의 효력)** ① 단체협약에 정한 근로조건 기타 근로자의 대우에 관한 기준에 위반하는 취업규칙 또는 근로계약의 부분은 무효로 한다.
> ② 근로계약에 규정되지 아니한 사항 또는 제1항의 규정에 의하여 무효로 된 부분은 단체협약에 정한 기준에 의한다.

⑤ (×) 반수 → 3분의 2(동법 제36조 제1항)

> **제36조(지역적 구속력)** ① 하나의 지역에 있어서 종업하는 동종의 근로자 3분의 2 이상이 하나의 단체협약의 적용을 받게 된 때에는 행정관청은 당해 단체협약의 당사자의 쌍방 또는 일방의 신청에 의하거나 그 직권으로 노동위원회의 의결을 얻어 당해 지역에서 종업하는 다른 동종의 근로자와 그 사용자에 대하여도 당해 단체협약을 적용한다는 결정을 할 수 있다. 〈개정 1998.2.20.〉

정답 ⑤ ▶ ①·⑤

37 □□□ ○ △ ✕

단체협약의 내용 중 노동조합 및 노동관계조정법 제92조 제2호에서 규정한 사항을 위반한 자는 벌금에 처한다. 이에 해당하지 않는 사항은?

① 재해부조
② 편의제공
③ 휴게시간
④ 교섭창구 단일화
⑤ 근무시간 중 회의참석

해설

④ (○) 교섭창구 단일화는 이에 해당하지 아니하는 사항이다.

> **제92조(벌칙)** 다음 각 호의 1에 해당하는 자는 1천만 원 이하의 벌금에 처한다. 〈개정 2010.1.1.〉
> 1. 삭제 〈2021.1.5.〉
> 2. 제31조 제1항의 규정에 의하여 체결된 단체협약의 내용 중 다음 각 목의 1에 해당하는 사항을 위반한 자
>   가. 임금·복리후생비, 퇴직금에 관한 사항
>   나. 근로 및 휴게시간, 휴일, 휴가에 관한 사항
>   다. 징계 및 해고의 사유와 중요한 절차에 관한 사항
>   라. 안전보건 및 재해부조에 관한 사항
>   마. 시설·편의제공 및 근무시간 중 회의참석에 관한 사항
>   바. 쟁의행위에 관한 사항
> 3. 제61조 제1항의 규정에 의한 조정서의 내용 또는 제68조 제1항의 규정에 의한 중재재정서의 내용을 준수하지 아니한 자

정답 ④

38 □□□ ○ △ ✕

노동조합 및 노동관계조정법령상 긴급조정에 관한 설명으로 옳지 않은 것은?

① 중앙노동위원회는 고용노동부장관으로부터 긴급조정 결정의 통고를 받은 때에는 지체 없이 조정을 개시하여야 한다.
② 관계당사자는 긴급조정의 결정이 공표된 때에는 즉시 쟁의행위를 중지하여야 하며, 공표일부터 30일이 경과하지 아니하면 쟁의행위를 재개할 수 없다.
③ 중앙노동위원회의 위원장은 조정이 성립될 가망이 없다고 인정한 경우에는 공익위원의 의견을 들어 그 사건을 중재에 회부할 것인가의 여부를 결정하여야 한다.
④ 고용노동부장관은 긴급조정의 결정을 하고자 할 때에는 미리 중앙노동위원회 위원장의 동의를 얻어야 한다.
⑤ 고용노동부장관은 쟁의행위가 공익사업에 관한 것이거나 그 규모가 크거나 그 성질이 특별한 것으로서 현저히 국민경제를 해하거나 국민의 일상생활을 위태롭게 할 위험이 현존하는 때에는 긴급조정의 결정을 할 수 있다.

해설

① (○) 노동조합법 제78조

② (○) 동법 제77조
③ (○) 동법 제79조 제1항
④ (✕) 동의를 얻어야 한다 → 의견을 들어야 한다(동법 제76조 제2항)

> **제76조(긴급조정의 결정)** ② 고용노동부장관은 긴급조정의 결정을 하고자 할 때에는 미리 중앙노동위원회 위원장의 의견을 들어야 한다. 〈개정 2010.6.4.〉

⑤ (○) 동조 제1항

정답 ④

39 □□□ ○ △ ✕

노동조합 및 노동관계조정법령상 노동쟁의의 조정(調整)에 관한 설명으로 옳지 않은 것은?

① 사적조정등을 수행하는 자는 노동관계 당사자로부터 수수료 등을 받을 수 없다.
② 사적조정등에 의하여 조정 또는 중재가 이루어진 경우, 그 내용은 단체협약과 동일한 효력을 가진다.
③ 국가·지방자치단체·국공영기업체·방위산업체 및 공익사업에 있어서의 노동쟁의의 조정은 우선적으로 취급하고, 신속히 처리하여야 한다.
④ 노동위원회는 조정신청 전이라도 원활한 조정을 위하여 교섭을 주선하는 등 관계당사자의 자주적인 분쟁해결을 지원할 수 있다.
⑤ 노동위원회는 관계당사자 쌍방의 신청이 있거나, 관계당사자 쌍방의 동의를 얻은 경우에는 조정위원회에 갈음하여 단독조정인에게 조정을 행하게 할 수 있다.

해설

① (✕) 없다 → 있다(노동조합법 제52조 제5항)

> **제52조(사적 조정·중재)** ⑤ 사적조정등을 수행하는 자는 「노동위원회법」 제8조 제2항 제2호 각 목의 자격을 가진 자로 한다. 이 경우 사적조정등을 수행하는 자는 노동관계 당사자로부터 수수료, 수당 및 여비 등을 받을 수 있다. 〈신설 2006.12.30.〉

② (○) 제1항의 규정에 의하여 조정 또는 중재가 이루어진 경우에 그 내용은 단체협약과 동일한 효력을 가진다(동조 제4항).
③ (○) 동법 제51조
④ (○) 동법 제53조 제2항
⑤ (○) 동법 제57조 제1항

정답 ①

040 □□□   ○ △ ✕

노동조합 및 노동관계조정법령상 쟁의행위에 관한 설명으로 옳지 않은 것은? (다툼이 있으면 판례에 따름)

① 쟁의행위는 그 쟁의행위와 관계없는 자 또는 근로를 제공하고자 하는 자의 출입·조업 기타 정상적인 업무를 방해하는 방법으로 행하여져서는 아니 된다.

② 단체협약이 새로 체결된 직후부터 뚜렷한 무효사유를 내세우지도 아니한 채 단체협약의 전면무효화를 주장하면서 평화의무에 위반되는 쟁의행위를 행하는 것은 이미 노동조합활동으로서의 정당성을 결여한 것이다.

③ 임금인상 주장을 관철하기 위하여 종래 통상적으로 실시해 오던 휴일근무를 집단적으로 거부하여 회사업무의 정상적인 운영을 저해하더라도 이는 쟁의행위에 해당하지 않는다.

④ 불법쟁의행위에 대한 귀책사유가 있는 노동조합이나 불법쟁의행위를 기획·지시·지도하는 등 이를 주도한 노동조합 간부 개인이 그 배상책임을 지는 배상액의 범위는 불법쟁의행위와 상당인과관계에 있는 모든 손해이다.

⑤ 직장 또는 사업장 시설을 전면적, 배타적으로 점거하여 조합원 이외의 자의 출입을 저지하거나 사용자 측의 관리지배를 배제하여 업무의 중단 또는 혼란을 야기케 하는 것과 같은 행위는 정당한 쟁의행위로 볼 수 없다.

해설

① (○) 쟁의행위는 그 쟁의행위와 관계없는 자 또는 근로를 제공하고자 하는 자의 출입·조업 기타 정상적인 업무를 방해하는 방법으로 행하여져서는 아니 되며 쟁의행위의 참가를 호소하거나 설득하는 행위로서 폭행·협박을 사용하여서는 아니 된다(노동조합법 제38조 제1항).

② (○) 단체협약의 당사자인 노동조합은 단체협약의 유효기간 중에 단체협약에서 정한 근로조건 등에 관한 내용의 변경이나 폐지를 요구하는 쟁의행위를 행하지 아니하여야 함은 물론, 조합원들에 대하여도 통제력을 행사하여 그와 같은 쟁의행위를 행하지 못하게 방지하여야 할 이른바 평화의무를 지고 있다고 할 것인바, 이와 같은 평화의무가 노사관계의 안정과 단체협약의 질서 형성적 기능을 담보하는 것인 점에 비추어 보면, 단체협약이 새로 체결된 직후부터 뚜렷한 무효사유를 내세우지도 아니한 채 단체협약의 전면무효화를 주장하면서 평화의무에 위반되는 쟁의행위를 행하는 것은 이미 노동조합활동으로서의 정당성을 결여한 것이라고 하지 아니할 수 없다(대법원 1992.9.1, 92누7733).

③ (✕) 근로자들이 주장을 관철시킬 목적으로 종래 통상적으로 실시해 오던 휴일근무를 집단적으로 거부하였다면, 이는 회사업무의 정상적인 운영을 저해하는 것으로서 노동쟁의조정법 제3조 소정의 쟁의행위에 해당한다(대법원 1994.2.22, 92누11176).

④ (○) 불법쟁의행위에 대한 귀책사유가 있는 노동조합이나 불법쟁의행위를 기획·지시·지도하는 등 이를 주도한 노동조합 간부 개인이 그 배상책임을 지는 배상액의 범위는 불법쟁의행위와 상당인과관계에 있는 모든 손해이고, 그러한 노동조합 간부 개인의 손해배상책임과 노동조합 자체의 손해배상책임은 부진정 연대채

무관계에 있는 것이므로 노동조합의 간부도 불법쟁의행위로 인하여 발생한 손해 전부를 배상할 책임이 있다(대법원 2006.9.22, 2005다30610).

⑤ (○) 직장 또는 사업장 시설의 점거는 적극적인 쟁의행위의 한 형태로서 그 점거의 범위가 직장 또는 사업장 시설의 일부분이고 사용자 측의 출입이나 관리지배를 배제하지 않는 병존적인 점거에 지나지 않을 때에는 정당한 쟁의행위로 볼 수 있으나, 이와 달리 직장 또는 사업장 시설을 전면적, 배타적으로 점거하여 조합원 이외의 자의 출입을 저지하거나 사용자 측의 관리지배를 배제하여 업무의 중단 또는 혼란을 야기케 하는 것과 같은 행위는 이미 정당성의 한계를 벗어난 것이라고 볼 수밖에 없다(대법원 1991.6.11, 91도383).

정답 ③

041 □□□   ○ △ ✕

노동조합 및 노동관계조정법령상 쟁의행위에 관한 설명으로 옳지 않은 것은?

① 조합원은 노동조합에 의하여 주도되지 아니한 쟁의행위를 하여서는 아니 된다.

② 근로자는 쟁의행위기간 중에는 현행범 외에는 노동조합 및 노동관계조정법 위반을 이유로 구속되지 아니한다.

③ 사용자는 쟁의행위기간 중 그 쟁의행위로 중단된 업무의 수행을 위하여 당해 사업과 관계있는 자를 채용 또는 대체할 수 없다.

④ 작업시설의 손상을 방지하기 위한 작업은 쟁의행위기간 중에도 정상적으로 수행되어야 한다.

⑤ 사용자는 노동조합 및 노동관계조정법에 의한 쟁의행위로 인하여 손해를 입은 경우에 노동조합 또는 근로자에 대하여 그 배상을 청구할 수 없다.

해설

① (○) 노동조합법 제37조 제2항

② (○) 동법 제39조

③ (✕) 관계있는 → 관계없는(동법 제43조 제1항)
[보충] 따라서 관계있는 자는 채용 또는 대체할 수 있다.

> 제43조(사용자의 채용제한) ① 사용자는 쟁의행위기간 중 그 쟁의행위로 중단된 업무의 수행을 위하여 당해 사업과 관계없는 자를 채용 또는 대체할 수 없다.

④ (○) 작업시설의 손상이나 원료·제품의 변질 또는 부패를 방지하기 위한 작업은 쟁의행위기간 중에도 정상적으로 수행되어야 한다(동법 제38조 제2항).

⑤ (○) 사용자는 이 법에 의한 단체교섭 또는 쟁의행위로 인하여 손해를 입은 경우에 노동조합 또는 근로자에 대하여 그 배상을 청구할 수 없다(동법 제3조).

정답 ③

42 ☐☐☐   ○ △ ✕

노동조합 및 노동관계조정법령상 쟁의행위에 관한 설명으로 옳지 않은 것은? (다툼이 있으면 판례에 따름)

① 단체협약의 내용 중 쟁의행위에 관한 사항을 위반한 자는 1천만 원 이하의 벌금에 처한다.

② 노동조합은 규약에 쟁의행위와 관련된 찬반투표 결과의 공개, 투표자 명부 및 투표용지 등의 보존·열람에 관한 사항을 기재하여야 한다.

③ 단순히 노동조합이 사용자에게 다소 무리한 임금인상을 요구함으로써 분쟁이 발생하였고, 노동조합의 쟁의행위 결과 사용자의 정상적인 업무수행이 저해되었다면, 노동조합의 쟁의행위는 그것만으로 정당성이 결여된다.

④ 교섭대표노동조합이 결정된 경우에는 교섭창구 단일화절차에 참여한 노동조합의 전체 조합원(해당 사업 또는 사업장 소속 조합원으로 한정한다)의 직접·비밀·무기명투표에 의한 과반수의 찬성으로 결정하지 아니하면 쟁의행위를 할 수 없다.

⑤ 하나의 쟁의행위에서 추구되는 목적이 여러 가지이고, 그중 일부가 정당하지 못한 경우에는 주된 목적 내지 진정한 목적의 당부에 의하여 그 쟁의목적의 당부를 판단하여야 한다.

해설

① (○) 노동조합법 제92조 제2호 바목

> **제92조(벌칙)** 다음 각 호의 1에 해당하는 자는 1천만 원 이하의 벌금에 처한다. 〈개정 2010.1.1.〉
> 1. 삭제 〈2021.1.5.〉
> 2. 제31조 제1항의 규정에 의하여 체결된 단체협약의 내용 중 다음 각 목의 1에 해당하는 사항을 위반한 자
>   가. 임금·복리후생비, 퇴직금에 관한 사항
>   나. 근로 및 휴게시간, 휴일, 휴가에 관한 사항
>   다. 징계 및 해고의 사유와 중요한 절차에 관한 사항
>   라. 안전보건 및 재해부조에 관한 사항
>   마. 시설·편의제공 및 근무시간 중 회의참석에 관한 사항
>   바. 쟁의행위에 관한 사항
> 3. 제61조 제1항의 규정에 의한 조정서의 내용 또는 제68조 제1항의 규정에 의한 중재재정서의 내용을 준수하지 아니한 자

② (○) 동법 제11조 제12호

> **제11조(규약)** 노동조합은 그 조직의 자주적·민주적 운영을 보장하기 위하여 당해 노동조합의 규약에 다음 각 호의 사항을 기재하여야 한다. 〈개정 2006.12.30.〉
> 1. 명칭
> 2. 목적과 사업
> 3. 주된 사무소의 소재지
> 4. 조합원에 관한 사항[연합단체(聯合團體)인 노동조합(勞動組合)에 있어서는 그 구성단체(構成團體)에 관한 사항]
> 5. 소속된 연합단체가 있는 경우에는 그 명칭
> 6. 대의원회를 두는 경우에는 대의원회에 관한 사항

> 7. 회의에 관한 사항
> 8. 대표자와 임원에 관한 사항
> 9. 조합비 기타 회계에 관한 사항
> 10. 규약변경에 관한 사항
> 11. 해산에 관한 사항
> 12. 쟁의행위와 관련된 찬반투표 결과의 공개, 투표자 명부 및 투표용지 등의 보존·열람에 관한 사항
> 13. 대표자와 임원의 규약위반에 대한 탄핵에 관한 사항
> 14. 임원 및 대의원의 선거절차에 관한 사항
> 15. 규율과 통제에 관한 사항

③ (✕) 노동조합의 쟁의행위는 노동조합이 근로조건에 관한 주장의 불일치로 인하여 발생된 분쟁상태를 자기 측에게 유리하게 전개하여 자기의 주장을 관철할 목적으로 행하는 투쟁행위로서 업무의 정상운영을 저해하는 것을 의미하므로, 단순히 노동조합이 사용자에게 다소 무리한 임금인상을 요구함으로써 분쟁이 발생하였으며 또한 노동조합의 쟁의행위 결과 사용자의 정상적인 업무수행이 저해되었다 하더라도, 그것만으로 노동조합의 쟁의행위가 정당성을 결하는 것은 아니다(대법원 2000.5.26, 98다34331).

④ (✕) 2021.1.5. 노동조합법 개정으로 제41조 제1항의 단서조항이 삭제됨으로써 현재는 조합원의 범위를 한정하고 있지 아니하므로, 정답을 변경한다.

> **제41조(쟁의행위의 제한과 금지)** ① 노동조합의 쟁의행위는 그 조합원(제29조의2에 따라 교섭대표노동조합이 결정된 경우에는 그 절차에 참여한 노동조합의 전체 조합원)의 직접·비밀·무기명투표에 의한 조합원 과반수의 찬성으로 결정하지 아니하면 이를 행할 수 없다. 이 경우 조합원 수 산정은 종사근로자인 조합원을 기준으로 한다. 〈개정 2021.1.5.〉

⑤ (○) 쟁의행위에서 추구되는 목적이 여러 가지이고 그중 일부가 정당하지 못한 경우에는 주된 목적 내지 진정한 목적의 당부에 의하여 그 쟁의목적의 당부를 판단하여야 할 것이고, 부당한 요구사항을 뺐더라면 쟁의행위를 하지 않았을 것이라고 인정되는 경우에는 그 쟁의행위 전체가 정당성을 갖지 못한다고 보아야 할 것이다(대법원 1992.1.21, 91누5204).

정답 ③ ▶ ③·④

043 ☐☐☐   ○ △ ✕

노동조합 및 노동관계조정법령상 직장폐쇄에 관한 설명으로 옳지 않은 것은? (다툼이 있으면 판례에 따름)

① 사용자는 노동조합이 쟁의행위를 개시하기 이전이라도 직장폐쇄를 할 수 있다.
② 사용자는 직장폐쇄를 할 경우에는 미리 행정관청 및 노동위원회에 각각 신고하여야 한다.
③ 직장폐쇄가 정당한 쟁의행위로 평가받을 때 사용자는 직장폐쇄기간 동안의 대상 근로자에 대한 임금지불의무를 면한다.
④ 근로자들의 직장점거가 개시 당시 적법한 것이었다 하더라도 이에 대응하여 적법하게 직장폐쇄를 단행한 사용자로부터 퇴거요구를 받고도 불응한 채 직장점거를 계속한 행위는 퇴거불응죄를 구성한다.
⑤ 사용자의 직장폐쇄는 사용자와 근로자의 교섭태도와 교섭과정, 근로자의 쟁의행위의 목적과 방법 및 그로 인하여 사용자가 받는 타격의 정도 등 구체적인 사정에 비추어 근로자의 쟁의행위에 대한 방어수단으로서 상당성이 있어야만 정당성이 인정될 수 있다.

해설

① (✕) 있다 → 없다(노동조합법 제46조 제1항)

> **제46조(직장폐쇄의 요건)** ① 사용자는 노동조합이 쟁의행위를 개시한 이후에만 직장폐쇄를 할 수 있다.

② (○) 동조 제2항
③ (○) 구체적인 노동쟁의의 장에서 단행된 사용자의 직장폐쇄가 정당한 쟁의행위로 평가받기 위하여는, 노사 간의 교섭태도, 경과, 근로자 측 쟁의행위의 태양, 그로 인하여 사용자 측이 받는 타격의 정도 등에 관한 구체적 사정에 비추어 형평의 견지에서 근로자 측의 쟁의행위에 대한 대항·방위수단으로서 상당성이 인정되는 경우에 한한다 할 것이고, 그 직장폐쇄가 정당한 쟁의행위로 평가받을 때 비로소 사용자는 직장폐쇄기간 동안의 대상 근로자에 대한 임금지불의무를 면한다 할 것이다(대법원 2000.5.26, 98다34331).
④ (○) 근로자들의 직장점거가 개시 당시 적법한 것이었다 하더라도 사용자가 이에 대응하여 적법하게 직장폐쇄를 하게 되면, 사용자의 사업장에 대한 물권적 지배권이 전면적으로 회복되는 결과 사용자는 점거 중인 근로자들에 대하여 정당하게 사업장으로부터의 퇴거를 요구할 수 있고 퇴거를 요구받은 이후의 직장점거는 위법하게 되므로, 적법히 직장폐쇄를 단행한 사용자로부터 퇴거요구를 받고도 불응한 채 직장점거를 계속한 행위는 퇴거불응죄를 구성한다(대법원 1991.8.13, 91도1324).
⑤ (○) 사용자의 직장폐쇄는 사용자와 근로자의 교섭태도와 교섭과정, 근로자의 쟁의행위의 목적과 방법 및 그로 인하여 사용자가 받는 타격의 정도 등 구체적인 사정에 비추어 근로자의 쟁의행위에 대한 방어수단으로서 상당성이 있어야만 사용자의 정당한 쟁의행위로 인정될 수 있다(대법원 2003.6.13, 2003두1097).

정답 ①

044 ☐☐☐   ○ △ ✕

노동조합 및 노동관계조정법령상 부당노동행위 구제명령의 확정에 관한 내용이다. (   ) 안에 들어갈 내용으로 옳은 것은?

> 중앙노동위원회의 재심판정에 대하여 관계당사자는 그 재심판정서의 송달을 받은 날부터 (   )일 이내에 행정소송법이 정하는 바에 의하여 소를 제기할 수 있다.

① 15   ② 20   ③ 30
④ 50   ⑤ 60

해설

① (○) 15

> **노동조합법 제85조(구제명령의 확정)** ② 제1항의 규정에 의한 중앙노동위원회의 재심판정에 대하여 관계당사자는 그 재심판정서의 송달을 받은 날부터 15일 이내에 행정소송법이 정하는 바에 의하여 소를 제기할 수 있다.

정답 ①

045 ☐☐☐   ○ △ ✕

노동조합 및 노동관계조정법령상 부당노동행위에 관한 설명으로 옳지 않은 것은? (다툼이 있으면 판례에 따름)

① 부당노동행위 금지규정은 효력규정인 강행법규이므로, 이에 위반된 법률행위는 사법상으로도 그 효력이 없다.
② 지배·개입으로서의 부당노동행위의 성립에 반드시 근로자의 단결권의 침해라는 결과의 발생까지 요하는 것은 아니다.
③ 노동조합을 조직하려고 하였다는 이유로 근로자에 대하여 한 부당노동행위에 대하여 후에 설립된 노동조합은 독자적인 구제신청권을 가지지 않는다.
④ 사용자가 근로자의 정당한 노동조합활동을 실질적인 이유로 삼으면서도 표면적으로는 업무상 필요성을 들어 배치전환한 것으로 인정되는 경우에는 부당노동행위라고 보아야 한다.
⑤ 사용자가 단체교섭을 거부할 정당한 이유가 있다거나 단체교섭에 성실히 응하였다고 믿었더라도 객관적으로 정당한 이유가 없고 불성실한 단체교섭으로 판정되는 경우에는 부당노동행위가 성립한다.

해설

① (○) 부당노동행위를 금지하는 노동조합법 제39조의 규정은 효력규정인 강행법규이므로 그 규정에 위반된 법률행위는 사법상으로도 그 효력이 없다(대법원 1995.2.3, 94다17758).
② (○) 사용자가 한 발언의 내용, 그것이 행하여진 상황과 시점, 그것이 노동조합의 운영이나 활동에 미치거나 미칠 수 있는 영향 등을

종합하여 노동조합의 조직이나 운영 및 활동을 지배하거나 이에 개입하는 의사가 인정되는 경우에는 '근로자가 노동조합을 조직 또는 운영하는 것을 지배하거나 이에 개입하는 행위'로서 부당노동행위가 성립하고, 또 그 지배·개입으로서의 부당노동행위의 성립에 반드시 근로자의 단결권 침해라는 결과의 발생까지 요하는 것은 아니다(대법원 2022.5.12, 2017두54005).

③ (×) 노동조합을 조직하려고 하였다는 이유로 근로자에 대하여 한 부당노동행위에 대하여는 후에 설립된 노동조합도 노동조합법 제40조 제1항에 의하여 독자적인 구제신청권을 가지고 있다고 보아야 한다(대법원 1991.1.25, 90누4952).

④ (○) 사용자가 근로자의 정당한 노동조합활동을 실질적인 이유로 삼으면서도 표면적으로는 업무상 필요성을 들어 배치전환한 것으로 인정되는 경우에는 부당노동행위라고 보아야 할 것이고, 배치전환이 부당노동행위에 해당되는지 여부는, 배치전환의 동기, 목적, 배치전환에 관한 업무상의 필요성이나 합리성의 존부, 전보에 따른 근로자의 생활상의 불이익과의 비교형량, 배치전환의 시기, 사용자와 노동조합과의 관계, 배치전환을 하기에까지 이른 과정이나 사용자가 취한 절차, 그 밖에 배치전환 당시의 외형적 객관적인 사정에 의하여 추정되는 부당노동행위 의사의 존재 유무 등을 종합적으로 검토하여 판단하여야 한다(대법원 1998.12.23, 97누18035).

⑤ (○) 구 노동조합법(1996.12.31. 법률 제5244호 부칙 제3조로 폐지되기 전의 것) 제39조 제3호가 정하는 부당노동행위는, 사용자가 아무런 이유 없이 단체교섭을 거부 또는 해태하는 경우는 물론이고, 사용자가 단체교섭을 거부할 정당한 이유가 있다거나 단체교섭에 성실히 응하였다고 믿었더라도 객관적으로 정당한 이유가 없고 불성실한 단체교섭으로 판정되는 경우에도 성립한다고 할 것이고, 한편 정당한 이유인지의 여부는 노동조합 측의 교섭권자, 노동조합 측이 요구하는 교섭시간, 교섭장소, 교섭사항 및 그의 교섭태도 등을 종합하여 사회통념상 사용자에게 단체교섭의무의 이행을 기대하는 것이 어렵다고 인정되는지 여부에 따라 판단할 것이다(대법원 1998.5.22, 97누8076).

정답 ③

046 □□□ ○ △ ×

노동조합 및 노동관계조정법령상 부당노동행위에 관한 설명으로 옳지 않은 것은?

① 사용자가 중앙노동위원회의 재심판정에 대하여 행정소송을 제기한 경우에 관할법원은 중앙노동위원회의 신청에 의하여 결정으로써 판결이 확정될 때까지 중앙노동위원회의 구제명령의 전부 또는 일부를 이행하도록 명할 수 있다.

② 노동위원회는 부당노동행위 구제신청의 심문을 함에 있어서는 관계당사자에 대하여 증거의 제출과 증인에 대한 반대심문을 할 수 있는 충분한 기회를 주어야 한다.

③ 노동위원회의 구제명령·기각결정 또는 재심판정은 중앙노동위원회에의 재심신청이나, 행정소송의 제기에 의하여 그 효력이 정지되지 않는다.

④ 노동위원회는 부당노동행위 구제신청의 심문을 할 때에 증인의 출석과 질문은 관계당사자의 신청에 의하여야 하며, 그 직권으로는 할 수 없다.

⑤ 법인 또는 단체의 대표자, 법인·단체 또는 개인의 대리인·사용인 기타의 종업원이 그 법인·단체 또는 개인의 업무에 관하여 부당노동행위를 한 때에는 행위자를 벌하는 외에 그 법인·단체 또는 개인에 대하여도 벌금형을 과한다.

해설

① (○) 사용자가 제2항의 규정에 의하여 행정소송을 제기한 경우에 관할법원은 중앙노동위원회의 신청에 의하여 결정으로써, 판결이 확정될 때까지 중앙노동위원회의 구제명령의 전부 또는 일부를 이행하도록 명할 수 있으며, 당사자의 신청에 의하여 또는 직권으로 그 결정을 취소할 수 있다(노동조합법 제85조 제5항).

② (○) 동법 제83조 제3항

③ (○) 동법 제86조

④ (×) 없다 → 있다(동법 제83조 제2항)

> **제83조(조사등)** ② 노동위원회는 제1항의 규정에 의한 심문을 할 때에는 관계당사자의 신청에 의하거나 그 직권으로 증인을 출석하게 하여 필요한 사항을 질문할 수 있다.

⑤ (○) 법인 또는 단체의 대표자, 법인·단체 또는 개인의 대리인·사용인 기타의 종업원이 그 법인·단체 또는 개인의 업무에 관하여 제88조 내지 제93조의 위반행위를 한 때에는 행위자를 벌하는 외에 그 법인·단체 또는 개인에 대하여도 각 해당 조의 벌금형을 과한다. 다만, 법인·단체 또는 개인이 그 위반행위를 방지하기 위하여 해당 업무에 관하여 상당한 주의와 감독을 게을리하지 아니한 경우에는 그러하지 아니하다(동법 제94조).

정답 ④

근로자참여 및 협력증진에 관한 법률의 내용으로 옳지 않은 것은?

① 근로자란 근로기준법상 근로자를 말한다.

② 고충처리위원이 처리하기 곤란한 사항은 노사협의회의 회의에 부쳐 협의처리한다.

③ 사용자는 근로자의 교육훈련 및 능력개발 기본계획의 수립에 대하여는 노사협의회의 의결을 거쳐야 한다.

④ 상시 30명 미만의 근로자를 사용하는 사업이나 사업장은 노사협의회를 설치할 의무가 없다.

⑤ 노사협의회가 의결사항에 관하여 의결하지 못한 경우에는 노동위원회는 근로자위원과 사용자위원의 어느 일방의 신청으로 중재를 행한다.

해설

① (○) "근로자"란 「근로기준법」 제2조에 따른 근로자를 말한다(근로자참여법 제3조 제2호).

② (○) 동법 제28조 제2항

③ (○) 동법 제21조 제1호

> **제21조(의결사항)** 사용자는 다음 각 호의 어느 하나에 해당하는 사항에 대하여는 협의회의 의결을 거쳐야 한다.
> 1. 근로자의 교육훈련 및 능력개발 기본계획의 수립
> 2. 복지시설의 설치와 관리
> 3. 사내근로복지기금의 설치
> 4. 고충처리위원회에서 의결되지 아니한 사항
> 5. 각종 노사공동위원회의 설치

④ (○) 노사협의회(이하 "협의회"라 한다)는 근로조건에 대한 결정권이 있는 사업이나 사업장 단위로 설치하여야 한다. 다만, 상시(常時) 30명 미만의 근로자를 사용하는 사업이나 사업장은 그러하지 아니하다(동법 제4조 제1항).

⑤ (✕) 어느 일방의 신청으로 → 합의로(동법 제25조 제1항 제1호)

> **제25조(임의중재)** ① 협의회는 다음 각 호의 어느 하나에 해당하는 경우에는 근로자위원과 사용자위원의 합의로 협의회에 중재기구(仲裁機構)를 두어 해결하거나 노동위원회나 그 밖의 제삼자에 의한 중재를 받을 수 있다.
> 1. 제21조에 따른 의결사항에 관하여 협의회가 의결하지 못한 경우
> 2. 협의회에서 의결된 사항의 해석이나 이행 방법 등에 관하여 의견이 일치하지 아니하는 경우

정답 ⑤

공무원의 노동조합 설립 및 운영 등에 관한 법률의 내용으로 옳은 것은?

① 노동조합과 그 조합원은 정치활동을 할 수 있다.

② 노동조합을 설립하려는 사람은 행정자치부장관에게 설립신고서를 제출하여야 한다.

③ 정부교섭대표는 다른 정부교섭대표에게 교섭 및 단체협약체결권한을 위임할 수 없다.

④ 단체협약의 내용 중 법령 또는 조례에 의하여 위임을 받아 규정되는 내용은 단체협약으로서의 효력을 가지지 아니한다.

⑤ 지방노동위원회는 단체교섭이 결렬되어 관계당사자 양쪽이 함께 중재를 신청한 경우에는 지체 없이 중재를 한다.

해설

① (✕) 할 수 있다 → 하여서는 아니 된다(공무원노조법 제4조)

> **제4조(정치활동의 금지)** 노동조합과 그 조합원은 정치활동을 하여서는 아니 된다.

② (✕) 행정자치부장관 → 고용노동부장관(동법 제5조 제2항)

> **제5조(노동조합의 설립)** ② 노동조합을 설립하려는 사람은 고용노동부장관에게 설립신고서를 제출하여야 한다. 〈개정 2010.6.4.〉

③ (✕) 없다 → 있다(동법 제8조 제3항)

> **제8조(교섭 및 체결권한 등)** ③ 정부교섭대표는 효율적인 교섭을 위하여 필요한 경우 다른 정부교섭대표와 공동으로 교섭하거나, 다른 정부교섭대표에게 교섭 및 단체협약체결권한을 위임할 수 있다.

④ (○) 제9조에 따라 체결된 단체협약의 내용 중 법령·조례 또는 예산에 의하여 규정되는 내용과 법령 또는 조례에 의하여 위임을 받아 규정되는 내용은 단체협약으로서의 효력을 가지지 아니한다(동법 제10조 제1항).

⑤ (✕) 지방노동위원회 → 중앙노동위원회(동법 제13조 제1호)

> **제13조(중재의 개시 등)** 중앙노동위원회는 다음 각 호의 어느 하나에 해당하는 경우에는 지체 없이 중재(仲裁)를 한다.
> 1. 제8조에 따른 단체교섭이 결렬되어 관계당사자 양쪽이 함께 중재를 신청한 경우
> 2. 제12조에 따른 조정이 이루어지지 아니하여 제14조에 따른 공무원 노동관계 조정위원회 전원회의에서 중재회부를 결정한 경우

정답 ④

049 □□□ ○ △ ✕

교원의 노동조합 설립 및 운영 등에 관한 법률의 내용으로 옳지 않은 것은?

① 사립학교 교원은 각 학교 단위별로 노동조합을 설립할 수 있다.

② 교원은 임용권자의 허가가 있는 경우에는 노동조합의 업무에만 종사할 수 있다.

③ 노동조합과 그 조합원은 파업, 태업 또는 그 밖에 업무의 정상적인 운영을 방해하는 일체의 쟁의행위를 하여서는 아니 된다.

④ 해고된 사람으로서 노동위원회에 부당노동행위의 구제신청을 한 사람은 중앙노동위원회의 재심판정이 있을 때까지 교원으로 본다.

⑤ 노동조합의 대표자가 사립학교 설립·경영자와 교섭하고 단체협약을 체결하고자 할 경우, 사립학교 설립·경영자는 전국 또는 시·도 단위로 연합하여 교섭에 응하여야 한다.

해설

① (✕) 사립학교 → 「고등교육법」 제14조 제2항 및 제4항에 따른 교원(교원노조법 제4조 제2항, 제2조 제3호)

> 제2조(정의) 이 법에서 "교원"이란 다음 각 호의 어느 하나에 해당하는 사람을 말한다. 〈개정 2021.1.5.〉
> 1. 「유아교육법」 제20조 제1항에 따른 교원
> 2. 「초·중등교육법」 제19조 제1항에 따른 교원
> 3. 「고등교육법」 제14조 제2항 및 제4항에 따른 교원. 다만, 강사는 제외한다.
> 제4조(노동조합의 설립) ② 제2조 제3호에 따른 교원은 개별학교 단위, 시·도 단위 또는 전국 단위로 노동조합을 설립할 수 있다. 〈신설 2020.6.9.〉

② (✕) 2022.6.10. 교원노조법 제5조 제1항이 다음과 같이 개정되었으므로, 정답을 변경한다.

> 제5조(노동조합 전임자의 지위) ① 교원은 임용권자의 동의를 받아 노동조합으로부터 급여를 지급받으면서 노동조합의 업무에만 종사할 수 있다. 〈개정 2022.6.10.〉

③ (○) 노동조합과 그 조합원은 파업, 태업 또는 그 밖에 업무의 정상적인 운영을 방해하는 어떠한 쟁의행위(爭議行爲)도 하여서는 아니 된다(동법 제8조).

④ (✕) 2021.1.5. 교원노조법 제2조의 단서조항이 삭제되었으므로, 정답을 변경한다.

⑤ (✕) 2020.6.9. 교원노조법 제6조 제1항 후단이 삭제되었고, 동항이 개정되었다. 이에 표현을 달리하였음에 유의토록 정답을 변경한다.

> 제6조(교섭 및 체결권한 등) ① 노동조합의 대표자는 그 노동조합 또는 조합원의 임금, 근무조건, 후생복지 등 경제적·사회적 지위향상에 관하여 다음 각 호의 구분에 따른 자와 교섭하고 단체협약을 체결할 권한을 가진다. 〈개정 2020.6.9.〉
> 1. 제4조 제1항에 따른 노동조합의 대표자의 경우: 교육부장관, 시·도 교육감 또는 사립학교 설립·경영자. 이 경우 사립학교

> 설립·경영자는 전국 또는 시·도 단위로 연합하여 교섭에 응하여야 한다.
> 2. 제4조 제2항에 따른 노동조합의 대표자의 경우: 교육부장관, 특별시장·광역시장·특별자치시장·도지사·특별자치도지사(이하 "시·도지사"라 한다), 국·공립학교의 장 또는 사립학교 설립·경영자

정답 ① ▶ ①·②·④·⑤

050 □□□ ○ △ ✕

노동위원회법상 노동위원회에 관한 설명으로 옳지 않은 것은?

① 중앙노동위원회는 둘 이상의 지방노동위원회의 관할구역에 걸친 노동쟁의의 조정(調整)사건을 관장한다.

② 노동위원회는 판정·명령 또는 결정이 있기 전까지 관계당사자의 신청이 있는 경우에 한하여 화해를 권고할 수 있다.

③ 노동위원회는 관계 행정기관으로 하여금 근로조건의 개선에 필요한 조치를 하도록 권고할 수 있다.

④ 노동위원회 위원의 임기는 3년으로 하되, 연임할 수 있다.

⑤ 노동위원회의 사건처리에 관여한 위원이나 직원 또는 그 위원이었거나 직원이었던 변호사·공인노무사 등은 영리를 목적으로 그 사건에 관한 직무를 하면 아니 된다.

해설

① (○) 노동위원회법 제3조 제1항 제2호

> 제3조(노동위원회의 관장) ① 중앙노동위원회는 다음 각 호의 사건을 관장한다.
> 1. 지방노동위원회 및 특별노동위원회의 처분에 대한 재심사건
> 2. 둘 이상의 지방노동위원회의 관할구역에 걸친 노동쟁의의 조정(調整)사건
> 3. 다른 법률에서 그 권한에 속하는 것으로 규정된 사건

② (✕) 한하여 → "삭제"(동법 제16조의3 제1항)

> 제16조의3(화해의 권고 등) ① 노동위원회는 「노동조합 및 노동관계조정법」 제29조의4 및 제84조, 「근로기준법」 제30조에 따른 판정·명령 또는 결정이 있기 전까지 관계당사자의 신청을 받아 또는 직권으로 화해를 권고하거나 화해안을 제시할 수 있다.

③ (○) 동법 제22조 제2항

④ (○) 동법 제7조 제1항

⑤ (○) 동법 제28조 제2항

정답 ②

026 □□□   ○ △ ×

헌법 제32조에서 명시적으로 규정하고 있는 내용이 아닌 것은?

① 국가는 법률이 정하는 바에 의하여 최저임금제를 시행하여야 한다.
② 여자의 근로는 특별한 보호를 받는다.
③ 연소자의 근로는 특별한 보호를 받는다.
④ 국가는 근로의 의무의 내용과 조건을 공공복리의 원칙에 따라 법률로 정한다.
⑤ 국가는 사회적·경제적 방법으로 근로자의 고용의 증진과 적정임금의 보장에 노력하여야 한다.

해설

① (○) ⑤ (○) 모든 국민은 근로의 권리를 가진다. 국가는 사회적·경제적 방법으로 근로자의 고용의 증진과 적정임금의 보장에 노력하여야 하며, 법률이 정하는 바에 의하여 최저임금제를 시행하여야 한다(대한민국헌법 제32조 제1항).
② (○) 여자의 근로는 특별한 보호를 받으며, 고용·임금 및 근로조건에 있어서 부당한 차별을 받지 아니한다(동조 제4항).
③ (○) 동조 제5항
④ (×) 공공복리의 원칙 → 민주주의원칙(동조 제2항)

> **제32조** ② 모든 국민은 근로의 의무를 진다. 국가는 근로의 의무의 내용과 조건을 민주주의원칙에 따라 법률로 정한다.

정답 ④

027 □□□   ○ △ ×

노동조합 및 노동관계조정법상 노동조합의 설립 등에 관한 설명으로 옳지 않은 것은?

① 연합단체인 노동조합을 설립하고자 하는 자는 설립신고서를 고용노동부장관에게 제출하여야 한다.
② 설립신고서를 접수한 행정관청은 반려·보완사유가 없는 경우, 3일 이내에 신고증을 교부하여야 한다.
③ 행정관청은 설립신고서 또는 규약이 기재사항의 누락 등으로 보완이 필요한 경우에는 대통령령이 정하는 바에 따라 20일 이내의 기간을 정하여 보완을 요구하여야 한다.
④ 노동조합 설립신고서에는 임원의 성명과 주소가 기재되어야 한다.
⑤ 노동조합은 신고증을 교부받은 시점에 설립된 것으로 본다.

해설

① (○) ④ (○) 노동조합법 제10조 제1항, 동항 제4호

> **제10조(설립의 신고)** ① 노동조합을 설립하고자 하는 자는 다음 각 호의 사항을 기재한 신고서에 제11조의 규정에 의한 규약을 첨부하여 연합단체인 노동조합과 2 이상의 특별시·광역시·특별자치시·도·특별자치도에 걸치는 단위노동조합은 고용노동부장관에게, 2 이상의 시·군·구(자치구를 말한다)에 걸치는 단위노동조합은 특별시장·광역시장·도지사에게, 그 외의 노동조합은 특별자치시장·특별자치도지사·시장·군수·구청장(자치구의 구청장을 말한다. 이하 제12조 제1항에서 같다)에게 제출하여야 한다. 〈개정 2014.5.20.〉
> 1. 명칭
> 2. 주된 사무소의 소재지
> 3. 조합원수
> 4. <u>임원의 성명과 주소</u>
> 5. 소속된 연합단체가 있는 경우에는 그 명칭
> 6. 연합단체인 노동조합에 있어서는 그 구성노동단체의 명칭, 조합원 수, 주된 사무소의 소재지 및 임원의 성명·주소

② (○) ③ (○) 동법 제12조 제1항, 제2항 전단

> **제12조(신고증의 교부)** ① 고용노동부장관, 특별시장·광역시장·특별자치시장·도지사·특별자치도지사 또는 시장·군수·구청장(이하 "행정관청"이라 한다)은 제10조 제1항의 규정에 의한 설립신고서를 접수한 때에는 제2항 전단 및 제3항의 경우를 제외하고는 3일 이내에 신고증을 교부하여야 한다. 〈개정 2014.5.20.〉
> ② 행정관청은 설립신고서 또는 규약이 기재사항의 누락등으로 보완이 필요한 경우에는 대통령령이 정하는 바에 따라 20일 이내의 기간을 정하여 보완을 요구하여야 한다. 이 경우 보완된 설립신고서 또는 규약을 접수한 때에는 3일 이내에 신고증을 교부하여야 한다. 〈개정 1998.2.20.〉
> ③ 행정관청은 설립하고자 하는 노동조합이 다음 각 호의 1에 해당하는 경우에는 설립신고서를 반려하여야 한다. 〈개정 1998. 2.20.〉
> 1. 제2조 제4호 각 목의 1에 해당하는 경우
> 2. 제2항의 규정에 의하여 보완을 요구하였음에도 불구하고 그 기간 내에 보완을 하지 아니하는 경우

⑤ (×) 시점에 → 경우에는 설립신고서가 접수된 때에(동법 제12조 제4항)

> **제12조(신고증의 교부)** ④ 노동조합이 신고증을 교부받은 경우에는 설립신고서가 접수된 때에 설립된 것으로 본다.

정답 ⑤

28 □□□   ○ △ ×

노동조합 및 노동관계조정법상 노동조합의 해산사유가 아닌 것은?

① 규약에서 정한 해산사유가 발생한 경우
② 합병 또는 분할로 소멸한 경우
③ 총회 또는 대의원회의 해산결의가 있는 경우
④ 노동조합의 대표자가 제명된 경우
⑤ 노동조합의 임원이 없고 노동조합으로서의 활동을 1년 이상 하지 아니한 것으로 인정되는 경우로서 행정관청이 노동위원회의 의결을 얻은 경우

해설

① (○) ② (○) ③ (○) ⑤ (○) 노동조합법 제28조 제1항 제1호, 제2호, 제3호, 제4호
④ (×) 노동조합의 대표자가 제명된 경우는 노동조합의 해산사유가 아닌 것이다.

> 제28조(해산사유) ① 노동조합은 다음 각 호의 1에 해당하는 경우에는 해산한다. 〈개정 1998.2.20.〉
> 1. 규약에서 정한 해산사유가 발생한 경우
> 2. 합병 또는 분할로 소멸한 경우
> 3. 총회 또는 대의원회의 해산결의가 있는 경우
> 4. 노동조합의 임원이 없고 노동조합으로서의 활동을 1년 이상 하지 아니한 것으로 인정되는 경우로서 행정관청이 노동위원회의 의결을 얻은 경우

정답 ④

29 □□□   ○ △ ×

노동조합 및 노동관계조정법상 단체협약에 관한 설명으로 옳지 않은 것은?

① 단체협약은 서면으로 작성하여 당사자 쌍방이 서명 또는 날인하여야 한다.
② 단체협약의 당사자는 체결일부터 15일 이내에 노동위원회에 단체협약을 신고하여야 한다.
③ 행정관청은 단체협약 중 위법한 내용이 있는 경우에는 노동위원회의 의결을 얻어 그 시정을 명할 수 있다.
④ 단체협약에 정한 근로조건 기타 근로자의 대우에 관한 기준에 위반하는 취업규칙 또는 근로계약의 부분은 무효로 한다.
⑤ 단체협약의 해석 또는 이행방법에 관하여 관계당사자 간에 의견의 불일치가 있는 때에는 당사자 쌍방 또는 단체협약에 정하는 바에 의하여 어느 일방이 노동위원회에 그 해석 또는 이행방법에 관한 견해의 제시를 요청할 수 있다.

해설

① (○) 노동조합법 제31조 제1항

② (×) 노동위원회에 → 행정관청에게(동조 제2항)

> 제31조(단체협약의 작성) ② 단체협약의 당사자는 단체협약의 체결일부터 15일 이내에 이를 행정관청에게 신고하여야 한다.
> 〈개정 1998.2.20.〉

③ (○) 동조 제3항
④ (○) 동법 제33조 제1항
⑤ (○) 동법 제34조 제1항

정답 ②

30 □□□   ○ △ ×

단체협약 내용으로서 그 위반한 자에 대하여 노동조합 및 노동관계조정법상 형사처벌의 대상사항이 아닌 것은?

① 복리후생비에 관한 사항
② 재해부조에 관한 사항
③ 쟁의행위에 관한 사항
④ 조합원 자격에 관한 사항
⑤ 징계사유에 관한 사항

해설

① (○) ② (○) ③ (○) ⑤ (○) 노동조합법 제92조 제2호 가목, 라목, 바목, 다목
④ (×) 조합원 자격에 관한 사항은 형사처벌의 대상사항이 아닌 것이다.

> 제92조(벌칙) 다음 각 호의 1에 해당하는 자는 1천만 원 이하의 벌금에 처한다. 〈개정 2010.1.1.〉
> 1. 삭제 〈2021.1.5.〉
> 2. 제31조 제1항의 규정에 의하여 체결된 단체협약의 내용 중 다음 각 목의 1에 해당하는 사항을 위반한 자
>   가. 임금·복리후생비, 퇴직금에 관한 사항
>   나. 근로 및 휴게시간, 휴일, 휴가에 관한 사항
>   다. 징계 및 해고의 사유와 중요한 절차에 관한 사항
>   라. 안전보건 및 재해부조에 관한 사항
>   마. 시설·편의제공 및 근무시간 중 회의참석에 관한 사항
>   바. 쟁의행위에 관한 사항
> 3. 제61조 제1항의 규정에 의한 조정서의 내용 또는 제68조 제1항의 규정에 의한 중재재정서의 내용을 준수하지 아니한 자

정답 ④

031 □□□   ○ △ ✕

노동조합 및 노동관계조정법상 용어의 정의로 옳지 않은 것은?

① "근로자"라 함은 직업의 종류를 불문하고 임금·급료 기타 이에 준하는 수입에 의하여 생활하는 자를 말한다.

② "사용자"라 함은 사업주, 사업의 경영담당자 또는 그 사업의 근로자에 관한 사항에 대하여 사업주를 위하여 행동하는 자를 말한다.

③ "사용자단체"라 함은 노동관계에 관하여 그 구성원인 사용자에 대하여 조정 또는 규제할 수 있는 권한을 가진 사용자의 단체를 말한다.

④ "노동조합"이라 함은 근로자가 주체가 되어 자주적으로 단결하여 근로조건의 유지·개선 기타 근로자의 경제적·사회적 지위의 향상을 도모함을 목적으로 조직하는 단체 또는 그 연합단체를 말한다.

⑤ "노동쟁의"라 함은 파업·태업·직장폐쇄 기타 노동관계 당사자가 그 주장을 관철할 목적으로 행하는 행위와 이에 대항하는 행위로서 업무의 정상적인 운영을 저해하는 행위를 말한다.

해설

① (○) ② (○) ③ (○) ④ (○) 노동조합법 제2조 제1호, 제2호, 제3호, 제4호 본문

⑤ (✕) 노동쟁의 → 쟁의행위(동조 제6호)

> **제2조(정의)** 이 법에서 사용하는 용어의 정의는 다음과 같다.
> 〈개정 2021.1.5.〉
> 5. "노동쟁의"라 함은 노동조합과 사용자 또는 사용자단체(이하 "勞動關係 當事者"라 한다)간에 임금·근로시간·복지·해고 기타 대우등 근로조건의 결정에 관한 주장의 불일치로 인하여 발생한 분쟁상태를 말한다. 이 경우 주장의 불일치라 함은 당사자간에 합의를 위한 노력을 계속하여도 더 이상 자주적 교섭에 의한 합의의 여지가 없는 경우를 말한다.
> 6. "쟁의행위"라 함은 파업·태업·직장폐쇄 기타 노동관계 당사자가 그 주장을 관철할 목적으로 행하는 행위와 이에 대항하는 행위로서 업무의 정상적인 운영을 저해하는 행위를 말한다.

정답 ⑤

032 □□□   ○ △ ✕

노동조합 및 노동관계조정법상 노동조합의 총회 등에 관한 설명으로 옳지 않은 것은?

① 노동조합은 규약으로 총회에 갈음할 대의원회를 둘 수 있다.

② 노동조합 임원을 해임하고자 하는 경우에는 총회에서 재적조합원 과반수 출석과 출석조합원 3분의 2 이상의 찬성이 있어야 한다.

③ 임원의 선거에 있어서 재적조합원 과반수의 찬성을 얻은 자가 없는 경우에는 결선투표에서 다수의 찬성을 얻은 자를 임원으로 선출할 수 있다.

④ 노동조합이 특정 조합원에 관한 사항을 의결할 경우에는 그 조합원은 표결권이 없다.

⑤ 노동조합의 대표자는 총회의 의장이 된다.

해설

① (○) 노동조합법 제17조 제1항

② (○) 총회는 재적조합원 과반수의 출석과 출석조합원 과반수의 찬성으로 의결한다. 다만, 규약의 제정·변경, 임원의 해임, 합병·분할·해산 및 조직형태의 변경에 관한 사항은 재적조합원 과반수의 출석과 출석조합원 3분의 2 이상의 찬성이 있어야 한다(동법 제16조 제2항).

③ (✕) 재적조합원 → 출석조합원(동조 제3항)

> **제16조(총회의 의결사항)** ③ 임원의 선거에 있어서 출석조합원 과반수의 찬성을 얻은 자가 없는 경우에는 제2항 본문의 규정에 불구하고 규약이 정하는 바에 따라 결선투표를 실시하여 다수의 찬성을 얻은 자를 임원으로 선출할 수 있다.

④ (○) 동법 제20조

⑤ (○) 동법 제15조 제2항

정답 ③

033 □□□   ○ △ ×

노동조합 및 노동관계조정법상 단체협약 등에 관한 설명으로 옳지 않은 것은? (다툼이 있으면 판례에 따름)

① 하나의 지역에 있어서 종업하는 동종의 근로자 3분의 2 이상이 하나의 단체협약의 적용을 받게 된 때에는 노동위원회는 그 직권으로 당해 지역에서 종업하는 다른 동종의 근로자와 그 사용자에 대하여도 당해 단체협약을 적용한다는 결정을 할 수 있다.

② 하나의 사업 또는 사업장에 상시 사용되는 동종의 근로자 반수 이상이 하나의 단체협약의 적용을 받게 된 때에는 당해 사업 또는 사업장에 사용되는 다른 동종의 근로자에 대하여도 당해 단체협약이 적용된다.

③ 노사 간의 협상을 통해 사용자가 그 해고권한을 제한하기로 합의하고 노동조합이 동의할 경우에 한하여 해고권을 행사하겠다는 의미로 해고의 사전 합의조항을 단체협약에 두었다면, 그러한 절차를 거치지 아니한 해고처분은 원칙적으로 무효이다.

④ 노동조합의 하부단체인 분회나 지부가 독자적인 규약 및 집행기관을 가지고 독립된 조직체로서 활동을 하는 경우, 당해 조직이나 그 조합원에 고유한 사항에 대하여는 독자적으로 단체교섭하고 단체협약을 체결할 수 있다.

⑤ 단체협약과 같은 처분문서를 해석할 때에는, 단체협약이 근로자의 근로조건을 유지·개선하고 복지를 증진하여 경제적·사회적 지위를 향상시킬 목적으로 근로자의 자주적 단체인 노동조합과 사용자 사이에 단체교섭을 통하여 이루어지는 것이므로, 명문의 규정을 근로자에게 불리하게 변형해석할 수 없다.

해설

① (×) 노동위원회는 그 직권으로 → 행정관청은 그 직권으로 노동위원회의 의결을 얻어(노동조합법 제36조 제1항)

> **제36조(지역적 구속력)** ① 하나의 지역에 있어서 종업하는 동종의 근로자 3분의 2 이상이 하나의 단체협약의 적용을 받게 된 때에는 행정관청은 당해 단체협약의 당사자의 쌍방 또는 일방의 신청에 의하거나 그 직권으로 노동위원회의 의결을 얻어 당해 지역에서 종업하는 다른 동종의 근로자와 그 사용자에 대하여도 당해 단체협약을 적용한다는 결정을 할 수 있다. 〈개정 1998.2.20.〉

② (○) 동법 제35조

③ (○) 구 근로기준법(2007.4.11. 법률 제8372호로 전문 개정되기 전의 것) 제30조 제1항은 "사용자는 근로자에 대하여 정당한 이유 없이 해고를 하지 못한다"고 규정하여 원칙적으로 해고를 금지하면서, 다만 예외적으로 정당한 이유가 있는 경우에 한하여 해고를 허용하여 제한된 범위 안에서만 사용자의 해고권한을 인정하고 있는데, 노사 간의 협상을 통해 사용자가 그 해고권한을 제한하기로 합의하고 노동조합이 동의할 경우에 한하여 해고권을 행사하겠다는 의미로 해고의 사전 합의조항을 단체협약에 두었다면, 그러한 절차를 거치지 아니한 해고처분은 원칙적으로 무효이다(대법원

2007.9.6, 2005두8788).

④ (○) 노동조합의 하부단체인 분회나 지부가 독자적인 규약 및 집행기관을 가지고 독립된 조직체로서 활동을 하는 경우 당해 조직이나 그 조합원에 고유한 사항에 대하여는 독자적으로 단체교섭하고 단체협약을 체결할 수 있고, 이는 그 분회나 지부가 노동조합 및 노동관계조정법 시행령 제7조의 규정에 따라 그 설립신고를 하였는지 여부에 영향받지 아니한다(대법원 2001.2.23, 2000도4299).

⑤ (○) 단체협약과 같은 처분문서를 해석할 때는, 단체협약이 근로자의 근로조건을 유지·개선하고 복지를 증진하여 그 경제적·사회적 지위를 향상시킬 목적으로 근로자의 자주적 단체인 노동조합과 사용자 사이에 단체교섭을 통하여 이루어지는 것이므로, 그 명문의 규정을 근로자에게 불리하게 변형해석할 수 없다(대법원 2018.11.29, 2018두41532).

정답 ①

034 □□□   ○ △ ×

노동조합 및 노동관계조정법상 교섭 및 단체협약체결권한에 관한 설명으로 옳지 않은 것은?

① 교섭대표노동조합의 대표자는 교섭을 요구한 모든 노동조합 또는 조합원을 위하여 사용자와 교섭하고 단체협약을 체결할 권한을 가진다.

② 교섭대표노동조합이 결정된 날부터 그 교섭대표노동조합이 6개월 동안 단체협약을 체결하지 못한 경우에는 어느 노동조합이든지 사용자에게 교섭을 요구할 수 있다.

③ 노동조합과 사용자로부터 교섭 또는 단체협약의 체결에 관한 권한을 위임받은 자는 그 노동조합과 사용자를 위하여 위임받은 범위 안에서 그 권한을 행사할 수 있다.

④ 노동조합은 사용자에게 교섭을 요구하는 때에는 노동조합의 명칭, 그 교섭을 요구한 날 현재의 조합원 수 등 고용노동부령으로 정하는 사항을 적은 서면으로 하여야 한다.

⑤ 노동조합은 단체협약이 2개 이상 있는 경우에는 먼저 도래하는 단체협약의 유효기간 만료일 이전 3개월이 되는 날부터 사용자에게 교섭을 요구할 수 있다.

해설

① (○) 노동조합법 제29조 제2항

② (×) 6개월 → 1년(동법 시행령 제14조의10 제3항)

> **시행령 제14조의10(교섭대표노동조합의 지위 유지기간 등)** ③ 법 제29조의2에 따라 결정된 교섭대표노동조합이 그 결정된 날부터 1년 동안 단체협약을 체결하지 못한 경우에는 어느 노동조합이든지 사용자에게 교섭을 요구할 수 있다. 이 경우 제14조의2 제2항 및 제14조의3부터 제14조의9까지의 규정을 적용한다.

③ (○) 노동조합과 사용자 또는 사용자단체로부터 교섭 또는 단체협약의 체결에 관한 권한을 위임받은 자는 그 노동조합과 사용자

또는 사용자단체를 위하여 위임받은 범위 안에서 그 권한을 행사할 수 있다(동법 제29조 제3항).

④ (○) 노동조합은 제1항에 따라 사용자에게 교섭을 요구하는 때에는 노동조합의 명칭, 그 교섭을 요구한 날 현재의 종사근로자인 조합원 수 등 고용노동부령으로 정하는 사항을 적은 서면으로 해야 한다(동법 시행령 제14조의2 제2항).

⑤ (○) 노동조합은 해당 사업 또는 사업장에 단체협약이 있는 경우에는 법 제29조 제1항 또는 제29조의2 제1항에 따라 그 유효기간 만료일 이전 3개월이 되는 날부터 사용자에게 교섭을 요구할 수 있다. 다만, 단체협약이 2개 이상 있는 경우에는 먼저 이르는 단체협약의 유효기간 만료일 이전 3개월이 되는 날부터 사용자에게 교섭을 요구할 수 있다(동조 제1항).

정답 ②

035 □□□   ○ △ ×

노동조합 및 노동관계조정법상 단체협약의 효력 등에 관한 설명으로 옳지 않은 것은? (다툼이 있으면 판례에 따름)

① 단체협약에는 2년을 초과하는 유효기간을 정할 수 없다.

② 단체협약에 그 유효기간을 정하지 아니한 경우에 그 유효기간은 2년으로 한다.

③ 단체협약의 유효기간이 만료되는 때를 전후하여 당사자 쌍방이 새로운 단체협약을 체결하고자 단체교섭을 계속하였음에도 불구하고 새로운 단체협약이 체결되지 아니한 경우에는 별도의 약정이 있는 경우를 제외하고는 종전의 단체협약은 그 효력만료일부터 6월까지 계속 효력을 갖는다.

④ 단체협약이 실효되었다고 하더라도 임금, 퇴직금이나 노동시간, 그 밖에 개별적인 노동조건에 관한 부분은 그 단체협약의 적용을 받고 있던 근로자의 근로계약의 내용이 되어 그것을 변경하는 새로운 단체협약, 취업규칙이 체결·작성되거나 또는 개별적인 근로자의 동의를 얻지 아니하는 한 개별적인 근로자의 근로계약의 내용으로서 여전히 남아 있어 사용자와 근로자를 규율한다.

⑤ 단체협약에 그 유효기간이 경과한 후에도 새로운 단체협약이 체결되지 아니한 때에는 새로운 단체협약이 체결될 때까지 종전 단체협약의 효력을 존속시킨다는 취지의 별도의 약정이 있는 경우에는 그에 따른다.

해설

① (×) ② (×) 2021.1.5. 노동조합법 제32조 제1항·제2항이 다음과 같이 개정되었으므로, 정답을 변경한다.

> 제32조(단체협약 유효기간의 상한) ① 단체협약의 유효기간은 3년을 초과하지 않는 범위에서 노사가 합의하여 정할 수 있다. 〈개정 2021.1.5.〉
> ② 단체협약에 그 유효기간을 정하지 아니한 경우 또는 제1항의 기간을 초과하는 유효기간을 정한 경우에 그 유효기간은 3년으로 한다. 〈개정 2021.1.5.〉

③ (×) ⑤ (○) 6월 → 3월(동법 제32조 제3항 본문)

> 제32조(단체협약 유효기간의 상한) ③ 단체협약의 유효기간이 만료되는 때를 전후하여 당사자 쌍방이 새로운 단체협약을 체결하고자 단체교섭을 계속하였음에도 불구하고 새로운 단체협약이 체결되지 아니한 경우에는 별도의 약정이 있는 경우를 제외하고는 종전의 단체협약은 그 효력만료일부터 3월까지 계속 효력을 갖는다. 다만, 단체협약에 그 유효기간이 경과한 후에도 새로운 단체협약이 체결되지 아니한 때에는 새로운 단체협약이 체결될 때까지 종전 단체협약의 효력을 존속시킨다는 취지의 별도의 약정이 있는 경우에는 그에 따르되, 당사자 일방은 해지하고자 하는 날의 6월 전까지 상대방에게 통고함으로써 종전의 단체협약을 해지할 수 있다. 〈개정 1998.2.20.〉

④ (○) 유효기간이 경과하는 등으로 단체협약이 실효되었다고 하더라도 임금, 퇴직금이나 노동시간, 그 밖에 개별적인 노동조건에 관한 부분은 그 단체협약의 적용을 받고 있던 근로자의 근로계약의 내용이 되어 그것을 변경하는 새로운 단체협약, 취업규칙이 체결·작성되거나 또는 개별적인 근로자의 동의를 얻지 아니하는 한 개별적인 근로자의 근로계약의 내용으로서 여전히 남아 있어 사용자와 근로자를 규율한다(대법원 2018.11.29, 2018두41532).

정답 ③ ▶ ① · ② · ③

036 □□□   ○ △ ×

노동조합 및 노동관계조정법상 교섭단위 결정 등에 관한 설명으로 옳지 않은 것은?

① 교섭대표노동조합 결정단위는 하나의 사업 또는 사업장으로 한다.

② 하나의 사업장에서 현격한 근로조건의 차이 등을 고려하여 교섭단위를 분리할 필요가 있다고 인정되는 경우에 노동위원회는 노동관계 당사자의 양쪽 또는 어느 한쪽의 신청을 받아 교섭단위를 분리하는 결정을 할 수 있다.

③ 노동위원회의 교섭단위 분리결정에 대하여는 불복할 수 없다.

④ 노동위원회는 교섭단위 분리의 결정 신청을 받은 때에는 해당 사업 또는 사업장의 모든 노동조합과 사용자에게 그 내용을 통지하여야 한다.

⑤ 노동위원회는 교섭단위 분리결정 신청을 받은 날부터 30일 이내에 교섭단위 분리에 관한 결정을 하고 해당 사업 또는 사업장의 모든 노동조합과 사용자에게 통지하여야 한다.

해설

① (○) 제29조의2에 따라 교섭대표노동조합을 결정하여야 하는 단위(이하 "교섭단위"라 한다)는 하나의 사업 또는 사업장으로 한다(노동조합법 제29조의3 제1항).

② (○) 제1항에도 불구하고 하나의 사업 또는 사업장에서 현격한 근로조건의 차이, 고용형태, 교섭관행 등을 고려하여 교섭단위를 분리하거나 분리된 교섭단위를 통합할 필요가 있다고 인정되는

경우에 노동위원회는 노동관계 당사자의 양쪽 또는 어느 한쪽의 신청을 받아 교섭단위를 분리하거나 분리된 교섭단위를 통합하는 결정을 할 수 있다(동조 제2항).

③ (×) 없다 → 있다(동조 제3항)

> **제29조의3(교섭단위 결정)** ③ 제2항에 따른 노동위원회의 결정에 대한 불복절차 및 효력은 제69조와 제70조 제2항을 준용한다.

④ (○) 제1항에 따른 신청을 받은 노동위원회는 해당 사업 또는 사업장의 모든 노동조합과 사용자에게 그 내용을 통지해야 하며, 그 노동조합과 사용자는 노동위원회가 지정하는 기간까지 의견을 제출할 수 있다(동법 시행령 제14조의11 제2항).

⑤ (○) 노동위원회는 제1항에 따른 신청을 받은 날부터 30일 이내에 교섭단위를 분리하거나 분리된 교섭단위를 통합하는 결정을 하고 해당 사업 또는 사업장의 모든 노동조합과 사용자에게 통지해야 한다(동조 제3항).

정답 ③

---

037 □□□   ○ △ ×

노동조합 및 노동관계조정법상 노동조합 전임자 등에 관한 설명으로 옳지 않은 것은? (다툼이 있으면 판례에 따름)

① 근로자는 노동조합 규약으로 정하거나 사용자의 동의가 있는 경우에는 노동조합의 업무에만 종사할 수 있다.
② 노동조합 전임자는 사용자와 기본적 노사관계를 유지하고 근로자 신분을 그대로 가진다.
③ 사용자는 노동조합 전임자의 정당한 노동조합활동을 제한하여서는 아니 된다.
④ 근로시간 면제한도는 근로시간면제심의위원회가 심의·의결한 바에 따라 고용노동부장관이 고시한다.
⑤ 근로시간면제심의위원회 위원은 고용노동부장관이 위촉한다.

해설

> 2021.1.5. 노동조합법 제24조 및 제24조의2가 개정되어 그 내용이 지문과 배치되므로, 해설을 생략하고 정답을 변경한다.

정답 ① ▶ 없음

---

038 □□□   ○ △ ×

노동조합 및 노동관계조정법상 노동조합 회계감사 등에 관한 설명으로 옳지 않은 것은?

① 노동조합의 대표자는 그 회계감사원으로 하여금 6월에 1회 이상 당해 노동조합의 모든 재원 및 용도 등에 대한 회계감사를 실시하게 하고, 그 내용과 감사결과를 전체 조합원에게 공개하여야 한다.
② 노동조합의 회계감사원은 필요하다고 인정할 경우에는 당해 노동조합의 회계감사를 실시하되, 그 결과를 공개하여서는 아니 된다.
③ 노동조합의 대표자는 회계연도마다 결산결과와 운영상황을 공표하여야 한다.
④ 노동조합은 행정관청이 요구하는 경우에는 결산결과와 운영상황을 보고하여야 한다.
⑤ 행정관청이 노동조합으로부터 결산결과 또는 운영상황의 보고를 받고자 하는 경우에는 그 사유와 기타 필요한 사항을 기재한 서면으로 10일 이전에 요구하여야 한다.

해설

① (○) 노동조합의 대표자는 그 회계감사원으로 하여금 6월에 1회 이상 당해 노동조합의 모든 재원 및 용도, 주요한 기부자의 성명, 현재의 경리상황 등에 대한 회계감사를 실시하게 하고 그 내용과 감사결과를 전체 조합원에게 공개하여야 한다(노동조합법 제25조 제1항).
② (×) 실시하되 → 실시하고, 공개하여서는 아니 된다 → 공개할 수 있다(동조 제2항)

> **제25조(회계감사)** ② 노동조합의 회계감사원은 필요하다고 인정할 경우에는 당해 노동조합의 회계감사를 실시하고 그 결과를 공개할 수 있다.

③ (○) 노동조합의 대표자는 회계연도마다 결산결과와 운영상황을 공표하여야 하며 조합원의 요구가 있을 때에는 이를 열람하게 하여야 한다(동법 제26조).
④ (○) 동법 제27조
⑤ (○) 행정관청은 법 제27조에 따라 노동조합으로부터 결산결과 또는 운영상황의 보고를 받으려는 경우에는 그 사유와 그 밖에 필요한 사항을 적은 서면으로 10일 이전에 요구해야 한다(동법 시행령 제12조).

정답 ②

039 □□□　　　　　　　　○ △ ✕

사용자의 행위 중에서 노동조합 및 노동관계조정법상 부당노동행위 유형으로 명시되어 있지 않은 행위는?

① 근로자가 노동조합의 업무를 위한 정당한 행위를 한 것을 이유로 그 근로자를 해고하는 행위

② 노동조합의 대표자와의 단체협약 체결 기타의 단체교섭을 정당한 이유 없이 해태하는 행위

③ 근로자가 노동조합에 가입하려는 행위를 이유로 그 근로자에게 불이익을 주는 행위

④ 근로자가 정당한 단체행위에 참가한 것을 이유로 하여 그 근로자에게 불이익을 주는 행위

⑤ 근로자의 경제상의 불행 기타 재액의 방지와 구제 등을 위한 기금의 기부행위

해설

① (○) ② (○) ③ (○) ④ (○) 노동조합법 제81조 제1항 제1호, 제3호, 제1호, 제5호

⑤ (✕) 근로자의 경제상의 불행 기타 재액의 방지와 구제 등을 위한 기금의 기부행위는 부당노동행위의 예외로서 허용된다.

> **제81조(부당노동행위)** ① 사용자는 다음 각 호의 어느 하나에 해당하는 행위[이하 "부당노동행위(不當勞動行爲)"라 한다]를 할 수 없다. 〈개정 2021.1.5.〉
> 1. 근로자가 노동조합에 가입 또는 가입하려고 하였거나 노동조합을 조직하려고 하였거나 기타 노동조합의 업무를 위한 정당한 행위를 한 것을 이유로 그 근로자를 해고하거나 그 근로자에게 불이익을 주는 행위
> 2. 근로자가 어느 노동조합에 가입하지 아니할 것 또는 탈퇴할 것을 고용조건으로 하거나 특정한 노동조합의 조합원이 될 것을 고용조건으로 하는 행위. 다만, 노동조합이 당해 사업장에 종사하는 근로자의 3분의 2 이상을 대표하고 있을 때에는 근로자가 그 노동조합의 조합원이 될 것을 고용조건으로 하는 단체협약의 체결은 예외로 하며, 이 경우 사용자는 근로자가 그 노동조합에서 제명된 것 또는 그 노동조합을 탈퇴하여 새로 노동조합을 조직하거나 다른 노동조합에 가입한 것을 이유로 근로자에게 신분상 불이익한 행위를 할 수 없다.
> 3. 노동조합의 대표자 또는 노동조합으로부터 위임을 받은 자와의 단체협약 체결 기타의 단체교섭을 정당한 이유 없이 거부하거나 해태하는 행위
> 4. 근로자가 노동조합을 조직 또는 운영하는 것을 지배하거나 이에 개입하는 행위와 근로시간 면제한도를 초과하여 급여를 지급하거나 노동조합의 운영비를 원조하는 행위. 다만, 근로자가 근로시간 중에 제24조 제2항에 따른 활동을 하는 것을 사용자가 허용함은 무방하며, 또한 근로자의 후생자금 또는 경제상의 불행 그 밖에 재해의 방지와 구제 등을 위한 기금의 기부와 최소한의 규모의 노동조합사무소의 제공 및 그 밖에 이에 준하여 노동조합의 자주적인 운영 또는 활동을 침해할 위험이 없는 범위에서의 운영비 원조행위는 예외로 한다.
> 5. 근로자가 정당한 단체행위에 참가한 것을 이유로 하거나 또는 노동위원회에 대하여 사용자가 이 조의 규정에 위반한 것을 신고하거나 그에 관한 증언을 하거나 기타 행정관청에 증거를 제출한 것을 이유로 그 근로자를 해고하거나 그 근로자에게 불이익을 주는 행위

정답 ⑤

040 □□□　　　　　　　　○ △ ✕

노동조합 및 노동관계조정법상 부당노동행위 구제절차 등에 관한 설명으로 옳지 않은 것은?

① 부당노동행위로 인하여 그 권리를 침해당한 근로자는 노동위원회에 그 구제를 신청할 수 있다.

② 부당노동행위의 구제신청은 부당노동행위가 있은 날(계속하는 행위는 그 종료일)부터 3월 이내에 이를 행하여야 한다.

③ 특별노동위원회의 구제명령에 불복이 있는 관계당사자는 그 명령서의 송달을 받은 날부터 10일 이내에 중앙노동위원회에 그 재심을 신청할 수 있다.

④ 사용자가 중앙노동위원회 재심판정에 불복하여 행정소송을 제기한 경우에 중앙노동위원회는 법원의 판결이 확정될 때까지 중앙노동위원회의 구제명령의 전부 또는 일부를 이행하도록 명할 수 있다.

⑤ 지방노동위원회의 구제명령은 노동조합 및 노동관계조정법 규정에 의한 중앙노동위원회에의 재심신청에 의하여 그 효력이 정지되지 아니한다.

해설

① (○) 사용자의 부당노동행위로 인하여 그 권리를 침해당한 근로자 또는 노동조합은 노동위원회에 그 구제를 신청할 수 있다(노동조합법 제82조 제1항).

② (○) 동조 제2항

③ (○) 지방노동위원회 또는 특별노동위원회의 구제명령 또는 기각결정에 불복이 있는 관계당사자는 그 명령서 또는 결정서의 송달을 받은 날부터 10일 이내에 중앙노동위원회에 그 재심을 신청할 수 있다(동법 제85조 제1항).

④ (✕) 중앙노동위원회는 → 관할법원은(동조 제5항)

> **제85조(구제명령의 확정)** ⑤ 사용자가 제2항의 규정에 의하여 행정소송을 제기한 경우에 관할법원은 중앙노동위원회의 신청에 의하여 결정으로써, 판결이 확정될 때까지 중앙노동위원회의 구제명령의 전부 또는 일부를 이행하도록 명할 수 있으며, 당사자의 신청에 의하여 또는 직권으로 그 결정을 취소할 수 있다.

⑤ (○) 노동위원회의 구제명령·기각결정 또는 재심판정은 제85조의 규정에 의한 중앙노동위원회에의 재심신청이나 행정소송의 제기에 의하여 그 효력이 정지되지 아니한다(동법 제86조).

정답 ④

041 □□□ ○ △ ×

노동조합 및 노동관계조정법상 쟁의행위 등에 관한 설명으로 옳지 않은 것은? (다툼이 있으면 판례에 따름)

① 노동조합은 그 대표자가 필요하다고 판단하는 경우, 조합원의 찬반투표 없이 쟁의행위를 할 수 있다.

② 노동조합은 쟁의행위가 적법하게 수행될 수 있도록 지도·관리·통제할 책임이 있다.

③ 사업장의 안전보호시설에 대하여 정상적인 유지·운영을 정지·폐지 또는 방해하는 행위는 쟁의행위로서 이를 행할 수 없다.

④ 노동조합은 쟁의행위기간에 대한 임금의 지급을 요구하여 이를 관철할 목적으로 쟁의행위를 하여서는 아니된다.

⑤ 사용자는 쟁의행위기간 중 그 쟁의행위로 중단된 업무의 수행을 위하여 당해 사업과 관계없는 자를 채용 또는 대체할 수 없다.

해설

① (×) 있다 → 없다(노동조합법 제41조 제1항)

> **제41조(쟁의행위의 제한과 금지)** ① 노동조합의 쟁의행위는 그 조합원(제29조의2에 따라 교섭대표노동조합이 결정된 경우에는 그 절차에 참여한 노동조합의 전체 조합원)의 직접·비밀·무기명투표에 의한 조합원 과반수의 찬성으로 결정하지 아니하면 이를 행할 수 없다. 이 경우 조합원 수 산정은 종사근로자인 조합원을 기준으로 한다. 〈개정 2021.1.5.〉

② (○) 동법 제38조 제3항

③ (○) 동법 제42조 제2항

④ (○) 동법 제44조 제2항

⑤ (○) 동법 제43조 제1항

정답 ①

042 □□□ ○ △ ×

노동조합 및 노동관계조정법상 노동쟁의의 조정(調停)에 관한 설명으로 옳지 않은 것은?

① 노동위원회는 관계당사자의 일방이 노동쟁의의 조정을 신청한 때에는 지체 없이 조정을 개시하여야 한다.

② 조정은 조정의 신청이 있은 날부터 일반사업에 있어서는 10일 이내에 종료하여야 한다.

③ 조정기간은 관계당사자의 일방의 신청으로 공익사업에 있어서는 15일 이내에서 연장할 수 있다.

④ 노동위원회는 관계당사자 쌍방의 신청이 있는 경우, 조정위원회에 갈음하여 단독조정인에게 조정을 행하게 할 수 있다.

⑤ 조정서의 내용은 단체협약과 동일한 효력을 가진다.

해설

① (○) 노동위원회는 관계당사자의 일방이 노동쟁의의 조정을 신청한 때에는 지체 없이 조정을 개시하여야 하며 관계당사자 쌍방은 이에 성실히 임하여야 한다(노동조합법 제53조 제1항).

② (○) 조정은 제53조의 규정에 의한 조정의 신청이 있은 날부터 일반사업에 있어서는 10일, 공익사업에 있어서는 15일 이내에 종료하여야 한다(동법 제54조 제1항).

③ (×) 관계당사자의 일방의 신청으로 → 관계당사자 간의 합의로 (동조 제2항)

> **제54조(조정기간)** ② 제1항의 규정에 의한 조정기간은 관계당사자 간의 합의로 일반사업에 있어서는 10일, 공익사업에 있어서는 15일 이내에서 연장할 수 있다.

④ (○) 노동위원회는 관계당사자 쌍방의 신청이 있거나 관계당사자 쌍방의 동의를 얻은 경우에는 조정위원회에 갈음하여 단독조정인에게 조정을 행하게 할 수 있다(동법 제57조 제1항).

⑤ (○) 동법 제61조 제2항

정답 ③

043 □□□ ○ △ ×

노동조합 및 노동관계조정법상 쟁의행위 등에 관한 설명으로 옳지 않은 것은? (다툼이 있으면 판례에 따름)

① 사용자가 적법하게 직장폐쇄를 하게 되면, 사용자의 사업장에 대한 물권적 지배권이 전면적으로 회복된다.

② 사용자는 직장폐쇄를 할 경우에는 미리 행정관청 또는 노동위원회 어느 한곳에 신고하여야 한다.

③ 사업장 시설의 점거는 그 점거의 범위가 사업장 시설의 일부분이고, 사용자 측의 출입이나 관리지배를 배제하지 않는 병존적인 점거에 지나지 않을 때에는 정당한 쟁의행위로 볼 수 있다.

④ 사용자의 직장폐쇄는 형평상 근로자 측의 쟁의행위에 대한 대항·방위수단이다.

⑤ 적법하게 직장폐쇄를 하게 되면, 사용자는 사업장을 점거 중인 근로자들에 대하여 정당하게 사업장으로부터의 퇴거를 요구할 수 있고, 퇴거를 요구받은 이후의 직장점거는 위법하게 된다.

해설

① (○) 사용자의 직장폐쇄는 사용자와 근로자의 교섭태도와 교섭과정, 근로자의 쟁의행위의 목적과 방법 및 그로 인하여 사용자가 받는 타격의 정도 등 구체적인 사정에 비추어 쟁의행위에 대한 방어수단으로서 상당성이 있어야만 사용자의 정당한 쟁의행위로 인정될 수 있고, 직장폐쇄가 정당한 쟁의행위로 평가받는 경우 사용자의 사업장에 대한 물권적 지배권이 전면적으로 회복되므로 사용자는 직장폐쇄의 효과로서 사업장의 출입을 제한할 수 있다고 할 것이다(대법원 2010.6.10. 2009도12180).

② (×) 또는 → 및, 어느 한곳에 → 각각(노동조합법 제46조 제2항)

제46조(직장폐쇄의 요건) ② 사용자는 제1항의 규정에 의한 직장폐쇄를 할 경우에는 미리 행정관청 및 노동위원회에 각각 신고하여야 한다. 〈개정 1998.2.20.〉

③ (O) 직장 또는 사업장 시설의 점거는 적극적인 쟁의행위의 한 형태로서 그 점거의 범위가 직장 또는 사업장 시설의 일부분이고 사용자 측의 출입이나 관리지배를 배제하지 않는 병존적인 점거에 지나지 않을 때에는 정당한 쟁의행위로 볼 수 있으나, 이와 달리 직장 또는 사업장 시설을 전면적, 배타적으로 점거하여 조합원 이외의 자의 출입을 저지하거나 사용자 측의 관리지배를 배제하여 업무의 중단 또는 혼란을 야기케 하는 것과 같은 행위는 이미 정당성의 한계를 벗어난 것이라고 볼 수밖에 없다(대법원 1991.6.11, 91도383).

④ (O) 사용자의 직장폐쇄는 노사 간의 교섭태도, 경과, 근로자 측 쟁의행위의 태양, 그로 인하여 사용자 측이 받는 타격의 정도 등에 관한 구체적 사정에 비추어 형평상 근로자 측의 쟁의행위에 대한 대항·방위수단으로서 상당성이 인정되는 경우에 한하여 정당한 쟁의행위로 평가받을 수 있는 것이고, 사용자의 직장폐쇄가 정당한 쟁의행위로 인정되지 아니하는 때에는 적법한 쟁의행위로서 사업장을 점거 중인 근로자들이 직장폐쇄를 단행한 사용자로부터 퇴거요구를 받고 이에 불응한 채 직장점거를 계속하더라도 퇴거불응죄가 성립하지 아니한다(2007.12.28, 2007도5204).

⑤ (O) 근로자들의 직장점거가 개시 당시 적법한 것이었다 하더라도 사용자가 이에 대응하여 적법하게 직장폐쇄를 하게 되면, 사용자의 사업장에 대한 물권적 지배권이 전면적으로 회복되는 결과 사용자는 점거 중인 근로자들에 대하여 정당하게 사업장으로부터의 퇴거를 요구할 수 있고 퇴거를 요구받은 이후의 직장점거는 위법하게 되므로, 적법히 직장폐쇄를 단행한 사용자로부터 퇴거요구를 받고도 불응한 채 직장점거를 계속한 행위는 퇴거불응죄를 구성한다(대법원 1991.8.13, 91도1324).

정답 ②

노동조합 및 노동관계조정법상 긴급조정에 관한 설명으로 옳지 않은 것은?

① 고용노동부장관은 쟁의행위가 공익사업에 관한 것이거나 그 규모가 크거나 그 성질이 특별한 것으로서 현저히 국민경제를 해하거나 국민의 일상생활을 위태롭게 할 위험이 현존하는 때에는 긴급조정의 결정을 할 수 있다.

② 고용노동부장관은 긴급조정의 결정을 하고자 할 때에는 미리 중앙노동위원회의 의결을 거쳐야 한다.

③ 긴급조정 결정의 공표는 신문·라디오 기타 공중이 신속히 알 수 있는 방법으로 하여야 한다.

④ 고용노동부장관은 노동조합 및 노동관계조정법상의 소정 절차를 거쳐 긴급조정을 결정한 때에는 지체 없이 그 이유를 붙여 이를 공표함과 동시에 중앙노동위원회와 관계당사자에게 각각 통고하여야 한다.

⑤ 관계당사자는 긴급조정의 결정이 공표된 때에는 즉시 쟁의행위를 중지하여야 한다.

해설

① (O) 노동조합법 제76조 제1항
② (✕) 중앙노동위원회의 의결을 거쳐야 → 중앙노동위원회 위원장의 의견을 들어야(동조 제2항)

> **제76조(긴급조정의 결정)** ② 고용노동부장관은 긴급조정의 결정을 하고자 할 때에는 미리 중앙노동위원회 위원장의 의견을 들어야 한다. 〈개정 2010.6.4.〉

③ (O) 동법 시행령 제32조
④ (O) 동법 제76조 제3항
⑤ (O) 관계당사자는 제76조 제3항의 규정에 의한 긴급조정의 결정이 공표된 때에는 즉시 쟁의행위를 중지하여야 하며, 공표일부터 30일이 경과하지 아니하면 쟁의행위를 재개할 수 없다(동법 제77조).

정답 ②

45 □□□   ○ △ ×

노동조합 및 노동관계조정법상 필수유지업무에 관한 설명으로 옳지 않은 것은?

① 필수유지업무라 함은 필수공익사업의 업무 중 그 업무가 정지되거나 폐지되는 경우, 공중의 생명·건강 또는 신체의 안전이나 공중의 일상생활을 현저히 위태롭게 하는 업무로서 대통령령이 정하는 업무를 말한다.

② 필수유지업무협정은 노동관계 당사자 쌍방이 서명 또는 날인하여야 하는 것은 아니다.

③ 노동관계 당사자 쌍방 또는 일방은 필수유지업무협정이 체결되지 아니하는 때에는 노동위원회에 필수유지업무의 필요 최소한의 유지·운영 수준, 대상직무 및 필요인원 등의 결정을 신청하여야 한다.

④ 노동위원회는 노동조합 및 노동관계조정법상의 규정에 따라 필수유지업무 수준 등 결정을 하면 지체 없이 이를 서면으로 노동관계 당사자에게 통보하여야 한다.

⑤ 노동조합은 필수유지업무협정이 체결된 경우, 사용자에게 필수유지업무에 근무하는 조합원 중 쟁의행위기간 동안 근무하여야 할 조합원을 통보하여야 한다.

해설

① (○) 노동조합법 제42조의2 제1항

② (×) 하는 것은 아니다 → 한다(동법 제42조의3 후단)

> **제42조의3(필수유지업무협정)** 노동관계 당사자는 쟁의행위기간 동안 필수유지업무의 정당한 유지·운영을 위하여 필수유지업무의 필요 최소한의 유지·운영 수준, 대상직무 및 필요인원 등을 정한 협정(이하"필수유지업무협정"이라 한다)을 서면으로 체결하여야 한다. 이 경우 필수유지업무협정에는 노동관계 당사자 쌍방이 서명 또는 날인하여야 한다.

③ (○) 동법 제42조의4 제1항

④ (○) 동법 시행령 제22조의3 제2항

⑤ (○) 노동조합은 필수유지업무협정이 체결되거나 제42조의4 제2항의 규정에 따른 노동위원회의 결정이 있는 경우 사용자에게 필수유지업무에 근무하는 조합원 중 쟁의행위기간 동안 근무하여야 할 조합원을 통보하여야 하며, 사용자는 이에 따라 근로자를 지명하고 이를 노동조합과 그 근로자에게 통보하여야 한다. 다만, 노동조합이 쟁의행위 개시 전까지 이를 통보하지 아니한 경우에는 사용자가 필수유지업무에 근무하여야 할 근로자를 지명하고 이를 노동조합과 그 근로자에게 통보하여야 한다(동법 제42조의6 제1항).

정답 ②

46 □□□   ○ △ ×

노동조합 및 노동관계조정법상 공정대표의무 등에 관한 설명으로 옳지 않은 것은?

① 교섭대표노동조합은 교섭창구 단일화절차에 참여한 노동조합 또는 그 조합원 간에 합리적 이유 없이 차별을 하여서는 아니 된다.

② 사용자는 교섭창구 단일화절차에 참여한 노동조합 또는 그 조합원 간에 합리적 이유 없이 차별을 하여서는 아니 된다.

③ 노동조합의 조합원은 교섭대표노동조합이 공정대표의무를 위반하여 차별한 경우에는 그 행위가 있은 날부터 6개월 이내에 대통령령으로 정하는 방법과 절차에 따라 노동위원회에 그 시정을 요청할 수 있다.

④ 노동위원회는 공정대표의무 위반의 시정신청을 받은 때에는 지체 없이 필요한 조사와 관계당사자에 대한 심문을 하여야 한다.

⑤ 노동위원회는 공정대표의무 위반의 시정신청에 대한 명령이나 결정을 서면으로 하여야 하며, 그 서면을 교섭대표노동조합, 사용자 및 그 시정을 신청한 노동조합에 각각 통지하여야 한다.

해설

① (○) ② (○) 교섭대표노동조합과 사용자는 교섭창구 단일화절차에 참여한 노동조합 또는 그 조합원 간에 합리적 이유 없이 차별을 하여서는 아니 된다(노동조합법 제29조의4 제1항).

③ (×) 노동조합의 조합원은 → 노동조합은, 6개월 → 3개월(동조 제2항)

> **제29조의4(공정대표의무 등)** ② 노동조합은 교섭대표노동조합과 사용자가 제1항을 위반하여 차별한 경우에는 그 행위가 있은 날(단체협약의 내용의 일부 또는 전부가 제1항에 위반되는 경우에는 단체협약 체결일을 말한다)부터 3개월 이내에 대통령령으로 정하는 방법과 절차에 따라 노동위원회에 그 시정을 요청할 수 있다.

④ (○) 동법 시행령 제14조의12 제2항

⑤ (○) 동조 제5항

정답 ③

공무원의 노동조합 설립 및 운영 등에 관한 법률의 내용으로 옳지 않은 것은?

① 공무원은 임용권자의 동의를 받아 노동조합의 업무에만 종사할 수 있다.

② 정부교섭대표는 법령 등에 따라 스스로 관리하거나 결정할 수 있는 권한을 가진 사항에 대하여 노동조합이 교섭을 요구할 때에는 정당한 사유가 없으면 이에 응하여야 한다.

③ 노동조합을 설립하려는 사람은 고용노동부장관에게 설립신고서를 제출하여야 한다.

④ 정부교섭대표가 다른 정부교섭대표에게 교섭 및 단체협약체결권한을 위임하는 것은 금지된다.

⑤ 노동조합과 그 조합원은 파업, 태업 또는 그 밖에 업무의 정상적인 운영을 방해하는 일체의 행위를 하여서는 아니 된다.

해설

① (○) 공무원은 임용권자의 동의를 받아 노동조합으로부터 급여를 지급받으면서 노동조합의 업무에만 종사할 수 있다(공무원노조법 제7조 제1항).
[보충] 2022.6.10. 공무원노조법 제7조 제1항이 개정됨으로써 현재는 노동조합 업무 전임자도 그 전임기간 중 봉급을 받을 수 있음에 유의하여야 한다.

② (○) 정부교섭대표는 법령 등에 따라 스스로 관리하거나 결정할 수 있는 권한을 가진 사항에 대하여 노동조합이 교섭을 요구할 때에는 정당한 사유가 없으면 그 요구에 따라야 한다(동법 제8조 제2항).

③ (○) 동법 제5조 제2항

④ (✕) 금지된다 → 허용된다(동법 제8조 제3항)

> **제8조(교섭 및 체결권한 등)** ③ 정부교섭대표는 효율적인 교섭을 위하여 필요한 경우 다른 정부교섭대표와 공동으로 교섭하거나, 다른 정부교섭대표에게 교섭 및 단체협약체결권한을 위임할 수 있다.

⑤ (○) 동법 제11조

정답 ④

교원의 노동조합 설립 및 운영 등에 관한 법률의 내용으로 옳지 않은 것은?

① 교원은 전국 단위로만 노동조합을 설립하여야 한다.

② 전임자는 그 전임기간 중 봉급을 받지 못한다.

③ 교원의 노동쟁의를 조정·중재하기 위하여 중앙노동위원회에 교원 노동관계 조정위원회를 둔다.

④ 교원은 임용권자의 허가가 있는 경우에는 노동조합의 업무에만 종사할 수 있다.

⑤ 전임자는 그 전임기간 중 전임자임을 이유로 승급 또는 그 밖의 신분상의 불이익을 받지 아니한다.

해설

① (✕) 교원노조법 제2조, 제4조 제1항·제2항

> **제2조(정의)** 이 법에서 "교원"이란 다음 각 호의 어느 하나에 해당하는 사람을 말한다. 〈개정 2021.1.5.〉
> 1. 「유아교육법」 제20조 제1항에 따른 교원
> 2. 「초·중등교육법」 제19조 제1항에 따른 교원
> 3. 「고등교육법」 제14조 제2항 및 제4항에 따른 교원. 다만, 강사는 제외한다.
> **제4조(노동조합의 설립)** ① 제2조 제1호·제2호에 따른 교원은 특별시·광역시·특별자치시·도·특별자치도(이하 "시·도"라 한다) 단위 또는 전국 단위로만 노동조합을 설립할 수 있다. 〈개정 2020.6.9.〉
> ② 제2조 제3호에 따른 교원은 개별학교 단위, 시·도 단위 또는 전국 단위로 노동조합을 설립할 수 있다. 〈신설 2020.6.9.〉

② (✕) 2022.6.10. 교원노조법 개정으로 제5조 제3항이 삭제됨으로써 현재는 교원노조 업무 전임자도 그 전임기간 중 봉급을 받을 수 있으므로, 정답을 변경한다.

③ (○) 동법 제11조 제1항

④ (✕) 허가가 있는 경우 → 동의를 받아(동법 제5조 제1항)
[보충] 2022.6.10. 교원노조법 제5조 제1항이 다음과 같이 개정되었으므로, 정답을 변경한다.

> **제5조(노동조합 전임자의 지위)** ① 교원은 임용권자의 동의를 받아 노동조합으로부터 급여를 지급받으면서 노동조합의 업무에만 종사할 수 있다. 〈개정 2022.6.10.〉

⑤ (○) 동조 제4항

정답 ① ▶ ①·②·④

049 ☐☐☐ ○ △ ✕

노동위원회법상 노동위원회에 관한 설명으로 옳지 않은 것은?

① 노동위원회는 중앙노동위원회·지방노동위원회 및 특별노동위원회로 구분한다.

② 노동위원회 위원의 임기는 3년으로 하되, 연임할 수 있다.

③ 위원장 또는 상임위원이 궐위되어 후임자를 임명한 경우, 후임자의 임기는 새로이 개시된다.

④ 노동위원회의 전원회의는 재적위원 과반수의 출석으로 개의하고, 출석위원 과반수의 찬성으로 의결한다.

⑤ 노동위원회는 그 처분에 관하여 당사자에게 서면으로 통지하여야 하며, 처분의 효력은 명령서·결정서 또는 재심판정서를 송달한 날부터 발생한다.

해설

① (○) 노동위원회법 제2조 제1항

② (○) 동법 제7조 제1항

③ (○) 노동위원회 위원이 궐위(闕位)된 경우 보궐위원의 임기는 전임자 임기의 남은 기간으로 한다. 다만, 노동위원회 위원장 또는 상임위원이 궐위되어 후임자를 임명한 경우 후임자의 임기는 새로 시작된다(동조 제2항).

④ (○) 동법 제17조 제1항

⑤ (✕) 통지 → 송달, 송달한 → 송달받은(동법 제17조의2 제2항)

> **제17조의2(의결결과의 송달 등)** ② 노동위원회는 처분결과를 당사자에게 서면으로 송달하여야 하며, 처분의 효력은 판정서·명령서·결정서 또는 재심판정서를 송달받은 날부터 발생한다.

정답 ⑤

050 ☐☐☐ ○ △ ✕

근로자참여 및 협력증진에 관한 법률상 노사협의회에 관한 설명으로 옳지 않은 것은?

① 노사협의회에 의장을 두며, 의장은 위원 중에서 호선(互選)한다.

② 사용자는 근로자위원의 업무를 위하여 장소의 사용 등 기본적인 편의를 제공하여야 한다.

③ 위원은 비상임·무보수로 한다.

④ 보궐위원의 임기는 전임자 임기의 남은 기간으로 한다.

⑤ 회의는 근로자위원과 사용자위원 각 과반수의 출석으로 개최하고, 출석위원 과반수의 찬성으로 의결한다.

해설

① (○) 협의회에 의장을 두며, 의장은 위원 중에서 호선(互選)한다. 이 경우 근로자위원과 사용자위원 중 각 1명을 공동의장으로 할 수 있다(근로자참여법 제7조 제1항).

② (○) 동법 제10조 제2항

③ (○) 동법 제9조 제1항

④ (○) 동법 제8조 제2항

⑤ (✕) 출석위원 과반수 → 출석위원 3분의 2 이상(동법 제15조)

> **제15조(정족수)** 회의는 근로자위원과 사용자위원 각 과반수의 출석으로 개최하고 출석위원 3분의 2 이상의 찬성으로 의결한다.

정답 ⑤

기출문제

제3과목

민법

001 □□□ ○ △ ✕

민법상 법인의 정관에 관한 설명으로 옳지 않은 것은? (다툼이 있으면 판례에 따름)

① 이사의 대표권에 대한 제한은 이를 정관에 기재하지 아니하면 그 효력이 없다.

② 정관의 변경사항을 등기해야 하는 경우, 이를 등기하지 않으면 제3자에게 대항할 수 없다.

③ 재단법인의 재산보전을 위하여 적당한 때에는 명칭이나 사무소 소재지를 변경할 수 있다.

④ 정관의 변경을 초래하는 재단법인의 기본재산 변경은 기존의 기본재산을 처분하는 행위를 포함하지만, 새로이 기본재산으로 편입하는 행위를 포함하지 않는다.

⑤ 정관에서 대표이사의 해임사유를 정한 경우, 대표이사의 중대한 의무위반 등 특별한 사정이 없는 한 법인은 정관에서 정하지 아니한 사유로 대표이사를 해임할 수 없다.

해설

① (○) 민법 제41조

② (○) 설립등기 이외의 본절의 등기사항은 그 등기 후가 아니면 제삼자에게 대항하지 못한다(동법 제54조 제1항).

③ (○) 재단법인의 목적달성 또는 그 재산의 보전을 위하여 적당한 때에는 전항의 규정에 불구하고 명칭 또는 사무소의 소재지를 변경할 수 있다(동법 제45조 제2항).

④ (✕) 재단법인의 기본재산에 관한 사항은 정관의 기재사항으로서 기본재산의 변경은 정관의 변경을 초래하기 때문에 주무장관의 허가를 받아야 하고, 따라서 기존의 기본재산을 처분하는 행위는 물론 새로이 기본재산으로 편입하는 행위도 주무장관의 허가가 있어야 유효하고, 또 일단 주무장관의 허가를 얻어 기본재산에 편입하여 정관 기재사항의 일부가 된 경우에는 비록 그것이 명의신탁관계에 있었던 것이라 하더라도 이것을 처분(반환)하는 것은 정관의 변경을 초래하는 점에 있어서는 다를 바 없으므로 주무장관의 허가 없이 이를 이전등기할 수는 없다(대법원 1991.5.28, 90다8558).

⑤ (○) 법인의 정관에 이사의 해임사유에 관한 규정이 있는 경우 이사의 중대한 의무위반 또는 정상적인 사무집행 불능 등의 특별한 사정이 없는 이상 법인은 정관에서 정하지 아니한 사유로 이사를 해임할 수 없다(대법원 2024.1.4, 2023다263537).

정답 ④

002 □□□ ○ △ ✕

주물과 종물에 관한 설명으로 옳은 것은? (다툼이 있으면 판례에 따름)

① 부동산은 종물이 될 수 없다.

② 종물은 주물의 구성부분이 아닌 독립한 물건이어야 한다.

③ 종물을 주물의 처분에서 제외하는 당사자의 특약은 무효이다.

④ 주물의 효용과 직접 관계가 없는 물건도 주물의 소유자나 이용자의 상용에 공여되는 물건이면 종물이 된다.

⑤ 물건과 물건 상호 간의 관계에 관한 주물과 종물의 법리는 권리와 권리 상호 간의 관계에는 유추적용될 수 없다.

해설

① (✕) ② (○) 종물은 주물의 구성부분이 아니고, 주물의 경제적 효용을 다하도록 작용하기 위하여 부속되어 있는 물건일 뿐이므로, 법률상 독립한 물건이어야 하며, 독립한 물건인 이상 동산이어야만 하는 것은 아니다.

③ (✕) 종물은 주물의 처분에 수반된다는 민법 제100조 제2항은 임의규정이므로, 당사자는 주물을 처분할 때에 특약으로 종물을 제외할 수 있고 종물만을 별도로 처분할 수도 있다(대법원 2012.1.26, 2009다76546).

④ (✕) 저당권의 효력이 미치는 저당부동산의 종물이라 함은 민법 제100조가 규정하는 종물과 같은 의미로서 어느 건물이 주된 건물의 종물이기 위하여는 주물의 상용에 이바지하는 관계에 있어야 하고, 주물의 상용에 이바지한다 함은 주물 그 자체의 경제적 효용을 다하게 하는 것을 말하는 것으로서 주물의 소유자나 이용자의 사용에 공여되고 있더라도 주물 그 자체의 효용과 직접 관계가 없는 물건은 종물이 아니다(대법원 2007.12.13, 2007도7247).

⑤ (✕) 민법 제100조 제2항은 "종물은 주물의 처분에 따른다."라고 규정하고 있는바, 위 종물과 주물의 관계에 관한 법리는 물건 상호 간의 관계뿐 아니라, 권리 상호 간에도 적용되는 것이지만, 어떤 권리를 다른 권리에 대하여 종된 권리라고 할 수 있으려면 종물과 마찬가지로 다른 권리의 경제적 효용에 이바지하는 관계에 있어야 한다(대법원 2014.6.12, 2012다92159,92166). 따라서 유추적용될 수 있다.

정답 ②

003 ☐☐☐   ○ △ ×

권리능력 없는 사단 A와 그 대표자 甲에 관한 설명으로 옳지 않은 것은? (다툼이 있으면 판례에 따름)

① 甲이 외형상 직무에 관한 행위로 乙에게 손해를 가한 경우, 甲의 행위가 직무범위에 포함되지 아니함을 乙이 중대한 과실로 알지 못하였더라도 A는 乙에게 손해 배상책임을 진다.

② 甲의 대표권에 관하여 정관에 제한이 있는 경우, 그러한 제한을 위반한 甲의 대표행위에 대하여 상대방 乙이 대표권 제한사실을 알았다면 甲의 대표행위는 A에게 효력이 없다.

③ 甲이 丙을 대리인으로 선임하여 A와 관련된 제반 업무 처리를 포괄적으로 위임한 경우, 丙이 행한 대행행위는 A에 대하여 효력이 미치지 않는다.

④ 甲이 자격을 상실하여 법원이 임시이사 丁을 선임한 경우, 丁은 원칙적으로 정식이사와 동일한 권한을 가진다.

⑤ A의 사원총회 결의는 법률 또는 정관에 다른 규정이 없으면 사원 과반수의 출석과 출석사원 의결권의 과반수로써 한다.

해설

① (×) 비법인사단의 대표자가 직무에 관하여 타인에게 손해를 가한 경우 그 사단은 민법 제35조 제1항의 유추적용에 의하여 그 손해를 배상할 책임이 있고, … 한편 그 대표자의 행위가 직무에 관한 행위에 해당하지 아니함을 피해자 자신이 알았거나 또는 중대한 과실로 인하여 알지 못한 경우에는 비법인사단에게 손해배상책임을 물을 수 없다(대법원 2008.1.18, 2005다34711).

② (○) 비법인사단의 경우에는 대표자의 대표권 제한에 관하여 등기할 방법이 없어 민법 제60조의 규정을 준용할 수 없고, 비법인사단의 대표자가 정관에서 사원총회의 결의를 거쳐야 하도록 규정한 대외적 거래행위에 관하여 이를 거치지 아니한 경우라도, 이와 같은 사원총회 결의사항은 비법인사단의 내부적 의사결정에 불과하다 할 것이므로, 그 거래상대방이 그와 같은 대표권 제한사실을 알았거나 알 수 있었을 경우가 아니라면 그 거래행위는 유효하다고 봄이 상당하고, 이 경우 거래의 상대방이 대표권 제한사실을 알았거나 알 수 있었음은 이를 주장하는 비법인사단 측이 주장·입증하여야 한다(대법원 2003.7.22, 2002다64780).

③ (○) 비법인사단에 대하여는 사단법인에 관한 민법규정 가운데 법인격을 전제로 하는 것을 제외하고는 이를 유추적용하여야 하는데, 민법 제62조에 비추어 보면 비법인사단의 대표자는 정관 또는 총회의 결의로 금지하지 아니한 사항에 한하여 타인으로 하여금 특정한 행위를 대리하게 할 수 있을 뿐 비법인사단의 제반 업무처리를 포괄적으로 위임할 수는 없으므로 비법인사단 대표자가 행한 타인에 대한 업무의 포괄적 위임과 그에 따른 포괄적 수임인의 대행행위는 민법 제62조를 위반한 것이어서 비법인사단에 대하여 그 효력이 미치지 않는다(대법원 2011.4.28, 2008다15438).

> **제62조(이사의 대리인 선임)** 이사는 정관 또는 총회의 결의로 금지하지 아니한 사항에 한하여 타인으로 하여금 특정한 행위를 대리하게 할 수 있다.

④ (○) 민법상의 법인에 대하여 민법 제63조에 의하여 법원이 선임한 임시이사는 원칙적으로 정식이사와 동일한 권한을 가진다. 다만 학교법인의 경우와 같이, 다른 재단법인에 비하여 자주성이 보장되어야 할 특수성이 있고 사립학교법 등 관련 법률에서도 이를 특별히 보장하고 있어 임시이사의 권한이 통상적인 업무에 관한 사항에 한정된다고 보아야 하는 경우가 있을 뿐이다(대법원 2013.6.13, 2012다40332).

> **[보충]** 민법 제63조는 법인의 조직과 활동에 관한 것으로서 법인격을 전제로 하는 조항이 아니고, 법인 아닌 사단이나 재단의 경우에도 이사가 없거나 결원이 생길 수 있으며, 통상의 절차에 따른 새로운 이사의 선임이 극히 곤란하고 종전 이사의 긴급처리권도 인정되지 아니하는 경우에는 사단이나 재단 또는 타인에게 손해가 생길 염려가 있을 수 있으므로, 민법 제63조는 법인 아닌 사단이나 재단에도 유추적용할 수 있다(2009.11.19, 2008마699 전원합의체).

⑤ (○) 총회의 결의는 본법 또는 정관에 다른 규정이 없으면 사원 과반수의 출석과 출석사원의 결의권의 과반수로써 한다(민법 제75조).

정답 ①

---

004 ☐☐☐   ○ △ ×

민법상 조건과 기한에 관한 설명으로 옳은 것은? (다툼이 있으면 판례에 따름)

① 대여금채무의 이행지체에 따른 확정된 지연손해금채무는 그 이행청구를 받은 때부터 지체책임이 발생한다.

② 지명채권의 양도에 대한 채무자의 승낙은 채권양도사실을 승인하는 의사를 표명하는 행위로 조건을 붙여서 할 수 없다.

③ 부당이득반환채권과 같이 이행기의 정함이 없는 채권이 자동채권으로 상계될 때 상계적상에서 의미하는 변제기는 상계의 의사표시를 한 시점에 도래한다.

④ 조건을 붙이고자 하는 의사는 법률행위의 내용으로 외부에 표시되어야 하므로 묵시적 의사표시나 묵시적 약정으로는 할 수 없다.

⑤ 당사자가 금전소비대차계약에 붙인 기한이익 상실특약은 특별한 사정이 없는 한 정지조건부 기한이익 상실특약으로 추정한다.

해설

① (○) 금전채무의 지연손해금채무는 금전채무의 이행지체로 인한 손해배상채무로서 이행기의 정함이 없는 채무에 해당하므로, 채무자는 확정된 지연손해금채무에 대하여 채권자로부터 이행청구를 받은 때부터 지체책임을 부담하게 된다(대법원 2022.4.14, 2020다268760).

② (×) 지명채권의 양도의 대항요건인 채무자의 승낙은 채권양도 사실을 채무자가 승인하는 의사를 표명하는 채무자의 행위라고 할 수 있는데, 채무자는 채권양도를 승낙하면서 조건을 붙여서

할 수 있다(대법원 2014.11.13, 2012다52526).

③ (×) 이행기의 정함이 없는 채권의 경우 그 성립과 동시에 이행기에 놓이게 되고, 부당이득반환채권은 이행기의 정함이 없는 채권으로서 채권의 성립과 동시에 언제든지 이행을 청구할 수 있으므로, 그 채권의 성립일에 상계적상에서 의미하는 이행기가 도래한 것으로 볼 수 있다(대법원 2022.3.17, 2021다287515).

④ (×) 조건은 법률행위효력의 발생 또는 소멸을 장래 불확실한 사실의 발생 여부에 따라 좌우되게 하는 법률행위의 부관이고, 법률행위에서 효과의사와 일체적인 내용을 이루는 의사표시 그 자체이다. 조건을 붙이고자 하는 의사는 법률행위의 내용으로 외부에 표시되어야 하고, 조건을 붙이고자 하는 의사가 있는지는 의사표시에 관한 법리에 따라 판단하여야 한다. 조건을 붙이고자 하는 의사의 표시는 그 방법에 관하여 일정한 방식이 요구되지 않으므로 묵시적 의사표시나 묵시적 약정으로도 할 수 있다. 이를 인정하려면, 법률행위가 이루어진 동기와 경위, 법률행위에 의하여 달성하려는 목적, 거래의 관행 등을 종합적으로 고려하여 법률행위효력의 발생 또는 소멸을 장래의 불확실한 사실의 발생 여부에 따라 좌우되게 하려는 의사가 인정되어야 한다(대법원 2018.6.28, 2016다221368).

⑤ (×) 기한이익 상실의 특약은 그 내용에 의하여 일정한 사유가 발생하면 채권자의 청구 등을 요함이 없이 당연히 기한의 이익이 상실되어 이행기가 도래하는 것으로 하는 정지조건부 기한이익 상실의 특약과 일정한 사유가 발생한 후 채권자의 통지나 청구 등 채권자의 의사행위를 기다려 비로소 이행기가 도래하는 것으로 하는 형성권적 기한이익 상실의 특약의 두 가지로 대별할 수 있고, 기한이익 상실의 특약이 위의 양자 중 어느 것에 해당하느냐는 당사자의 의사해석의 문제이지만 일반적으로 기한이익 상실의 특약이 채권자를 위하여 둔 것인 점에 비추어 명백히 정지조건부 기한이익 상실의 특약이라고 볼 만한 특별한 사정이 없는 이상 형성권적 기한이익 상실의 특약으로 추정하는 것이 타당하다(대법원 2010.8.26, 2008다42416,42423).

정답 ①

005 □ □ □   ○ △ ×

제척기간과 소멸시효에 관한 설명으로 옳지 않은 것은? (다툼이 있으면 판례에 따름)

① 제척기간이 완성된 채권이 그 완성 전에 상계할 수 있었던 것이면 채권자는 이를 자동채권으로 하여 상대방의 채권과 상계할 수 있다.

② 제척기간이 도과하였는지 여부는 법원이 직권으로 조사하여 고려할 수 없고, 당사자의 주장에 따라야 한다.

③ 보증채무의 부종성을 부정하여야 할 특별한 사정이 있는 경우, 보증인은 주채무의 시효소멸을 이유로 보증채무의 시효소멸을 주장할 수 없다.

④ 부작위를 목적으로 하는 채권의 소멸시효는 위반행위를 한 때로부터 진행한다.

⑤ 도급받은 자의 공사에 관한 채권은 3년간 행사하지 아니하면 소멸시효가 완성한다.

해설

① (○) 매도인이나 수급인의 담보책임을 기초로 한 손해배상채권의 제척기간이 지난 경우에도 제척기간이 지나기 전 상대방의 채권과 상계할 수 있었던 경우에는 매수인이나 도급인은 민법 제495조를 유추적용해서 위 손해배상채권을 자동채권으로 해서 상대방의 채권과 상계할 수 있다고 봄이 타당하다(대법원 2019.3.14, 2018다255648).

② (×) 제척기간을 도과하였는지 여부는 법원의 직권조사사항이므로 당사자의 주장이 없더라도 법원이 이를 직권으로 조사하여 판단하여야 한다(대법원 2021.1.14, 2018다273981).

③ (○) 보증채무의 부종성을 부정하여야 할 특별한 사정이 있는 경우에는 예외적으로 보증인은 주채무의 시효소멸을 이유로 보증채무의 소멸을 주장할 수 없으나, 특별한 사정을 인정하여 보증채무의 본질적인 속성에 해당하는 부종성을 부정하려면 보증인이 주채무의 시효소멸에도 불구하고 보증채무를 이행하겠다는 의사를 표시하거나 채권자와 그러한 내용의 약정을 하였어야 하고, 단지 보증인이 주채무의 시효소멸에 원인을 제공하였다는 것만으로는 보증채무의 부종성을 부정할 수 없다(대법원 2018.5.15, 2016다211620).

④ (○) 민법 제166조 제2항

⑤ (○) 동법 제163조 제3호

> 제163조(3년의 단기소멸시효) 다음 각 호의 채권은 3년간 행사하지 아니하면 소멸시효가 완성한다. 〈개정 1997.12.13.〉
> 1. 이자, 부양료, 급료, 사용료 기타 1년 이내의 기간으로 정한 금전 또는 물건의 지급을 목적으로 한 채권
> 2. 의사, 조산사, 간호사 및 약사의 치료, 근로 및 조제에 관한 채권
> 3. 도급받은 자, 기사 기타 공사의 설계 또는 감독에 종사하는 자의 공사에 관한 채권
> 4. 변호사, 변리사, 공증인, 공인회계사 및 법무사에 대한 직무상 보관한 서류의 반환을 청구하는 채권
> 5. 변호사, 변리사, 공증인, 공인회계사 및 법무사의 직무에 관한 채권
> 6. 생산자 및 상인이 판매한 생산물 및 상품의 대가
> 7. 수공업자 및 제조자의 업무에 관한 채권

정답 ②

006 □□□ ○ △ ×

제한능력자에 관한 설명으로 옳은 것은?

① 미성년자가 친권자의 동의를 얻어 법률행위를 한 후에도 친권자는 그 동의를 취소할 수 있다.

② 법정대리인이 미성년자에게 특정한 영업을 허락한 경우, 그 영업 관련 행위에 대한 법정대리인의 대리권은 소멸한다.

③ 상대방이 계약 당시에 제한능력자와 계약을 체결하였음을 알았더라도 제한능력자 측의 추인이 있을 때까지는 자신의 의사표시를 철회할 수 있다.

④ 피성년후견인이 속임수로써 상대방으로 하여금 성년후견인의 동의가 있는 것으로 믿게 하여 체결한 토지매매계약은 특별한 사정이 없는 한 제한능력을 이유로 취소할 수 없다.

⑤ 법정대리인이 제한능력을 이유로 법률행위를 취소한 경우, 제한능력자의 부당이득반환범위는 법정대리인의 선의 또는 악의에 따라 달라진다.

해설

① (×) 한 후에도 → 하기 전에는(민법 제5조, 제7조).

> **제5조(미성년자의 능력)** ① 미성년자가 법률행위를 함에는 법정대리인의 동의를 얻어야 한다. 그러나 권리만을 얻거나 의무만을 면하는 행위는 그러하지 아니하다.
> ② 전항의 규정에 위반한 행위는 취소할 수 있다.
> **제7조(동의와 허락의 취소)** 법정대리인은 미성년자가 아직 법률행위를 하기 전에는 전2조의 동의와 허락을 취소할 수 있다.

② (○) 영업의 허락이 있으면, 미성년자는 그 영업에 관하여 성년자와 동일한 행위능력을 가지게 되는데, 이때 '영업에 관하여'라 함은 허락을 받은 특정의 영업을 하는 데 직간접적으로 필요한 모든 행위를 뜻하고, '성년자와 동일한 능력을 가지게 된다' 함은 법정대리인의 동의를 필요로 하지 아니할 뿐만 아니라, 그 대리권 또한 이 범위에서 소멸함을 뜻한다.

③ (×) 있다 → 없다(동법 제16조 제1항)

[보충] 철회권은 선의의 상대방에게만 인정된다. 이와 달리 최고권은 선의의 상대방뿐만 아니라 악의의 상대방에게도 인정됨에 유의하여야 한다.

> **제16조(제한능력자의 상대방의 철회권과 거절권)** ① 제한능력자가 맺은 계약은 추인이 있을 때까지 상대방이 그 의사표시를 철회할 수 있다. 다만, 상대방이 계약 당시에 제한능력자임을 알았을 경우에는 그러하지 아니하다.

④ (×) 피성년후견인 → 미성년자나 피한정후견인(동법 제17조 제2항)

> **제17조(제한능력자의 속임수)** ② 미성년자나 피한정후견인이 속임수로써 법정대리인의 동의가 있는 것으로 믿게 한 경우에도 제1항과 같다.

⑤ (×) 그 법정대리인의 선의·악의에 따라 달라진다 → 그 행위로 인하여 받은 이익이 현존하는 한도이다(동법 제141조)

> **제141조(취소의 효과)** 취소된 법률행위는 처음부터 무효인 것으로 본다. 다만, 제한능력자는 그 행위로 인하여 받은 이익이 현존

하는 한도에서 상환(償還)할 책임이 있다.

정답 ②

007 □□□ ○ △ ×

甲은 乙에 대하여 2023.10.17.을 변제기로 하는 대여금채권을 갖고 있다. 이에 관한 설명으로 옳은 것을 모두 고른 것은? (다툼이 있으면 판례에 따름)

> ㄱ. 甲이 乙을 상대로 2023.12.20. 대여금의 지급을 구하는 소를 제기하였으나 그 소가 취하된 경우, 甲의 재판상 청구는 재판 외의 최고의 효력을 갖는다.
> ㄴ. 甲이 乙에 대한 대여금채권을 丙에게 양도한 경우, 채권양도의 대항요건을 갖추지 못한 상태에서 2023.12.20. 丙이 乙을 상대로 양수금의 지급을 구하는 소를 제기하였다면, 양수금채권의 소멸시효가 중단되지 않는다.
> ㄷ. 甲이 乙을 상대로 2023.12.20. 대여금의 지급을 구하는 소를 제기하여 2024.4.20. 판결이 확정된 경우, 甲의 乙에 대한 대여금채권의 소멸시효는 2023.10.17.부터 다시 진행된다.

① ㄱ ② ㄴ ③ ㄱ, ㄷ
④ ㄴ, ㄷ ⑤ ㄱ, ㄴ, ㄷ

해설

ㄱ (○) 민법 제170조의 해석에 의하면, 재판상의 청구는 그 소송이 각하, 기각 또는 취하된 경우에는 그로부터 6월 내에 다시 재판상의 청구 등을 하지 않는 한 시효중단의 효력이 없고, 다만 최고의 효력이 있게 된다(대법원 2022.4.28, 2020다251403).

> **제170조(재판상의 청구와 시효중단)** ① 재판상의 청구는 소송의 각하, 기각 또는 취하의 경우에는 시효중단의 효력이 없다.
> ② 전항의 경우에 6월 내에 재판상의 청구, 파산절차 참가, 압류 또는 가압류, 가처분을 한 때에는 시효는 최초의 재판상 청구로 인하여 중단된 것으로 본다.

ㄴ (×) 민사소송법 제265조에 의하면 시효중단사유 중 하나인 '재판상의 청구'(민법 제168조 제1호, 제170조)는 소를 제기한 때 시효중단의 효력이 발생한다. 그런데 채권양도로 채권은 그 동일성을 잃지 않고 양도인으로부터 양수인에게 이전되며 이러한 법리는 채권양도의 대항요건을 갖추지 못하였다고 하더라도 마찬가지인 점, 민법 제149조의 "조건의 성취가 미정한 권리의무는 일반규정에 의하여 처분, 상속, 보존 또는 담보로 할 수 있다."라는 규정은 대항요건을 갖추지 못하여 채무자에게 대항하지 못하더라도 채권양도로 채권을 이전받은 양수인의 경우에도 그대로 준용될 수 있는 점, 채무자를 상대로 재판상 청구를 한 채권양수인을 '권리 위에 잠자는 자'라고 할 수 없는 점 등에 비추어 보면, 비록 대항요건을 갖추지 못하여 채무자에게 대항하지 못한다고 하더라도 채권의 양수인이 채무자를 상대로 재판상 청구를 하였다면 이는 소멸시효 중단사유인 재판상 청구에 해당한다고 보아야 한다(대법원 2018.6.15, 2018다10920).

ㄷ (×) 민법 제178조 제2항에 의하여 재판상의 청구로 인하여 중단

한 시효는 재판이 확정된 때로부터 새로이 진행하므로, 甲의 乙에 대한 대여금채권의 소멸시효는 2024.4.20.부터 다시 진행된다.

> **제178조(중단 후에 시효진행)** ① 시효가 중단된 때에는 중단까지에 경과한 시효기간은 이를 산입하지 아니하고 중단사유가 종료한 때로부터 새로이 진행한다.
> ② 재판상의 청구로 인하여 중단한 시효는 전항의 규정에 의하여 재판이 확정된 때로부터 새로이 진행한다.

정답 ①

008 ○○○   ○ △ ×

착오로 인한 의사표시에 관한 설명으로 옳은 것은? (다툼이 있으면 판례에 따름)

① 착오로 인한 불이익이 법령의 개정 등 사정의 변경으로 소멸하였다면 그 착오를 이유로 한 취소권의 행사는 신의칙에 의해 제한될 수 있다.

② 과실로 착오에 빠져 의사표시를 한 후 착오를 이유로 이를 취소한 자는 상대방에게 신뢰이익을 배상하여야 한다.

③ 착오를 이유로 의사표시를 취소하려는 자는 자신의 착오가 중과실로 인한 것이 아님을 증명하여야 한다.

④ 법률에 관해 경과실로 착오를 한 경우, 표의자는 그것이 법률행위의 중요부분에 관한 것이더라도 그 착오를 이유로 취소할 수 없다.

⑤ 전문가의 진품감정서를 믿고 이를 첨부하여 서화 매매계약을 체결한 후에 그 서화가 위작임이 밝혀진 경우, 매수인은 하자담보책임을 묻는 외에 착오를 이유로 하여 매매계약을 취소할 수 없다.

해설

① (○) 매매계약의 체결경위 및 당시 시행되던 소득세법, 같은 법 시행령, 조세감면규제법, 주택건설촉진법 등 관계규정에 의하면, 토지의 매수인이 개인인지 법인인지, 법인이라도 주택건설사업자인지 및 주택건설사업자라도 양도소득세 면제신청을 할 것인지 여부 등은 매도인이 부담하게 될 양도소득세액 산출에 중대한 영향을 미치게 되어 이 점에 관한 착오는 법률행위의 내용의 중요부분에 관한 것이라고 할 수 있으나, 소득세법 및 같은 법 시행령의 개정으로 1989.8.1. 이후 양도한 것으로 보게 되는 거래에 대하여는 투기거래의 경우를 제외하고는 법인과의 거래에 있어서도 개인과의 거래와 마찬가지로 양도가액을 양도 당시의 기준시가에 의하도록 변경된 점에 비추어 볼 때, 매매계약의 체결에 위와 같은 착오가 있었다 하더라도 소득세법상의 양도시기가 1989.8.1. 이후로 보게 되는 관계로 매도인은 당초 예상한 바와 같이 기준시가에 의한 양도소득세액만 부담하면 족한 것으로 확정되어 위 착오로 인한 불이익이 소멸되었으므로, 그 후 이 사건 소송계속 중에 준비서면의 송달로써 한 취소의 의사표시는 신의성실의 원칙상 허용될 수 없다(대법원 1995.3.24, 94다44620). 따라서 위 경우, 그 착오를 이유로 한 취소권의 행사는 신의칙에 의하여 제한될 수 있다

할 것이다.

② (×) 불법행위로 인한 손해배상책임이 성립하기 위하여는 가해자의 고의 또는 과실 이외에 행위의 위법성이 요구되므로, 전문건설공제조합이 계약보증서를 발급하면서 조합원이 수급할 공사의 실제 도급금액을 확인하지 아니한 과실이 있다고 하더라도 민법 제109조에서 중과실이 없는 착오자의 착오를 이유로 한 의사표시의 취소를 허용하고 있는 이상, 전문건설공제조합이 과실로 인하여 착오에 빠져 계약보증서를 발급한 것이나 그 착오를 이유로 보증계약을 취소한 것이 위법하다고 할 수는 없다(대법원 1997.8.22, 97다13023).

③ (×) 민법 제109조 제1항 단서에서 규정하는 착오한 표의자의 중대한 과실 유무에 관한 주장과 입증책임은 착오자가 아니라 의사표시를 취소하게 하지 않으려는 상대방에게 있는 것인바, … (대법원 2005.5.12, 2005다6228).
[보충] 착오의 존재와 그 착오가 법률행위의 중요부분에 관한 것이라는 점은 표의자가 증명하여야 한다.

④ (×) 민법 제109조 제1항에 비추어 보면, 법률에 관하여 경과실로 착오를 한 경우에는 그것이 법률행위의 중요한 중요부분에 관한 것일지라도, 표의자는 그 착오를 이유로 취소할 수 있다고 봄이 타당하다.

> **제109조(착오로 인한 의사표시)** ① 의사표시는 법률행위의 내용의 중요부분에 착오가 있는 때에는 취소할 수 있다. 그러나 그 착오가 표의자의 중대한 과실로 인한 때에는 취소하지 못한다.

⑤ (×) 민법 제109조 제1항에 의하면 법률행위내용의 중요부분에 착오가 있는 경우 착오에 중대한 과실이 없는 표의자는 법률행위를 취소할 수 있고, 민법 제580조 제1항, 제575조 제1항에 의하면 매매의 목적물에 하자가 있는 경우 하자가 있는 사실을 과실 없이 알지 못한 매수인은 매도인에 대하여 하자담보책임을 물어 계약을 해제하거나 손해배상을 청구할 수 있다. … 따라서 매매계약내용의 중요부분에 착오가 있는 경우 매수인은 매도인의 하자담보책임이 성립하는지와 상관없이 착오를 이유로 매매계약을 취소할 수 있다(대법원 2018.9.13, 2015다78703).

정답 ①

009 ☐☐☐   ○ △ ✕

통정허위표시에 관한 설명으로 옳지 않은 것은? (다툼이 있으면 판례에 따름)

① 표의자가 진의 아닌 표시를 하는 것에 관하여 상대방과 사이에 합의가 있어야 한다.

② 통정허위표시로 행해진 부동산 매매계약이 사해행위로 인정되는 경우, 채권자취소권의 대상이 될 수 있다.

③ 민법 제108조 제2항의 선의의 제3자에 대해서는 그 누구도 통정허위표시의 무효로써 대항할 수 없다.

④ 악의의 제3자로부터 전득한 선의의 제3자는 민법 제108조 제2항의 선의의 제3자에 포함되지 않는다.

⑤ 甲과 乙 사이에 행해진 X토지에 관한 가장매매예약이 철회되었으나 아직 가등기가 남아 있음을 기화로 乙이 허위의 서류로써 이에 기한 본등기를 한 후 X를 선의의 丙에게 매도하고 이전등기를 해 주었다면 丙은 X의 소유권을 취득하지 못한다.

해설

① (○) 통정허위표시가 성립하기 위해서는 의사표시의 진의와 표시가 일치하지 아니하고 그 불일치에 관하여 상대방과 사이에 합의가 있어야 한다(대법원 2018.11.29, 2018다253413).

[보충] 진의 아닌 의사표시(비진의표시)도 의사와 표시가 일치하지 아니하는 의사표시이나, 상대방과의 합의가 없다는 점에서 통정한 허위의 의사표시(통정허위표시)와 차이가 있다.

② (○) 채무자의 법률행위가 통정허위표시인 경우에도 채권자취소권의 대상이 됨은 마찬가지이다(대법원 2022.5.26, 2021다288020).

③ (○) ⑤ (○) [1] 상대방과 통정한 허위의 의사표시는 무효이고 누구든지 그 무효를 주장할 수 있는 것이 원칙이나, 허위표시의 당사자와 포괄승계인 이외의 자로서 허위표시에 의하여 외형상 형성된 법률관계를 토대로 실질적으로 새로운 법률상 이해관계를 맺은 선의의 제3자에 대하여는 허위표시의 당사자뿐만 아니라 그 누구도 허위표시의 무효를 대항하지 못하는 것인데, 허위표시의 무효를 선의의 제3자에게 대항하지 못하게 한 취지는 이를 기초로 하여 별개의 법률원인에 의하여 고유한 법률상의 이익을 갖는 법률관계에 들어간 자를 보호하기 위한 것이므로 제3자의 범위는 권리관계에 기초하여 형식적으로만 파악할 것이 아니라 허위표시 행위를 기초로 하여 새로운 법률상 이해관계를 맺었는지 여부에 따라 실질적으로 파악하여야 한다.

[2] 甲이 부동산 관리를 위해 乙에게 매매예약을 등기원인으로 소유권이전등기청구권 가등기를 마쳐 주었고, 그 후 乙이 제기한 가등기에 기한 본등기의 이행을 구하는 소송이 공시송달로 진행된 결과 乙의 승소판결이 선고되어 외형상 확정되었으나, 甲이 추완항소를 제기하여 가등기의 등기원인인 매매예약이 甲과 乙의 통정한 허위의 의사표시에 의한 것으로 무효라는 이유로 제1심판결을 취소하고 乙의 청구를 기각하는 판결이 선고·확정되었는데, 위 부동산에 관하여 乙이 甲의 추완항소 이전에 발급받았던 송달증명원 및 확정증명원을 가지고 확정판결을 원인으로 지분소유권이전등기를 마쳤고, 乙의 남편인 丙이 재산분할을 원인으로 지분소유권이전등기를 마쳤으며, 그 후 丁과 戊가 위 부동산에 관하여 매매를 원인으로 지분소유권이전등기를 순차로 마친 경우, 戊는 乙 명의의 허위 가등기 자체를 기초로 하여 새로운 법률상 이해관계

를 맺은 제3자의 지위에 있다고 볼 수 없는데도, 戊가 통정한 허위의 의사표시의 제3자에 해당한다고 본 원심판단에 법리오해 등의 잘못이 있다(대법원 2020.1.30, 2019다280375). 따라서 위 경우, 丙은 X의 소유권을 취득하지 못한다.

④ (✕) 甲이 乙의 임차보증금반환채권을 담보하기 위하여 통정허위표시로 乙에게 전세권설정등기를 마친 후 丙이 이러한 사정을 알면서도 乙에 대한 채권을 담보하기 위하여 위 전세권에 대하여 전세권근저당권설정등기를 마쳤는데, 그 후 丁이 丙의 전세권근저당권부 채권을 가압류하고 압류명령을 받은 경우, 丁이 통정허위표시에 관하여 선의라면 비록 丙이 악의라 하더라도 허위표시자는 그에 대하여 전세권이 통정허위표시에 의한 것이라는 이유로 대항할 수 없음에도, 이와 달리 본 원심판결에 법리오해의 위법이 있다(대법원 2013.2.15, 2012다49292).

정답 ④

010 ☐☐☐   ○ △ ✕

사기·강박에 의한 의사표시에 관한 설명으로 옳지 않은 것은? (다툼이 있으면 판례에 따름)

① 항거할 수 없는 절대적 폭력에 의해 의사결정을 스스로 할 수 있는 여지를 완전히 박탈당한 상태에서 행해진 의사표시는 무효이다.

② 사기로 인한 의사표시의 취소는 기망행위의 위법성을 요건으로 한다.

③ 강박으로 인한 의사표시의 취소는 강박의 고의를 요건으로 한다.

④ 계약당사자 일방의 대리인이 계약을 하면서 상대방을 기망한 경우, 본인이 그 사실을 몰랐거나 알 수 없었다면 계약의 상대방은 그 기망을 이유로 의사표시를 취소할 수 없다.

⑤ 근로자가 허위의 이력서를 제출하여 근로계약이 체결되어 실제로 노무제공이 행해졌다면 사용자가 후에 사기를 이유로 하여 근로계약을 취소하더라도 그 취소에는 소급효가 인정되지 않는다.

해설

① (○) 강박에 의한 법률행위가 하자 있는 의사표시로서 취소되는 것에 그치지 않고 나아가 무효로 되기 위하여는, 강박의 정도가 단순한 불법적 해악의 고지로 상대방으로 하여금 공포를 느끼도록 하는 정도가 아니고, 의사표시자로 하여금 의사결정을 스스로 할 수 있는 여지를 완전히 박탈한 상태에서 의사표시가 이루어져 단지 법률행위의 외형만이 만들어진 것에 불과한 정도이어야 한다(대법원 2003.5.13, 2002다73708,73715).

② (○) ③ (○) 사기에 의한 의사표시가 성립하기 위하여는 사기자에게 고의가 있어야 하고, 사기(기망행위)가 있어야 하며, 그 사기가 위법한 것이어야 하는데, 이는 강박에 의한 의사표시도 마찬가지이다. 따라서 사기나 강박으로 인한 의사표시의 취소는, 기망행위의 위법성과 강박의 고의를 요건으로 한다.

④ (✕) [1] 상대방 있는 의사표시에 관하여 제3자가 사기나 강박을

한 경우에는 상대방이 그 사실을 알았거나 알 수 있었을 경우에 한하여 그 의사표시를 취소할 수 있으나, 상대방의 대리인 등 상대방과 동일시할 수 있는 자의 사기나 강박은 제3자의 사기·강박에 해당하지 아니한다.

[2] 은행의 출장소장이 어음할인을 부탁받자 그 어음이 부도날 경우를 대비하여 담보조로 받아 두는 것이라고 속이고 금전소비대차 및 연대보증약정을 체결한 후 그 대출금을 자신이 인출하여 사용한 경우, 위 출장소장의 행위는 은행 또는 은행과 동일시할 수 있는 자의 사기일 뿐 제3자의 사기로 볼 수 없으므로, 은행이 그 사기사실을 알았거나 알 수 있었을 경우에 한하여 위 약정을 취소할 수 있는 것은 아니다(대법원 1999.2.23, 98다60828,60835). 따라서 위 경우, 계약의 상대방은 그 기망을 이유로 의사표시를 취소할 수 있다.

⑤ (O) 甲주식회사가 乙에게서 백화점 의류판매점 매니저로 근무한 경력이 포함된 이력서를 제출받아 그 경력을 보고 甲회사가 운영하는 백화점 매장에서 乙이 판매매니저로 근무하는 내용의 근로계약을 체결하였으나, 이력서의 기재와 달리 乙의 일부 백화점 근무경력은 허위이고, 실제 근무한 경력 역시 근무기간은 1개월에 불과함에도 그 기간을 과장한 것이었으며, 이에 甲회사가 위 근로계약은 乙이 이력서를 허위기재함으로써 甲회사를 기망하여 체결된 것이라는 이유로 이를 취소한다는 의사표시를 한 경우, … 乙의 기망으로 체결된 위 근로계약은 하자의 정도나 乙의 근무기간 등에 비추어 하자가 치유되었거나 계약의 취소가 부당하다고 볼 만한 특별한 사정이 없는 한 甲회사의 취소의 의사표시로써 적법하게 취소되었고, 다만 취소의 소급효가 제한되어 위 근로계약은 취소의 의사표시 이후의 장래에 관하여만 효력이 소멸할 뿐 이전의 법률관계는 여전히 유효하다(대법원 2017.12.22, 2013다25194,2013다25200).

정답 ④

011 □□□   ○ △ ×

무권대리 및 표현대리에 관한 설명으로 옳은 것은? (다툼이 있으면 판례에 따름)

① 표현대리가 성립하는 경우에는 대리권 남용이 문제될 여지가 없다.

② 민법 제135조의 상대방에 대한 무권대리인의 책임은 무과실책임이다.

③ 사회통념상 대리권을 추단할 수 있는 직함의 사용을 묵인한 것만으로는 민법 제125조에서 말하는 대리권 수여의 표시가 인정될 수 없다.

④ 소멸한 대리권의 범위를 벗어나서 대리행위가 행해진 경우에는 민법 제126조의 권한을 넘은 표현대리가 성립할 수 없다.

⑤ 대리인이 대리권 소멸 후 복대리인을 선임한 경우, 그 복대리인의 대리행위에 대해서는 표현대리가 성립할 여지가 없다.

해설

① (×) 학설의 대립이 있으나, 표현대리가 성립하는 경우에도 본인

은 대리권 남용의 항변으로써 법률행위책임을 면할 수 있다고 본다. 판례도 이와 같다.

② (O) 민법 제135조 제1항은 "타인의 대리인으로 계약을 한 자가 그 대리권을 증명하지 못하고 또 본인의 추인을 얻지 못한 때에는 상대방의 선택에 좇아 계약의 이행 또는 손해배상의 책임이 있다."고 규정하고 있다. 위 규정에 따른 무권대리인의 상대방에 대한 책임은 무과실책임으로서 대리권의 흠결에 관하여 대리인에게 과실 등의 귀책사유가 있어야만 인정되는 것이 아니고, 무권대리행위가 제3자의 기망이나 문서위조 등 위법행위로 야기되었다고 하더라도 책임은 부정되지 아니한다(대법원 2014.2.27, 2013다213038).

③ (×) 본인에 의한 대리권 수여의 표시는 반드시 대리권 또는 대리인이라는 말을 사용하여야 하는 것은 아니라고 하여도 사회통념상 대리권을 추단할 수 있는 직함이나 명칭 등의 사용을 승낙 또는 묵인한 경우에 대리권 수여의 표시가 있은 것으로 볼 수 있다(대법원 2013.3.14, 2012다77211).

④ (×) 민법 제126조에서 말하는 권한을 넘은 표현대리는 현재에 대리권을 가진 자가 그 권한을 넘은 경우에 성립하는 것이지, 현재에 아무런 대리권도 가지지 아니한 자가 본인을 위하여 한 어떤 대리행위가 과거에 이미 가졌던 대리권을 넘은 경우에까지 성립하는 것은 아니라고 할 것이고, 한편 과거에 가졌던 대리권이 소멸되어 민법 제129조에 의하여 표현대리로 인정되는 경우에 그 표현대리의 권한을 넘는 대리행위가 있을 때에는 민법 제126조에 의한 표현대리가 성립할 수 있다(대법원 2008.1.31, 2007다74713).

⑤ (×) 대리인이 대리권 소멸 후 직접 상대방과 사이에 대리행위를 하는 경우는 물론 대리인이 대리권 소멸 후 복대리인을 선임하여 복대리인으로 하여금 상대방과 사이에 대리행위를 하도록 한 경우에도, 상대방이 대리권 소멸사실을 알지 못하여 복대리인에게 적법한 대리권이 있는 것으로 믿었고 그와 같이 믿은 데 과실이 없다면 민법 제129조에 의한 표현대리가 성립할 수 있다(대법원 1998.5.29, 97다55317).

정답 ②

012 □□□   ○ △ ×

법률행위에 관한 설명으로 옳지 않은 것은?

① 보증계약은 요식행위이다.

② 증여계약은 낙성계약이다.

③ 채무면제는 처분행위이다.

④ 유언은 생전행위이다.

⑤ 상계는 상대방 있는 단독행위이다.

해설

① (O) 민법 제428조의2 제1항의 결과 보증계약은 일종의 요식행위이다.

> **제428조의2(보증의 방식)** ① 보증은 그 의사가 보증인의 기명날인 또는 서명이 있는 서면으로 표시되어야 효력이 발생한다. 다만, 보증의 의사가 전자적 형태로 표시된 경우에는 효력이 없다.

② (O) 증여는 당사자 일방이 무상으로 재산을 상대방에 수여하는 의사를 표시하고 상대방이 이를 승낙함으로써 그 효력이 생기는 낙성·편무·무상·불요식계약이다.

③ (O) 채권행위는 의무부담행위, 물권행위와 준물권행위는 처분행위라고 일컫는데, 물권 이외의 권리를 변동시키고 이행이라는 문제를 남기지 아니하는 법률행위인 채권이나 지식재산권의 양도, 채무면제 등을 준물권행위라고 한다.

④ (×) 행위자의 사망으로써 효력이 생기는 법률행위를 사후행위(사인행위), 그 밖의 행위를 생전행위라고 하는데, 민법상 유언과 사인증여가 대표적인 사후행위이다.

⑤ (O) 단독행위가 효력을 발생하기 위하여 의사표시가 상대방에게 도달하여야 하는 것을 상대방 있는 단독행위라고 하는데, 그 예로서 동의, 추인, 상계, 채무면제, 취소, 해제·해지 등이 있다.

> **제493조(상계의 방법, 효과)** ① 상계는 상대방에 대한 의사표시로 한다. 이 의사표시에는 조건 또는 기한을 붙이지 못한다.

정답 ④

---

013 □□□   ○ △ ×

임의대리인의 권한에 관한 설명으로 옳지 않은 것을 모두 고른 것은? (다툼이 있으면 판례에 따름)

> ㄱ. 부동산 매도의 대리권을 수여받은 자는 그 부동산의 매도 후 해당 매매계약을 합의해제할 권한이 있다.
> ㄴ. 자동차 매도의 대리권을 수여받은 자가 본인의 허락 없이 본인의 자동차를 스스로 시가보다 저렴하게 매수하는 계약을 체결한 경우, 그 매매계약은 유동적 무효이다.
> ㄷ. 통상의 오피스텔 분양에 관해 대리권을 수여받은 자는 본인의 명시적 승낙이 없더라도 부득이한 사유 없이 복대리인을 선임할 수 있다.
> ㄹ. 원인된 계약관계가 종료되더라도 수권행위가 철회되지 않았다면 대리권은 소멸하지 않는다.

① ㄱ, ㄴ   ② ㄴ, ㄷ   ③ ㄷ, ㄹ
④ ㄱ, ㄴ, ㄹ   ⑤ ㄱ, ㄷ, ㄹ

해설

ㄱ (×) 어떠한 계약의 체결에 관한 대리권을 수여받은 대리인이 수권된 법률행위를 하게 되면 그것으로 대리권의 원인된 법률관계는 원칙적으로 목적을 달성하여 종료하는 것이고, 법률행위에 의하여 수여된 대리권은 그 원인된 법률관계의 종료에 의하여 소멸하는 것이므로(민법 제128조), 그 계약을 대리하여 체결하였던 대리인이 체결된 계약의 해제 등 일체의 처분권과 상대방의 의사를 수령할 권한까지 가지고 있다고 볼 수는 없다(대법원 2015.12.23, 2013다81019).

ㄴ (O) 대리인이 대리권 없이 대리행위를 한 경우에 이를 무권대리, 그중 표현대리라고 볼 수 있는 특별한 사정이 없는 경우에 이를 협의의 무권대리라고 하는데, 협의의 무권대리는 본인에게 추인권을 인정하고 있으므로, 위 매매계약은 유동적 무효라고 할 수 있다.

ㄷ (×) 임의대리인은 본인의 승낙이 있거나 부득이한 사유가 있지 아니하면 복대리인을 선임할 수 없는 것인바, 아파트 분양업무는 그 성질상 분양위임을 받은 수임인의 능력에 따라 그 분양사업의 성공 여부가 결정되는 사무로서 본인의 명시적인 승낙 없이는 복대리인의 선임이 허용되지 아니하는 경우로 보아야 한다(대법원

1999.9.3, 97다56099).

ㄹ (×) 민법 제128조에 따라 수권행위가 철회되지 아니하였더라도 원인된 계약관계가 종료된 이상 그 대리권은 소멸한다.

> **제127조(대리권의 소멸사유)** 대리권은 다음 각 호의 어느 하나에 해당하는 사유가 있으면 소멸된다.
> 1. 본인의 사망
> 2. 대리인의 사망, 성년후견의 개시 또는 파산
> **제128조(임의대리의 종료)** 법률행위에 의하여 수여된 대리권은 전조의 경우 외에 그 원인된 법률관계의 종료에 의하여 소멸한다. 법률관계의 종료 전에 본인이 수권행위를 철회한 경우에도 같다.

정답 ⑤

---

014 □□□   ○ △ ×

X토지 소유자인 甲이 사망하고, 그 자녀인 乙과 丙이 이를 공동으로 상속하였다. 그런데 丙은 乙의 예전 범죄사실을 사법당국에 알리겠다고 乙을 강박하여 X에 관한 乙의 상속지분을 丙에게 증여한다는 계약을 乙과 체결하였다. 그 직후 변호사와 상담을 통해 불안에서 벗어난 乙은 한 달 뒤 그간의 사정을 전해 들은 丁에게 X에 관한 자신의 상속지분을 매도하고 지분이전등기를 마쳐 준 후 5년이 지났다. 이에 관한 설명으로 옳은 것은? (다툼이 있으면 판례에 따름)

① 乙과 丙의 증여계약은 공서양속에 반하는 것으로 무효이다.

② 乙의 丙에 대한 증여의 의사표시는 비진의표시로서 무효이다.

③ 乙과 丁의 매매계약은 공서양속에 반하는 것으로 무효이다.

④ 乙은 강박을 이유로 하여 丙과의 증여계약을 취소할 수 있다.

⑤ 乙이 丙에게 증여계약의 이행을 하지 않는다면 채무불이행의 책임을 져야 한다.

해설

① (×) ② (×) ⑤ (O) [1] 민법 제103조에 의하여 무효로 되는 반사회질서행위는 법률행위의 목적인 권리·의무의 내용이 선량한 풍속 기타 사회질서에 위반되는 경우뿐 아니라 그 내용 자체는 반사회질서적인 것이 아니라고 하여도 법률적으로 이를 강제하거나 법률행위에 반사회질서적인 조건 또는 금전적 대가가 결부됨으로써 반사회질서적 성질을 띠게 되는 경우 및 표시되거나 상대방에게 알려진 법률행위의 동기가 반사회질서적인 경우를 포함하나, 이상의 각 요건에 해당하지 아니하고 단지 법률행위의 성립과정에 강박이라는 불법적 방법이 사용된 데에 불과한 때에는 강박에 의한 의사표시의 하자나 의사의 흠결을 이유로 효력을 논의할 수는 있을지언정 반사회질서의 법률행위로서 무효라고 할 수는 없다. [2] 비진의의사표시에 있어서의 진의란 특정한 내용의 의사표시를 하고자 하는 표의자의 생각을 말하는 것이지 표의자가 진정으로 마음속에서 바라는 사항을 뜻하는 것은 아니라고 할 것이므로,

비록 재산을 강제로 뺏긴다는 것이 표의자의 본심으로 잠재되어 있었다 하여도 표의자가 강박에 의하여서나마 증여를 하기로 하고 그에 따른 증여의 의사표시를 한 이상 증여의 내심의 효과의사가 결여된 것이라고 할 수는 없다.

[3] 채무불이행에 있어서 확정된 채무의 내용에 좇은 이행이 행하여지지 아니하였다면 그 자체가 바로 위법한 것으로 평가되는 것이고, 다만 그 이행하지 아니한 것이 위법성을 조각할 만한 행위에 해당하게 되는 특별한 사정이 있는 때에는 채무불이행이 성립하지 않는 경우도 있을 수 있다.

[4] 강박에 의하여 원고(丙)에게 부동산에 관한 증여의 의사표시를 한 피고(乙)가 그 취소권을 행사하지 않은 채 그 부동산을 제3자(丁)에게 이중양도하고 취소권의 제척기간마저 도과하여 버린 후 그 이중양도계약에 기하여 제3자에게 부동산에 관한 소유권이전등기를 경료하여 줌으로써 원고에 대한 증여계약상의 소유권이전등기의무를 이행불능케 한 경우, 피고의 원고에 대한 증여계약 자체에 대한 채무불이행이 성립하고, 피고의 위와 같은 이중양도행위가 사회상규에 위배되지 않는 정당행위 등에 해당하여 위법성이 조각된다고 볼 수 없다(대법원 2002.12.27, 2000다47361).

③ (×) 부동산의 이중매매가 반사회적 법률행위로서 무효가 되기 위하여는 매도인의 배임행위와 매수인이 매도인의 배임행위에 적극 가담한 행위로 이루어진 매매로서 그 적극 가담하는 행위는 매수인이 다른 사람에게 매매목적물이 매도된 것을 안다는 것만으로는 부족하고, 적어도 그 매도사실을 알고도 매도를 요청하여 매매계약에 이르는 정도가 되어야 한다(대법원 1994.3.11, 93다55289). 따라서 乙과 丁의 매매계약은 공서양속에 반하는 것으로 무효라고 할 수 없다.

④ (×) 있다 → 없다(민법 제146조)

[보충] 민법 제146조에서 말하는 '추인할 수 있는 날로부터'라 함은 '취소의 원인이 종료한 때로부터'라는 뜻이므로, 강박을 이유로 의사표시를 한 자는 강박을 벗어난 상태로부터 3년 내에 취소권을 행사하여야 한다. 따라서 변호사와 상담을 통해 불안에서 벗어난 후 5년이 지난 지금, 乙은 강박을 이유로 하여 丙과의 증여계약을 취소할 수 없다.

> 제144조(추인의 요건) ① 추인은 취소의 원인이 소멸된 후에 하여야만 효력이 있다.
> 제146조(취소권의 소멸) 취소권은 추인할 수 있는 날로부터 3년 내에 법률행위를 한 날로부터 10년 내에 행사하여야 한다.

정답 ⑤

---

015 □□□

甲은 토지거래허가구역에 있는 자신 소유의 X토지에 관하여 허가를 받을 것을 전제로 乙과 매매계약을 체결한 후 계약금을 수령하였으나 아직 토지거래허가는 받지 않았다. 이에 관한 설명으로 옳지 않은 것을 모두 고른 것은? (다툼이 있으면 판례에 따름)

> ㄱ. 甲은 乙에게 계약금의 배액을 상환하면서 매매계약을 해제할 수 있다.
> ㄴ. 甲이 허가신청절차에 협력하지 않는 경우, 乙은 甲의 채무불이행을 이유로 하여 매매계약을 해제할 수 있다.
> ㄷ. 乙은 부당이득반환청구권을 행사하여 甲에게 계약금의 반환을 청구할 수 있다.
> ㄹ. 매매계약 후 X에 대한 토지거래허가구역 지정이 해제되었다면 더 이상 토지거래허가를 받을 필요 없이 매매계약은 확정적으로 유효로 된다.

① ㄱ, ㄴ   ② ㄴ, ㄷ   ③ ㄷ, ㄹ
④ ㄱ, ㄴ, ㄷ   ⑤ ㄱ, ㄷ, ㄹ

해설

ㄱ (○) 매매당사자 일방이 계약 당시 상대방에게 계약금을 교부한 경우 당사자 사이에 다른 약정이 없는 한 당사자 일방이 계약이행에 착수할 때까지 계약금교부자는 이를 포기하고 계약을 해제할 수 있고, 그 상대방은 계약금의 배액을 상환하고 계약을 해제할 수 있음이 계약 일반의 법리인 이상, 특별한 사정이 없는 한 국토이용관리법상의 토지거래허가를 받지 않아 유동적 무효상태인 매매계약에 있어서도 당사자 사이의 매매계약은 매도인이 계약금의 배액을 상환하고 계약을 해제함으로써 적법하게 해제된다(대법원 2009.5.28, 2008다65624).

ㄴ (×) 유동적 무효의 상태에 있는 거래계약의 당사자는 상대방이 그 거래계약의 효력이 완성되도록 협력할 의무를 이행하지 아니하였음을 들어 일방적으로 유동적 무효의 상태에 있는 거래계약 자체를 해제할 수 없다(대법원 1999.6.17, 98다40459 전원합의체).

ㄷ (×) 허가를 배제하거나 잠탈하는 내용이 아닌 유동적 무효상태의 매매계약을 체결하고 매수인이 이에 기하여 임의로 지급한 계약금은 그 계약이 유동적 무효상태로 있는 한 이를 부당이득으로 반환을 구할 수는 없고 유동적 무효상태가 확정적으로 무효로 되었을 때 비로소 부당이득으로 그 반환을 구할 수 있다(대법원 1995.4.28, 93다26397).

ㄹ (○) 토지거래허가구역 지정기간 중에 허가구역 안의 토지에 관하여 토지거래허가를 받지 아니하고 토지거래계약을 체결한 후 허가구역의 지정이 해제된 때에는, 그 계약은 허가를 배제하거나 잠탈하는 내용의 계약이어서 처음부터 확정적으로 무효인 경우 또는 토지거래허가신청에 대하여 불허가처분이 있거나 당사자 쌍방이 허가신청협력의무의 이행거절의사를 명백히 표시하는 등의 사유로 무효로 확정된 경우가 아닌 한, 관할 행정청으로부터 토지거래허가를 받을 필요가 없이 확정적으로 유효로 된다(대법원 2014.7.10, 2013다74769).

정답 ②

---

016 ▢▢▢   ○ △ ×

손해배상에 관한 설명으로 옳은 것은? (다툼이 있으면 판례에 따름)

① 채무불이행으로 인한 손해배상액이 예정되어 있는 경우, 채권자는 채무불이행사실 및 손해의 발생사실을 모두 증명하여야 예정배상액을 청구할 수 있다.

② 특별한 사정으로 인한 손해배상에서 채무자가 그 사정을 알았거나 알 수 있었는지의 여부는 계약체결 당시를 기준으로 판단한다.

③ 부동산소유권이전채무가 이행불능이 되어 채권자가 채무자에게 갖게 되는 손해배상채권의 소멸시효는 계약체결 시부터 진행된다.

④ 채무불이행으로 인한 손해배상액을 예정한 경우에는 특별한 사정이 없는 한 통상손해는 물론 특별손해까지도 예정액에 포함된다.

⑤ 불법행위로 영업용 건물이 일부 멸실된 경우, 그에 따른 휴업손해는 특별손해에 해당한다.

해설

① (×) 채무불이행으로 인한 손해배상액이 예정되어 있는 경우에는 채권자는 채무불이행사실만 증명하면 손해의 발생 및 그 액을 증명하지 아니하고 예정배상액을 청구할 수 있고, 채무자는 채권자와 채무불이행에 있어 채무자의 귀책사유를 묻지 아니한다는 약정을 하지 아니한 이상 자신의 귀책사유가 없음을 주장·입증함으로써 예정배상액의 지급책임을 면할 수 있다(대법원 2007.12.27, 2006다9408).

② (×) 민법 제393조 제2항 소정의 특별사정으로 인한 손해배상에 있어서 채무자가 그 사정을 알았거나 알 수 있었는지의 여부를 가리는 시기는 계약체결 당시가 아니라 채무의 이행기까지를 기준으로 판단하여야 한다(대법원 1985.9.10, 84다카1532).

③ (×) 매매로 인한 부동산소유권이전채무가 이행불능됨으로써 매수인이 매도인에 대하여 갖게 되는 손해배상채권은 그 부동산소유권의 이전채무가 이행불능된 때에 발생하는 것이고 그 계약체결일에 생기는 것은 아니므로 위 손해배상채권의 소멸시효는 계약체결일 아닌 소유권이전채무가 이행불능된 때부터 진행한다(대법원 1990.11.9, 90다카22513).

④ (○) 계약 당시 손해배상액을 예정한 경우에는 다른 특약이 없는 한 채무불이행으로 인하여 입은 통상손해는 물론 특별손해까지도 예정액에 포함되고 채권자의 손해가 예정액을 초과한다 하더라도 초과부분을 따로 청구할 수 없다(대법원 2012.12.27, 2012다60954).

⑤ (×) 불법행위로 영업용 물건이 멸실된 경우, 이를 대체할 다른 물건을 마련하기 위하여 필요한 합리적인 기간 동안 그 물건을 이용하여 영업을 계속하였더라면 얻을 수 있었던 이익, 즉 휴업손해는 그에 대한 증명이 가능한 한 통상의 손해로서 그 교환가치와는 별도로 배상하여야 하고, 이는 영업용 물건이 일부 손괴된 경우 수리를 위하여 필요한 합리적인 기간 동안의 휴업손해와 마찬가지라고 할 것이고, … (대법원 2004.3.25, 2003다20909).

정답 ④

017 ▢▢▢   ○ △ ×

甲에 대하여 乙 및 丙은 1억 8,000만 원의 연대채무를 부담하고 있으며, 乙과 丙의 부담부분은 각각 1/3과 2/3이다. 이에 관한 설명으로 옳은 것은? (원본만을 고려하며, 다툼이 있으면 판례에 따름)

① 乙이 甲으로부터 위 1억 8,000만 원의 채권을 양수받은 경우, 丙의 채무는 전부 소멸한다.

② 乙이 甲에 대하여 9,000만 원의 반대채권이 있으나 乙이 상계를 하지 않은 경우, 丙은 그 반대채권 전부를 자동채권으로 하여 甲의 채권과 상계할 수 있다.

③ 甲이 乙에게 이행을 청구한 경우, 丙의 채무에 대해서는 시효중단의 효력이 없다.

④ 甲이 乙에게 채무를 면제해 준 경우, 丙도 1억 2,000만 원의 채무를 면한다.

⑤ 丁이 乙 및 丙의 부탁을 받아 그 채무를 연대보증한 후에 甲에게 위 1억 8,000만 원을 변제하였다면, 丁은 乙에게 1억 8,000만 원 전액을 구상할 수 있다.

해설

① (×) 어느 연대채무자와 채권자 간에 혼동이 있는 때에는 그 채무자의 부담부분에 한하여 다른 연대채무자도 의무를 면한다(민법 제420조). 따라서 丙은 乙의 부담부분인 6,000만 원에 한하여 의무를 면할 뿐이다.
[보충] 혼동은 채권과 채무가 동일인에게 귀속하는 사실로, 채권자가 채무자를 상속하거나 채무자가 채권을 양수하는 경우 등을 말한다.

② (×) 상계할 채권이 있는 연대채무자가 상계하지 아니한 때에는 그 채무자의 부담부분에 한하여 다른 연대채무자가 상계할 수 있다(동법 제418조 제2항). 따라서 丙은 乙의 부담부분인 6,000만 원에 한하여 상계할 수 있다.

③ (×) 어느 연대채무자에 대한 이행청구는 다른 연대채무자에게도 효력이 있다(동법 제416조). 따라서 위 경우, 丙의 채무에 대하여도 시효중단의 효력이 있다 할 것이다.

④ (×) 어느 연대채무자에 대한 채무면제는 그 채무자의 부담부분에 한하여 다른 연대채무자의 이익을 위하여 효력이 있다(동법 제419조). 따라서 丙은 6,000만 원의 채무만을 면한다.

⑤ (○) 연대채무자가 수인이 있는 경우에 이들 모두를 위한 연대보증인은 보증채무의 이행으로 한 출연액 전부에 대하여 어느 연대채무자에게나 구상권을 가지는 것이므로, 이와 반대로 연대채무자들 중 어느 1인이 자신의 내부 부담부분을 넘어 채무를 변제함으로써 채권자의 그 다른 연대채무자에 대한 원채권을 행사하는 경우에도 그 자신의 연대보증인도 겸한 다른 연대채무자의 연대보증인에 대하여는 대위할 수 없다(대법원 1992.5.12, 91다3062). 따라서 丁은 乙에게 1억 8,000만 원 전액을 구상할 수 있다.

정답 ⑤

민법

018 ☐☐☐   ○ △ ✕

이행지체에 관한 설명으로 옳지 않은 것은? (다툼이 있으면 판례에 따름)

① 이행지체를 이유로 채권자에게 전보배상청구가 인정되는 경우, 그 손해액은 원칙적으로 최고할 당시의 시가를 기준으로 산정하여야 한다.

② 중도금지급기일을 '2층 골조공사 완료 시'로 한 경우, 그 공사가 완료되었더라도 채무자가 그 완료사실을 알지 못하였다면 특별한 사정이 없는 한 지체책임을 지지 않는다.

③ 금전채무의 이행지체로 인하여 발생하는 지연이자의 성질은 손해배상금이다.

④ 저당권이 설정된 부동산매도인의 담보책임에 기한 손해배상채무는 이행청구를 받은 때부터 지체책임이 있다.

⑤ 이행기의 정함이 없는 채권을 양수한 채권양수인이 채무자를 상대로 그 이행을 구하는 소를 제기하고 소송계속 중 채무자에 대한 채권양도통지가 이루어진 경우, 특별한 사정이 없는 한 채무자는 채권양도통지가 도달된 다음 날부터 지체책임을 진다.

해설

① (✕) 이행지체에 의한 전보배상에 있어서의 손해액 산정은 본래의 의무이행을 최고한 후 상당한 기간이 경과한 당시의 시가를 표준으로 하고, 이행불능으로 인한 전보배상액은 이행불능 당시의 시가 상당액을 표준으로 할 것인바, 채무자의 이행거절로 인한 채무불이행에서의 손해액 산정은, 채무자가 이행거절의 의사를 명백히 표시하여 최고 없이 계약의 해제나 손해배상을 청구할 수 있는 경우에는 이행거절 당시의 급부목적물의 시가를 표준으로 해야 한다(대법원 2007.9.20, 2005다93337).

② (○) 중도금 지급기일을 '1층 골조공사 완료 시'로 정한 것은 중도금지급의무의 이행기를 장래 도래할 시기가 확정되지 아니한 때, 즉 불확정기한으로 이행기를 정한 경우에 해당한다고 할 것이므로, 중도금지급의무의 이행지체의 책임을 지우기 위해서는 1층 골조공사가 완료된 것만으로는 부족하고 채무자인 원고가 그 완료사실을 알아야 한다고 할 것이다(대법원 2005.10.7, 2005다38546).

③ (○) 금전채무의 이행지체로 인하여 발생하는 지연손해금은 그 성질이 손해배상금이지 이자가 아니며, 민법 제163조 제1호가 규정한 '1년 이내의 기간으로 정한 채권'도 아니므로 3년간의 단기소멸시효의 대상이 되지 아니한다고 할 것이다(대법원 2010.9.9, 2010다24435,24442,24459,24466,24473,24480,24497).

④ (○) 민법 제576조에서 정하는 매도인의 담보책임에 기한 손해배상채무는 이행의 기한이 없는 채무로서 이행청구를 받은 때부터 지체책임이 있다(대법원 2015.4.23, 2013다92873).

⑤ (○) 채무에 이행기의 정함이 없는 경우에는 채무자가 이행의 청구를 받은 다음 날부터 이행지체의 책임을 지는 것이나, 한편 지명채권이 양도된 경우 채무자에 대한 대항요건이 갖추어질 때까지 채권양수인은 채무자에게 대항할 수 없으므로, 이행기의 정함이 없는 채권을 양수한 채권양수인이 채무자를 상대로 그 이행을 구하는 소를 제기하고 소송계속 중 채무자에 대한 채권양도통지가 이루어진 경우에는 특별한 사정이 없는 한 채무자는 채권양도통지가 도달된 다음 날부터 이행지체의 책임을 진다(대법원 2014.4.10, 2012다29557).

정답 ①

019 ☐☐☐   ○ △ ✕

채권자대위권에 관한 설명으로 옳은 것을 모두 고른 것은? (다툼이 있으면 판례에 따름)

> ㄱ. 피보전채권이 특정채권인 경우에 채무자의 무자력은 그 요건이 아니다.
> ㄴ. 임차인은 특별한 사정이 없는 한 임차권 보전을 위하여 제3자에 대한 임대인의 임차목적물인도청구권을 대위행사할 수 있다.
> ㄷ. 채권자대위권도 채권자대위권의 피대위권리가 될 수 있다.

① ㄱ   ② ㄷ   ③ ㄱ, ㄴ
④ ㄴ, ㄷ   ⑤ ㄱ, ㄴ, ㄷ

해설

ㄱ (○) 대법원은 채권자가 보전할 채권이 소유권이전등기청구권과 같은 특정채권인 경우 채권자가 대위할 권리와 밀접한 관련이 있는 때에는 채무자의 무자력을 요건으로 하지 않고 채권자대위권 행사를 넓게 허용함으로써 채권자대위권의 행사요건을 완화해 왔다(대법원 2022.8.25, 2019다229202).
[보충] 채권자는 자기의 채무자에 대한 부동산의 소유권이전등기청구권 등 특정채권을 보전하기 위하여 채무자가 방치하고 있는 그 부동산에 관한 특정권리를 대위하여 행사할 수 있고 그 경우에는 채무자의 무자력을 요건으로 하지 아니하는 것이다(대법원 1992.10.27, 91다483).

ㄴ (○) 임대인이 그 소유 토지를 피고에게 임대하였다가 이를 해지한 뒤 다시 위 토지를 원고에게 임대한 경우에 그 뒤 임대인이 위 토지를 타에 매도하고 소유권이전등기를 완료함으로써 소유권을 상실하였다 하더라도 임대인으로서는 임차인인 원고에게 임대물을 인도하여 그 사용수익에 필요한 상태를 제공유지하여야 할 의무가 있고 또 임대인은 피고와의 임대차계약을 해지함으로써 피고에게 임대물의 인도를 청구할 권리가 있다 할 것이므로 임대인이 타인에게 매도함으로써 소유권은 상실하였다 해도 위와 같은 권리의무는 있다 할 것인즉 임차인인 원고는 임대인의 피고에 대한 위와 같은 권리를 대위하여 행사할 수 있다(대법원 1964.12.29, 64다804).

ㄷ (○) 행사상의 일신전속권이 아니고 압류가 금지되지 아니한 권리는 모두 대위권의 목적이 되는데, 채권적 청구권뿐만 아니라 물권적 청구권, 형성권, 채권자대위권 및 채권자취소권도 그러하다.
[보충] 타인의 권리에 속하는 토지가 전전매되고 소유권이전등기 의무이행이 불능된 경우에 최후의 매수인은 전전채무자들을 대립하여 최초의 매도인에게 손해배상청구권을 행사할 수 있다(대법원 1968.1.23, 67다2440).

정답 ⑤

20 □□□   ○ △ ×

甲은 乙에 대하여 1억 원의 물품대금채권을 가지고 있고, 乙은 丙에 대한 1억 원의 대여금채권을 채무초과상태에서 丁에게 양도한 후 이를 丙에게 통지하였다. 甲은 丁을 피고로 하여 채권자취소소송을 제기하였다. 이에 관한 설명으로 옳은 것을 모두 고른 것은? (다툼이 있으면 판례에 따름)

> ㄱ. 甲의 乙에 대한 물품대금채권이 시효로 소멸한 경우, 丁은 이를 甲에게 원용할 수 있다.
>
> ㄴ. 乙의 丁에 대한 채권양도행위가 사해행위로 취소되는 경우, 丁이 丙에게 양 수금채권을 추심하지 않았다면 甲은 원상회복으로서 丁이 丙에게 채권양도가 취소되었다는 취지의 통지를 하도록 청구할 수 있다.
>
> ㄷ. 乙의 丁에 대한 채권양도행위가 사해행위로 취소되어 원상회복이 이루어진 경우, 甲은 乙을 대위하여 丙에게 대여금채권의 지급을 청구할 수 있다.

① ㄱ   ② ㄷ   ③ ㄱ, ㄴ
④ ㄴ, ㄷ   ⑤ ㄱ, ㄴ, ㄷ

해설

ㄱ (○) 소멸시효를 원용할 수 있는 사람은 권리의 소멸에 의하여 직접 이익을 받는 자에 한정되는바, 사해행위취소소송의 상대방이 된 사해행위의 수익자는, 사해행위가 취소되면 사해행위에 의하여 얻은 이익을 상실하고 사해행위취소권을 행사하는 채권자의 채권이 소멸하면 그와 같은 이익의 상실을 면하는 지위에 있으므로, 그 채권의 소멸에 의하여 직접 이익을 받는 자에 해당하는 것으로 보아야 한다(대법원 2007.11.29, 2007다54849). 즉, 丁은 이를 甲에게 원용할 수 있다.

ㄴ (○) ㄷ (×) 채무자(乙)의 수익자(丁)에 대한 채권양도가 사해행위로 취소되는 경우, 수익자가 제3채무자에게서 아직 채권을 추심하지 아니한 때에는, 채권자(甲)는 사해행위취소에 따른 원상회복으로서 수익자가 제3채무자에게 채권양도가 취소되었다는 취지의 통지를 하도록 청구할 수 있다.
그런데 사해행위의 취소는 채권자와 수익자의 관계에서 상대적으로 채무자와 수익자 사이의 법률행위를 무효로 하는 데에 그치고, 채무자와 수익자 사이의 법률관계에는 영향을 미치지 아니한다. 따라서 채무자의 수익자에 대한 채권양도가 사해행위로 취소되고, 그에 따른 원상회복으로서 제3채무자에게 채권양도가 취소되었다는 취지의 통지가 이루어지더라도, 채권자와 수익자의 관계에서 채권이 채무자의 책임재산으로 취급될 뿐, 채무자가 직접 채권을 취득하여 권리자로 되는 것은 아니므로, 채권자는 채무자를 대위하여 제3채무자에게 채권에 관한 지급을 청구할 수 없다(대법원 2015.11.17, 2012다2743).

정답 ③

21 □□□   ○ △ ×

사해행위취소의 소에 관한 설명으로 옳지 않은 것을 모두 고른 것은? (다툼이 있으면 판례에 따름)

> ㄱ. 취소채권자의 채권이 정지조건부 채권인 경우에는 특별한 사정이 없는 한 이를 피보전채권으로 하여 채권자취소권을 행사할 수 없다.
>
> ㄴ. 사해행위 후 그 목적물에 관하여 선의의 제3자가 저당권을 취득하였음을 이유로 가액배상을 명하는 경우, 그 목적물의 가액에서 제3자가 취득한 저당권의 피담보채권액을 공제하여야 한다.
>
> ㄷ. 사해행위의 목적물이 동산이고 그 원상회복으로 현물반환이 가능하더라도 취소채권자는 직접 자기에게 그 목적물의 인도를 청구할 수 없다.

① ㄱ   ② ㄷ   ③ ㄱ, ㄴ
④ ㄴ, ㄷ   ⑤ ㄱ, ㄴ, ㄷ

해설

ㄱ (×) 채권자취소권 행사는 채무이행을 구하는 것이 아니라 총채권자를 위하여 이행기에 채무이행을 위태롭게 하는 채무자의 자력감소를 방지하는 데 목적이 있는 점과 민법이 제148조, 제149조에서 조건부 권리의 보호에 관한 규정을 두고 있는 점을 종합해 볼 때, 취소채권자의 채권이 정지조건부 채권이라 하더라도 장래에 정지조건이 성취되기 어려울 것으로 보이는 등 특별한 사정이 없는 한, 이를 피보전채권으로 하여 채권자취소권을 행사할 수 있다(대법원 2011.12.8, 2011다55542).

ㄴ (×) 사해행위 후 그 목적물에 관하여 선의의 제3자가 저당권을 취득하였음을 이유로 가액배상을 명하는 경우에는 사해행위 당시 일반 채권자들의 공동담보로 되어 있었던 부동산 가액 전부의 배상을 명하여야 할 것이고, 그 가액에서 제3자가 취득한 저당권의 피담보채권액을 공제할 것은 아니고, 증여의 형식으로 이루어진 사해행위를 취소하고 원물반환에 갈음하여 그 목적물 가액의 배상을 명함에 있어서는 수익자에게 부과된 증여세액과 취득세액을 공제하여 가액배상액을 산정할 것도 아니다(대법원 2003.12.12, 2003다40286).

ㄷ (×) 민법 제406조에 의한 사해행위의 취소에 따른 원상회복은 원칙적으로 그 목적물 자체의 반환에 의하여야 하는바, 이때 사해행위의 목적물이 동산이고 그 현물반환이 가능한 경우에는 취소채권자는 직접 자기에게 그 목적물의 인도를 청구할 수 있다(대법원 1999.8.24, 99다23468,23475).

정답 ⑤

022 ☐☐☐   ○ △ ✕

변제에 관한 설명으로 옳지 않은 것을 모두 고른 것은? (다툼이 있으면 판례에 따름)

> ㄱ. 미리 저당권의 등기에 그 대위를 부기하지 않은 피담보채무의 보증인은 저당물에 후순위 근저당권을 취득한 제3자에 대하여 채권자를 대위할 수 없다.
> ㄴ. 변제자가 주채무자인 경우 보증인이 있는 채무와 보증인이 없는 채무의 변제이익은 차이가 없다.
> ㄷ. 채무자로부터 담보부동산을 취득한 제3자와 물상보증인 상호 간에는 각 부동산의 가액에 비례하여 채권자를 대위할 수 있다.

① ㄱ　　　　　② ㄴ　　　　　③ ㄱ, ㄷ
④ ㄴ, ㄷ　　　　⑤ ㄱ, ㄴ, ㄷ

해설

ㄱ (✕) 민법 제482조 제2항 제2호의 제3취득자에 후순위 근저당권자가 포함되지 않음에도 같은 항 제1호의 제3자에는 후순위 근저당권자가 포함된다고 하면, 후순위 근저당권자는 보증인에 대하여 항상 채권자를 대위할 수 있지만 보증인은 후순위 근저당권자에 대하여 채권자를 대위하기 위해서는 미리 대위의 부기등기를 하여야만 하므로 보증인보다 후순위 근저당권자를 더 보호하는 결과가 되는데, … 이러한 사정들과 민법 제482조 제2항 제1호와 제2호가 상호작용하에 법정대위자 중 보증인과 제3취득자의 이해관계를 조절하는 규정인 점 등을 종합하여 보면, <u>보증인은 미리 저당권의 등기에 그 대위를 부기하지 않고서도 저당물에 후순위 근저당권을 취득한 제3자에 대하여 채권자를 대위할 수 있다</u>고 할 것이므로 민법 제482조 제2항 제1호의 제3자에 후순위 근저당권자는 포함되지 않는다(대법원 2013.2.15, 2012다48855).

ㄴ (○) 변제자가 주채무자인 경우에 보증인이 있는 채무와 보증인이 없는 채무 사이에 있어서 전자가 후자에 비하여 변제이익이 더 많다고 볼 근거는 전혀 없어 양자는 변제이익의 점에 있어 차이가 없다(대법원 1985.3.12, 84다카2093).

ㄷ (✕) <u>물상보증인의 지위를 보증인과 다르게 보아서 물상보증인과 채무자로부터 담보부동산을 취득한 제3자 상호 간에는 각 부동산의 가액에 비례하여 채권자를 대위할 수 있다</u>고 한다면, 본래 채무자에 대하여 출재한 전액에 관하여 대위할 수 있었던 물상보증인은 채무자가 담보부동산의 소유권을 제3자에게 이전하였다는 우연한 사정으로 이제는 각 부동산의 가액에 비례하여서만 대위하게 되는 반면, 당초 채무 전액에 대한 담보권의 부담을 각오하고 채무자로부터 담보부동산을 취득한 제3자는 그 범위에서 뜻하지 않은 이득을 얻게 되어 부당하다(대법원 2014.12.18, 2011다50233 전원합의체).

정답 ③

023 ☐☐☐   ○ △ ✕

지명채권 양도에 관한 설명으로 옳지 않은 것은? (다툼이 있으면 판례에 따름)

① 채권양도에 대하여 채무자가 이의를 보류하지 않은 승낙을 하였더라도 채무자는 채권이 이미 타인에게 양도되었다는 사실로써 양수인에게 대항할 수 있다.
② 채권양도에 있어서 주채무자에 대하여 대항요건을 갖추었다면 보증인에 대하여도 그 효력이 미친다.
③ 채권양도가 다른 채무의 담보조로 이루어진 후 그 피담보채무가 변제로 소멸된 경우, 양도채권의 채무자는 이를 이유로 채권양수인의 양수금지급청구를 거절할 수 있다.
④ 채권양도금지특약의 존재를 경과실로 알지 못하고, 그 채권을 양수한 자는 악의의 양수인으로 취급되지 않는다.
⑤ 당사자 사이에 양도금지의 특약이 있는 채권이라도 압류 및 전부명령에 의하여 이전될 수 있다.

해설

① (○) 민법은 채권의 귀속에 관한 우열을 오로지 확정일자 있는 증서에 의한 통지 또는 승낙의 유무와 그 선후로써만 결정하도록 규정하고 있는데다가, 채무자의 "이의를 보류하지 아니한 승낙"은 민법 제451조 제1항 전단의 규정 자체로 보더라도 그의 양도인에 대한 항변을 상실시키는 효과밖에 없고, 채권에 관하여 권리를 주장하는 자가 여럿인 경우 그들 사이의 우열은 채무자에게도 효력이 미치므로, 위 규정의 "양도인에게 대항할 수 있는 사유"란 채권의 성립, 존속, 행사를 저지·배척하는 사유를 가리킬 뿐이고, 채권의 귀속(채권이 이미 타인에게 양도되었다는 사실)은 이에 포함되지 아니한다(대법원 1994.4.29, 93다35551).

② (○) 채권양도에 있어서 주채무자에 대하여 채권양도통지 등 대항요건을 갖추었으면 보증인에 대하여도 그 효력이 미친다(대법원 1976.4.13, 75다1100).

③ (✕) 채권양도가 다른 채무의 담보조로 이루어졌으며 또한 그 채무가 변제되었다고 하더라도, 이는 채권양도인과 양수인 간의 문제일 뿐이고, 양도채권의 채무자는 채권양도·양수인 간의 채무소멸 여하에 관계없이 양도된 채무를 양수인에게 변제하여야 하는 것이므로, 설령 그 피담보채무가 변제로 소멸되었다고 하더라도 <u>양도채권의 채무자로서는 이를 이유로 채권양수인의 양수금청구를 거절할 수 없다</u>(대법원 1999.11.26, 99다23093).

④ (○) ⑤ (○) 양수인이 중대한 과실 없이 양도금지특약의 존재를 알지 못하였다면 채권양도는 유효하게 되어 채무자는 양수인에게 양도금지특약을 가지고 채무이행을 거절할 수 없다.
양도금지특약이 있더라도 압류·전부명령에 따라 해당 채권은 이전이 가능하고 압류채권자의 선의 여부는 그 효력에 영향을 미치지 못한다(대법원 2019.12.19, 2016다24284 전원합의체).

정답 ③

024 □□□ ○ △ ✕

채권자 甲, 채무자 乙, 인수인 丙으로 하는 채무인수 등의 법률관계에 관한 설명으로 옳은 것은? (다툼이 있으면 판례에 따름)

① 乙과 丙 사이의 합의에 의한 면책적 채무인수가 성립하는 경우, 甲이 乙 또는 丙을 상대로 승낙을 하지 않더라도 그 채무인수의 효력은 발생한다.

② 乙과 丙 사이의 합의에 의한 이행인수가 성립한 경우, 丙이 그에 따라 자신의 출연으로 乙의 채무를 변제하였다면 특별한 사정이 없는 한 甲의 채권을 법정대위할 수 있다.

③ 乙의 의사에 반하여 이루어진 甲과 丙 사이의 합의에 의한 중첩적 채무인수는 무효이다.

④ 乙과 丙 사이의 합의에 의한 채무인수가 면책적 인수인지, 중첩적 인수인지 분명하지 않은 때에는 이를 면책적 채무인수로 본다.

⑤ 乙의 부탁을 받은 丙이 甲과 합의하여 중첩적 채무인수계약을 체결한 경우, 乙과 丙은 부진정연대채무관계에 있다.

해설

① (✕) 채무인수의 효력이 생기기 위하여 채권자의 승낙을 요하는 것은 면책적 채무인수의 경우에 한하고, 채무인수가 면책적인가 중첩적인가 하는 것은 채무인수계약에 나타난 당사자 의사의 해석에 관한 문제이다(대법원 1998.11.24, 98다33765). 따라서 甲이 승낙하지 아니하는 이상 그 채무인수의 효력은 없다 할 것이다.

② (○) 민법 제481조에 의하여 법정대위를 할 수 있는 '변제할 정당한 이익이 있는 자'라고 함은 변제함으로써 당연히 대위의 보호를 받아야 할 법률상의 이익을 가지는 자를 의미한다. 그런데 이행인수인이 채무자와의 이행인수약정에 따라 채권자에게 채무를 이행하기로 약정하였음에도 불구하고 이를 이행하지 아니하는 경우에는 채무자에 대하여 채무불이행의 책임을 지게 되어 특별한 법적 불이익을 입게 될 지위에 있다고 할 것이므로, 이행인수인은 그 변제를 할 정당한 이익이 있다고 할 것이다(대법원 2012.7.16, 2009마462).
[보충] 선박대리점이 선박소유자 등을 대리하여 체결한 계약으로부터 발생한 채무를 선박소유자 등과의 이행인수약정에 따라 자신의 재산을 출연하여 채권자에게 변제한 경우에는 특별한 사정이 없는 한 선박대리점은 '변제할 정당한 이익이 있는 자'로서 채권자가 선박소유자 등에 대하여 가지는 채권을 당연히 대위한다(위 판례).

③ (✕) 중첩적 채무인수는 채권자와 채무인수인과의 합의가 있는 이상 채무자의 의사에 반하여서도 이루어질 수 있다(대법원 1988.11.22, 87다카1836).

④ (✕) 채무인수가 면책적인가 중첩적인가 하는 것은 채무인수계약에 나타난 당사자 의사의 해석에 관한 문제이고, 그 채무인수가 면책적 인수인지, 중첩적 인수인지가 분명하지 아니한 때에는 이를 중첩적으로 인수한 것으로 보아야 한다(대법원 2021.9.30, 2019다209345).

⑤ (✕) 중첩적 채무인수에서 인수인이 채무자의 부탁 없이 채권자와의 계약으로 채무를 인수하는 것은 매우 드문 일이므로 채무자와

인수인은 원칙적으로 주관적 공동관계가 있는 연대채무관계에 있고, 인수인이 채무자의 부탁을 받지 아니하여 주관적 공동관계가 없는 경우에는 부진정연대관계에 있는 것으로 보아야 한다(대법원 2009.8.20, 2009다32409).

정답 ②

025 □□□ ○ △ ✕

채권의 소멸에 관한 설명으로 옳지 않은 것은? (다툼이 있으면 판례에 따름)

① 변제공탁은 채권자의 수익의 의사표시 여부와 상관없이 공탁공무원의 수탁처분과 공탁물보관자의 공탁물 수령으로 그 효력이 발생한다.

② 기존 채권·채무의 당사자가 그 목적물을 소비대차의 목적으로 할 것을 약정한 경우, 당사자의 의사가 명백하지 않을 때에는 특별한 사정이 없는 한 그 약정은 경개가 아닌 준소비대차로 보아야 한다.

③ 벌금형이 확정된 이상 벌금채권의 변제기는 도래한 것이므로 법률상 이를 금지할 근거가 없는 한 벌금채권은 상계의 자동채권이 될 수 있다.

④ 상계로 인한 채무소멸의 효력은 소멸한 채무 전액에 관하여 다른 부진정연대채무자에 대하여도 미치며, 이는 부진정연대채무자 중 1인이 채권자와 상계계약을 체결한 경우에도 마찬가지이다.

⑤ 손해배상채무가 중과실에 의한 불법행위로 발생한 경우, 그 채무자는 이를 수동채권으로 하는 상계로 채권자에게 대항하지 못한다.

해설

① (○) 변제공탁은 공탁공무원의 수탁처분과 공탁물보관자의 공탁물 수령으로 그 효력이 발생하여 채무소멸의 효과를 가져오는 것이고 채권자에 대한 공탁통지나 채권자의 수익의 의사표시가 있는 때에 공탁의 효력이 생기는 것이 아니다(대법원 1972.5.15, 72마401).

② (○) 기존 채권·채무의 당사자가 목적물을 소비대차의 목적으로 할 것을 약정한 경우 약정을 경개로 볼 것인가 준소비대차로 볼 것인가는 일차적으로 당사자의 의사에 따라 결정되고 만약 당사자의 의사가 명백하지 않을 때에는 의사해석의 문제이나, 특별한 사정이 없는 한 동일성을 상실함으로써 채권자가 담보를 잃고 채무자가 항변권을 잃게 되는 것과 같이 스스로 불이익을 초래하는 의사를 표시하였다고는 볼 수 없으므로 일반적으로 준소비대차로 보아야 한다(대법원 2016.6.9, 2014다64752).

③ (○) 벌금형이 확정된 이상 벌금채권의 변제기는 도래한 것이므로 달리 이를 금하는 특별한 법률상 근거가 없는 이상 벌금채권은 적어도 상계의 자동채권이 되지 못할 아무런 이유가 없다(대법원 2004.4.27, 2003다37891).

④ (○) 부진정연대채무자 중 1인이 자신의 채권자에 대한 반대채권으로 상계를 한 경우에도 채권은 변제, 대물변제, 또는 공탁이 행하여진 경우와 동일하게 현실적으로 만족을 얻어 그 목적을 달성하

는 것이므로, 그 상계로 인한 채무소멸의 효력은 소멸한 채무 전액에 관하여 다른 부진정연대채무자에 대하여도 미친다고 보아야 한다(대법원 2019.4.25, 2018다47694).

⑤ (×) 고의의 불법행위에 인한 손해배상채권에 대한 상계금지를 중과실의 불법행위에 인한 손해배상채권에까지 유추 또는 확장적용하여야 할 필요성이 있다고 할 수 없다(대법원 1994.8.12, 93다52808).

정답 ⑤

026 □□□　　○△×

계약의 성립에 관한 설명으로 옳은 것은? (다툼이 있으면 판례에 따름)

① 민법은 청약의 구속력에 관한 규정에서 철회할 수 있는 예외를 규정하고 있다.

② 승낙기간을 정하지 않은 청약은 청약자가 상당한 기간 내에 승낙통지를 받지 못한 때에 그 효력을 잃는다.

③ 민법은 격지자 간의 계약은 승낙의 통지가 도달한 때에 성립한다고 규정하고 있다.

④ 청약은 그에 응하는 승낙이 있어야 계약이 성립하므로 구체적이거나 확정적일 필요가 없다.

⑤ 아파트의 분양광고가 청약의 유인인 경우, 피유인자가 이에 대응하여 청약을 하는 것으로써 분양계약은 성립한다.

해설

① (×) 있다 → 있지 아니하다(민법 제527조)

> **제527조(계약의 청약의 구속력)** 계약의 청약은 이를 철회하지 못한다.

② (○) 승낙의 기간을 정하지 아니한 계약의 청약은 청약자가 상당한 기간 내에 승낙의 통지를 받지 못한 때에는 그 효력을 잃는다(동법 제529조).

③ (×) 통지가 도달 → 통지를 발송(동법 제531조)

> **제531조(격지자 간의 계약성립시기)** 격지자 간의 계약은 승낙의 통지를 발송한 때에 성립한다.

④ (×) 계약이 성립하기 위한 법률요건인 청약은 그에 응하는 승낙만 있으면 곧 계약이 성립하는 구체적, 확정적 의사표시여야 하므로, 청약은 계약의 내용을 결정할 수 있을 정도의 사항을 포함시키는 것이 필요하다(대법원 2017.10.26, 2017다242867).

⑤ (×) 청약은 이에 대응하는 상대방의 승낙과 결합하여 일정한 내용의 계약을 성립시킬 것을 목적으로 하는 확정적인 의사표시인 반면 청약의 유인은 이와 달리 합의를 구성하는 의사표시가 되지 못하므로 피유인자가 그에 대응하여 의사표시를 하더라도 계약은 성립하지 않고 다시 유인한 자가 승낙의 의사표시를 함으로써 비로소 계약이 성립하는 것으로서 서로 구분되는 것이다(대법원 2007.6.1, 2005다5812,5829,5836).

정답 ②

027 □□□　　○△×

계약의 불성립이나 무효에 관한 설명으로 옳지 않은 것은? (다툼이 있으면 판례에 따름)

① 목적이 원시적·객관적 전부불능인 계약을 체결할 때 불능을 알았던 자는 선의·무과실의 상대방이 계약의 유효를 믿었음으로 인해 받은 손해를 배상해야 한다.

② 목적물이 타인의 소유에 속하는 매매계약은 원시적 불능인 급부를 내용으로 하는 것으로 당연무효이다.

③ 계약이 의사의 불합치로 성립하지 않은 경우, 그로 인해 손해를 입은 당사자는 계약이 성립되지 않을 수 있다는 것을 알았던 상대방에게 민법 제535조(계약체결상의 과실)에 따른 손해배상청구를 할 수 없다.

④ 수량을 지정한 부동산매매계약에서 실제면적이 계약면적에 미달하는 경우, 미달 부분의 원시적 불능을 이유로 민법 제535조에 따른 책임의 이행을 구할 수 없다.

⑤ 계약교섭의 부당파기가 신의성실원칙에 위반되어 위법한 행위이면 불법행위를 구성한다.

해설

① (○) 계약목적이 원시적·객관적 전부불능인 경우, 그 계약은 무효이고, 악의의 매도인은 체약상의 과실책임에 의하여 매수인이 그 계약의 유효를 믿었음으로 인하여 받은 손해, 즉 신뢰이익을 배상하여야 한다. 이때 매수인은 선의·무과실이어야 한다.

> **제535조(계약체결상의 과실)** ① 목적이 불능한 계약을 체결할 때에 그 불능을 알았거나 알 수 있었을 자는 상대방이 그 계약의 유효를 믿었음으로 인하여 받은 손해를 배상하여야 한다. 그러나 그 배상액은 계약이 유효함으로 인하여 생길 이익액을 넘지 못한다.
> ② 전항의 규정은 상대방이 그 불능을 알았거나 알 수 있었을 경우에는 적용하지 아니한다.

② (×) 특정한 매매의 목적물이 타인의 소유에 속하는 경우라 하더라도, 그 매매계약이 원시적 이행불능에 속하는 내용을 목적으로 하는 당연무효의 계약이라고 볼 수 없다(대법원 1993.9.10, 93다20283).

③ (○) 계약이 의사의 불합치로 성립하지 아니한 경우 그로 인하여 손해를 입은 당사자가 상대방에게 부당이득반환청구 또는 불법행위로 인한 손해배상청구를 할 수 있는지는 별론으로 하고, 상대방이 계약이 성립되지 아니할 수 있다는 것을 알았거나 알 수 있었음을 이유로 민법 제535조를 유추적용하여 계약체결상의 과실로 인한 손해배상청구를 할 수는 없다(대법원 2017.11.14, 2015다10929).

④ (○) 부동산매매계약에 있어서 실제면적이 계약면적에 미달하는 경우에는 그 매매가 수량지정매매에 해당할 때에 한하여 민법 제574조, 제572조에 의한 대금감액청구권을 행사함은 별론으로 하고, 그 매매계약이 그 미달 부분만큼 일부 무효임을 들어 이와 별도로 일반 부당이득반환청구를 하거나 그 부분의 원시적 불능을 이유로 민법 제535조가 규정하는 계약체결상의 과실에 따른 책임의 이행을 구할 수 없다(대법원 2002.4.9, 99다47396).

⑤ (○) 계약체결을 위한 교섭과정에서 어느 일방이 보호가치 있는 기대나 신뢰를 가지게 된 경우에 그러한 기대나 신뢰를 보호하고 배려해야 할 의무를 부담하게 된 상대방이 오히려 상당한 이유 없이 이를 침해하여 손해를 입혔다면, 신의성실의 원칙에 비추어

볼 때 계약체결의 준비단계에서 협력관계에 있었던 당사자 사이의 신뢰관계를 해치는 위법한 행위로서 불법행위를 구성할 수 있다(대법원 2022.7.14, 2021다216773).

경우 일방의 채무의 이행기가 도래하더라도 상대방 채무의 이행제공이 있을 때까지는 그 채무를 이행하지 않아도 이행지체의 책임을 지지 않는 것이며, 이와 같은 효과는 이행지체의 책임이 없다고 주장하는 자가 반드시 동시이행의 항변권을 행사하여야만 발생하는 것은 아니다(대법원 2023.4.27, 2022다302497).

28 □□□ ○ △ ×

동시이행의 항변권에 관한 설명으로 옳지 않은 것은? (다툼이 있으면 판례에 따름)

① 동시이행관계에 있는 쌍방의 채무 중 어느 한 채무가 이행불능으로 인하여 손해배상채무로 변경된 경우도 다른 채무와 동시이행의 관계에 있다.
② 선이행의무 있는 중도금 지급을 지체하던 중 매매계약이 해제되지 않고 잔대금지급기일이 도래하면, 특별한 사정이 없는 한 중도금과 이에 대한 지급일 다음 날부터 잔대금지급일까지의 지연손해금 및 잔대금지급의무와 소유권이전의무는 동시이행관계이다.
③ 일방의 의무가 선이행의무라도 상대방의 이행이 곤란할 현저한 사유가 있는 때에는 상대방이 그 채무이행을 제공할 때까지 자기의 채무이행을 거절할 수 있다.
④ 동시이행관계의 경우, 일방의 채무의 이행기가 도래하더라도 상대방 채무의 이행제공이 있을 때까지 그 일방은 이행지체책임을 지지 않는다.
⑤ 동시이행항변권에 따른 이행지체책임 면제의 효력은 그 항변권을 행사해야 발생한다.

해설

① (○) 동시이행관계에 있는 채무를 부담하는 쌍방 당사자 중 일방이 먼저 현실의 제공을 하고 상대방을 수령지체에 빠지게 하였다고 하더라도 그 이행의 제공이 계속되지 아니하였다면 과거에 이행제공이 있었다는 사실만으로 상대방이 가지는 동시이행의 항변권이 소멸하지 아니하고, 또한 동시이행의 관계에 있는 쌍방의 채무 중 어느 한 채무가 이행불능이 됨으로 인하여 발생한 손해배상채무도 여전히 다른 채무와 동시이행의 관계에 있다고 할 것이다(대법원 2014.4.30, 2010다11323).
② (○) 매수인이 선이행하여야 할 중도금 지급을 하지 아니한 채 잔대금지급일을 경과한 경우에는 매수인의 중도금 및 이에 대한 지급일 다음 날부터 잔대금지급일까지의 지연손해금과 잔대금의 지급채무는 매도인의 소유권이전등기의무와 특별한 사정이 없는 한 동시이행관계에 있다(대법원 1991.3.27, 90다19930).
③ (○) 민법 제536조 제2항

> **제536조(동시이행의 항변권)** ① 쌍무계약의 당사자 일방은 상대방이 그 채무이행을 제공할 때까지 자기의 채무이행을 거절할 수 있다. 그러나 상대방의 채무가 변제기에 있지 아니하는 때에는 그러하지 아니하다.
> ② 당사자 일방이 상대방에게 먼저 이행하여야 할 경우에 상대방의 이행이 곤란할 현저한 사유가 있는 때에는 전항 본문과 같다.

④ (○) ⑤ (×) 쌍무계약에서 쌍방의 채무가 동시이행관계에 있는

29 □□□ ○ △ ×

제3자를 위한 계약에 관한 설명으로 옳지 않은 것은? (다툼이 있으면 판례에 따름)

① 요약자는 낙약자의 채무불이행을 이유로 제3자의 동의 없이 기본관계를 이루는 계약을 해제할 수 있다.
② 낙약자는 기본관계에 기한 항변으로 계약의 이익을 받을 제3자에게 대항할 수 있다.
③ 계약당사자가 제3자에 대하여 가진 채권에 관하여 그 채무를 면제하는 계약도 제3자를 위한 계약에 준하는 것으로 유효하다.
④ 제3자를 위한 계약의 성립 시에 제3자는 요약자와 낙약자에게 계약의 이익을 받을 의사를 표시해야 권리를 직접 취득한다.
⑤ 채무자와 인수인 사이에 체결되는 중첩적 채무인수계약은 제3자를 위한 계약이다.

해설

① (○) 제3자를 위한 유상쌍무계약의 경우, 요약자는 낙약자의 채무불이행을 이유로 제3자의 동의 없이 계약을 해제할 수 있다(대법원 1970.2.24, 69다1410,1411).
② (○) 민법 제542조

> **제539조(제삼자를 위한 계약)** ① 계약에 의하여 당사자 일방이 제삼자에게 이행할 것을 약정한 때에는 그 제삼자는 채무자에게 직접 그 이행을 청구할 수 있다.
> ② 전항의 경우에 제삼자의 권리는 그 제삼자가 채무자에 대하여 계약의 이익을 받을 의사를 표시한 때에 생긴다.
> **제542조(채무자의 항변권)** 채무자는 제539조의 계약에 기한 항변으로 그 계약의 이익을 받을 제삼자에게 대항할 수 있다.

③ (○) 제3자를 위한 계약이 성립하기 위하여는 일반적으로 그 계약의 당사자가 아닌 제3자로 하여금 직접 권리를 취득하게 하는 조항이 있어야 할 것이지만, 계약의 당사자가 제3자에 대하여 가진 채권에 관하여 그 채무를 면제하는 계약도 제3자를 위한 계약에 준하는 것으로서 유효하다(대법원 2004.9.3, 2002다37405).
④ (×) 민법 제539조 제2항에 따라 제3자를 위한 계약의 성립 시에 제3자는 채무자(낙약자)에게만 계약의 이익을 받을 의사를 표시하여도 권리를 직접 취득한다.
⑤ (○) 채무자와 인수인의 계약으로 체결되는 병존적 채무인수는 채권자로 하여금 인수인에 대하여 새로운 권리를 취득하게 하는 것으로 제3자를 위한 계약의 하나로 볼 수 있다(대법원 2012.5.10, 2012다4794,2012다4800).
[보충] 병존적(중첩적) 채무인수는 제3자인 인수인이 종래의 채무

자와 함께 그와 동일한 내용의 채무를 부담하는 계약으로, 대표적인 제3자를 위한 계약이다.

정답 ④

030 □□□   ○ △ ✕

합의해지에 관한 설명으로 옳은 것을 모두 고른 것은? (다툼이 있으면 판례에 따름)

> ㄱ. 근로자의 사직원 제출에 따른 합의해지의 청약에 대해 사용자의 승낙의사가 형성되어 확정적으로 근로계약 종료의 효과가 발생하기 전에는 특별한 사정이 없는 한 근로자는 사직의 의사표시를 철회할 수 있다.
> ㄴ. 계약의 합의해지는 묵시적으로 이루어질 수도 있으나, 묵시적 합의해지는 계약에 따른 채무의 이행이 시작된 후에 당사자 쌍방의 계약실현의사의 결여 또는 포기로 인하여 계약을 실현하지 아니할 의사가 일치되어야만 한다.
> ㄷ. 당사자 사이에 약정이 없는 이상, 합의해지로 인하여 반환할 금전에 그 받은 날로부터의 이자를 가할 의무가 있다.

① ㄱ
② ㄷ
③ ㄱ, ㄴ
④ ㄴ, ㄷ
⑤ ㄱ, ㄴ, ㄷ

해설

ㄱ (○) 근로자가 일방적으로 근로계약관계를 종료시키는 해약의 고지방법에 의하여 임의사직하는 경우가 아니라, 근로자가 사직원의 제출방법에 의하여 근로계약관계의 합의해지를 청약하고 이에 대하여 사용자가 승낙함으로써 당해 근로관계를 종료시키게 되는 경우에 있어서는, 근로자는 위 사직원의 제출에 따른 사용자의 승낙의사가 형성되어 확정적으로 근로계약 종료의 효과가 발생하기 전에는 그 사직의 의사표시를 자유로이 철회할 수 있다고 보아야 할 것이며, 다만 근로계약 종료의 효과발생 전이라고 하더라도 근로자가 사직의 의사표시를 철회하는 것이 사용자에게 불측의 손해를 주는 등 신의칙에 반한다고 인정되는 특별한 사정이 있는 경우에 한하여 그 철회가 허용되지 않는다고 해석함이 상당하다(대법원 1994.8.9, 94다14629).

ㄴ (○) 계약의 합의해제는 묵시적으로 이루어질 수도 있으나, 계약이 묵시적으로 합의해제되었다고 하려면 계약의 성립 후에 당사자 쌍방의 계약실현의사의 결여 또는 포기로 인하여 당사자 쌍방의 계약을 실현하지 아니할 의사가 일치되어야만 하고, 계약이 일부 이행된 경우에는 그 원상회복에 관하여도 의사가 일치되어야 할 것이다(대법원 2011.4.28, 2010다98412,98429).

ㄷ (✕) 당사자 사이에 약정이 없는 이상 합의해지로 인하여 반환할 금전에 그 받은 날로부터의 이자를 가하여야 할 의무가 있는 것은 아니다(대법원 2003.1.24, 2000다5336,5343).

정답 ③

031 □□□   ○ △ ✕

상대부담 없는 증여계약의 법정해제사유로 옳지 않은 것은? (다툼이 있으면 판례에 따름)

① 서면에 의하지 아니한 증여의 경우
② 수증자의 증여자에 대한 범죄행위가 있는 경우
③ 증여자에 대한 부양의무 있는 수증자가 그 부양의무를 불이행한 경우
④ 증여자의 재산상태가 현저히 변경되고 증여계약의 이행으로 생계에 중대한 영향을 미칠 경우
⑤ 증여목적물에 증여자가 알지 못하는 하자가 있는 경우

해설

① (○) 증여의 의사가 서면으로 표시되지 아니한 경우에는 각 당사자는 이를 해제할 수 있다(민법 제555조).
② (○) ③ (○) 동법 제556조 제1항 제1호, 제2호

> 제556조(수증자의 행위와 증여의 해제) ① 수증자가 증여자에 대하여 다음 각 호의 사유가 있는 때에는 증여자는 그 증여를 해제할 수 있다.
> 1. 증여자 또는 그 배우자나 직계혈족에 대한 범죄행위가 있는 때
> 2. 증여자에 대하여 부양의무 있는 경우에 이를 이행하지 아니하는 때

④ (○) 증여계약 후에 증여자의 재산상태가 현저히 변경되고 그 이행으로 인하여 생계에 중대한 영향을 미칠 경우에는 증여자는 증여를 해제할 수 있다(동법 제557조).
⑤ (✕) 위 경우, 상대부담 없는 증여계약의 법정해제사유로 옳지 아니하다(동법 제559조).

> 제559조(증여자의 담보책임) ① 증여자는 증여의 목적인 물건 또는 권리의 하자나 흠결에 대하여 책임을 지지 아니한다. 그러나 증여자가 그 하자나 흠결을 알고 수증자에게 고지하지 아니한 때에는 그러하지 아니하다.
> ② 상대부담 있는 증여에 대하여는 증여자는 그 부담의 한도에서 매도인과 같은 담보의 책임이 있다.

정답 ⑤

032 ☐☐☐　　　　　　○ △ ✕

매매계약에 관한 설명으로 옳은 것은? (다툼이 있으면 판례에 따름)

① 매매의 일방예약이 행해진 경우, 예약완결권자가 상대방에게 매매를 완결할 의사를 표시하면 매매의 효력이 생긴다.

② 매매계약에 관한 비용은 다른 약정이 없는 한 매수인이 부담한다.

③ 경매목적물에 하자가 있는 경우, 경매에서의 채무자는 하자담보책임을 부담한다.

④ 매매계약 후 인도되지 않은 목적물로부터 생긴 과실은 다른 약정이 없는 한 대금을 지급하지 않더라도 매수인에게 속한다.

⑤ 부동산매매등기가 이루어지고 5년 후에 환매권의 보류를 등기한 때에는 매매등기 시부터 제3자에 대하여 그 효력이 있다.

해설

① (○) 매매의 일방예약은 상대방이 매매를 완결할 의사를 표시하는 때에 매매의 효력이 생긴다(민법 제564조 제1항).

② (✕) 다른 약정이 없는 한 매수인이 → 당사자 쌍방이 균분하여(동법 제566조)
[보충] 이는 임의규정이므로 당사자가 다른 특약을 한 때에는 그에 의한다.

> 제566조(매매계약의 비용의 부담) 매매계약에 관한 비용은 당사자 쌍방이 균분하여 부담한다.

③ (✕) 부담한다 → 부담하지 아니한다(동법 제580조 제2항).

> 제580조(매도인의 하자담보책임) ① 매매의 목적물에 하자가 있는 때에는 제575조 제1항의 규정을 준용한다. 그러나 매수인이 하자 있는 것을 알았거나 과실로 인하여 이를 알지 못한 때에는 그러하지 아니하다.
> ② 전항의 규정은 경매의 경우에 적용하지 아니한다.

④ (✕) 민법 제587조에 의하면, 매매계약 있은 후에도 인도하지 아니한 목적물로부터 생긴 과실은 매도인에게 속하고, 매수인은 목적물의 인도를 받은 날로부터 대금의 이자를 지급하여야 한다고 규정하고 있는바, 이는 매매당사자 사이의 형평을 꾀하기 위하여 매매목적물이 인도되지 아니하더라도 매수인이 대금을 완제한 때에는 그 시점 이후의 과실은 매수인에게 귀속되지만, 매매목적물이 인도되지 아니하고 또한 매수인이 대금을 완제하지 아니한 때에는 매도인의 이행지체가 있더라도 과실은 매도인에게 귀속되는 것이므로 매수인은 인도의무의 지체로 인한 손해배상금의 지급을 구할 수 없다(대법원 2004.4.23, 2004다8210).

⑤ (✕) 매매등기가 이루어지고 5년 후에 → 매매등기와 동시에(동법 제592조)

> 제592조(환매등기) 매매의 목적물이 부동산인 경우에 매매등기와 동시에 환매권의 보류를 등기한 때에는 제삼자에 대하여 그 효력이 있다.

정답 ①

033 ☐☐☐　　　　　　○ △ ✕

위임계약에 관한 설명으로 옳은 것을 모두 고른 것은? (다툼이 있으면 판례에 따름)

> ㄱ. 수임인이 대변제청구권을 보전하기 위하여 위임인의 채권을 대위행사하는 경우에는 위임인의 무자력을 요건으로 한다.
> ㄴ. 수임인은 특별한 사정이 없는 한 위임인에게 불리한 시기에 부득이한 사유로 위임계약을 해지할 수 없다.
> ㄷ. 위임계약이 무상인 경우, 수임인은 특별한 사정이 없는 한 위임의 본지에 따라 선량한 관리자의 주의로써 위임사무를 처리하여야 한다.

① ㄱ　　　　② ㄷ　　　　③ ㄱ, ㄴ
④ ㄴ, ㄷ　　　⑤ ㄱ, ㄴ, ㄷ

해설

ㄱ (✕) 수임인이 가지는 민법 제688조 제2항 전단 소정의 대변제청구권은 통상의 금전채권과는 다른 목적을 갖는 것이므로, 수임인이 이 대변제청구권을 보전하기 위하여 채무자인 위임인의 채권을 대위행사하는 경우에는 채무자의 무자력을 요건으로 하지 아니한다(대법원 2002.1.25, 2001다52506).

ㄴ (✕) 없다 → 있다(민법 제689조)

> 제689조(위임의 상호해지의 자유) ① 위임계약은 각 당사자가 언제든지 해지할 수 있다.
> ② 당사자 일방이 부득이한 사유 없이 상대방의 불리한 시기에 계약을 해지한 때에는 그 손해를 배상하여야 한다.

ㄷ (○) 수임인은 위임의 본지에 따라 선량한 관리자의 주의로써 위임사무를 처리하여야 한다(민법 제681조). 이는 그 위임이 무상인 때에도 같다.

정답 ②

034 ☐☐☐　　　　　　○ △ ✕

고용계약에 관한 설명으로 옳지 않은 것을 모두 고른 것은? (다툼이 있으면 판례에 따름)

> ㄱ. 관행에 비추어 노무의 제공에 보수를 수반하는 것이 보통인 경우에도 보수에 관하여 명시적인 합의가 없다면 노무를 제공한 노무자는 사용자에게 보수를 청구할 수 없다.
> ㄴ. 근로자를 고용한 기업으로부터 다른 기업으로 적을 옮겨 업무에 종사하게 하는 전적은 특별한 사정이 없는 한 근로자의 동의가 없더라도 효력이 생긴다.
> ㄷ. 고용기간이 있는 고용계약을 해지할 수 있는 부득이한 사유에는 고용계약상 의무의 중대한 위반이 있는 경우가 포함되지 않는다.

① ㄱ　　　　② ㄷ　　　　③ ㄱ, ㄴ
④ ㄴ, ㄷ　　　⑤ ㄱ, ㄴ, ㄷ

해설

ㄱ (×) 고용은 노무를 제공하는 노무자에 대하여 사용자가 보수를 지급하기로 하는 계약이므로, 고용계약에 있어서 보수는 고용계약의 본질적 부분을 구성하고, 따라서 보수지급을 전제로 하지 않는 고용계약은 존재할 수 없으나, 보수지급에 관한 약정은 그 방법에 아무런 제한이 없고 반드시 명시적임을 요하는 것도 아니며, 관행이나 사회통념에 비추어 노무의 제공에 보수를 수반하는 것이 보통인 경우에는 당사자 사이에 보수에 관한 묵시적 합의가 있었다고 봄이 상당하고, 다만 이러한 경우에는 보수의 종류와 범위 등에 관한 약정이 없으므로 관행 등에 의하여 이를 결정하여야 한다(대법원 1999.7.9, 97다58767).

ㄴ (×) 근로자를 그가 고용된 기업으로부터 별개의 기업체인 다른 기업으로 적을 옮겨 그 다른 기업의 업무에 종사하게 하는 전적(轉籍)은 원칙적으로 근로자의 동의를 얻어야 효력이 생기는 것이고, 이와 같은 전적은 종전 기업과의 근로관계를 합의해지하고 이적하게 될 기업과 사이에 새로운 근로계약을 체결하는 것이므로, 유효한 전적이 이루어진 경우에는 당사자 사이에 종전 기업과의 근로관계를 승계하기로 하는 특약이 있거나 이적하게 될 기업의 취업규칙 등에 종전 기업에서의 근속기간을 통산하도록 하는 규정이 있는 등의 특별한 사정이 없는 한 당해 근로자의 종전 기업과의 근로관계는 단절되고, 이적하게 될 기업이 당해 근로자의 종전 기업과의 근로관계를 승계하는 것은 아니다(대법원 2013.12.12, 2012다105741).

ㄷ (×) 민법 제661조 소정의 '부득이한 사유'라 함은 고용계약을 계속하여 존속시켜 그 이행을 강제하는 것이 사회통념상 불가능한 경우를 말하고, 고용은 계속적 계약으로 당사자 사이의 특별한 신뢰관계를 전제로 하므로 고용관계를 계속하여 유지하는 데 필요한 신뢰관계를 파괴하거나 해치는 사실도 부득이한 사유에 포함되며, 따라서 고용계약상 의무의 중대한 위반이 있는 경우에도 부득이한 사유에 포함된다(대법원 2014.5.16, 2011다98006).

정답 ⑤

---

035 □□□　　　　　　　　　○ △ ×

도급계약에 관한 설명으로 옳지 않은 것은? (다툼이 있으면 판례에 따름)

① 공사도급계약의 수급인은 특별한 사정이 없는 한 이행대행자를 사용할 수 있다.

② 수급인의 담보책임에 관한 제척기간은 재판상 또는 재판 외의 권리행사기간이다.

③ 도급인이 하자보수에 갈음하여 손해배상을 청구하는 경우, 수급인이 그 채무이행을 제공할 때까지 도급인은 그 손해배상액에 상응하는 보수액 및 그 나머지 보수액에 대해서도 지급을 거절할 수 있다.

④ 부동산공사수급인의 저당권설정청구권은 특별한 사정이 없는 한 공사대금채권의 양도에 따라 양수인에게 이전된다.

⑤ 민법 제673조에 따라 수급인이 일을 완성하기 전에 도급인이 손해를 배상하고 도급계약을 해제하는 경우, 도급인은 특별한 사정이 없는 한 그 손해배상과 관련하여 수급인의 부주의를 이유로 과실상계를 주장할 수 없다.

해설

① (○) 공사도급계약에 있어서 당사자 사이에 특약이 있거나 일의 성질상 수급인 자신이 하지 않으면 채무의 본지에 따른 이행이 될 수 없다는 등의 특별한 사정이 없는 한 반드시 수급인 자신이 직접 일을 완성하여야 하는 것은 아니고, 이행보조자 또는 이행대행자를 사용하더라도 공사도급계약에서 정한 대로 공사를 이행하는 한 계약을 불이행하였다고 볼 수 없다(대법원 2002.4.12, 2001다82545,82552).

② (○) 민법상 수급인의 하자담보책임에 관한 기간은 제척기간으로서 재판상 또는 재판 외의 권리행사기간이며 재판상 청구를 위한 출소기간이 아니다(대법원 2004.1.27, 2001다24891).

③ (×) 도급인이 하자의 보수를 청구하려면 그 하자가 중요한 경우이거나 중요하지 아니한 것이라고 하더라도 그 보수에 과다한 비용을 요하지 아니할 경우이어야 하고, 도급인이 하자의 보수에 갈음하여 손해배상을 청구하는 경우에는 수급인이 그 손해배상청구에 관하여 채무이행을 제공할 때까지 그 손해배상의 액에 상응하는 보수의 액에 관하여만 자기의 채무이행을 거절할 수 있을 뿐, 그 나머지 액의 보수에 관하여는 지급을 거절할 수 없다(대법원 1991.12.10, 91다33056).

④ (○) 민법 제666조에서 정한 수급인의 저당권설정청구권은 공사대금채권을 담보하기 위하여 인정되는 채권적 청구권으로서 공사대금채권에 부수하여 인정되는 권리이므로, 당사자 사이에 공사대금채권만을 양도하고 저당권설정청구권은 이와 함께 양도하지 않기로 약정하였다는 등의 특별한 사정이 없는 한, 공사대금채권이 양도되는 경우 저당권설정청구권도 이에 수반하여 함께 이전된다고 봄이 타당하다(대법원 2018.11.29, 2015다19827).

⑤ (○) 민법 제673조에서 도급인으로 하여금 자유로운 해제권을 행사할 수 있도록 하는 대신 수급인이 입은 손해를 배상하도록 규정하고 있는 것은 도급인의 일방적인 의사에 기한 도급계약 해제를 인정하는 대신, 도급인의 일방적인 계약해제로 인하여 수급인이

입게 될 손해, 즉 수급인이 이미 지출한 비용과 일을 완성하였더라면 얻었을 이익을 합한 금액을 전부 배상하게 하는 것이라 할 것이므로, 위 규정에 의하여 도급계약을 해제한 이상은 특별한 사정이 없는 한 도급인은 수급인에 대한 손해배상에 있어서 과실상계나 손해배상예정액 감액을 주장할 수는 없다(대법원 2002.5.10, 2000다37296,37302).

정답 ③

36 □□□   ○ △ ×

여행계약에 관한 설명으로 옳은 것은? (다른 사정은 고려하지 않음)

① 여행자는 여행을 시작하기 전에는 여행계약을 해제할 수 없다.
② 여행대금지급시기에 관해 약정이 없는 경우, 여행자는 다른 관습이 있더라도 여행종료 후 지체 없이 여행대금을 지급하여야 한다.
③ 여행의 하자에 대한 시정에 지나치게 많은 비용이 드는 경우에도 여행자는 그 시정을 청구할 수 있다.
④ 여행에 중대한 하자로 인해 여행계약이 중도에 해지된 경우, 여행자는 실행된 여행으로 얻은 이익을 여행주최자에게 상환하여야 한다.
⑤ 여행계약의 담보책임존속기간에 관한 규정과 다른 합의가 있는 경우, 그 합의가 여행자에게 유리하더라도 효력은 없다.

해설

① (×) 없다 → 있다(민법 제674조의3)

> 제674조의3(여행개시 전의 계약해제) 여행자는 여행을 시작하기 전에는 언제든지 계약을 해제할 수 있다. 다만, 여행자는 상대방에게 발생한 손해를 배상하여야 한다.

② (×) 있더라도 → 없으면(동법 제674조의5)

> 제674조의5(대금의 지급시기) 여행자는 약정한 시기에 대금을 지급하여야 하며, 그 시기의 약정이 없으면 관습에 따르고, 관습이 없으면 여행의 종료 후 지체 없이 지급하여야 한다.

③ (×) 경우에도 → 경우에는, 있다 → 없다(동법 제674조의6 제1항)

> 제674조의6(여행주최자의 담보책임) ① 여행에 하자가 있는 경우에는 여행자는 여행주최자에게 하자의 시정 또는 대금의 감액을 청구할 수 있다. 다만, 그 시정에 지나치게 많은 비용이 들거나 그 밖에 시정을 합리적으로 기대할 수 없는 경우에는 시정을 청구할 수 없다.

④ (○) 동법 제674조의7 제1항·제2항

> 제674조의7(여행주최자의 담보책임과 여행자의 해지권) ① 여행자는 여행에 중대한 하자가 있는 경우에 그 시정이 이루어지지 아니하거나 계약의 내용에 따른 이행을 기대할 수 없는 경우에는 계약을 해지할 수 있다.
> ② 계약이 해지된 경우에는 여행주최자는 대금청구권을 상실한

다. 다만, 여행자가 실행된 여행으로 이익을 얻은 경우에는 그 이익을 여행주최자에게 상환하여야 한다.

⑤ (×) 유리하더라도 효력은 → 불리한 것은 효력이(동법 제674조의9)

> 제674조의8(담보책임의 존속기간) 제674조의6과 제674조의7에 따른 권리는 여행기간 중에도 행사할 수 있으며, 계약에서 정한 여행종료일부터 6개월 내에 행사하여야 한다.
> 제674조의9(강행규정) 제674조의3, 제674조의4 또는 제674조의6부터 제674조의8까지의 규정을 위반하는 약정으로서 여행자에게 불리한 것은 효력이 없다.

정답 ④

37 □□□   ○ △ ×

임대차에 관한 설명으로 옳지 않은 것은? (다툼이 있으면 판례에 따름)

① 부동산소유자인 임대인은 특별한 사정이 없는 한 임대차기간을 영구로 정하는 부동산임대차계약을 체결할 수 있다.
② 부동산임차인은 특별한 사정이 없는 한 지출한 필요비의 한도에서 차임의 지급을 거절할 수 있다.
③ 임대인이 임차인의 의사에 반하여 보존행위를 하는 경우, 임차인이 이로 인하여 임차목적을 달성할 수 없는 때에는 임대차계약을 해지할 수 있다.
④ 기간의 약정이 없는 토지임대차의 임대인이 임대차계약의 해지를 통고한 경우, 그 해지의 효력은 임차인이 통고를 받은 날부터 1개월 후에 발생한다.
⑤ 임차인이 임대인의 동의 없이 임차권을 양도한 경우, 임대인은 특별한 사정이 없는 한 임대차계약을 해지할 수 있다.

해설

① (○) 임대차기간이 영구인 임대차계약을 인정할 실제의 필요성도 있고, 이러한 임대차계약을 인정한다고 하더라도 사정변경에 의한 차임증감청구권이나 계약해지 등으로 당사자들의 이해관계를 조정할 수 있는 방법이 있을 뿐만 아니라, 임차인에 대한 관계에서만 사용·수익권이 제한되는 외에 임대인의 소유권을 전면적으로 제한하는 것도 아닌 점 등에 비추어 보면, 당사자들이 자유로운 의사에 따라 임대차기간을 영구로 정한 약정은 이를 무효로 볼 만한 특별한 사정이 없는 한 계약자유의 원칙에 의하여 허용된다고 보아야 한다(대법원 2023.6.1, 2023다209045).

[보충] 구 민법(2016.1.6. 법률 제13710호로 삭제되기 전의 것) 제651조에서는 '석조, 석회조, 연와조 또는 이와 유사한 견고한 건물 기타 공작물의 소유를 목적으로 하는 토지임대차 및 식목, 채염을 목적으로 하는 토지임대차'를 제외한 임대차의 존속기간을 20년으로 제한하고 있었으나, 헌법재판소는 2013.12.26. 위 조항의 입법취지가 불명확하고, 과잉금지원칙을 위반하여 계약의 자유를 침해한다는 이유로 헌법에 위반된다는 결정을 선고하였다. 결국 민법 제619조에서 처분능력, 권한 없는 자의 단기임대차의 경

우에만 임대차기간의 최장기를 제한하는 규정만 있을 뿐, 민법상 임대차기간이 영구인 임대차계약의 체결을 불허하는 규정은 없다(위 판례).

② (O) 임차인이 임차물의 보존에 관한 필요비를 지출한 때에는 임대인에게 상환을 청구할 수 있다(민법 제626조 제1항). 여기에서 '필요비'란 임차인이 임차물의 보존을 위하여 지출한 비용을 말한다. 임대차계약에서 임대인은 목적물을 계약존속 중 사용·수익에 필요한 상태를 유지하게 할 의무를 부담하고, 이러한 의무와 관련한 임차물의 보존을 위한 비용도 임대인이 부담해야 하므로, 임차인이 필요비를 지출하면, 임대인은 이를 상환할 의무가 있다. 임대인의 필요비상환의무는 특별한 사정이 없는 한 임차인의 차임지급의무와 서로 대응하는 관계에 있으므로, 임차인은 지출한 필요비 금액의 한도에서 차임의 지급을 거절할 수 있다(대판 2019.11.14, 2016다227694).

③ (O) 임대인이 임차인의 의사에 반하여 보존행위를 하는 경우에 임차인이 이로 인하여 임차의 목적을 달성할 수 없는 때에는 계약을 해지할 수 있다(민법 제625조)

④ (×) 1개월 → 6개월(동법 제635조 제2항 제1호)

> **제635조(기간의 약정 없는 임대차의 해지통고)** ① 임대차기간의 약정이 없는 때에는 당사자는 언제든지 계약해지의 통고를 할 수 있다.
> ② 상대방이 전항의 통고를 받은 날로부터 다음 각 호의 기간이 경과하면 해지의 효력이 생긴다.
> 1. 토지, 건물 기타 공작물에 대하여는 임대인이 해지를 통고한 경우에는 6월, 임차인이 해지를 통고한 경우에는 1월
> 2. 동산에 대하여는 5일

⑤ (O) 동법 제629조

> **제629조(임차권의 양도, 전대의 제한)** ① 임차인은 임대인의 동의 없이 그 권리를 양도하거나 임차물을 전대하지 못한다.
> ② 임차인이 전항의 규정에 위반한 때에는 임대인은 계약을 해지할 수 있다.

정답 ④

---

038 ☐☐☐   ○ △ ×

사무관리에 관한 설명으로 옳지 않은 것은? (다툼이 있으면 판례에 따름)

① 제3자와의 약정에 따라 타인의 사무를 처리한 경우, 사무처리자와 그 타인과의 관계에서는 원칙적으로 사무관리가 인정되지 않는다.

② 타인의 사무처리가 본인의 의사에 반한다는 것이 명백하다면 특별한 사정이 없는 한 사무관리는 성립하지 않는다.

③ 사무관리의 성립요건인 '타인을 위하여 사무를 처리하는 의사'는 반드시 외부적으로 표시되어야 한다.

④ 사무관리에 의하여 본인이 아닌 제3자가 결과적으로 사실상 이익을 얻은 경우, 사무관리자는 그 제3자에 대하여 직접 부당이득 반환을 청구할 수 없다.

⑤ 사무관리의 성립요건인 '타인을 위하여 사무를 처리하는 의사'는 관리자 자신의 이익을 위한 의사와 병존할 수 있다.

해설

① (O) 의무 없이 타인의 사무를 처리한 자는 그 타인에 대하여 민법상 사무관리 규정에 따라 비용상환 등을 청구할 수 있으나, 제3자와의 약정에 따라 타인의 사무를 처리한 경우에는 의무 없이 타인의 사무를 처리한 것이 아니므로 이는 원칙적으로 그 타인과의 관계에서는 사무관리가 된다고 볼 수 없다(대법원 2013.9.26, 2012다43539).

② (O) ③ (×) ⑤ (O) 사무관리가 성립하기 위하여는 우선 그 사무가 타인의 사무이고 타인을 위하여 사무를 처리하는 의사, 즉 관리의 사실상의 이익을 타인에게 귀속시키려는 의사가 있어야 하며, 나아가 그 사무의 처리가 본인에게 불리하거나 본인의 의사에 반한다는 것이 명백하지 아니할 것을 요한다. 여기에서 '타인을 위하여 사무를 처리하는 의사'는 관리자 자신의 이익을 위한 의사와 병존할 수 있고, 반드시 외부적으로 표시될 필요가 없으며, 사무를 관리할 당시에 확정되어 있을 필요가 없다(대법원 2013.8.22, 2013다30882).

④ (O) 계약상 급부가 계약상대방뿐 아니라 제3자에게 이익이 된 경우에 급부를 한 계약당사자는 계약상대방에 대하여 계약상 반대급부를 청구할 수 있는 이외에 제3자에 대하여 직접 부당이득반환청구를 할 수는 없다고 보아야 하고, 이러한 법리는 급부가 사무관리에 의하여 이루어진 경우에도 마찬가지이다. 따라서 의무 없이 타인을 위하여 사무를 관리한 자는 타인에 대하여 민법상 사무관리 규정에 따라 비용상환 등을 청구할 수 있는 외에 사무관리에 의하여 결과적으로 사실상 이익을 얻은 다른 제3자에 대하여 직접 부당이득 반환을 청구할 수는 없다(대법원 2013.6.27, 2011다17106).

정답 ③

039 ☐☐☐ ○ △ ✕

불법행위에 관한 설명으로 옳지 않은 것을 모두 고른 것은? (다툼이 있으면 판례에 따름)

> ㄱ. 법적 작위의무가 객관적으로 인정되더라도 의무자가 그 작위의무의 존재를 인식하지 못한 경우에는 부작위로 인한 불법행위가 성립하지 않는다.
> ㄴ. 공작물의 하자로 인해 손해가 발생한 경우, 그 손해가 공작물의 하자와 관련한 위험이 현실화되어 발생한 것이 아니라도 공작물의 설치 또는 보존상 하자로 인하여 발생한 손해라고 볼 수 있다.
> ㄷ. 성추행을 당한 미성년자의 가해자에 대한 손해배상청구권의 소멸시효는 그 미성년자가 성년이 될 때까지는 진행되지 아니한다.

① ㄱ   ② ㄷ   ③ ㄱ, ㄴ
④ ㄴ, ㄷ   ⑤ ㄱ, ㄴ, ㄷ

해설

ㄱ (✕) 부작위로 인한 불법행위가 성립하려면 작위의무가 전제되어야 하지만, 작위의무가 객관적으로 인정되는 이상 의무자가 의무의 존재를 인식하지 못하였더라도 불법행위 성립에는 영향이 없다. 이는 고지의무 위반에 의하여 불법행위가 성립하는 경우에도 마찬가지이므로 당사자의 부주의 또는 착오 등으로 고지의무가 있다는 것을 인식하지 못하였다고 하여 위법성이 부정될 수 있는 것은 아니다(대법원 2012.4.26, 2010다8709).

ㄴ (✕) 공작물의 하자로 인해 어떠한 손해가 발생하였다고 하더라도, 손해가 공작물의 하자와 관련한 위험이 현실화되어 발생한 것이 아니라면 이는 '공작물의 설치 또는 보존상의 하자로 인하여 발생한 손해'라고 볼 수 없다(대법원 2018.7.12, 2015다68348).

ㄷ (○) 미성년자가 성폭력, 성추행, 성희롱, 그 밖의 성적(性的) 침해를 당한 경우에 이로 인한 손해배상청구권의 소멸시효는 그가 성년이 될 때까지는 진행되지 아니한다(민법 제766조 제3항).

정답 ③

040 ☐☐☐ ○ △ ✕

부당이득에 관한 설명으로 옳은 것을 모두 고른 것은? (다툼이 있으면 판례에 따름)

> ㄱ. 계약해제로 인한 원상회복의무의 이행으로 금전을 반환하는 경우, 그 금전에 받은 날로부터 가산하는 이자의 반환은 부당이득 반환의 성질을 갖는다.
> ㄴ. 민법 제742조(비채변제)의 규정은 변제자가 채무 없음을 알지 못한 경우에는 그 과실 유무를 불문하고 적용되지 아니한다.
> ㄷ. 수익자가 취득한 것이 금전상의 이득인 경우, 특별한 사정이 없는 한 그 금전은 이를 취득한 자가 소비하였는지 여부를 불문하고 현존하는 것으로 추정된다.

① ㄱ   ② ㄷ   ③ ㄱ, ㄴ
④ ㄴ, ㄷ   ⑤ ㄱ, ㄴ, ㄷ

해설

ㄱ (○) 민법 제548조 제2항은 계약해제로 인한 원상회복의무의 이행으로서 반환하는 금전에는 받은 날로부터 이자를 가산하여야 한다고 정하였는데, 위 이자의 반환은 원상회복의무의 범위에 속하는 것으로 일종의 부당이득 반환의 성질을 가지는 것이지 반환의무의 이행지체로 인한 손해배상은 아니고, 소송촉진 등에 관한 특례법 (이하 '소송촉진법'이라 한다) 제3조 제1항은 금전채무의 전부 또는 일부의 이행을 명하는 판결을 선고할 경우에 있어서 금전채무 불이행으로 인한 손해배상액 산정의 기준이 되는 법정이율에 관한 특별규정이므로, 위 이자에는 소송촉진법 제3조 제1항에서 정한 이율을 적용할 수 없다(대법원 2024.2.29, 2023다289720).

ㄴ (○) 민법 제742조 소정의 비채변제에 관한 규정은 변제자가 채무 없음을 알면서도 변제를 한 경우에 적용되는 것이어서 채무 없음을 알지 못한 경우에는 그 과실 유무를 불문하고 적용되지 아니하며, 변제자가 채무 없음을 알았다는 점에 대한 입증책임은 반환청구권을 부인하는 측에 있다고 할 것이다(대법원 2012.11.15, 2010다68237).

ㄷ (○) 법률상 원인 없이 타인의 재산 또는 노무로 인하여 이익을 얻고 그로 인하여 타인에게 손해를 가한 경우, 그 취득한 것이 금전상의 이득인 때에는 이를 취득한 자가 소비하였는지 아닌지를 불문하고 그 이득은 현존하는 것으로 추정된다(대법원 2012.12.13, 2011다69770).

정답 ⑤

051 ☐☐☐　　　　　　　　　○ △ ✕

제한능력자에 관한 설명으로 옳지 않은 것은?

① 피성년후견인은 의사능력이 있더라도 단독으로 유효한 대리행위를 할 수 없다.

② 가정법원은 한정후견개시의 심판을 할 때 본인의 의사를 고려하여야 한다.

③ 제한능력을 이유로 취소할 수 있는 법률행위는 제한능력자가 단독으로 취소할 수 있다.

④ 가정법원이 취소할 수 없는 피성년후견인의 법률행위의 범위를 정한 경우, 피성년후견인은 그 범위에서 단독으로 유효한 법률행위를 할 수 있다.

⑤ 가정법원이 피한정후견인에 대하여 성년후견개시의 심판을 할 때에는 종전의 한정후견의 종료심판을 해야 한다.

해설

① (✕) 있더라도 → 있으면, 없다 → 있다(민법 제117조)

[보충] 법률행위의 주체는 반드시 행위능력자임을 요하나, 대리행위의 법률효과는 대리인이 아닌 본인에게 귀속되므로, 행위능력자임을 요하지 아니한다. 따라서 제한능력자를 대리인으로 정할 수 있고, 그로 인하여 생기는 불이익은 본인이 감수하면 그만이다. 다만, 의사능력 없는 자의 행위는 법률행위로서 무효이므로, 대리인이라 하더라도 의사능력만은 반드시 가지고 있어야 한다.

> 제117조(대리인의 행위능력) 대리인은 행위능력자임을 요하지 아니한다.

② (○) 동법 제12조 제2항, 제9조 제2항

> 제9조(성년후견개시의 심판) ② 가정법원은 성년후견개시의 심판을 할 때 본인의 의사를 고려하여야 한다.
> 제12조(한정후견개시의 심판) ② 한정후견개시의 경우에 제9조 제2항을 준용한다.

③ (○) 취소할 수 있는 법률행위는 제한능력자, 착오로 인하거나 사기·강박에 의하여 의사표시를 한 자, 그의 대리인 또는 승계인만이 취소할 수 있다(동법 제140조).

④ (○) 동법 제10조 제1항·제2항

[보충] 피성년후견인의 법률행위는 취소할 수 있으나, 가정법원은 취소할 수 없는 피성년후견인의 법률행위의 범위를 정할 수 있으므로, 피성년후견인이 그 범위에서 단독으로 법률행위를 하였다면 이를 취소할 수 없고, 이로써 그 법률행위는 유효하다 할 것이다.

> 제10조(피성년후견인의 행위와 취소) ① 피성년후견인의 법률행위는 취소할 수 있다.
> ② 제1항에도 불구하고 가정법원은 취소할 수 없는 피성년후견인의 법률행위의 범위를 정할 수 있다.

⑤ (○) 가정법원이 피한정후견인 또는 피특정후견인에 대하여 성년후견개시의 심판을 할 때에는 종전의 한정후견 또는 특정후견의

종료심판을 한다(동법 제14조의3 제1항).

정답 ①

052 ☐☐☐　　　　　　　　　○ △ ✕

권리의 객체에 관한 설명으로 옳은 것을 모두 고른 것은? (다툼이 있으면 판례에 따름)

> ㄱ. 주물과 종물은 원칙적으로 동일한 소유자에게 속하여야 한다.
> ㄴ. 분묘에 안치되어 있는 피상속인의 유골은 제사주재자에게 승계된다.
> ㄷ. 부동산매수인이 매매대금을 완제한 후 그 부동산이 인도되지 않은 상태에서 그로부터 발생한 과실은 특별한 사정이 없는 한 매도인에게 귀속된다.

① ㄱ　　　　② ㄱ, ㄴ　　　　③ ㄱ, ㄷ
④ ㄴ, ㄷ　　　⑤ ㄱ, ㄴ, ㄷ

해설

ㄱ (○) 종물은 물건의 소유자가 그 물건의 상용에 공하기 위하여 자기 소유인 다른 물건을 이에 부속하게 한 것을 말하므로(민법 제100조 제1항), 주물과 다른 사람의 소유에 속하는 물건은 종물이 될 수 없다(대법원 2008.5.8, 2007다36933,36940).

[보충] 다른 소유자에게 속한 물건 사이에 주물과 종물의 관계를 인정한다면, 그 주물의 처분으로 다른 소유자의 종물이 처분됨으로써 제3자의 권리가 침해될 수 있으므로, 주물과 종물은 원칙적으로 동일한 소유자에게 속하여야 한다.

> 제100조(주물, 종물) ① 물건의 소유자가 그 물건의 상용에 공하기 위하여 자기 소유인 다른 물건을 이에 부속하게 한 때에는 그 부속물은 종물이다.
> ② 종물은 주물의 처분에 따른다.

ㄴ (○) [다수의견] 사람의 유체·유골은 매장·관리·제사·공양의 대상이 될 수 있는 유체물로서 분묘에 안치되어 있는 선조의 유체·유골은 민법 제1008조의3 소정의 제사용 재산인 분묘와 함께 그 제사주재자에게 승계되고, 피상속인 자신의 유체·유골 역시 위 제사용 재산에 준하여 그 제사주재자에게 승계된다(대법원 2008.11.20, 2007다27670 전원합의체).

ㄷ (✕) 특별한 사정이 없는 한 매매계약이 있은 후에도 인도하지 아니한 목적물로부터 생긴 과실은 매도인에게 속하지만(민법 제587조), 매매목적물의 인도 전이라도 매수인이 매매대금을 완납한 때에는 그 이후의 과실수취권은 매수인에게 귀속된다고 보아야 할 것이다(대법원 2021.6.24, 2021다220666).

정답 ②

53 □□□　○ △ ×

민법상 사단법인 甲과 그 대표이사 乙에 관한 설명으로 옳은 것을 모두 고른 것은? (다툼이 있으면 판례에 따름)

> ㄱ. 甲과 乙의 이익이 상반하는 사항에 관하여는 乙은 대표권이 없다.
> ㄴ. 甲의 정관에 이사의 해임사유에 관한 규정이 있는 경우, 甲은 乙의 중대한 의무위반 등 특별한 사정이 없는 한 정관에서 정하지 아니한 사유로 乙을 해임할 수 없다.
> ㄷ. 乙이 丙에게 대표자로서의 모든 권한을 포괄적으로 위임하여 丙이 甲의 사무를 집행한 경우, 丙의 그 사무집행행위는 원칙적으로 甲에 대하여 효력이 있다.

① ㄱ　　　② ㄷ　　　③ ㄱ, ㄴ
④ ㄴ, ㄷ　　⑤ ㄱ, ㄴ, ㄷ

해설

ㄱ (○) 법인과 이사의 이익이 상반하는 사항에 관하여는 이사는 대표권이 없다. 이 경우에는 전조의 규정에 의하여 특별대리인을 선임하여야 한다(민법 제64조).

ㄴ (○) 법인의 정관에 이사의 해임사유에 관한 규정이 있는 경우 이사의 중대한 의무위반 또는 정상적인 사무집행 불능 등의 특별한 사정이 없는 이상 법인은 정관에서 정하지 아니한 사유로 이사를 해임할 수 없다(대법원 2024.1.4, 2023다263537).

ㄷ (×) 비법인사단에 대하여는 사단법인에 관한 민법규정 가운데 법인격을 전제로 하는 것을 제외하고는 이를 유추적용하여야 하는데, 민법 제62조에 비추어 보면 비법인사단의 대표자는 정관 또는 총회의 결의로 금지하지 아니한 사항에 한하여 타인으로 하여금 특정한 행위를 대리하게 할 수 있을 뿐 비법인사단의 제반 업무처리를 포괄적으로 위임할 수는 없으므로 비법인사단 대표자가 행한 타인에 대한 업무의 포괄적 위임과 그에 따른 포괄적 수임인의 대행행위는 민법 제62조를 위반한 것이어서 비법인사단에 대하여 그 효력이 미치지 않는다(대법원 2011.4.28, 2008다15438).

> 제62조(이사의 대리인 선임) 이사는 정관 또는 총회의 결의로 금지하지 아니한 사항에 한하여 타인으로 하여금 특정한 행위를 대리하게 할 수 있다.

정답 ③

54 □□□　○ △ ×

의사표시에 관한 설명으로 옳지 않은 것은? (다툼이 있으면 판례에 따름)

① 매매계약이 착오로 취소된 경우, 특별한 사정이 없는 한 당사자 쌍방의 원상회복의무는 동시이행관계에 있다.
② 동기의 착오가 상대방의 부정한 방법에 의하여 유발된 경우, 동기가 표시되지 않았더라도 표의자는 착오를 이유로 의사표시를 취소할 수 있다.
③ 통정허위표시로 무효인 법률행위도 채권자취소권의 대상이 될 수 있다.
④ 사기에 의해 화해계약이 체결된 경우, 표의자는 화해의 목적인 분쟁에 관한 사항에 착오가 있더라도 사기를 이유로 화해계약을 취소할 수 있다.
⑤ 경과실에 의한 착오를 이유로 의사표시를 취소한 자는 상대방이 그 의사표시의 유효를 믿었음으로 인하여 발생한 손해에 대하여 불법행위책임을 진다.

해설

① (○) 매매계약이 취소된 경우에 당사자 쌍방의 원상회복의무는 동시이행의 관계에 있다(대법원 2001.7.10, 2001다3764).
　[보충] 원고 등이 피고와 사이의 이 사건 토지에 관한 매매계약을 착오를 이유로 취소함으로써 그 원상회복으로서 원고들은 피고에게 이 사건 토지에 관하여 소유권이전등기의 말소등기절차를 이행할 의무가 있고, 또한 피고는 원고들에게 수령한 매매대금을 반환할 의무가 있는바, 원고들과 피고 사이의 이러한 각 의무는 동시이행의 관계에 있는 것이므로, … (위 판례).

② (○) 동기가 상대방의 부정한 방법에 의하여 유발되었거나 상대방으로부터 제공된 경우에는, 동기가 표시되지 아니하였다 하더라도 동기의 착오에 의한 의사표시는 중요부분의 착오로서 취소될 수 있다.
　[보충] 귀속해제된 토지인데도 귀속재산인 줄로 잘못 알고 국가에 증여를 한 경우 이러한 착오는 일종의 동기의 착오라 할 것이나 그 동기를 제공한 것이 관계공무원이었고 그러한 동기의 제공이 없었더라면 위 토지를 선뜻 국가에게 증여하지는 않았을 것이라면 그 동기는 증여행위의 중요부분을 이룬다고 할 것이므로 뒤늦게 그 착오를 알아차리고 증여계약을 취소했다면 그 취소는 적법하다(대법원 1978.7.11, 78다719).

③ (○) 채무자의 법률행위가 통정허위표시인 경우에도 채권자취소권의 대상이 됨은 마찬가지이다(대법원 2022.5.26, 2021다288020).

④ (○) 민법 제733조의 규정에 의하면, 화해계약은 화해당사자의 자격 또는 화해의 목적인 분쟁 이외의 사항에 착오가 있는 경우를 제외하고는 착오를 이유로 취소하지 못하지만, 화해계약이 사기로 인하여 이루어진 경우에는 화해의 목적인 분쟁에 관한 사항에 착오가 있는 때에도 민법 제110조에 따라 이를 취소할 수 있다고 할 것이다(대법원 2008.9.11, 2008다15278).

⑤ (×) 불법행위로 인한 손해배상책임이 성립하기 위하여는 가해자의 고의 또는 과실 이외에 행위의 위법성이 요구되므로, 전문건설공제조합이 계약보증서를 발급하면서 조합원이 수급할 공사의 실제 도급금액을 확인하지 아니한 과실이 있다고 하더라도 민법 제109조에서 중과실이 없는 착오자의 착오를 이유로 한 의사표시의 취소를 허용하고 있는 이상, 전문건설공제조합이 과실로 인하여

착오에 빠져 계약보증서를 발급한 것이나 그 착오를 이유로 보증계약을 취소한 것이 위법하다고 할 수는 없다(대법원 1997.8.22, 97다13023). 판례의 취지로 미루어 보건대, 경과실에 의한 착오를 이유로 의사표시를 취소한 자는 상대방이 그 의사표시의 유효를 믿었음으로 인하여 발생한 손해에 대하여 불법행위책임을 지지 아니한다.

정답 ⑤

055 □□□   ○ △ ×

불공정한 법률행위에 관한 설명으로 옳은 것을 모두 고른 것은? (다툼이 있으면 판례에 따름)

> ㄱ. 급부 상호 간에 현저한 불균형이 있는지의 여부는 법률행위 시를 기준으로 판단한다.
> ㄴ. 무경험은 거래일반에 관한 경험부족을 말하는 것이 아니라 특정영역에 있어서의 경험부족을 의미한다.
> ㄷ. 불공정한 법률행위로서 무효인 법률행위는 원칙적으로 법정추인에 의하여 유효로 될 수 없다.
> ㄹ. 대가관계 없는 일방적 급부행위에 대해서는 불공정한 법률행위에 관한 민법 제104조가 적용되지 않는다.

① ㄱ   ② ㄴ, ㄷ   ③ ㄴ, ㄹ
④ ㄱ, ㄷ, ㄹ   ⑤ ㄱ, ㄴ, ㄷ, ㄹ

해설

ㄱ (○) 통설에 따르면, 불공정한 법률행위가 되기 위하여는 급부와 반대급부 사이에 현저한 불균형이 있어야 하고, 현저한 불균형이 있는지 여부는 당사자의 주관적 가치가 아닌 객관적 가치로서 법률행위 시를 기준으로 판단하여야 한다. 판례도 이와 같다.
[보충] 어떠한 법률행위가 불공정한 법률행위에 해당하는지는 법률행위 시를 기준으로 판단하여야 한다(대법원 2013.9.26, 2011다53683,53690 전원합의체).

ㄴ (×) 민법 제104조에 규정된 불공정한 법률행위는 객관적으로 급부와 반대급부 사이에 현저한 불균형이 존재하고, 주관적으로 그와 같이 균형을 잃은 거래가 피해당사자의 궁박, 경솔 또는 무경험을 이용하여 이루어진 경우에 성립하는 것으로서 약자적 지위에 있는 자의 궁박, 경솔 또는 무경험을 이용한 폭리행위를 규제하려는 데에 그 목적이 있고, 불공정한 법률행위가 성립하기 위한 요건인 궁박, 경솔, 무경험은 모두 구비되어야 하는 요건이 아니라 그중 일부만 갖추어져도 충분한데, 여기에서 … '무경험'이라 함은 일반적인 생활체험의 부족을 의미하는 것으로서 어느 특정영역에 있어서의 경험부족이 아니라 거래일반에 대한 경험부족을 뜻하고, … (대법원 2010.9.30, 2009다76195,76201).

ㄷ (○) 불공정한 법률행위로서 무효인 경우에는 추인에 의하여 무효인 법률행위가 유효로 될 수 없다(대법원 1994.6.24, 94다10900).

ㄹ (○) 민법 제104조가 규정하는 현저히 공정을 잃은 법률행위라 함은 자기의 급부에 비하여 현저하게 균형을 잃은 반대급부를 하게 하여 부당한 재산적 이익을 얻는 행위를 의미하는 것이므로, 증여계약과 같이 아무런 대가관계 없이 당사자 일방이 상대방에게 일방적인 급부를 하는 법률행위는 그 공정성 여부를 논의할 수 있는 성질의 법률행위가 아니다(대법원 2000.2.11, 99다56833).

따라서 민법 제104조가 적용되지 아니한다.

정답 ④

056 □□□   ○ △ ×

甲은 자신 소유의 X토지에 대한 매매계약 체결의 대리권을 乙에게 수여하였고, 그에 따라 乙은 丙과 위 X토지에 대한 매매계약을 체결하였다. 이에 관한 설명으로 옳은 것은? (다툼이 있으면 판례에 따름)

① 乙은 원칙적으로 매매계약을 해제할 수 있는 권한을 가진다.
② 乙이 매매계약에 따라 丙으로부터 중도금을 수령하였으나 이를 甲에게 현실로 인도하지 않았더라도, 특별한 사정이 없는 한 丙은 중도금 지급채무를 면한다.
③ 乙은 甲의 승낙이 있는 경우에만 복대리인을 선임할 수 있다.
④ 乙의 사기로 매매계약이 체결된 경우, 丙은 甲이 乙의 사기를 알았거나 알 수 있었을 경우에 한하여 사기를 이유로 그 계약을 취소할 수 있다.
⑤ 丙이 甲의 채무불이행을 이유로 계약을 해제한 경우, 그 채무불이행에 乙의 책임사유가 있다면 해제로 인한 원상회복의무는 乙이 부담한다.

해설

① (×) 어떠한 계약의 체결에 관한 대리권을 수여받은 대리인이 수권된 법률행위를 하게 되면 그것으로 대리권의 원인된 법률관계는 원칙적으로 목적을 달성하여 종료하는 것이고, 법률행위에 의하여 수여된 대리권은 그 원인된 법률관계의 종료에 의하여 소멸하는 것이므로(민법 제128조), 그 계약을 대리하여 체결하였던 대리인이 체결된 계약의 해제 등 일체의 처분권과 상대방의 의사를 수령할 권한까지 가지고 있다고 볼 수는 없다(대법원 2015.12.23, 2013다81019).

② (○) ⑤ (×) 계약이 적법한 대리인에 의하여 체결된 경우에 대리인은 다른 특별한 사정이 없는 한 본인을 위하여 계약상 급부를 변제로서 수령할 권한도 가진다. 그리고 대리인이 그 권한에 기하여 계약상 급부를 수령한 경우에 그 법률효과는 계약 자체에서와 마찬가지로 직접 본인에게 귀속되고 대리인에게 돌아가지 아니한다. 따라서 계약상 채무의 불이행을 이유로 계약이 상대방 당사자에 의하여 유효하게 해제되었다면, 해제로 인한 원상회복의무는 대리인이 아니라 계약의 당사자인 본인이 부담한다. 이는 본인이 대리인으로부터 그 수령한 급부를 현실적으로 인도받지 못하였거나 해제의 원인이 된 계약상 채무의 불이행에 관하여 대리인에게 책임 있는 사유가 있다고 하여도 다른 특별한 사정이 없는 한 마찬가지라고 할 것이다(대법원 2011.8.18, 2011다30871). 따라서 특별한 사정이 없는 한 丙은 중도금 지급채무를 면하고, 그 채무불이행에 乙의 책임사유가 있다고 하더라도 해제로 인한 원상회복의무는 甲이 부담한다.

③ (×) 대리권이 법률행위에 의하여 부여된 경우에는 대리인은 본인의 승낙이 있거나 부득이한 사유 있는 때가 아니면 복대리인을

선임하지 못한다(민법 제120조).

④ (×) 판례에 따르면, 대리인 등 상대방과 동일시할 수 있는 자인 乙은 민법 제110조 제2항에서 정한 제3자에 해당되지 아니하므로, 丙은 甲이 乙의 사기를 알았거나 알 수 있었을 경우가 아니더라도, 사기를 이유로 그 계약을 취소할 수 있다.

[보충] 의사표시의 상대방이 아닌 자로서 기망행위를 하였으나 민법 제110조 제2항에서 정한 제3자에 해당되지 아니한다고 볼 수 있는 자란 그 의사표시에 관한 상대방의 대리인 등 상대방과 동일시할 수 있는 자만을 의미하고, 단순히 상대방의 피용자이거나 상대방이 사용자책임을 져야 할 관계에 있는 피용자에 지나지 않는 자는 상대방과 동일시할 수는 없어 이 규정에서 말하는 제3자에 해당한다(대법원 1998.1.23, 96다41496).

> 제110조(사기, 강박에 의한 의사표시) ② 상대방 있는 의사표시에 관하여 제삼자가 사기나 강박을 행한 경우에는 상대방이 그 사실을 알았거나 알 수 있었을 경우에 한하여 그 의사표시를 취소할 수 있다.

정답 ②

○57 □□□   ○ △ ×

민법상 무권대리와 표현대리에 관한 설명으로 옳은 것은? (다툼이 있으면 판례에 따름)

① 표현대리행위가 성립하는 경우에 상대방에게 과실이 있다면 과실상계의 법리가 유추적용되어 본인의 책임이 경감될 수 있다.

② 권한을 넘은 표현대리에 관한 제126조의 제3자는 당해 표현대리행위의 직접 상대방만을 의미한다.

③ 무권대리행위의 상대방이 제134조의 철회권을 유효하게 행사한 후에도 본인은 무권대리행위를 추인할 수 있다.

④ 계약체결 당시 대리인의 무권대리사실을 알고 있었던 상대방은 최고권을 행사할 수 없다.

⑤ 대리인이 대리권 소멸 후 선임한 복대리인과 상대방 사이의 법률행위에는 대리권 소멸 후의 표현대리가 성립할 수 없다.

해설

① (×) 표현대리행위가 성립하는 경우에 그 본인은 표현대리행위에 의하여 전적인 책임을 져야 하고, 상대방에게 과실이 있다고 하더라도 과실상계의 법리를 유추적용하여 본인의 책임을 경감할 수 없다(대법원 1996.7.12, 95다49554).

② (○) 표현대리에 관한 민법 제126조의 규정에서 제3자라 함은 당해 표현대리행위의 직접 상대방이 된 자만을 지칭하는 것이고, 약속어음의 보증은 발행인을 위하여 그 어음금채무를 담보할 목적으로 하는 보증인의 단독행위이므로 그 행위의 구체적, 실질적인 상대방은 어음의 제3취득자가 아니라 발행인이라 할 것이어서 약속어음의 보증부분이 위조된 경우, 동 약속어음을 배서, 양도받는 제3취득자는 위 보증행위가 민법 제126조 소정의 표현대리행위로서 보증인에게 그 효력이 미친다고 주장할 수 있는 제3자에 해당하

지 않는다(대법원 2002.12.10, 2001다58443).

③ (×) 민법 제134조는 "대리권 없는 자가 한 계약은 본인의 추인이 있을 때까지 상대방은 본인이나 그 대리인에 대하여 이를 철회할 수 있다. 그러나 계약 당시에 상대방이 대리권 없음을 안 때에는 그러하지 아니하다."고 규정하고 있다. 민법 제134조에서 정한 상대방의 철회권은, 무권대리행위가 본인의 추인에 따라 효력이 좌우되어 상대방이 불안정한 지위에 놓이게 됨을 고려하여 대리권이 없었음을 알지 못한 상대방을 보호하기 위하여 상대방에게 부여된 권리로서 상대방이 유효한 철회를 하면 무권대리행위는 확정적으로 무효가 되어 그 후에는 본인이 무권대리행위를 추인할 수 없다. 한편 상대방이 대리인에게 대리권이 없음을 알았다는 점에 대한 주장·입증책임은 철회의 효과를 다투는 본인에게 있다(대법원 2017.6.29, 2017다213838).

④ (×) 최고권 → 철회권(민법 제134조)

[보충] 대리인에게 대리권 없음을 알았던 악의의 상대방은 불확정한 상태에 놓이는 것을 각오한 자이므로, 이를 보호할 필요가 없다. 따라서 철회권은 대리인에게 대리권 없음을 몰랐던 선의의 상대방에게만 인정된다. 이와 달리 최고권은 선의의 상대방뿐만 아니라 악의의 상대방에게도 인정됨에 유의하여야 한다.
참고로, 상대방의 선의·악의를 결정하는 표준시기는 계약 당시이고, 증명책임은 본인에게 있다.

> 제131조(상대방의 최고권) 대리권 없는 자가 타인의 대리인으로 계약을 한 경우에 상대방은 상당한 기간을 정하여 본인에게 그 추인 여부의 확답을 최고할 수 있다. 본인이 그 기간 내에 확답을 발하지 아니한 때에는 추인을 거절한 것으로 본다.
> 제134조(상대방의 철회권) 대리권 없는 자가 한 계약은 본인의 추인이 있을 때까지 상대방은 본인이나 그 대리인에 대하여 이를 철회할 수 있다. 그러나 계약 당시에 상대방이 대리권 없음을 안 때에는 그러하지 아니하다.

⑤ (×) 대리인이 대리권 소멸 후 직접 상대방과 사이에 대리행위를 하는 경우는 물론 대리인이 대리권 소멸 후 복대리인을 선임하여 복대리인으로 하여금 상대방과 사이에 대리행위를 하도록 한 경우에도, 상대방이 대리권 소멸사실을 알지 못하여 복대리인에게 적법한 대리권이 있는 것으로 믿었고 그와 같이 믿은 데 과실이 없다면 민법 제129조에 의한 표현대리가 성립할 수 있다(대법원 1998. 5.29, 97다55317).

정답 ②

58 ☐☐☐   ○ △ ✕

민법상 법률행위의 무효 또는 취소에 관한 설명으로 옳은 것은? (다툼이 있으면 판례에 따름)

① 불공정한 법률행위에는 무효행위 전환에 관한 제138조가 적용될 수 없다.
② 선량한 풍속 기타 사회질서에 위반한 사항을 내용으로 하는 법률행위의 무효는 이를 주장할 이익이 있는 자라면 누구든지 무효를 주장할 수 있다.
③ 취소할 수 있는 법률행위를 취소한 후 그 취소원인이 소멸하였다면, 취소할 수 있는 법률행위의 추인에 의하여 그 법률행위를 다시 확정적으로 유효하게 할 수 있다.
④ 법률행위의 일부분이 무효인 경우, 원칙적으로 그 일부분만 무효이다.
⑤ 甲이 乙의 기망행위로 자신의 X토지를 丙에게 매도한 경우, 甲은 매매계약의 취소를 乙에 대한 의사표시로 하여야 한다.

해설

① (✕) 매매계약이 약정된 매매대금의 과다로 말미암아 민법 제104조에서 정하는 '불공정한 법률행위'에 해당하여 무효인 경우에도 무효행위의 전환에 관한 민법 제138조가 적용될 수 있다. 따라서 당사자 쌍방이 위와 같은 무효를 알았더라면 대금을 다른 액으로 정하여 매매계약에 합의하였을 것이라고 예외적으로 인정되는 경우에는, 그 대금액을 내용으로 하는 매매계약이 유효하게 성립한다(대법원 2010.7.15, 2009다50308).
② (○) 거래상대방이 배임행위를 유인·교사하거나 배임행위의 전 과정에 관여하는 등 배임행위에 적극 가담하는 경우에는 실행행위자와 체결한 계약이 반사회적 법률행위에 해당하여 무효로 될 수 있고, 선량한 풍속 기타 사회질서에 위반한 사항을 내용으로 하는 법률행위의 무효는 이를 주장할 이익이 있는 자는 누구든지 무효를 주장할 수 있다(대법원 2016.3.24, 2015다11281).
③ (✕) 취소한 법률행위는 처음부터 무효인 것으로 간주되므로 취소할 수 있는 법률행위가 일단 취소된 이상 그 후에는 취소할 수 있는 법률행위의 추인에 의하여 이미 취소되어 무효인 것으로 간주된 당초의 의사표시를 다시 확정적으로 유효하게 할 수는 없고, 다만 무효인 법률행위의 추인의 요건과 효력으로서 추인할 수는 있으나, 무효행위의 추인은 그 무효원인이 소멸한 후에 하여야 그 효력이 있고, … (대법원 1997.12.12, 95다38240).
④ (✕) 일부분만 → 전부가(민법 제137조)

> **제137조(법률행위의 일부무효)** 법률행위의 일부분이 무효인 때에는 그 전부를 무효로 한다. 그러나 그 무효부분이 없더라도 법률행위를 하였을 것이라고 인정될 때에는 나머지 부분은 무효가 되지 아니한다.

⑤ (✕) 민법 제142조에 따라 위 경우라도, 甲은 매매계약의 취소를 乙이 아닌 상대방 丙에 대한 의사표시로 하여야 한다.

> **제142조(취소의 상대방)** 취소할 수 있는 법률행위의 상대방이 확정한 경우에는 그 취소는 그 상대방에 대한 의사표시로 하여야 한다.

59 ☐☐☐   ○ △ ✕

甲은 「부동산 거래신고 등에 관한 법률」상 토지거래허가구역에 있는 자신 소유의 X토지를 乙에게 매도하는 매매계약을 체결하였다. 아직 토지거래허가(이하 '허가')를 받지 않아 유동적 무효상태에 있는 법률관계에 관한 설명으로 옳지 않은 것은? (다툼이 있으면 판례에 따름)

① 甲은 허가 전에 乙의 대금지급의무의 불이행을 이유로 매매계약을 해제할 수 없다.
② 甲의 허가신청절차 협력의무와 乙의 대금지급의무는 동시이행관계에 있다.
③ 甲과 乙이 허가신청절차 협력의무 위반에 따른 손해배상액을 예정하는 약정은 유효하다.
④ 甲이 허가신청절차에 협력할 의무를 위반한 경우, 乙은 협력의무 위반을 이유로 매매계약을 해제할 수 없다.
⑤ 甲이 허가신청절차에 협력하지 않는 경우, 乙은 협력의무의 이행을 소구할 수 있다.

해설

① (○) 매매계약을 체결한 경우에 있어 관할관청으로부터 토지거래허가를 받기까지는 매매계약이 그 계약내용대로의 효력이 있을 수 없는 것이어서 매수인으로서도 그 계약내용에 따른 대금지급의무가 있다고 할 수 없으며, 설사 계약상 매수인의 대금지급의무가 매도인의 소유권이전등기의무에 선행하여 이행하기로 약정되어 있었다고 하더라도, 매수인에게 그 대금지급의무가 없음은 마찬가지여서 매도인으로서는 그 대금지급이 없었음을 이유로 계약을 해제할 수 없다(대법원 1991.12.24, 90다12243 전원합의체).
② (✕) 판례는 매도인의 (토지거래)허가신청절차 협력의무와 매수인의 대금지급의무는 동시이행관계에 있지 아니하다고 한다.
[보충] 국토이용관리법상의 토지거래규제구역 내의 토지에 관하여 관할관청의 토지거래허가 없이 매매계약이 체결됨에 따라, 그 매수인이 위 계약을 효력이 있는 것으로 완성시키기 위하여 매도인에 대하여 위 매매계약에 관한 토지거래허가신청절차에 협력할 의무의 이행을 청구하는 경우에 있어 매수인이 위 계약내용에 따른 매매대금지급채무를 이행제공하여야 하거나 매도인이 그 대금지급채무의 변제 시까지 위 협력의무의 이행을 거절할 수 있는 것은 아니다(대법원 1993.8.27, 93다15366).
③ (○) 국토이용관리법상 토지거래허가구역 내의 토지에 대하여 관할관청의 허가를 받기 전 유동적 무효상태에 있는 계약을 체결한 당사자는 쌍방이 그 계약이 효력이 있는 것으로 완성될 수 있도록 서로 협력할 의무가 있는 것이므로, 이러한 매매계약을 체결할 당시 당사자 사이에 당사자 일방이 토지거래허가를 받기 위한 협력 자체를 이행하지 아니하거나 허가신청에 이르기 전에 매매계약을 철회하는 경우, 상대방에게 일정한 손해액을 배상하기로 하는 약정을 유효하게 할 수 있다(대법원 1997.2.28, 96다49933).
④ (○) 유동적 무효의 상태에 있는 거래계약의 당사자는 상대방이 그 거래계약의 효력이 완성되도록 협력할 의무를 이행하지 아니하였음을 들어 일방적으로 유동적 무효의 상태에 있는 거래계약 자

체를 해제할 수 없다(대법원 1999.6.17, 98다40459 전원합의체).

⑤ (○) 규제구역 내의 토지에 대하여 거래계약을 체결한 당사자 사이에 있어서는 계약이 효력 있는 것으로 완성될 수 있도록 서로 협력할 의무가 있으므로 계약의 쌍방 당사자는 공동으로 관할관청의 허가를 신청할 의무가 있고 이러한 의무에 위배하여 허가신청 절차에 협력하지 않는 당사자에 대하여 상대방은 협력의무의 이행을 소송으로써 구할 이익이 있다(대법원 1993.1.12, 92다36830).

정답 ②

---

60 □□□ ○ △ ×

민법상 기간에 관한 설명으로 옳지 않은 것은? (다툼이 있으면 판례에 따름)

① 기간의 기산점에 관한 제157조의 초일 불산입의 원칙은 당사자의 합의로 달리 정할 수 있다.
② 정관상 사원총회의 소집통지를 1주간 전에 발송하여야 하는 사단법인의 사원총회일이 2023년 6월 2일(금) 10시인 경우, 총회소집통지는 늦어도 2023년 5월 25일 중에는 발송하여야 한다.
③ 2023년 5월 27일(토) 13시부터 9시간의 만료점은 2023년 5월 27일 22시이다.
④ 2023년 5월 21일(일) 14시부터 7일간의 만료점은 2023년 5월 28일 24시이다.
⑤ 2017년 1월 13일(금) 17시에 출생한 사람은 2036년 1월 12일 24시에 성년자가 된다.

해설

① (○) 민법 제157조는 "기간을 일, 주, 월 또는 년으로 정한 때에는 기간의 초일은 산입하지 아니한다"고 규정하여 초일 불산입을 원칙으로 정하고 있으나, 민법 제155조에 의하면 법령이나 법률행위 등에 의하여 위 원칙과 달리 정하는 것도 가능하다(대법원 2007.8.23, 2006다62942).

> **제155조(본장의 적용범위)** 기간의 계산은 법령, 재판상의 처분 또는 법률행위에 다른 정한 바가 없으면 본장의 규정에 의한다.

② (○) 민법 제157조 본문
[보충] 민법상 기간의 역산에 의하면, 초일 불산입의 원칙에 따라 그 전일인 1일(목)이 기산일이 되고, 그날부터 거꾸로 계산하여 5월 26일이 말일이 되며, 그날 24시에 그 기간이 만료한다. 따라서 총회소집통지는 늦어도 5월 25일 24시까지는 발송하여야 한다. 참고로, 도달주의의 원칙이 적용된다면, 5월 25일 24시까지 그 통지가 상대방에게 도달하여야 한다.

> **제157조(기간의 기산점)** 기간을 일, 주, 월 또는 연으로 정한 때에는 기간의 초일은 산입하지 아니한다. 그러나 그 기간이 오전 영시로부터 시작하는 때에는 그러하지 아니하다.

③ (○) 동법 제156조
[보충] 기간을 시로 정한 때에는 즉시로부터 기산하므로, 13시부터 9시간의 만료점은 22시이다.

> **제156조(기간의 기산점)** 기간을 시, 분, 초로 정한 때에는 즉시로부터 기산한다.

④ (×) 동법 제161조
[보충] 초일 불산입의 원칙에 따라 22일(월)이 기산일이 되고, 28일(일)이 말일이 되며, 그날 24시에 그 기간이 만료한다. 다만, 28일은 일요일로서 공휴일에 해당하므로, 만료점은 그 익일인 29일(월) 24시이다.

> **제161조(공휴일 등과 기간의 만료점)** 기간의 말일이 토요일 또는 공휴일에 해당한 때에는 기간은 그 익일로 만료한다. ⟨개정 2007.12.21.⟩

⑤ (○) 동법 제158조 본문, 제4조
[보충] 나이는 출생일을 산입하여 만 나이로 계산하므로, 2017년 1월 13일(금) 17시에 출생한 사람은 2036년 1월 13일 0시, 즉 1월 12일 24시에 성년자가 된다.

> **제158조(나이의 계산과 표시)** 나이는 출생일을 산입하여 만(滿) 나이로 계산하고, 연수(年數)로 표시한다. 다만, 1세에 이르지 아니한 경우에는 월수(月數)로 표시할 수 있다.

정답 ④

---

61 □□□ ○ △ ×

민법상 조건에 관한 설명으로 옳지 않은 것은? (다툼이 있으면 판례에 따름)

① 조건을 붙이고자 하는 의사는 법률행위의 내용으로 외부에 표시되어야 하므로, 그 의사표시는 묵시적 방법으로는 할 수 없다.
② 조건이 법률행위의 당시 이미 성취한 것인 경우에는 그 조건이 정지조건이면 조건 없는 법률행위이다.
③ 조건의 성취로 인하여 불이익을 받을 당사자가 과실로 신의성실에 반하여 조건의 성취를 방해한 때에는 상대방은 그 조건이 성취한 것으로 주장할 수 있다.
④ 조건의 성취가 미정한 권리의무는 일반규정에 의하여 담보로 할 수 있다.
⑤ 선량한 풍속에 반하는 불법조건이 붙은 법률행위는 무효이다.

해설

① (×) 조건은 법률행위효력의 발생 또는 소멸을 장래 불확실한 사실의 발생 여부에 따라 좌우되게 하는 법률행위의 부관이고, 법률행위에서 효과의사와 일체적인 내용을 이루는 의사표시 그 자체이다. 조건을 붙이고자 하는 의사는 법률행위의 내용으로 외부에 표시되어야 하고, 조건을 붙이고자 하는 의사가 있는지는 의사표시에 관한 법리에 따라 판단하여야 한다. 조건을 붙이고자 하는 의사의 표시는 그 방법에 관하여 일정한 방식이 요구되지 않으므로 묵시적 의사표시나 묵시적 약정으로도 할 수 있다. 이를 인정하려면, 법률행위가 이루어진 동기와 경위, 법률행위에 의하여 달성하려는 목적, 거래의 관행 등을 종합적으로 고려하여 법률행위효

력의 발생 또는 소멸을 장래의 불확실한 사실의 발생 여부에 따라 좌우되게 하려는 의사가 인정되어야 한다(대법원 2018.6.28, 2016 다221368).

② (○) ⑤ (○) 민법 제151조 제2항, 제1항

> **제151조(불법조건, 기성조건)** ① 조건이 선량한 풍속 기타 사회 질서에 위반한 것인 때에는 그 법률행위는 무효로 한다.
> ② 조건이 법률행위의 당시 이미 성취한 것인 경우에는 그 조건이 정지조건이면 조건 없는 법률행위로 하고 해제조건이면 그 법률행위는 무효로 한다.

③ (○) 조건의 성취로 인하여 불이익을 받을 당사자가 신의성실에 반하여 조건의 성취를 방해한 때에는 상대방은 그 조건이 성취한 것으로 주장할 수 있다(동법 제150조 제1항)

④ (○) 조건의 성취가 미정한 권리의무는 일반규정에 의하여 처분, 상속, 보존 또는 담보로 할 수 있다(동법 제149조).

정답 ①

062 ☐☐☐   ○ △ ✕

소멸시효에 관한 설명으로 옳지 않은 것은? (다툼이 있으면 판례에 따름)

① 주채무자가 소멸시효이익을 포기하더라도 보증인에게는 그 효력이 미치지 않는다.

② 시효중단의 효력 있는 승인에는 상대방의 권리에 관한 처분의 능력이나 권한 있음을 요하지 않는다.

③ 당사자가 주장하는 소멸시효 기산일이 본래의 기산일과 다른 경우, 특별한 사정이 없는 한 당사자가 주장하는 기산일을 기준으로 소멸시효를 계산하여야 한다.

④ 어떤 권리의 소멸시효기간이 얼마나 되는지는 법원이 직권으로 판단할 수 있다.

⑤ 민법 제163조 제1호의 '1년 이내의 기간으로 정한 금전 또는 물건의 지급을 목적으로 한 채권'이란 변제기가 1년 이내의 채권을 말한다.

해설

① (○) 주채무가 시효로 소멸한 때에는 보증인도 그 시효소멸을 원용할 수 있으며, 주채무자가 시효의 이익을 포기하더라도 보증인에게는 그 효력이 없다(대법원 1991.1.29, 89다카1114).

② (○) 민법 제177조

③ (○) 소멸시효의 기산일은 채권의 소멸이라고 하는 법률효과 발생의 요건에 해당하는 소멸시효기간 계산의 시발점으로서 시효소멸 항변의 법률요건을 구성하는 구체적인 사실에 해당하므로 이는 변론주의의 적용대상이라 할 것이고, 따라서 본래의 소멸시효 기산일과 당사자가 주장하는 기산일이 서로 다른 경우에는 변론주의의 원칙상 법원은 당사자가 주장하는 기산일을 기준으로 소멸시효를 계산하여야 하는데, 이는 당사자가 본래의 기산일보다 뒤의 날짜를 기산일로 하여 주장하는 경우는 물론이고, 특별한 사정이 없는 한 그 반대의 경우에 있어서도 마찬가지라고 보아야 할 것이다(대법원 2009.12.24, 2009다60244).

④ (○) 어떤 권리의 소멸시효기간이 얼마나 되는지에 관한 주장은 단순한 법률상의 주장에 불과하여 변론주의의 적용대상이 되지 않으므로 법원이 직권으로 판단할 수 있다(2023.12.14, 2023다 248903).

⑤ (✕) 민법 제163조 제1호는 이자, 부양료, 급료, 사용료 기타 1년 이내의 기간으로 정한 금전 또는 물건의 지급을 목적으로 한 채권은 3년간 행사하지 아니하면 소멸시효가 완성한다고 규정하고 있다. 이는 기본권리인 정기금채권에 기하여 발생하는 지분적 채권의 소멸시효를 정한 것으로서 여기서 '1년 이내의 기간으로 정한 채권'이란 1년 이내의 정기로 지급되는 채권을 말한다(대법원 2018. 2.28, 2016다45779). 따라서 변제기가 1년 이내의 채권이 아닌 1년 이내의 정기로 지급되는 채권을 말한다.

정답 ⑤

063 ☐☐☐   ○ △ ✕

민법상 편무계약에 해당하는 것만 모두 고른 것은?

ㄱ. 도급	ㄴ. 조합	ㄷ. 증여
ㄹ. 사용대차		

① ㄱ, ㄴ   ② ㄱ, ㄷ   ③ ㄴ, ㄷ
④ ㄴ, ㄹ   ⑤ ㄷ, ㄹ

해설

ㄱ (✕) 도급은 당사자 일방이 어느 일을 완성할 것을 약정하고 상대방이 그 일의 결과에 대하여 보수를 지급할 것을 약정함으로써 그 효력이 생기는 낙성 · 쌍무 · 유상 · 불요식계약이다(민법 제664조).

ㄴ (✕) 조합계약은 2인 이상이 상호출자하여 공동사업을 경영할 것을 약정함으로써 그 효력이 생기는 낙성 · 쌍무 · 유상 · 불요식계약이다.

[보충] 조합계약이 쌍무 · 유상계약인지에 대하여 학설의 견해가 나뉘는데, 이를 인정하는 견해가 일반적이다.

ㄷ (○) 증여는 당사자 일방이 무상으로 재산을 상대방에 수여하는 의사를 표시하고 상대방이 이를 승낙함으로써 그 효력이 생기는 낙성 · 편무 · 무상 · 불요식계약이다.

ㄹ (○) 사용대차는 당사자 일방이 상대방에게 무상으로 사용 · 수익하게 하기 위하여 목적물을 인도할 것을 약정하고 상대방은 이를 사용 · 수익한 후 그 물건을 반환할 것을 약정함으로써 그 효력이 생기는 낙성 · 편무(불완전쌍무) · 무상계약이다.

정답 ⑤

064 ☐☐☐　　　　　　○ △ ✕

'민법 제390조의 채무불이행책임과 제750조의 불법행위책임'(이하 '양 책임')에 관한 비교설명으로 옳지 않은 것은?

① 양 책임이 성립하기 위해서는 채무자 또는 가해자에게 귀책사유가 있어야 한다는 점에서 공통된다.
② 양 책임이 성립하는 경우, 채권자나 피해자에게 과실이 있다면 과실상계가 적용된다는 점에서 공통된다.
③ 양 책임이 성립하는 경우, 채권자나 피해자가 행사하는 손해배상채권의 소멸시효는 3년이 적용된다는 점에서 공통된다.
④ 양 책임이 성립하는 경우, 손해배상은 통상의 손해를 그 한도로 한다는 점에서 공통된다.
⑤ 양 책임이 성립하는 경우, 채무자나 가해자가 발생한 손해 전부를 배상한 때에는 손해배상자의 대위가 인정된다는 점에서 공통된다.

해설

① (○) 민법 제390조, 제750조

> **제390조(채무불이행과 손해배상)** 채무자가 채무의 내용에 좋은 이행을 하지 아니한 때에는 채권자는 손해배상을 청구할 수 있다. 그러나 채무자의 고의나 과실 없이 이행할 수 없게 된 때에는 그러하지 아니하다.
> **제750조(불법행위의 내용)** 고의 또는 과실로 인한 위법행위로 타인에게 손해를 가한 자는 그 손해를 배상할 책임이 있다.

② (○) 동법 제396조, 제763조

> **제396조(과실상계)** 채무불이행에 관하여 채권자에게 과실이 있는 때에는 법원은 손해배상의 책임 및 그 금액을 정함에 이를 참작하여야 한다.
> **제763조(준용규정)** 제393조, 제394조, 제396조, 제399조의 규정은 불법행위로 인한 손해배상에 준용한다.

③ (✕) 채권자가 행사하는 채무불이행책임을 원인으로 하는 손해배상채권의 소멸시효는 10년이고, 피해자가 행사하는 불법행위책임을 원인으로 하는 손해배상채권의 소멸시효는, 피해자가 그 손해 및 가해자를 안 날로부터 3년, 불법행위를 한 날부터 10년이다.
[보충] 약정상 의무위반에 따른 채무불이행책임을 원인으로 하는 손해배상청구권에 대하여는 불법행위책임에 관한 민법 제766조 제1항의 소멸시효 규정이 적용될 수는 없다(대법원 2013.11.28, 2011다60247).

> **제162조(채권, 재산권의 소멸시효)** ① 채권은 10년간 행사하지 아니하면 소멸시효가 완성한다.
> **제766조(손해배상청구권의 소멸시효)** ① 불법행위로 인한 손해배상의 청구권은 피해자나 그 법정대리인이 그 손해 및 가해자를 안 날로부터 3년간 이를 행사하지 아니하면 시효로 인하여 소멸한다.
> ② 불법행위를 한 날로부터 10년을 경과한 때에도 전항과 같다.

④ (○) 동법 제393조 제1항, 제763조

> **제393조(손해배상의 범위)** ① 채무불이행으로 인한 손해배상은 통상의 손해를 그 한도로 한다.
> **제763조(준용규정)** 제393조, 제394조, 제396조, 제399조의 규정

은 불법행위로 인한 손해배상에 준용한다.

⑤ (○) 동법 제399조, 제763조

> **제399조(손해배상자의 대위)** 채권자가 그 채권의 목적인 물건 또는 권리의 가액 전부를 손해배상으로 받은 때에는 채무자는 그 물건 또는 권리에 관하여 당연히 채권자를 대위한다.
> **제763조(준용규정)** 제393조, 제394조, 제396조, 제399조의 규정은 불법행위로 인한 손해배상에 준용한다.

정답 ③

065 ☐☐☐　　　　　　○ △ ✕

乙의 채권자 甲이 乙의 丙에 대한 금전채권에 대하여 채권자대위권을 행사하는 경우에 관한 설명으로 옳은 것은? (다툼이 있으면 판례에 따름)

① 甲은 乙의 동의를 받지 않는 한 채권자대위권을 행사할 수 없다.
② 甲의 乙에 대한 채권이 금전채권인 경우, 甲은 丙에게 직접 자기에게 이행하도록 청구하여 상계적상에 있는 자신의 채권과 상계할 수 없다.
③ 甲이 丙을 상대로 채권자대위권을 행사한 경우, 甲의 채권자대위소송의 제기로 인한 소멸시효 중단의 효력은 乙의 丙에 대한 채권에 생긴다.
④ 甲이 丙을 상대로 채권자대위권을 행사하고 그 사실을 乙에게 통지한 이후 乙이 丙에 대한 채권을 포기한 경우, 丙은 乙의 채권포기사실을 들어 甲에게 대항할 수 있다.
⑤ 乙이 丙을 상대로 금전채무이행청구의 소를 제기하여 패소판결이 확정된 경우, 甲은 乙에 대한 금전채권을 보전하기 위해 丙을 상대로 채권자대위권을 행사할 수 있다.

해설

① (✕) 채권자대위권 행사는 채무자의 동의를 요건으로 하지 않고 채무자가 그 행사를 반대하는 경우에도 가능하다(대법원 2022.8.25, 2019다229202). 따라서 甲이 채권자대위권을 행사함에는 乙의 동의를 요하지 아니한다.
② (✕) 채권자가 자기의 금전채권을 보전하기 위하여 채무자의 금전채권을 대위행사하는 경우 제3채무자로 하여금 채무자에게 지급의무를 이행하도록 청구할 수도 있지만, 직접 대위채권자 자신에게 이행하도록 청구할 수도 있다(대법원 2016.8.29, 2015다236547). 乙의 丙에 대한 채권이 금전채권이므로, 甲의 乙에 대한 채권이 금전채권이면 상계적상이 인정되고, 이로써 자신의 채권과 상계할 수 있다.
③ (○) 채권자대위권 행사의 효과는 채무자에게 귀속되는 것이므로 채권자대위소송의 제기로 인한 소멸시효 중단의 효과 역시 채무자에게 미친다(대법원 2021.12.10, 2019다239988). 즉, 甲의 채권자대위소송의 제기로 인한 소멸시효 중단의 효력은 乙의 丙에 대한 채권에 생긴다.

④ (×) 채권자가 채무자를 대위하여 채무자의 제3채무자에 대한 권리를 행사하고 채무자에게 통지를 하거나 채무자가 채권자의 대위권행사사실을 안 후에는 채무자는 그 권리에 대한 처분권을 상실하여 그 권리의 양도나 포기 등 처분행위를 할 수 없고 채무자의 처분행위에 기하여 취득한 권리로서는 채권자에게 대항할 수 없으나, … (대법원 1991.4.12, 90다9407). 따라서 甲의 대위권행사사실을 통지받은 乙은 丙에 대한 채권을 포기할 수 없고, 丙 또한 乙의 채권포기사실을 들어 甲에게 대항할 수 없다.

⑤ (×) 채권자대위권은 채무자가 스스로 제3채무자에 대한 권리를 행사하지 아니하는 경우에 한하여 채권자가 자기의 채권을 보전하기 위하여 행사할 수 있는 것이어서 채권자가 대위권을 행사할 당시에 이미 채무자가 그 권리를 재판상 행사하였을 때에는 채권자는 채무자를 대위하여 채무자의 권리를 행사할 수 없다(2018. 10.25, 2018다210539). 따라서 패소판결이 확정되었다고 하더라도, 甲은 乙을 대위하여 그 권리를 행사할 수 없다.

정답 ③

066 ☐☐☐   ○ △ ×

乙의 채권자 甲은 乙이 채무초과상태에서 자신의 유일한 재산인 X부동산을 丙에게 매도하고 소유권이전등기를 해준 사실을 알고 채권자취소권을 행사하려고 한다. 이에 대한 설명으로 옳은 것은? (다툼이 있으면 판례에 따름)

① 甲이 채권자취소권을 행사하기 위해서는 재판 외 또는 재판상 이를 행사하여야 한다.

② 甲이 채권자취소권을 행사하기 위해서는 乙 및 丙의 사해의사 및 사해행위에 대한 악의를 증명하여야 한다.

③ 甲의 乙에 대한 채권이 X부동산에 대한 소유권이전등기청구권인 경우, 甲은 이를 피보전채권으로 하여 채권자취소권을 행사할 수 없다.

④ 甲이 채권자취소권을 재판상 행사하는 경우, 사해행위를 직접 행한 乙을 피고로 하여 그 권리를 행사하여야 한다.

⑤ 甲의 乙에 대한 채권이 시효로 소멸한 경우, 丙은 이를 들어 채권자취소권을 행사하는 甲에게 대항할 수 없다.

해설

① (×) 사해행위의 취소는 법원에 소를 제기하는 방법으로 청구할 수 있을 뿐 소송상의 공격방어방법으로 주장할 수는 없다(1998.3. 13, 95다48599,48605). 즉, 甲은 채권자취소권을 재판상으로 행사하여야 한다.

[보충] 채권자취소권은 제3자의 이해관계에 큰 영향을 미치므로, 반드시 법원에 소를 제기하는 방법으로 행사하여야 한다.

> **제406조(채권자취소권)** ① 채무자가 채권자를 해함을 알고 재산권을 목적으로 한 법률행위를 한 때에는 채권자는 그 취소 및 원상회복을 법원에 청구할 수 있다. 그러나 그 행위로 인하여 이익을 받은 자나 전득한 자가 그 행위 또는 전득 당시에 채권자를 해함을 알지 못한 경우에는 그러하지 아니하다.

② (×) 사해행위취소소송에서 채무자의 악의의 점에 대하여는 취소

를 주장하는 채권자에게 증명책임이 있으나 수익자 또는 전득자가 악의라는 점에 관하여는 증명책임이 채권자에게 있는 것이 아니고 수익자 또는 전득자 자신에게 선의라는 사실을 증명할 책임이 있으며, 채무자의 재산처분행위가 사해행위에 해당할 경우에 사해행위 또는 전득행위 당시 수익자 또는 전득자가 선의였음을 인정함에 있어서는 객관적이고도 납득할 만한 증거자료 등에 의하여야 하고, 채무자나 수익자의 일방적인 진술이나 제3자의 추측에 불과한 진술 등에만 터 잡아 사해행위 또는 전득행위 당시 수익자 또는 전득자가 선의였다고 선뜻 단정하여서는 아니 된다(대법원 2015. 6.11, 2014다237192). 따라서 乙의 사해의사에 대한 악의는 甲, 丙의 사해행위에 대한 악의는 丙 자신이 증명하여야 한다.

③ (○) 채권자취소권을 특정물에 대한 소유권이전등기청구권을 보전하기 위하여 행사하는 것은 허용되지 않으므로, 부동산의 제1양수인은 자신의 소유권이전등기청구권 보전을 위하여 양도인과 제3자 사이에서 이루어진 이중양도행위에 대하여 채권자취소권을 행사할 수 없다(대법원 1999.4.27, 98다56690). 따라서 甲은 채권자취소권을 행사할 수 없다.

④ (×) 채권자가 채권자취소권을 행사하려면 사해행위로 인하여 이익을 받은 자나 전득한 자를 상대로 그 법률행위의 취소를 청구하는 소송을 제기하여야 한다(대법원 2017.6.15, 2015다231238). 즉, 丙을 피고로 하여 그 권리를 행사하여야 한다.

⑤ (×) 소멸시효를 원용할 수 있는 사람은 권리의 소멸에 의하여 직접 이익을 받는 자에 한정되는바, 사해행위취소소송의 상대방이 된 사해행위의 수익자는, 사해행위가 취소되면 사해행위에 의하여 얻은 이익을 상실하고 사해행위취소권을 행사하는 채권자의 채권이 소멸하면 그와 같은 이익의 상실을 면하는 지위에 있으므로, 그 채권의 소멸에 의하여 직접 이익을 받는 자에 해당하는 것으로 보아야 한다(대법원 2007.11.29, 2007다54849). 즉, 소멸시효를 원용할 수 있는 丙은 이로써 甲에게 대항할 수 있다.

정답 ③

067 ☐☐☐   ○ △ ×

민법상 채무의 종류에 따른 이행지체책임의 발생시기가 잘못 연결된 것을 모두 고른 것은? (당사자 사이에 다른 약정은 없으며, 다툼이 있으면 판례에 따름)

> ㄱ. 부당이득반환채무 - 수익자가 이행청구를 받은 때
> ㄴ. 불확정기한부 채무 - 채무자가 기한의 도래를 안 때
> ㄷ. 동시이행의 관계에 있는 쌍방의 채무 - 쌍방의 이행제공 없이 쌍방 채무의 이행기가 도래한 때

① ㄱ   ② ㄴ   ③ ㄷ
④ ㄱ, ㄴ   ⑤ ㄴ, ㄷ

해설

ㄱ (○) 부당이득반환의무는 이행기한의 정함이 없는 채무이므로 그 채무자는 이행청구를 받은 때에 비로소 지체책임을 진다(민법 제387조 제2항 참조)(대법원 2017.3.30, 2016다253297).

> **제387조(이행기와 이행지체)** ② 채무이행의 기한이 없는 경우에는 채무자는 이행청구를 받은 때로부터 지체책임이 있다.

ㄴ (○) 채무이행의 확정한 기한이 있는 경우에는 채무자는 기한이 도래한 때로부터 지체책임이 있다. 채무이행의 불확정한 기한이 있는 경우에는 채무자는 기한이 도래함을 안 때로부터 지체책임이 있다(동법 제387조 제1항).

ㄷ (×) 쌍무계약에서 쌍방의 채무가 동시이행관계에 있는 경우 일방의 채무의 이행기가 도래하더라도 상대방 채무의 이행제공이 있을 때까지는 그 채무를 이행하지 않아도 이행지체의 책임을 지지 않는 것이며, 이와 같은 효과는 이행지체의 책임이 없다고 주장하는 자가 반드시 동시이행의 항변권을 행사하여야만 발생하는 것은 아니다. 따라서 동시이행관계에 있는 쌍무계약상 자기채무의 이행을 제공하는 경우 그 채무를 이행함에 있어 상대방이 미리 변제받기를 거절하거나 상대방의 행위를 필요로 할 때에는 언제든지 현실로 이행을 할 수 있는 준비를 완료하고 그 뜻을 상대방에게 통지하여 그 수령을 최고하여야만 상대방으로 하여금 이행지체에 빠지게 할 수 있는 것이다(대법원 2023.4.27, 2022다302497).

정답 ③

68 □□□　　○△×

민법 제548조 제1항 단서의 계약해제의 소급효로부터 보호받는 제3자에 해당하지 않는 자는? (다툼이 있으면 판례에 따름)

① X토지에 대한 매매계약이 해제되기 전에 매수인으로부터 X토지를 매수하여 소유권을 취득한 자

② X토지에 대한 매매계약이 해제되기 전에 매수인의 X토지에 저당권을 취득한 자

③ X토지에 대한 매매계약의 해제로 X토지의 소유권을 상실하게 된 매수인으로부터 해제 이전에 X토지를 임차하여 임차권등기를 마친 자

④ X토지에 대한 매매계약이 해제되기 전에 매수인과 매매예약 체결 후 그에 기한 소유권이전등기청구권 보전을 위한 가등기를 마친 자

⑤ X토지에 대한 매매계약이 해제되기 전에 매수인으로부터 X토지에 대한 소유권이전등기청구권을 양도받은 자

해설

① (○) ② (○) ③ (○) ④ (○) 계약해제의 소급효는 제3자의 권리를 해할 수 없으므로, 계약해제 이전에 계약으로 인하여 생긴 법률효과를 기초로 하여 새로운 권리를 취득한 제3자가 있을 때에는 그 계약해제의 소급효는 제한을 받아 그 제3자의 권리를 해하지 아니하는 한도에서만 생긴다(민법 제548조 제1항 단서). 이때 계약해제의 소급효가 제한되는 제3자는 일반적으로 그 해제된 계약으로부터 생긴 법률효과를 기초로 하여 해제 전에 새로운 이해관계를 가졌을 뿐만 아니라 등기, 인도 등으로 권리를 취득한 사람을 말한다(대법원 2021.8.19, 2018다244976). 따라서 소유권·저당권을 취득한 자나 임차권등기·가등기를 마친 자는 제3자에 해당한다 할 것이다.

[보충] 나아가 제3자를 위한 계약에서도 낙약자와 요약자 사이의 법률관계(기본관계)에 기초하여 수익자가 요약자와 원인관계(대

가관계)를 맺음으로써 해제 전에 새로운 이해관계를 갖고 그에 따라 등기, 인도 등을 마쳐 권리를 취득하였다면, 수익자는 민법 제548조 제1항 단서에서 말하는 계약해제의 소급효가 제한되는 제3자에 해당한다고 봄이 타당하다(위 판례).

> **제548조(해제의 효과, 원상회복의무)** ① 당사자 일방이 계약을 해제한 때에는 각 당사자는 그 상대방에 대하여 원상회복의 의무가 있다. 그러나 제삼자의 권리를 해하지 못한다.

⑤ (×) 민법 제548조 제1항 단서에서 규정하고 있는 제3자란 일반적으로 계약이 해제되는 경우 그 해제된 계약으로부터 생긴 법률효과를 기초로 하여 해제 전에 새로운 이해관계를 가졌을 뿐 아니라 등기·인도 등으로 완전한 권리를 취득한 자를 말하고, 계약상의 채권을 양수한 자는 여기서 말하는 제3자에 해당하지 않는다고 할 것인바, 계약이 해제된 경우 계약해제 이전에 해제로 인하여 소멸되는 채권을 양수한 자는 계약해제의 효과에 반하여 자신의 권리를 주장할 수 없음은 물론이고, 나아가 특단의 사정이 없는 한 채무자로부터 이행받은 급부를 원상회복하여야 할 의무가 있다(대법원 2003.1.24, 2000다22850).

정답 ⑤

69 □□□　　○△×

甲, 乙, 丙이 丁에 대하여 9백만 원의 연대채무를 부담하고 있고, 각자의 부담부분은 균등하다. 甲이 丁에 대하여 6백만 원의 상계적상에 있는 반대채권을 가지고 있는 경우에 관한 설명으로 옳은 것은? (당사자 사이에 다른 약정은 없으며, 다툼이 있으면 판례에 따름)

① 甲이 6백만 원에 대해 丁의 채무와 상계한 경우, 남은 3백만 원에 대해 乙과 丙이 丁에게 각각 1백 5십만 원의 분할채무를 부담한다.

② 甲이 6백만 원에 대해 丁의 채무와 상계한 경우 甲, 乙, 丙은 丁에게 3백만 원의 연대채무를 부담한다.

③ 甲이 상계권을 행사하지 않은 경우, 乙과 丙은 甲의 상계권을 행사할 수 없고 甲, 乙, 丙은 丁에게 3백만 원의 연대채무를 부담한다.

④ 甲이 상계권을 행사하지 않은 경우, 乙은 丁을 상대로 甲의 6백만 원에 대해 상계할 수 있고 乙과 丙이 丁에게 각각 1백 5십만 원의 분할채무를 부담한다.

⑤ 甲이 상계권을 행사하지 않은 경우, 丙은 丁을 상대로 甲의 6백만 원에 대해 상계할 수 있고 乙과 丙이 丁에게 3백만 원의 연대채무를 부담한다.

해설

> **제418조(상계의 절대적 효력)** ① 어느 연대채무자가 채권자에 대하여 채권이 있는 경우에 그 채무자가 상계한 때에는 채권은 모든 연대채무자의 이익을 위하여 소멸한다.
> ② 상계할 채권이 있는 연대채무자가 상계하지 아니한 때에는 그 채무자의 부담부분에 한하여 다른 연대채무자가 상계할 수 있다.

① (×) ② (○) 甲이 상계한 경우, 그 채무는 모든 연대채무자의 이익을 위하여 소멸하므로, 甲·乙·丙은 丁에게 3백만 원의 연대채무를 부담한다.
③ (×) ④ (×) ⑤ (×) 甲이 상계하지 아니한 경우, 乙과 丙은 甲의 부담부분인 3백만 원에 한하여 상계할 수 있으므로, 甲·乙·丙은 丁에게 6백만 원의 연대채무를 부담한다.

정답 ②

070 □□□   ○ △ ×

계약의 성립에 관한 설명으로 옳지 않은 것은? (다툼이 있으면 판례에 따름)

① 청약자가 청약의 의사표시를 발송한 후 상대방에게 도달 전에 사망한 경우, 그 청약은 효력을 상실한다.
② 명예퇴직의 신청이 근로계약에 대한 합의해지의 청약에 해당하는 경우, 이에 대한 사용자의 승낙으로 근로계약이 합의해지되기 전에는 근로자가 임의로 그 청약의 의사표시를 철회할 수 있다.
③ 승낙기간을 정하지 않은 청약은 청약자가 상당한 기간 내에 승낙의 통지를 받지 못한 때에는 그 효력을 잃는다.
④ 당사자 사이에 동일한 내용의 청약이 상호 교차된 경우에는 양 청약이 상대방에게 도달한 때에 계약이 성립한다.
⑤ 매도인이 매수인에게 매매계약의 합의해제를 청약한 경우, 매수인이 그 청약에 대하여 조건을 가하여 승낙한 때에는 그 합의해제의 청약은 거절된 것으로 본다.

해설

① (×) 상실한다 → 상실하지 아니한다(민법 제111조 제2항)

> **제111조(의사표시의 효력발생시기)** ② 의사표시자가 그 통지를 발송한 후 사망하거나 제한능력자가 되어도 의사표시의 효력에 영향을 미치지 아니한다.

② (○) 명예퇴직은 근로자가 명예퇴직의 신청(청약)을 하면 사용자가 요건을 심사한 후 이를 승인(승낙)함으로써 합의에 의하여 근로관계를 종료시키는 것으로, 명예퇴직의 신청은 근로계약에 대한 합의해지의 청약에 불과하여 이에 대한 사용자의 승낙이 있어 근로계약이 합의해지되기 전에는 근로자가 임의로 그 청약의 의사표시를 철회할 수 있다(대법원 2003.4.25, 2002다11458).
③ (○) 승낙의 기간을 정하지 아니한 계약의 청약은 청약자가 상당한 기간 내에 승낙의 통지를 받지 못한 때에는 그 효력을 잃는다(동법 제529조).
④ (○) 당사자 간에 동일한 내용의 청약이 상호 교차된 경우에는 양 청약이 상대방에게 도달한 때에 계약이 성립한다(동법 제533조).
⑤ (○) 매매계약 당사자 중 매도인이 매수인에게 매매계약의 합의해제를 청약하였다고 할지라도, 매수인이 그 청약에 대하여 조건을 붙이거나 변경을 가하여 승낙한 때에는 민법 제534조의 규정에 비추어 그 청약의 거절과 동시에 새로 청약한 것으로 보게 되는 것이고, 그로 인하여 종전의 매도인의 청약은 실효된다 할 것이다(대법원 2009.2.12, 2008다71926).

정답 ①

071 □□□   ○ △ ×

매매계약에 관한 설명으로 옳은 것은? (다툼이 있으면 판례에 따름)

① 매매목적물과 대금은 반드시 계약체결 당시에 구체적으로 특정할 필요는 없고, 이를 나중에라도 구체적으로 특정할 수 있는 방법과 기준이 정해져 있으면 매매계약은 성립한다.
② 매도인이 매수인에게 현존하는 타인 소유의 물건을 매도하기로 약정한 경우, 그 매매계약은 원시적 불능에 해당하여 효력이 없다.
③ 매매예약완결권은 당사자 사이에 다른 약정이 없는 한 10년 내에 이를 행사하지 않으면 시효로 소멸한다.
④ 매도인과 매수인이 해제권을 유보하기 위해 계약금을 교부하기로 합의한 후 매수인이 약정한 계약금의 일부만 지급한 경우, 매도인은 실제 지급받은 금원의 배액을 상환하고 매매계약을 해제할 수 있다.
⑤ 매매계약에 관한 비용은 다른 약정이 없으면 매수인이 부담한다.

해설

① (○) 매매는 당사자 일방이 재산권을 상대방에게 이전할 것을 약정하고 상대방이 대금을 지급할 것을 약정함으로써 효력이 발생하는 것이므로, 매매계약은 매도인이 재산권을 이전하는 것과 매수인이 대가로서 대금을 지급하는 것에 관하여 쌍방 당사자의 합의가 이루어짐으로써 성립하는 것이며, 그 경우 매매목적물과 대금은 반드시 계약체결 당시에 구체적으로 특정할 필요는 없고 이를 사후에라도 구체적으로 특정할 수 있는 방법과 기준이 정하여져 있으면 충분하다(대법원 2023.9.14, 2023다22750).
② (×) 특정한 매매의 목적물이 타인의 소유에 속하는 경우라 하더라도, 그 매매계약이 원시적 이행불능에 속하는 내용을 목적으로 하는 당연무효의 계약이라고 볼 수 없다(대법원 1993.9.10, 93다20283).
③ (×) 민법 제564조가 정하고 있는 매매예약에서 예약자의 상대방이 매매예약 완결의 의사표시를 하여 매매의 효력을 생기게 하는 권리, 즉 매매예약의 완결권은 일종의 형성권으로서 당사자 사이에 행사기간을 약정한 때에는 그 기간 내에, 약정이 없는 때에는 예약이 성립한 때부터 10년 내에 이를 행사하여야 하고, 그 기간이 지난 때에는 예약완결권은 제척기간의 경과로 소멸한다(대법원 2018.11.29, 2017다247190).
④ (×) 매도인이 '계약금 일부만 지급된 경우 지급받은 금원의 배액을 상환하고 매매계약을 해제할 수 있다'고 주장한 경우, '실제 교부받은 계약금'의 배액만을 상환하여 매매계약을 해제할 수 있다면 이는 당사자가 일정한 금액을 계약금으로 정한 의사에 반하게 될 뿐 아니라, 교부받은 금원이 소액일 경우에는 사실상 계약을 자유로이 해제할 수 있어 계약의 구속력이 약화되는 결과가 되어 부당하기 때문에 계약금 일부만 지급된 경우, 수령자가 매매계약을 해제할 수 있다고 하더라도 해약금의 기준이 되는 금원은 '실제

교부받은 계약금'이 아니라 '약정 계약금'이라고 봄이 타당하므로, 매도인이 계약금의 일부로서 지급받은 금원의 배액을 상환하는 것으로는 매매계약을 해제할 수 없다(대법원 2015.4.23, 2014다 231378).

⑤ (×) 다른 약정이 없으면 매수인이 → 당사자 쌍방이 균분하여(민법 제566조)

[보충] 이는 임의규정이므로 당사자가 다른 특약을 한 때에는 그에 의한다.

> 제566조(매매계약의 비용의 부담) 매매계약에 관한 비용은 당사자 쌍방이 균분하여 부담한다.

정답 ①

72 □□□   ○ △ ×

조합에 관한 설명으로 옳지 않은 것은? (다툼이 있으면 판례에 따름)

① 조합계약으로 업무집행자를 정하지 아니한 경우에는 조합원의 3분의 2 이상의 찬성으로써 이를 선임한다.
② 조합의 업무집행자가 수인인 때에는 그 과반수로써 업무집행을 결정한다.
③ 조합계약의 당사자가 손익분배의 비율을 정하지 아니한 때에는 각 조합원의 출자가액에 비례하여 이를 정한다.
④ 조합의 채무자는 그 채무와 조합원에 대한 채권으로 상계할 수 있다.
⑤ 2인 조합에서 조합원 1인이 탈퇴하면 조합관계는 종료된다.

해설

① (○) ② (○) 민법 제706조 제1항, 제2항

> 제706조(사무집행의 방법) ① 조합계약으로 업무집행자를 정하지 아니한 경우에는 조합원의 3분의 2 이상의 찬성으로써 이를 선임한다.
> ② 조합의 업무집행은 조합원의 과반수로써 결정한다. 업무집행자 수인인 때에는 그 과반수로써 결정한다.

③ (○) 동법 제711조
④ (×) 상계할 수 있다 → 상계하지 못한다(동법 제715조)

> 제715조(조합채무자의 상계의 금지) 조합의 채무자는 그 채무와 조합원에 대한 채권으로 상계하지 못한다.

⑤ (○) 2인으로 구성된 조합에서 한 사람이 탈퇴하면 조합관계는 종료되나 특별한 사정이 없는 한 조합은 해산이나 청산이 되지 않고, 다만 조합원의 합유에 속한 조합재산은 남은 조합원의 단독 소유에 속하여 탈퇴 조합원과 남은 조합원 사이에는 탈퇴로 인한 계산을 해야 한다(대법원 2021.7.29, 2019다207851).

정답 ④

73 □□□   ○ △ ×

건물 소유를 목적으로 X토지에 관하여 임대인 甲과 임차인 乙 사이에 적법한 임대차계약이 체결되었다. 이에 관한 설명으로 옳지 않은 것은? (다툼이 있으면 판례에 따름)

① 甲과 乙 사이에 체결된 임대차계약에 임대차기간에 관한 약정이 없는 때에는 甲은 언제든지 계약해지의 통고를 할 수 있다.
② 乙이 甲의 동의 없이 X토지를 전대한 경우, 甲은 원칙적으로 乙과의 임대차계약을 해지할 수 있다.
③ X토지의 일부가 乙의 과실 없이 멸실되어 사용·수익할 수 없게 된 경우, 乙은 그 부분의 비율에 의한 차임의 감액을 청구할 수 있다.
④ 토지임차인에게 인정되는 지상물매수청구권은 乙이 X토지 위에 甲의 동의를 얻어 신축한 건물에 한해 인정된다.
⑤ 甲이 변제기를 경과한 최후 2년의 차임채권에 의하여 그 지상에 있는 乙 소유의 건물을 압류한 때에는 저당권과 동일한 효력이 있다.

해설

① (○) 임대차기간의 약정이 없는 때에는 당사자(甲)는 언제든지 계약해지의 통고를 할 수 있다(민법 제635조 제1항).
② (○) 임차인(乙)은 임대인(甲)의 동의 없이 그 권리를 양도하거나 임차물을 전대하지 못한다(동법 제629조 제1항). 따라서 甲은 원칙적으로 乙과의 임대차계약을 해지할 수 있다.
③ (○) 임차물(X토지)의 일부가 임차인(乙)의 과실 없이 멸실 기타 사유로 인하여 사용, 수익할 수 없는 때에는 임차인은 그 부분의 비율에 의한 차임의 감액을 청구할 수 있다(동법 제627조 제1항).
④ (×) 임차인의 지상물매수청구권은 건물 기타 공작물의 소유 등을 목적으로 한 토지임대차의 기간이 만료되었음에도 그 지상시설 등이 현존하고, 또한 임대인이 계약의 갱신에 불응하는 경우에 임차인이 임대인에게 상당한 가액으로 그 지상시설의 매수를 청구할 수 있는 권리라는 점에서 보면, 위 매수청구권의 대상이 되는 건물은 그것이 토지의 임대목적에 반하여 축조되고, 임대인이 예상할 수 없을 정도의 고가의 것이라는 특별한 사정이 없는 한 임대차기간 중에 축조되었다고 하더라도 그 만료 시에 그 가치가 잔존하고 있으면 그 범위에 포함되는 것이고, 반드시 임대차계약 당시의 기존건물이거나 임대인의 동의를 얻어 신축한 것에 한정된다고는 할 수 없다(대법원 1993.11.12, 93다34589).
⑤ (○) 토지임대인(甲)이 변제기를 경과한 최후 2년의 차임채권에 의하여 그 지상에 있는 임차인(乙) 소유의 건물을 압류한 때에는 저당권과 동일한 효력이 있다(동법 제649조).

정답 ④

074 ☐☐☐ ○ △ ✕

부당이득에 관한 설명으로 옳은 것은? (다툼이 있으면 판례에 따름)

① 법률상 원인 없는 이득이 있다면 그 이득으로 인해 타인에게 손해가 발생한 것이 아니더라도 그 타인은 부당이득반환청구를 할 수 있다.

② 변제기에 있지 아니한 채무를 착오 없이 변제한 때에는 그 변제한 것의 반환을 청구할 수 있다.

③ 「부동산 실권리자명의 등기에 관한 법률」에 위반되어 무효인 명의신탁약정에 기하여 타인 명의로 등기를 마쳐 준 것은 당연히 불법원인급여에 해당한다.

④ 선의의 수익자가 패소한 때에는 그 소가 확정된 때로부터 악의의 수익자로 본다.

⑤ 제한행위능력을 이유로 법률행위를 취소한 경우, 제한능력자는 선의·악의를 묻지 않고 그 행위로 인하여 받은 이익이 현존하는 한도에서 상환할 책임이 있다.

해설

① (✕) 부당이득은 법률상 원인 없이 타인의 재산 또는 노무로 인하여 이익을 얻고 이로 인하여 타인에게 손해를 가함으로써 성립하는 것이므로, 법률상 원인 없는 이득이 있다 하더라도 그로 인하여 타인에게 손해가 발생한 것이 아니라면 그 타인은 부당이득반환청구권자가 될 수 없다(대법원 2011.7.28, 2009다100418).

② (✕) 있다 → 없다(민법 제743조)

> **제743조(기한 전의 변제)** 변제기에 있지 아니한 채무를 변제한 때에는 그 반환을 청구하지 못한다. 그러나 채무자가 착오로 인하여 변제한 때에는 채권자는 이로 인하여 얻은 이익을 반환하여야 한다.

③ (✕) 부동산 실권리자명의 등기에 관한 법률(이하 '부동산실명법'이라 한다) 규정의 문언, 내용, 체계와 입법목적 등을 종합하면, 부동산실명법을 위반하여 무효인 명의신탁약정에 따라 명의수탁자 명의로 등기를 하였다는 이유만으로 그것이 당연히 불법원인급여에 해당한다고 단정할 수는 없다(대법원 2019.6.20, 2013다218156).

④ (✕) 소가 확정된 때로부터 → 소를 제기한 때부터(동법 제749조 제2항)

> **제749조(수익자의 악의인정)** ② 선의의 수익자가 패소한 때에는 그 소를 제기한 때부터 악의의 수익자로 본다.

⑤ (○) 무능력자의 책임을 제한하는 민법 제141조 단서는 부당이득에 있어 수익자의 반환범위를 정한 민법 제748조의 특칙으로서 무능력자의 보호를 위해 그 선의·악의를 묻지 아니하고 반환범위를 현존이익에 한정시키려는 데 그 취지가 있으므로, … (대법원 2009.1.15, 2008다58367).

> **제141조(취소의 효과)** 취소된 법률행위는 처음부터 무효인 것으로 본다. 다만, 제한능력자는 그 행위로 인하여 받은 이익이 현존하는 한도에서 상환(償還)할 책임이 있다.

정답 ⑤

---

075 ☐☐☐ ○ △ ✕

불법행위에 관한 설명으로 옳지 않은 것은? (다툼이 있으면 판례에 따름)

① 과실로 불법행위를 방조한 자에 대해서는 공동불법행위가 인정될 수 없다.

② 고의로 심신상실을 초래한 자는 타인에게 심신상실 중에 가한 손해를 배상할 책임이 있다.

③ 사용자가 근로계약에 수반되는 보호의무를 위반함으로써 피용자가 손해를 입은 경우, 사용자는 이를 배상할 책임이 있다.

④ 고의로 불법행위를 한 가해자는 피해자의 손해배상채권을 피해자에 대한 자신의 다른 채권으로 상계할 수 없다.

⑤ 미성년자가 성폭력을 당한 경우에 이로 인한 손해배상청구권의 소멸시효는 그가 성년이 될 때까지는 진행되지 아니한다.

해설

① (✕) 공동불법행위에 있어 방조라 함은 불법행위를 용이하게 하는 직접·간접의 모든 행위를 가리키는 것으로서 형법과 달리 손해의 전보를 목적으로 하여 과실을 원칙적으로 고의와 동일시하는 민법의 해석으로서는 과실에 의한 방조도 가능하다고 할 것이며, 이 경우의 과실내용은 불법행위에 도움을 주지 말아야 할 주의의무가 있음을 전제로 하여 이 의무를 위반하는 것을 말한다(대법원 2014. 4.10, 2011다72011,72028).

> **제760조(공동불법행위자의 책임)** ③ 교사자나 방조자는 공동행위자로 본다.

② (○) 심신상실 중에 타인에게 손해를 가한 자는 배상의 책임이 없다. 그러나 고의 또는 과실로 인하여 심신상실을 초래한 때에는 그러하지 아니하다(민법 제754조).

③ (○) 사용자는 근로계약에 수반되는 신의칙상의 부수적 의무로서 근로자가 노무를 제공하는 과정에서 생명, 신체, 건강을 해치는 일이 없도록 인적·물적 환경을 정비하는 등 필요한 조치를 강구하여야 하는 보호의무를 부담하고, 이러한 보호의무를 위반하여 근로자가 손해를 입었다면 이를 배상할 책임을 진다(대법원 2021. 8.19, 2018다270876).

④ (○) 고의로 불법행위를 한 가해자는 상계로 피해자에게 대항하지 못한다.

> **제496조(불법행위채권을 수동채권으로 하는 상계의 금지)** 채무가 고의의 불법행위로 인한 것인 때에는 그 채무자는 상계로 채권자에게 대항하지 못한다.

⑤ (○) 미성년자가 성폭력, 성추행, 성희롱, 그 밖의 성적(性的) 침해를 당한 경우에 이로 인한 손해배상청구권의 소멸시효는 그가 성년이 될 때까지는 진행되지 아니한다(동법 제766조).

정답 ①

51 □□□   ○ △ ✕

신의성실의 원칙에 관한 설명으로 옳지 않은 것은? (다툼이 있으면 판례에 따름)

① 신의칙은 당사자의 주장이 없더라도 법원이 직권으로 그 위반 여부를 판단할 수 있다.

② 사정변경의 원칙에 기한 계약의 해제가 인정되는 경우, 그 사정에는 계약의 기초가 된 객관적 사정만이 포함된다.

③ 임대차계약에 차임을 증액하지 않기로 하는 특약이 있더라도, 그 특약을 그대로 유지시키는 것이 신의칙에 반한다고 인정될 정도의 사정변경이 있는 경우에는 임대인에게 차임증액청구가 인정될 수 있다.

④ 채무자가 소멸시효 완성을 주장하는 것은 신의칙에 반하여 권리남용으로 될 여지가 없다.

⑤ 강행규정을 위반한 자가 그 위반을 이유로 하여 법률행위의 무효를 주장하는 것은 신의칙 위반으로 될 수 있다.

해설

① (○) 신의성실의 원칙 위반 또는 권리남용은 강행규정에 위배되는 것으로서 당사자의 주장이 없더라도 법원은 직권으로 판단할 수 있다(대법원 2015.3.20, 2013다88829).

② (○) 사정변경으로 인한 계약해제는, 계약성립 당시 당사자가 예견할 수 없었던 현저한 사정변경이 발생하였고 그러한 사정변경이 해제권을 취득하는 당사자에게 책임 없는 사유로 생긴 것으로서 계약내용대로의 구속력을 인정한다면 신의칙에 현저히 반하는 결과가 생기는 경우에 계약준수원칙의 예외로서 인정된다. 여기에서 말하는 사정이라 함은 계약의 기초가 되었던 객관적인 사정으로서 일방 당사자의 주관적 또는 개인적인 사정을 의미하는 것은 아니다(대법원 2022.4.28, 2021다305208).

③ (○) 임대차계약에 있어서 차임불증액의 특약이 있더라도 그 약정 후 그 특약을 그대로 유지시키는 것이 신의칙에 반한다고 인정될 정도의 사정변경이 있다고 보여지는 경우에는 형평의 원칙상 임대인에게 차임증액청구를 인정하여야 한다(대법원 1996.11.12, 96다34061).

④ (✕) 채무자의 소멸시효에 기한 항변권의 행사도 우리 민법의 대원칙인 신의성실의 원칙과 권리남용금지의 원칙의 지배를 받는 것이어서 … 특별한 사정이 있는 경우에는 채무자가 소멸시효의 완성을 주장하는 것이 신의성실의 원칙에 반하여 권리남용으로서 허용될 수 없다(대법원 2008.9.11, 2006다70189).

⑤ (✕) 강행법규를 위반한 자가 스스로 그 약정의 무효를 주장하는 것은 달리 특별한 사정이 없는 한 신의칙에 반한다고 할 수 없다. 만일 그런 주장을 배척한다면 이는 오히려 강행법규에 의하여 배제하려는 결과를 실현시키는 셈이 되어 입법취지를 완전히 몰각하게 되기 때문이다(대법원 2020.11.12, 2017다205295).

정답 ④ · ⑤

52 □□□   ○ △ ✕

미성년자에 관한 설명으로 옳지 않은 것은? (다툼이 있으면 판례에 따름)

① 미성년자가 자신의 채무를 면제하는 것만을 내용으로 하는 채무면제계약에 관해 승낙의 의사표시를 하는 것은 법정대리인의 동의가 없어도 확정적으로 유효하다.

② 법정대리인이 미성년자에게 범위를 정하여 재산의 처분을 허락하는 것은 묵시적으로도 가능하다.

③ 법정대리인이 미성년자에게 특정한 영업을 허락한 경우, 그 영업과 관련된 행위에 대해서 법정대리인의 대리권은 소멸한다.

④ 미성년자는 타인의 임의대리인이 될 수 없다.

⑤ 미성년자가 제한능력을 이유로 자신이 행한 법률행위를 단독으로 취소한 경우, 그 법정대리인은 미성년자가 행한 취소의 의사표시를 다시 취소할 수 없다.

해설

① (○) 단순히 권리만을 얻거나 의무만을 면하는 행위, 예컨대 부담이 없는 증여를 받거나 채무면제청약에 대하여 승낙을 하는 경우 등은 법정대리인의 동의 없이 미성년자 혼자서 유효한 행위로서 할 수 있다. 다만, 이 경우에도 반드시 의사능력을 요한다.

> **제5조(미성년자의 능력)** ① 미성년자가 법률행위를 함에는 법정대리인의 동의를 얻어야 한다. 그러나 권리만을 얻거나 의무만을 면하는 행위는 그러하지 아니하다.

② (○) 미성년자가 법률행위를 함에 있어서 요구되는 법정대리인의 동의는 언제나 명시적이어야 하는 것은 아니고 묵시적으로도 가능한 것이며, 미성년자의 행위가 위와 같이 법정대리인의 묵시적 동의가 인정되거나 처분허락이 있는 재산의 처분 등에 해당하는 경우라면, 미성년자로서는 더 이상 행위무능력을 이유로 그 법률행위를 취소할 수 없다(대법원 2007.11.16, 2005다71659,71666, 71673).

③ (○) 동법 제8조 제1항

[보충] 법정대리인이 미성년자에게 특정한 영업을 허락한 경우, 그 영업에 관하여는 미성년자가 성년자와 동일한 행위능력을 가지게 되므로, 법정대리인의 대리권은 소멸한다.

> **제8조(영업의 허락)** ① 미성년자가 법정대리인으로부터 허락을 얻은 특정한 영업에 관하여는 성년자와 동일한 행위능력이 있다.

④ (✕) 법률행위의 주체는 반드시 행위능력자임을 요하나, 대리행위의 법률효과는 대리인이 아닌 본인에게 귀속되므로, 행위능력자임

을 요하지 아니한다. 따라서 미성년자를 대리인으로 정할 수 있고, 그로 인하여 생기는 불이익은 본인이 감수하면 그만이다. 다만, 의사능력 없는 자의 행위는 법률행위로서 무효이므로, 대리인이라 하더라도 의사능력만은 반드시 가지고 있어야 한다.

> **제117조(대리인의 행위능력)** 대리인은 행위능력자임을 요하지 아니한다.

⑤ (○) 동법 141조

[보충] 미성년자가 제한능력을 이유로 자신이 행한 법률행위를 단독으로 취소한 경우, 그 취소된 법률행위는 처음부터 무효인 것으로 되어 그 법정대리인은 이를 다시 취소할 수 없다.

> **제141조(취소의 효과)** 취소된 법률행위는 처음부터 무효인 것으로 본다. 다만, 제한능력자는 그 행위로 인하여 받은 이익이 현존하는 한도에서 상환(償還)할 책임이 있다.

정답 ④

053 □□□ ○ △ ✕

민법상 법인에 관한 설명으로 옳은 것은? (다툼이 있으면 판례에 따름)

① 생전처분으로 재단법인을 설립하는 자가 서면으로 재산출연의 의사표시를 하였다면 착오를 이유로 이를 취소할 수 없다.
② 생전처분으로 지명채권을 출연하여 재단법인을 설립하는 경우, 그 지명채권은 대외적으로는 양도통지나 채무자의 승낙이 행해진 때 법인의 재산이 된다.
③ 법인의 불법행위를 성립시키는 대표기관에는 법인을 실질적으로 운영하면서 그 법인을 사실상 대표하여 법인의 사무를 집행하는 사람이 포함된다.
④ 법인의 대표기관은 정관 또는 사원총회에 의해 금지되지 않는 한 타인에게 포괄적인 대리권을 수여할 수 있다.
⑤ 법인이 청산종결등기를 하였다면 실제로 청산사무가 종료되지 않았더라도 그 법인은 소멸한다.

해설

① (✕) 민법 제47조 제1항에 의하여 생전처분으로 재단법인을 설립하는 때에 준용되는 민법 제555조는 "증여의 의사가 서면으로 표시되지 아니한 경우에는 각 당사자는 이를 해제할 수 있다."고 함으로써 서면에 의한 증여(출연)의 해제를 제한하고 있으나, 그 해제는 민법총칙상의 취소와는 요건과 효과가 다르므로 서면에 의한 출연이더라도 민법총칙 규정에 따라 출연자가 착오에 기한 의사표시라는 이유로 출연의 의사표시를 취소할 수 있고, 상대방 없는 단독행위인 재단법인에 대한 출연행위라고 하여 달리 볼 것은 아니다(대법원 1999.7.9, 98다9045).

② (✕) 민법 제48조

[보충] 출연재산이 지명채권이면 민법 제48조가 정하는 시기에 법인에게 귀속한다는 데 학설이 일치하고 있다.

> **제48조(출연재산의 귀속시기)** ① 생전처분으로 재단법인을 설

립하는 때에는 출연재산은 법인이 성립된 때로부터 법인의 재산이 된다.

③ (○) 민법 제35조 제1항은 "법인은 이사 기타 대표자가 그 직무에 관하여 타인에게 가한 손해를 배상할 책임이 있다"라고 정한다. 여기서 '법인의 대표자'에는 그 명칭이나 직위 여하, 또는 대표자로 등기되었는지 여부를 불문하고 당해 법인을 실질적으로 운영하면서 법인을 사실상 대표하여 법인의 사무를 집행하는 사람을 포함한다고 해석함이 상당하다(대법원 2011.4.28, 2008다15438).

④ (✕) 포괄적인 → 특정한(동법 제62조)

> **제62조(이사의 대리인 선임)** 이사는 정관 또는 총회의 결의로 금지하지 아니한 사항에 한하여 타인으로 하여금 특정한 행위를 대리하게 할 수 있다.

⑤ (✕) 법인에 대한 청산종결등기가 되었더라도 청산사무가 종결되지 않는 한 그 범위 내에서는 청산법인으로 존속한다(대법원 2021. 6.30, 2018도14261).

정답 ③

054 □□□ ○ △ ✕

물건에 관한 설명으로 옳지 않은 것은? (다툼이 있으면 판례에 따름)

① 특정이 가능하다면 증감·변동하는 유동집합물도 하나의 물건으로 다루어질 수 있다.
② 타인의 토지에 권원 없이 자신의 수목을 식재한 자가 이를 부단히 관리하고 있다면 그 수목은 토지에 부합하지 않는다.
③ 명인방법을 갖춘 수목은 독립하여 거래의 객체가 될 수 있다.
④ 주물·종물 관계는 특별한 사정이 없는 한 동일인 소유의 물건 사이에서 인정된다.
⑤ 주물·종물 법리는 타인 소유 토지 위에 존재하는 건물의 소유권과 그 건물의 부지에 관한 건물소유자의 토지임차권 사이에도 유추적용될 수 있다.

해설

① (○) 일단의 증감 변동하는 동산을 하나의 물건으로 보아 이를 채권담보의 목적으로 삼는 이른바 유동집합물에 대한 양도담보설정계약의 경우 양도담보의 효력이 미치는 범위를 명시하여 제3자에게 불측의 손해를 입히지 않도록 하고 권리관계를 미리 명확히 하여 집행절차가 부당히 지연되지 않도록 하기 위하여 그 목적물을 특정할 필요가 있으므로, 담보목적물은 담보설정자의 다른 물건과 구별될 수 있도록 그 종류, 소재하는 장소 또는 수량의 지정 등의 방법에 의하여 외부적·객관적으로 특정되어 있어야 하고, 목적물의 특정 여부 및 목적물의 범위는 목적물의 종류, 장소, 수량 등에 관한 계약의 전체적 내용, 계약당사자의 의사, 목적물 자체가 가지는 유기적 결합의 정도, 목적물의 성질, 담보물 관리와 이용방법 등 여러 가지 사정을 종합하여 구체적으로 판단하여야 한다(대법원 2013.2.15, 2012다87089).

② (×) 타인의 토지상에 권원 없이 식재한 수목의 소유권은 토지소유자에게 귀속하고 권원에 의하여 식재한 경우에는 그 소유권이 식재한 자에게 있으므로, 권원 없이 식재한 감나무에서 감을 수확한 것은 절도죄에 해당한다(대법원 1998.4.24, 97도3425).

③ (○) 경매의 대상이 된 토지 위에 생립하고 있는 채무자 소유의 미등기수목은 토지의 구성부분으로서 토지의 일부로 간주되어 특별한 사정이 없는 한 토지와 함께 경매되는 것이므로 그 수목의 가액을 포함하여 경매대상토지를 평가하여 이를 최저경매가격으로 공고하여야 하고, 다만 입목에관한법률에 따라 등기된 입목이나 명인방법을 갖춘 수목의 경우에는 독립하여 거래의 객체가 되므로 토지평가에 포함되지 아니한다(대법원 1998.10.28, 98마1817).

④ (○) 종물은 물건의 소유자가 그 물건의 상용에 공하기 위하여 자기 소유인 다른 물건을 이에 부속하게 한 것을 말하므로(민법 제100조 제1항), 주물과 다른 사람의 소유에 속하는 물건은 종물이 될 수 없다(대법원 2008.5.8, 2007다36933,36940).

[보충] 다른 소유자에게 속한 물건 사이에 주물과 종물의 관계를 인정한다면, 그 주물의 처분으로 다른 소유자의 종물이 처분됨으로써 제3자의 권리가 침해될 수 있으므로, 주물과 종물은 원칙적으로 동일한 소유자에게 속하여야 한다.

> 제100조(주물, 종물) ① 물건의 소유자가 그 물건의 상용에 공하기 위하여 자기 소유인 다른 물건을 이에 부속하게 한 때에는 그 부속물은 종물이다.
> ② 종물은 주물의 처분에 따른다.

⑤ (○) 건물의 소유를 목적으로 하여 토지를 임차한 사람이 그 토지 위에 소유하는 건물에 저당권을 설정한 때에는 민법 제358조 본문에 따라서 저당권의 효력이 건물뿐만 아니라 건물의 소유를 목적으로 한 토지의 임차권에도 미친다고 보아야 할 것이므로, 건물에 대한 저당권이 실행되어 경락인이 건물의 소유권을 취득한 때에는 특별한 다른 사정이 없는 한 건물의 소유를 목적으로 한 토지의 임차권도 건물의 소유권과 함께 경락인에게 이전된다(대법원 1993.4.13, 92다24950).

정답 ②

---

055 □□□   ○ △ ×

반사회질서의 법률행위에 관한 설명으로 옳지 않은 것은?
(다툼이 있으면 판례에 따름)

① 과도한 위약벌약정은 법원의 직권감액이 가능하므로 선량한 풍속 기타 사회질서에 반할 여지가 없다.

② 부동산매매계약에서 계약금을 수수한 후 당사자가 매매계약의 이행에 착수하기 전에 제3자가 매도인을 적극 유인하여 해당 부동산을 매수하였다면, 매도인과 제3자 사이의 그 매매계약은 반사회질서의 법률행위가 아니다.

③ 보험사고를 가장하여 보험금을 부정취득할 목적으로 체결된 다수의 생명보험계약은 그 목적에 대한 보험자의 인식 여부를 불문하고 무효이다.

④ 부첩(夫妾)관계의 종료를 해제조건으로 하는 증여계약은 반사회질서의 법률행위로서 무효이다.

⑤ 선량한 풍속 기타 사회질서에 반하는 법률행위의 무효는 그 법률행위를 기초로 하여 새로운 이해관계를 맺은 선의의 제3자에 대해서도 주장할 수 있다.

해설

① (×) 위약벌의 약정은 채무의 이행을 확보하기 위하여 정해지는 것으로서 손해배상의 예정과는 그 내용이 다르므로 손해배상의 예정에 관한 민법 제398조 제2항을 유추적용하여 그 액을 감액할 수는 없고, 다만 그 의무의 강제에 의하여 얻어지는 채권자의 이익에 비하여 약정된 벌이 과도하게 무거울 때에는 그 일부 또는 전부가 공서양속에 반하여 무효로 된다(대법원 2013.7.25, 2013다27015).

② (○) 부동산매매계약에서 계약금만 지급된 단계에서는 어느 당사자나 계약금을 포기하거나 그 배액을 상환함으로써 자유롭게 계약의 구속력에서 벗어날 수 있다. 그러나 중도금이 지급되는 등 계약이 본격적으로 이행되는 단계에 이른 때에는 계약이 취소되거나 해제되지 않는 한 매도인은 매수인에게 부동산의 소유권을 이전해 줄 의무에서 벗어날 수 없다(대법원 2020.5.14, 2019도16228). 따라서 매매계약의 이행에 착수하기 전에 제3자가 매도인을 적극 유인하여 해당 부동산을 매수하였다면, 이는 반사회질서의 법률행위가 아니라 할 것이다.

③ (○) 보험계약자가 다수의 보험계약을 통하여 보험금을 부정취득할 목적으로 보험계약을 체결한 경우 보험계약은 민법 제103조의 선량한 풍속 기타 사회질서에 반하여 무효이다(대법원 2017.4.7, 2014다234827).

④ (○) 부첩관계인 부부생활의 종료를 해제조건으로 하는 증여계약은 그 조건만이 무효인 것이 아니라 증여계약 자체가 무효이다(대법원 1966.6.21, 66다530).

⑤ (○) 민법 제103조
[보충] 이는 절대적 무효이므로 선의의 제3자에 대하여도 주장할 수 있다.

> 제103조(반사회질서의 법률행위) 선량한 풍속 기타 사회질서에 위반한 사항을 내용으로 하는 법률행위는 무효로 한다.

정답 ①

056 □□□ ○ △ ✕

통정허위표시에 관한 설명으로 옳은 것은? (다툼이 있으면 판례에 따름)

① 통정허위표시에 의하여 생긴 채권을 가압류한 경우, 가압류권자는 선의이더라도 통정허위표시와 관련하여 보호받는 제3자에 해당하지 않는다.

② 통정허위표시인 법률행위는 무효이므로 채권자취소권의 대상인 사해행위로 될 수 없다.

③ 표의자의 진의와 표시가 불일치함을 상대방이 명확하게 인식하였다면 그 불일치에 대하여 양자 간에 합의가 없더라도 통정허위표시가 성립한다.

④ 파산관재인이 통정허위표시와 관련하여 보호받는 제3자로 등장하는 경우, 모든 파산채권자가 선의인 경우에 한하여 그의 선의가 인정된다.

⑤ 임대차보증금반환채권을 담보하기 위하여 임대인과 임차인 사이에 임차인을 전세권자로 하는 전세권설정계약이 체결된 경우, 그 계약이 전세권자의 사용·수익을 배제하는 것이 아니라 하더라도 임대차계약과 양립할 수 없는 범위에서는 통정허위표시로 무효이다.

해설

① (✕) 통정한 허위표시에 의하여 외형상 형성된 법률관계로 생긴 채권을 가압류한 경우, 그 가압류권자는 허위표시에 기초하여 새로운 법률상 이해관계를 가지게 되므로 민법 제108조 제2항의 제3자에 해당한다고 봄이 상당하고, 또한 민법 제108조 제2항의 제3자는 선의이면 족하고 무과실은 요건이 아니다(대법원 2004.5.28, 2003다70041).

② (✕) 채무자의 법률행위가 통정허위표시인 경우에도 채권자취소권의 대상이 됨은 마찬가지이다(대법원 2022.5.26, 2021다288020).

③ (✕) 의사표시의 진의와 표시가 일치하지 아니하고, 그 불일치에 관하여 상대방과 사이에 합의가 있는 경우에는, 통정허위표시가 성립한다(대법원 2018.7.24, 2018다220574).

④ (✕) 파산선고에 따라 파산채무자와는 독립한 지위에서 파산채권자 전체의 공동의 이익을 위하여 직무를 행하게 된 파산관재인은 그 허위표시에 따라 외형상 형성된 법률관계를 토대로 실질적으로 새로운 법률상 이해관계를 가지게 된 민법 제108조 제2항의 제3자에 해당하고, 그 선의·악의도 파산관재인 개인의 선의·악의를 기준으로 할 수는 없고, 총파산채권자를 기준으로 하여 파산채권자 모두가 악의로 되지 않는 한 파산관재인은 선의의 제3자라고 할 수밖에 없다(대법원 2013.4.26, 2013다1952).

⑤ (○) 임대차계약에 따른 임대차보증금반환채권을 담보할 목적으로 임대인과 임차인 사이의 합의에 따라 임차인 명의로 전세권설정등기를 마친 경우, 그 전세금의 지급은 이미 지급한 임대차보증금으로 대신한 것이고, 장차 전세권자가 목적물을 사용·수익하는 것을 완전히 배제하는 것도 아니므로, 그 전세권설정등기는 유효하다. … 그러나 그 전세권설정계약은 외관상으로는 그 내용에 차임지급약정이 존재하지 않고 이에 따라 전세금이 연체차임으로 공제되지 않는 등 임대인과 임차인의 진의와 일치하지 않는 부분이 존재한다. 따라서 그러한 전세권설정계약은 위와 같이 임대차계약과 양립할 수 없는 범위에서 통정허위표시에 해당하여 무효라

고 봄이 타당하다. 다만 그러한 전세권설정계약에 의하여 형성된 법률관계에 기초하여 새로이 법률상 이해관계를 가지게 된 제3자에 대하여는 그 제3자가 그와 같은 사정을 알고 있었던 경우에만 그 무효를 주장할 수 있다(대법원 2021.12.30, 2018다268538).

정답 ⑤

057 □□□ ○ △ ✕

대리에 관한 설명으로 옳지 않은 것은?

① 대리인이 그 권한 내에서 본인을 위한 것임을 표시한 의사표시는 직접 본인에게 효력이 생긴다.

② 복대리인은 본인에 대하여 대리인과 동일한 권리의무가 있다.

③ 대리인이 수인(數人)인 때에는 법률 또는 수권행위에서 다른 정함이 없으면 공동으로 본인을 대리한다.

④ 임의대리권은 대리인의 성년후견의 개시로 소멸된다.

⑤ 특정한 법률행위를 위임한 경우에 대리인이 본인의 지시에 좇아 그 행위를 한 때에는, 본인은 자기가 안 사정에 관하여 대리인의 부지(不知)를 주장하지 못한다.

해설

① (○) 대리인이 그 권한 내에서 본인을 위한 것임을 표시한 의사표시는 직접 본인에게 대하여 효력이 생긴다(민법 제114조 제1항).

② (○) 복대리인은 본인이나 제삼자에 대하여 대리인과 동일한 권리의무가 있다(동법 제123조 제2항).

③ (✕) 공동으로 → 각자가(동법 제119조)

> **제119조(각자대리)** 대리인이 수인인 때에는 각자가 본인을 대리한다. 그러나 법률 또는 수권행위에 다른 정한 바가 있는 때에는 그러하지 아니하다.

④ (○) 동법 제127조 제2호

> **제127조(대리권의 소멸사유)** 대리권은 다음 각 호의 어느 하나에 해당하는 사유가 있으면 소멸된다.
> 1. 본인의 사망
> 2. 대리인의 사망, 성년후견의 개시 또는 파산

⑤ (○) 특정한 법률행위를 위임한 경우에 대리인이 본인의 지시에 좇아 그 행위를 한 때에는 본인은 자기가 안 사정 또는 과실로 인하여 알지 못한 사정에 관하여 대리인의 부지를 주장하지 못한다(동법 제116조 제2항).

정답 ③

058 ☐☐☐ ○ △ ✕

대리에 관한 설명으로 옳지 않은 것은? (다툼이 있으면 판례에 따름)

① 대리행위가 강행법규에 위반하여 무효인 경우에도 표현대리가 성립할 수 있다.
② 복임권이 없는 임의대리인이 선임한 복대리인의 행위에도 표현대리가 성립할 수 있다.
③ 하나의 무권대리행위 일부에 대한 본인의 추인은 상대방의 동의가 없으면 무효이다.
④ 무권대리인이 본인을 단독상속한 경우, 특별한 사정이 없는 한 자신이 행한 무권대리행위의 무효를 주장하는 것은 허용되지 않는다.
⑤ 제한능력자가 법정대리인의 동의 없이 계약을 무권대리한 경우, 그 제한능력자는 무권대리인으로서 계약을 이행할 책임을 부담하지 않는다.

해설

① (✕) 계약체결의 요건을 규정하고 있는 강행법규에 위반한 계약은 무효이므로 그 경우에 계약상대방이 선의·무과실이라 하더라도 민법 제107조의 비진의표시의 법리 또는 표현대리(의) 법리가 적용될 여지는 없다(대법원 2016.5.12, 2013다49381).

② (○) 대리인이 사자 내지 임의로 선임한 복대리인을 통하여 권한 외의 법률행위를 한 경우, 상대방이 그 행위자를 대리권을 가진 대리인으로 믿었고 또한 그렇게 믿는 데에 정당한 이유가 있는 때에는, 복대리인 선임권이 없는 대리인에 의하여 선임된 복대리인의 권한도 기본대리권이 될 수 있을 뿐만 아니라, 그 행위자가 사자라고 하더라도 대리행위의 주체가 되는 대리인이 별도로 있고 그들에게 본인으로부터 기본대리권이 수여된 이상, 민법 제126조를 적용함에 있어서 기본대리권의 흠결문제는 생기지 않는다(대법원 1998.3.27, 97다48982).

> **제126조(권한을 넘은 표현대리)** 대리인이 그 권한 외의 법률행위를 한 경우에 제삼자가 그 권한이 있다고 믿을 만한 정당한 이유가 있는 때에는 본인은 그 행위에 대하여 책임이 있다.

③ (○) 무권대리행위의 추인은 무권대리인에 의하여 행하여진 불확정한 행위에 관하여 그 행위의 효과를 자기에게 직접 발생케 하는 것을 목적으로 하는 의사표시이며, 무권대리인 또는 상대방의 동의나 승낙을 요하지 않는 단독행위로서 추인은 의사표시의 전부에 대하여 행하여져야 하고, 그 일부에 대하여 추인을 하거나 그 내용을 변경하여 추인을 하였을 경우에는 상대방의 동의를 얻지 못하는 한 무효이다(대법원 1982.1.26, 81다카549).

④ (○) 甲이 대리권 없이 乙 소유 부동산을 丙에게 매도하여 부동산소유권이전등기등에관한특별조치법에 의하여 소유권이전등기를 마쳐주었다면 그 매매계약은 무효이고 이에 터 잡은 이전등기 역시 무효가 되나, 甲은 乙의 무권대리인으로서 민법 제135조 제1항의 규정에 의하여 매수인인 丙에게 부동산에 대한 소유권이전등기를 이행할 의무가 있으므로 그러한 지위에 있는 甲이 乙로부터 부동산을 상속받아 그 소유자가 되어 소유권이전등기이행의무를 이행하는 것이 가능하게 된 시점에서 자신이 소유자라고 하여 자신으로부터 부동산을 전전매수한 丁에게 원래 자신의 매매행위가 무권대리행위여서 무효였다는 이유로 丁 앞으로 경료된 소유권이

전등기가 무효의 등기라고 주장하여 그 등기의 말소를 청구하거나 부동산의 점유로 인한 부당이득금의 반환을 구하는 것은 금반언의 원칙이나 신의성실의 원칙에 반하여 허용될 수 없다(대법원 1994. 9.27, 94다20617).

⑤ (○) 민법 제135조

> **제135조(상대방에 대한 무권대리인의 책임)** ① 다른 자의 대리인으로서 계약을 맺은 자가 그 대리권을 증명하지 못하고 또 본인의 추인을 받지 못한 경우에는 그는 상대방의 선택에 따라 계약을 이행할 책임 또는 손해를 배상할 책임이 있다.
> ② 대리인으로서 계약을 맺은 자에게 대리권이 없다는 사실을 상대방이 알았거나 알 수 있었을 때 또는 대리인으로서 계약을 맺은 사람이 제한능력자일 때에는 제1항을 적용하지 아니한다.

정답 ①

059 ☐☐☐ ○ △ ✕

법률행위의 무효와 취소에 관한 설명으로 옳은 것은? (다툼이 있으면 판례에 따름)

① 반사회질서의 법률행위는 당사자가 그 무효를 알고 추인하면 원칙적으로 유효가 된다.
② 담보의 제공은 법정추인사유에 해당하지 않는다.
③ 무효행위의 추인은 무효원인이 소멸하기 전에도 할 수 있다.
④ 피성년후견인은 법정대리인의 동의가 있으면 취소할 수 있는 법률행위를 추인할 수 있다.
⑤ 제한능력을 이유로 법률행위가 취소된 경우, 제한능력자는 현존이익의 한도에서 상환할 책임이 있다.

해설

① (✕) 반사회질서의 법률행위는 절대적 무효이므로, 당사자가 그 무효를 알고 추인하더라도 유효로 되지 아니한다.

② (✕) 해당하지 않는다 → 해당한다(민법 제145조 제4호)

> **제145조(법정추인)** 취소할 수 있는 법률행위에 관하여 전조의 규정에 의하여 추인할 수 있는 후에 다음 각 호의 사유가 있으면 추인한 것으로 본다. 그러나 이의를 보류한 때에는 그러하지 아니하다.
> 1. 전부나 일부의 이행
> 2. 이행의 청구
> 3. 경개
> 4. 담보의 제공
> 5. 취소할 수 있는 행위로 취득한 권리의 전부나 일부의 양도
> 6. 강제집행

③ (✕) 취소한 법률행위는 처음부터 무효인 것으로 간주되므로 취소할 수 있는 법률행위가 일단 취소된 이상 그 후에는 취소할 수 있는 법률행위의 추인에 의하여 이미 취소되어 무효인 것으로 간주된 당초의 의사표시를 다시 확정적으로 유효하게 할 수는 없고, 다만 무효인 법률행위의 추인의 요건과 효력으로서 추인할 수는 있으나, 무효행위의 추인은 그 무효원인이 소멸한 후에 하여야 그 효력이 있고, … (대법원 1997.12.12, 95다38240).

④ (×) 제한능력자이더라도 미성년자(동법 제5조)와 피한정후견인(동법 제13조)은 법정대리인의 동의를 얻어 유효한 법률행위를 할 수 있는 반면, 피성년후견인은 법정대리인의 동의를 얻더라도 유효한 법률행위를 할 수 없으므로, 추인 또한 할 수 없다.
[보충] 취소원인이 소멸되거나, 성년후견이 종료된 본인이 추인하거나, 법정대리인이 추인하는 경우에는 가능하다.

> **제5조(미성년자의 능력)** ① 미성년자가 법률행위를 함에는 법정대리인의 동의를 얻어야 한다. 그러나 권리만을 얻거나 의무만을 면하는 행위는 그러하지 아니하다.
> **제13조(피한정후견인의 행위와 동의)** ① 가정법원은 피한정후견인이 한정후견인의 동의를 받아야 하는 행위의 범위를 정할 수 있다.

⑤ (○) 취소된 법률행위는 처음부터 무효인 것으로 본다. 다만, 제한능력자는 그 행위로 인하여 받은 이익이 현존하는 한도에서 상환(償還)할 책임이 있다(동법 제141조).

정답 ⑤

---

060 □□□ ○ △ ×

민법상 기간에 관한 설명으로 옳지 않은 것은?
① 연령계산에는 출생일을 산입한다.
② 월의 처음으로부터 기간을 기산하지 아니하는 때에는 최후의 월에서 그 기산일에 해당한 날의 익일로 기간이 만료한다.
③ 기간의 말일이 공휴일에 해당한 때에는 기간은 그 익일로 만료한다.
④ 기간을 분으로 정한 때에는 즉시로부터 기산한다.
⑤ 기간을 월로 정한 때에는 역(曆)에 의하여 계산한다.

해설
① (○) 나이는 출생일을 산입하여 만(滿) 나이로 계산하고, 연수(年數)로 표시한다. 다만, 1세에 이르지 아니한 경우에는 월수(月數)로 표시할 수 있다(민법 제158조).
② (×) ⑤ (○) 익일 → 전일(동법 제160조 제2항)

> **제160조(역에 의한 계산)** ① 기간을 주, 월 또는 연으로 정한 때에는 역에 의하여 계산한다.
> ② 주, 월 또는 연의 처음으로부터 기간을 기산하지 아니하는 때에는 최후의 주, 월 또는 연에서 그 기산일에 해당한 날의 전일로 기간이 만료한다.

③ (○) 기간의 말일이 토요일 또는 공휴일에 해당한 때에는 기간은 그 익일로 만료한다(동법 제161조).
④ (○) 기간을 시, 분, 초로 정한 때에는 즉시로부터 기산한다(동법 제156조).

정답 ②

---

061 □□□ ○ △ ×

조건과 기한에 관한 설명으로 옳은 것은? (다툼이 있으면 판례에 따름)
① 기한의 이익을 가지고 있는 채무자가 그가 부담하는 담보제공의무를 이행하지 아니하더라도 그 기한의 이익은 상실되지 않는다.
② 해제조건 있는 법률행위는 조건이 성취한 때로부터 그 효력이 생긴다.
③ 기성조건이 정지조건이면 그 법률행위는 무효로 한다.
④ 기한이익 상실특약은 특별한 사정이 없는 한 정지조건부 기한이익 상실특약으로 본다.
⑤ 기한은 원칙적으로 채무자의 이익을 위한 것으로 추정한다.

해설
① (×) 아니하더라도 → 아니하면, 상실되지 않는다 → 상실된다(민법 제388조 제2호)

> **제388조(기한의 이익의 상실)** 채무자는 다음 각 호의 경우에는 기한의 이익을 주장하지 못한다.
> 1. 채무자가 담보를 손상, 감소 또는 멸실하게 한 때
> 2. 채무자가 담보제공의 의무를 이행하지 아니한 때

② (×) 효력이 생긴다 → 효력을 잃는다(동법 제147조 제2항)

> **제147조(조건성취의 효과)** ② 해제조건 있는 법률행위는 조건이 성취한 때로부터 그 효력을 잃는다.

③ (×) 무효로 → 조건 없는 법률행위로(동법 제151조 제2항)

> **제151조(불법조건, 기성조건)** ② 조건이 법률행위의 당시 이미 성취한 것인 경우에는 그 조건이 정지조건이면 조건 없는 법률행위로 하고 해제조건이면 그 법률행위는 무효로 한다.

④ (×) 기한이익 상실의 특약은 그 내용에 의하여 일정한 사유가 발생하면 채권자의 청구 등을 요함이 없이 당연히 기한의 이익이 상실되어 이행기가 도래하는 것으로 하는 정지조건부 기한이익 상실의 특약과 일정한 사유가 발생한 후 채권자의 통지나 청구 등 채권자의 의사행위를 기다려 비로소 이행기가 도래하는 것으로 하는 형성권적 기한이익 상실의 특약의 두 가지로 대별할 수 있고, 기한이익 상실의 특약이 위의 양자 중 어느 것에 해당하느냐는 당사자의 의사해석의 문제이지만 일반적으로 기한이익 상실의 특약이 채권자를 위하여 둔 것인 점에 비추어 명백히 정지조건부 기한이익 상실의 특약이라고 볼 만한 특별한 사정이 없는 이상 형성권적 기한이익 상실의 특약으로 추정하는 것이 타당하다(대법원 2010.8.26, 2008다42416,42423).
⑤ (○) 기한은 채무자의 이익을 위한 것으로 추정한다(동법 제153조 제1항).

정답 ⑤

62 □□□ ○ △ ×

소멸시효의 중단에 관한 설명으로 옳지 않은 것은? (다툼이 있으면 판례에 따름)

① 3년의 소멸시효기간이 적용되는 채권이 지급명령에서 확정된 경우, 그 시효기간은 10년으로 한다.

② 채권자가 동일한 목적을 달성하기 위하여 복수의 채권을 가지고 있는 경우, 특별한 사정이 없으면 그중 하나의 채권을 행사한 것만으로는 다른 채권에 대한 시효중단의 효력은 없다.

③ 대항요건을 갖추지 못한 채권양도의 양수인이 채무자를 상대로 재판상 청구를 하여도 시효중단사유인 재판상 청구에 해당하지 아니한다.

④ 채권자가 최고를 여러 번 거듭하다가 재판상 청구를 한 경우, 시효중단의 효력은 재판상 청구를 한 시점을 기준으로 하여 이로부터 소급하여 6월 이내에 한 최고 시에 발생한다.

⑤ 동일한 당사자 사이에 계속적 거래관계로 인한 수개의 금전채무가 있고, 채무자가 그 채무 전액을 변제하기에는 부족한 금액으로 채무의 일부를 변제하는 경우에 그 수개의 채무 전부에 관하여 시효중단의 효력이 발생하는 것이 원칙이다.

해설

① (○) 민사소송법 제474조, 민법 제165조 제2항에 의하면, 지급명령에서 확정된 채권은 단기의 소멸시효에 해당하는 것이라도 그 소멸시효기간이 10년으로 연장된다(대법원 2009.9.24, 2009다39530).

> **제163조(3년의 단기소멸시효)** 다음 각 호의 채권은 3년간 행사하지 아니하면 소멸시효가 완성한다. 〈개정 1997.12.13.〉
> **제165조(판결 등에 의하여 확정된 채권의 소멸시효)** ① 판결에 의하여 확정된 채권은 단기의 소멸시효에 해당한 것이라도 그 소멸시효는 10년으로 한다.

② (○) 채권자가 동일한 목적을 달성하기 위하여 복수의 채권을 갖고 있는 경우, 채권자로서는 그 선택에 따라 권리를 행사할 수 있되, 그중 어느 하나의 청구를 한 것만으로는 다른 채권 그 자체를 행사한 것으로 볼 수는 없으므로, 특별한 사정이 없는 한 다른 채권에 대한 소멸시효 중단의 효력은 없다(대법원 2023.6.29, 2020다47031).

③ (×) 민사소송법 제265조에 의하면 시효중단사유 중 하나인 '재판상의 청구'(민법 제168조 제1호, 제170조)는 소를 제기한 때 시효중단의 효력이 발생한다. 그런데 채권양도로 채권은 그 동일성을 잃지 않고 양도인으로부터 양수인에게 이전되며 이러한 법리는 채권양도의 대항요건을 갖추지 못하였다고 하더라도 마찬가지인 점, 민법 제149조의 "조건의 성취가 미정한 권리의무는 일반규정에 의하여 처분, 상속, 보존 또는 담보로 할 수 있다."라는 규정은 대항요건을 갖추지 못하여 채무자에게 대항하지 못하더라도 채권양도로 채권을 이전받은 양수인의 경우에도 그대로 준용될 수 있는 점, 채무자를 상대로 재판상 청구를 한 채권양수인을 '권리 위에 잠자는 자'라고 할 수 없는 점 등에 비추어 보면, 비록 대항요건을 갖추지 못하여 채무자에게 대항하지 못한다고 하더라도 채권의

양수인이 채무자를 상대로 재판상 청구를 하였다면 이는 소멸시효 중단사유인 재판상 청구에 해당한다고 보아야 한다(대법원 2018. 6.15, 2018다10920).

④ (○) 민법 제174조가 시효중단사유로 규정하고 있는 최고를 여러 번 거듭하다가 재판상 청구 등을 한 경우에 시효중단의 효력은 항상 최초의 최고 시에 발생하는 것이 아니라 재판상 청구 등을 한 시점을 기준으로 하여 이로부터 소급하여 6월 이내에 한 최고 시에 발생하고, 민법 제170조의 해석상 재판상의 청구는 그 소송이 취하된 경우에는 그로부터 6월 내에 다시 재판상의 청구를 하지 않는 한 시효중단의 효력이 없고, 다만 재판 외의 최고의 효력만을 갖게 된다. 이러한 법리는 그 소가 각하된 경우에도 마찬가지로 적용된다(대법원 2019.3.14, 2018두56435).

⑤ (○) 동일 당사자 간의 계속적인 금전거래로 인하여 수개의 금전채무가 있는 경우에 채무의 일부변제는 채무의 일부로서 변제한 이상 그 채무 전부에 관하여 시효중단의 효력을 발생하는 것으로 보아야 하고 동일 당사자 간에 계속적인 거래관계로 인하여 수개의 금전채무가 있는 경우에 채무자가 전 채무액을 변제하기에 부족한 금액을 채무의 일부로 변제한 때에는 특별한 사정이 없는 한 기존의 수개의 채무 전부에 대하여 승인을 하고 변제한 것으로 보는 것이 상당하다(대법원 1980.5.13, 78다1790).
[보충] 시효완성 전에 채무의 일부를 변제한 경우에는 그 수액에 관하여 다툼이 없는 한 채무승인으로서의 효력이 있어 채무 전부에 관하여 시효중단의 효력이 발생하고, 이는 채무자가 시효완성 전에 채무의 일부를 상계한 경우에도 마찬가지로 볼 수 있다(대법원 2022.5.26, 2021다271732).

정답 ③

63 □□□ ○ △ ×

민법상 채권의 목적에 관한 설명으로 옳지 않은 것은? (다툼이 있으면 판례에 따름)

① 선택채권의 경우, 특별한 사정이 없는 한 선택의 효력은 소급하지 않는다.

② 금전으로 가액을 산정할 수 없는 것이라도 채권의 목적으로 할 수 있다.

③ 종류채권의 경우, 목적물이 특정된 때부터 그 특정된 물건이 채권의 목적물이 된다.

④ 특정물매매계약의 매도인은 특별한 사정이 없는 한 그 목적물을 인도할 때까지 선량한 관리자의 주의로 그 물건을 보존하여야 한다.

⑤ 금전채무에 관하여 이행지체에 대비한 지연손해금 비율을 따로 약정한 경우, 그 약정은 일종의 손해배상액의 예정이다.

해설

① (×) 소급하지 않는다 → 그 채권이 발생한 때에 소급한다(민법 제386조)

> **제386조(선택의 소급효)** 선택의 효력은 그 채권이 발생한 때에 소급한다. 그러나 제삼자의 권리를 해하지 못한다.

② (○) 동법 제373조

③ (○) 동법 제375조 제2항

[보충] 종류채권의 목적물은 종류·수량에 의하여 추상적으로 정하여져 있을 뿐이므로, 그 채무가 실제로 이행되기 위하여는 동종의 물건 가운데 일정한 물건이 채권의 목적물로서 구체적으로 확정되어야 하는데, 이를 종류채권(의 목적물)의 특정이라고 한다.

> 제375조(종류채권) ② 전항의 경우에 채무자가 이행에 필요한 행위를 완료하거나 채권자의 동의를 얻어 이행할 물건을 지정한 때에는 그때로부터 그 물건을 채권의 목적물로 한다.

④ (○) 특정물의 인도가 채권의 목적인 때에는 채무자는 그 물건을 인도하기까지 선량한 관리자의 주의로 보존하여야 한다(동법 제374조).

⑤ (○) 민법 제398조 제2항은 손해배상의 예정액이 부당히 과다한 경우에는 법원이 이를 적당히 감액할 수 있다고 규정하고 있고, 금전채무의 불이행에 관하여 적용을 배제하지 않고 있다. 또한 이자제한법 제6조는 법원은 당사자가 금전을 목적으로 한 채무의 불이행에 관하여 예정한 배상액을 부당하다고 인정한 때에는 상당한 액까지 이를 감액할 수 있다고 규정하고 있다. 따라서 금전채무에 관하여 이행지체에 대비한 지연손해금 비율을 따로 약정한 경우에 이는 손해배상액의 예정으로서 감액의 대상이 된다(대법원 2017.8.18, 2017다52265).

정답 ①

064 ☐☐☐   ○ △ ✕

甲과 乙은 A에 대하여 2억 원의 연대채무를 부담하고 있으며, 甲과 乙 사이의 부담부분은 균등하다. 이에 관한 설명으로 옳은 것은? (다툼이 있으면 판례에 따름)

① 甲의 A에 대한 위 채무가 시효완성으로 소멸한 경우, 乙도 A에 대하여 위 채무 전부를 이행할 의무를 면한다.

② 甲이 A에게 2억 원의 상계할 채권을 가지고 있음에도 상계를 하지 않는 경우, 乙은 甲이 A에게 가지는 2억 원의 채권으로 위 채무 전부를 상계할 수 있다.

③ A가 甲에 대하여 채무의 이행을 청구하여 시효가 중단된 경우, 乙에게도 시효중단의 효력이 있다.

④ A의 신청에 의한 경매개시결정에 따라 甲 소유의 부동산이 압류되어 시효가 중단된 경우, 乙에게도 시효중단의 효력이 있다.

⑤ A가 甲에 대하여 위 채무를 전부 면제해 준 경우, 乙도 A에 대하여 위 채무 전부를 이행할 의무를 면한다.

해설

① (✕) 위 채무 전부를 → 그 부담부분인 1억 원에 한하여(민법 제421조)

> 제421조(소멸시효의 절대적 효력) 어느 연대채무자에 대하여 소멸시효가 완성한 때에는 그 부담부분에 한하여 다른 연대채무자도 의무를 면한다.

② (✕) 위 채무 전부를 → 그 부담부분인 1억 원에 한하여(동법 제

418조 제2항

> 제418조(상계의 절대적 효력) ② 상계할 채권이 있는 연대채무자가 상계하지 아니한 때에는 그 채무자의 부담부분에 한하여 다른 연대채무자가 상계할 수 있다.

③ (○) 동법 제416조, 제168조 제1호

> 제168조(소멸시효의 중단사유) 소멸시효는 다음 각 호의 사유로 인하여 중단된다.
> 1. 청구
> 2. 압류 또는 가압류, 가처분
> 3. 승인
> 제416조(이행청구의 절대적 효력) 어느 연대채무자에 대한 이행청구는 다른 연대채무자에게도 효력이 있다.

④ (✕) 있다 → 없다(동법 제423조)

> 제423조(효력의 상대성의 원칙) 전7조의 사항 외에는 어느 연대채무자에 관한 사항은 다른 연대채무자에게 효력이 없다.

⑤ (✕) 위 채무 전부를 → 그 부담부분인 1억 원에 한하여(동법 제419조)

> 제419조(면제의 절대적 효력) 어느 연대채무자에 대한 채무면제는 그 채무자의 부담부분에 한하여 다른 연대채무자의 이익을 위하여 효력이 있다.

정답 ③

065 ☐☐☐   ○ △ ✕

채권자대위권에 관한 설명으로 옳지 않은 것은? (다툼이 있으면 판례에 따름)

① 물권적 청구권도 채권자대위권의 피보전권리가 될 수 있다.

② 피보전채권의 이행기가 도래하기 전이라도 채권자는 법원의 허가를 얻어 채무자의 제3자에 대한 채권자취소권을 대위행사할 수 있다.

③ 민법상 조합원의 조합탈퇴권은 특별한 사정이 없는 한 채권자대위권의 목적이 될 수 없다.

④ 행사상 일신전속권은 채권자대위권의 목적이 되지 못한다.

⑤ 채권자대위소송에서 피보전채권의 존재 여부는 법원의 직권조사사항이다.

해설

① (○) 채권자는 채무자에 대한 채권을 보전하기 위하여 채무자를 대위해서 채무자의 권리를 행사할 수 있는바, … 피보전채권이 특정채권이라 하여 반드시 순차매도 또는 임대차에 있어 소유권이전등기청구권이나 인도청구권 등의 보전을 위한 경우에만 한하여 채권자대위권이 인정되는 것은 아니며, 물권적 청구권에 대하여도 채권자대위권에 관한 민법 제404조의 규정과 위와 같은 법리가 적용될 수 있다(대법원 2007.5.10, 2006다82700,82717).

② (○) ④ (○) 채권자취소권도 채권자가 채무자를 대위하여 행사

하는 것이 가능하다(대법원 2001.12.27, 2000다73049).

> **제404조(채권자대위권)** ① 채권자는 자기의 채권을 보전하기 위하여 채무자의 권리를 행사할 수 있다. 그러나 일신에 전속한 권리는 그러하지 아니하다.
> ② 채권자는 그 채권의 기한이 도래하기 전에는 법원의 허가 없이 전항의 권리를 행사하지 못한다. 그러나 보전행위는 그러하지 아니하다.

③ (×) 민법상 조합원은 조합의 존속기간이 정해져 있는 경우 등을 제외하고는 원칙적으로 언제든지 조합에서 탈퇴할 수 있고(민법 제716조 참조), 조합원이 탈퇴하면 그 당시의 조합재산상태에 따라 다른 조합원과 사이에 지분의 계산을 하여 지분환급청구권을 가지게 되는바(민법 제719조 참조), 조합원이 조합을 탈퇴할 권리는 그 성질상 조합계약의 해지권으로서 그의 일반재산을 구성하는 재산권의 일종이라 할 것이고 채권자대위가 허용되지 않는 일신전속적 권리라고는 할 수 없다(대법원 2007.11.30, 2005마1130).
[보충] 대법원은 골프클럽회원인 채무자의 '회원가입계약해지권'에 대한 대위행사가 문제된 경우, 임대인인 채무자의 '임대차계약해지권'에 대한 대위행사가 문제된 경우, 조합원인 채무자의 '조합을 탈퇴할 권리'에 대한 대위행사가 문제된 경우 등에서도 채권자대위권 행사가 가능하다고 판단해 왔다(2020.5.21, 2018다879).

⑤ (○) 채권자대위소송에서 대위에 의하여 보전될 채권자의 채무자에 대한 권리(피보전채권)가 존재하는지 여부는 소송요건으로서 법원의 직권조사사항이므로, 법원으로서는 그 판단의 기초자료인 사실과 증거를 직권으로 탐지할 의무까지는 없다 하더라도, 법원에 현출된 모든 소송자료를 통하여 살펴보아 피보전채권의 존부에 관하여 의심할 만한 사정이 발견되면 직권으로 추가적인 심리·조사를 통하여 그 존재 여부를 확인하여야 할 의무가 있다(대법원 2009.4.23, 2009다3234).

> **정답** ③

---

66 ☐☐☐ ○ △ ✕

채무인수에 관한 설명으로 옳지 않은 것은? (다툼이 있으면 판례에 따름)

① 중첩적 채무인수는 채권자와 인수인 사이의 합의가 있으면 채무자의 의사에 반하여서도 이루어질 수 있다.
② 채무자와 인수인의 계약에 의한 면책적 채무인수는 채권자의 승낙이 없더라도 면책적 채무인수의 효력이 있다.
③ 채무인수가 면책적인지 중첩적인지 불분명한 경우에는 중첩적 채무인수로 본다.
④ 면책적 채무인수인은 전(前)채무자의 항변할 수 있는 사유로 채권자에게 대항할 수 있다.
⑤ 전(前)채무자의 채무에 대한 보증은 보증인의 동의가 없는 한 면책적 채무인수로 인하여 소멸한다.

> **해설**

① (○) 중첩적 채무인수는 채권자와 채무인수인과의 합의가 있는 이상 채무자의 의사에 반하여서도 이루어질 수 있다(대법원 1988. 11.22, 87다카1836).
② (×) 채무인수의 효력이 생기기 위하여 채권자의 승낙을 요하는

것은 면책적 채무인수의 경우에 한하고, 채무인수가 면책적인가 중첩적인가 하는 것은 채무인수계약에 나타난 당사자 의사의 해석에 관한 문제이다(대법원 1998.11.24, 98다33765). 따라서 채권자의 승낙이 없으면 면책적 채무인수의 효력도 없다.
③ (○) 채무인수가 면책적인가 중첩적인가 하는 것은 채무인수계약에 나타난 당사자 의사의 해석에 관한 문제이고, 그 채무인수가 면책적 인수인지, 중첩적 인수인지가 분명하지 아니한 때에는 이를 중첩적으로 인수한 것으로 보아야 한다(대법원 2021.9.30, 2019다209345).
④ (○) 인수인은 전채무자의 항변할 수 있는 사유로 채권자에게 대항할 수 있다(민법 제458조).
⑤ (○) 전채무자의 채무에 대한 보증이나 제삼자가 제공한 담보는 채무인수로 인하여 소멸한다. 그러나 보증인이나 제삼자가 채무인수에 동의한 경우에는 그러하지 아니하다(동법 제459조).

> **정답** ②

---

67 ☐☐☐ ○ △ ✕

甲은 乙에 대하여 A채무(원본: 5천만 원, 대여일: 2021년 3월 1일, 이자: 월 0.5%, 변제기: 2021년 4월 30일)와 B채무(원본: 4천만 원, 대여일: 2021년 4월 1일, 이자: 월 1%, 변제기: 2021년 5월 31일)를 부담하고 있다. 이에 관한 설명으로 옳은 것을 모두 고른 것은? (다툼이 있으면 판례에 따름)

> ㄱ. 甲은 2021년 6월 5일에 5천만 원을 변제하면서 乙과의 합의로 B채무의 원본에 충당한 후 나머지는 A채무의 원본에 충당하는 것으로 정할 수 있다.
> ㄴ. 甲이 2021년 6월 5일에 5천만 원을 변제하면서 법정충당이 이루어지는 경우, B채무에 보증인이 있다면 A채무의 변제에 먼저 충당된다.
> ㄷ. 甲이 2021년 5월 3일에 5천만 원을 변제하면서 법정충당이 이루어지는 경우, B채무에 먼저 충당된다.
> ㄹ. 甲이 2021년 4월 28일에 5천만 원을 변제하면서 법정충당이 이루어지는 경우, B채무에 먼저 충당된다.

① ㄱ, ㄴ   ② ㄱ, ㄹ   ③ ㄴ, ㄷ
④ ㄱ, ㄷ, ㄹ   ⑤ ㄴ, ㄷ, ㄹ

> **해설**

ㄱ (○) 합의충당은 모든 것에 우선하므로, 이는 옳다.
ㄴ (×) 2021.6.5. 법정충당이 이루어지는 경우, 두 채무 모두 이행기가 도래하였고, 판례는 두 채무 사이에 보증인으로 인한 변제이익은 없다고 판시하고 있으므로, 고이율인 B채무의 변제에 먼저 충당된다.
[보충] 변제자가 주채무자인 경우에 보증인이 있는 채무와 보증인이 없는 채무 사이에 있어서 전자가 후자에 비하여 변제이익이 더 많다고 볼 근거는 전혀 없어 양자는 변제이익의 점에 있어 차이가 없다(대법원 1985.3.12, 84다카2093).
ㄷ (×) 2021.5.3. 법정충당이 이루어지는 경우, 이행기가 도래한 A채무의 변제에 충당된다.
ㄹ (○) 2021.4.28. 법정충당이 이루어지는 경우, 두 채무 모두 이행

기가 도래하지 아니하였으므로, 고이율인 B채무의 변제에 먼저 충당된다.

> **법정충당의 방법**
> - 이행기가 도래한 채무의 변제에 충당
> - 채무 전부의 이행기가 도래하였거나 도래하지 아니한 경우: 변제자를 기준으로 변제이익이 많은 채무의 변제에 충당
>   ※ 무이자·저이율·무담보·연대채무 < 이자부·고이율·담보부·단순채무
> - 변제이익이 같은 경우: 이행기가 도래하였거나 먼저 도래할 채무의 변제에 충당
> - 기한이 정하여져 있지 아니한 경우: 채무는 그 발생 시에 이행기에 있게 되므로, 먼저 성립한 채무의 변제에 충당
> - 위와 같은 표준에 의하여 선후를 정할 수 없는 경우: 각 채무들의 채무액에 비례하여 변제에 충당

정답 ②

---

068 □□□ ○ △ ×

상계에 관한 설명으로 옳은 것은? (다툼이 있으면 판례에 따름)

① 고의의 불법행위로 인하여 손해배상채무를 부담하는 자는 그 채무를 수동채권으로 하여 상계하지 못한다.
② 자동채권의 변제기는 도래하였으나 수동채권의 변제기가 도래하지 않은 경우에는 상계를 할 수 없다.
③ 채권자가 주채무자에 대하여 상계적상에 있는 자동채권을 상계하지 않는 경우, 보증채무자는 이를 이유로 보증한 채무의 이행을 거부할 수 있다.
④ 채무자는 채권양도를 승낙한 후에도 양도인에 대한 채권을 새로 취득한 경우에 이를 가지고 양수인에 대하여 상계할 수 있다.
⑤ 벌금형이 확정된 경우, 그 벌금채권은 상계의 자동채권이 될 수 없다.

해설

① (○) 채무가 고의의 불법행위로 인한 것인 때에는 그 채무자는 상계로 채권자에게 대항하지 못한다(민법 제496조).
② (×) 민법상 상계가 유효하려면 쌍방의 채권 모두가 변제기에 있을 것을 요하나, 이는 자동채권과 수동채권에 따라 다르다. 자동채권은 반드시 변제기에 있어야 하는 반면, 수동채권은 반드시 변제기에 있을 필요 없다. 즉, 자동채권의 변제기가 도래한 이상 수동채권의 변제기 도래 여부와 상관없이 기한의 이익을 포기함으로써 상계할 수 있다.
③ (×) 상계는 단독행위로서 상계를 할지는 채권자의 의사에 따른 것이고 상계적상에 있는 자동채권이 있다고 하여 반드시 상계를 해야 할 것은 아니다. 채권자가 주채무자에 대하여 상계적상에 있는 자동채권을 상계하지 않았다고 하여 이를 이유로 보증채무자가 보증한 채무의 이행을 거부할 수 없으며 나아가 보증채무자의 책임이 면책되는 것도 아니다(대법원 2018.9.13, 2015다209347).
④ (×) 채무자는 채권양도를 승낙한 후에 취득한 양도인에 대한 채권

으로써 양수인에 대하여 상계로써 대항하지 못한다(대법원 1984.9.11, 83다카2288).
⑤ (×) 상계는 쌍방이 서로 상대방에 대하여 같은 종류의 급부를 목적으로 하는 채권을 가지고 자동채권의 변제기가 도래하였을 것을 그 요건으로 하는 것인데, 형벌의 일종인 벌금도 일정 금액으로 표시된 추상적 경제가치를 급부목적으로 하는 채권인 점에서는 다른 금전채권들과 본질적으로 다를 것이 없고, 다만 발생의 법적 근거가 공법관계라는 점에서만 차이가 있을 뿐이나 채권발생의 법적 근거가 무엇인지는 급부의 동종성을 결정하는 데 영향이 없으며, 벌금형이 확정된 이상 벌금채권의 변제기는 도래한 것이므로 달리 이를 금하는 특별한 법률상 근거가 없는 이상 벌금채권은 적어도 상계의 자동채권이 되지 못할 아무런 이유가 없다.

정답 ①

---

069 □□□ ○ △ ×

계약의 성립에 관한 설명으로 옳지 않은 것은? (다툼이 있으면 판례에 따름)

① 청약은 상대방이 있는 의사표시이지만, 상대방은 청약 당시에 특정되어 있지 않아도 된다.
② 관습에 의하여 승낙의 통지가 필요하지 않은 경우에 계약은 승낙의 의사표시로 인정되는 사실이 있는 때에 성립한다.
③ 청약이 상대방에게 발송된 후 도달하기 전에 발생한 청약자의 사망은 그 청약의 효력에 영향을 미치지 아니한다.
④ 승낙자가 승낙기간을 도과한 후 승낙을 발송한 경우에 이를 수신한 청약자가 승낙의 연착을 통지하지 아니하면, 그 승낙은 연착되지 아니한 것으로 본다.
⑤ 교차청약에 의한 격지자 간 계약은 양(兩) 청약이 상대방에게 모두 도달한 때에 성립한다.

해설

① (○) 청약은 상대방 있는 의사표시로서 특정인에 대하여 하는 것이 원칙이나, 불특정(다수)인에 대하여도 할 수 있다.
[보충] 불특정(다수)인에 대한 청약은 불특정(다수)인이 알 수 있는 상태가 성립한 때에 도달이 인정됨으로써 그 효력이 생긴다(민법 제111조 제1항).

> **제111조(의사표시의 효력발생시기)** ① 상대방이 있는 의사표시는 상대방에게 도달한 때에 그 효력이 생긴다.

② (○) 청약자의 의사표시나 관습에 의하여 승낙의 통지가 필요하지 아니한 경우에는 계약은 승낙의 의사표시로 인정되는 사실이 있는 때에 성립한다(동법 제532조).
③ (○) 의사표시자가 그 통지를 발송한 후 사망하거나 제한능력자가 되어도 의사표시의 효력에 영향을 미치지 아니한다(동법 제111조 제2항).
④ (×) 승낙의 통지가 승낙기간 후에 도달한 경우에 보통 그 기간 내에 도달할 수 있는 발송인 때에 한하여 연착통지를 하지 아니하면 연착되지 아니한 것으로 본다(동법 제528조 제2항·제3항). 즉,

애초에 승낙기간을 도과한 후 승낙을 발송한 경우에까지 이를 적용할 이유는 없다.

[보충] 승낙의 발송 자체가 늦었거나 발송은 제때 하였으나 연착· 지연의 통지를 한 경우, 계약은 성립하지 아니한다. 이때 청약자는 연착된 승낙을 새 청약으로 볼 수 있다(동법 제530조).

> 제528조(승낙기간을 정한 계약의 청약) ② 승낙의 통지가 전항의 기간 후에 도달한 경우에 보통 그 기간 내에 도달할 수 있는 발송인 때에는 청약자는 지체 없이 상대방에게 그 연착의 통지를 하여야 한다. 그러나 그 도달 전에 지연의 통지를 발송한 때에는 그러하지 아니하다.
> ③ 청약자가 전항의 통지를 하지 아니한 때에는 승낙의 통지는 연착되지 아니한 것으로 본다.
> 제530조(연착된 승낙의 효력) 전조의 경우에 연착된 승낙은 청약자가 이를 새 청약으로 볼 수 있다.

⑤ (○) 당사자 간에 동일한 내용의 청약이 상호 교차된 경우에는 양 청약이 상대방에게 도달한 때에 계약이 성립한다(동법 제533조).

[보충] 교차청약의 경우, 두 청약이 동시에 도달하면 그때, 동시에 도달하지 아니하면 늦게 도달하는 청약이 도달하는 때에 계약이 성립하고, 이는 격지자 간의 계약에서도 마찬가지이다.

정답 ④

---

070 ○△×

제3자를 위한 계약에 관한 설명으로 옳은 것은? (다툼이 있으면 판례에 따름)

① 채무자와 인수인 사이에 체결되는 중첩적 채무인수계약은 제3자를 위한 계약이 아니다.

② 제3자를 위한 도급계약에서 수익의 의사표시를 한 제3자가 그 계약에 따라 완성된 목적물의 하자로 인해 손해를 입은 경우, 특별한 사정이 없는 한 낙약자는 그 제3자에게 해당 손해를 배상할 의무가 있다.

③ 요약자와 낙약자의 합의에 따라 제3자의 권리를 소멸시킬 수 있음을 미리 유보하였더라도 제3자에게 그 권리가 확정적으로 귀속되었다면 요약자와 낙약자는 제3자의 권리를 소멸시키지 못한다.

④ 제3자가 수익의 의사표시를 한 후에는 요약자는 원칙적으로 낙약자에 대하여 제3자에게 급부를 이행할 것을 요구할 수 있는 권리를 갖지 못한다.

⑤ 제3자가 수익의 의사표시를 한 경우, 특별한 사정이 없는 한 요약자는 낙약자의 채무불이행을 이유로 제3자의 동의 없이 계약을 해제할 수 없다.

해설

① (×) 채무자와 인수인의 계약으로 체결되는 병존적 채무인수는 채권자로 하여금 인수인에 대하여 새로운 권리를 취득하게 하는 것으로 제3자를 위한 계약의 하나로 볼 수 있다(대법원 2012.5.10, 2012다4794,2012다4800).

[보충] 병존적(중첩적) 채무인수는 제3자인 인수인이 종래의 채무자와 함께 그와 동일한 내용의 채무를 부담하는 계약으로, 대표적

인 제3자를 위한 계약이다.

② (○) 제3자를 위한 계약에 있어서 수익의 의사표시를 한 수익자는 낙약자에게 직접 그 이행을 청구할 수 있을 뿐만 아니라 요약자가 계약을 해제한 경우에는 낙약자에게 자기가 입은 손해의 배상을 청구할 수 있는 것이므로, 수익자가 완성된 목적물의 하자로 인하여 손해를 입었다면 수급인은 그 손해를 배상할 의무가 있다(대법원 1994.8.12, 92다41559).

③ (×) 제3자를 위한 계약에 있어서 제3자가 민법 제539조 제2항에 따라 수익의 의사표시를 함으로써 제3자에게 권리가 확정적으로 귀속된 경우에는, 요약자와 낙약자의 합의에 의하여 제3자의 권리를 변경·소멸시킬 수 있음을 미리 유보하였거나, 제3자의 동의가 있는 경우가 아니면 계약의 당사자인 요약자와 낙약자는 제3자의 권리를 변경·소멸시키지 못하고, 만일 계약의 당사자가 제3자의 권리를 임의로 변경·소멸시키는 행위를 한 경우 이는 제3자에 대하여 효력이 없다(대법원 2002.1.25, 2001다30285).

④ (×) 제3자를 위한 계약에서 제3자는 채무자(낙약자)에 대하여 계약의 이익을 받을 의사를 표시한 때에 채무자에게 직접 이행을 청구할 수 있는 권리를 취득하고(민법 제539조), 요약자는 제3자를 위한 계약의 당사자로서 원칙적으로 제3자의 권리와는 별도로 낙약자에 대하여 제3자에게 급부를 이행할 것을 요구할 수 있는 권리를 가진다(대법원 2022.1.27, 2018다259565).

⑤ (×) 제3자를 위한 유상쌍무계약의 경우, 요약자는 낙약자의 채무불이행을 이유로 제3자의 동의 없이 계약을 해제할 수 있다(대법원 1970.2.24, 69다1410,1411).

정답 ②

---

071 ○△×

계약의 해제에 관한 설명으로 옳지 않은 것은? (특별한 사정이 없음을 전제로 하며, 다툼이 있으면 판례에 따름)

① 당사자는 합의로 계약을 해제할 수 있다.

② 채권자가 채무액을 현저히 초과하는 금액의 지급을 최고하고, 이 금액을 지급하지 않으면 수령하지 않을 것이 분명한 경우에 이 최고에 터 잡은 채권자의 해제는 무효이다.

③ 계약체결에 관한 대리권만을 수여받은 대리인은 계약체결 후 그 계약을 해제할 수 없다.

④ 하나의 계약에서 일방이 수인(數人)인 경우에 상대방은 그 수인 모두에게 해제의 의사표시를 하여야 한다.

⑤ 매도인의 책임 있는 사유로 이행불능이 되어 매수인이 계약을 해제한 경우의 손해배상은 해제 시 목적물의 싯가를 기준으로 그 손해를 산정한다.

해설

① (○) 계약의 합의해제 또는 해제계약은 해제권의 유무를 불문하고 계약당사자 쌍방이 합의에 의하여 기존의 계약의 효력을 소멸시켜 당초부터 계약이 체결되지 않았던 것과 같은 상태로 복귀시킬 것을 내용으로 하는 새로운 계약으로서 계약이 합의해제되기 위하여는 계약의 성립과 마찬가지로 계약의 청약과 승낙이라는 서로 대립하는 의사표시가 합치될 것(합의)을 요건으로 하는바, 이와 같은

합의가 성립하기 위하여는 쌍방당사자의 표시행위에 나타난 의사의 내용이 객관적으로 일치하여야 한다(대법원 2011.2.10, 2010다77378).

[보충] 해제계약(계약의 합의해제)은 계약자유의 원칙상 그 유효성이 인정되는데, 계약을 소급하여 무효로 하는 점에서 해제와 같으나, 하나의 계약이라는 점에서 단독행위인 해제와 다르다.

② (O) 채권자의 이행최고가 본래 이행하여야 할 채무액을 초과하는 금액의 이행을 요구하는 내용일 때에는 그 과다한 정도가 현저하고 채권자가 청구한 금액을 제공하지 않으면 그것을 수령하지 않을 것이라는 의사가 분명한 경우에는 그 최고는 부적법하고 이러한 최고에 터 잡은 계약해제는 그 효력이 없다(대법원 1994.11.25, 94다35930).

③ (O) 어떠한 계약의 체결에 관한 대리권을 수여받은 대리인이 수권된 법률행위를 하게 되면 그것으로 대리권의 원인된 법률관계는 원칙적으로 목적을 달성하여 종료하는 것이고, 법률행위에 의하여 수여된 대리권은 그 원인된 법률관계의 종료에 의하여 소멸하는 것이므로(민법 제128조), 그 계약을 대리하여 체결하였던 대리인이 체결된 계약의 해제 등 일체의 처분권과 상대방의 의사를 수령할 권한까지 가지고 있다고 볼 수는 없다(대법원 2015.12.23, 2013다81019).

④ (O) 당사자의 일방 또는 쌍방이 수인인 경우에는 계약의 해지나 해제는 그 전원으로부터 또는 전원에 대하여 하여야 한다(민법 제547조 제1항).

⑤ (×) 채무가 이행불능으로 되거나, 타인의 권리매매에 있어 매도인이 그 권리를 매수인에게 이전할 수 없게 된 경우의 손해배상은 이행불능 당시의 목적물의 싯가를 기준으로 그 손해를 산정한다(대법원 1980.3.11, 80다78).

정답 ⑤

---

072 ▢▢▢   ○ △ ×

담보책임에 관한 설명으로 옳은 것은? (특별한 사정이 없음을 전제로 하며, 다툼이 있으면 판례에 따름)

① 특정물매매계약에 있어 목적물에 하자가 있는 경우, 악의의 매수인은 대금감액청구권을 행사할 수 있다.

② 특정물의 수량지정매매에서 수량이 부족한 경우, 악의의 매수인은 계약한 날로부터 1년 이내에 대금감액청구권을 행사하여야 한다.

③ 부담부 증여의 증여자는 담보책임을 지지 않는다.

④ 일정한 면적(수량)을 가지고 있다는 데 주안을 두고, 대금도 면적을 기준으로 하여 정해지는 아파트분양계약은 수량지정매매가 될 수 없다.

⑤ 건물신축도급계약에 따라 완성된 건물의 하자로 계약의 목적을 달성할 수 없는 경우, 도급인은 이를 이유로 그 계약을 해제할 수 있다.

해설

① (×) 목적물의 하자로 인하여 계약의 목적을 달성할 수 없는 때에는, 선의 · 무과실의 매수인에게 계약해제권과 손해배상청구권이 생긴다(민법 제580조 제1항, 제575조 제1항). 이때 계약의 목적을

달성할 수 없을 정도로 중대하지 아니한 때에는, 손해배상만을 청구할 수 있다.

> **제580조(매도인의 하자담보책임)** ① 매매의 목적물에 하자가 있는 때에는 제575조 제1항의 규정을 준용한다. 그러나 매수인이 하자 있는 것을 알았거나 과실로 인하여 이를 알지 못한 때에는 그러하지 아니하다.
> **제575조(제한물권 있는 경우와 매도인의 담보책임)** ① 매매의 목적물이 지상권, 지역권, 전세권, 질권 또는 유치권의 목적이 된 경우에 매수인이 이를 알지 못한 때에는 이로 인하여 계약의 목적을 달성할 수 없는 경우에 한하여 매수인은 계약을 해제할 수 있다. 기타의 경우에는 손해배상만을 청구할 수 있다.

[보충] 하자담보책임의 경우, 대금감액청구가 인정되지 아니하므로, 그 손해배상에 하자로 인한 가치감소분도 포함되어야 한다.

② (×) 수량지정매매에 있어서의 매도인의 담보책임에 기한 매수인의 대금감액청구권은 매수인이 선의인 경우에는 사실을 안 날로부터, 악의인 경우에는 계약한 날로부터 1년 이내에 행사하여야 하며, 여기서 매수인이 사실을 안 날이라 함은 단순히 권리의 일부가 타인에게 속한 사실을 안 날이 아니라 그 때문에 매도인이 이를 취득하여 매수인에게 이전할 수 없게 되었음이 확실하게 된 사실을 안 날을 말한다(대법원 2002.11.8, 99다58136).

[보충] 위 판례의 판시와 달리, 민법 제572조 제3항, 제574조에서는 악의의 매수인에게 대금감액청구권을 인정하고 있지 아니하므로, 전항정답으로 처리하였다고 판단된다.

> **제572조(권리의 일부가 타인에게 속한 경우와 매도인의 담보책임)** ③ 선의의 매수인은 감액청구 또는 계약해제 외에 손해배상을 청구할 수 있다.
> **제574조(수량부족, 일부멸실의 경우와 매도인의 담보책임)** 전2조의 규정은 수량을 지정한 매매의 목적물이 부족되는 경우와 매매목적물의 일부가 계약 당시에 이미 멸실된 경우에 매수인이 그 부족 또는 멸실을 알지 못한 때에 준용한다.

③ (×) 지지 않는다 → 진다(동법 제559조 제2항)

> **제559조(증여자의 담보책임)** ② 상대부담 있는 증여에 대하여는 증여자는 그 부담의 한도에서 매도인과 같은 담보의 책임이 있다.

④ (×) 목적물이 일정한 면적(수량)을 가지고 있다는 데 주안을 두고 대금도 면적을 기준으로 하여 정하여지는 아파트분양계약은 이른바 수량을 지정한 매매라 할 것이다(대법원 2002.11.8, 99다58136).

⑤ (×) 있다 → 없다(동법 제668조)

> **제668조(동전-도급인의 해제권)** 도급인이 완성된 목적물의 하자로 인하여 계약의 목적을 달성할 수 없는 때에는 계약을 해제할 수 있다. 그러나 건물 기타 토지의 공작물에 대하여는 그러하지 아니하다.

정답 전항정답

073 □□□   ○ △ ✕

민법상 위임에 관한 설명으로 옳지 않은 것은? (다툼이 있으면 판례에 따름)

① 무상위임의 수임인은 선량한 관리자의 주의의무를 부담한다.

② 수임인은 부득이한 사유가 있으면 제3자로 하여금 자기에 갈음하여 위임사무를 처리하게 할 수 있다.

③ 변호사에게 계쟁사건의 처리를 위임함에 있어서 보수에 관하여 명시적으로 약정하지 않은 경우, 특별한 사정이 없는 한 응분의 보수를 지급할 묵시의 약정이 있는 것으로 볼 수 있다.

④ 위임인에게 불리한 시기에 부득이한 사유로 계약을 해지한 수임인은 그 해지로 인해 위임인에게 발생한 손해를 배상하여야 한다.

⑤ 위임이 종료된 경우, 수임인은 특별한 사정이 없는 한 지체 없이 그 전말을 위임인에게 보고하여야 한다.

해설

① (○) 수임인은 위임의 본지에 따라 선량한 관리자의 주의로써 위임사무를 처리하여야 한다(민법 제681조). 이는 그 위임이 무상인 때에도 같다.

② (○) 수임인은 위임인의 승낙이나 부득이한 사유 없이 제삼자로 하여금 자기에 갈음하여 위임사무를 처리하게 하지 못한다(동법 제682조 제1항). 즉, 부득이한 사유가 있으면 복위임이 가능하다.

③ (○) 변호사에게 계쟁사건 처리를 위임하면서 보수지급 및 수액에 관하여 명시적인 약정을 아니하였더라도, 무보수로 한다는 등 특별한 사정이 없는 한 보수지급의 묵시적 약정이 있는 것으로 보아야 한다(대법원 2023.11.9, 2023마6427).

④ (✕) 배상하여야 한다 → 배상하지 아니하여도 된다(동법 제689조 제2항)

[보충] 상대방이 불리한 시기에 계약을 해지한 때에는 그 손해를 배상하여야 하나, 부득이한 사유로 계약을 해지한 때에는 배상책임은 생기지 아니한다.

> **제689조(위임의 상호해지의 자유)** ② 당사자 일방이 부득이한 사유 없이 상대방의 불리한 시기에 계약을 해지한 때에는 그 손해를 배상하여야 한다.

⑤ (○) 수임인은 위임인의 청구가 있는 때에는 위임사무의 처리상황을 보고하고 위임이 종료한 때에는 지체 없이 그 전말을 보고하여야 한다(동법 제683조).

정답 ④

---

074 □□□   ○ △ ✕

부당이득에 관한 설명으로 옳은 것은? (다툼이 있으면 판례에 따름)

① 채무자가 착오로 변제기 전에 채무를 변제한 경우, 채권자는 이로 인해 얻은 이익을 반환할 의무가 없다.

② 수익자가 이익을 받은 후 법률상 원인 없음을 안 때에는 그 이익을 받은 날로부터 악의의 수익자로서 이익반환의 책임이 있다.

③ 선의의 수익자가 패소한 때에는 패소가 확정된 때부터 악의의 수익자로 본다.

④ 불법원인급여에서 수익자의 불법성이 현저히 크고, 그에 비하여 급여자의 불법성은 경미한 경우라 하더라도 급여자의 반환청구는 허용되지 않는다.

⑤ 법률상 원인 없이 이득을 얻은 자는 있지만 그로 인해 손해를 입은 자가 없는 경우, 부당이득반환청구권은 인정되지 않는다.

해설

① (✕) 반환할 의무가 없다 → 반환하여야 한다(민법 제743조 단서)

> **제743조(기한전의 변제)** 변제기에 있지 아니한 채무를 변제한 때에는 그 반환을 청구하지 못한다. 그러나 채무자가 착오로 인하여 변제한 때에는 채권자는 이로 인하여 얻은 이익을 반환하여야 한다.

② (✕) ③ (✕) 그 이익을 받은 날로 → 그때, 패소가 확정된 때 → 그 소를 제기한 때(동법 제749조)

> **제749조(수익자의 악의인정)** ① 수익자가 이익을 받은 후 법률상 원인 없음을 안 때에는 그때부터 악의의 수익자로서 이익반환의 책임이 있다.
> ② 선의의 수익자가 패소한 때에는 그 소를 제기한 때부터 악의의 수익자로 본다.

④ (✕) 수익자의 불법성이 급여자의 불법성보다 현저히 커서 급여자의 반환청구를 허용하지 않는 것이 오히려 공평과 신의칙에 반하는 경우에는 민법 제746조 본문의 적용을 배제함으로써 급여자의 반환청구를 허용하고 있다(대법원 2019.6.20, 2013다218156).

⑤ (○) 부당이득은 법률상 원인 없이 타인의 재산 또는 노무로 인하여 이익을 얻고 이로 인하여 타인에게 손해를 가함으로써 성립하는 것이므로, 법률상 원인 없는 이득이 있다 하더라도 그로 인하여 타인에게 손해가 발생한 것이 아니라면 그 타인은 부당이득반환청구권자가 될 수 없다(대법원 2011.7.28, 2009다100418).

정답 ⑤

075 ☐☐☐   ○ △ ✕

불법행위에 기한 손해배상에 관한 설명으로 옳지 않은 것을 모두 고른 것은? (다툼이 있으면 판례에 따름)

> ㄱ. 작위의무 있는 자의 부작위에 의한 과실방조는 공동불법행위의 방조가 될 수 없다.
>
> ㄴ. 도급인이 수급인의 일의 진행과 방법에 관해 구체적으로 지휘·감독한 경우, 수급인의 그 도급업무와 관련된 불법행위로 인한 제3자의 손해에 대해 도급인은 사용자책임을 진다.
>
> ㄷ. 책임능력 없는 미성년자의 불법행위로 인해 손해를 입은 자는 그 미성년자의 감독자에게 배상을 청구하기 위해 그 감독자의 감독의무 해태를 증명하여야 한다.
>
> ㄹ. 파견근로자의 파견업무에 관한 불법행위에 대하여 파견사업주는 특별한 사정이 없는 한 사용자로서의 배상책임을 부담하지 않는다.

① ㄱ   ② ㄴ, ㄷ   ③ ㄴ, ㄹ
④ ㄱ, ㄷ, ㄹ   ⑤ ㄱ, ㄴ, ㄷ, ㄹ

해설

ㄱ (✕) 민법 제760조 제3항은 불법행위의 방조자를 공동불법행위자로 보아 방조자에게 공동불법행위의 책임을 부담시키고 있다. 방조는 불법행위를 용이하게 하는 직접, 간접의 모든 행위를 가리키는 것으로서 손해의 전보를 목적으로 하여 과실을 원칙적으로 고의와 동일시하는 민사법의 영역에서는 과실에 의한 방조도 가능하며, 이 경우 과실의 내용은 불법행위에 도움을 주지 말아야 할 주의의무가 있음을 전제로 하여 그 의무를 위반하는 것을 말한다(대법원 2024.1.25, 2023다288703).

ㄴ (○) 도급계약에서 도급인은 도급 또는 지시에 관하여 중대한 과실이 없는 한 수급인이 그 일에 관하여 제3자에게 가한 손해를 배상할 책임을 부담하지 않는 것이 원칙이다. 다만 도급인이 수급인의 일의 진행과 방법에 관하여 구체적으로 지휘·감독한 경우에는 도급인과 수급인의 관계는 실질적으로 사용자와 피용자의 관계와 다르지 않으므로 수급인이나 수급인의 피용자의 불법행위로 인하여 제3자에게 가한 손해에 대하여 도급인은 민법 제756조 소정의 사용자책임을 진다(대법원 2017.9.21, 2017다223538).

ㄷ (✕) 민법 제750조에 대한 특별규정인 민법 제755조 제1항에 의하여 책임능력 없는 미성년자를 감독할 법정의 의무 있는 자가 지는 손해배상책임은 그 미성년자에게 책임이 없음을 전제로 하여 이를 보충하는 책임이고, 그 경우에 감독의무자 자신이 감독의무를 해태하지 아니하였음을 입증하지 아니하는 한 책임을 면할 수 없는 것이나, 반면에 미성년자가 책임능력이 있어 그 스스로 불법행위책임을 지는 경우에도 그 손해가 당해 미성년자의 감독의무자의 의무위반과 상당인과관계가 있으면 감독의무자는 일반불법행위자로서 손해배상책임이 있다 할 것이므로, 이 경우에 그러한 감독의무위반사실 및 손해발생과의 상당인과관계의 존재는 이를 주장하는 자가 입증하여야 할 것이다(대법원 1994.2.8, 93다13605).

ㄹ (✕) 파견사업주와 파견근로자 사이에는 민법 제756조의 사용관계가 인정되어 파견사업주는 파견근로자의 파견업무에 관련한 불법행위에 대하여 파견근로자의 사용자로서의 책임을 져야 하지만, 파견근로자가 사용사업주의 구체적인 지시·감독을 받아 사용사업주의 업무를 행하던 중에 불법행위를 한 경우에 파견사업주가 파견

근로자의 선발 및 일반적 지휘·감독권의 행사에 있어서 주의를 다하였다고 인정되는 때에는 면책된다고 할 것이다(대법원 2003. 10.9, 2001다24655).

정답 ④

51 ☐☐☐   ○△×

제한능력자에 관한 설명으로 옳은 것은? (다툼이 있으면
판례에 따름)
① 미성년자가 법정대리인의 동의 없이 매매계약을 체결
하고 성년이 되기 전에 스스로 채무의 일부를 이행한
경우에는 그 계약을 추인한 것으로 본다.
② 피성년후견인이 속임수로써 상대방으로 하여금 성년
후견인의 동의가 있는 것으로 믿게 하여 체결한 토지
매매계약은 제한능력을 이유로 취소할 수 없다.
③ 가정법원은 본인의 의사에 반하여 한정후견개시의 심
판을 할 수 없다.
④ 가정법원이 특정후견의 심판을 하는 경우에는 특정후
견의 기간 또는 사무의 범위를 정하여야 한다.
⑤ 제한능력자의 취소권은 재판 외에서 의사표시를 하는
방법으로는 행사할 수 없다.

해설
① (×) 미성년자가 추인하기 위하여는 법정대리인의 동의를 받거나
성년이 되어야 하는데, 법정대리인의 동의 없이 매매계약을 체결
하고 성년이 되기 전이므로, 스스로 채무의 일부를 이행하였다
하여 추인한 것으로 볼 수는 없다.
② (×) 제한능력자이더라도 미성년자(민법 제5조)와 피한정후견인
(동법 제13조)은 법정대리인의 동의를 얻어 유효한 법률행위를
할 수 있는 반면, 피성년후견인은 법정대리인의 동의를 얻더라도
유효한 법률행위를 할 수 없으므로, 위 매매계약은 제한능력을
이유로 취소할 수 있다.

> **제5조(미성년자의 능력)** ① 미성년자가 법률행위를 함에는 법
> 정대리인의 동의를 얻어야 한다. 그러나 권리만을 얻거나 의무만
> 을 면하는 행위는 그러하지 아니하다.
> **제13조(피한정후견인의 행위와 동의)** ① 가정법원은 피한정후
> 견인이 한정후견인의 동의를 받아야 하는 행위의 범위를 정할
> 수 있다.

③ (×) 한정후견개시 → 특정후견(동법 제14조의2 제2항, 제12조 제
2항, 제9조 제2항)

> **제9조(성년후견개시의 심판)** ② 가정법원은 성년후견개시의 심
> 판을 할 때 본인의 의사를 고려하여야 한다.
> **제12조(한정후견개시의 심판)** ② 한정후견개시의 경우에 제9조
> 제2항을 준용한다.
> **제14조의2(특정후견의 심판)** ② 특정후견은 본인의 의사에 반하
> 여 할 수 없다.

④ (○) 동법 제14조의2 제3항
⑤ (×) 취소권은 권리자의 의사표시만으로 효과가 발생하는 형성권
으로, 재판 외에서 의사표시를 하는 방법으로 행사할 수 있다.

정답 ④

52 ☐☐☐   ○△×

법인 아닌 사단에 관한 설명으로 옳지 않은 것은? (다툼이
있으면 판례에 따름)
① 이사에 결원이 생겨 손해가 생길 염려가 있는 경우,
임시이사의 선임에 관한 민법 제63조가 유추적용될 수
있다.
② 법인 아닌 사단이 그 명의로 총유재산에 관한 소송을
제기할 때에는 특별한 사정이 없는 한 사원총회의 결
의를 거쳐야 한다.
③ 대표자로부터 사단의 제반 업무처리를 포괄적으로 위
임받은 자의 대행행위의 효력은 원칙적으로 법인 아닌
사단에 미친다.
④ 대표자가 정관에 규정된 대표권 제한을 위반하여 법률
행위를 한 경우, 그 상대방이 대표권 제한사실을 알았
거나 알 수 있었을 경우가 아니라면, 그 법률행위는
유효하다.
⑤ 사원이 존재하지 않게 된 경우, 법인 아닌 사단은 청산
사무가 완료될 때까지 청산의 목적범위 내에서 권리의
무의 주체가 된다.

해설
① (○) 민법 제63조는 법인의 조직과 활동에 관한 것으로서 법인격을
전제로 하는 조항이 아니고, 법인 아닌 사단이나 재단의 경우에도
이사가 없거나 결원이 생길 수 있으며, 통상의 절차에 따른 새로운
이사의 선임이 극히 곤란하고 종전 이사의 긴급처리권도 인정되지
아니하는 경우에는 사단이나 재단 또는 타인에게 손해가 생길 염려
가 있을 수 있으므로, 민법 제63조는 법인 아닌 사단이나 재단에도
유추적용할 수 있다(2009.11.19, 2008마699 전원합의체).
② (○) 총유물의 보존에 있어서는 공유물의 보존에 관한 민법 제265
조의 규정이 적용될 수 없고, 특별한 사정이 없는 한 민법 제276조
제1항의 규정에 따라 사원총회의 결의를 거쳐야 하므로, 법인 아닌
사단인 종중이 그 총유재산에 대한 보존행위로서 소송을 하는 경
우에도 특별한 사정이 없는 한 종중총회의 결의를 거쳐야 한다(대
법원 2010.2.11, 2009다83650).
③ (×) 비법인사단에 대하여는 사단법인에 관한 민법규정 가운데 법
인격을 전제로 하는 것을 제외하고는 이를 유추적용하여야 하는
데, 민법 제62조에 비추어 보면 비법인사단의 대표자는 정관 또는
총회의 결의로 금지하지 아니한 사항에 한하여 타인으로 하여금
특정한 행위를 대리하게 할 수 있을 뿐 비법인사단의 제반 업무처
리를 포괄적으로 위임할 수는 없으므로 비법인사단 대표자가 행한
타인에 대한 업무의 포괄적 위임과 그에 따른 포괄적 수임인의
대행행위는 민법 제62조를 위반한 것이어서 비법인사단에 대하여
그 효력이 미치지 않는다(대법원 2011.4.28, 2008다15438).
④ (○) 비법인사단의 경우에는 대표자의 대표권 제한에 관하여 등기
할 방법이 없어 민법 제60조의 규정을 준용할 수 없고, 비법인사단

의 대표자가 정관에서 사원총회의 결의를 거쳐야 하도록 규정한 대외적 거래행위에 관하여 이를 거치지 아니한 경우라도, 이와 같은 사원총회 결의사항은 비법인사단의 내부적 의사결정에 불과하다 할 것이므로, 그 거래상대방이 그와 같은 대표권 제한사실을 알았거나 알 수 있었을 경우가 아니라면 그 거래행위는 유효하다고 봄이 상당하고, 이 경우 거래의 상대방이 대표권 제한사실을 알았거나 알 수 있었음은 이를 주장하는 비법인사단 측이 주장·입증하여야 한다(대법원 2003.7.22, 2002다64780).

⑤ (○) 비법인사단인 교회의 교인이 존재하지 않게 된 경우 그 교회는 해산하여 청산절차에 들어가서 청산의 목적범위 내에서 권리·의무의 주체가 되며, 이 경우 해산 당시 그 비법인사단의 총회에서 향후 업무를 수행할 자를 선정하였다면 민법 제82조 제1항을 유추하여 그 선임된 자가 청산인으로서 청산 중의 비법인사단을 대표하여 청산업무를 수행하게 된다(대법원 2003.11.14, 2001다32687).

정답 ③

053 ☐☐☐   ○ △ ✕

불공정한 법률행위에 관한 설명으로 옳지 않은 것은? (다툼이 있으면 판례에 따름)

① 법률행위가 대리인에 의해서 행해진 경우, 궁박상태는 본인을 기준으로 판단하여야 한다.

② 불공정한 법률행위의 무효는 선의의 제3자에게 대항할 수 없다.

③ 불공정한 법률행위의 무효는 원칙적으로 추인에 의해 유효로 될 수 없다.

④ 경매절차에서 매각대금이 시가보다 현저히 저렴하더라도 불공정한 법률행위를 이유로 무효를 주장할 수 없다.

⑤ 매매계약이 불공정한 법률행위에 해당하여 무효인 경우, 특별한 사정이 없는 한 그 계약에 관한 부제소합의도 무효가 된다.

해설

① (○) 대리인에 의하여 계약을 체결한 경우, 궁박은 본인을 기준으로 판단하여야 하나, 경솔이나 무경험은 대리인을 기준으로 판단하여야 한다.
[보충] 매도인의 대리인이 매매한 경우에 있어서 그 매매가 본조의 불공정한 법률행위인가를 판단함에는 매도인의 경솔, 무경험은 그 대리인을 기준으로 하여 판단하여야 하고 궁박상태에 있었는지의 여부는 매도인 본인의 입장에서 판단되어야 한다(대법원 1972.4.25, 71다2255).

② (✕) ③ (○) 민법 제103조와 마찬가지로, 이는 절대적 무효이므로 선의의 제3자에게 대항할 수 있고, 추인에 의하여 유효로 될 수 없다.
[보충] 다만, 반사회질서의 법률행위와 달리 무효행위의 전환은 가능함에 유의하여야 한다.

제104조(불공정한 법률행위) 당사자의 궁박, 경솔 또는 무경험

으로 인하여 현저하게 공정을 잃은 법률행위는 무효로 한다.

④ (○) 경매에 있어서는 불공정한 법률행위 또는 채무자에게 불리한 약정에 관한 것으로서 효력이 없다는 민법 제104조, 제608조는 적용될 여지가 없다(대법원 1980.3.21, 80마77).
[보충] 증여나 기부와 같이 대가관계 없는 법률행위도 공정성 여부를 논할 수 있는 성질의 법률행위가 아니다.

⑤ (○) 매매계약과 같은 쌍무계약이 급부와 반대급부와의 불균형으로 말미암아 불공정한 법률행위에 해당하여 무효라고 한다면, 그 계약으로 인하여 불이익을 입는 당사자로 하여금 위와 같은 불공정성을 소송 등 사법적 구제수단을 통하여 주장하지 못하도록 하는 부제소합의 역시 다른 특별한 사정이 없는 한 무효라고 할 것이다(대법원 2017.5.30, 2017다201422).

정답 ②

054 ☐☐☐   ○ △ ✕

통정허위표시에 관한 설명으로 옳지 않은 것은? (다툼이 있으면 판례에 따름)

① 통정허위표시가 성립하기 위해서는 표의자의 진의와 표시의 불일치에 관하여 상대방과의 사이에 합의가 있어야 한다.

② 통정허위표시로 무효인 법률행위는 채권자취소권의 대상이 될 수 있다.

③ 통정허위표시로서 의사표시가 무효라고 주장하는 자는 그 무효사유에 해당하는 사실을 증명할 책임이 있다.

④ 가장근저당권설정계약이 유효하다고 믿고 그 피담보채권을 가압류한 자는 통정허위표시의 무효로 대항할 수 없는 제3자에 해당하지 않는다.

⑤ 가장양수인으로부터 소유권이전등기청구권 보전을 위한 가등기를 경료받은 자는 특별한 사정이 없는 한 선의로 추정된다.

해설

① (○) 통정허위표시가 성립하기 위해서는 의사표시의 진의와 표시가 일치하지 아니하고 그 불일치에 관하여 상대방과 사이에 합의가 있어야 한다(대법원 2018.11.29, 2018다253413).
[보충] 진의 아닌 의사표시(비진의표시)도 의사와 표시가 일치하지 아니하는 의사표시이나, 상대방과의 합의가 없다는 점에서 통정한 허위의 의사표시(통정허위표시)와 차이가 있다.

② (○) 채무자의 법률행위가 통정허위표시인 경우에도 채권자취소권의 대상이 됨은 마찬가지이다(대법원 2022.5.26, 2021다288020).

③ (○) 어음발행행위 등 어떠한 의사표시가 통정허위표시로서 무효라고 주장하는 자에게 그 사유에 해당하는 사실을 증명할 책임이 있다(대법원 2017.8.18, 2014다87595).

④ (✕) 통정한 허위표시에 의하여 외형상 형성된 법률관계로 생긴 채권을 가압류한 경우, 그 가압류권자는 허위표시에 기초하여 새로운 법률상 이해관계를 가지게 되므로 민법 제108조 제2항의 제3자에 해당한다고 봄이 상당하고, 또한 민법 제108조 제2항의 제3자는 선의이면 족하고 무과실은 요건이 아니다(대법원 2004.5.28, 2003

다70041).

⑤ (○) 허위의 매매에 의한 매수인으로부터 부동산상의 권리를 취득한 제3자는 특별한 사정이 없는 한 선의로 추정할 것이므로 허위표시를 한 부동산양도인이 제3자에 대하여 소유권을 주장하려면 그 제3자의 악의임을 입증하여야 한다(대법원 1970.9.29, 70다466).

정답 ④

55 □□□ ○ △ ×

물건에 관한 설명으로 옳지 않은 것은? (다툼이 있으면 판례에 따름)

① 주물과 종물은 원칙적으로 동일한 소유자에게 속하여야 한다.

② 주물과 종물에 관한 민법 제100조 제2항의 법리는 압류와 같은 공법상 처분에는 적용되지 않는다.

③ 당사자는 주물을 처분할 때에 특약으로 종물을 제외하거나 종물만 별도로 처분할 수 있다.

④ 노동의 대가인 임금은 법정과실이 아니다.

⑤ 매매목적물이 인도되지 않았고 매수인도 대금을 완제하지 않은 경우, 특별한 사정이 없는 한 매도인의 이행지체가 있더라도 매매목적물로부터 발생하는 과실은 매도인에게 귀속된다.

해설

① (○) 종물은 물건의 소유자가 그 물건의 상용에 공하기 위하여 자기 소유인 다른 물건을 이에 부속하게 한 것을 말하므로(민법 제100조 제1항), 주물과 다른 사람의 소유에 속하는 물건은 종물이 될 수 없다(대법원 2008.5.8, 2007다36933,36940).

[보충] 다른 소유자에게 속한 물건 사이에 주물과 종물의 관계를 인정한다면, 그 주물의 처분으로 다른 소유자의 종물이 처분됨으로써 제3자의 권리가 침해될 수 있으므로, 주물과 종물은 원칙적으로 동일한 소유자에게 속하여야 한다.

> 제100조(주물, 종물) ① 물건의 소유자가 그 물건의 상용에 공하기 위하여 자기 소유인 다른 물건을 이에 부속하게 한 때에는 그 부속물은 종물이다.
> ② 종물은 주물의 처분에 따른다.

② (×) 민법 제100조 제2항의 종물과 주물의 관계에 관한 법리는 물건 상호 간의 관계뿐 아니라 권리 상호 간에도 적용되고, 위 규정에서의 처분은 처분행위에 의한 권리변동뿐 아니라 주물의 권리관계가 압류와 같은 공법상의 처분 등에 의하여 생긴 경우에도 적용되어야 하는 점, … 등에 비추어 볼 때 구분건물의 전유부분에 대한 소유권보존등기만 경료되고 대지지분에 대한 등기가 경료되기 전에 전유부분만에 대해 내려진 가압류결정의 효력은, 대지사용권의 분리처분이 가능하도록 규약으로 정하였다는 등의 특별한 사정이 없는 한, 종물 내지 종된 권리인 그 대지권에까지 미친다(대법원 2006.10.26, 2006다29020).

③ (○) 종물은 주물의 처분에 수반된다는 민법 제100조 제2항은 임의규정이므로, 당사자는 주물을 처분할 때에 특약으로 종물을 제외할 수 있고 종물만을 별도로 처분할 수도 있다(대법원 2012.1.

26, 2009다76546).

④ (○) 법정과실이란 물건의 사용대가로 받는 금전 기타의 물건이므로(민법 제101조 제2항), 원물과 과실 모두 물건이어야 한다. 따라서 물건대차에서의 사용료나 금전대차에서의 이자 등은 법정과실이나, 노동이나 권리사용의 대가 및 원물사용의 대가를 받을 수 있는 권리 등은 법정과실이 아니다.

> 제101조(천연과실, 법정과실) ① 물건의 용법에 의하여 수취하는 산출물은 천연과실이다.
> ② 물건의 사용대가로 받는 금전 기타의 물건은 법정과실로 한다.

⑤ (○) 민법 제587조에 의하면, 매매계약 있은 후에도 인도하지 아니한 목적물로부터 생긴 과실은 매도인에게 속하고, 매수인은 목적물의 인도를 받은 날로부터 대금의 이자를 지급하여야 한다고 규정하고 있는바, 이는 매매당사자 사이의 형평을 꾀하기 위하여 매매목적물이 인도되지 아니하더라도 매수인이 대금을 완제한 때에는 그 시점 이후의 과실은 매수인에게 귀속되지만, 매매목적물이 인도되지 아니하고 또한 매수인이 대금을 완제하지 아니한 때에는 매도인의 이행지체가 있더라도 과실은 매도인에게 귀속되는 것이므로 매수인은 인도의무의 지체로 인한 손해배상금의 지급을 구할 수 없다(대법원 2004.4.23, 2004다8210).

정답 ②

56 □□□ ○ △ ×

착오로 인한 의사표시에 관한 설명으로 옳은 것은? (다툼이 있으면 판례에 따름)

① 상대방이 표의자의 착오를 알고 이를 이용한 경우, 표의자에게 중과실이 있으면 그 의사표시를 취소할 수 없다.

② 착오의 존재와 그 착오가 법률행위의 중요부분에 관한 것이라는 점은 표의자의 상대방이 증명하여야 한다.

③ 신원보증서류에 서명날인한다는 착각에 빠진 상태로 연대보증서면에 서명날인한 것은 동기의 착오이다.

④ 재단법인 설립을 위한 출연행위는 상대방 없는 단독행위이므로 착오를 이유로 취소할 수 없다.

⑤ 표시상 착오가 제3자의 기망행위에 의하여 일어난 경우, 표의자는 제3자의 기망행위를 상대방이 알았는지 여부를 불문하고 착오를 이유로 의사표시를 취소할 수 있다.

해설

① (×) 민법 제109조 제1항은 법률행위 내용의 중요부분에 착오가 있는 때에는 그 의사표시를 취소할 수 있다고 규정하면서 같은 항 단서에서 그 착오가 표의자의 중대한 과실로 인한 때에는 취소하지 못한다고 규정하고 있다. 여기서 '중대한 과실'이란 표의자의 직업, 행위의 종류, 목적 등에 비추어 보통 요구되는 주의를 현저히 결여한 것을 의미한다. 한편 위 단서 규정은 표의자의 상대방의 이익을 보호하기 위한 것이므로, 상대방이 표의자의 착오를 알고 이를 이용한 경우에는 착오가 표의자의 중대한 과실로 인한 것이라고 하더라도 표의자는 의사표시를 취소할 수 있다(대법원 2023.

4.27, 2017다227264).

② (×) 착오의 존재와 그 착오가 법률행위의 중요부분에 관한 것이라는 점은 표의자가 증명하여야 한다.

참고로, 착오한 표의자의 중대한 과실 유무에 관한 주장과 입증책임은 착오자가 아닌 의사표시를 취소하게 하지 아니하려는 상대방에게 있다.

[보충] 착오를 이유로 의사표시를 취소하는 자는 법률행위의 내용에 착오가 있었다는 사실과 함께 착오가 의사표시에 결정적인 영향을 미쳤다는 점, 즉 만일 착오가 없었더라면 의사표시를 하지 않았을 것이라는 점을 증명하여야 한다(대법원 2018.10.25, 2016다239345).

③ (×) ⑤ (○) 신원보증서류에 서명날인한다는 착각에 빠진 상태로 연대보증의 서면에 서명날인한 경우, 결국 위와 같은 행위는 강학상 기명날인의 착오(또는 서명의 착오), 즉 어떤 사람이 자신의 의사와 다른 법률효과를 발생시키는 내용의 서면에, 그것을 읽지 않거나 올바르게 이해하지 못한 채 기명날인을 하는 이른바 표시상의 착오에 해당하므로, 비록 위와 같은 착오가 제3자의 기망행위에 의하여 일어난 것이라 하더라도 그에 관하여는 사기에 의한 의사표시에 관한 법리, 특히 상대방이 그러한 제3자의 기망행위 사실을 알았거나 알 수 있었을 경우가 아닌 한 의사표시자가 취소권을 행사할 수 없다는 민법 제110조 제2항의 규정을 적용할 것이 아니라, 착오에 의한 의사표시에 관한 법리만을 적용하여 취소권 행사의 가부를 가려야 한다(대법원 2005.5.27, 2004다43824).

④ (×) 재단법인의 출연자가 착오를 원인으로 취소를 한 경우에는 출연자는 재단법인의 성립 여부나 출연된 재산의 기본재산인 여부와 관계없이 그 의사표시를 취소할 수 있다(대법원 1999.7.9, 98다9045).

정답 ⑤

057 □□□ ○△×

소멸시효에 관한 설명으로 옳지 않은 것은? (다툼이 있으면 판례에 따름)

① 공유관계가 존속하는 한 공유물분할청구권은 소멸시효에 걸리지 않는다.

② 소멸시효는 그 기산일에 소급하여 효력이 생긴다.

③ 정지조건부 채권의 소멸시효는 조건성취 시부터 진행된다.

④ 시효중단의 효력 있는 승인에는 상대방의 권리에 관한 처분의 능력이나 권한 있음을 요하지 아니한다.

⑤ 천재지변으로 인하여 소멸시효를 중단할 수 없을 경우, 그 사유가 종료한 때로부터 6월 내에는 시효가 완성되지 아니한다.

해설

① (○) 공유물분할청구권은 공유관계에서 수반되는 형성권이므로 공유관계가 존속하는 한 그 분할청구권만이 독립하여 시효소멸될 수 없다(대법원 1981.3.24, 80다1888,1889).

② (○) 민법 제167조

③ (○) 소멸시효는 권리를 행사할 수 있는 때로부터 진행하고, 여기

서 권리를 행사할 수 있는 때라 함은 권리행사에 법률상의 장애가 없는 때를 말하므로, 정지조건부 권리에 있어서 조건미성취의 동안은 권리를 행사할 수 없어 소멸시효가 진행되지 아니한다(대법원 2009.12.24, 2007다64556).

④ (○) 동법 제177조

⑤ (×) 6월 → 1월(동법 제182조)

> **제182조(천재 기타 사변과 시효정지)** 천재 기타 사변으로 인하여 소멸시효를 중단할 수 없을 때에는 그 사유가 종료한 때로부터 1월 내에는 시효가 완성하지 아니한다.

정답 ⑤

058 □□□ ○△×

민법상 대리에 관한 설명으로 옳지 않은 것은? (다툼이 있으면 판례에 따름)

① 매매계약 체결의 대리권을 수여받은 대리인은 특별한 사정이 없는 한 중도금을 수령할 권한이 있다.

② 권한의 정함이 없는 대리인은 기한이 도래한 채무를 변제할 수 있다.

③ 대리인이 수인인 경우, 대리인은 특별한 사정이 없는 한 각자가 본인을 대리한다.

④ 대리인의 쌍방대리는 금지되나 채무의 이행은 가능하므로, 쌍방의 허락이 없더라도 경개계약을 체결할 수 있다.

⑤ 사채알선업자가 대주와 차주 쌍방을 대리하여 소비대차계약을 유효하게 체결한 경우, 사채알선업자는 특별한 사정이 없는 한 차주가 한 변제를 수령할 권한이 있다.

해설

① (○) 소유자로부터 매매계약을 체결할 대리권을 수여받은 대리인은 특별한 다른 사정이 없는 한 그 매매계약에서 정한 바에 따라 중도금이나 잔금 등을 수령할 권한도 있다(대법원 2015.9.10, 2010두1385).

② (○) 기한이 도래한 채무의 변제는 권한의 정함이 없는 대리인의 보존행위로서 가능하다.

[보충] 대리권 있음은 명백하나 그 범위가 불분명한 경우에 대리인은 보존행위, 이용행위, 개량행위, 기한이 도래한 채무의 변제 및 부패하기 쉬운 물건의 처분 등 관리행위만을 할 수 있고, 처분행위는 할 수 없다.

> **제118조(대리권의 범위)** 권한을 정하지 아니한 대리인은 다음 각 호의 행위만을 할 수 있다.
> 1. 보존행위
> 2. 대리의 목적인 물건이나 권리의 성질을 변하지 아니하는 범위에서 그 이용 또는 개량하는 행위

③ (○) 대리인이 수인인 때에는 각자가 본인을 대리한다. 그러나 법률 또는 수권행위에 다른 정한 바가 있는 때에는 그러하지 아니하다(민법 제119조).

④ (×) 민법 제124조 단서에서 말하는 채무의 이행은 이미 성립하고 있는 채무를 이행하는 데 지나지 아니하므로, 대물변제나 경개 등 새로운 이해관계가 생기는 채무의 이행은 반드시 본인의 허락을 요한다 할 것이다.

> **제124조(자기계약, 쌍방대리)** 대리인은 본인의 허락이 없으면 본인을 위하여 자기와 법률행위를 하거나 동일한 법률행위에 관하여 당사자쌍방을 대리하지 못한다. 그러나 채무의 이행은 할 수 있다.

⑤ (○) 사채알선업자가 … 사채를 얻는 쪽과 놓는 쪽 쌍방을 대리하여 금전소비대차계약과 담보권설정계약을 체결하도록 하는 방식으로 사채알선업을 하는 경우, 그 사채알선업자는 소비대차계약의 체결에 있어서 대주에 대하여는 차주의 대리인 역할을 하고, 반대로 차주에 대하여는 대주의 대리인 역할을 하게 되는 것이고, 대주로부터 소비대차계약을 체결할 대리권을 수여받은 대리인은 특별한 사정이 없는 한 그 소비대차계약에서 정한 바에 따라 차주로부터 변제를 수령할 권한도 있다고 봄이 상당하므로 차주가 그 사채알선업자에게 하는 변제는 유효하다(대법원 1997.7.8, 97다12273).

정답 ④

59 ☐☐☐   ○ △ ×

법률행위의 조건에 관한 설명으로 옳은 것은? (다툼이 있으면 판례에 따름)

① 법률행위에 조건이 붙어 있는지 여부는 사실인정의 문제로서 그 조건의 존재를 주장하는 자가 이를 증명하여야 한다.
② 조건의 성취가 미정한 권리의무는 일반규정에 의하여 담보로 할 수 없다.
③ 조건이 선량한 풍속 기타 사회질서에 위반한 경우, 그 조건만 무효로 될 뿐 그 법률행위는 조건 없는 법률행위로 유효하다.
④ 법률행위 당시 조건이 이미 성취된 경우, 그 조건이 정지조건이면 그 법률행위는 무효이다.
⑤ 당사자가 조건성취의 효력을 그 성취 전으로 소급하게 할 의사를 표시한 경우, 그 소급의 의사표시는 효력이 없다.

해설

① (○) 어느 법률행위에 어떤 조건이 붙어 있었는지 아닌지는 사실인정의 문제로서 그 조건의 존재를 주장하는 자가 이를 증명하여야 한다(대법원 2017.5.11, 2016다274713).
② (×) 없다 → 있다(민법 제149조)

> **제149조(조건부 권리의 처분 등)** 조건의 성취가 미정한 권리의무는 일반규정에 의하여 처분, 상속, 보존 또는 담보로 할 수 있다.

③ (×) 그 조건만 무효로 될 뿐 그 법률행위는 조건 없는 법률행위로 유효하다 → 그 법률행위는 무효로 한다(동법 제151조 제1항)

> **제151조(불법조건, 기성조건)** ① 조건이 선량한 풍속 기타 사회질서에 위반한 것인 때에는 그 법률행위는 무효로 한다.

④ (×) 그 법률행위는 무효이다 → 조건 없는 법률행위로 한다(동법 제151조 제2항)

> **제151조(불법조건, 기성조건)** ② 조건이 법률행위의 당시 이미 성취한 것인 경우에는 그 조건이 정지조건이면 조건 없는 법률행위로 하고 해제조건이면 그 법률행위는 무효로 한다.

⑤ (×) 그 소급의 의사표시는 효력이 없다 → 그 의사에 의한다(동법 제147조 제3항)

> **제147조(조건성취의 효과)** ③ 당사자가 조건성취의 효력을 그 성취 전에 소급하게 할 의사를 표시한 때에는 그 의사에 의한다.

정답 ①

60 ☐☐☐   ○ △ ×

2021년 5월 8일(토)에 계약기간을 '앞으로 3개월'로 정한 경우, 기산점과 만료점을 바르게 나열한 것은? (단, 기간의 계산방법에 관하여 달리 정함은 없고, 8월 6일은 금요일임)

① 5월 8일, 8월 7일　　② 5월 8일, 8월 9일
③ 5월 9일, 8월 8일　　④ 5월 9일, 8월 9일
⑤ 5월 10일, 8월 9일

해설

④ (○) 민법 제157조의 초일 불산입의 원칙에 따라 5월 9일(일) 0시가 기산점이 되고, 8월 8일(일)이 말일이 되며, 그날 24시에 그 기간이 만료한다. 다만, 8일은 일요일로서 공휴일에 해당하므로, 만료점은 그 익일인 8월 9일(월) 24시이다.

> **제157조(기간의 기산점)** 기간을 일, 주, 월 또는 연으로 정한 때에는 기간의 초일은 산입하지 아니한다. 그러나 그 기간이 오전 영시로부터 시작하는 때에는 그러하지 아니하다.
> **제161조(공휴일 등과 기간의 만료점)** 기간의 말일이 토요일 또는 공휴일에 해당한 때에는 기간은 그 익일로 만료한다. 〈개정 2007.12.21.〉

정답 ④

061 ☐☐☐ ○ △ ✕

무효행위에 관한 설명으로 옳지 않은 것은? (다툼이 있으면 판례에 따름)

① 취소할 수 있는 법률행위가 취소된 후에는 무효행위의 추인요건을 갖추더라도 다시 추인될 수 없다.
② 무효행위의 추인은 묵시적으로 이루어질 수 있다.
③ 무효행위의 추인이 있었다는 사실은 새로운 법률행위의 성립을 주장하는 자가 증명하여야 한다.
④ 법률행위의 일부분이 무효인 때에는 특별한 사정이 없는 한 그 전부를 무효로 한다.
⑤ 불공정한 법률행위에는 무효행위의 전환에 관한 민법 제138조가 적용될 수 있다.

해설

① (✕) 취소한 법률행위는 처음부터 무효인 것으로 간주되므로 취소할 수 있는 법률행위가 일단 취소된 이상 그 후에는 취소할 수 있는 법률행위의 추인에 의하여 이미 취소되어 무효인 것으로 간주된 당초의 의사표시를 다시 확정적으로 유효하게 할 수는 없고, 다만 무효인 법률행위의 추인의 요건과 효력으로서 추인할 수는 있으나, 무효행위의 추인은 그 무효원인이 소멸한 후에 하여야 그 효력이 있고, … (대법원 1997.12.12, 95다38240). 즉, 취소할 수 있는 법률행위가 취소된 후에는 처음부터 무효인 것으로 간주되므로, 무효행위의 추인요건을 갖추게 되어 다시 추인될 수 있다 할 것이다.
② (○) 무권대표행위를 포함하여 무효행위의 추인은 무권대표행위 등이 있음을 알고 그 행위의 효과를 자기에게 귀속시키도록 하는 단독행위로서 그 의사표시의 방법에 관하여 일정한 방식이 요구되는 것이 아니므로 명시적이든 묵시적이든 묻지 않고, 본인이 그 행위로 처하게 된 법적 지위를 충분히 이해하고 진의에 기하여 그 행위의 효과가 자기에게 귀속된다는 것을 승인한 것으로 볼 만한 사정이 있다면 인정할 수 있다(대법원 2021.4.8, 2020다284496,2020다284502).
③ (○) 무효인 법률행위는 추인하여도 그 효력이 생기지 아니한다. 그러나 당사자가 그 무효임을 알고 추인한 때에는 새로운 법률행위로 본다(민법 제139조). 따라서 그 증명책임은 새로운 법률행위의 성립을 주장하는 측에서 부담한다.
④ (○) 법률행위의 일부분이 무효인 때에는 그 전부를 무효로 한다. 그러나 그 무효부분이 없더라도 법률행위를 하였을 것이라고 인정될 때에는 나머지 부분은 무효가 되지 아니한다(동법 제137조).
⑤ (○) 매매계약이 약정된 매매대금의 과다로 말미암아 민법 제104조에서 정하는 '불공정한 법률행위'에 해당하여 무효인 경우에도 무효행위의 전환에 관한 민법 제138조가 적용될 수 있다. 따라서 당사자 쌍방이 위와 같은 무효를 알았더라면 대금을 다른 액으로 정하여 매매계약에 합의하였을 것이라고 예외적으로 인정되는 경우에는, 그 대금액을 내용으로 하는 매매계약이 유효하게 성립한다(대법원 2010.7.15, 2009다50308).

정답 ①

---

062 ☐☐☐ ○ △ ✕

계약의 무권대리에 관한 설명으로 옳은 것은? (다툼이 있으면 판례에 따름)

① 무권대리행위의 목적이 가분적인 경우, 본인은 상대방의 동의 없이 그 일부에 대하여 추인할 수 있다.
② 계약체결 당시 상대방이 대리인의 대리권 없음을 알았다는 사실에 관한 주장·증명책임은 무권대리인에게 있다.
③ 상대방이 무권대리로 인하여 취득한 권리를 양도한 경우, 본인은 그 양수인에게 추인할 수 없다.
④ 무권대리의 추인은 다른 의사표시가 없는 한 추인한 때로부터 그 효력이 생긴다.
⑤ 계약체결 당시 대리인의 무권대리사실을 알 수 있었던 상대방은 최고권을 행사할 수 없다.

해설

① (✕) 무권대리행위의 추인은 무권대리인에 의하여 행하여진 불확정한 행위에 관하여 그 행위의 효과를 자기에게 직접 발생케 하는 것을 목적으로 하는 의사표시이며, 무권대리인 또는 상대방의 동의나 승락을 요하지 않는 단독행위로서 추인은 의사표시의 전부에 대하여 행하여져야 하고, 그 일부에 대하여 추인을 하거나 그 내용을 변경하여 추인을 하였을 경우에는 상대방의 동의를 얻지 못하는 한 무효이다(대법원 1982.1.26, 81다카549).
② (○) 민법 제135조 제2항은 '대리인으로서 계약을 맺은 자에게 대리권이 없다는 사실을 상대방이 알았거나 알 수 있었을 때에는 제1항을 적용하지 아니한다.'고 정하고 있다. 이는 무권대리인의 무과실책임에 관한 원칙규정인 제1항에 대한 예외규정이므로 상대방이 대리권이 없음을 알았다는 사실 또는 알 수 있었는데도 알지 못하였다는 사실에 관한 주장·증명책임은 무권대리인에게 있다(대법원 2018.6.28, 2018다210775).
③ (✕) 무권대리행위의 추인에 특별한 방식이 요구되는 것은 아니므로 명시적인 방법만이 아니라 묵시적인 방법으로도 할 수 있고, 무권대리인이나 무권대리행위의 상대방에 대하여도 할 수 있다(대법원 2023.12.28, 2023다272807).
   [보충] 여기 상대방이라 함은 무권대리행위의 직접 상대당사자뿐만이 아니라 그 무권대리행위로 인한 권리 또는 법률관계의 승계인도 포함된다고 해석된다(대법원 1981.4.14, 80다2314).
④ (✕) 추인한 때로부터 → 계약 시에 소급하여(민법 제133조)

> **제133조(추인의 효력)** 추인은 다른 의사표시가 없는 때에는 계약 시에 소급하여 그 효력이 생긴다. 그러나 제삼자의 권리를 해하지 못한다.

⑤ (✕) 최고권 → 철회권(민법 제134조)
   [보충] 대리인에게 대리권 없음을 알았던 악의의 상대방은 불확정한 상태에 놓이는 것을 각오한 자이므로, 이를 보호할 필요가 없다. 따라서 철회권은 대리인에게 대리권 없음을 몰랐던 선의의 상대방에게만 인정된다. 이와 달리 최고권은 선의의 상대방뿐만 아니라 악의의 상대방에게도 인정됨에 유의하여야 한다.
   참고로, 상대방의 선의·악의를 결정하는 표준시기는 계약 당시이고, 증명책임은 본인에게 있다.

> **제131조(상대방의 최고권)** 대리권 없는 자가 타인의 대리인으로

계약을 한 경우에 상대방은 상당한 기간을 정하여 본인에게 그 추인 여부의 확답을 최고할 수 있다. 본인이 그 기간 내에 확답을 발하지 아니한 때에는 추인을 거절한 것으로 본다.

제134조(상대방의 철회권) 대리권 없는 자가 한 계약은 본인의 추인이 있을 때까지 상대방은 본인이나 그 대리인에 대하여 이를 철회할 수 있다. 그러나 계약 당시에 상대방이 대리권 없음을 안 때에는 그러하지 아니하다.

정답 ②

063 □□□ ○ △ ×

채권자취소권에 관한 설명으로 옳은 것을 모두 고른 것은? (다툼이 있으면 판례에 따름)

> ㄱ. 채권자취소의 소는 취소원인을 안 날로부터 3년, 법률행위가 있은 날로부터 10년 내에 제기하여야 한다.
> ㄴ. 채권자가 채무자의 사해의사를 증명하면 수익자의 악의는 추정된다.
> ㄷ. 채무초과상태에 있는 채무자의 상속포기는 채권자취소권의 대상이 되지 못한다.
> ㄹ. 사해행위 이전에 성립된 채권을 양수하였으나, 그 대항요건을 사해행위 이후에 갖춘 양수인은 이를 피보전채권으로 하는 채권자취소권을 행사할 수 없다.
> ㅁ. 건물신축의 도급인이 민법 제666조에 따른 수급인의 저당권설정청구권 행사에 의해 그 건물에 저당권을 설정하는 행위는 특별한 사정이 없는 한 사해행위에 해당하지 않는다.

① ㄱ, ㄴ, ㅁ ② ㄱ, ㄷ, ㄹ ③ ㄱ, ㄹ, ㅁ
④ ㄴ, ㄷ, ㄹ ⑤ ㄴ, ㄷ, ㅁ

해설

ㄱ (×) 3년 → 1년, 10년 → 5년(민법 제406조 제2항)

> **제406조(채권자취소권)** ② 전항의 소는 채권자가 취소원인을 안 날로부터 1년, 법률행위 있은 날로부터 5년 내에 제기하여야 한다.

ㄴ (○) 채무자의 제3자에 대한 재산양도행위가 채권자취소권의 대상이 되는 사해행위에 해당하는 경우 수익자의 악의는 추정되는 것이므로 수익자가 그 법률행위 당시 선의이었다는 입증을 다하지 못하는 한 채권자는 그 양도행위를 취소하고 원상회복을 청구할 수 있다(대법원 1988.4.25, 87다카1380). 따라서 위 경우, 수익자의 악의는 추정된다.

ㄷ (○) 상속인으로서의 자격 자체를 좌우하는 상속포기의 의사표시에 사해행위에 해당하는 법률행위에 대하여 채권자 자신과 수익자 또는 전득자 사이에서만 상대적으로 그 효력이 없는 것으로 하는 채권자취소권의 적용이 있다고 하면, 상속을 둘러싼 법률관계는 그 법적 처리의 출발점이 되는 상속인 확정의 단계에서부터 복잡하게 얽히게 되는 것을 면할 수 없다. … 이러한 점들을 종합적으로 고려해 보면, 상속의 포기는 민법 제406조 제1항에서 정하는 "재산권에 관한 법률행위"에 해당하지 아니하여 사해행위 취소의

대상이 되지 못한다(대법원 2011.6.9, 2011다29307).

ㄹ (×) 채권자의 채권이 사해행위 이전에 성립되어 있는 이상 그 채권이 양도된 경우에도 그 양수인이 채권자취소권을 행사할 수 있고, 이 경우 채권양도의 대항요건을 사해행위 이후에 갖추었더라도 채권양수인이 채권자취소권을 행사하는 데 아무런 장애사유가 될 수 없다 할 것이다(대법원 2006.6.29, 2004다5822). 따라서 위 경우, 채권자취소권을 행사할 수 있다.

ㅁ (○) 신축건물의 도급인이 민법 제666조가 정한 수급인의 저당권설정청구권의 행사에 따라 공사대금채무의 담보로 그 건물에 저당권을 설정하는 행위는 특별한 사정이 없는 한 사해행위에 해당하지 아니한다(대법원 2018.11.29, 2015다19827).

정답 ⑤

064 □□□ ○ △ ×

이행보조자에 관한 설명으로 옳은 것은? (다툼이 있으면 판례에 따름)

① 이행보조자는 채무자에게 종속되어 지시·감독을 받는 관계에 있는 자를 말한다.
② 동일한 사실관계에 기하여 채무자와 이행보조자가 각 채무불이행책임과 불법행위책임을 지는 경우, 이들의 책임은 연대채무관계에 있다.
③ 채무자가 이행보조자의 선임·감독상의 주의의무를 다하더라도 채무자는 이행보조자에 의해 유발된 채무불이행책임을 면하지 못한다.
④ 이행보조자의 경과실에 대하여 채무자가 채무불이행책임을 지지 아니한다는 내용의 특약은 원칙적으로 무효이다.
⑤ 이행보조자가 제3자를 복이행보조자로 사용하는 경우, 채무자가 이를 묵시적으로 동의했다면 복이행보조자의 경과실에 대해서 채무자는 책임을 부담하지 않는다.

해설

① (×) ⑤ (×) 민법 제391조는 이행보조자의 고의·과실을 채무자의 고의·과실로 본다고 정하고 있다. 이러한 이행보조자는 채무자의 의사관여 아래 채무의 이행행위에 속하는 활동을 하는 사람이면 충분하고 반드시 채무자의 지시 또는 감독을 받는 관계에 있어야 하는 것은 아니므로, 그가 채무자에 대하여 종속적인 지위에 있는지, 독립적인 지위에 있는지는 상관없다. 이행보조자가 채무의 이행을 위하여 제3자를 복이행보조자로 사용하는 경우에도 채무자가 이를 승낙하였거나 적어도 묵시적으로 동의한 경우 채무자는 복이행보조자의 고의·과실에 관하여 민법 제391조에 따라 책임을 부담한다고 보아야 한다(대법원 2020.6.11, 2020다201156).

② (×) 임대인인 피고 甲은 … 임대인으로서의 채무불이행으로 인한 손해를 배상할 의무가 있고, … 피고 乙은 원고에게 불법행위로 인한 손해배상의무가 있다고 할 경우, 피고 甲의 채무불이행책임과 피고 乙의 불법행위책임은 동일한 사실관계에 기한 것으로 부진정연대채무관계에 있다(대법원 1994.11.11, 94다22446).

[보충] 채무자가 부담하는 채무불이행으로 인한 손해배상채무와

제3자가 부담하는 불법행위로 인한 손해배상채무의 원인이 동일한 사실관계에 기한 경우에는 하나의 동일한 급부에 관하여 수인의 채무자가 각자 독립해서 그 전부를 급부하여야 할 의무를 부담하는 경우로서 부진정연대채무관계에 있다(대법원 2006.9.8, 2004다55230).

③ (○) 채무자의 법정대리인이나 이행보조자의 고의·과실은 채무자의 고의·과실로 의제되므로, 채무자가 이행보조자의 선임·감독상의 주의의무를 다하였더라도 채무자는 채무불이행책임을 진다 할 것이다.

[보충] 이행보조자책임과 달리 사용자책임의 경우, 사용자가 피용자의 선임·감독상의 주의의무를 다하였다면 사용자는 면책된다.

> 제391조(이행보조자의 고의, 과실) 채무자의 법정대리인이 채무자를 위하여 이행하거나 채무자가 타인을 사용하여 이행하는 경우에는 법정대리인 또는 피용자의 고의나 과실은 채무자의 고의나 과실로 본다.
> 제756조(사용자의 배상책임) ① 타인을 사용하여 어느 사무에 종사하게 한 자는 피용자가 그 사무집행에 관하여 제삼자에게 가한 손해를 배상할 책임이 있다. 그러나 사용자가 피용자의 선임 및 그 사무감독에 상당한 주의를 한 때 또는 상당한 주의를 하여도 손해가 있을 경우에는 그러하지 아니하다.

④ (×) 위와 같은 특약은 유효하다. 다만, 고의·중과실에 대한 면책특약은 무효이다.

정답 ③

---

065 ☐☐☐   ○ △ ×

매매계약의 불능에 관한 설명으로 옳지 않은 것은? (다툼이 있으면 판례에 따름)

① 계약목적이 원시적·객관적 전부불능인 경우, 악의의 매도인은 매수인이 그 계약의 유효를 믿었음으로 인하여 받은 손해를 배상하여야 한다.

② 계약목적이 원시적·주관적 전부불능인 경우, 선의의 매수인은 악의의 매도인에게 계약상 급부의 이행을 청구할 수 있다.

③ 당사자 쌍방의 귀책사유 없이 매도인의 채무가 후발적·객관적 전부불능된 경우, 매도인은 매수인에게 매매대금의 지급을 구하지 못한다.

④ 매도인의 귀책사유로 그의 채무가 후발적·객관적 전부불능된 경우, 매수인은 매도인에게 전보배상을 청구할 수 있다.

⑤ 대상(代償)을 발생시키는 매매목적물의 후발적 불능에 대하여 매도인의 귀책사유가 존재하는 경우, 매수인은 대상청구권을 행사하지 못한다.

해설

① (○) 계약목적이 원시적·객관적 전부불능인 경우, 그 계약은 무효이고, 악의의 매도인은 체약상의 과실책임에 의하여 매수인이 그 계약의 유효를 믿었음으로 인하여 받은 손해, 즉 신뢰이익을 배상하여야 한다. 이때 매수인은 선의·무과실이어야 한다.

> 제535조(계약체결상의 과실) ① 목적이 불능한 계약을 체결할 때에 그 불능을 알았거나 알 수 있었을 자는 상대방이 그 계약의 유효를 믿었음으로 인하여 받은 손해를 배상하여야 한다. 그러나 그 배상액은 계약이 유효함으로 인하여 생길 이익액을 넘지 못한다. ② 전항의 규정은 상대방이 그 불능을 알았거나 알 수 있었을 경우에는 적용하지 아니한다.

② (○) 계약목적이 원시적·주관적 전부불능인 경우, 그 계약은 타인의 권리매매로서 유효하고, 매도인은 매수인에게 재산권이전의무를 지게 되므로, 선의의 매수인은 악의의 매도인에게 계약상 급부의 이행을 청구할 수 있다.

> 제569조(타인의 권리의 매매) 매매의 목적이 된 권리가 타인에게 속한 경우에는 매도인은 그 권리를 취득하여 매수인에게 이전하여야 한다.

③ (○) 계약목적의 후발적 불능은 이행불능이나 위험부담의 문제를 발생시킬 뿐 행위 자체는 무효로 되지 아니하는데, 당사자 쌍방의 귀책사유가 없으므로 급부는 소멸하고, 이로써 매도인은 재산권이전의무를 면함과 동시에 대금지급청구권도 상실한다.

> 제537조(채무자위험부담주의) 쌍무계약의 당사자 일방의 채무가 당사자 쌍방의 책임 없는 사유로 이행할 수 없게 된 때에는 채무자는 상대방의 이행을 청구하지 못한다.

④ (○) 계약목적의 후발적 불능은 이행불능이나 위험부담의 문제를 발생시킬 뿐 행위 자체는 무효로 되지 아니하는데, 매도인에게 귀책사유가 있으므로 이는 책임 있는 이행불능이 되고, 매수인은 매도인에게 전보배상을 청구할 수 있다.

[보충] 책임 있는 이행불능의 효과로서 손해배상청구권과 계약해제권의 발생이 명문으로 규정되어 있고, 통설·판례는 대상청구권도 인정하고 있다. 이때의 손해배상은 그 성질상 전보배상이고, 대상청구권은 책임 없는 이행불능의 효과로서도 인정됨에 유의하여야 한다.

⑤ (×) 이행불능의 효과로서의 대상청구권은 매도인의 귀책사유 유무와 상관없이 인정되므로, 매수인은 대상청구권을 행사할 수 있다.

정답 ⑤

---

066 ☐☐☐   ○ △ ×

채권양도와 채무인수에 관한 설명으로 옳지 않은 것은? (다툼이 있으면 판례에 따름)

① 매매로 인한 소유권이전등기청구권의 양도는 채무자의 동의나 승낙을 받아야 대항력이 생긴다.

② 중첩적 채무인수는 채권자와 채무인수인 사이에 합의가 있더라도 채무자의 의사에 반해서는 이루어질 수 없다.

③ 당사자 간 지명채권 양도의 효과는 특별한 사정이 없는 한 통지 또는 승낙과 관계없이 양도계약과 동시에 발생한다.

④ 가압류된 채권도 특별한 사정이 없는 한 양도하는 데 제한이 없다.

⑤ 채무의 인수가 면책적인지 중첩적인지 불분명한 경우에는 중첩적 채무인수로 본다.

① (○) 부동산 매매로 인한 소유권이전등기청구권의 양도는 특별한 사정이 없는 이상 반드시 채무자의 동의나 승낙을 받아야 대항력이 생기는데, … (대법원 2023.6.15, 2022다297632).

② (×) 중첩적 채무인수는 채권자와 채무인수인과의 합의가 있는 이상 채무자의 의사에 반하여서도 이루어질 수 있다(대법원 1988. 11.22, 87다카1836).

③ (○) 지명채권 양도는 당사자인 양도인과 양수인 간의 합의만 있으면 효력이 생긴다. 민법 제450조에서 말하는 양도인의 통지나 채무자의 승낙은 채무자·제3자에 대한 대항요건에 지나지 아니한다.

> 제450조(지명채권양도의 대항요건) ① 지명채권의 양도는 양도인이 채무자에게 통지하거나 채무자가 승낙하지 아니하면 채무자 기타 제삼자에게 대항하지 못한다.

④ (○) 가압류된 채권도 이를 양도하는 데 아무런 제한이 없다 할 것이나, 다만 가압류된 채권을 양수받은 양수인은 그러한 가압류에 의하여 권리가 제한된 상태의 채권을 양수받는다고 보아야 할 것이고, 이는 채권을 양도받았으나 확정일자 있는 양도통지나 승낙에 의한 대항요건을 갖추지 아니하는 사이에 양도된 채권이 가압류된 경우에도 동일하다(대법원 2002.4.26, 2001다59033).

⑤ (○) 채무인수가 면책적인가 중첩적인가 하는 것은 채무인수계약에 나타난 당사자 의사의 해석에 관한 문제이고, 그 채무인수가 면책적 인수인지, 중첩적 인수인지가 분명하지 아니한 때에는 이를 중첩적으로 인수한 것으로 보아야 한다(대법원 2021.9.30, 2019다209345).

정답 ②

67 ☐☐☐ ○ △ ×

다수당사자 간의 법률관계에 관한 설명으로 옳지 않은 것은? (다툼이 있으면 판례에 따름)

① 공동임차인의 차임지급의무는 특별한 사정이 없는 한 불가분채무이다.

② 특별한 사정이 없는 한 연대채무자 중 1인이 채무 일부를 면제받더라도 그가 지급해야 할 잔존 채무액이 그의 부담부분을 초과한다면, 다른 연대채무자는 채무 전액을 부담한다.

③ 연대채무자 중 1인이 연대의 면제를 받더라도 다른 연대채무자는 채무 전액을 부담한다.

④ 부진정연대채무의 다액채무자가 일부변제한 경우, 그 변제로 인하여 먼저 소멸하는 부분은 다액채무자가 단독으로 부담하는 부분이다.

⑤ 보증채무의 이행을 확보하기 위하여 채권자와 보증인은 보증채무에 관해서만 손해배상액을 예정할 수 있다.

① (×) 불가분채무 → 연대채무(민법 제654조, 제616조)

> 제616조(공동차주의 연대의무) 수인이 공동하여 물건을 차용한

때에는 연대하여 그 의무를 부담한다.
> 제654조(준용규정) 제610조제1항, 제615조 내지 제617조의 규정은 임대차에 이를 준용한다.

② (○) 연대채무자 중 1인이 채무 일부를 면제받는 경우에 그 연대채무자가 지급해야 할 잔존 채무액이 부담부분을 초과하는 경우에는 그 연대채무자의 부담부분이 감소한 것은 아니므로 다른 연대채무자의 채무에도 영향을 주지 않아 다른 연대채무자는 채무 전액을 부담하여야 한다(대법원 2019.8.14, 2019다216435).

[보충] 반대로 일부면제에 의한 피면제자의 잔존 채무액이 부담부분보다 적은 경우에는 차액(부담부분 - 잔존 채무액)만큼 피면제자의 부담부분이 감소하였으므로, 차액의 범위에서 면제의 절대적 효력이 발생하여 다른 연대채무자의 채무도 차액만큼 감소한다(위 판례).

③ (○) 연대채무자 1인 또는 수인에 대하여 연대를 면제하는 상대적 연대면제의 경우, 면제를 받은 채무자만이 자신의 부담부분을 목적으로 하는 분할채무를 부담하고, 다른 연대채무자는 채무 전액을 부담한다.

[보충] 연대채무의 면제와 연대의 면제는 다르다는 점에 유의하여야 한다.

> 제419조(면제의 절대적 효력) 어느 연대채무자에 대한 채무면제는 그 채무자의 부담부분에 한하여 다른 연대채무자의 이익을 위하여 효력이 있다.
> 제427조(상환무자력자의 부담부분) ② 전항의 경우에 상환할 자력이 없는 채무자의 부담부분을 분담할 다른 채무자가 채권자로부터 연대의 면제를 받은 때에는 그 채무자의 분담할 부분은 채권자의 부담으로 한다.

④ (○) 금액이 다른 채무가 서로 부진정연대관계에 있을 때 다액채무자가 일부변제를 하는 경우 변제로 인하여 먼저 소멸하는 부분은 당사자의 의사와 채무 전액의 지급을 확실히 확보하려는 부진정연대채무제도의 취지에 비추어 볼 때 다액채무자가 단독으로 채무를 부담하는 부분으로 보아야 한다(대법원 2022.11.30, 2017다841,2017다858).

⑤ (○) 보증채무는 주채무와 별개의 독립한 채무이므로, 채권자와 보증인은 보증채무에 관하여만 손해배상액을 예정할 수 있다.

[보충] 다만, 보증채무의 독립성은 부종성·수반성으로 인하여 연대채무에서처럼 완전하지는 못하다.

정답 ①

068 ☐☐☐ ○△✕

채무불이행책임에 관한 설명으로 옳은 것은? (다툼이 있으면 판례에 따름)

① 강제이행과 손해배상청구는 양립할 수 없다.
② 채권자의 단순한 부주의라도 그것이 손해확대의 원인이 되는 경우, 이를 이유로 과실상계할 수 있다.
③ 하는 채무에 대한 대체집행은 허용되지 않는다.
④ 손해배상청구권의 소멸시효는 본래의 채권을 행사할 수 있는 때로부터 진행된다.
⑤ 채무불이행으로 인하여 채권자의 생명침해가 있는 경우, 채권자의 직계존속은 민법 제752조를 유추적용하여 채무불이행을 이유로 한 위자료를 청구할 수 있다.

해설

① (✕) 없다 → 있다(민법 제389조 제4항)
[보충] 강제이행청구는 손해배상청구에 영향이 없으므로, 채무자에게 귀책사유가 있는 경우, 강제이행을 청구하면서 채무불이행을 이유로 손해배상을 청구할 수도 있다.

> 제389조(강제이행) ① 채무자가 임의로 채무를 이행하지 아니한 때에는 채권자는 그 강제이행을 법원에 청구할 수 있다. 그러나 채무의 성질이 강제이행을 하지 못할 것인 때에는 그러하지 아니하다.
> ④ 전3항의 규정은 손해배상의 청구에 영향을 미치지 아니한다.

② (○) 민법상의 과실상계제도는 채권자가 신의칙상 요구되는 주의를 다하지 아니한 경우 공평의 원칙에 따라 손해의 발생에 관한 채권자의 그와 같은 부주의를 참작하게 하려는 것이므로 단순한 부주의라도 그로 말미암아 손해가 발생하거나 확대된 원인을 이루었다면 피해자에게 과실이 있는 것으로 보아 과실상계를 할 수 있고, 손해배상의무자가 피해자의 과실에 관하여 주장하지 않는 경우에도 소송자료에 의하여 피해자의 과실이 인정되는 경우에는 이를 법원이 직권으로 심리·판단하여야 한다(대법원 2010.8.26, 2010다37479).
③ (✕) 하는 채무 중 제3자가 이행하여도 무방한 채무, 즉 대체적 작위를 목적으로 하는 채무에 관하여는 대체집행이 허용된다.
[보충] 직접강제는 주는 채무에 관하여만 허용되고, 간접강제는 하는 채무 중 대체집행이 허용되지 아니하는 채무, 즉 부대체적 작위를 목적으로 하는 채무에 관하여만 허용된다.
④ (✕) 채무불이행으로 인한 손해배상청구권의 소멸시효는 채무불이행 시부터 진행하는 것이 원칙이다(2018.11.9, 2018다240462).
[보충] 불법행위로 인한 손해배상청구권의 소멸시효는 불법행위로 인한 손해가 발생한 날부터 진행한다(동법 제766조).
⑤ (✕) 숙박업자가 숙박계약상의 고객보호의무를 다하지 못하여 투숙객이 사망한 경우, 숙박계약의 당사자가 아닌 그 투숙객의 근친자가 그 사고로 인하여 정신적 고통을 받았다 하더라도 숙박업자의 그 망인에 대한 숙박계약상의 채무불이행을 이유로 위자료를 청구할 수는 없다(대법원 2000.11.24, 2000다38718,38725).

정답 ②

069 ☐☐☐ ○△✕

손해배상액의 예정에 관한 설명으로 옳지 않은 것은? (다툼이 있으면 판례에 따름)

① 채무자는 특별한 사정이 없는 한 자신의 귀책사유 없음을 이유로 예정배상액의 지급책임을 면할 수 있다.
② 손해배상액의 예정에는 특별한 사정이 없는 한 통상손해뿐만 아니라 특별손해도 포함된다.
③ 손해배상액이 예정되어 있는 경우라도 과실상계할 수 있다.
④ 예정배상액의 감액범위에 대한 판단은 사실심 변론종결 당시를 기준으로 한다.
⑤ 금전채무에 관하여 이행지체에 대비한 지연손해금 비율에 대한 합의는 손해배상액의 예정으로 보아 감액의 대상이 된다.

해설

① (○) 채무자는 채권자와 채무불이행에 있어 채무의 귀책사유를 묻지 아니한다는 약정을 하지 아니한 이상 자신의 귀책사유가 없음을 주장·입증함으로써 예정배상액의 지급책임을 면할 수 있다(대법원 2018.10.25, 2017다263543).
② (○) 계약 당시 손해배상액을 예정한 경우에는 다른 특약이 없는 한 채무불이행으로 인하여 입은 통상손해는 물론 특별손해까지도 예정액에 포함되고 채권자의 손해가 예정액을 초과한다 하더라도 초과부분을 따로 청구할 수 없다(대법원 2012.12.27, 2012다60954).
③ (✕) 당사자 사이의 계약에서 채무자의 채무불이행으로 인한 손해배상액이 예정되어 있는 경우, 채무불이행으로 인한 손해의 발생 및 확대에 채권자에게도 과실이 있더라도 민법 제398조 제2항에 따라 채권자의 과실을 비롯하여 채무자가 계약을 위반한 경위 등 제반 사정을 참작하여 손해배상예정액을 감액할 수는 있을지언정 채권자의 과실을 들어 과실상계를 할 수는 없다(대법원 2016.6.10, 2014다200763,2014다200770).
④ (○) 법원은 손해배상 예정액이 부당히 과다한지를 판단할 때 사실심의 변론종결 당시를 기준으로 그 사이에 발생한 사정을 종합적으로 고려하여야 한다(대법원 2023.8.18, 2022다227619).
⑤ (○) 금전채무에 관하여 이행지체에 대비한 지연손해금 비율을 따로 약정한 경우에 이는 손해배상액의 예정으로서 감액의 대상이 된다(대법원 2017.8.18, 2017다228762).

정답 ③

70

甲은 법률상 의무 없이 乙의 사무를 처리하고 있다. 이에 관한 설명으로 옳지 않은 것은? (다툼이 있으면 판례에 따름)

① 甲이 제3자와의 별도의 위임계약에 따라 乙의 사무를 처리한 경우, 원칙적으로 甲과 乙 사이에 사무관리는 성립하지 않는다.

② 사무관리가 성립되기 위한 甲의 사무관리의사는 甲 자신을 위한 의사와 병존할 수 있다.

③ 사무관리가 성립하는 경우, 甲은 乙에게 부당이득 반환을 청구할 수 없다.

④ 사무관리가 성립하는 경우, 甲이 乙의 의사를 알거나 알 수 있었다면 甲은 사무의 성질에 좇아 乙에게 이익이 되는 방법으로 관리하여야 한다.

⑤ 甲이 사무관리하면서 과실 없이 손해를 입은 경우, 甲은 乙의 현존이익의 한도 내에서 그 손해의 보상을 청구할 수 있다.

해설

① (○) 의무 없이 타인(乙)의 사무를 처리한 자(甲)는 그 타인에 대하여 민법상 사무관리 규정에 따라 비용상환 등을 청구할 수 있으나, 제3자와의 약정에 따라 타인의 사무를 처리한 경우에는 의무 없이 타인의 사무를 처리한 것이 아니므로 이는 원칙적으로 그 타인과의 관계에서는 사무관리가 된다고 볼 수 없다(대법원 2013.9.26, 2012다43539).

② (○) '타인(乙)을 위하여 사무를 처리하는 의사'는 관리자(甲) 자신의 이익을 위한 의사와 병존할 수 있고, 반드시 외부적으로 표시될 필요가 없으며, 사무를 관리할 당시에 확정되어 있을 필요가 없다(대법원 2013.8.22, 2013다30882).

③ (×) 민법은 비용을 지출한 관리자의 보호를 위하여 특별규정을 두고 있는데, 관리자가 본인을 위하여 필요비·유익비를 지출한 때에는 비용상환청구권, 필요·유익채무를 부담한 때에는 대변제청구권, 그 채무가 변제기에 있지 아니한 때에는 담보제공청구권 등을 행사할 수 있다.

[보충] 관리자가 본인의 의사에 반하는지 여부는 명백하지 아니하나, 본인의 의사에 반하는 경우, 관리자는 본인의 현존이익의 한도에서 부당이득 반환으로서 위 권리들을 행사할 수 있다.

> 제688조(수임인의 비용상환청구권 등) ② 수임인이 위임사무의 처리에 필요한 채무를 부담한 때에는 위임인에게 자기에 갈음하여 이를 변제하게 할 수 있고 그 채무가 변제기에 있지 아니한 때에는 상당한 담보를 제공하게 할 수 있다. (개정 2014.12.30.)
> 제739조(관리자의 비용상환청구권) ① 관리자가 본인을 위하여 필요비 또는 유익비를 지출한 때에는 본인에 대하여 그 상환을 청구할 수 있다.
> ② 관리자가 본인을 위하여 필요 또는 유익한 채무를 부담한 때에는 제688조 제2항의 규정을 준용한다.
> ③ 관리자가 본인의 의사에 반하여 관리한 때에는 본인의 현존이익의 한도에서 전2항의 규정을 준용한다.

④ (×) 사무의 성질에 좇아 乙에게 이익이 되는 방법으로 → 그 의사에 적합하도록(민법 제734조 제2항)

> 제734조(사무관리의 내용) ① 의무 없이 타인을 위하여 사무를

관리하는 자는 그 사무의 성질에 좇아 가장 본인에게 이익되는 방법으로 이를 관리하여야 한다.
> ② 관리자가 본인의 의사를 알거나 알 수 있는 때에는 그 의사에 적합하도록 관리하여야 한다.

⑤ (○) 관리자(甲)가 사무관리를 함에 있어서 과실 없이 손해를 받은 때에는 본인(乙)의 현존이익의 한도에서 그 손해의 보상을 청구할 수 있다(동법 제740조).

정답 ③ · ④

71

불법행위책임에 관한 설명으로 옳지 않은 것은? (다툼이 있으면 판례에 따름)

① 피용자의 불법행위로 인하여 사용자책임을 지는 자가 그 피용자에 대하여 행사하는 구상권은 신의칙을 이유로 제한 또는 배제될 수 있다.

② 공동불법행위에서 과실상계를 하는 경우, 피해자에 대한 공동불법행위자 전원의 과실과 피해자의 공동불법행위자 전원에 대한 과실을 전체적으로 평가하여야 한다.

③ 가해자 중 1인이 다른 가해자에 비하여 불법행위에 가공한 정도가 경미한 경우, 그 가해자의 피해자에 대한 책임범위를 손해배상액의 일부로 제한하여 인정할 수 있다.

④ 불법행위에 경합된 당사자들의 과실 정도에 관한 사실인정이나 그 비율을 정하는 것은 특별한 사정이 없는 한 사실심의 전권사항에 속한다.

⑤ 일반 육체노동을 하는 사람의 가동연한은 특별한 사정이 없는 한 경험칙상 만 65세로 보아야 한다.

해설

① (○) 일반적으로 사용자가 피용자의 업무수행과 관련하여 행하여진 불법행위로 인하여 직접 손해를 입었거나 그 피해자인 제3자에게 사용자로서의 손해배상책임을 부담한 결과로 손해를 입게 된 경우에 사용자는 그 사업의 성격과 규모, 시설의 현황, 피용자의 업무내용과 근로조건 및 근무태도, 가해행위의 발생원인과 성격, 가해행위의 예방이나 손실의 분산에 관한 사용자의 배려의 정도, 기타 제반 사정에 비추어 손해의 공평한 분담이라는 견지에서 신의칙상 상당하다고 인정되는 한도 내에서만 피용자에 대하여 손해배상을 청구하거나 구상권을 행사할 수 있고, 책임제한사유에 관한 사실인정이나 그 비율을 정하는 것은 형평의 원칙에 비추어 현저히 불합리하지 않는 한 사실심의 전권사항이다(대법원 2022. 12.29, 2019다210697).

② (○) 공동불법행위책임은 가해자 각 개인의 행위에 대하여 개별적으로 그로 인한 손해를 구하는 것이 아니라 가해자들이 공동으로 가한 불법행위에 대하여 그 책임을 추궁하는 것으로, 법원이 피해자의 과실을 들어 과실상계를 함에 있어서는 피해자의 공동불법행위자 각인에 대한 과실비율이 서로 다르더라도 피해자의 과실을 공동불법행위자 각인에 대한 과실로 개별적으로 평가할 것이 아니고 그들 전원에 대한 과실로 전체적으로 평가하여야 한다(대법원

2013.11.14, 2011다82063,82070).

③ (×) 공동불법행위로 인한 손해배상책임의 범위는 피해자에 대한 관계에서 가해자들 전원의 행위를 전체적으로 함께 평가하여 정하여야 하고, 그 손해배상액에 대하여는 가해자 각자가 그 금액의 전부에 대한 책임을 부담하며, 가해자의 1인이 다른 가해자에 비하여 불법행위에 가공한 정도가 경미하다고 하더라도 피해자에 대한 관계에서 그 가해자의 책임범위를 위와 같이 정하여진 손해배상액의 일부로 제한하여 인정할 수는 없다(대법원 2012.8.17, 2012다30892).

④ (○) 불법행위에 경합된 당사자들의 과실 정도에 관한 사실인정이나 그 비율을 정하는 것은 형평의 원칙에 비추어 현저하게 불합리하다고 인정되지 않는 한 사실심의 전권사항에 속한다(대법원 2022. 3.24, 2021다241618).

⑤ (○) [다수의견] 대법원은 1989.12.26. 선고한 88다카16867 전원합의체 판결(이하 '종전 전원합의체 판결'이라 한다)에서 일반육체노동을 하는 사람 또는 육체노동을 주로 생계활동으로 하는 사람(이하 '육체노동'이라 한다)의 가동연한을 경험칙상 만 55세라고 본 기존 견해를 폐기하였다. 그 후부터 현재에 이르기까지 육체노동의 가동연한을 경험칙상 만 60세로 보아야 한다는 견해를 유지하여 왔다.

그런데 우리나라의 사회적·경제적 구조와 생활여건이 급속하게 향상·발전하고 법제도가 정비·개선됨에 따라 종전 전원합의체 판결 당시 위 경험칙의 기초가 되었던 제반 사정들이 현저히 변하였기 때문에 위와 같은 견해는 더 이상 유지하기 어렵게 되었다. 이제는 특별한 사정이 없는 한 만 60세를 넘어 만 65세까지도 가동할 수 있다고 보는 것이 경험칙에 합당하다(대법원 2019.2.21, 2018다248909 전원합의체).

정답 ③

---

072 ○○○   ○ △ ×

계약해제에 관한 설명으로 옳지 않은 것은? (다툼이 있으면 판례에 따름)

① 제3자를 위한 계약에서 요약자는 낙약자의 채무불이행을 이유로 제3자의 동의 없이 기본관계를 이루는 계약을 해제할 수 있다.

② 계약이 해제된 경우, 금전을 수령한 자는 해제한 날부터 이자를 가산하여 반환하여야 한다.

③ 甲, 乙, 丙 사이에 순차적으로 매매계약이 이루어지고 丙이 매매대금을 乙의 지시에 따라 甲에게 지급한 경우, 乙과 丙 사이의 매매계약이 해제되더라도 丙은 甲에게 직접 부당이득 반환을 청구할 수 없다.

④ 매도인이 계약금계약에 의한 해제를 하는 경우, 매도인은 해제의사표시와 약정계약금의 배액을 제공하면 되고, 매수인의 수령거절 시 공탁할 필요는 없다.

⑤ 계약해제로 인한 원상회복의무가 이행지체에 빠진 이후의 지연손해금률에 관하여 당사자 사이에 별도의 약정이 있는 경우, 그 지연손해금률이 법정이율보다 낮더라도 약정에 따른 지연손해금률이 적용된다.

해설

① (○) 낙약자의 채무불이행이 있는 경우, 제3자는 계약당사자가 아니므로 요약자만이 계약해제권을 가지고, 제3자가 수익의 의사표시를 하였을 때에 요약자가 그 권리를 단독으로 행사할 수 있는지가 문제되는데, 판례는 단독으로 행사할 수 있다고 판시하고 있다. [보충] 제3자를 위한 유상 쌍무계약의 경우 요약자는 낙약자의 채무불이행을 이유로 제3자의 동의 없이 계약을 해제할 수 있다(대법원 1970.2.24, 69다1410,1411).

② (×) 해제한 날부터 → 그 받은 날로부터(민법 제548조 제2항)

> 제548조(해제의 효과, 원상회복의무) ① 당사자 일방이 계약을 해제한 때에는 각 당사자는 그 상대방에 대하여 원상회복의 의무가 있다. 그러나 제삼자의 권리를 해하지 못한다.
> ② 전항의 경우에 반환할 금전에는 그 받은 날로부터 이자를 가하여야 한다.

③ (○) 계약의 한쪽 당사자(丙)가 상대방(乙)의 지시 등으로 급부과정을 단축하여 상대방과 또 다른 계약관계를 맺고 있는 제3자(甲)에게 직접 급부를 하는 경우(이른바 삼각관계에서 급부가 이루어진 경우), 그 급부로써 급부를 한 계약당사자가 상대방에게 급부를 한 것일 뿐만 아니라 그 상대방이 제3자에게 급부를 한 것이다. 따라서 계약의 한쪽 당사자는 제3자를 상대로 법률상 원인 없이 급부를 수령하였다는 이유로 부당이득반환청구를 할 수 없다(대법원 2018.7.12, 2018다204992).

④ (○) 매매당사자 간에 계약금을 수수하고 계약해제권을 유보한 경우에 매도인이 계약금의 배액을 상환하고 계약을 해제하려면 계약해제 의사표시 이외에 계약금 배액의 이행의 제공이 있으면 족하고 상대방이 이를 수령하지 아니한다 하여 이를 공탁하여야 유효한 것은 아니다(대법원 1992.5.12, 91다2151).

⑤ (○) 당사자 일방이 계약을 해제한 때에는 각 당사자는 상대방에 대하여 원상회복의무가 있고, 이 경우 반환할 금전에는 받은 날로부터 이자를 가산하여 지급하여야 한다. … 반면 원상회복의무가 이행지체에 빠진 이후의 기간에 대해서는 부당이득반환의무로서의 이자가 아니라 반환채무에 대한 지연손해금이 발생하게 되므로 거기에는 지연손해금률이 적용되어야 한다. 그 지연손해금률에 관하여도 당사자 사이에 별도의 약정이 있으면 그에 따라야 할 것이고, 설사 그것이 법정이율보다 낮다 하더라도 마찬가지이다(대법원 2013.4.26, 2011다50509).

정답 ②

73 □□□ ○ △ ✕

민법상 조합에 관한 설명으로 옳지 않은 것은? (다툼이 있으면 판례에 따름)

① 수인이 공동사업을 경영할 목적 없이 전매차익만을 얻기 위해 상호 협력한 경우, 특별한 서정이 없는 한 이들 사이의 법률관계는 조합에 해당하지 않는다.

② 조합채무자가 조합원들 중의 1인에 대하여 개인채권을 가지고 있는 경우, 그 채권과 조합에 대한 채무를 서로 대등액에서 상계할 수 없다.

③ 조합계약에서 출자의무의 이행과 이익분배를 직접 연결시키는 특약을 두지 않은 경우, 조합은 출자의무를 이행하지 않은 조합원의 이익분배 자체를 거부할 수 없다.

④ 조합원의 지분에 대한 압류는 그 조합원의 장래의 이익배당 및 지분의 반환을 받을 권리에 대하여 효력이 있다.

⑤ 2인 조합에서 조합원 1인이 탈퇴하면 조합관계는 종료되고, 원칙적으로 조합은 즉시 해산된다.

해설

① (○) 수인이 부동산을 공동으로 매수한 경우, 매수인들 사이의 법률관계는 공유관계로서 단순한 공동매수인에 불과할 수도 있고, 수인을 조합원으로 하는 동업체에서 매수한 것일 수도 있는데, 부동산의 공동매수인들이 전매차익을 얻으려는 '공동의 목적 달성'을 위하여 상호 협력한 것에 불과하고 이를 넘어 '공동사업을 경영할 목적'이 있었다고 인정되지 않는 경우 이들 사이의 법률관계는 공유관계에 불과할 뿐 민법상 조합관계에 있다고 볼 수 없다(대법원 2012.8.30, 2010다39918).

② (○) 조합에 대한 채무자는 그 채무와 조합원에 대한 채권으로 상계할 수는 없는 것이므로(민법 제715조), 조합으로부터 부동산을 매수하여 잔대금채무를 지고 있는 자가 조합원 중의 1인에 대하여 개인채권을 가지고 있다고 하더라도 그 채권과 조합과의 매매계약으로 인한 잔대금채무를 서로 대등액에서 상계할 수는 없다(대법원 1998.3.13, 97다6919).

③ (○) 건설공동수급체 구성원은 공동수급체에 출자의무를 지는 반면 공동수급체에 대한 이익분배청구권을 가지는데, 이익분배청구권과 출자의무는 별개의 권리·의무이다. 따라서 공동수급체의 구성원이 출자의무를 이행하지 않더라도, 공동수급체가 출자의무의 불이행을 이유로 이익분배 자체를 거부할 수도 없고, 그 구성원에게 지급할 이익분배금에서 출자금이나 그 연체이자를 당연히 공제할 수도 없다(대법원 2018.1.24, 2015다69990).

④ (○) 민법 제714조

⑤ (✕) 2인으로 구성된 조합에서 한 사람이 탈퇴하면 조합관계는 종료되나 특별한 사정이 없는 한 조합은 해산이나 청산이 되지 않고, 다만 조합원의 합유에 속한 조합재산은 남은 조합원의 단독소유에 속하여 탈퇴 조합원과 남은 조합원 사이에는 탈퇴로 인한 계산을 해야 한다(대법원 2021.7.29, 2019다207851).

정답 ⑤

74 □□□ ○ △ ✕

동시이행항변권에 관한 설명으로 옳은 것은? (다툼이 있으면 판례에 따름)

① 공사도급계약상 도급인의 지체상금채권과 수급인의 공사대금채권은 특별한 사정이 없는 한 동시이행관계에 있다.

② 선이행의무자가 이행을 지체하는 동안 상대방의 채무가 이행기에 도래한 경우, 특별한 사정이 없는 한 양 당사자의 의무는 동시이행관계에 있지 않다.

③ 동시이행항변권에 따른 이행지체책임 면제의 효력은 그 항변권을 행사·원용하여야 발생한다.

④ 동시이행항변권은 연기적 항변권으로, 동시이행관계에 있으면 소멸시효는 진행되지 아니한다.

⑤ 자동채권과 수동채권이 동시이행관계에 있더라도 서로 현실적으로 이행하여야 할 필요가 없는 경우, 특별한 사정이 없는 한 상계는 허용된다.

해설

① (✕) 공사도급계약상 도급인의 지체상금채권과 수급인의 공사대금채권은 특별한 사정이 없는 한 동시이행의 관계에 있다고 할 수 없다(대법원 2015.8.27, 2013다81224,81231).

② (✕) 쌍무계약인 매매계약에서 매수인이 선이행의무인 분양잔대금지급의무를 이행하지 않고 있는 사이에 매도인의 소유권이전등기의무의 이행기가 도래하여 도과한 경우, 분양잔대금지급채무를 여전히 선이행하기로 약정하는 등 특별한 사정이 없는 한 매도인과 매수인 쌍방의 의무는 동시이행관계에 놓이게 된다고 할 것이므로 … (대법원 2013.7.25, 2011다7628).

③ (✕) 쌍무계약에서 쌍방의 채무가 동시이행관계에 있는 경우 일방의 채무의 이행기가 도래하더라도 상대방 채무의 이행제공이 있을 때까지는 그 채무를 이행하지 않아도 이행지체의 책임을 지지 않는 것이며, 이와 같은 효과는 이행지체의 책임이 없다고 주장하는 자가 반드시 동시이행의 항변권을 행사하여야만 발생하는 것은 아니다(대법원 2010.10.14, 2010다47438).

④ (✕) 부동산에 대한 매매대금채권이 소유권이전등기청구권과 동시이행의 관계에 있다고 할지라도 매도인은 매매대금의 지급기일 이후 언제라도 그 대금의 지급을 청구할 수 있는 것이며, 다만 매수인은 매도인으로부터 그 이전등기에 관한 이행의 제공을 받기까지 그 지급을 거절할 수 있는 데 지나지 아니하므로 매매대금청구권은 그 지급기일 이후 시효의 진행에 걸린다(대법원 1991.3.22, 90다9797). 즉, 동시이행관계에 있는 채권은 이행기로부터 소멸시효가 진행한다.

⑤ (○) 상계제도는 서로 대립하는 채권·채무를 간이한 방법에 의하여 결제함으로써 양자의 채권·채무관계를 원활하고 공평하게 처리함을 목적으로 하고 있으므로, 상계의 대상이 될 수 있는 자동채권과 수동채권이 동시이행관계에 있다고 하더라도 서로 현실적으로 이행하여야 할 필요가 없는 경우라면 상계로 인한 불이익이 발생할 우려가 없고 오히려 상계를 허용하는 것이 동시이행관계에 있는 채권·채무관계를 간명하게 해소할 수 있으므로 특별한 사정이 없는 한 상계가 허용된다(대법원 2006.7.28, 2004다54633).

정답 ⑤

075 □□□   ○ △ ✕

매매에 관한 설명으로 옳은 것을 모두 고른 것은? (다툼이 있으면 판례에 따름)

ㄱ. 당사자가 매매예약완결권의 행사기간을 약정하지 않은 경우, 완결권은 예약이 성립한 때로부터 10년 내에 행사되어야 하고, 그 기간을 지난 때에는 제척기간의 경과로 인하여 소멸한다.

ㄴ. 목적물이 일정한 면적을 가지고 있다는 데 주안을 두고 대금도 면적을 기준으로 정하여지는 아파트분양계약은 특별한 사정이 없는 한 수량지정매매에 해당한다.

ㄷ. 건축목적으로 매매된 토지에 대하여 건축허가를 받을 수 없어 건축이 불가능한 경우, 이와 같은 법률적 제한 내지 장애는 권리의 하자에 해당한다.

ㄹ. 특정물매매에서 매도인의 하자담보책임이 성립하는 경우, 매수인은 매매계약내용의 중요부분에 착오가 있더라도 이를 취소할 수 없다.

---

① ㄱ, ㄴ   ② ㄱ, ㄹ   ③ ㄴ, ㄷ
④ ㄱ, ㄷ, ㄹ   ⑤ ㄴ, ㄷ, ㄹ

해설

ㄱ (○) 민법 제564조가 정하고 있는 매매예약에서 예약자의 상대방이 매매예약 완결의 의사표시를 하여 매매의 효력을 생기게 하는 권리, 즉 매매예약의 완결권은 일종의 형성권으로서 당사자 사이에 행사기간을 약정한 때에는 그 기간 내에, 약정이 없는 때에는 예약이 성립한 때부터 10년 내에 이를 행사하여야 하고, 그 기간이 지난 때에는 예약완결권은 제척기간의 경과로 소멸한다(대법원 2018.11.29, 2017다247190).

ㄴ (○) 목적물이 일정한 면적(수량)을 가지고 있다는 데 주안을 두고 대금도 면적을 기준으로 하여 정하여지는 아파트분양계약은 이른바 수량을 지정한 매매라 할 것이다(대법원 2002.11.8, 99다58136).

ㄷ (✕) 건축을 목적으로 매매된 토지에 대하여 건축허가를 받을 수 없어 건축이 불가능한 경우, 위와 같은 법률적 제한 내지 장애 역시 매매목적물의 하자에 해당한다 할 것이나, 다만 위와 같은 하자의 존부는 매매계약 성립 시를 기준으로 판단하여야 할 것이다(대법원 2000.1.18, 98다18506).

ㄹ (✕) 민법 제109조 제1항에 의하면 법률행위내용의 중요부분에 착오가 있는 경우 착오에 중대한 과실이 없는 표의자는 법률행위를 취소할 수 있고, 민법 제580조 제1항, 제575조 제1항에 의하면 매매의 목적물에 하자가 있는 경우 하자가 있는 사실을 과실 없이 알지 못한 매수인은 매도인에 대하여 하자담보책임을 물어 계약을 해제하거나 손해배상을 청구할 수 있다. … 따라서 매매계약내용의 중요부분에 착오가 있는 경우 매수인은 매도인의 하자담보책임이 성립하는지와 상관없이 착오를 이유로 매매계약을 취소할 수 있다(대법원 2018.9.13, 2015다78703).

정답 ①

051 □□□　　　　　　　　　○ △ ×

미성년자 甲과 행위능력자 乙 간의 매매계약에 관한 설명으로 옳은 것은? (다툼이 있으면 판례에 따름)

① 甲의 법정대리인이 동의하면 위 계약은 확정적으로 유효하게 되는데, 이때 그 동의는 명시적으로 행해져야 한다.

② 乙은 계약체결 시 甲이 미성년자임을 알았더라도 추인이 있기 전까지 자신의 의사표시를 철회할 수 있다.

③ 甲이 단독으로 乙과 계약을 체결한 후 제한능력을 이유로 甲 스스로 위 계약을 취소하는 것은 신의칙에 반한다.

④ 계약체결 시 乙이 甲에게 나이를 물었을 때 甲이 만 20세라 답하였다고 하더라도 甲의 법정대리인은 위 계약을 취소할 수 있다.

⑤ 甲의 법정대리인에 의하여 위 계약이 甲의 제한능력을 이유로 취소되었다면, 甲의 부당이득 반환범위는 그 법정대리인의 선의·악의에 따라 달라진다.

해설

① (×) ③ (×) [1] 행위무능력자제도는 사적 자치의 원칙이라는 민법의 기본이념, 특히, 자기책임원칙의 구현을 가능케 하는 도구로서 인정되는 것이고, 거래의 안전을 희생시키더라도 행위무능력자를 보호하고자 함에 근본적인 입법취지가 있는바, … 미성년자의 법률행위에 법정대리인의 동의를 요하도록 하는 것은 강행규정인데, 위 규정에 반하여 이루어진 신용구매계약을 미성년자 스스로 취소하는 것을 신의칙 위반을 이유로 배척한다면, 이는 오히려 위 규정에 의해 배제하려는 결과를 실현시키는 셈이 되어 미성년자제도의 입법취지를 몰각시킬 우려가 있으므로, 법정대리인의 동의 없이 신용구매계약을 체결한 미성년자가 사후에 법정대리인의 동의 없음을 사유로 들어 이를 취소하는 것이 신의칙에 위배된 것이라고 할 수 없다.

[2] 미성년자가 법률행위를 함에 있어서 요구되는 법정대리인의 동의는 언제나 명시적이어야 하는 것은 아니고 묵시적으로도 가능한 것이며, 미성년자의 행위가 위와 같이 법정대리인의 묵시적 동의가 인정되거나 처분허락이 있는 재산의 처분 등에 해당하는 경우라면, 미성년자로서는 더 이상 행위무능력을 이유로 그 법률행위를 취소할 수 없다(대법원 2007.11.16, 2005다71659,71666, 71673).

[보충] 법정대리인이 동의하는 방법은 자유이고, 묵시적인 동의도 유효하며, 그 동의는 미성년자뿐만 아니라 미성년자와 거래하는 상대방에게도 할 수 있다. 다만, 법정대리인 중 후견인이 미성년자의 행위를 동의하기 위하여는, 후견감독인이 있으면 그의 동의를 받아야 한다.

② (×) 있다 → 없다(민법 제16조 제1항 단서)

제16조(제한능력자의 상대방의 철회권과 거절권) ① 제한능력자가 맺은 계약은 추인이 있을 때까지 상대방이 그 의사표시를 철회할 수 있다. 다만, 상대방이 계약 당시에 제한능력자임을 알았을 경우에는 그러하지 아니하다.

④ (○) 민법 제17조에 이른바 "무능력자가 사술로써 능력자로 믿게 한 때"에 있어서의 사술을 쓴 것이라 함은 적극적으로 사기수단을 쓴 것을 말하는 것이고 단순히 자기가 능력자라 사언함은 사술을 쓴 것이라고 할 수 없다(대법원 1971.12.14, 71다2045). 즉, 甲은 사술을 쓴 것이라고 할 수 없으므로, 甲의 법정대리인은 위 계약을 취소할 수 있다.

⑤ (×) 그 법정대리인의 선의·악의에 따라 달라진다 → 그 행위로 인하여 받은 이익이 현존하는 한도이다(동법 제141조)

제141조(취소의 효과) 취소된 법률행위는 처음부터 무효인 것으로 본다. 다만, 제한능력자는 그 행위로 인하여 받은 이익이 현존하는 한도에서 상환(償還)할 책임이 있다.

정답 ④

052 □□□　　　　　　　　　○ △ ×

민법상 법인에 관한 설명으로 옳은 것은? (다툼이 있으면 판례에 따름)

① 사단법인 정관의 법적 성질은 자치법규이다.

② 청산종결등기가 행해졌다면 청산사무가 아직 남아 있다 하더라도 그 법인의 권리능력은 소멸된다.

③ 대표이사의 불법행위가 법인의 불법행위로 되는 경우에 대표이사는 자기의 불법행위책임을 면한다.

④ 법인의 대표권을 가진 자가 하는 법률행위는 성립상 효과만 법인에게 귀속할 뿐 그 위반의 효과인 채무불이행책임까지 법인에 귀속하는 것은 아니다.

⑤ 사단법인 사원의 지위는 정관에 의하여도 상속할 수 없다.

해설

① (○) 사단법인의 정관은 이를 작성한 사원뿐만 아니라 그 후에 가입한 사원이나 사단법인의 기관 등도 구속하는 점에 비추어 보면 그 법적 성질은 계약이 아니라 자치법규로 보는 것이 타당하므로, 이는 어디까지나 객관적인 기준에 따라 그 규범적인 의미내용을 확정하는 법규해석의 방법으로 해석되어야 하는 것이지, 작성자의 주관이나 해석 당시의 사원의 다수결에 의한 방법으로 자의적으로 해석될 수는 없다 할 것이어서, 어느 시점의 사단법인의 사원들이 정관의 규범적인 의미내용과 다른 해석을 사원총회의 결의라는 방법으로 표명하였다 하더라도 그 결의에 의한 해석은 그 사단법인의 구성원인 사원들이나 법원을 구속하는 효력이 없다

(대법원 2000.11.24, 99다12437).

② (×) 법인에 대한 청산종결등기가 되었더라도 청산사무가 종결되지 않는 한 그 범위 내에서는 청산법인으로 존속한다(대법원 2021. 6.30, 2018도14261).

③ (×) 경우에는 → 경우에도, 면한다 → 면하지 못한다(민법 제35조 제1항)

> **제35조(법인의 불법행위능력)** ① 법인은 이사 기타 대표자가 그 직무에 관하여 타인에게 가한 손해를 배상할 책임이 있다. 이사 기타 대표자는 이로 인하여 자기의 손해배상책임을 면하지 못한다.

④ (×) 법인이 대표기관을 통하여 법률행위를 한 때에는 대리에 관한 규정이 준용된다(민법 제59조 제2항). 따라서 적법한 대표권을 가진 자와 맺은 법률행위의 효과는 대표자 개인이 아니라 본인인 법인에 귀속하고, 마찬가지로 그러한 법률행위상의 의무를 위반하여 발생한 채무불이행으로 인한 손해배상책임도 대표기관 개인이 아닌 법인만이 책임의 귀속주체가 되는 것이 원칙이다(대법원 2019.5. 30, 2017다53265).

⑤ (×) "사단법인의 사원의 지위는 양도 또는 상속할 수 없다"고 한 민법 제56조의 규정은 강행규정은 아니라고 할 것이므로, 정관에 의하여 이를 인정하고 있을 때에는 양도ㆍ상속이 허용된다(대법원 1992.4.14, 91다26850).

[보충] 사단법인의 사원의 지위는 양도 또는 상속할 수 없다고 규정한 민법 제56조의 규정은 강행규정이라고 할 수 없으므로, 비법인사단에서도 사원의 지위는 규약이나 관행에 의하여 양도 또는 상속될 수 있다(대법원 1997.9.26, 95다6205).

정답 ①

053 ☐☐☐   ○ △ ×

비법인사단에 관한 설명으로 옳지 않은 것은? (다툼이 있으면 판례에 따름)

① 비법인사단의 대표자로부터 포괄적 위임을 받은 수임인의 대행행위는 비법인사단에 효력을 미치지 않는다.

② 비법인사단 대표자의 대표권이 정관으로 제한된 경우, 비법인사단은 그 등기가 없더라도 그 거래상대방이 악의라면 이로써 대항할 수 있다.

③ 법인의 불법행위책임에 관한 민법 제35조 제1항은 비법인사단에 유추적용된다.

④ 비법인사단의 구성원들이 집단으로 탈퇴하면 2개의 비법인사단으로 분열되고, 이때 각 비법인사단은 종전의 재산을 구성원 수의 비율로 총유한다.

⑤ 사원총회 결의를 거치지 않아 무효가 되는 비법인사단 대표자의 총유물 처분행위에 대해서는 '권한을 넘은 표현대리'의 법리가 적용되지 않는다.

해설

① (○) 비법인사단에 대하여는 사단법인에 관한 민법규정 가운데 법인격을 전제로 하는 것을 제외하고는 이를 유추적용하여야 하는데, 민법 제62조에 비추어 보면 비법인사단의 대표자는 정관 또는

총회의 결의로 금지하지 아니한 사항에 한하여 타인으로 하여금 특정한 행위를 대리하게 할 수 있을 뿐 비법인사단의 제반 업무처리를 포괄적으로 위임할 수는 없으므로 비법인사단 대표자가 행한 타인에 대한 업무의 포괄적 위임과 그에 따른 포괄적 수임인의 대행행위는 민법 제62조를 위반한 것이어서 비법인사단에 대하여 그 효력이 미치지 않는다(대법원 2011.4.28, 2008다15438).

> **제62조(이사의 대리인 선임)** 이사는 정관 또는 총회의 결의로 금지하지 아니한 사항에 한하여 타인으로 하여금 특정한 행위를 대리하게 할 수 있다.

② (○) 비법인사단의 경우에는 대표자의 대표권 제한에 관하여 등기할 방법이 없어 민법 제60조의 규정을 준용할 수 없고, 비법인사단의 대표자가 정관에서 사원총회의 결의를 거쳐야 하도록 규정한 대외적 거래행위에 관하여 이를 거치지 아니한 경우라도, 이와 같은 사원총회 결의사항은 비법인사단의 내부적 의사결정에 불과하다 할 것이므로, 그 거래상대방이 그와 같은 대표권 제한사실을 알았거나 알 수 있었을 경우가 아니라면 그 거래행위는 유효하다고 봄이 상당하고, 이 경우 거래의 상대방이 대표권 제한사실을 알았거나 알 수 있었음은 이를 주장하는 비법인사단 측이 주장ㆍ입증하여야 한다(대법원 2003.7.22, 2002다64780).

③ (○) 비법인사단의 대표자가 직무에 관하여 타인에게 손해를 가한 경우 그 사단은 민법 제35조 제1항의 유추적용에 의하여 그 손해를 배상할 책임이 있고, … 한편 그 대표자의 행위가 직무에 관한 행위에 해당하지 아니함을 피해자 자신이 알았거나 또는 중대한 과실로 인하여 알지 못한 경우에는 비법인사단에게 손해배상책임을 물을 수 없다(대법원 2008.1.18, 2005다34711).

④ (×) **[다수의견]** 우리 민법이 사단법인에 있어서 구성원의 탈퇴나 해산은 인정하지만 사단법인의 구성원들이 2개의 법인으로 나뉘어 각각 독립한 법인으로 존속하면서 종전 사단법인에게 귀속되었던 재산을 소유하는 방식의 사단법인의 분열은 인정하지 아니한다. 그 법리는 법인 아닌 사단에 대하여도 동일하게 적용되며, 법인 아닌 사단의 구성원들의 집단적 탈퇴로써 사단이 2개로 분열되고 분열되기 전 사단의 재산이 분열된 각 사단들의 구성원들에게 각각 총유적으로 귀속되는 결과를 초래하는 형태의 법인 아닌 사단의 분열은 허용되지 않는다(대법원 2006.4.20, 2004다37775 전원합의체).

⑤ (○) 비법인사단인 교회의 대표자는 총유물인 교회재산의 처분에 관하여 교인총회의 결의를 거치지 아니하고는 이를 대표하여 행할 권한이 없다. 그리고 교회의 대표자가 권한 없이 행한 교회재산의 처분행위에 대하여는 민법 제126조의 표현대리에 관한 규정이 준용되지 아니한다(대법원 2009.2.12, 2006다23312).

> **제126조(권한을 넘은 표현대리)** 대리인이 그 권한 외의 법률행위를 한 경우에 제삼자가 그 권한이 있다고 믿을 만한 정당한 이유가 있는 때에는 본인은 그 행위에 대하여 책임이 있다.

정답 ④

54 ☐☐☐   ○ △ ✕

물건에 관한 설명으로 옳지 않은 것은? (다툼이 있으면 판례에 따름)

① 주물과 다른 사람의 소유에 속하는 물건은 종물이 될 수 없다.
② 주물을 처분할 때 당사자 간의 특약으로 종물만을 별도로 처분할 수도 있다.
③ 국립공원의 입장료는 법정과실에 해당한다.
④ 관리할 수 있는 자연력은 동산이다.
⑤ 명인방법을 갖춘 수목의 경우, 토지와 독립된 물건으로서 거래의 객체가 된다.

해설

① (○) 물은 물건의 소유자가 그 물건의 상용에 공하기 위하여 자기 소유인 다른 물건을 이에 부속하게 한 것을 말하므로(민법 제100조 제1항), 주물과 다른 사람의 소유에 속하는 물건은 종물이 될 수 없다(대법원 2008.5.8, 2007다36933,36940).
[보충] 다른 소유자에게 속한 물건 사이에 주물과 종물의 관계를 인정한다면, 그 주물의 처분으로 다른 소유자의 종물이 처분됨으로써 제3자의 권리가 침해될 수 있으므로, 주물과 종물은 원칙적으로 동일한 소유자에게 속하여야 한다.

> 제100조(주물, 종물) ① 물건의 소유자가 그 물건의 상용에 공하기 위하여 자기 소유인 다른 물건을 이에 부속하게 한 때에는 그 부속물은 종물이다.
> ② 종물은 주물의 처분에 따른다.

② (○) 종물은 주물의 처분에 수반된다는 민법 제100조 제2항은 임의규정이므로, 당사자는 주물을 처분할 때에 특약으로 종물을 제외할 수 있고 종물만을 별도로 처분할 수도 있다(대법원 2012.1. 26, 2009다76546).
③ (✕) 국립공원의 입장료는 수익자 부담의 원칙에 따라 국립공원에 입장하는 자에게 국립공원의 유지·관리비의 일부를 징수하는 것이며, 공원의 관리와 공원 안에 있는 문화재의 관리·보수를 위한 비용에만 사용하여야 하는 것이므로, 민법상 과실이라고 볼 여지가 없으므로, 국립공원의 입장료를 국가 내지 국립공원관리공단의 수입으로 하도록 한 규정이 국립공원 내 토지의 소유자의 재산권을 침해하는 것이라 할 수 없다(헌법재판소 2001.6.28, 2000헌바44).
[보충] 자연공원법(1995.12.30. 법률 제5122호로 개정된 것) 제26조 및 제33조의 규정내용과 입법목적을 종합하여 보면, 국립공원의 입장료는 토지의 사용대가라는 민법상 과실이 아니라 수익자 부담의 원칙에 따라 국립공원의 유지·관리비용의 일부를 국립공원 입장객에게 부담시키고자 하는 것이어서 토지의 소유권이나 그에 기한 과실수취권과는 아무런 관련이 없고, … (대법원 2001. 12.28, 2000다27749).
④ (○) 민법 제98조, 제99조

> 제98조(물건의 정의) 본법에서 물건이라 함은 유체물 및 전기 기타 관리할 수 있는 자연력을 말한다.
> 제99조(부동산, 동산) ① 토지 및 그 정착물은 부동산이다.
> ② 부동산 이외의 물건은 동산이다.

⑤ (○) 입목에관한법률에 따라 등기된 입목이나 명인방법을 갖춘 수목의 경우에는 독립하여 거래의 객체가 되므로 토지평가에 포함되지 아니한다(대법원 1998.10.28, 98마1817).

정답 ③

55 ☐☐☐   ○ △ ✕

무자력한 甲은 乙에게 3억 원의 금전채무를 부담하고 있으나, 乙의 강제집행을 피하기 위해 자신의 유일한 재산인 A부동산을 丙에게 가장매매하고 소유권이전등기를 해 주었다. 이에 관한 설명으로 옳은 것은? (다툼이 있으면 판례에 따름)

① 乙은 甲에 대한 자신의 채권을 보전하기 위하여 甲의 丙에 대한 소유권이전등기의 말소등기청구권을 대위 행사할 수 있다.
② 甲과 丙 간의 가장매매는 무효이므로 乙은 이것이 사해행위라는 것을 이유로 하여 채권자취소권을 행사할 수 없다.
③ 허위표시는 불법원인이므로 甲은 丙에게 자신의 소유권에 기하여 A부동산의 반환을 청구할 수 없다.
④ 만약 丙이 丁에게 A부동산을 매도하였다면, 丁은 선의·무과실이어야 제3자로서 보호를 받을 수 있다.
⑤ 甲과 丙이 A부동산의 가장매매계약을 추인하면 그 계약은 원칙적으로 체결 시로 소급하여 유효한 것이 된다.

해설

① (○) 무자력한 채무자(甲)가 그의 유일한 재산인 부동산을 매매를 가장하여 제3자(피고)(丙)에게 이전등기하였으므로 그 말소를 구한다는 취지의 채권자(乙)의 주장은 채권자가 채무자를 대위하여 그 말소등기청구권을 행사(채권자대위권의 행사)하는 것으로 보아야 한다(대법원 1989.2.28, 87다카1489). 판례의 취지에 따르면, 乙은 甲의 丙에 대한 소유권이전등기의 말소등기청구권을 대위행사할 수 있다.
② (✕) 채무자의 법률행위가 통정허위표시인 경우에도 채권자취소권의 대상이 됨은 마찬가지이다(대법원 2022.5.26, 2021다288020). 따라서 乙은 채권자취소권을 행사할 수 있다.
③ (✕) 불법의 원인으로 인하여 재산을 급여하거나 노무를 제공한 때에는 그 이익의 반환을 청구하지 못하는 것인바(민법 제746조 본문), 여기서 불법의 원인이라 함은 그 원인되는 행위가 선량한 풍속 기타 사회질서에 위반하는 경우를 말하는 것으로서 법률의 금지에 위반하는 경우라 할지라도 그것이 선량한 풍속 기타 사회질서에 위반하지 않는 경우에는 이에 해당하지 않는다(대법원 2010. 12.9, 2010다57626,57633). 즉, 허위표시만으로는 불법원인이 되지 아니하므로, 甲은 丙에게 A부동산의 반환을 청구할 수 있다.
④ (✕) 민법 제108조 제2항은 선의자의 무과실을 요하고 있지 아니하므로, 선의이면 족하고 무과실은 요건이 아니다. 따라서 丁은 선의이기만 하면 제3자로서 보호를 받을 수 있다.

> 제108조(통정한 허위의 의사표시) ② 전항의 의사표시의 무효는 선의의 제삼자에게 대항하지 못한다.

⑤ (✕) 甲과 丙이 A부동산의 가장매매계약을 추인하면 그 계약은 그때부터, 즉 비소급적으로 유효한 것이 된다.
[보충] 이와 같은 추인은 당사자의 한쪽을 보호하기 위한 무효의 경우에 한하여 인정된다. 강행법규 위반의 행위, 반사회질서의 행

위, 불공정한 행위 등 공익적 이유를 위한 무효의 경우에는, 추인이 인정되지 아니한다.

> **제139조(무효행위의 추인)** 무효인 법률행위는 추인하여도 그 효력이 생기지 아니한다. 그러나 당사자가 그 무효임을 알고 추인한 때에는 새로운 법률행위로 본다.

056 ☐☐☐　　　　　○ △ ×

비진의표시에 관한 설명으로 옳지 않은 것은? (다툼이 있으면 판례에 따름)

① 비진의표시에서 '진의'란 특정한 내용의 의사표시를 하고자 하는 표의자의 생각을 말하는 것이지 진정으로 마음속에서 바라는 사항을 뜻하는 것은 아니다.

② 법률상의 장애로 자기 명의로 대출받을 수 없는 자를 위하여 대출금채무자로서 명의를 빌려준 자는 특별한 사정이 없는 한 채무부담의사를 가지지 않으므로 그가 행한 대출계약상의 의사표시는 비진의표시이다.

③ 재산을 강제로 뺏긴다는 인식을 하고 있는 자가 고지된 해악이 두려워 어쩔 수 없이 증여의 의사표시를 한 경우, 이는 비진의표시라 할 수 없다.

④ 근로자가 회사의 경영방침에 따라 사직원을 제출하고 회사가 이를 받아들여 퇴직처리를 하였다가 즉시 재입사하는 형식으로 실질적 근로관계의 단절 없이 계속 근무하였다면, 그 사직의 의사표시는 무효이다.

⑤ 비리공무원이 감사기관의 사직권고를 받고 사직의 의사표시를 하여 의원면직처분이 된 경우, 그 사표제출자의 내심에 사직할 의사가 없었더라도 그 사직의 의사표시는 **효력이** 발생한다.

해설

① (○) ③ (○) 비진의의사표시에 있어서의 진의란 특정한 내용의 의사표시를 하고자 하는 표의자의 생각을 말하는 것이지 표의자가 진정으로 마음속에서 바라는 사항을 뜻하는 것은 아니라고 할 것이므로, 비록 재산을 강제로 뺏긴다는 것이 표의자의 본심으로 잠재되어 있었다 하여도 표의자가 강박에 의하여서나마 증여를 하기로 하고 그에 따른 증여의 의사표시를 한 이상 증여의 내심의 효과의사가 결여된 것이라고 할 수는 없다(대법원 2002.12.27, 2000다47361).

② (×) 법률상 또는 사실상의 장애로 자기 명의로 대출받을 수 없는 자를 위하여 대출금채무자로서의 명의를 빌려준 자에게 그와 같은 채무부담의 의사가 없는 것이라고는 할 수 없으므로 그 의사표시를 비진의표시에 해당한다고 볼 수 없고, … (대법원 1996.9.10, 96다18182).

④ (○) 근로자가 회사의 경영방침에 따라 사직원을 제출하고 회사가 이를 받아들여 퇴직처리를 하였다가 즉시 재입사하는 형식을 취함으로써 근로자가 그 퇴직 전후에 걸쳐 실질적인 근로관계의 단절이 없이 계속 근무하였다면 그 사직원 제출은 근로자가 퇴직을

할 의사 없이 퇴직의사를 표시한 것으로서 비진의의사표시에 해당하고 재입사를 전제로 사직원을 제출케 한 회사 또한 그와 같은 진의 아님을 알고 있었다고 봄이 상당하다 할 것이므로 위 사직원 제출과 퇴직처리에 따른 퇴직의 효과는 생기지 아니한다(2005.4.29, 2004두14090).

⑤ (○) 공무원이 사직의 의사표시를 하여 의원면직처분을 하는 경우 그 사직의 의사표시는 그 법률관계의 특수성에 비추어 외부적·객관적으로 표시된 바를 존중하여야 할 것이므로, 비록 사직원제출자의 내심의 의사가 사직할 뜻이 아니었다고 하더라도 진의 아닌 의사표시에 관한 민법 제107조는 그 성질상 사직의 의사표시와 같은 사인의 공법행위에는 준용되지 아니하므로 그 의사가 외부에 표시된 이상 그 의사는 표시된 대로 효력을 발한다(대법원 1997.12.12, 97누13962).

057 ☐☐☐　　　　　○ △ ×

의사표시를 한 자가 착오를 이유로 그 의사표시를 취소할 수 없는 경우를 모두 고른 것은? (단, 표의자의 중대한 과실은 없으며, 다툼이 있으면 판례에 따름)

> ㄱ. 매매에서 매도인이 목적물의 시가를 몰라서 대금과 시가에 근소한 차이가 있는 경우
> ㄴ. 주채무자의 차용금반환채무를 보증할 의사로 공정증서에 서명·날인하였으나, 그 공정증서가 주채무자의 기존의 구상금채무에 관한 준소비대차계약의 공정증서이었던 경우
> ㄷ. 건물 및 부지를 현상태대로 매수하였으나, 그 부지의 지분이 근소하게 부족한 경우

① ㄱ　　　　② ㄷ　　　　③ ㄱ, ㄴ
④ ㄴ, ㄷ　　　⑤ ㄱ, ㄴ, ㄷ

해설

ㄱ (×) 부동산 매매에 있어서 시가에 관한 착오는 부동산을 매매하려는 의사를 결정함에 있어 동기의 착오에 불과할 뿐 법률행위의 중요부분에 관한 착오라고 할 수 없다(대법원 1992.10.23, 92다29337).

ㄴ (×) 주채무자의 차용금반환채무를 보증할 의사로 공정증서에 연대보증인으로 서명·날인하였으나 그 공정증서가 주채무자의 기존의 구상금채무 등에 관한 준소비대차계약의 공정증서이었던 경우, … 위와 같은 착오는 연대보증계약의 중요부분의 착오가 아니다(대법원 2006.12.7, 2006다41457).

ㄷ (×) 계약의 내용이 피고의 지분등기와 본건 건물 및 그 부지를 현 상태대로 매매한 것인 경우 위 부지(4평)에 관하여 0.211평(계산상 0.201평)에 해당하는 피고의 지분이 부족하다 하더라도 그러한 근소한 차이만으로써는 매매계약의 중요부분에 착오가 있었다거나 기망행위가 있었다고는 보기 어렵다(대법원 1984.4.10, 83다카1328,1329).

058 ☐☐☐ ○ △ ✕

민법 제104조(불공정한 법률행위)에 관한 설명으로 옳은 것은? (다툼이 있으면 판례에 따름)

① 증여계약은 민법 제104조에서의 공정성 여부를 논의할 수 있는 성질의 법률행위가 아니다.

② 급부와 반대급부가 현저히 균형을 잃은 경우에는 법률행위가 궁박, 경솔, 무경험으로 인해 이루어진 것으로 추정된다.

③ 대리인에 의하여 법률행위가 이루어진 경우 경솔과 무경험은 본인을 기준으로, 궁박은 대리인을 기준으로 판단한다.

④ 불공정한 법률행위의 성립요건인 궁박, 경솔, 무경험은 모두 구비되어야 한다.

⑤ 불공정한 법률행위로서 무효인 경우라도 당사자의 추인에 의하여 유효로 된다.

해설

① (○) 민법 제104조가 규정하는 현저히 공정을 잃은 법률행위라 함은 자기의 급부에 비하여 현저하게 균형을 잃은 반대급부를 하게 하여 부당한 재산적 이익을 얻는 행위를 의미하는 것이므로, 증여계약과 같이 아무런 대가관계 없이 당사자 일방이 상대방에게 일방적인 급부를 하는 법률행위는 그 공정성 여부를 논의할 수 있는 성질의 법률행위가 아니다(대법원 2000.2.11, 99다56833).

② (✕) 민법 제104조에 의하여 법률행위의 무효를 주장하려면 주장하는 측에서 현저하게 공정을 잃은 그 법률행위가 궁박, 경솔 또는 무경험으로 인하였다는 점과 상대방이 그 사정을 알고 이를 이용하여서 그 법률행위가 이루어지게 되었다는 점을 주장, 입증하여야 할 것이고, 그 법률행위가 현저하게 공정을 잃었다고 하여 곧 그것이 궁박, 경솔 또는 무경험으로 이루어진 것이라고 추정되는 것이 아니다(대법원 1977.12.13, 76다2179).

③ (✕) 대리인에 의하여 계약을 체결한 경우, 궁박은 본인을 기준으로 판단하여야 하나, 경솔이나 무경험은 대리인을 기준으로 판단하여야 한다.
[보충] 매도인의 대리인이 매매한 경우에 있어서 그 매매가 본조의 불공정한 법률행위인가를 판단함에는 매도인의 경솔, 무경험은 그 대리인을 기준으로 하여 판단하여야 하고 궁박상태에 있었는지의 여부는 매도인 본인의 입장에서 판단되어야 한다(대법원 1972.4.25, 71다2255).

④ (✕) 불공정한 법률행위가 성립하기 위한 요건인 궁박, 경솔, 무경험은 모두 구비되어야 하는 요건이 아니라 그중 일부만 갖추어져도 충분한데, … (대법원 2009.11.12, 2008다98006).

⑤ (✕) 민법 제103조와 마찬가지로, 이는 절대적 무효이므로 추인에 의하여 유효로 될 수 없다.
[보충] 다만, 반사회질서의 법률행위와 달리 무효행위의 전환이 가능함에 유의하여야 한다.

> 제104조(불공정한 법률행위) 당사자의 궁박, 경솔 또는 무경험으로 인하여 현저하게 공정을 잃은 법률행위는 무효로 한다.

정답 ①

059 ☐☐☐ ○ △ ✕

민법상 조건에 관한 설명으로 옳은 것은? (다툼이 있으면 판례에 따름)

① '대금이 완납되면 매매목적물의 소유권이 이전된다'는 조항이 있는 소유권유보부 매매에서 대금완납은 해제조건이다.

② 선량한 풍속에 반하는 불법조건이 붙은 법률행위는 조건 없는 법률행위가 된다.

③ 당사자의 의사표시로 조건성취의 효력을 소급시킬 수 없다.

④ 조건은 법률행위의 내용을 이룬다.

⑤ 유언에는 조건을 붙일 수 없다.

해설

① (✕) 동산의 매매에서 그 대금을 모두 지급할 때까지는 목적물의 소유권을 매도인이 그대로 보유하기로 하면서 목적물을 미리 매수인에게 인도하는 이른바 소유권유보약정이 있는 경우에 다른 특별한 사정이 없는 한 매수인 앞으로의 소유권 이전에 관한 당사자 사이의 물권적 합의는 대금이 모두 지급되는 것을 정지조건으로 하여 행하여진다고 해석된다(대법원 2010.2.11, 2009다93671).

② (✕) 조건 없는 법률행위가 된다 → 무효로 한다(민법 제151조 제1항)

> 제151조(불법조건, 기성조건) ① 조건이 선량한 풍속 기타 사회질서에 위반한 것인 때에는 그 법률행위는 무효로 한다.

③ (✕) 없다 → 있다(동법 제147조 제3항)

> 제147조(조건성취의 효과) ③ 당사자가 조건성취의 효력을 그 성취 전에 소급하게 할 의사를 표시한 때에는 그 의사에 의한다.

④ (○) 조건은 법률행위효력의 발생 또는 소멸을 장래의 불확실한 사실의 성부에 의존하게 하는 법률행위의 부관이다.
[보충] 넓은 의미의 부관은 법률행위에 따르는 약관, 좁은 의미의 부관은 법률행위효력의 발생 또는 소멸을 제한하기 위하여 법률행위의 내용으로서 덧붙여지는 약관을 가리킨다. 일반적으로 부관이라 하면 좁은 의미로 이해한다.

⑤ (✕) 없다 → 있다(동법 제1073조 제2항)

> 제1073조(유언의 효력발생시기) ② 유언에 정지조건이 있는 경우에 그 조건이 유언자의 사망 후에 성취한 때에는 그 조건성취한 때로부터 유언의 효력이 생긴다.

정답 ④

060 ☐☐☐   ○ △ ✕

법률행위의 무효 또는 취소에 관한 설명으로 옳은 것은? (다툼이 있으면 판례에 따름)

① 법률행위의 일부분이 무효인 경우, 원칙적으로 그 일부분만 무효이다.
② 제한능력자가 법률행위를 취소한 경우, 원칙적으로 그가 받은 이익 전부를 상환하여야 한다.
③ 취소할 수 있는 법률행위는 추인권자의 추인이 있은 후에는 취소하지 못한다.
④ 법률행위의 취소권은 법률행위를 한 날부터 3년 내에, 추인할 수 있는 날부터 10년 내에 행사하여야 한다.
⑤ 매도인에게 부과될 공과금을 매수인이 책임진다는 취지의 특약은 사회질서에 반하므로 무효이다.

해설

① (✕) 일부분만 → 전부가(민법 제137조)

> **제137조(법률행위의 일부무효)** 법률행위의 일부분이 무효인 때에는 그 전부를 무효로 한다. 그러나 그 무효부분이 없더라도 법률행위를 하였을 것이라고 인정될 때에는 나머지 부분은 무효가 되지 아니한다.

② (✕) 이익 전부를 상환하여야 한다 → 이익이 현존하는 한도에서 상환할 책임이 있다(동법 제141조)

> **제141조(취소의 효과)** 취소된 법률행위는 처음부터 무효인 것으로 본다. 다만, 제한능력자는 그 행위로 인하여 받은 이익이 현존하는 한도에서 상환(償還)할 책임이 있다.

③ (○) 취소할 수 있는 법률행위는 제140조에 규정한 자가 추인할 수 있고 추인 후에는 취소하지 못한다(동법 제143조 제1항).

> **제140조(법률행위의 취소권자)** 취소할 수 있는 법률행위는 제한능력자, 착오로 인하거나 사기·강박에 의하여 의사표시를 한 자, 그의 대리인 또는 승계인만이 취소할 수 있다.

④ (✕) 3년 → 10년, 10년 → 3년(동법 제146조)

> **제146조(취소권의 소멸)** 취소권은 추인할 수 있는 날로부터 3년 내에 법률행위를 한 날로부터 10년 내에 행사하여야 한다.

⑤ (✕) 매매계약에서 매도인에게 부과될 공과금을 매수인이 책임진다는 취지의 특약을 하였다 하더라도 이는 공과금이 부과되는 경우 그 부담을 누가 할 것인가에 관한 약정으로서 그 자체가 불법조건이라고 할 수 없고 이것만 가지고 사회질서에 반한다고 단정키도 어렵다(대법원 1993.5.25, 93다296).

정답 ③

061 ☐☐☐   ○ △ ✕

대리에 관한 설명으로 옳은 것은? (다툼이 있으면 판례에 따름)

① 대리인 乙이 자신을 본인 甲이라고 하면서 계약을 체결한 경우, 그것이 대리권의 범위 내일지라도 그 계약의 효력은 甲이 아닌 乙에게 귀속된다.
② 대리행위를 한 자에게 대리권이 있다는 점에 대한 증명책임은 대리행위의 효과를 주장하는 자에게 있다.
③ 금전소비대차계약에서 원리금반환채무 변제의 수령권한을 위임받은 대리인은 원칙적으로 그 원리금반환채무를 면제해 줄 대리권도 있다.
④ 수인의 대리인이 본인을 위하여 각각 상충되는 내용의 계약을 체결한 경우, 가장 먼저 체결된 계약만이 본인에게 효력이 있다.
⑤ 임의대리인은 본인의 승낙이 있는 경우에만 복대리인을 선임할 수 있다.

해설

① (✕) 대리인은 대리인임을 표시하여 의사표시를 하여야 하는 것이 아니고 본인명의로도 할 수 있다(대법원 1963.5.9, 63다67). 따라서 위 계약의 효력은 甲에게 귀속된다.
[보충] 甲이 부동산을 농업협동조합중앙회에 담보로 제공함에 있어 동업자인 乙에게 그에 관한 대리권을 주었다면 乙이 동 중앙회와의 사이에 그 부동산에 관하여 근저당권설정계약을 체결함에 있어 그 피담보채무를 동업관계의 채무로 특정하지 아니하고 또 대리관계를 표시함이 없이 마치 자신이 甲 본인인 양 행세하였다 하더라도 위 근저당권설정계약은 대리인인 위 乙이 그의 권한범위 안에서 한 것인 이상 그 효력은 본인인 갑에게 미친다(대법원 1987.6.23, 86다카1411).

② (○) 대리권이 있다는 점에 대한 증명책임은 그 효과를 주장하는 자에게 있다(대법원 2010.10.14, 2010다44248).

③ (✕) 대여금의 영수권한만을 위임받은 대리인이 그 대여금채무의 일부를 면제하기 위하여는 본인의 특별수권이 필요하다(대법원 1981.6.23, 80다3221). 즉, 위 대리인에게 그 원리금반환채무를 면제해 줄 대리권까지 있다고 볼 수 없다.

④ (✕) 대리인이 수인인 때에는 각자가 본인을 대리하므로, 수인의 대리인이 본인을 위하여 각각 상충되는 내용의 계약을 체결한 경우, 각각의 계약 모두 본인에게 효력이 있다 할 것이다.

> **제119조(각자대리)** 대리인이 수인인 때에는 각자가 본인을 대리한다. 그러나 법률 또는 수권행위에 다른 정한 바가 있는 때에는 그러하지 아니하다.

⑤ (✕) 있는 경우에만 → 있거나 부득이한 사유 있는 때에(민법 제120조)

> **제120조(임의대리인의 복임권)** 대리권이 법률행위에 의하여 부여된 경우에는 대리인은 본인의 승낙이 있거나 부득이한 사유 있는 때가 아니면 복대리인을 선임하지 못한다.

정답 ②

소멸시효에 관한 설명으로 옳지 않은 것은? (다툼이 있으면 판례에 따름)

① 변론주의의 원칙상 법원은 당사자가 주장하는 기산점을 기준으로 소멸시효를 계산하여야 한다.

② 매수인이 목적부동산을 인도받아 계속 점유하고 있다면, 그 소유권이전등기청구권의 소멸시효는 진행하지 않는다.

③ 계속적 물품공급계약에 기하여 발생한 외상대금채권은 특별한 사정이 없는 한 거래종료일로부터 외상대금채권 총액에 대하여 한꺼번에 소멸시효가 기산한다.

④ 건물신축공사도급계약에서의 수급인의 도급인에 대한 저당권설정청구권의 소멸시효기간은 3년이다.

⑤ 변론주의원칙상 당사자의 주장이 없으면 법원은 소멸시효의 중단에 관해서 직권으로 판단할 수 없다.

해설

① (○) 소멸시효의 기산일은 소멸시효 주장 또는 항변의 법률요건을 구성하는 구체적인 사실에 해당하여 변론주의가 적용되므로 법원은 당사자가 주장하는 기산일과 다른 날짜를 소멸시효의 기산일로 삼을 수 없다(대법원 2020.10.29, 2018다214241).

② (○) 부동산의 매수인이 매매목적물을 인도받아 사용·수익하고 있는 경우 매수인의 이전등기청구권은 소멸시효에 걸리지 아니하나, 매수인이 그 목적물의 점유를 상실하여 더 이상 사용·수익하고 있는 상태가 아니라면 점유상실 시부터 매수인의 이전등기청구권에 관한 소멸시효가 진행함이 원칙이다(대법원 2023.9.21, 2023다249876).

③ (×) 계속적 물품공급계약에 기하여 발생한 외상대금채권은 특별한 사정이 없는 한 개별 거래로 인한 각 외상대금채권이 발생한 때로부터 개별적으로 소멸시효가 진행하는 것이지 거래종료일부터 외상대금채권 총액에 대하여 한꺼번에 소멸시효가 기산한다고 할 수 없는 것이고, 각 개별 거래 시마다 서로 기왕의 미변제 외상대금에 대하여 확인하거나 확인된 대금의 일부를 변제하는 등의 행위가 없었다면, 새로이 동종 물품을 주문하고 공급받았다는 사실만으로는 기왕의 미변제 채무를 승인한 것으로 볼 수 없다(대법원 2007.1.25, 2006다68940).

④ (○) 도급받은 공사의 공사대금채권은 민법 제163조 제3호에 따라 3년의 단기소멸시효가 적용되고, 공사에 부수되는 채권도 마찬가지인데, 민법 제666조에 따른 저당권설정청구권은 공사대금채권을 담보하기 위하여 저당권설정등기절차의 이행을 구하는 채권적 청구권으로서 공사에 부수되는 채권에 해당하므로 소멸시효기간 역시 3년이다(대법원 2016.10.27, 2014다211978).

⑤ (○) 채권에 관하여 소멸시효가 완성되었다는 채무자의 항변이 있고 그 항변이 이유 있는 경우에 채권자로부터 재항변으로 당해 채권에 관하여 시효중단사유가 발생하였다는 취지의 주장이 없는 한, 법원은 그 채권에 관하여 시효중단을 인정할 수 없다(대법원 2017.5.17, 2016다54629).

[보충] 소멸시효 중단 여부뿐만 아니라 완성 여부도 변론주의의 대상이다.

정답 ③

금전채권에 관한 설명으로 옳지 않은 것은? (다툼이 있으면 판례에 따름)

① 우리나라 통화를 외화채권에 변제충당할 때 특별한 사정이 없는 한 채무이행기의 외국환시세에 의해 환산한다.

② 금전채무의 이행지체로 발생하는 지연손해금의 성질은 손해배상금이지 이자가 아니다.

③ 금전채무의 이행지체로 인한 지연손해금채무는 이행기의 정함이 없는 채무에 해당한다.

④ 금전채무의 약정이율은 있었지만 이행지체로 인해 발생한 지연손해금에 관한 약정이 없는 경우, 특별한 사정이 없는 한 지연손해금은 그 약정이율에 의해 산정한다.

⑤ 금전채무에 관하여 이행지체에 대비한 지연손해금 비율을 따로 약정한 경우, 이는 일종의 손해배상액의 예정이다.

해설

① (×) 채권액이 외국통화로 지정된 금전채권인 외화채권을 채무자가 우리나라 통화로 변제함에 있어서는 민법 제378조가 그 환산시기에 관하여 외화채권에 관한 같은 법 제376조, 제377조 제2항의 "변제기"라는 표현과는 다르게 "지급할 때"라고 규정한 취지에서 새겨 볼 때 그 환산시기는 이행기가 아니라 현실로 이행하는 때 즉 현실이행 시의 외국환시세에 의하여 환산한 우리나라 통화로 변제하여야 한다고 풀이함이 상당하므로 채권자가 위와 같은 외화채권을 대용급부의 권리를 행사하여 우리나라 통화로 환산하여 청구하는 경우에도 법원이 채무자에게 그 이행을 명함에 있어서는 채무자가 현실로 이행할 때에 가장 가까운 사실심 변론종결 당시의 외국환시세를 우리나라 통화로 환산하는 기준시로 삼아야 한다(대법원 1991.3.12, 90다2147).

② (○) 금전채무의 이행지체로 인하여 발생하는 지연손해금은 그 성질이 손해배상금이지 이자가 아니며, 민법 제163조 제1호가 규정한 '1년 이내의 기간으로 정한 채권'도 아니므로 3년간의 단기소멸시효의 대상이 되지 아니한다고 할 것이다(대법원 2010.9.9, 2010다24435,24442,24459,24466,24473,24480,24497).

③ (○) 금전채무의 지연손해금채무는 금전채무의 이행지체로 인한 손해배상채무로서 이행기의 정함이 없는 채무에 해당하므로, 채무자는 확정된 지연손해금채무에 대하여 채권자로부터 이행청구를 받은 때부터 지체책임을 부담하게 된다(대법원 2022.4.14, 2020다268760).

④ (○) 계약해제 시 반환할 금전에 가산할 이자에 관하여 당사자 사이에 약정이 있는 경우에는 특별한 사정이 없는 한 이행지체로 인한 지연손해금도 그 약정이율에 의하기로 하였다고 보는 것이 당사자의 의사에 부합한다(대법원 2013.4.26, 2011다50509).

⑤ (○) 금전채무에 관하여 이행지체에 대비한 지연손해금 비율을 따로 약정한 경우에 이는 손해배상액의 예정으로서 감액의 대상이 된다(대법원 2017.8.18, 2017다228762).

정답 ①

채무자의 이행지체책임 발생시기로 옳은 것을 모두 고른 것은? (다툼이 있으면 판례에 따름)

> ㄱ. 불확정기한부 채무의 경우, 채무자가 기한이 도래함을 안 때
> ㄴ. 부당이득반환채무의 경우, 수익자가 이행청구를 받은 때
> ㄷ. 불법행위로 인한 손해배상채무의 경우, 가해자가 피해자로부터 이행청구를 받은 때

① ㄱ   ② ㄱ, ㄴ   ③ ㄱ, ㄷ
④ ㄴ, ㄷ   ⑤ ㄱ, ㄴ, ㄷ

해설

ㄱ (○) 채무이행의 확정한 기한이 있는 경우에는 채무자는 기한이 도래한 때로부터 지체책임이 있다. 채무이행의 불확정한 기한이 있는 경우에는 채무자는 기한이 도래함을 안 때로부터 지체책임이 있다(민법 제387조 제1항).

ㄴ (○) 부당이득반환의무는 일반적으로 기한의 정함이 없는 채무로서 수익자는 이행청구를 받은 다음 날부터 이행지체로 인한 지연손해금을 배상할 책임이 있으므로, 납세자가 조세환급금에 대하여 이행청구를 한 이후에는 법정이자의 성질을 가지는 환급가산금청구권 및 이행지체로 인한 지연손해금청구권이 경합적으로 발생하고, 납세자는 자신의 선택에 좇아 그중 하나의 청구권을 행사할 수 있다(대법원 2023.11.2, 2023다238029).

ㄷ (✕) 불법행위로 인한 손해배상채무에 대하여는 원칙적으로 별도의 이행최고가 없더라도 공평의 관념에 비추어 불법행위로 그 채무가 성립함과 동시에 지연손해금이 발생하는데, 구 외부감사법 제17조 제2항에 따른 손해배상책임의 경우 그 실질은 민법의 불법행위책임과 다르지 않으므로, 그 지연손해금의 발생시기에 대하여도 민법상 불법행위책임에 기한 손해배상채무의 경우와 달리 볼 것은 아니다(대법원 2022.11.30, 2017다841,2017다858).

정답 ②

민법상 과실상계에 관한 설명으로 옳지 않은 것은? (다툼이 있으면 판례에 따름)

① 불법행위의 성립에 관한 가해자의 과실과 과실상계에서의 피해자의 과실은 그 의미를 달리한다.

② 피해자에게 과실이 있는 경우 가해자가 과실상계를 주장하지 않았더라도 법원은 손해배상액을 정함에 있어서 이를 참작하여야 한다.

③ 매도인의 하자담보책임은 법이 특별히 인정한 무과실책임이지만, 그 하자의 발생 및 확대에 가공한 매수인의 잘못이 있다면 법원은 이를 참작하여 손해배상의 범위를 정하여야 한다.

④ 피해자의 부주의를 이용하여 고의의 불법행위를 한 자는 특별한 사정이 없는 한 피해자의 그 부주의를 이유로 과실상계를 주장할 수 없다.

⑤ 손해를 산정함에 있어서 손익상계와 과실상계를 모두 하는 경우, 손익상계를 먼저 하여야 한다.

해설

① (○) 불법행위에 있어서의 가해자의 과실이 의무위반의 강력한 과실임에 반하여 과실상계에 있어서 (피해자의) 과실이란 사회통념상, 신의성실의 원칙상, 공동생활상 요구되는 약한 부주의까지를 가리키는 것이다(대법원 2004.7.22, 2001다58269).

② (○) 피해자에게 과실이 있는 경우 가해자가 과실상계를 주장하지 아니하였다 하더라도 손해배상액을 정함에 있어서 이를 참작하지 아니하였음은 잘못이다(대법원 1967.3.21, 66다2660). 즉, 법원은 손해배상액을 정함에 있어서 이를 참작하여야 한다.

③ (○) 민법 제581조, 제580조에 기한 매도인의 하자담보책임은 법이 특별히 인정한 무과실책임으로서 여기에 민법 제396조의 과실상계 규정이 준용될 수는 없다 하더라도, 담보책임이 민법의 지도이념인 공평의 원칙에 입각한 것인 이상 하자발생 및 그 확대에 가공한 매수인의 잘못을 참작하여 손해배상의 범위를 정함이 상당하다(대법원 1995.6.30, 94다23920).

④ (○) 피해자의 부주의를 이용하여 고의로 불법행위를 저지른 자가 바로 그 피해자의 부주의를 이유로 자신의 책임을 감하여 달라고 주장하는 것은 허용될 수 없고, … (대법원 2012.8.17, 2012다30892).

⑤ (✕) 손해발생으로 인하여 피해자에게 이득이 생기고 한편 그 손해발생에 피해자의 과실이 경합되어 과실상계를 하여야 할 경우에는 먼저 산정된 손해액에 과실상계를 한 후에 위 이득을 공제하여야 한다(대법원 2010.2.25, 2009다87621).

정답 ⑤

066 ☐☐☐   ○ △ ✕

채권자 甲, 채무자 乙, 수익자 丙을 둘러싼 채권자취소소송에 관한 설명으로 옳은 것은? (단, 乙에게는 甲 외에 다수의 채권자가 존재하며, 다툼이 있으면 판례에 따름)

① 채권자취소소송에서 원고는 甲이고 피고는 乙과 丙이다.
② 원상회복으로 丙이 금전을 지급하여야 하는 경우에 甲은 직접 자신에게 이를 지급할 것을 청구할 수 있다.
③ 채권자취소권 행사의 효력은 소를 제기한 甲의 이익을 위해서만 발생한다.
④ 乙의 사해의사는 특정 채권자인 甲을 해한다는 의식이 필요하다.
⑤ 채권자취소소송은 甲이 乙의 대리인으로서 수행하는 것이다.

해설

① (✕) 채권자가 사해행위의 취소와 함께 책임재산의 회복을 구하는 사해행위 취소의 소에 있어서는 수익자 또는 전득자에게만 피고적격이 있고 채무자에게는 피고적격이 없다(대법원 2009.1.15, 2008다72394). 따라서 원고는 채권자 甲이고, 피고는 수익자 丙이다.
② (○) 사해행위 취소로 인한 원상회복으로서 가액배상을 명하는 경우에는, 취소채권자는 직접 자기에게 가액배상금을 지급할 것을 청구할 수 있고, 위 지급받은 가액배상금을 분배하는 방법이나 절차 등에 관한 아무런 규정이 없는 현행법 아래에서 다른 채권자들이 위 가액배상금에 대하여 배당요구를 할 수도 없으므로, 결국 채권자는 자신의 채권액을 초과하여 가액배상을 구할 수는 없다(대법원 2008.11.13, 2006다1442).
③ (✕) 소를 제기한 甲의 이익을 위해서만 → 모든 채권자의 이익을 위하여(민법 제407조)

> **제407조(채권자취소의 효력)** 전조의 규정에 의한 취소와 원상회복은 모든 채권자의 이익을 위하여 그 효력이 있다.

④ (✕) 사해의사란 채무자가 법률행위를 함에 있어 그 채권자를 해함을 안다는 것이다. 여기서 '안다'고 함은 의도나 의욕을 의미하는 것이 아니라 단순한 인식으로 충분하다. 결국 사해의사란 공동담보 부족에 의하여 채권자가 채권변제를 받기 어렵게 될 위험이 생긴다는 사실을 인식하는 것이며, 이러한 인식은 일반 채권자에 대한 관계에서 있으면 족하고, 특정의 채권자를 해한다는 인식이 있어야 하는 것은 아니다(대법원 2009.3.26, 2007다63102).
⑤ (✕) 채권자가 채무자의 권리를 대신 행사하는 채권자대위권과 달리, 채권자취소권은 채권자가 자신의 권리를 행사하는 것으로, 채권자취소소송은 채권자가 자기의 이름으로 반드시 법원에 소를 제기하는 방법으로 행사하여야 하고, 소송상의 공격 · 방어방법으로는 행사할 수 없다.
> **[보충]** 사해행위의 취소는 법원에 소를 제기하는 방법으로 청구할 수 있을 뿐 소송상의 공격방어방법으로 주장할 수는 없다(대법원 1998.3.13, 95다48599,48605).

정답   ②

067 ☐☐☐   ○ △ ✕

민법상 보증채무에 관한 설명으로 옳지 않은 것은? (다툼이 있으면 판례에 따름)

① 주채무가 민사채무이고 보증채무가 상사채무인 경우, 보증채무의 소멸시효기간은 주채무에 따라 결정된다.
② 보증은 불확정한 다수의 채무에 대하여도 할 수 있다.
③ 주채권과 분리하여 보증채권만을 양도하기로 하는 약정은 그 효력이 없다.
④ 보증채권을 주채권과 함께 양도하는 경우, 대항요건은 주채권의 이전에 관하여만 구비하면 족하다.
⑤ 보증인은 주채무자의 채권에 의한 상계로 채권자에게 대항할 수 있다.

해설

① (✕) 보증채무는 주채무와는 별개의 독립한 채무이므로, 보증채무와 주채무의 소멸시효기간은 채무의 성질에 따라 각각 별개로 정해진다(대법원 2014.6.12, 2000다76105). 따라서 주채무는 민사시효, 보증채무는 상사시효가 적용된다.
② (○) 보증은 불확정한 다수의 채무에 대해서도 할 수 있다. 이 경우 보증하는 채무의 최고액을 서면으로 특정하여야 한다(민법 제428조의3 제1항).
③ (○) ④ (○) [1] 보증채무는 주채무에 대한 부종성 또는 수반성이 있어서 주채무자에 대한 채권이 이전되면 당사자 사이에 별도의 특약이 없는 한 보증인에 대한 채권도 함께 이전하고, 이 경우 채권양도의 대항요건도 주채권의 이전에 관하여 구비하면 족하고, 별도로 보증채권에 관하여 대항요건을 갖출 필요는 없다.
[2] 주채권과 보증인에 대한 채권의 귀속주체를 달리하는 것은, 주채무자의 항변권으로 채권자에게 대항할 수 있는 보증인의 권리가 침해되는 등 보증채무의 부종성에 반하고, 주채권을 가지지 않는 자에게 보증채권만을 인정할 실익도 없기 때문에 주채권과 분리하여 보증채권만을 양도하기로 하는 약정은 그 효력이 없다.
⑤ (○) 동법 제434조

정답   ①

지명채권의 양도에 관한 설명으로 옳지 않은 것은? (다툼이 있으면 판례에 따름)

① 장래의 채권도 그 권리의 특정이 가능하고 가까운 장래에 발생할 것임이 상당 정도 기대되는 경우에는 채권양도의 대상이 될 수 있다.

② 채권의 양도를 승낙함에 있어서는 이의를 보류할 수 있고, 양도금지의 특약이 있는 채권양도를 승낙하면서 조건을 붙일 수도 있다.

③ 채권양도에 대한 채무자의 승낙은 양도인 또는 양수인에 대하여 할 수 있다.

④ 채권이 이중으로 양도된 경우, 양수인 상호 간의 우열은 통지 또는 승낙에 붙여진 확정일자의 선후에 의하여 결정된다.

⑤ 채권양도 없이 채무자에게 채권양도를 통지한 경우, 선의인 채무자는 양수인에게 대항할 수 있는 사유로 양도인에게 대항할 수 있다.

해설

① (○) 장래의 채권도 양도 당시 기본적 채권관계가 어느 정도 확정되어 있어 그 권리의 특정이 가능하고 가까운 장래에 발생할 것임이 상당 정도 기대되는 경우에는 이를 양도할 수 있는 것이다(대법원 2010.4.8, 2009다96069).

② (○) 지명채권의 양도를 승락함에 있어서는 이의를 보류하고 할 수 있음은 물론이고 양도금지의 특약이 있는 채권양도를 승락함에 있어 조건을 붙여서 할 수도 있으며 승락의 성격이 관념의 통지라고 하여 조건을 붙일 수 없는 것은 아니다(대법원 1989.7.11, 88다카20866).

③ (○) 지명채권 양도의 채무자에 대한 대항요건은 채무자에 대한 채권양도의 통지 또는 채무자의 승낙인데, 채권양도통지가 채무자에 대하여 이루어져야 하는 것과는 달리 채무자의 승낙은 양도인 또는 양수인 모두가 상대방이 될 수 있다(대법원 2011.6.30, 2011다8614).

④ (×) 채권이 이중으로 양도된 경우 양수인 상호 간의 우열은 확정일자 있는 양도통지가 채무자에게 도달한 일시 또는 확정일자 있는 승낙의 일시의 선후에 의하여 결정하여야 하고, 확정일자 있는 증서에 의하지 아니한 통지나 승낙이 있는 채권양도의 양수인은 확정일자 있는 증서에 의한 통지나 승낙이 있는 채권양도의 양수인에게 대항할 수 없다(대법원 2013.6.28, 2011다83110).

⑤ (○) 양도인이 채무자에게 채권양도를 통지한 때에는 아직 양도하지 아니하였거나 그 양도가 무효인 경우에도 선의인 채무자는 양수인에게 대항할 수 있는 사유로 양도인에게 대항할 수 있다(민법 제452조 제1항).

정답 ④

변제에 관한 설명으로 옳지 않은 것은? (다툼이 있으면 판례에 따름)

① 금액이 서로 다른 채무가 부진정연대관계에 있을 때 다액채무자가 일부변제를 하는 경우, 변제로 먼저 소멸하는 부분은 다액채무자가 단독으로 채무를 부담하는 부분이다.

② 채권의 준점유자에게 한 변제는 변제자가 선의이며 과실 없음을 입증하면, 채권자에 대하여 효력이 있다.

③ 변제충당에 관한 당사자의 특별한 합의가 없으면 그 채무의 비용, 이자, 원본의 순서로 변제에 충당하여야 한다.

④ 채권의 일부에 대하여 변제자대위가 인정되는 경우, 그 대위자는 채무자의 채무불이행을 이유로 채권자와 채무자 간의 계약을 해제할 수 있다.

⑤ 채권자가 변제수령을 거절하면 채무자는 공탁함으로써 그 채무를 면할 수 있다.

해설

① (○) 금액이 서로 다른 채무가 서로 부진정연대관계에 있을 때 다액채무자가 일부변제를 하는 경우, 변제로 먼저 소멸하는 부분은 다액채무자가 단독으로 채무를 부담하는 부분으로 보아야 한다(대법원 2018.4.10, 2016다252898).

② (○) 채권의 준점유자에게 한 변제가 유효하기 위하여는 변제자가 선의·무과실이어야 한다. 여기서 선의란 준점유자에게 변제수령권한이 없음을 알지 못하는 것만으로는 부족하고, 적극적으로 변제수령권한이 있다고 믿어야 하며, 무과실은 그렇게 믿은 데에 과실이 없음을 의미한다.

> **제470조(채권의 준점유자에 대한 변제)** 채권의 준점유자에 대한 변제는 변제자가 선의이며 과실 없는 때에 한하여 효력이 있다.

③ (○) 채무자가 1개 또는 수개 채무의 비용 및 이자를 전부 소멸케 하지 못하는 급여를 한 경우의 변제충당에 관하여는 민법 제479조에 그 충당순서가 법정되어 있고 지정변제충당에 관한 민법 제476조는 준용되지 아니하므로, 당사자 사이에 특별한 합의가 없는 한 비용, 이자, 원본의 순서로 변제에 충당되며, 채무자는 물론 채권자라고 할지라도 위 법정순서와 다르게 일방적으로 충당의 순서를 지정할 수는 없다(대법원 2006.10.12, 2004재다818).

④ (×) 있다 → 없다(민법 제483조 제2항)

> **제483조(일부의 대위)** ① 채권의 일부에 대하여 대위변제가 있는 때에는 대위자는 그 변제한 가액에 비례하여 채권자와 함께 그 권리를 행사한다.
> ② 전항의 경우에 채무불이행을 원인으로 하는 계약의 해지 또는 해제는 채권자만이 할 수 있고 채권자는 대위자에게 그 변제한 가액과 이자를 상환하여야 한다.

⑤ (○) 채권자가 변제를 받지 아니하거나 받을 수 없는 때에는 변제자는 채권자를 위하여 변제의 목적물을 공탁하여 그 채무를 면할 수 있다. 변제자가 과실 없이 채권자를 알 수 없는 경우에도 같다(동법 제487조).

정답 ④

070 □□□　　　○ △ ✕

甲은 2020.2.1. 자기 소유 중고자동차를 1,000만 원에 매수할 것을 乙에게 청약하는 내용의 편지는 발송하였다. 이에 관한 설명으로 옳지 않은 것은?

① 甲의 편지가 2020.2.5. 乙에게 도달하였다면, 甲은 위 청약을 임의로 철회하지 못한다.

② 甲의 편지가 2020.2.5. 乙에게 도달하였다면, 그 사이 甲이 사망하였더라도 위 청약은 유효하다.

③ 乙이 위 중고자동차를 900만 원에 매수하겠다고 회신하였다면, 乙은 甲의 청약을 거절하고 새로운 청약을 한 것이다.

④ 甲의 편지를 2020.2.5. 乙이 수령하였더라도 乙이 미성년자라면, 甲은 원칙적으로 위 청약의 효력발생을 주장할 수 없다.

⑤ 乙이 위 청약을 승낙하는 편지를 2020.2.10. 발송하여 甲에게 2020.2.15. 도달하였다면, 甲과 乙 간의 계약성립일은 2020.2.15이다.

해설

① (○) 청약은 상대방 있는 의사표시이고, 상대방 있는 의사표시는 상대방에게 도달한 때에 효력이 생기므로, 청약이 도달하여 효력이 생기면 이를 철회하지 못한다.

> 제111조(의사표시의 효력발생시기) ① 상대방이 있는 의사표시는 상대방에게 도달한 때에 그 효력이 생긴다.
> 제527조(계약의 청약의 구속력) 계약의 청약은 이를 철회하지 못한다.

② (○) 의사표시자가 그 통지를 발송한 후 사망하거나 제한능력자가 되어도 의사표시의 효력에 영향을 미치지 아니한다(민법 제111조 제2항).

③ (○) 승낙자가 청약에 대하여 조건을 붙이거나 변경을 가하여 승낙한 때에는 그 청약의 거절과 동시에 새로 청약한 것으로 본다(동법 제534조).

④ (○) 의사표시의 상대방이 의사표시를 받은 때에 제한능력자인 경우에는 의사표시자는 그 의사표시로써 대항할 수 없다. 다만, 그 상대방의 법정대리인이 의사표시가 도달한 사실을 안 후에는 그러하지 아니하다(동법 제112조).

⑤ (✕) 편지로써 계약을 진행하고 있는 이상 이는 격지자 간의 계약이라 볼 수 있고, 따라서 민법 제531조에 따라 계약성립일은 발송일인 2020.2.10.이라 할 것이다.

> 제531조(격지자 간의 계약성립시기) 격지자 간의 계약은 승낙의 통지를 발송한 때에 성립한다.

정답 ⑤

071 □□□　　　○ △ ✕

민법상 특정물 매도인의 하자담보책임에 관한 설명으로 옳지 않은 것은? (다툼이 있으면 판례에 따름)

① 매도인의 고의·과실은 하자담보책임의 성립요건이 아니다.

② 악의의 매수인에 대해서 매도인은 하자담보책임을 지지 않는다.

③ 매매목적물인 서화(書畫)가 위작으로 밝혀진 경우, 매도인의 담보책임이 발생하면 매수인은 착오를 이유로는 매매계약을 취소할 수 없다.

④ 경매목적물에 물건의 하자가 있는 경우, 하자담보책임이 발생하지 않는다.

⑤ 목적물에 하자가 있더라도 계약의 목적을 달성할 수 있는 경우에는 매수인에게 해제권이 인정되지 않는다.

해설

① (○) 판례는 매도인의 하자담보책임을 무과실책임으로 판시하고 있다.

[보충] 민법 제581조, 제580조에 기한 매도인의 하자담보책임은 법이 특별히 인정한 무과실책임으로서 여기에 민법 제396조의 과실상계 규정이 준용될 수는 없다 하더라도, 담보책임이 민법의 지도이념인 공평의 원칙에 입각한 것인 이상 하자발생 및 그 확대에 가공한 매수인의 잘못을 참작하여 손해배상의 범위를 정함이 상당하다(대법원 1995.6.30, 94다23920).

② (○) ④ (○) ⑤ (○) 민법 제580조 제1항 단서, 제2항, 제1항 본문, 제575조 제1항

> 제575조(제한물권 있는 경우와 매도인의 담보책임) ① 매매의 목적물이 지상권, 지역권, 전세권, 질권 또는 유치권의 목적이 된 경우에 매수인이 이를 알지 못한 때에는 이로 인하여 계약의 목적을 달성할 수 없는 경우에 한하여 매수인은 계약을 해제할 수 있다. 기타의 경우에는 손해배상만을 청구할 수 있다.
> 제580조(매도인의 하자담보책임) ① 매매의 목적물에 하자가 있는 때에는 제575조 제1항의 규정을 준용한다. 그러나 매수인이 하자 있는 것을 알았거나 과실로 인하여 이를 알지 못한 때에는 그러하지 아니하다.
> ② 전항의 규정은 경매의 경우에 적용하지 아니한다.

③ (✕) 민법 제109조 제1항에 의하면 법률행위내용의 중요부분에 착오가 있는 경우 착오에 중대한 과실이 없는 표의자는 법률행위를 취소할 수 있고, 민법 제580조 제1항, 제575조 제1항에 의하면 매매의 목적물에 하자가 있는 경우 하자가 있는 사실을 과실 없이 알지 못한 매수인은 매도인에 대하여 하자담보책임을 물어 계약을 해제하거나 손해배상을 청구할 수 있다. 착오로 인한 취소제도와 매도인의 하자담보책임제도는 취지가 서로 다르고, 요건과 효과도 구별된다. 따라서 매매계약내용의 중요부분에 착오가 있는 경우 매수인은 매도인의 하자담보책임이 성립하는지와 상관없이 착오를 이유로 매매계약을 취소할 수 있다(대법원 2018.9.13, 2015다78703).

[보충] 원심은, 원고가 피고로부터 매수한 각 서화 중 원심판결 별지 1 서화내역표 순번 1번, 3번 내지 6번 기재 각 서화가 위작(僞作)이고, 원고가 위작인 위 각 서화를 진품으로 알고 매수한 것은 법률행위내용의 중요부분에 착오가 있는 경우에 해당하므로, 이

민법

사건 매매계약 중 위 순번 1번, 3번 내지 6번 기재 각 서화부분이 착오를 이유로 한 원고의 취소의 의사표시에 따라 적법하게 취소되었다고 판단한 후, '원고가 매매목적물의 하자에 대해 피고에게 하자담보책임을 물을 수 있었으므로 원고가 착오를 이유로 매매계약을 취소할 수는 없다'는 피고의 주장을 배척하였다(위 판례).

정답 ③

072 ☐☐☐ ○△×

수급인의 하자담보책임에 관한 설명으로 옳지 않은 것은? (다툼이 있으면 판례에 따름)

① 신축된 건물에 하자가 있는 경우, 도급인은 수급인의 하자담보책임에 기하여 계약을 해제할 수 없다.
② 수급인의 하자담보책임에 관한 제척기간은 재판상 또는 재판 외의 권리행사기간이다.
③ 완성된 목적물의 하자가 중요하지 아니하면서 동시에 보수에 과다한 비용을 요하는 경우, 도급인은 수급인에게 하자의 보수에 갈음하는 손해배상을 청구할 수 있다.
④ 완성된 액젓저장탱크에 균열이 발생하여 보관 중이던 액젓의 변질로 인한 손해배상은 하자보수에 갈음하는 손해배상과는 별개의 권원에 의하여 경합적으로 인정된다.
⑤ 수급인의 하자담보책임을 면제하는 약정이 있더라도, 수급인이 알면서 고지하지 아니한 사실에 대하여는 그 책임이 면제되지 않는다.

해설

① (○) 도급인이 완성된 목적물의 하자로 인하여 계약의 목적을 달성할 수 없는 때에는 계약을 해제할 수 있다. 그러나 건물 기타 토지의 공작물에 대하여는 그러하지 아니하다(민법 제668조).
② (○) 민법상 수급인의 하자담보책임에 관한 기간은 제척기간으로서 재판상 또는 재판 외의 권리행사기간이며 재판상 청구를 위한 출소기간이 아니다(대법원 2004.1.27, 2001다24891).
③ (×) 도급계약에 따라 완성된 목적물의 하자가 인정되는 경우, 도급인은 수급인에게 하자의 보수나 하자의 보수를 갈음한 손해배상을 청구할 수 있으나, 하자가 중요하지 아니하면서 동시에 보수에 과다한 비용을 필요로 할 때에는 하자의 보수나 하자의 보수를 갈음하는 손해배상을 청구할 수는 없고, 하자로 인하여 입은 손해의 배상만을 청구할 수 있다(대법원 2022.6.16, 2022다211645, 211652).
④ (○) 액젓저장탱크의 제작·설치공사 도급계약에 의하여 완성된 저장탱크에 균열이 발생한 경우, 보수비용은 민법 제667조 제2항에 의한 수급인의 하자담보책임 중 하자보수에 갈음하는 손해배상이고, 액젓변질로 인한 손해배상은 위 하자담보책임을 넘어서 수급인이 도급계약의 내용에 따른 의무를 제대로 이행하지 못함으로 인하여 도급인의 신체·재산에 발생한 손해에 대한 배상으로서 양자는 별개의 권원에 의하여 경합적으로 인정된다(대법원 2004.8.20, 2001다70337).

⑤ (○) 수급인은 제667조, 제668조의 담보책임이 없음을 약정한 경우에도 알고 고지하지 아니한 사실에 대하여는 그 책임을 면하지 못한다(동법 제672조).

정답 ③

073 ☐☐☐ ○△×

조합계약에 관한 설명으로 옳은 것을 모두 고른 것은? (다툼이 있으면 판례에 따름)

> ㄱ. 2인이 상호출자하여 부동산임대사업을 하기로 약정하고 이를 위해 부동산을 취득한 경우, 그 부동산은 위 2인이 총유한다.
> ㄴ. 업무집행자가 수인인 경우, 그 조합의 통상사무는 각 업무집행자가 전행할 수 있다.
> ㄷ. 당사자들이 공동이행방식의 공동수급체를 구성하여 도급인으로부터 공사를 수급받는 경우, 그 공동수급체는 원칙적으로 민법상 조합에 해당한다.

① ㄱ ② ㄱ, ㄴ ③ ㄱ, ㄷ
④ ㄴ, ㄷ ⑤ ㄱ, ㄴ, ㄷ

해설

ㄱ (×) 총유 → 합유(민법 제704조)
[보충] 위 부동산임대사업은 2인 이상이 상호출자하여 공동사업을 경영할 것을 약정하였으므로 조합계약이고, 이를 위해 부동산을 취득하였으므로 그 부동산은 위 2인이 합유한다.
참고로, 총유는 법인 아닌 사단의 물건 소유형태이다(민법 제275조 제1항).

> **제703조(조합의 의의)** ① 조합은 2인 이상이 상호출자하여 공동사업을 경영할 것을 약정함으로써 그 효력이 생긴다.
> ② 전항의 출자는 금전 기타 재산 또는 노무로 할 수 있다.
> **제704조(조합재산의 합유)** 조합원의 출자 기타 조합재산은 조합원의 합유로 한다.

ㄴ (○) 조합의 통상사무는 전항의 규정에 불구하고 각 조합원 또는 각 업무집행자가 전행할 수 있다. 그러나 그 사무의 완료 전에 다른 조합원 또는 다른 업무집행자의 이의가 있는 때에는 즉시 중지하여야 한다(동법 제706조 제3항).
ㄷ (○) 당사자들이 공동이행방식의 공동수급체를 구성하여 도급인으로부터 공사를 수급받는 경우 공동수급체는 원칙적으로 민법상 조합에 해당한다(대법원 2018.1.24, 2015다69990).

정답 ④

074 ☐☐☐   ○ △ ✕

부당이득반환청구권에 관한 설명으로 옳지 않은 것은? (다툼이 있으면 판례에 따름)

① 부당이득반환청구권의 요건인 수익자의 이득은 실질적으로 귀속된 이득을 의미한다.
② 법률상 원인 없이 이득을 얻은 자는 있지만 그로 인해 손해를 입은 자가 없다면, 부당이득반환청구권은 성립하지 않는다.
③ 수인이 공동으로 법률상 원인 없이 타인의 재산을 사용한 경우, 발생하는 부당이득반환채무는 특별한 사정이 없는 한 부진정연대관계에 있다.
④ 부당이득이 금전상 이득인 경우, 이를 취득한 자가 소비하였는지 여부를 불문하고 그 이득은 현존하는 것으로 추정된다.
⑤ 선의의 수익자가 부당이득반환청구소송에서 패소한 때에는 그 소가 제기된 때부터 악의의 수익자로 간주된다.

해설

① (○) 법률상 원인 없이 이익을 얻고 이로 인하여 타인에게 손해를 가한 때에는 그 이익을 반환하여야 한다(민법 제741조). 여기에서 이익이라 함은 실질적인 이익을 의미하므로, 임대차계약관계가 소멸된 이후에 임차인이 임차건물 부분을 계속 점유하기는 하였으나 이를 본래의 임대차계약상의 목적에 따라 사용·수익하지 아니하여 실질적인 이득을 얻은 바 없는 경우에는, 그로 인하여 임대인에게 손해가 발생하였다고 하더라도 임차인의 부당이득반환의무는 성립하지 않는다(대법원 2018.11.29, 2018다240424,240431).
② (○) 부당이득은 법률상 원인 없이 타인의 재산 또는 노무로 인하여 이익을 얻고 이로 인하여 타인에게 손해를 가함으로써 성립하는 것이므로, 법률상 원인 없는 이득이 있다 하더라도 그로 인하여 타인에게 손해가 발생한 것이 아니라면 그 타인은 부당이득반환청구권자가 될 수 없다(대법원 2011.7.28, 2009다100418).
③ (✕) 여러 사람이 공동으로 법률상 원인 없이 타인의 재산을 사용한 경우의 부당이득반환채무는 특별한 사정이 없는 한 불가분적 이득의 반환으로서 불가분채무이며, 불가분채무는 각 채무자가 채무 전부를 이행할 의무가 있다(대법원 2021.4.29, 2018다255372).
④ (○) 법률상 원인 없이 타인의 재산 또는 노무로 인하여 이익을 얻고 그로 인하여 타인에게 손해를 가한 경우, 그 취득한 것이 금전상의 이득인 때에는 이를 취득한 자가 소비하였는지 아닌지를 불문하고 그 이득은 현존하는 것으로 추정된다(대법원 2012.12.13, 2011다69770).
⑤ (○) 선의의 수익자가 패소한 때에는 그 소를 제기한 때부터 악의의 수익자로 본다(민법 제749조 제2항).

정답 ③

---

075 ☐☐☐   ○ △ ✕

민법 제756조(사용자의 배상책임)에 관한 설명으로 옳지 않은 것은? (다툼이 있으면 판례에 따름)

① 사용자와 피용자 간의 고용계약이 무효이더라도 사실상의 지휘·감독관계가 인정된다면, 사용자의 배상책임이 성립할 수 있다.
② 폭행과 같은 피용자의 범죄행위도 민법 제756조 소정의 사무집행관련성을 가질 수 있다.
③ 파견근로자의 파견업무에 관련한 불법행위에 대하여 파견사업주는 특별한 사정이 없는 한 사용자의 배상책임을 부담한다.
④ 고의로 불법행위를 한 피용자가 신의칙상 과실상계를 주장할 수 없는 경우에도 사용자는 특별한 사정이 없는 한 과실상계를 주장할 수 있다.
⑤ 피용자와 공동불법행위를 한 제3자가 있는 경우, 사용자가 피해자에게 손해 전부를 배상하였다면 사용자는 그 제3자에게 배상액 전부를 구상할 수 있다.

해설

① (○) 민법 제756조의 사용자와 피용자의 관계는 반드시 유효한 고용관계가 있는 경우에 한하는 것이 아니고, 사실상 어떤 사람이 다른 사람을 위하여 그 지휘·감독 아래 그 의사에 따라 사무를 집행하는 관계가 있으면 인정된다(대법원 2022.2.11, 2021다283834).
② (○) 피용자가 고의에 기하여 다른 사람에게 가해행위를 한 경우 그 행위가 피용자의 사무집행 그 자체는 아니라 하더라도 사용자의 사업과 시간적, 장소적으로 근접하고, 피용자의 사무의 전부 또는 일부를 수행하는 과정에서 이루어지거나 가해행위의 동기가 업무처리와 관련된 것일 경우에는 외형적, 객관적으로 사용자의 사무집행행위와 관련된 것이라고 보아 사용자책임이 성립한다고 할 것이고, 이 경우 사용자가 위험발생 및 방지조치를 결여하였는지 여부도 손해의 공평한 부담을 위하여 부가적으로 고려할 수 있다(대법원 2008.2.28, 2007다85881).
③ (○) 파견사업주와 파견근로자 사이에는 민법 제756조의 사용관계가 인정되어 파견사업주는 파견근로자의 파견업무에 관련한 불법행위에 대하여 파견근로자의 사용자로서의 책임을 져야 하지만, 파견근로자가 사용사업주의 구체적인 지시·감독을 받아 사용사업주의 업무를 행하던 중에 불법행위를 한 경우에 파견사업주가 파견근로자의 선발 및 일반적 지휘·감독권의 행사에 있어서 주의를 다하였다고 인정되는 때에는 면책된다고 할 것이다(대법원 2003.10.9, 2001다24655).
④ (○) 피해자의 부주의를 이용하여 고의로 불법행위를 저지른 자가 바로 그 피해자의 부주의를 이유로 자신의 책임을 감하여 달라고 주장하는 것은 허용될 수 없으나, 이는 그러한 사유가 있는 자에게 과실상계의 주장을 허용하는 것이 신의칙에 반하기 때문이므로, 중개보조원이 업무상 행위로 거래당사자인 피해자에게 고의로 불법행위를 저지른 경우라 하더라도 중개보조원을 고용하였을 뿐 이러한 불법행위에 가담하지 아니한 중개업자에게 책임을 묻고 있는 피해자에 과실이 있다면, 법원은 과실상계의 법리에 좇아 손해배상책임 및 그 금액을 정하면서 이를 참작하여야 한다(대법원 2011.7.14, 2011다21143).
⑤ (✕) 피용자와 제3자가 공동불법행위로 피해자에게 손해를 가하

여 그 손해배상채무를 부담하는 경우에 피용자와 제3자는 공동불
법행위자로서 서로 부진정연대관계에 있고, 한편 사용자의 손해배
상책임은 피용자의 배상책임에 대한 대체적 책임이어서 사용자도
제3자와 부진정연대관계에 있다고 보아야 할 것이므로, 사용자가
피용자와 제3자의 책임비율에 의하여 정해진 피용자의 부담부분
을 초과하여 피해자에게 손해를 배상한 경우에는 사용자는 제3자
에 대하여도 구상권을 행사할 수 있으며, 그 구상의 범위는 제3자
의 부담부분에 국한된다고 보는 것이 타당하다(대법원 1992.6.23,
91다33070 전원합의체).

정답 ⑤

51 ☐☐☐   ○ △ ×

사권(私權)과 그 성격이 올바르게 연결되지 않은 것은? (다툼이 있으면 판례에 따름)

① 물권 – 지배권
② 제한능력자의 취소권 – 형성권
③ 매매예약의 완결권 – 형성권
④ 동시이행의 항변권 – 연기적 항변권
⑤ 임차인의 부속물매수청구권 – 청구권

해설

⑤ (×) 지상물매수청구권(민법 제285조), 지료증감청구권(동법 제286조), 부속물매수청구권(동법 제316조), 매매대금감액청구권(동법 제572조) 등은 청구권이라 불리지만, 그 실질은 형성권임에 유의하여야 한다.

정답 ⑤

52 ☐☐☐   ○ △ ×

제한능력자에 관한 설명으로 옳지 않은 것은? (다툼이 있으면 판례에 따름)

① 미성년자가 속임수로써 법정대리인의 동의가 있는 것으로 믿게 하고 자신의 부동산을 매도한 경우, 그 매매계약은 취소할 수 없다.
② 2018년 12월 1일 오후 4시에 출생한 자는 2037년 12월 1일 0시에 성년이 된다.
③ 일상생활에 필요하고 그 대가가 과도하지 아니한 피성년후견인의 법률행위는 성년후견인이 취소할 수 없다.
④ 제한능력자의 취소권은 재판 외에서 의사표시를 하는 방법으로는 행사할 수 없다.
⑤ 제한능력자가 맺은 계약은 추인이 있을 때까지 상대방이 그 의사표시를 철회할 수 있지만, 상대방이 계약 당시에 제한능력자임을 알았을 경우에는 철회할 수 없다.

해설

① (○) 제한능력자가 속임수로써 자기를 능력자로 믿게 한 경우에는 그 행위를 취소할 수 없다(민법 제17조 제1항).
② (○) 동법 제158조 본문, 제4조
[보충] 나이는 출생일을 산입하여 만 나이로 계산하므로, 2018년 12월 1일(금) 16시에 출생한 사람은 2037년 12월 1일 0시, 즉 11월 30일 24시에 성년이 된다.

> 제158조(나이의 계산과 표시) 나이는 출생일을 산입하여 만(滿) 나이로 계산하고, 연수(年數)로 표시한다. 다만, 1세에 이르지 아

니한 경우에는 월수(月數)로 표시할 수 있다.

③ (○) 제1항에도 불구하고 일용품의 구입 등 일상생활에 필요하고 그 대가가 과도하지 아니한 법률행위는 성년후견인이 취소할 수 없다(동법 제10조 제4항).
④ (×) 취소권은 권리자의 의사표시만으로 효과가 발생하는 형성권으로, 재판 외에서 의사표시를 하는 방법으로 행사할 수 있다.
⑤ (○) 제한능력자가 맺은 계약은 추인이 있을 때까지 상대방이 그 의사표시를 철회할 수 있다. 다만, 상대방이 계약 당시에 제한능력자임을 알았을 경우에는 그러하지 아니하다(동법 제16조 제1항).

정답 ④

53 ☐☐☐   ○ △ ×

법인 아닌 사단에 관한 설명으로 옳은 것은? (다툼이 있으면 판례에 따름)

① 성년의 남자만이 종중의 구성원이 될 수 있다.
② 법인 아닌 사단의 대표가 총회 결의 없이 법인 아닌 사단의 이름으로 제3자의 금전채무를 보증한 경우, 특별한 사정이 없는 한 법인 아닌 사단은 보증채무를 부담하지 않는다.
③ 종중재산의 분배에 관한 종중총회의 결의내용이 자율적으로 결정되었다고 하더라도 종원의 고유하고 기본적인 권리의 본질적인 내용을 침해하는 경우, 그 결의는 무효이다.
④ 법인 아닌 사단의 대표자의 직무상 불법행위에 대하여는 법인의 불법행위능력에 관한 민법 제35조 제1항이 적용되지 않는다.
⑤ 교인들이 집단적으로 교회를 탈퇴한 경우, 법인 아닌 사단인 교회가 2개로 분열되고, 분열되기 전 교회의 재산은 분열된 각 교회의 구성원들에게 각각 총유적으로 귀속된다.

해설

① (×) 대법원은 이미 전통 및 관습과 관련되는 종중제도에서 남녀평등에 반하는 부분의 효력을 부정하는 취지로 판결하여 왔다. 즉, 성년 남자만을 종중의 구성원으로 하는 종래의 관습법이 더 이상 우리 법질서가 지향하는 남녀평등의 이념에 부합하지 않게 되었다고 보아 그 법적 효력을 부정하면서 공동선조와 성과 본을 같이 하는 성년 후손은 남녀를 불문하고 종중의 구성원이 된다고 보았다(대법원 2023.5.11. 2018다248626).
[보충] [다수의견] 종중이란 공동선조의 분묘수호와 제사 및 종원 상호 간의 친목 등을 목적으로 하여 구성되는 자연발생적인 종족집단이므로, 종중의 이러한 목적과 본질에 비추어 볼 때 공동선조와

성과 본을 같이 하는 후손은 성별의 구별 없이 성년이 되면 당연히 그 구성원이 된다고 보는 것이 조리에 합당하다(대법원 2005.7.21, 2002다1178 전원합의체).

② (×) 민법 제275조, 제276조 제1항에서 말하는 총유물의 관리 및 처분이라 함은 총유물 그 자체에 관한 이용 · 개량행위나 법률적 · 사실적 처분행위를 의미하는 것이므로, 비법인사단이 타인 간의 금전채무를 보증하는 행위는 총유물 그 자체의 관리 · 처분이 따르지 아니하는 단순한 채무부담행위에 불과하여 이를 총유물의 관리 · 처분행위라고 볼 수는 없다. 따라서 비법인사단인 재건축조합의 조합장이 채무보증계약을 체결하면서 조합규약에서 정한 조합임원회의 결의를 거치지 아니하였다거나 조합원총회 결의를 거치지 않았다고 하더라도 그것만으로 바로 그 보증계약이 무효라고 할 수는 없다(대법원 2007.4.19, 2004다60072,60089).

③ (○) 비법인사단인 종중의 토지에 대한 수용보상금은 종원의 총유에 속하고, 그 수용보상금의 분배는 총유물의 처분에 해당하므로, 정관 기타 규약에 달리 정함이 없는 한 종중총회의 결의에 의하여 그 수용보상금을 분배할 수 있고, 그 분배비율, 방법, 내용 역시 결의에 의하여 자율적으로 결정할 수 있다. 그러나 … 종중재산의 분배에 관한 종중총회의 결의내용이 현저하게 불공정하거나 선량한 풍속 기타 사회질서에 반하는 경우 또는 종원의 고유하고 기본적인 권리의 본질적인 내용을 침해하는 경우 그 결의는 무효라고 할 것이다(대법원 2010.9.30, 2007다74775).

④ (×) 비법인사단의 대표자가 직무에 관하여 타인에게 손해를 가한 경우 그 사단은 민법 제35조 제1항의 유추적용에 의하여 그 손해를 배상할 책임이 있고, … 한편 그 대표자의 행위가 직무에 관한 행위에 해당하지 아니함을 피해자 자신이 알았거나 또는 중대한 과실로 인하여 알지 못한 경우에는 비법인사단에게 손해배상책임을 물을 수 없다(대법원 2008.1.18, 2005다34711).

⑤ (×) 법인 아닌 사단의 재산관계와 그 재산에 대한 구성원의 권리 및 구성원 탈퇴, 특히 집단적인 탈퇴의 효과 등에 관한 법리는 교회에 대하여도 동일하게 적용되어야 한다. 따라서 교인들은 교회재산을 총유의 형태로 소유하면서 사용 · 수익할 것인데, 일부 교인들이 교회를 탈퇴하여 그 교회 교인으로서의 지위를 상실하게 되면 탈퇴가 개별적인 것이든 집단적인 것이든 이와 더불어 종전 교회의 총유재산의 관리처분에 관한 의결에 참가할 수 있는 지위나 그 재산에 대한 사용 · 수익권을 상실하고, 종전 교회는 잔존 교인들을 구성원으로 하여 실체의 동일성을 유지하면서 존속하며 종전 교회의 재산은 그 교회에 소속된 잔존 교인들의 총유로 귀속됨이 원칙이다(대법원 2006.4.20, 2004다37775 전원합의체).

정답 ③

---

054 □□□ ○ △ ×

물건에 관한 설명으로 옳은 것은? (다툼이 있으면 판례에 따름)

① 국립공원의 입장료는 토지의 사용대가로서 민법상의 과실이다.
② 주물과 종물의 관계에 관한 법리는 특별한 사정이 없는 한 권리 상호 간의 관계에도 미친다.
③ 주물의 소유자 아닌 자의 물건도 원칙적으로 종물이 될 수 있다.
④ 주유소 지하에 콘크리트를 타설하여 매설한 유류저장탱크는 토지의 종물이다.
⑤ 수목의 집단이 관계법규에 따라 등기된 경우에도 특별한 사정이 없는 한 토지소유권을 취득한 자는 입목의 소유권도 취득한다.

해설

① (×) 국립공원의 입장료는 수익자 부담의 원칙에 따라 국립공원에 입장하는 자에게 국립공원의 유지 · 관리비의 일부를 징수하는 것이며, 공원의 관리와 공원 안에 있는 문화재의 관리 · 보수를 위한 비용에만 사용하여야 하는 것이므로, 민법상 과실이라고 볼 여지가 없으므로, 국립공원의 입장료를 국가 내지 국립공원관리공단의 수입으로 하도록 한 규정이 국립공원 내 토지의 소유자의 재산권을 침해하는 것이라 할 수 없다(헌법재판소 2001.6.28, 2000헌바44).
[보충] 자연공원법(1995.12.30. 법률 제5122호로 개정된 것) 제26조 및 제33조의 규정내용과 입법목적을 종합하여 보면, 국립공원의 입장료는 토지의 사용대가라는 민법상 과실이 아니라 수익자 부담의 원칙에 따라 국립공원의 유지 · 관리비용의 일부를 국립공원 입장객에게 부담시키고자 하는 것이어서 토지의 소유권이나 그에 기한 과실수취권과는 아무런 관련이 없고, … (대법원 2001. 12.28, 2000다27749).

② (○) 민법 제100조 제2항은 "종물은 주물의 처분에 따른다."라고 규정하고 있는바, 위 종물과 주물의 관계에 관한 법리는 물건 상호 간의 관계뿐 아니라, 권리 상호 간에도 적용되는 것이지만, 어떤 권리를 다른 권리에 대하여 종된 권리라고 할 수 있으려면 종물과 마찬가지로 다른 권리의 경제적 효용에 이바지하는 관계에 있어야 한다(대법원 2014.6.12, 2012다92159,92166).

③ (×) 종물은 물건의 소유자가 그 물건의 상용에 공하기 위하여 자기 소유인 다른 물건을 이에 부속하게 한 것을 말하므로(민법 제100조 제1항), 주물과 다른 사람의 소유에 속하는 물건은 종물이 될 수 없다(대법원 2008.5.8, 2007다36933,36940).
[보충] 다른 소유자에게 속한 물건 사이에 주물과 종물의 관계를 인정한다면, 그 주물의 처분으로 다른 소유자의 종물이 처분됨으로써 제3자의 권리가 침해될 수 있으므로, 주물과 종물은 원칙적으로 동일한 소유자에게 속하여야 한다.

> 제100조(주물, 종물) ① 물건의 소유자가 그 물건의 상용에 공하기 위하여 자기 소유인 다른 물건을 이에 부속하게 한 때에는 그 부속물은 종물이다.
> ② 종물은 주물의 처분에 따른다.

④ (×) 주유소의 지하에 매설된 유류저장탱크를 토지로부터 분리하는 데 과다한 비용이 들고 이를 분리하여 발굴할 경우 그 경제적 가치가 현저히 감소할 것이 분명하다. … (따라서) 그 유류저장탱

크는 토지에 부합되었다(고 볼 수 있다)(대법원 1995.6.29, 94다6345).

⑤ (×) 토지 위에 식재된 입목을 그 토지와 독립하여 거래의 객체로 하기 위해서는 '입목에 관한 법률'에 따라 입목을 등기하거나 명인방법을 갖추어야 한다(대법원 2021.8.19, 2020다266375). 따라서 수목의 집단이 관계법규에 따라 등기된 경우, 그 입목은 그 토지와 독립하여 거래의 객체가 되므로, 토지소유권을 취득한 자가 입목의 소유권도 취득할 수는 없다.

> 입목에 관한 법률 제3조(입목의 독립성) ① 입목은 부동산으로 본다.
> ② 입목의 소유자는 토지와 분리하여 입목을 양도하거나 저당권의 목적으로 할 수 있다.
> ③ 토지소유권 또는 지상권 처분의 효력은 입목에 미치지 아니한다.

정답 ②

055 ☐☐☐   ○ △ ×

민법 제103조의 반사회적 법률행위에 해당하여 무효인 것을 모두 고른 것은? (다툼이 있으면 판례에 따름)

> ㄱ. 뇌물로 받은 금전을 소극적으로 은닉하기 위하여 이를 임치하는 약정
> ㄴ. 강제집행을 면할 목적으로 허위의 근저당권을 설정하는 행위
> ㄷ. 도박자금에 제공할 목적으로 금전을 대여하는 행위
> ㄹ. 해외파견 후 귀국일로부터 상당 기간 동안 소속회사에서 근무하지 않으면 해외파견 소요경비를 배상한다는 사규나 약정

① ㄱ   ② ㄷ   ③ ㄱ, ㄴ
④ ㄴ, ㄷ   ⑤ ㄷ, ㄹ

해설

ㄱ (×) 반사회적 행위에 의하여 조성된 재산인 이른바 비자금을 소극적으로 은닉하기 위하여 임치한 것은 사회질서에 반하는 법률행위로 볼 수 없다(대법원 2001.4.10, 2000다49343).

ㄴ (×) 강제집행을 면할 목적으로 부동산에 허위의 근저당권설정등기를 경료하는 행위는 민법 제103조의 선량한 풍속 기타 사회질서에 위반한 사항을 내용으로 하는 법률행위로 볼 수 없다(대법원 2004.5.28, 2003다70041).

ㄷ (○) 도박자금에 제공할 목적으로 금전의 대차를 한 때에는 그 대차계약은 민법 제103조의 반사회질서의 법률행위로 무효이다(대법원 1973.5.22, 72다2249).

ㄹ (×) 해외파견된 근로자가 귀국일로부터 일정 기간 소속회사에 근무하여야 한다는 사규나 약정은 민법 제103조 또는 제104조에 위반된다고 할 수 없고, 일정 기간 근무하지 않으면 해외파견 소요경비를 배상한다는 사규나 약정은 근로계약기간이 아니라 경비반환채무의 면제기간을 정한 것이므로 근로기준법 제21조에 위배하는 것도 아니다(대법원 1982.6.22, 82다카90).

정답 ②

056 ☐☐☐   ○ △ ×

甲은 강제집행을 면할 목적으로 자기 소유의 X토지에 관하여 乙과 짜고 허위의 매매계약을 체결한 후 乙 명의로 소유권이전등기를 마쳐 주었다. 그 후 乙은 丙에게 금전을 차용하면서 X토지 위에 저당권을 설정하였다. 이에 관한 설명으로 옳지 않은 것은? (다툼이 있으면 판례에 따름)

① 甲과 乙 사이의 매매계약은 무효이다.
② 丙은 특별한 사정이 없는 한 선의로 추정된다.
③ 丙이 보호받기 위해서는 허위표시에 대하여 선의이면 족하고 무과실일 필요는 없다.
④ 丙이 악의인 경우, 甲은 丙의 저당권등기의 말소청구를 할 수 있다.
⑤ 丙이 선의인 경우, 甲은 乙에게 X토지의 진정명의 회복을 위한 소유권이전등기를 청구할 수 없다.

해설

① (○) ④ (○) 민법 제108조 제1항, 제2항
[보충] 丙이 악의인 경우, 甲은 소유권에 기한 방해배제청구권으로써 丙의 저당권등기의 말소청구를 할 수 있다.

> 제108조(통정한 허위의 의사표시) ① 상대방과 통정한 허위의 의사표시는 무효로 한다.
> ② 전항의 의사표시의 무효는 선의의 제삼자에게 대항하지 못한다.

② (○) ③ (○) [1] 민법 제108조 제1항에서 상대방과 통정한 허위의 의사표시를 무효로 규정하고, 제2항에서 그 의사표시의 무효는 선의의 제3자에게 대항하지 못한다고 규정하고 있는데, 여기에서 제3자는 특별한 사정이 없는 한 선의로 추정할 것이므로, 제3자가 악의라는 사실에 관한 주장·입증책임은 그 허위표시의 무효를 주장하는 자에게 있다.
[2] 민법 제108조 제2항에 규정된 통정허위표시에 있어서의 제3자는 그 선의 여부가 문제이지 이에 관한 과실 유무를 따질 것이 아니다(대법원 2006.3.10, 2002다1321).

⑤ (×) 丙이 선의인 경우, 甲은 乙에게 X토지의 진정명의 회복을 위한 소유권이전등기를 청구할 수 있으나, 甲이 승소하더라도 丙의 저당권에 의하여 제한된 소유권만을 회복하게 된다 할 것이다.

정답 ⑤

057 ☐☐☐ ○△✕

착오에 의한 의사표시에 관한 설명으로 옳은 것은? (다툼이 있으면 판례에 따름)

① 매도인의 담보책임이 성립하는 경우, 매수인은 매매계약내용의 중요부분에 착오가 있더라도 이를 취소할 수 없다.

② 소송행위에도 특별한 사정이 없는 한 착오를 이유로 하는 취소가 허용된다.

③ 착오로 인하여 표의자가 경제적 불이익을 입지 않은 경우에는 법률행위내용의 중요부분의 착오라고 볼 수 없다.

④ 표의자에게 중대한 과실이 있다는 사실은 법률행위의 효력을 부인하는 자가 증명하여야 한다.

⑤ 매도인이 매수인의 채무불이행을 이유로 매매계약을 적법하게 해제한 경우에는 매수인은 착오를 이유로 그 매매계약을 취소할 수 없다.

해설

① (✕) 민법 제109조 제1항에 의하면 법률행위내용의 중요부분에 착오가 있는 경우 착오에 중대한 과실이 없는 표의자는 법률행위를 취소할 수 있고, 민법 제580조 제1항, 제575조 제1항에 의하면 매매의 목적물에 하자가 있는 경우 하자가 있는 사실을 과실 없이 알지 못한 매수인은 매도인에 대하여 하자담보책임을 물어 계약을 해제하거나 손해배상을 청구할 수 있다. … 따라서 매매계약내용의 중요부분에 착오가 있는 경우 매수인은 매도인의 하자담보책임이 성립하는지와 상관없이 착오를 이유로 매매계약을 취소할 수 있다(대법원 2018.9.13, 2015다78703).

② (✕) 민법상의 법률행위에 관한 규정은 민사소송법상의 소송행위에는 특별한 규정 또는 특별한 사정이 없는 한 적용이 없으므로 사기 또는 착오를 원인으로 하여 소취하등 소송행위를 취소할 수 없다(대법원 1964.9.15, 64다92).

③ (○) 착오가 법률행위내용의 중요부분에 있다고 하기 위하여는 표의자에 의하여 추구된 목적을 고려하여 합리적으로 판단하여 볼 때 표시와 의사의 불일치가 객관적으로 현저하여야 하고, 만일 그 착오로 인하여 표의자가 무슨 경제적인 불이익을 입은 것이 아니라면 이를 법률행위내용의 중요부분의 착오라고 할 수 없다(대법원 2006.12.7, 2006다41457).

[보충] 보통 일반인이 표의자의 입장에 섰더라면 경제적인 불이익을 입게 되는 결과 등을 가져오게 됨으로써 그와 같은 의사표시를 하지 아니하였으리라고 여겨져야 한다(대법원 2013.9.26, 2013다40353,40360).

④ (✕) 민법 제109조 제1항 단서에서 규정하는 착오한 표의자의 중대한 과실 유무에 관한 주장과 입증책임은 착오자가 아니라 의사표시를 취소하게 하지 않으려는 상대방에게 있는 것인바, … (대법원 2005.5.12, 2005다6228).

[보충] 착오의 존재와 그 착오가 법률행위의 중요부분에 관한 것이라는 점은 표의자가 증명하여야 한다.

⑤ (✕) 매도인이 매수인의 중도금지급채무 불이행을 이유로 매매계약을 적법하게 해제한 후라도 매수인으로서는 상대방이 한 계약해제의 효과로서 발생하는 손해배상책임을 지거나 매매계약에 따른 계약금의 반환을 받을 수 없는 불이익을 면하기 위하여 착오를

이유로 한 취소권을 행사하여 매매계약 전체를 무효로 돌리게 할 수 있다(대법원 1996.12.6, 95다24982,24999).

정답 ③

058 ☐☐☐ ○△✕

임의대리권의 범위에 관한 설명으로 옳지 않은 것은? (다툼이 있으면 판례에 따름)

① 권한을 정하지 않은 대리인은 보존행위를 할 수 있다.

② 대리인이 수인인 때에는 법률 또는 수권행위에서 달리 정한 바가 없으면 공동으로 본인을 대리한다.

③ 토지매각의 대리권을 수여받은 대리인은 특별한 사정이 없는 한 중도금과 잔금을 수령할 권한을 가진다.

④ 매매계약 체결에 대해 포괄적 대리권을 수여받은 자는 특별한 사정이 없는 한 상대방에게 약정된 매매대금의 지급기일을 연장하여 줄 권한을 가진다.

⑤ 대여금의 영수권한만을 위임받은 대리인이 그 대여금의 일부를 면제하기 위해서는 본인의 특별수권이 필요하다.

해설

① (○) 민법 제118조 제1호

> **제118조(대리권의 범위)** 권한을 정하지 아니한 대리인은 다음 각 호의 행위만을 할 수 있다.
> 1. 보존행위
> 2. 대리의 목적인 물건이나 권리의 성질을 변하지 아니하는 범위에서 그 이용 또는 개량하는 행위

② (✕) 대리인이 수인인 때에는 각자가 본인을 대리한다. 그러나 법률 또는 수권행위에 다른 정한 바가 있는 때에는 그러하지 아니하다(동법 제119조).

③ (○) 소유자로부터 매매계약을 체결할 대리권을 수여받은 대리인은 특별한 다른 사정이 없는 한 그 매매계약에서 정한 바에 따라 중도금이나 잔금 등을 수령할 권한도 있다(대법원 2015.9.10, 2010두1385).

④ (○) 부동산의 소유자로부터 매매계약을 체결할 대리권을 수여받은 대리인은 특별한 다른 사정이 없는 한 그 매매계약에서 약정한 바에 따라 중도금이나 잔금을 수령할 수도 있다고 보아야 하고, 매매계약의 체결과 이행에 관하여 포괄적으로 대리권을 수여받은 대리인은 특별한 다른 사정이 없는 한 상대방에 대하여 약정된 매매대금지급기일을 연기하여 줄 권한도 가진다고 보아야 할 것이다(대법원 1992.4.14, 91다43107).

⑤ (○) 대여금의 영수권한만을 위임받은 대리인이 그 대여금채무의 일부를 면제하기 위하여는 본인의 특별수권이 필요하다(대법원 1981.6.23, 80다3221).

정답 ②

59 □□□ ○ △ ✕

乙이 대리권 없이 甲의 대리인으로서 丙과 매매계약을 체결한 경우에 관한 설명으로 옳은 것은? (다툼이 있으면 판례에 따름)

① 甲이 매매계약을 추인하더라도 소급효가 없다.
② 乙이 甲으로부터 추인에 관한 특별수권을 받은 경우, 乙은 매매계약을 추인할 수 있다.
③ 甲은 매매계약의 추인을 거절하였더라도 이를 다시 번복하여 추인할 수 있다.
④ 乙이 미성년자인 경우에도 乙은 무권대리인의 책임을 진다.
⑤ 丙은 甲이 매매계약을 추인한 사실을 안 경우에도 무권대리임을 이유로 乙과 체결한 매매계약을 철회할 수 있다.

해설

① (✕) 본인의 추인으로써 무권대리행위는 소급적으로 유권대리행위와 동일한 법률효과를 가지게 되는데, 이는 효력이 없는 행위에 효력을 생기게 하는 것임에 유의하여야 한다.
[보충] 추인의 소급효원칙에는 두 가지 예외가 있는데, 하나는 다른 의사표시가 있으면 그 추인은 소급효가 없다는 것이고, 다른 하나는 추인의 소급효는 제3자의 권리를 해하지 못한다는 것이다.

> 제130조(무권대리) 대리권 없는 자가 타인의 대리인으로 한 계약은 본인이 이를 추인하지 아니하면 본인에 대하여 효력이 없다.
> 제133조(추인의 효력) 추인은 다른 의사표시가 없는 때에는 계약 시에 소급하여 그 효력이 생긴다. 그러나 제삼자의 권리를 해하지 못한다.

② (○) 민법은 본인에게만 추인권을 인정하고 있으나, 乙은 甲으로부터 추인에 관한 특별수권을 받았으므로, 매매계약을 추인할 수 있다.
③ (✕) 추인의 거절로써 유동적 무효인 법률행위는 확정적 무효인 법률행위가 되므로, 이를 다시 번복하여 추인할 수 없다.
④ (✕) 경우에도 → 경우에는, 진다 → 지지 아니한다(민법 제135조 제2항)

> 제135조(상대방에 대한 무권대리인의 책임) ① 다른 자의 대리인으로서 계약을 맺은 자가 그 대리권을 증명하지 못하고 또 본인의 추인을 받지 못한 경우에는 그는 상대방의 선택에 따라 계약을 이행할 책임 또는 손해를 배상할 책임이 있다.
> ② 대리인으로서 계약을 맺은 자에게 대리권이 없다는 사실을 상대방이 알았거나 알 수 있었을 때 또는 대리인으로서 계약을 맺은 사람이 제한능력자일 때에는 제1항을 적용하지 아니한다.

⑤ (✕) 경우에도 → 경우에는, 있다 → 없다(동법 제134조 단서)
[보충] 위 경우, 甲이 매매계약을 추인함으로써 丙은 乙의 무권대리를 알게 되었으므로, 매매계약을 철회할 수 없다 할 것이다.

> 제134조(상대방의 철회권) 대리권 없는 자가 한 계약은 본인의 추인이 있을 때까지 상대방은 본인이나 그 대리인에 대하여 이를 철회할 수 있다. 그러나 계약 당시에 상대방이 대리권 없음을 안 때에는 그러하지 아니하다.

정답 ②

60 □□□ ○ △ ✕

무효와 취소에 관한 설명으로 옳은 것은? (다툼이 있으면 판례에 따름)

① 무효인 법률행위의 당사자가 그 무효임을 알고 추인한 때에는 새로운 법률행위로 본다.
② 취소권자가 이의의 보류 없이 상대방으로부터 일부의 이행을 수령한 경우에도 법정추인이 되지 않는다.
③ 불공정한 법률행위는 법정추인에 의해 유효로 될 수 있다.
④ 강박에 의한 의사표시를 취소하여 무효가 된 법률행위는 그 무효원인이 종료하더라도 무효행위 추인의 요건에 따라 다시 추인할 수 없다.
⑤ 토지거래허가구역 내의 토지의 매도인은 거래허가 전이라도 매수인의 대금지급의무의 불이행을 이유로 계약을 해제할 수 있다.

해설

① (○) 무효인 법률행위는 추인하여도 그 효력이 생기지 아니한다. 그러나 당사자가 그 무효임을 알고 추인한 때에는 새로운 법률행위로 본다(민법 제139조).
② (✕) 되지 않는다 → 된다(동법 제145조 제1호)
[보충] 민법 제145조 제1호에서 말하는 이행에는 이행의 제공뿐만 아니라, 이행의 수령도 포함된다.

> 제145조(법정추인) 취소할 수 있는 법률행위에 관하여 전조의 규정에 의하여 추인할 수 있는 후에 다음 각 호의 사유가 있으면 추인한 것으로 본다. 그러나 이의를 보류한 때에는 그러하지 아니하다.
> 1. 전부나 일부의 이행
> 2. 이행의 청구
> 3. 경개
> 4. 담보의 제공
> 5. 취소할 수 있는 행위로 취득한 권리의 전부나 일부의 양도
> 6. 강제집행

③ (✕) 민법 제103조와 마찬가지로, 이는 절대적 무효이므로 선의의 제3자에게 대항할 수 있고, 추인에 의하여 유효로 될 수 없다.
[보충] 다만, 반사회질서의 법률행위와 달리 무효행위의 전환은 가능함에 유의하여야 한다.

> 제104조(불공정한 법률행위) 당사자의 궁박, 경솔 또는 무경험으로 인하여 현저하게 공정을 잃은 법률행위는 무효로 한다.

④ (✕) 취소한 법률행위는 처음부터 무효인 것으로 간주되므로 취소할 수 있는 법률행위가 일단 취소된 이상 그 후에는 취소할 수 있는 법률행위의 추인에 의하여 이미 취소되어 무효인 것으로 간주된 당초의 의사표시를 다시 확정적으로 유효하게 할 수는 없고, 다만 무효인 법률행위의 추인의 요건과 효력으로서 추인할 수는 있으나, 무효행위의 추인은 그 무효원인이 소멸한 후에 하여야 그 효력이 있고, … (대법원 1997.12.12, 95다38240).
⑤ (✕) 국토의 계획 및 이용에 관한 법률상의 토지거래허가를 받지 않아 유동적 무효상태인 매매계약에 있어서는 그 계약내용대로의 효력이 있을 수 없는 것이어서 매수인으로서는 아직 그 계약내용에 따른 대금지급의무가 있다고 할 수 없어 매도인이 매수인의

대금지급의무 불이행을 이유로 매매계약을 해제할 수 없으나, 당사자 사이에 별개의 약정으로 매매 잔금이 그 지급기일에 지급되지 아니하는 경우 매매계약을 자동적으로 해제하기로 약정하는 것은 가능하다(대법원 2010.7.22, 2010다1456).

정답 ①

061 ☐☐☐   ○ △ ✕

조건에 관한 설명으로 옳지 않은 것은? (다툼이 있으면 판례에 따름)

① 정지조건부 권리의 경우, 조건이 미성취인 동안에는 소멸시효가 진행되지 않는다.

② 불법조건이 붙어 있는 법률행위는 그 조건뿐만 아니라 법률행위 전부가 무효로 된다.

③ 조건의 성취가 미정인 조건부 권리도 일반규정에 의하여 담보로 할 수도 있다.

④ 기성조건을 해제조건으로 한 법률행위는 무효이다.

⑤ 정지조건부 법률행위는 권리가 성립한 때에 소급하여 그 효력이 생긴다.

해설

① (○) 정지조건부 권리의 경우, 조건이 성취한 때부터 시효의 진행이 시작된다. 따라서 조건이 미성취인 동안에는 시효가 진행되지 아니한다.

② (○) 조건이 선량한 풍속 기타 사회질서에 위반한 것인 때에는 그 법률행위는 무효로 한다(민법 제151조 제1항).

③ (○) 조건의 성취가 미정한 권리의무는 일반규정에 의하여 처분, 상속, 보존 또는 담보로 할 수 있다(동법 제149조).

④ (○) 조건이 법률행위의 당시 이미 성취한 것인 경우에는 그 조건이 정지조건이면 조건 없는 법률행위로 하고 해제조건이면 그 법률행위는 무효로 한다(동법 제151조 제2항).

⑤ (✕) 조건성취의 효력은 원칙적으로 소급하지 아니한다. 즉, 정지조건이 성취되면 그 성취된 때부터 법률효과가 발생한다.
   [보충] 해제조건의 경우, 그 성취된 때부터 법률효과가 소멸한다.

> **제147조(조건성취의 효과)** ① 정지조건 있는 법률행위는 조건이 성취한 때로부터 그 효력이 생긴다.
> ② 해제조건 있는 법률행위는 조건이 성취한 때로부터 그 효력을 잃는다.

정답 ⑤

062 ☐☐☐   ○ △ ✕

소멸시효에 관한 설명으로 옳지 않은 것은? (다툼이 있으면 판례에 따름)

① 음식료채권의 시효기간은 1년이다.

② 소멸시효의 이익은 시효가 완성한 뒤에는 포기할 수 있다.

③ 가처분은 소멸시효 정지사유 중의 하나이다.

④ 가압류에 의한 시효중단의 효력은 가압류의 집행보전의 효력이 존속하는 동안 계속된다.

⑤ 동시이행항변권이 붙은 매매대금채권은 그 지급기일 이후부터 소멸시효가 진행한다.

해설

① (○) 민법 제164조 제1호

> **제164조(1년의 단기소멸시효)** 다음 각 호의 채권은 1년간 행사하지 아니하면 소멸시효가 완성한다.
> 1. 여관, 음식점, 대석, 오락장의 숙박료, 음식료, 대석료, 입장료, 소비물의 대가 및 체당금의 채권
> 2. 의복, 침구, 장구 기타 동산의 사용료의 채권
> 3. 노역인, 연예인의 임금 및 그에 공급한 물건의 대금채권
> 4. 학생 및 수업자의 교육, 의식 및 유숙에 관한 교주, 숙주, 교사의 채권

② (○) 소멸시효의 이익은 미리 포기하지 못한다(동법 제184조 제1항). 따라서 시효가 완성한 뒤에는 포기할 수 있다 할 것이다.

③ (✕) 정지사유 → 중단사유(동법 제168조 제2호)

> **제168조(소멸시효의 중단사유)** 소멸시효는 다음 각 호의 사유로 인하여 중단된다.
> 1. 청구
> 2. 압류 또는 가압류, 가처분
> 3. 승인

④ (○) 실무상 가압류 등에서 소멸시효 중단을 위한 재신청을 찾기 어려운 이유는, 이러한 가압류를 허용하지 않기 때문이 아니라 오히려 가압류에 의한 집행보전의 효력이 존속하는 동안은 가압류에 의한 시효중단의 효력이 계속되므로 소멸시효 중단을 위한 가압류를 반복할 필요가 없기 때문이다(대법원 2018.7.19, 2018다22008).

⑤ (○) 부동산에 대한 매매대금채권이 소유권이전등기청구권과 동시이행의 관계에 있다고 할지라도 매도인은 매매대금의 지급기일 이후 언제라도 그 대금의 지급을 청구할 수 있는 것이며, 다만 매수인은 매도인으로부터 그 이전등기에 관한 이행의 제공을 받기까지 그 지급을 거절할 수 있는 데 지나지 아니하므로 매매대금청구권은 그 지급기일 이후 시효의 진행에 걸린다(대법원 1991.3.22, 90다9797). 즉, 동시이행관계에 있는 채권은 이행기로부터 소멸시효가 진행한다.

정답 ③

63 □□□   ○ △ ×

甲은 자기 소유의 토지에 대해 乙과 매매계약을 체결하면서 이행지체로 인한 손해배상액을 예정하였다. 乙의 이행지체를 이유로 甲이 손해배상을 청구하는 경우에 관한 설명으로 옳지 않은 것은? (다툼이 있으면 판례에 따름)

① 甲은 손해액에 대한 증명을 하지 않더라도 乙의 이행지체가 있었던 사실을 증명하면 예정배상액을 청구할 수 있다.

② 甲에게 손해가 발생하였더라도 특별한 사정이 없는 한 乙은 자신에게 귀책사유가 없음을 증명함으로써 예정배상액의 지급책임을 면할 수 있다.

③ 乙은 甲에게 손해가 발생하지 않았다는 사실을 증명하더라도 예정배상액의 지급책임을 면할 수 없다.

④ 甲은 乙의 이행지체로 인하여 입은 실제 손해액이 예정배상액보다 크다는 사실을 증명하더라도 다른 특약이 없는 한 그 초과부분을 따로 청구할 수 없다.

⑤ 乙의 이행지체로 인하여 특별손해가 발생한 경우, 다른 특약이 없는 한 甲은 乙에게 특별손해에 대한 손해배상을 별도로 청구할 수 있다.

해설

① (○) ② (○) 채무불이행으로 인한 손해배상액이 예정되어 있는 경우에는 채권자는 채무불이행사실만 증명하면 손해의 발생 및 그 액을 증명하지 아니하고 예정배상액을 청구할 수 있고, 채무자는 채권자와 채무불이행에 있어 채무자의 귀책사유를 묻지 아니한다는 약정을 하지 아니한 이상 자신의 귀책사유가 없음을 주장·입증함으로써 예정배상액의 지급책임을 면할 수 있다(대법원 2007.12.27, 2006다9408).

③ (○) 민법 제398조가 규정하는 손해배상의 예정은 채무불이행의 경우에 채무자가 지급하여야 할 손해배상액을 미리 정해 두는 것으로서 그 목적은 손해의 발생사실과 손해액에 대한 증명곤란을 배제하고 분쟁을 사전에 방지하여 법률관계를 간이하게 해결하는 것 외에 채무자에게 심리적으로 경고를 줌으로써 채무이행을 확보하려는 데 있다. 따라서 채무자가 실제로 손해발생이 없다거나 손해액이 예정액보다 적다는 것을 증명하더라도 채무자는 그 예정액의 지급을 면하거나 감액을 청구하지 못한다(대법원 2016.3.24, 2014다3115).

④ (○) 매매당사자가 계약금으로 수수한 금액에 관하여 매수인이 위약하면 이를 무효로 하고 매도인이 위약하면 그 배액을 상환하기로 하는 뜻의 약정을 한 경우에 있어서 그 위약금의 약정은 민법 제398조 제4항이 정한 손해배상의 예정으로 추정되는 것이고, 이와 같은 약정이 있는 경우에는 채무자에게 채무불이행이 있으면 채권자는 실제 손해액을 증명할 필요 없이 그 예정액을 청구할 수 있는 반면에 실제 손해액이 예정액을 초과하더라도 그 초과액을 청구할 수 없다(대법원 1988.5.10, 87다카3101).

⑤ (×) 계약 당시 손해배상액을 예정한 경우에는 다른 특약이 없는 한 채무불이행으로 인하여 입은 통상손해는 물론 특별손해까지도 예정액에 포함되고 채권자의 손해가 예정액을 초과한다 하더라도 초과부분을 따로 청구할 수 없다(대법원 2012.12.27, 2012다60954).

정답 ⑤

64 □□□   ○ △ ×

과실상계에 관한 설명으로 옳은 것은? (다툼이 있으면 판례에 따름)

① 과실상계의 비율에 대한 당사자의 주장은 법원을 구속한다.

② 배상의무자가 피해자의 과실에 관하여 주장하지 않는 경우, 법원이 이를 직권으로 심리·판단할 수 없다.

③ 한 개의 손해배상청구권 중 일부가 소송상 청구된 경우, 법원은 과실상계를 함에 있어서 손해의 전액에서 과실비율에 의한 감액을 하고, 그 잔액이 청구액을 초과하지 않을 경우에는 그 잔액을 인용해야 한다.

④ 채무내용에 따른 본래의 급부의 이행을 구하는 경우에도 과실상계는 적용된다.

⑤ 채무불이행에 관하여 채권자의 과실이 있고 채권자가 그로 인하여 이익을 받은 경우, 손해배상액을 산정함에 있어서 손익상계를 한 다음 과실상계를 해야 한다.

해설

① (×) 과실상계에 있어서 피해자의 과실참작의 비율을 정하는 일은 법원의 자유재량에 달린 것이긴 하나 과실의 정도를 비교교량함에 있어서 지나치게 피해자에게 유리하거나 또는 불리하게 판단하는 것은 재량의 범위를 벗어난 처사로서 위법하다고 볼 수밖에 없다(대법원 1984.7.10, 84다카440). 따라서 과실상계의 비율에 대한 당사자의 주장은 법원을 구속하지 아니한다.

[보충] 손해배상사건에서 과실상계나 손해부담의 공평을 기하기 위한 책임제한에 관한 사실인정이나 그 비율을 정하는 것은 그것이 형평의 원칙에 비추어 현저하게 불합리하다고 인정되지 아니하는 한 사실심의 전권사항에 속한다(대법원 2020.2.27, 2019다223747).

② (×) 배상의무자가 피해자의 과실에 관하여 주장을 하지 아니한 경우에도 소송자료에 따라 과실이 인정되는 경우에는 이를 법원이 직권으로 심리·판단하여야 한다(대법원 2016.4.12, 2013다31137).

③ (○) 일개의 손해배상청구권 중 일부가 소송상 청구되어 있는 경우에 과실상계를 함에 있어서는 손해의 전액에서 과실비율에 의한 감액을 하고 그 잔액이 청구액을 초과하지 않을 경우에는 그 잔액을 인용할 것이고 잔액이 청구액을 초과할 경우에는 청구의 전액을 인용하는 것으로 해석하여야 할 것이며, 이와 같이 풀이하는 것이 일부청구를 하는 당사자의 통상적 의사라고 할 것이고, 이러한 방식에 따라 원고의 청구를 인용한다고 하여도 처분권주의에 위배되는 것이라고 할 수는 없다(대법원 2008.12.24, 2008다51649).

④ (×) 과실상계는 채무불이행 내지 불법행위로 인한 손해배상책임에 대하여 인정되는 것이고, 채무내용에 따른 본래의 급부의 이행을 구하는 경우에 적용될 것은 아니다(대법원 2015.5.14, 2013다69989,69996).

⑤ (×) 손해발생으로 인하여 피해자에게 이득이 생기고 한편 그 손해발생에 피해자의 과실이 경합되어 과실상계를 하여야 할 경우에는 먼저 산정된 손해액에 과실상계를 한 후에 위 이득을 공제하여야 한다(대법원 2010.2.25, 2009다87621).

정답 ③

민
법

乙의 채권자 甲이 乙의 丙에 대한 금전채권에 대하여 채권자대위권을 행사하는 경우에 관한 설명으로 옳지 않은 것은? (다툼이 있으면 판례에 따름)

① 甲의 乙에 대한 채권의 소멸시효가 이미 완성된 경우, 丙은 乙의 甲에 대한 소멸시효의 항변을 원용할 수 없다.

② 丙이 乙의 이행청구에 대하여 동시이행항변권을 행사할 수 있는 경우, 丙은 甲에게 그 동시이행항변권을 가지고 대항할 수 있다.

③ 채권자대위소송에서 甲의 乙에 대한 채권이 존재하는지 여부는 법원의 직권조사사항이 아니다.

④ 甲의 乙에 대한 채권의 이행기가 도래하기 전이라도 甲은 법원의 허가를 받아 乙의 丙에 대한 채권을 대위행사할 수 있다.

⑤ 甲은 丙에게 직접 자기에게 이행하도록 청구하여 급부를 대위수령할 수 있다.

해설

① (○) 채권자(甲)가 채권자대위권을 행사하여 제3자에 대하여 하는 청구에 있어서 제3채무자(丙)는 채무자(乙)가 채권자에 대하여 가지는 항변으로는 대항할 수 없으므로, 채권의 소멸시효가 완성된 경우 이를 원용할 수 있는 자도 원칙적으로는 시효이익을 직접 받는 자뿐이고 채권자대위소송의 제3채무자가 이를 행사할 수는 없다(대법원 1997.7.22, 97다5749).

② (○) 채권자대위권은 채무자(乙)의 제3채무자(丙)에 대한 권리를 행사하는 것이므로, 제3채무자는 채무자에 대하여 가지는 모든 항변사유로써 채권자(甲)에게 대항할 수 있으나, 채권자는 채무자 자신이 주장할 수 있는 사유의 범위 내에서 주장할 수 있을 뿐, 자기와 제3채무자 사이의 독자적인 사정에 기한 사유를 주장할 수는 없다(대법원 2020.7.9, 2020다223781). 따라서 丙은 甲에게 그 동시이행항변권을 가지고 대항할 수 있다.

③ (✕) 채권자대위소송에서 대위에 의하여 보전될 채권자(甲)의 채무자(乙)에 대한 권리(피보전채권)가 존재하는지 여부는 소송요건으로서 법원의 직권조사사항이다(대법원 2012.3.29, 2011다106136).

④ (○) 채권자는 그 채권의 기한이 도래하기 전에는 법원의 허가 없이 전항의 권리를 행사하지 못한다. 그러나 보전행위는 그러하지 아니하다(민법 제404조 제2항). 따라서 甲의 乙에 대한 채권의 이행기가 도래하기 전이라도, 甲은 법원의 허가를 받거나 보전행위로써 乙의 丙에 대한 채권을 대위행사할 수 있다.

⑤ (○) 채권자(甲)가 자기의 금전채권을 보전하기 위하여 채무자(乙)의 금전채권을 대위행사하는 경우 제3채무자(丙)로 하여금 채무자에게 지급의무를 이행하도록 청구할 수도 있지만, 직접 대위채권자 자신에게 이행하도록 청구할 수도 있다(대법원 2016.8.29, 2015다236547).

정답 ③

채권자취소권에 관한 설명으로 옳지 않은 것은? (다툼이 있으면 판례에 따름)

① 채권자가 사해행위취소소송을 통해 원상회복만을 구하는 경우, 법원은 가액배상을 명할 수 없다.

② 채권자가 사해행위의 취소와 원상회복을 구하는 경우, 사해행위의 취소만을 먼저 청구한 다음 원상회복을 나중에 청구할 수도 있다.

③ 채무초과상태의 채무자가 유일한 재산을 우선변제권 있는 채권자에게 대물변제로 제공하는 경우, 특별한 사정이 없는 한 사해행위가 되지 않는다.

④ 사해행위취소소송에서 채무자는 피고적격이 없다.

⑤ 채권자취소권의 행사에 있어서 제척기간의 도과에 관한 증명책임은 사해행위취소소송의 상대방에게 있다.

해설

① (✕) 사해행위를 전부 취소하고 원상회복을 구하는 채권자의 주장 속에는 사해행위를 일부 취소하고 가액의 배상을 구하는 취지도 포함되어 있으므로, 채권자가 원상회복을 구하는 경우에도 법원은 가액의 배상을 명할 수 있다(대법원 2001.9.4, 2000다66416).

② (○) 채권자가 민법 제406조 제1항에 따라 사해행위의 취소와 원상회복을 청구하는 경우 사해행위의 취소만을 먼저 청구한 다음 원상회복을 나중에 청구할 수 있으나, 원상회복의 전제가 되는 사해행위의 취소가 없는 이상 원상회복청구권은 인정되지 않으므로 사해행위의 취소를 구함이 없이 원상회복만을 구할 수는 없다(대법원 2008.12.11, 2007다69162).

③ (○) 채무자의 재산이 채무의 전부를 변제하기에 부족한 경우에 채무자가 그의 유일한 재산을 어느 특정 채권자에게 대물변제로 제공하는 행위는 다른 특별한 사정이 없는 한 다른 채권자들에 대한 관계에서 사해행위가 되지만, 채권자들의 공동담보가 되는 채무자의 총재산에 대하여 다른 채권자에 우선하여 변제를 받을 수 있는 권리를 가지는 채권자는 처음부터 채무자의 재산에 대한 환가절차에서 다른 채권자에 우선하여 배당을 받을 수 있는 지위에 있으므로, 그와 같은 우선변제권 있는 채권자에 대한 대물변제의 제공행위는 특별한 사정이 없는 한 다른 채권자들의 이익을 해한다고 볼 수 없어 사해행위가 되지 않는다(대법원 2008.2.14, 2006다33357).

④ (○) 채권자가 사해행위의 취소와 함께 책임재산의 회복을 구하는 사해행위 취소의 소에 있어서는 수익자 또는 전득자에게만 피고적격이 있고 채무자에게는 피고적격이 없다(대법원 2009.1.15, 2008다72394).

⑤ (○) 채권자취소권의 행사에서 그 제척기간의 기산점인 '채권자가 취소원인을 안 날'은 채권자가 채권자취소권의 요건을 안 날, 즉 채무자가 채권자를 해함을 알면서 사해행위를 하였다는 사실을 알게 된 날을 말한다. … 사해행위의 객관적 사실을 알았다고 하여 취소원인을 알았다고 추정할 수는 없고, 그 제척기간의 도과에 관한 증명책임은 사해행위취소소송의 상대방에게 있다(대법원 2023.4.13, 2021다309231).

정답 ①

67 ☐☐☐ ○ △ ✕

채권양도에 관한 설명으로 옳지 않은 것은? (다툼이 있으면 판례에 따름)

① 근로자가 임금채권을 양도한 경우, 양수인은 스스로 사용자에 대하여 임금지급을 청구할 수 없다.

② 주채권과 분리하여 보증채권만을 양도하기로 하는 약정은 그 효력이 없다.

③ 지명채권의 양도통지를 한 후 그 양도계약이 해제된 경우, 양도인이 그 해제를 이유로 채무자에게 양도채권으로 대항하려면 양수인이 그 채무자에게 해제사실을 통지하여야 한다.

④ 매매로 인한 소유권이전등기청구권에 관한 양도제한의 법리는 취득시효 완성으로 인한 소유권이전등기청구권의 양도에도 적용된다.

⑤ 2인이 동업하는 조합의 조합원 1인이 다른 조합원의 동의 없이 한 조합채권의 양도행위는 무효이다.

해설

① (O) 근로자가 그 임금채권을 양도한 경우라 할지라도 그 임금의 지급에 관하여는 근로기준법 제36조 제1항에 정한 임금 직접지급의 원칙이 적용되어 사용자는 직접 근로자에게 임금을 지급하지 아니하면 안 되고, 그 결과 비록 적법 유효한 양수인이라도 스스로 사용자에 대하여 임금의 지급을 청구할 수 없으며, 그러한 법리는 근로자로부터 임금채권을 양도받았거나 그의 추심을 위임받은 자가 사용자의 집행재산에 대하여 배당을 요구하는 경우에도 그대로 적용된다(대법원 1996.3.22, 95다2630).

② (O) 주채권과 보증인에 대한 채권의 귀속주체를 달리하는 것은, 주채무자의 항변권으로 채권자에게 대항할 수 있는 보증인의 권리가 침해되는 등 보증채무의 부종성에 반하고, 주채권을 가지지 않는 자에게 보증채권만을 인정할 실익도 없기 때문에 주채권과 분리하여 보증채권만을 양도하기로 하는 약정은 그 효력이 없다(대법원 2002.9.10, 2002다21509).

③ (O) 지명채권의 양도통지를 한 후 그 양도계약이 해제 또는 합의해제된 경우 채권양도인이 그 해제를 이유로 다시 원래의 채무자에 대하여 양도채권으로 대항하려면 채권양수인이 채무자에게 위와 같은 해제 등 사실을 통지하여야 한다(대법원 2014.4.10, 2013다76192).

④ (✕) 취득시효 완성으로 인한 소유권이전등기청구권은 채권자와 채무자 사이에 아무런 계약관계나 신뢰관계가 없고, 그에 따라 채권자가 채무자에게 반대급부로 부담하여야 하는 의무도 없다. 따라서 취득시효 완성으로 인한 소유권이전등기청구권의 양도의 경우에는 매매로 인한 소유권이전등기청구권에 관한 양도제한의 법리가 적용되지 않는다(대법원 2018.7.12, 2015다36167).

⑤ (O) 2인이 동업하는 조합의 조합원 1인이 다른 조합원의 동업(동의) 없이 한 조합채권양도행위는 무효이다(대법원 1990.2.27, 88다카11534).

정답 ④

68 ☐☐☐ ○ △ ✕

채무인수에 관한 설명으로 옳은 것은? (다툼이 있으면 판례에 따름)

① 채권자와 인수인의 계약에 의한 중첩적 채무인수는 채무자의 의사에 반하여 할 수 없다.

② 채무자와 인수인의 계약에 의한 면책적 채무인수는 채권자의 승낙이 없더라도 유효하다.

③ 면책적 채무인수로 인하여 종래의 채무가 소멸하는 것은 아니므로, 특별한 사정이 없는 한 종래의 채무를 담보하는 저당권도 당연히 소멸하지는 않는다.

④ 채무인수가 면책적 인수인지 중첩적 인수인지 분명하지 않은 때에는 이를 면책적 채무인수로 본다.

⑤ 부동산매수인이 매매목적물에 설정된 저당권의 피담보채무를 인수하는 한편, 그 채무액을 매매대금에서 공제하기로 약정한 경우, 특별한 사정이 없는 한 이는 매도인을 면책시키는 채무인수로 본다.

해설

① (✕) 중첩적 채무인수는 채권자와 채무인수인과의 합의가 있는 이상 채무자의 의사에 반하여서도 이루어질 수 있다(대법원 1988.11.22, 87다카1836).

② (✕) 채무인수의 효력이 생기기 위하여 채권자의 승낙을 요하는 것은 면책적 채무인수의 경우에 한하고, 채무인수가 면책적인가 중첩적인가 하는 것은 채무인수계약에 나타난 당사자 의사의 해석에 관한 문제이다(대법원 1998.11.24, 98다33765). 따라서 채권자의 승낙이 없으면 면책적 채무인수의 효력도 없다.

③ (O) 면책적 채무인수라 함은 채무의 동일성을 유지하면서 이를 종래의 채무자로부터 제3자인 인수인에게 이전하는 것을 목적으로 하는 계약을 말하는바, 채무인수로 인하여 인수인은 종래의 채무자와 지위를 교체하여 새로이 당사자로서 채무관계에 들어서서 종래의 채무자와 동일한 채무를 부담하고 동시에 종래의 채무자는 채무관계에서 탈퇴하여 면책되는 것일 뿐 종래의 채무가 소멸하는 것이 아니므로, 채무인수로 종래의 채무가 소멸하였으니 저당권의 부종성으로 인하여 당연히 소멸한 채무를 담보하는 저당권도 소멸한다는 법리는 성립하지 않는다(대법원 1996.10.11, 96다27476).

④ (✕) 채무인수가 면책적인가 중첩적인가 하는 것은 채무인수계약에 나타난 당사자 의사의 해석에 관한 문제이고, 그 채무인수가 면책적 인수인지, 중첩적 인수인지가 분명하지 아니한 때에는 이를 중첩적으로 인수한 것으로 보아야 한다(대법원 2021.9.30, 2019다209345).

⑤ (✕) 부동산의 매수인이 매매목적물에 관한 채무를 인수하는 한편 그 채무액을 매매대금에서 공제하기로 약정한 경우, 그 인수는 특별한 사정이 없는 한 매도인을 면책시키는 채무인수가 아니라 이행인수로 보아야 하고, … (대법원 2013.9.12, 2012다20703).

정답 ③

069 □□□   ○ △ ✕

제3자를 위한 계약에 관한 설명으로 옳은 것을 모두 고른 것은? (다툼이 있으면 판례에 따름)

> ㄱ. 계약체결 당시에 수익자가 특정되어 있지 않으면 제3자를 위한 계약은 성립할 수 없다.
> ㄴ. 계약당사자가 제3자에 대하여 가진 채권에 관하여 그 채무를 면제하는 계약도 제3자를 위한 계약에 준하는 것으로 유효하다.
> ㄷ. 낙약자는 요약자와 수익자 사이의 법률관계에 기한 항변으로 수익자에게 대항하지 못한다.
> ㄹ. 낙약자가 채무를 불이행하는 경우, 수익자는 낙약자의 채무불이행을 이유로 계약을 해제할 수 있다.

① ㄱ, ㄴ   ② ㄴ, ㄷ   ③ ㄷ, ㄹ
④ ㄱ, ㄴ, ㄹ   ⑤ ㄴ, ㄷ, ㄹ

해설

ㄱ (✕) 제3자를 위한 계약에서 제3자는 처음부터 확정되어 있을 필요는 없고, 확정될 수 있으면 족하며, 현존하고 있어야만 하는 것도 아니다. 따라서 태아나 아직 성립하지 아니한 법인도 제3자가 될 수 있다.
[보충] 재단법인의 설립준비 중 제3자가 그 설립자에 대하여 장차 설립될 동 법인에 설립을 조건으로 하고 동 법인에 무상으로 재산출연할 것을 약정하였다던가 동 법인을 수익자로 하는 제3자를 위한 재산출연에 관한 계약을 하였을 경우에는 그 각 재산이 동 법인의 기부행위에 기재되지 아니하였다 할지라도 동 법인은 전자에 있어서는 그 설립과 동시에 당연히 후자에 있어서는 설립 후의 수익의 의사표시에 의하여 동 재산상의 권리를 취득하게 된다(대법원 1960.7.21, 4292민상773).

ㄴ (○) 제3자를 위한 계약이 성립하기 위하여는 일반적으로 그 계약의 당사자가 아닌 제3자로 하여금 직접 권리를 취득하게 하는 조항이 있어야 할 것이지만, 계약의 당사자가 제3자에 대하여 가진 채권에 관하여 그 채무를 면제하는 계약도 제3자를 위한 계약에 준하는 것으로서 유효하다(대법원 2004.9.3, 2002다37405).

ㄷ (○) 제3자를 위한 계약의 체결원인이 된 요약자와 제3자(수익자) 사이의 법률관계(이른바 대가관계)의 효력은 제3자를 위한 계약 자체는 물론 그에 기한 요약자와 낙약자 사이의 법률관계(이른바 기본관계)의 성립이나 효력에 영향을 미치지 아니하므로 낙약자는 요약자와 수익자 사이의 법률관계에 기한 항변으로 수익자에게 대항하지 못하고, 요약자도 대가관계의 부존재나 효력의 상실을 이유로 자신이 기본관계에 기하여 낙약자에게 부담하는 채무의 이행을 거부할 수 없다(대법원 2003.12.11, 2003다49771).

ㄹ (✕) 제3자를 위한 계약은 하나의 계약이고, 그 당사자는 요약자와 낙약자이다. 즉, 수익자는 계약당사자가 아니므로, 낙약자의 채무불이행을 이유로 계약을 해제할 수 없다.
[보충] 제3자를 위한 유상쌍무계약의 경우, 요약자는 낙약자의 채무불이행을 이유로 제3자의 동의 없이 계약을 해제할 수 있다(대법원 1970.2.24, 69다1410,1411).

정답 ②

070 □□□   ○ △ ✕

계약해제에 관한 설명으로 옳지 않은 것은? (다툼이 있으면 판례에 따름)

① 약정해제권 행사의 경우, 특별한 사정이 없는 한 그 해제의 효과로서 손해배상청구는 할 수 없다.
② 해제로 인해 소멸되는 계약상의 채권을 계약해제 이전에 양수한 자는 계약해제의 효과를 규정한 민법 제548조 제1항 단서에 의해 보호받는 제3자에 해당하지 않는다.
③ 이행지체로 계약이 해제된 경우, 원상회복의무의 이행으로 반환할 금전에는 그 받은 날로부터 이자를 가하여야 한다.
④ 이행거절로 인한 계약해제의 경우, 해제자는 상대방의 최고 및 동시이행관계에 있는 자기 채무의 이행을 제공할 필요가 없다.
⑤ 계약해제에 따른 원상회복으로 매매대금의 반환을 구하는 경우, 해제자가 해제원인의 일부를 제공하였다면 과실상계가 적용된다.

해설

① (○) 원·피고 사이의 계약조항상의 부수적 의무위반을 이유로 한 약정해제권의 행사의 경우에는 법정해제의 경우와는 달리 그 해제의 효과로서 손해배상의 청구는 할 수 없다 할 것이다(대법원 1983.1.18, 81다89,90).

② (○) 민법 제548조 제1항 단서에서 규정하고 있는 제3자란 일반적으로 계약이 해제되는 경우 그 해제된 계약으로부터 생긴 법률효과를 기초로 하여 해제 전에 새로운 이해관계를 가졌을 뿐 아니라 등기·인도 등으로 완전한 권리를 취득한 자를 말하고, 계약상의 채권을 양수한 자는 여기서 말하는 제3자에 해당하지 않는다고 할 것인바, … (대법원 2003.1.24, 2000다22850).

③ (○) 민법 제548조 제2항

> **제548조(해제의 효과, 원상회복의무)** ① 당사자 일방이 계약을 해제한 때에는 각 당사자는 그 상대방에 대하여 원상회복의 의무가 있다. 그러나 제삼자의 권리를 해하지 못한다.
> ② 전항의 경우에 반환할 금전에는 그 받은 날로부터 이자를 가하여야 한다.

④ (○) 이행거절로 인한 계약해제의 경우에는 채권자의 최고도 필요하지 않고 동시이행관계에 있는 자기 채무의 이행제공도 필요하지 않아, 이행지체를 이유로 한 계약해제와 비교할 때 계약해제의 요건이 완화되어 있으므로, 이행거절의사가 명백하고 종국적인 것으로 볼 수 있어야 한다(대법원 2021.7.15, 2018다214210).

⑤ (✕) 과실상계는 본래 채무불이행 또는 불법행위로 인한 손해배상책임에 대하여 인정되는 것이고, 매매계약이 해제되어 소급적으로 효력을 잃은 결과 매매당사자에게 당해 계약에 기한 급부가 없었던 것과 동일한 재산상태를 회복시키기 위한 원상회복의무의 이행으로서 이미 지급한 매매대금 기타의 급부의 반환을 구하는 경우에는 적용되지 아니한다(대법원 2014.3.13, 2013다34143).

정답 ⑤

甲은 자기 소유 부동산을 매매하는 사무를 乙에게 위임하였다. 이에 관한 설명으로 옳지 않은 것은? (다툼이 있으면 판례에 따름)

① 乙은 甲의 승낙이나 부득이한 사유 없이 제3자로 하여금 위임사무를 대신 처리하도록 할 수 없다.

② 乙은 甲의 청구가 있는 때에는 위임사무의 처리상황을 보고하고 위임이 종료한 때에는 지체 없이 그 전말을 보고하여야 한다.

③ 乙이 위임을 해지하여 甲이 손해를 입었더라도 乙은 손해배상의무를 부담하지 않는 것이 원칙이다.

④ 위임사무 처리에 비용을 요하는 경우, 乙은 위임사무를 완료한 후가 아니면 그 비용을 청구할 수 없다.

⑤ 甲또는 乙은 원칙적으로 언제든지 위임계약을 해지할 수 있다.

해설

① (O) 수임인(乙)은 위임인(甲)의 승낙이나 부득이한 사유 없이 제삼자로 하여금 자기에 갈음하여 위임사무를 처리하게 하지 못한다(민법 제682조 제1항).

② (O) 수임인(乙)은 위임인(甲)의 청구가 있는 때에는 위임사무의 처리상황을 보고하고 위임이 종료한 때에는 지체 없이 그 전말을 보고하여야 한다(동법 제683조).

③ (O) ⑤ (O) 위임계약은 각 당사자가 언제든지 해지할 수 있으므로, 乙이 위임을 해지하여 甲이 손해를 입었더라도 乙은 손해배상의무를 부담하지 아니하는 것이 원칙이다. 다만, 乙이 부득이한 사유 없이 甲의 불리한 시기에 계약을 해지한 때에는 그러하지 아니하다.

> **제689조(위임의 상호해지의 자유)** ① 위임계약은 각 당사자가 언제든지 해지할 수 있다.
> ② 당사자 일방이 부득이한 사유 없이 상대방의 불리한 시기에 계약을 해지한 때에는 그 손해를 배상하여야 한다.

④ (✕) 없다 → 있다(동법 제687조)

[보충] 위임사무의 완료 여부와 관계없이 그 비용을 청구할 수 있다.

> **제687조(수임인의 비용선급청구권)** 위임사무의 처리에 비용을 요하는 때에는 위임인은 수임인의 청구에 의하여 이를 선급하여야 한다.

정답 ④

乙이 甲 소유의 주택을 2년간 임차하는 계약을 甲과 체결하여 그 주택에 거주하는 경우에 관한 설명으로 옳지 않은 것은? (다툼이 있으면 판례에 따름)

① 특별한 사정이 없는 한 甲은 乙의 안전을 배려하거나 도난을 방지할 보호의무를 부담하지 않는다.

② 甲의 귀책사유로 임대차계약이 해지된 경우, 원칙적으로 乙은 원상회복의무를 부담하지 않는다.

③ 임대차계약 존속 중 주택에 사소한 파손이 생긴 경우, 乙의 사용·수익을 방해할 정도가 아니라면 특별한 사정이 없는 한 甲은 수선의무를 부담하지 않는다.

④ 원인불명의 화재로 주택이 소실된 경우, 乙이 이행불능으로 인한 손해배상책임을 면하려면 그 주택의 보존에 관하여 선량한 관리자의 주의의무를 다하였음을 증명하여야 한다.

⑤ 乙이 주택의 사용·편익을 위하여 甲의 동의를 얻어 주택에 부속한 물건이 있는 경우, 특별한 사정이 없는 한 임대차 종료 시에 甲에 대하여 그 부속물의 매수를 청구할 수 있다.

해설

① (O) 통상의 임대차관계에 있어서 임대인의 임차인에 대한 의무는 특별한 사정이 없는 한 단순히 임차인에게 임대목적물을 제공하여 임차인으로 하여금 이를 사용·수익하게 함에 그치는 것이고, 더 나아가 임차인의 안전을 배려하여 주거나 도난을 방지하는 등의 보호의무까지 부담한다고 볼 수 없을 뿐만 아니라 임대인이 임차인에게 임대목적물을 제공하여 그 의무를 이행한 경우 임대목적물은 임차인의 지배 아래 놓이게 되어 그 이후에는 임차인의 관리하에 임대목적물의 사용·수익이 이루어지는 것이다(대법원 1999.7.9. 99다10004).

② (✕) 임대차계약이 중도에 해지되어 종료하면 임차인(乙)은 목적물을 원상으로 회복하여 반환하여야 하는 것이고, 임대인(甲)의 귀책사유로 임대차계약이 해지되었다고 하더라도 임차인은 그로 인한 손해배상을 청구할 수 있음은 별론으로 하고 원상회복의무를 부담하지 않는다고 할 수는 없다(대법원 2002.12.6. 2002다42278). 따라서 乙은 원상회복의무를 부담한다.

③ (O) 임대차계약에서 임대인(甲)은 목적물을 계약존속 중 사용·수익에 필요한 상태를 유지할 의무를 부담하므로, 목적물에 파손 또는 장해가 생긴 경우 그것이 임차인(乙)이 별 비용을 들이지 아니하고도 손쉽게 고칠 수 있을 정도의 사소한 것이어서 임차인의 사용·수익을 방해할 정도의 것이 아니라면 임대인은 수선의무를 부담하지 않지만, 그것을 수선하지 아니하면 임차인이 계약에 의하여 정해진 목적에 따라 사용·수익할 수 없는 상태로 될 정도의 것이라면 임대인은 수선의무를 부담한다(대법원 2012.6.14. 2010다89876,89883).

④ (O) 임차건물이 화재로 소훼된 경우에 있어서 그 화재의 발생원인이 불명인 때에도 임차인(乙)이 그 책임을 면하려면 그 임차건물의 보존에 관하여 선량한 관리자의 주의의무를 다하였음을 입증하여야 하는 것이며, 이러한 법리는 임대차의 종료 당시 임차목적물 반환채무가 이행불능상태는 아니지만 반환된 임차건물이 화재로

인하여 훼손되었음을 이유로 손해배상을 구하는 경우에도 동일하게 적용되고, 나아가 그 임대차계약이 임대인(甲)의 수선의무 자체로 해지된 경우라도 마찬가지라 할 것이다(대법원 2010.4.29, 2009다96984).

[보충] … 이와 달리 위와 같은 임대인의 주장·증명이 없는 경우에도 임차인이 임차건물의 보존에 관하여 선량한 관리자의 주의의무를 다하였음을 증명하지 못하는 이상 임차 외 건물 부분에 대해서까지 채무불이행에 따른 손해배상책임을 지게 된다고 판단한 대법원 86다카1066 판결 등을 비롯하여 그와 같은 취지의 판결들은 이 판결의 견해에 배치되는 범위 내에서 이를 모두 변경하기로 한다(대법원 2017.5.18, 2012다86895,2012다86901 전원합의체).

⑤ (O) 민법 제646조

> 제646조(임차인의 부속물매수청구권) ① 건물 기타 공작물의 임차인이 그 사용의 편익을 위하여 임대인의 동의를 얻어 이에 부속한 물건이 있는 때에는 임대차의 종료 시에 임대인에 대하여 그 부속물의 매수를 청구할 수 있다.
> ② 임대인으로부터 매수한 부속물에 대하여도 전항과 같다.

정답 ②

073 □□□   O △ X

화해계약에 관한 설명으로 옳지 않은 것은? (다툼이 있으면 판례에 따름)

① 화해당사자의 자격에 관한 착오가 있는 경우에는 이를 이유로 취소하지 못한다.
② 화해계약은 특별한 사정이 없는 한, 당사자 일방이 양보한 권리가 소멸되고 상대방이 화해로 인하여 그 권리를 취득하는 효력이 있다.
③ 채권자와 채무자 간의 잔존채무액의 계산행위는 특별한 사정이 없는 한 화해계약이 아니다.
④ 화해계약이 사기로 인해 이루어진 경우에는 화해의 목적인 분쟁에 관한 사항에 착오가 있더라도 사기에 의한 의사표시를 이유로 이를 취소할 수 있다.
⑤ 성질상 당사자가 임의로 처분할 수 없는 법률관계는 화해계약의 대상이 될 수 없다.

해설

① (×) 화해계약은 착오를 이유로 하여 취소하지 못한다. 그러나 화해당사자의 자격 또는 화해의 목적인 분쟁 이외의 사항에 착오가 있는 때에는 그러하지 아니하다(민법 제733조).
② (O) 화해계약은 당사자 일방이 양보한 권리가 소멸되고 상대방이 화해로 인하여 그 권리를 취득하는 효력이 있다(동법 제732조).
③ (O) 채권자와 채무자 간의 잔존채무액의 계산행위는 다른 특별한 사정이 없는 한 채무자가 채권자에게 지급할 채무액을 새로이 확정하는 채권자와 채무자간의 화해계약이라고는 볼 수 없다(대법원 1984.3.13, 83다358).
④ (O) 민법 제733조의 규정에 의하면, 화해계약은 화해당사자의 자격 또는 화해의 목적인 분쟁 이외의 사항에 착오가 있는 경우를 제외하고는 착오를 이유로 취소하지 못하지만, 화해계약이 사기로

인하여 이루어진 경우에는 화해의 목적인 분쟁에 관한 사항에 착오가 있는 때에도 민법 제110조에 따라 이를 취소할 수 있다고 할 것이다(대법원 2008.9.11, 2008다15278).
⑤ (O) 화해의 성립조건인 분쟁이 있는 법률관계의 종류에는 제한이 없으나, 당사자가 임의로 처분할 수 없는 법률관계, 예를 들어 친족관계의 존부에 관하여는 화해의 효력이 미치지 아니한다.

정답 ①

074 □□□   O △ X

불법행위에 관한 설명으로 옳지 않은 것은? (다툼이 있으면 판례에 따름)

① 타인의 불법행위로 모체 내에서 사망한 태아는 불법행위로 인한 손해배상청구권을 갖지 못한다.
② 고의의 불법행위로 인한 손해배상청구권을 수동채권으로 하는 상계는 허용되지 않는다.
③ 불법행위에 의하여 재산권이 침해된 경우, 특별한 사정이 없는 한 그 재산적 손해의 배상에 의하여 정신적 고통도 회복된다고 볼 수 있다.
④ 공동불법행위자 1인에 대한 이행청구는 다른 공동불법행위자에 대하여 시효중단의 효력이 있다.
⑤ 책임능력 있는 미성년자가 불법행위책임을 지는 경우에 그 손해가 그 미성년자의 감독의무자의 의무위반과 상당인과관계가 있으면, 그 감독의무자도 일반불법행위책임을 진다.

해설

① (O) 태아가 특정한 권리에 있어서 이미 태어난 것으로 본다는 것은 살아서 출생한 때에 출생시기가 문제의 사건의 시기까지 소급하여 그 때에 태아가 출생한 것과 같이 법률상 보아 준다고 해석하여야 상당하므로 그가 모체와 같이 사망하여 출생의 기회를 못 가진 이상 배상청구권을 논할 여지없다(대법원 1976.9.14, 76다1365).
② (O) 채무가 고의의 불법행위로 인한 것인 때에는 그 채무자는 상계로 채권자에게 대항하지 못한다(민법 제496조).
③ (O) 일반적으로 타인의 불법행위로 인하여 재산권이 침해된 경우 재산적 손해의 배상만으로는 회복할 수 없는 정신적 손해가 있다는 특별한 사정이 없는 한 그 재산적 손해의 배상에 의하여 정신적 고통도 피복된다고 보아야 할 것이다(대법원 2007.10.11, 2006다14455).
④ (×) 부진정연대채무에 있어 채무자 1인에 대한 이행의 청구는 타 채무자에 대하여 그 효력이 미치지 않으므로, 하천구역으로 편입된 토지의 소유자가 서울특별시장에게 보상금지급 청구를 하였다 하더라도 부진정연대채무관계에 있는 국가에 대하여 시효중단의 효과가 발생한다고 할 수 없다(대법원 1997.9.12, 95다42027).
⑤ (O) 미성년자가 책임능력이 있어 스스로 불법행위책임을 지는 경우에도 그 손해가 미성년자의 감독의무자의 의무위반과 상당인과관계가 있으면 감독의무자는 민법 제750조에 따라 일반불법행위자로서 손해배상책임이 있다(대법원 2022.4.14, 2020다240021).

정답 ④

부당이득에 관한 설명으로 옳은 것은? (다툼이 있으면 판례에 따름)

① 채무자가 채무 없음을 알고 임의로 변제한 경우, 그 반환을 청구할 수 있다.

② 선의의 수익자가 패소한 때에는 패소 시부터 악의의 수익자로 본다.

③ 불법원인급여로 인해 반환을 청구하지 못하는 이익은 종국적인 것임을 요하지 않는다.

④ 제한능력을 이유로 법률행위를 취소하는 경우, 악의의 제한능력자는 그 행위로 인하여 받은 이익 전부를 상환하여야 한다.

⑤ 수익자가 법률상 원인 없이 이득한 재산을 처분함으로 인하여 원물반환이 불가능한 경우, 반환하여야 할 가액은 특별한 사정이 없는 한 그 처분 당시의 대가이다.

해설

① (✕) 있다 → 없다(민법 제742조)

> **제742조(비채변제)** 채무 없음을 알고 이를 변제한 때에는 그 반환을 청구하지 못한다.

② (✕) 패소 시 → 그 소를 제기한 때(동법 제749조 제2항)

> **제749조(수익자의 악의인정)** ② 선의의 수익자가 패소한 때에는 그 소를 제기한 때부터 악의의 수익자로 본다.

③ (✕) 민법 제746조에서 불법의 원인으로 인하여 급여함으로써 그 반환을 청구하지 못하는 이익은 종국적인 것을 말한다(대법원 1995. 8.11, 94다54108).

④ (✕) 이익 전부를 → 이익이 현존하는 한도에서(동법 제141조 단서)

> **제141조(취소의 효과)** 취소된 법률행위는 처음부터 무효인 것으로 본다. 다만, 제한능력자는 그 행위로 인하여 받은 이익이 현존하는 한도에서 상환(償還)할 책임이 있다.

⑤ (○) 일반적으로 수익자가 법률상 원인 없이 이득한 재산을 처분함으로 인하여 원물반환이 불가능한 경우에 있어서 반환하여야 할 가액은 특별한 사정이 없는 한 그 처분 당시의 대가이나, 이 경우에 수익자가 그 법률상 원인 없는 이득을 얻기 위하여 지출한 비용은 수익자가 반환하여야 할 이득의 범위에서 공제되어야 하고, 수익자가 자신의 노력 등으로 부당이득한 재산을 이용하여 남긴 이른바 운용이익도 그것이 사회통념상 수익자의 행위가 개입되지 아니하였더라도 부당이득된 재산으로부터 손실자가 당연히 취득하였으리라고 생각되는 범위 내의 것이 아닌 한 수익자가 반환하여야 할 이득의 범위에서 공제되어야 한다(대법원 1995.5.12, 94다25551).

정답 ⑤

민법

051 ☐☐☐ ○△×

신의성실의 원칙에 관한 설명으로 옳은 것은? (다툼이 있으면 판례에 따름)

① 인지청구권의 포기는 허용되지 않지만, 인지청구권에는 실효의 법리가 적용될 수 있다.

② 임대차계약 당사자가 차임을 증액하지 않기로 약정한 경우, 사정변경의 원칙에 따라 차임을 증액할 수 없다.

③ 신의성실의 원칙에 반한다는 것을 당사자가 주장하지 않더라도 법원은 직권으로 판단할 수 있다.

④ 취득시효 완성 후 그 사실을 모르고 권리를 주장하지 않기로 하였다가 후에 시효주장을 하는 것은 특별한 사정이 없는 한 신의칙상 허용된다.

⑤ 강행법규를 위반한 약정을 한 사람이 스스로 그 약정의 무효를 주장하는 것은 신의칙상 허용되지 않는다.

해설

① (×) 인지청구권은 본인의 일신전속적인 신분관계상의 권리로서 포기할 수도 없으며 포기하였더라도 그 효력이 발생할 수 없는 것이고, 이와 같이 인지청구권의 포기가 허용되지 않는 이상 거기에 실효의 법리가 적용될 여지도 없다(대법원 2001.11.27, 2001므1353).

② (×) 임대차계약에 있어서 차임불증액의 특약이 있더라도 그 약정 후 그 특약을 그대로 유지시키는 것이 신의칙에 반한다고 인정될 정도의 사정변경이 있다고 보여지는 경우에는 형평의 원칙상 임대인에게 차임증액청구를 인정하여야 한다(대법원 1996.11.12, 96다34061).

③ (○) 신의성실 또는 권리남용 금지원칙의 적용은 강행규정에 관한 것으로서 당사자의 주장이 없더라도 법원이 그 위반 여부를 직권으로 판단할 수 있으므로, 집단적 동의권의 남용에 해당하는지에 대하여도 법원은 직권으로 판단할 수 있다(대법원 2023.5.11, 2017다35588,2017다35595 전원합의체).

④ (×) 취득시효 완성 후에 그 사실을 모르고 당해 토지에 관하여 어떠한 권리도 주장하지 않기로 하였다 하더라도 이에 반하여 시효주장을 하는 것은 특별한 사정이 없는 한 신의칙상 허용되지 않는다(대법원 1998.5.22, 96다24101).

⑤ (×) 강행법규를 위반한 자가 스스로 그 약정의 무효를 주장하는 것이 신의칙에 위배되는 권리의 행사라는 이유로 그 주장을 배척한다면, 이는 오히려 강행법규에 의하여 배제하려는 결과를 실현시키는 셈이 되어 입법 취지를 완전히 몰각하게 되므로, 달리 특별한 사정이 없는 한 위와 같은 주장이 권리남용에 해당되거나 신의성실 원칙에 반한다고 할 수 없다(대법원 2018.10.25, 2015다37382).

정답 ③

052 ☐☐☐ ○△×

제한능력자에 관한 설명으로 옳지 않은 것은?

① 미성년자가 법정대리인으로부터 허락을 얻은 특정한 영업에 관하여는 성년자와 동일한 행위능력이 있다.

② 가정법원은 성년후견개시의 심판을 할 때 본인의 의사를 고려하여야 한다.

③ 특정후견은 본인의 의사에 반하여 할 수 없다.

④ 가정법원이 피성년후견인에 대하여 한정후견개시의 심판을 할 때에는 종전의 성년후견의 종료심판을 한다.

⑤ 가정법원은 질병, 장애, 노령, 그 밖의 사유로 인한 정신적 제약으로 사무를 처리할 능력이 부족한 사람에 대하여 일정한 자의 청구로 성년후견개시의 심판을 한다.

해설

① (○) 민법 제8조 제1항

② (○) 동법 제9조 제2항

③ (○) 동법 제14조의2 제2항

④ (○) 가정법원이 피성년후견인 또는 피특정후견인에 대하여 한정후견개시의 심판을 할 때에는 종전의 성년후견 또는 특정후견의 종료심판을 한다(동법 제14조의3 제2항).

⑤ (×) 성년후견 → 한정후견(동법 제12조 제1항)

> **제9조(성년후견개시의 심판)** ① 가정법원은 질병, 장애, 노령, 그 밖의 사유로 인한 정신적 제약으로 사무를 처리할 능력이 지속적으로 결여된 사람에 대하여 본인, 배우자, 4촌 이내의 친족, 미성년후견인, 미성년후견감독인, 한정후견인, 한정후견감독인, 특정후견인, 특정후견감독인, 검사 또는 지방자치단체의 장의 청구에 의하여 성년후견개시의 심판을 한다.
>
> **제12조(한정후견개시의 심판)** ① 가정법원은 질병, 장애, 노령, 그 밖의 사유로 인한 정신적 제약으로 사무를 처리할 능력이 부족한 사람에 대하여 본인, 배우자, 4촌 이내의 친족, 미성년후견인, 미성년후견감독인, 성년후견인, 성년후견감독인, 특정후견인, 특정후견감독인, 검사 또는 지방자치단체의 장의 청구에 의하여 한정후견개시의 심판을 한다.

정답 ⑤

053 ☐☐☐   ○ △ ✕

부재자 재산관리인에 관한 설명으로 옳지 않은 것은? (다툼이 있으면 판례에 따름)

① 부재자가 재산관리인을 정한 경우에 부재자의 생사가 분명하지 않은 때에는 법원은 재산관리인을 개임할 수 있다.

② 법원은 재산관리인의 과거의 처분행위를 추인하는 허가도 할 수 있다.

③ 법원이 선임한 재산관리인의 권한은 부재자가 사망하면 선임결정이 취소되지 않더라도 소멸한다.

④ 법원이 선임한 재산관리인은 관리할 재산목록을 작성하여야 한다.

⑤ 부재자의 생사가 분명하지 않은 경우, 법원은 부재자가 정한 재산관리인에게 재산의 관리 및 반환에 관하여 상당한 담보를 제공하게 할 수 있다.

해설

① (○) 부재자가 재산관리인을 정한 경우에 부재자의 생사가 분명하지 아니한 때에는 법원은 재산관리인, 이해관계인 또는 검사의 청구에 의하여 재산관리인을 개임할 수 있다(민법 제23조).

② (○) 부재자 재산관리인에 의한 부재자 소유의 부동산매매행위에 대한 법원의 허가결정은 그 허가를 받은 재산에 대한 장래의 처분행위뿐만 아니라 기왕의 매매를 추인하는 방법으로도 할 수 있는 것이다(대법원 2000.12.26, 99다19278).

③ (✕) 사망한 것으로 간주된 자가 그 이전에 생사불명의 부재자로서 그 재산관리에 관하여 법원으로부터 재산관리인이 선임되어 있었다면 재산관리인은 그 부재자의 사망을 확인했다고 하더라도 선임결정이 취소되지 아니하는 한 계속하여 권한을 행사할 수 있다 할 것이므로 재산관리인에 대한 선임결정이 취소되기 전에 재산관리인의 처분행위에 기하여 경료된 등기는 법원의 처분허가 등 모든 절차를 거쳐 적법하게 경료된 것으로 추정된다(대법원 1991.11.26, 91다11810).

④ (○) 동법 제24조 제1항

⑤ (○) 법원은 그 선임한 재산관리인으로 하여금 재산의 관리 및 반환에 관하여 상당한 담보를 제공하게 할 수 있다(동법 제26조 제1항).

정답 ③

054 ☐☐☐   ○ △ ✕

권리의 객체에 관한 설명으로 옳지 않은 것은? (다툼이 있으면 판례에 따름)

① 주물 자체의 효용과 직접 관계없는 물건은 종물이 아니다.

② 주물에 설정된 저당권의 효력은 특별한 사정이 없으면 종물에 미친다.

③ 입목에 관한 법률에 의하여 입목등기를 한 수목의 집단은 토지와 별개의 부동산이다.

④ 종물은 주물의 처분에 따르므로, 당사자의 특약에 의하여 종물만을 별도로 처분할 수 없다.

⑤ 법정과실은 수취할 권리의 존속기간일수의 비율로 취득한다.

해설

① (○) 종물이 주물의 상용에 공한다 함은 사회관념상 계속하여 주물의 경제적 효용을 다하도록 작용하는 것을 말하므로, 일시적으로 어떤 물건의 효용을 돕거나, 주물의 상용에 공한다 할지라도 주물 그 자체의 효용과 직접 관계없는 물건은 종물이 아니다. **[보충]** 주물의 상용에 이바지한다 함은 주물 그 자체의 경제적 효용을 다하게 하는 것을 말하는 것으로서 주물의 소유자나 이용자의 사용에 공여되고 있더라도 주물 그 자체의 효용과 직접 관계가 없는 물건은 종물이 아니다(대법원 2000.11.2, 2000마3530).

② (○) 저당권의 효력은 저당부동산에 부합된 물건과 종물에 미친다. 그러나 법률에 특별한 규정 또는 설정행위에 다른 약정이 있으면 그러하지 아니하다(민법 제358조).

③ (○) 입목에관한법률에 따라 등기된 입목이나 명인방법을 갖춘 수목의 경우에는 독립하여 거래의 객체가 되므로 토지평가에 포함되지 아니한다(대법원 1998.10.28, 98마1817).

④ (✕) 종물은 주물의 처분에 수반된다는 민법 제100조 제2항은 임의규정이므로, 당사자는 주물을 처분할 때에 특약으로 종물을 제외할 수 있고 종물만을 별도로 처분할 수도 있다(대법원 2012.1.26, 2009다76546).

⑤ (○) 동법 제102조 제2항

정답 ④

055 ☐☐☐   ○ △ ✕

민법상 법인에 관한 설명으로 옳지 않은 것은?

① 법인은 이사를 두어야 한다.

② 사단법인의 사원의 지위는 양도 또는 상속할 수 없다.

③ 법인은 정관 또는 총회의 결의로 감사를 둘 수 있다.

④ 주무관청은 이해관계인의 청구에 의하여 임시이사를 선임할 수 있다.

⑤ 이사의 대표권에 대한 제한은 등기하지 않으면 제3자에게 대항하지 못한다.

해설

① (○) 민법 제57조

② (○) 동법 제56조

③ (○) 동법 제66조

④ (×) 주무관청 → 법원, 선임할 수 있다 → 선임하여야 한다(동법 제63조)

> **제63조(임시이사의 선임)** 이사가 없거나 결원이 있는 경우에 이로 인하여 손해가 생길 염려 있는 때에는 법원은 이해관계인이나 검사의 청구에 의하여 임시이사를 선임하여야 한다.

⑤ (○) 동법 제60조

정답 ④

---

056 □□□   ○ △ ×

민법 제104조의 불공정한 법률행위에 관한 설명으로 옳은 것은? (다툼이 있으면 판례에 따름)

① '무경험'이란 일반적인 생활체험의 부족이 아니라 어느 특정영역에서의 경험부족을 의미한다.

② 급부와 반대급부 사이의 '현저한 불균형'은 당사자의 주관적 가치가 아닌 거래상의 객관적 가치에 의하여 판단한다.

③ '궁박'에는 정신적 또는 심리적 원인에 기인한 것은 포함되지 않는다.

④ 불공정한 법률행위가 성립하기 위해서는 피해자에게 궁박, 경솔, 무경험 요건이 모두 구비되어야 한다.

⑤ 법률행위가 현저하게 공정을 잃은 경우, 그 행위는 궁박, 경솔, 무경험으로 이루어진 것으로 추정된다.

해설

① (×) '무경험'이라 함은 일반적인 생활체험의 부족을 의미하는 것으로서 어느 특정영역에 있어서의 경험부족이 아니라 거래일반에 대한 경험부족을 뜻하고, … (대법원 2010.9.30, 2009다76195, 76201).

② (○) 통설에 따르면, 불공정한 법률행위가 되기 위하여는 급부와 반대급부 사이에 현저한 불균형이 있어야 하고, 현저한 불균형이 있는지 여부는 당사자의 주관적 가치가 아닌 객관적 가치로써 법률행위 시를 기준으로 판단하여야 한다. 판례도 이와 같다.

[보충] 어떠한 법률행위가 불공정한 법률행위에 해당하는지는 법률행위 시를 기준으로 판단하여야 한다(대법원 2013.9.26, 2011다53683,53690 전원합의체).

③ (×) ④ (×) 불공정한 법률행위가 성립하기 위한 요건인 궁박, 경솔, 무경험은 모두 구비되어야 하는 요건이 아니라 그중 일부만 갖추어져도 충분한데, 여기에서 … '무경험'이라 함은 일반적인 생활체험의 부족을 의미하는 것으로서 어느 특정영역에 있어서의 경험부족이 아니라 거래일반에 대한 경험부족을 뜻하고, … (대법원 2010.9.30, 2009다76195,76201).

⑤ (×) 민법 제104조에 의하여 법률행위의 무효를 주장하려면 주장하는 측에서 현저하게 공정을 잃은 그 법률행위가 궁박, 경솔 또는 무경험으로 인하였다는 점과 상대방이 그 사정을 알고 이를 이용하여서 그 법률행위가 이루어지게 되었다는 점을 주장, 입증하여야 할 것이고, 그 법률행위가 현저하게 공정을 잃었다고 하여 곧

그것이 궁박, 경솔 또는 무경험으로 이루어진 것이라고 추정되는 것이 아니다(대법원 1977.12.13, 76다2179).

정답 ②

---

057 □□□   ○ △ ×

착오에 관한 설명으로 옳지 않은 것은? (다툼이 있으면 판례에 따름)

① 대리인에 의한 의사표시의 경우, 착오의 유무는 대리인을 표준으로 결정한다.

② 소송대리인의 사무원의 착오로 소를 취하한 경우, 착오를 이유로 취소하지 못한다.

③ 매도인이 매매계약을 적법하게 해제한 후 매수인은 착오를 이유로 매매계약을 취소할 수 없다.

④ 상대방이 착오자의 진의에 동의한 것으로 인정될 때에는 계약의 취소가 허용되지 않는다.

⑤ 착오가 표의자의 중대한 과실로 인한 것이더라도 상대방이 표의자의 착오를 알고 이를 이용한 경우에 표의자는 의사표시를 취소할 수 있다.

해설

① (○) 의사표시의 효력이 의사의 흠결, 사기, 강박 또는 어느 사정을 알았거나 과실로 알지 못한 것으로 인하여 영향을 받을 경우에 그 사실의 유무는 대리인을 표준하여 결정한다(민법 제116조 제1항).

② (○) 원고 소송대리인으로부터 소송대리인 사임신고서 제출을 지시받은 사무원은 원고 소송대리인의 표시기관에 해당되어 그의 착오는 원고 소송대리인의 착오라고 보아야 하므로, 사무원의 착오로 원고 소송대리인의 의사에 반하여 소를 취하하였다고 하여도 이를 무효라고 볼 수는 없다(대법원 1997.10.24, 95다11740).

③ (×) 매도인이 매수인의 중도금지급채무 불이행을 이유로 매매계약을 적법하게 해제한 후라도 매수인으로서는 상대방이 한 계약해제의 효과로서 발생하는 손해배상책임을 지거나 매매계약에 따른 계약금의 반환을 받을 수 없는 불이익을 면하기 위하여 착오를 이유로 한 취소권을 행사하여 매매계약 전체를 무효로 돌리게 할 수 있다(대법원 1996.12.6, 95다24982,24999).

④ (○) 상대방이 착오자의 진의에 동의함으로써 서로 내심의 의사가 일치되었으므로, 오표시 무해의 원칙에 따라 위 계약의 취소는 허용되지 아니한다.

⑤ (○) 민법 제109조 제1항은 법률행위 내용의 중요부분에 착오가 있는 때에는 그 의사표시를 취소할 수 있다고 규정하면서 같은 항 단서에서 그 착오가 표의자의 중대한 과실로 인한 때에는 취소하지 못한다고 규정하고 있다. 여기서 '중대한 과실'이란 표의자의 직업, 행위의 종류, 목적 등에 비추어 보통 요구되는 주의를 현저히 결여한 것을 의미한다. 한편 위 단서 규정은 표의자의 상대방의 이익을 보호하기 위한 것이므로, 상대방이 표의자의 착오를 알고 이를 이용한 경우에는 착오가 표의자의 중대한 과실로 인한 것이라고 하더라도 표의자는 의사표시를 취소할 수 있다(대법원 2023.4.27, 2017다227264).

정답 ③

058 □□□   ○ △ ✕

대리에 관한 설명으로 옳은 것을 모두 고른 것은? (다툼이 있으면 판례에 따름)

> ㄱ. 복대리인은 본인이나 제3자에 대하여 대리인과 동일한 권리의무가 있다.
> ㄴ. 대리행위가 강행법규에 위반하는 경우에는 표현대리의 법리가 적용되지 않는다.
> ㄷ. 친권자가 자신의 부동산을 미성년 자녀에게 증여하는 행위는 자기계약이지만 유효하다.
> ㄹ. 대리인이 그 권한 내에서 본인을 위한 것임을 표시한 의사표시는 직접 본인에게 대하여 효력이 생긴다.

① ㄱ, ㄴ   ② ㄷ, ㄹ   ③ ㄱ, ㄴ, ㄷ
④ ㄴ, ㄷ, ㄹ   ⑤ ㄱ, ㄴ, ㄷ, ㄹ

해설

ㄱ (○) 민법 제124조 제2항
ㄴ (○) 계약체결의 요건을 규정하고 있는 강행법규에 위반한 계약은 무효이므로 그 경우에 계약상대방이 선의 · 무과실이라 하더라도 민법 제107조의 비진의표시의 법리 또는 표현대리(의) 법리가 적용될 여지는 없다(대법원 2016.5.12, 2013다49381).
ㄷ (○) 법정대리인인 친권자가 부동산을 매수하여 이를 그 자에게 증여하는 행위는 미성년인 자에게 이익만을 주는 행위이므로 친권자와 자 사이의 이해상반행위에 속하지 아니하고, 또 자기계약이지만 유효하다(대법원 1981.10.13, 81다649).
ㄹ (○) 동법 제114조 제1항

정답 ⑤

059 □□□   ○ △ ✕

무권대리행위의 추인에 관한 설명으로 옳지 않은 것은? (다툼이 있으면 판례에 따름)

① 추인은 제3자의 권리를 해하지 않는 한, 다른 의사표시가 없으면 계약 시에 소급하여 그 효력이 생긴다.
② 무권대리행위의 일부에 대한 추인은 상대방의 동의를 얻지 못하는 한 무효이다.
③ 추인은 무권대리행위로 인한 권리 또는 법률관계의 승계인에게도 할 수 있다.
④ 본인이 무권대리인에게 추인한 경우, 상대방은 추인이 있었음을 주장할 수 있다.
⑤ 무권대리행위가 범죄가 되는 경우에 본인이 그 사실을 알고도 장기간 형사고소를 하지 않는 것만으로 묵시적 추인이 된다.

해설

① (○) 추인은 다른 의사표시가 없는 때에는 계약 시에 소급하여 그 효력이 생긴다. 그러나 제삼자의 권리를 해하지 못한다(민법 제133조).

② (○) 무권대리행위의 추인은 무권대리인에 의하여 행하여진 불확정한 행위에 관하여 그 행위의 효과를 자기에게 직접 발생케 하는 것을 목적으로 하는 의사표시이며, 무권대리인 또는 상대방의 동의나 승락을 요하지 않는 단독행위로서 추인은 의사표시의 전부에 대하여 행하여져야 하고, 그 일부에 대하여 추인을 하거나 그 내용을 변경하여 추인을 하였을 경우에는 상대방의 동의를 얻지 못하는 한 무효이다(대법원 1982.1.26, 81다카549).
③ (○) 무권대리행위의 추인에 특별한 방식이 요구되는 것은 아니므로 명시적인 방법만이 아니라 묵시적인 방법으로도 할 수 있고, 무권대리인이나 무권대리행위의 상대방에 대하여도 할 수 있다(대법원 2023.12.28, 2023다272807).
[보충] 여기 상대방이라 함은 무권대리행위의 직접 상대당사자뿐만이 아니라 그 무권대리행위로 인한 권리 또는 법률관계의 승계인도 포함된다고 해석된다(대법원 1981.4.14, 80다2314).
④ (○) 무권대리인에게 추인하는 경우, 상대방이 추인이 있었음을 알지 못하는 때에는 그 추인의 효과를 주장하지 못하므로, 상대방은 민법 제134조에 따라 철회할 수 있다. 이때 상대방이 추인이 있었음을 주장하는 것은 제한 없이 가능하다.

> **제132조(추인, 거절의 상대방)** 추인 또는 거절의 의사표시는 상대방에 대하여 하지 아니하면 그 상대방에 대항하지 못한다. 그러나 상대방이 그 사실을 안 때에는 그러하지 아니하다.
> **제134조(상대방의 철회권)** 대리권 없는 자가 한 계약은 본인의 추인이 있을 때까지 상대방은 본인이나 그 대리인에 대하여 이를 철회할 수 있다. 그러나 계약 당시에 상대방이 대리권 없음을 안 때에는 그러하지 아니하다.

⑤ (✕) 무권대리행위가 범죄가 되는 경우에 대하여 그 사실을 알고도 장기간 형사고소를 하지 아니하였다 하더라도 그 사실만으로 묵시적인 추인이 있었다고 할 수는 없는바, 권한 없이 기명날인을 대행하는 방식에 의하여 약속어음을 위조한 경우에 피위조자가 이를 묵시적으로 추인하였다고 인정하려면 추인의 의사가 표시되었다고 볼 만한 사유가 있어야 한다(대법원 1998.2.10, 97다31113).

정답 ⑤

060 □□□   ○ △ ✕

법률행위의 조건에 관한 설명으로 옳지 않은 것은? (다툼이 있으면 판례에 따름)

① 정지조건이 법률행위 당시 이미 성취된 경우에는 그 법률행위는 무효이다.
② 해제조건 있는 법률행위는 조건이 성취한 때로부터 그 효력을 잃는다.
③ 조건의 성취가 미정한 권리의무는 일반규정에 의하여 처분, 상속, 보존 또는 담보로 할 수 있다.
④ 당사자가 합의한 경우에는 조건성취의 효력을 소급시킬 수 있다.
⑤ 정지조건부 법률행위에서 조건성취의 사실은 권리를 취득하는 자가 증명책임을 진다.

해설

① (✕) 그 법률행위는 무효이다 → 조건 없는 법률행위로 한다(민법

제151조 제2항)

> **제151조(불법조건, 기성조건)** ② 조건이 법률행위의 당시 이미 성취한 것인 경우에는 그 조건이 정지조건이면 조건 없는 법률행위로 하고 해제조건이면 그 법률행위는 무효로 한다.

② (O) 동법 제147조 제2항
③ (O) 동법 제149조
④ (O) 당사자가 조건성취의 효력을 그 성취 전에 소급하게 할 의사를 표시한 때에는 그 의사에 의한다(동법 제147조 제3항).
⑤ (O) 정지조건부 법률행위에서 조건이 성취되었다는 사실은 그 조건 성취로 권리를 취득하고자 하는 측이 증명하여야 한다(대법원 2023.12.21, 2023다278980).

정답 ①

---

061 ☐☐☐   ○ △ ✕

사용자 甲이 의사능력이 없는 상태에서 乙과 근로계약을 체결하였다. 이에 관한 설명으로 옳은 것은? (다툼이 있으면 판례에 따름)

① 甲은 乙과의 근로계약을 취소할 수 있다.
② 甲이 의사무능력 상태에서 乙과의 근로계약을 추인하더라도 그 계약은 무효이다.
③ 甲이 의사능력을 회복한 후에 추인하면, 다른 약정이 없더라도 그 근로계약은 소급하여 유효하다.
④ 甲과 乙의 근로계약은 추인 여부와 상관없이 甲이 의사능력을 회복한 때로부터 유효하다.
⑤ 甲이 의사능력을 회복한 후에 상당한 기간 내에 취소하지 않으면 근로계약은 유효하다.

해설
① (✕) 의사무능력자의 법률행위는 법률상 효력이 없어 무효이고, 무효인 법률행위는 취소할 수 없다.
② (O) 의사무능력자 상태에서는 추인이 불가능하므로, 그 계약은 여전히 무효이다.
③ (✕) 무효인 법률행위는 추인하여도 그 효력이 생기지 아니하므로, 그 근로계약은 여전히 무효이다.

> **제139조(무효행위의 추인)** 무효인 법률행위는 추인하여도 그 효력이 생기지 아니한다. 그러나 당사자가 그 무효임을 알고 추인한 때에는 새로운 법률행위로 본다.

④ (✕) ⑤ (✕) 위 근로계약은 의사무능력자의 법률행위로서 절대적 무효이다.

정답 ②

---

062 ☐☐☐   ○ △ ✕

소멸시효에 관한 설명으로 옳지 않은 것은? (다툼이 있으면 판례에 따름)

① 주채무자가 소멸시효이익을 포기하면, 보증인에게도 그 효력이 미친다.
② 소멸시효의 기간만료 전 6개월 내에 제한능력자에게 법정대리인이 없는 경우에는 그가 능력자가 되거나 법정대리인이 취임한 때부터 6개월 내에는 시효가 완성되지 않는다.
③ 시효중단의 효력 있는 승인에는 상대방의 권리에 관한 처분의 능력이나 권한 있음을 요하지 않는다.
④ 채무자가 제기한 소에 채권자인 피고가 응소하여 권리를 주장하였으나, 그 소가 각하된 경우에 6개월 이내에 재판상 청구를 하면 응소 시에 소급하여 시효중단의 효력이 있다.
⑤ 당사자가 주장하는 소멸시효 기산일이 본래의 기산일보다 뒤의 날짜인 경우에는 당사자가 주장하는 기산일을 기준으로 소멸시효를 계산하여야 한다.

해설
① (✕) 주채무가 시효로 소멸한 때에는 보증인도 그 시효소멸을 원용할 수 있으며, 주채무자가 시효의 이익을 포기하더라도 보증인에게는 그 효력이 없다(대법원 1991.1.29, 89다카1114).
② (O) 민법 제179조
③ (O) 동법 제177조
④ (O) 권리자인 피고가 응소하여 권리를 주장하였으나 그 소가 각하되거나 취하되는 등의 사유로 본안에서 그 권리주장에 관한 판단 없이 소송이 종료된 경우에도 민법 제170조 제2항을 유추적용하여 그때부터 6월 내에 재판상의 청구 등 다른 시효중단조치를 취하면 응소 시에 소급하여 시효중단의 효력이 인정된다(대법원 2019.3.14, 2018두56435).
⑤ (O) 소멸시효의 기산일은 채권의 소멸이라고 하는 법률효과 발생의 요건에 해당하는 소멸시효기간 계산의 시발점으로서 시효소멸 항변의 법률요건을 구성하는 구체적인 사실에 해당하므로 이는 변론주의 적용대상이라 할 것이고, 따라서 본래의 소멸시효 기산일과 당사자가 주장하는 기산일이 서로 다른 경우에는 변론주의 원칙상 법원은 당사자가 주장하는 기산일을 기준으로 소멸시효를 계산하여야 하는데, 이는 당사자가 본래의 기산일보다 뒤의 날짜를 기산일로 하여 주장하는 경우는 물론이고, 특별한 사정이 없는 한 그 반대의 경우에 있어서도 마찬가지라고 보아야 할 것이다(대법원 2009.12.24, 2009다60244).

정답 ①

지명채권의 양도에 관한 설명으로 옳은 것은? (다툼이 있으면 판례에 따름)

① 채권양도의 대항요건인 채무자의 승낙에는 조건을 붙일 수 있다.

② 채권양도행위가 사해행위에 해당하지 않는 경우에도 양도통지가 별도로 채권자취소권 행사의 대상이 된다.

③ 근로자가 그 임금채권을 양도한 경우, 양수인은 사용자에 대하여 임금의 지급을 청구할 수 있다.

④ 채무자는 채권양도를 승낙한 후에도 양도인에 대한 채권을 새로 취득한 경우에 이를 가지고 양수인에 대하여 상계할 수 있다.

⑤ 채권양도에 대한 채무자의 승낙은 양도인에게 하여야 하며, 양수인에게 한 경우에는 효력이 없다.

해설

① (○) 지명채권의 양도의 대항요건인 채무자의 승낙은 채권양도의 사실을 채무자가 승인하는 의사를 표명하는 채무자의 행위라고 할 수 있는데, 채무자는 채권양도를 승낙하면서 조건을 붙여서 할 수 있다(대법원 2014.11.13, 2012다52526).

② (✕) 채권자취소권은 채무자가 채권자에 대한 책임재산을 감소시키는 행위를 한 경우 이를 취소하고 원상회복을 하여 공동담보를 보전하는 권리이고, 채권양도의 경우 권리이전의 효과는 원칙적으로 당사자 사이의 양도계약 체결과 동시에 발생하며 채무자에 대한 통지 등은 채무자를 보호하기 위한 대항요건일 뿐이므로, 채권양도행위가 사해행위에 해당하지 않는 경우에 양도통지가 따로 채권자취소권 행사의 대상이 될 수는 없다(대법원 2012.8.30, 2011다32785,32792).

③ (✕) 근로자가 그 임금채권을 양도한 경우라 할지라도 그 임금의 지급에 관하여는 근로기준법 제36조 제1항에 정한 임금 직접지급의 원칙이 적용되어 사용자는 직접 근로자에게 임금을 지급하지 아니하면 안 되고, 그 결과 비록 적법 유효한 양수인이라도 스스로 사용자에 대하여 임금의 지급을 청구할 수 없으며, 그러한 법리는 근로자로부터 임금채권을 양도받았거나 그의 추심을 위임받은 자가 사용자의 집행재산에 대하여 배당을 요구하는 경우에도 그대로 적용된다(대법원 1996.3.22, 95다2630).

④ (✕) 채무자는 채권양도를 승락한 후에 취득한 양도인에 대한 채권으로써 양수인에 대하여 상계로써 대항하지 못한다(대법원 1984.9.11, 83다카2288).

⑤ (✕) 지명채권 양도의 채무자에 대한 대항요건은 채무자에 대한 채권양도의 통지 또는 채무자의 승낙인데, 채권양도통지가 채무자에 대하여 이루어져야 하는 것과는 달리 채무자의 승낙은 양도인 또는 양수인 모두가 상대방이 될 수 있다(대법원 2011.6.30, 2011다8614).

정답 ①

이행지체책임의 발생시기에 관한 설명으로 옳지 않은 것은? (다툼이 있으면 판례에 따름)

① 지시채권의 경우, 기한이 도래한 후 소지인이 그 증서를 제시하여 이행을 청구한 때로부터 지체책임을 진다.

② 동시이행관계에 있는 채무는 상대방이 채무의 이행을 제공하지 않는 한, 이행기가 도래하여도 지체책임을 지지 않는다.

③ 불확정기한부 채무의 경우, 기한도래사실의 인식 여부를 불문하고 기한이 객관적으로 도래한 때로부터 지체책임을 진다.

④ 채무이행의 기한이 없는 경우, 채무자는 이행청구를 받은 때부터 지체책임을 진다.

⑤ 불법행위로 인한 손해배상채무는 원칙적으로 그 성립과 동시에 당연히 이행지체가 성립된다.

해설

① (○) 증서에 변제기한이 있는 경우에도 그 기한이 도래한 후에 소지인이 증서를 제시하여 이행을 청구한 때로부터 채무자는 지체책임이 있다(민법 제517조).

② (○) 쌍무계약에서 쌍방의 채무가 동시이행관계에 있는 경우 일방의 채무의 이행기가 도래하더라도 상대방 채무의 이행제공이 있을 때까지는 그 채무를 이행하지 않아도 이행지체의 책임을 지지 않는 것이며, … (대법원 2023.4.27, 2022다302497).

③ (✕) ④ (○) 기한도래사실의 인식 여부를 불문하고 기한이 객관적으로 → 채무자가 기한도래사실을 안(동법 제387조 제1항)

> **제387조(이행기와 이행지체)** ① 채무이행의 확정한 기한이 있는 경우에는 채무자는 기한이 도래한 때로부터 지체책임이 있다. 채무이행의 불확정한 기한이 있는 경우에는 채무자는 기한이 도래함을 안 때로부터 지체책임이 있다.
> ② 채무이행의 기한이 없는 경우에는 채무자는 이행청구를 받은 때로부터 지체책임이 있다.

⑤ (○) 불법행위로 인한 손해배상채무에 대하여는 원칙적으로 별도의 이행최고가 없더라도 공평의 관념에 비추어 불법행위로 그 채무가 성립함과 동시에 지연손해금이 발생하는데, 구 외부감사법 제17조 제2항에 따른 손해배상책임의 경우 그 실질은 민법의 불법행위책임과 다르지 않으므로, 그 지연손해금의 발생시기에 대하여도 민법상 불법행위책임에 기한 손해배상채무의 경우와 달리 볼 것은 아니다(대법원 2022.11.30, 2017다841,2017다858).

정답 ③

손해배상액의 예정에 관한 설명으로 옳은 것은? (다툼이 있으면 판례에 따름)

① 특별손해는 예정액을 초과하더라도 원칙적으로 청구할 수 있다.

② 계약체결 시 손해배상액 예정을 한 경우, 그 예정은 그 계약과 관련된 불법행위로 인한 손해배상까지 예정한 것으로 볼 수 있다.

③ 손해배상 예정액이 부당하게 과다한 경우에는 법원은 당사자의 주장이 없더라도 직권으로 이를 감액할 수 있다.

④ 채권자가 예정된 손해배상액을 청구하기 위하여 손해배상액을 증명할 필요는 없으나, 적어도 손해의 발생은 증명하여야 한다.

⑤ 손해배상액 예정이 있어도 손해의 발생에 있어서 채권자의 과실이 있으면 공평의 원칙상 과실상계를 한다.

해설

① (✕) 계약 당시 손해배상액을 예정한 경우에는 다른 특약이 없는 한 채무불이행으로 인하여 입은 통상손해는 물론 특별손해까지도 예정액에 포함되고 채권자의 손해가 예정액을 초과한다 하더라도 초과부분을 따로 청구할 수 없다(대법원 2012.12.27, 2012다60954).

② (✕) 계약 당시 당사자 사이에 손해배상액을 예정하는 내용의 약정이 있는 경우에는 그것은 계약상의 채무불이행으로 인한 손해액에 관한 것이고 이를 그 계약과 관련된 불법행위상의 손해까지 예정한 것이라고는 볼 수 없다(대법원 1999.1.15, 98다48033).

③ (○) 민법 제398조 제2항은 손해배상의 예정액이 부당히 과다한 경우에는 법원이 이를 적당히 감액할 수 있다고 규정하고 있고, 금전채무의 불이행에 관하여 적용을 배제하지 않고 있다(대법원 2017.8.18, 2017다52265).

④ (✕) 채무불이행으로 인한 손해배상액이 예정되어 있는 경우에는 채권자는 채무불이행사실만 증명하면 손해의 발생 및 그 액을 증명하지 아니하고 예정배상액을 청구할 수 있고, 채무자는 채권자와 채무불이행에 있어 채무자의 귀책사유를 묻지 아니한다는 약정을 하지 아니한 이상 자신의 귀책사유가 없음을 주장·입증함으로써 예정배상액의 지급책임을 면할 수 있다(대법원 2007.12.27, 2006다9408).

⑤ (✕) 당사자 사이의 계약에서 채무자의 채무불이행으로 인한 손해배상액이 예정되어 있는 경우, 채무불이행으로 인한 손해의 발생 및 확대에 채권자에게도 과실이 있더라도 민법 제398조 제2항에 따라 채권자의 과실을 비롯하여 채무자가 계약을 위반한 경위 등 제반 사정을 참작하여 손해배상예정액을 감액할 수는 있을지언정 채권자의 과실을 들어 과실상계를 할 수는 없다(대법원 2016.6.10, 2014다200763,2014다200770).

정답 ③

甲은 乙에게 변제기가 도래한 1억 원의 금전채권을 가지고 있다. 乙은 현재 무자력상태에 있고, 丙에 대하여 변제기가 도래한 5,000만 원의 금전채권을 가지고 있다. 이에 관한 설명으로 옳지 않은 것은? (다툼이 있으면 판례에 따름)

① 乙이 반대하는 경우에도 甲은 丙에 대하여 채권자대위권을 행사할 수 있다.

② 甲이 채권자대위권을 행사하는 경우에 丙은 乙에 대해 가지는 모든 항변사유로써 甲에게 대항할 수 있다.

③ 甲은 丙에게 5,000만 원을 乙에게 이행할 것을 청구할 수 있을 뿐만 아니라, 직접 자기에게 이행할 것을 청구할 수 있다.

④ 甲이 丙으로부터 5,000만 원을 대위수령한 경우, 甲은 상계적상에 있는 때에는 상계함으로써 사실상 우선변제를 받을 수 있다.

⑤ 甲이 丙에게 채권자대위소송을 제기한 경우, 乙은 소송당사자가 아니므로 乙의 丙에 대한 채권은 소멸시효가 중단되지 않는다.

해설

① (○) 채권자대위권 행사는 채무자(乙)의 동의를 요건으로 하지 않고 채무자가 그 행사를 반대하는 경우에도 가능하다(대법원 2022.8.25, 2019다229202). 따라서 甲은 丙에 대하여 채권자대위권을 행사할 수 있다.

② (○) 채권자대위권은 채무자(乙)의 제3채무자(丙)에 대한 권리를 행사하는 것이므로, 제3채무자는 채무자에 대하여 가지는 모든 항변사유로써 채권자(甲)에게 대항할 수 있으나, 채권자는 채무자 자신이 주장할 수 있는 사유의 범위 내에서 주장할 수 있을 뿐, 자기와 제3채무자 사이의 독자적인 사정에 기한 사유를 주장할 수는 없다(대법원 2020.7.9, 2020다223781).

③ (○) 채권자(甲)가 자기의 금전채권을 보전하기 위하여 채무자(乙)의 금전채권을 대위행사하는 경우 제3채무자(丙)로 하여금 채무자에게 지급의무를 이행하도록 청구할 수도 있지만, 직접 대위채권자 자신에게 이행하도록 청구할 수도 있다(대법원 2016.8.29, 2015다236547).

④ (○) 乙의 丙에 대한 채권이 금전채권이고, 甲의 乙에 대한 채권도 금전채권이며, 두 채권 모두 변제기에 있으므로, 상계적상이 인정된다. 따라서 甲은 상계함으로써 사실상 우선변제를 받을 수 있다.

⑤ (✕) 채권자대위권 행사의 효과는 채무자(乙)에게 귀속되는 것이므로 채권자대위소송의 제기로 인한 소멸시효 중단의 효과 역시 채무자에게 생긴다(대법원 2021.12.10, 2019다239988). 즉, 乙의 丙에 대한 채권은 소멸시효가 중단된다.

정답 ⑤

67 ☐☐☐　　　　　　　　　○ △ ✕

상계에 관한 설명으로 옳지 않은 것은? (다툼이 있으면 판례에 따름)

① 채무의 이행지가 서로 다른 채권은 상계할 수 없다.
② 지급을 금지하는 명령을 받은 제3채무자는 그 후에 취득한 채권에 의한 상계로 그 명령을 신청한 채권자에게 대항하지 못한다.
③ 채권이 압류하지 못할 것인 때에는 그 채무자는 상계로 채권자에게 대항하지 못한다.
④ 소멸시효가 완성된 채권이 그 완성 전에 상계할 수 있었던 것이면 채권자는 상계할 수 있다.
⑤ 쌍방의 채무가 상계적상에 있었으나 상계 의사표시를 않는 동안에 일방의 채무가 변제로 소멸한 후에는 상계할 수 없다.

해설

① (✕) 없다 → 있다(민법 제494조)
[보충] 같은 종류의 채권이기만 하면 채권액의 동일 여부, 채권액의 확정 여부, 이행지의 동일 여부, 채권의 발생원인 등은 묻지 아니한다.

> **제494조(이행지를 달리하는 채무의 상계)** 각 채무의 이행지가 다른 경우에도 상계할 수 있다. 그러나 상계하는 당사자는 상대방에게 상계로 인한 손해를 배상하여야 한다.

② (○) 동법 제498조
③ (○) 동법 제497조
④ (○) 동법 제495조
⑤ (○) 쌍방의 채무가 상계적상에 있었는데, 채무자가 그 수동채권에 관하여 상계 의사표시를 않고 그것이 변제 등의 사유로 소멸한 경우에는 이를 수동채권으로 하여 상계할 수 없다(대법원 1979.8.28, 79다1077).

정답 ①

68 ☐☐☐　　　　　　　　　○ △ ✕

부동산매매계약의 합의해제(해제계약)에 관한 설명으로 옳은 것은? (다툼이 있으면 판례에 따름)

① 합의해제는 당사자 쌍방의 묵시적 합의로 성립할 수 없다.
② 합의해제 시에 손해배상에 관한 특약 등을 하지 않았더라도 매도인은 채무불이행으로 인한 손해배상을 청구할 수 있다.
③ 합의해제의 소급효는 해제 전에 매매목적물에 대하여 저당권을 취득한 제3자에게 영향을 미친다.
④ 합의해제에 따른 매도인의 원상회복청구권은 소유권에 기한 물권적 청구권으로서 소멸시효의 대상이 되지 않는다.
⑤ 다른 약정이 없으면 합의해제로 인하여 반환할 금전에 그 받은 날로부터 이자를 가산하여야 할 의무가 있다.

해설

① (✕) 계약의 합의해제는 묵시적으로 이루어질 수도 있으나, 계약이 묵시적으로 합의해제되었다고 하려면 계약의 성립 후에 당사자 쌍방의 계약실현의사의 결여 또는 포기로 인하여 당사자 쌍방의 계약을 실현하지 아니할 의사가 일치되어야만 하고, 계약이 일부 이행된 경우에는 그 원상회복에 관하여도 의사가 일치되어야 할 것이다(대법원 2011.4.28, 2010다98412,98429).
② (✕) 계약이 합의에 따라 해제되거나 해지된 경우에는 상대방에게 손해배상을 하기로 특약하거나 손해배상청구를 유보하는 의사표시를 하는 등 다른 사정이 없는 한 채무불이행으로 인한 손해배상을 청구할 수 없다. 그와 같은 손해배상의 특약이 있었다거나 손해배상청구를 유보하였다는 점은 이를 주장하는 당사자가 증명할 책임이 있다(대법원 2021.5.7, 2017다220416).
③ (✕) 계약의 합의해제에 있어서도 민법 제548조의 계약해제의 경우와 같이 이로써 제3자의 권리를 해할 수 없다(대법원 2005.6.9, 2005다6341).

> **제548조(해제의 효과, 원상회복의무)** ① 당사자 일방이 계약을 해제한 때에는 각 당사자는 그 상대방에 대하여 원상회복의 의무가 있다. 그러나 제삼자의 권리를 해하지 못한다.

④ (○) 매매계약이 합의해제된 경우에도 매수인에게 이전되었던 소유권은 당연히 매도인에게 복귀하는 것이므로 합의해제에 따른 매도인의 원상회복청구권은 소유권에 기한 물권적 청구권이라고 할 것이고 이는 소멸시효의 대상이 되지 아니한다(대법원 1982.7.27, 80다2968).
⑤ (✕) 당사자 사이에 약정이 없는 이상 합의해지로 인하여 반환할 금전에 그 받은 날로부터의 이자를 가하여야 할 의무가 있는 것은 아니다(대법원 2003.1.24, 2000다5336,5343).

정답 ④

069 □□□　　　○ △ ✕

甲은 자신의 X건물을 매매대금 1억 원, 계약금 1,000만 원으로 정하여 乙에게 매도하는 계약을 체결하고, 乙로부터 계약금을 수령하였다. 甲이 乙에게 X건물의 인도 및 소유권이전등기를 마쳐 주기 전에 제3자 丙의 과실로 인한 화재로 X건물이 전부 멸실되었다. 이에 관한 설명으로 옳지 않은 것은? (다툼이 있으면 판례에 따름)

① 乙은 丙에게 불법행위로 인한 손해배상을 청구할 수 있다.
② 乙은 甲에게 X건물에 관한 소유권이전등기를 청구할 수 없다.
③ 乙은 甲에게 채무불이행으로 인한 손해배상을 청구할 수 없다.
④ 乙은 甲에게 지급한 계약금에 대해 부당이득 반환을 청구할 수 있다.
⑤ 乙은 甲에게 대상청구권의 행사로써 丙에 대한 손해배상채권의 양도를 청구할 수 있다.

해설

① (✕) 먼저 X건물의 인도 및 소유권이전등기를 마쳐 주기 전이므로, 소유자가 아닌 乙은 손해배상을 청구할 수 없다. 다만, 제3자의 채권침해로 인한 손해배상을 청구할 수 있는지가 문제되는데, 설문상 丙에게 위법성이 있다고 볼 수 없으므로 불법행위가 성립하지 아니한다. 따라서 위 손해배상도 청구할 수 없다 할 것이다.
② (○) ④ (○) 쌍무계약에서 계약체결 후에 당사자 쌍방의 귀책사유 없이 채무의 이행이 불가능하게 된 경우 채무자는 급부의무를 면함과 더불어 반대급부도 청구하지 못하므로, 쌍방 급부가 없었던 경우에는 계약관계는 소멸하고, 이미 이행한 급부는 법률상 원인 없는 급부가 되어 부당이득의 법리에 따라 반환청구할 수 있다(대법원 2017.10.12, 2016다9643).
③ (○) 甲의 귀책사유로 이행불능이 발생하였다고 볼 수 없으므로, 이는 채무불이행이라고 할 수 없고, 따라서 乙은 甲에게 손해배상을 청구할 수도 없다.
⑤ (○) 매매의 목적물이 화재로 소실됨으로써 채무자인 매도인(甲)의 매매목적물에 대한 인도의무가 이행불능이 되었다면, 채권자인 매수인(乙)은 화재사고로 매도인이 지급받게 되는 화재보험금, 화재공제금에 대하여 대상청구권을 행사할 수 있다(대법원 2016.10.27, 2013다7769).

정답 ①

070 □□□　　　○ △ ✕

매도인의 담보책임에 관한 설명으로 옳지 않은 것은? (다툼이 있으면 판례에 따름)

① 경매절차에서 취득한 물건에 하자가 있는 경우, 그에 대하여 담보책임을 물을 수 없다.
② 수량을 지정한 매매의 목적물이 부족한 경우, 악의의 매수인은 대금감액을 청구할 수 있다.
③ 매매의 목적인 권리의 전부가 타인에게 속한 경우, 매도인이 그 권리를 취득하여 매수인에게 이전할 수 없는 때에는 악의의 매수인은 매매계약을 해제할 수 있다.
④ 매매목적물의 하자로 인한 매수인의 매도인에 대한 하자담보책임에 기한 손해배상청구권에는 채권의 소멸시효에 관한 규정이 적용된다.
⑤ 매매의 목적인 부동산에 설정된 저당권의 행사로 인하여 매수인이 그 소유권을 취득할 수 없게 된 경우, 악의의 매수인은 계약을 해제할 수 있다.

해설

① (○) 민법 제580조 제2항

> **제580조(매도인의 하자담보책임)** ① 매매의 목적물에 하자가 있는 때에는 제575조 제1항의 규정을 준용한다. 그러나 매수인이 하자 있는 것을 알았거나 과실로 인하여 이를 알지 못한 때에는 그러하지 아니하다.
> ② 전항의 규정은 경매의 경우에 적용하지 아니한다.

② (✕) 악의 → 선의(동법 제574조)

> **제574조(수량부족, 일부멸실의 경우와 매도인의 담보책임)** 전2조의 규정은 수량을 지정한 매매의 목적물이 부족되는 경우와 매매목적물의 일부가 계약 당시에 이미 멸실된 경우에 매수인이 그 부족 또는 멸실을 알지 못한 때에 준용한다.

③ (○) 동법 제570조 본문, 제569조

> **제569조(타인의 권리의 매매)** 매매의 목적이 된 권리가 타인에게 속한 경우에는 매도인은 그 권리를 취득하여 매수인에게 이전하여야 한다.
> **제570조(동전 – 매도인의 담보책임)** 전조의 경우에 매도인이 그 권리를 취득하여 매수인에게 이전할 수 없는 때에는 매수인은 계약을 해제할 수 있다. 그러나 매수인이 계약 당시 그 권리가 매도인에게 속하지 아니함을 안 때에는 손해배상을 청구하지 못한다.

④ (○) 매도인에 대한 하자담보에 기한 손해배상청구권에 대하여는 민법 제162조 제1항의 채권 소멸시효의 규정이 적용되고, 매수인이 매매의 목적물을 인도받은 때부터 소멸시효가 진행한다(대법원 2020.5.28, 2017다265389).
⑤ (○) 매매의 목적이 된 부동산에 설정된 저당권 또는 전세권의 행사로 인하여 매수인이 그 소유권을 취득할 수 없거나 취득한 소유권을 잃은 때에는 매수인은 계약을 해제할 수 있다(동법 제576조 제1항).

정답 ②

071 □□□ ○ △ ✕

임대차에 관한 설명으로 옳은 것은? (다툼이 있으면 판례에 따름)

① 토지임차인이 지상물만을 타인에게 양도하더라도 임대차가 종료하면 그 임차인이 매수청구권을 행사할 수 있다.

② 건물임차인이 임대인의 동의 없이 건물의 소부분을 전대한 경우, 임대인은 임대차계약을 해지할 수 있다.

③ 임차인의 채무불이행으로 임대차계약이 해지된 경우, 임차인은 부속물매수청구권을 행사할 수 있다.

④ 임대인은 보증금반환채권에 대한 전부명령이 송달된 후에 발생한 연체차임을 보증금에서 공제할 수 없다.

⑤ 건물소유를 위한 토지임대차의 경우, 임차인의 차임연체액이 2기의 차임액에 이른 때에는 임대인은 계약을 해지할 수 있다.

해설

① (✕) 민법 제643조 소정의 지상물매수청구권은 지상물의 소유자에 한하여 행사할 수 있다(대법원 1993.7.27, 93다6386). 따라서 위 임차인은 매수청구권을 행사할 수 없다.

② (✕) 민법은 원칙적으로 임대인의 동의 없는 임차권의 양도와 임차물의 전대를 금지하고 있다. 다만, 임차인이 그 건물의 소부분을 전대한 경우, 이는 예외로서 허용된다. 따라서 임대인은 임대차계약을 해지할 수 없다.

> **제629조(임차권의 양도, 전대의 제한)** ① 임차인은 임대인의 동의 없이 그 권리를 양도하거나 임차물을 전대하지 못한다.
> ② 임차인이 전항의 규정에 위반한 때에는 임대인은 계약을 해지할 수 있다.
> **제632조(임차건물의 소부분을 타인에게 사용케 하는 경우)** 전3조의 규정은 건물의 임차인이 그 건물의 소부분을 타인에게 사용하게 하는 경우에 적용하지 아니한다.

③ (✕) 임대차계약이 임차인의 채무불이행으로 인하여 해지된 경우에는 임차인은 민법 제646조에 의한 부속물매수청구권이 없다(대법원 1990.1.23, 88다카7245,88다카7252).

[보충] 토지임대차에 있어서 토지임차인의 차임연체 등 채무불이행을 이유로 그 임대차계약이 해지되는 경우, 토지임차인으로서는 토지임대인에 대하여 그 지상건물의 매수를 청구할 수는 없다(대법원 1996.2.27, 95다29345).

④ (✕) 임차보증금을 피전부채권으로 하여 전부명령이 있을 경우에도 제3채무자인 임대인은 임차인에게 대항할 수 있는 사유로서 전부채권자에게 대항할 수 있는 것이어서 건물임대차보증금의 반환채권에 대한 전부명령의 효력이 그 송달에 의하여 발생한다고 하여도 위 보증금반환채권은 임대인의 채권이 발생하는 것을 해제조건으로 하는 것이므로 임대인의 채권을 공제한 잔액에 관하여서만 전부명령이 유효하다(대법원 1988.1.19, 87다카1315).

⑤ (○) 민법 제641조, 제640조

> **제640조(차임연체와 해지)** 건물 기타 공작물의 임대차에는 임차인의 차임연체액이 2기의 차임액에 달하는 때에는 임대인은 계약을 해지할 수 있다.
> **제641조(동전)** 건물 기타 공작물의 소유 또는 식목, 채염, 목축

을 목적으로 한 토지임대차의 경우에도 전조의 규정을 준용한다.

정답 ⑤

072 □□□ ○ △ ✕

甲은 자신의 토지에 X건물을 신축하기로 하는 계약을 수급인 乙과 체결하면서 甲 명의로 건축허가를 받아 소유권보존등기를 하기로 하는 등 완공된 X건물의 소유권을 甲에게 귀속시키기로 합의하였다. 乙은 X건물을 신축하여 완공하였지만 공사대급을 받지 못하고 있다. 이에 관한 설명으로 옳은 것은? (다툼이 있으면 판례에 따름)

① X건물의 소유권은 乙에게 원시적으로 귀속된다.

② X건물에 대한 乙의 하자담보책임은 무과실책임이다.

③ 乙의 甲에 대한 공사대금채권의 소멸시효는 10년이다.

④ 乙은 甲에 대한 공사대금채권을 담보하기 위하여 X건물을 목적으로 한 저당권 설정을 청구할 수 없다.

⑤ X건물의 하자로 인하여 계약의 목적을 달성할 수 없는 경우, 甲은 특별한 사정이 없는 한 계약을 해제할 수 있다.

해설

① (✕) ④ (✕) 부동산에 관한 공사도급의 경우에 수급인의 노력과 출재로 완성된 목적물의 소유권은 원칙적으로 수급인에게 귀속되지만 도급인과 수급인 사이의 특약에 의하여 달리 정하거나 기타 특별한 사정이 있으면 도급인이 원시취득하게 되므로, 민법 제666조는 그러한 경우에 수급인에게 목적물에 대한 저당권설정청구권을 부여함으로써 수급인이 목적물로부터 공사대금을 사실상 우선적으로 변제받을 수 있도록 하고 있다(대법원 2016.10.27, 2014다211978). 따라서 X건물의 소유권은 甲에게 원시적으로 귀속되고, 乙은 X건물을 목적으로 한 저당권 설정을 청구할 수 있다.

> **제666조(수급인의 목적부동산에 대한 저당권설정청구권)** 부동산공사의 수급인은 전조의 보수에 관한 채권을 담보하기 위하여 그 부동산을 목적으로 한 저당권의 설정을 청구할 수 있다.

② (○) 수급인의 하자담보책임은 법이 특별히 인정한 무과실책임으로서 여기에 민법 제396조의 과실상계 규정이 준용될 수는 없다 하더라도 담보책임이 민법의 지도이념인 공평의 원칙에 입각한 것인 이상 하자발생 및 그 확대에 가공한 도급인의 잘못을 참작할 수 있다(대법원 2004.8.20, 2001다70337).

③ (✕) 10년 → 3년(민법 제163조 제3호)

> **제163조(3년의 단기소멸시효)** 다음 각 호의 채권은 3년간 행사하지 아니하면 소멸시효가 완성한다. 〈개정 1997.12.13.〉
> 1. 이자, 부양료, 급료, 사용료 기타 1년 이내의 기간으로 정한 금전 또는 물건의 지급을 목적으로 한 채권
> 2. 의사, 조산사, 간호사 및 약사의 치료, 근로 및 조제에 관한 채권
> 3. 도급받은 자, 기사 기타 공사의 설계 또는 감독에 종사하는 자의 공사에 관한 채권
> 4. 변호사, 변리사, 공증인, 공인회계사 및 법무사에 대한 직무상

보관한 서류의 반환을 청구하는 채권

5. 변호사, 변리사, 공증인, 공인회계사 및 법무사의 직무에 관한 채권
6. 생산자 및 상인이 판매한 생산물 및 상품의 대가
7. 수공업자 및 제조자의 업무에 관한 채권

⑤ (×) 있다 → 없다(동법 제668조 단서)

> 제668조(동전 – 도급인의 해제권) 도급인이 완성된 목적물의 하자로 인하여 계약의 목적을 달성할 수 없는 때에는 계약을 해제할 수 있다. 그러나 건물 기타 토지의 공작물에 대하여는 그러하지 아니하다.

정답 ②

073 □□□   ○ △ ×

부당이득에 관한 설명으로 옳은 것은? (다툼이 있으면 판례에 따름)

① 선의의 수익자가 패소한 때에는 그 판결이 확정된 때부터 악의의 수익자로 본다.
② 악의의 비채변제라도 변제를 강제당한 경우 등 그 변제가 자유로운 의사에 반하여 이루어진 때에는 반환을 청구할 수 있다.
③ 임차인이 동시이행의 항변권에 기하여 임차목적물을 사용·수익한 경우에는 부당이득이 성립하지 않는다.
④ 무효인 명의신탁약정에 의하여 타인 명의의 등기가 마쳐졌다는 이유만으로 그것이 불법원인급여에 해당한다.
⑤ 채무 없는 자가 착오로 변제한 경우에 그 변제가 도의관념에 적합한 때에도 그 반환을 청구할 수 있다.

해설

① (×) 판결이 확정된 → 소를 제기한(민법 제749조 제2항)

> 제749조(수익자의 악의인정) ② 선의의 수익자가 패소한 때에는 그 소를 제기한 때부터 악의의 수익자로 본다.

② (○) 비채변제는 지급자가 채무 없음을 알면서도 임의로 지급한 경우에만 성립하고, 채무 없음을 알고 있었다 하더라도 변제를 강요당한 경우나 변제거절로 인한 사실상의 손해를 피하기 위하여 부득이 변제하게 된 경우 등 그 변제가 자기의 자유로운 의사에 반하여 이루어진 것으로 볼 수 있는 사정이 있는 때에는 지급자가 그 반환청구권을 상실하지 않는다(대법원 2006.7.28, 2004다54633).
③ (×) 임대차 종료 후 임차인의 임차목적물명도의무와 임대인의 연체임료 기타 손해배상금을 공제하고 남은 임차보증금반환의무와는 동시이행의 관계에 있으므로, 임차인이 동시이행의 항변권에 기하여 임차목적물을 점유하고 사용·수익한 경우 그 점유는 불법점유라 할 수 없어 그로 인한 손해배상책임은 지지 아니하되, 다만 사용·수익으로 인하여 실질적으로 얻은 이익이 있으면 부당이득으로서 반환하여야 한다(대법원 1998.7.10, 98다15545).
④ (×) [다수의견] 부동산 실권리자명의 등기에 관한 법률(이하 '부동산실명법'이라 한다) 규정의 문언, 내용, 체계와 입법목적 등을 종합하면, 부동산실명법을 위반하여 무효인 명의신탁약정에 따라

명의수탁자 명의로 등기를 하였다는 이유만으로 그것이 당연히 불법원인급여에 해당한다고 단정할 수는 없다(대법원 2019.6.20, 2013다218156).

⑤ (×) 있다 → 없다(동법 제744조)

> 제744조(도의관념에 적합한 비채변제) 채무 없는 자가 착오로 인하여 변제한 경우에 그 변제가 도의관념에 적합한 때에는 그 반환을 청구하지 못한다.

정답 ②

074 □□□   ○ △ ×

불법행위에 관한 설명으로 옳은 것은? (다툼이 있으면 판례에 따름)

① 민법 제758조의 공작물의 소유자책임은 과실책임이다.
② 불법행위에서 고의 또는 과실의 증명책임은 원칙적으로 가해자가 부담한다.
③ 명예훼손의 경우, 법원은 피해자의 청구가 없더라도 직권으로 명예회복에 적합한 처분을 명할 수 있다.
④ 중과실의 불법행위자는 피해자에 대한 채권을 가지고 피해자의 손해배상채권을 상계할 수 있다.
⑤ 여럿이 공동의 불법행위로 타인에게 손해를 가한 때에는 분할하여 그 손해를 배상할 책임이 있다.

해설

① (×) 민법 제758조 제1항은 무과실책임을 인정한 것이고, 실화책임에관한법률은 실화로 인하여 일단 화재가 발생한 경우에 그 책임을 중대한 과실로 인한 경우에 한정한 것이므로, 공작물 자체의 설치보존상의 하자에 의하여 직접 발생한 화재로 인한 손해배상책임에 관하여는 민법 제758조 제1항이 적용되고, 그 화재로부터 연소한 부분에 대한 손해배상책임에 대하여는 실화책임에관한법률을 적용하여야 한다(대법원 1994.3.22, 93다56404).
② (×) 일반적으로 불법행위로 인한 손해배상청구사건에서 가해자의 가해행위, 피해자의 손해발생, 가해행위와 피해자의 손해발생 사이의 인과관계에 관한 증명책임은 청구자인 피해자가 부담한다(대법원 2021.1.14, 2020다212347).
③ (×) 청구가 없더라도 직권으로 → 청구에 의하여(민법 제764조)

> 제764조(명예훼손의 경우의 특칙) 타인의 명예를 훼손한 자에 대하여는 법원은 피해자의 청구에 의하여 손해배상에 갈음하거나 손해배상과 함께 명예회복에 적당한 처분을 명할 수 있다.
> 〈개정 2014.12.30.〉
> [89헌마160 1991.4.1. 민법 제764조(1958.2.22. 법률 제471호)의 "명예회복에 적당한 처분"에 사죄광고를 포함시키는 것은 헌법에 위반된다]

④ (○) 고의의 불법행위에 인한 손해배상채권에 대한 상계금지를 중과실의 불법행위에 인한 손해배상채권에까지 유추 또는 확장적용하여야 할 필요성이 있다고 할 수 없다(대법원 1994.8.12, 93다52808).
⑤ (×) 분할하여 → 연대하여(민법 제760조 제1항)

> 제760조(공동불법행위자의 책임) ① 수인이 공동의 불법행위

로 타인에게 손해를 가한 때에는 연대하여 그 손해를 배상할 책임이 있다.

정답 ④

75 ▢▢▢ ○ △ ✕

甲은 자신의 X건물을 공인노무사 乙에게 임대하였다. 乙이 X건물에서 사무소를 운영하고 있던 중 乙의 사무직원 丙의 과실로 X건물이 화재로 멸실되었다. 이에 관한 설명으로 옳지 않은 것은? (다툼이 있으면 판례에 따름)

① 甲은 乙에게 사용자책임을 주장할 수 있다.
② 甲은 乙에게 채무불이행으로 인한 손해배상을 청구할 수 있다.
③ 甲은 丙에게 채무불이행으로 인한 손해배상을 청구할 수 없다.
④ 甲은 동시에 乙과 丙에 대하여 손해배상 전부의 이행을 청구할 수 없다.
⑤ 乙이 甲에게 손해를 배상한 경우, 乙은 丙에게 구상권을 행사할 수 있다.

해설

① (○) 乙의 피용자 丙의 과실로 X건물이 화재로 멸실되었으므로, 甲은 乙에게 사용자책임을 주장할 수 있다.
② (○) 임차인은 임차물을 임대인에게 반환할 때까지 선량한 관리자의 주의를 가지고 보관할 의무가 있는데, 乙의 피용자 丙의 과실로 X건물이 화재로 멸실되었으므로, 乙은 채무불이행책임을 지게 되고, 甲은 乙에게 이에 기한 손해배상을 청구할 수 있다.
③ (○) 丙은 乙의 피용자일 뿐 甲과의 사이에 계약관계가 없으므로, 甲은 丙에게 채무불이행으로 인한 손해배상을 청구할 수 없다.
④ (✕) 乙은 사용자책임과 채무불이행책임을 지고, 丙은 이와 별도로 불법행위책임을 진다 할 것이므로, 두 책임은 부진정연대채무의 관계에 있고, 따라서 甲은 동시에 乙과 丙에 대하여 손해배상 전부의 이행을 청구할 수 있다.
⑤ (○) 전2항의 경우에 사용자 또는 감독자는 피용자에 대하여 구상권을 행사할 수 있다(민법 제756조 제3항).

정답 ④

051 ☐☐☐ ○ △ ✕

반사회질서 또는 불공정한 법률행위에 관한 설명으로 옳은 것은? (다툼이 있으면 판례에 따름)

① 소송사건에 증인으로서 증언에 대한 대가를 약정하였다면 그 자체로 반사회질서 행위로서 무효이다.

② 반사회질서 법률행위에 해당되는 매매계약을 원인으로 한 소유권이전등기명의자의 물권적 청구권 행사에 대하여 상대방은 법률행위의 무효를 주장할 수 없다.

③ 급부 간 현저한 불균형이 있더라도 폭리자가 피해당사자 측의 사정을 알면서 이를 이용하려는 의사가 없다면 불공정한 법률행위가 아니다.

④ 경매목적물이 시가에 비해 현저하게 낮은 가격으로 매각된 경우, 불공정한 법률행위로 무효가 될 수 있다.

⑤ 민사사건에 관한 변호사의 성공보수약정은 선량한 풍속 기타 사회질서에 위배되어 무효이다.

해설

① (✕) 타인의 소송에서 사실을 증언하는 증인이 그 증언을 조건으로 그 소송의 일방 당사자 등으로부터 통상적으로 용인될 수 있는 수준(예컨대 증인에게 일당 및 여비가 지급되기는 하지만 증인이 증언을 위하여 법원에 출석함으로써 입게 되는 손해에는 미치지 못하는 경우 그러한 손해를 전보하여 주는 정도)을 넘어서는 대가를 제공받기로 하는 약정은 국민의 사법참여행위가 대가와 결부됨으로써 사법작용의 불가매수성 내지 대가무관성이 본질적으로 침해되는 경우로서 반사회적 법률행위에 해당하여 무효라고 할 것이다(대법원 2010.7.29, 2009다56283). 즉, 단순히 증언에 대한 대가를 약정하였다는 사실만으로는 반사회질서 행위로서 무효라고 할 수 없다.

② (✕) 선량한 풍속 기타 사회질서에 위반한 사항을 내용으로 하는 법률행위의 무효는 이를 주장할 이익이 있는 자는 누구든지 무효를 주장할 수 있다. 따라서 반사회질서 법률행위를 원인으로 하여 부동산에 관한 소유권이전등기를 마쳤더라도 그 등기는 원인무효로서 말소될 운명에 있으므로 등기명의자가 소유권에 기한 물권적 청구권을 행사하는 경우에, 권리행사의 상대방은 법률행위의 무효를 항변으로서 주장할 수 있다(대법원 2016.3.24, 2015다11281).

③ (○) 민법 제104조에 규정된 불공정한 법률행위는 객관적으로 급부와 반대급부 사이에 현저한 불균형이 존재하고, 주관적으로 그와 같이 균형을 잃은 거래가 피해당사자의 궁박, 경솔 또는 무경험을 이용하여 이루어진 경우에 성립하는 것으로서 약자적 지위에 있는 자의 궁박, 경솔 또는 무경험을 이용한 폭리행위를 규제하려는 데에 그 목적이 있다. 따라서 피해당사자가 궁박한 상태에 있었다고 하더라도 그 상대방 당사자에게 그와 같은 피해 당사자 측의 사정을 알면서 이를 이용하려는 의사, 즉 폭리행위의 악의가 없었다거나 또는 객관적으로 급부와 반대급부 사이에 현저한 불균형이 존재하지 아니한다면 민법 제104조에 규정된 불공정한 법률행위는 성립하지 아니한다(대법원 2013.9.26, 2013다40353,40360).

④ (✕) 경매에 있어서는 불공정한 법률행위 또는 채무자에게 불리한 약정에 관한 것으로서 효력이 없다는 민법 제104조, 제608조는 적용될 여지가 없다(대법원 1980.3.21, 80마77).

⑤ (✕) [다수의견] 변호사의 소송위임 사무처리 보수에 관하여 변호사와 의뢰인 사이에 약정이 있는 경우 위임사무를 완료한 변호사는 원칙적으로 약정 보수액 전부를 청구할 수 있다. 다만 의뢰인과의 평소 관계, 사건수임 경위, 사건처리 경과와 난이도, 노력의 정도, 소송물 가액, 의뢰인이 승소로 인하여 얻게 된 구체적 이익, 그 밖에 변론에 나타난 여러 사정을 고려하여, 약정 보수액이 부당하게 과다하여 신의성실의 원칙이나 형평의 관념에 반한다고 볼 만한 특별한 사정이 있는 경우에는 예외적으로 적당하다고 인정되는 범위 내의 보수액만을 청구할 수 있다(대법원 2018.5.17, 2016다35833). 즉, 단순히 성공보수를 약정하였다는 사실만으로는 반사회질서 행위로서 무효라고 할 수 없다.

정답 ③

052 ☐☐☐ ○ △ ✕

민법 제108조의 통정허위표시에 관한 내용으로 옳지 않은 것은? (다툼이 있으면 판례에 따름)

① 甲이 乙로 하여금 금융기관에 대해 乙을 주채무자로 하는 금전소비대차계약을 체결하도록 하고 甲이 그 원리금을 상환하기로 한 경우, 특별한 사정이 없는 한 위 소비대차계약은 통정허위표시이다.

② 甲이 통정허위표시로 乙에게 전세권설정등기를 마친 후 丙이 이러한 사정을 알면서도 전세권근저당권설정등기를 마쳤다. 위 사실을 모르는 丁이 丙의 전세권근저당권부 채권을 압류하면 甲은 丁에게 대항할 수 없다.

③ 채권양도인과 채무자 사이의 허위표시에 의해 성립한 지명채권을 선의로 양수한 채권양수인이 채무자에게 채권을 행사하기 위하여 양도에 관한 합의 외에 채권양도의 대항요건을 갖추어야 한다.

④ 파산자가 상대방과 통정하여 허위의 의사표시를 통해 가장채권을 보유하고 있다가 파산선고를 받은 경우, 파산관재인은 민법 제108조 제2항의 제3자에 해당된다.

⑤ 민법 제108조 제2항에서 규정하고 있는 제3자에 대한 무효의 대항력 유무는 제3자의 선의만이 판단기준이며, 무과실은 요구되지 않는다.

해설

① (✕) 통정허위표시가 성립하기 위해서는 의사표시의 진의와 표시가 일치하지 아니하고 그 불일치에 관하여 상대방과 사이에 합의가 있어야 한다. 제3자가 금전소비대차약정서 등 대출 관련 서류에 주채무자로 직접 서명·날인하였다면, 자신이 그 소비대차계약의

주채무자임을 금융기관 등 채권자에 대하여 표시한 셈이므로, 제3자가 타인으로 하여금 제3자 명의로 대출을 받아 이를 사용하도록 할 의사가 있었다거나 그 원리금을 타인의 부담으로 상환하기로 하였더라도, 이는 소비대차계약에 따른 경제적 효과를 타인에게 귀속시키려는 의사에 불과한 것이어서 원칙적으로 제3자의 진의와 표시에 불일치가 있다고 보기는 어렵다(대법원 2018.11.29, 2018다253413). 따라서 위 소비대차계약은 통정허위표시라고 할 수 없다.

② (○) 甲이 乙의 임차보증금반환채권을 담보하기 위하여 통정허위표시로 乙에게 전세권설정등기를 마친 후 丙이 이러한 사정을 알면서도 乙에 대한 채권을 담보하기 위하여 위 전세권에 대하여 전세권근저당권설정등기를 마쳤는데, 그 후 丁이 丙의 전세권근저당권부 채권을 가압류하고 압류명령을 받은 경우, 丁이 통정허위표시에 관하여 선의라면 비록 丙이 악의라 하더라도 허위표시자는 그에 대하여 전세권이 통정허위표시에 의한 것이라는 이유로 대항할 수 없음에도, 이와 달리 본 원심판결에 법리오해의 위법이 있다(대법원 2013.2.15, 2012다49292).

③ (○) 채권양수인이 채권양도인으로부터 지명채권을 양도받았음을 이유로 채무자에 대하여 그 채권을 행사하기 위하여는 지명채권 양도에 관한 합의 이외에 양도받은 당해 채권에 관하여 민법 제450조 소정의 대항요건을 갖추어야 하는 것이고, 이러한 법리는 채권양도인과 채무자 사이의 법률행위가 허위표시인 경우에도 마찬가지로 적용된다(대법원 2011.4.28, 2010다100315).

④ (○) 파산자가 파산선고 전에 상대방과 통정한 허위의 의사표시를 통하여 가장채권을 보유하고 있다가 파산이 선고된 경우, 파산관재인은 민법 제108조 제2항의 제3자에 해당하므로 상대방이 파산관재인에게 통정허위표시임을 들어 그 가장채권의 무효임을 대항할 수 없다(대법원 2005.5.12, 2004다68366).

⑤ (○) 통정한 허위표시에 의하여 외형상 형성된 법률관계로 생긴 채권을 가압류한 경우, 그 가압류권자는 허위표시에 기초하여 새로운 법률상 이해관계를 가지게 되므로 민법 제108조 제2항의 제3자에 해당한다고 봄이 상당하고, 또한 민법 제108조 제2항의 제3자는 선의이면 족하고 무과실은 요건이 아니다(대법원 2004.5.28, 2003다70041).

정답 ①

53 ☐☐☐ ○ △ ✕

물건에 관한 설명으로 옳지 않은 것은? (다툼이 있으면 판례에 따름)
① 부동산 외의 물건은 모두 동산이다.
② 임대료는 법정과실에 해당한다.
③ 종물은 주물의 구성부분이 아닌 독립한 물건이어야 한다.
④ 부동산은 주물뿐만 아니라 종물도 될 수 있다.
⑤ 당사자는 주물을 처분할 때 특약으로 종물을 제외할 수 없다.

해설
① (○) 부동산 이외의 물건은 동산이다(민법 제99조 제2항).
② (○) 법정과실이란 물건의 사용대가로 받는 금전 기타의 물건이므로(민법 제101조 제2항), 원물과 과실 모두 물건이어야 한다. 따라

서 물건대차에서의 사용료나 금전대차에서의 이자 등은 법정과실이나, 노동이나 권리사용의 대가 및 원물사용의 대가를 받을 수 있는 권리 등은 법정과실이 아니다.

> 제101조(천연과실, 법정과실) ① 물건의 용법에 의하여 수취하는 산출물은 천연과실이다.
> ② 물건의 사용대가로 받는 금전 기타의 물건은 법정과실로 한다.

③ (○) ④ (○) 종물은 주물의 구성부분이 아니고, 주물의 경제적 효용을 다하도록 작용하기 위하여 부속되어 있는 물건일 뿐이므로, 법률상 독립한 물건이어야 하며, 독립한 물건인 이상 동산이어야만 하는 것은 아니다.
⑤ (✕) 종물은 주물의 처분에 수반된다는 민법 제100조 제2항은 임의규정이므로, 당사자는 주물을 처분할 때에 특약으로 종물을 제외할 수 있고 종물만을 별도로 처분할 수도 있다(대법원 2012.1.26, 2009다76546).

정답 ⑤

54 ☐☐☐ ○ △ ✕

당사자 확정 및 법률행위의 해석에 관한 설명으로 옳은 것은? (다툼이 있으면 판례에 따름)
① 예금명의자의 위임에 의하여 자금출연자가 대리인으로 예금계약을 체결한 경우, 예금계약의 반환청구권자는 자금출연자이다.
② 불법행위로 인한 손해배상에 관하여 가해자와 피해자 사이에 피해자가 일정한 금액을 지급받고 그 나머지의 청구를 포기하기로 약정한 때에는, 모든 후발손해에 대해서도 배상청구권을 포기한 것으로 해석하여야 한다.
③ 본인이 대리인을 통하여 계약을 체결하는 것에 대하여 상대방이 그러한 사정을 알고 대리인과 계약을 체결하였는데 대리권이 존재하지 않은 경우, 계약의 당사자는 대리인과 상대방이 된다.
④ 甲이 乙의 행세를 하여 乙 명의로 丙과 부동산을 매수하는 계약을 체결한 후 丙으로부터 인도받아 거주하고 있고 丙이 甲을 매수인으로 알고 있는 경우, 부동산매매계약의 당사자는 乙과 丙이다.
⑤ 부동산매매계약에 있어서 당사자 쌍방 모두 지번 등에 착오를 일으켜 실제로 합의하지 않은 토지(Y)를 계약서에 매매목적물로 기재한 경우, 실제로 합의된 토지(X)가 매매목적물이다.

해설
① (✕) [다수의견] 본인인 예금명의자의 의사에 따라 예금명의자의 실명확인절차가 이루어지고 예금명의자를 예금주로 하여 예금계약서를 작성하였음에도 불구하고, 예금명의자가 아닌 출연자 등을 예금계약의 당사자라고 볼 수 있으려면, 금융기관과 출연자 등과 사이에서 실명확인절차를 거쳐 서면으로 이루어진 예금명의자와의 예금계약을 부정하여 예금명의자의 예금반환청구권을 배제하고 출연자 등과 예금계약을 체결하여 출연자 등에게 예금반환청구

권을 귀속시키겠다는 명확한 의사의 합치가 있는 극히 예외적인 경우로 제한되어야 한다(대법원 2009.3.19, 2008다45828 전원합의체).

② (×) 불법행위로 인한 손해배상에 관하여 가해자와 피해자 사이에 피해자가 일정한 금액을 지급받고 그 나머지 청구를 포기하기로 합의가 이루어진 때에는 그 후 그 이상의 손해가 발생하였다 하여 다시 그 배상을 청구할 수 없는 것이지만, 그 합의가 손해의 범위를 정확히 확인하기 어려운 상황에서 이루어진 것이고, 후발손해가 합의 당시의 사정으로 보아 예상이 불가능한 것으로서 당사자가 후발손해를 예상하였더라면 사회통념상 그 합의금액으로는 화해하지 않았을 것이라고 보는 것이 상당할 만큼 그 손해가 중대한 것일 때에는 당사자의 의사가 이러한 손해에 대해서까지 그 배상청구권을 포기한 것이라고 볼 수 없으므로 다시 그 배상을 청구할 수 있다고 보아야 한다(대법원 2001.9.14, 99다42797).

③ (×) 일방 당사자가 대리인을 통하여 계약을 체결하는 경우에 있어서 계약의 상대방이 대리인을 통하여 본인과 사이에 계약을 체결하려는 데 의사가 일치하였다면 대리인의 대리권 존부 문제와는 무관하게 상대방과 본인이 그 계약의 당사자라고 할 것이다(대법원 2022.12.16, 2022다245129).

④ (×) 상대방과의 사이에 계약체결의 행위를 하는 사람이 다른 사람 행세를 하여 그 타인의 이름을 사용하여 계약서 기타 계약에 관련된 서면 등이 작성되었다고 하더라도, 행위자와 상대방이 모두 행위자 자신이 계약의 당사자라고 이해한 경우, 또는 그렇지 아니하다고 하더라도 상대방의 입장에서 합리적으로 평가할 때 행위자 자신이 계약의 당사자가 된다고 보는 경우에는, 행위자가 계약의 당사자가 되고 그 계약의 효과는 행위자에게 귀속된다(대법원 2013.10.11, 2013다52622). 따라서 위 부동산매매계약의 당사자는 乙이 아닌 甲과 丙이다.

⑤ (○) 부동산의 매매계약에 있어 쌍방 당사자가 모두 특정의 甲토지를 계약의 목적물로 삼았으나 그 목적물의 지번 등에 관하여 착오를 일으켜 계약을 체결함에 있어서는 계약서상 그 목적물을 甲토지와는 별개인 乙토지로 표시하였다 하여도, 甲토지에 관하여 이를 매매의 목적물로 한다는 쌍방 당사자의 의사합치가 있는 이상 그 매매계약은 甲토지에 관하여 성립한 것으로 보아야 하고 乙토지에 관하여 매매계약이 체결된 것으로 보아서는 안 될 것이며, 만일 乙토지에 관하여 그 매매계약을 원인으로 하여 매수인 명의로 소유권이전등기가 경료되었다면 이는 원인 없이 경료된 것으로서 무효이다(대법원 1996.8.20, 96다19581,19598).

정답 ⑤

055 ▢▢▢　　　○ △ ×

행위능력에 관한 설명으로 옳은 것은?

① 미성년후견인이 미성년자에게 특정한 영업을 허락한 경우, 미성년후견인의 대리권은 그 영업과 관련하여서도 여전히 유지된다.

② 가정법원이 성년후견개시의 심판을 하는 경우, 취소할 수 없는 피성년후견인의 법률행위의 범위를 정할 수 있다.

③ 가정법원이 한정후견개시의 심판을 하는 경우, 본인의 의사를 고려할 필요는 없다.

④ 특정후견은 본인의 의사에 반하여서도 할 수 있다.

⑤ 성년후견은 가족관계등록부에 공시된다.

해설

① (×) 관련하여서도 여전히 유지된다 → 관련하여서는 유지되지 아니한다(민법 제8조 제1항)

> 제8조(영업의 허락) ① 미성년자가 법정대리인으로부터 허락을 얻은 특정한 영업에 관하여는 성년자와 동일한 행위능력이 있다.

② (○) 동법 제10조 제1항·제2항

> 제10조(피성년후견인의 행위와 취소) ① 피성년후견인의 법률행위는 취소할 수 있다.
> ② 제1항에도 불구하고 가정법원은 취소할 수 없는 피성년후견인의 법률행위의 범위를 정할 수 있다.

③ (×) 고려할 필요는 없다 → 고려하여야 한다(동법 제12조 제2항, 제9조 제2항)

> 제9조(성년후견개시의 심판) ② 가정법원은 성년후견개시의 심판을 할 때 본인의 의사를 고려하여야 한다.
> 제12조(한정후견개시의 심판) ② 한정후견개시의 경우에 제9조 제2항을 준용한다.

④ (×) 반하여서도 할 수 있다 → 반하여 할 수 없다(동법 제14조의2 제2항)

> 제14조의2(특정후견의 심판) ② 특정후견은 본인의 의사에 반하여 할 수 없다.

⑤ (×) 가족관계등록부 → 후견등기부(후견등기법 제2조 제1호 가목)

> 제2조(정의) 이 법에서 사용하는 용어의 뜻은 다음과 같다.
> 1. "후견등기부"란 전산정보처리조직에 의하여 입력·처리된 다음 각 목의 등기(이하 "후견등기"라 한다)에 관한 정보자료를 대법원규칙으로 정하는 바에 따라 편성한 것을 말한다.
>   가. 성년후견에 관한 등기
>   나. 한정후견에 관한 등기
>   다. 특정후견에 관한 등기
>   라. 후견계약에 관한 등기

정답 ②

056 □□□   ○ △ ×

대리에 관한 설명으로 옳은 것을 모두 고른 것은? (다툼이 있으면 판례에 따름)

> ㄱ. 어떤 사람이 대리인의 외양을 가지고 행위하는 것을 본인이 알면서도 이의를 하지 아니하고 방임하는 경우, 본인의 대리권 수여가 추단될 수 있다.
>
> ㄴ. 계약이 적법한 대리인에 의하여 체결되었는데 상대방이 채무불이행을 이유로 계약을 해제한 경우, 대리인이 수령한 계약상 급부를 본인이 현실적으로 인도받지 못하였다면 본인에게는 원상회복의무가 없다.
>
> ㄷ. 대리권이 없는 자가 재단법인의 설립행위를 대리한 경우, 본인이 추인을 하여도 언제나 무효이며 무권대리인도 이행책임을 지지 않는다.
>
> ㄹ. 대리인이 계약체결에 관한 권한을 수여받았다면, 그 계약의 해제권 및 상대방의 의사를 수령할 권한은 특별한 사정이 없는 한 대리인에게 부여된다.

① ㄱ, ㄴ　　② ㄱ, ㄷ　　③ ㄱ, ㄹ
④ ㄴ, ㄷ　　⑤ ㄷ, ㄹ

해설

ㄱ (○) 대리권을 수여하는 수권행위는 불요식의 행위로서 명시적인 의사표시에 의함이 없이 묵시적인 의사표시에 의하여 할 수도 있으며, 어떤 사람이 대리인의 외양을 가지고 행위하는 것을 본인이 알면서도 이의를 하지 아니하고 방임하는 등 사실상의 용태에 의하여 대리권의 수여가 추단되는 경우도 있다(대법원 2016.5.26, 2016다203315).

ㄴ (×) 계약상 채무의 불이행을 이유로 계약이 상대방 당사자에 의하여 유효하게 해제되었다면, 해제로 인한 원상회복의무는 대리인이 아니라 계약의 당사자인 본인이 부담한다(대법원 2011.8.18, 2011다30871).

ㄷ (○) 재단법인설립행위, 상속의 승인·포기 등 상대방 없는 단독행위의 무권대리는 절대적 무효이다. 따라서 무권대리인도 이행책임을 지지 아니한다.

ㄹ (×) 법률행위에 의하여 수여된 대리권은 원인된 법률관계의 종료에 의하여 소멸하는 것이므로 특별한 사정이 없는 한, 매수명의자를 대리하여 매매계약을 체결하였다 하여 곧바로 대리인이 매수인을 대리하여 매매계약의 해제 등 일체의 처분권과 상대방의 의사를 수령할 권한까지 가지고 있다고 볼 수는 없다(대법원 1997.3. 25, 96다51271).

정답 ②

057 □□□   ○ △ ×

표현대리에 관한 설명으로 옳지 않은 것은? (다툼이 있으면 판례에 따름)

① 권한을 넘은 표현대리에 해당하는지 여부를 판단할 경우, 정당한 이유가 존재하는지 여부는 대리행위 당시를 기준으로 판단한다.

② 표현대리가 성립했다면 상대방에게 과실이 있다고 하더라도 과실상계의 법리를 유추적용할 수 없다.

③ 대리권 수여의 표시에 의한 표현대리에 해당하여 본인에게 대리의 효과가 귀속하기 위해서는 상대방은 선의·무과실이어야 한다.

④ 대리인이 대리권 소멸 후 선임한 복대리인과 상대방 사이의 법률행위에는 대리권 소멸 후 표현대리가 성립할 수 없다.

⑤ 교회의 정관 기타 규약에 교회재산에 관한 교회대표자의 권한 규정이 없음에도 불구하고, 교회의 대표자가 교인총회의 결의를 거치지 아니하고 교회재산을 처분한 경우, 권한을 넘은 표현대리에 관한 규정을 준용할 수 없다.

해설

① (○) 권한을 넘은 표현대리에 있어서 정당한 이유의 유무는 대리행위 당시를 기준으로 하여 판정하여야 하고 매매계약 성립 이후의 사정은 고려할 것이 아니므로, … (대법원 1997.6.27, 97다3828).

② (○) 표현대리행위가 성립하는 경우에 그 본인은 표현대리행위에 의하여 전적인 책임을 져야 하고, 상대방에게 과실이 있다고 하더라도 과실상계의 법리를 유추적용하여 본인의 책임을 경감할 수 없다(대법원 1996.7.12, 95다49554).

③ (○) 민법 제125조의 표견대리에 해당하여 본인에게 대리행위의 직접의 효과가 귀속하기 위하여는 대리행위의 상대방이 대리인으로 행위한 사람에게 실제로는 대리권이 없다는 점에 대하여 선의일 뿐만 아니라 무과실이어야 함은 같은 조 단서에서 명백하고, 이는 민법 제126조 또는 제129조에서 정하는 표견대리에 있어서도 다를 바 없다(대법원 2009.5.28, 2008다56392).

> **제125조(대리권수여의 표시에 의한 표현대리)** 제삼자에 대하여 타인에게 대리권을 수여함을 표시한 자는 그 대리권의 범위 내에서 행한 그 타인과 그 제삼자 간의 법률행위에 대하여 책임이 있다. 그러나 제삼자가 대리권 없음을 알았거나 알 수 있었을 때에는 그러하지 아니하다.

④ (×) 대리인이 대리권 소멸 후 직접 상대방과 사이에 대리행위를 하는 경우는 물론 대리인이 대리권 소멸 후 복대리인을 선임하여 복대리인으로 하여금 상대방과 사이에 대리행위를 하도록 한 경우에도, 상대방이 대리권 소멸사실을 알지 못하여 복대리인에게 적법한 대리권이 있는 것으로 믿었고 그와 같이 믿은 데 과실이 없다면 민법 제129조에 의한 표현대리가 성립할 수 있다(대법원 1998. 5.29, 97다55317).

> **제129조(대리권소멸후의 표현대리)** 대리권의 소멸은 선의의 제삼자에게 대항하지 못한다. 그러나 제삼자가 과실로 인하여 그 사실을 알지 못한 때에는 그러하지 아니하다.

⑤ (○) 비법인사단인 교회의 대표자는 총유물인 교회 재산의 처분에 관하여 교인총회의 결의를 거치지 아니하고는 이를 대표하여 행할 권한이 없다. 그리고 교회의 대표자가 권한 없이 행한 교회재산의 처분행위에 대하여는 민법 제126조의 표견대리에 관한 규정이 준용되지 아니한다(대법원 2009.2.12, 2006다23312).

058 ☐☐☐   ○ △ ✕

무권대리에 관한 설명으로 옳은 것은? (다툼이 있으면 판례에 따름)

① 무권대리행위가 제3자의 기망이나 문서위조 등 위법행위로 야기된 경우, 무권대리인의 상대방에 대한 책임은 부정된다.

② 상대방이 무권대리인과 계약을 체결할 때 무권대리임을 알고 있는 경우, 상대방은 본인에게 추인 여부를 최고할 수 없다.

③ 무권대리행위가 범죄가 되는 경우에 본인이 그 사실을 알고도 장기간 형사고소를 하지 아니하였다면, 무권대리행위를 추인한 것이다.

④ 무권대리인이 부담하는 이행책임 또는 손해배상책임의 선택권은 상대방이 갖는다.

⑤ 무권대리인이 본인을 단독상속한 경우, 무권대리행위의 추인을 거절하는 것은 신의칙에 반하지 않는다.

해설

① (✕) 민법 제135조 제1항은 "타인의 대리인으로 계약을 한 자가 그 대리권을 증명하지 못하고 또 본인의 추인을 얻지 못한 때에는 상대방의 선택에 좇아 계약의 이행 또는 손해배상의 책임이 있다."고 규정하고 있다. 위 규정에 따른 무권대리인의 상대방에 대한 책임은 무과실책임으로서 대리권의 흠결에 관하여 대리인에게 과실 등의 귀책사유가 있어야만 인정되는 것이 아니고, 무권대리행위가 제3자의 기망이나 문서위조 등 위법행위로 야기되었다고 하더라도 책임은 부정되지 아니한다(대법원 2014.2.27, 2013다213038).

② (✕) 없다 → 있다(민법 제131조)

> **제131조(상대방의 최고권)** 대리권 없는 자가 타인의 대리인으로 계약을 한 경우에 상대방은 상당한 기간을 정하여 본인에게 그 추인 여부의 확답을 최고할 수 있다. 본인이 그 기간 내에 확답을 발하지 아니한 때에는 추인을 거절한 것으로 본다.

③ (✕) 무권대리행위가 범죄가 되는 경우에 대하여 그 사실을 알고도 장기간 형사고소를 하지 아니하였다 하더라도 그 사실만으로 묵시적인 추인이 있었다고 할 수는 없는바, 권한 없이 기명날인을 대행하는 방식에 의하여 약속어음을 위조한 경우에 피위조자가 이를 묵시적으로 추인하였다고 인정하려면 추인의 의사 표시되었다고 볼 만한 사유가 있어야 한다(대법원 1998.2.10, 97다31113).

④ (○) 다른 자의 대리인으로서 계약을 맺은 자가 그 대리권을 증명하지 못하고 또 본인의 추인을 받지 못한 경우에는 그는 상대방의 선택에 따라 계약을 이행할 책임 또는 손해를 배상할 책임이 있다(동법 제135조 제1항).

⑤ (✕) 甲이 대리권 없이 乙 소유 부동산을 丙에게 매도하여 부동산소유권이전등기등에관한특별조치법에 의하여 소유권이전등기를 마쳐주었다면 그 매매계약은 무효이고 이에 터 잡은 이전등기 역시 무효가 되나, 甲은 乙의 무권대리인으로서 민법 제135조 제1항의 규정에 의하여 매수인 丙에게 부동산에 대한 소유권이전등기를 이행할 의무가 있으므로 그러한 지위에 있는 甲이 乙로부터 부동산을 상속받아 그 소유자가 되어 소유권이전등기이행의무를 이행하는 것이 가능하게 된 시점에서 자신이 소유자라고 하여 자신으로부터 부동산을 전전매수한 丁에게 원래 자신의 매매행위가 무권대리행위여서 무효였다는 이유로 丁 앞으로 경료된 소유권이전등기가 무효의 등기라고 주장하여 그 등기의 말소를 청구하거나 부동산의 점유로 인한 부당이득금의 반환을 구하는 것은 금반언의 원칙이나 신의성실의 원칙에 반하여 허용될 수 없다(대법원 1994. 9.27, 94다20617).

059 ☐☐☐   ○ △ ✕

비진의의사표시에 관한 설명으로 옳지 않은 것은? (다툼이 있으면 판례에 따름)

① 근로자가 회사의 경영방침에 따라 사직원을 제출하고 퇴사 후 즉시 재입사하여 근로자가 그 퇴직 전후에 걸쳐 실질적인 근로관계의 단절이 없이 계속 근무하였다면, 그 사직원 제출은 비진의의사표시에 해당한다.

② 근로자가 희망퇴직의 권고를 받고 제반 사항 등을 종합적으로 고려하여 심사숙고한 결과 사직서를 제출한 경우라면, 그 사직서 제출은 비진의의사표시에 해당한다.

③ 근로자들이 사용자의 지시에 따라 사직의 의사 없이 사직서를 제출하였고 사용자가 선별적으로 수리하여 의원면직 처리하였다면, 그 사직서의 제출은 비진의사표시에 해당한다.

④ 학교법인이 그 학교의 교직원의 명의로 금융기관으로부터 금전을 차용한 경우, 명의대여자의 의사표시는 비진의의사표시가 아니므로 주채무자로서 책임이 있다.

⑤ 장관의 지시에 따라 공무원이 일괄사표를 제출하여 일부 공무원에 대해 의원면직처분이 이루어진 경우, 그 사직원 제출행위는 비진의의사표시로 당연무효가 된다고 볼 수 없다.

해설

① (○) 근로자가 회사의 경영방침에 따라 사직원을 제출하고 회사가 이를 받아들여 퇴직처리를 하였다가 즉시 재입사하는 형식을 취함으로써 근로자가 그 퇴직 전후에 걸쳐 실질적인 근로관계의 단절이 없이 계속 근무하였다면 그 사직원 제출은 근로자가 퇴직을 할 의사 없이 퇴직의사를 표시한 것으로서 비진의의사표시에 해당하고 재입사를 전제로 사직원을 제출케 한 회사 또한 그와 같은 진의 아님을 알고 있었다고 봄이 상당하다 할 것이므로 위 사직원 제출과 퇴직처리에 따른 퇴직의 효과는 생기지 아니한다(2005.4. 29, 2004두14090).

② (×) 사용자가 사직의 의사 없는 근로자로 하여금 사직서를 작성·제출하게 한 후 이를 수리하는 의원면직의 형식을 취하여 근로계약관계를 종료시키는 경우에는 실질적으로 사용자의 일방적인 의사에 의하여 근로계약관계를 종료시키는 것이어서 해고에 해당하나, 그렇지 않은 경우에는 사용자가 사직서 제출에 따른 사직의 의사표시를 수락함으로써 사용자와 근로자의 근로계약관계는 합의해지에 의하여 종료되는 것이므로 사용자의 의원면직처분을 해고라고 볼 수 없다(대법원 2017.2.3, 2016다255910). 따라서 위 경우라면, 그 사직서 제출은 비진의의사표시에 해당하지 아니한다 할 것이다.

[보충] 원고들은 당시 희망퇴직의 권고를 선뜻 받아들일 수는 없었다고 할지라도 그 당시의 경제상황, 피고 회사의 구조조정계획, 피고 회사가 제시하는 희망퇴직의 조건, 정리해고를 시행할 경우 정리기준에 따라 정리해고 대상자에 포함될 가능성, 퇴직할 경우와 계속 근무할 경우의 이해득실 등 제반 사항을 종합적으로 고려하여 심사숙고한 결과 사직서를 제출하였다고 봄이 상당하고, 따라서, 원고들과 피고 회사 사이의 근로계약은 원고들이 피고 회사에 대하여 사직서를 제출하고 피고 회사가 이를 수리하여 원고들을 면직함으로써 합의해지에 의하여 종료되었다고 할 것이고, … (대법원 2003.4.11, 2002다60528).

③ (○) 근로자들이 의원면직의 형식을 빌렸을 뿐 실제로는 사용자의 지시에 따라 진의 아닌 사직의 의사표시를 하였고 사용자가 이러한 사정을 알면서 위 사직의 의사표시를 수리하였다면 위 사직의 의사표시는 민법 제107조에 해당하여 무효라 할 것이고 사용자가 사직의 의사 없는 근로자로 하여금 어쩔 수 없이 사직서를 작성제출케 하여 그중 일부만을 선별수리하여 이들을 의원면직 처리한 것은 정당한 이유나 정당한 절차를 거치지 아니한 해고조치로서 근로기준법 제27조 등의 강행법규에 위배되어 당연무효이다(대법원 1992.5.26, 92다3670).

④ (○) 학교법인이 사립학교법상의 제한규정 때문에 그 학교의 교직원인 소외인들의 명의를 빌려서 피고로부터 금전을 차용한 경우에 피고 역시 그러한 사정을 알고 있었다고 하더라도 위 소외인들의 의사는 위 금전의 대차에 관하여 그들이 주채무자로서 채무를 부담하겠다는 뜻이라고 해석함이 상당하고 이를 진의 아닌 의사표시라고 볼 수 없다(대법원 2009.3.19, 2008다45828 전원합의체).

⑤ (○) 공무원이 사직의 의사표시를 하여 의원면직처분을 하는 경우 그 사직의 의사표시는 그 법률관계의 특수성에 비추어 외부적·객관적으로 표시된 바를 존중하여야 할 것이므로, 비록 사직원제출자의 내심의 의사가 사직할 뜻이 아니었다고 하더라도 진의 아닌 의사표시에 관한 민법 제107조는 그 성질상 사직의 의사표시와 같은 사인의 공법행위에는 준용되지 아니하므로 그 의사가 외부에 표시된 이상 그 의사는 표시된 대로 효력을 발한다(대법원 1997.12.12, 97누13962).

정답 ②

60 ☐☐☐ ○ △ ×

법률행위의 무효와 취소에 관한 설명으로 옳지 않은 것은? (다툼이 있으면 판례에 따름)

① 가분적 법률행위의 일부분에만 취소사유가 있는 경우, 나머지 부분이라도 이를 유지하려는 당사자의 가정적 의사가 인정되더라도 그 일부만의 취소는 불가능하다.

② 반사회적 법률행위는 당사자의 추인으로 유효하게 될 수 없다.

③ 법정대리인의 동의 없이 행한 미성년자의 법률행위는 미성년자가 단독으로 취소할 수 있다.

④ 법률행위의 일부분이 무효인 경우, 원칙적으로 그 전부를 무효로 한다.

⑤ 제한능력을 이유로 법률행위가 취소된 경우, 제한능력자는 현존이익의 한도에서 상환할 책임이 있다.

해설

① (×) 하나의 법률행위의 일부분에만 취소사유가 있다고 하더라도 그 법률행위가 가분적이거나 그 목적물의 일부가 특정될 수 있다면, 그 나머지 부분이라도 이를 유지하려는 당사자의 가정적 의사가 인정되는 경우 그 일부만의 취소도 가능하다고 할 것이고, 그 일부의 취소는 법률행위의 일부에 관하여 효력이 생긴다(대법원 2002.9.10, 2002다21509).

② (○) 반사회적 법률행위는 절대적 무효이므로 추인에 의하여 유효로 될 수 없다.

③ (○) 취소할 수 있는 법률행위는 제한능력자, 착오로 인하거나 사기·강박에 의하여 의사표시를 한 자, 그의 대리인 또는 승계인만이 취소할 수 있다(민법 제140조).

④ (○) 법률행위의 일부분이 무효인 때에는 그 전부를 무효로 한다. 그러나 그 무효부분이 없더라도 법률행위를 하였을 것이라고 인정될 때에는 나머지 부분은 무효가 되지 아니한다(동법 제137조).

⑤ (○) 취소된 법률행위는 처음부터 무효인 것으로 본다. 다만, 제한능력자는 그 행위로 인하여 받은 이익이 현존하는 한도에서 상환(償還)할 책임이 있다(동법 제141조).

정답 ①

061 ☐☐☐　　　　　　　　○ △ ✕

법률행위의 조건과 기한에 관한 설명으로 옳지 않은 것은? (다툼이 있으면 판례에 따름)

① 조건이 법률행위의 당시 이미 성취한 것인 경우에는 그 조건이 정지조건이면 조건 없는 법률행위이다.

② 조건의 성취 여부가 확정 전인 권리의무는 일반규정에 의하여 처분, 상속, 보존 또는 담보로 할 수 있다.

③ 어느 법률행위에 어떤 조건이 붙어 있었는지 여부는 그 조건의 존재를 주장하는 자가 이를 증명하여야 한다.

④ 당사자의 특약이 없거나 법률행위의 성질상 분명하지 않으면 기한의 이익은 채권자에게 있는 것으로 추정된다.

⑤ 기한의 이익이 상대방에게 있는 경우, 당사자 일방은 상대방의 손해를 배상하고 기한의 이익을 포기할 수 있다.

해설

① (○) 조건이 법률행위의 당시 이미 성취한 것인 경우에는 그 조건이 정지조건이면 조건 없는 법률행위로 하고 해제조건이면 그 법률행위는 무효로 한다(민법 제151조 제2항).

② (○) 조건의 성취가 미정한 권리의무는 일반규정에 의하여 처분, 상속, 보존 또는 담보로 할 수 있다(동법 제149조).

③ (○) 어느 법률행위에 어떤 조건이 붙어 있었는지 아닌지는 사실인정의 문제로서 그 조건의 존재를 주장하는 자가 이를 증명하여야 한다(대법원 2011.8.25, 2008다47367).

④ (✕) 채권자 → 채무자(동법 제153조 제1항)

> **제153조(기한의 이익과 그 포기)** ① 기한은 채무자의 이익을 위한 것으로 추정한다.
> ② 기한의 이익은 이를 포기할 수 있다. 그러나 상대방의 이익을 해하지 못한다.

⑤ (○) 기한의 이익이 상대방을 위하여도 존재하는 경우, 상대방의 손해를 배상하고 이를 포기할 수 있다고 해석하는 데 학설이 일치하고 있다.

정답 ④

062 ☐☐☐　　　　　　　　○ △ ✕

소멸시효에 관한 설명으로 옳은 것은? (다툼이 있으면 판례에 따름)

① 소멸시효 완성에 의한 권리의 소멸은 법원의 직권조사 사항이다.

② 소멸시효는 그 시효기간이 완성된 때로부터 장래에 향하여 권리가 소멸한다.

③ 소멸시효는 법률행위에 의하여 그 기간을 단축할 수 없다.

④ 채무자가 소멸시효 완성 후에 채권자에 대하여 채무를 승인함으로써 그 시효의 이익을 포기한 경우에는 그때부터 새로이 소멸시효가 진행한다.

⑤ 부작위를 목적으로 하는 채권의 소멸시효는 채권이 성립한 때로부터 진행한다.

해설

① (✕) 소멸시효 완성으로 권리는 당연히 소멸하나, 변론주의로 말미암아 시효이익을 받을 자가 그 이익을 소송에서 공격·방어방법으로 제출하지 아니하면, 그 이익은 무시된다.
참고로, 제척기간의 이익은 법원이 당연히 고려하여야 한다.

② (✕) 소멸시효는 그 시효기간이 완성된 때에 권리가 소멸하나 그 기산일에 소급하여 효력이 생기는 반면, 제척기간은 그 기간이 완성된 때로부터 장래에 향하여 권리가 소멸한다.

> **제167조(소멸시효의 소급효)** 소멸시효는 그 기산일에 소급하여 효력이 생긴다.

③ (✕) 없다 → 있다(민법 제184조 제2항)

> **제184조(시효의 이익의 포기 기타)** ② 소멸시효는 법률행위에 의하여 이를 배제, 연장 또는 가중할 수 없으나 이를 단축 또는 경감할 수 있다.

④ (○) 채무자가 소멸시효 완성 후에 채권자에 대하여 채무를 승인함으로써 그 시효의 이익을 포기한 경우에는 그때부터 새로이 소멸시효가 진행한다(대법원 2009.7.9, 2009다14340).
[보충] 채무자가 소멸시효 완성 후에 채권자에 대하여 채무 일부를 변제함으로써 시효의 이익을 포기한 경우에는 그때부터 새로이 소멸시효가 진행한다(대법원 2013.5.23, 2013다12464).

⑤ (✕) 채권이 성립한 → 위반행위를 한(동법 제166조 제2항)

> **제166조(소멸시효의 기산점)** ② 부작위를 목적으로 하는 채권의 소멸시효는 위반행위를 한 때로부터 진행한다.
> [단순위헌, 2014헌바148, 2018.8.30. 민법(1958.2.22. 법률 제471호로 제정된 것) 제166조 제1항 중 '진실·화해를 위한 과거사정리 기본법' 제2조 제1항 제3호, 제4호에 규정된 사건에 적용되는 부분은 헌법에 위반된다]

정답 ④

甲의 乙에 대한 5천만 원의 A채권(변제기 2016.2.8.)과 乙의 甲에 대한 3천만 원의 B채권(변제기 2016.5.8.)이 있다. 이에 관한 설명으로 옳지 않은 것은? (다툼이 있으면 판례에 따름)

① 乙은 B채권으로 2016.5.8. 이후 A채권과 상계할 수 있다.
② 乙의 甲에 대한 상계의 의사표시가 2016.7.20. 도달하였다면, 도달한 날을 기준으로 두 채권은 대등액의 범위 내에서 소멸한다.
③ B채권이 임금채권인 경우, 특별한 사유가 존재하지 않는 한 甲은 A채권으로 B채권과 상계하지 못한다.
④ B채권이 甲의 고의의 불법행위에 의한 손해배상채권인 경우, 甲은 A채권으로 상계할 수 없으나 乙은 B채권으로 상계할 수 있다.
⑤ 丙의 A채권에 대한 가압류신청에 따른 가압류명령이 2016.4.15. 乙에게 송달된 후 乙은 B채권으로 가압류된 A채권을 상계하여 丙에게 대항할 수 없다.

해설

① (○) 쌍방이 채권을 가지고 있고, 두 채권이 동종의 목적을 가지며, 2016.5.8. 이후 두 채권 모두 변제기에 있게 되므로, 乙은 B채권으로 A채권과 상계할 수 있다.

② (✕) 乙의 甲에 대한 상계의 의사표시가 2016.7.20. 도달하였다면, 민법 제493조 제2항에 따라 2016.5.8. 두 채권은 대등액의 범위 내에서 소멸한다.

> 제493조(상계의 방법, 효과) ② 상계의 의사표시는 각 채무가 상계할 수 있는 때에 대등액에 관하여 소멸한 것으로 본다.

③ (○) 민법 제497조에 의하여 압류금지채권을 수동채권으로 하는 상계는 금지되어 있으므로, 甲은 A채권으로 임금채권인 B채권과 상계하지 못한다.

> 제497조(압류금지채권을 수동채권으로 하는 상계의 금지) 채권이 압류하지 못할 것인 때에는 그 채무자는 상계로 채권자에게 대항하지 못한다.

④ (○) 채무가 고의의 불법행위로 인한 것인 때에는 그 채무자는 상계로 채권자에게 대항하지 못한다(민법 제496조). 따라서 甲은 A채권으로 B채권을 상계할 수 없으나, 乙은 B채권으로 A채권을 상계할 수 있다.

⑤ (○) 채권압류명령을 받은 제3채무자가 압류채무자에 대한 반대채권을 가지고 있는 경우에 상계로써 압류채권자에게 대항하기 위하여는, 압류의 효력발생 당시에 대립하는 양 채권이 상계적상에 있거나, 그 당시 반대채권(자동채권)의 변제기가 도래하지 아니한 경우에는 그것이 피압류채권(수동채권)의 변제기와 동시에 또는 그보다 먼저 도래하여야 한다(대법원 2019.2.14, 2017다274703). 따라서 乙은 B채권(변제기 2016.5.8.)(자동채권)으로 2016.4.15. 가압류된 A채권(변제기 2016.2.8.)(수동채권)을 상계하여 丙에게 대항할 수 없다.

정답 ②

손해배상액의 예정에 관한 설명으로 옳은 것은? (다툼이 있는 경우 판례에 따름)

① 사용자는 근로계약 불이행에 대한 위약금 또는 손해배상액을 예정하는 계약을 체결할 수 있다.
② 매매계약에서 채권자는 실제 손해액이 예정액을 초과하는 경우에 그 초과액을 청구할 수 있다.
③ 계약내용에 손해배상액을 예정하는 약정이 있는 경우에는 계약상의 채무불이행으로 인한 손해액과 함께 그 계약과 관련된 불법행위상의 손해액까지 예정한 것이다.
④ 건물 신축공사에 있어 준공 후에도 건물에 다수의 하자와 미시공 부분이 있어 수급인이 약정기한 내에 그 하자와 미시공 부분에 대한 공사를 완료하지 못할 경우, 미지급 공사비 등을 포기하고 이를 도급인의 손해배상금으로 충당한다는 내용의 합의각서를 작성한 경우, 채무불이행에 관한 손해배상액을 예정한 경우에 해당한다.
⑤ 금전채무에 관하여 이행지체에 대비한 지연손해금 비율을 따로 약정한 경우, 손해배상액의 예정으로서 감액의 대상이 되지 않는다.

해설

① (✕) 있다 → 없다(근로기준법 제20조)

> 제20조(위약예정의 금지) 사용자는 근로계약 불이행에 대한 위약금 또는 손해배상액을 예정하는 계약을 체결하지 못한다.

② (✕) 매매당사자가 계약금으로 수수한 금액에 관하여 매수인이 위약하면 이를 무효로 하고 매도인이 위약하면 그 배액을 상환하기로 하는 뜻의 약정을 한 경우에 있어서 그 위약금의 약정은 민법 제398조 제4항이 정한 손해배상의 예정으로 추정되는 것이고, 이와 같은 약정이 있는 경우에는 채무자에게 채무불이행이 있으면 채권자는 실제 손해액을 증명할 필요 없이 그 예정액을 청구할 수 있는 반면에 실제 손해액이 예정액을 초과하더라도 그 초과액을 청구할 수 없다(대법원 1988.5.10, 87다카3101).

③ (✕) 계약 당시 당사자 사이에 손해배상액을 예정하는 내용의 약정이 있는 경우에는 그것은 계약상의 채무불이행으로 인한 손해액에 관한 것이고 이를 그 계약과 관련된 불법행위상의 손해까지 예정한 것이라고는 볼 수 없다(대법원 1999.1.15, 98다48033).

④ (○) 건물 신축공사에 있어 준공 후에도 건물에 다수의 하자와 미시공 부분이 있어 수급인이 약정기한 내에 그 하자와 미시공 부분에 대한 공사를 완료하지 못할 경우 미지급 공사비 등을 포기하고 이를 도급인의 손해배상금으로 충당한다는 내용의 합의각서를 작성한 경우, 위 약정은 민법 제398조에 정한 채무불이행에 관한 손해배상액을 예정한 경우에 해당한다(대법원 2008.7.24, 2007다69186).

⑤ (✕) 금전채무에 관하여 이행지체에 대비한 지연손해금 비율을 따로 약정한 경우에 이는 손해배상액의 예정으로서 감액의 대상이 된다(대법원 2017.8.18, 2017다52265).

정답 ④

민법

금전채무에 관한 설명으로 옳은 것은? (다툼이 있으면 판례에 따름)

① 채권의 목적이 다른 나라 통화로 지급할 것인 경우, 채무자는 그 국가의 강제통용력 있는 각종 통화로 변제할 수 있다.

② 민사채권과 상사채권의 법정이율은 모두 연 5분이다.

③ 금전채무 불이행책임의 경우, 그 손해에 대한 채권자의 증명이 필요하다.

④ 금전채무의 이행지체로 인하여 발생하는 지연손해금은 3년간의 단기소멸시효의 대상이다.

⑤ 금전채권의 경우, 특정물채권이 될 여지가 없다.

해설

① (○) 채권의 목적이 다른 나라 통화로 지급할 것인 경우에는 채무자는 자기가 선택한 그 나라의 각 종류의 통화로 변제할 수 있다(민법 제377조 제1항).

② (✕) 민사채권의 법정이율은 연 5푼, 상사채권의 법정이율은 연 6분이다.

> **민법 제379조(법정이율)** 이자 있는 채권의 이율은 다른 법률의 규정이나 당사자의 약정이 없으면 연 5푼으로 한다.
> **상법 제54조(상사법정이율)** 상행위로 인한 채무의 법정이율은 연 6분으로 한다. 〈개정 1962.12.12.〉

③ (✕) 증명이 필요하다 → 증명은 필요 없다(민법 제397조 제2항)

> **제397조(금전채무 불이행에 대한 특칙)** ① 금전채무 불이행의 손해배상액은 법정이율에 의한다. 그러나 법령의 제한에 위반하지 아니한 약정이율이 있으면 그 이율에 의한다.
> ② 전항의 손해배상에 관하여는 채권자는 손해의 증명을 요하지 아니하고 채무자는 과실 없음을 항변하지 못한다.

④ (✕) 금전채무의 이행지체로 인하여 발생하는 지연손해금은 그 성질이 손해배상금이지 이자가 아니며, 민법 제163조 제1호가 규정한 '1년 이내의 기간으로 정한 채권'도 아니므로 3년간의 단기소멸시효의 대상이 되지 아니한다고 할 것이다(대법원 2010.9.9, 2010다24435,24442,24459,24466,24473,24480,24497).

⑤ (✕) 금전채권일지라도 특정금전채권은 특정물채권에 해당한다.

정답 ①

채무불이행에 관한 설명으로 옳은 것은? (다툼이 있으면 판례에 따름)

① 기한이 정해져 있는 지시채권이나 무기명채권의 경우에는 그 증서의 제시 없이도 이행기에 도달하면 당연히 지체책임을 진다.

② 당사자가 불확정한 사실이 발생한 때를 이행기한으로 정한 경우에는 그 사실이 발생한 때는 물론 그 사실의 발생이 불가능하게 된 때에도 이행기한은 도래한 것으로 보아야 한다.

③ 부동산 이중매매의 경우, 제1매수인이 아닌 제2매수인과 그 부동산에 관한 매매계약이 체결된 사실이 있으면, 이행불능으로서 채무불이행에 해당한다.

④ 부동산의 이중매매에서 매매목적물을 제2매수인에게 처분한 가격이 통상가격을 넘는 경우, 그 처분가격이 매도인의 제1매수인에 대한 배상액 산정의 기준이 된다.

⑤ 아파트 광고모델계약을 체결하면서 품위유지약정을 한 유명 연예인이 남편과의 물리적 충돌로 멍들고 부은 얼굴 등을 언론에 공개한 행위는 채무불이행에 해당하지 않는다.

해설

① (✕) 증서의 제시 없이도 이행기에 도달하면 → 증서를 제시하여 이행을 청구한 때로부터(민법 제517조, 제524조)

> **제517조(증서의 제시와 이행지체)** 증서에 변제기한이 있는 경우에도 그 기한이 도래한 후에 소지인이 증서를 제시하여 이행을 청구한 때로부터 채무자는 지체책임이 있다.
> **제524조(준용규정)** 제514조 내지 제522조의 규정은 무기명채권에 준용한다.

② (○) 당사자가 불확정한 사실이 발생한 때를 이행기한으로 정한 경우, 그 사실이 발생한 때는 물론 그 사실의 발생이 불가능하게 된 때에도 그 이행기한은 도래한 것으로 보아야 한다(대법원 2007.5.10, 2005다67353).

③ (✕) 매매목적물에 관하여 이중으로 제3자와 매매계약을 체결하였다는 사실만 가지고는 매매계약이 법률상 이행불능이라고 할 수 없고, 채무의 이행이 불능이라는 것은 단순히 절대적, 물리적으로 불능인 경우가 아니라 사회생활에 있어서의 경험법칙 또는 거래상의 관념에 비추어 볼 때 채권자가 채무자의 이행의 실현을 기대할 수 없는 경우를 말한다(대법원 1996.7.26, 96다14616).

④ (✕) 토지의 소유권이전등기가 이행불능된 데 대한 전보배상을 명함에 있어 이행불능사유 발생 당시의 시가를 감정하여 그 가액 상당의 배상을 명한 것은 정당한 것이고, 매도인이 그것을 타에 처분한 가격이 통상가격을 넘는다고 하더라도 그것을 배상액 산정의 기준으로 삼을 수는 없다(대법원 1990.12.7, 90다5672).

⑤ (✕) 아파트 건설회사와 광고모델계약을 체결하면서 자신의 사회적, 도덕적 명예를 훼손하지 않기로 하는 품위유지약정을 한 유명 연예인이 별거 중인 남편과의 물리적인 충돌 사실이 언론에 노출되어 그 경위에 관한 관심이 늘어나자 사실과 다른 보도가 이루어지지 않도록 해명할 필요가 있다는 이유로, 기자들에게 그 충돌 경위를 상세히 진술하고 자신의 멍들고 부은 얼굴과 충돌이 일어

난 현장을 촬영하도록 허락하여 그 진술내용과 사진이 언론을 통하여 일반인들에게 널리 공개되도록 한 행위는, 광고모델계약에서 정한 품위유지약정을 위반한 것으로서 광고주인 아파트 건설회사에게 채무불이행으로 인한 손해배상책임을 진다(대법원 2009.5.28, 2006다32354).

정답 ②

067 ▢▢▢ ○ △ ✕

채권자대위권에 관한 설명으로 옳은 것은? (다툼이 있으면 판례에 따름)

① 채권자대위권 행사는 채무자의 무자력을 요하므로, 소유권이전등기청구권은 피보전채권이 될 수 없다.
② 토지거래규제구역 내의 토지매매의 경우, 매수인이 매도인에 대하여 가지는 토지거래허가신청절차 협력의무의 이행청구권도 채권자대위권 행사의 대상이 될 수 있다.
③ 채무자의 채권자대위권은 대위할 수 있지만, 채무자의 채권자취소권은 대위할 수 없다.
④ 조합원의 조합탈퇴권은 일신전속적 권리이므로 대위의 대상이 되지 못한다.
⑤ 피보전채권이 금전채권인 경우, 대위채권자는 채무자의 금전채권을 자신에게 직접 이행하도록 청구할 수 없다.

해설

① (✕) 대법원은 채권자가 보전할 채권이 소유권이전등기청구권과 같은 특정채권인 경우 채권자가 대위할 권리와 밀접한 관련이 있는 때에는 채무자의 무자력을 요건으로 하지 않고 채권자대위권 행사를 넓게 허용함으로써 채권자대위권의 행사요건을 완화해 왔다(대법원 2022.8.25, 2019다229202).
[보충] 채권자는 자기의 채무자에 대한 부동산의 소유권이전등기청구권 등 특정채권을 보전하기 위하여 채무자가 방치하고 있는 그 부동산에 관한 특정권리를 대위하여 행사할 수 있고 그 경우에는 채무자의 무자력을 요건으로 하지 아니하는 것이다(대법원 1992.10.27, 91다483).
② (○) 판례에 따르면, 매수인이 토지거래허가신청절차의 협력의무 이행청구권을 보전하기 위하여 매도인의 권리를 대위하여 행사하는 것도 허용된다(대법원 2013.5.23, 2010다50021).
③ (✕) 채권자취소권도 채권자가 채무자를 대위하여 행사하는 것이 가능하다(대법원 2001.12.27, 2000다73049).
④ (✕) 민법상 조합원은 조합의 존속기간이 정해져 있는 경우 등을 제외하고는 원칙적으로 언제든지 조합에서 탈퇴할 수 있고(민법 제716조 참조), 조합원이 탈퇴하면 그 당시의 조합재산상태에 따라 다른 조합원과 사이에 지분의 계산을 하여 지분환급청구권을 가지게 되는바(민법 제719조 참조), 조합원이 조합을 탈퇴할 권리는 그 성질상 조합계약의 해지권으로서 그의 일반재산을 구성하는 재산권의 일종이라 할 것이고 채권자대위가 허용되지 않는 일신전속적 권리라고는 할 수 없다(대법원 2007.11.30, 2005마1130).
⑤ (✕) 채권자가 자기의 금전채권을 보전하기 위하여 채무자의 금전

채권을 대위행사하는 경우 제3채무자로 하여금 채무자에게 지급의무를 이행하도록 청구할 수도 있지만, 직접 대위채권자 자신에게 이행하도록 청구할 수도 있다(대법원 2016.8.29, 2015다236547).

정답 ②

068 ▢▢▢ ○ △ ✕

채권양도와 채무인수에 관한 설명으로 옳은 것은? (다툼이 있으면 판례에 따름)

① 면책적 채무인수에 있어서 전(前)채무자에 대한 보증채무는 그 보증인이 채무인수에 동의하지 않아도 소멸하지 않는다.
② 기존채무에 관하여 제3자가 채무자를 위하여 어음이나 수표를 발행하는 것은 특별한 사정이 없는 한, 이는 면책적 채무인수이다.
③ 채무자와 인수인 간 채무인수의 합의는 다른 특별한 사정이 없는 한 병존적 채무인수로서 이는 일종의 제3자를 위한 계약으로서 채권자가 수익의 의사표시를 함으로써 인수인에 대한 권리를 갖게 된다.
④ 지시채권 양도의 대항요건은 채무자에 대한 양도인의 통지 또는 채무자의 승낙이다.
⑤ 지명채권 양도의 경우, 채무자는 승낙의 의사표시에 조건을 붙일 수 없다.

해설

① (✕) 동의하지 않아도 → 동의하면(민법 제459조)

> **제459조(채무인수와 보증, 담보의 소멸)** 전채무자의 채무에 대한 보증이나 제삼자가 제공한 담보는 채무인수로 인하여 소멸한다. 그러나 보증인이나 제삼자가 채무인수에 동의한 경우에는 그러하지 아니하다.

② (✕) 금전소비대차계약으로 인한 채무에 관하여 제3자가 채무자를 위하여 어음이나 수표를 발행하는 것은 특별한 사정이 없는 한 동일한 채무를 중첩적으로 인수한 것으로 봄이 타당하다(대법원 2023.3.16, 2022다288386).
③ (○) 채무자와 인수인의 합의에 의한 중첩적 채무인수는 일종의 제3자를 위한 계약이라고 할 것이므로, 채권자는 인수인에 대하여 채무이행을 청구하거나 기타 채권자로서의 권리를 행사하는 방법으로 수익의 의사표시를 함으로써 인수인에 대하여 직접 청구할 권리를 갖게 된다(대법원 2013.9.13, 2011다56033).
④ (✕) ⑤ (✕) 지명채권의 양도의 대항요건인 채무자의 승낙은 채권양도의 사실을 채무자가 승인하는 의사를 표명하는 채무자의 행위라고 할 수 있는데, 채무자는 채권양도를 승낙하면서 조건을 붙여서 할 수 있다(대법원 2014.11.13, 2012다52526).
[보충] 지시채권은 그 증서에 배서하여 양수인에게 교부하는 방식으로 양도할 수 있다(동법 제508조).

정답 ③

채권자취소권에 관한 설명으로 옳은 것은? (다툼이 있으면 판례에 따름)

① 채권자취소권은 재판상 또는 재판 외에도 행사할 수 있다.
② 특정물에 대한 소유권이전등기청구권과 같은 특정채권도 채권자취소권의 피보전채권이 될 수 있다.
③ 채권자취소권에 의해 보전되는 채권은 특별한 경우 사해행위 이후에도 성립할 수 있다.
④ 상속재산의 분할협의는 채권자취소권의 대상이 될 수 없다.
⑤ 수인의 채권자 중 일부가 제기한 채권자취소권 행사의 효력은 취소소송을 행한 채권자에게만 귀속된다.

해설

① (✕) 사해행위의 취소는 법원에 소를 제기하는 방법으로 청구할 수 있을 뿐 소송상의 공격방어방법으로 주장할 수는 없다(1998.3. 13, 95다48599,48605). 즉, 甲은 채권자취소권을 재판상으로 행사하여야 한다.

[보충] 채권자취소권은 제3자의 이해관계에 큰 영향을 미치므로, 반드시 법원에 소를 제기하는 방법으로 행사하여야 한다.

> **제406조(채권자취소권)** ① 채무자가 채권자를 해함을 알고 재산권을 목적으로 한 법률행위를 한 때에는 채권자는 그 취소 및 원상회복을 법원에 청구할 수 있다. 그러나 그 행위로 인하여 이익을 받은 자나 전득한 자가 그 행위 또는 전득 당시에 채권자를 해함을 알지 못한 경우에는 그러하지 아니하다.

② (✕) 채권자취소권을 특정물에 대한 소유권이전등기청구권을 보전하기 위하여 행사하는 것은 허용되지 않으므로, 부동산의 제1양수인은 자신의 소유권이전등기청구권 보전을 위하여 양도인과 제3자 사이에서 이루어진 이중양도행위에 대하여 채권자취소권을 행사할 수 없다(대법원 1999.4.27, 98다56690).

③ (○) 채권자취소권에 의하여 보호될 수 있는 채권은 원칙적으로 사해행위라고 볼 수 있는 행위가 이루어지기 전에 발생되어야 하지만, 사해행위 당시에 이미 채권성립의 기초가 되는 법률관계가 발생되어 있고, 가까운 장래에 그 법률관계에 기하여 채권이 성립되리라는 점에 대한 고도의 개연성이 있으며, 실제로 가까운 장래에 그 개연성이 현실화되어 채권이 성립된 경우에는 그 채권도 채권자취소권의 피보전채권이 될 수 있다(대법원 2018.3.27, 2017다287730).

④ (✕) 상속재산의 분할협의는 상속이 개시되어 공동상속인 사이에 잠정적 공유가 된 상속재산에 대하여 그 전부 또는 일부를 각 상속인의 단독소유로 하거나 새로운 공유관계로 이행시킴으로써 상속재산의 귀속을 확정시키는 것으로 그 성질상 재산권을 목적으로 하는 법률행위이므로 사해행위취소권 행사의 대상이 될 수 있고, … (대법원 2008.3.13, 2007다73765).

⑤ (✕) 취소소송을 행한 채권자에게만 귀속된다 → 모든 채권자의 이익을 위하여 있다(민법 제407조)

> **제407조(채권자취소의 효력)** 전조의 규정에 의한 취소와 원상회복은 모든 채권자의 이익을 위하여 그 효력이 있다.

정답 ③

甲은 乙로부터 금전을 빌렸고, 丙은 甲의 채무를 위해 보증인이 되었다. 이에 관한 설명으로 옳은 것은? (다툼이 있으면 판례에 따름)

① 丙이 모르는 사이에 주채무의 목적이나 형태가 변경되어 주채무의 실질적 동일성이 상실된 경우에도 丙의 보증채무는 소멸되지 않는다.
② 丙의 보증계약은 구두계약에 의하여도 그 효력이 발생한다.
③ 丙은 甲이 가지는 항변으로 乙에게 대항할 수 있으나, 甲이 이를 포기하였다면 丙은 그 항변으로 乙에게 대항할 수 없다.
④ 甲의 乙에 대한 채무가 시효로 소멸되더라도 丙의 보증채무는 원칙적으로 소멸하지 않는다.
⑤ 甲의 의사에 반하여 보증인이 된 丙이 자기의 출재로 甲의 채무를 소멸하게 한 때에는 甲은 丙에게 현존이익의 한도에서 배상하여야 한다.

해설

① (✕) 보증계약이 성립한 후에 보증인이 알지도 못하는 사이에 주채무의 목적이나 형태가 변경되었다면, 그 변경으로 인하여 주채무의 실질적 동일성이 상실된 경우에는 당초의 주채무는 경개로 인하여 소멸하였다고 보아야 할 것이므로 보증채무도 당연히 소멸하고, … 그 변경으로 인하여 주채무의 실질적 동일성이 상실되지는 아니하고 주채무의 부담내용이 확장·가중된 경우에는 보증인은 그와 같이 확장·가중된 주채무의 내용에 따른 보증책임은 지지 아니하고, 다만 변경되기 전의 주채무의 내용에 따른 보증책임만을 진다(대법원 2000.1.21, 97다1013).

② (✕) 발생한다 → 발생하지 아니한다(민법 제428조의2)

> **제428조의2(보증의 방식)** ① 보증은 그 의사가 보증인의 기명날인 또는 서명이 있는 서면으로 표시되어야 효력이 발생한다. 다만, 보증의 의사가 전자적 형태로 표시된 경우에는 효력이 없다.

③ (✕) 민법 제433조 제2항에 의하여 甲의 항변포기는 丙에게 효력이 없다. 따라서 甲이 이를 포기하였더라도 丙은 그 항변으로 乙에게 대항할 수 있다.

> **제433조(보증인과 주채무자항변권)** ① 보증인은 주채무자의 항변으로 채권자에게 대항할 수 있다.
> ② 주채무자의 항변포기는 보증인에게 효력이 없다.

④ (✕) 보증채무에 대한 소멸시효가 중단 등의 사유로 완성되지 아니하였다고 하더라도, 주채무에 대한 소멸시효가 완성된 경우에는, 시효완성의 사실로써 주채무가 당연히 소멸되므로, 보증채무의 부종성에 따라 보증채무 역시 당연히 소멸된다(대법원 2018.5.15, 2016다43100).

⑤ (○) 주채무자의 의사에 반하여 보증인이 된 자가 변제 기타 자기의 출재로 주채무를 소멸하게 한 때에는 주채무자는 현존이익의 한도에서 배상하여야 한다(동법 제444조 제2항).

정답 ⑤

071 □□□   ○ △ ✕

동시이행의 관계에 있지 않은 것은? (다툼이 있으면 판례에 따름)

① 채권자의 채권증서반환의무와 채무자의 전부변제의무
② 부동산 매매의 경우, 매도인의 소유권이전등기의무, 인도의무와 매수인의 잔대금지급의무
③ 매매계약이 취소된 경우, 각 당사자의 원상회복의무
④ 임대차가 종료된 경우, 임차인의 목적물반환의무와 임대인의 보증금반환의무
⑤ 도급인의 하자보수청구권 또는 손해배상청구권과 수급인의 보수지급청구권

해설

① (✕) 민법 제475조는 변제자가 채무 전부를 변제한 때에는 채권자에게 채권증서의 반환을 청구할 수 있다고 규정하고 있으나, 이러한 채권증서반환청구권은 변제와 동시이행관계에 있지 아니하다(대법원 2012.11.29, 2011다84335).
② (○) 부동산매매계약에서 발생하는 매도인의 소유권이전등기의무와 매수인의 매매잔대금지급의무는 동시이행관계에 있고, …(대법원 2006.2.23, 2005다53187).
③ (○) 매매계약이 취소된 경우에 당사자 쌍방의 원상회복의무는 동시이행의 관계에 있다(대법원 2001.7.10, 2001다3764).
④ (○) 임대차가 종료함에 따라 발생한 임차인의 목적물반환의무와 임대인의 보증금반환의무는 동시이행관계에 있다(대법원 2020.7.9, 2016다244224,2016다244231).
⑤ (○) 도급계약에서 완성된 목적물에 하자가 있는 때에는 도급인은 수급인에 대하여 하자의 보수를 청구할 수 있고(민법 제667조 제1항), 하자의 보수를 갈음하여 또는 보수와 함께 손해배상을 청구할 수 있다(같은 조 제2항). 이들 청구권은 특별한 사정이 없는 한 수급인의 보수지급청구권과 동시이행의 관계에 있다(대법원 2021.6.10, 2018다279804).

정답 ①

---

072 □□□   ○ △ ✕

甲과 乙은 甲 소유의 부동산에 대하여 1억 원에 매매계약을 체결하고 甲은 계약금 1천만 원을 수령하였다. 이에 관한 설명으로 옳은 것은? (甲과 乙 사이에 다른 약정은 없으며, 다툼이 있으면 판례에 따름)

① 乙의 귀책사유로 甲이 계약을 해제한 경우, 계약금은 당연히 甲에게 귀속된다.
② 甲은 수령한 계약금을 乙에게 반환하고 매매계약을 해제할 수 있다.
③ 乙이 약정기일에 중도금을 지급한 경우, 甲은 乙에게 2천만 원을 상환하고 계약을 해제할 수 없다.
④ 乙은 중도금을 지급한 후라도 계약금과 중도금을 포기하고 매매계약을 해제할 수 있다.
⑤ 계약금계약에 의하여 계약이 해제된 경우, 甲과 乙은 원상회복 및 손해배상의무가 있다.

해설

① (✕) 유상계약을 체결함에 있어서 계약금이 수수된 경우 계약금은 해약금의 성질을 가지고 있어서, 이를 위약금으로 하기로 하는 특약이 없는 이상 계약이 당사자 일방의 귀책사유로 인하여 해제되었다 하더라도 상대방은 계약불이행으로 입은 실제 손해만을 배상받을 수 있을 뿐 계약금이 위약금으로서 상대방에게 당연히 귀속되는 것은 아니다(대법원 2014.10.30, 2012다8895).
② (✕) 계약금을 → 계약금의 배액을(민법 제565조 제1항)

> **제565조(해약금)** ① 매매의 당사자 일방이 계약 당시에 금전 기타 물건을 계약금, 보증금 등의 명목으로 상대방에게 교부한 때에는 당사자 간에 다른 약정이 없는 한 당사자의 일방이 이행에 착수할 때까지 교부자는 이를 포기하고 수령자는 그 배액을 상환하여 매매계약을 해제할 수 있다.

③ (○) 매도인이 민법 제565조에 의하여 계약금의 배액을 상환하고 계약을 해제하려면 매수인이 이행에 착수할 때까지 하여야 할 것인바, 여기에서 이행에 착수한다는 것은 객관적으로 외부에서 인식할 수 있는 정도로 채무의 이행행위의 일부를 하거나 또는 이행을 하기 위하여 필요한 전제행위를 하는 경우를 말한다(대법원 2006.11.24, 2005다39594). 따라서 중도금을 지급한 이상, 甲은 乙에게 2천만 원을 상환하고 계약을 해제할 수 없다.
④ (✕) 민법 제565조 제1항에서 말하는 당사자의 일방이라는 것은 매매 쌍방 중 어느 일방을 지칭하는 것이고, 상대방이라 국한하여 해석할 것이 아니므로, 비록 상대방인 매도인이 매매계약의 이행에는 전혀 착수한 바가 없다 하더라도 매수인이 중도금을 지급하여 이미 이행에 착수한 이상 매수인은 민법 제565조에 의하여 계약금을 포기하고 매매계약을 해제할 수 없다(대법원 2000.2.11, 99다62074).
⑤ (✕) 해약금에 기한 해제가 있으면 계약은 소급하여 무효로 되나, 원상회복의무는 생기지 아니하고, 채무불이행을 원인으로 한 해제가 아니므로, 손해배상청구권도 생기지 아니한다. 따라서 위 경우, 甲과 乙은 원상회복 및 손해배상의무가 없다 할 것이다.

정답 ③

073 □□□ ○ △ ×

임대차에 관한 설명으로 옳은 것은? (다툼이 있으면 판례에 따름)

① 연체차임은 임대차계약 종료 전에 별도의 의사표시 없이 임대차보증금에서 당연히 공제된다.

② 건물임대차의 존속기간은 20년을 넘지 못한다.

③ 임대인이 수선의무를 이행함으로써 목적물의 사용·수익에 지장이 초래된 경우, 임차인은 그 지장의 한도 내에서 차임지급을 거절할 수 있다.

④ 임대인이 임대목적물에 대한 소유권 기타 이를 임대할 권한이 없는 경우, 임대차계약은 유효하게 성립하지 않는다.

⑤ 임차인이 임대인의 동의 없이 임차권을 양도한 경우, 임대인은 임대차계약을 해지할 수 없다.

해설

① (×) 임대차보증금이 임대인에게 교부되어 있더라도 임대인은 임대차관계가 계속되고 있는 동안에는 임대차보증금에서 연체된 차임 등을 충당할 것인지를 자유로이 선택할 수 있으므로, 임대차계약 종료 전에는 연체된 차임 등이 공제 등 별도의 의사표시 없이 임대차보증금에서 당연히 공제되는 것은 아니지만, 임대차계약이 종료되거나 목적물이 인도되기 전이라도 임대인은 연체된 차임 등을 임대차보증금에서 공제한다는 의사표시를 함으로써 이를 공제할 수 있다(대법원 2019.4.3, 2015다247745,247752).

② (×) 2016.1.6. 법률 제13710호에 의하여 2013.12.26. 헌법재판소에서 위헌결정된 제651조를 삭제하였다.

> 구 제651조(임대차존속기간) ① 석조, 석회조, 연와조 또는 이와 유사한 견고한 건물 기타 공작물의 소유를 목적으로 하는 토지임대차나 식목, 채염을 목적으로 하는 토지임대차의 경우를 제한 외에는 임대차의 존속기간은 20년을 넘지 못한다. 당사자의 약정기간이 20년을 넘는 때에는 이를 20년으로 단축한다.
> ② 전항의 기간은 이를 갱신할 수 있다. 그 기간은 갱신한 날로부터 10년을 넘지 못한다.

③ (○) 임대차계약에서 목적물을 사용·수익하게 할 임대인의 의무와 임차인의 차임지급의무는 상호 대응관계에 있으므로 임대인이 목적물을 사용·수익하게 할 의무를 불이행하여 목적물의 사용·수익이 부분적으로 지장이 있는 상태인 경우에는 임차인은 그 지장의 한도 내에서 차임의 지급을 거절할 수 있고, 이는 임대인이 수선의무를 이행함으로써 목적물의 사용·수익에 지장이 초래된 경우에도 마찬가지이다(대법원 2015.2.26, 2014다65724).

④ (×) 임대인이 임대차목적물에 대한 소유권 기타 이를 임대할 권한이 없다고 하더라도 임대차계약은 유효하게 성립하고, … 임차인이 진실한 소유자로부터 목적물의 반환청구나 임료 내지 그 해당액의 지급요구를 받는 등의 이유로 임대인이 임차인으로 하여금 사용·수익케 할 수가 없게 되었다면 임대인의 채무는 이행불능으로 되고, 임차인은 이행불능으로 인한 임대차의 종료를 이유로 그때 이후의 임대인의 차임지급청구를 거절할 수 있다(대법원 1996.9.6, 94다54641).

⑤ (×) 없다 → 있다(민법 제629조 제2항)

> 제629조(임차권의 양도, 전대의 제한) ① 임차인은 임대인의 동의 없이 그 권리를 양도하거나 임차물을 전대하지 못한다.
> ② 임차인이 전항의 규정에 위반한 때에는 임대인은 계약을 해지할 수 있다.

정답 ③

074 □□□ ○ △ ×

부당이득에 관한 설명으로 옳지 않은 것은? (다툼이 있으면 판례에 따름)

① 소유권과 같은 물권의 취득뿐만 아니라 채권의 취득도 이득에 해당한다.

② 채무 없는 자가 착오로 변제한 경우에 그 변제가 도의관념에 적합한 때에는 그 반환을 청구하지 못한다.

③ 법률상 원인 없이 타인 소유의 건물을 점유하여 거주하는 자는 특별한 사정이 없는 한 건물의 차임 상당액을 부당이득으로 반환할 의무가 있다.

④ 부당이득으로 취득한 금전은 취득자의 소비 여부를 불문하고 현존하는 것으로 추정된다.

⑤ 부당이득반환의무는 수익자에게 고의 또는 과실이 있는 경우에만 인정된다.

해설

① (○) 채권도 물권과 같이 재산의 하나이므로 그 취득도 당연히 이득이 되고 수익이 된다(대법원 2023.6.29, 2021다285090).

② (○) 민법 제744조

③ (○) 법률상 원인 없이 타인 소유의 건물을 점유하여 거주하는 자는 건물의 소유자에게 그 점유기간 동안 건물의 사용, 수익에 따른 차임 상당액을 부당이득으로 반환할 의무가 있다고 할 것인데, 여기서 그 차임 상당액을 산정함에 있어, 통상적으로 건물을 임대하는 경우는 당연히 그 부지 부분의 이용을 수반하는 것이고 그 차임 상당액 속에는 건물의 차임 외에 부지 부분의 차임(지대)도 포함되는 것이므로, 건물의 차임은 물론이고 그 부지 부분의 차임도 함께 계산되어야 한다(대법원 1995.8.22, 95다11955,11962).

④ (○) 수익자가 취득한 것이 금전상의 이득인 때에는 그 금전은 이를 취득한 자가 소비하였는지 여부를 불문하고 현존하는 것으로 추정되나, 수익자가 급부자의 지시나 급부자와의 합의에 따라 그 금전을 사용하거나 지출하는 등의 사정이 있다면 위 추정은 번복될 수 있다(대법원 2022.10.14, 2018다244488).

⑤ (×) 부당이득반환의무의 범위와 관련하여서는 선의·악의만 문제될 뿐이다.

> 제748조(수익자의 반환범위) ① 선의의 수익자는 그 받은 이익이 현존한 한도에서 전조의 책임이 있다.
> ② 악의의 수익자는 그 받은 이익에 이자를 붙여 반환하고 손해가 있으면 이를 배상하여야 한다.

정답 ⑤

사용자책임에 관한 설명으로 옳지 않은 것은? (다툼이 있으면 판례에 따름)

① 사용자책임이 성립하려면 사용자가 피용자를 실질적으로 지휘·감독하는 관계에 있어야 한다.
② 특별한 사정이 없다면 퇴직 이후 피용자의 행위에 대하여 종전의 사용자에게 사용자책임을 물을 수 없다.
③ 도급인이 수급인에 대하여 특정한 행위를 지휘한 경우, 도급인에게는 사용자로서의 배상책임이 없다.
④ 피용자의 불법행위가 외형상 객관적으로 사용자의 사무집행행위로 보일 경우, 행위자의 주관적 사정을 고려함이 없이 이를 사무집행에 관하여 한 행위로 본다.
⑤ 사용자책임의 경우에도 피해자에게 과실이 있으면 과실상계할 수 있다.

해설

① (○) ② (○) 민법 제756조의 사용자책임이 성립하려면 사용자가 불법행위자인 피용자를 실질적으로 지휘·감독하는 관계에 있어야 하므로, 피용자가 퇴직한 뒤에는 퇴직에도 불구하고 사용자의 실질적인 지휘·감독 아래에 있었다고 볼 수 있는 특별한 사정이 없다면 그의 행위에 대하여 원칙적으로 종전의 사용자에게 사용자책임을 물을 수 없다(대법원 2001.9.4, 2000다26128).

③ (✕) 도급계약에서 도급인은 도급 또는 지시에 관하여 중대한 과실이 없는 한 수급인이 그 일에 관하여 제3자에게 가한 손해를 배상할 책임을 부담하지 않는 것이 원칙이다. 다만 도급인이 수급인의 일의 진행과 방법에 관하여 구체적으로 지휘·감독한 경우에는 도급인과 수급인의 관계는 실질적으로 사용자와 피용자의 관계와 다르지 않으므로 수급인이나 수급인의 피용자의 불법행위로 인하여 제3자에게 가한 손해에 대하여 도급인은 민법 제756조 소정의 사용자책임을 진다(대법원 2017.9.21, 2017다223538).

④ (○) 민법 제756조 본문은 사용자책임의 성립요건에 관하여 "타인을 사용하여 어느 사무에 종사하게 한 자는 피용자가 그 사무집행에 관하여 제3자에게 가한 손해를 배상할 책임이 있다."라고 정하고 있다. 여기에서 '사무집행에 관하여'란 피용자의 불법행위가 객관적으로 사용자의 사업활동, 사무집행행위 또는 그와 관련된 것이라고 보일 때에는 행위자의 주관적 사정을 고려하지 않고 사무집행에 관하여 한 행위로 본다는 것이다(대법원 2021.9.16, 2021다219529).

⑤ (○) 피해자의 부주의를 이용하여 고의로 불법행위를 저지른 자가 바로 그 피해자의 부주의를 이유로 자신의 책임을 감하여 달라고 주장하는 것은 허용될 수 없고, … (대법원 2012.8.17, 2012다30892).

정답 ③

051 ☐☐☐   ○ △ ×

제한능력자에 관한 설명으로 옳은 것은?

① 가정법원은 본인의 의사에 반하여 성년후견개시의 심판을 할 수 없다.
② 성년후견개시의 원인이 소멸된 경우, 본인은 가정법원에 성년후견종료의 심판을 청구할 수 있다.
③ 한정후견개시의 심판을 하는 경우, 가정법원은 한정후견의 기간을 정해야 한다.
④ 특정후견개시의 요건이 갖추어진 경우, 본인은 가정법원에 특정후견개시의 심판을 청구할 수 없다.
⑤ 가정법원이 피한정후견인에 대하여 성년후견개시의 심판을 할 때에 종전의 한정후견의 종료심판을 할 필요는 없다.

해설

① (×) ③ (×) ④ (×) 성년후견개시의 심판 → 특정후견(민법 제14조의2 제2항), 한정후견개시 → 특정후견(동조 제3항), 없다 → 있다(동조 제1항)

> 제9조(성년후견개시의 심판) ② 가정법원은 성년후견개시의 심판을 할 때 본인의 의사를 고려하여야 한다.
> 제14조의2(특정후견의 심판) ① 가정법원은 질병, 장애, 노령, 그 밖의 사유로 인한 정신적 제약으로 일시적 후원 또는 특정한 사무에 관한 후원이 필요한 사람에 대하여 본인, 배우자, 4촌 이내의 친족, 미성년후견인, 미성년후견감독인, 검사 또는 지방자치단체의 장의 청구에 의하여 특정후견의 심판을 한다.
> ② 특정후견은 본인의 의사에 반하여 할 수 없다.
> ③ 특정후견의 심판을 하는 경우에는 특정후견의 기간 또는 사무의 범위를 정하여야 한다.

② (○) 성년후견개시의 원인이 소멸된 경우에는 가정법원은 본인, 배우자, 4촌 이내의 친족, 성년후견인, 성년후견감독인, 검사 또는 지방자치단체의 장의 청구에 의하여 성년후견종료의 심판을 한다(동법 제11조).
⑤ (×) 할 필요는 없다 → 한다(동법 제14조의3 제1항)

> 제14조의3(심판 사이의 관계) ① 가정법원이 피한정후견인 또는 피특정후견인에 대하여 성년후견개시의 심판을 할 때에는 종전의 한정후견 또는 특정후견의 종료심판을 한다.

정답 ②

052 ☐☐☐   ○ △ ×

민법상 법인에 관한 설명으로 옳지 않은 것은? (다툼이 있으면 판례에 따름)

① 비법인사단의 대표자가 직무에 관하여 타인에게 손해를 가한 경우, 그 비법인사단은 그 손해를 배상하여야 한다.
② 대표권이 없는 이사는 법인의 대표기관이 아니기 때문에 그의 행위로 인하여 법인의 불법행위가 성립하지 않는다.
③ 법인의 대표이사가 그 대표권의 범위 내에서 한 행위는 자기의 이익을 도모할 목적으로 그 권한을 남용한 것이라 할지라도, 특별한 사정이 없는 한 법인의 행위로서 유효하다.
④ 정관에 다른 규정이 없는 경우, 법인은 정당한 이유 없이도 이사를 언제든지 해임할 수 있다.
⑤ 후임이사가 유효하게 선임되었다고 하더라도 그 선임의 효력을 둘러싼 다툼이 있다면, 그 다툼이 해결되지 전까지는 구(舊) 이사만이 직무수행권을 가진다.

해설

① (○) 비법인사단의 대표자가 직무에 관하여 타인에게 손해를 가한 경우 그 사단은 민법 제35조 제1항의 유추적용에 의하여 그 손해를 배상할 책임이 있고, … 한편 그 대표자의 행위가 직무에 관한 행위에 해당하지 아니함을 피해자 자신이 알았거나 또는 중대한 과실로 인하여 알지 못한 경우에는 비법인사단에게 손해배상책임을 물을 수 없다(대법원 2008.1.18, 2005다34711).
② (○) 대표권이 없는 이사는 법인의 기관이기는 하지만 대표기관은 아니기 때문에 그들의 행위로 인하여 법인의 불법행위가 성립하지 않는다(대법원 2011.12.13, 2010다65740).
③ (○) 주식회사의 대표이사가 대표권의 범위 내에서 한 행위는 설사 대표이사가 회사의 영리 목적과 관계없이 자기 또는 제3자의 이익을 도모할 목적으로 권한을 남용한 것이라도 일응 회사의 행위로서 유효하다. 그러나 행위의 상대방이 그와 같은 정을 알았던 경우에는 그로 인하여 취득한 권리를 회사에 대하여 주장하는 것이 신의칙에 반하므로 회사는 상대방의 악의를 입증하여 행위의 효과를 부인할 수 있다(대법원 2016.8.24, 2016다222453).
④ (○) 법인과 이사의 법률관계는 신뢰를 기초로 한 위임유사의 관계이고, 위임계약은 원래 해지의 자유가 인정되어 쌍방 누구나 정당한 이유 없이도 언제든지 해지할 수 있으며, 다만 불리한 시기에 부득이한 사유 없이 해지한 경우에 한하여 상대방에게 그로 인한 손해배상책임을 질 뿐이다(대법원 2014.1.17, 2013마1801).
⑤ (×) 후임이사가 유효히 선임되었는데도 그 선임의 효력을 둘러싼 다툼이 있다고 하여 그 다툼이 해결되기 전까지는 후임이사에게는 직무수행권한이 없고 임기가 만료된 구 이사만이 직무수행권한을 가진다고 할 수는 없다(대법원 2006.4.27, 2005도8875).

정답 ⑤

53 □□□   ○ △ ✕

사원총회에 관한 설명으로 옳은 것은?

① 사원총회는 사단법인 및 재단법인의 필수기관이다.
② 정관에 다른 규정이 없는 경우, 사원은 서면이나 대리인으로 결의권을 행사할 수 있다.
③ 사원총회는 소집통지에 의해 통지한 사항에 대해서만 결의할 수 있으나, 총회의 결의로 이와 달리 정할 수 있다.
④ 사원총회를 소집하려고 하는 경우, 1주간 전에 그 회의의 목적사항을 기재한 통지가 도달해야 한다.
⑤ 임시총회의 소집을 요구할 수 있는 사원의 수는 정관으로 증감할 수 없다.

해설

① (✕) 사원총회는 사단법인의 최고 의사결정기관으로, 사단법인의 구성원 전원이 참여하는 의결기관이고, 반드시 두어야 하는 필요(필수)기관이나 상설기관은 아니다.
참고로, 사원이 없는 재단법인에는 사원총회가 있을 수 없다.
② (○) 민법 제73조 제2항·제3항

> **제73조(사원의 결의권)** ② 사원은 서면이나 대리인으로 결의권을 행사할 수 있다.
> ③ 전2항의 규정은 정관에 다른 규정이 있는 때에는 적용하지 아니한다.

③ (✕) 총회의 결의로 이와 달리 정할 수 있다 → 정관에 다른 규정이 있는 때에는 그 규정에 의한다(동법 제72조)

> **제72조(총회의 결의사항)** 총회는 전조의 규정에 의하여 통지한 사항에 관하여서만 결의할 수 있다. 그러나 정관에 다른 규정이 있는 때에는 그 규정에 의한다.

④ (✕) 통지가 도달해야 한다 → 통지를 발하여야 한다(동법 제71조)

> **제71조(총회의 소집)** 총회의 소집은 1주간 전에 그 회의의 목적사항을 기재한 통지를 발하고 기타 정관에 정한 방법에 의하여야 한다.

⑤ (✕) 없다 → 있다(동법 제70조 제2항 후단)

> **제70조(임시총회)** ② 총사원의 5분의 1 이상으로부터 회의의 목적사항을 제시하여 청구한 때에는 이사는 임시총회를 소집하여야 한다. 이 정수는 정관으로 증감할 수 있다.

정답 ②

---

54 □□□   ○ △ ✕

주물과 종물에 관한 설명으로 옳지 않은 것은? (다툼이 있으면 판례에 따름)

① 종물은 주물의 처분에 따르므로 종물만을 별도로 처분하기로 하는 약정은 무효이다.
② 주물 소유자의 소유가 아닌 물건은 종물이 될 수 없다.
③ 건물에 대한 저당권의 효력은 특별한 사정이 없는 한 그 건물의 소유를 목적으로 하는 지상권에도 미친다.
④ 주물 소유자의 사용에 공여되고 있더라도 주물 그 자체의 효용과 직접 관계가 없는 물건은 종물이 아니다.
⑤ 어떤 권리를 다른 권리에 대하여 종된 권리라고 할 수 있으려면 종물과 마찬가지로 다른 권리의 경제적 효용에 이바지하는 관계에 있어야 한다.

해설

① (✕) 종물은 주물의 처분에 수반된다는 민법 제100조 제2항은 임의규정이므로, 당사자는 주물을 처분할 때에 특약으로 종물을 제외할 수 있고 종물만을 별도로 처분할 수도 있다(대법원 2012.1.26, 2009다76546).
② (○) 종물은 물건의 소유자가 그 물건의 상용에 공하기 위하여 자기 소유인 다른 물건을 이에 부속하게 한 것을 말하므로(민법 제100조 제1항), 주물과 다른 사람의 소유에 속하는 물건은 종물이 될 수 없다(대법원 2008.5.8, 2007다36933,36940).
[보충] 다른 소유자에게 속한 물건 사이에 주물과 종물의 관계를 인정한다면, 그 주물의 처분으로 다른 소유자의 종물이 처분됨으로써 제3자의 권리가 침해될 수 있으므로, 주물과 종물은 원칙적으로 동일한 소유자에게 속하여야 한다.

> **제100조(주물, 종물)** ① 물건의 소유자가 그 물건의 상용에 공하기 위하여 자기 소유인 다른 물건을 이에 부속하게 한 때에는 그 부속물은 종물이다.
> ② 종물은 주물의 처분에 따른다.

③ (○) 저당권의 효력이 저당부동산에 부합된 물건과 종물에 미친다는 민법 제358조 본문을 유추하여 보면 건물에 대한 저당권의 효력은 그 건물에 종된 권리인 건물의 소유를 목적으로 하는 지상권에도 미치게 되므로, … (대법원 1996.4.26, 95다52864).
④ (○) 종물이 주물의 상용에 공한다 함은 사회관념상 계속하여 주물의 경제적 효용을 다하도록 작용하는 것을 말하므로, 일시적으로 어떤 물건의 효용을 돕거나, 주물의 상용에 공한다 할지라도 주물 그 자체의 효용과 직접 관계없는 물건은 종물이 아니다.
[보충] 주물의 상용에 이바지한다 함은 주물 그 자체의 경제적 효용을 다하게 하는 것을 말하는 것으로서 주물의 소유자나 이용자의 사용에 공여되고 있더라도 주물 그 자체의 효용과 직접 관계가 없는 물건은 종물이 아니다(대법원 2000.11.2, 2000마3530).
⑤ (○) 민법 제100조 제2항은 "종물은 주물의 처분에 따른다."라고 규정하고 있는바, 위 종물과 주물의 관계에 관한 법리는 물건 상호 간의 관계뿐 아니라, 권리 상호 간에도 적용되는 것이지만, 어떤 권리를 다른 권리에 대하여 종된 권리라고 할 수 있으려면 종물과 마찬가지로 다른 권리의 경제적 효용에 이바지하는 관계에 있어야 한다(대법원 2014.6.12, 2012다92159,92166).

정답 ①

민법

055 ☐☐☐   ○ △ ✕

사기에 의한 의사표시에 관한 설명으로 옳지 않은 것은? (다툼이 있으면 판례에 따름)

① 교환계약의 당사자가 자기 소유 목적물의 시가를 묵비한 것은 특별한 사정이 없는 한 위법한 기망행위가 되지 않는다.

② 제3자의 사기로 상대방 없는 의사표시를 한 표의자는 그 의사표시를 취소할 수 있다.

③ 제3자의 사기로 계약을 체결한 자는 그 계약을 취소하지 않고 그 제3자에 대하여 불법행위로 인한 손해배상만을 청구할 수도 있다.

④ 사기에 의하여 의사표시를 한 자의 포괄승계인은 그 의사표시를 취소할 수 없다.

⑤ 상품의 광고에 있어 다소의 과장·허위가 수반되는 것은 그것이 일반 상거래의 관행과 신의칙에 비추어 시인될 수 있는 한 기망행위에 해당하지 않는다.

해설

① (○) 일방 당사자가 자기가 소유하는 목적물의 시가를 묵비하여 상대방에게 고지하지 아니하거나 혹은 허위로 시가보다 높은 가액을 시가라고 고지하였다 하더라도 이는 상대방의 의사결정에 불법적인 간섭을 한 것이라고 볼 수 없다(대법원 2002.9.4, 2000다54406, 54413). 따라서 위법한 기망해위가 되지 아니한다 할 것이다.

② (○) 제3자의 사기·강박으로 상대방 없는 의사표시를 한 표의자는 언제든지 그 의사표시를 취소할 수 있다.

> **제110조(사기, 강박에 의한 의사표시)** ① 사기나 강박에 의한 의사표시는 취소할 수 있다.
> ② 상대방 있는 의사표시에 관하여 제삼자가 사기나 강박을 행한 경우에는 상대방이 그 사실을 알았거나 알 수 있었을 경우에 한하여 그 의사표시를 취소할 수 있다.

③ (○) 제3자의 사기행위로 인하여 피해자가 주택건설사와 사이에 주택에 관한 분양계약을 체결하였다고 하더라도 제3자의 사기행위 자체가 불법행위를 구성하는 이상, 제3자로서는 그 불법행위로 인하여 피해자가 입은 손해를 배상할 책임을 부담하는 것이므로, 피해자가 제3자를 상대로 손해배상청구를 하기 위하여 반드시 그 분양계약을 취소할 필요는 없다(대법원 1998.3.10, 97다55829).

④ (✕) 없다 → 있다(민법 제140조)

> **제140조(법률행위의 취소권자)** 취소할 수 있는 법률행위는 제한능력자, 착오로 인하거나 사기·강박에 의하여 의사표시를 한 자, 그의 대리인 또는 승계인만이 취소할 수 있다.

⑤ (○) 상품의 선전·광고에 있어 다소의 과장이나 허위가 수반되는 것은 그것이 일반 상거래의 관행과 신의칙에 비추어 시인될 수 있는 한 기망성이 결여되나, 거래에 있어서 중요한 사항에 관하여 구체적 사실을 신의성실의 의무에 비추어 비난받을 정도의 방법으로 허위로 고지한 경우에는 기망행위에 해당한다(대법원 2023.7. 27, 2022다293395).

정답 ④

---

056 ☐☐☐   ○ △ ✕

의사표시의 효력발생에 관한 설명으로 옳은 것을 모두 고른 것은? (다툼이 있으면 판례에 따름)

> ㄱ. 특별한 사정이 없는 한 아파트 경비원이 집배원으로부터 우편물을 수령한 후 이를 아파트 공동출입구의 우편함에 넣어 두었다는 사실만으로도 수취인이 그 우편물을 수취하였다고 추단할 수 있다.
> ㄴ. 의사표시가 기재된 내용증명 우편물이 발송되고 반송되지 않았다면 특별한 사정이 없는 한 그 무렵에 송달되었다고 볼 수 있다.
> ㄷ. 채권양도의 통지와 같은 준법률행위의 도달은 의사표시와 마찬가지로 사회관념상 채무자가 통지의 내용을 알 수 있는 객관적 상태에 놓여졌을 때를 말한다.
> ㄹ. 법인의 대표이사가 사임서 제출 당시 권한대행자에게 사표의 처리를 일임한 경우, 권한대행자의 수리행위가 있어야 사임의 효력이 발생한다.

① ㄱ, ㄴ   ② ㄴ, ㄷ   ③ ㄷ, ㄹ
④ ㄱ, ㄷ, ㄹ   ⑤ ㄴ, ㄷ, ㄹ

해설

ㄱ (✕) 우편함의 구조를 비롯하여 수취인이 우편물을 수취하였음을 추인할 만한 특별한 사정에 대하여 심리를 다하지 아니한 채 아파트 경비원이 집배원으로부터 우편물을 수령한 후 이를 우편함에 넣어 둔 사실만으로 수취인이 그 우편물을 수취하였다고 추단(할 수는 없을 것이다(대법원 2006.3.24, 2005다66411).

ㄴ (○) 우편물이 등기취급의 방법으로 발송된 경우에는 반송되는 등의 특별한 사정이 없는 한 그 무렵 수취인에게 배달되었다고 보아야 한다(대법원 2007.12.27, 2007다51758).

ㄷ (○) 채권양도의 통지는 채무자에게 도달됨으로써 효력이 발생하는 것이고, 여기서 도달이라 함은 사회통념상 상대방이 통지의 내용을 알 수 있는 객관적 상태에 놓여졌다고 인정되는 상태를 가리킨다(대법원 2011.1.13, 2010다77477).

ㄹ (○) 법인의 대표이사가 사임하는 경우에는 그 사임의 의사표시가 대표이사의 사임으로 그 권한을 대행하게 될 자에게 도달한 때에 사임의 효력이 발생하고 그 의사표시가 효력을 발생한 후에는 마음대로 이를 철회할 수 없으나, 사임서 제출 당시 그 권한대행자에게 사표의 처리를 일임한 경우에는 권한대행자의 수리행위가 있어야 사임의 효력이 발생하고, 그 이전에 사임의사를 철회할 수 있다(대법원 2007.5.10, 2007다7256).

정답 ⑤

057 ☐☐☐　　　　　　　○ △ ✕

대리에 관한 설명으로 옳은 것은? (다툼이 있으면 판례에 따름)

① 대리에 있어 본인을 위한 것임을 표시하는 이른바 현명은 명시적으로 하여야 하고, 묵시적으로는 할 수 없다.

② 적법한 대리인에 의하여 체결된 계약이 상대방에 의하여 유효하게 해제된 경우, 대리인이 수령한 상대방의 급부를 본인이 현실적으로 인도받지 못하였더라도, 특별한 사정이 없는 한 본인이 해제로 인한 원상회복의무를 부담한다.

③ 부동산의 이중매매의 경우, 제2매수인의 대리인이 매매대상토지에 관한 거래의 사정을 잘 알면서 매도인의 배임행위에 가담하였다면, 대리행위의 하자 유무는 본인을 표준으로 판단해야 한다.

④ 대리인의 대리권은 복대리인의 선임에 의해 소멸한다.

⑤ 부동산의 소유자로부터 매매계약을 체결할 대리권을 수여받은 대리인은 특별한 사정이 없는 한 중도금이나 잔금을 수령할 권한은 없다고 보아야 한다.

해설

① (✕) 대리인이 본인을 위한 대리행위라는 의사의 표시(현명)는 방식을 불문할 뿐만 아니라 반드시 명시적으로만 할 필요가 없이 묵시적으로도 할 수 있는 것이고, 현명을 하지 아니한 경우라도 그 행위를 둘러싼 여러 사정에 비추어 대리행위로서 이루어진 것임을 상대방이 알았거나 알 수 있었을 때에는 적법한 대리행위로서 효력이 인정된다(대법원 2024.1.4, 2023다225580).

② (○) 계약상 채무의 불이행을 이유로 계약이 상대방 당사자에 의하여 유효하게 해제되었다면, 해제로 인한 원상회복의무는 대리인이 아니라 계약의 당사자인 본인이 부담한다(대법원 2011.8.18, 2011다30871).

③ (✕) 대리인이 본인을 대리하여 매매계약을 체결함에 있어서 매매대상토지에 관한 저간의 사정을 잘 알고 그 배임행위에 가담하였다면, 대리행위의 하자 유무는 대리인을 표준으로 판단하여야 하므로, 설사 본인이 미리 그러한 사정을 몰랐거나 반사회성을 야기한 것이 아니라고 할지라도 그로 인하여 매매계약이 가지는 사회질서에 반한다는 장애사유가 부정되는 것은 아니다(대법원 1998. 2.27, 97다45532).

④ (✕) 복대리인을 선임한 후에도 대리인의 대리권은 유지된다.

> **제123조(복대리인의 권한)** ② 복대리인은 본인이나 제삼자에 대하여 대리인과 동일한 권리의무가 있다.

⑤ (✕) 소유자로부터 매매계약을 체결할 대리권을 수여받은 대리인은 특별한 다른 사정이 없는 한 그 매매계약에서 정한 바에 따라 중도금이나 잔금 등을 수령할 권한도 있다(대법원 2015.9.10, 2010두1385).

정답 ②

---

058 ☐☐☐　　　　　　　○ △ ✕

표현대리에 관한 설명으로 옳은 것은? (다툼이 있으면 판례에 따름)

① 표현대리가 성립되면 무권대리의 성질이 유권대리로 전환된다.

② 표현대리의 성립을 위한 대리권 수여의 표시가 인정되기 위해서는 대리권 또는 대리인이라는 말이 사용되어야 한다.

③ 본인의 성명을 모용하여 자기가 마치 본인인 것처럼 기망하여 본인 명의로 직접 법률행위를 한 경우, 특별한 사정이 없는 한 표현대리는 성립될 수 없다.

④ 대리인이 대리권 소멸 후 복대리인을 선임하여 복대리인으로 하여금 상대방과 대리행위를 하도록 한 경우, 대리권 소멸 후의 표현대리는 적용되지 않는다.

⑤ 대리권 소멸 후의 표현대리는 법정대리에는 적용되지 않는다.

해설

① (✕) 유권대리에 있어서는 본인이 대리인에게 수여한 대리권의 효력에 의하여 법률효과가 발생하는 반면 표현대리에 있어서는 대리권이 없음에도 불구하고 법률이 특히 거래상대방 보호와 거래안전 유지를 위하여 본래 무효인 무권대리행위의 효과를 본인에게 미치게 한 것으로서 표현대리가 성립된다고 하여 무권대리의 성질이 유권대리로 전환되는 것은 아니므로, 양자의 구성요건해당사실 즉 주요사실은 다르다고 볼 수밖에 없으니 유권대리에 관한 주장 속에 무권대리에 속하는 표현대리의 주장이 포함되어 있다고 볼 수 없다(대법원 1983.12.13, 83다카1489 전원합의체).

② (✕) 본인에 의한 대리권 수여의 표시는 반드시 대리권 또는 대리인이라는 말을 사용하여야 하는 것은 아니라고 하여도 사회통념상 대리권을 추단할 수 있는 직함이나 명칭 등의 사용을 승낙 또는 묵인한 경우에 대리권 수여의 표시가 있은 것으로 볼 수 있다(대법원 2013.3.14, 2012다77211).

③ (○) 민법 제126조의 표현대리는 대리인이 본인을 위한다는 의사를 명시 혹은 묵시적으로 표시하거나 대리의사를 가지고 권한 외의 행위를 하는 경우에 성립하고, 사술을 써서 (위와 같은) 대리행위의 표시를 하지 아니하고 단지 본인의 성명을 모용하여 자기가 마치 본인인 것처럼 기망하여 본인 명의로 직접 법률행위를 한 경우에는 특별한 사정이 없는 한 위 법조 소정의 표현대리는 성립될 수 없다(대법원 2002.6.28, 2001다49814).

④ (✕) 대리인이 대리권 소멸 후 직접 상대방과 사이에 대리행위를 하는 경우는 물론 대리인이 대리권 소멸 후 복대리인을 선임하여 복대리인으로 하여금 상대방과 사이에 대리행위를 하도록 한 경우에도, 상대방이 대리권 소멸사실을 알지 못하여 복대리인에게 적법한 대리권이 있는 것으로 믿었고 그와 같이 믿은 데 과실이 없다면 민법 제129조에 의한 표현대리가 성립할 수 있다(대법원 1998. 5.29, 97다55317).

⑤ (✕) 민법 제129조의 표현대리는 임의대리와 법정대리 모두에 적용된다.

정답 ③

059 □□□ ○ △ ✕

법률행위의 무효에 관한 설명으로 옳지 않은 것은? (다툼이 있으면 판례에 따름)

① 무효인 법률행위의 내용에 따른 법률효과를 침해하는 것처럼 보이는 위법행위가 있다면, 그로 인한 손해의 배상을 청구할 수 있다.

② 토지거래허가를 받지 않아 유동적 무효의 상태에 있는 토지매매계약의 당사자는 허가신청절차에 협력할 의무를 부담한다.

③ 법률행위의 일부가 무효인 때에는 원칙적으로 그 전부를 무효로 한다.

④ 약정된 매매대금의 과다로 말미암아 불공정한 법률행위에 해당하여 무효인 경우에도 무효행위의 전환에 관한 규정이 적용될 수 있다.

⑤ 무효행위의 추인은 묵시적인 방법으로도 할 수 있다.

해설

① (✕) 무효인 법률행위는 그 법률행위가 성립한 당초부터 당연히 효력이 발생하지 않는 것이므로, 무효인 법률행위에 따른 법률효과를 침해하는 것처럼 보이는 위법행위나 채무불이행이 있다고 하여도 법률효과의 침해에 따른 손해는 없는 것이므로 그 손해배상을 청구할 수는 없다(대법원 2003.3.28, 2002다72125).

② (○) 국토이용관리법상 토지거래허가구역 내의 토지에 대하여 관할관청의 허가를 받기 전 유동적 무효상태에 있는 계약을 체결한 당사자는 쌍방이 그 계약이 효력이 있는 것으로 완성될 수 있도록 서로 협력할 의무가 있는 것이므로, … (대법원 1997.2.28, 96다49933).

③ (○) 법률행위의 일부분이 무효인 때에는 그 전부를 무효로 한다. 그러나 그 무효부분이 없더라도 법률행위를 하였을 것이라고 인정될 때에는 나머지 부분은 무효가 되지 아니한다(민법 제137조).

④ (○) 매매계약이 약정된 매매대금의 과다로 말미암아 민법 제104조에서 정하는 '불공정한 법률행위'에 해당하여 무효인 경우에도 무효행위의 전환에 관한 민법 제138조가 적용될 수 있다(대법원 2010.7.15, 2009다50308).

⑤ (○) 무권대표행위를 포함하여 무효행위의 추인은 무권대표행위 등이 있음을 알고 그 행위의 효과를 자기에게 귀속시키도록 하는 단독행위로서 그 의사표시의 방법에 관하여 일정한 방식이 요구되는 것이 아니므로 명시적이든 묵시적이든 묻지 않고, 본인이 그 행위로 처하게 된 법적 지위를 충분히 이해하고 진의에 기하여 그 행위의 효과가 자기에게 귀속된다는 것을 승인한 것으로 볼 만한 사정이 있다면 인정할 수 있다(대법원 2021.4.8, 2020다284496,2020다284502).

정답 ①

060 □□□ ○ △ ✕

법률행위의 부관에 관한 설명으로 옳은 것은? (다툼이 있으면 판례에 따름)

① 기성조건이 해제조건이면 조건 없는 법률행위로 한다.

② 불능조건이 정지조건이면 조건 없는 법률행위로 한다.

③ 불법조건이 붙어 있는 법률행위는 불법조건만 무효이며, 법률행위 자체는 무효로 되지 않는다.

④ 기한의 효력은 기한도래 시부터 생기며, 당사자가 특약을 하더라도 소급효가 없다.

⑤ 어느 법률행위에 어떤 조건이 붙어 있었는지 여부는 법률행위 해석의 문제로서 당사자가 주장하지 않더라도 법원이 직권으로 판단한다.

해설

① (✕) ② (✕) ③ (✕) 해제조건 → 정지조건(민법 제151조 제2항), 정지조건 → 해제조건(동조 제3항), 불법조건만 무효이며, 법률행위 자체는 무효로 되지 않는다 → 무효로 한다(동조 제1항)

> 제151조(불법조건, 기성조건) ① 조건이 선량한 풍속 기타 사회질서에 위반한 것인 때에는 그 법률행위는 무효로 한다.
> ② 조건이 법률행위의 당시 이미 성취한 것인 경우에는 그 조건이 정지조건이면 조건 없는 법률행위로 하고 해제조건이면 그 법률행위는 무효로 한다.
> ③ 조건이 법률행위의 당시에 이미 성취할 수 없는 것인 경우에는 그 조건이 해제조건이면 조건 없는 법률행위로 하고 정지조건이면 그 법률행위는 무효로 한다.

④ (○) 기한의 효력에는 소급효가 없다.

> 제152조(기한도래의 효과) ① 시기 있는 법률행위는 기한이 도래한 때로부터 그 효력이 생긴다.
> ② 종기 있는 법률행위는 기한이 도래한 때로부터 그 효력을 잃는다.

⑤ (✕) 어느 법률행위에 어떤 조건이 붙어 있었는지 아닌지는 사실인정의 문제로서 그 조건의 존재를 주장하는 자가 이를 증명하여야 한다(대법원 2011.8.25, 2008다47367).

정답 ④

061 □□□ ○ △ ✕

1997년 6월 3일(화) 오후 2시에 태어난 사람이 성년이 되는 시기는?

① 2016년 6월 3일(금) 0시
② 2016년 6월 4일(토) 0시
③ 2017년 6월 3일(토) 0시
④ 2017년 6월 4일(일) 0시
⑤ 2017년 6월 6일(화) 0시

해설

① (○) 민법 제158조 본문, 제4조
[보충] 나이는 출생일을 산입하여 만 나이로 계산하므로, 1997년

6월 3일(화) 14시에 출생한 사람은 2016년 6월 3일 0시, 즉 6월 2일 24시에 성년이 된다.

> **제158조(나이의 계산과 표시)** 나이는 출생일을 산입하여 만(滿)나이로 계산하고, 연수(年數)로 표시한다. 다만, 1세에 이르지 아니한 경우에는 월수(月數)로 표시할 수 있다.

정답 ①

> **제166조(소멸시효의 기산점)** ② 부작위를 목적으로 하는 채권의 소멸시효는 위반행위를 한 때로부터 진행한다.
> [단순위헌, 2014헌바148, 2018.8.30. 민법(1958.2.22. 법률 제471호로 제정된 것) 제166조 제1항 중 '진실·화해를 위한 과거사정리 기본법' 제2조 제1항 제3호, 제4호에 규정된 사건에 적용되는 부분은 헌법에 위반된다]

정답 ③

---

62 ☐☐☐   ○ △ ✕

소멸시효기간의 기산점에 관한 설명으로 옳은 것은? (다툼이 있으면 판례에 따름)

① 불확정기한부 권리는 채권자가 기한도래사실을 안 때로부터 소멸시효가 진행한다.
② 동시이행항변권이 붙은 채권은 이행기가 도래하더라도 소멸시효가 진행하지 않는다.
③ 이행불능으로 인한 손해배상청구권은 이행불능이 된 때로부터 소멸시효가 진행한다.
④ 선택채권은 선택권을 행사한 때로부터 소멸시효가 진행한다.
⑤ 부작위를 목적으로 하는 채권은 성립 시부터 소멸시효가 진행한다.

해설
① (✕) 불확정기한부 권리, 특히 채권에서 소멸시효기간의 기산점은 기한이 객관적으로 도래한 때로, 이때 채권자가 기한도래를 알았는지 여부나 과실 유무는 묻지 아니한다.
② (✕) 부동산에 대한 매매대금채권이 소유권이전등기청구권과 동시이행의 관계에 있다고 할지라도 매도인은 매매대금의 지급기일 이후 언제라도 그 대금의 지급을 청구할 수 있는 것이며, 다만 매수인은 매도인으로부터 그 이전등기에 관한 이행의 제공을 받기까지 그 지급을 거절할 수 있는 데 지나지 아니하므로 매매대금청구권은 그 지급기일 이후 시효의 진행에 걸린다(대법원 1991.3.22, 90다9797). 즉, 동시이행항변권이 붙은 채권은 이행기로부터 소멸시효가 진행한다.
③ (○) 소유권이전등기의무의 이행불능으로 인한 전보배상청구권의 소멸시효는 이전등기의무가 이행불능 상태에 돌아간 때로부터 진행된다고 할 것이고, ⋯ (대법원 2002.12.27, 2000다47361).
   [보충] 채무불이행으로 인한 손해배상청구권은 현실적으로 손해가 발생한 때에 성립한다(대법원 2021.11.25, 2020다294516).
④ (✕) 선택채권은 선택권 행사에 필요한 상당한 기간이 경과한 날, 즉 선택권을 행사할 수 있는 때로부터 소멸시효가 진행한다.
   [보충] 매립사업자가 매립공사 준공등기 후 매립지 중 일부를 즉시 양도하기로 약정하였으나 그 선택권의 소재에 관하여 약정이 없었던 경우, 매립지에 대한 매립사업자 명의의 소유권보존등기가 경료되고 도시계획결정 및 지적고시가 이루어져 그 소유토지의 위치와 면적이 확정된 때로부터 매립사업자의 선택권 행사에 필요한 상당한 기간이 경과한 날로부터 양수인의 소유권이전등기청구권의 소멸시효가 진행된다(대법원 2000.5.12, 98다23195).
⑤ (✕) 성립 시 → 위반행위를 한 때(민법 제166조 제2항)

---

63 ☐☐☐   ○ △ ✕

불가분약정 등 특별한 사정이 없는 한 불가분채권인 것은? (다툼이 있으면 판례에 따름)

① A의 소유 건물을 B와 C가 공동으로 매수하는 경우, B와 C의 건물인도청구권
② A의 소유 건물을 B와 C가 공동으로 매수하는 경우, A의 매매대금청구권
③ A와 B가 공유하는 건물을 C에게 매도하는 경우, A와 B의 매매대금청구권
④ A와 B가 공유하는 건물을 C에게 매도하는 경우, C의 건물인도청구권
⑤ A와 B가 공유하는 토지를 C가 불법으로 점유한 경우, A와 B의 C에 대한 부당이득반환청구권

해설
① (○) 불가분채권관계는 불가분의 급부를 목적으로 하는 다수당사자의 채권관계이다. 급부가 불가분이라 함은 급부의 성질상 불가분인 때와 성질상으로는 가분이지만 당사자의 의사표시(불가분약정)에 의하여 불가분으로 된 때로 나뉜다. 위 건물인도청구권은 불가분채권의 대표적인 예이다.

> **제409조(불가분채권)** 채권의 목적이 그 성질 또는 당사자의 의사표시에 의하여 불가분인 경우에 채권자가 수인인 때에는 각 채권자는 모든 채권자를 위하여 이행을 청구할 수 있고 채무자는 모든 채권자를 위하여 각 채권자에게 이행할 수 있다.

② (✕) ③ (✕) ④ (✕) ⑤ (✕) 분할채권관계는 하나의 급부에 채권자나 채무자가 여러 있는 경우, 그 채권이나 채무가 각 채권자나 채무자에게 분할되는 다수당사자의 채권관계이다.

> **제408조(분할채권관계)** 채권자나 채무자가 수인인 경우에 특별한 의사표시가 없으면 각 채권자 또는 각 채무자는 균등한 비율로 권리가 있고 의무를 부담한다.

정답 ①

064 □□□ ○ △ ✕

A, B, C, D(부담부분은 균등)는 E에 대하여 1,200만 원의 연대채무를 부담하고 있다. E는 A에 대하여 연대의 면제를 하였다. 그 후 B는 무자력이 되었다. A, C, D가 최종적으로 부담하는 금액은? (다툼이 있으면 판례에 따름)

① A는 100만 원, C는 300만 원, D는 300만 원
② A는 300만 원, C는 300만 원, D는 300만 원
③ A는 300만 원, C는 400만 원, D는 400만 원
④ A는 350만 원, C는 350만 원, D는 350만 원
⑤ A는 400만 원, C는 400만 원, D는 400만 원

해설

③ (○) A, B, C, D의 부담부분이 균등하므로 각자의 부담부분은 300만 원이고, 연대의 면제를 받은 A는 자신의 부담부분인 300만 원을 목적으로 하는 분할채무만을 부담하게 된다. 그 후 B가 무자력이 되어 A, C, D는 B의 부담부분인 300만 원을 균등하게 나누어 부담하여야 하나, A는 연대의 면제를 받았으므로 그 추가 부담부분인 100만 원은 E가 부담하게 된다. 따라서 결과적으로 A는 300만 원, B는 0원, C는 400만 원, D도 400만 원, E는 100만 원을 부담하게 된다.

정답 ③

065 □□□ ○ △ ✕

채권자대위권에 관한 설명으로 옳은 것은? (다툼이 있으면 판례에 따름)

① 채권자대위권은 절차법상의 권리이다.
② 채권자대위권으로 보전되는 채권은 제3채무자에게 대항할 수 있는 것임을 요하지 않는다.
③ 채무자와 제3채무자 사이의 소송이 계속된 이후의 소송수행과 관련한 개개의 소송상 행위도 채권자대위가 허용된다.
④ 채무자가 대위권 행사의 통지를 받지 못한 경우에는 채권자가 대위권을 행사한다는 것을 알았더라도 채무자는 대위행사되는 권리를 처분할 수 있으며, 이를 가지고 채권자에게 대항할 수 있다.
⑤ 채권자대위소송의 제기로 인한 소멸시효 중단의 효과는 채무자에게 미치지 않는다.

해설

① (✕) 채권자대위권과 채권자취소권은 소송법상의 권리가 아닌 실체법상의 권리이다.
② (○) 민법 제404조에서 규정하고 있는 채권자대위권은 채권자가 채무자에 대한 자기의 채권을 보전하기 위하여 필요한 경우에 채무자의 제3자에 대한 권리를 대위행사할 수 있는 권리를 말하는 것으로서 이때 보전되는 채권은 보전의 필요성이 인정되고 이행기가 도래한 것이면 족하고, 그 채권의 발생원인이 어떠하든 대위권을 행사함에는 아무런 방해가 되지 아니하며, 또한 채무자에 대한

채권이 제3채무자에게까지 대항할 수 있는 것임을 요하는 것도 아니다(대법원 2003.4.11, 2003다1250).
③ (✕) 채권을 보전하기 위하여 대위행사가 필요한 경우는 실체법상 권리뿐만 아니라 소송법상 권리에 대하여서도 대위가 허용되나, 채무자와 제3채무자 사이의 소송이 계속된 이후의 소송수행과 관련한 개개의 소송상 행위는 그 권리의 행사를 소송당사자인 채무자의 의사에 맡기는 것이 타당하므로 채권자대위가 허용될 수 없다(대법원 2012.12.27, 2012다75239).
④ (✕) 채권자가 민법 제404조에 의한 채권자대위권에 기하여 채무자의 권리를 행사하면서 그 사실을 채무자에게 통지를 하지 아니한 경우라도 채무자가 자기의 채권이 채권자에 의하여 대위행사되고 있는 사실을 알고 있는 경우에는 그 대위행사한 권리의 처분을 가지고 채권자에게 대항할 수 없다(대법원 1988.1.19, 85다카1792).
⑤ (✕) 채권자대위권 행사의 효과는 채무자에게 귀속되는 것이므로 채권자대위소송의 제기로 인한 소멸시효 중단의 효과 역시 채무자에게 미친다(대법원 2021.12.10, 2019다239988).

정답 ②

066 □□□ ○ △ ✕

지명채권의 양도에 관한 설명으로 옳은 것은? (다툼이 있으면 판례에 따름)

① 지명채권의 양도는 채권자의 통지 또는 채무자의 승낙에 의하여 효력이 발생한다.
② 양도인이 양도통지만을 한 때에는 채무자는 그 통지를 받은 때까지 양도인에 대하여 생긴 사유로써 양수인에게 대항할 수 있다.
③ 양도금지의 특약이 있는 채권은 압류가 금지된다.
④ 채권이 이중으로 양도된 경우, 양수인 상호 간의 우열은 양도통지증서의 확정일자 선후로 결정한다.
⑤ 채권양도의 통지는 관념의 통지로서 양도인이 직접 하여야 하며, 대리가 허용되지 않는다.

해설

① (✕) 지명채권 양도는 당사자인 양도인과 양수인 간의 합의만 있으면 효력이 생긴다. 민법 제450조에서 말하는 양도인의 통지나 채무자의 승낙은 채무자·제3자에 대한 대항요건에 지나지 아니한다.

> 제450조(지명채권양도의 대항요건) ① 지명채권의 양도는 양도인이 채무자에게 통지하거나 채무자가 승낙하지 아니하면 채무자 기타 제삼자에게 대항하지 못한다.

② (○) 민법 제451조 제2항
③ (✕) 양도금지특약이 있더라도 압류·전부명령에 따라 해당 채권은 이전이 가능하고 압류채권자의 선의 여부는 그 효력에 영향을 미치지 못한다(대법원 2019.12.19, 2016다24284 전원합의체).
④ (✕) 채권이 이중으로 양도된 경우 양수인 상호 간의 우열은 확정일자 있는 양도통지가 채무자에게 도달한 일시 또는 확정일자 있는 승낙의 일시의 선후에 의하여 결정하여야 하고, 확정일자 있는 증서에 의하지 아니한 통지나 승낙이 있는 채권양도의 양수인은

확정일자 있는 증서에 의한 통지나 승낙이 있는 채권양도의 양수인에게 대항할 수 없다(대법원 2013.6.28, 2011다83110).

⑤ (×) 민법 제450조에 의한 채권양도통지는 양도인이 직접 하지 않고 사자를 통하여 하거나 대리인으로 하여금 하게 해도 무방하고, 채권의 양수인도 양도인으로부터 채권양도통지권한을 위임받아 대리인으로서 그 통지를 할 수 있다(대법원 2020.4.29, 2017다238509).

정답 ②

---

67 □□□   ○ △ ×

상계가 허용되는 경우는? (다툼이 있으면 판례에 따름)
① 수동채권이 고의의 불법행위로 인한 손해배상청구권인 경우
② 자동채권에 조건미성취의 항변권이 붙어 있는 경우
③ 자동채권의 변제기가 도래하지 않은 경우
④ 수동채권이 압류금지채권인 경우
⑤ 자동채권과 수동채권이 이행지가 다른 경우

해설

① (×) 민법 제496조에 의하여 고의의 불법행위로 인한 손해배상청구권을 수동채권으로 하는 상계는 금지되어 있다.

> 제496조(**불법행위채권을 수동채권으로 하는 상계의 금지**) 채무가 고의의 불법행위로 인한 것인 때에는 그 채무자는 상계로 채권자에게 대항하지 못한다.

② (×) 쌍방의 채권이 현실의 이행이 있어야만 목적을 달성할 수 있는 경우에는 채권의 성질상 상계가 허용되지 아니한다. 부작위채무나 하는 채무가 그러하고, 자동채권에 항변권이 붙어 있는 경우 등도 마찬가지이다.

③ (×) 상계가 허용되기 위하여는 두 채권이 모두 변제기에 있어야 한다.

④ (×) 민법 제497조에 의하여 압류금지채권을 수동채권으로 하는 상계는 금지되어 있다.

> 제497조(**압류금지채권을 수동채권으로 하는 상계의 금지**) 채권이 압류하지 못할 것인 때에는 그 채무자는 상계로 채권자에게 대항하지 못한다.

⑤ (○) 같은 종류의 채권이기만 하면 채권액의 동일 여부, 채권액의 확정 여부, 이행지의 동일 여부, 채권의 발생원인 등은 묻지 아니한다.

> 제494조(**이행지를 달리하는 채무의 상계**) 각 채무의 이행지가 다른 경우에도 상계할 수 있다. 그러나 상계하는 당사자는 상대방에게 상계로 인한 손해를 배상하여야 한다.

정답 ⑤

---

68 □□□   ○ △ ×

청약과 승낙에 관한 설명으로 옳은 것은?
① 청약과 승낙의 의사표시는 특정인에 대해서만 가능하다.
② 승낙자가 청약에 변경을 가하지 않고 조건만을 붙여 승낙한 경우에는 계약이 성립된다.
③ 청약자는 청약이 상대방에게 도달하기 전에는 임의로 이를 철회할 수 있다.
④ 당사자 간에 동일한 내용의 청약이 상호 교차된 경우에는 양 청약의 통지가 상대방에게 발송된 때에 계약이 성립한다.
⑤ 승낙의 기간을 정한 청약은 승낙자가 그 기간 내에 승낙의 통지를 발송하지 아니한 때에는 그 효력을 잃는다.

해설

① (×) 청약은 특정인에 대하여 하는 것이 원칙이나, 불특정(다수)인에 대하여서도 할 수 있는 반면, 승낙은 특정한 청약에 대하여만 할 수 있다.

② (×) 계약이 성립된다 → 그 청약의 거절과 동시에 새로 청약한 것으로 본다(민법 제534조).

> 제534조(**변경을 가한 승낙**) 승낙자가 청약에 대하여 조건을 붙이거나 변경을 가하여 승낙한 때에는 그 청약의 거절과 동시에 새로 청약한 것으로 본다.

③ (○) 청약은 상대방 있는 의사표시이고, 상대방 있는 의사표시는 상대방에게 도달한 때에 효력이 생기므로, 청약이 도달하기 전이라면 임의로 이를 철회할 수 있다.

> 제111조(**의사표시의 효력발생시기**) ① 상대방이 있는 의사표시는 상대방에게 도달한 때에 그 효력이 생긴다.
> 제527조(**계약의 청약의 구속력**) 계약의 청약은 이를 철회하지 못한다.

④ (×) 발송된 → 도달한(동법 제533조)

> 제533조(**교차청약**) 당사자 간에 동일한 내용의 청약이 상호 교차된 경우에는 양 청약이 상대방에게 도달한 때에 계약이 성립한다.

⑤ (×) 승낙자 → 청약자, 발송하지 아니한 → 받지 못한(동법 제528조 제1항)

> 제528조(**승낙기간을 정한 계약의 청약**) ① 승낙의 기간을 정한 계약의 청약은 청약자가 그 기간 내에 승낙의 통지를 받지 못한 때에는 그 효력을 잃는다.

정답 ③

069 □□□   ○ △ ✕

동시이행의 항변권에 관한 설명으로 옳지 않은 것은? (다툼이 있으면 판례에 따름)

① 종전의 임차인이 임대인의 동의 아래 임대인으로부터 새로 목적물을 임차한 사람에게 그 목적물을 직접 이전해 준 경우, 임대인은 종전 임차인의 보증금반환청구에 대하여 목적물 반환과 동시에 이행할 것을 항변하지 못한다.

② 지명채권의 채무자가 채무 전부를 변제할 때에는 채권자에게 채권증서의 반환을 청구할 수 있고, 채무의 변제와 채권증서의 반환은 동시이행의 관계에 있다.

③ 특별한 사정이 없는 한 자동채권과 수동채권이 동시이행관계에 있다고 하더라도 서로 현실적으로 이행하여야 할 필요가 없는 경우라면 상계가 허용된다.

④ 동시이행의 관계에 있는 쌍방의 채무 중 어느 한 채무가 이행불능이 됨에 따라 발생한 손해배상채무도 여전히 상대방의 채무와 동시이행의 관계에 있다.

⑤ 상대방의 이행제공이 있었으나 이를 수령하지 않아 수령지체에 빠진 자는 그 후 상대방이 자기 채무의 이행제공을 다시 하지 않고 이행을 청구한 경우에 동시이행의 항변권을 행사할 수 있다.

해설

① (○) 임대차관계가 종료된 후 임차인이 목적물을 임대인에게 반환하였으면 임대인은 보증금을 무조건으로 반환하여야 하고, 임차인으로부터 목적물의 인도를 받는 것과의 상환이행을 주장할 수 없다. 그리고 이는 종전의 임차인이 임대인으로부터 새로 목적물을 임차한 사람에게 그 목적물을 임대인의 동의 아래 직접 넘긴 경우에도 다를 바 없다(대법원 2009.6.25, 2008다55634).

② (✕) 민법 제475조는 변제자가 채무 전부를 변제한 때에는 채권자에게 채권증서의 반환을 청구할 수 있다고 규정하고 있으나, 이러한 채권증서반환청구권은 변제와 동시이행관계에 있지 아니하다(대법원 2012.11.29, 2011다84359).

③ (○) 상계제도는 서로 대립하는 채권·채무를 간이한 방법에 의하여 결제함으로써 양자의 채권·채무관계를 원활하고 공평하게 처리함을 목적으로 하고 있으므로, 상계의 대상이 될 수 있는 자동채권과 수동채권이 동시이행관계에 있다고 하더라도 서로 현실적으로 이행하여야 할 필요가 없는 경우라면 상계로 인한 불이익이 발생할 우려가 없고 오히려 상계를 허용하는 것이 동시이행관계에 있는 채권·채무관계를 간명하게 해소할 수 있으므로 특별한 사정이 없는 한 상계가 허용된다(대법원 2006.7.28, 2004다54633).

④ (○) ⑤ (○) 동시이행관계에 있는 채무를 부담하는 쌍방 당사자 중 일방이 먼저 현실의 제공을 하고 상대방을 수령지체에 빠지게 하였다고 하더라도 그 이행의 제공이 계속되지 아니하였다면 과거에 이행제공이 있었다는 사실만으로 상대방이 가지는 동시이행의 항변권이 소멸하지 아니하고, 또한 동시이행의 관계에 있는 쌍방의 채무 중 어느 한 채무가 이행불능이 됨으로 인하여 발생한 손해배상채무도 여전히 다른 채무와 동시이행의 관계에 있다고 할 것이다(대법원 2014.4.30, 2010다11323).

070 □□□   ○ △ ✕

해제와 해지에 관한 설명으로 옳은 것은? (다툼이 있으면 판례에 따름)

① 해제는 상대방에 대한 의사표시로 하고 상대방에게 도달한 때부터 그 효력이 생긴다.

② 계약이 합의해제되기 위해서는 명시적인 합의가 있어야 하며, 묵시적인 합의해제는 인정되지 않는다.

③ 특별한 사정이 없는 한 당사자의 일방 또는 쌍방이 수인인 경우에 해지나 해제의 권리가 당사자 1인에 대하여 소멸하여도 다른 당사자에게는 영향을 미치지 않는다.

④ 채무자의 책임 없는 사유로 채무의 이행이 불능하게 된 경우에도 채권자는 계약을 해제할 수 있다.

⑤ 계약이 해지된 경우, 계약은 소급적으로 그 효력을 잃기 때문에 이미 이행된 급부는 부당이득으로 상대방에게 반환하여야 한다.

해설

① (○) 해제는 상대방 있는 의사표시이고, 상대방 있는 의사표시는 상대방에게 도달한 때에 효력이 생긴다.

> **제111조(의사표시의 효력발생시기)** ① 상대방이 있는 의사표시는 상대방에게 도달한 때에 그 효력이 생긴다.
> **제543조(해지, 해제권)** ① 계약 또는 법률의 규정에 의하여 당사자의 일방이나 쌍방이 해지 또는 해제의 권리가 있는 때에는 그 해지 또는 해제는 상대방에 대한 의사표시로 한다.

② (✕) 계약의 합의해제는 묵시적으로 이루어질 수도 있으나, 계약이 묵시적으로 합의해제되었다고 하려면 계약의 성립 후에 당사자 쌍방의 계약실현의사의 결여 또는 포기로 인하여 당사자 쌍방의 계약을 실현하지 아니할 의사가 일치되어야만 하고, 계약이 일부 이행된 경우에는 그 원상회복에 관하여도 의사가 일치되어야 할 것이다(대법원 2011.4.28, 2010다98412,98429).

③ (✕) 소멸하여도 → 소멸하면, 당사자에게는 → 당사자에게도, 미치지 않는다 → 미친다(민법 제547조 제2항)

> **제547조(해지, 해제권의 불가분성)** ① 당사자의 일방 또는 쌍방이 수인인 경우에는 계약의 해지나 해제는 그 전원으로부터 또는 전원에 대하여 하여야 한다.
> ② 전항의 경우에 해지나 해제의 권리가 당사자 1인에 대하여 소멸한 때에는 다른 당사자에 대하여도 소멸한다.

④ (✕) 채무자에게 책임 없는 사유로 이행불능이 된 경우에는, 채권자의 귀책사유 유무와 상관없이 위험부담의 문제로 되고, 이행불능을 이유로 한 해제는 인정되지 아니하며, 채무자는 급부의무를 면함과 더불어 반대급부도 청구하지 못한다.

> **제537조(채무자위험부담주의)** 쌍무계약의 당사자 일방의 채무가 당사자 쌍방의 책임 없는 사유로 이행할 수 없게 된 때에는 채무자는 상대방의 이행을 청구하지 못한다.

⑤ (✕) 소급적으로 → 장래에 대하여(민법 제550조)

> **제550조(해지의 효과)** 당사자 일방이 계약을 해지한 때에는 계약은 장래에 대하여 그 효력을 잃는다.

정답 ①

071 □□□   ○ △ ✕

계약금에 관한 설명으로 옳지 않은 것은? (다툼이 있으면 판례에 따름)

① 계약금은 해약금으로 추정한다.
② 해약금에 의하여 해제하는 경우에는 손해배상청구가 인정되지 아니한다.
③ 당사자의 약정에 따라 계약금이 해약금과 손해배상의 예정을 겸하는 경우, 그것이 부당히 과다한 때에는 법원은 이를 적당히 감액할 수 있다.
④ 계약금의 일부만 지급된 경우, 해약금의 기준이 되는 금원은 실제 교부받은 계약금이 아니라 약정계약금이다.
⑤ 계약금의 수령자는 배액을 제공하고 해제할 수 있으며, 제공된 금액을 상대방이 수령하지 않으면 공탁할 의무를 부담한다.

해설

① (○) 계약금이 어떤 성질의 건인지는 계약금계약의 해석에 따라 결정되나, 불분명한 때에는 해약금으로 추정한다.

> **제565조(해약금)** ① 매매의 당사자 일방이 계약 당시에 금전 기타 물건을 계약금, 보증금 등의 명목으로 상대방에게 교부한 때에는 당사자 간에 다른 약정이 없는 한 당사자의 일방이 이행에 착수할 때까지 교부자는 이를 포기하고 수령자는 그 배액을 상환하여 매매계약을 해제할 수 있다.

② (○) 해약금에 기한 해제가 있으면 계약은 소급하여 무효로 되나, 원상회복의무는 생기지 아니하고, 채무불이행을 원인으로 한 해제가 아니므로, 손해배상청구권도 생기지 아니한다.
③ (○) 손해배상의 예정액이 부당히 과다한 경우에는 법원은 적당히 감액할 수 있다(민법 제398조 제2항).
④ (○) 계약금 일부만 지급된 경우, 수령자가 매매계약을 해제할 수 있다고 하더라도 해약금의 기준이 되는 금원은 '실제 교부받은 계약금'이 아니라 '약정 계약금'이라고 봄이 타당하므로, 매도인이 계약금의 일부로서 지급받은 금원의 배액을 상환하는 것으로는 매매계약을 해제할 수 없다(대법원 2015.4.23, 2014다231378).
⑤ (✕) 매매당사자 간에 계약금을 수수하고 계약해제권을 유보한 경우에 매도인이 계약금의 배액을 상환하고 계약을 해제하려면 계약 해제 의사표시 이외에 계약금 배액의 이행의 제공이 있으면 족하고 상대방이 이를 수령하지 아니한다 하여 이를 공탁하여야 유효한 것은 아니다(대법원 1992.5.12, 91다2151).

정답 ⑤

072 □□□   ○ △ ✕

증여에 관한 설명으로 옳지 않은 것은? (다툼이 있으면 판례에 따름)

① 서면에 의하지 않은 증여의 경우, 수증자는 이를 해제할 수 있다.
② 증여자의 손자에 대하여 수증자가 범죄행위를 한 경우, 증여자는 증여를 해제할 수 있다.
③ 부담부 증여의 수증자가 그 부담을 이행하지 않은 경우, 증여자는 증여를 해제할 수 있으나 이미 이행한 부분은 수증자에게 반환받지 못한다.
④ 증여의 목적인 물건의 하자나 흠결에 대하여 알면서 이를 수증자에게 고지하지 않은 증여자는 그에 대한 담보책임을 진다.
⑤ 수증자가 사망한 경우, 정기의 급여를 목적으로 하는 증여는 그 효력을 잃는다.

해설

① (○) 증여의 의사가 서면으로 표시되지 아니한 경우에는 각 당사자는 이를 해제할 수 있다(민법 제555조).
② (○) 동법 제556조 제1항 제1호

> **제556조(수증자의 행위와 증여의 해제)** ① 수증자가 증여자에 대하여 다음 각 호의 사유가 있는 때에는 증여자는 그 증여를 해제할 수 있다.
> 1. 증여자 또는 그 배우자나 직계혈족에 대한 범죄행위가 있는 때
> 2. 증여자에 대하여 부양의무 있는 경우에 이를 이행하지 아니하는 때

③ (✕) 상대부담 있는 증여에 대하여는 민법 제561조에 의하여 쌍무계약에 관한 규정이 준용되어 부담의무 있는 상대방이 자신의 의무를 이행하지 아니할 때에는 비록 증여계약이 이미 이행되어 있다 하더라도 증여자는 계약을 해제할 수 있고, 그 경우 민법 제555조와 제558조는 적용되지 아니한다(대법원 1997.7.8, 97다2177). 따라서 증여자는 증여의 해제와 이미 이행한 부분에 대한 반환청구를 할 수 있다.

> **제558조(해제와 이행완료부분)** 전3조의 규정에 의한 계약의 해제는 이미 이행한 부분에 대하여는 영향을 미치지 아니한다.

④ (○) 증여자는 증여의 목적인 물건 또는 권리의 하자나 흠결에 대하여 책임을 지지 아니한다. 그러나 증여자가 그 하자나 흠결을 알고 수증자에게 고지하지 아니한 때에는 그러하지 아니하다(동법 제559조 제1항).
⑤ (○) 정기의 급여를 목적으로 한 증여는 증여자 또는 수증자의 사망으로 인하여 그 효력을 잃는다(동법 제560조).

정답 ③

임대차에 관한 설명으로 옳지 않은 것은?

① 일시사용을 위한 임대차가 명백한 경우, 임차인에게 부속물매수청구권이 인정되지 않는다.

② 임차물에 대하여 권리를 주장하는 자가 있고 임대인이 그 사실을 모르고 있는 경우, 임차인은 지체 없이 임대인에게 이를 통지하여야 한다.

③ 토지임대차의 기간의 약정이 없는 경우, 원칙적으로 각 당사자는 언제든지 임대차계약의 해지를 통고할 수 있다.

④ 다른 약정이 없는 한 임대인의 행위가 임대물의 보존에 필요한 행위라도 임차인은 이를 거절할 수 있다.

⑤ 부동산임차인은 당사자 사이에 반대약정이 없으면 임대인에 대하여 그 임대차등기절차에 협력할 것을 청구할 수 있다.

해설

① (○) 민법 제653조, 제646조

> **제646조(임차인의 부속물매수청구권)** ① 건물 기타 공작물의 임차인이 그 사용의 편익을 위하여 임대인의 동의를 얻어 이에 부속한 물건이 있는 때에는 임대차의 종료 시에 임대인에 대하여 그 부속물의 매수를 청구할 수 있다.
> ② 임대인으로부터 매수한 부속물에 대하여도 전항과 같다.
> **제653조(일시사용을 위한 임대차의 특례)** 제628조, 제638조, 제640조, 제646조 내지 제648조, 제650조 및 전조의 규정은 일시사용하기 위한 임대차 또는 전대차인 것이 명백한 경우에는 적용하지 아니한다.

② (○) 임차물의 수리를 요하거나 임차물에 대하여 권리를 주장하는 자가 있는 때에는 임차인은 지체 없이 임대인에게 이를 통지하여야 한다. 그러나 임대인이 이미 이를 안 때에는 그러하지 아니하다(동법 제634조).

③ (○) 임대차기간의 약정이 없는 때에는 당사자는 언제든지 계약해지의 통고를 할 수 있다(동법 제635조 제1항).

④ (✕) 행위라도 → 행위라면, 있다 → 없다(동법 제624조)

> **제624조(임대인의 보존행위, 인용의무)** 임대인이 임대물의 보존에 필요한 행위를 하는 때에는 임차인은 이를 거절하지 못한다.

⑤ (○) 부동산임차인은 당사자 간에 반대약정이 없으면 임대인에 대하여 그 임대차등기절차에 협력할 것을 청구할 수 있다(동법 621조 제1항).

정답 ④

여행계약에 관한 설명으로 옳지 않은 것은?

① 여행자는 여행을 시작하기 전에는 언제든지 여행계약을 해제할 수 있으나, 여행주최자에게 발생한 손해는 배상하여야 한다.

② 여행대금의 지급에 대하여 당사자의 약정 및 관습이 없는 경우, 여행자는 여행종료 후에 지체 없이 지급하여야 한다.

③ 여행에 하자가 있는 경우, 여행자는 여행주최자에게 하자의 시정 또는 대금의 감액을 청구할 수 있으나, 시정에 지나치게 많은 비용이 드는 경우에는 시정을 청구할 수 없다.

④ 여행계약이 중대한 하자로 해지된 경우 여행주최자는 대금청구권을 상실하지만, 여행자가 이미 실행된 여행으로 이익을 얻은 때에는 이를 여행주최자에게 상환해야 한다.

⑤ 예측할 수 없는 천재지변으로 여행주최자가 여행계약을 해지한 경우 여행주최자는 귀환운송의 의무를 지며, 계약해지로 발생한 추가비용은 여행자가 전액 부담한다.

해설

① (○) 여행자는 여행을 시작하기 전에는 언제든지 계약을 해제할 수 있다. 다만, 여행자는 상대방에게 발생한 손해를 배상하여야 한다(민법 제674조의3).

② (○) 여행자는 약정한 시기에 대금을 지급하여야 하며, 그 시기의 약정이 없으면 관습에 따르고, 관습이 없으면 여행의 종료 후 지체 없이 지급하여야 한다(동법 제674조의5).

③ (○) 여행에 하자가 있는 경우에는 여행자는 여행주최자에게 하자의 시정 또는 대금의 감액을 청구할 수 있다. 다만, 그 시정에 지나치게 많은 비용이 들거나 그 밖에 시정을 합리적으로 기대할 수 없는 경우에는 시정을 청구할 수 없다(동법 제674조의6 제1항).

④ (○) 계약이 해지된 경우에는 여행주최자는 대금청구권을 상실한다. 다만, 여행자가 실행된 여행으로 이익을 얻은 경우에는 그 이익을 여행주최자에게 상환하여야 한다(동법 제674조의7 제2항).

⑤ (✕) 동법 제674조의4 제2항·제3항

> **제674조의4(부득이한 사유로 인한 계약해지)** ② 제1항에 따라 계약이 해지된 경우에도 계약상 귀환운송(歸還運送) 의무가 있는 여행주최자는 여행자를 귀환운송할 의무가 있다.
> ③ 제1항의 해지로 인하여 발생하는 추가비용은 그 해지사유가 어느 당사자의 사정에 속하는 경우에는 그 당사자가 부담하고, 누구의 사정에도 속하지 아니하는 경우에는 각 당사자가 절반씩 부담한다.

정답 ⑤

075 □□□ ○ △ ✕

부당이득의 반환의무 또는 책임의 범위가 현존이익으로 한정되는 경우가 아닌 것은?

① 선의의 부당이득자의 반환의무
② 실종선고가 취소된 경우, 실종선고를 직접원인으로 하여 선의로 재산을 취득한 자의 반환의무
③ 법률행위가 제한능력을 이유로 취소되는 경우, 제한능력자의 상환의무
④ 수탁보증인이 과실 없이 변제 기타의 출재로 주채무를 소멸시킨 경우, 주채무자의 수탁보증인에 대한 구상채무
⑤ 사무관리를 함에 있어 관리자가 과실 없이 손해를 받은 경우, 본인의 관리자에 대한 무과실손해보상채무

해설

① (○) 선의의 수익자는 그 받은 이익이 현존한 한도에서 전조의 책임이 있다(민법 제748조 제1항).
② (○) 실종선고의 취소가 있을 때에 실종의 선고를 직접원인으로 하여 재산을 취득한 자가 선의인 경우에는 그 받은 이익이 현존하는 한도에서 반환할 의무가 있고 악의인 경우에는 그 받은 이익에 이자를 붙여서 반환하고 손해가 있으면 이를 배상하여야 한다(동법 제29조 제2항).
③ (○) 취소된 법률행위는 처음부터 무효인 것으로 본다. 다만, 제한능력자는 그 행위로 인하여 받은 이익이 현존하는 한도에서 상환(償還)할 책임이 있다(동법 제141조).
④ (✕) 동법 제441조, 제425조 제2항

> **제425조(출재채무자의 구상권)** ① 어느 연대채무자가 변제 기타 자기의 출재로 공동면책이 된 때에는 다른 연대채무자의 부담부분에 대하여 구상권을 행사할 수 있다.
> ② 전항의 구상권은 면책된 날 이후의 법정이자 및 피할 수 없는 비용 기타 손해배상을 포함한다.
> **제441조(수탁보증인의 구상권)** ① 주채무자의 부탁으로 보증인이 된 자가 과실 없이 변제 기타의 출재로 주채무를 소멸하게 한 때에는 주채무자에 대하여 구상권이 있다.
> ② 제425조 제2항의 규정은 전항의 경우에 준용한다.

⑤ (○) 관리자가 사무관리를 함에 있어서 과실 없이 손해를 받은 때에는 본인의 현존이익의 한도에서 그 손해의 보상을 청구할 수 있다(동법 제740조).

정답 ④

051 □□□ ○ △ ✕

민법의 법원(法源)에 관련한 설명으로 옳지 않은 것은? (다툼이 있으면 판례에 따름)

① 일단 성립한 관습법이라도 사회구성원들이 그 관행의 법적 구속력에 대해 확신을 갖지 않게 되면 그 효력이 부정된다.
② 관습법이 헌법에 위반될 때에는 법원(法院)이 그 효력을 부인할 수 있다.
③ 민법 제1조(法源)에서의 '법률'은 국회가 제정한 법률만을 의미한다.
④ 사실인 관습은 그 존재를 당사자가 주장·입증하여야 한다.
⑤ 임의규정과 다른 관습이 있는 경우에 당사자의 의사가 명확하지 아니한 때에는 그 관습에 의한다.

해설

① (○) 사회의 거듭된 관행으로 생성된 사회생활규범이 관습법으로 승인되었다고 하더라도, 사회구성원들이 그러한 관행의 법적 구속력에 대하여 확신을 갖지 않게 되었다거나 사회를 지배하는 기본적 이념이나 사회질서의 변화로 인하여 그러한 관습법을 적용하여야 할 시점의 전체 법질서에 부합하지 않게 되었다면, 그러한 관습법은 법적 규범으로서의 효력이 부정된다(2022.7.21, 2017다236749).
② (○) 민사에 관한 관습법은 법원에 의하여 발견되고 성문의 법률에 반하지 아니하는 경우에 한하여 보충적인 법원(法源)이 되는 것에 불과하여(민법 제1조) 관습법이 헌법에 위반되는 경우 법원이 그 관습법의 효력을 부인할 수 있으므로, 결국 관습법은 헌법재판소의 위헌법률심판의 대상이 아니라 할 것이다(대법원 2009.5.28, 2007카기134).
③ (✕) 민법 제1조에서의 법률은 형식적 의미의 법률을 뜻하는 것으로 해석하는 것이 원칙이나, 성문법주의에 부합하기 위하여는 널리 성문법(제정법)을 뜻하는 것으로 새겨야만 한다.
[보충] 각종 명령, 대법원규칙, 조약, 자치법규 등도 모두 현행법상 성문법이다.
④ (○) 사실인 관습의 존재는 당사자가 이를 주장 및 증명하여야 한다(대법원 2013.10.24, 2011다110685).
⑤ (○) 법령 중의 선량한 풍속 기타 사회질서에 관계없는 규정과 다른 관습이 있는 경우에 당사자의 의사가 명확하지 아니한 때에는 그 관습에 의한다(민법 제106조).

정답 ③

052 □□□ ○ △ ✕

제한능력자와 관련한 설명으로 옳지 않은 것은?

① 피성년후견인이 성년후견인의 동의를 얻어 단독으로 체결한 토지매매계약은 취소할 수 없다.
② 가정법원은 성년후견개시의 심판을 할 때 본인의 의사를 고려하여야 한다.
③ 피한정후견인은 동의를 필요로 하는 행위가 아닌 이상 확정적으로 유효한 법률행위를 할 수 있다.
④ 가정법원은 한정후견개시의 심판을 할 때 본인의 의사를 고려하여야 한다.
⑤ 가정법원은 피한정후견인이 한정후견인의 동의를 받아야 하는 행위의 범위를 정할 수 있다.

해설

① (✕) 제한능력자이더라도 미성년자(민법 제5조)와 피한정후견인(동법 제13조)은 법정대리인의 동의를 얻어 유효한 법률행위를 할 수 있는 반면, 피성년후견인은 법정대리인의 동의를 얻더라도 유효한 법률행위를 할 수 없으므로, 위 토지매매계약은 취소할 수 있다.
② (○) 동법 제9조 제2항
③ (○) ⑤ (○) 민법 제13조 제1항에 의하면, 가정법원은 피한정후견인이 한정후견인의 동의를 받아야 하는 행위의 범위를 정할 수 있는데, 이는 결국 피한정후견인은 동의를 받아야 하는 행위가 아닌 이상 확정적으로 유효한 법률행위를 할 수 있다고 보아야 한다.
[보충] 가족법상 행위능력에 관하여는 미성년자와 피성년후견인에 관하여만 규정하고 있을 뿐, 피한정후견이에 관하여는 규정하고 있지 아니하다. 따라서 피한정후견인은 원칙적으로 약혼, 혼인, 협의이혼, 입양, 협의파양 등의 행위를 자유롭게 할 수 있다고 보아야 한다.
④ (○) 동법 제12조 제2항, 제9조 제2항

> **제9조(성년후견개시의 심판)** ② 가정법원은 성년후견개시의 심판을 할 때 본인의 의사를 고려하여야 한다.
> **제12조(한정후견개시의 심판)** ② 한정후견개시의 경우에 제9조 제2항을 준용한다.

정답 ①

053 □ □ □   ○ △ ✕

민법상 법인에 관한 설명으로 옳지 않은 것은?

① 이사는 선량한 관리자의 주의로 그 직무를 행하여야 한다.
② 이사는 정관 또는 총회의 결의로 금지하지 아니한 사항에 한하여 타인으로 하여금 특정한 행위를 대리하게 할 수 있다.
③ 법인은 정관 또는 총회의 결의로 감사를 둘 수 있다.
④ 해산한 법인은 청산의 목적범위 내에서만 권리가 있고 의무를 부담한다.
⑤ 이사가 없거나 결원이 있는 경우에 이로 인하여 손해가 생길 염려 있는 때에는 법원은 이해관계인이나 검사의 청구에 의하여 특별대리인을 선임하여야 한다.

해설

① (○) 민법 제61조
② (○) 동법 제62조
③ (○) 동법 제66조
④ (○) 동법 제81조
⑤ (✕) 특별대리인 → 임시이사(동법 제63조)

> **제63조(임시이사의 선임)** 이사가 없거나 결원이 있는 경우에 이로 인하여 손해가 생길 염려 있는 때에는 법원은 이해관계인이나 검사의 청구에 의하여 임시이사를 선임하여야 한다.

정답 ⑤

054 □ □ □   ○ △ ✕

민법상 물건에 관한 설명으로 옳지 않은 것은? (다툼이 있으면 판례에 따름)

① 「입목에 관한 법률」에 따라 등기된 입목이나 명인방법을 갖춘 수목의 경우에는 독립하여 거래의 객체가 된다.
② 사람의 유체·유골은 매장·관리·제사·공양의 대상이 될 수 있는 유체물로서 그 제사주재자에게 승계된다.
③ 당사자는 주물을 처분할 때에 특약으로 종물을 제외할 수 있고, 종물만을 별도로 처분할 수도 있다.
④ 천연과실은 수취할 권리의 존속기간 일수의 비율로 취득한다.
⑤ 주물과 다른 사람의 소유에 속하는 물건은 종물이 될 수 없다.

해설

① (○) 입목에관한법률에 따라 등기된 입목이나 명인방법을 갖춘 수목의 경우에는 독립하여 거래의 객체가 되므로 토지평가에 포함되지 아니한다(대법원 1998.10.28, 98마1817).
② (○) [다수의견] 사람의 유체·유골은 매장·관리·제사·공양의 대상이 될 수 있는 유체물로서 분묘에 안치되어 있는 선조의 유체·유골은 민법 제1008조의3 소정의 제사용 재산인 분묘와 함께

그 제사주재자에게 승계되고, 피상속인 자신의 유체·유골 역시 위 제사용 재산에 준하여 그 제사주재자에게 승계된다(대법원 2008.11.20, 2007다27670 전원합의체).
③ (○) 종물은 주물의 처분에 수반된다는 민법 제100조 제2항은 임의규정이므로, 당사자는 주물을 처분할 때에 특약으로 종물을 제외할 수 있고 종물만을 별도로 처분할 수도 있다(대법원 2012.1.26, 2009다76546).
④ (✕) 천연과실 → 법정과실(민법 제102조)

> **제102조(과실의 취득)** ① 천연과실은 그 원물로부터 분리하는 때에 이를 수취할 권리자에게 속한다.
> ② 법정과실은 수취할 권리의 존속기간일수의 비율로 취득한다.

⑤ (○) 종물은 물건의 소유자가 그 물건의 상용에 공하기 위하여 자기 소유인 다른 물건을 이에 부속하게 한 것을 말하므로(민법 제100조 제1항), 주물과 다른 사람의 소유에 속하는 물건은 종물이 될 수 없다(대법원 2008.5.8, 2007다36933,36940).
[보충] 다른 소유자에게 속한 물건 사이에 주물과 종물의 관계를 인정한다면, 그 주물의 처분으로 다른 소유자의 종물이 처분됨으로써 제3자의 권리가 침해될 수 있으므로, 주물과 종물은 원칙적으로 동일한 소유자에게 속하여야 한다.

> **제100조(주물, 종물)** ① 물건의 소유자가 그 물건의 상용에 공하기 위하여 자기 소유인 다른 물건을 이에 부속하게 한 때에는 그 부속물은 종물이다.
> ② 종물은 주물의 처분에 따른다.

정답 ④

055 □ □ □   ○ △ ✕

강행규정에 관한 설명으로 옳은 것은? (다툼이 있으면 판례에 따름)

① 법률행위가 강행규정에 위반하여 무효인 경우에는 언제나 불법원인급여에 해당한다.
② 임차인의 비용상환청구권에 관한 민법 제626조는 강행규정이다.
③ 강행규정 위반의 무효는 원칙적으로 선의의 제3자에게도 주장할 수 있다.
④ 강행규정을 위반하여 무효인 법률행위는 추인하면 유효로 될 수 있다.
⑤ 강행규정에 위반한 자가 스스로 그 약정의 무효를 주장하는 것은 특별한 사정이 없는 한, 신의칙에 반하는 행위로 허용될 수 없다.

해설

① (✕) 민법 제746조에서 말하는 불법의 의미에 관하여는 학설이 대립하고 있으나, 판례는 강행규정에 위반하는 법률행위가 모두 불법원인에 해당하는 것은 아니고, 선량한 풍속 기타 사회질서에 위반하는 경우만이 불법원인에 해당한다고 한다.
[보충] 불법의 원인으로 인하여 재산을 급여하거나 노무를 제공한 때에는 그 이익의 반환을 청구하지 못하는 것인바(민법 제746조 본문), 여기서 불법의 원인이라 함은 그 원인되는 행위가 선량한

풍속 기타 사회질서에 위반하는 경우를 말하는 것으로서 법률의 금지에 위반하는 경우라 할지라도 그것이 선량한 풍속 기타 사회질서에 위반하지 않는 경우에는 이에 해당하지 않는다(대법원 2010. 12.9, 2010다57626,57633).

② (×) 이는 강행규정이 아니다.

③ (○) ④ (×) 이는 절대적 무효이므로 선의의 제3자에게 대항할 수 있고, 추인에 의하여 유효로 될 수 없다.

⑤ (×) 강행법규를 위반한 자가 스스로 그 약정의 무효를 주장하는 것은 달리 특별한 사정이 없는 한 신의칙에 반한다고 할 수 없다. 만일 그런 주장을 배척한다면 이는 오히려 강행법규에 의하여 배제하려는 결과를 실현시키는 셈이 되어 입법취지를 완전히 몰각하게 되기 때문이다(대법원 2020.11.12, 2017다205295).

정답 ③

056 ☐☐☐ ○ △ ×

甲으로부터 5억 원에 토지매수를 부탁받은 임의대리인 乙이 甲의 허락을 얻어 丙을 복대리인으로 선임하였다. 丙은 매수의뢰가격이 5억 원임을 알고 있음에도 丁의 토지를 조속히 매수하기 위하여 丁과 6억 원에 매수하는 계약을 체결하였다. 甲, 乙, 丙, 丁의 법률관계에 관한 설명으로 옳은 것은? (다툼이 있으면 판례에 따름)

① 乙은 甲의 이름으로 丙을 선임한다.

② 乙은 甲에 대하여 丙의 선임감독에 대한 책임을 지지 않는다.

③ 丙은 乙의 동의가 있더라도 특별한 사정이 없는 한, 토지매매계약을 해제할 수 없다.

④ 만약 乙이 사망하더라도 丙의 복대리권은 소멸하지 않는다.

⑤ 토지를 5억 원에 매수해 달라는 부탁을 받은 丙이 丁과 6억 원에 매수하는 계약을 체결한 것은 착오에 의한 의사표시이므로, 甲은 매매계약을 취소할 수 있다.

해설

① (×) ④ (×) 복대리인은 대리인이 자기의 이름으로 선임한다. 따라서 乙은 자기의 이름으로 丙을 선임하고, 만약 乙이 사망하면 丙의 복대리권은 소멸한다.

[보충] 복대리인의 선임은 대리행위가 아님에 유의하여야 한다.

② (×) 지지 않는다 → 진다(민법 제121조 제1항)

> 제121조(임의대리인의 복대리인선임의 책임) ① 전조의 규정에 의하여 대리인이 복대리인을 선임한 때에는 본인에게 대하여 그 선임감독에 관한 책임이 있다.

③ (○) 어떠한 계약의 체결에 관한 대리권을 수여받은 대리인이 수권된 법률행위를 하게 되면 그것으로 대리권의 원인된 법률관계는 원칙적으로 목적을 달성하여 종료하는 것이고, 법률행위에 의하여 수여된 대리권은 그 원인된 법률관계의 종료에 의하여 소멸하는 것이므로(민법 제128조), 그 계약을 대리하여 체결하였던 대리인이 체결된 계약의 해제 등 일체의 처분권과 상대방의 의사를 수령할 권한까지 가지고 있다고 볼 수는 없다(대법원 2015.12.23, 2013

다81019). 이는 대리인도 마찬가지이다.

⑤ (×) 의사표시이므로 → 의사표시가 아니므로, 있다 → 없다(동법 제116조 제1항)

[보충] 위 경우, 이를 丙의 착오라고 볼 여지가 없으므로, 甲은 매매계약을 취소할 수 없다.

> 제116조(대리행위의 하자) ① 의사표시의 효력이 의사의 흠결, 사기, 강박 또는 어느 사정을 알았거나 과실로 알지 못한 것으로 인하여 영향을 받을 경우에 그 사실의 유무는 대리인을 표준하여 결정한다.

정답 ③

057 ☐☐☐ ○ △ ×

착오로 인한 의사표시에 관한 설명으로 옳은 것은? (다툼이 있으면 판례에 따름)

① 토지매매계약에 있어 토지의 현황·경계에 관한 착오는 법률행위의 중요부분에 관한 착오로 볼 수 없다.

② 화해의 목적인 분쟁 이외의 사항에 착오가 있는 때에는 착오를 이유로 화해계약을 취소할 수 있다.

③ 매도인이 매매계약을 적법하게 해제한 이상 매수인은 착오를 이유로 매매계약을 취소할 수 없다.

④ 의사표시의 착오가 표의자의 중대한 과실로 발생한 경우, 상대방이 표의자의 착오를 알고 이용하였더라도 표의자는 그 의사표시를 취소할 수 없다.

⑤ 매매계약의 쌍방 당사자가 계약의 목적물로 삼은 X토지의 지번에 착오를 일으켜 계약서에 목적물을 Y토지로 표시한 경우, 매매계약은 Y토지에 관하여 성립한다.

해설

① (×) 주위토지통행권자가 인접대지위의 담장이 그 대지의 경계선과 일치하는 것으로 잘못 알고 이 담장을 기준으로 통로폭을 정하여 주위토지소유자의 담장설치에 합의하였다면 이러한 합의는 토지의 현황경계에 관한 착오에 기인한 것으로서 그 착오는 법률행위의 중요부분에 관한 착오라고 볼 수 있다(대법원 1989.7.25, 88다카9364).

② (○) 민법상의 화해계약을 체결한 경우 당사자는 착오를 이유로 취소하지 못하고 다만 화해당사자의 자격 또는 화해의 목적인 분쟁 이외의 사항에 착오가 있는 때에 한하여 이를 취소할 수 있으며, 여기서 '화해의 목적인 분쟁 이외의 사항'이라 함은 분쟁의 대상이 아니라 분쟁의 전제 또는 기초가 된 사항으로서 쌍방 당사자가 예정한 것이어서 상호 양보의 내용으로 되지 않고 다툼이 없는 사실로 양해된 사항을 말한다(대법원 1997.4.11, 95다48414).

③ (×) 매도인이 매수인의 중도금지급채무 불이행을 이유로 매매계약을 적법하게 해제한 후라도 매수인으로서는 상대방이 한 계약해제의 효과로서 발생하는 손해배상책임을 지거나 매매계약에 따른 계약금의 반환을 받을 수 없는 불이익을 면하기 위하여 착오를 이유로 한 취소권을 행사하여 매매계약 전체를 무효로 돌리게 할 수 있다(대법원 1996.12.6, 95다24982,24999).

④ (×) 민법 제109조 제1항은 법률행위 내용의 중요부분에 착오가

있는 때에는 그 의사표시를 취소할 수 있다고 규정하면서 같은 항 단서에서 그 착오가 표의자의 중대한 과실로 인한 때에는 취소하지 못한다고 규정하고 있다. 여기서 '중대한 과실'이란 표의자의 직업, 행위의 종류, 목적 등에 비추어 보통 요구되는 주의를 현저히 결여한 것을 의미한다. 한편 위 단서 규정은 표의자의 상대방의 이익을 보호하기 위한 것이므로, 상대방이 표의자의 착오를 알고 이를 이용한 경우에는 착오가 표의자의 중대한 과실로 인한 것이라고 하더라도 표의자는 의사표시를 취소할 수 있다(대법원 2023. 4.27, 2017다227264).

⑤ (×) 부동산의 매매계약에 있어 쌍방 당사자가 모두 특정의 甲토지를 계약의 목적물로 삼았으나 그 목적물의 지번 등에 관하여 착오를 일으켜 계약을 체결함에 있어서는 계약서상 그 목적물을 甲토지와는 별개인 乙토지로 표시하였다 하여도, 甲토지에 관하여 이를 매매의 목적물로 한다는 쌍방 당사자의 의사합치가 있는 이상 그 매매계약은 甲토지에 관하여 성립한 것으로 보아야 하고 乙토지에 관하여 매매계약이 체결된 것으로 보아서는 안 될 것이며, 만일 乙토지에 관하여 그 매매계약을 원인으로 하여 매수인 명의로 소유권이전등기가 경료되었다면 이는 원인 없이 경료된 것으로서 무효이다(대법원 1996.8.20, 96다19581,19598).

정답 ②

58 ▢▢▢   ○ △ ×

의사표시의 취소에 관한 설명으로 옳은 것을 모두 고른 것은? (다툼이 있으면 판례에 따름)

> ㄱ. 민법은 법률행위의 일부무효에 대하여는 규정하고 있으나 일부취소에 대하여는 규정하고 있지 않으므로, 법률행위의 일부취소는 할 수 없다.
>
> ㄴ. 법정대리인의 동의 없이 신용구매계약을 체결한 미성년자가 그 후에 법정대리인의 동의 없음을 사유로 들어 이를 취소하는 것은 신의칙에 위배되지 않는다.
>
> ㄷ. 상대방의 대리인 등 상대방과 동일시할 수 있는 자의 강박은 제3자의 강박에 해당하지 않는다.

① ㄴ   ② ㄱ, ㄴ   ③ ㄱ, ㄷ
④ ㄴ, ㄷ   ⑤ ㄱ, ㄴ, ㄷ

해설

ㄱ (×) 하나의 법률행위의 일부분에만 취소사유가 있다고 하더라도 그 법률행위가 가분적이거나 그 목적물의 일부가 특정될 수 있다면, 그 나머지 부분이라도 이를 유지하려는 당사자의 가정적 의사가 인정되는 경우 그 일부만의 취소도 가능하다고 할 것이고, 그 일부의 취소는 법률행위의 일부에 관하여 효력이 생긴다(대법원 2002.9.10, 2002다21509).

ㄴ (○) 행위무능력자제도는 사적 자치의 원칙이라는 민법의 기본이념, 특히, 자기책임원칙의 구현을 가능케 하는 도구로서 인정되는 것이고, 거래의 안전을 희생시키더라도 행위무능력자를 보호하고자 함에 근본적인 입법취지가 있는바, … 미성년자의 법률행위에 법정대리인의 동의를 요하도록 하는 것은 강행규정인데, 위 규정에 반하여 이루어진 신용구매계약을 미성년자 스스로 취소하는 것을 신의칙 위반을 이유로 배척한다면, 이는 오히려 위 규정에

의해 배제하려는 결과를 실현시키는 셈이 되어 미성년자제도의 입법취지를 몰각시킬 우려가 있으므로, 법정대리인의 동의 없이 신용구매계약을 체결한 미성년자가 사후에 법정대리인의 동의 없음을 사유로 들어 이를 취소하는 것이 신의칙에 위배된 것이라고 할 수 없다(대법원 2007.11.16, 2005다71659,71666,71673).

ㄷ (○) 의사표시의 상대방이 아닌 자로서 기망행위를 하였으나 민법 제110조 제2항에서 정한 제3자에 해당되지 아니한다고 볼 수 있는 자란 그 의사표시에 관한 상대방의 대리인 등 상대방과 동일시할 수 있는 자만을 의미하고, 단순히 상대방의 피용자이거나 상대방이 사용자책임을 져야 할 관계에 있는 피용자에 지나지 않는 자는 상대방과 동일시할 수는 없어 이 규정에서 말하는 제3자에 해당한다(대법원 1998.1.23, 96다41496).

정답 ④

59 ▢▢▢   ○ △ ×

대리에 관한 설명으로 옳지 않은 것은?

① 의사표시의 효력이 의사의 흠결로 인하여 영향을 받을 경우에 그 사실의 유무는 대리인을 표준하여 결정한다.
② 선의의 상대방은 본인의 추인이 있을 때까지 무권대리인과 체결한 계약을 철회할 수 있다.
③ 복대리인은 그 권한 내에서 본인을 대리한다.
④ 대리인은 행위능력자임을 요하지 아니한다.
⑤ 무권대리행위에 대한 본인의 추인은 다른 의사표시가 없는 한, 추인한 때로부터 그 효력이 생긴다.

해설

① (○) 의사표시의 효력이 의사의 흠결, 사기, 강박 또는 어느 사정을 알았거나 과실로 알지 못한 것으로 인하여 영향을 받을 경우에 그 사실의 유무는 대리인을 표준하여 결정한다(민법 제116조 제1항).
② (○) 대리권 없는 자가 한 계약은 본인의 추인이 있을 때까지 상대방은 본인이나 그 대리인에 대하여 이를 철회할 수 있다. 그러나 계약 당시에 상대방이 대리권 없음을 안 때에는 그러하지 아니하다(동법 제134조).
③ (○) 동법 제123조 제1항
④ (○) 동법 제117조
⑤ (×) 추인한 때로부터 → 계약 시에 소급하여(동법 제133조)

> **제133조(추인의 효력)** 추인은 다른 의사표시가 없는 때에는 계약 시에 소급하여 그 효력이 생긴다. 그러나 제삼자의 권리를 해하지 못한다.

정답 ⑤

060 ☐☐☐ ○ △ ✕

대리권의 범위와 제한에 관한 설명으로 옳지 않은 것은? (다툼이 있으면 판례에 따름)

① 대리인이 수인인 때에는 각자가 본인을 대리하는 것이 원칙이다.
② 대리인이 부동산입찰절차에서 동일물건에 관하여 이해관계가 다른 2인 이상을 대리한 경우, 그가 한 입찰은 무효이다.
③ 대리권의 범위가 명확하지 않은 임의대리인이라 하더라도 소멸시효를 중단시킬 수 있다.
④ 부동산의 소유자로부터 매매계약을 체결할 대리권을 수여받은 대리인은 특별한 사정이 없는 한, 그 매매계약에서 약정한 바에 따라 중도금이나 잔금을 수령할 권한이 있다.
⑤ 예금계약의 체결을 위임받은 자가 가지는 대리권에는 그 예금을 담보로 하여 대출을 받거나 이를 처분할 수 있는 대리권이 포함되어 있다.

해설

① (○) 대리인이 수인인 때에는 각자가 본인을 대리한다. 그러나 법률 또는 수권행위에 다른 정한 바가 있는 때에는 그러하지 아니하다(민법 제119조).
② (○) 민법 제124조는 "대리인은 본인의 허락이 없으면 본인을 위하여 자기와 법률행위를 하거나 동일한 법률행위에 관하여 당사자 쌍방을 대리하지 못한다."고 규정하고 있으므로 부동산입찰절차에서 동일물건에 관하여 이해관계가 다른 2인 이상의 대리인이 된 경우에는 그 대리인이 한 입찰은 무효이다(대법원 2004.2.13, 2003마44).
③ (○) 동법 제118조 제1호
[보충] 보존행위란 재산의 가치를 현재상태 그대로 유지하는 것을 목적으로 하는 행위로서 가옥수선, 소멸시효 중단, 미등기부동산 등기 등이 그 예이다.

> **제118조(대리권의 범위)** 권한을 정하지 아니한 대리인은 다음 각호의 행위만을 할 수 있다.
> 1. 보존행위
> 2. 대리의 목적인 물건이나 권리의 성질을 변하지 아니하는 범위에서 그 이용 또는 개량하는 행위

④ (○) 소유자로부터 매매계약을 체결할 대리권을 수여받은 대리인은 특별한 다른 사정이 없는 한 그 매매계약에서 정한 바에 따라 중도금이나 잔금 등을 수령할 권한도 있다(대법원 2015.9.10, 2010두1385).
⑤ (✕) 예금계약의 체결을 위임받은 자가 가지는 대리권에 당연히 그 예금을 담보로 대출을 받거나 이를 처분할 수 있는 대리권이 포함되어 있는 것은 아니다(대법원 2002.6.14, 2000다38992).

정답 ⑤

061 ☐☐☐ ○ △ ✕

조건과 기한에 관한 설명으로 옳지 않은 것은? (다툼이 있으면 판례에 따름)

① 법률이 요구하는 요건인 법정조건은 법률행위의 부관으로서의 조건이 아니다.
② 조건부 법률행위에서 조건이 불법조건이라고 해서 그 법률행위 전부가 무효로 되는 것은 아니다.
③ 기한이익 상실의 특약은 명백히 정지조건부 기한이익 상실의 특약이라도 볼 만한 특별한 사정이 없는 이상, 형성권적 기한이익 상실의 특약으로 추정된다.
④ 주택건설을 위한 토지매매계약에 앞서 당사자 간의 협의에 의하여 건축허가를 필할 때에 매매계약이 성립하고 건축허가 신청이 불허되었을 때에는 이를 무효로 한다고 약정한 토지매매계약은 해제조건부 계약이다.
⑤ 이미 부담하고 있는 채무의 변제에 관하여 일정한 사실이 부관으로 붙여진 경우에는 특별한 사정이 없는 한, 그것은 변제기를 유예한 것으로서 그 사실이 발생한 때 또는 발생하지 아니하는 것으로 확정된 때에 기한이 도래한다.

해설

① (○) 조건은 법률행위내용의 일부이므로, 당사자가 임의로 정한 것이어야만 한다. 따라서 법률이 요구하는 요건인 법정조건은 조건이 아니다.
[보충] 조건은 법률행위효력의 발생 또는 소멸을 장래의 불확실한 사실의 성부에 의존하게 하는 법률행위의 부관이다.
② (✕) 조건부 법률행위에 있어 조건의 내용 자체가 불법적인 것이어서 무효일 경우 또는 조건을 붙이는 것이 허용되지 아니하는 법률행위에 조건을 붙인 경우 그 조건만을 분리하여 무효로 할 수는 없고 그 법률행위 전부가 무효로 된다(대법원 2005.11.8, 2005마541).
③ (○) 기한이익 상실의 특약은 그 내용에 의하여 일정한 사유가 발생하면 채권자의 청구 등을 요함이 없이 당연히 기한의 이익이 상실되어 이행기가 도래하는 것으로 하는 정지조건부 기한이익 상실의 특약과 일정한 사유가 발생한 후 채권자의 통지나 청구 등 채권자의 의사행위를 기다려 비로소 이행기가 도래하는 것으로 하는 형성권적 기한이익 상실의 특약의 두 가지로 대별할 수 있고, 기한이익 상실의 특약이 위의 양자 중 어느 것에 해당하느냐는 당사자의 의사해석의 문제이지만 일반적으로 기한이익 상실의 특약이 채권자를 위하여 둔 것인 점에 비추어 명백히 정지조건부 기한이익 상실의 특약이라고 볼 만한 특별한 사정이 없는 이상 형성권적 기한이익 상실의 특약으로 추정하는 것이 타당하다(대법원 2010.8.26, 2008다42416,42423).
④ (○) 주택건설을 위한 원·피고 간의 토지매매계약에 앞서 양자 간의 협의에 의하여 건축허가를 필할 때 매매계약이 성립하고 건축허가신청이 불허되었을 때에는 이를 무효로 한다는 약정 아래 이루어진 본건 계약은 해제조건부계약이다(대법원 1983.8.23, 83다카552).
⑤ (○) 이미 부담하고 있는 채무의 변제에 관하여 일정한 사실이 부관으로 붙여진 경우에는, 특별한 사정이 없는 한 그것은 변제기

를 유예한 것으로서 그 사실이 발생한 때 또는 발생하지 아니하는 것으로 확정된 때에 기한이 도래한다(대법원 2023.9.21, 2019다 246016).

정답 ②

62 □□□   ○ △ ✕

소멸시효와 제척기간에 관한 설명으로 옳은 것은? (다툼이 있으면 판례에 따름)

① 소멸시효가 완성되면 그 권리는 그때부터 소멸의 효과가 발생한다.
② 당사자가 매매예약완결권의 행사기간을 정하지 않고 행사할 수 있는 시기만을 정한 경우, 완결권은 권리를 행사할 수 있는 때로부터 10년이 경과하면 소멸한다.
③ 취소권은 그 제척기간 내에 소를 제기하는 방법으로 재판상 행사하여야만 하는 것이 아니라, 재판 외에서 취소의 의사표시를 하는 방법으로도 행사할 수 있다.
④ 소멸시효나 제척기간에는 모두 중단이 인정된다.
⑤ 소멸시효의 기간은 법률행위로 단축할 수 없다.

해설

① (✕) 소멸시효는 그 기산일에 소급하여 효력이 생긴다(민법 제167조).
② (✕) 당사자 사이에 매매예약완결권을 행사할 수 있는 시기를 특별히 약정한 경우에도 그 제척기간은 당초 권리의 발생일로부터 10년간의 기간이 경과되면 만료되는 것이지 그 기간을 넘어서 그 약정에 따라 권리를 행사할 수 있는 때로부터 10년이 되는 날까지로 연장된다고 볼 수 없다(대법원 1995.11.10, 94다22682,22699).
③ (○) 미성년자 또는 친족회가 민법 제950조 제2항에 따라 제1항의 규정에 위반한 법률행위를 취소할 수 있는 권리는 형성권으로서 민법 제146조에 규정된 취소권의 존속기간은 제척기간이라고 보아야 할 것이지만, 그 제척기간 내에 소를 제기하는 방법으로 권리를 재판상 행사하여야만 되는 것은 아니고, 재판 외에서 의사표시를 하는 방법으로도 권리를 행사할 수 있다고 보아야 한다(대법원 1993.7.27, 92다52795).
④ (✕) 제척기간에 있어서는 소멸시효와 같이 기간의 중단이 있을 수 없다(대법원 2003.1.10, 2000다26425).
⑤ (✕) 없다 → 있다(민법 제184조 제2항)

> **제184조(시효의 이익의 포기 기타)** ② 소멸시효는 법률행위에 의하여 이를 배제, 연장 또는 가중할 수 없으나 이를 단축 또는 경감할 수 있다.

정답 ③

63 □□□   ○ △ ✕

금전채권 및 이자채권에 관한 설명으로 옳지 않은 것은? (다툼이 있으면 판례에 따름)

① 금전채무 불이행의 손해배상에 관하여 채권자는 손해의 증명을 요하지 않는다.
② 금전채무 불이행의 손해배상에 관하여 채무자는 과실 없음을 항변하지 못한다.
③ 금전채무의 지연손해금채무는 금전채무의 이행지체로 인한 손해배상채무로서 이행기의 정함이 없는 채무에 해당한다.
④ 원본채권이 양도된 경우, 이미 변제기에 도달한 이자채권은 원본채권의 양도 당시 그 이자채권도 양도한다는 의사표시가 없어도 당연히 양도된다.
⑤ 채권의 목적이 어느 종류의 통화로 지급할 것인 경우에 그 통화가 변제기에 강제통용력을 잃은 때에는 채무자는 다른 통화로 변제하여야 한다.

해설

① (○) ② (○) 전항의 손해배상에 관하여는 채권자는 손해의 증명을 요하지 아니하고 채무자는 과실 없음을 항변하지 못한다(민법 제397조 제2항).
③ (○) 금전채무의 지연손해금채무는 금전채무의 이행지체로 인한 손해배상채무로서 이행기의 정함이 없는 채무에 해당하므로, 채무자는 확정된 지연손해금채무에 대하여 채권자로부터 이행청구를 받은 때부터 지체책임을 부담하게 된다(대법원 2022.4.14, 2020다268760).
④ (✕) 이자채권은 원본채권에 대하여 종속성을 갖고 있으나 이미 변제기에 도달한 이자채권은 원본채권과 분리하여 양도할 수 있고 원본채권과 별도로 변제할 수 있으며 시효로 인하여 소멸되기도 하는 등 어느 정도 독립성을 갖게 되는 것이므로, 원본채권이 양도된 경우 이미 변제기에 도달한 이자채권은 원본채권의 양도 당시 그 이자채권도 양도한다는 의사표시가 없는 한 당연히 양도되지는 않는다(대법원 1989.3.28, 88다카12803).
⑤ (○) 동법 제376조

정답 ④

064 ☐☐☐ ○△✕

민법상 손해배상에 관한 설명으로 옳지 않은 것은? (다툼이 있으면 판례에 따름)

① 불법행위로 인한 손해배상채무는 채권자의 청구가 있어야 이행지체가 된다.

② 불법행위로 인하여 손해와 이득이 동시에 발생한 경우에 그 손해발생에 대하여 피해자에게도 과실이 있다면, 먼저 손해액에서 과실상계를 한 후에 이득을 공제하여야 한다.

③ 특별손해로 인정되기 위해서는 특별한 사정에 관해서 알았거나 알 수 있었던 것으로 족하고, 손해액까지는 예견가능성이 필요하지 않다.

④ 가해행위와 피해자 측의 요인이 경합하여 손해가 발생하거나 확대된 경우에는 그 피해자 측의 요인이 체질적인 소인과 같이 피해자 측의 귀책사유와 무관한 것이라도, 법원은 손해배상액을 정하면서 과실상계의 법리를 유추적용할 수 있다.

⑤ 매매당사자가 계약금으로 수수한 금액에 관하여 매수인이 위약하면 이를 무효로 하고 매도인이 위약하면 그 배액을 상환하기로 하는 뜻의 약정을 한 경우, 실제 손해액이 예정액을 초과하더라도 그 초과액을 청구할 수 없다.

해설

① (✕) 불법행위로 인한 손해배상채무에 대하여는 원칙적으로 별도의 이행최고가 없더라도 공평의 관념에 비추어 불법행위로 그 채무가 성립함과 동시에 지연손해금이 발생하는데, 구 외부감사법 제17조 제2항에 따른 손해배상책임의 경우 그 실질은 민법의 불법행위책임과 다르지 않으므로, 그 지연손해금의 발생시기에 대하여도 민법상 불법행위책임에 기한 손해배상채무의 경우와 달리 볼 것은 아니다(대법원 2022.11.30, 2017다841,2017다858).

② (○) 손해발생으로 인하여 피해자에게 이득이 생기고 한편 그 손해발생에 피해자의 과실이 경합되어 과실상계를 하여야 할 경우에는 먼저 산정된 손해액에 과실상계를 한 후에 위 이득을 공제하여야 한다(대법원 2010.2.25, 2009다87621).

③ (○) 채무불이행자 또는 불법행위자는 특별한 사정의 존재를 알았거나 알 수 있었으면 그러한 특별사정으로 인한 손해를 배상하여야 할 의무가 있는 것이고, 그러한 특별한 사정에 의하여 발생한 손해의 액수까지 알았거나 알 수 있었어야 하는 것은 아니다(대법원 2002.10.25, 2002다23598).

④ (○) 가해행위와 피해자 측 요인이 경합하여 손해가 발생하거나 확대된 경우에는 피해자 측 요인이 체질적인 소인 또는 질병의 위험도와 같이 피해자 측 귀책사유와 무관한 것이라고 할지라도, 질환의 모습이나 정도 등에 비추어 가해자에게 손해의 전부를 배상하게 하는 것이 공평의 이념에 반하는 경우에는, 법원은 손해배상액을 정하면서 과실상계의 법리를 유추적용하여 손해의 발생 또는 확대에 기여한 피해자 측 요인을 고려할 수 있다(대법원 2018.11.15, 2016다244491).

⑤ (○) 매매당사자가 계약금으로 수수한 금액에 관하여 매수인이 위약하면 이를 무효로 하고 매도인이 위약하면 그 배액을 상환하

기로 하는 뜻의 약정을 한 경우에 있어서 그 위약금의 약정은 민법 제398조 제4항이 정한 손해배상의 예정으로 추정되는 것이고, 이와 같은 약정이 있는 경우에는 채무자에게 채무불이행이 있으면 채권자는 실제 손해액을 증명할 필요 없이 그 예정액을 청구할 수 있는 반면에 실제 손해액이 예정액을 초과하더라도 그 초과액을 청구할 수 없다(대법원 1988.5.10, 87다카3101).

정답 ①

065 ☐☐☐ ○△✕

채권자대위권에 관한 설명으로 옳지 않은 것은? (다툼이 있으면 판례에 따름)

① 재심의 소 제기는 채권자대위권의 목적이 될 수 있다.

② 특별한 사정이 없는 한, 유류분반환청구권은 행사상의 일신전속성을 가지므로 채권자대위권의 목적이 될 수 없다.

③ 채권자취소권도 채권자가 채무자를 대위하여 행사하는 것이 가능하다.

④ 토지거래허가구역 내의 토지매매에서 토지거래허가 신청절차 협력의무의 이행청구권은 채권자대위의 목적이 될 수 있다.

⑤ 채무자가 제3채무자에 대한 권리를 재판상 행사하여 패소의 확정판결을 받은 경우에는 채권자는 채권자대위권을 행사할 수 없다.

해설

① (✕) 채권을 보전하기 위하여 대위행사가 필요한 경우는 실체법상 권리뿐만 아니라 소송법상 권리에 대하여서도 대위가 허용되나, 채무자와 제3채무자 사이의 소송이 계속된 이후의 소송수행과 관련한 개개의 소송상 행위는 그 권리의 행사를 소송당사자인 채무자의 의사에 맡기는 것이 타당하므로 채권자대위가 허용될 수 없다. 같은 취지에서 볼 때 상소의 제기와 마찬가지로 종전 재심대상판결에 대하여 불복하여 종전 소송절차의 재개, 속행 및 재심판을 구하는 재심의 소 제기는 채권자대위권의 목적이 될 수 없다(대법원 2012.12.27, 2012다75239).

② (○) 유류분반환청구권은 그 행사 여부가 유류분권리자의 인격적 이익을 위하여 그의 자유로운 의사결정에 전적으로 맡겨진 권리로서 행사상의 일신전속성을 가진다고 보아야 하므로, 유류분권리자에게 그 권리행사의 확정적 의사가 있다고 인정되는 경우가 아니라면 채권자대위권의 목적이 될 수 없다(대법원 2010.5.27, 2009다93992).

③ (○) 채권자취소권도 채권자가 채무자를 대위하여 행사하는 것이 가능하다(대법원 2001.12.27, 2000다73049).

> **제404조(채권자대위권)** ① 채권자는 자기의 채권을 보전하기 위하여 채무자의 권리를 행사할 수 있다. 그러나 일신에 전속한 권리는 그러하지 아니하다.
> ② 채권자는 그 채권의 기한이 도래하기 전에는 법원의 허가 없이 전항의 권리를 행사하지 못한다. 그러나 보전행위는 그러하지 아니하다.

④ (○) 판례에 따르면, 매수인이 토지거래허가신청절차의 협력의무

이행청구권을 보전하기 위하여 매도인의 권리를 대위하여 행사하는 것도 허용된다(대법원 2013.5.23, 2010다50021).

⑤ (○) 채권자대위권은 채무자가 스스로 제3채무자에 대한 권리를 행사하지 아니하는 경우에 한하여 채권자가 자기의 채권을 보전하기 위하여 행사할 수 있는 것이어서 채권자가 대위권을 행사할 당시에 이미 채무자가 그 권리를 재판상 행사하였을 때에는 채권자는 채무자를 대위하여 채무자의 권리를 행사할 수 없다(2018.10.25, 2018다210539). 따라서 패소의 확정판결을 받은 경우에는 채권자는 채권자대위권을 행사할 수 없다.

정답 ①

66 ☐☐☐   ○ △ ✕

乙, 丙, 丁은 연대하여 甲에 대하여 6,000만 원의 채무를 부담하고 있다. 다음 설명 중 옳은 것을 모두 고른 것은? (단, 乙, 丙, 丁의 부담부분은 균등함)

> ㄱ. 乙이 甲에 대한 3,000만 원의 반대채권으로 상계를 한 때에는 丙과 丁은 3,000만 원에 대하여 연대채무를 부담한다.
> ㄴ. 甲이 丙에 대하여 채무 전부를 면제한 때에는 乙과 丁의 채무도 전부 소멸한다.
> ㄷ. 乙 한 사람에 대하여 소멸시효가 완성한 때에는 丙과 丁은 4,000만 원에 대하여 연대채무를 부담한다.
> ㄹ. 乙, 丙, 丁의 채무가 기한이 없는 연대채무인 경우, 甲이 乙에게 이행청구를 하였다면 丙과 丁의 채무는 이행기가 도래한다.

① ㄱ, ㄷ   ② ㄷ, ㄹ   ③ ㄱ, ㄴ, ㄹ
④ ㄱ, ㄷ, ㄹ   ⑤ ㄱ, ㄴ, ㄷ, ㄹ

해설

ㄱ. (○) 어느 연대채무자가 채권자에 대하여 채권이 있는 경우에 그 채무자가 상계한 때에는 채권은 모든 연대채무자의 이익을 위하여 소멸한다(민법 제418조 제1항). 따라서 丙과 丁은 乙이 상계한 3,000만 원을 제하고 남은 3,000만 원에 대하여 연대채무를 부담한다.

ㄴ. (✕) 어느 연대채무자에 대한 채무면제는 그 채무자의 부담부분에 한하여 다른 연대채무자의 이익을 위하여 효력이 있다(동법 제419조). 따라서 乙과 丁은 丙의 부담부분인 2,000만 원을 제하고 남은 4,000만 원에 대하여 연대채무를 부담한다.

ㄷ. (○) 어느 연대채무자에 대하여 소멸시효가 완성한 때에는 그 부담부분에 한하여 다른 연대채무자도 의무를 면한다(동법 제421조). 따라서 丙과 丁은 乙의 부담부분인 2,000만 원을 제하고 남은 4,000만 원에 대하여 연대채무를 부담한다.

ㄹ. (○) 어느 연대채무자에 대한 이행청구는 다른 연대채무자에게도 효력이 있다(동법 제416조). 따라서 옳다

정답 ④

67 ☐☐☐   ○ △ ✕

변제에 관한 설명으로 옳은 것은? (다툼이 있으면 판례에 따름)

① 변제충당에 관한 민법 제476조 내지 제479조의 규정은 강행규정이다.
② 채무자가 채무 전부를 변제한 때에 인정되는 채권증서 반환청구권은 변제와 동시이행관계에 있다.
③ 사실상의 이해관계를 가진 자는 변제할 정당한 이익이 있으므로, 변제로 당연히 채권자를 대위한다.
④ 민법 제470조의 채권의 준점유자에는 채권자의 대리인이라고 하면서 채권을 행사하는 경우도 포함된다.
⑤ 착오로 변제기 이전에 변제한 자에 대하여 채권자는 그로 인하여 얻은 이익을 반환할 필요가 없다.

해설

① (✕) 변제충당에 관한 민법 제476조 내지 제479조의 규정은 임의규정이므로 변제자인 채무자와 변제수령자인 채권자는 약정에 의하여 이를 배제하고 제공된 급부를 어느 채무에 어떤 방법으로 충당할 것인가를 결정할 수 있고, 이는 민법 제499조에 의하여 위 규정이 준용되는 상계의 경우에도 마찬가지이다(대법원 2015.6.11, 2012다10386).

② (✕) 민법 제475조는 변제자가 채무 전부를 변제한 때에는 채권자에게 채권증서의 반환을 청구할 수 있다고 규정하고 있으나, 이러한 채권증서반환청구권은 변제와 동시이행관계에 있지 아니하다(대법원 2012.11.29, 2011다84335).

③ (✕) 민법 제481조는 변제할 정당한 이익이 있는 자는 변제로 당연히 채권자를 대위한다고 규정하고 있는바, 위 조항에서 말하는 '이해관계' 내지 '변제할 정당한 이익'이 있는 자는 변제를 하지 않으면 채권자로부터 집행을 받게 되거나 또는 채무자에 대한 자기의 권리를 잃게 되는 지위에 있기 때문에 변제함으로써 당연히 대위의 보호를 받아야 할 법률상 이익을 가지는 자를 말하고, 단지 사실상의 이해관계를 가진 자는 제외된다(대법원 2016.2.18, 2012다3746).

④ (○) 민법 제470조에 정하여진 채권의 준점유자라 함은 변제자의 입장에서 볼 때 일반의 거래관념상 채권을 행사할 정당한 권한을 가진 것으로 믿을 만한 외관을 가지는 사람을 말하므로, 준점유자가 스스로 채권자라고 하여 채권을 행사하는 경우뿐만 아니라 채권자의 대리인이라고 하면서 채권을 행사하는 때에도 채권의 준점유자에 해당한다(대법원 2013.1.24, 2012다91224).

⑤ (✕) 없다 → 있다(민법 제743조)

> 제743조(기한전의 변제) 변제기에 있지 아니한 채무를 변제한 때에는 그 반환을 청구하지 못한다. 그러나 채무자가 착오로 인하여 변제한 때에는 채권자는 이로 인하여 얻은 이익을 반환하여야 한다.

정답 ④

068 □□□ ○ △ ×

계약의 성립에 관한 설명으로 옳지 않은 것은?

① 승낙자가 청약에 대해 그 일부만을 승낙할 경우, 그 청약을 거절하고 새로운 청약을 한 것으로 본다.

② 청약자는 연착된 승낙을 새로운 청약으로 보아 그에 대하여 승낙함으로써 계약을 성립시킬 수 있다.

③ 승낙기간을 정한 계약의 청약은 청약자가 그 기간 내에 승낙의 통지를 받지 못한 때에는 그 효력을 잃는다.

④ 당사자 간에 동일한 내용의 청약이 상호 교차된 경우에 양 청약이 상대방에게 도달한 때에 계약이 성립한다.

⑤ 격지자 간의 계약은 승낙의 통지가 상대방에게 도달한 때에 성립한다.

해설

① (○) 승낙자가 청약에 대하여 조건을 붙이거나 변경을 가하여 승낙한 때에는 그 청약의 거절과 동시에 새로 청약한 것으로 본다(민법 제534조).

② (○) 전2조의 경우에 연착된 승낙은 청약자가 이를 새 청약으로 볼 수 있다(동법 제530조).

③ (○) 동법 제528조 제1항

④ (○) 동법 제533조

⑤ (×) 통지가 → 통지를, 도달한 → 발송한(동법 제531조)

> **제531조(격지자 간의 계약성립시기)** 격지자 간의 계약은 승낙의 통지를 발송한 때에 성립한다.

정답 ⑤

069 □□□ ○ △ ×

제3자를 위한 계약에 관한 설명으로 옳지 않은 것은? (다툼이 있으면 판례에 따름)

① 제3자가 채무자에 대하여 계약의 이익을 받을 의사를 표시하여 제3자에게 권리가 생긴 후에는 당사자는 이를 변경 또는 소멸시키지 못한다.

② 계약의 당사자가 제3자에 대하여 가진 채권에 관하여 그 채무를 면제하는 계약도 제3자를 위한 계약에 준하는 것으로서 유효하다.

③ 낙약자는 요약자와 수익자 사이의 법률관계에 기한 항변으로 수익자에게 대항할 수 있다.

④ 낙약자와 요약자 사이의 매매계약이 무효인 경우, 특별한 사정이 없는 한 낙약자가 이미 제3자에게 급부한 것이 있더라도 낙약자는 부당이득을 원인으로 제3자를 상대로 그 반환을 구할 수 없다.

⑤ 채무자가 상당한 기간을 정하여 계약의 이익의 향수 여부의 확답을 제3자에게 최고하였으나, 그 기간 내에 확답을 받지 못한 때에는 제3자가 계약의 이익을 받을 것을 거절한 것으로 본다.

해설

① (○) 민법 제541조, 제539조

> **제539조(제삼자를 위한 계약)** ① 계약에 의하여 당사자 일방이 제삼자에게 이행할 것을 약정한 때에는 그 제삼자는 채무자에게 직접 그 이행을 청구할 수 있다.
> ② 전항의 경우에 제삼자의 권리는 그 제삼자가 채무자에 대하여 계약의 이익을 받을 의사를 표시한 때에 생긴다.
> **제541조(제삼자의 권리의 확정)** 제539조의 규정에 의하여 제삼자의 권리가 생긴 후에는 당사자는 이를 변경 또는 소멸시키지 못한다.

② (○) 제3자를 위한 계약이 성립하기 위하여는 일반적으로 그 계약의 당사자가 아닌 제3자로 하여금 직접 권리를 취득하게 하는 조항이 있어야 할 것이지만, 계약의 당사자가 제3자에 대하여 가진 채권에 관하여 그 채무를 면제하는 계약도 제3자를 위한 계약에 준하는 것으로서 유효하다(대법원 2004.9.3, 2002다37405).

③ (×) 제3자를 위한 계약의 체결원인이 된 요약자와 제3자(수익자) 사이의 법률관계(이른바 대가관계)의 효력은 제3자를 위한 계약 자체는 물론 그에 기한 요약자와 낙약자 사이의 법률관계(이른바 기본관계)의 성립이나 효력에 영향을 미치지 아니하므로 낙약자는 요약자와 수익자 사이의 법률관계에 기한 항변으로 수익자에게 대항하지 못하고, 요약자도 대가관계의 부존재나 효력의 상실을 이유로 자신이 기본관계에 기하여 낙약자에게 부담하는 채무의 이행을 거부할 수 없다(대법원 2003.12.11, 2003다49771).

④ (○) 제3자를 위한 계약관계에서 낙약자와 요약자 사이의 법률관계(이른바 기본관계)를 이루는 계약이 무효이거나 해제된 경우 그 계약관계의 청산은 계약의 당사자인 낙약자와 요약자 사이에 이루어져야 하므로, 특별한 사정이 없는 한 낙약자가 이미 제3자에게 급부한 것이 있더라도 낙약자는 계약해제 등에 기한 원상회복 또는 부당이득을 원인으로 제3자를 상대로 그 반환을 구할 수 없다(대법원 2010.8.19, 2010다31860,31877).

⑤ (○) 전조의 경우에 채무자는 상당한 기간을 정하여 계약의 이익의 향수 여부의 확답을 제삼자에게 최고할 수 있다. 채무자가 그 기간 내에 확답을 받지 못한 때에는 제삼자가 계약의 이익을 받을 것을 거절한 것으로 본다(동법 제540조).

정답 ③

070 ☐☐☐   ○ △ ✕

계약의 해제에 관한 설명으로 옳지 않은 것은? (다툼이 있으면 판례에 따름)

① 계약이 해제된 경우, 반환할 금전에는 그 받은 날로부터 이자를 가하여야 한다.

② 계약상의 채권을 양수한 자는 민법 제548조 제1항 단서의 제3자에 해당한다.

③ 계약해제의 효과로서 원상회복의무의 반환의 범위는 이익의 현존 여부나 청구인의 선의·악의를 불문하고 특단의 사유가 없는 한 받은 이익의 전부이다.

④ 계약의 합의해제에 있어서도 민법 제548조의 계약해제의 경우와 같이 이로써 제3자의 권리를 해할 수 없다.

⑤ 계약이 해제되면 그 계약의 이행으로 변동이 생겼던 물권은 당연히 그 계약이 없었던 원상태로 복귀한다.

해설

① (○) 전항의 경우에 반환할 금전에는 그 받은 날로부터 이자를 가하여야 한다(민법 제548조 제2항).

② (✕) 민법 제548조 제1항 단서에서 규정하고 있는 제3자란 일반적으로 계약이 해제되는 경우 그 해제된 계약으로부터 생긴 법률효과를 기초로 하여 해제 전에 새로운 이해관계를 가졌을 뿐 아니라 등기·인도 등으로 완전한 권리를 취득한 자를 말하고, 계약상의 채권을 양수한 자는 여기서 말하는 제3자에 해당하지 않는다고 할 것인바, 계약이 해제된 경우 계약해제 이전에 해제로 인하여 소멸되는 채권을 양수한 자는 계약해제의 효과에 반하여 자신의 권리를 주장할 수 없음은 물론이고, 나아가 특단의 사정이 없는 한 채무자로부터 이행받은 급부를 원상회복하여야 할 의무가 있다(대법원 2003.1.24, 2000다22850).

③ (○) 계약해제의 효과로서 원상회복의무를 규정한 민법 제548조는 부당이득에 관한 특별규정의 성격을 가진 것이므로, 그 이익 반환의 범위는 이익의 현존 여부나 선의, 악의에 불문하고 특단의 사유가 없는 한 받은 이익의 전부이다(대법원 2013.12.12, 2013다14675).

④ (○) 계약의 합의해제에 있어서도 민법 제548조의 계약해제의 경우와 같이 이로써 제3자의 권리를 해할 수 없다(대법원 2005.6.9, 2005다6341).

> **제548조(해제의 효과, 원상회복의무)** ① 당사자 일방이 계약을 해제한 때에는 각 당사자는 그 상대방에 대하여 원상회복의 의무가 있다. 그러나 제삼자의 권리를 해하지 못한다.

⑤ (○) 계약이 적법하게 해제되면 그 효력이 소급적으로 소멸하므로 그 계약상 의무에 기하여 실행된 급부는 원상회복을 위하여 부당이득으로 반환되어야 하고, 그 계약의 이행으로 변동이 되었던 물권은 당연히 그 계약이 없었던 상태로 복귀한다(민법 제548조 제1항 본문)(대법원 2021.8.19, 2018다244976).

정답 ②

071 ☐☐☐   ○ △ ✕

매도인의 담보책임에 관한 설명으로 옳지 않은 것은? (다툼이 있으면 판례에 따름)

① 저당권의 행사로 매매목적 부동산의 소유권을 취득할 수 없게 된 경우, 악의의 매수인도 매매계약을 해제하고 매도인에 대하여 손해배상을 청구할 수 있다.

② 경매에 의하여 목적물을 매수한 경우, 물건의 하자에 대하여 매도인에게 담보책임을 물을 수 있다.

③ 건축을 목적으로 매매된 토지에 대하여 건축허가를 받을 수 없어 건축이 불가능한 경우 등과 같은 법률적 제한 내지 장애는 매매목적물의 하자에 해당한다.

④ 제조물에 상품적합성이 결여되어 제조물 그 자체에 발생한 손해에 대해서는 제조물책임이 아니라 하자담보책임을 물어야 한다.

⑤ 매매의 목적이 된 권리의 일부가 타인에게 속함으로 인하여 매도인이 그 권리를 취득하여 매수인에게 이전할 수 없는 경우, 선의의 매수인은 물론이고 악의의 매수인도 대금의 감액을 청구할 수 있다.

해설

① (○) 위 경우, 매수인의 선의·악의를 불문하고 계약해제권과 손해배상청구권이 인정된다.

> **제576조(저당권, 전세권의 행사와 매도인의 담보책임)** ① 매매의 목적이 된 부동산에 설정된 저당권 또는 전세권의 행사로 인하여 매수인이 그 소유권을 취득할 수 없거나 취득한 소유권을 잃은 때에는 매수인은 계약을 해제할 수 있다.
> ③ 전2항의 경우에 매수인이 손해를 받은 때에는 그 배상을 청구할 수 있다.

② (✕) 있다 → 없다(민법 제580조 제2항)

> **제580조(매도인의 하자담보책임)** ① 매매의 목적물에 하자가 있는 때에는 제575조 제1항의 규정을 준용한다. 그러나 매수인이 하자 있는 것을 알았거나 과실로 인하여 이를 알지 못한 때에는 그러하지 아니하다.
> ② 전항의 규정은 경매의 경우에 적용하지 아니한다.

③ (○) 건축을 목적으로 매매된 토지에 대하여 건축허가를 받을 수 없어 건축이 불가능한 경우, 위와 같은 법률적 제한 내지 장애 역시 매매목적물의 하자에 해당한다 할 것이나, 다만 위와 같은 하자의 존부는 매매계약 성립 시를 기준으로 판단하여야 할 것이다(대법원 2000.1.18, 98다18506).

④ (○) 제조물에 상품적합성이 결여되어 제조물 그 자체에 발생한 손해는 제조물책임의 적용대상이 아니므로, 하자담보책임으로서 그 배상을 구하여야 한다(대법원 2000.7.28, 98다35525).

⑤ (○) 매매의 목적이 된 권리의 일부가 타인에게 속함으로 인하여 매도인이 그 권리를 취득하여 매수인에게 이전할 수 없는 때에는 매수인은 그 부분의 비율로 대금의 감액을 청구할 수 있다(동법 제572조 제1항). 민법 제572조 제1항은 선의·악의를 불문한다.

정답 ②

072 □□□ ○ △ ✕

임대차에 관한 설명으로 옳지 않은 것은?

① 수인이 공동하여 물건을 임차한 때에는 분할하여 차임 지급의무를 부담한다.

② 임차인이 임대인의 동의 없이 임차권을 양도한 경우, 임대인은 임대차계약을 해지할 수 있다.

③ 임차인이 임대인의 동의를 얻어 임차물을 전대한 때에는 전차인은 직접 임대인에 대하여 의무를 부담한다.

④ 임대차기간의 약정이 없는 때에는 당사자는 언제든지 계약해지의 통고를 할 수 있다.

⑤ 임차인이 임차물의 보존에 관한 필요비를 지출한 때에는 임대인에 대하여 그 상환을 청구할 수 있다.

해설

① (✕) 분할하여 차임지급의무를 → 연대하여 그 의무를(민법 제654조, 제616조)

> **제616조(공동차주의 연대의무)** 수인이 공동하여 물건을 차용한 때에는 연대하여 그 의무를 부담한다.
> **제654조(준용규정)** 제610조제1항, 제615조 내지 제617조의 규정은 임대차에 이를 준용한다.

② (○) 동법 제629조

> **제629조(임차권의 양도, 전대의 제한)** ① 임차인은 임대인의 동의 없이 그 권리를 양도하거나 임차물을 전대하지 못한다.
> ② 임차인이 전항의 규정에 위반한 때에는 임대인은 계약을 해지할 수 있다.

③ (○) 임차인이 임대인의 동의를 얻어 임차물을 전대한 때에는 전차인은 직접 임대인에 대하여 의무를 부담한다. 이 경우에 전차인은 전대인에 대한 차임의 지급으로서 임대인에게 대항하지 못한다(동법 제630조 제1항).

④ (○) 동법 제635조 제1항

⑤ (○) 동법 제626조 제1항

정답 ①

073 □□□ ○ △ ✕

민법상 조합에 관한 설명으로 옳지 않은 것은? (다툼이 있으면 판례에 따름)

① 조합원의 지분에 대한 압류는 그 조합원의 장래의 이익배당 및 지분의 반환을 받을 권리에 대하여 효력이 있다.

② 탈퇴한 조합원의 지분은 그 출자의 종류 여하에 불구하고 금전으로 반환할 수 있다.

③ 민법상 조합의 채권은 조합원 전원에게 합유적으로 귀속하는 것이어서 특별한 사정이 없는 한, 조합원 중 1인에 대한 채권으로서 그 조합원 개인을 집행채무자로 하여 조합의 채권에 대하여 강제집행을 할 수 없다.

④ 조합의 채무자는 그가 조합에 대하여 부담하는 채무와 조합원에 대한 채권을 상계할 수 있다.

⑤ 금전을 출자의 목적으로 한 조합원이 출자시기를 지체한 때에는 연체이자를 지급하는 외에 손해를 배상하여야 한다.

해설

① (○) 민법 제714조

② (○) 동법 제719조 제2항

③ (○) 민법상 조합의 채권은 조합원 전원에게 합유적으로 귀속하는 것이어서 특별한 사정이 없는 한 조합원 중 1인에 대한 채권으로서 그 조합원 개인을 집행채무자로 하여 조합의 채권에 대하여 강제집행을 할 수 없고, 조합업무를 집행할 권한을 수여받은 업무집행조합원은 조합재산에 관하여 조합원으로부터 임의적 소송신탁을 받아 자기 이름으로 소송을 수행할 수 있다(대법원 2001.2.23, 2000다68924).

④ (✕) 있다 → 없다(동법 제715조)

> **제715조(조합채무자의 상계의 금지)** 조합의 채무자는 그 채무와 조합원에 대한 채권으로 상계하지 못한다.

⑤ (○) 동법 제705조

정답 ④

074 □□□ ○ △ ✕

사무관리에 관한 설명으로 옳지 않은 것은? (다툼이 있으면 판례에 따름)

① 관리자가 본인의 의사에 반하는 관리행위로 인하여 필요비 또는 유익비를 지출한 때에는 본인의 현존이익의 한도에서 그 상환을 청구할 수 있다.

② 관리자가 사무관리를 함에 있어서 과실 없이 손해를 받은 때에는 본인의 현존이익의 한도에서 그 손해의 보상을 청구할 수 있다.

③ 사무를 처리한 자에게 타인을 위하여 처리한다는 관리의사가 없는 경우에도 사무관리가 성립될 수 있다.

④ 관리자가 관리를 개시한 때에는 지체 없이 본인에게 통지하여야 하지만, 본인이 이미 이를 안 때에는 그러하지 아니하다.

⑤ 관리자가 타인의 생명, 신체, 명예 또는 재산에 대한 급박한 위해를 면하게 하기 위하여 그 사무를 관리한 때에는, 고의나 중대한 과실이 없으면 이로 인한 손해를 배상할 책임이 없다.

해설

① (○) 민법 제793조 제3항

> **제739조(관리자의 비용상환청구권)** ① 관리자가 본인을 위하여 필요비 또는 유익비를 지출한 때에는 본인에 대하여 그 상환을 청구할 수 있다.
> ③ 관리자가 본인의 의사에 반하여 관리한 때에는 본인의 현존이익의 한도에서 전2항의 규정을 준용한다.

② (○) 동법 제740조

③ (✕) 사무관리라 함은 의무 없이 타인을 위하여 그의 사무를 처리하는 행위를 말하는 것이므로, 만약 그 사무가 타인의 사무가 아니라거나 또는 사무를 처리한 자에게 타인을 위하여 처리한다는 관리의사가 없는 경우에는 사무관리가 성립될 수 없다(대법원 1995. 9.15, 94다59943).

④ (○) 동법 제736조

⑤ (○) 동법 제735조

정답 ③

075 □□□ ○ △ ✕

부당이득에 관한 설명으로 옳은 것을 모두 고른 것은? (다툼이 있으면 판례에 따름)

> ㄱ. 법률행위가 사기에 의한 것으로서 취소되는 경우에 그 법률행위가 동시에 불법행위를 구성하는 때에는 취소의 효과로 생기는 부당이득반환청구권과 불법행위로 인한 손해배상청구권은 경합하여 병존하는 것이므로, 채권자는 어느 것이라도 선택하여 행사할 수 있지만 중첩적으로 행사할 수는 없다.
>
> ㄴ. 채무자가 횡령한 금전으로 자신의 채권자에 대한 채무를 변제하는 경우, 채권자가 그 변제를 수령함에 있어 단순히 과실이 있는 경우에는 그 변제는 유효하고 채권자의 금전취득이 피해자에 대한 관계에 있어서 법률상 원인을 결여한 것이라고 할 수 없다.
>
> ㄷ. 비채변제에 관한 규정(민법 제742조)은 변제자가 채무 없음을 알면서도 변제를 한 경우에 적용되는 것이므로, 채무 없음을 알지 못한 경우에는 그 과실 유무를 불문하고 적용되지 아니한다.

① ㄱ   ② ㄱ, ㄴ   ③ ㄱ, ㄷ

④ ㄴ, ㄷ   ⑤ ㄱ, ㄴ, ㄷ

해설

ㄱ (○) 법률행위가 사기에 의한 것으로서 취소되는 경우에 그 법률행위가 동시에 불법행위를 구성하는 때에는 취소의 효과로 생기는 부당이득반환청구권과 불법행위로 인한 손해배상청구권은 경합하여 병존하는 것이므로, 채권자는 어느 것이라도 선택하여 행사할 수 있지만 중첩적으로 행사할 수는 없다(대법원 1993.4.27, 92다56087).

ㄴ (○) 채무자가 피해자로부터 편취한 금전을 자신의 채권자에 대한 채무변제에 사용하는 경우, 채권자가 변제를 수령할 때 금전이 편취된 것이라는 사실에 대하여 악의 또는 중대한 과실이 없는 한 채권자의 금전취득은 피해자에 대한 관계에서 법률상 원인이 있으며, 이와 같은 법리는 채무자가 편취한 금전을 자신의 채권자에 대한 채무변제에 직접 사용하지 아니하고 자신의 채권자의 다른 채권자에 대한 채무를 대신 변제하는 데 사용한 경우에도 마찬가지이다(대법원 2016.6.28, 2012다44358,44365).

ㄷ (○) 민법 제742조 소정의 비채변제에 관한 규정은 변제자가 채무 없음을 알면서도 변제를 한 경우에 적용되는 것이어서 채무 없음을 알지 못한 경우에는 그 과실 유무를 불문하고 적용되지 아니하며, 변제자가 채무 없음을 알았다는 점에 대한 입증책임은 반환청구권을 부인하는 측에 있다고 할 것이다(대법원 2012.11.15, 2010다68237).

정답 ⑤

기출문제

제4과목

─────────

사회보험법

041 □□□   ○ △ ×

사회보장기본법령상 보건복지부장관이 중장기 사회보장 재정추계 및 사회보장통계업무를 효율적으로 수행하기 위하여 필요하다고 인정하는 경우 관련 자료의 수집·조사 및 분석에 관한 업무 등을 위탁할 수 있는 기관 또는 단체를 모두 고른 것은?

> ㄱ. 「정부출연연구기관 등의 설립·운영 및 육성에 관한 법률」에 따라 설립된 정부출연연구기관
> ㄴ. 「고등교육법」 제2조에 따른 학교
> ㄷ. 「특정연구기관 육성법」 제2조에 따른 특정연구기관
> ㄹ. 국공립 연구기관

① ㄱ, ㄴ, ㄷ   ② ㄱ, ㄴ, ㄹ   ③ ㄱ, ㄷ, ㄹ
④ ㄴ, ㄷ, ㄹ   ⑤ ㄱ, ㄴ, ㄷ, ㄹ

해설

⑤ (○) 모두 위 기관 또는 단체에 속한다.

> **사회보장기본법 제32조의2(사회보장 재정추계 및 사회보장통계 등에 대한 민간위탁)** 보건복지부장관은 제5조 제4항에 따른 사회보장 재정추계 및 제32조에 따른 사회보장통계업무를 효율적으로 수행하기 위하여 필요하다고 인정하는 경우에는 관련 자료의 수집·조사 및 분석에 관한 업무 등을 다음 각 호의 기관 또는 단체에 위탁할 수 있다.
> 1. 「정부출연연구기관 등의 설립·운영 및 육성에 관한 법률」에 따라 설립된 정부출연연구기관
> 2. 그 밖에 대통령령으로 정하는 전문기관 또는 단체
> **시행령 제18조의2(사회보장 재정추계 및 사회보장통계 등에 대한 민간위탁 대상기관)** 법 제32조의2 제2호에서 "대통령령으로 정하는 전문기관 또는 단체"란 다음 각 호의 어느 하나에 해당하는 기관 또는 단체를 말한다.
> 1. 「고등교육법」 제2조에 따른 학교
> 2. 「특정연구기관 육성법」 제2조에 따른 특정연구기관
> 3. 국공립 연구기관

정답 ⑤

042 □□□   ○ △ ×

사회보장기본법령에 관한 설명으로 옳지 않은 것은?

① 보건복지부장관은 사회보장 행정데이터 분석센터의 설치·운영에 관한 사무를 수행하기 위하여 불가피한 경우, 「개인정보 보호법」 시행령 제18조 제2호에 따른 범죄경력자료에 해당하는 정보를 처리할 수 있다.

② 보건복지부장관은 사회보장 분야 전문인력 양성을 위하여 관계 중앙행정기관, 지방자치단체, 공공기관 및 법인·단체 등의 직원을 대상으로 사회보장에 관한 교육을 매년 1회 이상 실시할 수 있다.

③ 보건복지부장관은 사회보장정보시스템을 통해 다른 법령에 따라 국가 및 지방자치단체로부터 위탁받은 사회보장에 관한 업무를 수행할 수 있다.

④ 보건복지부장관은 사회보장통계의 작성·제출과 관련하여 작성대상 범위, 절차 등의 내용을 포함한 사회보장통계 운용지침을 마련하여 매년 12월 31일까지 관계 중앙행정기관의 장과 지방자치단체의 장에게 통보하여야 한다.

⑤ 보건복지부장관이 사회보장정보시스템의 운영·지원을 위하여 설치할 수 있는 전담기구는 「사회보장급여의 이용·제공 및 수급권자 발굴에 관한 법률」 제29조에 따른 한국사회보장정보원으로 한다.

해설

① (×) 제18조 제2호에 따른 범죄경력자료에 해당하는 정보 → 제23조에 따른 건강에 관한 정보가 포함된 자료(사회보장기본법 시행령 제21조 제1항 제2호)

> **시행령 제21조(민감정보 및 고유식별정보의 처리)** ① 보건복지부장관(법 제37조 제7항에 따른 전담기구를 포함한다)은 다음 각 호의 사무를 수행하기 위하여 불가피한 경우 각 호의 구분에 따른 자료를 처리할 수 있다.
> 1. 법 제37조 및 이 영 제19조 제1항부터 제3항까지의 규정에 따른 사회보장정보시스템의 구축 및 운영 등에 관한 사무: 「개인정보 보호법」 제23조에 따른 건강에 관한 정보(건강관리, 건강검진 및 의료비 지원에 관한 정보만 해당한다), 같은 법 시행령 제18조 제2호에 따른 범죄경력자료에 해당하는 정보, 같은 영 제19조 제1호부터 제4호까지의 규정에 따른 주민등록번호, 여권번호, 운전면허번호 또는 외국인등록번호가 포함된 자료
> 2. 법 제43조에 따른 사회보장 행정데이터 분석센터의 설치·운영에 관한 사무: 「개인정보 보호법」 제23조에 따른 건강에 관한 정보가 포함된 자료

② (○) 동법 시행령 제17조 제1항
③ (○) 동법 시행령 제19조 제1항 제6호

시행령 제19조(사회보장정보시스템의 구축 및 운영) ① 보건복지부장관은 법 제37조 제2항에 따른 사회보장정보시스템을 통해 다음 각 호의 업무를 수행할 수 있다.

1. 사회보장수급자 및 사회보장급여 현황관리
2. 사회보장 관련 통계의 생성 및 관리
3. 사회보장급여의 신청, 수급자격의 조사업무 및 급여의 적정성 확인, 환수(還收) 등 사후관리업무의 전자화 및 처리지원
4. 사회보장수급자격의 취득·상실·정지·변경 등 변동관리
5. 사회보장급여 및 보조금의 부정·중복수급 모니터링
6. 다른 법령에 따라 국가 및 지방자치단체로부터 위탁받은 사회보장에 관한 업무

④ (○) 동법 시행령 제18조 제1항
⑤ (○) 동법 시행령 제19조 제6항, 동법 제37조 제7항

제37조(사회보장정보시스템의 구축·운영 등) ⑦ 보건복지부장관은 사회보장정보시스템의 운영·지원을 위하여 전담기구를 설치할 수 있다.
시행령 제19조(사회보장정보시스템의 구축 및 운영) ⑥ 법 제37조 제7항에 따른 전담기구는 「사회보장급여의 이용·제공 및 수급권자 발굴에 관한 법률」 제29조에 따른 한국사회보장정보원으로 한다. 〈개정 2023.7.11.〉

정답 ①

시행령 제2조(사회보장 재정추계 등) ① 보건복지부장관은 「사회보장기본법」(이하 "법"이라 한다) 제5조 제4항에 따른 사회보장 재정추계(財政推計)를 위하여 재정추계를 실시하는 해의 3월 31일까지 재정추계 세부지침을 마련하여야 한다. 이 경우 재정추계 세부지침에는 재정의 세부범위, 추계방법, 추진체계, 공표방법·절차 등이 포함되어야 한다. 〈개정 2023.7.11.〉

③ (○) 동조 제2항
④ (○) 동조 제3항
⑤ (○) 동조 제4항

정답 ②

043 □□□   ○ △ ×

사회보장기본법령상 사회보장 재정추계(財政推計)에 관한 설명으로 옳지 않은 것은?

① 국가는 사회보장제도의 안정적인 운영을 위하여 중장기 사회보장 재정추계를 격년으로 실시하고 이를 공표하여야 한다.
② 보건복지부장관은 사회보장 재정추계를 위하여 재정추계를 실시하는 해의 1월 31일까지 재정추계 세부지침을 마련하여야 한다.
③ 보건복지부장관은 마련한 재정추계 세부지침에 따라 추계를 실시하는 해의 9월 30일까지 재정추계를 하고, 그 결과를 사회보장위원회의 심의를 거쳐 같은 해 10월 31일까지 관계 중앙행정기관의 장에게 통보하여야 한다.
④ 관계 중앙행정기관의 장은 재정추계 결과를 바탕으로 정책개선안을 마련하여 같은 해 12월 31일까지 보건복지부장관에게 제출하여야 한다.
⑤ 보건복지부장관은 정책개선안을 종합하여 이를 추계 실시 해의 다음 해 3월 31일까지 사회보장위원회에 보고하여야 한다.

해설
① (○) 사회보장기본법 제5조 제4항
② (✕) 1월 → 3월(동법 시행령 제2조 제1항 전단)

044 □□□   ○ △ ×

고용보험법상 「장애인고용촉진 및 직업재활법」 제2조 제1호에 따른 장애인의 피보험기간이 1년인 구직급여의 소정급여일수는?

① 120일   ② 180일   ③ 210일
④ 240일   ⑤ 270일

해설
② (○) 위 경우, 구직급여의 소정급여일수는 180일이다.
[보충] 장애인고용촉진 및 직업재활법 제2조 제1호에 따른 장애인은 50세 이상인 것으로 보아 별표를 적용하므로, 피보험기간이 1년인 구직급여의 소정급여일수는 180일이다.

구직급여의 소정급여일수(제50조 제1항 관련 별표 1)

구분		이직일 현재 연령	
		50세 미만	50세 이상
피보험기간	1년 미만	120일	120일
	1년~3년	150일	180일
	3년~5년	180일	210일
	5년~10년	210일	240일
	10년 이상	240일	270일

비고: 「장애인고용촉진 및 직업재활법」 제2조 제1호에 따른 장애인은 50세 이상인 것으로 보아 위 표를 적용한다.

정답 ②

045 □□□ ○△✕

고용보험법상 심사 및 재심사청구에 관한 설명으로 옳은 것은?

① 직업안정기관 또는 근로복지공단은 심사청구서를 받은 날부터 7일 이내에 의견서를 첨부하여 심사청구서를 고용보험심사관에 보내야 한다.

② 고용보험심사관은 원처분등의 집행에 의하여 발생하는 중대한 위해(危害)를 피하기 위하여 긴급한 필요가 있다고 인정되더라도 직권으로는 그 집행을 정지시킬 수 없다.

③ 육아휴직급여와 출산전후휴가급여등에 관한 처분에 대한 심사의 청구는 근로복지공단을 거쳐 고용보험심사관에게 하여야 한다.

④ 고용보험심사관은 심사의 청구에 대한 심리(審理)를 마쳤을 때에는 원처분등의 전부 또는 일부를 취소하거나 심사청구의 전부 또는 일부를 기각한다.

⑤ 심사청구에 대한 결정은 심사청구인 및 직업안정기관의 장 또는 근로복지공단에 결정서의 정본을 보낸 다음 날부터 효력이 발생한다.

해설

① (✕) 7일 → 5일(고용보험법 제90조 제2항)

> 제90조(심사의 청구 등) ② 직업안정기관 또는 근로복지공단은 심사청구서를 받은 날부터 5일 이내에 의견서를 첨부하여 심사청구서를 심사관에게 보내야 한다. 〈개정 2019.1.15.〉

② (✕) 인정되더라도 직권으로는 → 인정하면 직권으로, 없다 → 있다(동법 제93조 제1항 단서)

> 제93조(원처분등의 집행정지) ① 심사의 청구는 원처분등의 집행을 정지시키지 아니한다. 다만, 심사관은 원처분등의 집행에 의하여 발생하는 중대한 위해(危害)를 피하기 위하여 긴급한 필요가 있다고 인정하면 직권으로 그 집행을 정지시킬 수 있다.

③ (✕) 근로복지공단 → 직업안정기관의 장(동법 제90조 제1항)

> 제90조(심사의 청구 등) ① 제87조 제1항에 따른 심사를 청구하는 경우 제17조에 따른 피보험자격의 취득·상실 확인에 대한 심사의 청구는 「산업재해보상보험법」 제10조에 따른 근로복지공단(이하 "근로복지공단"이라 한다)을, 제4장에 따른 실업급여 및 제5장에 따른 육아휴직급여와 출산전후휴가급여등에 관한 처분에 대한 심사의 청구는 직업안정기관의 장을 거쳐 심사관에게 하여야 한다. 〈개정 2019.1.15.〉

④ (○) 동법 제96조

⑤ (✕) 다음 → "삭제"(동법 제98조 제1항)

> 제98조(결정의 효력) ① 결정은 심사청구인 및 직업안정기관의 장 또는 근로복지공단에 결정서의 정본을 보낸 날부터 효력이 발생한다. 〈개정 2019.1.15.〉

정답 ④

046 □□□ ○△✕

고용보험법령상 육아휴직급여 등의 특례에 관한 내용이다. ( )에 들어갈 내용은?

> 같은 자녀에 대하여 자녀의 출생 후 18개월이 될 때까지 피보험자인 부모가 모두 육아휴직을 하는 경우(부모의 육아휴직기간이 전부 또는 일부 겹치지 않은 경우를 포함한다) 그 부모인 피보험자의 육아휴직급여의 월별 지급액은 육아휴직 7개월째부터 육아휴직 종료일까지는 육아휴직 시작일을 기준으로 한 각 피보험자의 월 통상임금의 (ㄱ)에 해당하는 금액으로 한다. 다만, 해당 금액이 (ㄴ)만 원을 넘는 경우에는 부모 각각에 대하여 (ㄴ)만 원으로 하고, 해당 금액이 70만 원보다 적은 경우에는 부모 각각에 대하여 70만 원으로 한다.

① ㄱ: 100분의 70, ㄴ: 150

② ㄱ: 100분의 70, ㄴ: 200

③ ㄱ: 100분의 80, ㄴ: 100

④ ㄱ: 100분의 80, ㄴ: 150

⑤ ㄱ: 100분의 80, ㄴ: 200

해설

④ (○) ㄱ: 100분의 80, ㄴ: 150

> 고용보험법 제95조의3(출생 후 18개월 이내의 자녀에 대한 육아휴직급여 등의 특례) ① 제95조 제1항 및 제95조의2 제1항·제2항에도 불구하고 같은 자녀에 대하여 자녀의 출생 후 18개월이 될 때까지 피보험자인 부모가 모두 육아휴직을 하는 경우(부모의 육아휴직기간이 전부 또는 일부 겹치지 않은 경우를 포함한다) 그 부모인 피보험자의 육아휴직급여의 월별 지급액은 다음 각 호의 구분에 따라 산정한 금액으로 한다. 〈개정 2023.12.26.〉
> 1. 육아휴직 시작일부터 6개월까지: 육아휴직 시작일을 기준으로 한 각 피보험자의 월 통상임금에 해당하는 금액. 이 경우 그 월별 지급액의 상한액은 다음 각 목의 구분에 따르며, 그 월별 지급액의 하한액은 부모 각각에 대하여 70만 원으로 한다.
>   가. 부모가 육아휴직을 사용한 기간이 각각 1개월인 경우: 부모 각각에 대하여 월 200만 원
>   나. 부모가 육아휴직을 사용한 기간이 각각 2개월인 경우: 부모 각각에 대하여 첫 번째 달은 월 200만 원, 두 번째 달은 월 250만 원
>   다. 부모가 육아휴직을 사용한 기간이 각각 3개월인 경우: 부모 각각에 대하여 첫 번째 달은 월 200만 원, 두 번째 달은 월 250만 원, 세 번째 달은 월 300만 원
>   라. 부모가 육아휴직을 사용한 기간이 각각 4개월인 경우: 부모 각각에 대하여 첫 번째 달은 월 200만 원, 두 번째 달은 월 250만 원, 세 번째 달은 월 300만 원, 네 번째 달은 월 350만 원
>   마. 부모가 육아휴직을 사용한 기간이 각각 5개월인 경우: 부모 각각에 대하여 첫 번째 달은 월 200만 원, 두 번째 달은 월 250만 원, 세 번째 달은 월 300만 원, 네 번째 달은 월 350만 원, 다섯 번째 달은 월 400만 원
>   바. 부모가 육아휴직을 사용한 기간이 각각 6개월인 경우: 부모 각각에 대하여 첫 번째 달은 월 200만 원, 두 번째 달은 월 250만 원, 세 번째 달은 월 300만 원, 네 번째 달은

월 350만 원, 다섯 번째 달은 월 400만 원, 여섯 번째 달은 월 450만 원

2. 육아휴직 7개월째부터 육아휴직 종료일까지: 육아휴직 시작일을 기준으로 한 각 피보험자의 월 통상임금의 100분의 80에 해당하는 금액. 다만, 해당 금액이 150만 원을 넘는 경우에는 부모 각각에 대하여 150만 원으로 하고, 해당 금액이 70만 원보다 적은 경우에는 부모 각각에 대하여 70만 원으로 한다.

정답 ④

---

47 □□□   ○ △ ×

고용보험법령상 보험가입 등에 관한 설명으로 옳지 않은 것은?

① 「국가공무원법」에 따른 임기제공무원(이하 "임기제공무원"이라 한다)의 경우는 본인의 의사에 따라 고용보험(실업급여에 한정)에 가입할 수 있다.

② 임기제공무원이 원하는 경우에는 임용된 날부터 3개월 이내에 고용노동부장관에게 직접 고용보험 가입을 신청할 수 있다.

③ 고용보험 피보험자격을 취득한 임기제공무원이 공무원 신분의 변동에 따라 계속하여 다른 임기제공무원으로 임용된 때에는 별도의 가입신청을 하지 않은 경우에도 고용보험의 피보험자격을 유지한다.

④ 임기제공무원이 가입한 고용보험에서 탈퇴한 이후에 가입대상 공무원으로 계속 재직하는 경우, 본인의 신청에 의하여 고용보험에 다시 가입할 수 있다.

⑤ 고용보험에 가입한 임기제공무원에 대한 보험료는 소속기관과 고용보험에 가입한 임기제공무원이 각각 2분의 1씩 부담한다.

해설

① (○) 고용보험법 제10조 제1항 제3호

> **제10조(적용제외)** ① 다음 각 호의 어느 하나에 해당하는 사람에게는 이 법을 적용하지 아니한다. 〈개정 2022.12.31.〉
> 1. 삭제 〈2019.1.15.〉
> 2. 해당 사업에서 소정(所定)근로시간이 대통령령으로 정하는 시간 미만인 근로자
> 3. 「국가공무원법」과 「지방공무원법」에 따른 공무원. 다만, 대통령령으로 정하는 바에 따라 별정직공무원, 「국가공무원법」 제26조의5 및 「지방공무원법」 제25조의5에 따른 임기제공무원의 경우는 본인의 의사에 따라 고용보험(제4장에 한정한다)에 가입할 수 있다.
> 4. 「사립학교교직원 연금법」의 적용을 받는 사람
> 5. 그 밖에 대통령령으로 정하는 사람

② (○) 소속기관의 장은 제1항에 따라 보험가입의사가 있는 것으로 확인된 가입대상 공무원에 대하여 임용된 날부터 3개월 이내에 고용노동부장관에게 고용보험 가입을 신청하여야 한다. 다만, 해당 가입대상 공무원이 원하는 경우에는 같은 기간에 직접 가입을

신청할 수 있으며, 이 경우 고용노동부장관은 가입신청사실을 소속기관의 장에게 알려야 한다(동법 시행령 제3조의2 제2항).

③ (○) 제1항 또는 제2항에 따라 가입을 신청한 경우에 해당 가입대상 공무원은 가입을 신청한 날의 다음 날에 피보험자격을 취득한 것으로 본다. 이 경우 피보험자격을 취득한 공무원이 공무원 신분의 변동에 따라 계속하여 다른 별정직 또는 임기제공무원으로 임용된 때에는 별도의 가입신청을 하지 않은 경우에도 고용보험의 피보험자격을 유지한다(동조 제3항).

④ (×) 있다 → 없다(동조 제5항)

> **제3조의2(별정직·임기제공무원의 보험가입)** ⑤ 제4항에 따라 고용보험에서 탈퇴한 이후에 가입대상 공무원으로 계속 재직하는 동안에는 고용보험에 다시 가입할 수 없으며, 고용보험에서 탈퇴한 이후에는 수급자격을 인정하지 아니한다. 다만, 탈퇴한 공무원이 가입대상 공무원의 직에서 이직(가입대상 공무원 외의 공무원으로 임용된 경우를 포함한다)한 이후에 법과 이 영에 따라 다시 피보험자격을 취득한 경우에는 법 제40조 제1항 제1호에 따른 피보험 단위기간을 산정하는 경우에 그 이전 가입대상 공무원 재직 시의 피보험기간 중 법 제41조 제1항에 따른 보수지급의 기초가 된 날을 합산하고, 법 제50조에 따라 피보험기간을 산정하는 경우에 탈퇴하기 전의 피보험기간도 같은 조에서 규정하고 있는 피보험기간에 포함하여 산정한다. 〈개정 2011.9.15.〉

⑤ (○) 고용보험에 가입한 공무원에 대한 보험료율은 고용산재보험료징수법 시행령 제12조 제1항 제2호에 따른 실업급여의 보험료율로 하되, 소속기관과 고용보험에 가입한 공무원이 각각 2분의 1씩 부담한다(동조 제6항).

> **고용산재보험료징수법 시행령 제12조(고용보험료율)** ① 법 제14조 제1항에 따른 고용보험료율은 다음 각 호와 같다. 〈개정 2023. 12.26.〉
> 1. 고용안정·직업능력개발사업의 보험료율: 다음 각 목의 구분에 따른 보험료율
>   가. 상시근로자수가 150명 미만인 사업주의 사업: 1만분의 25
>   나. 상시근로자수가 150명 이상인 사업주의 사업으로서 우선지원대상기업의 범위에 해당하는 사업: 1만분의 45
>   다. 상시근로자수가 150명 이상 1천 명 미만인 사업주의 사업으로서 나목에 해당하지 않는 사업: 1만분의 65
>   라. 상시근로자수가 1천 명 이상인 사업주의 사업으로서 나목에 해당하지 않는 사업 및 국가·지방자치단체가 직접 하는 사업: 1만분의 85
> 2. 실업급여의 보험료율: 1천분의 18

정답 ④

고용보험법령상 실업급여에 관한 설명으로 옳지 않은 것은?

① 실업급여수급계좌의 해당 금융기관은 「고용보험법」에 따른 실업급여만이 실업급여수급계좌에 입금되도록 관리하여야 한다.

② 직업안정기관의 장은 수급자격 인정신청을 한 사람에게 신청인이 원하는 경우에는 해당 실업급여를 실업급여수급계좌로 받을 수 있다는 사실을 안내하여야 한다.

③ 실업급여수급계좌에 입금된 실업급여 금액 전액 이하의 금액에 관한 채권은 압류할 수 없다.

④ 실업급여로서 지급된 금품에 대하여는 「국세기본법」 제2조 제8호의 공과금을 부과한다.

⑤ 직업안정기관의 장은 정보통신장애로 인하여 실업급여를 실업급여수급계좌로 이체할 수 없을 때에는 해당 실업급여 금액을 수급자격자에게 직접 현금으로 지급할 수 있다.

해설

① (○) 고용보험법 제37조의2 제2항

② (○) 동법 시행령 제58조의2 제3항

③ (○) 동법 제38조 제2항, 동법 시행령 제58조의3

> **제38조(수급권의 보호)** ② 제37조의2 제1항에 따라 지정된 실업급여수급계좌의 예금 중 대통령령으로 정하는 액수 이하의 금액에 관한 채권은 압류할 수 없다. 〈신설 2015.1.20.〉
> **시행령 제58조의3(압류금지 실업급여 액수)** 법 제38조 제2항에서 "대통령령으로 정하는 액수"란 법 제37조의2 제1항에 따라 실업급여수급계좌에 입금된 금액 전액을 말한다. 〈개정 2017.12.26.〉

④ (✕) 부과한다 → 부과하지 아니한다(동법 제38조의2)

> **제38조의2(공과금의 면제)** 실업급여로서 지급된 금품에 대하여는 국가나 지방자치단체의 공과금(「국세기본법」 제2조 제8호 또는 「지방세기본법」 제2조 제1항 제26호에 따른 공과금을 말한다)을 부과하지 아니한다.

⑤ (○) 직업안정기관의 장은 법 제37조의2 제1항 단서에 따라 정보통신장애나 제1항의 사유로 인하여 실업급여를 법 제37조의2 제1항 본문에 따른 수급자격자 명의의 지정된 계좌(이하 "실업급여수급계좌"라 한다)로 이체할 수 없을 때에는 해당 실업급여 금액을 수급자격자에게 직접 현금으로 지급할 수 있다(동법 시행령 제58조의2 제2항).

> **제58조의2(실업급여수급계좌)** ① 법 제37조의2 제1항 단서에서 "대통령령으로 정하는 불가피한 사유"란 다음 각 호의 모두에 해당하는 것을 말한다. 〈개정 2021.6.8.〉
> 1. 수급자격자가 제65조 제8호에 해당하는 사람으로서 그 수급자격자가 금융기관을 이용할 수 없는 지역에 거주하는 사람일 것
> 2. 제1호의 사유로 실업급여의 신청일부터 14일 이내에 수급자격자에게 금융기관을 통하여 실업급여를 지급하는 것이 불가능할 것

정답 ④

고용보험법상 최종 이직 당시 단기예술인인 피보험자에게만 적용되는 구직급여지급요건을 모두 고른 것은?

> ㄱ. 수급자격의 인정신청일 이전 1개월 동안의 노무제공일수가 10일 미만이거나 수급자격 인정신청일 이전 14일간 연속하여 노무제공내역이 없을 것
> ㄴ. 이직일 이전 24개월 동안의 피보험 단위기간이 통산하여 9개월 이상일 것
> ㄷ. 이직일 이전 24개월 중 3개월 이상을 예술인인 피보험자로 피보험자격을 유지하였을 것
> ㄹ. 최종 이직일 이전 24개월 동안의 피보험 단위기간 중 다른 사업에서 제77조의5 제2항에서 준용하는 제58조에 따른 수급자격의 제한사유에 해당하는 사유로 이직한 사실이 있는 경우에는 그 피보험 단위기간 중 90일 이상을 단기예술인으로 종사하였을 것
> ㅁ. 근로 또는 노무제공의 의사와 능력이 있음에도 불구하고 취업(영리를 목적으로 사업을 영위하는 경우를 포함한다)하지 못한 상태에 있을 것

① ㄱ, ㄹ   ② ㄱ, ㄴ, ㅁ   ③ ㄴ, ㄹ, ㅁ
④ ㄴ, ㄷ, ㄹ, ㅁ   ⑤ ㄱ, ㄴ, ㄷ, ㄹ, ㅁ

해설

① (○) ㄱ, ㄹ이 최종 이직 당시 단기예술인인 피보험자에게만 적용되는 구직급여지급요건이다.

> **고용보험법 제77조의3(예술인인 피보험자에 대한 구직급여)** ① 예술인의 구직급여는 다음 각 호의 요건을 모두 갖춘 경우에 지급한다. 다만, 제6호는 최종 이직 당시 단기예술인이었던 사람만 해당한다. 〈개정 2021.1.5.〉
> 6. 다음 각 목의 요건을 모두 갖출 것
>   가. 수급자격의 인정신청일 이전 1개월 동안의 노무제공일수가 10일 미만이거나 수급자격 인정신청일 이전 14일간 연속하여 노무제공내역이 없을 것
>   나. 최종 이직일 이전 24개월 동안의 피보험 단위기간 중 다른 사업에서 제77조의5 제2항에서 준용하는 제58조에 따른 수급자격의 제한사유에 해당하는 사유로 이직한 사실이 있는 경우에는 그 피보험 단위기간 중 90일 이상을 단기예술인으로 종사하였을 것

정답 ①

50 ☐☐☐   ○ △ ✕

고용보험법령상 연장급여의 상호조정 등에 관한 설명으로 옳지 않은 것은?

① 훈련연장급여의 지급기간은 1년을 한도로 한다.
② 훈련연장급여를 지급받고 있는 수급자격자에게는 그 훈련연장급여의 지급이 끝난 후가 아니면 특별연장급여를 지급하지 아니한다.
③ 개별연장급여를 지급받고 있는 수급자격자가 훈련연장급여를 지급받게 되면 개별연장급여를 지급하지 아니한다.
④ 특별연장급여를 지급받고 있는 수급자격자에게는 특별연장급여의 지급이 끝난 후가 아니면 개별연장급여를 지급하지 아니한다.
⑤ 특별연장급여는 그 수급자격자가 지급받을 수 있는 구직급여의 지급이 끝난 후에 지급한다.

해설

① (✕) 1년 → 2년(고용보험법 제51조 제2항, 동법 시행령 제72조)

> **제51조(훈련연장급여)** ② 직업안정기관의 장은 제1항에 따라 직업능력개발훈련 등을 받도록 지시한 경우에는 수급자격자가 그 직업능력개발훈련 등을 받는 기간 중 실업의 인정을 받은 날에 대하여는 소정급여일수를 초과하여 구직급여를 연장하여 지급할 수 있다. 이 경우 연장하여 지급하는 구직급여(이하 "훈련연장급여"라 한다)의 지급기간은 대통령령으로 정하는 기간을 한도로 한다.
> **시행령 제72조(훈련연장급여 지급)** 법 제51조 제2항 후단에서 "대통령령으로 정하는 기간"이란 2년을 말한다.

② (○) 훈련연장급여를 지급받고 있는 수급자격자에게는 그 훈련연장급여의 지급이 끝난 후가 아니면 개별연장급여 및 특별연장급여를 지급하지 아니한다(동법 제55조 제2항).
③ (○) 개별연장급여 또는 특별연장급여를 지급받고 있는 수급자격자가 훈련연장급여를 지급받게 되면 개별연장급여나 특별연장급여를 지급하지 아니한다(동조 제3항).
④ (○) 특별연장급여를 지급받고 있는 수급자격자에게는 특별연장급여의 지급이 끝난 후가 아니면 개별연장급여를 지급하지 아니하고, 개별연장급여를 지급받고 있는 수급자격자에게는 개별연장급여의 지급이 끝난 후가 아니면 특별연장급여를 지급하지 아니한다(동조 제4항).
⑤ (○) 제51조부터 제53조까지의 규정에 따른 연장급여는 제48조에 따라 그 수급자격자가 지급받을 수 있는 구직급여의 지급이 끝난 후에 지급한다(동조 제1항).
[보충] 고용보험법 제51조는 훈련연장급여, 제52조는 개별연장급여, 제53조는 특별연장급여를 규정하고 있다.

정답 ①

51 ☐☐☐   ○ △ ✕

고용보험법상 훈련연장급여에 관한 내용이다. (   )에 들어갈 숫자를 순서대로 옳게 나열한 것은?

> 제54조(연장급여의 수급기간 및 구직급여일액) ① <중략>
> ② 제51조에 따라 훈련연장급여를 지급하는 경우에 그 일액은 해당 수급자격자의 구직급여일액의 100분의 (   )으로 하고, 제52조 또는 제53조에 따라 개별연장급여 또는 특별연장급여를 지급하는 경우에 그 일액은 해당 수급자격자의 구직급여일액의 100분의 (   )을 곱한 금액으로 한다.

① 60, 60   ② 70, 60   ③ 80, 60
④ 90, 70   ⑤ 100, 70

해설

⑤ (○) 100, 70

> **고용보험법 제54조(연장급여의 수급기간 및 구직급여일액)** ② 제51조에 따라 훈련연장급여를 지급하는 경우에 그 일액은 해당 수급자격자의 구직급여일액의 100분의 100으로 하고, 제52조 또는 제53조에 따라 개별연장급여 또는 특별연장급여를 지급하는 경우에 그 일액은 해당 수급자격자의 구직급여일액의 100분의 70을 곱한 금액으로 한다. 〈개정 2008.3.21.〉

정답 ⑤

52 ☐☐☐   ○ △ ✕

고용보험법령상 고용유지지원금에 관한 설명이다. (   )에 들어갈 내용으로 옳은 것은? (다만, 2020년 보험연도의 경우는 제외한다)

> 고용유지지원금은 그 조치를 실시한 일수(둘 이상의 고용유지조치를 동시에 실시한 날은 (ㄱ)로 본다)의 합계가 그 보험연도의 기간 중에 (ㄴ)에 이를 때까지만 각각의 고용유지조치에 대하여 고용유지지원금을 지급한다.

① ㄱ: 1일, ㄴ: 60일   ② ㄱ: 1일, ㄴ: 90일
③ ㄱ: 1일, ㄴ: 180일   ④ ㄱ: 2일, ㄴ: 90일
⑤ ㄱ: 2일, ㄴ: 180일

해설

③ (○) ㄱ: 1일, ㄴ: 180일

> **고용보험법 시행령 제21조(고용유지지원금의 금액 등)** ② 제1항에 따른 고용유지지원금은 그 조치를 실시한 일수(둘 이상의 고용유지조치를 동시에 실시한 날은 1일로 본다)의 합계가 그 보험연도의 기간 중에 180일에 이를 때까지만 각각의 고용유지조치에 대하여 고용유지지원금을 지급한다. 〈개정 2017.12.26.〉

정답 ③

53 □□□　　　　　　　　○ △ ✕

고용보험법령상 고용보험위원회(이하 '위원회'라 한다)에 관한 설명으로 옳지 않은 것은?

① 위원회의 위원장은 고용노동부차관이 되며, 그 위원장은 위원을 임명하거나 위촉한다.
② 위원회에는 고용보험운영전문위원회와 고용보험평가전문위원회를 둔다.
③ 위원회의 위원 중 정부를 대표하는 사람은 임명의 대상이 된다.
④ 위원회의 간사는 1명을 두되, 간사는 고용노동부 소속 공무원 중에서 위원장이 임명한다.
⑤ 「고용보험 및 산업재해보상보험의 보험료징수 등에 관한 법률」에 따른 보험료율의 결정에 관한 사항은 위원회의 심의사항이다.

해설

① (✕) ③ (○) 위촉한다 → 위촉하는 권한은 없다(고용보험법 제7조 제4항)

> **제7조(고용보험위원회)** ④ 위원회의 위원장은 고용노동부차관이 되고, 위원은 다음 각 호의 사람 중에서 각각 같은 수(數)로 고용노동부장관이 임명하거나 위촉하는 사람이 된다. 〈개정 2010.6.4.〉
> 1. 근로자를 대표하는 사람
> 2. 사용자를 대표하는 사람
> 3. 공익을 대표하는 사람
> 4. 정부를 대표하는 사람

② (○) 법 제7조 제5항에 따라 위원회에 고용보험운영전문위원회와 고용보험평가전문위원회(이하 "전문위원회"라 한다)를 둔다(동법 시행령 제1조의7 제1항).
④ (○) 위원회등에는 각각 간사 1명을 두되, 간사는 고용노동부 소속 공무원 중에서 위원회의 위원장이 임명한다(동법 시행령 제1조의10).
[보충] 고용보험위원회나 전문위원회를 위원회등이라 한다.
⑤ (○) 동법 제7조 제2항 제2호

> **제7조(고용보험위원회)** ② 위원회는 다음 각 호의 사항을 심의한다. 〈개정 2021.1.5.〉
> 1. 보험제도 및 보험사업의 개선에 관한 사항
> 2. 고용산재보험료징수법에 따른 보험료율의 결정에 관한 사항
> 3. 제11조의2에 따른 보험사업의 평가에 관한 사항
> 4. 제81조에 따른 기금운용계획의 수립 및 기금의 운용결과에 관한 사항
> 5. 그 밖에 위원장이 보험제도 및 보험사업과 관련하여 위원회의 심의가 필요하다고 인정하는 사항

정답 ①

54 □□□　　　　　　　　○ △ ✕

산업재해보상보험법령상 산업재해보상보험및예방심의위원회(이하 '위원회'라 한다)에 관한 내용으로 옳지 않은 것은?

① 위원회는 근로자를 대표하는 사람, 사용자를 대표하는 사람 및 공익을 대표하는 사람으로 구성하되, 그 수는 각각 같은 수로 한다.
② 사용자를 대표하는 위원은 전국을 대표하는 사용자단체가 추천하는 사람 5명으로 한다.
③ 근로자를 대표하는 위원의 임기는 3년으로 하되, 연임할 수 있다.
④ 위원회의 회의는 재적위원 과반수의 출석으로 개의하고, 출석위원 3분의 2 이상의 찬성으로 의결한다.
⑤ 보궐위원의 임기는 전임자의 남은 임기로 한다.

해설

① (○) 산재보험법 제8조 제2항
② (○) 동법 시행령 제4조 제2호

> **제4조(위원회의 구성)** 위원회의 위원은 다음 각 호의 구분에 따라 각각 고용노동부장관이 임명하거나 위촉한다. 〈개정 2010.7.12.〉
> 1. 근로자를 대표하는 위원은 총연합단체인 노동조합이 추천하는 사람 5명
> 2. 사용자를 대표하는 위원은 전국을 대표하는 사용자단체가 추천하는 사람 5명
> 3. 공익을 대표하는 위원은 다음 각 목의 사람 5명
>   가. 고용노동부차관
>   나. 고용노동부에서 산업재해보상보험업무를 담당하는 고위공무원 또는 산업재해예방업무를 담당하는 고위공무원 중 1명
>   다. 시민단체(「비영리민간단체 지원법」 제2조에 따른 비영리민간단체를 말한다)에서 추천한 사람과 사회보험 또는 산업재해 예방에 관한 학식과 경험이 풍부한 사람 중 3명

③ (○) 위원의 임기는 3년으로 하되, 연임할 수 있다. 다만, 제4조 제3호 가목 또는 나목에 해당하는 위원의 임기는 그 재직기간으로 한다(동법 시행령 제5조 제1항).
④ (✕) 3분의 2 이상 → 과반수(동법 시행령 제7조 제3항)

> **제7조(위원회의 회의)** ③ 위원회의 회의는 재적위원 과반수의 출석으로 개의하고, 출석위원 과반수의 찬성으로 의결한다.

⑤ (○) 동법 시행령 제5조 제2항

정답 ④

55 □□□ ○ △ ×

산업재해보상보험법령상 유족보상연금에 관한 내용으로 옳지 않은 것은?

① 유족보상연금 수급자격자인 유족이 사망한 근로자와의 친족관계가 끝난 경우, 그 자격을 잃는다.

② 대한민국 국민이 아닌 유족보상연금 수급자격자인 유족이 외국에서 거주하기 위하여 출국하는 경우, 그 자격을 잃는다.

③ 근로복지공단은 근로자의 사망 당시 태아였던 자녀가 출생한 경우, 유족보상연금 수급권자의 청구에 의하거나 직권으로 그 사유가 발생한 달 분부터 유족보상연금의 금액을 조정한다.

④ 근로자가 사망할 당시 대한민국 국민이었던 유족보상연금 수급자격자인 유족이 국적을 상실하고 외국에서 거주하고 있거나 외국에서 거주하기 위하여 출국하는 경우, 그 자격을 잃는다.

⑤ 유족보상연금을 받을 권리가 있는 유족보상연금 수급자격자가 그 자격을 잃은 경우에 유족보상연금을 받을 권리는 같은 순위자가 있으면 같은 순위자에게, 같은 순위자가 없으면 다음 순위자에게 이전된다.

해설

① (○) ② (○) ④ (○) 산재보험법 제64조 제1항 제3호, 제7호, 제6호

> **제64조(유족보상연금 수급자격자의 자격상실과 지급정지 등)** ① 유족보상연금 수급자격자인 유족이 다음 각 호의 어느 하나에 해당하면 그 자격을 잃는다. 〈개정 2023.8.8.〉
> 1. 사망한 경우
> 2. 재혼한 때(사망한 근로자의 배우자만 해당하며, 재혼에는 사실상 혼인관계에 있는 경우를 포함한다)
> 3. 사망한 근로자와의 친족관계가 끝난 경우
> 4. 자녀가 25세가 된 때
> 4의2. 손자녀가 25세가 된 때
> 4의3. 형제자매가 19세가 된 때
> 5. 제63조 제1항 제4호에 따른 장애인이었던 사람으로서 그 장애 상태가 해소된 경우
> 6. 근로자가 사망할 당시 대한민국 국민이었던 유족보상연금 수급자격자가 국적을 상실하고 외국에서 거주하고 있거나 외국에서 거주하기 위하여 출국하는 경우
> 7. 대한민국 국민이 아닌 유족보상연금 수급자격자가 외국에서 거주하기 위하여 출국하는 경우

③ (×) 달 분 → 달의 다음 달 분(동법 시행령 제63조 제1호)

> **제63조(유족보상연금액의 조정)** 공단은 다음 각 호의 사유가 발생하면 유족보상연금 수급권자의 청구에 의하거나 직권으로 그 사유가 발생한 달의 다음 달 분부터 유족보상연금의 금액을 조정한다.
> 1. 근로자의 사망 당시 태아였던 자녀가 출생한 경우
> 2. 제62조 제3항에 따라 지급정지가 해제된 경우
> 3. 유족보상연금 수급자격자가 법 제64조 제1항에 따라 자격을 잃은 경우

> 4. 유족보상연금 수급자격자가 행방불명이 된 경우

⑤ (○) 동법 제64조 제2항

정답 ③

---

56 □□□ ○ △ ×

산업재해보상보험법령상 노무제공자에 대한 특례의 내용으로 옳지 않은 것은?

① "플랫폼 종사자"란 온라인 플랫폼을 통해 노무를 제공하는 노무제공자를 말한다.

② "평균보수"란 이를 산정하여야 할 사유가 발생한 날이 속하는 달의 전달 말일부터 이전 3개월 동안 노무제공자가 재해가 발생한 사업에서 지급받은 보수와 같은 기간 동안 해당 사업 외의 사업에서 지급받은 보수를 모두 합산한 금액을 해당 기간의 총일수로 나눈 금액을 말한다.

③ 보험을 모집하는 사람으로서 「새마을금고법」 및 「신용협동조합법」에 따른 공제의 모집을 전업으로 하는 사람은 노무제공자의 범위에 포함된다.

④ 보험을 모집하는 사람으로서 「우체국예금·보험에 관한 법률」에 따른 우체국보험의 모집을 전업으로 하는 사람은 노무제공자의 범위에 포함된다.

⑤ "플랫폼 운영자"란 온라인 플랫폼을 이용하여 플랫폼 종사자의 노무제공을 중개 또는 알선하는 것을 업으로 하는 자를 말한다.

해설

① (○) 산재보험법 제91조의15 제2호

② (×) 전달 → 전전달(동조 제6호)

> **제91조의15(노무제공자 등의 정의)** 이 장에서 사용하는 용어의 뜻은 다음과 같다.
> 6. "평균보수"란 이를 산정하여야 할 사유가 발생한 날이 속하는 달의 전전달 말일부터 이전 3개월 동안 노무제공자가 재해가 발생한 사업에서 지급받은 보수와 같은 기간 동안 해당 사업 외의 사업에서 지급받은 보수를 모두 합산한 금액을 해당 기간의 총일수로 나눈 금액을 말한다. 다만, 노무제공의 특성에 따라 소득확인이 어렵거나 소득의 종류나 내용에 따라 평균보수를 산정하기 곤란하다고 인정되는 경우에는 고용노동부장관이 고시하는 금액으로 한다.

③ (○) ④ (○) 동조 제1호, 동법 시행령 제83조의5 제1호 나목, 다목

> **제91조의15(노무제공자 등의 정의)** 이 장에서 사용하는 용어의 뜻은 다음과 같다.
> 1. "노무제공자"란 자신이 아닌 다른 사람의 사업을 위하여 다음 각 목의 어느 하나에 해당하는 방법에 따라 자신이 직접 노무를 제공하고 그 대가를 지급받는 사람으로서 업무상 재해로부터의 보호필요성, 노무제공형태 등을 고려하여 대통령령으로 정하는 직종에 종사하는 사람을 말한다.

가. 노무제공자가 사업주로부터 직접 노무제공을 요청받은 경우

나. 노무제공자가 사업주로부터 일하는 사람의 노무제공을 중개·알선하기 위한 전자적 정보처리시스템(이하 "온라인 플랫폼"이라 한다)을 통해 노무제공을 요청받는 경우

시행령 제83조의5(노무제공자의 범위) 법 제91조의15 제1호 각 목 외의 부분에서 "대통령령으로 정하는 직종에 종사하는 사람"이란 다음 각 호의 사람을 말한다.

1. 보험을 모집하는 사람으로서 다음 각 목의 어느 하나에 해당하는 사람

　가. 「보험업법」 제83조 제1항 제1호에 따른 보험설계사

　나. 「새마을금고법」 및 「신용협동조합법」에 따른 공제의 모집을 전업으로 하는 사람

　다. 「우체국예금·보험에 관한 법률」에 따른 우체국보험의 모집을 전업으로 하는 사람

⑤ (○) 동조 제3호

정답 ②

057 □□□　　　○ △ ×

산업재해보상보험법상 요양급여의 범위에 해당하는 것은 모두 몇 개인가?

○ 재활치료
○ 간호
○ 이송
○ 간병
○ 약제 또는 진료재료와 의지(義肢)나 그 밖의 보조기의 지급

① 1개　　　② 2개　　　③ 3개
④ 4개　　　⑤ 5개

해설

⑤ (○) 모두 요양급여의 범위에 해당하는 것이다.

산재보험법 제40조(요양급여) ④ 제1항의 요양급여의 범위는 다음 각 호와 같다. 〈개정 2010.6.4.〉
1. 진찰 및 검사
2. 약제 또는 진료재료와 의지(義肢)나 그 밖의 보조기의 지급
3. 처치, 수술, 그 밖의 치료
4. 재활치료
5. 입원
6. 간호 및 간병
7. 이송
8. 그 밖에 고용노동부령으로 정하는 사항

정답 ⑤

058 □□□　　　○ △ ×

산업재해보상보험법령상 장례비에 관한 설명으로 옳지 않은 것은?

① 장례비 최고금액 및 최저금액의 적용기간은 당해 연도 1월 1일부터 12월 31일까지로 한다.
② 장례비 최고금액은 전년도 장례비 수급권자에게 지급된 1명당 평균 장례비 90일분 + 최고 보상기준 금액의 30일분으로 산정한다.
③ 장례비 최저금액은 전년도 장례비 수급권자에게 지급된 1명당 평균 장례비 90일분 + 최저 보상기준 금액의 30일분으로 산정한다.
④ 장례비 최고금액 및 최저금액을 산정할 때 10원 미만은 버린다.
⑤ 장례비는 장례를 지낼 유족이 없거나 그 밖에 부득이한 사유로 유족이 아닌 사람이 장례를 지낸 경우에는 평균임금의 120일분에 상당하는 금액의 범위에서 실제 드는 비용을 그 장례를 지낸 사람에게 지급한다.

해설

① (×) 당해 → 다음(산재보험법 시행령 제66조 제3항)

제66조(장례비 최고·최저 금액의 산정) ③ 장례비 최고금액 및 최저금액의 적용기간은 다음 연도 1월 1일부터 12월 31일까지로 한다. 〈개정 2021.6.8.〉

② (○) ③ (○) 동조 제1항 제1호, 제2호

제66조(장례비 최고·최저 금액의 산정) ① 법 제71조 제2항에 따른 장례비의 최고금액 및 최저금액은 다음 각 호의 구분에 따라 산정한다. 〈개정 2021.6.8.〉
1. 장례비 최고금액: 전년도 장례비 수급권자에게 지급된 1명당 평균 장례비 90일분 + 최고 보상기준 금액의 30일분
2. 장례비 최저금액: 전년도 장례비 수급권자에게 지급된 1명당 평균 장례비 90일분 + 최저 보상기준 금액의 30일분

④ (○) 동조 제2항

⑤ (○) 장례비는 근로자가 업무상의 사유로 사망한 경우에 지급하되, 평균임금의 120일분에 상당하는 금액을 그 장례를 지낸 유족에게 지급한다. 다만, 장례를 지낼 유족이 없거나 그 밖에 부득이한 사유로 유족이 아닌 사람이 장례를 지낸 경우에는 평균임금의 120일분에 상당하는 금액의 범위에서 실제 드는 비용을 그 장례를 지낸 사람에게 지급한다(동법 제71조 제1항).

정답 ①

59 □□□　　　　　　　　　○ △ ×

산업재해보상보험법령상 업무상질병판정위원회의 구성에 관한 내용으로 옳은 것은?

① 「고등교육법」 제2조에 따른 학교에서 조교수 이상으로 재직하고 있는 사람은 위원이 될 수 없다.
② 「국가기술자격법」에 따른 산업위생관리 기사 이상의 자격을 취득하고 관련 업무에 3년 이상 종사한 치과의사는 위원이 될 수 없다.
③ 산업재해보상보험 관련 업무에 5년 이상 종사한 사람은 위원이 될 수 있다.
④ 「국가기술자격법」에 따른 인간공학 분야 기사 이상의 자격을 취득하고 관련 업무에 3년 이상 종사한 한의사는 위원이 될 수 없다.
⑤ 위원장과 위원의 임기는 3년으로 하되, 연임할 수 있다.

해설

① (×) ② (×) ③ (○) ④ (×) 산재보험법 시행규칙 제6조 제2항 제2호, 제3호, 제4호, 제3호
[보충] 치과의사와 한의사는 기사 이상의 자격 관련 업무 종사경력과 상관없이 업무상질병판정위원회의 위원장 및 위원이 될 수 있다.

> 제6조(업무상질병판정위원회의 구성) ② 판정위원회의 위원장 및 위원은 다음 각 호의 어느 하나에 해당하는 사람 중에서 공단 이사장이 위촉하거나 임명한다. 〈개정 2012.4.25.〉
> 1. 변호사 또는 공인노무사
> 2. 「고등교육법」 제2조에 따른 학교에서 조교수 이상으로 재직하고 있거나 재직하였던 사람
> 3. 의사, 치과의사 또는 한의사
> 4. 산업재해보상보험 관련 업무에 5년 이상 종사한 사람
> 5. 「국가기술자격법」에 따른 산업위생관리 또는 인간공학 분야 기사 이상의 자격을 취득하고 관련 업무에 5년 이상 종사한 사람

⑤ (×) 3년 → 2년(동조 제5항)

> 제6조(업무상질병판정위원회의 구성) ⑤ 판정위원회의 위원장과 위원의 임기는 2년으로 하되, 연임할 수 있다.

정답　③

60 □□□　　　　　　　　　○ △ ×

산업재해보상보험법에서 사용하는 용어의 정의로 옳지 않은 것은?

① "유족"이란 사망한 사람의 배우자(사실상 혼인관계에 있는 사람을 포함한다)·자녀·부모·손자녀·조부모 또는 형제자매를 말한다.
② "장해"란 업무상의 부상 또는 질병에 따른 정신적 또는 육체적 훼손으로 노동능력이 상실되거나 감소된 상태로서 그 부상 또는 질병이 치유되지 아니한 상태를 말한다.
③ "치유"란 부상 또는 질병이 완치되거나 치료의 효과를 더 이상 기대할 수 없고, 그 증상이 고정된 상태에 이르게 된 것을 말한다.
④ "출퇴근"이란 취업과 관련하여 주거와 취업장소 사이의 이동 또는 한 취업장소에서 다른 취업장소로의 이동을 말한다.
⑤ "진폐"(塵肺)란 분진을 흡입하여 폐에 생기는 섬유증식성(纖維增殖性) 변화를 주된 증상으로 하는 질병을 말한다.

해설

① (○) 산재보험법 제5조 제3호
② (×) 장해 → 중증요양상태(동조 제6호)

> 제5조(정의) 이 법에서 사용하는 용어의 뜻은 다음과 같다. 〈개정 2020.5.26.〉
> 5. "장해"란 부상 또는 질병이 치유되었으나 정신적 또는 육체적 훼손으로 인하여 노동능력이 상실되거나 감소된 상태를 말한다.
> 6. "중증요양상태"란 업무상의 부상 또는 질병에 따른 정신적 또는 육체적 훼손으로 노동능력이 상실되거나 감소된 상태로서 그 부상 또는 질병이 치유되지 아니한 상태를 말한다.

③ (○) 동조 제4호
④ (○) 동조 제8호
⑤ (○) 동조 제7호

정답　②

061 ☐☐☐ ○△✕

산업재해보상보험법상 장해보상연금에 관한 내용이다.
(   )에 들어갈 숫자의 합은?

> 장해보상연금은 수급권자가 신청하면 그 연금의 최초 1년분
> 또는 (   )년분(대통령령으로 정하는 노동력을 완전히 상
> 실한 장해등급의 근로자에게는 그 연금의 최초 1년분부터
> (   )년분까지)의 (   )분의 1에 상당하는 금액을 미리
> 지급할 수 있다. 이 경우 미리 지급하는 금액에 대하여는
> 100분의 (   )의 비율범위에서 대통령령으로 정하는 바에
> 따라 이자를 공제할 수 있다.

① 11   ② 12   ③ 13
④ 15   ⑤ 18

해설

③ (○) 괄호에 들어갈 숫자의 합은 2+4+2+5=13이다.

> **산재보험법 제57조(장해급여)** ④ 장해보상연금은 수급권자가
> 신청하면 그 연금의 최초 1년분 또는 2년분(제3항 단서에 따른
> 근로자에게는 그 연금의 최초 1년분부터 4년분까지)의 2분의 1에
> 상당하는 금액을 미리 지급할 수 있다. 이 경우 미리 지급하는
> 금액에 대하여는 100분의 5의 비율범위에서 대통령령으로 정하
> 는 바에 따라 이자를 공제할 수 있다.

정답 ③

062 ☐☐☐ ○△✕

산업재해보상보험법령상 상병보상연금에 관한 설명으로
옳은 것은?

① 중증요양상태등급이 제3급인 경우, 평균임금의 257일
분을 지급한다.
② 상병보상연금을 받는 근로자가 60세가 되면 그 이후의
상병보상연금은 고령자의 1일당 상병보상연금 지급기
준에 따라 감액된 금액을 지급한다.
③ 상병보상연금을 지급받는 경우, 요양급여와 휴업급여
는 지급되지 아니한다.
④ 재요양을 시작한 지 1년이 지난 후에 부상·질병상태
가 상병보상연금의 지급요건 모두에 해당하는 사람에
게는 상병보상연금을 지급한다.
⑤ 상병보상연금을 산정할 때 근로자의 평균임금이 최저
임금액에 90분의 100을 곱한 금액보다 적을 때에는
최저임금액의 90분의 100에 해당하는 금액을 그 근로
자의 평균임금으로 보아 산정한다.

해설

① (○) 산재보험법 제66조 제2항 관련 별표 4

> **제66조(상병보상연금)** ② 상병보상연금은 별표 4에 따른 중증

요양상태등급에 따라 지급한다. 〈개정 2018.6.12.〉

상병보상연금표(제66조 제2항 관련 별표 4)

중증요양상태등급	상병보상연금
제1급	평균임금의 329일분
제2급	평균임금의 291일분
제3급	평균임금의 257일분

② (✕) 60세 → 61세(동법 제68조)

> **제68조(고령자의 상병보상연금)** 상병보상연금을 받는 근로자가
> 61세가 되면 그 이후의 상병보상연금은 별표 5에 따른 1일당 상
> 병보상연금 지급기준에 따라 산정한 금액을 지급한다. 〈개정 2010.
> 1.27.〉

③ (✕) 요양급여와 → "삭제"(동법 제66조 제1항)

[보충] 휴업급여 대신 상병보상연금을 지급하는 것이므로, 요양급
여는 계속하여 지급된다.

> **제66조(상병보상연금)** ① 요양급여를 받는 근로자가 요양을 시
> 작한 지 2년이 지난 날 이후에 다음 각 호의 요건 모두에 해당하
> 는 상태가 계속되면 휴업급여 대신 상병보상연금을 그 근로자에
> 게 지급한다. 〈개정 2018.6.12.〉
> 1. 그 부상이나 질병이 치유되지 아니한 상태일 것
> 2. 그 부상이나 질병에 따른 중증요양상태의 정도가 대통령령으
>   로 정하는 중증요양상태등급 기준에 해당할 것
> 3. 요양으로 인하여 취업하지 못하였을 것

④ (✕) 1년 → 2년(동법 제69조 제1항 전단)

> **제69조(재요양기간 중의 상병보상연금)** ① 재요양을 시작한 지
> 2년이 지난 후에 부상·질병상태가 제66조 제1항 각 호의 요건
> 모두에 해당하는 사람에게는 휴업급여 대신 별표 4에 따른 중증
> 요양상태등급에 따라 상병보상연금을 지급한다. 이 경우 상병
> 보상연금을 산정할 때에는 재요양기간 중의 휴업급여 산정에 적용
> 되는 평균임금을 적용하되, 그 평균임금이 최저임금액에 70분의
> 100을 곱한 금액보다 적거나 재요양 당시 평균임금 산정의 대상
> 이 되는 임금이 없을 때에는 최저임금액의 70분의 100에 해당하
> 는 금액을 그 근로자의 평균임금으로 보아 산정한다. 〈개정 2020.
> 5.26.〉

⑤ (✕) 90분 → 70분(동법 제67조 제1항)

> **제67조(저소득 근로자의 상병보상연금)** ① 제66조에 따라 상병
> 보상연금을 산정할 때 그 근로자의 평균임금이 최저임금액에 70
> 분의 100을 곱한 금액보다 적을 때에는 최저임금액의 70분의 100
> 에 해당하는 금액을 그 근로자의 평균임금으로 보아 산정한다.

정답 ①

063 □□□   ○ △ ✕

산업재해보상보험법상 직장복귀지원금 등에 관한 것이다. ( )에 들어갈 숫자로 옳은 것은?

제75조(직장복귀지원금 등) ① <중략>
② 제1항에 따른 직장복귀지원금은 고용노동부장관이 임금수준 및 노동시장의 여건 등을 고려하여 고시하는 금액의 범위에서 사업주가 장해급여자에게 지급한 임금액으로 하되, 그 지급기간은 (ㄱ)개월 이내로 한다.
③ 제1항에 따른 직장적응훈련비 및 재활운동비는 고용노동부장관이 직장적응훈련 또는 재활운동에 드는 비용을 고려하여 고시하는 금액의 범위에서 실제 드는 비용으로 하되, 그 지급기간은 (ㄴ)개월 이내로 한다.

① ㄱ: 3, ㄴ: 3   ② ㄱ: 3, ㄴ: 6   ③ ㄱ: 6, ㄴ: 6
④ ㄱ: 6, ㄴ: 12   ⑤ ㄱ: 12, ㄴ: 3

해설

⑤ (○) ㄱ: 12, ㄴ: 3

산재보험법 제75조(직장복귀지원금 등) ② 제1항에 따른 직장복귀지원금은 고용노동부장관이 임금수준 및 노동시장의 여건 등을 고려하여 고시하는 금액의 범위에서 사업주가 장해급여자에게 지급한 임금액으로 하되, 그 지급기간은 12개월 이내로 한다. 〈개정 2010.6.4.〉
③ 제1항에 따른 직장적응훈련비 및 재활운동비는 고용노동부장관이 직장적응훈련 또는 재활운동에 드는 비용을 고려하여 고시하는 금액의 범위에서 실제 드는 비용으로 하되, 그 지급기간은 3개월 이내로 한다. 〈개정 2010.6.4.〉

정답 ⑤

064 □□□   ○ △ ✕

국민연금법에 관한 내용으로 옳지 않은 것은?

① 급여수급전용계좌에 입금된 급여와 이에 관한 채권은 압류할 수 없다.
② 장애연금액은 장애등급 2급에 해당하는 자에 대하여는 기본연금액의 1천분의 600에 해당하는 금액에 부양가족연금액을 더한 금액으로 한다.
③ 장애등급이 2급 이상인 장애연금 수급권자가 사망하면 그 유족에게 유족연금을 지급한다.
④ 가입자 또는 가입자였던 자가 가입기간이 10년 미만이고 60세가 된 때에는 본인이나 그 유족의 청구에 의하여 반환일시금을 지급받을 수 있다.
⑤ 장애연금 수급권자가 고의나 중대한 과실로 요양지시에 따르지 아니하거나 정당한 사유 없이 요양지시에 따르지 아니하여 회복을 방해한 때에는 급여의 전부 또는 일부의 지급을 정지할 수 있다.

해설

① (○) 국민연금법 제58조 제3항
② (✕) 600 → 800(동법 제68조 제1항 제2호)

제68조(장애연금액) ① 장애연금액은 장애등급에 따라 다음 각 호의 금액으로 한다.
1. 장애등급 1급에 해당하는 자에 대하여는 기본연금액에 부양가족연금액을 더한 금액
2. 장애등급 2급에 해당하는 자에 대하여는 기본연금액의 1천분의 800에 해당하는 금액에 부양가족연금액을 더한 금액
3. 장애등급 3급에 해당하는 자에 대하여는 기본연금액의 1천분의 600에 해당하는 금액에 부양가족연금액을 더한 금액
② 장애등급 4급에 해당하는 자에 대하여는 기본연금액의 1천분의 2천 250에 해당하는 금액을 일시보상금으로 지급한다.

③ (○) 동법 제72조 제1항 제5호

제72조(유족연금의 수급권자) ① 다음 각 호의 어느 하나에 해당하는 사람이 사망하면 그 유족에게 유족연금을 지급한다. 〈개정 2016.5.29.〉
1. 노령연금 수급권자
2. 가입기간이 10년 이상인 가입자 또는 가입자였던 자
3. 연금보험료를 낸 기간이 가입대상기간의 3분의 1 이상인 가입자 또는 가입자였던 자
4. 사망일 5년 전부터 사망일까지의 기간 중 연금보험료를 낸 기간이 3년 이상인 가입자 또는 가입자였던 자. 다만, 가입대상기간 중 체납기간이 3년 이상인 사람은 제외한다.
5. 장애등급이 2급 이상인 장애연금 수급권자

④ (○) 동법 제77조 제1항 제1호

제77조(반환일시금) ① 가입자 또는 가입자였던 자가 다음 각 호의 어느 하나에 해당하게 되면 본인이나 그 유족의 청구에 의하여 반환일시금을 지급받을 수 있다. 〈개정 2016.5.29.〉
1. 가입기간이 10년 미만인 자가 60세가 된 때
2. 가입자 또는 가입자였던 자가 사망한 때. 다만, 제72조에 따라 유족연금이 지급되는 경우에는 그러하지 아니하다.
3. 국적을 상실하거나 국외로 이주한 때

⑤ (○) 동법 제86조 제1항 제3호

제86조(지급의 정지 등) ① 수급권자가 다음 각 호의 어느 하나에 해당하면 급여의 전부 또는 일부의 지급을 정지할 수 있다.
1. 수급권자가 정당한 사유 없이 제122조 제1항에 따른 공단의 서류, 그 밖의 자료제출요구에 응하지 아니한 때
2. 장애연금 또는 유족연금의 수급권자가 정당한 사유 없이 제120조에 따른 공단의 진단요구 또는 확인에 응하지 아니한 때
3. 장애연금 수급권자가 고의나 중대한 과실로 요양지시에 따르지 아니하거나 정당한 사유 없이 요양지시에 따르지 아니하여 회복을 방해한 때
4. 수급권자가 정당한 사유 없이 제121조 제1항에 따른 신고를 하지 아니한 때

정답 ②

065 □□□ ○ △ ×

국민연금법상 소멸시효에 관한 내용이다. (　　)에 들어갈 숫자의 합은?

연금보험료, 환수금, 그 밖의 이 법에 따른 징수금을 징수하거나 환수할 권리는 (　　)년간, 급여(제77조 제1항 제1호에 따른 반환일시금은 제외한다)를 받거나 과오납금을 반환받을 수급권자 또는 가입자 등의 권리는 (　　)년간 행사하지 아니하면 각각 소멸시효가 완성된다.

① 4 ② 6 ③ 8
④ 13 ⑤ 15

해설

③ (○) 괄호에 들어갈 숫자의 합은 3+5=8이다.

> **국민연금법 제115조(시효)** ① 연금보험료, 환수금, 그 밖의 이 법에 따른 징수금을 징수하거나 환수할 권리는 3년간, 급여(제77조 제1항 제1호에 따른 반환일시금은 제외한다)를 받거나 과오납금을 반환받을 수급권자 또는 가입자 등의 권리는 5년간, 제77조 제1항 제1호에 따른 반환일시금을 지급받을 권리는 10년간 행사하지 아니하면 각각 소멸시효가 완성된다. 〈개정 2017.10.24.〉

정답 ③

066 □□□ ○ △ ×

국민연금법령상 심사청구 및 재심사청구에 관한 내용으로 옳지 않은 것은?

① 가입자의 자격, 기준소득월액, 연금보험료, 그 밖의 이 법에 따른 징수금과 급여에 관한 국민연금공단 또는 국민건강보험공단의 처분에 이의가 있는 자는 그 처분을 한 국민연금공단 또는 국민건강보험공단에 심사청구를 할 수 있다.
② 국민연금심사위원회 위원의 임기는 2년으로 하며, 1차례만 연임할 수 있으며, 국민연금공단의 임직원인 위원의 임기는 그 직위의 재임기간으로 한다.
③ 청구인은 결정이 있기 전까지는 언제든지 심사청구를 문서로 취하할 수 있다.
④ 심사청구에 대한 결정에 불복하는 자는 그 결정통지를 받은 날부터 90일 이내에 국민연금재심사위원회에 재심사를 청구할 수 있다.
⑤ 국민연금재심사위원회의 재심사와 재결에 관한 절차에 관하여는 「행정심판법」을 준용한다.

해설

① (○) 국민연금법 제108조 제1항
② (×) 1차례 → 2차례(동법 시행령 제91조)

> **시행령 제91조(심사위원회 위원의 임기)** 심사위원회 위원의 임

기는 2년으로 하며, 2차례만 연임할 수 있다. 다만, 공단의 임직원인 위원의 임기는 그 직위의 재임기간으로 한다. 〈개정 2011.12.8.〉

③ (○) 동법 시행령 제98조
④ (○) 제108조에 따른 심사청구에 대한 결정에 불복하는 자는 그 결정통지를 받은 날부터 90일 이내에 대통령령으로 정하는 사항을 적은 재심사청구서에 따라 국민연금재심사위원회에 재심사를 청구할 수 있다(동법 제110조 제1항).
⑤ (○) 동법 제112조 제1항

정답 ②

067 □□□ ○ △ ×

국민연금법령상 연금보험료 등의 독촉에 관한 내용이다. (　　)에 들어갈 내용은?

제64조(연금보험료 등의 독촉) ① 국민건강보험공단은 법 제95조 제1항에 따라 사업장가입자의 연금보험료와 그에 따른 징수금의 납부를 독촉할 때에는 납부기한이 지난 후 (ㄱ) 이내에 해당 사업장가입자의 사용자에게 독촉장을 발부하여야 한다.
② 국민건강보험공단은 법 제95조 제1항에 따라 지역가입자의 연금보험료와 그에 따른 징수금의 납부를 독촉할 때에는 납부기한이 지난 후 (ㄴ) 이내에 해당 가입자에게 독촉장을 발부하여야 한다.
③ 국민건강보험공단은 법 제95조 제1항에 따라 제2차 납부의무자의 연금보험료, 연체금, 체납처분비의 납부를 독촉할 때에는 납부기한이 지난 후 (ㄷ) 이내에 제2차 납부의무자에게 독촉장을 발부하여야 한다.

① ㄱ: 10일, ㄴ: 1개월, ㄷ: 10일
② ㄱ: 20일, ㄴ: 1개월, ㄷ: 20일
③ ㄱ: 20일, ㄴ: 3개월, ㄷ: 20일
④ ㄱ: 30일, ㄴ: 3개월, ㄷ: 20일
⑤ ㄱ: 30일, ㄴ: 3개월, ㄷ: 30일

해설

③ (○) ㄱ: 20일, ㄴ: 3개월, ㄷ: 20일

> **국민연금법 제64조(연금보험료 등의 독촉)** ① 건강보험공단은 법 제95조 제1항에 따라 사업장가입자의 연금보험료와 그에 따른 징수금의 납부를 독촉할 때에는 납부기한이 지난 후 20일 이내에 해당 사업장가입자의 사용자에게 독촉장을 발부하여야 한다. 〈개정 2010. 8. 17.〉
> ② 건강보험공단은 법 제95조 제1항에 따라 지역가입자의 연금보험료와 그에 따른 징수금의 납부를 독촉할 때에는 납부기한이 지난 후 3개월 이내에 해당 가입자에게 독촉장을 발부하여야 한다. 〈개정 2010.8.17.〉
> ③ 건강보험공단은 법 제95조 제1항에 따라 제2차 납부의무자의 연금보험료, 연체금, 체납처분비의 납부를 독촉할 때에는 납부기한이 지난 후 20일 이내에 제2차 납부의무자에게 독촉장을 발부하여야 한다. 〈신설 2015.12.22.〉

정답 ③

68 □□□   ○ △ ×

국민연금법령상 국민연금기금에 관한 설명으로 옳지 않은 것은?

① 국민연금기금은 연금보험료, 국민연금기금 운용수익금, 적립금, 국민연금공단의 수입지출 결산상의 잉여금을 재원으로 조성한다.

② 국민연금기금운용위원회는 국민연금기금을 관리기금에 위탁할 경우, 예탁이자율의 협의에 관한 사항을 심의·의결할 수 있다.

③ 보건복지부장관은 다음 연도의 국민연금기금운용지침안을 작성하여 4월 말일까지 국민연금기금운용위원회에 제출하여야 하고, 국민연금기금운용위원회는 국민연금기금운용지침안을 5월 말일까지 심의·의결하여야 한다.

④ 보건복지부장관은 매년 국민연금기금 운용계획을 세워서 국민연금기금운용위원회 및 국무회의의 심의를 거쳐 대통령의 승인을 받아야 한다.

⑤ 보건복지부장관은 국민연금기금의 운용내용과 관리기금에 예탁된 국민연금기금의 사용내용을 다음 연도 6월 말까지 국민연금기금운용위원회에 제출하여야 한다.

해설

① (○) 국민연금법 제101조 제2항

> **제101조(기금의 설치 및 조성)** ② 기금은 다음 각 호의 재원으로 조성한다.
> 1. 연금보험료
> 2. 기금 운용수익금
> 3. 적립금
> 4. 공단의 수입지출 결산상의 잉여금

② (○) 동법 제103조 제1항 제2호

> **제103조(국민연금기금운용위원회)** ① 기금의 운용에 관한 다음 각 호의 사항을 심의·의결하기 위하여 보건복지부에 국민연금기금운용위원회(이하 "운용위원회"라 한다)를 둔다. 〈개정 2010.1.18.〉
> 1. 기금 운용지침에 관한 사항
> 2. 기금을 관리기금에 위탁할 경우 예탁이자율의 협의에 관한 사항
> 3. 기금 운용계획에 관한 사항
> 4. 제107조 제3항에 따른 기금의 운용내용과 사용내용에 관한 사항
> 5. 그 밖에 기금의 운용에 관하여 중요한 사항으로서 운용위원회 위원장이 회의에 부치는 사항

③ (○) 동법 시행령 제81조
④ (○) 동법 제107조 제1항
⑤ (×) 과 관리기금에 예탁된 국민연금기금의 사용내용을 → "삭제"

(동조 제3항)

> **제107조(기금 운용계획 등)** ③ 보건복지부장관은 기금의 운용내용을, 기획재정부장관은 관리기금에 예탁된 기금의 사용내용을 각각 다음 연도 6월 말까지 운용위원회에 제출하여야 한다. 〈개정 2010.1.18.〉

정답 ⑤

69 □□□   ○ △ ×

국민건강보험법상 국민건강보험공단은 보험료등의 납부의무자가 납부기한까지 보험료등을 내지 아니하는 경우에 보건복지부령으로 정하는 부득이한 사유로 연체금을 징수하지 아니할 수 있다. 밑줄 친 사유에 해당하는 것을 모두 고른 것은?

> ㄱ. 사변으로 인하여 체납하는 경우
> ㄴ. 화재로 피해가 발생해 체납한 경우
> ㄷ. 사업장 폐업으로 체납액을 징수할 수 없는 경우
> ㄹ. 연체금의 금액이 국민건강보험공단의 정관으로 정하는 금액 이하인 경우

① ㄱ, ㄴ   ② ㄴ, ㄷ   ③ ㄱ, ㄴ, ㄹ
④ ㄱ, ㄷ, ㄹ   ⑤ ㄱ, ㄴ, ㄷ, ㄹ

해설

⑤ (○) 모두 부득이한 사유에 해당하는 것이다.

> **국민건강보험법 제80조(연체금)** ③ 공단은 제1항 및 제2항에도 불구하고 천재지변이나 그 밖에 보건복지부령으로 정하는 부득이한 사유가 있으면 제1항 및 제2항에 따른 연체금을 징수하지 아니할 수 있다.
> **시행규칙 제51조(연체금 징수의 예외)** 법 제80조 제3항에서 "보건복지부령으로 정하는 부득이한 사유"란 다음 각 호의 어느 하나에 해당하는 경우를 말한다. 〈개정 2018.12.18.〉
> 1. 전쟁 또는 사변으로 인하여 체납한 경우
> 2. 연체금의 금액이 공단의 정관으로 정하는 금액 이하인 경우
> 3. 사업장 또는 사립학교의 폐업·폐쇄 또는 폐교로 체납액을 징수할 수 없는 경우
> 4. 화재로 피해가 발생해 체납한 경우
> 5. 그 밖에 보건복지부장관이 연체금을 징수하기 곤란한 부득이한 사유가 있다고 인정하는 경우

정답 ⑤

사회보험법

070 ☐☐☐　　　　　　○ △ ✕

국민건강보험법상 국내에 거주하는 국민으로서 건강보험 가입자의 자격의 변동시기에 관한 내용으로 옳은 것을 모두 고른 것은?

> ㄱ. 지역가입자가 적용대상사업장의 사용자로 된 다음 날
> ㄴ. 직장가입자가 다른 적용대상사업장의 근로자로 사용된 날
> ㄷ. 지역가입자가 다른 세대로 전입한 날
> ㄹ. 직장가입자인 근로자가 그 사용관계가 끝난 날의 다음 날

① ㄱ　　　　　② ㄱ, ㄴ　　　　　③ ㄴ, ㄷ
④ ㄴ, ㄷ, ㄹ　　⑤ ㄱ, ㄴ, ㄷ, ㄹ

해설

④ (○) ㄴ, ㄷ, ㄹ이 국내에 거주하는 국민으로서 건강보험가입자의 자격의 변동시기에 관한 내용으로 옳은 것이다.
[보충] ㄱ 다음 → "삭제"

> **국민건강보험법 제9조(자격의 변동시기 등)** ① 가입자는 다음 각 호의 어느 하나에 해당하게 된 날에 그 자격이 변동된다.
> 1. 지역가입자가 적용대상사업장의 사용자로 되거나, 근로자·공무원 또는 교직원(이하 "근로자등"이라 한다)으로 사용된 날
> 2. 직장가입자가 다른 적용대상사업장의 사용자로 되거나 근로자등으로 사용된 날
> 3. 직장가입자인 근로자등이 그 사용관계가 끝난 날의 다음 날
> 4. 적용대상사업장에 제7조 제2호에 따른 사유가 발생한 날의 다음 날
> 5. 지역가입자가 다른 세대로 전입한 날

정답 ④

071 ☐☐☐　　　　　　○ △ ✕

국민건강보험법상 국민건강보험공단(이하 '공단'이라 한다)에 관한 설명으로 옳지 않은 것은?

① 공단은 법인으로 한다.
② 공단의 해산에 관하여는 정관으로 정한다.
③ 공단은 주된 사무소의 소재지에서 설립등기를 함으로써 성립한다.
④ 공단의 설립등기에는 목적, 명칭, 주된 사무소 및 분사무소의 소재지, 이사장의 성명·주소 및 주민등록번호를 포함하여야 한다.
⑤ 공단의 주된 사무소의 소재지는 정관으로 정한다.

해설

① (○) 국민건강보험법 제15조 제1항
② (✕) 정관으로 → 법률로(동법 제19조)

> **제19조(해산)** 공단의 해산에 관하여는 법률로 정한다.

③ (○) 동법 제15조 제2항
④ (○) 동법 제18조

> **제18조(등기)** 공단의 설립등기에는 다음 각 호의 사항을 포함하여야 한다.
> 1. 목적
> 2. 명칭
> 3. 주된 사무소 및 분사무소의 소재지
> 4. 이사장의 성명·주소 및 주민등록번호

⑤ (○) 동법 제16조 제1항

정답 ②

072 ☐☐☐　　　　　　○ △ ✕

국민건강보험법상 이의신청 및 심판청구 등에 관한 설명으로 옳지 않은 것은?

① 보험급여비용에 관한 국민건강보험공단의 처분에 이의가 있는 자는 국민건강보험공단에 이의신청을 할 수 있다.
② 요양급여의 적정성 평가 등에 관한 건강보험심사평가원의 처분에 이의가 있는 자는 건강보험심사평가원에 이의신청을 할 수 있다.
③ 이의신청에 대한 결정에 불복하는 자는 건강보험분쟁조정위원회에 심판청구를 할 수 있다.
④ 정당한 사유로 이의신청을 할 수 없었음을 소명한 경우가 아니면 이의신청은 처분이 있은 날부터 90일을 지나면 제기하지 못한다.
⑤ 이의신청에 대한 결정에 불복하는 자는 「행정소송법」이 정하는 바에 따라 행정소송을 제기할 수 있다.

해설

① (○) 가입자 및 피부양자의 자격, 보험료등, 보험급여, 보험급여비용에 관한 공단의 처분에 이의가 있는 자는 공단에 이의신청을 할 수 있다(국민건강보험법 제87조 제1항).
② (○) 요양급여비용 및 요양급여의 적정성 평가 등에 관한 심사평가원의 처분에 이의가 있는 공단, 요양기관 또는 그 밖의 자는 심사평가원에 이의신청을 할 수 있다(동조 제2항).
③ (○) 이의신청에 대한 결정에 불복하는 자는 제89조에 따른 건강보험분쟁조정위원회에 심판청구를 할 수 있다. 이 경우 심판청구의 제기기간 및 제기방법에 관하여는 제87조 제3항을 준용한다(동법 제88조 제1항).
④ (✕) 90일 → 180일(동법 제87조 제3항)
[보충] 정당한 사유로 그 기간에 이의신청을 할 수 없었음을 소명한 경우에는 180일을 지나도 제기할 수 있다.

> **제87조(이의신청)** ③ 제1항 및 제2항에 따른 이의신청(이하 "이의신청"이라 한다)은 처분이 있음을 안 날부터 90일 이내에 문서(전자문서를 포함한다)로 하여야 하며 처분이 있은 날부터 180일을 지나면 제기하지 못한다. 다만, 정당한 사유로 그 기간에 이의신청을 할 수 없었음을 소명한 경우에는 그러하지 아니하다.

⑤ (○) 공단 또는 심사평가원의 처분에 이의가 있는 자와 제87조에 따른 이의신청 또는 제88조에 따른 심판청구에 대한 결정에 불복하는 자는 「행정소송법」에서 정하는 바에 따라 행정소송을 제기할

수 있다(동법 제90조).

73 □□□   ○ △ ✕

국민건강보험법령상 국내에 거주하는 국민인 피부양자의 자격상실시기로 옳은 것을 모두 고른 것은?

> ㄱ. 대한민국의 국적을 잃은 날
> ㄴ. 사망한 날의 다음 날
> ㄷ. 직장가입자가 자격을 상실한 날
> ㄹ. 피부양자 자격을 취득한 사람이 본인의 신고에 따라 피부양자자격 상실신고를 한 경우에는 신고한 날

① ㄱ   ② ㄹ   ③ ㄱ, ㄴ
④ ㄴ, ㄷ   ⑤ ㄷ, ㄹ

해설

④ (○) ㄴ, ㄷ이 국내에 거주하는 국민인 피부양자의 자격상실시기로 옳은 것이다.

> **제2조(피부양자 자격의 인정기준 등)** ③ 피부양자는 다음 각 호의 어느 하나에 해당하게 된 날에 그 자격을 상실한다. 〈개정 2024. 5.13.〉
> 1. 사망한 날의 다음 날
> 2. 대한민국의 국적을 잃은 날의 다음 날
> 3. 국내에 거주하지 아니하게 된 날의 다음 날
> 4. 직장가입자가 자격을 상실한 날
> 5. 법 제5조 제1항 제1호에 따른 수급권자가 된 날
> 6. 법 제5조 제1항 제2호에 따른 유공자등 의료보호대상자인 피부양자가 공단에 건강보험의 적용배제신청을 한 날의 다음 날
> 7. 직장가입자 또는 다른 직장가입자의 피부양자 자격을 취득한 경우에는 그 자격을 취득한 날
> 8. 피부양자 자격을 취득한 사람이 본인의 신고에 따라 피부양자 자격 상실신고를 한 경우에는 신고한 날의 다음 날
> 9. 제1항에 따른 요건을 충족하지 아니하는 경우에는 공단이 그 요건을 충족하지 아니한다고 확인한 날의 다음 날
> 10. 제9호에도 불구하고 「국민건강보험법 시행령」(이하 "영"이라 한다) 제41조의2 제3항에 따라 영 제41조 제1항 제3호 및 제4호의 소득(이하 "사업소득등"이라 한다)의 발생사실과 그 금액을 신고하여 공단이 제1항 제2호에 따른 소득요건을 충족하지 않는다고 확인한 경우에는 그 사업소득등이 발생한 날이 속하는 달의 다음 달 말일
> 11. 제9호에도 불구하고 영 제41조의2 제3항에 따라 사업소득등의 발생사실과 그 금액을 신고하지 않았으나 공단이 제1항 제2호에 따른 소득요건을 충족하지 않음을 확인한 경우에는 그 사업소득등이 발생한 날이 속하는 달의 말일
> 12. 제9호부터 제11호까지의 규정에도 불구하고 거짓이나 그 밖의 부정한 방법으로 영 제41조의2 제1항에 따른 소득월액의 조정신청 또는 이 규칙에 따른 피부양자 자격 취득신고를 하여 피부양자 자격을 취득한 것을 공단이 확인한 경우에는 그 자격을 취득한 날

74 □□□   ○ △ ✕

국민건강보험법령상 보수월액에 관한 설명으로 옳지 않은 것은?

① 보수의 전부 또는 일부가 현물(現物)로 지급되는 경우에는 그 지역의 시가(時價)를 기준으로 국민건강보험공단이 정하는 가액(價額)을 그에 해당하는 보수로 본다.

② 직장가입자의 보수월액은 직장가입자가 지급받는 보수를 기준으로 하여 산정한다.

③ 도급(都給)으로 보수가 정해지는 경우에 직장가입자의 자격을 취득하거나 자격이 변동된 달의 전 1개월 동안에 그 사업장에서 해당 직장가입자와 같은 업무에 종사하고 같은 보수를 받는 사람의 보수액을 평균한 금액을 해당 직장가입자의 보수월액으로 결정한다.

④ 보수는 근로자등이 근로를 제공하고 사용자·국가 또는 지방자치단체로부터 지급받는 금품(실비변상적인 성격을 갖는 금품은 제외한다)으로서 이 경우, 보수 관련 자료가 없거나 불명확한 경우 보건복지부장관이 정하여 고시하는 금액을 보수로 본다.

⑤ 휴직이나 그 밖의 사유로 보수의 전부 또는 일부가 지급되지 아니하는 가입자의 보수월액보험료는 해당 사유가 생긴 달의 보수월액을 기준으로 산정한다.

해설

① (○) 국민건강보험법 시행령 제33조 제3항
② (○) 동법 제70조 제1항
③ (○) 동법 시행령 제37조 제2호

> **제37조(직장가입자의 자격 취득·변동 시 보수월액의 결정)** 공단은 직장가입자의 자격을 취득하거나, 다른 직장가입자로 자격이 변동되거나, 지역가입자에서 직장가입자로 자격이 변동된 사람이 있을 때에는 다음 각 호의 구분에 따른 금액을 해당 직장가입자의 보수월액으로 결정한다.
> 1. 연·분기·월·주 또는 그 밖의 일정 기간으로 보수가 정해지는 경우: 그 보수액을 그 기간의 총일수로 나눈 금액의 30배에 상당하는 금액
> 2. 일(日)·시간·생산량 또는 도급(都給)으로 보수가 정해지는 경우: 직장가입자의 자격을 취득하거나 자격이 변동된 달의 전 1개월 동안에 그 사업장에서 해당 직장가입자와 같은 업무에 종사하고 같은 보수를 받는 사람의 보수액을 평균한 금액
> 3. 제1호 및 제2호에 따라 보수월액을 산정하기 곤란한 경우: 직장가입자의 자격을 취득하거나 자격이 변동된 달의 전 1개월 동안 같은 업무에 종사하고 있는 사람이 받는 보수액을 평균한 금액

④ (○) 제1항에 따른 보수는 근로자등이 근로를 제공하고 사용자·국가 또는 지방자치단체로부터 지급받는 금품(실비변상적인 성격을 갖는 금품은 제외한다)으로서 대통령령으로 정하는 것을 말한다. 이 경우 보수 관련 자료가 없거나 불명확한 경우 등 대통령령으로 정하는 사유에 해당하면 보건복지부장관이 정하여 고시하는 금액을 보수로 본다(동법 제70조 제3항).
⑤ (✕) 생긴 달의 → 생기기 전 달의(동조 제2항)

제70조(보수월액) ② 휴직이나 그 밖의 사유로 보수의 전부 또는 일부가 지급되지 아니하는 가입자(이하 "휴직자등"이라 한다)의 보수월액보험료는 해당 사유가 생기기 전 달의 보수월액을 기준으로 산정한다.

정답 ⑤

---

075 □□□   ○ △ ×

고용보험 및 산업재해보상보험의 보험료징수 등에 관한 법률 제49조의2(자영업자에 대한 특례)에 관한 설명으로 옳은 것은?

① 자영업자에 대한 고용보험료 산정의 기초가 되는 보수액은 자영업자의 소득, 보수수준 등을 고려하여 기획재정부장관이 정하여 고시한다.

② 고용보험에 가입한 자영업자는 매월 부과된 보험료를 다음 달 14일까지 납부하여야 한다.

③ 자영업자의 고용보험료는 근로복지공단이 매월 부과하고 징수한다.

④ 고용보험에 가입한 자영업자가 자신에게 부과된 월(月)의 고용보험료를 계속하여 3개월간 납부하지 아니한 경우에는 마지막으로 납부한 고용보험료에 해당되는 피보험기간의 다음 날에 보험관계가 소멸된다.

⑤ 근로복지공단의 승인을 통해 고용보험에 가입한 자영업자가 50명 이상의 근로자를 사용하게 된 경우에도 본인이 피보험자격을 유지하려는 경우에는 계속하여 보험에 가입된 것으로 본다.

해설

① (×) 기획재정부장관 → 고용노동부장관(고용산재보험료징수법 제49조의2 제3항)

> 제49조의2(자영업자에 대한 특례) ③ 자영업자에 대한 고용보험료 산정의 기초가 되는 보수액은 자영업자의 소득, 보수수준 등을 고려하여 고용노동부장관이 정하여 고시한다.

② (×) 14일 → 10일(동조 제9항)

> 제49조의2(자영업자에 대한 특례) ⑨ 고용보험에 가입한 자영업자는 매월 부과된 보험료를 다음 달 10일까지 납부하여야 한다.

③ (×) 부과하고 징수한다 → 부과한다(동조 제8항)

> 제49조의2(자영업자에 대한 특례) ⑧ 제6항에 따른 고용보험료는 공단이 매월 부과하고, 건강보험공단이 이를 징수한다.

④ (×) 3개월 → 6개월(동조 제10항)

> 제49조의2(자영업자에 대한 특례) ⑩ 고용보험에 가입한 자영업자가 자신에게 부과된 월(月)의 고용보험료를 계속하여 6개월간 납부하지 아니한 경우에는 마지막으로 납부한 고용보험료에 해당되는 피보험기간의 다음 날에 보험관계가 소멸된다. 다만, 천재지변이나 그 밖에 부득이한 사유로 고용보험료를 낼 수 없었음을 증명하면 그러하지 아니하다. 〈개정 2019.1.15.〉

---

⑤ (○) 동조 제2항

정답 ⑤

---

076 □□□   ○ △ ×

고용보험 및 산업재해보상보험의 보험료징수 등에 관한 법령상 보험료 등에 관한 설명으로 옳지 않은 것을 모두 고른 것은?

> ㄱ. 고용보험 가입자인 근로자가 부담하여야 하는 고용보험료는 자기의 보수총액에 고용안정·직업능력개발사업 및 실업급여의 보험료율의 2분의 1을 곱한 금액으로 한다.
>
> ㄴ. 보험료는 국민건강보험공단이 매월 부과하고, 이를 근로복지공단이 징수한다.
>
> ㄷ. 보험사업에 드는 비용에 충당하기 위하여 보험가입자인 근로자와 사용자로부터 산업재해보상보험의 보험료를 징수한다.
>
> ㄹ. 기획재정부장관은 산재예방요율을 적용받는 사업이 거짓이나 그 밖의 부정한 방법으로 재해예방활동의 인정을 받은 경우에는 재해예방활동의 인정을 취소하여야 한다.

① ㄱ, ㄴ, ㄷ   ② ㄱ, ㄴ, ㄹ   ③ ㄱ, ㄷ, ㄹ

④ ㄴ, ㄷ, ㄹ   ⑤ ㄱ, ㄴ, ㄷ, ㄹ

해설

ㄱ (×) 고용안정·직업능력개발사업 및 → "삭제"(고용산재보험료징수법 제13조 제2항)

> 제13조(보험료) ② 고용보험 가입자인 근로자가 부담하여야 하는 고용보험료는 자기의 보수총액에 제14조 제1항에 따른 실업급여의 보험료율의 2분의 1을 곱한 금액으로 한다. 다만, 사업주로부터 제2조 제3호 본문에 따른 보수를 지급받지 아니하는 근로자는 제2조 제3호 단서에 따라 보수로 보는 금품의 총액에 제14조 제1항에 따른 실업급여의 보험료율을 곱한 금액을 부담하여야 하고, 제2조 제3호 단서에 따른 휴직이나 그 밖에 이와 비슷한 상태에 있는 기간 중에 사업주로부터 제2조 제3호 본문에 따른 보수를 지급받는 근로자로서 고용노동부장관이 정하여 고시하는 사유에 해당하는 근로자는 그 기간에 지급받는 보수의 총액에 제14조 제1항에 따른 실업급여의 보험료율을 곱한 금액을 부담하여야 한다. 〈개정 2011.7.21.〉

ㄴ (×) 국민건강보험공단 ↔ 근로복지공단(동법 제16조의2 제1항)

> 제16조의2(보험료의 부과·징수) ① 제13조 제1항에 따른 보험료는 공단이 매월 부과하고, 건강보험공단이 이를 징수한다.

ㄷ (×) 산업재해보상보험의 보험료 → 고용보험료와 산재보험료(동법 제13조 제1항)

> 제13조(보험료) ① 보험사업에 드는 비용에 충당하기 위하여 보험가입자로부터 다음 각 호의 보험료를 징수한다. 〈개정 2010. 1.27.〉
> 1. 고용안정·직업능력개발사업 및 실업급여의 보험료(이하 "고

용보험료"라 한다)

2. 산재보험의 보험료(이하 "산재보험료"라 한다)

ㄹ (×) 기획재정부장관 → 고용노동부장관(동법 제15조 제8항)

> 제15조(보험료율의 특례) ⑧ 고용노동부장관은 산재예방요율을 적용받는 사업이 다음 각 호의 어느 하나에 해당하는 경우에는 재해예방활동의 인정을 취소하여야 한다. 〈신설 2021.4.13.〉
> 1. 거짓이나 그 밖의 부정한 방법으로 재해예방활동의 인정을 받은 경우
> 2. 재해예방활동의 인정기간 중 「산업안전보건법」 제2조 제2호에 따른 중대재해가 발생한 경우. 다만, 「산업안전보건법」 제5조에 따른 사업주의 의무와 직접적으로 관련이 없는 재해로서 대통령령으로 정하는 재해는 제외한다.
> 3. 그 밖에 재해예방활동의 목적을 달성한 것으로 인정하기 곤란한 경우 등 대통령령으로 정하는 사유에 해당하는 경우

정답 ⑤

077 ☐☐☐ ○ △ ×

고용보험 및 산업재해보상보험의 보험료징수 등에 관한 법률상 납부의무가 확정된 보험료가 600만 원인 경우, 이를 납부기한 전이라도 징수할 수 있는 사유에 해당하지 않는 것은?

① 법인이 합병한 경우
② 공과금을 체납하여 체납처분을 받은 경우
③ 강제집행을 받은 경우
④ 법인이 해산한 경우
⑤ 「어음법」 및 「수표법」에 따른 어음교환소에서 거래정지처분을 받은 경우

해설

① (×) 합병 → 해산(고용산재보험료징수법 제27조의2 제1항 제6호)
② (○) ③ (○) ④ (○) ⑤ (○) 동항 제2호, 제3호, 제6호, 제4호

> 제27조의2(납부기한 전 징수) ① 공단 또는 건강보험공단은 사업주에게 다음 각 호의 어느 하나에 해당하는 사유가 있는 경우에는 납부기한 전이라도 이미 납부의무가 확정된 보험료, 이 법에 따른 그 밖의 징수금을 징수할 수 있다. 다만, 보험료와 이법에 따른 그 밖의 징수금의 총액이 500만 원 미만인 경우에는 그러하지 아니하다. 〈개정 2010.1.27.〉
> 1. 국세를 체납하여 체납처분을 받은 경우
> 2. 지방세 또는 공과금을 체납하여 체납처분을 받은 경우
> 3. 강제집행을 받은 경우
> 4. 「어음법」 및 「수표법」에 따른 어음교환소에서 거래정지처분을 받은 경우
> 5. 경매가 개시된 경우
> 6. 법인이 해산한 경우

정답 ①

078 ☐☐☐ ○ △ ×

고용보험 및 산업재해보상보험의 보험료징수 등에 관한 법령상 보험료율의 인상 또는 인하 등에 따른 조치에 관한 설명으로 옳지 않은 것은?

① 근로복지공단은 보험료율 인하로 보험료를 감액조정한 경우에는 보험료율의 인하를 결정한 날부터 20일 이내에 그 감액조정사실을 사업주에게 알려야 한다.
② 보험료율 인상으로 월별보험료가 증액된 때에는 국민건강보험공단이 징수한다.
③ 보험료율 인상으로 증액조정된 보험료의 추가납부를 통지받은 사업주는 납부기한까지 증액된 보험료를 내야 한다. 다만, 근로복지공단 또는 국민건강보험공단은 정당한 사유가 있다고 인정되는 경우에는 30일의 범위에서 그 납부기한을 한 번 연장할 수 있다.
④ 근로복지공단은 사업주가 보험연도 중에 사업의 규모를 축소하여 실제의 개산보험료 총액이 이미 신고한 개산보험료 총액보다 100분의 20 이상으로 감소하게 된 경우에는 그 초과액을 감액해야 한다.
⑤ 보험료율 인상으로 개산보험료가 증액된 때에는 근로복지공단이 징수한다.

해설

① (○) 고용산재보험료징수법 시행령 제24조 제1항
② (○) ⑤ (○) 공단은 보험료율이 인상 또는 인하된 때에는 월별보험료 및 개산보험료를 증액 또는 감액조정하고, 월별보험료가 증액된 때에는 건강보험공단이, 개산보험료가 증액된 때에는 공단이 각각 징수한다. 이 경우 사업주에 대한 통지, 납부기한 등 필요한 사항은 대통령령으로 정한다(동법 제18조 제1항).
③ (○) 동법 시행령 제24조 제4항
④ (×) 20 → 30(동법 제18조 제2항, 동법 시행령 제25조)

> 제18조(보험료율의 인상 또는 인하 등에 따른 조치) ② 공단은 사업주가 보험연도 중에 사업의 규모를 축소하여 실제의 개산보험료 총액이 이미 신고한 개산보험료 총액보다 대통령령으로 정하는 기준 이상으로 감소하게 된 경우에는 사업주의 신청을 받아 그 초과액을 감액할 수 있다. 〈개정 2010.1.27.〉
> 시행령 제25조(개산보험료의 감액조정의 기준) 법 제18조 제2항에서 "대통령령으로 정하는 기준"이란 100분의 30을 말한다.

정답 ④

079 ☐☐☐ ○ △ ×

고용보험 및 산업재해보상보험의 보험료징수 등에 관한 법령상 거짓으로 보험사무대행기관 인가를 받아 근로복지공단으로부터 인가가 취소된 경우, 보험사무대행기관 인가의 제한기간은?

① 3개월   ② 6개월   ③ 1년
④ 3년   ⑤ 5년

③ (○) 고용산재보험료징수법 제33조 제6항

> **제33조(보험사무대행기관)** ⑤ 공단은 보험사무대행기관이 다음 각 호의 어느 하나에 해당하는 경우에는 그 인가를 취소할 수 있다. 다만, 제1호에 해당하는 경우에는 인가를 취소하여야 한다. 〈개정 2022.6.10.〉
> 1. 거짓이나 그 밖의 부정한 방법으로 인가를 받은 경우
> 2. 정당한 사유 없이 계속하여 2개월 이상 보험사무를 중단한 경우
> 3. 보험사무를 거짓이나 그 밖의 부정한 방법으로 운영한 경우
> 4. 그 밖에 이 법 또는 이 법에 따른 명령을 위반한 경우
> ⑥ 제4항에 따라 업무가 전부 폐지되거나 제5항에 따라 인가가 취소된 보험사무대행기관은 폐지신고일 또는 인가취소일부터 1년의 범위에서 대통령령으로 정하는 기간 동안은 보험사무대행기관으로 다시 인가받을 수 없다. 〈신설 2022.6.10.〉

정답 ③

80 ☐☐☐ ○ △ ×

고용보험 및 산업재해보상보험의 보험료징수 등에 관한 법령상 고용안정·직업능력개발사업의 보험료율에 관한 내용이다. 다음 중 연결이 옳은 것은?

> ㄱ. 상시근로자수가 120명인 사업주의 사업
> ㄴ. 상시근로자수가 1,000명인 사업주의 사업
> ㄷ. 국가·지방자치단체가 직접 하는 사업

> a. 1만분의 18   b. 1만분의 25   c. 1만분의 65
> d. 1만분의 85   e. 1천분의 18

① ㄱ-a, ㄴ-c   ② ㄱ-b, ㄷ-d
③ ㄱ-c, ㄴ-e   ④ ㄴ-d, ㄷ-a
⑤ ㄴ-e, ㄷ-b

② (○) ㄱ-b, ㄷ-d

> **제12조(고용보험료율)** ① 법 제14조 제1항에 따른 고용보험료율은 다음 각 호와 같다. 〈개정 2023.12.26.〉
> 1. 고용안정·직업능력개발사업의 보험료율: 다음 각 목의 구분에 따른 보험료율
>   가. 상시근로자수가 150명 미만인 사업주의 사업: 1만분의 25
>   나. 상시근로자수가 150명 이상인 사업주의 사업으로서 우선지원대상기업의 범위에 해당하는 사업: 1만분의 45
>   다. 상시근로자수가 150명 이상 1천명 미만인 사업주의 사업으로서 나목에 해당하지 않는 사업: 1만분의 65
>   라. 상시근로자수가 1천 명 이상인 사업주의 사업으로서 나목에 해당하지 않는 사업 및 국가·지방자치단체가 직접 하는 사업: 1만분의 85
> 2. 실업급여의 보험료율: 1천분의 18

정답 ②

076 ☐☐☐ ○ △ ✕

사회보장기본법령에 관한 설명으로 옳은 것은?

① 국가와 지방자치단체는 모든 국민의 인간다운 생활과 자립, 사회참여, 자아실현 등을 지원하여 삶의 질이 향상될 수 있도록 사회서비스에 관한 시책을 마련하여야 한다.

② 보건복지부장관은 제공받은 사회보장 행정데이터의 원활한 분석, 활용 등을 위하여 사회보장 행정데이터 분석센터를 설치·운영하여야 한다.

③ 부담능력이 있는 국민에 대한 사회서비스에 드는 비용은 국가가 부담함을 원칙으로 한다.

④ 사회보장수급권을 포기하는 것이 다른 사람에게 피해를 주는 경우에는 사회보장수급권을 포기할 수 있다.

⑤ 보건복지부장관은 재정추계의 결과를 사회보장위원회의 심의를 거쳐 같은 해 9월 30일까지 관계 중앙행정기관의 장에게 통보하여야 한다.

해설

① (○) 사회보장기본법 제23조 제1항

② (✕) 설치·운영하여야 한다 → 설치·운영할 수 있다(동법 제43조 제1항)

> **제43조(사회보장 행정데이터 분석센터)** ① 보건복지부장관은 제42조에 따라 제공받은 사회보장 행정데이터의 원활한 분석, 활용 등을 위하여 사회보장 행정데이터 분석센터를 설치·운영할 수 있다.

③ (✕) 국가 → 수익자(동법 제28조 제4항)

> **제28조(비용의 부담)** ④ 부담능력이 있는 국민에 대한 사회서비스에 드는 비용은 그 수익자가 부담함을 원칙으로 하되, 관계법령에서 정하는 바에 따라 국가와 지방자치단체가 그 비용의 일부를 부담할 수 있다.

④ (✕) 있다 → 없다(동법 제14조 제3항)

> **제14조(사회보장수급권의 포기)** ③ 제1항에도 불구하고 사회보장수급권을 포기하는 것이 다른 사람에게 피해를 주거나 사회보장에 관한 관계법령에 위반되는 경우에는 사회보장수급권을 포기할 수 없다.

⑤ (✕) 9월 30일 → 10월 31일(동법 시행령 제2조 제2항)

> **시행령 제2조(사회보장 재정추계 등)** ② 보건복지부장관은 제1항의 재정추계 세부지침에 따라 추계를 실시하는 해의 9월 30일까지 재정추계를 하고, 그 결과를 법 제20조에 따른 사회보장위원회(이하 "위원회"라 한다)의 심의를 거쳐 같은 해 10월 31일까지 관계 중앙행정기관의 장에게 통보하여야 한다. 〈개정 2023.7. 11.〉

정답 ①

077 ☐☐☐ ○ △ ✕

사회보장기본법상 사회보장위원회에서 심의·조정하는 사항은 모두 몇 개인가?

> ○ 사회보장 관련 주요 계획
> ○ 둘 이상의 중앙행정기관이 관련된 주요 사회보장정책
> ○ 사회보장급여 및 비용 부담
> ○ 국가와 지방자치단체의 역할 및 비용 분담
> ○ 사회보장 전달체계 운영 및 개선

① 1개   ② 2개   ③ 3개

④ 4개   ⑤ 5개

해설

⑤ (○) 모두 사회보장위원회에서 심의·조정하는 사항이다.

> **사회보장기본법 제20조(사회보장위원회)** ② 위원회는 다음 각 호의 사항을 심의·조정한다. 〈개정 2020.4.7.〉
> 1. 사회보장 증진을 위한 기본계획
> 2. 사회보장 관련 주요 계획
> 3. 사회보장제도의 평가 및 개선
> 4. 사회보장제도의 신설 또는 변경에 따른 우선순위
> 5. 둘 이상의 중앙행정기관이 관련된 주요 사회보장정책
> 6. 사회보장급여 및 비용 부담
> 7. 국가와 지방자치단체의 역할 및 비용 분담
> 8. 사회보장의 재정추계 및 재원조달 방안
> 9. 사회보장 전달체계 운영 및 개선
> 10. 제32조 제1항에 따른 사회보장통계
> 11. 사회보장정보의 보호 및 관리
> 12. 제26조 제4항에 따른 조정
> 13. 그 밖에 위원장이 심의에 부치는 사항

정답 ⑤

사회보험법

078 □□□　　　　　○ △ ✕

사회보장기본법에 관한 설명으로 옳은 것은?

① 사회보장수급권은 정당한 권한이 있는 기관에 서면이나 구두로 포기할 수 있다.

② 고용노동부장관은 관계 중앙행정기관의 장과 협의하여 사회보장에 관한 기본계획을 5년마다 수립하여야 한다.

③ 국가와 지방자치단체는 효과적인 사회보장정책의 수립·시행을 위하여 사회보장에 관한 통계를 작성·관리할 수 있다.

④ 국가는 사회보장제도의 안정적인 운영을 위하여 중장기 사회보장 재정추계를 매년 실시하고 이를 공표하여야 한다.

⑤ 국가와 지방자치단체는 평생사회안전망을 구축·운영함에 있어 사회적 취약계층을 위한 공공부조를 마련하여 최저생활을 보장하여야 한다.

해설

① (✕) 서면이나 구두로 → 서면으로 통지하여(사회보장기본법 제14조 제1항)

> **제14조(사회보장수급권의 포기)** ① 사회보장수급권은 정당한 권한이 있는 기관에 서면으로 통지하여 포기할 수 있다.

② (✕) 고용노동부장관 → 보건복지부장관(동법 제16조 제1항)

> **제16조(사회보장 기본계획의 수립)** ① 보건복지부장관은 관계 중앙행정기관의 장과 협의하여 사회보장 증진을 위하여 사회보장에 관한 기본계획(이하 "기본계획"이라 한다)을 5년마다 수립하여야 한다.

③ (✕) 작성·관리할 수 있다 → 작성·관리하여야 한다(동법 제32조 제1항)

> **제32조(사회보장통계)** ① 국가와 지방자치단체는 효과적인 사회보장정책의 수립·시행을 위하여 사회보장에 관한 통계(이하 "사회보장통계"라 한다)를 작성·관리하여야 한다.

④ (✕) 매년 → 격년으로(동법 제5조 제4항)

> **제5조(국가와 지방자치단체의 책임)** ④ 국가는 사회보장제도의 안정적인 운영을 위하여 중장기 사회보장 재정추계를 격년으로 실시하고 이를 공표하여야 한다.

⑤ (○) 동법 제22조 제2항

정답 ⑤

079 □□□　　　　　○ △ ✕

고용보험법령상 구직급여에 관한 설명으로 옳지 않은 것은?

① 마지막 이직 당시 일용근로자로서 피보험 단위기간이 1개월 미만인 사람이 수급자격을 갖추지 못한 경우에는 일용근로자가 아닌 근로자로서 마지막으로 이직한 사업을 기준으로 수급자격의 인정 여부를 결정한다.

② 구직급여는 수급자격자가 실업한 상태에 있는 날 중에서 직업안정기관의 장으로부터 실업의 인정을 받은 날에 대하여 지급한다.

③ 수급자격자가 사망한 경우, 그 수급자격자에게 지급되어야 할 구직급여로서 아직 지급되지 않은 구직급여의 지급을 청구하려는 사람은 미지급 실업급여 청구서를 사망한 수급자격자의 신청지 관할 직업안정기관의 장에게 제출해야 한다.

④ 구직급여는 이 법에 따로 규정이 있는 경우 외에는 그 구직급여의 수급자격과 관련된 이직일부터 계산하기 시작하여 12개월 내에 하나의 수급자격에 따라 구직급여를 지급받을 수 있는 날을 한도로 하여 지급한다.

⑤ 수급자격자가 질병이나 부상으로 직업안정기관에 출석할 수 없었던 경우로서 그 기간이 계속하여 7일 미만인 경우에 해당하면 직업안정기관에 출석할 수 없었던 사유를 적은 증명서를 제출하여 실업의 인정을 받을 수 있다.

해설

① (○) 고용보험법 제43조 제3항 단서

② (○) 동법 제44조 제1항

③ (○) 동법 제57조 제1항, 동법 시행령 제76조 제1항

> **제57조(지급되지 아니한 구직급여)** ① 수급자격자가 사망한 경우 그 수급자격자에게 지급되어야 할 구직급여로서 아직 지급되지 아니한 것이 있는 경우에는 그 수급자격자의 배우자(사실상의 혼인 관계에 있는 사람을 포함한다)·자녀·부모·손자녀·조부모 또는 형제자매로서 수급자격자와 생계를 같이하고 있던 사람의 청구에 따라 그 미지급분을 지급한다. 〈개정 2020.5.26.〉
> **시행령 제76조(지급되지 않은 구직급여의 청구)** ① 법 제57조 제1항에 따라 지급되지 않은 구직급여의 지급을 청구하려는 사람(이하 "미지급급여청구자"라 한다)은 미지급 실업급여 청구서를 사망한 수급자격자의 신청지 관할 직업안정기관의 장에게 제출해야 한다. 〈개정 2021.6.8.〉

④ (✕) 이직일부터 → 이직일의 다음 날부터(동법 제48조 제1항)

> **제48조(수급기간 및 수급일수)** ① 구직급여는 이 법에 따로 규정이 있는 경우 외에는 그 구직급여의 수급자격과 관련된 이직일의 다음 날부터 계산하기 시작하여 12개월 내에 제50조 제1항에 따른 소정급여일수를 한도로 하여 지급한다.

⑤ (○) 동법 제44조 제3항 제1호

정답 ④

80

고용보험법령상 고용유지지원금에 관한 내용이다. (   )에 들어갈 내용은?

> 고용노동부장관이 실업의 급증 등 고용사정이 악화되어 고용안정을 위하여 필요하다고 인정할 때에는 (ㄱ)년의 범위에서 고용노동부장관이 정하여 고시하는 기간에 사업주가 피보험자의 임금을 보전하기 위하여 지급한 금품의 (ㄴ)로서 고용노동부장관이 정하여 고시하는 비율에 해당하는 금액으로 한다.

① ㄱ: 1, ㄴ: 3분의 2 이상 10분의 7 이하
② ㄱ: 1, ㄴ: 4분의 3 이상 10분의 9 이하
③ ㄱ: 2, ㄴ: 3분의 2 이상 10분의 7 이하
④ ㄱ: 2, ㄴ: 4분의 3 이상 10분의 9 이하
⑤ ㄱ: 3, ㄴ: 3분의 2 이상 10분의 9 이하

해설

② (○) ㄱ: 1, ㄴ: 4분의 3 이상 10분의 9 이하

> **고용보험법 시행령 제21조(고용유지지원금의 금액 등)** ① 고용유지지원금은 다음 각 호에 해당하는 금액으로 한다. 다만, 고용노동부장관이 실업의 급증 등 고용사정이 악화되어 고용안정을 위하여 필요하다고 인정할 때에는 1년의 범위에서 고용노동부장관이 정하여 고시하는 기간에 사업주가 피보험자의 임금을 보전하기 위하여 지급한 금품의 4분의 3 이상 10분의 9 이하로서 고용노동부장관이 정하여 고시하는 비율[우선지원대상기업에 해당하지 않는 기업(이하 "대규모기업"이라 한다)의 경우에는 3분의 2]에 해당하는 금액으로 한다. 〈개정 2021.12.31.〉

정답 ②

81

고용보험법령상 예술인인 피보험자가 임신 13주차에 유산을 한 경우, 출산전후급여등의 지급기간은?

① 5일   ② 10일   ③ 15일
④ 20일   ⑤ 30일

해설

② (○) 위 경우, 출산전후급여등의 지급기간은 10일이다.

> **고용보험법 시행령 제104조의9(예술인의 출산전후급여등의 지급요건 등)** ② 출산전후급여등의 지급기간은 다음 각 호의 구분에 따른다. 〈개정 2022.12.6.〉
> 2. 예술인인 피보험자 또는 피보험자였던 사람이 유산 또는 사산한 경우: 다음 각 목에 해당하는 기간
> 　가. 임신기간이 11주 이내인 경우: 유산 또는 사산한 날부터 5일
> 　나. 임신기간이 12주 이상 15주 이내인 경우: 유산 또는 사산한 날부터 10일
> 　다. 임신기간이 16주 이상 21주 이내인 경우: 유산 또는 사산한 날부터 30일

> 　라. 임신기간이 22주 이상 27주 이내인 경우: 유산 또는 사산한 날부터 60일
> 　마. 임신기간이 28주 이상인 경우: 유산 또는 사산한 날부터 90일

정답 ②

82

고용보험법령상 고용보험위원회(이하 '위원회'라 한다)에 관한 설명으로 옳지 않은 것은?

① 위촉위원 중 정부를 대표하는 사람의 임기는 2년으로 한다.
② 위촉위원 중 보궐위원의 임기는 전임자 임기의 남은 기간으로 한다.
③ 위원회의 위원장이 부득이한 사유로 직무를 수행할 수 없을 때에는 위원장이 미리 지명하는 위원이 그 직무를 대행한다.
④ 위원회의 회의는 재적위원 과반후의 출석으로 개의(開議)하고, 출석위원 과반수의 찬성으로 의결한다.
⑤ 위원회에 고용보험운영전문위원회와 고용보험평가전문위원회를 둔다.

해설

① (×) 정부를 대표하는 사람은 고용보험 관련 중앙행정기관의 고위공무원단에 속하는 공무원 중에서 임명한다(고용보험법 시행령 제1조의3 제3항). 그 임기와 관련한 별도의 규정은 없다.

> **제7조(고용보험위원회)** ④ 위원회의 위원장은 고용노동부차관이 되고, 위원은 다음 각 호의 사람 중에서 각각 같은 수(數)로 고용노동부장관이 임명하거나 위촉하는 사람이 된다. 〈개정 2010.6.4.〉
> 1. 근로자를 대표하는 사람
> 2. 사용자를 대표하는 사람
> 3. 공익을 대표하는 사람
> 4. 정부를 대표하는 사람
> **시행령 제1조의4(위원의 임기 등)** ① 법 제7조 제4항 제1호부터 제3호까지의 규정에 따른 위촉위원(이하 "위촉위원"이라 한다)의 임기는 2년으로 한다. 다만, 보궐위원의 임기는 전임자 임기의 남은 기간으로 한다. 〈개정 2023.11.7.〉

② (○) 동법 시행령 제1조의4 제1항 단서
③ (○) 동법 시행령 제1조의5 제2항
④ (○) 동법 시행령 제1조의6 제2항
⑤ (○) 동법 시행령 제1조의7 제1항

정답 ①

083 □□□ ○ △ ✕

고용보험법상 고용보험심사관(이하 '심사관'이라 한다)에 관한 설명으로 옳지 않은 것은?

① 실업급여에 관한 처분에 이의가 있는 자는 심사관에게 심사를 청구할 수 있다.

② 심사관은 심사청구를 받으면 30일 이내에 그 심사청구에 대한 결정을 하여야 한다. 다만, 부득이한 사정으로 그 기간에 결정할 수 없을 때에는 한 차례만 10일을 넘지 아니하는 범위에서 그 기간을 연장할 수 있다.

③ 심사관은 심사의 청구에 대한 심리를 위하여 필요하다고 인정하면 심사청구인의 신청 또는 직권으로 심사청구인 또는 관계인을 지정장소에 출석하게 하여 질문하거나 의견을 진술하게 할 수 있다.

④ 당사자는 심사관에게 심리·결정의 공정을 기대하기 어려운 사정이 있으면, 그 심사관에 대한 기피신청을 고용노동부장관에게 할 수 있다.

⑤ 직업안정기관 또는 근로복지공단은 심사청구서를 받은 날부터 14일 이내에 의견서를 첨부하여 심사청구서를 심사관에게 보내야 한다.

해설

① (○) 고용보험법 제87조 제1항

> **제87조(심사와 재심사)** ① 제17조에 따른 피보험자격의 취득·상실에 대한 확인, 제4장의 규정에 따른 실업급여 및 제5장에 따른 육아휴직급여와 출산전후휴가급여등에 관한 처분[이하 "원처분(原處分)등"이라 한다]에 이의가 있는 자는 제89조에 따른 심사관에게 심사를 청구할 수 있고, 그 결정에 이의가 있는 자는 제99조에 따른 심사위원회에 재심사를 청구할 수 있다.

② (○) 동법 제89조 제2항

③ (○) 동법 제94조 제1항 제1호

④ (○) 동법 제89조 제4항

⑤ (✕) 14일 → 5일(동법 제90조 제2항)

> **제90조(심사의 청구 등)** ② 직업안정기관 또는 근로복지공단은 심사청구서를 받은 날부터 5일 이내에 의견서를 첨부하여 심사청구서를 심사관에게 보내야 한다. 〈개정 2019.1.15.〉

정답 ⑤

084 □□□ ○ △ ✕

고용보험법령상 폐업한 자영업자인 피보험자에 관한 설명으로 옳지 않은 것은?

① 법령을 위반하여 영업정지를 받아 폐업한 경우라도 직업안정기관의 장이 인정하는 경우에는 수급자격이 있는 것으로 본다.

② 자영업자인 피보험자 본인의 중대한 귀책사유로서 본인의 사업과 관련하여 「특정경제범죄 가중처벌 등에 관한 법률」 제3조에 따라 징역형을 선고받고 폐업한 경우에 해당한다고 직업안정기관의 장이 인정하는 경우에는 수급자격이 없는 것으로 본다.

③ 자영업자인 피보험자로서 폐업한 수급자격자에 대한 소정급여일수는 대기기간이 끝난 다음 날부터 계산하기 시작하여 피보험기간이 5년 이상 10년 미만이면 180일까지로 한다.

④ 자영업자인 피보험자의 피보험기간은 그 수급자격과 관련된 폐업 당시의 적용사업에의 보험가입기간 중에서 실제로 납부한 고용보험료에 해당하는 기간으로 한다.

⑤ 자영업자인 피보험자로서 폐업한 수급자격자에 대한 구직급여일액은 그 수급자격자의 기초일액에 100분의 60을 곱한 금액으로 한다.

해설

① (✕) 있는 → 없는(고용보험법 제69조의7 제1호)

> **제69조의7(폐업사유에 따른 수급자격의 제한)** 제69조의3에도 불구하고 폐업한 자영업자인 피보험자가 다음 각 호의 어느 하나에 해당한다고 직업안정기관의 장이 인정하는 경우에는 수급자격이 없는 것으로 본다.
> 1. 법령을 위반하여 허가취소를 받거나 영업정지를 받음에 따라 폐업한 경우
> 2. 방화(放火) 등 피보험자 본인의 중대한 귀책사유로서 고용노동부령으로 정하는 사유로 폐업한 경우
> 3. 매출액 등이 급격하게 감소하는 등 고용노동부령으로 정하는 사유가 아닌 경우로서 전직 또는 자영업을 다시 하기 위하여 폐업한 경우
> 4. 그 밖에 고용노동부령으로 정하는 정당한 사유에 해당하지 아니하는 사유로 폐업한 경우

② (○) 동법 제69조의7 제2호, 동법 시행규칙 제115조의2 제2호

> **시행규칙 제115조의2(폐업사유에 따른 수급자격의 제한)** 법 제69조의7 제2호의 "고용노동부령으로 정하는 사유로 폐업한 경우"란 다음 각 호의 어느 하나에 해당하는 경우를 말한다. 〈개정 2022.6.30.〉
> 1. 법 제2조 제1호 나목에 따른 자영업자인 피보험자(이하 "자영업자인 피보험자"라 한다)가 본인의 사업장 또는 사업장 내의 주요 생산·판매시설 등에 대하여 「형법」 제13장의 죄를 범하여 금고 이상의 형을 선고받고 폐업한 경우
> 2. 자영업자인 피보험자가 본인의 사업과 관련하여 형법 제347조, 제350조, 제351조(제347조 및 제350조의 상습범으로 한정한다), 제355조, 제356조 또는 「특정경제범죄 가중처벌 등에 관한 법률」 제3조에 따라 징역형을 선고받고 폐업한 경우

③ (○) 동법 제69조의6, 별표 2

제69조의6(소정급여일수) 자영업자인 피보험자로서 폐업한 수급자격자에 대한 소정급여일수는 제49조에 따른 대기기간이 끝난 다음 날부터 계산하기 시작하여 피보험기간에 따라 별표 2에서 정한 일수가 되는 날까지로 한다.

자영업자의 구직급여의 소정급여일수(제69조의6 관련 별표 2)

피보험기간	소정급여일수
1년 이상 3년 미만	120일
3년 이상 5년 미만	150일
5년 이상 10년 미만	180일
10년 이상	210일

④ (O) 동법 제50조 제3항 단서
⑤ (O) 동법 제69조의5

정답 ①

85 ☐☐☐   ○ △ ✕

고용보험법령상 고용노동부장관이 고용환경 개선, 근무형태 변경 등으로 고용의 기회를 확대한 사업주에게 임금의 일부를 지원할 수 있는 경우가 아닌 것은?

① 직무의 분할 등을 통하여 실업자를 근로계약기간을 정하지 않고 시간제로 근무하는 형태로 하여 새로 고용하는 경우
② 고용보험위원회에서 심의·의결한 국내복귀기업 또는 지역특화산업 등 고용지원이 필요한 업종에 해당하는 기업이 실업자를 고용하는 경우
③ 고용보험위원회에서 심의·의결한 업종에 해당하는 우선지원대상기업이 고용노동부장관이 정하는 전문적인 자격을 갖춘 자를 고용하는 경우
④ 임금을 감액하는 제도 또는 그 밖의 임금체계 개편 등을 통하여 18세 이상 35세 이하의 청년실업자를 고용하는 경우
⑤ 고용노동부장관이 「고용상 연령차별금지 및 고령자고용촉진에 관한 법률」에 따른 고령자가 근무하기에 적합한 것으로 인정하는 직무에 고령자를 새로 고용하는 경우

해설

① (O) ② (O) ③ (O) ⑤ (O) 고용보험법 시행령 제17조 제1항 제3호, 제4호, 제5호, 제7호
④ (✕) 18세 → 15세(동항 제6호)

시행령 제17조(고용창출에 대한 지원) ① 고용노동부장관은 법 제20조에 따라 다음 각 호의 어느 하나에 해당하는 사업주에게 임금의 일부를 지원할 수 있다. 다만, 제1호의 경우에는 근로시간이 감소된 근로자에 대한 임금의 일부와 필요한 시설의 설치비의 일부도 지원할 수 있으며, 제2호의 경우에는 시설의 설치비의 일부도 지원할 수 있다. 〈개정 2021.12.31.〉
1. 근로시간 단축, 교대근로 개편, 정기적인 교육훈련 또는 안식

휴가 부여 등(이하 "일자리 함께하기"라 한다)을 통하여 실업자를 고용함으로써 근로자 수가 증가한 경우
2. 고용노동부장관이 정하는 시설을 설치·운영하여 고용환경을 개선하고 실업자를 고용하여 근로자 수가 증가한 경우
3. 직무의 분할, 근무체계 개편 또는 시간제직무 개발 등을 통하여 실업자를 근로계약기간을 정하지 않고 시간제로 근무하는 형태로 하여 새로 고용하는 경우
4. 위원회에서 심의·의결한 성장유망업종, 인력수급 불일치 업종, 국내복귀기업 또는 지역특화산업 등 고용지원이 필요한 업종에 해당하는 기업이 실업자를 고용하는 경우
5. 위원회에서 심의·의결한 업종에 해당하는 우선지원대상기업이 고용노동부장관이 정하는 전문적인 자격을 갖춘 자(이하 "전문인력"이라 한다)를 고용하는 경우
6. 제28조에 따른 임금피크제, 제28조의2에 따른 임금을 감액하는 제도 또는 그 밖의 임금체계 개편 등을 통하여 15세 이상 34세 이하의 청년 실업자를 고용하는 경우
7. 고용노동부장관이 「고용상 연령차별 금지 및 고령자고용촉진에 관한 법률」 제2조 제1호 또는 제2호에 따른 고령자 또는 준고령자가 근무하기에 적합한 것으로 인정하는 직무에 고령자 또는 준고령자를 새로 고용하는 경우

정답 ④

86 ☐☐☐   ○ △ ✕

산업재해보상보험법상 진폐에 따른 보험급여 종류를 모두 고른 것은?

ㄱ. 장례비	ㄴ. 휴업급여
ㄷ. 직업재활급여	ㄹ. 간병급여
ㅁ. 유족급여	

① ㄱ, ㄹ
② ㄱ, ㄴ, ㅁ
③ ㄱ, ㄷ, ㄹ
④ ㄴ, ㄷ, ㄹ, ㅁ
⑤ ㄱ, ㄴ, ㄷ, ㄹ, ㅁ

해설

③ (O) ㄱ, ㄷ, ㄹ이 진폐에 따른 보험급여 종류이다.

산재보험법 제36조(보험급여의 종류와 산정기준 등) ① 보험급여의 종류는 다음 각 호와 같다. 다만, 진폐에 따른 보험급여의 종류는 제1호의 요양급여, 제4호의 간병급여, 제7호의 장례비, 제8호의 직업재활급여, 제91조의3에 따른 진폐보상연금 및 제91조의4에 따른 진폐유족연금으로 하고, 제91조의12에 따른 건강손상자녀에 대한 보험급여의 종류는 제1호의 요양급여, 제3호의 장해급여, 제4호의 간병급여, 제7호의 장례비, 제8호의 직업재활급여로 한다. 〈개정 2022.1.11.〉
1. 요양급여
2. 휴업급여
3. 장해급여
4. 간병급여
5. 유족급여
6. 상병(傷病)보상연금
7. 장례비
8. 직업재활급여

정답 ③

087 □□□   ○ △ ✕

산업재해보상보험법상 심사청구 및 재심사청구에 관한 설명으로 옳지 않은 것은?

① 재심사위원회의 재결은 근로복지공단을 기속(羈束)한다.
② 재심사위원회 위원(당연직위원은 제외한다)의 임기는 3년으로 하되 연임할 수 있고, 위원장이나 위원의 임기가 끝난 경우, 그 후임자가 임명될 때까지 그 직무를 수행한다.
③ 보험급여 결정등에 대하여는 「행정심판법」에 따른 행정심판을 제기할 수 없다.
④ 재심사위원회의 위원장 및 위원은 고용노동부장관이 임명한다.
⑤ 재심사청구의 제기는 시효의 중단에 관하여 「민법」 제168조에 따른 재판상의 청구로 본다.

해설

① (○) 산재보험법 제109조 제2항
② (○) 동법 제107조 제7항
③ (○) 동법 제103조 제5항
④ (✕) 고용노동부장관이 → 고용노동부장관의 제청으로 대통령이 (동법 제107조 제5항)

> **제107조(산업재해보상보험재심사위원회)** ⑤ 재심사위원회의 위원장 및 위원은 다음 각 호의 어느 하나에 해당하는 사람 중에서 고용노동부장관의 제청으로 대통령이 임명한다. 다만, 당연직 위원은 고용노동부장관이 소속 3급의 일반직 공무원 또는 고위공무원단에 속하는 일반직 공무원 중에서 지명하는 사람으로 한다. 〈개정 2020.5.26.〉
> 1. 3급 이상의 공무원 또는 고위공무원단에 속하는 일반직 공무원으로 재직하고 있거나 재직하였던 사람
> 2. 판사·검사·변호사 또는 경력 10년 이상의 공인노무사
> 3. 「고등교육법」 제2조에 따른 학교에서 부교수 이상으로 재직하고 있거나 재직하였던 사람
> 4. 노동관계업무 또는 산업재해보상보험 관련 업무에 15년 이상 종사한 사람
> 5. 사회보험이나 산업의학에 관한 학식과 경험이 풍부한 사람

⑤ (○) 제103조 및 제106조에 따른 심사청구 및 재심사청구의 제기는 시효의 중단에 관하여 「민법」 제168조에 따른 재판상의 청구로 본다(동법 제111조 제1항).

정답 ④

---

088 □□□   ○ △ ✕

산업재해보상보험법상 과태료 부과대상이 되는 자를 모두 고른 것은?

> ㄱ. 근로복지공단이 아닌 자가 근로복지공단과 비슷한 명칭을 사용한 자
> ㄴ. 근로자가 보험급여를 신청한 것을 이유로 근로자를 해고한 사업주
> ㄷ. 특수형태근로종사자로부터 노무를 제공받지 아니하게 된 경우에 이를 대통령령으로 정하는 바에 따라 근로복지공단에 신고를 하지 아니한 사업주

① ㄱ   ② ㄴ   ③ ㄱ, ㄷ
④ ㄴ, ㄷ   ⑤ ㄱ, ㄴ, ㄷ

해설

① (○) ㄱ만이 과태료 부과대상이 되는 자이다.
[보충] ㄴ은 벌칙(2년 이하의 징역 또는 2천만 원 이하의 벌금) 부과대상이고(산재보험법 제127조 제3항 제3호), ㄷ은 2022.6.10. 개정 산재보험법에서 제125조(특수형태근로종사자에 대한 특례)가 삭제됨으로써 과태료 부과대상에서 제외되었으므로(동법 제129조 제3항 제5호), 정답을 변경한다.

> **제129조(과태료)** ① 제91조의21을 위반하여 자료 또는 정보의 제공요청에 따르지 아니한 자에게는 300만 원 이하의 과태료를 부과한다. 〈신설 2022.6.10.〉
> ② 다음 각 호의 어느 하나에 해당하는 자에게는 200만 원 이하의 과태료를 부과한다. 〈개정 2022.6.10.〉
> 1. 제34조를 위반하여 근로복지공단 또는 이와 비슷한 명칭을 사용한 자
> 2. 제45조 제1항을 위반하여 공단이 아닌 자에게 진료비를 청구한 자
> ③ 다음 각 호의 어느 하나에 해당하는 자에게는 100만 원 이하의 과태료를 부과한다. 〈개정 2022.6.10.〉
> 1. 제47조 제1항에 따른 진료계획을 정당한 사유 없이 제출하지 아니하는 자
> 2. 제105조 제4항(제109조 제1항에서 준용하는 경우를 포함한다)에 따른 질문에 답변하지 아니하거나 거짓된 답변을 하거나 검사를 거부·방해 또는 기피한 자
> 3. 제114조 제1항 또는 제118조에 따른 보고를 하지 아니하거나 거짓된 보고를 한 자 또는 서류나 물건의 제출명령에 따르지 아니한 자
> 4. 제117조 또는 제118조에 따른 공단의 소속 직원의 질문에 답변을 거부하거나 조사를 거부·방해 또는 기피한 자
> 5. 삭제 〈2022.6.10.〉
> ④ 제1항부터 제3항까지의 규정에 따른 과태료는 대통령령으로 정하는 바에 따라 고용노동부장관이 부과·징수한다. 〈개정 2022.6.10.〉
> ⑤ 삭제 〈2010.1.27.〉
> ⑥ 삭제 〈2010.1.27.〉

정답 ③ ▶ ①

산업재해보상보험법상 유족급여에 관한 설명으로 옳지 않은 것을 모두 고른 것은?

> ㄱ. 유족보상연금액은 기본금액과 가산금액을 곱한 금액으로 한다.
> ㄴ. 유족보상연금액상 급여기초연액은 평균임금에 365를 곱하여 얻은 금액이다.
> ㄷ. 유족보상연금액상 기본금액은 급여기초연액의 100분의 45에 상당하는 금액이다.
> ㄹ. 유족보상연금액상 가산금액의 합산금액이 급여기초연액의 100분의 20을 넘을 때에는 급여기초연액의 100분의 20에 상당하는 금액으로 한다.

① ㄱ, ㄴ   ② ㄱ, ㄷ   ③ ㄴ, ㄷ
④ ㄴ, ㄹ   ⑤ ㄷ, ㄹ

해설

② (✕) ㄱ, ㄷ이 유족급여에 관한 설명으로 옳지 않다.

[보충] ㄱ 곱한 → 합한, ㄷ 45 → 47

> **산재보험법 제62조(유족급여)** ② 유족급여는 별표 3에 따른 유족보상연금이나 유족보상일시금으로 하되, 유족보상일시금은 근로자가 사망할 당시 제63조 제1항에 따른 유족보상연금을 받을 수 있는 자격이 있는 사람이 없는 경우에 지급한다.
>
> **유족급여(제62조 제2항 관련 별표 3)**
>
> | 종류 | 금액 |
> |---|---|
> | 유족보상연금 | 유족보상연금액은 다음의 기본금액과 가산금액을 합한 금액으로 한다.
1. 기본금액
  급여기초연액(평균임금에 365를 곱하여 얻은 금액)의 100분의 47에 상당하는 금액
2. 가산금액
  유족보상연금수급권자 및 근로자가 사망할 당시 그 근로자와 생계를 같이 하고 있던 유족보상연금수급자격자 1인당 급여기초연액의 100분의 5에 상당하는 금액의 합산액. 다만, 그 합산금액이 급여기초연액의 100분의 20을 넘을 때에는 급여기초연액의 100분의 20에 상당하는 금액으로 한다. |
> | 유족보상일시금 | 평균임금의 1,300일분 |

정답 ②

산업재해보상보험법령상 업무상 사고에 해당하지 않는 것은?
① 근로자가 근로계약에 따른 업무수행행위를 하던 중 발생한 사고
② 업무를 준비하는 행위를 하던 중 발생한 사고
③ 천재지변·화재 등 사업장 내에 발생한 돌발적인 사고에 따른 긴급피난·구조행위 등 사회통념상 예견되는 행위를 하던 중에 발생한 사고
④ 사업장 밖에서 업무를 수행하던 중 사업주의 구체적인 지시를 위반한 행위로 인한 사고
⑤ 휴게시간 중 사업주의 지배관리하에 있다고 볼 수 있는 행위로 발생한 사고

해설

① (○) ② (○) ③ (○) 산재보험법 시행령 제27조 제1항 제1호, 제3호, 제4호

④ (✕) 사업주의 구체적인 지시를 위반한 행위로 인한 사고는 업무상 사고에 해당하지 않는다(동조 제2항).

> **시행령 제27조(업무수행 중의 사고)** ① 근로자가 다음 각 호의 어느 하나에 해당하는 행위를 하던 중에 발생한 사고는 법 제37조 제1항 제1호 가목에 따른 업무상 사고로 본다.
> 1. 근로계약에 따른 업무수행행위
> 2. 업무수행과정에서 하는 용변 등 생리적 필요행위
> 3. 업무를 준비하거나 마무리하는 행위, 그 밖에 업무에 따르는 필요적 부수행위
> 4. 천재지변·화재 등 사업장 내에 발생한 돌발적인 사고에 따른 긴급피난·구조행위 등 사회통념상 예견되는 행위
> ② 근로자가 사업주의 지시를 받아 사업장 밖에서 업무를 수행하던 중에 발생한 사고는 법 제37조 제1항 제1호 가목에 따른 업무상 사고로 본다. 다만, 사업주의 구체적인 지시를 위반한 행위, 근로자의 사적(私的) 행위 또는 정상적인 출장경로를 벗어났을 때 발생한 사고는 업무상 사고로 보지 않는다.

⑤ (○) 동법 제37조 제1항 제1호 마목

> **제37조(업무상의 재해의 인정기준)** ① 근로자가 다음 각 호의 어느 하나에 해당하는 사유로 부상·질병 또는 장해가 발생하거나 사망하면 업무상의 재해로 본다. 다만, 업무와 재해 사이에 상당인과관계(相當因果關係)가 없는 경우에는 그러하지 아니하다. 〈개정 2019.1.15.〉
> 1. 업무상 사고
>   가. 근로자가 근로계약에 따른 업무나 그에 따르는 행위를 하던 중 발생한 사고
>   나. 사업주가 제공한 시설물 등을 이용하던 중 그 시설물 등의 결함이나 관리소홀로 발생한 사고
>   다. 삭제 〈2017.10.24.〉
>   라. 사업주가 주관하거나 사업주의 지시에 따라 참여한 행사나 행사준비 중에 발생한 사고
>   마. 휴게시간 중 사업주의 지배관리하에 있다고 볼 수 있는 행위로 발생한 사고
>   바. 그 밖에 업무와 관련하여 발생한 사고

정답 ④

091 ☐☐☐ ○ △ ✕

산업재해보상보험법령상 업무상질병판정위원회의 심의에서 제외되는 질병이 아닌 것은?

① 진폐

② 이황화탄소 중독증

③ 유해·위험요인에 지속적으로 소량 노출되어 나타나는 만성 중독증상 또는 소견 등의 질병

④ 「한국산업안전보건공단법」에 따른 한국산업안전보건공단에 자문한 결과 업무와의 관련성이 높다고 인정된 질병

⑤ 업무와 그 질병 사이에 상당인과관계가 있는지를 명백히 알 수 있는 경우로서 근로복지공단이 정하는 질병

해설

① (○) ② (○) ④ (○) ⑤ (○) 산재보험법 시행규칙 제7조 제1호, 제2호, 제5호, 제6호

③ (✕) 지속적으로 소량 → 일시적으로 다량, 만성 → 급성(동조 제3호)

> **시행규칙 제7조(판정위원회의 심의에서 제외되는 질병)** 법 제38조 제2항에 따른 판정위원회의 심의에서 제외되는 질병은 다음 각 호의 어느 하나에 해당하는 질병으로 한다. 〈개정 2021.2.1.〉
> 1. 진폐
> 2. 이황화탄소 중독증
> 3. 유해·위험요인에 일시적으로 다량 노출되어 나타나는 급성 중독증상 또는 소견 등의 질병
> 4. 영 제117조 제1항 제3호에 따른 진찰을 한 결과 업무와의 관련성이 매우 높다는 소견이 있는 질병
> 5. 제22조 각 호의 기관에 자문한 결과 업무와의 관련성이 높다고 인정된 질병
> 6. 그 밖에 업무와 그 질병 사이에 상당인과관계가 있는지를 명백히 알 수 있는 경우로서 공단이 정하는 질병

정답 ③

092 ☐☐☐ ○ △ ✕

국민연금법령상 다음 A근로자의 경우, 산입될 국민연금 가입기간은?

> 사용자가 A근로자의 임금에서 7개월간 기여금을 공제하였음에도 연금보험료를 내지 않았다.

① 3개월 　　② 4개월 　　③ 5개월

④ 6개월 　　⑤ 7개월

해설

② (○) 위 경우, 산입될 국민연금 가입기간은 4개월이다.

> **[보충]** 사용자가 A근로자의 임금에서 7개월간 기여금을 공제하였음에도 연금보험료를 내지 아니하였으므로, 2분의 1에 해당하는 기간인 3.5개월을 A근로자의 가입기간에 산입하는데, 1개월 미만의 기간은 1개월로 하므로 4개월을 그 가입기간으로 산입한다.

> **국민연금법 제17조(국민연금 가입기간의 계산)** ② 가입기간을 계산할 때 연금보험료를 내지 아니한 기간은 가입기간에 산입하지 아니한다. 다만, 사용자가 근로자의 임금에서 기여금을 공제하고 연금보험료를 내지 아니한 경우에는 그 내지 아니한 기간의 2분의 1에 해당하는 기간을 근로자의 가입기간으로 산입한다. 이 경우 1개월 미만의 기간은 1개월로 한다.

정답 ②

093 ☐☐☐ ○ △ ✕

국민연금법상 다음 (　　)에 들어갈 숫자의 합은?

> 제64조(분할연금 수급권자 등) ① 혼인기간이 (　　)년 이상인 자가 다음 각 호의 요건을 모두 갖추면 그때부터 그가 생존하는 동안 배우자였던 자의 노령연금을 분할한 일정한 금액의 연금(이하 "분할연금"이라 한다)을 받을 수 있다.
> 　1. 배우자와 이혼하였을 것
> 　2. 배우자였던 사람이 노령연금 수급권자일 것
> 　3. 60세가 되었을 것
> ＜중략＞
> ③ 제1항에 따른 분할연금은 제1항 각 호의 요건을 모두 갖추게 된 때부터 (　　)년 이내에 청구하여야 한다.

① 6 　　　　② 8 　　　　③ 10

④ 13 　　　　⑤ 15

해설

③ (○) 괄호에 들어갈 숫자의 합은 5+5=10이다.

> **국민연금법 제64조(분할연금 수급권자 등)** ① 혼인 기간(배우자의 가입기간 중의 혼인 기간으로서 별거, 가출 등의 사유로 인하여 실질적인 혼인관계가 존재하지 아니하였던 기간을 제외한 기간을 말한다)이 5년 이상인 자가 다음 각 호의 요건을 모두 갖추면 그때부터 그가 생존하는 동안 배우자였던 자의 노령연금을 분할한 일정한 금액의 연금(이하 "분할연금"이라 한다)을 받을 수 있다. 〈개정 2017.12.19.〉
> 1. 배우자와 이혼하였을 것
> 2. 배우자였던 사람이 노령연금 수급권자일 것
> 3. 60세가 되었을 것
> ② 제1항에 따른 분할연금액은 배우자였던 자의 노령연금액(부양가족연금액은 제외한다) 중 혼인 기간에 해당하는 연금액을 균등하게 나눈 금액으로 한다.
> ③ 제1항에 따른 분할연금은 제1항 각 호의 요건을 모두 갖추게 된 때부터 5년 이내에 청구하여야 한다. 〈개정 2016.5.29.〉
> ④ 제1항에 따른 혼인 기간의 인정 기준 및 방법 등에 필요한 사항은 대통령령으로 정한다. 〈신설 2017.12.19.〉
> [2017.12.19. 법률 제15267호에 의하여 2016.12.29. 헌법재판소에서 헌법불합치 결정된 이 조 제1항을 개정함]

정답 ③

094 □□□　○△×

국민건강보험법령상 피부양자에 해당하지 않는 자는? (단, 직장가입자에게 주로 생계를 의존하는 사람으로서 소득 및 재산이 보건복지부령으로 정하는 기준 이하에 해당하는 사람에 한정한다)

① 직장가입자의 형제의 배우자
② 직장가입자의 직계비속
③ 직장가입자의 배우자의 직계비속
④ 직장가입자의 직계존속
⑤ 직장가입자의 형제·자매

해설

① (×) 직장가입자의 형제의 배우자는 피부양자에 해당하지 않는 자이다.

> 국민건강보험법 제5조(적용대상 등) ② 제1항의 피부양자는 다음 각 호의 어느 하나에 해당하는 사람 중 직장가입자에게 주로 생계를 의존하는 사람으로서 소득 및 재산이 보건복지부령으로 정하는 기준 이하에 해당하는 사람을 말한다. 〈개정 2017.4.18.〉
> 1. 직장가입자의 배우자
> 2. 직장가입자의 직계존속(배우자의 직계존속을 포함한다)
> 3. 직장가입자의 직계비속(배우자의 직계비속을 포함한다)과 그 배우자
> 4. 직장가입자의 형제·자매

정답 ①

095 □□□　○△×

국민건강보험법령에 관한 설명으로 옳은 것은?

① 요양급여비용 및 요양급여의 적정성 평가 등에 관한 건강보험심사평가원의 처분에 이의가 있는 국민건강보험공단, 요양기관 또는 그 밖의 자는 건강보험정책심의위원회에 이의신청을 할 수 있다.
② 직장가입자의 보수월액보험료 상한은 보험료가 부과되는 연도의 전전년도 직장가입자 평균 보수월액보험료의 20배에 해당하는 금액을 고려하여 보건복지부장관이 정하여 고시하는 금액으로 한다.
③ 국민건강보험공단은 보험급여를 받을 수 있는 사람이 고의 또는 중대한 과실로 국민건강보험공단이나 요양기관의 요양에 관한 지시에 따르지 아니한 경우, 보험급여를 하지 아니한다.
④ 건강보험심사평가원은 요양급여에 대한 의료의 질을 향상시키기 위하여 요양급여의 적정성 평가를 격년으로 실시하여야 한다.
⑤ 보험료부과제도개선위원회는 성별을 고려하여 위원장 1명과 부위원장 1명을 포함하여 11명 이내의 위원으로 구성한다.

해설

① (×) 건강보험정책심의위원회 → 건강보험심사평가원(국민건강보험법 제87조 제2항)

> 제87조(이의신청) ② 요양급여비용 및 요양급여의 적정성 평가 등에 관한 심사평가원의 처분에 이의가 있는 공단, 요양기관 또는 그 밖의 자는 심사평가원에 이의신청을 할 수 있다.

② (×) 20배 → 30배(동법 시행령 제32조 제1호 가목)

> 시행령 제32조(월별보험료액의 상한과 하한) 법 제69조 제6항에 따른 월별보험료액의 상한 및 하한은 다음 각 호의 구분에 따른다. 〈개정 2024.1.2.〉
> 1. 월별보험료액의 상한은 다음 각 목과 같다.
>   가. 직장가입자의 보수월액보험료: 보험료가 부과되는 연도의 전전년도 직장가입자 평균 보수월액보험료(이하 이 조에서 "전전년도 평균 보수월액보험료"라 한다)의 30배에 해당하는 금액을 고려하여 보건복지부장관이 정하여 고시하는 금액
>   나. 직장가입자의 보수 외 소득월액보험료 및 지역가입자의 월별보험료액: 보험료가 부과되는 연도의 전전년도 평균 보수월액보험료의 15배에 해당하는 금액을 고려하여 보건복지부장관이 정하여 고시하는 금액

> 국민건강보험법 개정이유(시행 2024.5.7. 일부개정 2024.2.6.)
> 건강보험 지역가입자의 소득에 대한 보험료를 소득월액에 일정 보험료율을 곱한 금액으로 부과하는 소득정률제를 법률에서 명시적으로 규정하고, 직장가입자가 납부해야 할 보험료 중 '소득월액보험료'를 '보수 외 소득월액보험료'로 용어를 정비하는 등 현행 제도의 운영상 나타난 일부 미비점을 개선·보완함.

③ (○) 동법 제53조 제1항 제2호
④ (×) 실시하여야 한다 → 실시할 수 있다(동법 제47조의4 제1항)

> 제47조의4(요양급여의 적정성 평가) ① 심사평가원은 요양급여에 대한 의료의 질을 향상시키기 위하여 요양급여의 적정성 평가(이하 이 조에서 "평가"라 한다)를 실시할 수 있다.

⑤ (×) 2024.5.7. 국민건강보험법 시행령 개정으로 제42조의3 내지 제42조의6이 삭제되었으므로, 보험료부과제도개선위원회와 관련한 문제는 추후 출제되지 아니할 예정이다.
[보충] 이후 보험료부과제도개선위원회의 기능은 건강보험정책심의위원회가 수행한다.

정답 ③

096 □□□　○△×

국민건강보험법령상 보험료에 관한 설명으로 옳은 것은?

① 가입자의 자격을 취득한 날이 속하는 달의 다음 달부터 가입자의 자격을 잃은 날이 속하는 달까지 징수한다.
② 직장가입자의 소득월액보험료는 사용자가 납부한다.
③ 보험료 납부의무가 있는 자는 가입자에 대한 그달의 보험료를 그달 말일까지 납부하여야 한다.
④ 직장가입자의 보험료율은 1만분의 709로 한다.
⑤ 60세 이상인 사람은 보험료 경감대상이 될 수 있다.

① (×) 날이 속하는 달 → 날의 전날이 속하는 달(국민건강보험법 제69조 제2항)

> **제69조(보험료)** ② 제1항에 따른 보험료는 가입자의 자격을 취득한 날이 속하는 달의 다음 달부터 가입자의 자격을 잃은 날의 전날이 속하는 달까지 징수한다. 다만, 가입자의 자격을 매월 1일에 취득한 경우 또는 제5조 제1항 제2호 가목에 따른 건강보험 적용신청으로 가입자의 자격을 취득하는 경우에는 그달부터 징수한다. 〈개정 2019.12.3.〉

② (×) 사용자 → 직장가입자(동법 제76조 제2항)

> **제76조(보험료의 부담)** ② 직장가입자의 보수 외 소득월액보험료는 직장가입자가 부담한다.

③ (×) 그달 말일 → 그 다음 달 10일(동법 제78조 제1항)

> **제78조(보험료의 납부기한)** ① 제77조 제1항 및 제2항에 따라 보험료 납부의무가 있는 자는 가입자에 대한 그달의 보험료를 그 다음 달 10일까지 납부하여야 한다. 다만, 직장가입자의 보수 외 소득월액보험료 및 지역가입자의 보험료는 보건복지부령으로 정하는 바에 따라 분기별로 납부할 수 있다. 〈개정 2013.5.22.〉

④ (○) 동법 시행령 제44조 제1항

⑤ (×) 60세 → 65세(동법 제75조 제1항 제2호)

> **제75조(보험료의 경감 등)** ① 다음 각 호의 어느 하나에 해당하는 가입자 중 보건복지부령으로 정하는 가입자에 대하여는 그 가입자 또는 그 가입자가 속한 세대의 보험료의 일부를 경감할 수 있다.
> 1. 섬 · 벽지(僻地) · 농어촌 등 대통령령으로 정하는 지역에 거주하는 사람
> 2. 65세 이상인 사람
> 3. 「장애인복지법」에 따라 등록한 장애인
> 4. 「국가유공자 등 예우 및 지원에 관한 법률」 제4조 제1항 제4호, 제6호, 제12호, 제15호 및 제17호에 따른 국가유공자
> 5. 휴직자
> 6. 그 밖에 생활이 어렵거나 천재지변 등의 사유로 보험료를 경감할 필요가 있다고 보건복지부장관이 정하여 고시하는 사람

정답 ④

---

097 □ □ □   ○ △ ✕

국민건강보험법령상 건강검진에 관한 설명으로 옳지 않은 것은?

① 사무직에 종사하지 않는 직장가입자에 대해서는 1년에 1회 실시한다.

② 검진기관이 건강검진을 받은 사람에게 직접 통보한 경우에는 국민건강보험공단은 그 통보를 생략할 수 있다.

③ 직장가입자, 세대주인 지역가입자, 18세 이상인 지역가입자는 일반건강검진 대상이다.

④ 영유아건강검진 대상은 6세 미만의 가입자 및 피부양자이다.

⑤ 국민건강보험공단은 직장가입자에게 실시하는 일반건강검진의 실시에 관한 사항을 해당 사용자에게 통보해야 한다.

① (○) 법 제52조에 따른 건강검진(이하 "건강검진"이라 한다)은 2년마다 1회 이상 실시하되, 사무직에 종사하지 않는 직장가입자에 대해서는 1년에 1회 실시한다(국민건강보험법 시행령 제25조 제1항 본문).

② (○) 동법 시행령 제25조 제4항 단서

③ (×) 18세 → 20세(동법 52조 제2항 제1호)

> **제52조(건강검진)** ② 제1항에 따른 건강검진의 종류 및 대상은 다음 각 호와 같다. 〈신설 2018.12.11.〉
> 1. 일반건강검진: 직장가입자, 세대주인 지역가입자, 20세 이상인 지역가입자 및 20세 이상인 피부양자
> 2. 암검진: 「암관리법」 제11조 제2항에 따른 암의 종류별 검진주기와 연령 기준 등에 해당하는 사람
> 3. 영유아건강검진: 6세 미만의 가입자 및 피부양자

④ (○) 동항 제3호

⑤ (○) 동법 시행령 제25조 제3항 제1호

> **시행령 제25조(건강검진)** ③ 공단은 건강검진을 실시하려면 건강검진의 실시에 관한 사항을 다음 각 호의 구분에 따라 통보해야 한다.
> 1. 일반건강검진 및 암검진: 직장가입자에게 실시하는 건강검진의 경우에는 해당 사용자에게, 직장가입자의 피부양자 및 지역가입자에게 실시하는 건강검진의 경우에는 검진을 받는 사람에게 통보
> 2. 영유아건강검진: 직장가입자의 피부양자인 영유아에게 실시하는 건강검진의 경우에는 그 직장가입자에게, 지역가입자인 영유아에게 실시하는 건강검진의 경우에는 해당 세대주에게 통보

정답 ③

098 □□□   ○ △ ✕

고용보험 및 산업재해보상보험의 보험료징수 등에 관한 법령상 고액·상습 체납자의 인적사항 공개에 관한 설명으로 옳지 않은 것은?

① 국민건강보험공단은 체납된 보험료, 이 법에 따른 그 밖의 징수금과 체납처분비와 관련하여 행정심판이 계류 중인 경우에는 공개하여서는 아니 된다.

② 체납자의 인적사항등에 대한 공개 여부를 심의하기 위하여 국민건강보험공단에 보험료정보공개심의위원회를 둔다.

③ 국민건강보험공단은 인적사항등의 공개가 결정된 자에 대하여 소명할 기회를 주어야 한다.

④ 체납자 인적사항등의 공개는 관보에 게재하거나, 고용·산재정보통신망 또는 국민건강보험공단 게시판에 게시하는 방법에 따른다.

⑤ 국민건강보험공단은 보험료정보공개심의위원회의 심의와 관련한 통지일부터 3개월이 지난 후 체납자 인적사항등의 공개 여부를 재심의하게 한 후 공개대상자를 선정한다.

해설

① (○) 고용산재보험료징수법 제28조의6 제1항 단서

> **제28조의6(고액·상습 체납자의 인적사항 공개)** ① 건강보험공단은 이 법에 따른 납부기한의 다음 날부터 1년이 지난 보험료와 이 법에 따른 그 밖의 징수금과 체납처분비(제29조에 따라 결손처분한 보험료, 이 법에 따른 그 밖의 징수금과 체납처분비로서 징수권 소멸시효가 완성되지 아니한 것을 포함한다)의 총액이 5천만 원 이상인 체납자가 납부능력이 있음에도 불구하고 체납한 경우에는 그 인적사항 및 체납액 등(이하 이 조에서 "인적사항등"이라 한다)을 공개할 수 있다. 다만, 체납된 보험료, 이 법에 따른 그 밖의 징수금과 체납처분비와 관련하여 행정심판 또는 행정소송이 계류 중인 경우, 그 밖에 체납된 금액의 일부납부 등 대통령령으로 정하는 사유가 있을 때에는 그러하지 아니하다. 〈개정 2022.12.31.〉

② (○) 동조 제2항

③ (○) 건강보험공단은 위원회의 심의를 거쳐 인적사항등의 공개가 결정된 자에 대하여 공개대상자임을 알림으로써 소명할 기회를 주어야 한다(동조 제3항 전단).

④ (○) 동조 제4항

⑤ (✕) 3개월 → 6개월(동조 제3항)

> **제28조의6(고액·상습 체납자의 인적사항 공개)** ③ 건강보험공단은 위원회의 심의를 거쳐 인적사항등의 공개가 결정된 자에 대하여 공개대상자임을 알림으로써 소명할 기회를 주어야 하며, 통지일부터 6개월이 지난 후 위원회로 하여금 체납액의 납부이행 등을 고려하여 체납자 인적사항등의 공개 여부를 재심의하게 한 후 공개대상자를 선정한다. 〈개정 2010.1.27.〉

정답 ⑤

099 □□□   ○ △ ✕

고용보험 및 산업재해보상보험의 보험료징수 등에 관한 법령상 예술인과 이들을 상대방으로 하여 문화예술용역 관련 계약을 체결한 사업의 사업주에 대한 고용보험료율은?

① 1천분의 8   ② 1천분의 16   ③ 1천분의24
④ 1천분의32   ⑤ 1천분의 59

해설

② (○) 위 사업주에 대한 고용보험료율은 1천분의 16이다.

> **고용산재보험료징수법 제48조의2(예술인 고용보험 특례)** ③ 제14조에도 불구하고 예술인과 이들을 상대방으로 하여 문화예술용역 관련 계약을 체결한 사업의 사업주에 대한 고용보험료율은 종사형태 등을 반영하여 「고용보험법」 제7조에 따른 고용보험위원회의 심의를 거쳐 대통령령으로 달리 정할 수 있다. 이 경우 보험가입자의 고용보험료 평균액의 일정비율에 해당하는 금액을 고려하여 대통령령으로 고용보험료의 상한을 정할 수 있다. 〈개정 2021.1.5.〉
> **시행령 제56조의5(예술인 고용보험 특례)** ② 법 제48조의2 제3항 전단에 따른 고용보험료율은 1천분의 16으로 한다. 〈개정 2021. 12.31.〉

정답 ②

100 □□□   ○ △ ✕

고용보험 및 산업재해보상보험의 보험료징수 등에 관한 법령상 동일한 사업주가 하나의 장소에서 사업의 종류가 다른 사업을 아래와 같이 할 경우, 산재보험료율을 적용하기 위한 주된 사업은?

사업의 종류	매출액 (억)	보수총액 (억)	근로자 수 (명)
A	150	15	30
B	150	15	40
C	250	15	40
D	250	12	40
E	300	12	40

① A   ② B   ③ C
④ D   ⑤ E

해설

③ (○) 위 경우, 산재보험료율을 적용하기 위한 주된 사업은 C이다.
[보충] 고용산재보험료징수법 시행령 제14조 제2항의 순서에 따라 40명(B·C·D·E) → 15억(B·C) → 250억(C)인 사업 C가 산재보험료율을 적용하기 위한 주된 사업이다.

> **시행령 제14조(산재보험료율의 적용)** ① 동일한 사업주가 하나의 장소에서 법 제14조 제3항에 따른 사업의 종류가 다른 사업을 둘 이상 하는 경우에는 그 중 근로자 수 및 보수총액 등의 비중이 큰 주된 사업(이하 이 조에서 "주된 사업"이라 한다)에 적용되는

산재보험료율을 그 장소의 모든 사업에 적용한다.

② 제1항에 따른 주된 사업의 결정은 다음 각 호의 순서에 따른다.

1. 근로자 수가 많은 사업

2. 근로자 수가 같거나 그 수를 파악할 수 없는 경우에는 보수총액이 많은 사업

3. 제1호 및 제2호에 따라 주된 사업을 결정할 수 없는 경우에는 매출액이 많은 제품을 제조하거나 서비스를 제공하는 사업

정답   ③

076 □□□   ○ △ ×

사회보장기본법에 관한 설명으로 옳지 않은 것은?

① 모든 국민은 자신의 능력을 최대한 발휘하여 자립·자활(自活)할 수 있도록 노력하여야 한다.

② 국가와 지방자치단체는 사회보장제도를 시행할 때에 가정과 지역공동체의 자발적인 복지활동을 촉진하여야 한다.

③ 사회보험이란 국민에게 발생하는 사회적 위험을 보험의 방식으로 대처함으로써 국민의 건강과 소득을 보장하는 제도를 말한다.

④ 국내에 거주하는 외국인에게 사회보장제도를 적용할 때에는 국민과 차별하지 아니하되, 예외적으로 상호주의에 따를 수 있다.

⑤ 국가와 지방자치단체는 가정이 건전하게 유지되고 그 기능이 향상되도록 노력하여야 한다.

해설

① (○) 사회보장기본법 제7조 제1항

② (○) 동법 제6조 제2항

③ (○) 동법 제3조 제2호

④ (×) 국민과 차별하지 아니하되, 예외적으로 상호주의에 다를 수 있다 → 상호주의의 원칙에 따르되, 관계법령에서 정하는 바에 따른다(동법 제8조)

> **제8조(외국인에 대한 적용)** 국내에 거주하는 외국인에게 사회보장제도를 적용할 때에는 상호주의의 원칙에 따르되, 관계법령에서 정하는 바에 따른다.

⑤ (○) 동법 제6조 제1항

정답 ④

077 □□□   ○ △ ×

사회보장기본법상 사회보장제도의 운영에 관한 설명으로 옳지 않은 것은?

① 국가와 지방자치단체가 사회보장제도를 운영할 때에는 이 제도를 필요로 하는 모든 국민에게 적용하여야 한다.

② 국가와 지방자치단체는 공공부문과 민간부문의 사회보장 전달체계가 효율적으로 연계되도록 노력하여야 한다.

③ 공공부조는 국가의 책임으로 시행하고, 사회보험과 사회서비스는 국가와 지방자치단체의 책임으로 시행하는 것을 원칙으로 한다.

④ 국가와 지방자치단체는 사회보장 관계법령에서 정하는 바에 따라 사회보장에 관한 상담에 응하여야 한다.

⑤ 국가와 지방자치단체는 효과적인 사회보장정책의 수립·시행을 위하여 사회보장에 관한 통계를 작성·관리하여야 한다.

해설

① (○) 사회보장기본법 제25조 제1항

② (○) 동법 제29조 제3항

③ (×) 공공부조는 → 사회보험은, 사회보험과 → 공공부조와(동법 제25조 제5항)

> **제25조(운영원칙)** ⑤ 사회보험은 국가의 책임으로 시행하고, 공공부조와 사회서비스는 국가와 지방자치단체의 책임으로 시행하는 것을 원칙으로 한다. 다만, 국가와 지방자치단체의 재정 형편 등을 고려하여 이를 협의·조정할 수 있다.

④ (○) 동법 제35조

⑤ (○) 국가와 지방자치단체는 효과적인 사회보장정책의 수립·시행을 위하여 사회보장에 관한 통계(이하 "사회보장통계"라 한다)를 작성·관리하여야 한다(동법 제32조 제1항).

정답 ③

078 □□□ ○ △ ✕

사회보장기본법령상 사회보장 관련 주요 시책의 시행계획에 관한 내용이다. (   )에 들어갈 내용으로 옳은 것은?

> 보건복지부장관은 사회보장과 관련된 소관 주요 시책의 시행계획에 따른 추진실적의 평가를 위한 지침을 작성하여 매년 (ㄱ)까지 관계 중앙행정기관의 장에게 통보하고, 관계 중앙행정기관의 장은 통보받은 평가지침에 따라 전년도 시행계획의 추진실적을 평가한 후 그 결과를 매년 (ㄴ)까지 보건복지부장관에게 제출하여야 한다.

① ㄱ: 1월 31일, ㄴ: 3월 31일
② ㄱ: 1월 31일, ㄴ: 6월 30일
③ ㄱ: 3월 31일, ㄴ: 6월 30일
④ ㄱ: 3월 31일, ㄴ: 9월 30일
⑤ ㄱ: 6월 30일, ㄴ: 9월 30일

해설

① (○) ㄱ: 1월 31일, ㄴ: 3월 31일

> **사회보장기본법 시행령 제6조(시행계획의 평가)** ① 법 제18조 제5항에 따라 보건복지부장관은 시행계획에 따른 추진실적의 평가를 위한 지침을 작성하여 매년 1월 31일까지 관계 중앙행정기관의 장에게 통보하고, 관계 중앙행정기관의 장은 통보받은 평가지침에 따라 전년도 시행계획의 추진실적을 평가한 후 그 결과를 매년 3월 31일까지 보건복지부장관에게 제출하여야 한다.

정답 ①

079 □□□ ○ △ ✕

사회보장기본법에 관한 설명으로 옳지 않은 것은?

① 국가는 관계법령에서 정하는 바에 따라 최저보장수준과 최저임금을 매년 공표하여야 한다.
② 국가와 지방자치단체는 사회보장에 관한 책임과 역할을 합리적으로 분담하여야 한다.
③ 사회보장수급권이 제한되거나 정지되는 경우에는 제한 또는 정지하는 목적에 필요한 최소한의 범위에 그쳐야 한다.
④ 사회보장수급권은 정당한 권한이 있는 기관에 구두 또는 서면으로 통지하여 포기할 수 있다.
⑤ 사회보장에 관한 다른 법률을 제정하거나 개정하는 경우에는 사회보장기본법에 부합되도록 하여야 한다.

해설

① (○) 사회보장기본법 제10조 제2항
② (○) 동법 제5조 제2항
③ (○) 동법 제13조 제2항
④ (✕) 구두 또는 → "삭제"(동법 제14조 제1항)

> **제14조(사회보장수급권의 포기)** ① 사회보장수급권은 정당한 권한이 있는 기관에 서면으로 통지하여 포기할 수 있다.

⑤ (○) 동법 제4조

정답 ④

080 □□□ ○ △ ✕

고용보험법상 피보험자격의 취득 또는 상실 등에 관한 설명으로 옳지 않은 것은?

① 고용보험 및 산업재해보상보험의 보험료징수 등에 관한 법률(이하 "고용산재보험료징수법"이라 한다)에 따른 보험관계 성립일 전에 고용된 근로자의 경우에는 그 보험관계가 성립한 날의 다음 날에 피보험자격을 취득한 것으로 본다.
② 근로자인 피보험자가 이직한 경우에는 이직한 날의 다음 날에 피보험자격을 상실한다.
③ 근로자인 피보험자가 사망한 경우에는 사망한 날의 다음 날에 피보험자격을 상실한다.
④ 고용산재보험료징수법에 따라 보험관계가 소멸한 경우에는 그 보험관계가 소멸한 날에 그 피보험자격을 상실한다.
⑤ 피보험자 또는 피보험자였던 사람은 언제든지 고용노동부장관에게 피보험자격의 취득 또는 상실에 관한 확인을 청구할 수 있다.

해설

① (✕) 성립한 날의 다음 날 → 성립한 날(고용보험법 제13조 제1항 제2호)

> **제13조(피보험자격의 취득일)** ① 근로자인 피보험자는 이 법이 적용되는 사업에 고용된 날에 피보험자격을 취득한다. 다만, 다음 각 호의 경우에는 각각 그 해당되는 날에 피보험자격을 취득한 것으로 본다. 〈개정 2021.1.5.〉
> 1. 제10조 및 제10조의2에 따른 적용제외 근로자였던 사람이 이 법의 적용을 받게 된 경우에는 그 적용을 받게 된 날
> 2. 고용산재보험료징수법 제7조에 따른 보험관계 성립일 전에 고용된 근로자의 경우에는 그 보험관계가 성립한 날

② (○) ③ (○) ④ (○) 동법 제14조 제1항 제3호, 제4호, 제2호

> **제14조(피보험자격의 상실일)** ① 근로자인 피보험자는 다음 각 호의 어느 하나에 해당하는 날에 각각 그 피보험자격을 상실한다. 〈개정 2021.1.5.〉
> 1. 근로자인 피보험자가 제10조 및 제10조의2에 따른 적용제외 근로자에 해당하게 된 경우에는 그 적용제외 대상자가 된 날
> 2. 고용산재보험료징수법 제10조에 따라 보험관계가 소멸한 경우에는 그 보험관계가 소멸한 날
> 3. 근로자인 피보험자가 이직한 경우에는 이직한 날의 다음 날
> 4. 근로자인 피보험자가 사망한 경우에는 사망한 날의 다음 날

⑤ (○) 동법 제17조 제1항

정답 ①

81 □□□ ○ △ ✕

고용보험법령상 고용보험법 적용이 제외되는 것을 모두 고른 것은?

> ㄱ. 「별정우체국법」에 따른 별정우체국 직원
> ㄴ. 「사립학교교직원 연금법」의 적용을 받는 사람
> ㄷ. 어업 중 법인이 아닌 자가 상시 4명 이하의 근로자를 사용하는 사업

① ㄱ ② ㄱ, ㄴ ③ ㄱ, ㄷ
④ ㄴ, ㄷ ⑤ ㄱ, ㄴ, ㄷ

해설

⑤ (○) 모두 고용보험법 적용이 제외되는 것이다.

> **고용보험법 제8조(적용범위)** ① 이 법은 근로자를 사용하는 모든 사업 또는 사업장(이하 "사업"이라 한다)에 적용한다. 다만, 산업별 특성 및 규모 등을 고려하여 대통령령으로 정하는 사업에 대해서는 적용하지 아니한다. 〈개정 2021.1.5.〉
> **제10조(적용제외)** ① 다음 각 호의 어느 하나에 해당하는 사람에게는 이 법을 적용하지 아니한다. 〈개정 2022.12.31.〉
> 1. 삭제 〈2019.1.15.〉
> 2. 해당 사업에서 소정(所定)근로시간이 대통령령으로 정하는 시간 미만인 근로자
> 3. 「국가공무원법」과 「지방공무원법」에 따른 공무원. 다만, 대통령령으로 정하는 바에 따라 별정직공무원, 「국가공무원법」 제26조의5 및 「지방공무원법」 제25조의5에 따른 임기제공무원의 경우는 본인의 의사에 따라 고용보험(제4장에 한정한다)에 가입할 수 있다.
> 4. 「사립학교교직원 연금법」의 적용을 받는 사람
> 5. 그 밖에 대통령령으로 정하는 사람
> ② 65세 이후에 고용(65세 전부터 피보험 자격을 유지하던 사람이 65세 이후에 계속하여 고용된 경우는 제외한다)되거나 자영업을 개시한 사람에게는 제4장 및 제5장을 적용하지 아니한다. 〈신설 2019.1.15.〉
> **시행령 제2조(적용범위)** ① 법 제8조 제1항 단서에서 "대통령령으로 정하는 사업"이란 다음 각 호의 어느 하나에 해당하는 사업을 말한다. 〈개정 2021.6.8.〉
> 1. 농업·임업 및 어업 중 법인이 아닌 자가 상시 4명 이하의 근로자를 사용하는 사업
> 2. 다음 각 목의 어느 하나에 해당하는 공사. 다만, 법 제15조 제2항 각 호에 해당하는 자가 시공하는 공사는 제외한다.
>   가. 「고용보험 및 산업재해보상보험의 보험료징수 등에 관한 법률 시행령」(이하 "고용산재보험료징수법시행령"이라 한다) 제2조 제1항 제2호에 따른 총공사금액(이하 이 조에서 "총공사금액"이라 한다)이 2천만 원 미만인 공사
>   나. 연면적이 100제곱미터 이하인 건축물의 건축 또는 연면적이 200제곱미터 이하인 건축물의 대수선에 관한 공사
> 3. 가구 내 고용활동 및 달리 분류되지 아니한 자가소비 생산활동
> **시행령 제3조(적용제외 근로자)** ③ 법 제10조 제1항 제5호에서

"대통령령으로 정하는 사람"이란 「별정우체국법」에 따른 별정우체국 직원을 말한다. 〈개정 2023.6.27.〉

정답 ⑤

82 □□□ ○ △ ✕

고용보험법상 자영업자의 구직급여에 관한 사항으로 피보험기간과 소정급여일수가 옳게 연결된 것은?

① 피보험기간 6개월 – 소정급여일수 120일
② 피보험기간 1년 – 소정급여일수 150일
③ 피보험기간 3년 – 소정급여일수 180일
④ 피보험기간 10년 – 소정급여일수 210일
⑤ 피보험기간 15년 – 소정급여일수 240일

해설

① (✕) 120일 → 없음
② (✕) 150일 → 120일
③ (✕) 180일 → 150일
④ (○) 210일

> **고용보험법 제69조의6(소정급여일수)** 자영업자인 피보험자로서 폐업한 수급자격자에 대한 소정급여일수는 제49조에 따른 대기기간이 끝난 다음 날부터 계산하기 시작하여 피보험기간에 따라 별표 2에서 정한 일수가 되는 날까지로 한다.
> **자영업자의 구직급여의 소정급여일수(제69조의6 관련 별표 2)**
>
> | 피보험기간 | 소정급여일수 |
> |---|---|
> | 1년 이상 3년 미만 | 120일 |
> | 3년 이상 5년 미만 | 150일 |
> | 5년 이상 10년 미만 | 180일 |
> | 10년 이상 | 210일 |

⑤ (✕) 240일 → 210일

정답 ④

083 □□□ ○ △ ✕

고용보험법령상 노무제공자인 피보험자에 해당하지 않는 것은?

① 한국표준직업분류표의 세세분류에 따른 대여제품 방문점검원
② 가전제품의 판매를 위한 배송업무를 주로 수행하고 가전제품의 설치, 시운전 등을 통해 작동상태를 확인하는 사람
③ 「초·중등교육법」에 따른 학교에서 운영하는 방과후학교의 과정을 담당하는 강사
④ 「방문판매 등에 관한 법률」에 따른 후원방문판매원으로서 자가소비를 위한 후원방문판매원
⑤ 「우체국 예금·보험에 관한 법률」에 따른 우체국 보험의 모집을 전업으로 하는 사람

해설

① (○) ② (○) ③ (○) ⑤ (○) 고용보험법 시행령 제104조의11 제1항 제7호, 제8호, 제9호, 제1호 나목
④ (✕) 자가소비를 위한 후원방문판매원은 제외한다(동항 제6호).

> **시행령 제104조의11(노무제공자인 피보험자의 범위)** ① 법 제77조의6 제1항에서 "대통령령으로 정하는 직종에 종사하는 사람"이란 다음 각 호의 어느 하나에 해당하는 사람을 말한다. 〈개정 2023.6.27.〉
> 1. 보험을 모집하는 사람으로서 다음 각 목의 어느 하나에 해당하는 사람
>   가. 「보험업법」 제84조 제1항에 따라 등록한 보험설계사
>   나. 「우체국 예금·보험에 관한 법률」에 따른 우체국보험의 모집을 전업으로 하는 사람
> 2. 「통계법」 제22조에 따라 통계청장이 고시하는 직업에 관한 표준분류(이하 "한국표준직업분류표"라 한다)의 세세분류에 따른 학습지 방문강사, 교육교구 방문강사 등 회원의 가정 등을 직접 방문하여 아동이나 학생 등을 가르치는 사람
> 3. 한국표준직업분류표의 세세분류에 따른 택배원인 사람으로서 택배사업[소화물을 집화(集貨)·수송과정을 거쳐 배송하는 사업을 말한다. 이하 제11호 라목에서 같다]에서 집화 또는 배송업무를 하는 사람
> 4. 「대부업 등의 등록 및 금융이용자 보호에 관한 법률」 제3조 제1항 단서에 따른 대출모집인
> 5. 「여신전문금융업법」 제14조의2 제1항 제2호에 따른 신용카드 회원모집인(전업으로 하는 사람만 해당한다)
> 6. 「방문판매 등에 관한 법률」 제2조 제2호에 따른 방문판매원 또는 같은 조 제8호에 따른 후원방문판매원으로서 상시적으로 방문판매업무를 하는 사람. 다만, 자가소비를 위한 방문판매원·후원방문판매원 및 제2호 또는 제7호에 동시에 해당하는 사람은 제외한다.
> 7. 한국표준직업분류표의 세세분류에 따른 대여제품 방문점검원
> 8. 가전제품의 판매를 위한 배송 업무를 주로 수행하고 가전제품의 설치, 시운전 등을 통해 작동상태를 확인하는 사람
> 9. 「초·중등교육법」 제2조에 따른 학교에서 운영하는 방과후학교의 과정을 담당하는 강사
> 10. 「건설기계관리법」 제3조 제1항에 따라 등록된 건설기계를 직접 운전하는 사람
> 11. 「화물자동차 운수사업법」에 따른 화물차주로서 다음 각 목의 어느 하나에 해당하는 사람
>   가. 「자동차관리법」 제3조 제1항 제4호에 따른 특수자동차로 수출입 컨테이너 또는 시멘트를 운송하는 사람
>   나. 「자동차관리법」 제2조 제1호 본문에 따른 피견인자동차 또는 제3조에 따른 일반형 화물자동차로 「화물자동차 운수사업법 시행령」 제4조의7 제1항에 따른 안전운송원가가 적용되는 철강재를 운송하는 사람
>   다. 「자동차관리법」 제3조에 따른 일반형 화물자동차 또는 특수용도형 화물자동차로 「물류정책기본법」 제29조 제1항에 따른 위험물질을 운송하는 사람
>   라. 택배사업에서 택배사업자나 「화물자동차 운수사업법」에 따른 운수사업자(이하 이 호에서 "운수사업자"라 한다)로부터 업무를 위탁받아 「자동차관리법」 제3조 제1항 제3호의 일반형 화물자동차 또는 특수용도형 화물자동차로 물류센터 간 화물 운송 업무를 하는 사람
>   마. 「자동차관리법」 제3조 제1항 제3호의 일반형 화물자동차 또는 특수용도형 화물자동차로 같은 법에 따른 자동차를 운송하는 사람
>   바. 「자동차관리법」 제3조 제1항 제3호의 특수용도형 화물자동차로 밀가루 등 곡물 가루, 곡물 또는 사료를 운송하는 사람
>   사. 「유통산업발전법」에 따른 대규모점포나 준대규모점포를 운영하는 사업 또는 체인사업에서 그 사업주나 운수사업자와 노무제공계약을 체결하여 「자동차관리법」 제3조 제1항 제3호의 일반형 화물자동차 또는 특수용도형 화물자동차로 상품을 물류센터로 운송하거나 점포 또는 소비자에게 배송하는 업무를 하는 사람
>   아. 「유통산업발전법」에 따른 무점포판매업을 운영하는 사업에서 그 사업주나 운수사업자와 노무제공계약을 체결하여 「자동차관리법」 제3조 제1항 제3호의 일반형 화물자동차 또는 특수용도형 화물자동차로 상품을 물류센터로 운송하거나 소비자에게 배송하는 업무를 하는 사람
>   자. 한국표준산업분류표의 중분류에 따른 음식점 및 주점업을 운영하는 사업(여러 점포를 직영하는 사업 또는 「가맹사업거래의 공정화에 관한 법률」에 따른 가맹사업으로 한정한다)에서 그 사업주나 운수사업자와 노무제공계약을 체결하여 「자동차관리법」 제3조 제1항 제3호의 일반형 화물자동차 또는 특수용도형 화물자동차로 식자재나 식품 등을 물류센터로 운송하거나 점포로 배송하는 업무를 하는 사람
>   차. 한국표준산업분류표의 세분류에 따른 기관 구내식당업을 운영하는 사업에서 그 사업주나 운수사업자와 노무제공계약을 체결하여 「자동차관리법」 제3조 제1항 제3호의 일반형 화물자동차 또는 특수용도형 화물자동차로 식자재나 식품 등을 물류센터로 운송하거나 기관 구내식당으로 배송하는 업무를 하는 사람
> 12. 한국표준직업분류표의 세분류에 따른 택배원으로서 퀵서비스업자(소화물을 집화·수송과정을 거치지 않고 배송하는 사업을 말한다)로부터 업무를 의뢰받아 배송 업무를 하는 사람. 다만, 다음 각 목의 사람은 제외한다.
>   가. 제3호에 해당하는 사람
>   나. 「자동차관리법」 제3조 제1항 제3호의 화물자동차로 배송업무를 하는 사람
> 13. 대리운전업자(자동차 이용자의 요청에 따라 목적지까지 유상으로 그 자동차를 운전하도록 하는 사업의 사업주를 말한

다)로부터 업무를 의뢰받아 대리운전 업무를 하는 사람
14. 「소프트웨어 진흥법」에 따른 소프트웨어사업에서 노무를 제공하는 같은 법에 따른 소프트웨어기술자
15. 「관광진흥법」 제38조 제1항 단서에 따른 관광통역안내의 자격을 가진 사람으로서 외국인 관광객을 대상으로 관광안내를 하는 사람
16. 「도로교통법」에 따른 어린이통학버스를 운전하는 사람
17. 「체육시설의 설치·이용에 관한 법률」 제7조에 따라 직장체육시설로 설치된 골프장 또는 같은 법 제19조에 따라 체육시설업의 등록을 한 골프장에서 골프경기를 보조하는 골프장 캐디

정답 ④

084 □□□ ○△×

고용보험법령상 고용보험기금에 관한 설명으로 옳지 않은 것은?

① 고용노동부장관은 한국은행에 고용보험기금계정을 설치하여야 한다.
② 고용보험기금의 결산상 손실금이 생기는 경우, 이를 적립금으로 보전(補塡)할 수 없다.
③ 기금수입징수관은 기금징수액보고서를 매월 말일을 기준으로 작성하여 다음 달 20일까지 고용노동부장관에게 제출하여야 한다.
④ 고용보험기금을 지출할 때 자금부족이 발생할 것으로 예상되는 경우에는 고용보험기금의 부담으로 금융기관·다른 기금과 그 밖의 재원 등으로부터 차입을 할 수 있다.
⑤ 고용노동부장관의 고용보험기금 관리·운용방법에는 금융기관에 예탁하는 방법이 있다.

해설
① (O) 고용보험법 제82조 제1항
② (×) 없다 → 있다(동법 제85조 제2항)

> **제85조(잉여금과 손실금의 처리)** ① 기금의 결산상 잉여금이 생기면 이를 적립금으로 적립하여야 한다.
> ② 기금의 결산상 손실금이 생기면 적립금을 사용하여 이를 보전(補塡)할 수 있다.

③ (O) 기금수입징수관은 기금징수액보고서를, 기금재무관은 기금지출원인행위액 보고서를, 기금지출관은 기금지출액보고서를 매월 말일을 기준으로 작성하여 다음 달 20일까지 고용노동부장관에게 제출하여야 한다(동법 시행령 제117조 제1항).
④ (O) 동법 제86조
⑤ (O) 동법 제79조 제3항 제2호

> **제79조(기금의 관리·운용)** ③ 고용노동부장관은 다음 각 호의 방법에 따라 기금을 관리·운용한다. 〈개정 2010.6.4.〉
> 1. 금융기관에의 예탁
> 2. 재정자금에의 예탁

3. 국가·지방자치단체 또는 금융기관에서 직접 발행하거나 채무이행을 보증하는 유가증권의 매입
4. 보험사업의 수행 또는 기금 증식을 위한 부동산의 취득 및 처분
5. 그 밖에 대통령령으로 정하는 기금 증식방법

정답 ②

085 □□□ ○△×

고용보험법상 재심사에 관한 설명으로 옳지 않은 것은?

① 재심사의 청구는 심사청구에 대한 결정이 있음을 안 날부터 90일 이내에 제기하여야 한다.
② 재심사의 청구는 시효중단에 관하여 재판상의 청구로 본다.
③ 고용보험심사위원회의 재심사청구에 대한 심리는 공개하지 않음이 원칙이지만, 당사자의 양쪽 또는 어느 한쪽이 신청한 경우에는 공개할 수 있다.
④ 고용보험심사위원회는 재심사의 청구를 받으면 그 청구에 대한 심리기일(審理期日) 및 장소를 정하여 심리기일 3일 전까지 당사자 및 그 사건을 심사한 고용보험심사관에게 알려야 한다.
⑤ 당사자는 고용보험심사위원회에 문서나 구두로 그 의견을 진술할 수 있다.

해설
① (O) 심사의 청구는 같은 항의 확인 또는 처분이 있음을 안 날부터 90일 이내에, 재심사의 청구는 심사청구에 대한 결정이 있음을 안 날부터 90일 이내에 각각 제기하여야 한다(고용보험법 제87조 제2항).
② (O) 심사 및 재심사의 청구는 시효중단에 관하여 재판상의 청구로 본다(동조 제3항).
③ (×) 심리는 중개하지 않음이 원칙이지만 → 심리는 공개한다, 공개할 수 있다 → 공개하지 아니할 수 있다(동법 제101조 제3항)

> **제101조(심리)** ③ 심사위원회의 재심사청구에 대한 심리는 공개한다. 다만, 당사자의 양쪽 또는 어느 한 쪽이 신청한 경우에는 공개하지 아니할 수 있다.

④ (O) 동조 제1항
⑤ (O) 동조 제2항

정답 ③

산업재해보상보험법령상 산업재해보상보험및예방심의위원회의 심의사항이 아닌 것은?

① 요양급여의 범위나 비용 등 요양급여의 산정기준에 관한 사항
② 「고용보험 및 산업재해보상보험의 보험료징수 등에 관한 법률」에 따른 산재보험료율의 결정에 관한 사항
③ 「산업안전보건법」에 따른 산업재해보상의 세부계획에 관한 사항
④ 산업재해보상보험및예방기금의 운용계획 수립에 관한 사항
⑤ 고용노동부장관이 산업재해보상보험 사업 및 산업안전·보건 업무에 관하여 심의에 부치는 사항

해설

① (○) ② (○) ④ (○) ⑤ (○) 산재보험법 시행령 제3조 제1호, 제2호, 제3호, 제5호
③ (✕) 산업재해보상의 세부계획에 관한 사항 → 산업안전·보건 업무와 관련되는 주요 정책 및 산업재해 예방에 관한 기본계획(동법 시행령 제3조 제4호)

> **시행령 제3조(산업재해보상보험및예방심의위원회의 기능)** 법 제8조 제1항에 따른 산업재해보상보험및예방심의위원회(이하 "위원회"라 한다)는 다음 각 호의 사항을 심의한다. 〈개정 2019.12.24.〉
> 1. 법 제40조 제5항에 따른 요양급여의 범위나 비용 등 요양급여의 산정기준에 관한 사항
> 2. 「고용보험 및 산업재해보상보험의 보험료징수 등에 관한 법률」(이하 "보험료징수법"이라 한다) 제14조 제3항 및 같은 조 제4항에 따른 산재보험료율의 결정에 관한 사항
> 3. 법 제98조에 따른 산업재해보상보험및예방기금의 운용계획 수립에 관한 사항
> 4. 「산업안전보건법」 제4조 제1항 각 호에 따른 산업안전·보건 업무와 관련되는 주요 정책 및 같은 법 제7조에 따른 산업재해 예방에 관한 기본계획
> 5. 그 밖에 고용노동부장관이 산업재해보상보험 사업(이하 "보험사업"이라 한다) 및 산업안전·보건 업무에 관하여 심의에 부치는 사항

정답 ③

산업재해보상보험법령상 산업재해보상보험법의 적용제외 사업에 해당하지 않는 것은?

① 「군인 재해보상법」에 따라 재해보상이 되는 사업
② 「선원법」에 따라 재해보상이 되는 사업
③ 벌목업 중 법인이 아닌 자의 사업으로서 상시근로자 수가 5명 미만인 사업
④ 수렵업 중 법인이 아닌 자의 사업으로서 상시근로자 수가 5명 미만인 사업
⑤ 가구 내 고용활동

해설

① (○) ② (○) ④ (○) ⑤ (○) 산재보험법 시행령 제2조 제1호, 제2호, 제6호, 제4호
③ (✕) 벌목업은 적용제외 사업에서 제외한다(동항 제6호).

> **제6조(적용범위)** 이 법은 근로자를 사용하는 모든 사업 또는 사업장(이하 "사업"이라 한다)에 적용한다. 다만, 위험률·규모 및 장소 등을 고려하여 대통령령으로 정하는 사업에 대하여는 이 법을 적용하지 아니한다.
> **시행령 제2조(법의 적용제외 사업)** ① 「산업재해보상보험법」(이하 "법"이라 한다) 제6조 단서에서 "대통령령으로 정하는 사업"이란 다음 각 호의 어느 하나에 해당하는 사업 또는 사업장(이하 "사업"이라 한다)을 말한다. 〈개정 2020.6.9.〉
> 1. 「공무원 재해보상법」 또는 「군인 재해보상법」에 따라 재해보상이 되는 사업. 다만, 「공무원 재해보상법」 제60조에 따라 순직유족급여 또는 위험직무순직유족급여에 관한 규정을 적용받는 경우는 제외한다.
> 2. 「선원법」, 「어선원 및 어선 재해보상보험법」 또는 「사립학교교직원 연금법」에 따라 재해보상이 되는 사업
> 3. 삭제 〈2017.12.26.〉
> 4. 가구 내 고용활동
> 5. 삭제 〈2017.12.26.〉
> 6. 농업, 임업(벌목업은 제외한다), 어업 및 수렵업 중 법인이 아닌 자의 사업으로서 상시근로자 수가 5명 미만인 사업
> ② 제1항 각 호의 사업의 범위에 관하여 이 영에 특별한 규정이 없으면 「통계법」에 따라 통계청장이 고시하는 한국표준산업분류표(이하 "한국표준산업분류표"라 한다)에 따른다. 〈개정 2017.12.26.〉

정답 ③

88 ☐☐☐　　○ △ ✕

산업재해보상보험법상 과태료 부과대상이 되는 자를 모두 고른 것은?

> ㄱ. 근로복지공단이 아닌 자가 근로복지공단과 비슷한 명칭을 사용한 자
> ㄴ. 거짓으로 보험급여를 받도록 시키거나 도와준 자
> ㄷ. 거짓으로 보험급여를 받은 자

① ㄱ　　② ㄷ　　③ ㄱ, ㄴ
④ ㄴ, ㄷ　　⑤ ㄱ, ㄴ, ㄷ

해설

① (○) ㄱ만이 과태료 부과대상이 되는 자이다.

[보충] ㄴ, ㄷ은 벌칙(2년 이하의 징역 또는 2천만 원 이하의 벌금) 부과대상이다.

> **산재보험법 제127조(벌칙)** ③ 다음 각 호의 어느 하나에 해당하는 자는 2년 이하의 징역 또는 2천만 원 이하의 벌금에 처한다. 〈개정 2021.1.26.〉
> 1. 거짓이나 그 밖의 부정한 방법으로 보험급여를 받은 자
> 2. 거짓이나 그 밖의 부정한 방법으로 보험급여를 받도록 시키거나 도와준 자
> 3. 제111조의2를 위반하여 근로자를 해고하거나 그 밖에 근로자에게 불이익한 처우를 한 사업주
> **제129조(과태료)** ① 제91조의21을 위반하여 자료 또는 정보의 제공 요청에 따르지 아니한 자에게는 300만 원 이하의 과태료를 부과한다. 〈신설 2022.6.10.〉
> ② 다음 각 호의 어느 하나에 해당하는 자에게는 200만 원 이하의 과태료를 부과한다. 〈개정 2022.6.10.〉
> 1. 제34조를 위반하여 근로복지공단 또는 이와 비슷한 명칭을 사용한 자
> 2. 제45조 제1항을 위반하여 공단이 아닌 자에게 진료비를 청구한 자
> ③ 다음 각 호의 어느 하나에 해당하는 자에게는 100만 원 이하의 과태료를 부과한다. 〈개정 2022.6.10.〉
> 1. 제47조 제1항에 따른 진료계획을 정당한 사유 없이 제출하지 아니하는 자
> 2. 제105조 제4항(제109조 제1항에서 준용하는 경우를 포함한다)에 따른 질문에 답변하지 아니하거나 거짓된 답변을 하거나 검사를 거부·방해 또는 기피한 자
> 3. 제114조 제1항 또는 제118조에 따른 보고를 하지 아니하거나 거짓된 보고를 한 자 또는 서류나 물건의 제출 명령에 따르지 아니한 자
> 4. 제117조 또는 제118조에 따른 공단의 소속 직원의 질문에 답변을 거부하거나 조사를 거부·방해 또는 기피한 자
> 5. 삭제 〈2022.6.10.〉

정답 ①

89 ☐☐☐　　○ △ ✕

산업재해보상보험법상 상병보상연금의 지급요건을 모두 고른 것은?

> ㄱ. 그 부상이나 질병이 치유되지 아니한 상태일 것
> ㄴ. 요양으로 인하여 취업하지 못하였을 것
> ㄷ. 그 부상이나 질병에 따른 중증요양상태의 정도가 대통령령으로 정하는 중증요양상태 등급기준에 해당할 것

① ㄱ　　② ㄴ　　③ ㄱ, ㄴ
④ ㄴ, ㄷ　　⑤ ㄱ, ㄴ, ㄷ

해설

⑤ (○) 모두 상병보상연금의 지급요건이다.

> **산재보험법 제66조(상병보상연금)** ① 요양급여를 받는 근로자가 요양을 시작한 지 2년이 지난 날 이후에 다음 각 호의 요건 모두에 해당하는 상태가 계속되면 휴업급여 대신 상병보상연금을 그 근로자에게 지급한다. 〈개정 2018.6.12.〉
> 1. 그 부상이나 질병이 치유되지 아니한 상태일 것
> 2. 그 부상이나 질병에 따른 중증요양상태의 정도가 대통령령으로 정하는 중증요양상태 등급기준에 해당할 것
> 3. 요양으로 인하여 취업하지 못하였을 것

정답 ⑤

90 ☐☐☐　　○ △ ✕

산업재해보상보험법령상 업무상의 재해의 인정기준에 해당하는 사유가 아닌 것은?

① 근로자가 근로계약에 따른 업무나 그에 따르는 행위를 하던 중 발생한 사고
② 사업주의 구체적인 지시를 위반한 행위로 인한 사고
③ 사업주가 제공한 시설물 등을 이용하던 중 그 시설물 등의 결함이나 관리소홀로 발생한 사고
④ 사업주가 주관하거나 사업주의 지시에 따라 참여한 행사나 행사준비 중에 발생한 사고
⑤ 휴게시간 중 사업주의 지배관리하에 있다고 볼 수 있는 행위로 발생한 사고

해설

① (○) ③ (○) ④ (○) ⑤ (○) 산재보험법 제37조 제1항 제1호 가목, 나목, 라목, 마목

> **제37조(업무상의 재해의 인정기준)** ① 근로자가 다음 각 호의 어느 하나에 해당하는 사유로 부상·질병 또는 장해가 발생하거나 사망하면 업무상의 재해로 본다. 다만, 업무와 재해 사이에 상당인과관계(相當因果關係)가 없는 경우에는 그러하지 아니하다. 〈개정 2019.1.15.〉
> 1. 업무상 사고
> 　가. 근로자가 근로계약에 따른 업무나 그에 따르는 행위를 하던 중 발생한 사고

나. 사업주가 제공한 시설물 등을 이용하던 중 그 시설물 등의
　　　　결함이나 관리소홀로 발생한 사고
　　다. 삭제 〈2017.10.24.〉
　　라. 사업주가 주관하거나 사업주의 지시에 따라 참여한 행사
　　　　나 행사준비 중에 발생한 사고
　　마. 휴게시간 중 사업주의 지배관리하에 있다고 볼 수 있는
　　　　행위로 발생한 사고
　　바. 그 밖에 업무와 관련하여 발생한 사고

② (×) 사업주의 구체적인 지시를 위반한 행위로 인한 사고는 업무
상의 재해의 인정기준에 해당하는 사유가 아니다(동법 시행령 제
27조 제2항).

> **시행령 제27조(업무수행 중의 사고)** ② 근로자가 사업주의 지
> 시를 받아 사업장 밖에서 업무를 수행하던 중에 발생한 사고는
> 법 제37조 제1항 제1호 가목에 따른 업무상 사고로 본다. 다만,
> 사업주의 구체적인 지시를 위반한 행위, 근로자의 사적(私的) 행
> 위 또는 정상적인 출장경로를 벗어났을 때 발생한 사고는 업무상
> 사고로 보지 않는다.

정답　②

091 □□□　　　　　　　　　　　○ △ ×

**산업재해보상보험법에 따라 산정된 저소득 근로자의 휴업
급여에 관한 내용이다. (　　)에 들어갈 숫자로 옳은 것은?**

> 1일당 휴업급여 지급액이 최저 보상기준 금액의 100분의
> (ㄱ)보다 적거나 같으면 그 근로자에 대하여는 평균임금
> 의 100분의 (ㄴ)에 상당하는 금액을 1일당 휴업급여 지급
> 액으로 한다. 다만, 그 근로자의 평균임금의 100분의 (ㄴ)
> 에 상당하는 금액이 최저 보상기준 금액의 100분의 (ㄱ)
> 보다 많은 경우에는 최저 보상기준 금액의 100분의 (ㄱ)
> 에 상당하는 금액을 1일당 휴업급여 지급액으로 한다.

① ㄱ: 70, ㄴ: 70　　　　② ㄱ: 70, ㄴ: 80
③ ㄱ: 80, ㄴ: 80　　　　④ ㄱ: 80, ㄴ: 90
⑤ ㄱ: 90, ㄴ: 90

해설
④ (○) ㄱ: 80, ㄴ: 90

> **산재보험법 제54조(저소득 근로자의 휴업급여)** ① 제52조에 따
> 라 산정한 1일당 휴업급여 지급액이 최저 보상기준 금액의 100분
> 의 80보다 적거나 같으면 그 근로자에 대하여는 평균임금의 100
> 분의 90에 상당하는 금액을 1일당 휴업급여 지급액으로 한다.
> 다만, 그 근로자의 평균임금의 100분의 90에 상당하는 금액이
> 최저 보상기준 금액의 100분의 80보다 많은 경우에는 최저 보상
> 기준 금액의 100분의 80에 상당하는 금액을 1일당 휴업급여 지급
> 액으로 한다.

정답　④

092 □□□　　　　　　　　　　　○ △ ×

국민연금법상 급여에 관한 설명으로 옳은 것은?
① 급여는 노령연금과 장애연금 두 종류로 나뉜다.
② 급여수급전용계좌에 입금된 급여와 이에 관한 채권은
　 압류할 수 있다.
③ 급여로 지급된 금액에 대하여는 「조세특례제한법」이
　 나 그 밖의 법률 또는 지방자치단체가 조례로 정하는
　 바에 따라 조세, 그 밖에 국가 또는 지방자치단체의
　 공과금을 감면할 수 없다.
④ 국민연금공단은 장애연금 수급권자의 장애 정도를 심
　 사하여 장애등급에 해당되지 아니하면 장애연금액을
　 변경한다.
⑤ 자녀인 수급권자가 다른 사람에게 입양된 때에는 그에
　 해당하게 된 때부터 유족연금의 지급을 정지한다.

해설
① (×) 노령연금과 장애연금 두 종류 → 노령연금, 장애연금, 유족연
금 및 반환일시금 네 종류(국민연금법 제49조)

> **제49조(급여의 종류)** 이 법에 따른 급여의 종류는 다음과 같다.
> 1. 노령연금　　　　2. 장애연금
> 3. 유족연금　　　　4. 반환일시금

② (×) 있다 → 없다(동법 제58조 제3항)

> **제58조(수급권 보호)** ③ 급여수급전용계좌에 입금된 급여와 이
> 에 관한 채권은 압류할 수 없다. 〈신설 2015.1.28.〉

③ (×) 감면할 수 없다 → 감면한다(동법 제60조)

> **제60조(조세와 그 밖의 공과금 면제)** 이 법에 따른 급여로 지급
> 된 금액에 대하여는 「조세특례제한법」이나 그 밖의 법률 또는
> 지방자치단체가 조례로 정하는 바에 따라 조세, 그 밖에 국가
> 또는 지방자치단체의 공과금을 감면한다.

④ (×) 장애연금액을 변경한다 → 장애연금 수급권을 소멸시킨다(동
법 제70조 제1항)

> **제70조(장애연금액의 변경 등)** ① 공단은 장애연금 수급권자의
> 장애 정도를 심사하여 장애등급이 다르게 되면 그 등급에 따라
> 장애연금액을 변경하고, 장애등급에 해당되지 아니하면 장애연
> 금 수급권을 소멸시킨다.

⑤ (○) 자녀나 손자녀인 수급권자가 다른 사람에게 입양된 때에는
그에 해당하게 된 때부터 유족연금의 지급을 정지한다(동법 제76
조 제5항).

정답　⑤

093 ○△✕

국민연금법상 국민연금가입자에 관한 설명으로 옳지 않은 것은?

① 가입자는 사업장가입자, 지역가입자, 임의가입자 및 임의계속가입자로 구분한다.

② 임의가입자는 보건복지부령으로 정하는 바에 따라 국민연금공단에 신청하여 탈퇴할 수 있다.

③ 가입자의 가입종류가 변동되면 그 가입자의 가입기간은 각 종류별 가입기간을 합산한 기간으로 한다.

④ 가입자의 자격을 상실한 후 다시 그 자격을 취득한 자에 대하여는 전후(前後)의 가입기간을 합산한다.

⑤ 임의가입자는 가입신청을 한 날에 자격을 취득한다.

해설

① (○) 국민연금법 제7조
② (○) 동법 제10조 제2항
③ (○) 동법 제20조 제2항
④ (○) 동법 제20조 제1항
⑤ (✕) 가입신청을 한 → 가입신청이 수리된(동법 제11조 제3항)

> **제11조(가입자 자격의 취득시기)** ① 사업장가입자는 다음 각 호의 어느 하나에 해당하게 된 날에 그 자격을 취득한다.
> 1. 제8조 제1항 본문에 따른 사업장에 고용된 때 또는 그 사업장의 사용자가 된 때
> 2. 당연적용사업장으로 된 때
> ② 지역가입자는 다음 각 호의 어느 하나에 해당하게 된 날에 그 자격을 취득한다. 제3호 또는 제4호의 경우 소득이 있게 된 때를 알 수 없는 경우에는 제21조 제2항에 따른 신고를 한 날에 그 자격을 취득한다. 〈개정 2011.6.7.〉
> 1. 사업장가입자의 자격을 상실한 때
> 2. 제6조 단서에 따른 국민연금 가입대상 제외자에 해당하지 아니하게 된 때
> 3. 제9조 제1호에 따른 배우자가 별도의 소득이 있게 된 때
> 4. 18세 이상 27세 미만인 자가 소득이 있게 된 때
> ③ 임의가입자는 가입신청이 수리된 날에 자격을 취득한다.

정답 ⑤

094 ○△✕

국민건강보험법령상 보수월액에 관한 설명으로 옳지 않은 것은?

① 직장가입자의 보수월액은 직장가입자가 지급받는 보수를 기준으로 하여 산정한다.

② 휴직으로 보수의 전부 또는 일부가 지급되지 아니하는 가입자의 보수월액보험료는 해당 사유가 생기기 전 달의 보수월액을 기준으로 산정한다.

③ 근로자가 근로를 제공하고 사용자로부터 지급받는 금품 중 퇴직금은 보수에서 제외한다.

④ 보수의 전부 또는 일부가 현물(現物)로 지급되는 경우에는 그 지역의 시가(時價)를 기준으로 국민건강보험공단이 정하는 가액(價額)을 그에 해당하는 보수로 본다.

⑤ 보수 관련 자료가 없거나 불명확한 경우에 해당하면 고용노동부장관이 정하여 고시하는 금액을 보수로 본다.

해설

① (○) 국민건강보험법 제70조 제1항
② (○) 휴직이나 그 밖의 사유로 보수의 전부 또는 일부가 지급되지 아니하는 가입자(이하 "휴직자등"이라 한다)의 보수월액보험료는 해당 사유가 생기기 전 달의 보수월액을 기준으로 산정한다(동법 제70조 제2항)
③ (○) 동법 시행령 제33조 제1항 제1호

> **시행령 제33조(보수에 포함되는 금품 등)** ① 법 제70조 제3항 전단에서 "대통령령으로 정하는 것"이란 근로의 대가로 받은 봉급, 급료, 보수, 세비(歲費), 임금, 상여, 수당, 그 밖에 이와 유사한 성질의 금품으로서 다음 각 호의 것을 제외한 것을 말한다. 〈개정 2015.6.30.〉
> 1. 퇴직금
> 2. 현상금, 번역료 및 원고료
> 3. 「소득세법」에 따른 비과세근로소득. 다만, 「소득세법」 제12조 제3호 차목·파목 및 거목에 따라 비과세되는 소득은 제외한다.

④ (○) 동조 제3항
⑤ (✕) 고용노동부장관 → 보건복지부장관(동법 제70조 제3항)

> **제70조(보수월액)** ③ 제1항에 따른 보수는 근로자등이 근로를 제공하고 사용자·국가 또는 지방자치단체로부터 지급받는 금품(실비변상적인 성격을 갖는 금품은 제외한다)으로서 대통령령으로 정하는 것을 말한다. 이 경우 보수 관련 자료가 없거나 불명확한 경우 등 대통령령으로 정하는 사유에 해당하면 보건복지부장관이 정하여 고시하는 금액을 보수로 본다.

정답 ⑤

095 □□□   ○ △ ×

국민건강보험법령상 직장가입자 제외자에 해당하는 자를 모두 고른 것은?

> ㄱ. 고용기간이 1개월 미만인 일용근로자
> ㄴ. 1개월 동안의 소정(所定)근로시간이 60시간 미만인 단시간근로자
> ㄷ. 「병역법」에 따른 군간부후보생
> ㄹ. 선거에 당선되어 취임하는 공무원으로서 매월 보수 또는 보수에 준하는 급료를 받지 아니하는 사람

① ㄱ, ㄴ   ② ㄴ, ㄷ   ③ ㄱ, ㄴ, ㄹ
④ ㄱ, ㄷ, ㄹ   ⑤ ㄱ, ㄴ, ㄷ, ㄹ

해설

⑤ (○) 모두 직장가입자 제외자에 해당하는 자이다.

> **국민건강보험법 제6조(가입자의 종류)** ② 모든 사업장의 근로자 및 사용자와 공무원 및 교직원은 직장가입자가 된다. 다만, 다음 각 호의 어느 하나에 해당하는 사람은 제외한다. 〈개정 2016.5.29.〉
> 1. 고용기간이 1개월 미만인 일용근로자
> 2. 「병역법」에 따른 현역병(지원에 의하지 아니하고 임용된 하사를 포함한다), 전환복무된 사람 및 군간부후보생
> 3. 선거에 당선되어 취임하는 공무원으로서 매월 보수 또는 보수에 준하는 급료를 받지 아니하는 사람
> 4. 그 밖에 사업장의 특성, 고용형태 및 사업의 종류 등을 고려하여 대통령령으로 정하는 사업장의 근로자 및 사용자와 공무원 및 교직원
> **시행령 제9조(직장가입자에서 제외되는 사람)** 법 제6조 제2항 제4호에서 "대통령령으로 정하는 사업장의 근로자 및 사용자와 공무원 및 교직원"이란 다음 각 호의 어느 하나에 해당하는 사람을 말한다.
> 1. 비상근근로자 또는 1개월 동안의 소정(所定)근로시간이 60시간 미만인 단시간근로자
> 2. 비상근교직원 또는 1개월 동안의 소정근로시간이 60시간 미만인 시간제공무원 및 교직원
> 3. 소재지가 일정하지 아니한 사업장의 근로자 및 사용자
> 4. 근로자가 없거나 제1호에 해당하는 근로자만을 고용하고 있는 사업장의 사업주

정답 ⑤

096 □□□   ○ △ ×

고용보험 및 산업재해보상보험의 보험료징수 등에 관한 법률상 보험료율의 인상 또는 인하 등에 따른 조치에 관한 내용이다. ( )에 들어갈 내용으로 옳은 것은?

> (ㄱ)은 보험료율이 인상 또는 인하된 때에는 월별보험료 및 개산보험료를 증액 또는 감액조정하고, 월별보험료가 증액된 때에는 (ㄴ)이, 개산보험료가 증액된 때에는 (ㄷ)이 각각 징수한다.

① ㄱ: 근로복지공단,   ㄴ: 국민건강보험공단,
　 ㄷ: 근로복지공단
② ㄱ: 근로복지공단,   ㄴ: 근로복지공단,
　 ㄷ: 국민건강보험공단
③ ㄱ: 근로복지공단,   ㄴ: 근로복지공단,
　 ㄷ: 근로복지공단
④ ㄱ: 국민건강보험공단, ㄴ: 근로복지공단,
　 ㄷ: 국민건강보험공단
⑤ ㄱ: 국민건강보험공단, ㄴ: 국민건강보험공단,
　 ㄷ: 근로복지공단

해설

① (○) ㄱ: 근로복지공단, ㄴ: 국민건강보험공단, ㄷ: 근로복지공단

> **고용산재보험료징수법 제18조(보험료율의 인상 또는 인하 등에 따른 조치)** ① 공단(근로복지공단)은 보험료율이 인상 또는 인하된 때에는 월별보험료 및 개산보험료를 증액 또는 감액조정하고, 월별보험료가 증액된 때에는 건강보험공단(국민건강보험공단)이, 개산보험료가 증액된 때에는 공단(근로복지공단)이 각각 징수한다. 이 경우 사업주에 대한 통지, 납부기한 등 필요한 사항은 대통령령으로 정한다. 〈개정 2010.1.27.〉

정답 ①

097 ☐☐☐　○ △ ×

고용보험 및 산업재해보상보험의 보험료징수 등에 관한 법령상 보험관계의 성립 및 소멸에 관한 설명으로 옳지 않은 것은?

① 산업재해보상보험법을 적용하지 아니하는 사업의 사업주는 근로복지공단의 승인을 받아 산업재해보상보험에 가입할 수 있다.

② 일괄적용사업의 사업주는 사업의 개시일부터 14일 이내에 끝나는 사업의 경우에는 그 끝나는 날의 다음 날까지 개시 및 종료 사실을 근로복지공단에 신고하여야 한다.

③ 고용보험법을 적용하지 아니하는 사업의 사업주가 고용보험에 가입된 경우, 그 보험계약을 해지할 때에는 미리 근로복지공단의 승인을 받아야 한다.

④ 고용보험에 가입한 사업주는 기간의 정함이 있는 건설사업의 경우, 사업의 기간이 변경되면 그 변경된 날부터 14일 이내에 그 변경사항을 근로복지공단에 신고하여야 한다.

⑤ 고용보험법을 적용하지 아니하는 사업의 사업주가 근로자의 과반수의 동의를 받아 근로복지공단의 승인을 받으면, 그 사업의 사업주와 근로자는 고용보험에 가입할 수 있다.

해설

① (○) 고용산재보험료징수법 제5조 제4항
② (×) 다음 날 → 전날(동법 제11조 제3항)

> 제11조(보험관계의 신고) ③ 제8조 제1항 및 제2항에 따른 일괄적용사업의 사업주는 그 각각의 사업(제1항에 따라 신고된 사업은 제외한다)의 개시일 및 종료일(사업종료의 신고는 고용보험의 경우만 한다)부터 각각 14일 이내에 그 개시 및 종료 사실을 공단에 신고하여야 한다. 다만, 사업의 개시일부터 14일 이내에 끝나는 사업의 경우에는 그 끝나는 날의 전날까지 신고하여야 한다.

③ (○) 동법 제5조 제5항 전단
④ (○) 동법 제12조, 동법 시행령 제9조 제5호

> 제12조(보험관계의 변경신고) 보험에 가입한 사업주는 그 이름, 사업의 소재지 등 대통령령으로 정하는 사항이 변경된 경우에는 그날부터 14일 이내에 그 변경사항을 공단에 신고하여야 한다.
> 시행령 제9조(보험관계의 변경신고) 법 제12조에 따라 사업주는 보험에 가입된 사업에 다음 각 호의 사항이 변경되면 그 변경된 날부터 14일 이내에 공단에 신고해야 한다. 다만, 제6호는 다음 보험연도 첫날부터 14일 이내에 신고해야 한다. 〈개정 2023. 12.26.〉
> 1. 사업주(법인인 경우에는 대표자)의 이름 및 주민등록번호
> 2. 사업의 명칭 및 소재지
> 3. 사업의 종류
> 4. 사업자등록번호(법인인 경우에는 법인등록번호를 포함한다)
> 5. 건설공사 또는 벌목업 등 기간의 정함이 있는 사업의 경우 사업의 기간
> 6. 「고용보험법 시행령」 제12조에 따른 우선지원대상기업(이하

"우선지원대상기업"이라 한다)의 해당 여부에 변경이 있는 경우 상시근로자수

⑤ (○) 동법 제5조 제2항

정답 ②

098 ☐☐☐　○ △ ×

고용보험 및 산업재해보상보험의 보험료징수 등에 관한 법령상 상시근로자 수가 150명 미만인 사업주의 사업의 고용안정 · 직업능력개발사업의 보험료율은?

① 1만분의 15　② 1만분의 25　③ 1만분의 35
④ 1만분의 45　⑤ 1만분의 55

해설

② (○) 상시근로자 수가 150명 미만인 사업주의 사업의 고용안정 · 직업능력개발사업의 보험료율은 1만분의 25이다.

> 고용산재보험료징수법 시행령 제12조(고용보험료율) ① 법 제14조 제1항에 따른 고용보험료율은 다음 각 호와 같다. 〈개정 2023.12. 26.〉
> 1. 고용안정 · 직업능력개발사업의 보험료율: 다음 각 목의 구분에 따른 보험료율
> 가. 상시근로자 수가 150명 미만인 사업주의 사업: 1만분의 25
> 나. 상시근로자 수가 150명 이상인 사업주의 사업으로서 우선지원대상기업의 범위에 해당하는 사업: 1만분의 45
> 다. 상시근로자수가 150명 이상 1천명 미만인 사업주의 사업으로서 나목에 해당하지 않는 사업: 1만분의 65
> 라. 상시근로자수가 1천명 이상인 사업주의 사업으로서 나목에 해당하지 않는 사업 및 국가 · 지방자치단체가 직접 하는 사업: 1만분의 85
> 2. 실업급여의 보험료율: 1천분의 18

정답 ②

099 □□□　　　○ △ ✕

고용보험 및 산업재해보상보험의 보험료징수 등에 관한 법령상 기준보수에 관한 설명으로 옳지 않은 것은?

① 근로시간에 따라 보수를 지급받는 근로자가 주당 소정근로시간을 확정할 수 없는 경우에는 시간단위 기준보수를 적용한다.

② 기준보수는 사업의 규모, 근로형태 및 보수수준 등을 고려하여 고용보험법에 따른 고용보험위원회의 심의를 거쳐 시간·일 또는 월단위로 정하되, 사업의 종류별 또는 지역별로 구분하여 정할 수 있다.

③ 사업 또는 사업장의 이전 등으로 사업의 소재지를 파악하기 곤란한 경우에는 기준보수를 보수로 할 수 있다.

④ 통상근로자로서 월정액으로 보수를 지급받는 근로자에게는 월단위 기준보수를 적용한다.

⑤ 사업의 폐업으로 보수를 산정하기 곤란한 경우에는 기준보수를 보수로 할 수 있다.

해설

① (✕) 시간단위 → 월단위(고용산재보험료징수법 시행령 제3조 제2항 제2호)

> **시행령 제3조(기준보수의 적용)** ② 법 제3조에 따른 기준보수는 다음 각 호의 구분에 따라 적용한다. 〈개정 2023.6.27.〉
> 1. 통상근로자로서 월정액으로 보수를 지급받는 근로자에게는 월단위 기준보수를 적용한다.
> 2. 단시간근로자, 근로시간에 따라 보수를 지급받는 근로자(이하 이 조에서 "시간급근로자"라 한다), 근로일에 따라 일당 형식의 보수를 지급받는 근로자(이하 이 조에서 "일급근로자"라 한다)에게는 주당 소정근로시간을 실제 근로한 시간으로 보아 시간단위 기준보수를 적용한다. 다만, 시간급근로자 또는 일급근로자임이 명확하지 아니하거나 주당 소정근로시간을 확정할 수 없는 경우에는 월단위 기준보수를 적용한다.
> 3. 예술인에게는 월단위 기준보수를 적용한다.
> 4. 노무제공자에게는 월단위 기준보수를 적용한다.

② (○) 기준보수는 사업의 규모, 근로·노무형태, 보수·보수액수준 등을 고려하여 「고용보험법」 제7조에 따른 고용보험위원회의 심의를 거쳐 시간·일 또는 월 단위로 정하되, 사업의 종류별 또는 지역별로 구분하여 정할 수 있다(동법 제3조 제2항).

③ (○) ⑤ (○) 동조 제1항 제1호, 동법 시행령 제3조 제1항 제3호, 제1호

> **제3조(기준보수)** ① 다음 각 호의 어느 하나에 해당하는 경우에는 고용노동부장관이 정하여 고시하는 금액(이하 "기준보수"라 한다)을 근로자, 「고용보험법」 제77조의2 제1항에 따른 예술인(이하 "예술인"이라 한다)이나 같은 법 제77조의6 제1항에 따른 노무제공자(이하 "노무제공자"라 한다)의 보수 또는 보수액으로 할 수 있다. 〈개정 2022.12.31.〉
> 1. 사업의 폐업·도산 등으로 근로자, 예술인 또는 노무제공자의 보수 또는 보수액을 산정·확인하기 곤란한 경우 등 대통령령으로 정하는 사유가 있는 경우
> 2. 예술인(「고용보험법」 제77조의2 제2항 제2호 본문에 따른 소득기준을 충족하는 예술인으로서 대통령령으로 정하는 사람과 같은 호 단서에 따른 단기예술인은 제외한다) 및 노무제공

자(같은 법 제77조의6 제2항 제2호 본문에 따른 소득기준을 충족하는 노무제공자로서 대통령령으로 정하는 사람과 같은 호 단서에 따른 단기노무제공자는 제외한다)의 보수액이 기준보수보다 적은 경우
> ② 기준보수는 사업의 규모, 근로·노무형태, 보수·보수액 수준 등을 고려하여 「고용보험법」 제7조에 따른 고용보험위원회의 심의를 거쳐 시간·일 또는 월 단위로 정하되, 사업의 종류별 또는 지역별로 구분하여 정할 수 있다. 〈개정 2022.12.31.〉
> **시행령 제3조(기준보수의 적용)** ① 법 제3조 제1항 제1호에서 "사업의 폐업·도산 등으로 근로자, 예술인 또는 노무제공자의 보수 또는 보수액을 산정·확인하기 곤란한 경우 등 대통령령으로 정하는 사유가 있는 경우"란 다음 각 호의 어느 하나에 해당하는 경우를 말한다. 〈개정 2023.6.27.〉
> 1. 사업 또는 사업장(이하 "사업"이라 한다)의 폐업·도산 등으로 근로자, 「고용보험법」 제77조의2 제1항에 따른 예술인(이하 "예술인"이라 한다) 또는 같은 법 제77조의6 제1항에 따른 노무제공자(이하 "노무제공자"라 한다)의 보수 또는 보수액을 산정·확인하기 곤란한 경우
> 2. 보수 관련 자료가 없거나 명확하지 않은 경우
> 3. 사업의 이전 등으로 사업의 소재지를 파악하기 곤란한 경우

④ (○) 동조 제2항 제1호

정답 ①

---

100 □□□　　　○ △ ✕

고용보험 및 산업재해보상보험의 보험료징수 등에 관한 법률상 보험관계의 변경신고에 관한 내용이다. (　　)에 들어갈 숫자로 옳은 것은?

> 보험에 가입한 사업주는 그 이름, 사업의 소재지 등 대통령령으로 정하는 사항이 변경된 경우에는 그날부터 (　　)일 이내에 그 변경사항을 근로복지공단에 신고하여야 한다.

① 7　　　　　　② 14　　　　　　③ 15
④ 20　　　　　　⑤ 30

해설

② (○) 괄호에 들어갈 숫자로 옳은 것은 14이다.

> **고용산재보험료징수법 제12조(보험관계의 변경신고)** 보험에 가입한 사업주는 그 이름, 사업의 소재지 등 대통령령으로 정하는 사항이 변경된 경우에는 그날부터 14일 이내에 그 변경사항을 공단에 신고하여야 한다.

정답 ②

076 ▢▢▢   ○ △ ×

사회보장기본법령상 국가와 지방자치단체의 책임에 관한 내용으로 옳지 않은 것은?

① 국가와 지방자치단체는 국가 발전수준에 부응하고, 사회환경의 변화에 선제적으로 대응하며, 지속 가능한 사회보장제도를 확립하고, 매년 이에 필요한 재원을 조달하여야 한다.
② 국가와 지방자치단체는 사회보장 관계법령에서 규정한 권리나 의무를 모든 국민에게 설명하여야 한다.
③ 국가와 지방자치단체는 사회보장에 관한 책임과 역할을 합리적으로 분담하여야 한다.
④ 국가는 사회보장제도의 안정적인 운영을 위하여 중장기 사회보장 재정추계를 격년으로 실시하고 이를 공표하여야 한다.
⑤ 국가와 지방자치단체는 모든 국민의 인간다운 생활을 유지·증진하는 책임을 가진다.

해설

① (○) 사회보장기본법 제5조 제3항
② (×) 설명하여야 한다 → 설명하도록 노력하여야 한다(동법 제34조)

> **제34조(사회보장에 관한 설명)** 국가와 지방자치단체는 사회보장 관계법령에서 규정한 권리나 의무를 해당 국민에게 설명하도록 노력하여야 한다.

③ (○) 동법 제5조 제2항
④ (○) 동조 제4항
⑤ (○) 동조 제1항

정답 ②

077 ▢▢▢   ○ △ ×

사회보장기본법령상 사회보장위원회에 관한 내용으로 옳지 않은 것은?

① 사회보장위원회의 부위원장은 기획재정부장관, 교육부장관 및 보건복지부장관이 된다.
② 사회보장위원회의 사무를 효율적으로 처리하기 위하여 보건복지부에 사무국을 둔다.
③ 사회보장위원회에 간사 1명을 두고, 간사는 보건복지부 사회복지정책실장으로 한다.
④ 대통령은 위촉한 사회보장위원회의 위원이 직무와 관련된 비위사실이 있는 경우에는 해당 위원을 해촉할 수 있다.
⑤ 사회보장위원회에 두는 실무위원회는 공동위원장 2명을 포함하여 30명 이내의 위원으로 구성한다.

해설

① (○) 위원장은 국무총리가 되고, 부위원장은 기획재정부장관, 교육부장관 및 보건복지부장관이 된다(사회보장기본법 제21조 제2항).
② (○) 동조 제8항
③ (×) 1명 → 2명, 보건복지부 사회복지정책실장 → 국무조정실 사회조정실장과 보건복지부 사회복지정책실장(동법 시행령 제9조 제2항)

> **시행령 제9조(위원회의 위원 등)** ② 위원회에 간사 2명을 두고, 간사는 국무조정실 사회조정실장과 보건복지부 사회복지정책실장으로 한다. 〈개정 2013.3.23.〉

④ (○) 동법 시행령 제9조의2 제2호

> **시행령 제9조의2(위원회 위원의 해촉)** 대통령은 법 제21조 제3항 제2호에 따른 위원이 다음 각 호의 어느 하나에 해당하는 경우에는 해당 위원을 해촉(解囑)할 수 있다.
> 1. 심신장애로 인하여 직무를 수행할 수 없게 된 경우
> 2. 직무와 관련된 비위사실이 있는 경우
> 3. 직무태만, 품위손상이나 그 밖의 사유로 인하여 위원으로 적합하지 아니하다고 인정되는 경우
> 4. 위원 스스로 직무를 수행하는 것이 곤란하다고 의사를 밝히는 경우

⑤ (○) 동법 시행령 제11조 제3항

정답 ③

078 ⬚⬚⬚　　　　○ △ ✕

사회보장기본법령상 사회보장수급권에 관한 내용으로 옳지 않은 것은?

① 사회보장수급권이 정지되는 경우에는 정지하는 목적에 필요한 최소한의 범위에 그쳐야 한다.

② 사회보장수급권은 관계법령에서 정하는 바에 따라 타인에게 양도할 수 있다.

③ 사회보장수급권은 관계법령에서 따로 정하고 있는 경우에는 제한될 수 있다.

④ 사회보장수급권은 관계법령에서 정하는 바에 따라 타인에게 담보로 제공할 수 없다.

⑤ 사회보장수급권을 포기하는 것이 다른 사람에게 피해를 주는 경우에는 사회보장수급권을 포기할 수 없다.

해설

① (○) 제1항 단서에 따라 사회보장수급권이 제한되거나 정지되는 경우에는 제한 또는 정지하는 목적에 필요한 최소한의 범위에 그쳐야 한다(사회보장기본법 제13조 제2항).

② (✕) ④ (○) 있다 → 없다(동법 제12조)

> **제12조(사회보장수급권의 보호)** 사회보장수급권은 관계법령에서 정하는 바에 따라 다른 사람에게 양도하거나 담보로 제공할 수 없으며, 이를 압류할 수 없다.

③ (○) 사회보장수급권은 제한되거나 정지될 수 없다. 다만, 관계법령에서 따로 정하고 있는 경우에는 그러하지 아니하다(동법 제13조 제1항).

⑤ (○) 제1항에도 불구하고 사회보장수급권을 포기하는 것이 다른 사람에게 피해를 주거나 사회보장에 관한 관계법령에 위반되는 경우에는 사회보장수급권을 포기할 수 없다(동법 제14조 제3항).

정답 ②

079 ⬚⬚⬚　　　　○ △ ✕

고용보험법령상 사업주에게 지급하는 출산육아기 고용안정장려금의 지급요건 중 하나이다. (　　)에 들어갈 내용으로 옳은 것은?

> 출산전후휴가, 유산·사산휴가 또는 육아휴직등의 시작일 전 (ㄱ)일이 되는 날[출산전후휴가에 연이어 유산·사산휴가 또는 육아휴직등을 시작하는 경우에는 출산전후휴가 시작일 전 (ㄴ)일이 되는 날] 이후 새로 대체인력을 고용하여 (ㄷ)일 이상 계속 고용한 경우

① ㄱ: 30, ㄴ: 30, ㄷ: 30

② ㄱ: 30, ㄴ: 30, ㄷ: 60

③ ㄱ: 30, ㄴ: 60, ㄷ: 60

④ ㄱ: 60, ㄴ: 60, ㄷ: 30

⑤ ㄱ: 60, ㄴ: 60, ㄷ: 60

해설

④ (○) ㄱ: 60(2개월), ㄴ: 60(2개월), ㄷ: 30

> **고용보험법 시행령 제29조(출산육아기 고용안정장려금)** ① 고용노동부장관은 법 제23조에 따라 다음 각 호에 해당하는 사업주에게 출산육아기 고용안정장려금을 지급한다. 〈개정 2022.6.28.〉
>
> 1. 삭제 〈2018.12.31.〉
> 2. 피보험자인 근로자에게 「남녀고용평등과 일·가정 양립 지원에 관한 법률」 제19조에 따른 육아휴직 또는 같은 법 제19조의2에 따른 육아기 근로시간 단축(이하 "육아휴직등" 이라 한다)을 30일[「근로기준법」 제74조 제1항에 따른 출산전후휴가(이하 "출산전후휴가"라 한다)의 기간과 중복되는 기간은 제외한다] 이상 허용한 우선지원대상기업의 사업주
> 3. 피보험자인 근로자에게 출산전후휴가, 「근로기준법」 제74조 제3항에 따른 유산·사산휴가(이하 "유산·사산휴가"라 한다) 또는 육아기 근로시간 단축을 30일 이상 부여하거나 허용하고 대체인력을 고용한 경우로서 다음 각 목의 요건을 모두 갖춘 우선지원대상기업의 사업주
>   가. 다음의 어느 하나에 해당할 것
>   1) 출산전후휴가, 유산·사산휴가 또는 육아기 근로시간 단축의 시작일 전 2개월이 되는 날(출산전후휴가에 연이어 유산·사산휴가 또는 육아기 근로시간 단축을 시작하는 경우에는 출산전후휴가 시작일 전 2개월이 되는 날) 이후 새로 대체인력을 고용하여 30일 이상 계속 고용한 경우
>   2) 피보험자인 근로자에게 임신 중에 60일을 초과하여 근로시간 단축을 허용하고 대체인력을 고용한 경우로서 그 근로자가 근로시간 단축 종료에 연이어 출산전후휴가, 유산·사산휴가 또는 육아기 근로시간 단축을 시작한 이후에도 같은 대체인력을 계속 고용한 경우. 이 경우 대체인력을 고용한 기간은 30일 이상이어야 한다.
>   나. 삭제 〈2020.3.31.〉
>   다. 새로 대체인력을 고용하기 전 3개월부터 고용 후 1년까지(해당 대체인력의 고용기간이 1년 미만인 경우에는 그 고용관계 종료 시까지를 말한다) 고용조정으로 다른 근로자(새로 고용한 대체인력보다 나중에 고용된 근로자는 제외한다)를 이직시키지 아니할 것

정답 ④

080 ⬚⬚⬚　　　　○ △ ✕

고용보험법령상 장애인고용촉진 및 직업재활법에 따른 장애인인 甲(45세)은 근무하던 A회사를 퇴사하여 직업안정기관으로부터 구직급여 수급자격을 인정받았다. 피보험기간이 15년인 甲이 받을 수 있는 구직급여의 소정급여일수는?

① 120일　　　② 180일　　　③ 210일

④ 240일　　　⑤ 270일

해설

⑤ (○) 위 경우, 구직급여의 소정급여일수는 270일이다.

[보충] 甲은 장애인고용촉진 및 직업재활법에 따른 장애인이므로, 별표 1의 비고에 따라 50세 이상인 것으로 본다. 따라서 피보험기

간이 15년인 甲이 받을 수 있는 구직급여의 소정급여일수는 270일이다.

구직급여의 소정급여일수(제50조 제1항 관련 별표 1)

구분		이직일 현재 연령	
		50세 미만	50세 이상
피보험기간	1년 미만	120일	120일
	1년~3년	150일	180일
	3년~5년	180일	210일
	5년~10년	210일	240일
	10년 이상	240일	270일

비고: 「장애인고용촉진 및 직업재활법」 제2조 제1호에 따른 장애인은 50세 이상인 것으로 보아 위 표를 적용한다.

정답 ⑤

81 □□□   ○ △ ×

고용보험법령상 예술인인 피보험자의 구직급여에 관한 내용으로 옳지 않은 것은?

① 이직일 이전 24개월 동안의 피보험 단위기간이 통산하여 9개월 이상일 것을 지급요건으로 한다.

② 이직일 이전 24개월 중 3개월 이상을 예술인인 피보험자로 피보험자격을 유지하였을 것을 지급요건으로 한다.

③ 실업의 신고일부터 계산하기 시작하여 30일간은 대기기간으로 보아 구직급여를 지급하지 아니한다.

④ 예술인의 구직급여일액은 기초일액에 100분의 60을 곱한 금액으로 한다.

⑤ 예술인의 구직급여일액의 상한액은 6만 6천 원이다.

해설

① (○) ② (○) 고용보험법 제77조의3 제1항 제1호, 제4호

제77조의3(예술인인 피보험자에 대한 구직급여) ① 예술인의 구직급여는 다음 각 호의 요건을 모두 갖춘 경우에 지급한다. 다만, 제6호는 최종 이직 당시 단기예술인이었던 사람만 해당한다. 〈개정 2021.1.5.〉

1. 이직일 이전 24개월 동안의 피보험 단위기간이 통산하여 9개월 이상일 것
2. 근로 또는 노무제공의 의사와 능력이 있음에도 불구하고 취업(영리를 목적으로 사업을 영위하는 경우를 포함한다)하지 못한 상태에 있을 것
3. 이직사유가 제77조의5 제2항에서 준용하는 제58조에 따른 수급자격의 제한 사유에 해당하지 아니할 것. 다만, 제77조의5 제2항에서 준용하는 제58조 제2호 가목에도 불구하고 예술인이 이직할 당시 대통령령으로 정하는 바에 따른 소득감소로 인하여 이직하였다고 직업안정기관의 장이 인정하는 경우에는 제58조에 따른 수급자격의 제한 사유에 해당하지 아니하는 것으로 본다.
4. 이직일 이전 24개월 중 3개월 이상을 예술인인 피보험자로 피보험자격을 유지하였을 것
5. 재취업을 위한 노력을 적극적으로 할 것
6. 다음 각 목의 요건을 모두 갖출 것

가. 수급자격의 인정신청일 이전 1개월 동안의 노무제공일수가 10일 미만이거나 수급자격 인정신청일 이전 14일간 연속하여 노무제공내역이 없을 것

나. 최종 이직일 이전 24개월 동안의 피보험 단위기간 중 다른 사업에서 제77조의5 제2항에서 준용하는 제58조에 따른 수급자격의 제한 사유에 해당하는 사유로 이직한 사실이 있는 경우에는 그 피보험 단위기간 중 90일 이상을 단기예술인으로 종사하였을 것

③ (×) 30일 → 7일(동조 제6항)

제77조의3(예술인인 피보험자에 대한 구직급여) ⑥ 예술인은 제42조에 따른 실업의 신고일부터 계산하기 시작하여 7일간은 대기기간으로 보아 구직급여를 지급하지 아니한다. 다만, 다음 각 호의 사유에 해당하는 경우에는 각 호의 사유별로 4주의 범위에서 대통령령으로 정하는 기간을 대기기간으로 보아 구직급여를 지급하지 아니하며, 각 호의 사유 중 둘 이상에 해당하는 경우에는 그 대기기간이 가장 긴 기간을 대기기간으로 본다. 〈개정 2022.12.31.〉

1. 제1항 제3호 단서에서 정한 사유로 이직한 경우
2. 제43조의2 제1항에 따라 수급자격의 인정신청을 한 경우로서 가장 나중에 상실한 피보험자격과 관련된 이직사유가 같은 조 제2항 단서에 해당하는 경우

④ (○) 동조 제4항

⑤ (○) 동법 제77조의3 제5항, 동법 시행령 제104조의8 제4항

정답 ③

82 □□□   ○ △ ×

고용보험법령상 육아휴직급여의 특례에 관한 내용이다. (   )에 들어갈 내용으로 옳은 것은?

> 같은 자녀에 대하여 부모가 순차적으로 육아휴직을 하는 경우, 두 번째 육아휴직을 한 피보험자의 최초 3개월의 육아휴직급여는 (ㄱ)으로 한다. 이 경우 그 월별 상한액은 (ㄴ)으로 한다.

① ㄱ: 월 통상임금의 100분의 50에 해당하는 금액, ㄴ: 120만 원

② ㄱ: 월 통상임금의 100분의 80에 해당하는 금액, ㄴ: 120만 원

③ ㄱ: 월 통상임금의 100분의 80에 해당하는 금액, ㄴ: 150만 원

④ ㄱ: 월 통상임금에 해당하는 금액, ㄴ: 150만 원

⑤ ㄱ: 월 통상임금에 해당하는 금액, ㄴ: 250만 원

해설

⑤ (○) ㄱ: 월 통상임금에 해당하는 금액, ㄴ: 250만 원

고용보험법 시행령 제95조의2(두 번째 육아휴직자에 대한 육아휴직급여에 관한 한시적 특례) ① 제95조 제1항에도 불구하고 2022년 12월 31일까지 같은 자녀에 대하여 피보험자인 부모가 순차적으로 육아휴직을 하는 경우 두 번째 육아휴직을 한 피보험자에게 지급하는 육아휴직급여의 월별 지급액은 다음 각 호의

구분에 따라 산정한 금액으로 한다.

1. 육아휴직 시작일부터 3개월까지: 육아휴직 시작일을 기준으로 한 월 통상임금에 해당하는 금액. 다만, 해당 금액이 250만 원을 넘는 경우에는 250만 원으로 하고, 해당 금액이 70만 원보다 적은 경우에는 70만 원으로 한다.

2. 육아휴직 4개월째부터 육아휴직 종료일까지: 육아휴직 시작일을 기준으로 한 월 통상임금의 100분의 50에 해당하는 금액. 다만, 해당 금액이 120만 원을 넘는 경우에는 120만 원으로 하고, 해당 금액이 70만 원보다 적은 경우에는 70만 원으로 한다.

정답 ⑤

083 ☐☐☐   ○ △ ✕

고용보험법령상 피보험자격에 관한 내용으로 옳지 않은 것은?

① 사업주는 그 사업에 고용된 근로자의 피보험자격 취득에 관한 사항을 신고하려는 경우, 그 사유가 발생한 날이 속하는 달의 다음 달 말일까지 고용노동부장관에게 신고해야 한다.

② 사업주가 그 사업에 고용된 근로자의 피보험자격의 취득에 관한 사항을 신고하지 아니하면, 근로자가 근로계약서 등 고용관계를 증명할 수 있는 서류를 제출하여 신고할 수 있다.

③ 자영업자인 피보험자는 피보험자격의 취득 및 상실에 관한 신고를 하지 아니한다.

④ 근로자가 보험관계가 성립되어 있는 둘 이상의 사업에 동시에 고용되어 있는 경우에는, 고용노동부령으로 정하는 바에 따라 그중 한 사업의 근로자로서의 피보험자격을 취득한다.

⑤ 피보험자는 언제든지 고용노동부장관에게 피보험자격의 취득 또는 상실에 관한 확인을 청구할 수 있다.

해설

① (✕) 말일 → 15일(고용보험법 시행령 제7조 제1항 전단)

시행령 제7조(피보험자격의 취득 또는 상실신고 등) ① 사업주나 하수급인(下受給人)은 법 제15조에 따라 고용노동부장관에게 그 사업에 고용된 근로자의 피보험자격 취득 및 상실에 관한 사항을 신고하려는 경우에는 그 사유가 발생한 날이 속하는 달의 다음 달 15일까지(근로자가 그 기일 이전에 신고할 것을 요구하는 경우에는 지체 없이) 신고해야 한다. 이 경우 사업주나 하수급인이 해당하는 달에 고용한 일용근로자의 근로일수, 임금 등이 적힌 근로내용 확인신고서를 그 사유가 발생한 날의 다음 달 15일까지 고용노동부장관에게 제출한 경우에는 피보험자격의 취득 및 상실을 신고한 것으로 본다.

② (○) 동법 제15조 제3항, 동법 시행령 제8조

제15조(피보험자격에 관한 신고 등) ③ 사업주가 제1항에 따른 피보험자격에 관한 사항을 신고하지 아니하면 대통령령으로 정하는 바에 따라 근로자가 신고할 수 있다.

시행령 제8조(근로자의 피보험자격에 관한 신고) 법 제15조 제3항에 따라 근로자가 피보험자격의 취득 및 상실 등에 관한 사항을 신고할 때에는 근로계약서 등 고용관계를 증명할 수 있는 서류를 제출하여야 한다.

③ (○) 동조 제7항

④ (○) 동법 제18조 제1항, 제2조 제1호 가목

제18조(피보험자격의 취득기준) ① 제2조 제1호 가목에 따른 근로자가 보험관계가 성립되어 있는 둘 이상의 사업에 동시에 고용되어 있는 경우에는 대통령령으로 정하는 바에 따라 그중 한 사업의 피보험자격을 취득한다.

제2조(정의) 이 법에서 사용하는 용어의 뜻은 다음과 같다. 〈개정 2021.1.5.〉

1. "피보험자"란 다음 각 목에 해당하는 사람을 말한다.

   가. 「고용보험 및 산업재해보상보험의 보험료징수 등에 관한 법률」(이하 "고용산재보험료징수법"이라 한다) 제5조 제1항·제2항, 제6조 제1항, 제8조 제1항·제2항, 제48조의2 제1항 및 제48조의3 제1항에 따라 보험에 가입되거나 가입된 것으로 보는 근로자, 예술인 또는 노무제공자

   나. 고용산재보험료징수법 제49조의2 제1항·제2항에 따라 고용보험에 가입하거나 가입된 것으로 보는 자영업자(이하 "자영업자인 피보험자"라 한다)

⑤ (○) 피보험자 또는 피보험자였던 사람은 언제든지 고용노동부장관에게 피보험자격의 취득 또는 상실에 관한 확인을 청구할 수 있다(동법 제17조 제1항).

정답 ①

084 ☐☐☐   ○ △ ✕

고용보험법령상 자영업자인 피보험자에 대한 실업급여 적용의 특례에 관한 내용으로 옳은 것은?

① 자영업자인 피보험자의 실업급여의 종류에는 광역 구직활동비가 포함되지 않는다.

② 폐업일 이전 12개월간 자영업자인 피보험자로서 갖춘 피보험 단위기간이 합산하여 6개월이면 구직급여를 지급한다.

③ 자영업자인 피보험자로서 폐업한 수급자격자에 대한 구직급여일액은 그 수급자격자의 기초일액에 100분의 60을 곱한 금액으로 한다.

④ 고용노동부장관은 자영업자의 피보험기간이 3년이면 보험료 체납횟수가 1회인 경우, 실업급여를 지급하지 아니한다.

⑤ 자영업자의 실업급여를 받을 권리는 양도하거나 담보로 제공할 수 있다.

해설

① (✕) 포함되지 않는다 → 포함된다(고용보험법 제69조의2, 제37조)

제69조의2(자영업자인 피보험자의 실업급여의 종류) 자영업자인 피보험자의 실업급여의 종류는 제37조에 따른다. 다만, 제51

조부터 제55조까지의 규정에 따른 연장급여와 제64조에 따른 조기재취업 수당은 제외한다.

제37조(실업급여의 종류) ① 실업급여는 구직급여와 취업촉진 수당으로 구분한다.

② 취업촉진 수당의 종류는 다음 각 호와 같다.

1. 조기(早期)재취업 수당
2. 직업능력개발 수당
3. 광역 구직활동비
4. 이주비

② (×) 12개월 → 24개월, 6개월 → 1년(동법 제69조의3 제1호)

제69조의3(구직급여의 수급요건) 구직급여는 폐업한 자영업자인 피보험자가 다음 각 호의 요건을 모두 갖춘 경우에 지급한다. 〈개정 2020.5.26.〉

1. 폐업일 이전 24개월간 제41조 제1항 단서에 따라 자영업자인 피보험자로서 갖춘 피보험 단위기간이 합산하여 1년 이상일 것
2. 근로의 의사와 능력이 있음에도 불구하고 취업을 하지 못한 상태에 있을 것
3. 폐업사유가 제69조의7에 따른 수급자격의 제한 사유에 해당하지 아니할 것
4. 재취업을 위한 노력을 적극적으로 할 것

③ (○) 동법 제69조의5

④ (×) 1회 → 3회(동법 시행규칙 별표 2의4)

자영업자 실업급여 지급이 제한되는 보험료 체납횟수(별표 2의4)

구분		체납횟수
피보험기간	1년 이상~2년 미만	1회
	2년 이상~3년 미만	2회
	3년 이상	3회

⑤ (×) 있다 → 없다(동법 제69조의9 제1항, 제38조 제1항)

제69조의9(준용) ① 자영업자인 피보험자의 실업급여에 관하여는 제37조의2, 제38조, 제38조의2, 제42조, 제43조, 제43조의2, 제44조, 제47조부터 제49조까지, 제56조, 제57조, 제60조부터 제63조까지, 제65조부터 제68조까지를 준용한다. 이 경우 제42조 제1항·제43조 제3항 중 "이직"은 "폐업"으로 보고, 제43조 제1항 중 "제40조 제1항 제1호부터 제3호까지·제5호 및 제6호"는 "제69조의3"으로 보며, 제63조 제1항 중 "제46조"는 "제69조의5"로 보고, 제48조 제1항 중 "제50조 제1항"은 "제69조의6"으로 본다. 〈개정 2022.12.31.〉

제38조(수급권의 보호) ① 실업급여를 받을 권리는 양도 또는 압류하거나 담보로 제공할 수 없다. 〈개정 2015.1.20.〉

정답 ③

---

085 □□□ ○ △ ✕

산업재해보상보험법령상 특수형태근로종사자의 직종에 해당하지 않는 사람은?

① 한국표준직업분류표의 세분류에 따른 택배원인 사람으로서 소화물을 집화·수송과정을 거쳐 배송하는 택배사업에서 집화업무를 하는 사람

② 우체국 예금·보험에 관한 법률에 따른 우체국보험의 모집을 전업으로 하는 사람

③ 한국표준직업분류표의 세세분류에 따른 대여제품 방문점검원

④ 한국표준직업분류표의 세분류에 따른 가전제품 설치 및 수리원으로서 가전제품을 배송, 설치 및 시운전하여 작동상태를 확인하는 사람

⑤ 신용정보의 이용 및 보호에 관한 법률에 따른 위임직 채권추심인

해설

2022.6.10. 산재보험법 개정으로 제125조(특수형태근로종사자에 대한 특례)가 삭제되었고, 2023.6.27. 산재보험법 시행령 개정으로 제125조(특수형태근로종사자의 범위 등)가 삭제되었으므로, 특수형태근로종사자와 관련한 문제는 추후 출제되지 아니할 예정이다. 이에 정답을 변경한다.

산재보험법 개정이유(시행 2023.7.1. 일부개정 2022.6.10.)
현행법에 따르면 특수형태근로종사자가 산업재해보상보험을 적용받기 위해서는 '특정 사업에의 전속성' 요건을 충족하여야 하는데, 배달 앱 등 온라인 플랫폼 등을 통해 복수의 사업에 노무를 제공하는 경우에는 이러한 요건을 충족하지 못하여 산업재해 보호의 사각지대가 발생하고 있음.
또한 특수형태근로종사자가 '특정 사업에의 전속성' 요건을 충족하더라도, 주된 사업장 외의 보조사업장에서 업무상 재해를 입은 경우에는 산업재해보상보험이 적용되지 않는 상황임.
이에 산업재해보상보험의 전속성 요건을 폐지하고, 기존 특수형태근로종사자 및 온라인 플랫폼 종사자 등을 포괄하는 개념으로 "노무제공자"의 정의를 신설하여 산업재해보상보험의 적용을 받을 수 있도록 하며, 이로 인하여 새롭게 보험의 적용을 받는 사람들의 노무제공 특성에 맞는 보험적용·징수체계와 급여·보상제도를 마련함으로써 산업재해보상보험을 통한 보호범위를 보다 확대하려는 것임.
산재보험법 시행령 개정이유(시행 2024.1.1. 일부개정 2023.6.27.)
산업재해보상보험의 보호범위를 확대하기 위하여 종전의 특수형태근로종사자 및 온라인 플랫폼 종사자 등을 포괄하는 개념으로 노무제공자의 정의를 신설하여 산업재해보상보험의 적용을 받도록 하고, 산업재해보상보험의 전속성 요건을 폐지하여 주된 사업장뿐 아니라 노무를 제공하는 모든 사업장에서 산업재해보상보험에 각각 가입하도록 하는 등의 내용으로 「산업재해보상보험법」이 개정(법률 제18928호, 2022.6.10. 공포, 2023.7.1. 시행)됨에 따라, 산업재해보상보험에서의 노무제공자의 범위, 노무제공자의 평균보수 산정사유 발생일 등 법률에서 위임된 사항과 그 시행에 필요한 사항을 정하려는 것임.

정답 ⑤ ▶ 없음

086 □□□ ○△×

산업재해보상보험법령상 업무상질병판정위원회에 관한 내용으로 옳지 않은 것은?

① 한의사는 업무상질병판정위원회의 위원이 될 수 있다.

② 업무상질병판정위원회의 위원장과 위원의 임기는 2년으로 하되, 연임할 수 있다.

③ 이황화탄소 중독증은 업무상질병판정위원회의 심의에서 제외되는 질병에 해당한다.

④ 업무상질병판정위원회는 부득이한 사유로 심의를 의뢰받은 날부터 60일 이내에 심의를 마칠 수 없으면 20일 단위로 두 차례 연장할 수 있다.

⑤ 업무상질병판정위원회의 원활한 운영을 위하여 필요하면 위원장이 지명하는 위원이 회의를 주재할 수 있다.

해설

① (○) 산재보험법 시행규칙 제6조 제2항 제3호

> 시행규칙 제6조(업무상질병판정위원회의 구성) ② 판정위원회의 위원장 및 위원은 다음 각 호의 어느 하나에 해당하는 사람 중에서 공단 이사장이 위촉하거나 임명한다. 〈개정 2012.4.25.〉
> 1. 변호사 또는 공인노무사
> 2. 「고등교육법」 제2조에 따른 학교에서 조교수 이상으로 재직하고 있거나 재직하였던 사람
> 3. 의사, 치과의사 또는 한의사
> 4. 산업재해보상보험 관련 업무에 5년 이상 종사한 사람
> 5. 「국가기술자격법」에 따른 산업위생관리 또는 인간공학 분야 기사 이상의 자격을 취득하고 관련 업무에 5년 이상 종사한 사람

② (○) 동조 제5항

③ (○) 동법 시행규칙 제7조 제2호

> 시행규칙 제7조(판정위원회의 심의에서 제외되는 질병) 법 제38조 제2항에 따른 판정위원회의 심의에서 제외되는 질병은 다음 각 호의 어느 하나에 해당하는 질병으로 한다. 〈개정 2021.2.1.〉
> 1. 진폐
> 2. 이황화탄소 중독증
> 3. 유해·위험요인에 일시적으로 다량 노출되어 나타나는 급성 중독 증상 또는 소견 등의 질병
> 4. 영 제117조 제1항 제3호에 따른 진찰을 한 결과 업무와의 관련성이 매우 높다는 소견이 있는 질병
> 5. 제22조 각 호의 기관에 자문한 결과 업무와의 관련성이 높다고 인정된 질병
> 6. 그 밖에 업무와 그 질병 사이에 상당인과관계가 있는지를 명백히 알 수 있는 경우로서 공단이 정하는 질병

④ (×) 60일 → 20일, 20일 단위로 두 차례 → 10일을 넘지 않는 범위에서 한 차례만(동법 시행규칙 제8조 제2항)

> 시행규칙 제8조(판정위원회의 심의 절차) ② 판정위원회는 제1항에 따라 심의를 의뢰받은 날부터 20일 이내에 업무상 질병으로 인정되는지를 심의하여 그 결과를 심의를 의뢰한 소속 기관의 장에게 알려야 한다. 다만, 부득이한 사유로 그 기간 내에 심의를 마칠 수 없으면 10일을 넘지 않는 범위에서 한 차례만 그 기간을 연장할 수 있다.

⑤ (○) 동법 시행규칙 제9조 제1항 단서

정답 ④

087 □□□ ○△×

산업재해보상보험법령상 보험급여에 관한 내용으로 옳지 않은 것은?

① 장해보상연금의 수급권자가 재요양을 받는 경우에도 그 연금의 지급을 정지하지 아니한다.

② 진폐유족연금의 지급은 그 지급사유가 발생한 달의 다음 달 첫날부터 시작된다.

③ 유족보상연금 수급자격자인 손자녀 또는 형제자매가 19세가 된 때에는 그 자격을 잃는다.

④ 요양급여를 받는 근로자가 요양을 시작한 지 1년이 지난 이후에 취업하지 못하면 휴업급여 대신 상병보상연금을 그 근로자에게 지급한다.

⑤ 장해보상연금은 그 지급을 정지할 사유가 발생한 때에는 그 사유가 발생한 달의 다음 달 첫날부터 그 사유가 소멸한 달의 말일까지 지급하지 아니한다.

해설

① (○) 산재보험법 제60조 제1항

② (○) 장해보상연금, 유족보상연금, 진폐보상연금 또는 진폐유족연금의 지급은 그 지급사유가 발생한 달의 다음 달 첫날부터 시작되며, 그 지급받을 권리가 소멸한 달의 말일에 끝난다(동법 제70조 제1항).

③ (×) 2023.8.8. 개정 산재보험법은, 근로자가 산업재해로 인해 사망한 경우에 손자녀의 유족보상연금 수급자격 연령을 19세 미만에서 25세 미만으로 상향하였으므로(동법 제63조 제1항 제2호의2), 정답을 변경한다.

> 제63조(유족보상연금 수급자격자의 범위) ① 유족보상연금을 받을 수 있는 자격이 있는 사람(이하 "유족보상연금 수급자격자"라 한다)은 근로자가 사망할 당시 그 근로자와 생계를 같이 하고 있던 유족(그 근로자가 사망할 당시 대한민국 국민이 아닌 사람으로서 외국에서 거주하고 있던 유족은 제외한다) 중 배우자와 다음 각 호의 어느 하나에 해당하는 사람으로 한다. 이 경우 근로자와 생계를 같이 하고 있던 유족의 판단 기준은 대통령령으로 정한다. 〈개정 2023.8.8.〉
> 1. 부모 또는 조부모로서 각각 60세 이상인 사람
> 2. 자녀로서 25세 미만인 사람
> 2의2. 손자녀로서 25세 미만인 사람
> 3. 형제자매로서 19세 미만이거나 60세 이상인 사람
> 4. 제1호부터 제3호까지의 규정 중 어느 하나에 해당하지 아니하는 자녀·부모·손자녀·조부모 또는 형제자매로서 「장애인복지법」 제2조에 따른 장애인 중 고용노동부령으로 정한 장애 정도에 해당하는 사람

④ (×) 1년 → 2년(동법 제66조 제1항)
[보충] 단순히 요양으로 인하여 취업하지 못하였을 것에만 해당하여서는 아니 되고, 상병보상연금 수급요건 모두에 해당하는 상태가 계속되어야 한다.

제66조(상병보상연금) ① 요양급여를 받는 근로자가 요양을 시작한 지 2년이 지난 날 이후에 다음 각 호의 요건 모두에 해당하는 상태가 계속되면 휴업급여 대신 상병보상연금을 그 근로자에게 지급한다. 〈개정 2018.6.12.〉

1. 그 부상이나 질병이 치유되지 아니한 상태일 것
2. 그 부상이나 질병에 따른 중증요양상태의 정도가 대통령령으로 정하는 중증요양상태 등급기준에 해당할 것
3. 요양으로 인하여 취업하지 못하였을 것

⑤ (○) 장해보상연금, 유족보상연금, 진폐보상연금 또는 진폐유족연금은 그 지급을 정지할 사유가 발생한 때에는 그 사유가 발생한 달의 다음 달 첫날부터 그 사유가 소멸한 달의 말일까지 지급하지 아니한다(동법 제79조 제2항).

정답 ④ ▶ ③·④

088 □□□   ○ △ ✕

산업재해보상보험법령상 진폐에 따른 보험급여의 종류에 해당하는 것을 모두 고른 것은?

ㄱ. 요양급여	ㄴ. 휴업급여	ㄷ. 장해급여
ㄹ. 간병급여	ㅁ. 유족급여	

① ㄱ, ㄹ
② ㄱ, ㄴ, ㅁ
③ ㄴ, ㄹ, ㅁ
④ ㄴ, ㄷ, ㄹ, ㅁ
⑤ ㄱ, ㄴ, ㄷ, ㄹ, ㅁ

해설

① (○) ㄱ, ㄹ이 진폐에 따른 보험급여의 종류에 해당한다.

산재보험법 제36조(보험급여의 종류와 산정 기준 등) ① 보험급여의 종류는 다음 각 호와 같다. 다만, 진폐에 따른 보험급여의 종류는 제1호의 요양급여, 제4호의 간병급여, 제7호의 장례비, 제8호의 직업재활급여, 제91조의3에 따른 진폐보상연금 및 제91조의4에 따른 진폐유족연금으로 하고, 제91조의12에 따른 건강손상자녀에 대한 보험급여의 종류는 제1호의 요양급여, 제3호의 장해급여, 제4호의 간병급여, 제7호의 장례비, 제8호의 직업재활급여로 한다. 〈개정 2022.1.11.〉

1. 요양급여　　　　　2. 휴업급여
3. 장해급여　　　　　4. 간병급여
5. 유족급여　　　　　6. 상병(傷病)보상연금
7. 장례비　　　　　　8. 직업재활급여

정답 ①

089 □□□   ○ △ ✕

산업재해보상보험법령상 과태료 부과대상이 되는 자는?

① 근로복지공단의 임직원이나 그 직에 있었던 사람이 그 직무상 알게 된 비밀을 누설한 자
② 산재보험 의료기관의 종사자로서 거짓이나 그 밖의 부정한 방법으로 진료비를 지급받은 자
③ 거짓이나 그 밖의 부정한 방법으로 보험급여를 받도록 시키거나 도와준 자
④ 근로복지공단이 아닌 자가 근로복지공단과 비슷한 명칭을 사용한 자
⑤ 근로자가 보험급여를 신청한 것을 이유로 근로자를 해고한 사업주

해설

① (✕) ② (✕) ③ (✕) ⑤ (✕) 벌칙 부과대상이 되는 자이다(산재보험법 제127조 제4항, 제2항, 제3항 제2호, 제3항 제3호).

제127조(벌칙) ① 제31조의2 제3항을 위반하여 공동이용하는 전산정보자료를 같은 조 제1항에 따른 목적 외의 용도로 이용하거나 활용한 자는 3년 이하의 징역 또는 3천만 원 이하의 벌금에 처한다. 〈신설 2021.1.26.〉
② 산재보험 의료기관이나 제46조 제1항에 따른 약국의 종사자로서 거짓이나 그 밖의 부정한 방법으로 진료비나 약제비를 지급받은 자는 3년 이하의 징역 또는 3천만 원 이하의 벌금에 처한다. 〈개정 2021.1.26.〉
③ 다음 각 호의 어느 하나에 해당하는 자는 2년 이하의 징역 또는 2천만 원 이하의 벌금에 처한다. 〈개정 2021.1.26.〉
1. 거짓이나 그 밖의 부정한 방법으로 보험급여를 받은 자
2. 거짓이나 그 밖의 부정한 방법으로 보험급여를 받도록 시키거나 도와준 자
3. 제111조의2를 위반하여 근로자를 해고하거나 그 밖에 근로자에게 불이익한 처우를 한 사업주
④ 제21조 제3항을 위반하여 비밀을 누설한 자는 2년 이하의 징역 또는 1천만 원 이하의 벌금에 처한다.

④ (○) 과태료 부과대상이 되는 자이다(동법 제129조 제2항 제1호).

제129조(과태료) ② 다음 각 호의 어느 하나에 해당하는 자에게는 200만 원 이하의 과태료를 부과한다. 〈개정 2022.6.10.〉
1. 제34조를 위반하여 근로복지공단 또는 이와 비슷한 명칭을 사용한 자
2. 제45조 제1항을 위반하여 공단이 아닌 자에게 진료비를 청구한 자

정답 ④

090 □□□   ○ △ ✕

산업재해보상보험법령상 간병 및 이송에 관한 내용으로 옳지 않은 것은?

① 요양 중인 근로자가 회복실에서 요양 중인 경우, 그 기간에는 별도의 간병을 제공하지 않는다.

② 간병은 요양 중인 근로자의 부상·질병상태가 의학적으로 다른 사람의 간병이 필요하다고 인정되는 경우로서 신체 표면면적의 35퍼센트 이상에 걸친 화상을 입어 수시로 적절한 조치를 할 필요가 있는 사람에게 제공한다.

③ 해당 근로자의 13세 이상의 자녀 또는 형제자매도 간병을 할 수 있는 사람이다.

④ 간병의 대상이 되는 근로자의 부상·질병상태 등이 전문적인 간병을 필요로 하는 경우에는 의료법에 따른 간호사만 간병을 하도록 할 수 있다.

⑤ 해당 근로자의 부상·질병상태로 보아 이송 시 간호인의 동행이 필요하다고 인정되는 경우에는 간호인 1명이 동행할 수 있으나, 의학적으로 특별히 필요하다고 인정되는 경우에는 2명까지 동행할 수 있다.

해설

① (○) 법 제40조 제4항 제6호에 따른 간병은 요양 중인 근로자의 부상·질병상태 및 간병이 필요한 정도에 따라 구분하여 제공한다. 다만, 요양 중인 근로자가 중환자실이나 회복실에서 요양 중인 경우, 그 기간에는 별도의 간병을 제공하지 않는다(산재보험법 시행규칙 제11조 제1항).

② (○) 동조 제2항 제5호

> **시행규칙 제11조(간병의 범위)** ② 간병은 요양 중인 근로자의 부상·질병상태가 의학적으로 다른 사람의 간병이 필요하다고 인정되는 경우로서 다음 각 호의 어느 하나에 해당하는 사람에게 제공한다. 〈개정 2019.10.15.〉
> 1. 두 손의 손가락을 모두 잃거나 사용하지 못하게 되어 혼자 힘으로 식사를 할 수 없는 사람
> 2. 두 눈의 실명 등으로 일상생활에 필요한 동작을 혼자 힘으로 할 수 없는 사람
> 3. 뇌의 손상으로 정신이 혼미하거나 착란을 일으켜 일상생활에 필요한 동작을 혼자 힘으로 할 수 없는 사람
> 4. 신경계통 또는 정신의 장해로 의사소통을 할 수 없는 등 치료에 뚜렷한 지장이 있는 사람
> 5. 신체 표면면적의 35퍼센트 이상에 걸친 화상을 입어 수시로 적절한 조치를 할 필요가 있는 사람
> 6. 골절로 인한 견인장치 또는 석고붕대 등을 하여 일상생활에 필요한 동작을 혼자 힘으로 할 수 없는 사람
> 7. 하반신 마비 등으로 배뇨·배변을 제대로 하지 못하거나 욕창 방지를 위하여 수시로 체위를 변경시킬 필요가 있는 사람
> 8. 업무상 질병으로 신체가 몹시 허약하여 일상생활에 필요한 동작을 혼자 힘으로 할 수 없는 사람
> 9. 수술 등으로 일정 기간 거동이 제한되어 일상생활에 필요한 동작을 혼자 힘으로 할 수 없는 사람
> 10. 그 밖에 부상·질병상태가 제1호부터 제9호까지의 규정에 준하는 사람

③ (○) 동법 시행규칙 제12조 제1항 제3호

④ (✕) 간호사만 → 간호사 또는 간호조무사, 요양보호사 등 공단이 인정하는 간병교육을 받은 사람만(동조 제2항)

> **시행규칙 제12조(간병을 할 수 있는 사람의 범위)** ① 간병을 할 수 있는 사람은 다음 각 호의 어느 하나에 해당하는 사람으로 한다.
> 1. 「의료법」에 따른 간호사 또는 간호조무사
> 2. 「노인복지법」 제39조의2에 따른 요양보호사 등 공단이 인정하는 간병 교육을 받은 사람
> 3. 해당 근로자의 배우자(사실상 혼인관계에 있는 사람을 포함한다), 부모, 13세 이상의 자녀 또는 형제자매
> 4. 그 밖에 간병에 필요한 지식이나 자격을 갖춘 사람 중에서 간병을 받을 근로자가 지정하는 사람
> ② 제1항에도 불구하고 간병의 대상이 되는 근로자의 부상·질병상태 등이 전문적인 간병을 필요로 하는 경우에는 제1항 제1호 또는 제2호에 따른 사람만 간병을 하도록 할 수 있다.

⑤ (○) 동법 시행규칙 제17조 제1항

정답 ④

091 □□□   ○ △ ✕

국민연금법령상 노령연금 수급권자에 관한 내용이다. (　　)에 들어갈 숫자의 합은?

> 국민연금 가입기간이 (　　)년 이상인 가입자 또는 가입자였던 자 중 특수직종근로자는 (　　)세가 된 때부터 그가 생존하는 동안 노령연금을 지급한다.

① 55   ② 60   ③ 65

④ 70   ⑤ 75

해설

③ (○) 괄호에 들어갈 숫자의 합은 10+55=65이다.

> **국민연금법 제61조(노령연금 수급권자)** ① 가입기간이 10년 이상인 가입자 또는 가입자였던 자에 대하여는 60세(특수직종근로자는 55세)가 된 때부터 그가 생존하는 동안 노령연금을 지급한다. 〈개정 2011.12.31.〉

정답 ③

92 □□□ ○ △ ✕

국민연금법령에 관한 내용으로 옳지 않은 것은?

① 국민기초생활 보장법에 따른 생계급여 수급자는 지역가입자에서 제외된다.

② 지역가입자가 국적을 상실한 때에는 그에 해당하게 된 날에 그 자격을 상실한다.

③ 지역가입자가 사업장가입자의 자격을 취득한 때에는 그에 해당하게 된 날에 그 자격을 상실한다.

④ 임의가입자는 가입신청이 수리된 날에 자격을 취득한다.

⑤ 사립학교교직원 연금법을 적용받는 사립학교 교직원은 국민연금 가입대상에서 제외된다.

해설

① (○) 국민연금법 제9조 제4호

> **제9조(지역가입자)** 제8조에 따른 사업장가입자가 아닌 자로서 18세 이상 60세 미만인 자는 당연히 지역가입자가 된다. 다만, 다음 각 호의 어느 하나에 해당하는 자는 제외한다. 〈개정 2015.12. 29.〉
> 1. 다음 각 목의 어느 하나에 해당하는 자의 배우자로서 별도의 소득이 없는 자
>   가. 제6조 단서에 따라 국민연금 가입대상에서 제외되는 자
>   나. 사업장가입자, 지역가입자 및 임의계속가입자
>   다. 삭제 〈2016.5.29.〉
>   라. 노령연금 수급권자 및 퇴직연금등수급권자
> 2. 퇴직연금등수급권자. 다만, 퇴직연금등수급권자가 「국민연금과 직역연금의 연계에 관한 법률」 제8조에 따라 연계신청을 한 경우에는 그러하지 아니하다.
> 3. 18세 이상 27세 미만인 자로서 학생이거나 군복무 등의 이유로 소득이 없는 자(연금보험료를 납부한 사실이 있는 자는 제외한다)
> 4. 「국민기초생활 보장법」 제7조 제1항 제1호에 따른 생계급여 수급자 또는 같은 항 제3호에 따른 의료급여 수급자
> 5. 1년 이상 행방불명된 자. 이 경우 행방불명된 자에 대한 인정기준 및 방법은 대통령령으로 정한다.

② (✕) 날에 → 날의 다음 날에(동법 제12조 제2항 제2호)

> **제12조(가입자 자격의 상실시기)** ② 지역가입자는 다음 각 호의 어느 하나에 해당하게 된 날의 다음 날에 자격을 상실한다. 다만, 제3호와 제4호의 경우에는 그에 해당하게 된 날에 그 자격을 상실한다.
> 1. 사망한 때
> 2. 국적을 상실하거나 국외로 이주한 때
> 3. 제6조 단서에 따른 국민연금 가입대상 제외자에 해당하게 된 때
> 4. 사업장가입자의 자격을 취득한 때
> 5. 제9조 제1호에 따른 배우자로서 별도의 소득이 없게 된 때
> 6. 60세가 된 때

③ (○) 동항 단서 제4호

④ (○) 동법 제11조 제3항

⑤ (○) 국내에 거주하는 국민으로서 18세 이상 60세 미만인 자는 국민연금 가입대상이 된다. 다만, 「공무원연금법」, 「군인연금법」, 「사립학교교직원 연금법」 및 「별정우체국법」을 적용받는 공무원, 군인, 교직원 및 별정우체국 직원, 그 밖에 대통령령으로 정하는 자는 제외한다(동법 제6조).

93 □□□ ○ △ ✕

국민건강보험법령상 일반건강검진의 대상이 아닌 자는?

① 직장가입자

② 6세 미만의 피부양자

③ 20세 이상인 지역가입자

④ 20세 이상인 피부양자

⑤ 세대주인 지역가입자

해설

② (✕) 6세 미만의 피부양자는 일반건강검진의 대상이 아닌 자이다.

> **국민건강보험법 제52조(건강검진)** ② 제1항에 따른 건강검진의 종류 및 대상은 다음 각 호와 같다. 〈신설 2018.12.11.〉
> 1. 일반건강검진: 직장가입자, 세대주인 지역가입자, 20세 이상인 지역가입자 및 20세 이상인 피부양자
> 2. 암검진: 「암관리법」 제11조 제2항에 따른 암의 종류별 검진주기와 연령 기준 등에 해당하는 사람
> 3. 영유아건강검진: 6세 미만의 가입자 및 피부양자

정답 ②

94 □□□ ○ △ ✕

국민건강보험법령상 보험가입자의 자격상실시기로 옳은 것을 모두 고른 것은?

> ㄱ. 사망한 날
> ㄴ. 국적을 잃은 날
> ㄷ. 국내에 거주하지 아니하게 된 날
> ㄹ. 직장가입자의 피부양자가 된 날

① ㄹ 　 ② ㄱ, ㄷ 　 ③ ㄱ, ㄴ, ㄷ

④ ㄴ, ㄷ, ㄹ 　 ⑤ ㄱ, ㄴ, ㄷ, ㄹ

해설

① (○) ㄹ만이 보험가입자의 자격상실시기로 옳다.

> **국민건강보험법 제10조(자격의 상실시기 등)** ① 가입자는 다음 각 호의 어느 하나에 해당하게 된 날에 그 자격을 잃는다.
> 1. 사망한 날의 다음 날
> 2. 국적을 잃은 날의 다음 날
> 3. 국내에 거주하지 아니하게 된 날의 다음 날
> 4. 직장가입자의 피부양자가 된 날
> 5. 수급권자가 된 날
> 6. 건강보험을 적용받고 있던 사람이 유공자등 의료보호대상자가 되어 건강보험의 적용배제신청을 한 날

정답 ①

사 회 보 험 법

095 ▢▢▢   ○ △ ✕

고용보험 및 산업재해보상보험의 보험료징수 등에 관한 법령상 보험료의 부과 및 징수에 관한 내용으로 옳은 것은?

① 건설업 중 건설장비운영업은 보험료의 월별 부과·징수 제외대상 사업에 해당한다.

② 임업 중 벌목업은 보험료의 월별 부과·징수 대상 사업에 해당한다.

③ 근로복지공단은 사업주에게 납부기한 20일 전까지 월별보험료의 납입을 고지하여야 한다.

④ 장애인고용촉진 및 직업재활법상 장애인인 보험가입자의 보험료는 근로복지공단이 매월 부과하고, 한국장애인고용공단이 이를 징수한다.

⑤ 제조업의 보험료는 근로복지공단이 매월 부과하고, 국민건강보험공단이 이를 징수한다.

해설

① (✕) ② (✕) 해당한다 → 해당하지 아니한다(고용산재보험료징수법 시행령 제19조의2)

[보충] 건설업 중 건설장비운영업은 월별 부과·징수 제외대상 사업에서 제외하므로, 제외대상 사업에 해당하지 아니하고, 임업 중 벌목업은 월별 부과·징수 제외대상 사업에 해당하므로, 대상 사업에 해당하지 아니한다.

> **시행령 제19조의2(월별 부과·징수 제외대상 사업)** 법 제16조의2 제2항에서 "건설업 등 대통령령으로 정하는 사업"이란 다음 각 호의 사업을 말한다.
> 1. 건설업(건설장비운영업은 제외한다)
> 2. 임업 중 벌목업

③ (✕) 20일 → 10일(동법 제16조의8 제1항)

> **제16조의8(월별보험료의 고지)** ① 건강보험공단은 사업주에게 다음 각 호의 사항을 적은 문서로써 납부기한 10일 전까지 월별보험료의 납입을 고지하여야 한다.
> 1. 징수하고자 하는 보험료 등의 종류
> 2. 납부하여야 할 보험료 등의 금액
> 3. 납부기한 및 장소

④ (✕) 한국장애인고용공단 → 국민건강보험공단(동법 제16조의2 제1항)

[보충] 보험가입자의 보험료는 장애인 해당 여부와 상관없이 국민건강보험공단이 이를 징수한다.

> **제16조의2(보험료의 부과·징수)** ① 제13조 제1항에 따른 보험료는 공단이 매월 부과하고, 건강보험공단이 이를 징수한다.
> **제13조(보험료)** ① 보험사업에 드는 비용에 충당하기 위하여 보험가입자로부터 다음 각 호의 보험료를 징수한다. 〈개정 2010.1. 27.〉
> 1. 고용안정·직업능력개발사업 및 실업급여의 보험료(이하 "고용보험료"라 한다)
> 2. 산재보험의 보험료(이하 "산재보험료"라 한다)

⑤ (○) 동법 제16조의2 제1항

정답 ⑤

---

096 ▢▢▢   ○ △ ✕

고용보험 및 산업재해보상보험의 보험료징수 등에 관한 법령상 보험료의 납부 등에 관한 내용으로 옳지 않은 것은?

① 법인이 합병한 경우에 합병 후 존속하는 법인은 합병으로 소멸된 법인이 내야 하는 보험료를 낼 의무를 진다.

② 근로복지공단은 사업주가 국세를 체납하여 체납처분을 받은 경우에는 보험료와 이 법에 따른 징수금 총액이 300만 원 미만이면 납부기한 전이라도 즉시 보험료를 징수하여야 한다.

③ 국민건강보험공단은 소멸시효가 완성된 경우에는 고용노동부장관의 승인을 받아 보험료와 이 법에 따른 그 밖의 징수금을 결손처분할 수 있다.

④ 공동사업에 관계되는 보험료, 이 법에 따른 그 밖의 징수금과 체납처분비는 공동사업자가 연대하여 낼 의무를 진다.

⑤ 상속이 개시된 때에 그 상속인은 피상속인에게 부과되거나 피상속인이 내야 하는 보험료를 상속받은 재산의 한도에서 낼 의무를 진다.

해설

① (○) 법인이 합병한 경우에 합병 후 존속하는 법인 또는 합병으로 설립되는 법인은 합병으로 소멸된 법인에 부과되거나 그 법인이 내야 하는 보험료와 이 법에 따른 그 밖의 징수금과 체납처분비를 낼 의무를 진다(고용산재보험료징수법 제28조의2).

② (✕) 300만 원 → 500만 원, 징수하여야 한다 → 징수할 수 없다(동법 제27조의2 제1항 제1호)

> **제27조의2(납부기한 전 징수)** ① 공단 또는 건강보험공단은 사업주에게 다음 각 호의 어느 하나에 해당하는 사유가 있는 경우에는 납부기한 전이라도 이미 납부의무가 확정된 보험료, 이 법에 따른 그 밖의 징수금을 징수할 수 있다. 다만, 보험료와 이 법에 따른 그 밖의 징수금의 총액이 500만 원 미만인 경우에는 그러하지 아니하다. 〈개정 2010.1.27.〉
> 1. 국세를 체납하여 체납처분을 받은 경우
> 2. 지방세 또는 공과금을 체납하여 체납처분을 받은 경우
> 3. 강제집행을 받은 경우
> 4. 「어음법」 및 「수표법」에 따른 어음교환소에서 거래정지처분을 받은 경우
> 5. 경매가 개시된 경우
> 6. 법인이 해산한 경우

③ (○) 동법 제29조 제1항 제2호

> **제29조(징수금의 결손처분)** ① 건강보험공단은 다음 각 호의 어느 하나에 해당하는 사유가 있을 때에는 고용노동부장관의 승인을 받아 보험료와 이 법에 따른 그 밖의 징수금을 결손처분할 수 있다. 〈개정 2010.6.4.〉
> 1. 체납처분이 끝나고 체납액에 충당된 배분금액이 그 체납액보다 적은 경우
> 2. 소멸시효가 완성된 경우
> 3. 징수할 가능성이 없다고 인정하여 대통령령으로 정하는 경우

④ (○) 동법 제28조의4 제1항

⑤ (○) 상속이 개시된 때에 그 상속인(「민법」 제1078조에 따라 포괄

적 유증을 받은 자를 포함한다) 또는 「민법」 제1053조에 따른 상속재산관리인(이하 "상속재산관리인"이라 한다)은 피상속인에게 부과되거나 그 피상속인이 내야 하는 보험료, 이 법에 따른 그 밖의 징수금과 체납처분비를 상속받은 재산의 한도에서 낼 의무를 진다(동법 제28조의3 제1항).

정답 ②

97 □□□ ○ △ ×

고용보험 및 산업재해보상보험의 보험료징수 등에 관한 법령상 보험관계의 성립일 또는 소멸일에 관한 내용으로 옳지 않은 것은?

① 사업이 폐업되거나 끝난 날의 다음 날에 소멸한다.
② 일괄적용을 받는 사업의 경우에는 처음 하는 사업이 시작된 날에 성립한다.
③ 근로복지공단이 계속하여 보험관계를 유지할 수 없다고 인정하여 그 보험관계를 소멸시키는 경우에는 그 소멸을 결정·통지한 날의 다음 날에 소멸한다.
④ 근로복지공단의 승인을 얻어 가입한 보험계약을 해지하는 경우에는 그 해지에 관하여 근로복지공단의 승인을 받은 날의 다음 날에 소멸한다.
⑤ 보험에 가입한 하수급인의 경우에는 그 하도급공사의 착공일의 다음 날에 성립한다.

해설
① (○) ③ (○) ④ (○) 고용산재보험료징수법 제10조 제1호, 제3호, 제2호

> **제10조(보험관계의 소멸일)** 보험관계는 다음 각 호의 어느 하나에 해당하는 날에 소멸한다. (개정 2019.1.15.)
> 1. 사업이 폐업되거나 끝난 날의 다음 날
> 2. 제5조 제5항(제6조 제4항에서 준용되는 경우를 포함한다)에 따라 보험계약을 해지하는 경우에는 그 해지에 관하여 공단의 승인을 받은 날의 다음 날
> 3. 제5조 제7항에 따라 공단이 보험관계를 소멸시키는 경우에는 그 소멸을 결정·통지한 날의 다음 날
> 4. 제6조 제3항에 따른 사업주의 경우에는 근로자(고용보험의 경우에는 「고용보험법」 제10조 및 제10조의2에 따른 적용제외 근로자는 제외한다)를 사용하지 아니한 첫날부터 1년이 되는 날의 다음 날

② (○) 동법 제7조 제4호
⑤ (×) 의 다음 날 → 삭제(동조 제5호)

> **제7조(보험관계의 성립일)** 보험관계는 다음 각 호의 어느 하나에 해당하는 날에 성립한다.
> 1. 제5조 제1항에 따라 사업주 및 근로자가 고용보험의 당연가입자가 되는 사업의 경우에는 그 사업이 시작된 날(「고용보험법」 제8조 단서에 따른 사업이 제5조 제1항에 따라 사업주 및 근로자가 고용보험의 당연가입자가 되는 사업에 해당하게 된 경우에는 그 해당하게 된 날)
> 2. 제5조 제3항에 따라 사업주가 산재보험의 당연가입자가 되는

> 사업의 경우에는 그 사업이 시작된 날(「산업재해보상보험법」 제6조 단서에 따른 사업이 제5조 제3항에 따라 사업주가 산재보험의 당연가입자가 되는 사업에 해당하게 된 경우에는 그 해당하게 된 날)
> 3. 제5조 제2항 또는 제4항에 따라 보험에 가입한 사업의 경우에는 공단이 그 사업의 사업주로부터 보험가입승인신청서를 접수한 날의 다음 날
> 4. 제8조 제1항에 따라 일괄적용을 받는 사업의 경우에는 처음 하는 사업이 시작된 날
> 5. 제9조 제1항 단서 및 제2항에 따라 보험에 가입한 하수급인의 경우에는 그 하도급공사의 착공일

정답 ⑤

98 □□□ ○ △ ×

고용보험 및 산업재해보상보험의 보험료징수 등에 관한 법령상 사업주는 보험에 가입된 사업에 변경사항이 있으면, 그 변경된 날부터 14일 이내에 근로복지공단에 그 변경사항을 신고하여야 한다. 변경신고사항에 해당하는 것을 모두 고른 것은?

> ㄱ. 사업주의 이름 및 주민등록번호
> ㄴ. 사업의 종류
> ㄷ. 사업의 명칭 및 소재지
> ㄹ. 사업자등록번호

① ㄱ, ㄴ   ② ㄴ, ㄷ   ③ ㄱ, ㄴ, ㄹ
④ ㄱ, ㄷ, ㄹ   ⑤ ㄱ, ㄴ, ㄷ, ㄹ

해설
⑤ (○) 모두 변경신고사항에 해당한다.

> **고용산재보험료징수법 시행령 제9조(보험관계의 변경신고)** 법 제12조에 따라 사업주는 보험에 가입된 사업에 다음 각 호의 사항이 변경되면 그 변경된 날부터 14일 이내에 공단에 신고해야 한다. 다만, 제6호는 다음 보험연도 첫날부터 14일 이내에 신고해야 한다. (개정 2023.12.26.)
> 1. 사업주(법인인 경우에는 대표자)의 이름 및 주민등록번호
> 2. 사업의 명칭 및 소재지
> 3. 사업의 종류
> 4. 사업자등록번호(법인인 경우에는 법인등록번호를 포함한다)
> 5. 건설공사 또는 벌목업 등 기간의 정함이 있는 사업의 경우 사업의 기간
> 6. 「고용보험법 시행령」 제12조에 따른 우선지원대상기업(이하 "우선지원대상기업"이라 한다)의 해당 여부에 변경이 있는 경우 상시근로자 수

정답 ⑤

099 □□□   ○ △ ×

고용보험 및 산업재해보상보험의 보험료징수 등에 관한 법령상 국가·지방자치단체가 직접 하는 사업의 고용안정·직업능력개발사업의 보험료율은?

① 1만분의 25   ② 1만분의 45   ③ 1만분의 65
④ 1만분의 85   ⑤ 1천분의 16

해설

④ (○) 1만분의 85

> **고용산재보험료징수법 시행령 제12조(고용보험료율)** ① 법 제14조 제1항에 따른 고용보험료율은 다음 각 호와 같다. 〈개정 2023. 12.26.〉
> 1. 고용안정·직업능력개발사업의 보험료율: 다음 각 목의 구분에 따른 보험료율
>   가. 상시근로자 수가 150명 미만인 사업주의 사업: 1만분의 25
>   나. 상시근로자 수가 150명 이상인 사업주의 사업으로서 우선지원대상기업의 범위에 해당하는 사업: 1만분의 45
>   다. 상시근로자 수가 150명 이상 1천명 미만인 사업주의 사업으로서 나목에 해당하지 않는 사업: 1만분의 65
>   라. 상시근로자 수가 1천명 이상인 사업주의 사업으로서 나목에 해당하지 않는 사업 및 국가·지방자치단체가 직접 하는 사업: 1만분의 85
> 2. 실업급여의 보험료율: 1천분의 18

정답 ④

100 □□□   ○ △ ×

고용보험 및 산업재해보상보험의 보험료징수 등에 관한 법령상 소멸시효에 관한 내용으로 옳지 않은 것은?

① 월별보험료의 고지로 중단된 소멸시효는 월별보험료를 고지한 날부터 새로 진행한다.
② 소멸시효에 관하여는 이 법에 규정된 것을 제외하고는 민법에 따른다.
③ 징수금의 독촉에 따라 중단된 소멸시효는 독촉에 의한 납부기한이 지난 때부터 새로 진행한다.
④ 이 법에 따른 그 밖의 징수금을 징수할 수 있는 권리는 3년간 행사하지 아니하면 시효로 인하여 소멸한다.
⑤ 이 법에 따른 체납처분절차에 따라 하는 교부청구로 중단된 소멸시효는 교부청구 중의 기간이 지난 때부터 새로 진행한다.

해설

① (×) 월별보험료를 고지한 날부터 → 고지한 월별보험료의 납부기한이 지난 때부터(제42조 제2항 제1호)

> **제42조(시효의 중단)** ① 제41조에 따른 소멸시효는 다음 각 호의 사유로 중단된다. 〈개정 2010.1.27.〉
> 1. 제16조의8에 따른 월별보험료의 고지
> 2. 제23조 제1항 또는 제2항에 따른 반환의 청구
> 3. 제27조에 따른 통지 또는 독촉
> 4. 제28조에 따른 체납처분절차에 따라 하는 교부청구 또는 압류
> ② 제1항에 따라 중단된 소멸시효는 다음 각 호의 기한 또는 기간이 지난 때부터 새로 진행한다. 〈개정 2010.1.27.〉
> 1. 제16조의8에 따라 고지한 월별보험료의 납부기한
> 2. 독촉에 의한 납부기한
> 3. 제27조 제1항에 따라 알린 납부기한
> 4. 교부청구 중의 기간
> 5. 압류기간

② (○) 동법 제41조 제2항
③ (○) 동법 제42조 제2항 제2호
④ (○) 보험료, 이 법에 따른 그 밖의 징수금을 징수하거나 그 반환받을 수 있는 권리는 3년간 행사하지 아니하면 시효로 인하여 소멸한다(동법 제41조 제1항).
⑤ (○) 동법 제42조 제2항 제4호

정답 ①

076 □□□ ○ △ ✕

사회보장기본법에 관한 설명으로 옳은 것은?

① 사회보장수급권은 다른 사람에게 양도하거나 담보로 제공할 수 있으며, 이를 압류할 수 있다.

② 국내에 거주하는 외국인에게 사회보장제도를 적용할 때에는 상호주의에 따르되, 관계법령에서 정하는 바에 따른다.

③ 사회보장수급권의 포기는 원칙적으로 취소할 수 없다.

④ 국가는 사회보장제도의 안정적인 운영을 위하여 중장기 사회보장 재정추계를 3년마다 실시한다.

⑤ 공공부조란 국민에게 발생하는 사회적 위험을 보험의 방식으로 대처함으로써 국민의 건강과 소득을 보장하는 제도를 말한다.

해설

① (✕) 있다 → 없다(사회보장기본법 제12조)

> **제12조(사회보장수급권의 보호)** 사회보장수급권은 관계법령에서 정하는 바에 따라 다른 사람에게 양도하거나 담보로 제공할 수 없으며, 이를 압류할 수 없다.

② (○) 국내에 거주하는 외국인에게 사회보장제도를 적용할 때에는 상호주의의 원칙에 따르되, 관계법령에서 정하는 바에 따른다(동법 제8조).

③ (✕) 없다 → 있다(동법 제14조 제2항)

> **제14조(사회보장수급권의 포기)** ① 사회보장수급권은 정당한 권한이 있는 기관에 서면으로 통지하여 포기할 수 있다.
> ② 사회보장수급권의 포기는 취소할 수 있다.
> ③ 제1항에도 불구하고 사회보장수급권을 포기하는 것이 다른 사람에게 피해를 주거나 사회보장에 관한 관계법령에 위반되는 경우에는 사회보장수급권을 포기할 수 없다.

④ (✕) 3년마다 → 격년으로(동법 제5조 제4항)

> **제5조(국가와 지방자치단체의 책임)** ④ 국가는 사회보장제도의 안정적인 운영을 위하여 중장기 사회보장 재정추계를 격년으로 실시하고 이를 공표하여야 한다.

⑤ (✕) 공공부조 → 사회보험(동법 제3조 제2호)

> **제3조(정의)** 이 법에서 사용하는 용어의 뜻은 다음과 같다.
> 2. "사회보험"이란 국민에게 발생하는 사회적 위험을 보험의 방식으로 대처함으로써 국민의 건강과 소득을 보장하는 제도를 말한다.
> 3. "공공부조"(公共扶助)란 국가와 지방자치단체의 책임 하에 생활 유지 능력이 없거나 생활이 어려운 국민의 최저생활을 보

정답 ②

077 □□□ ○ △ ✕

사회보장기본법상 사회보장 기본계획에 관한 설명으로 옳지 않은 것은?

① 사회보장 기본계획은 사회보장위원회와 국무회의의 심의를 거쳐 확정한다.

② 다른 법령에 따라 수립되는 사회보장에 관한 계획은 사회보장 기본계획에 우선한다.

③ 보건복지부장관은 관계 중앙행정기관의 장과 협의하여 사회보장 증진을 위하여 사회보장에 관한 기본계획을 5년마다 수립하여야 한다.

④ 사회보장 기본계획에는 사회보장 전달체계가 포함되어야 한다.

⑤ 보건복지부장관 및 관계 중앙행정기관의 장은 사회보장 기본계획에 따라 사회보장과 관련된 소관 주요 시책의 시행계획을 매년 수립·시행하여야 한다.

해설

① (○) 기본계획은 제20조에 따른 사회보장위원회와 국무회의의 심의를 거쳐 확정한다. 기본계획 중 대통령령으로 정하는 중요한 사항을 변경하려는 경우에도 같다(사회보장기본법 제16조 제3항).

② (✕) 계획은 사회보장 기본계획에 우선한다 → 계획에 우선한다(동법 제17조)

> **제17조(다른 계획과의 관계)** 기본계획은 다른 법령에 따라 수립되는 사회보장에 관한 계획에 우선하며 그 계획의 기본이 된다.

③ (○) 동법 제16조 제1항

④ (○) 동조 제2항 제6호

> **제16조(사회보장 기본계획의 수립)** ② 기본계획에는 다음 각 호의 사항이 포함되어야 한다.
> 1. 국내외 사회보장환경의 변화와 전망
> 2. 사회보장의 기본목표 및 중장기 추진방향
> 3. 주요 추진과제 및 추진방법
> 4. 필요한 재원의 규모와 조달방안
> 5. 사회보장 관련 기금 운용방안
> 6. 사회보장 전달체계
> 7. 그 밖에 사회보장정책의 추진에 필요한 사항

⑤ (○) 동법 제18조 제1항

정답 ②

078 □□□ ○ △ ×

사회보장기본법령상 사회보장위원회에 관한 설명으로 옳지 않은 것은?

① 국무총리 소속으로 둔다.

② 부위원장은 기획재정부장관, 교육부장관 및 보건복지부장관이 된다.

③ 보궐위원의 임기는 전임자 임기의 남은 기간으로 한다.

④ 사무처리를 위한 사무국은 보건복지부에 둔다.

⑤ 심의사항을 전문적으로 검토하기 위하여 전문위원회를 두며, 전문위원회에 분야별 실무위원회를 둔다.

해설

① (○) 사회보장에 관한 주요 시책을 심의·조정하기 위하여 국무총리 소속으로 사회보장위원회(이하 "위원회"라 한다)를 둔다(사회보장기본법 제20조 제1항).

② (○) 위원장은 국무총리가 되고 부위원장은 기획재정부장관, 교육부장관 및 보건복지부장관이 된다(동법 제21조 제2항).

③ (○) 동조 제5항

④ (○) 위원회의 사무를 효율적으로 처리하기 위하여 보건복지부에 사무국을 둔다(동조 제8항).

⑤ (×) 전문위원회 → 실무위원회(동조 제6항)

> **제21조(위원회의 구성 등)** ⑥ 위원회를 효율적으로 운영하고 위원회의 심의·조정사항을 전문적으로 검토하기 위하여 위원회에 실무위원회를 두며, 실무위원회에 분야별 전문위원회를 둘 수 있다. 〈개정 2020.4.7.〉

정답 ⑤

---

079 □□□ ○ △ ×

고용보험법상 구직급여에 관한 설명으로 옳지 않은 것은?

① 피보험 단위기간을 계산할 때, 최후로 피보험자격을 취득한 날 이전에 구직급여를 받은 사실이 있는 경우에는, 그 구직급여와 관련된 피보험자격 상실일 이전의 피보험 단위기간은 산입한다.

② 최종 이직 당시 건설일용근로자였던 피보험자가 구직급여를 받으려는 경우에는 건설일용근로자로서 수급자격 인정신청일 이전 14일간 연속하여 근로내역이 없어야 한다.

③ 구직급여를 지급받으려는 자는 이직 후 지체 없이 직업안정기관에 출석하여 실업을 신고하여야 한다.

④ 직업안정기관의 장은 필요하다고 인정하면 수급자격자의 실업인정대상기간 중의 취업사실에 대하여 조사할 수 있다.

⑤ 수급자격자가 질병이나 부상으로 직업안정기관에 출석할 수 없었던 경우로서 그 기간이 계속하여 7일 미만인 경우에는 직업안정기관에 출석할 수 없었던 사유를 적은 증명서를 제출하여 실업의 인정을 받을 수 있다.

해설

① (×) 산입한다 → 넣지 아니한다(고용보험법 제41조 제2항)

> **제41조(피보험 단위기간)** ② 제1항에 따라 피보험 단위기간을 계산할 때에는 최후로 피보험자격을 취득한 날 이전에 구직급여를 받은 사실이 있는 경우에는 그 구직급여와 관련된 피보험자격 상실일 이전의 피보험 단위기간은 넣지 아니한다. 〈개정 2011.7.21.〉

② (○) 동법 제40조 제1항 제5호 나목

> **제40조(구직급여의 수급요건)** ① 구직급여는 이직한 근로자인 피보험자가 다음 각 호의 요건을 모두 갖춘 경우에 지급한다. 다만, 제5호와 제6호는 최종 이직 당시 일용근로자였던 사람만 해당한다. 〈개정 2022.12.31.〉
> 1. 제2항에 따른 기준기간(이하 "기준기간"이라 한다) 동안의 피보험 단위기간(제41조에 따른 피보험 단위기간을 말한다)이 합산하여 180일 이상일 것
> 2. 근로의 의사와 능력이 있음에도 불구하고 취업(영리를 목적으로 사업을 영위하는 경우를 포함한다)하지 못한 상태에 있을 것
> 3. 이직사유가 제58조에 따른 수급자격의 제한 사유에 해당하지 아니할 것
> 4. 재취업을 위한 노력을 적극적으로 할 것
> 5. 다음 각 목의 어느 하나에 해당할 것
>   가. 제43조에 따른 수급자격 인정신청일이 속한 달의 직전 달 초일부터 수급자격 인정신청일까지의 근로일 수의 합이 같은 기간 동안의 총일수의 3분의 1 미만일 것
>   나. 건설일용근로자(일용근로자로서 이직 당시에 「통계법」 제22조 제1항에 따라 통계청장이 고시하는 한국표준산업분류의 대분류상 건설업에 종사한 사람을 말한다)로서 수급자격 인정신청일 이전 14일간 연속하여 근로내역이 없을 것
> 6. 최종 이직 당시의 기준기간 동안의 피보험 단위기간 중 다른 사업에서 제58조에 따른 수급자격의 제한 사유에 해당하는 사유로 이직한 사실이 있는 경우에는 그 피보험 단위기간 중 90일 이상을 일용근로자로 근로하였을 것

③ (○) 구직급여를 지급받으려는 사람은 이직 후 지체 없이 직업안정기관에 출석하여 실업을 신고하여야 한다. 다만, 「재난 및 안전관리 기본법」 제3조 제1호의 재난으로 출석하기 어려운 경우 등 고용노동부령으로 정하는 사유가 있는 경우에는 「고용정책 기본법」 제15조의2에 따른 고용정보시스템을 통하여 신고할 수 있다(동법 제42조 제1항).

④ (○) 동법 제47조 제2항

⑤ (○) 동법 제44조 제3항 제1호

> **제44조(실업의 인정)** ③ 제2항에도 불구하고 수급자격자가 다음 각 호의 어느 하나에 해당하면 직업안정기관에 출석할 수 없었던 사유를 적은 증명서를 제출하여 실업의 인정을 받을 수 있다.
> 1. 질병이나 부상으로 직업안정기관에 출석할 수 없었던 경우로서 그 기간이 계속하여 7일 미만인 경우
> 2. 직업안정기관의 직업소개에 따른 구인자와의 면접 등으로 직업안정기관에 출석할 수 없었던 경우
> 3. 직업안정기관의 장이 지시한 직업능력개발 훈련 등을 받기 위하여 직업안정기관에 출석할 수 없었던 경우
> 4. 천재지변이나 그 밖의 부득이한 사유로 직업안정기관에 출석할 수 없었던 경우

정답 ①

80 ☐☐☐   ○ △ ✕

고용보험법령상 고용조정의 지원에 관한 내용이다. ( )에 들어갈 내용으로 옳은 것은?

> 고용노동부장관은 사업의 폐업 또는 전환으로 고용조정이 불가피하게 된 사업주가 근로자에 대한 휴업, 휴직 등 근로자의 고용안정을 위한 조치를 하면 대통령령으로 정하는 바에 따라 그 사업주에게 필요한 지원을 할 수 있다. 이 경우 휴업이나 휴직 등 고용안정을 위한 조치로 근로자의 임금이 평균임금의 100분의 ( ) 미만(지급되는 임금이 없는 경우를 포함한다)으로 감소할 때에는 대통령령으로 정하는 바에 따라 그 근로자에게도 필요한 지원을 할 수 있다.

① 30　　　　② 40　　　　③ 50
④ 60　　　　⑤ 70

해설

③ (○) 50

> **고용보험법 제21조(고용조정의 지원)** ① 고용노동부장관은 경기의 변동, 산업구조의 변화 등에 따른 사업규모의 축소, 사업의 폐업 또는 전환으로 고용조정이 불가피하게 된 사업주가 근로자에 대한 휴업, 휴직, 직업전환에 필요한 직업능력개발 훈련, 인력의 재배치 등을 실시하거나 그 밖에 근로자의 고용안정을 위한 조치를 하면 대통령령으로 정하는 바에 따라 그 사업주에게 필요한 지원을 할 수 있다. 이 경우 휴업이나 휴직 등 고용안정을 위한 조치로 근로자의 임금(「근로기준법」 제2조 제1항 제5호에 따른 임금을 말한다)이 대통령령으로 정하는 수준으로 감소할 때에는 대통령령으로 정하는 바에 따라 그 근로자에게도 필요한 지원을 할 수 있다. 〈개정 2019.8.27.〉
> **시행령 제21조의2(휴업 등에 따른 임금감소 수준)** 법 제21조 제1항 후단에서 "대통령령으로 정하는 수준"이란 평균임금의 100분의 50 미만(지급되는 임금이 없는 경우를 포함한다)을 말한다.

정답 ③

81 ☐☐☐   ○ △ ✕

고용보험법령상 육아휴직급여 신청기간의 연장사유가 아닌 것은?

① 천재지변
② 배우자의 질병·부상
③ 「병역법」에 따른 의무복무
④ 범죄혐의로 인한 구속
⑤ 배우자의 국외발령 등에 따른 동거목적의 거소이전

해설

① (○) ② (○) ③ (○) ④ (○) 고용보험법 시행령 제94조 제1호, 제2호, 제4호, 제5호

> **제94조(육아휴직급여 신청기간의 연장사유)** 법 제70조 제2항 단서에서 "대통령령으로 정하는 사유"란 다음 각 호의 어느 하나에 해당하는 사유를 말한다. 〈개정 2012.1.13.〉

> 1. 천재지변
> 2. 본인이나 배우자의 질병·부상
> 3. 본인이나 배우자의 직계존속 및 직계비속의 질병·부상
> 4. 「병역법」에 따른 의무복무
> 5. 범죄혐의로 인한 구속이나 형의 집행

⑤ (✕) 배우자의 국외발령 등에 따른 동거목적의 거소이전은 육아휴직급여 신청기간의 연장사유가 아니다.

정답 ⑤

82 ☐☐☐   ○ △ ✕

고용보험법상의 취업촉진 수당에 해당하지 않는 것은?

① 이주비　　　　　② 직업능력개발 수당
③ 구직급여　　　　④ 광역 구직활동비
⑤ 조기(早期)재취업 수당

해설

③ (✕) 구직급여는 취업촉진 수당과 함께 실업급여를 구성한다.

> **고용보험법 제37조(실업급여의 종류)** ① 실업급여는 구직급여와 취업촉진 수당으로 구분한다.
> ② 취업촉진 수당의 종류는 다음 각 호와 같다.
> 1. 조기(早期)재취업 수당
> 2. 직업능력개발 수당
> 3. 광역 구직활동비
> 4. 이주비

정답 ③

83 ☐☐☐   ○ △ ✕

고용보험법상 고용보험위원회에 관한 설명으로 옳은 것은?

① 근로복지공단에 고용보험위원회를 둔다.
② 심의사항을 사전에 검토·조정하기 위하여 실무위원회를 둔다.
③ 위원장 1명을 포함한 15명 이내의 위원으로 구성한다.
④ 위원장은 고용노동부장관이 된다.
⑤ 심의사항에는 보험제도 및 보험사업의 개선에 관한 사항이 포함된다.

해설

① (✕) 근로복지공단 → 고용노동부(고용보험법 제7조 제1항)

> **제7조(고용보험위원회)** ① 이 법 및 고용산재보험료징수법(보험에 관한 사항만 해당한다)의 시행에 관한 주요 사항을 심의하기 위하여 고용노동부에 고용보험위원회(이하 이 조에서 "위원회"라 한다)를 둔다. 〈개정 2021.1.5.〉

② (✕) 실무위원회 → 전문위원회(동조 제5항)

> **제7조(고용보험위원회)** ⑤ 위원회는 심의사항을 사전에 검토·조정하기 위하여 위원회에 전문위원회를 둘 수 있다.

③ (✕) 15명 → 20명(동조 제3항)

> **제7조(고용보험위원회)** ③ 위원회는 위원장 1명을 포함한 20명 이내의 위원으로 구성한다.

④ (✕) 고용노동부장관 → 고용노동부차관(동조 제4항)

> **제7조(고용보험위원회)** ④ 위원회의 위원장은 고용노동부차관이 되고, 위원은 다음 각 호의 사람 중에서 각각 같은 수(數)로 고용노동부장관이 임명하거나 위촉하는 사람이 된다. 〈개정 2010. 6.4.〉
> 1. 근로자를 대표하는 사람
> 2. 사용자를 대표하는 사람
> 3. 공익을 대표하는 사람
> 4. 정부를 대표하는 사람

⑤ (○) 동조 제2항 제1호

> **제7조(고용보험위원회)** ② 위원회는 다음 각 호의 사항을 심의한다. 〈개정 2021.1.5.〉
> 1. 보험제도 및 보험사업의 개선에 관한 사항
> 2. 고용산재보험료징수법에 따른 보험료율의 결정에 관한 사항
> 3. 제11조의2에 따른 보험사업의 평가에 관한 사항
> 4. 제81조에 따른 기금운용계획의 수립 및 기금의 운용결과에 관한 사항
> 5. 그 밖에 위원장이 보험제도 및 보험사업과 관련하여 위원회의 심의가 필요하다고 인정하는 사항

정답 ⑤

---

084 □□□   ○ △ ✕

고용보험법령상 고용보험법이 적용되지 않는 것을 모두 고른 것은?

> ㄱ. 「주택법」 제4조에 따른 주택건설사업자가 시공하는 공사
> ㄴ. 가구 내 고용활동 및 달리 분류되지 아니한 자가소비 생산활동
> ㄷ. 농업·임업 및 어업 중 법인이 아닌 자가 상시 4명 이하의 근로자를 사용하는 사업

① ㄱ   ② ㄱ, ㄴ   ③ ㄱ, ㄷ
④ ㄴ, ㄷ   ⑤ ㄱ, ㄴ, ㄷ

해설

④ (○) ㄴ, ㄷ이 고용보험법이 적용되지 아니하는 것이다.

[보충] ㄱ은 고용보험법 제15조 제2항 제2호에 속하고, 이는 고용보험법 시행령 제2조 제1항 제2호의 단서에 따라 고용보험법을 적용하지 아니하는 사업에서 제외되므로, 고용보험법이 적용된다.

> **고용보험법 제8조(적용범위)** ① 이 법은 근로자를 사용하는 모든 사업 또는 사업장(이하 "사업"이라 한다)에 적용한다. 다만, 산업별 특성 및 규모 등을 고려하여 대통령령으로 정하는 사업에 대해서는 적용하지 아니한다. 〈개정 2021.1.5.〉
> **시행령 제2조(적용범위)** ① 법 제8조 제1항 단서에서 "대통령령으로 정하는 사업"이란 다음 각 호의 어느 하나에 해당하는 사업을 말한다. 〈개정 2021.6.8.〉

> 1. 농업·임업 및 어업 중 법인이 아닌 자가 상시 4명 이하의 근로자를 사용하는 사업
> 2. 다음 각 목의 어느 하나에 해당하는 공사. 다만, 법 제15조 제2항 각 호에 해당하는 자가 시공하는 공사는 제외한다.
>   가. 「고용보험 및 산업재해보상보험의 보험료징수 등에 관한 법률 시행령」(이하 "고용산재보험료징수법시행령"이라 한다) 제2조 제1항 제2호에 따른 총공사금액(이하 이 조에서 "총공사금액"이라 한다)이 2천만 원 미만인 공사
>   나. 연면적이 100제곱미터 이하인 건축물의 건축 또는 연면적이 200제곱미터 이하인 건축물의 대수선에 관한 공사
> 3. 가구 내 고용활동 및 달리 분류되지 아니한 자가소비 생산활동

정답 ④

---

085 □□□   ○ △ ✕

고용보험법령상 구직급여와 관련한 내용이다. (   )에 들어갈 내용으로 옳은 것은?

> ○ 훈련연장급여의 지급기간은 (ㄱ)년을 한도로 한다.
> ○ 개별연장급여는 (ㄴ)일의 범위에서 대통령령으로 정하는 기간 동안 지급한다.

① ㄱ: 1, ㄴ: 60   ② ㄱ: 1, ㄴ: 90
③ ㄱ: 2, ㄴ: 60   ④ ㄱ: 2, ㄴ: 90
⑤ ㄱ: 3, ㄴ: 60

해설

③ (○) ㄱ: 2, ㄴ: 60

> **고용보험법 제51조(훈련연장급여)** ② 직업안정기관의 장은 제1항에 따라 직업능력개발 훈련 등을 받도록 지시한 경우에는 수급자격자가 그 직업능력개발 훈련 등을 받는 기간 중 실업의 인정을 받은 날에 대하여는 소정급여일수를 초과하여 구직급여를 연장하여 지급할 수 있다. 이 경우 연장하여 지급하는 구직급여(이하 "훈련연장급여"라 한다)의 지급기간은 대통령령으로 정하는 기간을 한도로 한다.
> **시행령 제72조(훈련연장급여 지급)** 법 제51조 제2항 후단에서 "대통령령으로 정하는 기간"이란 2년을 말한다.
> **제52조(개별연장급여)** ② 제1항에 따라 연장하여 지급하는 구직급여(이하 "개별연장급여"라 한다)는 60일의 범위에서 대통령령으로 정하는 기간 동안 지급한다.

정답 ③

86 □□□   ○ △ ✕

산업재해보상보험법상 심사청구 및 재심사청구에 관한 설명으로 옳은 것은?

① 재심사위원회의 재결은 근로복지공단을 기속하지 아니한다.
② 재심사위원회 위원(당연직위원은 제외)의 임기는 2년으로 하되, 연임할 수 없다.
③ 보험급여에 관한 결정에 대해서는 「행정심판법」에 따른 행정심판을 제기할 수 있다.
④ 재심사위원회의 위원장 및 위원은 고용노동부장관이 임명한다.
⑤ 재심사청구의 제기는 시효의 중단에 관하여 「민법」 제168조에 따른 재판상의 청구로 본다.

해설

① (✕) 기속하지 아니한다 → 기속한다(산재보험법 제109조 제2항)

> 제109조(재심사청구에 대한 심리와 재결) ② 재심사위원회의 재결은 공단을 기속(羈束)한다.

② (✕) 2년 → 3년, 없다 → 있다(동법 제107조 제7항)

> 제107조(산업재해보상보험재심사위원회) ⑦ 재심사위원회 위원(당연직위원은 제외한다)의 임기는 3년으로 하되 연임할 수 있고, 위원장이나 위원의 임기가 끝난 경우 그 후임자가 임명될 때까지 그 직무를 수행한다. 〈개정 2018.6.12.〉

③ (✕) 있다 → 없다(동법 제103조 제5항)

> 제103조(심사청구의 제기) ⑤ 보험급여 결정등에 대하여는 「행정심판법」에 따른 행정심판을 제기할 수 없다.

④ (✕) 고용노동부장관이 → 고용노동부장관의 제청으로 대통령이(동법 제107조 제5항 본문)

> 제107조(산업재해보상보험재심사위원회) ⑤ 재심사위원회의 위원장 및 위원은 다음 각 호의 어느 하나에 해당하는 사람 중에서 고용노동부장관의 제청으로 대통령이 임명한다. 다만, 당연직위원은 고용노동부장관이 소속 3급의 일반직 공무원 또는 고위공무원단에 속하는 일반직 공무원 중에서 지명하는 사람으로 한다. 〈개정 2020.5.26.〉
> 1. 3급 이상의 공무원 또는 고위공무원단에 속하는 일반직 공무원으로 재직하고 있거나 재직하였던 사람
> 2. 판사·검사·변호사 또는 경력 10년 이상의 공인노무사
> 3. 「고등교육법」 제2조에 따른 학교에서 부교수 이상으로 재직하고 있거나 재직하였던 사람
> 4. 노동관계업무 또는 산업재해보상보험 관련 업무에 15년 이상 종사한 사람
> 5. 사회보험이나 산업의학에 관한 학식과 경험이 풍부한 사람

⑤ (○) 제103조 및 제106조에 따른 심사청구 및 재심사청구의 제기는 시효의 중단에 관하여 「민법」 제168조에 따른 재판상의 청구로 본다(동법 제111조 제1항).

정답 ⑤

87 □□□   ○ △ ✕

산업재해보상보험법상 진폐에 따른 보험급여의 특례에 관한 설명으로 옳지 않은 것은?

① 고용노동부에 진폐심사회의를 둔다.
② 진폐보상연금은 진폐장해등급별 진폐장해연금과 기초연금을 합산한 금액으로 한다.
③ 진폐유족연금은 사망 당시 진폐근로자에게 지급하고 있거나 지급하기로 결정된 진폐보상연금과 같은 금액으로 하되, 유족보상연금을 초과할 수 없다.
④ 근로복지공단은 근로자가 진폐에 대한 요양급여를 청구하면 「진폐의 예방과 진폐근로자의 보호 등에 관한 법률」에 따른 건강진단기관에 진폐판정에 필요한 진단을 의뢰하여야 한다.
⑤ 장해보상연금을 받고 있는 사람에게는 진폐에 대한 진단을 받는 경우, 진단수당을 지급하지 아니한다.

해설

① (✕) 고용노동부 → 근로복지공단(산재보험법 제91조의7 제1항)

> 제91조의7(진폐심사회의) ① 제91조의6에 따른 진단결과에 대하여 진폐병형 및 합병증 등을 심사하기 위하여 공단에 관계전문가 등으로 구성된 진폐심사회의(이하 "진폐심사회의"라 한다)를 둔다.

② (○) 진폐보상연금은 제5조 제2호 및 제36조 제6항에 따라 정하는 평균임금을 기준으로 하여 별표 6에 따라 산정하는 진폐장해등급별 진폐장해연금과 기초연금을 합산한 금액으로 한다(동법 제91조의3 제2항 전단).

③ (○) 진폐유족연금은 사망 당시 진폐근로자에게 지급하고 있거나 지급하기로 결정된 진폐보상연금과 같은 금액으로 한다. 이 경우 진폐유족연금은 제62조 제2항 및 별표 3에 따라 산정한 유족보상연금을 초과할 수 없다(동법 제91조의4 제2항).

④ (○) 동법 제91조의6 제1항

⑤ (○) 제2항에 따라 진단을 받는 근로자에게는 고용노동부장관이 정하여 고시하는 금액을 진단수당으로 지급할 수 있다. 다만, 장해보상연금 또는 진폐보상연금을 받고 있는 사람에게는 진단수당을 지급하지 아니한다(동법 제91조의6 제5항).

정답 ①

088 ☐☐☐   ○ △ ✕

산업재해보상보험법령상 휴업급여에 관한 설명으로 옳은 것은?

① 1일당 지급액은 평균임금의 100분의 70에 상당하는 금액으로 하며, 취업하지 못한 기간이 5일 이내이면 지급하지 아니한다.

② 요양을 받고 있는 근로자가 그 요양기간 중 단시간 취업을 하는 경우에는 취업한 시간에 해당하는 그 근로자의 평균임금에서 취업한 시간에 대한 임금을 뺀 금액의 100분의 70에 상당하는 금액을 지급할 수 있다.

③ 휴업급여를 받는 근로자가 60세가 되면 그 이후의 휴업급여는 감액하여 지급한다.

④ 재요양을 받는 자에 대하여는 재요양 당시의 임금을 기준으로 산정한 평균임금의 100분의 90에 상당하는 금액을 1일당 휴업급여 지급액으로 한다.

⑤ 재요양을 받는 자에 대하여 산정한 1일당 휴업급여 지급액이 최저임금액보다 적으면 최저임금액을 1일당 휴업급여 지급액으로 한다.

해설

① (✕) 5일 → 3일(산재보험법 제52조 단서)

> **제52조(휴업급여)** 휴업급여는 업무상 사유로 부상을 당하거나 질병에 걸린 근로자에게 요양으로 취업하지 못한 기간에 대하여 지급하되, 1일당 지급액은 평균임금의 100분의 70에 상당하는 금액으로 한다. 다만, 취업하지 못한 기간이 3일 이내이면 지급하지 아니한다.

② (✕) 시간 → 날, 70 → 80(동법 제53조 제1항 본문)

> **제53조(부분휴업급여)** ① 요양 또는 재요양을 받고 있는 근로자가 그 요양기간 중 일정 기간 또는 단시간 취업을 하는 경우에는 그 취업한 날에 해당하는 그 근로자의 평균임금에서 그 취업한 날에 대한 임금을 뺀 금액의 100분의 80에 상당하는 금액을 지급할 수 있다. 다만, 제54조 제2항 및 제56조 제2항에 따라 최저임금액을 1일당 휴업급여 지급액으로 하는 경우에는 최저임금액(별표 1 제2호에 따라 감액하는 경우에는 그 감액한 금액)에서 취업한 날에 대한 임금을 뺀 금액을 지급할 수 있다. 〈개정 2022.6.10.〉

③ (✕) 60세 → 61세(동법 제55조 본문)

> **제55조(고령자의 휴업급여)** 휴업급여를 받는 근로자가 61세가 되면 그 이후의 휴업급여는 별표 1에 따라 산정한 금액을 지급한다. 다만, 61세 이후에 취업 중인 사람이 업무상의 재해로 요양하거나 61세 전에 제37조 제1항 제2호에 따른 업무상 질병으로 장해급여를 받은 사람이 61세 이후에 그 업무상 질병으로 최초로 요양하는 경우 대통령령으로 정하는 기간에는 별표 1을 적용하지 아니한다. 〈개정 2020.5.26.〉

④ (✕) 90 → 70(동법 제56조 제1항 전단)

> **제56조(재요양기간 중의 휴업급여)** ① 재요양을 받는 사람에 대하여는 재요양 당시의 임금을 기준으로 산정한 평균임금의 100분의 70에 상당하는 금액을 1일당 휴업급여 지급액으로 한다.

이 경우 평균임금 산정사유 발생일은 대통령령으로 정한다. 〈개정 2020.5.26.〉

⑤ (○) 제1항에 따라 산정한 1일당 휴업급여 지급액이 최저임금액보다 적거나 재요양 당시 평균임금 산정의 대상이 되는 임금이 없으면 최저임금액을 1일당 휴업급여 지급액으로 한다(동조 제2항).

정답 ⑤

089 ☐☐☐   ○ △ ✕

산업재해보상보험법령에 따른 업무상 재해에 해당하는 것을 모두 고른 것은?

> ㄱ. 업무수행과정에서 하는 용변 등 생리적 필요행위를 하던 중에 발생한 사고
> ㄴ. 통상적인 경로와 방법으로 출퇴근하는 중 일상생활에 필요한 용품을 구입하기 위한 출퇴근 경로 일탈 중의 사고
> ㄷ. 사업주가 제공한 시설물등을 사업주의 구체적인 지시를 위반하여 이용한 행위로 발생한 사고
> ㄹ. 직장 내 괴롭힘 등으로 인한 업무상 정신적 스트레스가 원인이 되어 발생한 질병

① ㄱ, ㄴ   ② ㄴ, ㄷ   ③ ㄱ, ㄴ, ㄹ
④ ㄱ, ㄷ, ㄹ   ⑤ ㄴ, ㄷ, ㄹ

해설

③ (○) ㄱ, ㄴ, ㄹ이 업무상 재해에 해당하는 것이다.

> **산재보험법 제37조(업무상의 재해의 인정기준)** ① 근로자가 다음 각 호의 어느 하나에 해당하는 사유로 부상·질병 또는 장해가 발생하거나 사망하면 업무상의 재해로 본다. 다만, 업무와 재해 사이에 상당인과관계(相當因果關係)가 없는 경우에는 그러하지 아니하다. 〈개정 2019.1.15.〉
> 1. 업무상 사고
>   가. 근로자가 근로계약에 따른 업무나 그에 따르는 행위를 하던 중 발생한 사고
>   나. 사업주가 제공한 시설물 등을 이용하던 중 그 시설물 등의 결함이나 관리소홀로 발생한 사고
>   다. 삭제 〈2017.10.24.〉
>   라. 사업주가 주관하거나 사업주의 지시에 따라 참여한 행사나 행사준비 중에 발생한 사고
>   마. 휴게시간 중 사업주의 지배관리하에 있다고 볼 수 있는 행위로 발생한 사고
>   바. 그 밖에 업무와 관련하여 발생한 사고
> 2. 업무상 질병
>   가. 업무수행 과정에서 물리적 인자(因子), 화학물질, 분진, 병원체, 신체에 부담을 주는 업무 등 근로자의 건강에 장해를 일으킬 수 있는 요인을 취급하거나 그에 노출되어 발생한 질병
>   나. 업무상 부상이 원인이 되어 발생한 질병
>   다. 「근로기준법」 제76조의2에 따른 직장 내 괴롭힘, 고객의

폭언 등으로 인한 업무상 정신적 스트레스가 원인이 되어 발생한 질병

라. 그 밖에 업무와 관련하여 발생한 질병

3. 출퇴근 재해

가. 사업주가 제공한 교통수단이나 그에 준하는 교통수단을 이용하는 등 사업주의 지배관리하에서 출퇴근하는 중 발생한 사고

나. 그 밖에 통상적인 경로와 방법으로 출퇴근하는 중 발생한 사고

③ 제1항 제3호 나목의 사고 중에서 출퇴근 경로 일탈 또는 중단이 있는 경우에는 해당 일탈 또는 중단 중의 사고 및 그 후의 이동 중의 사고에 대하여는 출퇴근 재해로 보지 아니한다. 다만, 일탈 또는 중단이 일상생활에 필요한 행위로서 대통령령으로 정하는 사유가 있는 경우에는 출퇴근 재해로 본다.

시행령 제27조(업무수행 중의 사고) ① 근로자가 다음 각 호의 어느 하나에 해당하는 행위를 하던 중에 발생한 사고는 법 제37조 제1항 제1호 가목에 따른 업무상 사고로 본다.

1. 근로계약에 따른 업무수행행위

2. 업무수행과정에서 하는 용변 등 생리적 필요행위

3. 업무를 준비하거나 마무리하는 행위, 그 밖에 업무에 따르는 필요적 부수행위

4. 천재지변·화재 등 사업장 내에 발생한 돌발적인 사고에 따른 긴급피난·구조행위 등 사회통념상 예견되는 행위

제28조(시설물 등의 결함 등에 따른 사고) ② 사업주가 제공한 시설물등을 사업주의 구체적인 지시를 위반하여 이용한 행위로 발생한 사고와 그 시설물등의 관리 또는 이용권이 근로자의 전속적 권한에 속하는 경우에 그 관리 또는 이용 중에 발생한 사고는 법 제37조 제1항 제1호 나목에 따른 업무상 사고로 보지 않는다.

시행령 제35조(출퇴근 중의 사고) ② 법 제37조 제3항 단서에서 "일상생활에 필요한 행위로서 대통령령으로 정하는 사유"란 다음 각 호의 어느 하나에 해당하는 경우를 말한다.

1. 일상생활에 필요한 용품을 구입하는 행위

2. 「고등교육법」 제2조에 따른 학교 또는 「직업교육훈련 촉진법」 제2조에 따른 직업교육훈련기관에서 직업능력 개발향상에 기여할 수 있는 교육이나 훈련 등을 받는 행위

3. 선거권이나 국민투표권의 행사

4. 근로자가 사실상 보호하고 있는 아동 또는 장애인을 보육기관 또는 교육기관에 데려주거나 해당 기관으로부터 데려오는 행위

5. 의료기관 또는 보건소에서 질병의 치료나 예방을 목적으로 진료를 받는 행위

6. 근로자의 돌봄이 필요한 가족 중 의료기관 등에서 요양 중인 가족을 돌보는 행위

7. 제1호부터 제6호까지의 규정에 준하는 행위로서 고용노동부장관이 일상생활에 필요한 행위라고 인정하는 행위

정답 ③

---

090 □□□　　　　　　　　　　○ △ ✕

산업재해보상보험법상 직업재활급여에 관한 설명으로 옳은 것은?

① 직업훈련비용은 직업훈련을 받은 자에게 지급한다.

② 직업훈련비용의 금액은 고용노동부장관이 훈련비용, 훈련기간 및 노동시장의 여건 등을 고려하여 고시하는 금액의 범위에서 실제 드는 비용으로 한다.

③ 직업훈련비용을 지급하는 훈련기간은 24개월 이내로 한다.

④ 직장적응훈련비 및 재활운동비의 지급기간은 6개월 이내로 한다.

⑤ 직업훈련수당의 1일당 지급액은 평균임금의 100분의 70에 상당하는 금액으로 한다.

해설

① (✕) 직업훈련을 받은 자에게 → 직업훈련을 실시한 직업훈련기관에(산재보험법 제73조 제2항 본문)

> **제73조(직업훈련비용)** ② 제72조 제1항 제1호에 따른 직업훈련에 드는 비용(이하 "직업훈련비용"이라 한다)은 제1항에 따라 직업훈련을 실시한 직업훈련기관에 지급한다. 다만, 직업훈련기관이 「장애인고용촉진 및 직업재활법」, 「고용보험법」 또는 「국민평생 직업능력 개발법」이나 그 밖에 다른 법령에 따라 직업훈련비용에 상당한 비용을 받은 경우 등 대통령령으로 정하는 경우에는 지급하지 아니한다. 〈개정 2021.8.17.〉

② (○) ③ (✕) 직업훈련비용의 금액은 고용노동부장관이 훈련비용, 훈련기간 및 노동시장의 여건 등을 고려하여 고시하는 금액의 범위에서 실제 드는 비용으로 하되, 직업훈련비용을 지급하는 훈련기간은 12개월 이내로 한다(동조 제3항).

④ (✕) 6개월 → 3개월(동법 제75조 제3항)

> **제75조(직장복귀지원금)** ③ 제1항에 따른 직장적응훈련비 및 재활운동비는 고용노동부장관이 직장적응훈련 또는 재활운동에 드는 비용을 고려하여 고시하는 금액의 범위에서 실제 드는 비용으로 하되, 그 지급기간은 3개월 이내로 한다. 〈개정 2010.6.4.〉

⑤ (✕) 평균임금의 100분의 70 → 최저임금액(동법 제74조 제1항 본문)

> **제74조(직업훈련수당)** ① 제72조 제1항 제1호에 따른 직업훈련수당은 제73조 제1항에 따라 직업훈련을 받는 훈련대상자에게 그 직업훈련으로 인하여 취업하지 못하는 기간에 대하여 지급하되, 1일당 지급액은 최저임금액에 상당하는 금액으로 한다. 다만, 휴업급여나 상병보상연금을 받는 훈련대상자에게는 직업훈련수당을 지급하지 아니한다. 〈개정 2010.1.27.〉

정답 ②

091 □□□   ○ △ ×

산업재해보상보험법상 보험급여의 일시중지를 할 수 있는 사유가 아닌 것은?

① 질문이나 조사에 응하지 아니하는 경우
② 보고·서류제출 또는 신고를 하지 아니하는 경우
③ 거짓이나 그 밖의 부정한 방법으로 진료비나 약제비를 지급받은 경우
④ 진찰요구에 따르지 아니하는 경우
⑤ 근로복지공단이 직권으로 실시하는 장해등급 또는 진폐장해등급 재판정요구에 응하지 아니하는 경우

해설

① (○) ② (○) ④ (○) ⑤ (○) 산재보험법 제120조 제1항 제4호, 제3호, 제5호, 제2호

> **제120조(보험급여의 일시중지)** ① 공단은 보험급여를 받고자 하는 사람이 다음 각 호의 어느 하나에 해당되면 보험급여의 지급을 일시 중지할 수 있다. 〈개정 2021.1.26.〉
> 1. 요양 중인 근로자가 제48조 제1항에 따른 공단의 의료기관 변경 요양지시를 정당한 사유 없이 따르지 아니하는 경우
> 2. 제59조에 따라 공단이 직권으로 실시하는 장해등급 또는 진폐장해등급 재판정요구에 따르지 아니하는 경우
> 3. 제114조나 제115조에 따른 보고·서류제출 또는 신고를 하지 아니하는 경우
> 4. 제117조에 따른 질문이나 조사에 따르지 아니하는 경우
> 5. 제119조에 따른 진찰요구에 따르지 아니하는 경우

③ (×) 거짓이나 그 밖의 부정한 방법으로 진료비나 약제비를 지급받은 경우는 보험급여의 일시중지를 할 수 있는 사유가 아니다. 이는 벌칙 부과대상이 되는 자이다(동법 제127조 제2항).

> **제127조(벌칙)** ① 제31조의2 제3항을 위반하여 공동이용하는 전산정보자료를 같은 조 제1항에 따른 목적 외의 용도로 이용하거나 활용한 자는 3년 이하의 징역 또는 3천만 원 이하의 벌금에 처한다. 〈신설 2021.1.26.〉
> ② 산재보험 의료기관이나 제46조 제1항에 따른 약국의 종사자로서 거짓이나 그 밖의 부정한 방법으로 진료비나 약제비를 지급받은 자는 3년 이하의 징역 또는 3천만 원 이하의 벌금에 처한다. 〈개정 2021.1.26.〉
> ③ 다음 각 호의 어느 하나에 해당하는 자는 2년 이하의 징역 또는 2천만 원 이하의 벌금에 처한다. 〈개정 2021.1.26.〉
> 1. 거짓이나 그 밖의 부정한 방법으로 보험급여를 받은 자
> 2. 거짓이나 그 밖의 부정한 방법으로 보험급여를 받도록 시키거나 도와준 자
> 3. 제111조의2를 위반하여 근로자를 해고하거나 그 밖에 근로자에게 불이익한 처우를 한 사업주
> ④ 제21조 제3항을 위반하여 비밀을 누설한 자는 2년 이하의 징역 또는 1천만 원 이하의 벌금에 처한다. 〈개정 2021.1.26.〉

정답 ③

---

092 □□□   ○ △ ×

국민연금법상 가입자 자격의 상실시기가 옳지 않은 것은?

① 사업장가입자의 경우, 사용관계가 끝난 날
② 지역가입자의 경우, 사망한 날의 다음 날
③ 지역가입자의 경우, 국민연금 가입대상 제외자에 해당하게 된 날
④ 임의가입자의 경우, 사업장가입자의 자격을 취득한 날
⑤ 임의가입자의 경우, 60세가 된 날의 다음 날

해설

① (×) 끝난 날 → 끝난 날의 다음 날(국민연금법 제12조 제1항 제3호)

> **제12조(가입자 자격의 상실시기)** ① 사업장가입자는 다음 각 호의 어느 하나에 해당하게 된 날의 다음 날에 자격을 상실한다. 다만, 제5호의 경우에는 그에 해당하게 된 날에 자격을 상실한다.
> 1. 사망한 때
> 2. 국적을 상실하거나 국외로 이주한 때
> 3. 사용관계가 끝난 때
> 4. 60세가 된 때
> 5. 제6조 단서에 따른 국민연금 가입대상 제외자에 해당하게 된 때
> ② 지역가입자는 다음 각 호의 어느 하나에 해당하게 된 날의 다음 날에 자격을 상실한다. 다만, 제3호와 제4호의 경우에는 그에 해당하게 된 날에 그 자격을 상실한다.
> 1. 사망한 때
> 2. 국적을 상실하거나 국외로 이주한 때
> 3. 제6조 단서에 따른 국민연금 가입대상 제외자에 해당하게 된 때
> 4. 사업장가입자의 자격을 취득한 때
> 5. 제9조 제1호에 따른 배우자로서 별도의 소득이 없게 된 때
> 6. 60세가 된 때
> ③ 임의가입자는 다음 각 호의 어느 하나에 해당하게 된 날의 다음 날에 그 자격을 상실한다. 다만, 제6호와 제7호의 경우에는 그에 해당하게 된 날에 그 자격을 상실한다.
> 1. 사망한 때
> 2. 국적을 상실하거나 국외로 이주한 때
> 3. 제10조 제2항에 따른 탈퇴 신청이 수리된 때
> 4. 60세가 된 때
> 5. 대통령령으로 정하는 기간 이상 계속하여 연금보험료를 체납한 때
> 6. 사업장가입자 또는 지역가입자의 자격을 취득한 때
> 7. 제6조 단서에 따른 국민연금 가입대상 제외자에 해당하게 된 때

② (○) 동조 제2항 제1호
③ (○) 동조 단서 제3호
④ (○) 동조 제3항 단서 제6호
⑤ (○) 동항 제4호

정답 ①

093 ▢▢▢   ○ △ ✕

국민연금법상 급여에 관한 설명으로 옳지 않은 것은?

① 급여의 종류는 노령연금, 장애연금, 유족연금, 반환일시금이 있다.
② 급여는 수급권자의 청구에 따라 국민연금공단이 지급한다.
③ 연금액은 지급사유에 따라 기본연금액과 부양가족연금액을 기초로 산정한다.
④ 연금은 매월 25일에 그달의 금액을 지급하되, 지급일이 공휴일이면 그 다음 날에 지급한다.
⑤ 급여수급전용계좌에 입금된 급여와 이에 관한 채권은 압류할 수 없다.

해설

① (○) 국민연금법 제49조
② (○) 동법 제50조 제1항
③ (○) 동조 제2항
④ (✕) 다음 날 → 전날(동법 제54조 제2항 본문)

> **제54조(연금 지급기간 및 지급시기)** ② 연금은 매월 25일에 그달의 금액을 지급하되, 지급일이 토요일이나 공휴일이면 그 전날에 지급한다. 다만, 수급권이 소멸하거나 연금 지급이 정지된 경우에는 그 지급일 전에 지급할 수 있다. 〈개정 2011.12.31.〉

⑤ (○) 동법 제58조 제2항

정답 ④

094 ▢▢▢   ○ △ ✕

국민건강보험법상 이의신청 및 심판청구에 관한 설명으로 옳은 것을 모두 고른 것은?

> ㄱ. 요양급여비용에 관한 건강보험심사평가원의 처분에 이의가 있는 자는 건강보험심사평가원에 이의신청을 할 수 있다.
> ㄴ. 이의신청은 처분이 있음을 안 날부터 90일 이내에, 처분이 있은 날부터 1년 이내에 문서로 하여야 한다.
> ㄷ. 이의신청에 대한 결정에 불복하는 자는 건강보험분쟁조정위원회에 심판청구를 할 수 있다.

① ㄴ
② ㄱ, ㄴ
③ ㄱ, ㄷ
④ ㄴ, ㄷ
⑤ ㄱ, ㄴ, ㄷ

해설

③ (○) ㄱ, ㄷ이 이의신청 및 심판청구에 관한 설명으로 옳은 것이다.
　[보충] ㄴ 1년 → 180일

> **국민건강보험법 제87조(이의신청)** ② 요양급여비용 및 요양급여의 적정성 평가 등에 관한 심사평가원의 처분에 이의가 있는 공단, 요양기관 또는 그 밖의 자는 심사평가원에 이의신청을 할 수 있다.

> ③ 제1항 및 제2항에 따른 이의신청(이하 "이의신청"이라 한다)은 처분이 있음을 안 날부터 90일 이내에 문서(전자문서를 포함한다)로 하여야 하며 처분이 있은 날부터 180일을 지나면 제기하지 못한다. 다만, 정당한 사유로 그 기간에 이의신청을 할 수 없었음을 소명한 경우에는 그러하지 아니하다.
> **제88조(심판청구)** ① 이의신청에 대한 결정에 불복하는 자는 제89조에 따른 건강보험분쟁조정위원회에 심판청구를 할 수 있다. 이 경우 심판청구의 제기기간 및 제기방법에 관하여는 제87조 제3항을 준용한다.

정답 ③

095 ▢▢▢   ○ △ ✕

국민건강보험법상의 요양급여가 아닌 것은?

① 입원
② 이송
③ 상병수당
④ 예방·재활
⑤ 약제·치료재료의 지급

해설

① (○) ② (○) ④ (○) ⑤ (○) 국민건강보험법 제41조 제1항 제5호, 제7호, 제4호, 제2호

> **제41조(요양급여)** ① 가입자와 피부양자의 질병, 부상, 출산 등에 대하여 다음 각 호의 요양급여를 실시한다.
> 1. 진찰·검사
> 2. 약제(藥劑)·치료재료의 지급
> 3. 처치·수술 및 그 밖의 치료
> 4. 예방·재활
> 5. 입원
> 6. 간호
> 7. 이송(移送)

③ (✕) 상병수당은 요양급여가 아닌 부가급여이다(동법 제50조).

> **제50조(부가급여)** 공단은 이 법에서 정한 요양급여 외에 대통령령으로 정하는 바에 따라 임신·출산 진료비, 장제비, 상병수당, 그 밖의 급여를 실시할 수 있다. 〈개정 2013.5.22.〉

정답 ③

096 □□□   ○ △ ✕

고용보험 및 산업재해보상보험의 보험료징수 등에 관한 법률상의 내용이다. (   )에 들어갈 내용으로 옳은 것은?

> ○ 국민건강보험공단은 보험가입자가 보험료를 납부기한까지 내지 아니하면 기한을 정하여 그 납부의무자에게 징수금을 낼 것을 독촉하여야 한다. 국민건강보험공단이 독촉을 하는 경우에는 독촉장을 발급하여야 한다. 이 경우의 납부기한은 독촉장 발급일부터 (ㄱ)일 이상의 여유가 있도록 하여야 한다.
> ○ 보험료를 징수하거나 그 반환받을 수 있는 권리는 (ㄴ)년간 행사하지 아니하면 시효로 인하여 소멸한다.

① ㄱ: 7, ㄴ: 1
② ㄱ: 7, ㄴ: 3
③ ㄱ: 10, ㄴ: 1
④ ㄱ: 10, ㄴ: 3
⑤ ㄱ: 14, ㄴ: 1

해설

④ (○) ㄱ: 10, ㄴ: 3

> **고용산재보험료징수법 제27조(징수금의 통지 및 독촉)** ③ 건강보험공단은 제2항에 따라 독촉을 하는 경우에는 독촉장을 발급하여야 한다. 이 경우의 납부기한은 독촉장 발급일부터 10일 이상의 여유가 있도록 하여야 한다. 〈개정 2010.1.27.〉
> **제41조(시효)** ① 보험료, 이 법에 따른 그 밖의 징수금을 징수하거나 그 반환받을 수 있는 권리는 3년간 행사하지 아니하면 시효로 인하여 소멸한다.

정답 ④

097 □□□   ○ △ ✕

고용보험 및 산업재해보상보험의 보험료징수 등에 관한 법률상 산재보험료율의 결정에 관한 내용이다. (   )에 들어갈 내용으로 옳은 것은?

> ○ 업무상 사고에 따른 업무상 재해에 관한 산재보험료율은 매년 6월 30일 현재 과거 (ㄱ)년 동안의 보수총액에 대한 산재보험급여총액의 비율을 기초로 하여 「산업재해보상보험법」에 따른 연금 등 산재보험급여에 드는 금액, 재해예방 및 재해근로자의 복지증진에 드는 비용 등을 고려하여 사업의 종류별로 구분하여 고용노동부령으로 정한다.
> ○ 고용노동부장관은 산재보험료율을 정하는 경우에는 특정 사업종류의 산재보험료율이 전체 사업의 평균 산재보험료율의 (ㄴ)배를 초과하지 아니하도록 하여야 한다.

① ㄱ: 2, ㄴ: 20
② ㄱ: 2, ㄴ: 30
③ ㄱ: 3, ㄴ: 15
④ ㄱ: 3, ㄴ: 20
⑤ ㄱ: 3, ㄴ: 30

해설

④ (○) ㄱ: 3, ㄴ: 20

> **고용산재보험료징수법 제14조(보험료율의 결정)** ③ 「산업재해보상보험법」 제37조 제1항 제1호, 제2호 및 같은 항 제3호 가목에 따른 업무상의 재해에 관한 산재보험료율(이하 제4항부터 제6항까지에서 "산재보험료율"이라 한다)은 매년 6월 30일 현재 과거 3년 동안의 보수총액에 대한 산재보험급여총액의 비율을 기초로 하여, 「산업재해보상보험법」에 따른 연금 등 산재보험급여에 드는 금액, 재해예방 및 재해근로자의 복지증진에 드는 비용 등을 고려하여 사업의 종류별로 구분하여 고용노동부령으로 정한다. 이 경우 「산업재해보상보험법」 제37조 제1항 제3호 나목에 따른 업무상의 재해를 이유로 지급된 보험급여액은 산재보험급여총액에 포함시키지 아니한다. 〈개정 2017.10.24.〉
> ⑤ 고용노동부장관은 제3항에 따라 산재보험료율을 정하는 경우에는 특정 사업종류의 산재보험료율이 전체 사업의 평균 산재보험료율의 20배를 초과하지 아니하도록 하여야 한다.

정답 ④

098 □□□   ○ △ ✕

고용보험 및 산업재해보상보험의 보험료징수 등에 관한 법률상 보험사무대행기관 등에 관한 설명으로 옳은 것을 모두 고른 것은?

> ㄱ. 공인노무사가 보험사무를 대행하려는 경우에는 근로복지공단의 인가를 받아야 한다.
> ㄴ. 근로복지공단은 보험료, 이 법에 따른 그 밖의 징수금의 납입의 통지 등을 보험사무대행기관에 함으로써 그 사업주에 대한 통지를 갈음한다.
> ㄷ. 근로복지공단이 가산금을 부과하여 징수하는 경우에 그 징수사유가 보험사무대행기관의 귀책사유로 인한 것일 때에는 보험사무대행기관이 100분의 50에 해당하는 금액을 내야 한다.

① ㄱ
② ㄱ, ㄴ
③ ㄱ, ㄷ
④ ㄴ, ㄷ
⑤ ㄱ, ㄴ, ㄷ

해설

② (○) ㄱ, ㄴ이 보험사무대행기관 등에 관한 설명으로 옳은 것이다.
[보충] 보험사무대행기관이 100분의 50에 해당하는 금액 → 그 한도 내에서 보험사무대행기관이 해당 금액

> **고용산재보험료징수법 제33조(보험사무대행기관)** ① 사업주 등을 구성원으로 하는 단체로서 특별법에 따라 설립된 단체, 「민법」 제32조에 따라 고용노동부장관의 허가를 받아 설립된 법인 및 그 밖에 대통령령으로 정하는 기준에 해당하는 법인, 공인노무사 또는 세무사(이하 "법인등"이라 한다)는 사업주로부터 위임을 받아 보험료 신고, 고용보험 피보험자에 관한 신고 등 사업주가 지방고용노동관서 또는 공단에 대하여 하여야 할 보험에 관한 사무(이하 "보험사무"라 한다)를 대행할 수 있다. 이 경우 보험사무를 위임할 수 있는 사업주의 범위 및 법인등에 위임할 수 있는 업무의 범위는 대통령령으로 정한다. 〈개정 2014.3.24.〉

② 법인등이 제1항에 따라 보험사무를 대행하려는 경우에는 대통령령으로 정하는 바에 따라 공단의 인가를 받아야 한다.

제34조(보험사무대행기관에 대한 통지) 공단은 보험료, 이 법에 따른 그 밖의 징수금의 납입의 통지 등을 보험사무대행기관에 함으로써 그 사업주에 대한 통지를 갈음한다.

제35조(보험사무대행기관의 의무) 공단이 제24조에 따른 가산금, 제25조에 따른 연체금 및 제26조에 따른 산재보험급여에 해당하는 금액을 징수하는 경우에 그 징수사유가 보험사무대행기관의 귀책사유로 인한 것일 때에는 그 한도 안에서 보험사무대행기관이 해당 금액을 내야 한다.

정답 ②

---

099 □□□   ○ △ ✕

고용보험 및 산업재해보상보험의 보험료징수 등에 관한 법률상 월별보험료 연체와 관련된 내용이다. ( )에 들어갈 내용으로 옳은 것은?

> 국민건강보험공단은 납부기한 후 30일이 지난 날부터 매 (ㄱ)일이 경과할 때마다 체납된 월별보험료의 (ㄴ)에 해당하는 연체금을 이미 발생한 연체금에 더하여 징수한다. 이 경우 연체금은 체납된 월별보험료의 (ㄷ)을 넘지 못한다.

① ㄱ: 1, ㄴ: 1천분의 1, ㄷ: 1천분의 30
② ㄱ: 1, ㄴ: 3천분의 1, ㄷ: 1천분의 90
③ ㄱ: 1, ㄴ: 1천분의 1, ㄷ: 1천분의 90
④ ㄱ: 7, ㄴ: 1천분의 1, ㄷ: 1천분의 30
⑤ ㄱ: 7, ㄴ: 3천분의 1, ㄷ: 1천분의 90

해설

2021.1.26. 고용산재보험료징수법 제25조 제3항이 다음과 같이 개정되었으므로, 정답을 변경한다.

> **제25조(연체금의 징수)** ③ 건강보험공단은 사업주가 보험료 또는 이 법에 따른 그 밖의 징수금을 내지 아니하면 납부기한 후 30일이 지난 날부터 매 1일이 지날 때마다 체납된 보험료, 그 밖의 징수금의 6천분의 1에 해당하는 연체금을 제1항에 따른 연체금에 더하여 징수한다. 이 경우 연체금은 체납된 보험료, 그 밖의 징수금의 1천분의 50을 넘지 못한다.

정답 ② ▶ 없음

---

100 □□□   ○ △ ✕

고용보험 및 산업재해보상보험의 보험료징수 등에 관한 법령상 보수총액 등의 신고와 관련한 내용으로 옳지 않은 것은?

① 보수총액신고는 문서로 함을 원칙으로 한다.
② 사업주는 근로자가 다른 사업장으로 전보되는 등 대통령령으로 정하는 사유가 발생한 때에는 그 사유발생일부터 14일 이내에 그 사실을 근로복지공단에 신고하여야 한다.
③ 사업주는 사업의 폐지 등으로 보험관계가 소멸한 때에는 그 보험관계가 소멸한 날부터 14일 이내에 근로자에게 지급한 보수총액 등을 근로복지공단에 신고하여야 한다.
④ 사업주는 전년도에 근로자에게 지급한 보수총액 등을 매년 3월 15일까지 근로복지공단에 신고하여야 한다.
⑤ 사업주는 근로자와 고용관계를 종료한 때에는 그 근로자에게 지급한 보수총액, 고용관계 종료일 등을 그 근로자의 고용관계가 종료한 날이 속하는 달의 다음 달 15일까지 근로복지공단에 신고하여야 한다.

해설

① (✕) 문서 → 정보통신망을 이용하거나 전자적 기록매체로 제출(고용산재보험료징수법 제16조의10 제8항).

> **제16조의10(보수총액 등의 신고)** ⑧ 제1항부터 제5항까지의 사항을 신고하여야 하는 사업주는 해당 신고를 정보통신망을 이용하거나 콤팩트디스크(Compact Disc) 등 전자적 기록매체로 제출하는 방식으로 하여야 한다. 다만, 대통령령으로 정하는 규모에 해당하는 사업주는 해당 신고를 문서로 할 수 있다. 〈개정 2020.6.9.〉

② (○) 사업주는 근로자, 예술인 또는 노무제공자가 휴직하거나 다른 사업장으로 전보되는 등 대통령령으로 정하는 사유가 발생한 때에는 그 사유발생일부터 14일 이내에 그 사실을 공단에 신고하여야 한다(동조 제5항).

③ (○) 사업주는 사업의 폐지 · 종료 등으로 보험관계가 소멸한 때에는 그 보험관계가 소멸한 날부터 14일 이내에 근로자, 예술인 또는 노무제공자에게 지급한 보수총액 등을 공단에 신고하여야 한다(동조 제2항).

④ (○) 사업주는 전년도에 근로자, 예술인 또는 노무제공자에게 지급한 보수총액 등을 매년 3월 15일까지 공단에 신고하여야 한다(동조 제1항).

⑤ (○) 동조 제4항 제1호

> **제16조의10(보수총액 등의 신고)** ④ 사업주는 다음 각 호의 어느 하나에 해당하는 때에는 그 근로자 · 예술인 · 노무제공자에게 지급한 보수총액, 고용관계 또는 문화예술용역 관련 계약 · 노무제공계약의 종료일 등을 해당 고용관계 또는 계약이 종료된 날이 속하는 달의 다음 달 15일까지 공단에 신고하여야 한다. 〈개정 2021.1.5.〉
> 1. 근로자와 고용관계를 종료한 때
> 2. 예술인과 문화예술용역 관련 계약을 종료한 때
> 3. 노무제공자와 노무제공계약을 종료한 때

정답 ①

076 □□□ ○ △ ×

사회보장기본법령상 사회보장제도의 운영에 관한 설명으로 옳지 않은 것은?

① 사회보험은 국가와 지방자치단체의 책임으로 시행하고, 공공부조와 사회서비스는 국가의 책임으로 시행하는 것을 원칙으로 한다.
② 국가와 지방자치단체는 효과적인 사회보장정책의 수립·시행을 위하여 사회보장에 관한 통계를 작성·관리하여야 한다.
③ 국가와 지방자치단체는 사회보장제도를 신설하거나 변경할 경우, 기존 제도와의 관계, 사회보장 전달체계와 재정 등에 미치는 영향 등을 사전에 충분히 검토하고 상호 협력하여 사회보장급여가 중복 또는 누락되지 아니하도록 하여야 한다.
④ 보건복지부장관은 사회서비스의 품질기준 마련, 평가 및 개선 등의 업무를 수행하기 위하여 필요한 전담기구를 설치할 수 있다.
⑤ 국가와 지방자치단체는 개인·법인 또는 단체가 사회보장에 참여하는 데에 드는 경비의 전부 또는 일부를 지원하거나 그 업무를 수행하기 위하여 필요한 지원을 할 수 있다.

해설

① (×) 국가와 지방자치단체 → 국가, 국가 → 국가와 지방자치단체(사회보장기본법 제25조 제5항)

> **제25조(운영원칙)** ⑤ 사회보험은 국가의 책임으로 시행하고, 공공부조와 사회서비스는 국가와 지방자치단체의 책임으로 시행하는 것을 원칙으로 한다. 다만, 국가와 지방자치단체의 재정 형편 등을 고려하여 이를 협의·조정할 수 있다.

② (○) 동법 제32조 제1항
③ (○) 국가와 지방자치단체는 사회보장제도를 신설하거나 변경할 경우 기존 제도와의 관계, 사회보장 전달체계에 미치는 영향, 재원의 규모·조달방안을 포함한 재정에 미치는 영향 및 지역별 특성 등을 사전에 충분히 검토하고 상호 협력하여 사회보장급여가 중복 또는 누락되지 아니하도록 하여야 한다(동법 제26조 제1항).
④ (○) 동법 제30조 제2항
⑤ (○) 동법 제27조 제3항

정답 ①

077 □□□ ○ △ ×

사회보장기본법령상 사회보장비용의 부담에 관한 설명으로 옳지 않은 것은?

① 사회보장비용의 부담은 각각의 사회보장제도의 목적에 따라 국가, 지방자치단체 및 민간부문 간에 합리적으로 조정되어야 한다.
② 사회보험에 드는 비용은 사용자, 피용자 및 자영업자가 부담하는 것을 원칙으로 한다.
③ 부담능력이 있는 국민에 대한 사회서비스에 드는 비용은 그 수익자가 부담함을 원칙으로 한다.
④ 공공부조에 드는 비용은 수익자가 부담함을 원칙으로 한다.
⑤ 공공부조 및 관계법령에서 정하는 일정 소득수준 이하의 국민에 대한 사회서비스에 드는 비용의 전부 또는 일부는 국가와 지방자치단체가 부담한다.

해설

① (○) 사회보장기본법 제28조 제1항
② (○) 사회보험에 드는 비용은 사용자, 피용자(被傭者) 및 자영업자가 부담하는 것을 원칙으로 하되, 관계법령에서 정하는 바에 따라 국가가 그 비용의 일부를 부담할 수 있다(동조 제2항).
③ (○) 부담능력이 있는 국민에 대한 사회서비스에 드는 비용은 그 수익자가 부담함을 원칙으로 하되, 관계법령에서 정하는 바에 따라 국가와 지방자치단체가 그 비용의 일부를 부담할 수 있다(동조 제4항).
④ (×) ⑤ (○) 수익자 → 국가와 지방자치단체(동조 제3항)

> **제28조(비용의 부담)** 공공부조 및 관계법령에서 정하는 일정 소득 수준 이하의 국민에 대한 사회서비스에 드는 비용의 전부 또는 일부는 국가와 지방자치단체가 부담한다.

정답 ④

078 □□□ ○ △ ✕

사회보험 관련 법령의 적용에 관한 내용으로 옳지 않은 것은?

① 사립학교교직원 연금법의 적용을 받는 자에게는 고용보험법을 적용하지 아니한다.

② 1개월 미만 동안 고용된 일용근로자는 고용보험법의 적용이 제외되는 근로자이다.

③ 국민연금에 가입된 사업장에 종사하는 18세 미만 근로자는 사업장가입자가 되는 것으로 보나, 본인이 원하지 아니하면 사업장가입자가 되지 아니할 수 있다.

④ 비상근근로자는 국민건강보험법의 직장가입자에서 제외된다.

⑤ 1개월 동안의 소정근로시간이 60시간 미만인 단시간근로자는 국민건강보험법의 직장가입자에서 제외된다.

해설

① (○) 고용보험법 제10조 제1항 제4호

> **제10조(적용제외)** ① 다음 각 호의 어느 하나에 해당하는 사람에게는 이 법을 적용하지 아니한다. 〈개정 2022.12.31.〉
> 1. 삭제 〈2019.1.15.〉
> 2. 해당 사업에서 소정(所定)근로시간이 대통령령으로 정하는 시간 미만인 근로자
> 3. 「국가공무원법」과 「지방공무원법」에 따른 공무원. 다만, 대통령령으로 정하는 바에 따라 별정직공무원, 「국가공무원법」 제26조의5 및 「지방공무원법」 제25조의5에 따른 임기제공무원의 경우는 본인의 의사에 따라 고용보험(제4장에 한정한다)에 가입할 수 있다.
> 4. 「사립학교교직원 연금법」의 적용을 받는 사람
> 5. 그 밖에 대통령령으로 정하는 사람

② (✕) 1개월 미만 동안 고용된 일용근로자는 고용보험법이 적용되는 근로자이다(동법 시행령 제3조 제2항).

> **시행령 제3조(적용제외 근로자)** ① 법 제10조 제1항 제2호에서 "해당 사업에서 소정(所定)근로시간이 대통령령으로 정하는 시간 미만인 근로자"란 해당 사업에서 1개월간 소정근로시간이 60시간 미만이거나 1주간의 소정근로시간이 15시간 미만인 근로자를 말한다. 〈개정 2023.6.27.〉
> ② 제1항에도 불구하고 다음 각 호의 어느 하나에 해당하는 근로자는 법 적용대상으로 한다. 〈신설 2023.6.27.〉
> 1. 해당 사업에서 3개월 이상 계속하여 근로를 제공하는 근로자
> 2. 일용근로자

③ (○) 국민연금법 제8조 제2항

④ (○) ⑤ (○) 국민건강보험법 제6조 제2항 제4호, 동법 시행령 제9조 제1호

> **제6조(가입자의 종류)** ② 모든 사업장의 근로자 및 사용자와 공무원 및 교직원은 직장가입자가 된다. 다만, 다음 각 호의 어느 하나에 해당하는 사람은 제외한다. 〈개정 2016.5.29.〉
> 1. 고용기간이 1개월 미만인 일용근로자
> 2. 「병역법」에 따른 현역병(지원에 의하지 아니하고 임용된 하사를 포함한다), 전환복무된 사람 및 군간부후보생
> 3. 선거에 당선되어 취임하는 공무원으로서 매월 보수 또는 보수

> 에 준하는 급료를 받지 아니하는 사람
> 4. 그 밖에 사업장의 특성, 고용 형태 및 사업의 종류 등을 고려하여 대통령령으로 정하는 사업장의 근로자 및 사용자와 공무원 및 교직원
> **시행령 제9조(직장가입자에서 제외되는 사람)** 법 제6조 제2항 제4호에서 "대통령령으로 정하는 사업장의 근로자 및 사용자와 공무원 및 교직원"이란 다음 각 호의 어느 하나에 해당하는 사람을 말한다.
> 1. 비상근근로자 또는 1개월 동안의 소정(所定)근로시간이 60시간 미만인 단시간근로자
> 2. 비상근 교직원 또는 1개월 동안의 소정근로시간이 60시간 미만인 시간제공무원 및 교직원
> 3. 소재지가 일정하지 아니한 사업장의 근로자 및 사용자
> 4. 근로자가 없거나 제1호에 해당하는 근로자만을 고용하고 있는 사업장의 사업주

정답 ②

079 □□□ ○ △ ✕

사회보장기본법령상 사회보장수급권에 관한 설명으로 옳지 않은 것은?

① 사회보장수급권은 관계법령에서 정하는 바에 따라 다른 사람에게 양도하거나 담보로 제공할 수 없다.

② 사회보장수급권은 제한되거나 정지될 수 없으나, 관계법령에서 따로 정하고 있는 경우에는 그러하지 아니하다.

③ 사회보장수급권이 정지되는 경우에는 정지하는 목적에 필요한 최소한의 범위에 그쳐야 한다.

④ 사회보장수급권은 포기할 수 있으나, 포기한 후에는 이를 취소할 수 없다.

⑤ 제3자의 불법행위로 피해를 입은 국민이 그로 인하여 사회보장수급권을 가지게 된 경우, 사회보장제도를 운영하는 자는 그 불법행위의 책임이 있는 자에 대하여 관계법령에서 정하는 바에 따라 구상권을 행사할 수 있다.

해설

① (○) 사회보장수급권은 관계법령에서 정하는 바에 따라 다른 사람에게 양도하거나 담보로 제공할 수 없으며, 이를 압류할 수 없다(사회보장기본법 제12조).

② (○) 동법 제13조 제1항

③ (○) 제1항 단서에 따라 사회보장수급권이 제한되거나 정지되는 경우에는 제한 또는 정지하는 목적에 필요한 최소한의 범위에 그쳐야 한다(동조 제2항).

④ (✕) 없다 → 있다(동법 제14조 제2항)

> **제14조(사회보장수급권의 포기)** ① 사회보장수급권은 정당한 권한이 있는 기관에 서면으로 통지하여 포기할 수 있다.
> ② 사회보장수급권의 포기는 취소할 수 있다.
> ③ 제1항에도 불구하고 사회보장수급권을 포기하는 것이 다른 사람에게 피해를 주거나 사회보장에 관한 관계법령에 위반되는 경우에는 사회보장수급권을 포기할 수 없다.

⑤ (○) 동법 제15조

정답 ④

080 □□□   ○ △ ✕

고용보험법령의 내용으로 옳지 않은 것은?

① 국민기초생활 보장법에 따라 자활을 위한 근로기회를 제공하기 위한 사업은 고용보험법의 적용을 받는 사업으로 본다.
② 국가는 매년 고용보험사업에 드는 비용의 일부를 일반회계에서 부담하여야 한다.
③ 피보험자가 사망한 경우에는 사망한 날에 그 피보험자격을 상실한다.
④ 고용보험법에 따른 보험관계의 성립 및 소멸에 대하여는 고용보험 및 산업재해보상보험의 보험료징수 등에 관한 법률로 정하는 바에 따른다.
⑤ 구직급여는 수급자격자가 실업한 상태에 있는 날 중에서 직업안정기관의 장으로부터 실업의 인정을 받은 날에 대하여 지급한다.

해설

① (○) 고용보험법 제113조의2 제1항 전단
② (○) 동법 제5조 제1항
③ (✕) 사망한 날 → 사망한 날의 다음 날(동법 제14조 제1항 제4호)

> **제14조(피보험자격의 상실일)** ① 근로자인 피보험자는 다음 각 호의 어느 하나에 해당하는 날에 각각 그 피보험자격을 상실한다. 〈개정 2021.1.5.〉
> 1. 근로자인 피보험자가 제10조 및 제10조의2에 따른 적용제외 근로자에 해당하게 된 경우에는 그 적용제외 대상자가 된 날
> 2. 고용산재보험료징수법 제10조에 따라 보험관계가 소멸한 경우에는 그 보험관계가 소멸한 날
> 3. 근로자인 피보험자가 이직한 경우에는 이직한 날의 다음 날
> 4. 근로자인 피보험자가 사망한 경우에는 사망한 날의 다음 날

④ (○) 동법 제9조
⑤ (○) 동법 제44조

정답 ③

081 □□□   ○ △ ✕

고용보험법령상 폐업한 자영업자인 피보험자의 구직급여 수급요건으로 옳지 않은 것은?

① 법령을 위반하여 허가취소를 받음에 따라 폐업한 경우가 아니어야 한다.
② 폐업일 이전 18개월간 자영업자인 피보험자로서 갖춘 피보험 단위기간이 통산하여 180일 이상이어야 한다.
③ 법령을 위반하여 영업정지를 받음에 따라 폐업한 경우가 아니어야 한다.
④ 재취업을 위한 노력을 적극적으로 하여야 한다.
⑤ 근로의 의사와 능력이 있음에도 불구하고 취업을 하지 못한 상태에 있어야 한다.

해설

① (○) ③ (○) ④ (○) ⑤ (○) 고용보험법 제69조의3 제3호, 동호, 제4호, 제2호
② (✕) 18개월 → 24개월, 180일 → 1년(동조 제1호)

> **제69조의3(구직급여의 수급요건)** 구직급여는 폐업한 자영업자인 피보험자가 다음 각 호의 요건을 모두 갖춘 경우에 지급한다. 〈개정 2020.5.26.〉
> 1. 폐업일 이전 24개월간 제41조 제1항 단서에 따라 자영업자인 피보험자로서 갖춘 피보험 단위기간이 합산하여 1년 이상일 것
> 2. 근로의 의사와 능력이 있음에도 불구하고 취업을 하지 못한 상태에 있을 것
> 3. 폐업사유가 제69조의7에 따른 수급자격의 제한사유에 해당하지 아니할 것
> 4. 재취업을 위한 노력을 적극적으로 할 것
> **제69조의7(폐업사유에 따른 수급자격의 제한)** 제69조의3에도 불구하고 폐업한 자영업자인 피보험자가 다음 각 호의 어느 하나에 해당한다고 직업안정기관의 장이 인정하는 경우에는 수급자격이 없는 것으로 본다.
> 1. 법령을 위반하여 허가취소를 받거나 영업정지를 받음에 따라 폐업한 경우
> 2. 방화(放火) 등 피보험자 본인의 중대한 귀책사유로서 고용노동부령으로 정하는 사유로 폐업한 경우
> 3. 매출액 등이 급격하게 감소하는 등 고용노동부령으로 정하는 사유가 아닌 경우로서 전직 또는 자영업을 다시 하기 위하여 폐업한 경우
> 4. 그 밖에 고용노동부령으로 정하는 정당한 사유에 해당하지 아니하는 사유로 폐업한 경우

정답 ②

082 □□□   ○ △ ✕

고용보험법령상 심사 및 재심사에 관한 설명으로 옳지 않은 것은?

① 실업급여에 관한 처분에 이의가 있는 자는 고용보험심사관에게 심사를 청구할 수 있다.

② 심사의 청구가 법령으로 정한 방식을 위반하여 보정하지 못할 것인 경우에 고용보험심사관은 그 심사의 청구를 결정으로 각하하여야 한다.

③ 재심사청구인은 법정대리인 외에 자신의 형제자매를 대리인으로 선임할 수 없다.

④ 심사 및 재심사의 청구는 시효중단에 관하여 재판상의 청구로 본다.

⑤ 재심사청구에 대한 심리는 공개로 하나, 당사자의 양쪽 또는 어느 한 쪽이 신청한 경우에는 공개하지 아니할 수 있다.

해설

① (○) 제17조에 따른 피보험자격의 취득·상실에 대한 확인, 제4장의 규정에 따른 실업급여 및 제5장에 따른 육아휴직급여와 출산전후휴가급여등에 관한 처분[이하 "원처분(原處分)등"이라 한다]에 이의가 있는 자는 제89조에 따른 심사관에게 심사를 청구할 수 있고, 그 결정에 이의가 있는 자는 제99조에 따른 심사위원회에 재심사를 청구할 수 있다(고용보험법 제87조 제1항).

② (○) 심사의 청구가 제87조 제2항에 따른 기간이 지났거나 법령으로 정한 방식을 위반하여 보정(補正)하지 못할 것인 경우에 심사관은 그 심사의 청구를 결정으로 각하(却下)하여야 한다(동법 제92조 제1항).

③ (✕) 없다 → 있다(동법 제88조 제1호)

> **제88조(대리인의 선임)** 심사청구인 또는 재심사청구인은 법정대리인 외에 다음 각 호의 어느 하나에 해당하는 자를 대리인으로 선임할 수 있다.
> 1. 청구인의 배우자, 직계존속·비속 또는 형제자매
> 2. 청구인인 법인의 임원 또는 직원
> 3. 변호사나 공인노무사
> 4. 제99조에 따른 심사위원회의 허가를 받은 자

④ (○) 동법 제87조 제3항

⑤ (○) 심사위원회의 재심사청구에 대한 심리는 공개한다. 다만, 당사자의 양쪽 또는 어느 한 쪽이 신청한 경우에는 공개하지 아니할 수 있다(동법 제101조 제3항).

정답 ③

083 □□□   ○ △ ✕

고용보험법령상 고용보험기금의 용도를 모두 고른 것은?

> ㄱ. 직업능력개발사업에 필요한 경비
> ㄴ. 고용보험법령에서 정한 국민연금보험료의 지원
> ㄷ. 실업급여의 지급
> ㄹ. 육아휴직급여의 지급
> ㅁ. 고용보험법령에서 정한 국민건강보험료의 지원

① ㄱ, ㄴ, ㅁ   ② ㄴ, ㄷ, ㄹ
③ ㄷ, ㄹ, ㅁ   ④ ㄱ, ㄴ, ㄷ, ㄹ
⑤ ㄱ, ㄷ, ㄹ, ㅁ

해설

④ (○) ㄱ, ㄴ, ㄷ, ㄹ이 고용보험기금의 용도이다.

> **제80조(기금의 용도)** ① 기금은 다음 각 호의 용도에 사용하여야 한다. 〈개정 2021.1.5.〉
> 1. 고용안정·직업능력개발사업에 필요한 경비
> 2. 실업급여의 지급
> 2의2. 제55조의2에 따른 국민연금보험료의 지원
> 3. 육아휴직급여 및 출산전후휴가급여등의 지급
> 4. 보험료의 반환
> 5. 일시 차입금의 상환금과 이자
> 6. 이 법과 고용산재보험료징수법에 따른 업무를 대행하거나 위탁받은 자에 대한 출연금
> 7. 그 밖에 이 법의 시행을 위하여 필요한 경비로서 대통령령으로 정하는 경비와 제1호 및 제2호에 따른 사업의 수행에 딸린 경비

정답 ④

084 □□□   ○ △ ✕

고용보험법령상 수급권 보호에 관한 내용이다. (   )에 들어갈 내용은?

> 실업급여를 받을 권리는 양도 또는 압류하거나 담보로 제공할 수 없으며, 실업급여수급계좌의 예금 중 (   ) 이하의 금액에 관한 채권은 압류할 수 없다.

① 월보수총액
② 월보험료액
③ 3개월 평균임금
④ 월 최저임금액
⑤ 실업급여수급계좌에 입금된 금액 전액

해설

⑤ (○) 괄호에 들어갈 내용은 실업급여수급계좌에 입금된 금액 전액이다.

> **고용보험법 제38조(수급권의 보호)** ① 실업급여를 받을 권리는 양도 또는 압류하거나 담보로 제공할 수 없다. 〈개정 2015.1.20.〉

② 제37조의2 제1항에 따라 지정된 실업급여수급계좌의 예금 중 대통령령으로 정하는 액수 이하의 금액에 관한 채권은 압류할 수 없다. 〈신설 2015.1.20.〉

제58조의3(압류금지 실업급여 액수) 법 제38조 제2항에서 "대통령령으로 정하는 액수"란 법 제37조의2 제1항에 따라 실업급여수급계좌에 입금된 금액 전액을 말한다. 〈개정 2017.12.26.〉

정답 ⑤

085 □□□   ○ △ ✕

산업재해보상보험법령상 보험급여 중 시효의 완성기간이 다른 것은?

① 요양급여를 받을 권리
② 간병급여를 받을 권리
③ 상병보상연금을 받을 권리
④ 장의비를 받을 권리
⑤ 직업재활급여를 받을 권리

해설

① (○) ② (○) ③ (○) ⑤ (○) 3년
④ (✕) 5년

[보충] 2021.1.26. 일반 국민이 쉽게 읽고 이해할 수 있도록 장의비는 장례비로, 장제는 장례로 개정되었다.

산재보험법 제112조(시효) ① 다음 각 호의 권리는 3년간 행사하지 아니하면 시효로 말미암아 소멸한다. 다만, 제1호의 보험급여 중 장해급여, 유족급여, 장례비, 진폐보상연금 및 진폐유족연금을 받을 권리는 5년간 행사하지 아니하면 시효의 완성으로 소멸한다. 〈개정 2021.1.26.〉
1. 제36조 제1항에 따른 보험급여를 받을 권리
2. 제45조에 따른 산재보험 의료기관의 권리
3. 제46조에 따른 약국의 권리
4. 제89조에 따른 보험가입자의 권리
5. 제90조 제1항에 따른 국민건강보험공단등의 권리
② 제1항에 따른 소멸시효에 관하여는 이 법에 규정된 것 외에는 「민법」에 따른다.
제36조(보험급여의 종류와 산정기준 등) ① 보험급여의 종류는 다음 각 호와 같다. 다만, 진폐에 따른 보험급여의 종류는 제1호의 요양급여, 제4호의 간병급여, 제7호의 장례비, 제8호의 직업재활급여, 제91조의3에 따른 진폐보상연금 및 제91조의4에 따른 진폐유족연금으로 하고, 제91조의12에 따른 건강손상자녀에 대한 보험급여의 종류는 제1호의 요양급여, 제3호의 장해급여, 제4호의 간병급여, 제7호의 장례비, 제8호의 직업재활급여로 한다. 〈개정 2022.1.11.〉
1. 요양급여   2. 휴업급여
3. 장해급여   4. 간병급여
5. 유족급여   6. 상병(傷病)보상연금
7. 장례비   8. 직업재활급여

정답 ④

086 □□□   ○ △ ✕

산업재해보상보험법령상 장해보상연금의 수급권 소멸사유를 모두 고른 것은?

ㄱ. 수급권자가 사망한 경우
ㄴ. 대한민국 국민이었던 수급권자가 국적을 상실하고 외국에서 거주하고 있는 경우
ㄷ. 대한민국 국민이 아닌 수급권자가 외국에서 거주하기 위해 출국하는 경우
ㄹ. 수급권자의 장해등급이 변경되어 장해보상연금의 지급 대상에서 제외되는 경우

① ㄱ, ㄴ   ② ㄱ, ㄹ   ③ ㄴ, ㄷ
④ ㄱ, ㄷ, ㄹ   ⑤ ㄱ, ㄴ, ㄷ, ㄹ

해설

⑤ (○) 모두 장해보상연금의 수급권 소멸사유이다.

제58조(장해보상연금 등의 수급권의 소멸) 장해보상연금 또는 진폐보상연금의 수급권자가 다음 각 호의 어느 하나에 해당하면 그 수급권이 소멸한다. 〈개정 2010.5.20.〉
1. 사망한 경우
2. 대한민국 국민이었던 수급권자가 국적을 상실하고 외국에서 거주하고 있거나 외국에서 거주하기 위하여 출국하는 경우
3. 대한민국 국민이 아닌 수급권자가 외국에서 거주하기 위하여 출국하는 경우
4. 장해등급 또는 진폐장해등급이 변경되어 장해보상연금 또는 진폐보상연금의 지급 대상에서 제외되는 경우

정답 ⑤

087 □□□   ○ △ ✕

산업재해보상보험법령상 특수형태근로종사자의 범위에 해당하지 않는 자는?

① 한국표준직업분류표의 세세분류에 따른 학습지 교사
② 택배업을 하는 사람으로서 둘 이상의 퀵서비스업자로부터 업무를 의뢰받아 직원을 채용하여 배송업무를 하는 사람
③ 보험을 모집하는 보험업법에 따른 보험설계사
④ 체육시설의 설치·이용에 관한 법률에 따라 직장체육시설로 설치된 골프장에서 골프경기를 보조하는 골프장 캐디
⑤ 여신전문금융업법에 따른 신용카드회원 모집인

해설

2022.6.10. 산재보험법 개정으로 제125조(특수형태근로종사자에 대한 특례)가 삭제되었고, 2023.6.27. 산재보험법 시행령 개정으로 제125조(특수형태근로종사자의 범위 등)가 삭제되었으므로, 특수형태근로종사자와 관련한 문제는 추후 출제되지 아니할 예정이다. 이에 정답을 변경한다.

정답 ② ▶ 없음

88 □□□　　　○ △ ×

산업재해보상보험법령상 심사청구의 대상이 아닌 것은?

① 약제비에 관한 결정
② 보험급여에 관한 결정
③ 보험료 부과에 관한 결정
④ 수급권의 대위에 관한 결정
⑤ 부당이득의 징수에 관한 결정

해설

① (○) ② (○) ④ (○) ⑤ (○) 산재보험법 제103조 제1항 제3호, 제1호, 제7호, 제6호
③ (×) 보험료 부과에 관한 결정은 심사청구의 대상이 아니다.

> **제103조(심사청구의 제기)** ① 다음 각 호의 어느 하나에 해당하는 공단의 결정 등(이하 "보험급여 결정등"이라 한다)에 불복하는 자는 공단에 심사청구를 할 수 있다. 〈개정 2022.1.11.〉
> 1. 제3장, 제3장의2 및 제3장의3에 따른 보험급여에 관한 결정
> 2. 제45조 및 제91조의6 제4항에 따른 진료비에 관한 결정
> 3. 제46조에 따른 약제비에 관한 결정
> 4. 제47조 제2항에 따른 진료계획 변경조치등
> 5. 제76조에 따른 보험급여의 일시지급에 관한 결정
> 5의2. 제77조에 따른 합병증 등 예방관리에 관한 조치
> 6. 제84조에 따른 부당이득의 징수에 관한 결정
> 7. 제89조에 따른 수급권의 대위에 관한 결정

정답　③

---

89 □□□　　　○ △ ×

산업재해보상보험법령상 보험급여에 관한 설명으로 옳은 것은?

① 부상 또는 질병이 7일 이내의 요양으로 치유될 수 있으면 요양급여를 지급하지 아니한다.
② 요양급여의 신청을 한 자는 근로복지공단이 요양급여에 관한 결정을 하기 전에는 국민건강보험법상 요양급여를 받을 수 있다.
③ 장해급여는 근로자가 업무상의 사유로 질병에 걸려 치유된 후 신체 등에 장해가 있는 경우에 한국장애인고용공단에서 지급한다.
④ 장해보상연금의 수급권자가 재요양을 받는 경우에는 그 연금의 지급을 정지한다.
⑤ 간병급여는 실제로 간병을 실시한 자에게 직접 지급한다.

해설

① (×) 7일 → 3일(산재보험법 제40조 제3항)

> **제40조(요양급여)** ③ 제1항의 경우에 부상 또는 질병이 3일 이내의 요양으로 치유될 수 있으면 요양급여를 지급하지 아니한다.

② (○) 제41조 제1항에 따라 요양급여의 신청을 한 사람은 공단이 이 법에 따른 요양급여에 관한 결정을 하기 전에는 「국민건강보험법」 제41조에 따른 요양급여 또는 「의료급여법」 제7조에 따른 의료급여(이하 "건강보험 요양급여등"이라 한다)를 받을 수 있다(동법 제42조 제1항).

③ (×) 한국장애인고용공단 → 근로복지공단(동법 제57조 제1항, 제11조 제1항 제3호)

> **제57조(장해급여)** ① 장해급여는 근로자가 업무상의 사유로 부상을 당하거나 질병에 걸려 치유된 후 신체 등에 장해가 있는 경우에 그 근로자에게 지급한다.
> **제11조(공단의 사업)** ① 공단은 다음 각 호의 사업을 수행한다. 〈개정 2015.1.20.〉
> 1. 보험가입자와 수급권자에 관한 기록의 관리·유지
> 2. 보험료징수법에 따른 보험료와 그 밖의 징수금의 징수
> 3. 보험급여의 결정과 지급
> 4. 보험급여 결정 등에 관한 심사 청구의 심리·결정
> 5. 산업재해보상보험 시설의 설치·운영
> 5의2. 업무상 재해를 입은 근로자 등의 진료·요양 및 재활
> 5의3. 재활보조기구의 연구개발·검정 및 보급
> 5의4. 보험급여 결정 및 지급을 위한 업무상 질병 관련 연구
> 5의5. 근로자 등의 건강을 유지·증진하기 위하여 필요한 건강진단 등 예방 사업
> 6. 근로자의 복지 증진을 위한 사업
> 7. 그 밖에 정부로부터 위탁받은 사업
> 8. 제5호·제5호의2부터 제5호의5까지·제6호 및 제7호에 따른 사업에 딸린 사업

④ (×) 정지한다 → 정지하지 아니한다(동법 제60조 제1항)

> **제60조(재요양에 따른 장해급여)** ① 장해보상연금의 수급권자가 재요양을 받는 경우에도 그 연금의 지급을 정지하지 아니한다.

⑤ (×) 간병을 실시한 자 → 간병을 받는 사람(동법 제61조 제1항)

> **제61조(간병급여)** ① 간병급여는 제40조에 따른 요양급여를 받은 사람 중 치유 후 의학적으로 상시 또는 수시로 간병이 필요하여 실제로 간병을 받는 사람에게 지급한다. 〈개정 2020.5.26.〉

정답　②

---

90 □□□　　　○ △ ×

산업재해보상보험법령상 통상적인 출퇴근경로의 일탈 또는 중단이 일상생활에 필요한 행위로서 사유가 있는 경우에는 출퇴근재해로 보는데, 다음 중 그 사유에 해당하는 것은 모두 몇 개인가?

> ○ 일상생활에 필요한 용품을 구입하는 행위
> ○ 방송통신대학에서 직업능력 개발향상에 기여할 수 있는 교육을 받는 행위
> ○ 선거권이나 국민투표권의 행사
> ○ 근로자가 사실상 보호하고 있는 아동을 보육기관으로부터 데려오는 행위
> ○ 의료기관에서 질병의 예방을 목적으로 진료를 받는 행위

① 1개　　　　② 2개　　　　③ 3개
④ 4개　　　　⑤ 5개

⑤ (○) 모두 그 사유에 해당한다.

> **제37조(업무상의 재해의 인정기준)** ③ 제1항 제3호 나목의 사고 중에서 출퇴근 경로 일탈 또는 중단이 있는 경우에는 해당 일탈 또는 중단 중의 사고 및 그 후의 이동 중의 사고에 대하여는 출퇴근 재해로 보지 아니한다. 다만, 일탈 또는 중단이 일상생활에 필요한 행위로서 대통령령으로 정하는 사유가 있는 경우에는 출퇴근 재해로 본다. 〈신설 2017.10.24.〉
>
> **제35조(출퇴근 중의 사고)** ② 법 제37조 제3항 단서에서 "일상생활에 필요한 행위로서 대통령령으로 정하는 사유"란 다음 각 호의 어느 하나에 해당하는 경우를 말한다.
> 1. 일상생활에 필요한 용품을 구입하는 행위
> 2. 「고등교육법」 제2조에 따른 학교 또는 「직업교육훈련 촉진법」 제2조에 따른 직업교육훈련기관에서 직업능력 개발향상에 기여할 수 있는 교육이나 훈련 등을 받는 행위
> 3. 선거권이나 국민투표권의 행사
> 4. 근로자가 사실상 보호하고 있는 아동 또는 장애인을 보육기관 또는 교육기관에 데려주거나 해당 기관으로부터 데려오는 행위
> 5. 의료기관 또는 보건소에서 질병의 치료나 예방을 목적으로 진료를 받는 행위
> 6. 근로자의 돌봄이 필요한 가족 중 의료기관 등에서 요양 중인 가족을 돌보는 행위
> 7. 제1호부터 제6호까지의 규정에 준하는 행위로서 고용노동부장관이 일상생활에 필요한 행위라고 인정하는 행위

정답 ⑤

091 □□□ ○ △ ×

국민연금법령상 출산에 대한 가입기간 추가산입에 관한 내용이다. (   )에 들어갈 내용으로 옳은 것은?

> 2 이상의 자녀가 있는 가입자가 노령연금 수급권을 취득한 때에는 다음 각 호에 따른 기간을 가입기간에 추가로 산입한다. 다만, 추가로 산입하는 기간은 (ㄱ)개월을 초과할 수 없다.
> 1. 자녀가 2명인 경우 : (ㄴ)개월
> 2. 자녀가 3명 이상인 경우 : 둘째 자녀에 대하여 인정되는 (ㄴ)개월에 2자녀를 초과하는 자녀 1명마다 (ㄷ)개월을 더한 개월 수

① ㄱ: 50, ㄴ: 6, ㄷ: 12
② ㄱ: 50, ㄴ: 12, ㄷ: 18
③ ㄱ: 60, ㄴ: 6, ㄷ: 12
④ ㄱ: 60, ㄴ: 6, ㄷ: 18
⑤ ㄱ: 60, ㄴ: 12, ㄷ: 18

② (○) ㄱ: 50, ㄴ: 12, ㄷ: 18

> **국민연금법 제19조(출산에 대한 가입기간 추가산입)** ① 2 이상의 자녀가 있는 가입자 또는 가입자였던 자가 노령연금 수급권을 취득한 때(이 조에 따라 가입기간이 추가산입되면 노령연금 수급

권을 취득할 수 있는 경우를 포함한다)에는 다음 각 호에 따른 기간을 가입기간에 추가로 산입한다. 다만, 추가로 산입하는 기간은 50개월을 초과할 수 없으며, 자녀 수의 인정방법 등에 관하여 필요한 사항은 대통령령으로 정한다.
> 1. 자녀가 2명인 경우 : 12개월
> 2. 자녀가 3명 이상인 경우 : 둘째 자녀에 대하여 인정되는 12개월에 2자녀를 초과하는 자녀 1명마다 18개월을 더한 개월 수

정답 ②

092 □□□ ○ △ ×

국민연금법령상 유족연금에 관한 설명으로 옳은 것은?

① 사실상의 혼인관계에 있는 배우자는 유족연금을 지급받을 수 있는 유족에 해당하지 않는다.
② 수급권자가 산업재해보상보험법에 의한 유족급여를 받는 경우에는 유족연금을 지급하지 않는다.
③ 유족연금을 지급받을 수 있는 유족의 범위는 배우자, 자녀, 부모, 손자녀, 조부모 및 형제자매이다.
④ 유족연금 수급권자인 자녀가 사망 시 다음 순위자인 부모에게 유족연금을 지급한다.
⑤ 부모, 손자녀 또는 조부모인 유족의 유족연금 수급권은 가입자 또는 가입자였던 사람이 사망할 당시에 그 가입자 또는 가입자였던 사람의 태아가 출생하여 수급권을 갖게 되면 소멸한다.

① (×) 해당하지 않는다 → 해당한다(국민연금법 제3조 제2항)

> **제3조(정의 등)** ② 이 법을 적용할 때 배우자, 남편 또는 아내에는 사실상의 혼인관계에 있는 자를 포함한다.

② (×) 유족연금을 지급하지 않는다 → 유족연금액은 그 2분의 1에 해당하는 금액을 지급한다(동법 제113조)

> **제113조(연금의 중복급여의 조정)** 장애연금 또는 유족연금의 수급권자가 이 법에 따른 장애연금 또는 유족연금의 지급사유와 같은 사유로 다음 각 호의 어느 하나에 해당하는 급여를 받을 수 있는 경우에는 제68조에 따른 장애연금액이나 제74조에 따른 유족연금액은 그 2분의 1에 해당하는 금액을 지급한다. 〈개정 2011. 8.4.〉
> 1. 「근로기준법」 제80조에 따른 장해보상, 같은 법 제82조에 따른 유족보상 또는 같은 법 제84조에 따른 일시보상
> 2. 「산업재해보상보험법」 제57조에 따른 장해급여, 같은 법 제62조에 따른 유족급여, 같은 법 제91조의3에 따른 진폐보상연금 또는 같은 법 제91조의4에 따른 진폐유족연금
> 3. 「선원법」 제97조에 따른 장해보상, 같은 법 제98조에 따른 일시보상 또는 같은 법 제99조에 따른 유족보상
> 4. 「어선원 및 어선 재해보상보험법」 제25조에 따른 장해급여, 같은 법 제26조에 따른 일시보상급여 또는 같은 법 제27조에 따른 유족급여

③ (×) 형제자매는 유족연금을 지급받을 수 있는 유족의 범위에 해당되지 아니한다.

제73조(유족의 범위 등) ① 유족연금을 지급받을 수 있는 유족은 제72조 제1항 각 호의 사람이 사망할 당시(「민법」 제27조 제1항에 따른 실종선고를 받은 경우에는 실종기간의 개시 당시를, 같은 조 제2항에 따른 실종선고를 받은 경우에는 사망의 원인이 된 위난발생 당시를 말한다) 그에 의하여 생계를 유지하고 있던 다음 각 호의 자로 한다. 이 경우 가입자 또는 가입자였던 자에 의하여 생계를 유지하고 있던 자에 관한 인정기준은 대통령령으로 정한다. 〈개정 2023.6.13.〉

1. 배우자
2. 자녀. 다만, 25세 미만이거나 제52조의2에 따른 장애상태에 있는 사람만 해당한다.
3. 부모(배우자의 부모를 포함한다). 다만, 60세 이상이거나 제52조의2에 따른 장애상태에 있는 사람만 해당한다.
4. 손자녀. 다만, 19세 미만이거나 제52조의2에 따른 장애상태에 있는 사람만 해당한다.
5. 조부모(배우자의 조부모를 포함한다). 다만, 60세 이상이거나 제52조의2에 따른 장애상태에 있는 사람만 해당한다.

④ (×) 지급한다 → 지급할 수 없다(동법 제73조 제2항)

[보충] 유족연금은 최우선 순위자에게만 지급하므로, 자녀의 사망 시에는 그 수급권이 소멸한다.

제73조(유족의 범위 등) ② 유족연금은 제1항 각 호의 순위에 따라 최우선 순위자에게만 지급한다. 다만, 제1항 제1호에 따른 유족의 수급권이 제75조 제1항 제1호 및 제2호에 따라 소멸되거나 제76조 제1항 및 제2항에 따라 정지되면 제1항 제2호에 따른 유족에게 지급한다. 〈개정 2021.12.21.〉

⑤ (○) 동법 제75조 제2항

정답 ⑤

093 □□□ ○ △ ×

국민건강보험법령상 급여의 제한 및 정지에 관한 설명으로 옳지 않은 것은?

① 국민건강보험공단은 보험급여를 받을 수 있는 사람이 중대한 과실로 인한 범죄행위에 그 원인이 있는 경우, 보험급여를 하지 아니한다.
② 국민건강보험공단은 보험급여를 받을 수 있는 사람이 다른 법령에 따라 국가로부터 보험급여에 상당하는 비용을 지급받게 되는 경우에는 그 한도에서 보험급여를 하지 아니한다.
③ 보험급여를 받을 수 있는 사람이 국외에 여행 중인 경우, 그 기간에는 보험급여를 하지 아니한다.
④ 국민건강보험공단은 지역가입자가 1개월 이상 세대단위의 보험료를 체납한 경우, 그 체납한 보험료를 완납할 때까지 그 가입자를 제외한 피부양자에 대하여 보험급여를 실시하지 아니한다.
⑤ 보험급여를 받을 수 있는 사람이 국외에서 업무에 종사하고 있는 경우, 그 기간에는 보험급여를 하지 아니한다.

해설

① (○) 국민건강보험법 제53조 제1항 제1호

제53조(급여의 제한) ① 공단은 보험급여를 받을 수 있는 사람이 다음 각 호의 어느 하나에 해당하면 보험급여를 하지 아니한다.

1. 고의 또는 중대한 과실로 인한 범죄행위에 그 원인이 있거나 고의로 사고를 일으킨 경우
2. 고의 또는 중대한 과실로 공단이나 요양기관의 요양에 관한 지시에 따르지 아니한 경우
3. 고의 또는 중대한 과실로 제55조에 따른 문서와 그 밖의 물건의 제출을 거부하거나 질문 또는 진단을 기피한 경우
4. 업무 또는 공무로 생긴 질병·부상·재해로 다른 법령에 따른 보험급여나 보상(報償) 또는 보상(補償)을 받게 되는 경우

② (○) 공단은 보험급여를 받을 수 있는 사람이 다른 법령에 따라 국가나 지방자치단체로부터 보험급여에 상당하는 급여를 받거나 보험급여에 상당하는 비용을 지급받게 되는 경우에는 그 한도에서 보험급여를 하지 아니한다(동조 제2항).

③ (○) 동법 제54조 제2호

제54조(급여의 정지) 보험급여를 받을 수 있는 사람이 다음 각 호의 어느 하나에 해당하면 그 기간에는 보험급여를 하지 아니한다. 다만, 제3호 및 제4호의 경우에는 제60조에 따른 요양급여를 실시한다. 〈개정 2020.4.7.〉

1. 삭제 〈2020.4.7.〉
2. 국외에 체류하는 경우
3. 제6조 제2항 제2호에 해당하게 된 경우
4. 교도소, 그 밖에 이에 준하는 시설에 수용되어 있는 경우

④ (×) 동법 제53조 제3항 제2호, 동법 시행령 제26조

제53조(급여의 제한) ③ 공단은 가입자가 대통령령으로 정하는 기간 이상 다음 각 호의 보험료를 체납한 경우 그 체납한 보험료를 완납할 때까지 그 가입자 및 피부양자에 대하여 보험급여를 실시하지 아니할 수 있다. 다만, 월별보험료의 총체납횟수(이미 납부된 체납보험료는 총체납횟수에서 제외하며, 보험료의 체납기간은 고려하지 아니한다)가 대통령령으로 정하는 횟수 미만이거나 가입자 및 피부양자의 소득·재산 등이 대통령령으로 정하는 기준 미만인 경우에는 그러하지 아니하다. 〈개정 2018.12.11.〉

1. 제69조 제4항 제2호에 따른 보수 외 소득월액보험료
2. 제69조 제5항에 따른 세대단위의 보험료

시행령 제26조(급여의 제한) ① 법 제53조 제3항 각 호 외의 부분 본문에서 "대통령령으로 정하는 기간"이란 1개월을 말한다.

⑤ (○) 2020.4.7. 국민건강보험법 제54조 제1호가 삭제되고, 제2호가 개정되었으므로, 정답을 변경한다.

정답 ④ ▶ ④·⑤

094 ☐☐☐ ○△✕

국민건강보험법령상 보험료에 관한 설명으로 옳지 않은 것은?

① 지역가입자의 월별보험료액은 세대단위로 산정한다.
② 직장가입자의 소득월액보험료는 직장가입자가 부담한다.
③ 지역가입자의 보험료는 그 가입자가 속한 세대의 지역가입자 전원이 연대하여 부담한다.
④ 직장가입자가 교직원으로서 사립학교에 근무하는 교원인 경우, 보수월액보험료는 그 직장가입자와 사립학교를 설립·운영하는 자가 각각 보험료액의 100분의 50씩 부담한다.
⑤ 직장가입자가 공무원인 경우, 보수월액보험료는 그 직장가입자와 그 공무원이 소속되어 있는 국가 또는 지방자치단체가 각각 보험료액의 100분의 50씩 부담한다.

해설

① (○) 국민건강보험법 제69조 제5항

> **제69조(보험료)** ⑤ 지역가입자의 월별보험료액은 다음 각 호의 구분에 따라 산정한 금액을 합산한 금액으로 한다. 이 경우 보험료액은 세대단위로 산정한다. 〈개정 2024.2.6.〉
> 1. 소득: 제71조 제2항에 따라 산정한 지역가입자의 소득월액에 제73조 제3항에 따른 보험료율을 곱하여 얻은 금액
> 2. 재산: 제72조에 따라 산정한 재산보험료부과점수에 제73조 제3항에 따른 재산보험료부과점수당 금액을 곱하여 얻은 금액

② (○) 직장가입자의 보수 외 소득월액보험료는 직장가입자가 부담한다(동법 제76조 제2항).
③ (○) 동조 제3항
④ (✕) 그 직장가입자와 사립학교를 설립·운영하는 자가 각각 보험료액의 100분의 50씩 → 그 직장가입자가 100분의 50을, 제3조 제2호 다목에 해당하는 사용자가 100분의 30을, 국가가 100분의 20을 각각(동조 제1항 단서, 제3조 제2호 다목)

> **제76조(보험료의 부담)** ① 직장가입자의 보수월액보험료는 직장가입자와 다음 각 호의 구분에 따른 자가 각각 보험료액의 100분의 50씩 부담한다. 다만, 직장가입자가 교직원으로서 사립학교에 근무하는 교원이면 보험료액은 그 직장가입자가 100분의 50을, 제3조 제2호 다목에 해당하는 사용자가 100분의 30을, 국가가 100분의 20을 각각 부담한다. 〈개정 2014.1.1.〉
> 1. 직장가입자가 근로자인 경우에는 제3조 제2호 가목에 해당하는 사업주
> 2. 직장가입자가 공무원인 경우에는 그 공무원이 소속되어 있는 국가 또는 지방자치단체
> 3. 직장가입자가 교직원(사립학교에 근무하는 교원은 제외한다)인 경우에는 제3조 제2호 다목에 해당하는 사용자
> **제3조(정의)** 이 법에서 사용하는 용어의 뜻은 다음과 같다.
> 2. "사용자"란 다음 각 목의 어느 하나에 해당하는 자를 말한다.
> 가. 근로자가 소속되어 있는 사업장의 사업주
> 나. 공무원이 소속되어 있는 기관의 장으로서 대통령령으로 정하는 사람
> 다. 교직원이 소속되어 있는 사립학교(「사립학교교직원 연금법」 제3조에 규정된 사립학교를 말한다)를 설립·운영하는 자

⑤ (○) 동조 제1항 제2호

정답 ④

095 ☐☐☐ ○△✕

국민건강보험법령상 보험료의 경감대상이 될 수 있는 가입자는?

① 직장가입자로서 65세 이상인 사람
② 직장가입자로서 출산휴가 중인 사람
③ 직장가입자 중 휴직기간이 1개월 이상인 사람
④ 직장가입자 중 장애인복지법에 따라 등록한 장애인
⑤ 직장가입자 중 국가유공자 등 예우 및 지원에 관한 법률에 따른 국가유공자

해설

① (✕) ② (✕) ④ (✕) ⑤ (✕) 직장가입자 → 지역가입자(국민건강보험법 시행규칙 제46조 제4호, 동법 제75조 제1항 제2호, 없음, 제3호, 제4호)
③ (○) 직장가입자 중 휴직기간이 1개월 이상인 사람은 보험료의 경감대상이 될 수 있는 가입자이다.

> **국민건강보험법 제75조(보험료의 경감 등)** ① 다음 각 호의 어느 하나에 해당하는 가입자 중 보건복지부령으로 정하는 가입자에 대하여는 그 가입자 또는 그 가입자가 속한 세대의 보험료의 일부를 경감할 수 있다.
> 1. 섬·벽지(僻地)·농어촌 등 대통령령으로 정하는 지역에 거주하는 사람
> 2. 65세 이상인 사람
> 3. 「장애인복지법」에 따라 등록한 장애인
> 4. 「국가유공자 등 예우 및 지원에 관한 법률」 제4조 제1항 제4호, 제6호, 제12호, 제15호 및 제17호에 따른 국가유공자
> 5. 휴직자
> 6. 그 밖에 생활이 어렵거나 천재지변 등의 사유로 보험료를 경감할 필요가 있다고 보건복지부장관이 정하여 고시하는 사람
> **시행규칙 제46조(보험료 경감 대상자)** 법 제75조 제1항 각 호 외의 부분에서 "보건복지부령으로 정하는 가입자"란 다음 각 호의 어느 하나에 해당하는 사람을 말한다. 〈개정 2015.6.30.〉
> 1. 영 제45조 제1호에 해당하는 지역에 거주하는 가입자
> 2. 영 제45조 제2호에 해당하는 지역에 거주하는 지역가입자로서 다음 각 목의 어느 하나에 해당하는 사람. 다만, 영 제45조 제2호 나목 및 다목에 해당하는 지역의 경우 라목에 해당하는 사람은 제외한다.
> 가. 「농어업·농어촌 및 식품산업 기본법」 제3조 제2호에 따른 농어업인
> 나. 「수산업법」 제2조 제12호에 따른 어업인
> 다. 「광업법」 제3조 제2호에 따른 광업에 종사하는 사람
> 라. 「소득세법」 제19조에 따른 사업소득이 연간 500만 원 이하인 사람
> 3. 영 제45조 제3호에 해당하는 지역에 거주하는 직장가입자로서 보건복지부장관이 정하여 고시하는 사람
> 4. 법 제75조 제1항 제2호부터 제4호까지에 해당하는 지역가입자
> 5. 법 제75조 제1항 제5호에 해당하는 직장가입자 중 휴직기간이 1개월 이상인 사람

6. 법 제75조 제1항 제6호에 해당하는 가입자

의 사업주는 당연히 「산업재해보상보험법」에 따른 산업재해보상보험(이하 "산재보험"이라 한다)의 보험가입자가 된다.

정답 ③

정답 ①

96 □□□   ○ △ ×

고용보험 및 산업재해보상보험의 보험료징수 등에 관한 법령의 내용으로 옳은 것은?

① 사업의 도산으로 보수 관련 자료가 없는 경우에는 고용노동부장관이 정하여 고시하는 금액을 보수로 할 수 있다.
② 원수급인으로부터 사업의 전부를 도급받아 하는 자는 하수급인에 해당하지 않는다.
③ 고용보험료를 징수하는 경우에는 근로자가 휴직기간 중에 사업주 외의 자로부터 지급받는 금품 일체는 보수로 보지 않는다.
④ 보험에 가입한 사업주는 사업의 명칭 및 소재지, 사업의 종류 등이 변경된 경우에는 다음 보험연도 첫날부터 14일 이내에 그 변경사항을 근로복지공단에 신고하여야 한다.
⑤ 산업재해보상보험법을 적용받는 사업의 사업주는 근로복지공단의 승인을 받아 산업재해보상보험에 가입할 수 있다.

해설
① (○) 고용산재보험료징수법 제3조 제1항 제1호
② (×) 해당하지 않는다 → 해당한다(동법 제2조 제4호)

> **제2조(정의)** 이 법에서 사용하는 용어의 뜻은 다음과 같다. 〈개정 2011.7.21.〉
> 5. "하수급인"이란 원수급인으로부터 그 사업의 전부 또는 일부를 도급받아 하는 자와 그 자로부터 그 사업의 전부 또는 일부를 도급받아 하는 자를 말한다.

③ (×) 보지 않는다 → 본다(동조 제3호)

> **제2조(정의)** 이 법에서 사용하는 용어의 뜻은 다음과 같다. 〈개정 2011.7.21.〉
> 3. "보수"란 「소득세법」 제20조에 따른 근로소득에서 대통령령으로 정하는 금품을 뺀 금액을 말한다. 다만, 제13조 제1항 제1호에 따른 고용보험료를 징수하는 경우에는 근로자가 휴직이나 그 밖에 이와 비슷한 상태에 있는 기간 중에 사업주 외의 자로부터 지급받는 금품 중 고용노동부장관이 정하여 고시하는 금품은 보수로 본다.

④ (×) 다음 보험연도 첫날부터 → 그날부터(동법 제12조)

> **제12조(보험관계의 변경신고)** 보험에 가입한 사업주는 그 이름, 사업의 소재지 등 대통령령으로 정하는 사항이 변경된 경우에는 그날부터 14일 이내에 그 변경사항을 공단에 신고하여야 한다.

⑤ (×) 근로복지공단의 승인을 받아 → 당연히(동법 제5조 제3항)

> **제5조(보험가입자)** ③ 「산업재해보상보험법」을 적용받는 사업

97 □□□   ○ △ ×

고용보험 및 산업재해보상보험의 보험료징수 등에 관한 법령상 보험사무대행기관에 보험사무를 위임할 수 있는 업무의 범위가 아닌 것은?

① 확정보험료의 부과
② 개산보험료의 신고
③ 고용보험 피보험자의 자격관리에 관한 사무
④ 보험관계의 소멸의 신고
⑤ 보험관계의 변경의 신고

해설
① (×) 확정보험료의 부과는 보험사무대행기관에 보험사무를 위임할 수 있는 업무의 범위가 아니다.
② (○) ③ (○) ④ (○) ⑤ (○) 고용산재보험료징수법 제46조 제2호, 제3호, 제4호, 동호

> **제46조(위임대상 보험사무의 범위)** 법 제33조 제1항 후단에 따라 보험사무대행기관에 위임할 수 있는 업무의 범위는 다음 각 호와 같다. 〈개정 2023.6.27.〉
> 1. 법 제16조의10에 따른 보수총액 등의 신고
> 2. 개산보험료·확정보험료의 신고·수정신고에 관한 사무
> 3. 고용보험 피보험자의 자격관리에 관한 사무
> 4. 보험관계의 성립·변경·소멸의 신고
> 5. 그 밖에 사업주가 지방노동관서 또는 공단에 대하여 하여야 할 보험에 관한 사무

정답 ①

고용보험 및 산업재해보상보험의 보험료징수 등에 관한 법령의 내용으로 옳지 않은 것은?

① 근로복지공단은 사업 실체가 없는 등의 사유로 계속하여 보험관계를 유지할 수 없다고 인정하는 경우에는 그 보험관계를 소멸시킬 수 있다.

② 근로자가 동일한 사업주의 하나의 사업장에서 다른 사업장으로 전근되는 경우에는 그 근로자에 대한 그 월별보험료는 일할계산한다.

③ 근로복지공단은 소멸시효가 완성된 경우에는 고용노동부장관의 승인을 받아 보험료와 이 법에 따른 그 밖의 징수금을 결손처분할 수 있다.

④ 사업종류의 변경으로 보험료 납부방법이 변경되는 경우에는 사업종류의 변경일 전일을 변경 전 사업폐지일로, 사업종류의 변경일을 새로운 사업성립일로 본다.

⑤ 공동사업에 관계되는 보험료, 이 법에 따른 그 밖의 징수금과 체납처분비는 공동사업자가 연대하여 낼 의무를 진다.

해설

① (○) 고용산재보험료징수법 제5조 제7항

② (✕) 2022.12.31. 고용산재보험료징수법 제16조의4가 다음과 같이 개정되었다. 이에 표현을 달리하였음에 유의토록 정답을 변경한다.

> **제16조의4(월 중간 고용관계 변동 등에 따른 월별보험료 산정)** 다음 각 호의 어느 하나에 해당하는 경우 월별보험료는 해당 월의 다음 달부터 산정한다. 다만, 매월 1일에 다음 각 호의 어느 하나에 해당하는 경우에는 그달부터 산정한다.
> 1. 근로자가 월의 중간에 새로이 고용된 경우
> 2. 근로자가 월의 중간에 동일한 사업주의 하나의 사업장에서 다른 사업장으로 전근되는 경우
> 3. 근로자의 휴직 등 대통령령으로 정하는 사유가 월의 중간에 종료된 경우

③ (✕) 근로복지공단 → 국민건강보험공단(동법 제29조 제1항 제2호)

> **제29조(징수금의 결손처분)** ① 건강보험공단은 다음 각 호의 어느 하나에 해당하는 사유가 있을 때에는 고용노동부장관의 승인을 받아 보험료와 이 법에 따른 그 밖의 징수금을 결손처분할 수 있다. 〈개정 2010.6.4.〉
> 1. 체납처분이 끝나고 체납액에 충당된 배분금액이 그 체납액보다 적은 경우
> 2. 소멸시효가 완성된 경우
> 3. 징수할 가능성이 없다고 인정하여 대통령령으로 정하는 경우

④ (○) 동법 제19조의2

⑤ (○) 동법 제28조의4 제1항

정답 ③ ▶ ② · ③

고용보험 및 산업재해보상보험의 보험료징수 등에 관한 법령상 (　)에 들어갈 내용으로 옳은 것은?

> ○ 고용노동부장관은 천재지변이나 그 밖에 대통령령으로 정하는 특수한 사유가 있어 보험료를 경감할 필요가 있다고 인정하는 보험가입자에 대하여 고용보험위원회 또는 산업재해보상보험및예방심의위원회의 심의를 거쳐 보험료와 그 밖의 징수금을 경감할 수 있다. 현재 경감비율은 보험료와 그 밖의 징수금의 (ㄱ)이다.
> ○ 현재 자영업자에게 적용하는 실업급여의 보험료율은 (ㄴ)이다.

① ㄱ: 100분의 20, ㄴ: 1천분의 13

② ㄱ: 100분의 20, ㄴ: 1천분의 20

③ ㄱ: 100분의 30, ㄴ: 1천분의 13

④ ㄱ: 100분의 30, ㄴ: 1천분의 20

⑤ ㄱ: 100분의 30, ㄴ: 1천분의 25

해설

④ (○) ㄱ: 100분의 30, ㄴ: 1천분의 20

> **고용산재보험료징수법 제22조의2(보험료 등의 경감)** ① 고용노동부장관은 천재지변이나 그 밖에 대통령령으로 정하는 특수한 사유가 있어 보험료를 경감할 필요가 있다고 인정하는 보험가입자에 대하여 「고용보험법」 제7조에 따른 고용보험위원회 또는 「산업재해보상보험법」 제8조에 따른 산업재해보상보험및예방심의위원회의 심의를 거쳐 보험료와 이 법에 따른 그 밖의 징수금을 경감할 수 있다. 이 경우 경감비율은 100분의 50의 범위에서 대통령령으로 정하며, 그 밖의 경감 신청절차 및 경감 여부의 통지 등에 필요한 사항은 고용노동부령으로 정한다. 〈개정 2010.6.4.〉
> **시행령 제30조의2(천재지변 등에 따른 보험료 등의 경감사유 등)** ① 법 제22조의2 제1항 전단에서 "대통령령으로 정하는 특수한 사유"란 화재, 폭발 및 전쟁의 피해, 그 밖에 이에 준하는 재난을 말한다. 〈개정 2019.7.2.〉
> ② 법 제22조의2 제1항 후단에 따른 경감비율은 보험료와 그 밖의 징수금의 100분의 30으로 한다.
> **시행령 제56조의19(자영업자 고용보험료율)** ① 법 제49조의2 제7항에 따른 고용보험료율은 다음 각 호와 같다.
> 1. 고용안정·직업능력개발사업의 보험료율: 1만분의 25
> 2. 실업급여의 보험료율: 1천분의 20

정답 ④

100 ☐☐☐   ○ △ ✕

고용보험 및 산업재해보상보험의 보험료징수 등에 관한 법령상 보험료율의 인상 또는 인하 등에 따른 조치로 옳지 않은 것은?

① 보험료율이 인상된 경우, 근로복지공단은 월별보험료를 증액 조정한다.

② 보험료율이 인상된 경우, 국민건강보험공단은 개산보험료를 증액 조정한다.

③ 보험료율 인상으로 개산보험료가 증액된 때에는 근로복지공단이 징수한다.

④ 보험료율 인상으로 월별보험료가 증액된 때에는 국민건강보험공단이 징수한다.

⑤ 근로복지공단은 보험료를 감액조정한 경우에는 보험료율의 인하를 결정한 날부터 20일 이내에 그 감액조정사실을 사업주에게 알려야 한다.

해설

① (○) ② (✕) ③ (○) ④ (○) 국민건강보험공단 → 근로복지공단(고용산재보험료징수법 제18조 제1항)

[보충] 보험료율 인상·인하에 따른 월별보험료 및 개산보험료의 증액·감액 조정은 모두 근로복지공단이 한다.

> 제18조(보험료율의 인상 또는 인하 등에 따른 조치) ① 공단은 보험료율이 인상 또는 인하된 때에는 월별보험료 및 개산보험료를 증액 또는 감액 조정하고, 월별보험료가 증액된 때에는 건강보험공단이, 개산보험료가 증액된 때에는 공단이 각각 징수한다. 이 경우 사업주에 대한 통지, 납부기한 등 필요한 사항은 대통령령으로 정한다. 〈개정 2010.1.27.〉

⑤ (○) 동법 시행령 제24조 제1항

정답 ②

076 □□□   ○ △ ×

사회보장기본법상 내용으로 옳은 것은?

① 국가는 중장기 사회보장 재정추계를 매년 실시하고 공표하여야 한다.

② 사회보장수급권의 포기는 취소할 수 없다.

③ 사회서비스란 사회적 위험을 보험의 방식으로 대처함으로써 국민의 건강과 소득을 보장하는 제도를 말한다.

④ 사회보장수급권은 다른 사람에게 양도할 수 있다.

⑤ 국가와 지방자치단체는 최저보장수준과 최저임금 등을 고려하여 사회보장급여의 수준을 결정하여야 한다.

해설

① (×) 매년 → 격년으로(사회보장기본법 제5조 제4항)

> **제5조(국가와 지방자치단체의 책임)** ④ 국가는 사회보장제도의 안정적인 운영을 위하여 중장기 사회보장 재정추계를 격년으로 실시하고 이를 공표하여야 한다.

② (×) 없다 → 있다(동법 제14조 제2항)

> **제14조(사회보장수급권의 포기)** ① 사회보장수급권은 정당한 권한이 있는 기관에 서면으로 통지하여 포기할 수 있다.
> ② 사회보장수급권의 포기는 취소할 수 있다.
> ③ 제1항에도 불구하고 사회보장수급권을 포기하는 것이 다른 사람에게 피해를 주거나 사회보장에 관한 관계법령에 위반되는 경우에는 사회보장수급권을 포기할 수 없다.

③ (×) 사회서비스 → 사회보험(동법 제3조 제2호)

> **제3조(정의)** 이 법에서 사용하는 용어의 뜻은 다음과 같다. 〈개정 2021.6.8.〉
> 2. "사회보험"이란 국민에게 발생하는 사회적 위험을 보험의 방식으로 대처함으로써 국민의 건강과 소득을 보장하는 제도를 말한다.
> 4. "사회서비스"란 국가·지방자치단체 및 민간부문의 도움이 필요한 모든 국민에게 복지, 보건의료, 교육, 고용, 주거, 문화, 환경 등의 분야에서 인간다운 생활을 보장하고 상담, 재활, 돌봄, 정보의 제공, 관련 시설의 이용, 역량 개발, 사회참여 지원 등을 통하여 국민의 삶의 질이 향상되도록 지원하는 제도를 말한다.

④ (×) 있다 → 없다(동법 제12조)

> **제12조(사회보장수급권의 보호)** 사회보장수급권은 관계법령에서 정하는 바에 따라 다른 사람에게 양도하거나 담보로 제공할 수 없으며, 이를 압류할 수 없다.

⑤ (○) 동법 제10조 제3항

정답 ⑤

077 □□□   ○ △ ×

사회보장기본법상 내용으로 옳지 않은 것은?

① 사회보장기본법은 사회보장에 관한 국민의 권리와 국가 및 지방자치단체의 책임을 정하고 있다.

② 사회보장은 사회참여·자아실현에 필요한 제도와 여건을 조성하여 사회통합과 행복한 복지사회를 실현하는 것을 기본이념으로 한다.

③ 국가와 지방자치단체의 책임하에 생활유지능력이 없거나 생활이 어려운 국민의 최저생활을 보장하고 자립을 지원하는 제도를 공공부조라 한다.

④ 사회보장위원회는 사회보장급여 관련 업무에 공통적으로 적용되는 기준을 마련하여야 한다.

⑤ 국내에 거주하는 외국인에게 사회보장제도를 적용할 때에는 상호주의의 원칙에 따르되, 관계법령에서 정하는 바에 따른다.

해설

① (○) 이 법은 사회보장에 관한 국민의 권리와 국가 및 지방자치단체의 책임을 정하고 사회보장정책의 수립·추진과 관련 제도에 관한 기본적인 사항을 규정함으로써 국민의 복지증진에 이바지하는 것을 목적으로 한다(사회보장기본법 제1조).

② (○) 사회보장은 모든 국민이 다양한 사회적 위험으로부터 벗어나 행복하고 인간다운 생활을 향유할 수 있도록 자립을 지원하며, 사회참여·자아실현에 필요한 제도와 여건을 조성하여 사회통합과 행복한 복지사회를 실현하는 것을 기본이념으로 한다(동법 제2조).

③ (○) "공공부조"(公共扶助)란 국가와 지방자치단체의 책임하에 생활유지능력이 없거나 생활이 어려운 국민의 최저생활을 보장하고 자립을 지원하는 제도를 말한다(동법 제3조 제3호).

④ (×) 사회보장위원회 → 보건복지부장관(동법 제26조 제5항)

> **제26조(협의 및 조정)** ⑤ 보건복지부장관은 사회보장급여 관련 업무에 공통적으로 적용되는 기준을 마련할 수 있다. 〈개정 2018. 12.11.〉

⑤ (○) 동법 제8조

정답 ④

78 □□□ ○ △ ×

사회보장기본법상 사회보장정보시스템의 구축·운영 등에 관한 설명으로 옳지 않은 것은?

① 보건복지부장관은 사회보장정보시스템의 구축·운영을 총괄한다.

② 국가와 지방자치단체는 국민편익의 증진과 사회보장업무의 효율성 향상을 위하여 사회보장업무를 전자적으로 관리하도록 노력하여야 한다.

③ 국가와 지방자치단체가 조사하거나 제공받은 개인·법인의 정보는 이 법과 관련 법률에 근거하지 아니하고 보유, 이용, 제공되어서는 아니 된다.

④ 관계 중앙행정기관 및 지방자치단체의 장은 사회보장정보와 관련하여 사회보장정보시스템의 활용이 필요한 경우, 사전에 보건복지부장관과 협의하여야 한다.

⑤ 사회복지법인의 보조금 수급이력에 관한 자료는 사회보장정보시스템의 운영을 위하여 수집·보유할 수 있는 정보에 해당하지 않는다.

해설

① (○) 사회보장기본법 제37조 제3항

② (○) 동조 제1항

③ (○) 국가와 지방자치단체, 공공기관, 법인·단체, 개인이 조사하거나 제공받은 개인·법인 또는 단체의 정보는 이 법과 관련 법률에 근거하지 아니하고 보유, 이용, 제공되어서는 아니 된다(동법 제38조 제2항).

④ (○) 동법 제37조 제6항 전단

⑤ (×) 해당하지 않는다 → 해당한다(동법 시행령 제19조 제2항 제4호)

> **시행령 제19조(사회보장정보시스템의 구축 및 운영)** ② 보건복지부장관이 법 제37조 제5항 및 제6항에 따라 사회보장정보시스템의 운영을 위하여 수집·보유·이용·제공할 수 있는 정보의 범위는 다음 각 호와 같다. 〈개정 2020.4.28.〉
> 1. 사회보장수급자 수, 선정기준, 보장내용, 예산, 전달체계 등 사회보장제도 및 사회보장수급자 현황에 관한 자료
> 2. 사회보장급여의 신청, 수급자격의 조사 및 사후관리에 필요한 자료로서 신청인 및 그 부양의무자에 대한 다음 각 목의 어느 하나에 해당하는 자료. 다만, 부양의무자의 부양을 필요로 하지 않거나 근로능력, 소득·재산상태 등에 관한 조사가 필요하지 않은 경우는 제외한다.
>   가. 주민등록전산정보 등 인적사항 및 기본증명서·가족관계증명서 등 가족관계등록사항
>   나. 토지·건물·선박·차량·주택분양권, 국민건강보험·국민연금·고용보험·산업재해보상보험·퇴직금·보훈급여·공무원연금·공무원 재해보상·군인연금·사립학교교직원연금·별정우체국연금, 근로장려금, 기본형공익직접지불금 등 소득·재산에 관한 자료
>   다. 출입국·병무·교정·사업자등록증·고용정보·보건의료정보 등 근로능력 및 취업상태에 관한 자료
> 3. 사회보장급여 수급이력 및 사회보장급여와 관련된 신청, 제공 및 환수 등의 업무처리 내역에 관한 자료
> 4. 사회복지법인 및 사회복지시설, 관련 기관 및 단체의 보조금 수급이력에 관한 자료

> 5. 그 밖에 사회보장급여의 제공 및 관리 또는 위탁받은 업무의 처리에 필요한 정보로서 보건복지부장관이 정하는 자료

정답 ⑤

79 □□□ ○ △ ×

고용보험법령상 피보험기간이 4년인 자영업자인 경우, 구직급여의 소정급여일수는?

① 90일   ② 120일   ③ 150일

④ 180일   ⑤ 210일

해설

③ (○) 위 경우, 구직급여의 소정급여일수는 150일이다.

[보충] 2019.8.27. 고용보험법 제69조의6 별표 2가 다음과 같이 개정되었으므로, 정답을 변경한다.

> **제69조의6(소정급여일수)** 자영업자인 피보험자로서 폐업한 수급자격자에 대한 소정급여일수는 제49조에 따른 대기기간이 끝난 다음 날부터 계산하기 시작하여 피보험기간에 따라 별표 2에서 정한 일수가 되는 날까지로 한다.
>
> **자영업자의 구직급여의 소정급여일수(제69조의6 관련 별표 2)**
>
> | 피보험기간 | 소정급여일수 |
> | --- | --- |
> | 1년 이상 3년 미만 | 120일 |
> | 3년 이상 5년 미만 | 150일 |
> | 5년 이상 10년 미만 | 180일 |
> | 10년 이상 | 210일 |

정답 ② ▶ ③

80 □□□ ○ △ ×

고용보험법에서 사용하는 용어의 뜻으로 옳은 것은?

① 피보험자: 근로기준법상 근로자와 사업주를 말한다.

② 이직: 근로계약이 당사자의 합의에 의해 해지되는 것을 말하며, 정년퇴직은 포함되지 아니한다.

③ 실업: 근로의 의사와 능력이 있음에도 불구하고 취업하지 못한 상태에 있는 것을 말한다.

④ 보수: 사용자로부터 받는 일체의 금품을 말한다.

⑤ 일용근로자: 3개월 미만 동안 고용된 자를 말한다.

해설

① (×) ② (×) ③ (○) ④ (×) ⑤ (×) 고용보험법 제2조 제1호, 제2호, 제3호, 제5호, 제6호

> **제2조(정의)** 이 법에서 사용하는 용어의 뜻은 다음과 같다. 〈개정 2021.1.5.〉
> 1. "피보험자"란 다음 각 목에 해당하는 사람을 말한다.
>   가. 「고용보험 및 산업재해보상보험의 보험료징수 등에 관한 법률」(이하 "고용산재보험료징수법"이라 한다) 제5조 제1

항·제2항, 제6조 제1항, 제8조 제1항·제2항, 제48조의2 제1항 및 제48조의3 제1항에 따라 보험에 가입되거나 가입된 것으로 보는 근로자, 예술인 또는 노무제공자

나. 고용산재보험료징수법 제49조의2 제1항·제2항에 따라 고용보험에 가입하거나 가입된 것으로 보는 자영업자(이하 "자영업자인 피보험자"라 한다)

2. "이직(離職)"이란 피보험자와 사업주 사이의 고용관계가 끝나게 되는 것(제77조의2 제1항에 따른 예술인 및 제77조의6 제1항에 따른 노무제공자의 경우에는 문화예술용역 관련 계약 또는 노무제공계약이 끝나는 것을 말한다)을 말한다.

3. "실업"이란 근로의 의사와 능력이 있음에도 불구하고 취업하지 못한 상태에 있는 것을 말한다.

4. "실업의 인정"이란 직업안정기관의 장이 제43조에 따른 수급자격자가 실업한 상태에서 적극적으로 직업을 구하기 위하여 노력하고 있다고 인정하는 것을 말한다.

5. "보수"란 「소득세법」 제20조에 따른 근로소득에서 대통령령으로 정하는 금품을 뺀 금액을 말한다. 다만, 휴직이나 그 밖에 이와 비슷한 상태에 있는 기간 중에 사업주 외의 자로부터 지급받는 금품 중 고용노동부장관이 정하여 고시하는 금품은 보수로 본다.

6. "일용근로자"란 1개월 미만 동안 고용되는 사람을 말한다.

정답 ③

---

081 ☐☐☐   ○ △ ✕

고용보험법령상 적용제외 근로자에 관한 내용이다. (   )에 들어갈 숫자를 순서대로 옳게 나열한 것은?

> 1개월간 소정근로시간이 (   )시간 미만인 자에게는 이 법을 적용하지 아니한다. 다만, 생업을 목적으로 근로를 제공하는 자 중 (   )개월 이상 계속하여 근로를 제공하는 자와 법 제2조 제6호에 따른 일용근로자는 제외한다.

① 15, 1   ② 15, 3   ③ 60, 1
④ 60, 3   ⑤ 90, 1

해설

④ (○) 괄호에 들어갈 숫자를 순서대로 옳게 나열한 것은 60, 3이다.
[비교] 다만, 2023.6.27. 고용보험법 시행령 제3조는 다음과 같이 개정되었음에 유의하여야 한다.

> **시행령 제3조(적용제외 근로자)** ① 법 제10조 제1항 제2호에서 "해당 사업에서 소정(所定)근로시간이 대통령령으로 정하는 시간 미만인 근로자"란 해당 사업에서 1개월간 소정근로시간이 60시간 미만이거나 1주간의 소정근로시간이 15시간 미만인 근로자를 말한다. 〈개정 2023.6.27.〉
> ② 제1항에도 불구하고 다음 각 호의 어느 하나에 해당하는 근로자는 법 적용대상으로 한다. 〈신설 2023.6.27.〉
> 1. 해당 사업에서 3개월 이상 계속하여 근로를 제공하는 근로자
> 2. 일용근로자

정답 ④

---

082 ☐☐☐   ○ △ ✕

고용보험법상 피보험자의 관리에 관한 내용으로 옳은 것은?

① 피보험자가 이직을 한 경우에는 이직한 날에 그 피보험자격을 상실한다.

② 이 법의 적용제외 근로자였던 자가 이 법의 적용을 받게 된 경우에는 해당 사업에 고용된 날에 피보험자격을 취득한다.

③ 피보험자 또는 피보험자였던 자는 언제든지 고용노동부장관에게 피보험자격의 취득 또는 상실에 관한 확인을 청구할 수 있다.

④ 근로자가 보험관계가 성립되어 있는 두 개의 사업에 동시에 고용되어 있는 경우에는 두 개의 피보험자격을 취득한다.

⑤ 피보험자가 사망한 경우에는 사망한 날에 그 피보험자격을 상실한다.

해설

① (✕) ⑤ (✕) 이직한 날 → 이직한 날의 다음 날(고용보험법 제14조 제1항 제3호), 사망한 날 → 사망한 날의 다음 날(동항 제4호)

> **제14조(피보험자격의 상실일)** ① 근로자인 피보험자는 다음 각 호의 어느 하나에 해당하는 날에 각각 그 피보험자격을 상실한다. 〈개정 2021.1.5.〉
> 1. 근로자인 피보험자가 제10조 및 제10조의2에 따른 적용제외 근로자에 해당하게 된 경우에는 그 적용제외 대상자가 된 날
> 2. 고용산재보험료징수법 제10조에 따라 보험관계가 소멸한 경우에는 그 보험관계가 소멸한 날
> 3. 근로자인 피보험자가 이직한 경우에는 이직한 날의 다음 날
> 4. 근로자인 피보험자가 사망한 경우에는 사망한 날의 다음 날

② (✕) 해당 사업에 고용된 → 그 적용을 받게 된(동법 제13조 제1항 제1호)

> **제13조(피보험자격의 취득일)** ① 근로자인 피보험자는 이 법이 적용되는 사업에 고용된 날에 피보험자격을 취득한다. 다만, 다음 각 호의 경우에는 각각 그 해당되는 날에 피보험자격을 취득한 것으로 본다. 〈개정 2021.1.5.〉
> 1. 제10조 및 제10조의2에 따른 적용제외 근로자였던 사람이 이 법의 적용을 받게 된 경우에는 그 적용을 받게 된 날
> 2. 고용산재보험료징수법 제7조에 따른 보험관계 성립일 전에 고용된 근로자의 경우에는 그 보험관계가 성립한 날

③ (○) 동법 제17조 제1항

④ (✕) 두 개의 피보험자격 → 대통령령으로 정하는 바에 따라 그중 한 사업의 피보험자격(동법 제18조 제1항)

> **제18조(피보험자격의 취득기준)** ① 제2조 제1호 가목에 따른 근로자가 보험관계가 성립되어 있는 둘 이상의 사업에 동시에 고용되어 있는 경우에는 대통령령으로 정하는 바에 따라 그중 한 사업의 피보험자격을 취득한다.

정답 ③

083 □□□   ○ △ ✕

고용보험법령상 구직급여에 관한 내용으로 옳지 않은 것은?

① 구직급여는 수급자격자가 실업한 상태에 있는 날 중에서 직업안정기관의 장으로부터 실업의 인정을 받은 날에 대하여 지급한다.

② 수급자격자가 인터넷 등을 이용하여 구인에 응모한 경우에는 적극적인 재취업활동을 한 것으로 보지 아니한다.

③ 자영업자가 아닌 피보험자의 피보험 단위기간은 피보험기간 중 보수지급의 기초가 된 날을 합하여 계산한다.

④ 최종 이직 당시 일용근로자였던 피보험자가 구직급여를 받으려는 경우에는 수급자격 인정신청일 이전 1개월 동안의 근로일수가 10일 미만이어야 한다.

⑤ 구직급여를 지급받으려는 자는 이직 후 지체 없이 직업안정기관에 출석하여 실업을 신고해야 한다.

해설

① (○) 고용보험법 제44조 제1항

② (✕) 보지 아니한다 → 본다(동법 시행규칙 제87조 제1항 제1호)

> **제87조(재취업활동의 인정기준)** ① 영 제63조 제3항에 따라 다음 각 호의 어느 하나에 해당하는 경우에 적극적인 재취업활동을 한 것으로 본다. 〈개정 2022.2.17.〉
> 1. 구인업체를 방문하거나 우편·인터넷 등을 이용하여 구인에 응모한 경우
> 2. 채용 관련 행사에 참여하여 채용을 위한 면접에 응한 경우
> 3. 직업능력개발 훈련 등을 받는 경우 중 고용노동부장관이 정한 경우
> 4. 직업안정기관에서 실시하는 직업지도 프로그램에 참여한 경우
> 5. 해당 실업인정일부터 30일 이내에 취업하기로 확정된 경우
> 6. 「국민 평생 직업능력 개발법」에 따른 직업능력개발 훈련시설(법인을 포함한다)이나 「학원의 설립·운영 및 과외교습에 관한 법률」에 따른 학원 등에서 재취업을 위하여 수강 중인 경우로서 따로 재취업활동이 필요하지 아니하다고 직업안정기관의 장이 인정하는 경우
> 7. 구인업체가 부족한 경우 등 노동시장의 여건상 고용정보의 제공이 어려운 경우로서 직업지도를 위하여 필요하다고 판단되어 직업안정기관의 장이 소개한 사회봉사활동에 참여하는 경우
> 8. 고용노동부장관이 정하는 바에 따라 자영업 준비활동을 한 경우
> 9. 직업안정기관의 지원을 받아 재취업활동에 관한 계획을 수립하는 경우
> 10. 제1호부터 제9호까지의 규정에 준하는 경우로서 고용노동부장관이 정하는 경우

③ (○) 근로자의 피보험 단위기간은 피보험기간 중 보수지급의 기초가 된 날을 합하여 계산한다. 다만, 자영업자인 피보험자의 피보험 단위기간은 제50조 제3항 단서 및 제4항에 따른 피보험기간으로 한다(동법 제41조 제1항).

④ (✕) 2022.12.31. 고용보험법 제40조 제1항 제5호 가목이 다음과 같이 개정되었다. 이에 표현을 달리하였음에 유의토록 정답을 변경한다.

> **제40조(구직급여의 수급요건)** ① 구직급여는 이직한 근로자인

피보험자가 다음 각 호의 요건을 모두 갖춘 경우에 지급한다. 다만, 제5호와 제6호는 최종 이직 당시 일용근로자였던 사람만 해당한다. 〈개정 2022.12.31.〉
> 1. 제2항에 따른 기준기간(이하 "기준기간"이라 한다) 동안의 피보험 단위기간(제41조에 따른 피보험 단위기간을 말한다. 이하 같다)이 합산하여 180일 이상일 것
> 2. 근로의 의사와 능력이 있음에도 불구하고 취업(영리를 목적으로 사업을 영위하는 경우를 포함한다)하지 못한 상태에 있을 것
> 3. 이직사유가 제58조에 따른 수급자격의 제한사유에 해당하지 아니할 것
> 4. 재취업을 위한 노력을 적극적으로 할 것
> 5. 다음 각 목의 어느 하나에 해당할 것
>   가. 제43조에 따른 수급자격 인정신청일이 속한 달의 직전 달 초일부터 수급자격 인정신청일까지의 근로일 수의 합이 같은 기간 동안의 총일수의 3분의 1 미만일 것
>   나. 건설일용근로자(일용근로자로서 이직 당시에 「통계법」 제22조 제1항에 따라 통계청장이 고시하는 한국표준산업분류의 대분류상 건설업에 종사한 사람을 말한다. 이하 같다)로서 수급자격 인정신청일 이전 14일간 연속하여 근로내역이 없을 것
> 6. 최종 이직 당시의 기준기간 동안의 피보험 단위기간 중 다른 사업에서 제58조에 따른 수급자격의 제한사유에 해당하는 사유로 이직한 사실이 있는 경우에는 그 피보험 단위기간 중 90일 이상을 일용근로자로 근로하였을 것

⑤ (○) 동법 제42조 제1항 본문

정답 ② ▸ ②·④

084 □□□   ○ △ ✕

고용보험법령상 고용조정의 지원에 관한 내용으로 옳지 않은 것은?

① 고용노동부장관은 산업구조의 변화에 따른 사업의 전환으로 고용조정이 불가피하게 된 사업주가 근로자에 대한 휴직, 인력의 재배치 등을 실시하면 그 사업주에게 필요한 지원을 할 수 있다.

② 경영상 이유에 따른 사업주의 권고에 따라 퇴직이 예정된 자를 1개월 동안 이직시키지 아니한 경우에는 고용유지지원금을 지급한다.

③ 사업주가 고용유지조치기간 동안 근로자를 새로 고용하는 경우에는 관할 직업안정기관의 장이 불가피하다고 인정하는 경우를 제외하고는 해당 달에 대한 고용유지지원금을 지급하지 아니한다.

④ 고용노동부장관은 신고한 고용유지조치계획과 다르게 고용유지조치를 이행한 사업주에게는 해당 사실이 발생한 날이 속한 달에 대한 고용유지지원금의 전부 또는 일부를 지급하지 아니할 수 있다.

⑤ 고용유지지원금을 받으려는 사업주는 그 사업의 근로자대표와 협의를 거쳐 고용유지조치계획을 수립해야 한다.

① (○) 고용노동부장관은 경기의 변동, 산업구조의 변화 등에 따른 사업규모의 축소, 사업의 폐업 또는 전환으로 고용조정이 불가피하게 된 사업주가 근로자에 대한 휴업, 휴직, 직업전환에 필요한 직업능력개발 훈련, 인력의 재배치 등을 실시하거나 그 밖에 근로자의 고용안정을 위한 조치를 하면 대통령령으로 정하는 바에 따라 그 사업주에게 필요한 지원을 할 수 있다. 이 경우 휴업이나 휴직 등 고용안정을 위한 조치로 근로자의 임금(「근로기준법」 제2조 제1항 제5호에 따른 임금을 말한다)이 대통령령으로 정하는 수준으로 감소할 때에는 대통령령으로 정하는 바에 따라 그 근로자에게도 필요한 지원을 할 수 있다(고용보험법 제21조 제1항).

② (×) 지급한다 → 지급하지 아니한다(동법 시행령 제19조 제1항)

> **시행령 제19조(고용유지지원금의 지급대상)** ① 고용노동부장관은 법 제21조 제1항에 따라 고용조정이 불가피하게 된 사업주가 그 사업에서 고용하여 피보험자격 취득 후 90일이 지난 피보험자[일용근로자, 「근로기준법」 제26조에 따라 해고가 예고된 사람, 경영상 이유에 따른 사업주의 권고에 따라 퇴직이 예정된 사람 및 사업주(사업주가 법인인 경우에는 그 대표자를 말한다)의 배우자 및 직계존속·비속은 제외한다]에게 다음 각 호의 어느 하나에 해당하는 조치(이하 "고용유지조치"라 한다)를 취하여 그 고용유지조치 기간과 이후 1개월 동안 고용조정으로 피보험자를 이직시키지 않은 경우에 지원금(이하 "고용유지지원금"이라 한다)을 지급한다. 〈개정 2023.12.26.〉
> 1. 근로시간 조정, 교대제[근로자를 조(組)별로 나누어 교대로 근무하게 하는 것을 말한다. 이하 같다] 개편 또는 휴업 등을 통하여 역(曆)에 따른 1개월 단위의 전체 피보험자 총근로시간의 100분의 20을 초과하여 근로시간을 단축하고, 그 단축된 근로시간에 대한 임금을 보전하기 위하여 금품을 지급하는 경우. 이 경우 전체 피보험자 총근로시간 등 근로시간의 산정 방법에 관하여 필요한 사항은 고용노동부령으로 정한다.
> 2. 1개월 이상 휴직을 부여하고 그 휴직기간에 대하여 임금을 보전하기 위해 금품을 지급하는 경우

③ (○) 동조 제2항 제1호

> **시행령 제19조(고용유지지원금의 지급대상)** ② 제1항에도 불구하고 사업주가 다음 각 호의 어느 하나에 해당하는 경우에는 관할 직업안정기관의 장이 불가피하다고 인정하는 경우를 제외하고는 해당 달에 대한 고용유지지원금을 지급하지 않는다. 〈개정 2023.12.26.〉
> 1. 사업주가 제1항에 따른 고용유지조치기간 동안 근로자를 새로 고용하는 경우
> 2. 사업주가 3년 이상 연속하여 같은 달에 고용유지조치를 실시하는 경우
> 3. 사업주가 고용유지조치를 하려는 날의 전날 이전 2년 동안 고용유지지원금을 지급받은 사실이 있는 경우에는 그 고용유지조치 기간의 마지막 날의 다음 날부터 6개월 이내에 고용조정으로 소속 피보험자의 100분의 10 이상을 이직시킨 경우

④ (○) 고용노동부장관은 제20조 제1항에 따라 신고하거나 변경신고한 고용유지조치계획과 다르게 고용유지조치를 이행한 사업주에게는 고용노동부령으로 정하는 바에 따라 해당 사실이 발생한 날이 속한 달에 대한 고용유지지원금의 전부 또는 일부를 지급하지 아니할 수 있다(동법 시행령 제20조의2).

⑤ (○) 동법 시행령 제20조 제1항 제1호 본문

> **시행령 제20조(고용유지조치를 위한 계획의 수립 및 신고)** ①

제19조에 따른 고용유지지원금을 받으려는 사업주는 고용노동부령으로 정하는 바에 따라 다음 각 호의 요건을 갖춘 고용유지조치계획을 역에 따른 1개월 단위로 수립하여 고용유지조치 실시예정일 전날까지 고용노동부장관에게 신고하여야 하며, 신고한 계획 중 고용유지조치 실시예정일, 고용유지조치 대상자, 고용유지조치기간에 지급할 금품 등 고용노동부령으로 정하는 사항을 변경하는 경우에는 변경예정일 전날까지 그 내용을 고용노동부장관에게 신고하여야 한다. 〈개정 2013.12.24.〉
> 1. 고용유지조치계획의 수립 또는 변경 시 그 사업의 근로자대표와 협의를 거칠 것. 다만, 변경하려는 고용유지조치계획의 내용이 경영 악화 이전의 고용상태로 회복하기 위하여 고용유지조치기간을 단축하거나 고용유지대상자 수를 축소하는 등 근로자에게 불리하지 아니한 경우는 제외한다.
> 2. 직전 달(고용유지조치가 시작된 날이 속하는 달은 제외한다)에 대한 고용유지조치계획의 실시 내용 및 관련 증거서류를 갖출 것

정답 ②

085 □□□ ○ △ ×

고용보험법령상 자영업자인 피보험자에 대한 실업급여 적용의 특례에 관한 내용으로 옳은 것은?

① 자영업자인 피보험자의 실업급여의 종류에는 조기재취업 수당이 포함된다.
② 자영업자인 피보험자의 실업급여에는 취업촉진 수당이 포함되지 아니한다.
③ 자영업자인 피보험자로서 폐업한 수급자격자에 대한 구직급여일액은 그 수급자격자의 기초일액에 100분의 50을 곱한 급액으로 한다.
④ 폐업사유에 관계없이 수급자격이 인정된다.
⑤ 폐업한 자영업자인 피보험자의 구직급여 수급요건에 재취업을 위한 노력을 적극적으로 하는 것은 포함되지 아니한다.

① (×) 포함된다 → 포함되지 아니한다(고용보험법 제69조의2)

> **제69조의2(자영업자인 피보험자의 실업급여의 종류)** 자영업자인 피보험자의 실업급여의 종류는 제37조에 따른다. 다만, 제51조부터 제55조까지의 규정에 따른 연장급여와 제64조에 따른 조기재취업 수당은 제외한다.

② (×) 포함되지 아니한다 → 포함된다(동법 제37조)

> **제37조(실업급여의 종류)** ① 실업급여는 구직급여와 취업촉진 수당으로 구분한다.
> ② 취업촉진 수당의 종류는 다음 각 호와 같다.
> 1. 조기(早期)재취업 수당
> 2. 직업능력개발 수당
> 3. 광역 구직활동비
> 4. 이주비

③ (×) 50 → 60(동법 제69조의5)

제69조의5(구직급여일액) 자영업자인 피보험자로서 폐업한 수급자격자에 대한 구직급여일액은 그 수급자격자의 기초일액에 100분의 60을 곱한 금액으로 한다. 〈개정 2019.8.27.〉

④ (×) ⑤ (×) 인정된다 → 인정되지 아니한다(동법 제69조의3 제3호), 포함되지 아니한다 → 포함된다(동조 제4호)

제69조의3(구직급여의 수급요건) 구직급여는 폐업한 자영업자인 피보험자가 다음 각 호의 요건을 모두 갖춘 경우에 지급한다. 〈개정 2020.5.26.〉
1. 폐업일 이전 24개월간 제41조 제1항 단서에 따라 자영업자인 피보험자로서 갖춘 피보험 단위기간이 합산하여 1년 이상일 것
2. 근로의 의사와 능력이 있음에도 불구하고 취업을 하지 못한 상태에 있을 것
3. 폐업사유가 제69조의7에 따른 수급자격의 제한사유에 해당하지 아니할 것
4. 재취업을 위한 노력을 적극적으로 할 것

정답 ③ ▶ 없음

86 □□□   ○ △ ×

산업재해보상보험법에 관한 설명으로 옳은 것을 모두 고른 것은?

ㄱ. 근로자의 보험급여를 받을 권리는 퇴직하여도 소멸되지 아니한다.
ㄴ. 수급권의 대위규정에 따른 보험가입자의 권리는 3년간 행사하지 아니하면 시효로 말미암아 소멸한다.
ㄷ. 보험급여에 관한 공단의 결정에 불복하는 자의 심사청구는 보험급여결정이 있음을 안 날로부터 180일 이내에 하여야 한다.

① ㄱ   ② ㄴ   ③ ㄱ, ㄴ
④ ㄴ, ㄷ   ⑤ ㄱ, ㄴ, ㄷ

해설

③ (○) ㄱ, ㄴ이 옳은 것이다.
[보충] ㄱ 산재보험법 제88조 제1항, ㄴ 동법 제112조 제1항 제4호, ㄷ 180일 → 90일(동법 제103조 제3항)

제103조(심사청구의 제기) ③ 제1항에 따른 심사청구는 보험급여 결정등이 있음을 안 날로부터 90일 이내에 하여야 한다.
제112조(시효) ① 다음 각 호의 권리는 3년간 행사하지 아니하면 시효로 말미암아 소멸한다. 다만, 제1호의 보험급여 중 장해급여, 유족급여, 장례비, 진폐보상연금 및 진폐유족연금을 받을 권리는 5년간 행사하지 아니하면 시효의 완성으로 소멸한다. 〈개정 2021.1.26.〉
1. 제36조 제1항에 따른 보험급여를 받을 권리
2. 제45조에 따른 산재보험 의료기관의 권리
3. 제46조에 따른 약국의 권리
4. 제89조에 따른 보험가입자의 권리

5. 제90조 제1항에 따른 국민건강보험공단등의 권리

정답 ③

87 □□□   ○ △ ×

산업재해보상보험법령상 업무상의 재해에 해당하는 것을 모두 고른 것은? (다툼이 있으면 판례에 따름)

ㄱ. 휴게시간 중 사업주의 지배관리하에 있다고 볼 수 있는 행위로 발생한 사고
ㄴ. 사업주의 지시에 따라 참여한 행사 중에 발생한 사고
ㄷ. 업무와 관련하여 정신적 충격을 유발할 수 있는 사건에 의해 발생한 외상후스트레스장애
ㄹ. 사업주가 제공한 교통수단을 이용하는 등 사업주의 지배관리하에서 출퇴근하는 중 발생한 사고

① ㄱ, ㄷ   ② ㄴ, ㄹ   ③ ㄱ, ㄴ, ㄹ
④ ㄴ, ㄷ, ㄹ   ⑤ ㄱ, ㄴ, ㄷ, ㄹ

해설

⑤ (○) 모두 업무상의 재해에 해당하는 것이다.
[보충] 업무와 관련하여 정신적 충격을 유발할 수 있는 사건에 의해 발생한 외상후스트레스장애는 산재보험법 시행령 제34조 제3항 관련 별표 3 제4호 바목에서 업무상 질병으로 인정하고 있다.

제37조(업무상의 재해의 인정 기준) ① 근로자가 다음 각 호의 어느 하나에 해당하는 사유로 부상·질병 또는 장해가 발생하거나 사망하면 업무상의 재해로 본다. 다만, 업무와 재해 사이에 상당인과관계(相當因果關係)가 없는 경우에는 그러하지 아니하다. 〈개정 2019.1.15.〉
1. 업무상 사고
 가. 근로자가 근로계약에 따른 업무나 그에 따르는 행위를 하던 중 발생한 사고
 나. 사업주가 제공한 시설물 등을 이용하던 중 그 시설물 등의 결함이나 관리소홀로 발생한 사고
 다. 삭제 〈2017.10.24.〉
 라. 사업주가 주관하거나 사업주의 지시에 따라 참여한 행사나 행사준비 중에 발생한 사고
 마. 휴게시간 중 사업주의 지배관리하에 있다고 볼 수 있는 행위로 발생한 사고
 바. 그 밖에 업무와 관련하여 발생한 사고
2. 업무상 질병
 가. 업무수행 과정에서 물리적 인자(因子), 화학물질, 분진, 병원체, 신체에 부담을 주는 업무 등 근로자의 건강에 장해를 일으킬 수 있는 요인을 취급하거나 그에 노출되어 발생한 질병
 나. 업무상 부상이 원인이 되어 발생한 질병
 다. 「근로기준법」 제76조의2에 따른 직장 내 괴롭힘, 고객의 폭언 등으로 인한 업무상 정신적 스트레스가 원인이 되어 발생한 질병
 라. 그 밖에 업무와 관련하여 발생한 질병
3. 출퇴근 재해
 가. 사업주가 제공한 교통수단이나 그에 준하는 교통수단을

이용하는 등 사업주의 지배관리하에서 출퇴근하는 중 발생한 사고

나. 그 밖에 통상적인 경로와 방법으로 출퇴근하는 중 발생한 사고

088 □□□　　　　　○ △ ✕

산업재해보상보험법령상 보험급여에 관한 설명으로 옳지 않은 것은?

① 장해급여 청구사유 발생 당시 대한민국 국민이 아닌 자로서 외국에서 거주하고 있는 근로자에게는 장해보상일시금을 지급한다.

② 2급 장해등급 근로자에게는 장해보상연금 또는 장해보상일시금을 근로자의 선택에 따라 지급한다.

③ 장의비는 장제를 지낼 유족이 없는 경우에는 평균임금의 120일분에 상당하는 금액의 범위에서 실제 드는 비용을 그 장제를 지낸 자에게 지급한다.

④ 상병보상연금을 산정할 때 평균임금이 최저임금액의 70분의 100보다 적을 때에는 최저임금액의 70분의 100에 해당하는 금액을 평균임금으로 본다.

⑤ 요양급여는 소정의 산재보험 의료기관에서 요양을 하게 하는 것이고, 부득이한 경우에는 요양을 갈음하여 요양비를 지급할 수 있다.

해설

① (○) 산재보험법 제57조 제3항 단서 후단

② (✕) 장해보상연금 또는 장해보상일시금 → 장해보상연금, 근로자 → 수급권자(동항 단서 전단, 동법 시행령 제53조 제5항)

> **제57조(장해급여)** ③ 제2항에 따른 장해보상연금 또는 장해보상일시금은 수급권자의 선택에 따라 지급한다. 다만, 대통령령으로 정하는 노동력을 완전히 상실한 장해등급의 근로자에게는 장해보상연금을 지급하고, 장해급여 청구사유 발생 당시 대한민국 국민이 아닌 사람으로서 외국에서 거주하고 있는 근로자에게는 장해보상일시금을 지급한다. 〈개정 2020.5.26.〉
> **시행령 제53조(장해등급의 기준 등)** ⑤ 법 제57조 제3항 단서에서 "대통령령으로 정하는 노동력을 완전히 상실한 장해등급"이란 별표 6의 제1급부터 제3급까지의 장해등급을 말한다.

③ (○) 장례비는 근로자가 업무상의 사유로 사망한 경우에 지급하되, 평균임금의 120일분에 상당하는 금액을 그 장례를 지낸 유족에게 지급한다. 다만, 장례를 지낼 유족이 없거나 그 밖에 부득이한 사유로 유족이 아닌 사람이 장례를 지낸 경우에는 평균임금의 120일분에 상당하는 금액의 범위에서 실제 드는 비용을 그 장례를 지낸 사람에게 지급한다(동법 제71조).
[보충] 2021.1.26. 일반 국민이 쉽게 읽고 이해할 수 있도록 장의비는 장례비로, 장제는 장례로 개정되었다.

④ (○) 제66조에 따라 상병보상연금을 산정할 때 그 근로자의 평균임금이 최저임금액에 70분의 100을 곱한 금액보다 적을 때에는

최저임금액의 70분의 100에 해당하는 금액을 그 근로자의 평균임금으로 보아 산정한다(동법 제67조 제1항).

⑤ (○) 동법 제40조 제2항

089 □□□　　　　　○ △ ✕

산업재해보상보험법에 관한 설명으로 옳은 것은?

① 근로자를 진료한 산재보험 의료기관은 요양급여의 신청을 대행할 수 없다.

② 보험급여는 지급결정일로부터 30일 이내에 지급하여야 한다.

③ 근로복지공단은 제3자의 행위에 따른 재해로 보험급여를 지급한 경우에는 손해배상청구권을 대위할 수 없다.

④ 요양급여가 지급된 후 그 지급결정이 취소된 경우, 국민건강보험공단은 그 건강보험 요양급여액을 근로복지공단에 청구할 수 있다.

⑤ 보험급여로서 지급된 금품에 대하여는 국가나 지방자치단체의 공과금을 부과하지 아니한다.

해설

① (✕) 없다 → 있다(산재보험법 제41조 제2항)

> **제41조(요양급여의 신청)** ② 근로자를 진료한 제43조 제1항에 따른 산재보험 의료기관은 그 근로자의 재해가 업무상의 재해로 판단되면 그 근로자의 동의를 받아 요양급여의 신청을 대행할 수 있다.

② (✕) 30일 → 14일(동법 제82조 제1항)

> **제82조(보험급여의 지급)** ① 보험급여는 지급결정일부터 14일 이내에 지급하여야 한다. 〈개정 2018.6.12.〉

③ (✕) 대위할 수 없다 → 대위한다(동법 제87조 제1항)

> **제87조(제3자에 대한 구상권)** ① 공단은 제3자의 행위에 따른 재해로 보험급여를 지급한 경우에는 그 급여액의 한도 안에서 급여를 받은 사람의 제3자에 대한 손해배상청구권을 대위(代位)한다. 다만, 보험가입자인 둘 이상의 사업주가 같은 장소에서 하나의 사업을 분할하여 각각 행하다가 그중 사업주를 달리하는 근로자의 행위로 재해가 발생하면 그러하지 아니하다. 〈개정 2020.5.26.〉

④ (✕) 근로복지공단 → 국민건강보험공단등(동법 제90조 제2항)

> **제90조(요양급여 비용의 정산)** ② 공단이 수급권자에게 요양급여를 지급한 후 그 지급결정이 취소된 경우로서 그 지급한 요양급여가 「국민건강보험법」 또는 「의료급여법」에 따라 지급할 수 있는 건강보험 요양급여등에 상당한 것으로 인정되면 공단은 그 건강보험 요양급여등에 해당하는 금액을 국민건강보험공단등에 청구할 수 있다.

⑤ (○) 동법 제91조

90 □□□ ○ △ ×

산업재해보상보험법령상 특수형태근로종사자의 직종에 해당하는 자는?

① 여신전문금융업법에 따른 신용카드회원 모집인
② 예술인 복지법에 따른 예술인
③ 화물자동차 운수사업법에 따른 화물자동차 운송사업자
④ 자동차관리법에 따른 자동차정비업자
⑤ 여객자동차 운수사업법에 따른 여객자동차 운송사업자

해설

2022.6.10. 산재보험법 개정으로 제125조(특수형태근로종사자에 대한 특례)가 삭제되었고, 2023.6.27. 산재보험법 시행령 개정으로 제125조(특수형태근로종사자의 범위 등)가 삭제되었으므로, 특수형태근로종사자와 관련한 문제는 추후 출제되지 아니할 예정이다. 이에 정답을 변경한다.

정답 ① ▶ 없음

91 □□□ ○ △ ×

산업재해보상보험법상 과태료 부과대상이 아닌 경우는?

① 거짓으로 보험급여를 받은 경우
② 심사청구의 심리·결정 등을 위하여 확인이 필요하다고 인정된 사업장의 조사를 거부한 경우
③ 보험급여 결정 등을 위하여 확인이 필요하다고 인정된 사업장의 조사를 방해한 경우
④ 유사명칭의 사용금지를 위반하여 근로복지공단 또는 이와 비슷한 명칭을 사용한 경우
⑤ 요양기간을 연장할 필요가 있는 때 제출해야 할 진료계획을 정당한 사유 없이 제출하지 아니한 경우

해설

① (×) 벌칙 부과대상이다(산재보험법 제127조 제3항 제1호).

> **제127조(벌칙)** ① 제31조의2 제3항을 위반하여 공동이용하는 전산정보자료를 같은 조 제1항에 따른 목적 외의 용도로 이용하거나 활용한 자는 3년 이하의 징역 또는 3천만 원 이하의 벌금에 처한다. 〈신설 2021.1.26.〉
> ② 산재보험 의료기관이나 제46조 제1항에 따른 약국의 종사자로서 거짓이나 그 밖의 부정한 방법으로 진료비나 약제비를 지급받은 자는 3년 이하의 징역 또는 3천만 원 이하의 벌금에 처한다. 〈개정 2021.1.26.〉
> ③ 다음 각 호의 어느 하나에 해당하는 자는 2년 이하의 징역 또는 2천만 원 이하의 벌금에 처한다. 〈개정 2021.1.26.〉
> 1. 거짓이나 그 밖의 부정한 방법으로 보험급여를 받은 자
> 2. 거짓이나 그 밖의 부정한 방법으로 보험급여를 받도록 시키거나 도와준 자
> 3. 제111조의2를 위반하여 근로자를 해고하거나 그 밖에 근로자에게 불이익한 처우를 한 사업주
> ④ 제21조 제3항을 위반하여 비밀을 누설한 자는 2년 이하의 징역 또는 1천만 원 이하의 벌금에 처한다. 〈개정 2021.1.26.〉

② (○) ③ (○) ④ (○) ⑤ (○) 과태료 부과대상이다(동법 제129조 제3항 제4호, 동호, 제2항 제1호, 제3항 제1호)

> **제129조(과태료)** ① 제91조의21을 위반하여 자료 또는 정보의 제공요청에 따르지 아니한 자에게는 300만 원 이하의 과태료를 부과한다. 〈신설 2022.6.10.〉
> ② 다음 각 호의 어느 하나에 해당하는 자에게는 200만 원 이하의 과태료를 부과한다. 〈개정 2022.6.10.〉
> 1. 제34조를 위반하여 근로복지공단 또는 이와 비슷한 명칭을 사용한 자
> 2. 제45조 제1항을 위반하여 공단이 아닌 자에게 진료비를 청구한 자
> ③ 다음 각 호의 어느 하나에 해당하는 자에게는 100만 원 이하의 과태료를 부과한다. 〈개정 2022.6.10.〉
> 1. 제47조 제1항에 따른 진료계획을 정당한 사유 없이 제출하지 아니하는 자
> 2. 제105조 제4항(제109조 제1항에서 준용하는 경우를 포함한다)에 따른 질문에 답변하지 아니하거나 거짓된 답변을 하거나 검사를 거부·방해 또는 기피한 자
> 3. 제114조 제1항 또는 제118조에 따른 보고를 하지 아니하거나 거짓된 보고를 한 자 또는 서류나 물건의 제출명령에 따르지 아니한 자
> 4. 제117조 또는 제118조에 따른 공단의 소속 직원의 질문에 답변을 거부하거나 조사를 거부·방해 또는 기피한 자
> 5. 삭제 〈2022.6.10.〉
> ④ 제1항부터 제3항까지의 규정에 따른 과태료는 대통령령으로 정하는 바에 따라 고용노동부장관이 부과·징수한다. 〈개정 2022.6.10.〉
> ⑤ 삭제 〈2010.1.27.〉
> ⑥ 삭제 〈2010.1.27.〉

정답 ①

92 □□□ ○ △ ×

국민연금법상 사업장가입자 자격의 상실사유에 해당하는 것을 모두 고른 것은?

> ㄱ. 사망한 때
> ㄴ. 60세가 된 때
> ㄷ. 사용관계가 끝난 때
> ㄹ. 국적을 상실하거나 국외로 이주한 때

① ㄱ, ㄴ   ② ㄱ, ㄴ, ㄷ   ③ ㄱ, ㄷ, ㄹ
④ ㄴ, ㄷ, ㄹ   ⑤ ㄱ, ㄴ, ㄷ, ㄹ

해설

⑤ (○) 모두 사업장가입자 자격의 상실사유에 해당하는 것이다.

> **제12조(가입자 자격의 상실시기)** ① 사업장가입자는 다음 각 호의 어느 하나에 해당하게 된 날의 다음 날에 자격을 상실한다. 다만, 제5호의 경우에는 그에 해당하게 된 날에 자격을 상실한다.
> 1. 사망한 때
> 2. 국적을 상실하거나 국외로 이주한 때
> 3. 사용관계가 끝난 때

4. 60세가 된 때
5. 제6조 단서에 따른 국민연금 가입대상 제외자에 해당하게 된 때

정답 ⑤

093 □□□   ○ △ ✕

국민연금법상 (   )에 들어갈 내용을 순서대로 옳게 나열한 것은?

> 배우자의 가입기간 중의 혼인기간이 (   )년 이상인 자가 배우자와 이혼하였을 것, 배우자였던 사람이 노령연금 수급권자일 것, (   )세가 되었을 것의 요건을 모두 갖추면, 그때부터 그가 생존하는 동안 배우자였던 자의 노령연금을 분할한 일정한 금액의 연금을 받을 수 있다.

① 1, 55   ② 3, 55   ③ 3, 60
④ 5, 55   ⑤ 5, 60

해설

⑤ (○) 5, 60

> **국민연금법 제64조(분할연금 수급권자 등)** ① 혼인기간(배우자의 가입기간 중의 혼인기간으로서 별거, 가출 등의 사유로 인하여 실질적인 혼인관계가 존재하지 아니하였던 기간을 제외한 기간을 말한다)이 5년 이상인 자가 다음 각 호의 요건을 모두 갖추면 그때부터 그가 생존하는 동안 배우자였던 자의 노령연금을 분할한 일정한 금액의 연금(이하 "분할연금"이라 한다)을 받을 수 있다. 〈개정 2017.12.19.〉
> 1. 배우자와 이혼하였을 것
> 2. 배우자였던 사람이 노령연금 수급권자일 것
> 3. 60세가 되었을 것

정답 ⑤

094 □□□   ○ △ ✕

국민건강보험법령상 보험급여의 제한에 관한 내용으로 옳지 않은 것은?

① 공단은 보험급여를 제한하는 경우에는 지체 없이 구두로 그 내용과 사유를 가입자에게 알려야 한다.
② 공단은 보험급여를 받을 수 있는 사람이 중대한 과실로 요양기관의 요양에 관한 지시에 따르지 아니한 경우에는 보험급여를 하지 아니한다.
③ 공단은 보험급여를 받을 수 있는 사람이 다른 법령에 따라 국가나 지방자치단체로부터 보험급여에 상당하는 급여를 받은 경우에는 그 한도에서 보험급여를 하지 아니한다.
④ 공단은 보험급여를 받을 수 있는 사람이 업무로 생긴 질병으로 다른 법령에 따른 보험급여를 받게 된 경우에는 보험급여를 하지 아니한다.
⑤ 공단은 보험급여를 받을 수 있는 사람이 고의로 사고를 일으킨 경우에는 보험급여를 하지 아니한다.

해설

① (✕) 지체 없이 구두로 → 문서로(국민건강보험법 시행규칙 제27조 제1항)

> **제27조(급여제한에 관한 통지)** ① 공단은 법 제53조에 따라 보험급여를 제한하는 경우에는 문서로 그 내용과 사유를 가입자에게 알려야 한다.

② (○) ④ (○) ⑤ (○) 동법 제53조 제1항 제2호, 제4호, 제1호

> **제53조(급여의 제한)** ① 공단은 보험급여를 받을 수 있는 사람이 다음 각 호의 어느 하나에 해당하면 보험급여를 하지 아니한다.
> 1. 고의 또는 중대한 과실로 인한 범죄행위에 그 원인이 있거나 고의로 사고를 일으킨 경우
> 2. 고의 또는 중대한 과실로 공단이나 요양기관의 요양에 관한 지시에 따르지 아니한 경우
> 3. 고의 또는 중대한 과실로 제55조에 따른 문서와 그 밖의 물건의 제출을 거부하거나 질문 또는 진단을 기피한 경우
> 4. 업무 또는 공무로 생긴 질병·부상·재해로 다른 법령에 따른 보험급여나 보상(報償) 또는 보상(補償)을 받게 되는 경우

③ (○) 공단은 보험급여를 받을 수 있는 사람이 다른 법령에 따라 국가나 지방자치단체로부터 보험급여에 상당하는 급여를 받거나 보험급여에 상당하는 비용을 지급받게 되는 경우에는 그 한도에서 보험급여를 하지 아니한다(동조 제2항).

정답 ①

95 ☐☐☐   ○ △ ✕

국민건강보험법상 보험료에 관한 내용으로 옳지 않은 것은?

① 보험료는 가입자의 자격을 매월 1일에 취득하는 경우에는 다음 달부터 가입자의 자격을 잃은 날의 전날이 속하는 달까지 징수한다.

② 휴직으로 보수의 전부 또는 일부가 지급되지 아니하는 가입자의 보수월액보험료는 해당 사유가 생기기 전 달의 보수월액을 기준으로 산정한다.

③ 보험료 부과점수의 산정방법과 산정기준을 정할 때 법령에 따라 재산권의 행사가 제한되는 재산에 대하여는 다른 재산과 달리 정할 수 있다.

④ 직장가입자의 소득월액보험료는 직장가입자가 부담한다.

⑤ 지역가입자의 보험료는 그 가입자가 속한 세대의 지역가입자 전원이 연대하여 부담한다.

① (✕) 다음 달 → 그달(국민건강보험법 제69조 제2항)

> **제69조(보험료)** ② 제1항에 따른 보험료는 가입자의 자격을 취득한 날이 속하는 달의 다음 달부터 가입자의 자격을 잃은 날의 전날이 속하는 달까지 징수한다. 다만, 가입자의 자격을 매월 1일에 취득한 경우 또는 제5조 제1항 제2호 가목에 따른 건강보험 적용신청으로 가입자의 자격을 취득하는 경우에는 그달부터 징수한다. 〈개정 2019.12.3.〉

② (○) 휴직이나 그 밖의 사유로 보수의 전부 또는 일부가 지급되지 아니하는 가입자(이하 "휴직자등"이라 한다)의 보수월액보험료는 해당 사유가 생기기 전 달의 보수월액을 기준으로 산정한다(동법 제70조 제2항).

③ (○) 동법 제72조 제2항

④ (○) 동법 제76조 제2항

⑤ (○) 동조 제3항

정답 ①

---

96 ☐☐☐   ○ △ ✕

고용보험 및 산업재해보상보험의 보험료징수 등에 관한 법률상 근로복지공단의 업무가 아닌 것은?

① 고용보험료의 월별 부과

② 환수대상이 되는 고용보험료의 지원금의 징수

③ 사업주가 법이 정한 기한까지 확정보험료를 신고하지 않은 경우, 부과한 보험료 가산금의 징수

④ 사업주가 법이 정한 납부기한까지 보험료를 내지 아니한 경우, 보험료 연체금의 징수

⑤ 사업주가 산재보험료의 납부를 게을리한 기간 중에 발생한 재해에 대하여 산재보험급여를 지급하는 경우, 사업주로부터 그 급여에 해당하는 금액의 징수

① (○) 고용산재보험료징수법 제16조의2 제1항, 제13조 제1항 제1호

> **제16조의2(보험료의 부과·징수)** ① 제13조 제1항에 따른 보험료는 공단이 매월 부과하고, 건강보험공단이 이를 징수한다.
>
> **제13조(보험료)** ① 보험사업에 드는 비용에 충당하기 위하여 보험가입자로부터 다음 각 호의 보험료를 징수한다. 〈개정 2010.1.27.〉
> 1. 고용안정·직업능력개발사업 및 실업급여의 보험료(이하 "고용보험료"라 한다)
> 2. 산재보험의 보험료(이하 "산재보험료"라 한다)

② (○) 제1항에 따라 환수대상이 되는 지원금은 공단이 국세 체납처분의 예에 따라 징수한다(동법 제21조의2 제2항).

③ (○) 공단은 사업주가 제19조 제1항에서 정하고 있는 기한까지 확정보험료를 신고하지 아니하거나 신고한 확정보험료가 사실과 달라 제19조 제4항에 따라 보험료를 징수하는 경우에는 그 징수하여야 할 보험료의 100분의 10에 상당하는 가산금을 부과하여 징수한다. 다만, 가산금이 소액이거나 그 밖에 가산금을 징수하는 것이 적절하지 아니하다고 인정되어 대통령령으로 정하는 경우 또는 대통령령으로 정하는 금액을 초과하는 부분에 대하여는 그러하지 아니하다(동법 제24조 제1항).

④ (✕) 근로복지공단이 아닌 국민건강보험공단의 업무이다(동법 제25조 제1항).

> **제25조(연체금의 징수)** ① 건강보험공단은 사업주가 제16조의7, 제17조 및 제19조에 따른 납부기한까지 보험료 또는 이 법에 따른 그 밖의 징수금을 내지 아니한 경우에는 그 납부기한이 지난 날부터 매 1일이 지날 때마다 체납된 보험료, 그 밖의 징수금의 1천 500분의 1에 해당하는 금액을 가산한 연체금을 징수한다. 이 경우 연체금은 체납된 보험료등의 1천분의 20을 초과하지 못한다. 〈개정 2021.1.26.〉

⑤ (○) 동법 제26조 제1항 제2호

> **제26조(산재보험가입자로부터의 보험급여액 징수 등)** ① 공단은 다음 각 호의 어느 하나에 해당하는 재해에 대하여 산재보험급여를 지급하는 경우에는 대통령령으로 정하는 바에 따라 그 급여에 해당하는 금액의 전부 또는 일부를 사업주로부터 징수할 수 있다.
> 1. 사업주가 제11조에 따른 보험관계 성립신고를 게을리한 기간 중에 발생한 재해
> 2. 사업주가 산재보험료의 납부를 게을리한 기간 중에 발생한 재해

정답 ④

097 □□□ ○△✕

고용보험 및 산업재해보상보험의 보험료징수 등에 관한 법령상 보험료 등의 분할납부에 관한 설명으로 옳은 것은?

① 사업주는 납부기한이 지난 고용보험료의 분할납부의 승인을 근로복지공단에 신청할 수 있다.

② 사업주는 분할납부를 신청하는 경우에는 사업주의 재산목록을 제출하여야 한다.

③ 근로복지공단은 사업주의 총재산의 추정가액이 보험료의 총액을 넘는 경우에는 보험료의 분할납부를 승인하여야 한다.

④ 근로복지공단은 분할납부 승인을 받은 사업주가 분할납부하여야 하는 보험료를 정당한 사유 없이 내지 아니한 경우에는 분할납부의 승인을 취소할 수 있다.

⑤ 분할납부의 총기간은 분할납부의 승인을 받은 날의 다음 날부터 2년 이내로 한다.

해설

① (✕) 근로복지공단 → 국민건강보험공단(고용산재보험료징수법 제27조의3 제1항)

> **제27조의3(보험료 등의 분할납부)** ① 사업주는 다음 각 호의 어느 하나에 해당하는 경우에는 납부기한이 지난 보험료와 이 법에 따른 그 밖의 징수금에 대하여 분할납부를 승인하여 줄 것을 건강보험공단에 신청할 수 있다. 〈개정 2021.8.17.〉
> 1. 제5조 제1항 또는 제3항에 따른 보험의 당연가입자인 사업주로서 제7조에 따른 보험관계 성립일부터 1년 이상이 지나서 제11조에 따른 보험관계 성립신고를 한 경우
> 2. 제39조에 따라 납부기한이 연장되었으나 연장된 납부기한이 지나 3회 이상 체납한 경우

② (✕) 2019.1.15. 고용산재보험료징수법 제27조의3 제2항이 삭제되었으므로, 정답을 변경한다.

③ (✕) 보험료의 분할납부를 승인하여야 한다 → 징수금의 분할납부를 승인할 수 있다(동조 제3항)

[보충] 2019.1.15. 고용산재보험료징수법 제27조의3 제3항이 다음과 같이 개정되었으므로, 정답을 변경한다.

> **제27조의3(보험료 등의 분할납부)** ③ 건강보험공단은 제1항에 따라 신청한 사업주에 대하여 납부능력을 확인하여 보험료와 이 법에 따른 그 밖의 징수금의 분할납부를 승인할 수 있다. 〈개정 2019.1.15.〉

④ (✕) 내지 → 두 번 이상 내지(동조 제4항 제1호)

> **제27조의3(보험료 등의 분할납부)** ④ 건강보험공단은 제3항에 따라 분할 납부 승인을 받은 사업주가 다음 각 호의 어느 하나에 해당하게 된 경우에는 분할납부의 승인을 취소하고 분할납부의 대상이 되는 보험료와 이 법에 따른 그 밖의 징수금을 한꺼번에 징수할 수 있다. 〈개정 2010.1.27.〉
> 1. 분할납부하여야 하는 보험료와 이 법에 따른 그 밖의 징수금을 정당한 사유 없이 두 번 이상 내지 아니한 경우
> 2. 제27조의2 제1항 각 호의 어느 하나에 해당하는 사유가 발생한 경우

⑤ (○) 2021.12.31. 고용산재보험료징수법 시행규칙 제32조의3 제2항이 다음과 같이 개정되었으므로, 정답을 변경한다.

> **제32조의3(분할납부의 신청 등)** ② 법 제27조의3 제1항(법 제48조의2 제8항 제3호, 제48조의3 제8항 제3호 및 제48조의6 제13항 제3호에서 준용하는 경우를 포함한다)에 따른 분할납부의 총기간은 법 제27조의3 제3항(법 제48조의2 제8항 제3호, 제48조의3 제8항 제3호 및 제48조의6 제13항 제3호에서 준용하는 경우를 포함한다)에 따른 분할납부의 승인을 받은 날의 다음 날부터 2년 이내로 한다. 〈개정 2023.6.30.〉

정답 ② ▶ ⑤

098 □□□ ○△✕

고용보험 및 산업재해보상보험의 보험료징수 등에 관한 법령상 징수 및 체납처분 등에 관한 설명으로 옳은 것은?

① 상속이 개시된 경우, 피상속인에 대한 처분의 효력은 상속인에게 미치지 않는다.

② 근로복지공단은 월별보험료의 독촉을 받은 자가 그 기한까지 내지 아니한 경우에는 국세 체납처분의 예에 따라 이를 징수할 수 있다.

③ 한국자산관리공사는 공매대행의 의뢰를 받은 날부터 2년 이내에 공매되지 않은 재산이 있으면, 국민건강보험공단에 그 재산에 대한 공매대행 의뢰의 해제를 요구할 수 있다.

④ 국민건강보험공단은 독촉할 경우, 그 납부기한은 독촉장 발급일부터 7일 이상의 여유가 있도록 하여야 한다.

⑤ 사업주가 국세를 체납하여 체납처분을 받은 경우, 보험료의 총액이 500만 원이라면 납부기한 전에 이미 납부의무가 확정된 보험료를 징수할 수 없다.

해설

① (✕) 미치지 않는다 → 미친다(고용산재보험료징수법 제28조의3 제5항)

> **제28조의3(상속으로 인한 납부의무의 승계)** ⑤ 제1항의 경우에 피상속인에 대한 처분 또는 절차는 상속인 또는 상속재산관리인에 대하여도 효력이 있다.

② (✕) 근로복지공단 → 국민건강보험공단(동법 제28조 제1항)

> **제28조(징수금의 체납처분 등)** ① 건강보험공단은 제27조 제2항 및 제3항에 따른 독촉을 받은 자가 그 기한까지 보험료나 이 법에 따른 그 밖의 징수금을 내지 아니한 경우에는 고용노동부장관의 승인을 받아 국세 체납처분의 예에 따라 이를 징수할 수 있다. 〈개정 2010.6.4.〉

③ (○) 동법 시행령 제39조 제1항

④ (✕) 7일 → 10일(동법 제27조 제3항)

> **제27조(징수금의 통지 및 독촉)** ③ 건강보험공단은 제2항에 따라 독촉을 하는 경우에는 독촉장을 발급하여야 한다. 이 경우의 납부기한은 독촉장 발급일부터 10일 이상의 여유가 있도록 하여야 한다. 〈개정 2010.1.27.〉

⑤ (✕) 없다 → 있다(동법 제27조의2 제1항 제1호)

제27조의2(납부기한 전 징수) ① 공단 또는 건강보험공단은 사업주에게 다음 각 호의 어느 하나에 해당하는 사유가 있는 경우에는 납부기한 전이라도 이미 납부의무가 확정된 보험료, 이 법에 따른 그 밖의 징수금을 징수할 수 있다. 다만, 보험료와 이 법에 따른 그 밖의 징수금의 총액이 500만 원 미만인 경우에는 그러하지 아니하다. 〈개정 2010.1.27.〉
1. 국세를 체납하여 체납처분을 받은 경우
2. 지방세 또는 공과금을 체납하여 체납처분을 받은 경우
3. 강제집행을 받은 경우
4. 「어음법」 및 「수표법」에 따른 어음교환소에서 거래정지처분을 받은 경우
5. 경매가 개시된 경우
6. 법인이 해산한 경우

정답 ③

099 □□□   ○ △ ×

고용보험 및 산업재해보상보험의 보험료징수 등에 관한 법률상 징수금의 결손처분에 해당하는 사유를 모두 고른 것은?

ㄱ. 경매가 개시된 경우
ㄴ. 소멸시효가 완성된 경우
ㄷ. 체납자의 행방이 분명하지 않아 징수할 가능성이 없다고 인정되는 경우
ㄹ. 체납처분이 끝나고 체납액에 충당된 배분금액이 그 체납액보다 적은 경우

① ㄷ   ② ㄴ, ㄷ   ③ ㄴ, ㄹ
④ ㄴ, ㄷ, ㄹ   ⑤ ㄱ, ㄴ, ㄷ, ㄹ

해설
④ (○) ㄴ, ㄷ, ㄹ이 징수금의 결손처분에 해당하는 사유이다.

고용산재보험료징수법 제29조(징수금의 결손처분) ① 건강보험공단은 다음 각 호의 어느 하나에 해당하는 사유가 있을 때에는 고용노동부장관의 승인을 받아 보험료와 이 법에 따른 그 밖의 징수금을 결손처분할 수 있다. 〈개정 2010.6.4.〉
1. 체납처분이 끝나고 체납액에 충당된 배분금액이 그 체납액보다 적은 경우
2. 소멸시효가 완성된 경우
3. 징수할 가능성이 없다고 인정하여 대통령령으로 정하는 경우
시행령 제41조(징수금의 결손처분) ① 법 제29조 제1항 제3호에서 "대통령령으로 정하는 경우"란 다음 각 호의 어느 하나에 해당하는 경우를 말한다.
1. 체납자의 행방이 분명하지 않은 경우
2. 체납자의 재산이 없거나 체납처분의 목적물인 총재산의 견적가격이 체납처분비에 충당하고 나면 나머지가 생길 여지가 없음이 확인된 경우
3. 체납처분의 목적물인 총재산이 보험료, 그 밖의 징수금보다 우선하는 국세·지방세 등의 채권 변제에 충당하고 나면 나머지가 생길 여지가 없음이 확인된 경우
4. 「채무자 회생 및 파산에 관한 법률」 제251조에 따라 체납회사가 보험료 등의 납부책임을 지지 않게 된 경우

정답 ④

100 □□□   ○ △ ×

고용보험 및 산업재해보상보험의 보험료징수 등에 관한 법률상 (   )에 들어갈 내용을 순서대로 옳게 나열한 것은?

○ 산재보험의 가입자인 사업주가 그 사업을 운영하다가 근로자를 고용하지 아니하게 되었을 때에는 그날부터 (   )의 범위에서 근로자를 사용하지 아니한 기간에도 보험에 가입한 것으로 본다.
○ 고용보험료율은 보험수지의 동향과 경제상황 등을 고려하여 (   )의 범위에서 고용안정·직업능력개발사업의 보험료율 및 실업급여의 보험료율로 구분하여 대통령령으로 정한다.

① 6개월, 1,000분의 15
② 6개월, 1,000분의 30
③ 1년, 1,000분의 15
④ 1년, 1,000분의 30
⑤ 3년, 1,000분의 30

해설
④ (○) 1년, 1,000분의 30

고용산재보험료징수법 제6조(보험의 의제가입) ③ 제5조 제1항부터 제4항까지의 규정에 따른 사업주가 그 사업을 운영하다가 근로자(고용보험의 경우에는 「고용보험법」 제10조 및 제10조의2에 따른 적용제외 근로자는 제외한다)를 고용하지 아니하게 되었을 때에는 그날부터 1년의 범위에서 근로자를 사용하지 아니한 기간에도 보험에 가입한 것으로 본다. 〈개정 2019.1.15.〉
제14조(보험료율의 결정) ① 고용보험료율은 보험수지의 동향과 경제상황 등을 고려하여 1000분의 30의 범위에서 고용안정·직업능력개발사업의 보험료율 및 실업급여의 보험료율로 구분하여 대통령령으로 정한다.

정답 ④

076 ☐☐☐　　　　　　　　○ △ ✕

사회보장기본법상 내용으로 옳은 것은?

① 사회보장위원회는 사회보장급여 관련 업무에 공통적으로 적용되는 기준을 마련하여야 한다.

② 사회보장비용의 부담은 각각의 사회보장제도의 목적에 따라 국가, 지방자치단체가 민간부문보다 우선적으로 부담하여야 한다.

③ 국가와 지방자치단체는 관계법령에서 정하는 바에 따라 공표된 최저보장수준과 최저임금 등을 고려하여 사회보장급여의 수준을 결정하여야 한다.

④ 사회보험에 드는 비용은 수익자가 부담함을 원칙으로 하되, 관계법령에서 정하는 바에 따라 국가가 그 비용의 전부 또는 일부를 부담할 수 있다.

⑤ 사회보장에 관한 기본계획은 다른 법령에 따라 수립되는 사회보장에 관한 계획을 제외한 모든 계획의 기본이 된다.

해설

① (✕) 사회보장위원회 → 보건복지부장관, 마련하여야 한다 → 마련할 수 있다(사회보장기본법 제26조 제5항)

> **제26조(협의 및 조정)** ⑤ 보건복지부장관은 사회보장급여 관련 업무에 공통적으로 적용되는 기준을 마련할 수 있다. 〈개정 2018. 12.11.〉

② (✕) 국가, 지방자치단체가 민간부문보다 우선적으로 부담하여야 한다 → 국가, 지방자치단체 및 민간부문 간에 합리적으로 조정되어야 한다(동법 제28조 제1항)

> **제28조(비용의 부담)** ① 사회보장비용의 부담은 각각의 사회보장제도의 목적에 따라 국가, 지방자치단체 및 민간부문 간에 합리적으로 조정되어야 한다.

③ (○) 동법 제10조 제3항

④ (✕) 수익자 → 사용자, 피용자 및 자영업자, 전부 또는 → "삭제"(동법 제28조 제2항)

> **제28조(비용의 부담)** ② 사회보험에 드는 비용은 사용자, 피용자(被傭者) 및 자영업자가 부담하는 것을 원칙으로 하되, 관계법령에서 정하는 바에 따라 국가가 그 비용의 일부를 부담할 수 있다.

⑤ (✕) 계획을 제외한 모든 → 계획에 우선하며 그(동법 제17조)

> **제17조(다른 계획과의 관계)** 기본계획은 다른 법령에 따라 수립되는 사회보장에 관한 계획에 우선하며 그 계획의 기본이 된다.

정답 ③

077 ☐☐☐　　　　　　　　○ △ ✕

사회보장기본법상 사회보장수급권에 관한 내용으로 옳지 않은 것은?

① 사회보장수급권은 관계법령에서 정하는 바에 따라 다른 사람에게 양도하거나 담보로 제공할 수 없다.

② 사회보장수급권은 관계법령에서 따로 정하고 있는 경우 외에는 제한되거나 정지될 수 없다.

③ 사회보장수급권이 제한되는 경우에는 제한하는 목적에 필요한 최소한의 범위에 그쳐야 한다.

④ 사회보장수급권은 정당한 권한이 있는 기관에 서면으로 통지하여 포기할 수 있다.

⑤ 사회보장수급권의 포기는 취소할 수 없다.

해설

① (○) 사회보장수급권은 관계법령에서 정하는 바에 따라 다른 사람에게 양도하거나 담보로 제공할 수 없으며, 이를 압류할 수 없다(사회보장기본법 제12조).

② (○) 사회보장수급권은 제한되거나 정지될 수 없다. 다만, 관계법령에서 따로 정하고 있는 경우에는 그러하지 아니하다(동법 제13조 제1항).

③ (○) 제1항 단서에 따라 사회보장수급권이 제한되거나 정지되는 경우에는 제한 또는 정지하는 목적에 필요한 최소한의 범위에 그쳐야 한다(동조 제2항).

④ (○) 동법 제14조 제1항

⑤ (✕) 없다 → 있다(동조 제2항)

> **제14조(사회보장수급권의 포기)** ① 사회보장수급권은 정당한 권한이 있는 기관에 서면으로 통지하여 포기할 수 있다.
> ② 사회보장수급권의 포기는 취소할 수 있다.
> ③ 제1항에도 불구하고 사회보장수급권을 포기하는 것이 다른 사람에게 피해를 주거나 사회보장에 관한 관계법령에 위반되는 경우에는 사회보장수급권을 포기할 수 없다.

정답 ⑤

078 □□□   ○ △ ✕

사회보장기본법에 관한 내용이다. (   ) 안에 들어갈 내용을 순서대로 옳게 나열한 것은?

> ○ 보건복지부장관은 관계 중앙행정기관의 장과 협의하여 사회보장 증진을 위하여 사회보장에 관한 기본계획을 (   )마다 수립하여야 한다.
> ○ 국가는 사회보장제도의 안정적인 운영을 위하여 중장기 사회보장 재정추계를 (   )으로 실시하고 이를 공표하여야 한다.

① 3년, 매년   ② 3년, 격년   ③ 5년, 매년
④ 5년, 격년   ⑤ 10년, 격년

해설

④ (○) 5년, 격년

> **사회보장기본법 제16조(사회보장 기본계획의 수립)** ① 보건복지부장관은 관계 중앙행정기관의 장과 협의하여 사회보장 증진을 위하여 사회보장에 관한 기본계획(이하 "기본계획"이라 한다)을 5년마다 수립하여야 한다.
> **제5조(국가와 지방자치단체의 책임)** ④ 국가는 사회보장제도의 안정적인 운영을 위하여 중장기 사회보장 재정추계를 격년으로 실시하고 이를 공표하여야 한다.

정답 ④

079 □□□   ○ △ ✕

근로자 甲은 소정근로시간을 1주간 40시간에서 30시간으로 육아기 근로시간 단축을 실시하였다. 육아기 근로시간 단축개시일을 기준으로 근로기준법에 따라 산정한 월 통상임금이 월 200만 원이라고 할 경우, 甲이 1개월간 고용보험법령상 받을 수 있는 육아기 근로시간 단축급여액은? (단, 육아기 근로시간 단축급여의 감액사유는 없음)

① 20만 원   ② 30만 원   ③ 40만 원
④ 50만 원   ⑤ 60만 원

해설

2019.9.17. 개정 고용보험법은, 매주 최초 5시간의 단축분에 대한 육아기 근로시간 단축급여의 산정기준 금액을 통상임금 80%에서 100%로 상향하고, 그 산정기준 금액의 상한을 150만 원에서 200만 원으로 상향하였으므로(동법 시행령 제104조의2 제2항), 정답을 변경한다.

> **시행령 제104조의2(육아기 근로시간 단축급여)** ② 법 제73조의2 제3항에 따른 육아기 근로시간 단축급여액은 다음의 계산식에 따라 산정한다. 다만, 육아기 근로시간 단축급여의 지급대상기간이 1개월을 채우지 못하는 경우에는 다음의 계산식에 따라 산출된 금액을 그달의 일수로 나누어 산출한 금액에 그달에 육아기 근로시간 단축을 사용한 일수를 곱하여 산정한다. 〈개정 2019.9.17.〉
> • (매주 최초 5시간 단축분) 육아기 근로시간 단축개시일을 기준으로 「근로기준법」에 따라 산정한 월 통상임금에 해당하는 금액(200

만 원을 상한액으로 하고, 50만 원을 하한액으로 한다)×(5÷단축 전 소정근로시간)
> • (나머지 근로시간 단축분) 육아기 근로시간 단축개시일을 기준으로 「근로기준법」에 따라 산정한 월 통상임금의 100분의 80에 해당하는 금액(150만 원을 상한액으로 하고, 50만 원을 하한액으로 한다)×[(단축 전 소정근로시간−단축 후 소정근로시간−5)÷단축 전 소정근로시간]

정답 ② ▶ 없음

080 □□□   ○ △ ✕

고용보험법령상 고용창출에 대한 지원을 받을 수 있는 경우가 아닌 것은?

① 교대근로 개편을 통하여 실업자를 고용함으로써 근로자 수가 증가한 경우
② 시간제직무 개발을 통하여 실업자를 근로계약기간을 정하지 않고 시간제로 근무하는 형태로 하여 새로 고용하는 경우
③ 고용보험위원회에서 심의·의결한 인력수급 불일치 업종에 해당하는 기업이 실업자를 고용하는 경우
④ 고용노동부장관이 정하는 시설을 설치·운영하여 고용환경을 개선하고 실업자를 고용하여 근로자 수가 증가한 경우
⑤ 고용보험위원회에서 심의·의결한 업종에 해당하는 대규모기업이 직업안정기관의 장이 정하는 전문적인 자격을 갖춘 자를 고용하는 경우

해설

① (○) ② (○) ③ (○) ④ (○) 고용보험법 시행령 제17조 제1항 제1호, 제3호, 제4호, 제2호
⑤ (✕) 대규모 기업 → 우선지원 대상기업(동항 제5호)

> **시행령 제17조(고용창출에 대한 지원)** ① 고용노동부장관은 법 제20조에 따라 다음 각 호의 어느 하나에 해당하는 사업주에게 임금의 일부를 지원할 수 있다. 다만, 제1호의 경우에는 근로시간이 감소된 근로자에 대한 임금의 일부와 필요한 시설의 설치비의 일부도 지원할 수 있으며, 제2호의 경우에는 시설의 설치비의 일부도 지원할 수 있다. 〈개정 2021.12.31.〉
> 1. 근로시간 단축, 교대근로 개편, 정기적인 교육훈련 또는 안식휴가 부여 등(이하 "일자리 함께하기"라 한다)을 통하여 실업자를 고용함으로써 근로자 수가 증가한 경우
> 2. 고용노동부장관이 정하는 시설을 설치·운영하여 고용환경을 개선하고 실업자를 고용하여 근로자 수가 증가한 경우.
> 3. 직무의 분할, 근무체계 개편 또는 시간제직무 개발 등을 통하여 실업자를 근로계약기간을 정하지 않고 시간제로 근무하는 형태로 하여 새로 고용하는 경우
> 4. 위원회에서 심의·의결한 성장유망업종, 인력수급 불일치 업종, 국내복귀기업 또는 지역특화산업 등 고용지원이 필요한 업종에 해당하는 기업이 실업자를 고용하는 경우
> 5. 위원회에서 심의·의결한 업종에 해당하는 우선지원 대상기

업이 고용노동부장관이 정하는 전문적인 자격을 갖춘 자(이하 "전문인력"이라 한다)를 고용하는 경우

6. 제28조에 따른 임금피크제, 제28조의2에 따른 임금을 감액하는 제도 또는 그 밖의 임금체계 개편 등을 통하여 15세 이상 34세 이하의 청년 실업자를 고용하는 경우

7. 고용노동부장관이 「고용상 연령차별 금지 및 고령자고용촉진에 관한 법률」 제2조 제1호 또는 제2호에 따른 고령자 또는 준고령자가 근무하기에 적합한 것으로 인정하는 직무에 고령자 또는 준고령자를 새로 고용하는 경우

정답 ⑤

081 ☐☐☐ ○ △ ✕

고용보험법상 용어에 관한 정의로 옳은 것을 모두 고른 것은?

> ㄱ. 실업: 근로의 의사와 능력이 있음에도 불구하고 취업하지 못한 상태에 있는 것
> ㄴ. 일용근로자: 1일 단위로 근로계약이 체결되는 근로자
> ㄷ. 이직(離職): 피보험자가 사업주와의 고용관계를 종료한 후 신규사업주와 근로계약을 체결하는 것

① ㄱ   ② ㄱ, ㄴ   ③ ㄱ, ㄷ
④ ㄴ, ㄷ   ⑤ ㄱ, ㄴ, ㄷ

해설

① (○) ㄱ만이 용어에 관한 정의로 옳은 것이다.

> **제2조(정의)** 이 법에서 사용하는 용어의 뜻은 다음과 같다. 〈개정 2021.1.5.〉
> 1. "피보험자"란 다음 각 목에 해당하는 사람을 말한다.
>   가. 「고용보험 및 산업재해보상보험의 보험료징수 등에 관한 법률」(이하 "고용산재보험료징수법"이라 한다) 제5조 제1항·제2항, 제6조 제1항, 제8조 제1항·제2항, 제48조의2 제1항 및 제48조의3 제1항에 따라 보험에 가입되거나 가입된 것으로 보는 근로자, 예술인 또는 노무제공자
>   나. 고용산재보험료징수법 제49조의2 제1항·제2항에 따라 고용보험에 가입하거나 가입된 것으로 보는 자영업자(이하 "자영업자인 피보험자"라 한다)
> 2. "이직(離職)"이란 피보험자와 사업주 사이의 고용관계가 끝나게 되는 것(제77조의2 제1항에 따른 예술인 및 제77조의6 제1항에 따른 노무제공자의 경우에는 문화예술용역 관련 계약 또는 노무제공계약이 끝나는 것을 말한다)을 말한다.
> 3. "실업"이란 근로의 의사와 능력이 있음에도 불구하고 취업하지 못한 상태에 있는 것을 말한다.
> 4. "실업의 인정"이란 직업안정기관의 장이 제43조에 따른 수급자격자가 실업한 상태에서 적극적으로 직업을 구하기 위하여 노력하고 있다고 인정하는 것을 말한다.
> 5. "보수"란 「소득세법」 제20조에 따른 근로소득에서 대통령령으로 정하는 금품을 뺀 금액을 말한다. 다만, 휴직이나 그 밖에 이와 비슷한 상태에 있는 기간 중에 사업주 외의 자로부터 지급받는 금품 중 고용노동부장관이 정하여 고시하는 금품은 보수로 본다.

> 6. "일용근로자"란 1개월 미만 동안 고용되는 사람을 말한다.

정답 ①

082 ☐☐☐ ○ △ ✕

고용보험법상 구직급여의 소정급여일수로 옳은 것은?

① 피보험기간 4년, 이직일 현재 25세인 비장애인: 90일
② 피보험기간 2년, 이직일 현재 35세인 장애인: 120일
③ 피보험기간 4년, 이직일 현재 40세인 비장애인: 120일
④ 피보험기간 6년, 이직일 현재 30세인 장애인: 180일
⑤ 피보험기간 10년, 이직일 현재 45세인 비장애인: 210일

해설

① (✕) 90일 → 180일
② (✕) 120일 → 150일
③ (✕) 120일 → 180일
④ (✕) 180일 → 240일
⑤ (✕) 210일 → 240일

[보충] 고용보험법 제50조 제1항 관련 별표 1이 다음과 같이 개정되었으므로, 정답을 변경한다.

구직급여의 소정급여일수(제50조 제1항 관련 별표 1)

구분		이직일 현재 연령	
		50세 미만	50세 이상
피보험기간	1년 미만	120일	120일
	1년~3년	150일	180일
	3년~5년	180일	210일
	5년~10년	210일	240일
	10년 이상	240일	270일

비고: 「장애인고용촉진 및 직업재활법」 제2조 제1호에 따른 장애인은 50세 이상인 것으로 보아 위 표를 적용한다.

정답 ⑤ ▶ 없음

083 ☐☐☐ ○ △ ✕

고용보험법상 위반 시 징역 또는 벌금에 처해지는 행위를 모두 고른 것은?

> ㄱ. 거짓으로 육아휴직급여를 받은 경우
> ㄴ. 피보험자격의 취득 및 상실 등에 관한 사항을 고용노동부장관에게 신고하지 아니한 경우
> ㄷ. 이직확인서를 고용노동부장관에 거짓으로 작성하여 제출한 경우

① ㄱ   ② ㄱ, ㄴ   ③ ㄱ, ㄷ
④ ㄴ, ㄷ   ⑤ ㄱ, ㄴ, ㄷ

① (○) ㄱ만이 위반 시 징역 또는 벌금에 처해지는 행위이다.
[보충] ㄴ, ㄷ은 300만 원 이하의 과태료에 처해지는 행위이다(고용보험법 제119조 제1항 제1호, 제3호).

> **제116조(벌칙)** ① 사업주와 공모하여 거짓이나 그 밖의 부정한 방법으로 다음 각 호에 따른 지원금 또는 급여를 받은 자와 공모한 사업주는 각각 5년 이하의 징역 또는 5천만 원 이하의 벌금에 처한다. 〈개정 2021.1.5.〉
> 1. 제3장에 따른 고용안정·직업능력개발사업의 지원금
> 2. 제4장에 따른 실업급여
> 3. 제5장에 따른 육아휴직급여, 육아기 근로시간 단축급여 및 출산전후휴가급여등
> 4. 제5장의2 및 제5장의3에 따른 구직급여 및 출산전후급여등
> ② 다음 각 호의 어느 하나에 해당하는 자는 3년 이하의 징역 또는 3천만 원 이하의 벌금에 처한다. 〈개정 2022.12.31.〉
> 1. 제105조(제77조의5 제3항·제4항 및 제77조의10 제3항·제4항에서 준용하는 경우를 포함한다)를 위반하여 근로자를 해고하거나 그 밖에 근로자에게 불이익한 처우를 한 사업주
> 2. 거짓이나 그 밖의 부정한 방법으로 제1항 각 호에 따른 지원금 또는 급여를 받은 자. 다만, 제1항에 해당하는 경우는 제외한다.

정답 ①

84 ㅁㅁㅁ   ○ △ ✕

고용보험법상 고용보험기금에 관한 설명으로 옳지 않은 것은?

① 고용노동부장관은 매년 고용보험기금운용계획을 세워 고용보험위원회 및 국무회의의 심의를 거쳐 대통령의 승인을 받아야 한다.
② 고용보험기금을 지출할 때 자금부족이 발생한 경우에는 고용보험기금의 부담으로 금융기관·다른 기금과 그 밖의 재원 등으로부터 차입을 할 수 있다.
③ 고용노동부장관은 매년 고용보험기금의 운용결과에 대하여 고용보험위원회의 심의를 거쳐 공표하여야 한다.
④ 고용보험기금의 관리·운용에 관한 세부사항은 국고금관리법의 규정에 따른다.
⑤ 고용보험기금의 결산상 손실금이 생기면 적립금을 사용하여 이를 보전(補塡)할 수 있다.

① (○) 고용보험법 제81조 제1항
② (○) 기금을 지출할 때 자금부족이 발생하거나 발생할 것으로 예상되는 경우에는 기금의 부담으로 금융기관·다른 기금과 그 밖의 재원 등으로부터 차입을 할 수 있다(동법 제86조).
③ (○) 동법 제81조 제2항
④ (✕) 국고금관리법 → 국가재정법(동법 제79조 제2항)

> **제79조(기금의 관리·운용)** ② 기금의 관리·운용에 관한 세부사항은 「국가재정법」의 규정에 따른다.

⑤ (○) 동법 제85조 제2항

정답 ④

85 ㅁㅁㅁ   ○ △ ✕

산업재해보상보험법령상의 보험급여의 내용으로 옳지 않은 것은?

① 장해급여 청구사유 발생 당시 대한민국 국민이 아닌 자로서 외국에서 거주하고 있는 근로자에게는 장해보상일시금을 지급한다.
② 간병급여 수급권자가 재요양을 받는 경우, 그 재요양 기간 중에는 간병급여를 지급하지 않는다.
③ 유족보상일시금은 근로자가 사망할 당시 유족보상연금을 받을 수 있는 자격이 있는 자가 없는 경우에 지급한다.
④ 유족급여는 근로자가 업무상의 사유로 사망한 경우에 유족에게 지급한다.
⑤ 장의비는 유족이 아닌 자가 장제를 지낸 경우에는 평균임금의 120일분을 그 장제를 지낸 자에게 지급한다.

① (○) 산재보험법 제57조 제3항 단서 후단
② (○) 동법 시행령 제59조 제5항
③ (○) 유족급여는 별표 3에 따른 유족보상연금이나 유족보상일시금으로 하되, 유족보상일시금은 근로자가 사망할 당시 제63조 제1항에 따른 유족보상연금을 받을 수 있는 자격이 있는 사람이 없는 경우에 지급한다(동법 제62조 제2항).
④ (○) 동법 제62조 제1항
⑤ (✕) 120일분 → 120일분에 상당하는 금액의 범위에서 실제 드는 비용
[보충] 2021.1.26. 일반 국민이 쉽게 읽고 이해할 수 있도록 장의비는 장례비로, 장제는 장례로 개정되었다.

> **제71조(장례비)** ① 장례비는 근로자가 업무상의 사유로 사망한 경우에 지급하되, 평균임금의 120일분에 상당하는 금액을 그 장례를 지낸 유족에게 지급한다. 다만, 장례를 지낼 유족이 없거나 그 밖에 부득이한 사유로 유족이 아닌 사람이 장례를 지낸 경우에는 평균임금의 120일분에 상당하는 금액의 범위에서 실제 드는 비용을 그 장례를 지낸 사람에게 지급한다. 〈개정 2021.1.26.〉

정답 ⑤

086 ☐☐☐ ○ △ ✕

산업재해보상보험법상 심사청구의 제기와 관련한 내용으로 옳지 않은 것은?

① 심사청구는 그 보험급여 결정등을 한 근로복지공단의 소속 기관을 거쳐 근로복지공단에 제기하여야 한다.
② 심사청구는 보험급여 결정등이 있음을 안 날부터 90일 이내에 하여야 한다.
③ 심사청구서를 받은 근로복지공단의 소속 기관은 5일 이내에 의견서를 첨부하여 근로복지공단에 보내야 한다.
④ 보험급여 결정등에 대하여 행정심판법에 따른 행정심판을 제기할 수 있다.
⑤ 약제비에 관한 근로복지공단의 결정에 불복하는 자는 근로복지공단에 심사청구를 할 수 있다.

해설

① (○) 산재보험법 제103조 제2항
② (○) 동조 제3항
③ (○) 동조 제4항
④ (×) 있다 → 없다(동조 제5항)

> 제103조(심사청구의 제기) ⑤ 보험급여 결정등에 대하여는 「행정심판법」에 따른 행정심판을 제기할 수 없다.

⑤ (○) 동조 제1항 제3호

> 제103조(심사청구의 제기) ① 다음 각 호의 어느 하나에 해당하는 공단의 결정 등(이하 "보험급여 결정등"이라 한다)에 불복하는 자는 공단에 심사청구를 할 수 있다. 〈개정 2022.1.11.〉
> 1. 제3장, 제3장의2 및 제3장의3에 따른 보험급여에 관한 결정
> 2. 제45조 및 제91조의6 제4항에 따른 진료비에 관한 결정
> 3. 제46조에 따른 약제비에 관한 결정
> 4. 제47조 제2항에 따른 진료계획 변경 조치등
> 5. 제76조에 따른 보험급여의 일시지급에 관한 결정
> 5의2. 제77조에 따른 합병증 등 예방관리에 관한 조치
> 6. 제84조에 따른 부당이득의 징수에 관한 결정
> 7. 제89조에 따른 수급권의 대위에 관한 결정

정답 ④

087 ☐☐☐ ○ △ ✕

산업재해보상보험법 제54조(저소득 근로자의 휴업급여)에 관한 내용이다. (   ) 안에 들어갈 내용을 순서대로 옳게 나열한 것은?

> 1일당 휴업급여 지급액이 최저 보상기준 금액의 100분의 (   )보다 적거나 같으면 그 근로자에 대하여는 평균임금의 100분의 (   )에 상당하는 금액을 1일당 휴업급여 지급액으로 한다.

① 70, 80　　　② 80, 80　　　③ 80, 90
④ 85, 90　　　⑤ 90, 90

해설

③ (○) 80, 90

> 산재보험법 제54조(저소득 근로자의 휴업급여) ① 제52조에 따라 산정한 1일당 휴업급여 지급액이 최저 보상기준 금액의 100분의 80보다 적거나 같으면 그 근로자에 대하여는 평균임금의 100분의 90에 상당하는 금액을 1일당 휴업급여 지급액으로 한다. 다만, 그 근로자의 평균임금의 100분의 90에 상당하는 금액이 최저 보상기준 금액의 100분의 80보다 많은 경우에는 최저 보상기준 금액의 100분의 80에 상당하는 금액을 1일당 휴업급여 지급액으로 한다.

정답 ③

088 ☐☐☐ ○ △ ✕

산업재해보상보험법령상 특수형태근로종사자가 아닌 것은?

① 한국표준직업분류표의 세분류에 따른 택배원인 사람으로서 택배사업에서 배송업무를 하는 사람
② 농업협동조합법에 따른 공제를 모집하는 사람
③ 대부업 등의 등록 및 금융이용자 보호에 관한 법률 제3조 제1항 단서에 따른 대출모집인
④ 여신전문금융업법 제14조의2 제1항 제2호에 따른 신용카드회원 모집인
⑤ 고용노동부장관이 정하는 기준에 따라 주로 하나의 대리운전업자로부터 업무를 의뢰받아 대리운전업무를 하는 사람

해설

2022.6.10. 산재보험법 개정으로 제125조(특수형태근로종사자에 대한 특례)가 삭제되었고, 2023.6.27. 산재보험법 시행령 개정으로 제125조(특수형태근로종사자의 범위 등)가 삭제되었으므로, 특수형태근로종사자와 관련한 문제는 추후 출제되지 아니할 예정이다. 이에 정답을 변경한다.

정답 ② ▶ 없음

89 □□□   ○ △ ✕

산업재해보상보험법상 다음 내용으로 옳은 것은?

① 보험급여는 지급결정일부터 30일 이내에 지급하여야
한다.

② 수급권자 및 보험가입자는 제3자의 행위로 재해가 발
생하면 30일 이내에 근로복지공단에 신고하여야 한다.

③ 진폐의 진단결과에 대하여 진폐병형 및 합병증 등을
심사하기 위하여 안전보건공단에 관계전문가 등으로
구성된 진폐심사회의를 둔다.

④ 근로복지공단은 산재보험 의료기관이 요양급여의 산
정기준을 위반하여 부당하게 진료비를 지급받은 경우
에는 그 진료비의 2배에 해당하는 금액을 징수하여야
한다.

⑤ 근로복지공단은 보험급여를 받은 자가 거짓이나 그 밖
의 부정한 방법으로 보험급여를 받은 경우에는 그 급
여액의 2배에 해당하는 금액을 징수하여야 한다.

해설

① (✕) 30일 → 14일(산재보험법 제82조 제1항)

> **제82조(보험급여의 지급)** ① 보험급여는 지급결정일부터 14일
> 이내에 지급하여야 한다. 〈개정 2018.6.12.〉

② (✕) 30일 이내에 → 지체 없이(동법 제87조 제3항)

> **제87조(제3자에 대한 구상권)** ③ 수급권자 및 보험가입자는 제3
> 자의 행위로 재해가 발생하면 지체 없이 공단에 신고하여야 한다.

③ (✕) 안전보건공단 → 근로복지공단(동법 제91조의7 제1항)

> **제91조의7(진폐심사회의)** ① 제91조의6에 따른 진단결과에 대
> 하여 진폐병형 및 합병증 등을 심사하기 위하여 공단에 관계전문
> 가 등으로 구성된 진폐심사회의(이하 "진폐심사회의"라 한다)를
> 둔다.

④ (✕) 그 진료비의 2배에 해당하는 → 그 진료비에 해당하는(동법
제84조 제3항 제2호)

> **제84조(부당이득의 징수)** ③ 공단은 산재보험 의료기관이나 제
> 46조 제1항에 따른 약국이 다음 각 호의 어느 하나에 해당하면
> 그 진료비나 약제비에 해당하는 금액을 징수하여야 한다. 다만,
> 제1호의 경우에는 그 진료비나 약제비의 2배에 해당하는 금액(제
> 44조 제1항에 따라 과징금을 부과하는 경우에는 그 진료비에 해
> 당하는 금액)을 징수한다. 〈개정 2018.6.12.〉
> 1. 거짓이나 그 밖의 부정한 방법으로 진료비나 약제비를 지급받
>   은 경우
> 2. 제40조 제5항 또는 제91조의9 제3항에 따른 요양급여의 산정
>   기준 및 제77조 제2항에 따른 조치비용 산정기준을 위반하여
>   부당하게 진료비나 약제비를 지급받은 경우
> 3. 그 밖에 진료비나 약제비를 잘못 지급받은 경우

⑤ (○) 동법 제84조 제3항 단서 제1호

정답 ⑤

90 □□□   ○ △ ✕

**산업재해보상보험법령상 산업재해보상보험및예방심의위원
회의 위원의 임기 등과 관련한 내용으로 옳지 않은 것은?**

① 위원의 임기는 3년으로 하며, 연임할 수 없다.

② 보궐위원의 임기는 전임자의 남은 임기로 한다.

③ 고용노동부장관은 심신장애로 인하여 직무를 수행할
수 없게 된 경우, 해당 위원을 해촉(解囑)할 수 있다.

④ 고용노동부장관은 직무와 관련된 비위사실이 있는 경
우, 해당 위원을 해촉(解囑)할 수 있다.

⑤ 고용노동부장관은 위원 스스로 직무를 수행하는 것이
곤란하다고 의사를 밝히는 경우, 해당 위원을 해촉(解
囑)할 수 있다.

해설

① (✕) 없다 → 있다(산재보험법 시행령 제5조 제1항)

> **시행령 제5조(위원의 임기 등)** ① 위원의 임기는 3년으로 하되,
> 연임할 수 있다. 다만, 제4조 제3호 가목 또는 나목에 해당하는
> 위원의 임기는 그 재직기간으로 한다. 〈개정 2010.2.24.〉

② (○) 동조 제2항

③ (○) ④ (○) ⑤ (○) 동조 제3항 제1호, 제2호, 제4호

> **시행령 제5조(위원의 임기 등)** ③ 고용노동부장관은 제4조에
> 따른 위원회의 위촉위원이 다음 각 호의 어느 하나에 해당하는
> 경우에는 해당 위원을 해촉(解囑)할 수 있다. 〈신설 2016.3.22.〉
> 1. 심신장애로 인하여 직무를 수행할 수 없게 된 경우
> 2. 직무와 관련된 비위사실이 있는 경우
> 3. 직무태만, 품위손상이나 그 밖의 사유로 인하여 위원으로 적
>   합하지 아니하다고 인정되는 경우
> 4. 위원 스스로 직무를 수행하는 것이 곤란하다고 의사를 밝히는
>   경우

정답 ①

091 ☐☐☐   ○ △ ✕

산업재해보상보험법에 관한 설명으로 옳은 것은?

① "장해"란 부상 또는 질병이 완치되거나 치료의 효과를 더 이상 기대할 수 없고 그 증상이 고정된 상태에 이르게 된 것을 말한다.

② 근로복지공단의 이사장은 산업재해 예방사업에 필요한 재원을 확보하고, 보험급여에 충당하기 위하여 산업재해보상보험및예방기금을 설치·운용한다.

③ 산업재해보상보험심사위원회는 근로복지공단에 두며, 산업재해보상보험재심사위원회는 고용노동부에 둔다.

④ "업무상의 사고"란 업무상의 사유에 따른 근로자의 부상, 질병, 장해 또는 사망을 말한다.

⑤ 근로복지공단은 심사청구서를 받은 날부터 90일 이내에 산업재해보상보험심사위원회의 심의를 거쳐 심사청구에 대한 결정을 하여야 한다.

해설

① (✕) 장해 → 치유(산재보험법 제5조 제4호)

> 제5조(정의) 이 법에서 사용하는 용어의 뜻은 다음과 같다. 〈개정 2020.5.26.〉
> 4. "치유"란 부상 또는 질병이 완치되거나 치료의 효과를 더 이상 기대할 수 없고 그 증상이 고정된 상태에 이르게 된 것을 말한다.
> 5. "장해"란 부상 또는 질병이 치유되었으나 정신적 또는 육체적 훼손으로 인하여 노동능력이 상실되거나 감소된 상태를 말한다.

② (✕) 근로복지공단의 이사장 → 고용노동부장관(동법 제95조 제1항)

> 제95조(산업재해보상보험및예방기금의 설치 및 조성) ① 고용노동부장관은 보험사업, 산업재해 예방사업에 필요한 재원을 확보하고, 보험급여에 충당하기 위하여 산업재해보상보험및예방기금(이하 "기금"이라 한다)을 설치한다. 〈개정 2010.6.4.〉

③ (○) 동법 제104조 제1항, 제107조 제1항

> 제104조(산업재해보상보험심사위원회) ① 제103조에 따른 심사청구를 심의하기 위하여 공단에 관계전문가 등으로 구성되는 산업재해보상보험심사위원회(이하 "심사위원회"라 한다)를 둔다.
> 제107조(산업재해보상보험재심사위원회) ① 제106조에 따른 재심사청구를 심리·재결하기 위하여 고용노동부에 산업재해보상보험재심사위원회(이하 "재심사위원회"라 한다)를 둔다. 〈개정 2010.6.4.〉

④ (✕) 사고 → 재해(동법 제5조 제1호)

> 제5조(정의) 이 법에서 사용하는 용어의 뜻은 다음과 같다. 〈개정 2020. 5. 26.〉
> 1. "업무상의 재해"란 업무상의 사유에 따른 근로자의 부상·질병·장해 또는 사망을 말한다.

⑤ (✕) 90일 → 60일(동법 제105조 제1항)

> 제105조(심사청구에 대한 심리·결정) ① 공단은 제103조 제4항에 따라 심사청구서를 받은 날부터 60일 이내에 심사위원회의 심의를 거쳐 심사 청구에 대한 결정을 하여야 한다. 다만, 부득이한 사유로 그 기간 이내에 결정을 할 수 없으면 한 차례만 20일을 넘지 아니하는 범위에서 그 기간을 연장할 수 있다. 〈개정 2020.5.26.〉

정답 ③

092 ☐☐☐   ○ △ ✕

국민연금법상 노령연금 수급권자에 관한 내용이다. (   ) 안에 들어갈 내용을 순서대로 옳게 나열한 것은?

> 가입기간이 (   )년 이상인 가입자 또는 가입자였던 자에 대하여는 (   )세(특수직종근로자는 (   )세)가 된 때부터 그가 생존하는 동안 노령연금을 지급한다.

① 10, 60, 55   ② 10, 60, 60   ③ 10, 65, 60
④ 20, 60, 55   ⑤ 20, 65, 60

해설

① (○) 10, 60, 55

> 제61조(노령연금 수급권자) ① 가입기간이 10년 이상인 가입자 또는 가입자였던 자에 대하여는 60세(특수직종근로자는 55세)가 된 때부터 그가 생존하는 동안 노령연금을 지급한다. 〈개정 2011. 12.31.〉

정답 ①

093 ☐☐☐   ○ △ ✕

국민연금법상 시효에 관한 설명으로 옳지 않은 것은?

① 연금보험료를 징수할 권리는 3년간 행사하지 아니하면 소멸시효가 완성된다.

② 환수금을 환수할 권리는 3년간 행사하지 아니하면 소멸시효가 완성된다.

③ 급여를 받거나 과오납금을 반환받을 수급권자 또는 가입자 등의 권리는 3년간 행사하지 아니하면 소멸시효가 완성된다.

④ 급여를 지급받을 권리는 그 급여 전액에 대하여 지급이 정지되어 있는 동안은 시효가 진행되지 아니한다.

⑤ 급여의 지급이나 과오납금 등의 반환청구에 관한 기간을 계산할 때 그 서류의 송달에 들어간 일수는 그 기간에 산입하지 아니한다.

해설

① (○) ② (○) ③ (✕) 국민연금법 제115조 제1항

> 제115조(시효) ① 연금보험료, 환수금, 그 밖의 이 법에 따른 징수금을 징수하거나 환수할 권리는 3년간, 급여(제77조 제1항 제1호에 따른 반환일시금은 제외한다)를 받거나 과오납금을 반환받을 수급권자 또는 가입자 등의 권리는 5년간, 제77조 제1항 제1호에 따른 반환일시금을 지급받을 권리는 10년간 행사하지 아니하면 각각 소멸시효가 완성된다. 〈개정 2017.10.24.〉

④ (○) 동조 제2항
⑤ (○) 동조 제5항

정답 ③

094 □□□ ○△✕

국민건강보험법상 가입자의 자격 변동시기에 해당하지 않는 것은?

① 지역가입자가 적용대상사업장의 사용자로 된 날
② 직장가입자가 다른 적용대상사업장의 근로자로 사용된 날
③ 직장가입자인 근로자등이 그 사용관계가 끝난 날
④ 지역가입자가 적용대상사업장의 근로자로 사용된 날
⑤ 지역가입자가 다른 세대로 전입한 날

해설

① (○) ② (○) ④ (○) ⑤ (○) 국민건강보험법 제9조 제1항 제1호, 제2호, 제1호, 제5호
③ (✕) 끝난 날 → 끝난 날의 다음 날(동항 제3호)

> **제9조(자격의 변동시기 등)** ① 가입자는 다음 각 호의 어느 하나에 해당하게 된 날에 그 자격이 변동된다.
> 1. 지역가입자가 적용대상사업장의 사용자로 되거나, 근로자·공무원 또는 교직원(이하 "근로자등"이라 한다)으로 사용된 날
> 2. 직장가입자가 다른 적용대상사업장의 사용자로 되거나 근로자등으로 사용된 날
> 3. 직장가입자인 근로자등이 그 사용관계가 끝난 날의 다음 날
> 4. 적용대상사업장에 제7조 제2호에 따른 사유가 발생한 날의 다음 날
> 5. 지역가입자가 다른 세대로 전입한 날

정답 ③

095 □□□ ○△✕

국민건강보험법상 다음 설명으로 옳지 않은 것은?

① 직장가입자의 보수월액보험료는 사용자가 납부한다.
② 직장가입자의 보수월액보험료는 보수월액에 보험료율을 곱하여 얻은 금액으로 한다.
③ 직장가입자의 보수월액은 직장가입자가 지급받는 보수를 기준으로 하여 산정하되, 상한과 하한을 정할 수 있다.
④ 국민건강보험공단 또는 건강보험심사평가원의 이의신청에 대한 결정에 불복하는 자는 보건복지부에 둔 건강보험분쟁조정위원회에 심판청구를 할 수 있다.
⑤ 이의신청은 처분이 있음을 안 날부터 60일 이내, 처분이 있은 날부터 180일 이내에 하여야 한다.

해설

① (○) 국민건강보험법 제77조 제1항 제1호

> **제77조(보험료 납부의무)** ① 직장가입자의 보험료는 다음 각 호의 구분에 따라 그 각 호에서 정한 자가 납부한다.
> 1. 보수월액보험료: 사용자. 이 경우 사업장의 사용자가 2명 이상인 때에는 그 사업장의 사용자는 해당 직장가입자의 보험료를 연대하여 납부한다.
> 2. 보수 외 소득월액보험료: 직장가입자

② (○) 동법 제69조 제4항 제1호

> **제69조(보험료)** ④ 직장가입자의 월별보험료액은 다음 각 호에 따라 산정한 금액으로 한다. 〈개정 2024.2.6.〉
> 1. 보수월액보험료: 제70조에 따라 산정한 보수월액에 제73조 제1항 또는 제2항에 따른 보험료율을 곱하여 얻은 금액
> 2. 보수 외 소득월액보험료: 제71조 제1항에 따라 산정한 보수 외 소득월액에 제73조 제1항 또는 제2항에 따른 보험료율을 곱하여 얻은 금액

③ (✕) 산정하되, 상한과 하한을 정할 수 있다 → 산정한다(동법 제70조 제1항)

[보충] 2017.4.18. 국민건강보험법 제70조 제1항이 다음과 같이 개정되었으므로, 정답을 변경한다.

> **제70조(보수월액)** ① 제69조 제4항 제1호에 따른 직장가입자의 보수월액은 직장가입자가 지급받는 보수를 기준으로 하여 산정한다.

④ (○) 동법 제88조 제1항, 제89조 제1항

> **제88조(심판청구)** ① 이의신청에 대한 결정에 불복하는 자는 제89조에 따른 건강보험분쟁조정위원회에 심판청구를 할 수 있다. 이 경우 심판청구의 제기기간 및 제기방법에 관하여는 제87조 제3항을 준용한다.
> **제89조(건강보험분쟁조정위원회)** ① 제88조에 따른 심판청구를 심리·의결하기 위하여 보건복지부에 건강보험분쟁조정위원회(이하 "분쟁조정위원회"라 한다)를 둔다.

⑤ (✕) 60일 → 90일(동법 제87조 제3항)

> **제87조(이의신청)** ③ 제1항 및 제2항에 따른 이의신청(이하 "이의신청"이라 한다)은 처분이 있음을 안 날부터 90일 이내에 문서(전자문서를 포함한다)로 하여야 하며 처분이 있은 날부터 180일을 지나면 제기하지 못한다. 다만, 정당한 사유로 그 기간에 이의신청을 할 수 없었음을 소명한 경우에는 그러하지 아니하다.

정답 ⑤ ▶ ③·⑤

096 □□□ ○△✕

고용보험 및 산업재해보상보험의 보험료징수 등에 관한 법률상 소멸시효 등 보칙에 관한 설명으로 옳은 것은?

① 보험료를 반환받을 수 있는 권리는 1년간 행사하지 아니하면 시효로 인하여 소멸한다.
② 월별보험료 납입을 전자문서로 고지한 경우에는 소멸시효가 중단되지 않는다.
③ 사업종류의 변경으로 보험료 납부방법이 변경되는 경우에는 사업종류의 변경일을 변경 전 사업폐지일로, 사업종류의 변경일 다음 날을 새로운 사업성립일로 본다.
④ 보험료 과납액의 반환을 청구하는 경우에는 소멸시효가 중단되지 않는다.
⑤ 이 법에 따른 체납처분절차에 따라 하는 교부청구로 중단된 소멸시효는 교부청구 중의 기간이 지난 때부터 새로 진행한다.

① (×) 1년 → 3년(고용산재보험료징수법 제41조 제1항)

> **제41조(시효)** ① 보험료, 이 법에 따른 그 밖의 징수금을 징수하거나 그 반환받을 수 있는 권리는 3년간 행사하지 아니하면 시효로 인하여 소멸한다.

② (×) ④ (×) 중단되지 않는다 → 중단된다(동법 제42조 제1항 제1호, 제2호)

> **제42조(시효의 중단)** ① 제41조에 따른 소멸시효는 다음 각 호의 사유로 중단된다. 〈개정 2010.1.27.〉
> 1. 제16조의8에 따른 월별보험료의 고지
> 2. 제23조(보험료등 과납액의 충당 및 반환) 제1항 또는 제2항에 따른 반환의 청구
> 3. 제27조에 따른 통지 또는 독촉
> 4. 제28조에 따른 체납처분절차에 따라 하는 교부청구 또는 압류

③ (×) 변경일 → 변경일 전일, 다음 날 → "삭제"(동법 제19조의2)

> **제19조의2(보험료 납부방법의 변경시기)** 사업종류의 변경으로 보험료 납부방법이 변경되는 경우에는 사업종류의 변경일 전일을 변경 전 사업 폐지일로, 사업종류의 변경일을 새로운 사업성립일로 본다.

⑤ (○) 동법 제42조 제2항 제4호

> **제42조(시효의 중단)** ② 제1항에 따라 중단된 소멸시효는 다음 각 호의 기한 또는 기간이 지난 때부터 새로 진행한다. 〈개정 2010. 1.27.〉
> 1. 제16조의8에 따라 고지한 월별보험료의 납부기한
> 2. 독촉에 의한 납부기한
> 3. 제27조 제1항에 따라 알린 납부기한
> 4. 교부청구 중의 기간
> 5. 압류기간

정답 ⑤

097 □□□   ○ △ ×

고용보험 및 산업재해보상보험의 보험료징수 등에 관한 법령상 고용노동부장관이 정하여 고시하는 금액(기준보수)에 관한 설명으로 옳지 않은 것은?

① 사업의 도산으로 보수를 확인하기 곤란한 경우, 기준보수를 보수로 할 수 있다.

② 사업장의 이전으로 사업의 소재지를 파악하기 곤란한 경우, 기준보수를 보수로 할 수 있다.

③ 근로일에 따라 일당 형식의 보수를 지급받는 근로자에게는 주당 소정근로시간을 실제 근로한 시간으로 보아 일 단위 기준보수를 적용한다.

④ 통상근로자로서 월정액으로 보수를 지급받는 근로자에게는 월 단위 기준보수를 적용한다.

⑤ 시간급근로자 또는 일급근로자임이 명확하지 아니한 경우에는 월 단위 기준보수를 적용한다.

① (○) 고용산재보험료징수법 제3조 제1항 제1호

> **제3조(기준보수)** ① 다음 각 호의 어느 하나에 해당하는 경우에는 고용노동부장관이 정하여 고시하는 금액(이하 "기준보수"라 한다)을 근로자, 「고용보험법」 제77조의2 제1항에 따른 예술인(이하 "예술인"이라 한다)이나 같은 법 제77조의6 제1항에 따른 노무제공자(이하 "노무제공자"라 한다)의 보수 또는 보수액으로 할 수 있다. 〈개정 2022.12.31.〉
> 1. 사업의 폐업·도산 등으로 근로자, 예술인 또는 노무제공자의 보수 또는 보수액을 산정·확인하기 곤란한 경우 등 대통령령으로 정하는 사유가 있는 경우
> 2. 예술인(「고용보험법」 제77조의2 제2항 제2호 본문에 따른 소득기준을 충족하는 예술인으로서 대통령령으로 정하는 사람과 같은 호 단서에 따른 단기예술인은 제외한다) 및 노무제공자(같은 법 제77조의6 제2항 제2호 본문에 따른 소득기준을 충족하는 노무제공자로서 대통령령으로 정하는 사람과 같은 호 단서에 따른 단기노무제공자는 제외한다)의 보수액이 기준보수보다 적은 경우

② (○) 동법 시행령 제3조 제1항 제3호

> **시행령 제3조(기준보수의 적용)** ① 법 제3조 제1항 제1호에서 "사업의 폐업·도산 등으로 근로자, 예술인 또는 노무제공자의 보수 또는 보수액을 산정·확인하기 곤란한 경우 등 대통령령으로 정하는 사유가 있는 경우"란 다음 각 호의 어느 하나에 해당하는 경우를 말한다. 〈개정 2023.6.27.〉
> 1. 사업 또는 사업장(이하 "사업"이라 한다)의 폐업·도산 등으로 근로자, 「고용보험법」 제77조의2 제1항에 따른 예술인(이하 "예술인"이라 한다) 또는 같은 법 제77조의6 제1항에 따른 노무제공자(이하 "노무제공자"라 한다)의 보수 또는 보수액을 산정·확인하기 곤란한 경우
> 2. 보수 관련 자료가 없거나 명확하지 않은 경우
> 3. 사업의 이전 등으로 사업의 소재지를 파악하기 곤란한 경우

③ (×) 일 → 시간(동조 제2항 제2호)

> **시행령 제3조(기준보수의 적용)** ② 법 제3조에 따른 기준보수는 다음 각 호의 구분에 따라 적용한다. 〈개정 2023.6.27.〉
> 1. 통상근로자로서 월정액으로 보수를 지급받는 근로자에게는 월단위 기준보수를 적용한다.
> 2. 단시간근로자, 근로시간에 따라 보수를 지급받는 근로자(이하 이 조에서 "시간급근로자"라 한다), 근로일에 따라 일당 형식의 보수를 지급받는 근로자(이하 이 조에서 "일급근로자"라 한다)에게는 주당 소정근로시간을 실제 근로한 시간으로 보아 시간 단위 기준보수를 적용한다. 다만, 시간급근로자 또는 일급근로자임이 명확하지 아니하거나 주당 소정근로시간을 확정할 수 없는 경우에는 월 단위 기준보수를 적용한다.
> 3. 예술인에게는 월 단위 기준보수를 적용한다.
> 4. 노무제공자에게는 월 단위 기준보수를 적용한다.

④ (○) ⑤ (○) 동항 제1호, 제2호 단서

정답 ③

098 □□□　○△✕

고용보험 및 산업재해보상보험의 보험료징수 등에 관한 법률상 보험료에 관한 내용이다. (　) 안의 내용으로 옳은 것은?

> ○ 사업주는 그달의 월별보험료를 다음 달 (　)일까지 납부하여야 한다.
> ○ 사업주는 전년도에 근로자에게 지급한 보수총액 등을 매년 (　)월 (　)일까지 근로복지공단에 신고하여야 한다.

① 10, 2, 15　　② 10, 3, 15　　③ 15, 2, 15
④ 15, 3, 15　　⑤ 20, 2, 15

해설

② (○) 10, 3, 15

> 제16조의7(월별보험료의 납부기한) ① 사업주는 그달의 월별보험료를 다음 달 10일까지 납부하여야 한다.
> 제16조의10(보수총액 등의 신고) ① 사업주는 전년도에 근로자, 예술인 또는 노무제공자에게 지급한 보수총액 등을 매년 3월 15일까지 공단에 신고하여야 한다. 이 경우 제48조의2 제6항 또는 제48조의4 제3항에 따른 보험료납부자가 사업주, 예술인 또는 노무제공자의 보험료를 원천공제하여 납부한 경우는 제외한다.
> 〈개정 2021.1.5.〉

정답 ②

---

099 □□□　○△✕

고용보험 및 산업재해보상보험의 보험료징수 등에 관한 법령의 내용으로 옳은 것은?

① 고용보험료를 징수하는 경우, 근로자가 휴직기간 중에 사업주 외의 자로부터 지급받는 금품 일체는 보수에서 제외된다.
② "하수급인"이란 원수급인으로부터 그 사업의 전부 또는 일부를 도급받아 하는 자를 말하고, 그 자로부터 그 사업의 전부 또는 일부를 도급받아 하는 자는 제외한다.
③ 보험에 가입한 사업주는 그 이름, 사업의 소재지 등 대통령령으로 정하는 사항이 변경된 경우에는 그날부터 7일 이내에 그 변경사항을 근로복지공단에 신고하여야 한다.
④ 근로기준법에 따른 출산전후휴가의 기간이 월의 중간에 걸쳐 있는 경우에는 그 근로자에 대한 그 월별보험료를 일할계산(日割計算)한다.
⑤ 보험사업에 드는 비용에 충당하기 위하여 보험가입자로부터 고용안정·직업능력개발사업 및 실업급여의 보험료, 육아휴직급여 및 출산전후휴가급여의 보험료, 산재보험의 보험료를 징수한다.

해설

① (✕) 금품 일체는 보수에서 제외된다 → 금품 중 고용노동부장관이 정하여 고시하는 금품은 보수로 본다(고용산재보험료징수법 제2조 제3호).

> 제2조(정의) 이 법에서 사용하는 용어의 뜻은 다음과 같다. 〈개정 2011.7.21.〉
> 3. "보수"란 「소득세법」 제20조에 따른 근로소득에서 대통령령으로 정하는 금품을 뺀 금액을 말한다. 다만, 제13조 제1항 제1호에 따른 고용보험료를 징수하는 경우에는 근로자가 휴직이나 그 밖에 이와 비슷한 상태에 있는 기간 중에 사업주 외의 자로부터 지급받는 금품 중 고용노동부장관이 정하여 고시하는 금품은 보수로 본다.

② (✕) 자는 제외한다 → 자도 포함한다(동조 제5호)

> 제2조(정의) 이 법에서 사용하는 용어의 뜻은 다음과 같다. 〈개정 2011.7.21.〉
> 5. "하수급인"이란 원수급인으로부터 그 사업의 전부 또는 일부를 도급받아 하는 자와 그 자로부터 그 사업의 전부 또는 일부를 도급받아 하는 자를 말한다.

③ (✕) 7일 → 14일(동법 제12조)

> 제12조(보험관계의 변경신고) 보험에 가입한 사업주는 그 이름, 사업의 소재지 등 대통령령으로 정하는 사항이 변경된 경우에는 그날부터 14일 이내에 그 변경사항을 공단에 신고하여야 한다.

④ (✕) 2022.12.31. 고용산재보험료징수법 제16조의4가 다음과 같이 개정되었으므로, 정답을 변경한다.

> 제16조의4(월 중간 고용관계 변동 등에 따른 월별보험료 산정) 다음 각 호의 어느 하나에 해당하는 경우 월별보험료는 해당 월의 다음 달부터 산정한다. 다만, 매월 1일에 다음 각 호의 어느 하나에 해당하는 경우에는 그달부터 산정한다.
> 1. 근로자가 월의 중간에 새로이 고용된 경우
> 2. 근로자가 월의 중간에 동일한 사업주의 하나의 사업장에서 다른 사업장으로 전근되는 경우
> 3. 근로자의 휴직 등 대통령령으로 정하는 사유가 월의 중간에 종료된 경우
> 시행령 제19조의4(월 중간에 종료되는 고용관계 변동사유) 법 제16조의4 제3호에서 "근로자의 휴직 등 대통령령으로 정하는 사유"란 다음 각 호의 어느 하나에 해당하는 사유를 말한다. 〈개정 2015.12.30.〉
> 1. 근로자의 휴업·휴직
> 2. 「근로기준법」 제74조 제1항부터 제3항까지의 규정에 따른 출산전후휴가 또는 유산·사산휴가
> 3. 그 밖에 근로자가 근로를 제공하지 않은 상태로서 고용노동부장관이 인정하는 사유

⑤ (✕) 육아휴직급여 및 출산전후휴가급여의 보험료 → "삭제"(동법 제13조 제1항)

> 제13조(보험료) ① 보험사업에 드는 비용에 충당하기 위하여 보험가입자로부터 다음 각 호의 보험료를 징수한다. 〈개정 2010.1.27.〉
> 1. 고용안정·직업능력개발사업 및 실업급여의 보험료(이하 "고용보험료"라 한다)
> 2. 산재보험의 보험료(이하 "산재보험료"라 한다)

정답 ④ ▶ 없음

100 ☐☐☐   ○ △ ✕

고용보험 및 산업재해보상보험의 보험료징수 등에 관한 법률상 보험관계의 성립일 또는 소멸일에 관한 설명으로 옳은 것은?

① 보험에 가입한 하수급인의 경우에는 그 하도급공사의 착공일의 다음 날이 성립일이다.

② 가입사업주가 그 사업의 운영 중에 근로자를 고용하지 아니하게 된 때에 근로자를 사용하지 아니한 첫날부터 1년이 되는 날이 소멸일이다.

③ 근로복지공단이 계속하여 보험관계를 유지할 수 없다고 인정하여 그 보험관계를 소멸시키는 경우에는 그 소멸을 결정·통지한 날의 다음 날이 소멸일이다.

④ 근로복지공단의 승인을 얻어 가입한 보험계약을 해지하는 경우에는 그 해지에 관하여 근로복지공단의 승인을 받은 날이 소멸일이다.

⑤ 일괄적용을 받는 사업의 경우에는 처음 하는 사업이 시작된 날의 다음 날이 성립일이다.

해설

① (✕) ⑤ (✕) 착공일의 다음 날 → 착공일(고용산재보험료징수법 제7조 제5호), 시작된 날의 다음 날 → 시작된 날(동조 제4호)

> **제7조(보험관계의 성립일)** 보험관계는 다음 각 호의 어느 하나에 해당하는 날에 성립한다.
> 1. 제5조 제1항에 따라 사업주 및 근로자가 고용보험의 당연가입자가 되는 사업의 경우에는 그 사업이 시작된 날(「고용보험법」 제8조 단서에 따른 사업이 제5조 제1항에 따라 사업주 및 근로자가 고용보험의 당연가입자가 되는 사업에 해당하게 된 경우에는 그 해당하게 된 날)
> 2. 제5조 제3항에 따라 사업주가 산재보험의 당연가입자가 되는 사업의 경우에는 그 사업이 시작된 날(「산업재해보상보험법」 제6조 단서에 따른 사업이 제5조 제3항에 따라 사업주가 산재보험의 당연가입자가 되는 사업에 해당하게 된 경우에는 그 해당하게 된 날)
> 3. 제5조 제2항 또는 제4항에 따라 보험에 가입한 사업의 경우에는 공단이 그 사업의 사업주로부터 보험가입승인신청서를 접수한 날의 다음 날
> 4. 제8조 제1항에 따라 일괄적용을 받는 사업의 경우에는 처음 하는 사업이 시작된 날
> 5. 제9조 제1항 단서 및 제2항에 따라 보험에 가입한 하수급인의 경우에는 그 하도급공사의 착공일

② (✕) ④ (✕) 1년이 되는 날 → 1년이 되는 날의 다음 날(동법 제10조 제4호), 받은 날 → 받은 날의 다음 날(동조 제2호)

> **제10조(보험관계의 소멸일)** 보험관계는 다음 각 호의 어느 하나에 해당하는 날에 소멸한다. 〈개정 2019.1.15.〉
> 1. 사업이 폐업되거나 끝난 날의 다음 날
> 2. 제5조 제5항(제6조 제4항에서 준용되는 경우를 포함한다)에 따라 보험계약을 해지하는 경우에는 그 해지에 관하여 공단의 승인을 받은 날의 다음 날
> 3. 제5조 제7항에 따라 공단이 보험관계를 소멸시키는 경우에는 그 소멸을 결정·통지한 날의 다음 날

> 4. 제6조 제3항에 따른 사업주의 경우에는 근로자(고용보험의 경우에는 「고용보험법」 제10조 및 제10조의2에 따른 적용제외 근로자는 제외한다)를 사용하지 아니한 첫날부터 1년이 되는 날의 다음 날

③ (○) 동법 제10조 제3호

정답 ③

076 ☐☐☐　　　○ △ ✕

사회보장기본법상 사회보장에 관한 정의이다. (　　) 안에 들어갈 내용으로 옳은 것은?

> "사회보장"이란 출산, 양육, 실업, 노령, 장애, 질병, 빈곤 및 사망 등의 사회적 위험으로부터 모든 국민을 보호하고 국민 삶의 질을 향상시키는 데 필요한 소득·서비스를 보장하는 (　　), (　　), (　　)(을)를 말한다.

① 사회보험, 공공부조, 사회안전망
② 공공부조, 사회서비스, 사회안전망
③ 사회보험, 공공부조, 사회서비스
④ 사회서비스, 사회안전망, 사회보험
⑤ 보편적 복지, 공공부조, 사회서비스

해설

③ (○) 사회보험, 공공부조, 사회서비스

> **제3조(정의)** 이 법에서 사용하는 용어의 뜻은 다음과 같다. 〈개정 2021.6.8.〉
> 1. "사회보장"이란 출산, 양육, 실업, 노령, 장애, 질병, 빈곤 및 사망 등의 사회적 위험으로부터 모든 국민을 보호하고 국민 삶의 질을 향상시키는 데 필요한 소득·서비스를 보장하는 사회보험, 공공부조, 사회서비스를 말한다.

정답 ③

077 ☐☐☐　　　○ △ ✕

사회보장기본법령상 사회보장위원회의 구성에 관한 설명으로 옳은 것은?

① 농림축산식품부장관, 환경부장관은 위원회의 위원이다.
② 대통령이 위촉한 근로자를 대표하는 위원은 어떤 경우에도 해촉될 수 없다.
③ 보궐위원의 임기는 2년으로 한다.
④ 위원회의 위원장은 행정자치부장관이 된다.
⑤ 위원회의 사무를 효율적으로 처리하기 위하여 행정자치부에 사무국을 둔다.

해설

① (○) 사회보장기본법 제21조 제3항 제1호, 동법 시행령 제9조 제1항

> **제21조(위원회의 구성 등)** ③ 위원회의 위원은 다음 각 호의 어느 하나에 해당하는 사람으로 한다.
> 1. 대통령령으로 정하는 관계 중앙행정기관의 장
> 2. 다음 각 목의 사람 중에서 대통령이 위촉하는 사람

> 　가. 근로자를 대표하는 사람
> 　나. 사용자를 대표하는 사람
> 　다. 사회보장에 관한 학식과 경험이 풍부한 사람
> 　라. 변호사 자격이 있는 사람
> **시행령 제9조(위원회의 위원 등)** ① 법 제21조 제3항 제1호에서 "대통령령으로 정하는 관계 중앙행정기관의 장"이란 법무부장관, 국가보훈부장관, 문화체육관광부장관, 농림축산식품부장관, 산업통상자원부장관, 환경부장관 및 국무조정실장을 말한다. 〈개정 2023.4.11.〉

② (✕) 없다 → 있다(동법 시행령 제9조의2)

> **제9조의2(위원회 위원의 해촉)** 대통령은 법 제21조 제3항 제2호에 따른 위원이 다음 각 호의 어느 하나에 해당하는 경우에는 해당 위원을 해촉(解囑)할 수 있다.
> 1. 심신장애로 인하여 직무를 수행할 수 없게 된 경우
> 2. 직무와 관련된 비위사실이 있는 경우
> 3. 직무태만, 품위손상이나 그 밖의 사유로 인하여 위원으로 적합하지 아니하다고 인정되는 경우
> 4. 위원 스스로 직무를 수행하는 것이 곤란하다고 의사를 밝히는 경우

③ (✕) 2년 → 전임자 임기의 남은 기간(동법 제21조 제5항)

> **제21조(위원회의 구성 등)** ⑤ 보궐위원의 임기는 전임자 임기의 남은 기간으로 한다.

④ (✕) 행정자치부장관 → 국무총리(동조 제2항)

> **제21조(위원회의 구성 등)** ② 위원장은 국무총리가 되고 부위원장은 기획재정부장관, 교육부장관 및 보건복지부장관이 된다. 〈개정 2014.11.19.〉

⑤ (✕) 행정자치부 → 보건복지부(동조 제8항)

> **제21조(위원회의 구성 등)** ⑧ 위원회의 사무를 효율적으로 처리하기 위하여 보건복지부에 사무국을 둔다.

정답 ①

078 □□□   ○ △ ✕

사회보장기본법상 내용으로 옳지 않은 것은?

① 국가와 지방자치단체는 모든 국민의 인간다운 생활을 유지·증진하는 책임을 가진다.

② 국가와 지방자치단체는 사회보장에 관한 책임과 역할을 합리적으로 분담하여야 한다.

③ 국가와 지방자치단체는 국가 발전수준에 부응하고, 사회환경의 변화에 선제적으로 대응하며, 지속 가능한 사회보장제도를 확립하고, 매년 이에 필요한 재원을 조달하여야 한다.

④ 국가와 지방자치단체는 가정이 건전하게 유지되고 그 기능이 향상되도록 노력하여야 한다.

⑤ 국가와 지방자치단체는 중장기 사회보장 재정추계를 격년으로 실시하고 이를 공표하여야 한다.

해설

① (○) 사회보장기본법 제5조 제1항

② (○) 동조 제2항

③ (○) 동조 제3항

④ (○) 동법 제6조 제1항

⑤ (✕) 와 지방자치단체 → "삭제"(동법 제5조 제4항)

> **제5조(국가와 지방자치단체의 책임)** ④ 국가는 사회보장제도의 안정적인 운영을 위하여 중장기 사회보장 재정추계를 격년으로 실시하고 이를 공표하여야 한다.

정답 ⑤

079 □□□   ○ △ ✕

고용보험법령에 관한 내용이다. (   ) 안에 들어갈 내용으로 옳은 것은?

> 육아기 근로시간 단축급여를 지급받으려는 사람은 육아기 근로시간 단축을 시작한 날 이후 1개월부터 끝난 날 이후 12개월 이내에 신청하여야 한다. 다만, 해당 기간에 배우자의 질병·부상 등으로 육아기 근로시간 단축급여를 신청할 수 없었던 사람은 그 사유가 끝난 후 (   ) 이내에 신청하여야 한다.

① 10일   ② 15일   ③ 30일

④ 2개월   ⑤ 3개월

해설

③ (○) 30일

> **제73조의2(육아기 근로시간 단축급여)** ② 제1항에 따른 육아기 근로시간 단축급여를 지급받으려는 사람은 육아기 근로시간 단축을 시작한 날 이후 1개월부터 끝난 날 이후 12개월 이내에 신청하여야 한다. 다만, 해당 기간에 대통령령으로 정하는 사유로 육아기 근로시간 단축급여를 신청할 수 없었던 사람은 그 사유가

> 끝난 후 30일 이내에 신청하여야 한다.

정답 ③

080 □□□   ○ △ ✕

고용보험법령상 구직급여에 관한 설명으로 옳지 않은 것은?

① 구직급여를 받으려는 자는 이직 후 지체 없이 직업안정기관에 출석하여 실업을 신고하여야 한다.

② 구직급여를 지급받기 위해 실업을 신고하려는 자가 사업주로부터 이직확인서를 발급받은 경우에는 이를 소재지 관할 직업안정기관의 장에게 제출하여야 한다.

③ 직업안정기관의 장은 수급자격 인정신청서를 제출한 자가 구직급여의 수급자격이 인정되지 아니하는 경우에는 그 신청인과 사업주에게 해당 사실을 알려야 한다.

④ 수급자격자가 주민등록번호를 변경하거나 정정한 경우에는 신청지 관할 직업안정기관의 장에게 신고하여야 한다.

⑤ 구직급여는 수급자격자가 실업한 상태에 있는 날 중에서 직업안정기관의 장으로부터 실업의 인정을 받은 날에 대하여 지급한다.

해설

① (○) 구직급여를 지급받으려는 사람은 이직 후 지체 없이 직업안정기관에 출석하여 실업을 신고하여야 한다. 다만, 「재난 및 안전관리 기본법」 제3조 제1호의 재난으로 출석하기 어려운 경우 등 고용노동부령으로 정하는 사유가 있는 경우에는 「고용정책 기본법」 제15조의2에 따른 고용정보시스템을 통하여 신고할 수 있다(고용보험법 제42조 제1항).

② (○) 제1항에 따라 실업을 신고하려는 사람이 법 제42조 제3항에 따라 사업주로부터 이직확인서를 발급받은 경우에는 이를 소재지 관할 직업안정기관의 장에게 제출해야 한다(동법 시행령 제61조 제3항).

③ (✕) 과 사업주 → "삭제"(동법 시행령 제62조 제2항)

> **제62조(수급자격의 인정)** ② 직업안정기관의 장은 수급자격 인정신청서를 제출한 사람이 법 제43조 제1항에 따른 구직급여의 수급자격이 인정되지 않는 경우에는 그 신청인에게 해당 사실을 알려야 한다. 〈개정 2021.6.8.〉

④ (○) 수급자격자가 이름, 주민등록번호, 주소나 거소를 변경하거나 정정한 경우에는 신청지 관할 직업안정기관의 장에게 신고하여야 한다. 이 경우 직업안정기관의 장은 수급자격증의 관련 사항을 수정하여 반환하여야 한다(동조 제4항).

⑤ (○) 동법 제44조 제1항

정답 ③

081 □□□ ○ △ ×

고용보험법령상 실업급여에 관한 내용이다. (   ) 안에 들어갈 내용으로 옳은 것은?

> 직업안정기관의 장은 수급자격자의 신청이 있는 경우에는 실업급여를 수급자격자 명의의 지정된 계좌로 입금하여야 한다. 지정된 실업급여수급계좌의 예금 중 (   ) 이하의 금액에 관한 채권은 압류할 수 없다.

① 50만 원   ② 100만 원   ③ 150만 원
④ 200만 원   ⑤ 300만 원

해설

2017.12.26. 고용보험법 시행령 제58조의3이 다음과 같이 개정되었으므로, 정답을 변경한다.

> **제38조(수급권의 보호)** ② 제37조의2 제1항에 따라 지정된 실업급여수급계좌의 예금 중 대통령령으로 정하는 액수 이하의 금액에 관한 채권은 압류할 수 없다. 〈신설 2015.1.20.〉
> **시행령 제58조의3(압류금지 실업급여 액수)** 법 제38조 제2항에서 "대통령령으로 정하는 액수"란 법 제37조의2 제1항에 따라 실업급여수급계좌에 입금된 금액 전액을 말한다. 〈개정 2017.12.26.〉

정답 ③ ▶ 없음

082 □□□ ○ △ ×

고용보험법상 연장급여의 상호 조정에 관한 내용이다. 옳은 것을 모두 고른 것은?

> ㄱ. 훈련연장급여를 지급받고 있는 수급자격자에게는 그 훈련연장급여의 지급이 끝난 후가 아니면 개별연장급여 및 특별연장급여를 지급하지 아니한다.
> ㄴ. 개별연장급여를 지급받고 있는 수급자격자가 훈련연장급여를 지급받게 되면 개별연장급여를 지급하지 아니한다.
> ㄷ. 특별연장급여를 지급받고 있는 수급자격자에게는 특별연장급여의 지급이 끝난 후가 아니면 개별연장급여를 지급하지 아니한다.

① ㄱ   ② ㄱ, ㄴ   ③ ㄱ, ㄷ
④ ㄴ, ㄷ   ⑤ ㄱ, ㄴ, ㄷ

해설

⑤ (○) 모두 연장급여의 상호 조정에 관한 내용으로서 옳은 것이다.

> **고용보험법 제55조(연장급여의 상호 조정 등)** ① 제51조부터 제53조까지의 규정에 따른 연장급여는 제48조에 따라 그 수급자격자가 지급받을 수 있는 구직급여의 지급이 끝난 후에 지급한다.
> ② 훈련연장급여를 지급받고 있는 수급자격자에게는 그 훈련연장급여의 지급이 끝난 후가 아니면 개별연장급여 및 특별연장급여를 지급하지 아니한다.
> ③ 개별연장급여 또는 특별연장급여를 지급받고 있는 수급자격

자가 훈련연장급여를 지급받게 되면 개별연장급여나 특별연장급여를 지급하지 아니한다.
> ④ 특별연장급여를 지급받고 있는 수급자격자에게는 특별연장급여의 지급이 끝난 후가 아니면 개별연장급여를 지급하지 아니하고, 개별연장급여를 지급받고 있는 수급자격자에게는 개별연장급여의 지급이 끝난 후가 아니면 특별연장급여를 지급하지 아니한다.
> ⑤ 그 밖에 연장급여의 조정에 관하여 필요한 사항은 고용노동부령으로 정한다. 〈개정 2010.6.4.〉

정답 ⑤

083 □□□ ○ △ ×

고용보험법령상 과태료 부과대상이 아닌 것은?

① 사업주가 이직확인서를 거짓으로 작성하여 제출하는 경우
② 고용노동부장관이 부정수급 조사를 위하여 관계인의 출석을 요구함에도 출석을 거부하는 경우
③ 심사의 청구를 받아 하는 고용보험심사관의 질문에 거짓으로 진술한 경우
④ 사업주가 피보험자격 취득에 관한 확인청구를 한 것을 이유로 그 근로자에게 불이익한 처우를 한 경우
⑤ 사업주가 그 사업에 고용된 근로자의 피보험자격 취득에 관한 사항을 고용노동부장관에게 신고하지 아니한 경우

해설

① (○) ② (○) ③ (○) ⑤ (○) 과태료 부과대상이다(고용보험법 제118조 제1항 제3호, 제4호, 제3항, 제1항 제1호).

> **제118조(과태료)** ① 다음 각 호의 어느 하나에 해당하는 사업주, 보험사무대행기관, 노무제공플랫폼사업자의 대표자 또는 대리인·사용인, 그 밖의 종업원에게는 300만 원 이하의 과태료를 부과한다. 〈개정 2022.12.31.〉
> 1. 제15조(제77조의5 제1항 및 제77조의10 제1항에서 준용하는 경우를 포함한다), 제77조의2 제3항 및 제77조의7 제1항을 위반하여 신고를 하지 아니하거나 거짓으로 신고한 자
> 2. 제42조 제3항 후단(제77조의5 제2항 및 제77조의10 제2항에서 준용하는 경우를 포함한다)을 위반하여 이직확인서를 발급하여 주지 아니하거나 거짓으로 작성하여 발급하여 준 자
> 3. 제43조 제4항 후단(제77조의5 제2항 및 제77조의10 제2항에서 준용하는 경우를 포함한다)을 위반하여 이직확인서를 제출하지 아니하거나 거짓으로 작성하여 제출한 자
> 4. 제108조 제1항(제77조의5 제3항·제4항 및 제77조의10 제3항·제4항에서 준용하는 경우를 포함한다)에 따른 요구에 따르지 아니하여 보고를 하지 아니하거나 거짓으로 보고한 자, 같은 요구에 따르지 아니하여 문서를 제출하지 아니하거나 거짓으로 적은 문서를 제출한 자 또는 출석하지 아니한 자
> 5. 제108조 제2항(제77조의5 제3항·제4항 및 제77조의10 제3항·제4항에서 준용하는 경우를 포함한다)에 따른 요구에 따르지 아니하여 증명서를 내주지 아니한 자

6. 제109조 제1항(제77조의5 제3항 · 제4항 및 제77조의10 제3항 · 제4항에서 준용하는 경우를 포함한다)에 따른 질문에 답변하지 아니하거나 거짓으로 진술한 자 또는 조사를 거부 · 방해하거나 기피한 자

7. 제77조의7 제2항을 위반하여 자료 또는 정보의 제공 요청에 따르지 아니한 자

8. 제77조의7 제5항을 위반하여 노무제공자의 피보험자격의 신고와 관련된 자료 또는 정보를 보관하지 아니한 자

② 다음 각 호의 어느 하나에 해당하는 피보험자, 수급자격자 또는 지급되지 아니한 실업급여의 지급을 청구하는 자에게는 100만 원 이하의 과태료를 부과한다. 〈개정 2022.12.31.〉

1. 제108조 제3항(제77조의5 제3항 · 제4항 및 제77조의10 제3항 · 제4항에서 준용하는 경우를 포함한다)에 따라 요구된 보고를 하지 아니하거나 거짓으로 보고한 자, 문서를 제출하지 아니하거나 거짓으로 적은 문서를 제출한 자 또는 출석하지 아니한 자

2. 제109조 제1항(제77조의5 제3항 · 제4항 및 제77조의10 제3항 · 제4항에서 준용하는 경우를 포함한다)에 따른 질문에 답변하지 아니하거나 거짓으로 진술한 자 또는 검사를 거부 · 방해하거나 기피한 자

③ 제87조(제77조의5 제3항 · 제4항 및 제77조의10 제3항 · 제4항에서 준용하는 경우를 포함한다)에 따른 심사 또는 재심사의 청구를 받아 하는 심사관 및 심사위원회의 질문에 답변하지 아니하거나 거짓으로 진술한 자 또는 검사를 거부 · 방해하거나 기피한 자에게는 100만 원 이하의 과태료를 부과한다. 〈개정 2022.12.31.〉

④ 제1항부터 제3항까지의 규정에 따른 과태료는 대통령령으로 정하는 바에 따라 고용노동부장관이 부과 · 징수한다. 〈개정 2010. 6.4.〉

⑤ 삭제 〈2008.12.31.〉

⑥ 삭제 〈2008.12.31.〉

⑦ 삭제 〈2008.12.31.〉

④ (×) 벌칙 부과대상이다(동법 제106조 제2항 제1호)

제116조(벌칙) ① 사업주와 공모하여 거짓이나 그 밖의 부정한 방법으로 다음 각 호에 따른 지원금 또는 급여를 받은 자와 공모한 사업주는 각각 5년 이하의 징역 또는 5천만 원 이하의 벌금에 처한다. 〈개정 2021.1.5.〉

1. 제3장에 따른 고용안정 · 직업능력개발사업의 지원금

2. 제4장에 따른 실업급여

3. 제5장에 따른 육아휴직급여, 육아기 근로시간 단축급여 및 출산전후휴가급여등

4. 제5장의2 및 제5장의3에 따른 구직급여 및 출산전후급여등

② 다음 각 호의 어느 하나에 해당하는 자는 3년 이하의 징역 또는 3천만 원 이하의 벌금에 처한다. 〈개정 2022.12.31.〉

1. 제105조(제77조의5 제3항 · 제4항 및 제77조의10 제3항 · 제4항에서 준용하는 경우를 포함한다)를 위반하여 근로자를 해고하거나 그 밖에 근로자에게 불이익한 처우를 한 사업주

2. 거짓이나 그 밖의 부정한 방법으로 제1항 각 호에 따른 지원금 또는 급여를 받은 자. 다만, 제1항에 해당하는 경우는 제외한다.

정답 ④

---

084 □□□ ○ △ ×

고용보험법상 피보험기간이 2년일 경우, 이직일 현재 연령에 따른 구직급여의 소정급여일수가 옳은 것은?

① 25세 장애인: 150일   ② 28세 비장애인: 120일

③ 35세 비장애인: 150일   ④ 40세 비장애인 150일

⑤ 55세 장애인: 180일

해설

① (×) ⑤ (○) 150일 → 180일

② (×) ③ (○) ④ (○) 120일 → 150일

[보충] 고용보험법 제50조 제1항 관련 별표 1이 다음과 같이 개정되었으므로, 정답을 변경한다.

구직급여의 소정급여일수(제50조 제1항 관련 별표 1)

구분		이직일 현재 연령	
		50세 미만	50세 이상
피보험기간	1년 미만	120일	120일
	1년~3년	150일	180일
	3년~5년	180일	210일
	5년~10년	210일	240일
	10년 이상	240일	270일

비고: 「장애인고용촉진 및 직업재활법」 제2조 제1호에 따른 장애인은 50세 이상인 것으로 보아 위 표를 적용한다.

정답 ① ▶ ③ · ④ · ⑤

---

085 □□□ ○ △ ×

산업재해보상보험법상 재요양을 받는 자에 대한 1일당 휴업급여 지급액을 산정한 결과가 최저임금액보다 적은 경우, 1일당 휴업급여 지급액은 얼마인가?

① 최저임금액의 100분의 70에 상당하는 금액

② 최저임금액

③ 최저임금액의 100분의 120에 상당하는 금액

④ 통상임금액의 100분의 60에 상당하는 금액

⑤ 통상임금액의 100분의 70에 상당하는 금액

해설

② (○) 위 경우, 1일당 휴업급여 지급액은 최저임금액이다.

산업재해보상보험법 제56조(재요양기간 중의 휴업급여) ① 재요양을 받는 사람에 대하여는 재요양 당시의 임금을 기준으로 산정한 평균임금의 100분의 70에 상당하는 금액을 1일당 휴업급여 지급액으로 한다. 이 경우 평균임금 산정사유 발생일은 대통령령으로 정한다. 〈개정 2020.5.26.〉

② 제1항에 따라 산정한 1일당 휴업급여 지급액이 최저임금액보다 적거나 재요양 당시 평균임금 산정의 대상이 되는 임금이 없으면 최저임금액을 1일당 휴업급여 지급액으로 한다.

정답 ②

086 □□□ ○ △ ✕

산업재해보상보험법상 직업재활급여에 관한 설명으로 옳지 않은 것은?

① 훈련대상자에 대한 직업훈련은 근로복지공단과 계약을 체결한 직업훈련기관에서 실시하게 한다.

② 상병보상연금을 받는 훈련대상자에게는 직업훈련수당을 지급하지 아니한다.

③ 직장적응훈련비의 지급기간은 3개월 이내로 한다.

④ 재활운동비는 장해급여자에게 직접 지급한다.

⑤ 직장복귀지원금의 지급기간은 12개월 이내로 한다.

해설

① (○) 산재보험법 제73조 제1항

② (○) 동법 제74조 제1항 단서

> **제74조(직업훈련수당)** ① 제72조 제1항 제1호에 따른 직업훈련수당은 제73조 제1항에 따라 직업훈련을 받는 훈련대상자에게 그 직업훈련으로 인하여 취업하지 못하는 기간에 대하여 지급하되, 1일당 지급액은 최저임금액에 상당하는 금액으로 한다. 다만, 휴업급여나 상병보상연금을 받는 훈련대상자에게는 직업훈련수당을 지급하지 아니한다. 〈개정 2010.1.27.〉

③ (○) 제1항에 따른 직장적응훈련비 및 재활운동비는 고용노동부장관이 직장적응훈련 또는 재활운동에 드는 비용을 고려하여 고시하는 금액의 범위에서 실제 드는 비용으로 하되, 그 지급기간은 3개월 이내로 한다(동법 제75조 제3항).

④ (✕) 장해급여자 → 사업주(동조 제1항)

> **제75조(직장복귀지원금 등)** ① 제72조 제1항 제2호에 따른 직장복귀지원금, 직장적응훈련비 및 재활운동비는 장해급여자에 대하여 고용을 유지하거나 직장적응훈련 또는 재활운동을 실시하는 사업주에게 각각 지급한다. 이 경우 직장복귀지원금, 직장적응훈련비 및 재활운동비의 지급요건은 각각 대통령령으로 정한다.

⑤ (○) 제1항에 따른 직장복귀지원금은 고용노동부장관이 임금수준 및 노동시장의 여건 등을 고려하여 고시하는 금액의 범위에서 사업주가 장해급여자에게 지급한 임금액으로 하되, 그 지급기간은 12개월 이내로 한다(동조 제2항).

정답 ④

087 □□□ ○ △ ✕

산업재해보상보험법령상 업무상 질병에 관한 설명으로 옳지 않은 것은?

① 신체부담업무의 수행과정에서 발생한 일시적인 급격한 힘의 작용으로 근골격계 질병이 발병하면 업무상 질병으로 본다.

② 업무수행과정에서 석면에 노출되어 발생한 석면폐증은 업무상 질병으로 본다.

③ 업무수행과정에서 카드뮴 또는 그 화합물에 2년 이상 노출되어 발생한 후각신경마비는 업무상 질병으로 본다.

④ 업무수행과정에서 고객의 폭언 등과 직접 관련된 스트레스로 생긴 우울병 에피소드는 업무상 질병으로 보지 않는다.

⑤ 업무와 관련하여 정신적 충격을 유발할 수 있는 사건에 의해 발생한 외상후스트레스장애는 업무상 질병으로 본다.

해설

① (○) 산재보험법 시행령 제34조 제3항 관련 별표 3 제2호 라목

② (○) 동 별표 3 제3호 가목

③ (○) 동 별표 3 제4호 나목 3)

④ (✕) 업무와 관련하여 고객 등으로부터 폭력 또는 폭언 등 정신적 충격을 유발할 수 있는 사건 또는 이와 직접 관련된 스트레스로 인하여 발생한 적응장애 또는 우울병 에피소드는 업무상 질병으로 인정되고 있다(동 별표 3 제4호 사목)

⑤ (○) 동 별표 3 제4호 바목

정답 ④

088 □□□ ○ △ ✕

산업재해보상보험법상 근로자가 업무상의 사유로 사망한 경우, 그 장제를 지낸 유족에게 장의비를 지급한다. 이때 장의비는 평균임금의 몇 일분에 상당하는 금액을 지급하는가?

① 60일   ② 90일   ③ 120일

④ 150일   ⑤ 180일

해설

③ (○) 120일

> **[보충]** 2021.1.26. 일반 국민이 쉽게 읽고 이해할 수 있도록 장의비는 장례비로, 장제는 장례로 개정되었다.

> **제71조(장례비)** ① 장례비는 근로자가 업무상의 사유로 사망한 경우에 지급하되, 평균임금의 120일분에 상당하는 금액을 그 장례를 지낸 유족에게 지급한다. 다만, 장례를 지낼 유족이 없거나 그 밖에 부득이한 사유로 유족이 아닌 사람이 장례를 지낸 경우에는 평균임금의 120일분에 상당하는 금액의 범위에서 실제 드는 비용을 그 장례를 지낸 사람에게 지급한다. 〈개정 2021.1.26.〉

정답 ③

사회보험법

089 □□□ ○ △ ×

산업재해보상보험법령상 장해등급의 재판정에 관한 내용이다. ( ) 안에 들어갈 내용으로 옳은 것은?

> 장해등급의 재판정은 장해보상연금의 지급결정을 한 날을 기준으로 (ㄱ)년이 지난 날부터 (ㄴ)년 이내에 하여야 한다.

① ㄱ: 1, ㄴ: 1   ② ㄱ: 1, ㄴ: 2
③ ㄱ: 2, ㄴ: 1   ④ ㄱ: 2, ㄴ: 2
⑤ ㄱ: 3, ㄴ: 2

해설

③ (○) ㄱ: 2, ㄴ: 1

> **산재보험법 시행령 제56조(장해등급등의 재판정시기 등)** ① 법 제59조에 따른 장해등급등의 재판정은 장해보상연금 또는 진폐보상연금의 지급결정을 한 날을 기준으로 2년이 지난 날부터 1년 이내에 하여야 한다. 〈개정 2010.11.15.〉

정답 ③

090 □□□ ○ △ ×

산업재해보상보험법령상 업무상 사고가 아닌 것은?

① 근로계약에 따른 업무수행행위를 하던 중 발생한 사고
② 업무수행과정에서 하는 용변 등 생리적 필요행위를 하던 중 발생한 사고
③ 업무를 준비하거나 마무리하는 행위를 하던 중 발생한 사고
④ 업무에 따르는 필요적 부수행위를 하던 중 발생한 사고
⑤ 출장 중에 사적 행위 또는 정상적인 출장경로를 벗어났을 때 발생한 사고

해설

① (○) ② (○) ③ (○) ④ (○) 산재보험법 시행령 제27조 제1항 제1호, 제2호, 제3호, 동호
⑤ (×) 출장 중에 사적 행위 또는 정상적인 출장경로를 벗어났을 때 발생한 사고는 업무상 사고가 아니다.

> **제27조(업무수행 중의 사고)** ① 근로자가 다음 각 호의 어느 하나에 해당하는 행위를 하던 중에 발생한 사고는 법 제37조 제1항 제1호 가목에 따른 업무상 사고로 본다.
> 1. 근로계약에 따른 업무수행행위
> 2. 업무수행 과정에서 하는 용변 등 생리적 필요행위
> 3. 업무를 준비하거나 마무리하는 행위, 그 밖에 업무에 따르는 필요적 부수행위
> 4. 천재지변·화재 등 사업장 내에 발생한 돌발적인 사고에 따른 긴급피난·구조행위 등 사회통념상 예견되는 행위
> ② 근로자가 사업주의 지시를 받아 사업장 밖에서 업무를 수행하던 중에 발생한 사고는 법 제37조 제1항 제1호 가목에 따른 업무상 사고로 본다. 다만, 사업주의 구체적인 지시를 위반한 행

위, 근로자의 사적(私的) 행위 또는 정상적인 출장경로를 벗어났을 때 발생한 사고는 업무상 사고로 보지 않는다.
> ③ 업무의 성질상 업무수행장소가 정해져 있지 않은 근로자가 최초로 업무수행장소에 도착하여 업무를 시작한 때부터 최후로 업무를 완수한 후 퇴근하기 전까지 업무와 관련하여 발생한 사고는 법 제37조 제1항 제1호 가목에 따른 업무상 사고로 본다.

정답 ⑤

091 □□□ ○ △ ×

국민연금법상 유족연금 수급권자의 유족연금 수급권이 소멸되는 사유를 모두 고른 것은?

> ㄱ. 장애등급 2등급인 자녀가 19세가 된 때
> ㄴ. 손자녀인 수급권자가 파양된 때
> ㄷ. 장애로 수급권을 취득한 자가 장애등급 3급에 해당하게 된 때

① ㄱ   ② ㄱ, ㄴ   ③ ㄱ, ㄷ
④ ㄴ, ㄷ   ⑤ ㄱ, ㄴ, ㄷ

해설

2017.10.24. 국민연금법 제75조가 개정됨으로써 ㄴ만이 유족연금 수급권이 소멸되는 사유이다. 이에 정답을 변경한다.

> **국민연금법 제75조(유족연금 수급권의 소멸)** ① 유족연금 수급권자가 다음 각 호의 어느 하나에 해당하게 되면 그 수급권은 소멸한다. 〈개정 2023.6.13.〉
> 1. 수급권자가 사망한 때
> 2. 배우자인 수급권자가 재혼한 때
> 3. 자녀나 손자녀인 수급권자가 파양된 때
> 4. 제52조의2에 따른 장애상태에 해당하지 아니한 자녀인 수급권자가 25세가 된 때 또는 제52조의2에 따른 장애상태에 해당하지 아니한 손자녀인 수급권자가 19세가 된 때
> 5. 삭제 〈2017.10.24.〉

정답 ④ ▶ 없음

092 □□□ ○ △ ×

국민연금법상 유족연금 수급권자에 관한 내용이다. ( ) 안에 들어갈 내용으로 옳은 것은?

> 가입기간이 (ㄱ)년 미만인 가입자였던 자가 가입 중에 생긴 질병으로 가입 중의 초진일 또는 가입자 자격을 상실한 후 1년 이내의 초진일부터 (ㄴ)년 이내에 사망하면 그 유족에게 유족연금을 지급할 수 있다.

① ㄱ: 10, ㄴ: 2   ② ㄱ: 10, ㄴ: 3
③ ㄱ: 20, ㄴ: 2   ④ ㄱ: 20, ㄴ: 3
⑤ ㄱ: 30, ㄴ: 2

2016.5.29. 국민연금법 제72조가 다음과 같이 개정됨으로써 위 내용(구법 제2항 본문)이 삭제되었으므로, 정답을 변경한다.

제72조(유족연금의 수급권자) ① 다음 각 호의 어느 하나에 해당하는 사람이 사망하면 그 유족에게 유족연금을 지급한다. 〈개정 2016.5.29.〉
1. 노령연금 수급권자
2. 가입기간이 10년 이상인 가입자 또는 가입자였던 자
3. 연금보험료를 낸 기간이 가입대상기간의 3분의 1 이상인 가입자 또는 가입자였던 자
4. 사망일 5년 전부터 사망일까지의 기간 중 연금보험료를 낸 기간이 3년 이상인 가입자 또는 가입자였던 자. 다만, 가입대상기간 중 체납기간이 3년 이상인 사람은 제외한다.
5. 장애등급이 2급 이상인 장애연금 수급권자
② 제1항에도 불구하고 같은 항 제3호 또는 제4호에 해당하는 사람이 다음 각 호의 기간 중 사망하는 경우에는 유족연금을 지급하지 아니한다. 〈개정 2016.5.29.〉
1. 제6조 단서에 따라 가입대상에서 제외되는 기간
2. 국외이주·국적상실 기간

정답 ① ▶ 없음

제76조(보험료의 부담) ① 직장가입자의 보수월액보험료는 직장가입자와 다음 각 호의 구분에 따른 자가 각각 보험료액의 100분의 50씩 부담한다. 다만, 직장가입자가 교직원으로서 사립학교에 근무하는 교원이면 보험료액은 그 직장가입자가 100분의 50을, 제3조 제2호 다목에 해당하는 사용자가 100분의 30을, 국가가 100분의 20을 각각 부담한다. 〈개정 2014.1.1.〉
1. 직장가입자가 근로자인 경우에는 제3조 제2호 가목에 해당하는 사업주
2. 직장가입자가 공무원인 경우에는 그 공무원이 소속되어 있는 국가 또는 지방자치단체
3. 직장가입자가 교직원(사립학교에 근무하는 교원은 제외한다)인 경우에는 제3조 제2호 다목에 해당하는 사용자
② 직장가입자의 보수 외 소득월액보험료는 직장가입자가 부담한다. 〈개정 2024.2.6.〉
③ 지역가입자의 보험료는 그 가입자가 속한 세대의 지역가입자 전원이 연대하여 부담한다.
④ 직장가입자가 교직원인 경우 제3조 제2호 다목에 해당하는 사용자가 부담액 전부를 부담할 수 없으면 그 부족액을 학교에 속하는 회계에서 부담하게 할 수 있다. 〈신설 2014.1.1.〉

정답 ⑤

93 ☐☐☐   ○ △ ×

국민건강보험법상 보험료 부담 및 납부의무에 관한 설명으로 옳지 않은 것은?
① 직장가입자의 보수월액보험료는 직장가입자가 보험료액의 100분의 50을 부담한다.
② 직장가입자의 소득월액보험료는 직장가입자가 부담한다.
③ 지역가입자의 보험료는 그 가입자가 속한 세대의 지역가입자 전원이 연대하여 부담한다.
④ 직장가입자의 보수월액보험료는 사용자가 납부한다.
⑤ 공무원인 직장가입자의 보수월액보험료는 그 공무원이 소속되어 있는 국가 또는 지방자치단체가 보험료액의 전액을 부담한다.

① (○) 국민건강보험법 제76조 제1항
② (○) 동조 제2항
③ (○) 동조 제3항
④ (○) 동법 제77조 제1항 제1호

제77조(보험료 납부의무) ① 직장가입자의 보험료는 다음 각 호의 구분에 따라 그 각 호에서 정한 자가 납부한다. 〈개정 2024.2.6.〉
1. 보수월액보험료: 사용자. 이 경우 사업장의 사용자가 2명 이상인 때에는 그 사업장의 사용자는 해당 직장가입자의 보험료를 연대하여 납부한다.
2. 보수 외 소득월액보험료: 직장가입자

⑤ (×) 전액 → 100분의 50(동법 제76조 제1항 제2호)

94 ☐☐☐   ○ △ ×

국민건강보험법상 보험급여의 정지사유에 해당하는 것은?
① 고의로 인한 범죄행위에 그 원인이 있는 경우
② 국외에서 업무에 종사하고 있는 경우
③ 고의로 국민건강보험공단의 지시를 따르지 않은 경우
④ 중대한 과실로 국민건강보험공단에서 요구하는 문서나 물건을 제출하지 않은 경우
⑤ 업무로 생긴 질병으로 인해 다른 법령에 따라 보상을 받게 된 경우

① (×) ③ (×) ④ (×) ⑤ (×) 보험급여의 제한사유이다(국민건강보험법 제53조 제1항 제1호, 제2호, 제3호, 제4호)

제53조(급여의 제한) ① 공단은 보험급여를 받을 수 있는 사람이 다음 각 호의 어느 하나에 해당하면 보험급여를 하지 아니한다.
1. 고의 또는 중대한 과실로 인한 범죄행위에 그 원인이 있거나 고의로 사고를 일으킨 경우
2. 고의 또는 중대한 과실로 공단이나 요양기관의 요양에 관한 지시에 따르지 아니한 경우
3. 고의 또는 중대한 과실로 제55조에 따른 문서와 그 밖의 물건의 제출을 거부하거나 질문 또는 진단을 기피한 경우
4. 업무 또는 공무로 생긴 질병·부상·재해로 다른 법령에 따른 보험급여나 보상(報償) 또는 보상(補償)을 받게 되는 경우

② (×) 2020.4.7. 국민건강보험법 제54조 제1호가 삭제되고, 제2호가 개정되었으므로, 정답을 변경한다.

제54조(급여의 정지) 보험급여를 받을 수 있는 사람이 다음 각 호의 어느 하나에 해당하면 그 기간에는 보험급여를 하지 아니한다. 다만, 제3호 및 제4호의 경우에는 제60조에 따른 요양급여를

실시한다. 〈개정 2020.4.7.〉

1. 삭제 〈2020.4.7.〉
2. 국외에 체류하는 경우
3. 제6조 제2항 제2호에 해당하게 된 경우
4. 교도소, 그 밖에 이에 준하는 시설에 수용되어 있는 경우

정답 ② ▶ 없음

095 □□□　　　　　　　　　　○ △ ×

고용보험 및 산업재해보상보험의 보험료징수 등에 관한 법률상 보수총액 등의 신고에 관한 설명으로 옳은 것은?

① 사업주는 근로자를 새로 고용한 경우, 그 근로자의 성명 등을 그 근로자를 고용한 날이 속하는 달의 말일까지 근로복지공단에 신고하여야 한다.
② 사업주는 사업의 폐지·종료 등으로 보험관계가 소멸한 때에는 그 보험관계가 소멸한 날이 속하는 달의 다음 달 15일까지 근로자에게 지급한 보수총액 등을 근로복지공단에 신고하여야 한다.
③ 사업주는 전년도에 근로자에게 지급한 보수총액 등을 매년 1월 말일까지 근로복지공단에 신고하여야 한다.
④ 사업주는 근로자가 휴직하는 경우에는 그 사유발생일이 속하는 달의 다음 달 15일까지 그 사실을 근로복지공단에 신고하여야 한다.
⑤ 사업주는 근로자와 고용관계를 종료한 때에는 그 근로자에게 지급한 보수총액, 고용관계 종료일 등을 그 근로자의 고용관계가 종료한 날이 속하는 달의 다음 달 15일까지 근로복지공단에 신고하여야 한다.

해설

① (×) 말일 → 다음 달 15일(고용산재보험료징수법 제16조의10 제3항 제1호)

> **제16조의10(보수총액 등의 신고)** ③ 사업주는 다음 각 호의 어느 하나에 해당하는 때에는 그 근로자·예술인·노무제공자의 성명 및 주소지 등을 해당 근로자를 고용한 날 또는 해당 예술인·노무제공자의 노무제공 개시일이 속하는 달의 다음 달 15일까지 공단에 신고하여야 한다. 다만, 1개월 동안 소정근로시간이 60시간 미만인 사람 등 대통령령으로 정하는 근로자에 대해서는 신고하지 아니할 수 있다. 〈개정 2021.1.5.〉
> 1. 근로자를 새로 고용한 때
> 2. 「고용보험법」 제77조의2 제1항에 따른 문화예술용역 관련 계약(이하 "문화예술용역 관련 계약"이라 한다)을 체결한 때
> 3. 「고용보험법」 제77조의6 제1항에 따른 노무제공계약(이하 "노무제공계약"이라 한다)을 체결한 때

② (×) 날이 속하는 달의 다음 달 15일까지 → 날부터 14일 이내에 (동조 제2항)

> **제16조의10(보수총액 등의 신고)** ② 사업주는 사업의 폐지·종료 등으로 보험관계가 소멸한 때에는 그 보험관계가 소멸한 날부

터 14일 이내에 근로자, 예술인 또는 노무제공자에게 지급한 보수총액 등을 공단에 신고하여야 한다. 〈개정 2021.1.5.〉

③ (×) 1월 말일 → 3월 15일(동조 제1항 전단)

> **제16조의10(보수총액 등의 신고)** ① 사업주는 전년도에 근로자, 예술인 또는 노무제공자에게 지급한 보수총액 등을 매년 3월 15일까지 공단에 신고하여야 한다. 이 경우 제48조의2 제6항 또는 제48조의4 제3항에 따른 보험료납부자가 사업주, 예술인 또는 노무제공자의 보험료를 원천공제하여 납부한 경우는 제외한다. 〈개정 2021.1.5.〉

④ (×) 사유발생일이 속하는 달의 다음 달 15일까지 → 사유발생일부터 14일 이내에(동조 제5항)

> **제16조의10(보수총액 등의 신고)** ⑤ 사업주는 근로자, 예술인 또는 노무제공자가 휴직하거나 다른 사업장으로 전보되는 등 대통령령으로 정하는 사유가 발생한 때에는 그 사유발생일부터 14일 이내에 그 사실을 공단에 신고하여야 한다. 〈개정 2021.1.5.〉

⑤ (○) 동조 제4항 제1호

> **제16조의10(보수총액 등의 신고)** ④ 사업주는 다음 각 호의 어느 하나에 해당하는 때에는 그 근로자·예술인·노무제공자에게 지급한 보수총액, 고용관계 또는 문화예술용역 관련 계약·노무제공계약의 종료일 등을 해당 고용관계 또는 계약이 종료된 날이 속하는 달의 다음 달 15일까지 공단에 신고하여야 한다. 〈개정 2021.1.5.〉
> 1. 근로자와 고용관계를 종료한 때
> 2. 예술인과 문화예술용역 관련 계약을 종료한 때
> 3. 노무제공자와 노무제공계약을 종료한 때

정답 ⑤

096 □□□　　　　　　　　　　○ △ ×

고용보험 및 산업재해보상보험의 보험료징수 등에 관한 법령에 관한 설명으로 옳은 것은?

① 해외파견자에 대한 산재보험의 가입을 승인하려면 직업안정법에 따른 국외근로자 공급사업이 아니어야 한다.
② 해외파견자에 대한 산재보험 가입의 승인을 받은 경우, 파견예정자의 보험관계 성립일은 출국한 날의 다음 날이다.
③ 자영업자에 대한 특례에 따라 고용보험에 가입한 자영업자가 50명 이상의 근로자를 사용하게 된 경우에는 본인은 피보험자격을 유지할 수 없다.
④ 자영업자에게 적용하는 고용보험료율을 보험수지의 동향과 경제상황 등을 고려하여 정하는데, 현재 고용안정·직업능력개발사업의 보험료율은 1천분의 25이다.
⑤ 사업주는 특수형태근로종사자가 부담하는 산재보험료에 해당하는 금액을 그 특수형태근로종사자에게 지급할 금품에서 원천공제할 수 없다.

해설

① (○) 법 제47조 제2항에 따른 해외파견자에 대한 산재보험의 가입을 승인하려면 「직업안정법」 제33조 제3항 제2호에 따른 국외근로자 공급사업이 아니어야 한다(고용산재보험료징수법 시행규칙 제42조 제2항).

② (×) 출국한 날의 다음 날 → 출국일(동조 제4항 제1호)

> **시행규칙 제42조(해외파견자에 대한 산재보험 가입신청 및 승인)** ④ 제3항에 따라 산재보험 가입의 승인을 받은 경우 해외파견자의 보험관계 성립일은 다음 각 호의 구분과 같다.
> 1. 파견예정자: 출국일
> 2. 파견된 사람: 산재보험가입신청서를 접수한 날의 다음 날

③ (×) 없다 → 있다(동법 제49조의2 제2항)

> **제49조의2(자영업자에 대한 특례)** ② 제1항에 따라 보험에 가입한 자영업자가 50명 이상의 근로자를 사용하게 된 경우에도 본인이 피보험자격을 유지하려는 경우에는 계속하여 보험에 가입된 것으로 본다.

④ (×) 1천분의 25 → 1만분의 25(동법 시행령 제56조의19 제1항 제1호)

> **제56조의19(자영업자 고용보험료율)** ① 법 제49조의2 제7항에 따른 고용보험료율은 다음 각 호와 같다.
> 1. 고용안정·직업능력개발사업의 보험료율: 1만분의 25
> 2. 실업급여의 보험료율: 1천분의 20

⑤ (×) 2022.6.10. 산재보험법 개정에 따라 2022.6.10. 고용산재보험료징수법 제49조의3(특수형태근로종사자에 대한 특례)이 삭제되었다.

정답 ①

---

97 □□□   ○ △ ×

고용보험 및 산업재해보상보험의 보험료징수 등에 관한 법령상 보험료에 관한 내용이다. (   ) 안에 들어갈 내용으로 옳은 것은?

> 고용보험사업에 드는 비용을 충당하기 위하여 보험가입자로부터 보험료를 징수함에도 불구하고 고용보험법에 따라 (ㄱ)세 이후에 고용된 자에 대하여는 고용보험료 중 실업급여의 보험료를 징수하지 아니한다. 현재 실업급여의 보험료율은 1천분의 (ㄴ)이다.

① ㄱ: 55, ㄴ: 13
② ㄱ: 60, ㄴ: 13
③ ㄱ: 60, ㄴ: 25
④ ㄱ: 65, ㄴ: 13
⑤ ㄱ: 65, ㄴ: 25

해설

④ (×) 2021.12.31. 개정 고용산재보험료징수법 시행령은, 고용보험기금의 안정적인 운용을 도모하기 위하여 근로자의 고용보험 실업급여의 보험료율을 1천분의 16에서 1천분의 18로 상향하였으므로, 정답을 변경한다.

> **고용산재보험료징수법 제13조(보험료)** ① 보험사업에 드는 비

용에 충당하기 위하여 보험가입자로부터 다음 각 호의 보험료를 징수한다. 〈개정 2010.1.27.〉
> 1. 고용안정·직업능력개발사업 및 실업급여의 보험료(이하 "고용보험료"라 한다)
> 2. 산재보험의 보험료(이하 "산재보험료"라 한다)
> ③ 제1항에도 불구하고 「고용보험법」 제10조 제2항에 따라 65세 이후에 고용(65세 전부터 피보험자격을 유지하던 사람이 65세 이후에 계속하여 고용된 경우는 제외한다)되거나 자영업을 개시한 자에 대하여는 고용보험료 중 실업급여의 보험료를 징수하지 아니한다. 〈개정 2019.1.15.〉
> **시행령 제12조(고용보험료율)** ① 법 제14조 제1항에 따른 고용보험료율은 다음 각 호와 같다. 〈개정 2023.12.26.〉
> 1. 고용안정·직업능력개발사업의 보험료율: 다음 각 목의 구분에 따른 보험료율
>   가. 상시근로자수가 150명 미만인 사업주의 사업: 1만분의 25
>   나. 상시근로자수가 150명 이상인 사업주의 사업으로서 우선지원대상기업의 범위에 해당하는 사업: 1만분의 45
>   다. 상시근로자수가 150명 이상 1천명 미만인 사업주의 사업으로서 나목에 해당하지 않는 사업: 1만분의 65
>   라. 상시근로자수가 1천명 이상인 사업주의 사업으로서 나목에 해당하지 않는 사업 및 국가·지방자치단체가 직접 하는 사업: 1만분의 85
> 2. 실업급여의 보험료율: 1천분의 18

정답 ④ ▶ 없음

---

98 □□□   ○ △ ×

고용보험 및 산업재해보상보험의 보험료징수 등에 관한 법령상 보험가입자에 관한 설명으로 옳지 않은 것은?

① 고용보험법을 적용받는 사업의 사업주와 근로자는 당연히 고용보험법에 따른 고용보험의 보험가입자가 된다.
② 산업재해보상보험법을 적용받는 사업의 사업주는 당연히 산업재해보상보험법에 따른 산업재해보상보험의 보험가입자가 된다.
③ 고용보험법에 따라 같은 법을 적용하지 아니하는 사업장의 근로자는 개별적으로 고용보험에 가입할 수 있다.
④ 산업재해보상보험법에 따라 같은 법을 적용하지 아니하는 사업의 사업주는 근로복지공단의 승인을 받아 산재보험에 가입할 수 있다.
⑤ 근로복지공단은 사업 실체가 없는 등의 사유로 계속하여 보험관계를 유지할 수 없다고 인정하는 경우에는 그 보험관계를 소멸시킬 수 있다.

해설

① (○) 고용산재보험료징수법 제5조 제1항
② (○) 동조 제3항
③ (×) 있다 → 없다(동조 제2항)

> **제5조(보험가입자)** ② 「고용보험법」 제8조 단서에 따라 같은 법을 적용하지 아니하는 사업의 사업주가 근로자의 과반수의 동

의를 받아 공단의 승인을 받으면 그 사업의 사업주와 근로자는 고용보험에 가입할 수 있다. 〈개정 2019.1.15.〉

④ (○) 동조 제4항
⑤ (○) 동조 제7항

정답 ③

---

099 □□□   ○ △ ✕

고용보험 및 산업재해보상보험의 보험료징수 등에 관한 법률상 고액 · 상습 체납자의 인적사항 공개에 관한 설명으로 옳지 않은 것은?

① 국민건강보험공단은 이 법에 따른 납부기한의 다음 날부터 1년이 지난 보험료의 총액이 1억 원 이상인 체납자에 대하여는 그 인적사항등을 공개하여야 한다.
② 국민건강보험공단은 체납된 보험료, 이 법에 따른 그 밖의 징수금과 체납처분비와 관련하여 행정소송이 계류 중인 경우에는 체납자의 인적사항등을 공개할 수 없다.
③ 체납자의 인적사항등에 대한 공개 여부를 심의하기 위하여 국민건강보험공단에 보험료정보공개심의위원회를 둔다.
④ 국민건강보험공단은 보험료정보공개심의위원회의 심의를 거쳐 인적사항등의 공개가 결정된 자에 대하여 공개대상자임을 알림으로써 소명할 기회를 주어야 한다.
⑤ 체납자 인적사항등의 공개는 관보에 게재하거나, 고용 · 산재정보통신망 또는 국민건강보험공단 게시판에 게시하는 방법에 따른다.

해설
① (✕) 1억 원 → 5천만 원, 공개하여야 한다 → 공개할 수 있다(고용산재보험료징수법 제28조의6 제1항 본문)

> 제28조의6(고액 · 상습 체납자의 인적사항 공개) ① 건강보험공단은 이 법에 따른 납부기한의 다음 날부터 1년이 지난 보험료와 이 법에 따른 그 밖의 징수금과 체납처분비(제29조에 따라 결손처분한 보험료, 이 법에 따른 그 밖의 징수금과 체납처분비로서 징수권 소멸시효가 완성되지 아니한 것을 포함한다)의 총액이 5천만 원 이상인 체납자가 납부능력이 있음에도 불구하고 체납한 경우에는 그 인적사항 및 체납액 등(이하 이 조에서 "인적사항등"이라 한다)을 공개할 수 있다. 다만, 체납된 보험료, 이 법에 따른 그 밖의 징수금과 체납처분비와 관련하여 행정심판 또는 행정소송이 계류 중인 경우, 그 밖에 체납된 금액의 일부납부 등 대통령령으로 정하는 사유가 있을 때에는 그러하지 아니하다. 〈개정 2022. 12.31.〉

② (○) 동조 제1항 단서
③ (○) 동조 제2항
④ (○) 건강보험공단은 위원회의 심의를 거쳐 인적사항등의 공개가 결정된 자에 대하여 공개대상자임을 알림으로써 소명할 기회를 주어야 하며, 통지일부터 6개월이 지난 후 위원회로 하여금 체납액

의 납부이행 등을 고려하여 체납자 인적사항등의 공개 여부를 재심의하게 한 후 공개대상자를 선정한다(동조 제3항).

⑤ (○) 동조 제4항

정답 ①

---

100 □□□   ○ △ ✕

고용보험 및 산업재해보상보험의 보험료징수 등에 관한 법령상 산재보험료율의 구성은 다음과 같다. (   ) 안에 들어갈 내용으로 옳은 것은?

> 산재보험료율(100%)
> = [산재보험급여지급률 + 추가지출률](ㄱ)% + 부가보험료율 (ㄴ)%

① ㄱ: 70, ㄴ: 30   ② ㄱ: 75, ㄴ: 25
③ ㄱ: 80, ㄴ: 20   ④ ㄱ: 85, ㄴ: 15
⑤ ㄱ: 90, ㄴ: 10

해설
④ (○) ㄱ: 85, ㄴ: 15

> 사업종류별 산재보험료율의 구성과 산정방법(시행규칙 제12조의 관련 별표 1)
> 사업종류별 산재보험료율(100%) = [산재보험급여지급률 + 추가지출률](85%) + 부가보험료율(15%)

정답 ④

---

076 □□□ ○ △ ×

사회보장기본법상 사회보장정책의 기본방향에 관한 설명으로 옳지 않은 것은?

① 국가와 지방자치단체는 평생사회안전망을 구축·운영함에 있어 사회적 취약계층을 위한 공공부조를 마련하여 최저생활을 보장하여야 한다.

② 국가와 지방자치단체는 공공부문과 민간부문의 소득보장제도가 각각 독자적으로 구축될 수 있는 시책을 강구하여야 한다.

③ 국가와 지방자치단체는 모든 국민이 생애 동안 삶의 질을 유지·증진할 수 있도록 평생사회안전망을 구축하여야 한다.

④ 국가와 지방자치단체는 사회서비스 보장과 소득보장이 효과적이고 균형적으로 연계되도록 하여야 한다.

⑤ 국가와 지방자치단체는 모든 국민의 인간다운 생활과 자립, 사회참여, 자아실현 등을 지원하여 삶의 질이 향상될 수 있도록 사회서비스에 관한 시책을 마련하여야 한다.

해설

① (○) 사회보장기본법 제22조 제2항

② (×) 각각 독자적으로 구축될 수 있는 시책을 강구하여야 한다
→ 효과적으로 연계되도록 하여야 한다(동법 제24조 제2항)

> 제24조(소득보장) ② 국가와 지방자치단체는 공공부문과 민간부문의 소득보장제도가 효과적으로 연계되도록 하여야 한다.

③ (○) 동법 제22조 제1항

④ (○) 동법 제23조 제2항

⑤ (○) 동조 제1항

정답 ②

077 □□□ ○ △ ×

사회보장기본법상 사회보장위원회에 관한 설명으로 옳지 않은 것은?

① 사회보장에 관한 주요 시책을 심의·조정하기 위하여 국무총리 소속으로 사회보장위원회를 둔다.

② 관계 중앙행정기관의 장과 지방자치단체의 장은 사회보장위원회의 심의·조정사항을 반영하여 사회보장제도를 운영 또는 개선하여야 한다.

③ 사회보장위원회는 위원장 1명, 부위원장 3명과 행정자치부장관, 고용노동부장관, 여성가족부장관, 국토교통부장관을 포함한 20명 이내의 위원으로 구성한다.

④ 사회보장위원회의 위원장은 국무총리가 되고, 부위원장은 기획재정부장관, 교육부장관 및 보건복지부장관이 된다.

⑤ 사회보장위원회를 효율적으로 운영하고 위원회의 심의사항을 전문적으로 검토하기 위하여 위원회에 실무위원회를 두며, 실무위원회에 분야별 전문위원회를 둘 수 있다.

해설

① (○) 사회보장기본법 제20조 제1항

② (○) 동조 제4항

③ (×) 행정자치부장관 → 행정안전부장관, 20명 → 30명(동법 제21조 제1항)

> 제21조(위원회의 구성 등) ① 위원회는 위원장 1명, 부위원장 3명과 행정안전부장관, 고용노동부장관, 여성가족부장관, 국토교통부장관을 포함한 30명 이내의 위원으로 구성한다. 〈개정 2017. 7.26.〉

④ (○) 동조 제2항

⑤ (○) 위원회를 효율적으로 운영하고 위원회의 심의·조정사항을 전문적으로 검토하기 위하여 위원회에 실무위원회를 두며, 실무위원회에 분야별 전문위원회를 둘 수 있다(동조 제6항).

정답 ③

078 ☐☐☐ ○ △ ✕

사회보장기본법상 사회보장급여와 사회보장수급권에 관한 설명으로 옳은 것은?

① 사회보장수급권은 구두로 포기할 수 있다.
② 사회보장급여는 관계법령에 따라 국가나 지방자치단체에 신청하여야 한다. 다만, 관계법령이 따로 정하는 경우는 국가나 지방자치단체가 직권으로 결정할 수 있다.
③ 사회보장수급권은 관계법령에서 따로 정하고 있는 경우에 압류할 수 있다.
④ 국가와 지방자치단체는 관계법령이 정하는 바에 따라 최저생계비와 최저임금을 매년 공표하여야 한다.
⑤ 사회보장급여를 다른 기관에 신청한 경우에는 그 기관은 지체 없이 이를 정당한 권한이 있는 기관에 이송하여야 한다. 이 경우 정당한 권한이 있는 기관에 이송된 날을 사회보장급여의 신청일로 본다.

해설

① (✕) 구두로 → 정당한 권한이 있는 기관에 서면으로 통지하여(사회보장기본법 제14조 제1항)

> **제14조(사회보장수급권의 포기)** ① 사회보장수급권은 정당한 권한이 있는 기관에 서면으로 통지하여 포기할 수 있다.

② (✕) 직권으로 결정할 수 있다 → 신청을 대신할 수 있다(동법 제11조 제1항 단서)

> **제11조(사회보장급여의 신청)** ① 사회보장급여를 받으려는 사람은 관계법령에서 정하는 바에 따라 국가나 지방자치단체에 신청하여야 한다. 다만, 관계법령에서 따로 정하는 경우에는 국가나 지방자치단체가 신청을 대신할 수 있다.

③ (✕) 경우에 압류할 수 있다 → 경우에도 압류할 수 없다(동법 제12조)

> **제12조(사회보장수급권의 보호)** 사회보장수급권은 관계법령에서 정하는 바에 따라 다른 사람에게 양도하거나 담보로 제공할 수 없으며, 이를 압류할 수 없다.

④ (✕) 최저생계비와 → 최저보장수준과(동법 제10조 제2항)

> **제10조(사회보장급여의 수준)** ② 국가는 관계법령에서 정하는 바에 따라 최저보장수준과 최저임금을 매년 공표하여야 한다. 〈개정 2015.12.29.〉

⑤ (○) 동법 제11조 제2항

정답 ⑤

079 ☐☐☐ ○ △ ✕

사회보장기본법령상 사회보장 기본계획에 관한 설명으로 옳은 것을 모두 고른 것은?

> ㄱ. 보건복지부장관은 관계 중앙행정기관의 장과 협의하여 사회보장 증진을 위하여 사회보장에 관한 기본계획을 5년마다 수립하여야 한다.
> ㄴ. 사회보장 기본계획에는 국내외 사회보장환경의 변화와 전망이 포함되어야 한다.
> ㄷ. 사회보장 기본계획은 사회보장위원회와 국무회의의 심의를 거쳐 확정한다.
> ㄹ. 보건복지부장관 및 관계 중앙행정기관의 장은 기본계획에 따라 사회보장과 관련된 소관 주요 시책의 시행계획을 2년마다 수립·시행하여야 한다.

① ㄱ, ㄷ   ② ㄴ, ㄹ   ③ ㄱ, ㄴ, ㄷ
④ ㄱ, ㄷ, ㄹ   ⑤ ㄴ, ㄷ, ㄹ

해설

ㄱ (○) 사회보장기본법 제16조 제1항
ㄴ (○) 동조 제2항 제1호

> **제16조(사회보장 기본계획의 수립)** ② 기본계획에는 다음 각 호의 사항이 포함되어야 한다.
> 1. 국내외 사회보장환경의 변화와 전망
> 2. 사회보장의 기본목표 및 중장기 추진방향
> 3. 주요 추진과제 및 추진방법
> 4. 필요한 재원의 규모와 조달방안
> 5. 사회보장 관련 기금 운용방안
> 6. 사회보장 전달체계
> 7. 그 밖에 사회보장정책의 추진에 필요한 사항

ㄷ (○) 기본계획은 제20조에 따른 사회보장위원회와 국무회의의 심의를 거쳐 확정한다. 기본계획 중 대통령령으로 정하는 중요한 사항을 변경하려는 경우에도 같다(동조 제3항).
ㄹ (✕) 2년마다 → 매년(동법 제18조 제1항)

> **제18조(연도별 시행계획의 수립·시행 등)** ① 보건복지부장관 및 관계 중앙행정기관의 장은 기본계획에 따라 사회보장과 관련된 소관 주요 시책의 시행계획(이하 "시행계획"이라 한다)을 매년 수립·시행하여야 한다.

정답 ③

080 ☐☐☐ ○ △ ✕

고용보험법령상 고용안정·직업능력개발사업의 내용으로 옳지 않은 것은?

① 고용창출의 지원
② 조기재취업 수당 지원
② 고용유지지원금의 지급
④ 지역고용의 촉진
⑤ 임금피크제지원금의 지급

① (○) ③ (○) ④ (○) ⑤ (○) 고용창출의 지원(고용보험법 시행령 제17조), 고용유지지원금의 지급(동법 시행령 제19조), 지역고용의 촉진(동법 시행령 제24조), 임금피크제지원금의 지급(동법 시행령 제28조)은 모두 제3장 고용안정·직업능력개발사업의 내용으로 옳은 것이다.

② (×) 조기재취업 수당 지원(동법 시행령 제84조)은 제4장 실업급여의 내용으로 옳은 것이다.

81 □□□ ○ △ ✕

고용보험법령상 급여에 관한 설명으로 옳은 것은?

① 이주비의 금액은 수급자격자 및 그 수급자격자에 의존하여 생계를 유지하는 동거친족의 이주에 일반적으로 드는 비용으로 하되, 그 금액의 산정은 고용노동부령으로 정하는 바에 따라 따른다.

② 근로자를 전혀 사용하지 아니하는 자영업자는 자신을 피보험자로 하여 조기재취업수당을 지급받을 수 있다.

③ 구직급여의 산정기초가 되는 임금일액(기초일액)의 상한액은 9만 6천 원이다.

④ 고용노동부장관은 고용조정이 불가피하게 된 사업주가 근로자에 대한 휴업을 실시한 경우, 근로자의 임금이 평균임금의 100분의 70 미만으로 감소할 때는 그 근로자에게도 필요한 지원을 할 수 있다.

⑤ 피보험자가 육아휴직급여기간 중에 그 사업에서 이직한 경우에도 육아휴직급여를 지급한다.

① (○) 고용보험법 제67조 제2항

② (×) 있다 → 없다(동법 제69조의2)

> **제69조의2(자영업자인 피보험자의 실업급여의 종류)** 자영업자인 피보험자의 실업급여의 종류는 제37조에 따른다. 다만, 제51조부터 제55조까지의 규정에 따른 연장급여와 제64조에 따른 조기재취업수당은 제외한다.

③ (×) 9만 6천 원 → 11만 원(동법 시행령 제68조 제1항)

> **제68조(급여기초 임금일액의 상한액)** ① 법 제45조 제5항에 따라 구직급여의 산정기초가 되는 임금일액이 11만 원을 초과하는 경우에는 11만 원을 해당 임금일액으로 한다. 〈개정 2019.9.17.〉

④ (×) 70 → 50(동법 제21조 제1항, 동법 시행령 제21조의2)

> **제21조(고용조정의 지원)** ① 고용노동부장관은 경기의 변동, 산업구조의 변화 등에 따른 사업규모의 축소, 사업의 폐업 또는 전환으로 고용조정이 불가피하게 된 사업주가 근로자에 대한 휴업, 휴직, 직업전환에 필요한 직업능력개발 훈련, 인력의 재배치 등을 실시하거나 그 밖에 근로자의 고용안정을 위한 조치를 하면 대통령령으로 정하는 바에 따라 그 사업주에게 필요한 지원을 할 수 있다. 이 경우 휴업이나 휴직 등 고용안정을 위한 조치로 근로자의 임금(「근로기준법」 제2조 제1항 제5호에 따른 임금을

말한다. 이하 같다)이 대통령령으로 정하는 수준으로 감소할 때에는 대통령령으로 정하는 바에 따라 그 근로자에게도 필요한 지원을 할 수 있다. 〈개정 2019.8.27.〉
> **시행령 제21조의2(휴업 등에 따른 임금감소 수준)** 법 제21조 제1항 후단에서 "대통령령으로 정하는 수준"이란 평균임금의 100분의 50 미만(지급되는 임금이 없는 경우를 포함한다)을 말한다.

⑤ (×) 경우에도 육아휴직급여를 지급한다 → 경우에는 육아휴직급여를 지급하지 아니한다(동법 제73조 제1항)

> **제73조(육아휴직급여의 지급제한 등)** ① 피보험자가 육아휴직 기간 중에 그 사업에서 이직한 경우에는 그 이직하였을 때부터 육아휴직급여를 지급하지 아니한다. 〈개정 2019.1.15.〉

82 □□□ ○ △ ✕

고용보험법령의 적용대상인 자를 모두 고른 것은?

> ㄱ. 1개월간 소정근로시간이 60시간 미만이지만, 생업을 목적으로 근로를 제공하는 자로서 3개월 이상 계속하여 근로를 제공하는 자
> ㄴ. 별정우체국법에 따른 별정우체국 직원
> ㄷ. 일용근로자(1개월 미만 동안 고용되는 자)

① ㄱ   ② ㄱ, ㄴ   ③ ㄱ, ㄷ
④ ㄴ, ㄷ   ⑤ ㄱ, ㄴ, ㄷ

③ (○) ㄱ, ㄷ이 고용보험법령의 적용대상인 자이다.

> **제10조(적용제외)** ① 다음 각 호의 어느 하나에 해당하는 사람에게는 이 법을 적용하지 아니한다. 〈개정 2022.12.31.〉
> 1. 삭제 〈2019.1.15.〉
> 2. 해당 사업에서 소정(所定)근로시간이 대통령령으로 정하는 시간 미만인 근로자
> 3. 「국가공무원법」과 「지방공무원법」에 따른 공무원. 다만, 대통령령으로 정하는 바에 따라 별정직공무원, 「국가공무원법」 제26조의5 및 「지방공무원법」 제25조의5에 따른 임기제공무원의 경우는 본인의 의사에 따라 고용보험(제4장에 한정한다)에 가입할 수 있다.
> 4. 「사립학교교직원 연금법」의 적용을 받는 사람
> 5. 그 밖에 대통령령으로 정하는 사람
> **시행령 제3조(적용제외 근로자)** ① 법 제10조 제1항 제2호에서 "해당 사업에서 소정(所定)근로시간이 대통령령으로 정하는 시간 미만인 근로자"란 해당 사업에서 1개월간 소정근로시간이 60시간 미만이거나 1주간의 소정근로시간이 15시간 미만인 근로자를 말한다. 〈개정 2023.6.27.〉
> ② 제1항에도 불구하고 다음 각 호의 어느 하나에 해당하는 근로자는 법 적용대상으로 한다. 〈신설 2023.6.27.〉
> 1. 해당 사업에서 3개월 이상 계속하여 근로를 제공하는 근로자
> 2. 일용근로자

083 ☐☐☐   ○ △ ✕

고용보험법상 피보험자격의 취득일 및 상실일에 관한 설명으로 옳은 것은?

① 피보험자는 고용보험법이 적용되는 사업에 고용된 날의 다음 날에 피보험자격을 취득한다.

② 적용제외 근로자였던 자가 고용보험법의 적용을 받게 된 경우에는 그 적용을 받게 된 날의 다음 날에 피보험자격을 취득한 것으로 본다.

③ 피보험자가 적용제외 근로자에 해당하게 된 경우에는 그 적용제외 대상자가 된 날의 다음 날에 피보험자격을 상실한다.

④ 보험관계가 소멸한 경우에는 그 보험관계가 소멸한 날의 다음 날에 피보험자격을 상실한다.

⑤ 피보험자가 이직한 경우에는 이직한 날의 다음 날에 피보험자격을 상실한다.

해설

① (✕) ② (✕) 고용된 날의 다음 날 → 고용된 날(고용보험법 제13조 제1항 본문), 받게 된 날의 다음 날 → 받게 된 날(동항 단서 제1호)

> **제13조(피보험자격의 취득일)** ① 근로자인 피보험자는 이 법이 적용되는 사업에 고용된 날에 피보험자격을 취득한다. 다만, 다음 각 호의 경우에는 각각 그 해당되는 날에 피보험자격을 취득한 것으로 본다. 〈개정 2021.1.5.〉
> 1. 제10조 및 제10조의2에 따른 적용제외 근로자였던 사람이 이 법의 적용을 받게 된 경우에는 그 적용을 받게 된 날
> 2. 고용산재보험료징수법 제7조에 따른 보험관계 성립일 전에 고용된 근로자의 경우에는 그 보험관계가 성립한 날

③ (✕) ④ (✕) ⑤ (○) 된 날의 다음 날 → 된 날(동법 제14조 제1항 제1호), 날의 다음 날 → 날(동항 제2호), 동항 제3호

> **제14조(피보험자격의 상실일)** ① 근로자인 피보험자는 다음 각 호의 어느 하나에 해당하는 날에 각각 그 피보험자격을 상실한다. 〈개정 2021.1.5.〉
> 1. 근로자인 피보험자가 제10조 및 제10조의2에 따른 적용제외 근로자에 해당하게 된 경우에는 그 적용제외 대상자가 된 날
> 2. 고용산재보험료징수법 제10조에 따라 보험관계가 소멸한 경우에는 그 보험관계가 소멸한 날
> 3. 근로자인 피보험자가 이직한 경우에는 이직한 날의 다음 날
> 4. 근로자인 피보험자가 사망한 경우에는 사망한 날의 다음 날

정답 ⑤

084 ☐☐☐   ○ △ ✕

고용보험법상 고용보험심사위원회의 재심사청구에서 재심사청구인의 대리인이 될 수 없는 자는?

① 청구인인 법인의 직원

② 청구인의 배우자

③ 청구인이 가입한 노동조합의 위원장

④ 변호사

⑤ 고용보험심사위원회의 허가를 받은 자

해설

③ (✕) 청구인이 가입한 노동조합의 위원장은 재심사청구인의 대리인이 될 수 없는 자이다.

> **제88조(대리인의 선임)** 심사청구인 또는 재심사청구인은 법정대리인 외에 다음 각 호의 어느 하나에 해당하는 자를 대리인으로 선임할 수 있다.
> 1. 청구인의 배우자, 직계존속·비속 또는 형제자매
> 2. 청구인인 법인의 임원 또는 직원
> 3. 변호사나 공인노무사
> 4. 제99조에 따른 심사위원회의 허가를 받은 자

정답 ③

085 ☐☐☐   ○ △ ✕

고용보험법상 구직급여(상병급여)의 수급자격 제한 또는 지급제한이 되지 않는 경우는?

① 중대한 귀책사유로 해고된 피보험자로서 정당한 사유 없이 근로계약 또는 취업규칙 등을 위반하여 장기간 무단결근한 경우

② 자기 사정으로 이직한 피보험자로서 전직 또는 자영업을 하기 위하여 이직한 경우

③ 중대한 귀책사유가 있는 자가 해고되지 아니하고 사업주의 권고로 이직한 경우

④ 퇴직한 근로자로서 국민연금법에 의한 노령연금을 지급받는 경우

⑤ 실업신고 이후 산업재해보상보험법에 따른 휴업급여를 지급받을 수 있는 경우

해설

① (○) ② (○) ③ (○) 고용보험법 제58조 제1호 다목, 제2호 가목, 동호 나목

> **제58조(이직사유에 따른 수급자격의 제한)** 제40조에도 불구하고 피보험자가 다음 각 호의 어느 하나에 해당한다고 직업안정기관의 장이 인정하는 경우에는 수급자격이 없는 것으로 본다. 〈개정 2020.5.26.〉
> 1. 중대한 귀책사유(歸責事由)로 해고된 피보험자로서 다음 각 목의 어느 하나에 해당하는 경우
>   가. 「형법」 또는 직무와 관련된 법률을 위반하여 금고 이상의 형을 선고받은 경우

나. 사업에 막대한 지장을 초래하거나 재산상 손해를 끼친 경우로서 고용노동부령으로 정하는 기준에 해당하는 경우
다. 정당한 사유 없이 근로계약 또는 취업규칙 등을 위반하여 장기간 무단결근한 경우
2. 자기 사정으로 이직한 피보험자로서 다음 각 목의 어느 하나에 해당하는 경우
가. 전직 또는 자영업을 하기 위하여 이직한 경우
나. 제1호의 중대한 귀책사유가 있는 사람이 해고되지 아니하고 사업주의 권고로 이직한 경우
다. 그 밖에 고용노동부령으로 정하는 정당한 사유에 해당하지 아니하는 사유로 이직한 경우

④ (×) 퇴직한 근로자로서 국민연금법에 의한 노령연금을 지급받는 경우는 구직급여(상병급여)의 수급자격 제한 또는 지급제한이 되지 아니하는 경우이다.

⑤ (○) 제1항에도 불구하고 수급자격자가 「근로기준법」 제79조에 따른 휴업보상, 「산업재해보상보험법」 제52조부터 제56조까지의 규정에 따른 휴업급여, 그 밖에 이에 해당하는 급여 또는 보상으로서 대통령령으로 정하는 보상 또는 급여를 지급받을 수 있는 경우에는 상병급여를 지급하지 아니한다(동법 제63조 제4항).

정답 ④

086 ☐☐☐   ○ △ ×

산업재해보상보험법상 심사청구 및 재심사청구에 관한 설명으로 옳은 것은?

① 근로복지공단은 심사청구서를 받은 날부터 60일 이내에 결정을 하여야 하지만, 부득이한 사유로 그 기간 이내에 결정을 할 수 없으면 1차에 한하여 20일을 넘지 아니하는 범위에서 그 기간을 연장할 수 있다.

② 심사청구 및 재심사청구에 관하여 산업재해보상보험법에서 정하고 있지 아니한 사항에 대하여는 행정소송법에 따른다.

③ 업무상질병판정위원회의 심의를 거친 보험급여에 관한 결정에 불복하는 자는 근로복지공단에 심사청구를 하지 아니하고는 산업재해보상보험재심사위원회에 재심사청구를 할 수 없다.

④ 심사청구는 보험급여 결정등이 있음을 안 날로부터 180일 이내에 하여야 한다.

⑤ 재심사위원회의 위원장은 재심사위원회의 제청으로 고용노동부장관이 임명한다.

해설

① (○) 공단은 제103조 제4항에 따라 심사청구서를 받은 날부터 60일 이내에 심사위원회의 심의를 거쳐 심사청구에 대한 결정을 하여야 한다. 다만, 부득이한 사유로 그 기간 이내에 결정을 할 수 없으면 한 차례만 20일을 넘지 아니하는 범위에서 그 기간을 연장할 수 있다(산재보험법 제105 제1항).

② (×) 행정소송법 → 행정심판법(동법 제111조 제3항)

제111조(다른 법률과의 관계) ③ 제103조 및 제106조에 따른 심사청구 및 재심사청구에 관하여 이 법에서 정하고 있지 아니한 사항에 대하여는 「행정심판법」에 따른다.

③ (×) 없다 → 있다(동법 제106조 제1항)

제106조(재심사청구의 제기) ① 제105조 제1항에 따른 심사청구에 대한 결정에 불복하는 자는 제107조에 따른 산업재해보상보험재심사위원회에 재심사청구를 할 수 있다. 다만, 판정위원회의 심의를 거친 보험급여에 관한 결정에 불복하는 자는 제103조에 따른 심사청구를 하지 아니하고 재심사청구를 할 수 있다.

④ (×) 180일 → 90일(동법 제103조 제3항)

제103조(심사청구의 제기) ③ 제1항에 따른 심사청구는 보험급여 결정등이 있음을 안 날부터 90일 이내에 하여야 한다.

⑤ (×) 재심사위원회 → 고용노동부장관, 고용노동부장관 → 대통령(동법 제107조 제5항)

제107조(산업재해보상보험재심사위원회) ⑤ 재심사위원회의 위원장 및 위원은 다음 각 호의 어느 하나에 해당하는 사람 중에서 고용노동부장관의 제청으로 대통령이 임명한다. 다만, 당연직 위원은 고용노동부장관이 소속 3급의 일반직 공무원 또는 고위공무원단에 속하는 일반직 공무원 중에서 지명하는 사람으로 한다. 〈개정 2020.5.26.〉

1. 3급 이상의 공무원 또는 고위공무원단에 속하는 일반직 공무원으로 재직하고 있거나 재직하였던 사람
2. 판사·검사·변호사 또는 경력 10년 이상의 공인노무사
3. 「고등교육법」 제2조에 따른 학교에서 부교수 이상으로 재직하고 있거나 재직하였던 사람
4. 노동관계업무 또는 산업재해보상보험 관련 업무에 15년 이상 종사한 사람
5. 사회보험이나 산업의학에 관한 학식과 경험이 풍부한 사람

정답 ①

087 ☐☐☐   ○ △ ×

산업재해보상보험법령상 재요양의 요건에 해당하지 않는 것은?

① 치유된 업무상 부상 또는 질병과 재요양의 대상이 되는 부상 또는 질병 사이에 상당인과관계가 있을 것

② 재요양의 대상이 되는 부상 또는 질병의 상태가 치유 당시보다 악화된 경우로서 나이나 그 밖에 업무 외의 사유로 악화된 경우가 아닐 것

③ 재요양의 대상이 되는 부상 또는 질병상태의 호전을 위하여 수술 등 적극적인 치료가 필요하다고 인정될 것

④ 재요양의 대상이 되는 부상 또는 질병의 상태가 재요양으로 치료효과를 기대할 수 있다고 인정될 것

⑤ 업무상의 사유로 발생한 부상 또는 질병으로 인하여 요양 중으로서 그 부상 또는 질병의 상태가 치유 후에도 장해등급에 해당할 것이라는 내용의 의학적 소견이 있을 것

① (○) ② (○) ③ (×) ④ (○) 2020.1.7. 산재보험법 시행령 제48조 제1항 제3호 및 제4호가 현행 제3호로 개정되었으므로, 정답을 변경한다.

> **시행령 제48조(재요양의 요건 및 절차)** ① 법 제51조에 따른 재요양(이하 "재요양"이라 한다)은 업무상 부상 또는 질병에 대하여 요양급여(요양급여를 받지 아니하고 장해급여를 받는 부상 또는 질병의 경우에는 장해급여)를 받은 경우로서 다음 각 호의 요건 모두에 해당하는 경우에 인정한다. 〈개정 2020.1.7.〉
> 1. 치유된 업무상 부상 또는 질병과 재요양의 대상이 되는 부상 또는 질병 사이에 상당인과관계가 있을 것
> 2. 재요양의 대상이 되는 부상 또는 질병의 상태가 치유 당시보다 악화된 경우로서 나이나 그 밖에 업무 외의 사유로 악화된 경우가 아닐 것
> 3. 재요양의 대상이 되는 부상 또는 질병의 상태가 재요양을 통해 호전되는 등 치료효과를 기대할 수 있을 것

⑤ (×) 직업훈련이 필요한 사람, 즉 훈련대상자의 요건 중 하나이다 (동법 시행령 제68조 제1항 제1호 나목).

> **제68조(직업재활급여 대상자)** ① 법 제72조 제1항 제1호에 따른 훈련대상자(이하 "훈련대상자"라 한다)는 다음 각 호의 요건을 모두 갖춘 사람으로 한다. 〈개정 2010.11.15.〉
> 1. 다음 각 목의 어느 하나에 해당할 것
>   가. 장해등급등 제1급부터 제12급까지의 어느 하나에 해당할 것
>   나. 업무상의 사유로 발생한 부상 또는 질병으로 인하여 요양 중으로서 그 부상 또는 질병의 상태가 치유 후에도 장해등급 제1급부터 제12급까지의 어느 하나에 해당할 것이라는 내용의 의학적 소견이 있을 것
> 2. 삭제 〈2012.11.12.〉
> 3. 취업하고 있지 아니한 사람일 것. 이 경우 취업의 범위는 고용노동부령으로 정한다.
> 4. 다른 직업훈련을 받고 있지 아니할 것
> 5. 제67조 제1항에 따른 직업복귀계획을 수립하였을 것

정답 ⑤ ▶ ③·⑤

산업재해보상보험법상 보험급여에 관한 설명으로 옳지 않은 것은?

① 진폐에 따른 보험급여의 종류는 요양급여, 간병급여, 장의비, 직업재활급여, 진폐보상연금 및 진폐유족연금으로 한다.
② 요양급여는 근로자가 업무상의 사유로 부상을 당하거나 질병에 걸린 경우에 그 보험가입자에게 지급한다.
③ 요양으로 취업하지 못한 기간이 3일 이내이면 휴업급여를 지급하지 아니한다.
④ 대한민국 국민이 아닌 장해보상연금의 수급권자가 외국에서 거주하기 위하여 출국하는 경우, 그 수급권이 소멸한다.
⑤ 산업재해로 사망한 근로자의 배우자가 재혼한 때 유족보상연금 수급자격을 잃는다.

① (○) 산재보험법 제36조 제1항 단서

[보충] 2021.1.26. 일반 국민이 쉽게 읽고 이해할 수 있도록 장의비는 장례비로, 장제는 장례로 개정되었다.

> **제36조(보험급여의 종류와 산정기준 등)** ① 보험급여의 종류는 다음 각 호와 같다. 다만, 진폐에 따른 보험급여의 종류는 제1호의 요양급여, 제4호의 간병급여, 제7호의 장례비, 제8호의 직업재활급여, 제91조의3에 따른 진폐보상연금 및 제91조의4에 따른 진폐유족연금으로 하고, 제91조의12에 따른 건강손상자녀에 대한 보험급여의 종류는 제1호의 요양급여, 제3호의 장해급여, 제4호의 간병급여, 제7호의 장례비, 제8호의 직업재활급여로 한다. 〈개정 2022.1.11.〉
>
> | | |
> |---|---|
> | 1. 요양급여 | 2. 휴업급여 |
> | 3. 장해급여 | 4. 간병급여 |
> | 5. 유족급여 | 6. 상병(傷病)보상연금 |
> | 7. 장례비 | 8. 직업재활급여 |

② (×) 보험가입자 → 근로자(동법 제40조 제1항)

> **제40조(요양급여)** ① 요양급여는 근로자가 업무상의 사유로 부상을 당하거나 질병에 걸린 경우에 그 근로자에게 지급한다.

③ (○) 휴업급여는 업무상 사유로 부상을 당하거나 질병에 걸린 근로자에게 요양으로 취업하지 못한 기간에 대하여 지급하되, 1일당 지급액은 평균임금의 100분의 70에 상당하는 금액으로 한다. 다만, 취업하지 못한 기간이 3일 이내이면 지급하지 아니한다(동법 제52조).

④ (○) 동법 제58조 제3호

> **제58조(장해보상연금 등의 수급권의 소멸)** 장해보상연금 또는 진폐보상연금의 수급권자가 다음 각 호의 어느 하나에 해당하면 그 수급권이 소멸한다. 〈개정 2010.5.20.〉
> 1. 사망한 경우
> 2. 대한민국 국민이었던 수급권자가 국적을 상실하고 외국에서 거주하고 있거나 외국에서 거주하기 위하여 출국하는 경우
> 3. 대한민국 국민이 아닌 수급권자가 외국에서 거주하기 위하여 출국하는 경우
> 4. 장해등급 또는 진폐장해등급이 변경되어 장해보상연금 또는

진폐보상연금의 지급대상에서 제외되는 경우

⑤ (○) 동법 제64조 제1항 제2호

> **제64조(유족보상연금 수급자격자의 자격상실과 지급정지 등)** ① 유족보상연금 수급자격자인 유족이 다음 각 호의 어느 하나에 해당하면 그 자격을 잃는다. 〈개정 2023.8.8.〉
> 1. 사망한 경우
> 2. 재혼한 때(사망한 근로자의 배우자만 해당하며, 재혼에는 사실상 혼인관계에 있는 경우를 포함한다)
> 3. 사망한 근로자와의 친족관계가 끝난 경우
> 4. 자녀가 25세가 된 때
> 4의2. 손자녀가 25세가 된 때
> 4의3. 형제자매가 19세가 된 때
> 5. 제63조 제1항 제4호에 따른 장애인이었던 사람으로서 그 장애상태가 해소된 경우
> 6. 근로자가 사망할 당시 대한민국 국민이었던 유족보상연금 수급자격자가 국적을 상실하고 외국에서 거주하고 있거나 외국에서 거주하기 위하여 출국하는 경우
> 7. 대한민국 국민이 아닌 유족보상연금 수급자격자가 외국에서 거주하기 위하여 출국하는 경우

정답 ②

89 ☐☐☐   ○ △ ×

산업재해보상보험법상 내용으로 옳은 것은?

① 근로복지공단은 대통령령이 정하는 바에 따라 회계연도마다 사업 운영계획과 예산에 관하여 고용노동부장관의 승인을 받아야 한다.
② 특수형태근로종사자는 근로복지공단 이사장의 승인을 받아 산재보험에 가입할 수 있다.
③ 산업재해보상보험심사위원회는 근로복지공단의 결정에 대한 심사청구를 심의하기 위하여 고용노동부에 두는 기구이다.
④ 산업재해보상보험및예방기금은 근로복지공단 기금운영위원회가 관리·운용한다.
⑤ 국가는 회계연도마다 예산범위 안에서 보험사업에 드는 비용을 지원하여야 한다.

해설

① (○) 산재보험법 제25조 제1항
② (×) 2022.6.10. 산재보험법 개정으로 제125조(특수형태근로종사자에 대한 특례)가 삭제되었고, 2023.6.27. 산재보험법 시행령 개정으로 제125조(특수형태근로종사자의 범위 등)가 삭제되었으므로, 특수형태근로종사자와 관련한 문제는 추후 출제되지 아니할 예정이다. 이에 해설을 생략한다.
③ (×) 결정에 대한 → 결정 등에 불복하는 자의(동법 제104조)

> **제104조(산업재해보상보험심사위원회)** ① 제103조에 따른 심사청구를 심의하기 위하여 공단에 관계전문가 등으로 구성되는 산업재해보상보험심사위원회(이하 "심사위원회"라 한다)를 둔다.
> **제103조(심사청구의 제기)** ① 다음 각 호의 어느 하나에 해당하

는 공단의 결정 등(이하 "보험급여 결정등"이라 한다)에 불복하는 자는 공단에 심사청구를 할 수 있다. 〈개정 2022.1.11.〉

④ (×) 근로복지공단 기금운영위원회가 → 고용노동부장관이(동법 제97조 제1항)

> **제97조(기금의 관리·운용)** ① 기금은 고용노동부장관이 관리·운용한다. 〈개정 2010.6.4.〉

⑤ (×) 비용을 지원하여야 한다 → 비용의 일부를 지원할 수 있다(동법 제3조 제2항)

> **제3조(국가의 부담 및 지원)** ② 국가는 회계연도마다 예산의 범위에서 보험사업에 드는 비용의 일부를 지원할 수 있다.

정답 ①

90 ☐☐☐   ○ △ ×

산업재해보상보험법상 연금의 지급기간 및 지급시기에 관한 설명으로 옳은 것은?

① 장해보상연금의 지급은 그 지급사유가 발생한 달의 초일부터 시작된다.
② 유족보상연금의 지급은 그 지급받을 권리가 소멸한 달의 다음 달 말일에 끝난다.
③ 진폐유족연금은 그 지급을 정지할 사유가 발생한 때에는 그 사유가 발생한 달의 다음 달 초일부터 그 사유가 소멸한 달의 말일까지 지급하지 아니한다.
④ 진폐보상연금은 매년 이를 12등분하여 매달 25일에 그달 치의 금액을 지급하되, 지급일이 토요일이거나 공휴일이면 그 다음 날에 지급한다.
⑤ 유족보상연금의 지급은 그 지급사유가 발생한 달의 초일부터 시작된다.

해설

① (×) ② (×) ⑤ (×) 초일 → 다음 달 첫날, 다음 달 → "삭제", 초일 → 다음 달 첫날(산재보험법 제70조 제1항)

> **제70조(연금의 지급기간 및 지급시기)** ① 장해보상연금, 유족보상연금, 진폐보상연금 또는 진폐유족연금의 지급은 그 지급사유가 발생한 달의 다음 달 첫날부터 시작되며, 그 지급받을 권리가 소멸한 달의 말일에 끝난다. 〈개정 2020.5.26.〉

③ (○) 장해보상연금, 유족보상연금, 진폐보상연금 또는 진폐유족연금은 그 지급을 정지할 사유가 발생한 때에는 그 사유가 발생한 달의 다음 달 첫날부터 그 사유가 소멸한 달의 말일까지 지급하지 아니한다(동조 제2항).
④ (×) 다음 날 → 전날(동조 제3항)

> **제70조(연금의 지급기간 및 지급시기)** ③ 장해보상연금, 유족보상연금, 진폐보상연금 또는 진폐유족연금은 매년 이를 12등분하여 매달 25일에 그달 치의 금액을 지급하되, 지급일이 토요일이거나 공휴일이면 그 전날에 지급한다. 〈개정 2010.5.20.〉

정답 ③

091 ▢▢▢   ○ △ ✕

산업재해보상보험법상 보험급여의 일시중지에 해당되는 사유를 모두 고른 것은?

> ㄱ. 진찰요구에 따르지 아니하는 경우
> ㄴ. 요양 중인 근로자가 근로복지공단의 전원 요양지시를 정당한 사유 없이 따르지 아니하는 경우
> ㄷ. 근로복지공단이 직권으로 실시하는 장해등급 또는 진폐장해등급 재판정요구에 응하지 아니하는 경우
> ㄹ. 거짓이나 그 밖의 부정한 방법으로 진료비나 약제비를 지급받은 경우

① ㄱ, ㄷ　　② ㄴ, ㄹ　　③ ㄱ, ㄴ, ㄷ
④ ㄱ, ㄴ, ㄹ　　⑤ ㄴ, ㄷ, ㄹ

해설

ㄱ (○) ㄴ (○) ㄷ (○) 산재보험법 제120조 제1항 제5호, 제1호, 제2호

[보충] 2021.1.26. 일반 국민이 쉽게 읽고 이해할 수 있도록 전원이 의료기관 변경으로 개정되었다.

> **제120조(보험급여의 일시중지)** ① 공단은 보험급여를 받고자 하는 사람이 다음 각 호의 어느 하나에 해당되면 보험급여의 지급을 일시중지할 수 있다. 〈개정 2021.1.26.〉
> 1. 요양 중인 근로자가 제48조 제1항에 따른 공단의 의료기관 변경 요양지시를 정당한 사유 없이 따르지 아니하는 경우
> 2. 제59조에 따라 공단이 직권으로 실시하는 장해등급 또는 진폐장해등급 재판정요구에 따르지 아니하는 경우
> 3. 제114조나 제115조에 따른 보고·서류제출 또는 신고를 하지 아니하는 경우
> 4. 제117조에 따른 질문이나 조사에 따르지 아니하는 경우
> 5. 제119조에 따른 진찰요구에 따르지 아니하는 경우

ㄹ (✕) 산재보험법상 벌칙 부과사유이다(동법 제127조 제2항).

> **제127조(벌칙)** ② 산재보험 의료기관이나 제46조 제1항에 따른 약국의 종사자로서 거짓이나 그 밖의 부정한 방법으로 진료비나 약제비를 지급받은 자는 3년 이하의 징역 또는 3천만 원 이하의 벌금에 처한다. 〈개정 2021.1.26.〉

정답 ③

092 ▢▢▢   ○ △ ✕

다음은 국민연금법상 유족연금의 수급권자에 관한 내용이다. ( ) 안에 들어갈 숫자의 합은?

> 다음 각 호의 어느 하나에 해당하는 자가 사망하면 그 유족에게 유족연금을 지급한다. 다만, 가입기간이 (ㄱ)년 미만인 가입자가 질병이나 부상으로 사망하면 가입 중에 생긴 질병이나 부상으로 사망한 경우에는 유족연금을 지급한다.
> 1. 노령연금 수급권자
> 2. 가입기간이 (ㄴ)년 이상인 가입자였던 자
> 3. 가입자
> 4. 장애등급이 (ㄷ)급 이상인 장애연금 수급권자

① 10　　② 11　　③ 12
④ 13　　⑤ 14

해설

② (○) 괄호에 들어갈 숫자의 합은 10+2=12이다.

[보충] 2016.5.29. 국민연금법 제72조 제1항이 다음과 같이 개정됨으로써 단서가 삭제되었으므로, 정답을 변경한다.

> **제72조(유족연금의 수급권자)** ① 다음 각 호의 어느 하나에 해당하는 사람이 사망하면 그 유족에게 유족연금을 지급한다. 〈개정 2016.5.29.〉
> 1. 노령연금 수급권자
> 2. 가입기간이 10년 이상인 가입자 또는 가입자였던 자
> 3. 연금보험료를 낸 기간이 가입대상기간의 3분의 1 이상인 가입자 또는 가입자였던 자
> 4. 사망일 5년 전부터 사망일까지의 기간 중 연금보험료를 낸 기간이 3년 이상인 가입자 또는 가입자였던 자. 다만, 가입대상기간 중 체납기간이 3년 이상인 사람은 제외한다.
> 5. 장애등급이 2급 이상인 장애연금 수급권자

정답 ④ ▶ ③

093 ▢▢▢   ○ △ ✕

국민연금법상 장애등급 3급에 해당하는 자에 대하여 지급하는 장애연금액은?

① 기본연금액의 100%
② 기본연금액의 90%에 부양가족연금액을 더한 금액
③ 기본연금액의 80%에 부양가족연금액을 더한 금액
④ 기본연금액의 70%에 부양가족연금액을 더한 금액
⑤ 기본연금액의 60%에 부양가족연금액을 더한 금액

해설

⑤ (○) 국민연금법 제68조 제1항 제3호

> **제68조(장애연금액)** ① 장애연금액은 장애등급에 따라 다음 각 호의 금액으로 한다.
> 1. 장애등급 1급에 해당하는 자에 대하여는 기본연금액에 부양가족연금액을 더한 금액

2. 장애등급 2급에 해당하는 자에 대하여는 기본연금액의 1천분의 800에 해당하는 금액에 부양가족연금액을 더한 금액
3. 장애등급 3급에 해당하는 자에 대하여는 기본연금액의 1천분의 600에 해당하는 금액에 부양가족연금액을 더한 금액
② 장애등급 4급에 해당하는 자에 대하여는 기본연금액의 1천분의 2천 250에 해당하는 금액을 일시보상금으로 지급한다.

정답 ⑤

---

094 ☐ ☐ ☐   ○ △ ✕

국민건강보험법령상 보험료에 관한 설명으로 옳지 않은 것은?

① 직장가입자의 보수월액보험료는 직장가입자가 납부한다.
② 보수가 지급되지 아니하는 사용자의 보수월액은 객관적인 자료를 통하여 확인된 금액으로 하고, 객관적인 자료가 없는 경우에는 사용자의 신고금액으로 한다.
③ 직장가입자의 소득월액보험료 및 지역가입자의 보험료는 분기별로 납부할 수 있다.
④ 직장가입자의 월별보험료액은 보수월액에 보험료율을 곱하여 얻은 금액과 소득월액에 보험료율의 100분의 50을 곱하여 얻은 금액으로 한다.
⑤ 직장가입자의 소득월액보험료는 직장가입자가 전액 부담한다.

해설

① (✕) 직장가입자 → 사용자가(국민건강보험법 제77조 제1항 제1호)

> **제77조(보험료 납부의무)** ① 직장가입자의 보험료는 다음 각 호의 구분에 따라 그 각 호에서 정한 자가 납부한다. 〈개정 2024.2.6.〉
> 1. 보수월액보험료: 사용자. 이 경우 사업장의 사용자가 2명 이상인 때에는 그 사업장의 사용자는 해당 직장가입자의 보험료를 연대하여 납부한다.
> 2. 보수 외 소득월액보험료: 직장가입자

② (○) 동법 시행령 제38조 제1항

> **제38조(보수가 지급되지 않는 사용자의 보수월액 결정)** ① 법 제70조 제4항에 따른 보수가 지급되지 아니하는 사용자의 보수월액은 다음 각 호의 방법으로 산정한다. 이 경우 사용자는 매년 5월 31일까지「소득세법」제70조의2에 따라 세무서장에게 성실신고확인서를 제출한 사용자(이하 이 항에서 "성실신고사용자"라 한다)인 경우에는 6월 30일까지] 수입을 증명할 수 있는 자료를 제출하거나 수입금액을 공단에 통보하여야 하며, 산정된 보수월액은 매년 6월부터 다음 해 5월까지(성실신고사용자의 경우에는 매년 7월부터 다음 해 6월까지) 적용한다. 〈개정 2013.9.26.〉
> 1. 해당 연도 중 해당 사업장에서 발생한 보건복지부령으로 정하는 수입으로서 객관적인 자료를 통하여 확인된 금액
> 2. 수입을 확인할 수 있는 객관적인 자료가 없는 경우에는 사용자의 신고금액

---

③ (○) 동법 제78조 제1항 단서

> **제78조(보험료의 납부기한)** ① 제77조 제1항 및 제2항에 따라 보험료 납부의무가 있는 자는 가입자에 대한 그달의 보험료를 그 다음 달 10일까지 납부하여야 한다. 다만, 직장가입자의 보수 외 소득월액보험료 및 지역가입자의 보험료는 보건복지부령으로 정하는 바에 따라 분기별로 납부할 수 있다. 〈개정 2024.2.6.〉

④ (○) 동법 제69조 제4항

> **제69조(보험료)** ④ 직장가입자의 월별보험료액은 다음 각 호에 따라 산정한 금액으로 한다. 〈개정 2024.2.6.〉
> 1. 보수월액보험료: 제70조에 따라 산정한 보수월액에 제73조 제1항 또는 제2항에 따른 보험료율을 곱하여 얻은 금액
> 2. 보수 외 소득월액보험료: 제71조 제1항에 따라 산정한 보수 외 소득월액에 제73조 제1항 또는 제2항에 따른 보험료율을 곱하여 얻은 금액
> **제73조(보험료율 등)** ② 국외에서 업무에 종사하고 있는 직장가입자에 대한 보험료율은 제1항에 따라 정해진 보험료율의 100분의 50으로 한다.

⑤ (○) 직장가입자의 보수 외 소득월액보험료는 직장가입자가 부담한다(동법 제76조 제2항).

정답 ①

---

095 ☐ ☐ ☐   ○ △ ✕

국민건강보험법상 건강보험심사평가원의 관장업무가 아닌 것은?

① 요양급여비용의 심사
② 요양급여의 적정성 평가
③ 심사기준 및 평가기준의 개발
④ 직장가입자의 보험료율에 대한 심사
⑤ 건강보험과 관련하여 보건복지부장관이 필요하다고 인정한 업무

해설

① (○) ② (○) ③ (○) ⑤ (○) 국민건강보험법 제63조 제1항 제1호, 제2호, 제3호, 제7호
④ (✕) 직장가입자의 보험료율에 대한 심사는 건강보험심사평가원의 관장업무가 아닌 것이다.

> **제63조(업무 등)** ① 심사평가원은 다음 각 호의 업무를 관장한다. 〈개정 2022.6.10.〉
> 1. 요양급여비용의 심사
> 2. 요양급여의 적정성 평가
> 3. 심사기준 및 평가기준의 개발
> 4. 제1호부터 제3호까지의 규정에 따른 업무와 관련된 조사연구 및 국제협력
> 5. 다른 법률에 따라 지급되는 급여비용의 심사 또는 의료의 적정성 평가에 관하여 위탁받은 업무
> 6. 그 밖에 이 법 또는 다른 법령에 따라 위탁받은 업무
> 7. 건강보험과 관련하여 보건복지부장관이 필요하다고 인정한 업무
> 8. 그 밖에 보험급여비용의 심사와 보험급여의 적정성 평가와

관련하여 대통령령으로 정하는 업무

096 □□□   ○ △ ×

고용보험 및 산업재해보상보험의 보험료징수 등에 관한 법률상 보험관계의 성립일 또는 소멸일에 해당하지 않는 것은?

① 보험에 가입한 하수급인의 경우에는 그 하도급공사의 착공일
② 사업이 폐업된 날의 다음 날
③ 사업 실체가 없는 등의 사유로 계속하여 보험관계를 유지할 수 없다고 인정하여 근로복지공단이 보험관계를 소멸시키는 경우에는 그 소멸을 결정·통지한 날의 다음 날
④ 근로복지공단의 승인을 얻어 가입한 보험계약을 해지하는 경우에는 그 해지에 관하여 공단의 승인을 받은 날
⑤ 사업이 끝난 날의 다음 날

해설

① (O) 고용산재보험료징수법 제7조 제5호
② (O) ③ (O) ⑤ (O) 동법 제10조 제1호, 제3호, 제1호
④ (×) 받은 날 → 받은 날의 다음 날(동조 제2호)

> **제7조(보험관계의 성립일)** 보험관계는 다음 각 호의 어느 하나에 해당하는 날에 성립한다.
> 1. 제5조 제1항에 따라 사업주 및 근로자가 고용보험의 당연가입자가 되는 사업의 경우에는 그 사업이 시작된 날(「고용보험법」 제8조 단서에 따른 사업이 제5조 제1항에 따라 사업주 및 근로자가 고용보험의 당연가입자가 되는 사업에 해당하게 된 경우에는 그 해당하게 된 날)
> 2. 제5조 제3항에 따라 사업주가 산재보험의 당연가입자가 되는 사업의 경우에는 그 사업이 시작된 날(「산업재해보상보험법」 제6조 단서에 따른 사업이 제5조 제3항에 따라 사업주가 산재보험의 당연가입자가 되는 사업에 해당하게 된 경우에는 그 해당하게 된 날)
> 3. 제5조 제2항 또는 제4항에 따라 보험에 가입한 사업의 경우에는 공단이 그 사업의 사업주로부터 보험가입승인신청서를 접수한 날의 다음 날
> 4. 제8조 제1항에 따라 일괄적용을 받는 사업의 경우에는 처음 하는 사업이 시작된 날
> 5. 제9조 제1항 단서 및 제2항에 따라 보험에 가입한 하수급인의 경우에는 그 하도급공사의 착공일
>
> **제10조(보험관계의 소멸일)** 보험관계는 다음 각 호의 어느 하나에 해당하는 날에 소멸한다. 〈개정 2019.1.15.〉
> 1. 사업이 폐업되거나 끝난 날의 다음 날
> 2. 제5조 제5항(제6조 제4항에서 준용되는 경우를 포함한다)에 따라 보험계약을 해지하는 경우에는 그 해지에 관하여 공단의 승인을 받은 날의 다음 날
> 3. 제5조 제7항에 따라 공단이 보험관계를 소멸시키는 경우에는 그 소멸을 결정·통지한 날의 다음 날
> 4. 제6조 제3항에 따른 사업주의 경우에는 근로자(고용보험의

경우에는 「고용보험법」 제10조 및 제10조의2에 따른 적용제외 근로자는 제외한다)를 사용하지 아니한 첫날부터 1년이 되는 날의 다음 날

097 □□□   ○ △ ×

고용보험 및 산업재해보상보험의 보험료징수 등에 관한 법률상 보험료율에 관한 설명으로 옳은 것은?

① 개별실적요율의 적용을 받는 사업의 산재보험료율은 100분의 75의 범위에서 대통령령으로 정하는 바에 따라 인상하거나 인하할 수 있다.
② 고용보험료율을 결정하거나 변경하려면 고용보험법에 따른 고용보험위원회의 심의를 거쳐야 한다.
③ 산재보험료율은 매년 6월 30일 현재 과거 2년 동안의 보수총액에 대한 산재보험급여총액의 비율을 기초로 하여 정한다.
④ 고용노동부장관은 특정 사업종류의 산재보험료율이 전체 사업의 평균 산재보험료율의 10배를 초과하지 아니하도록 하여야 한다.
⑤ 특정 사업종류의 산재보험료율이 인상되거나 인하되는 경우에는 직전 보험연도 산재보험료율의 100분의 20의 범위에서 조정하여야 한다.

해설

① (×) 75 → 50(동법 제15조 제2항)

> **제15조(보험료율의 특례)** ② 대통령령으로 정하는 사업으로서 매년 6월 30일 현재 산재보험의 보험관계가 성립한 후 3년이 지난 사업의 경우에 그 해 6월 30일 이전 3년 동안의 산재보험료(제13조 제5항 제2호에 따른 산재보험료율을 곱한 금액은 제외한다)에 대한 산재보험급여금액(「산업재해보상보험법」 제37조 제1항 제3호 나목에 따른 업무상의 재해를 이유로 지급된 보험급여는 제외한다)의 비율이 대통령령으로 정하는 비율에 해당하는 경우에는 제14조 제3항 및 제4항에도 불구하고 그 사업에 적용되는 제13조 제5항 제1호에 따른 산재보험료율의 100분의 50의 범위에서 사업규모를 고려하여 대통령령으로 정하는 바에 따라 인상하거나 인하한 비율(이하 "개별실적요율"이라 한다)을 제13조 제5항 제2호에 따른 산재보험료율과 합하여 그 사업에 대한 다음 보험연도의 산재보험료율로 할 수 있다. 〈개정 2021.4.13.〉

② (O) 제1항의 고용보험료율을 결정하거나 변경하려면 「고용보험법」 제7조에 따른 고용보험위원회의 심의를 거쳐야 한다(동법 제14조 제2항).

③ (×) 2년 → 3년(동조 제3항)

> **제14조(보험료율의 결정)** ③ 「산업재해보상보험법」 제37조 제1항 제1호, 제2호 및 같은 항 제3호 가목에 따른 업무상의 재해에 관한 산재보험료율(이하 제4항부터 제6항까지에서 "산재보험료율"이라 한다)은 매년 6월 30일 현재 과거 3년 동안의 보수총액에 대한 산재보험급여총액의 비율을 기초로 하여, 「산업재해보상보

험법」에 따른 연금 등 산재보험급여에 드는 금액, 재해예방 및 재해근로자의 복지증진에 드는 비용 등을 고려하여 사업의 종류별로 구분하여 고용노동부령으로 정한다. 이 경우 「산업재해보상보험법」 제37조 제1항 제3호 나목에 따른 업무상의 재해를 이유로 지급된 보험급여액은 산재보험급여총액에 포함시키지 아니한다. 〈개정 2017.10.24.〉

④ (×) 10배 → 20배(동조 제5항)

> **제14조(보험료율의 결정)** ⑤ 고용노동부장관은 제3항에 따라 산재보험료율을 정하는 경우에는 특정 사업종류의 산재보험료율이 전체 사업의 평균 산재보험료율의 20배를 초과하지 아니하도록 하여야 한다. 〈개정 2010.6.4.〉

⑤ (×) 20 → 30(동조 제6항)

> **제14조(보험료율의 결정)** ⑥ 고용노동부장관은 제3항에 따라 정한 특정 사업종류의 산재보험료율이 인상되거나 인하되는 경우에는 직전 보험연도 산재보험료율의 100분의 30의 범위에서 조정하여야 한다. 〈개정 2010.6.4.〉

정답 ②

098 ▢▢▢　　　　　　○ △ ×

고용보험 및 산업재해보상보험의 보험료징수 등에 관한 법률상 납무의무가 확정된 보험료의 총액이 600만 원인 경우, 당해 보험료를 납부기한 전에 징수할 수 있는 사유로 옳지 않은 것은?

① 경매가 개시된 경우
② 국세를 체납한 경우
③ 강제집행을 받은 경우
④ 공과금을 체납하여 체납처분을 받은 경우
⑤ 어음법 및 수표법에 따른 어음교환소에서 거래정지처분을 받은 경우

해설

① (○) ③ (○) ④ (○) ⑤ (○) 고용산재보험료징수법 제27조의2 제1항 제5호, 제3호, 제2호, 제4호

② (×) 체납한 → 체납하여 체납처분을 받은(동항 제1호)

> **제27조의2(납부기한 전 징수)** ① 공단 또는 건강보험공단은 사업주에게 다음 각 호의 어느 하나에 해당하는 사유가 있는 경우에는 납부기한 전이라도 이미 납부의무가 확정된 보험료, 이 법에 따른 그 밖의 징수금을 징수할 수 있다. 다만, 보험료와 이 법에 따른 그 밖의 징수금의 총액이 500만 원 미만인 경우에는 그러하지 아니하다. 〈개정 2010.1.27.〉
> 1. 국세를 체납하여 체납처분을 받은 경우
> 2. 지방세 또는 공과금을 체납하여 체납처분을 받은 경우
> 3. 강제집행을 받은 경우
> 4. 「어음법」 및 「수표법」에 따른 어음교환소에서 거래정지처분을 받은 경우
> 5. 경매가 개시된 경우
> 6. 법인이 해산한 경우

정답 ②

099 ▢▢▢　　　　　　○ △ ×

고용보험 및 산업재해보상보험의 보험료징수 등에 관한 법률상 (　　) 안에 들어갈 숫자는?

> 자영업자에게 적용하는 고용보험료율은 보험수지의 동향과 경제상황 등을 고려하여 1,000분의 (　　)의 범위에서 고용안정·직업능력개발사업의 보험료율 및 실업급여의 보험료율로 구분하여 대통령령으로 정한다.

① 10　　　　　② 20　　　　　③ 30
④ 40　　　　　⑤ 50

해설

③ (○) 괄호 안에 들어갈 숫자는 30이다.

> **고용산재보험료징수법 제49조의2(자영업자에 대한 특례)** ⑦ 자영업자에게 적용하는 고용보험료율은 보험수지의 동향과 경제상황 등을 고려하여 1,000분의 30의 범위에서 고용안정·직업능력개발사업의 보험료율 및 실업급여의 보험료율로 구분하여 대통령령으로 정한다. 이 경우 고용보험료율의 결정 및 변경은 「고용보험법」 제7조에 따른 고용보험위원회의 심의를 거쳐야 한다.

정답 ③

100 ▢▢▢　　　　　　○ △ ×

고용보험 및 산업재해보상보험의 보험료징수 등에 관한 법률상 보험료에 관한 설명으로 옳은 것은?

① 고용보험료는 근로복지공단이 부과하고 이를 징수한다.
② 근로자가 동일한 사업주의 하나의 사업장에서 다른 사업장으로 전근되는 경우, 그 근로자에 대한 그 월별보험료는 일할계산한다.
③ 사업주는 그달의 월별보험료를 다음 달 15일까지 납부하여야 한다.
④ 근로복지공단은 사업주에게 문서로써 납부기한 10일 전까지 월별보험료의 납입을 고지하여야 한다.
⑤ 사업주는 전년도에 근로자에게 지급한 보수총액 등을 매년 1월 31일까지 근로복지공단에 신고하여야 한다.

해설

① (×) 부과하고 → 부과하고, 건강보험공단이(고용산재보험료징수법 제49조의2 제8항)

> **제49조의2(자영업자에 대한 특례)** ⑧ 제6항에 따른 고용보험료는 공단이 매월 부과하고, 건강보험공단이 이를 징수한다.

② (×) 2022.12.31. 고용산재보험료징수법 제16조의4가 다음과 같이 개정되었다. 이에 표현을 달리하였음에 유의토록 정답을 변경한다.

> **제16조의4(월 중간 고용관계 변동 등에 따른 월별보험료 산정)** 다음 각 호의 어느 하나에 해당하는 경우 월별보험료는 해당 월의 다음 달부터 산정한다. 다만, 매월 1일에 다음 각 호의 어느 하나에 해당하는 경우에는 그달부터 산정한다.
> 1. 근로자가 월의 중간에 새로이 고용된 경우
> 2. 근로자가 월의 중간에 동일한 사업주의 하나의 사업장에서 다른 사업장으로 전근되는 경우
> 3. 근로자의 휴직 등 대통령령으로 정하는 사유가 월의 중간에 종료된 경우

③ (×) 15일 → 10일(동법 제16조의7 제1항)

> **제16조의7(월별보험료의 납부기한)** ① 사업주는 그달의 월별보험료를 다음 달 10일까지 납부하여야 한다.

④ (×) 근로복지공단 → 건강보험공단(동법 제16조의8 제1항)

> **제16조의8(월별보험료의 고지)** ① 건강보험공단은 사업주에게 다음 각 호의 사항을 적은 문서로써 납부기한 10일 전까지 월별보험료의 납입을 고지하여야 한다.
> 1. 징수하고자 하는 보험료 등의 종류
> 2. 납부하여야 할 보험료 등의 금액
> 3. 납부기한 및 장소

⑤ (×) 1월 31일 → 3월 15일(동법 제16조의10 제1항)

> **제16조의10(보수총액 등의 신고)** ① 사업주는 전년도에 근로자, 예술인 또는 노무제공자에게 지급한 보수총액 등을 매년 3월 15일까지 공단에 신고하여야 한다. 이 경우 제48조의2 제6항 또는 제48조의4 제3항에 따른 보험료납부자가 사업주, 예술인 또는 노무제공자의 보험료를 원천공제하여 납부한 경우는 제외한다.
> 〈개정 2021.1.5.〉

정답 ② ▶ **없음**

부 록

판례색인

MEMO

MEMO

MEMO

MEMO

MEMO

2025 공인노무사 1차 10개년 기출요해 [필수과목]

초판발행	2024년 7월 1일
지은이	PY법학연구소
펴낸이	안종만·안상준
편 집	김경수
기획/마케팅	김경수
표지디자인	이수빈
제 작	고철민·조영환·김원표
펴낸곳	㈜ **박영사**
	서울특별시 금천구 가산디지털2로 53, 210호(가산동, 한라시그마밸리)
	등록 1959. 3. 11. 제300-1959-1호(倫)
전 화	02)733-6771
f a x	02)736-4818
e-mail	pys@pybook.co.kr
homepage	www.pybook.co.kr
ISBN	979-11-303-4765-3 (13360)

정 가   28,000원